PRAKTISCHES WÖRTERBUCH
DER PASTORAL-ANTHROPOLOGIE

PRAKTISCHES WÖRTERBUCH DER PASTORAL-ANTHROPOLOGIE

SORGE UM DEN MENSCHEN

HERAUSGEGEBEN VON
H. GASTAGER (Salzburg) K. GASTGEBER (Graz)
G. GRIESL (Salzburg) J. MAYER-SCHEU (Heidelberg)
W. MOLINSKI (Wuppertal) E. PAKESCH (Graz)
H. POMPEY (Würzburg) A. REINER (Heidelberg)
R. RIESS (Erlangen) G. ROTH (Wien)
W. RUFF (Berlin/Göttingen) J. SCHARFENBERG (Kiel)
K. SCHILLER (Ried) D. STOLLBERG (Bielefeld-Bethel)
UNTER MITARBEIT
ZAHLREICHER FACHLEUTE

HERDER WIEN · FREIBURG · BASEL
VANDENHOECK & RUPRECHT GÖTTINGEN

© Herder & Co., Wien 1975
© Vandenhoeck & Ruprecht, Göttingen 1975
Printed in Austria
Alle Rechte vorbehalten
Buchumschlag: Reinhard Klein
Druck: Ferdinand Berger & Söhne OHG, Horn, NÖ., 1975
Bestellnummern Herder: ISBN 3-210-24.469-3
Vandenhoeck & Ruprecht: ISBN 3-525-62153-1

VORWORT

Der Titel des vorliegenden Wörterbuches bedarf einer Erklärung oder auch Rechtfertigung. Beides ergibt sich am einsichtigsten aus der Entstehungsgeschichte des Buches. Ein erster Impuls kam aus der Seelsorge und der seelsorglichen Ausbildung. Unsere Theologie hat einen starken *anthropologischen Nachholbedarf*. Wer mit der Heilssorge beauftragt ist, muß nicht nur die Botschaft Gottes kennen, sondern ebenso den Menschen, dem er sie vermitteln soll, und seine Situation. Die Humanwissenschaften erweisen sich somit als unabdingbare Dialogpartner im neuen Selbstverständnis einer Praktischen Theologie, die wie eine Ellipse um die Brennpunkte Gott und Mensch schwingt. In seinem Dekret über die Priesterbildung fordert das Vaticanum II, daß alle Bereiche der Ausbildung auf das Ziel der Seelsorge ausgerichtet werden sollen (n. 4) und legt besonderes Gewicht auf die Hilfswissenschaften: Die Kandidaten „sollen im Gebrauch der pädagogischen, psychologischen und soziologischen Hilfsmittel methodisch richtig unterwiesen werden" (n. 20).

Ein weiterer Impuls kam von den *Humanwissenschaften* selbst. Ihr erfreulicher Fortschritt brauchte eine weitgehende Spezialisierung. Die Aufgliederung hatte aber schließlich eine weitgehende Entfremdung der verschiedenen Arbeits- und Begriffsbereiche zur Folge; so meldet sich heute das begreifliche Bedürfnis zu neuer Zusammengliederung. A. Portmann forderte schon vor Jahren eine Integration unseres Wissens vom Menschen, eine „basale Anthropologie". Interdisziplinäre Gespräche bezeugen eine wachsende Dialogbereitschaft in den Wissenschaften, auch mit der Theologie. Sinn- und Wertfragen, mit denen sich Theologie befaßt, bleiben für die exakten Naturwissenschaften außerhalb des Blickfeldes; bei der Verwirklichung der Erkenntnisse kann aber der Wissenschafter und noch mehr der Praktiker heute nicht mehr ohne ihre Beantwortung auskommen.

Aus dem Gebiet der *Pastoralmedizin* kam der dritte und entscheidende Anstoß. Es geht um den einen Menschen, dessen gefährdetes Leben ebenso der lösenden Sinngebung wie der ärztlichen Hilfe bedarf. Hier verdichtet sich das Problem der Zusammenarbeit der Praktischen Theologie mit der Humanwissenschaft. Seelsorge braucht elementare medizinische und therapeutische Informationen, ärztliche Kunst braucht Daseinsorientierung und Wertmaßstäbe. Das letzte große Kompendium auf katholischer Seite verfaßte im Alleingang der Wiener Arzt A. Niedermeyer mit dem Handbuch der speziellen Pastoralmedizin (5 Bde., Wien 1951—52). Dieses Standardwerk kann aber bei allen seinen Vorzügen dem heutigen Fragestand nicht mehr genügen. Außerdem hat sich sowohl in der Medizin wie in der Pastoraltheologie in diesen zwanzig Jahren so viel verändert, daß die Anfrage des Verlages wegen einer Neuauflage von Fachleuten trotz der Marktlücke ablehnend beurteilt wurde.

Die Konferenz deutschsprachiger Pastoraltheologen nahm 1970 das Anliegen auf und beauftragte durch seinen Beirat den Verfasser dieses Vorworts mit den Vorarbeiten, die zunächst eine Erneuerung der pastoralmedizinischen Ausbildung zum Ziel hatten. Es folgten mehrere Symposionen, auf denen die angesprochenen Gruppen aus dem deutschen Sprachraum vertreten waren: Ärzte, Pastoraltheologen, Psychotherapeuten, Krankenhausseelsorge, Seelsorgerausbildung und Fachzeitschriften; außerdem erfolgte eine Sondierung bei den katholischen pastoralen Ausbildungsinstituten und eine weitere bei Ärzten über den humanwissenschaftlichen Ausbildungsstand, das Interesse und die Vorschläge für die geplante Arbeit. Die ergiebigen Umfragen wie die interdisziplinären Gespräche gaben dem ganzen Unternehmen in auffälliger Eindeutigkeit eine neue Wendung. Es wurde klar, daß beim heutigen Wissensstand, oder besser gesagt: Wissensfluß, ein umfassendes und abgeschlossenes Kompendium von einiger Dauerhaftigkeit zu planen, eine Utopie wäre; vielmehr empfiehlt es sich, die Informationen nach Fachbereichen in Einzelfaszikeln zusammenzufassen, die sich nach Notwendigkeit ergänzen lassen und dem Forschungspluralismus Rechnung tragen. Ferner: Die Pastoralmedizin muß in den weiteren Rahmen einer pastoralen Anthropologie gestellt werden, die auch die anderen humanwissenschaftlichen Erkenntnisse mitverarbeitet, sei es aus Soziologie, Psychologie, Psychotherapie, Gruppendynamik, Gesprächstechnik usw. Der Gegenstand dieser, dem Namen nach noch ungewohnten „pastoralen Anthropologie" wurde so umschrieben: *Fragen um den leidenden Menschen — zwischen praktischer Theologie und empirischer Humanwissenschaft.* Die allgemein und nachdrücklich geäußerte Nachfrage an brauchbaren Behelfen für Ausbildung und Praxis drängte auf eine entsprechende Veröffentlichung. Aus den Teilnehmern der interdisziplinären Gespräche bildete sich 1972 spontan eine Arbeitsgruppe, die sich für die Durchführung des Vorhabens in Zusammenarbeit verpflichtete. Als erster Schritt wurde das vorliegende Wörterbuch in Angriff genommen, um zunächst eine umfassende Kurzinformation über möglichst viele einschlägige Einzelfragen zu vermitteln.

Es muß hier ein aufrichtiger Dank an alle Mitarbeiter (vgl. S. IX) ausgesprochen werden, besonders an die Fachleute aus dem humanwissenschaftlichen Bereich, für ihre bereitwillige, wertvolle und uneigennützige Kooperation in einem Anliegen, das von der Pastoraltheologie ausgegangen war. Ebenso erfreulich erwies sich die ökumenische Zusammenarbeit zwischen den evangelischen und katholischen Mitarbeitern aus dem deutschen Sprachgebiet. Die Verteilung der pastoralanthropologischen Kompetenzen und Leistungen auf beide Konfessionen und die gemeinsame Heilssorge legten es von vornherein nahe, das Wörterbuch gemeinsam herauszubringen. Dabei war, weil sich Pastoral nun einmal als kirchliche Heilssorge konkretisiert, auf die Gefahr eines Indifferentismus oder Synkretismus Bedacht zu nehmen, der ja jede echte Ökumene bedroht. Wir glaubten der Gefahr dadurch vorzubeugen, daß bei kontroverstheologischen Stichwörtern der katholische und evangelische Standpunkt getrennt dargestellt werden.

Eine größere Schwierigkeit zeigte sich aber beim Versuch, in den Fragen um den leidenden Menschen die Brücke zwischen dem anthropologischen Aspekt der Humanwissenschaft und dem theologischen Aspekt der Heilslehre zu finden; eine Brücke, die zugleich die geschiedenen Ufer trennt und sie dennoch verbindet. Jede Krankheit und ihre Behandlung hat auch ihren Heilssinn. In der Einheit der menschlichen Person überschneiden sich die so verschiedenen Ebenen der Natur und der Gnade. Die Dienste des Heilens und des Heiles arbeiten sich in die Hände nach dem alten Grundsatz „Gnade setzt Natur voraus", dem sich das Wörterbuch verpflichtet weiß. Wie weit der angestrebte Brückenschlag hier gelungen ist, muß dem Urteil der Benützer und Kritiker anheimgestellt werden. Bei der weiten Streuung der Sachbereiche und Einstellungen war es auch nicht einfach, in der Behandlung der Stichwörter ein Konzept wie aus einem Guß zu erreichen. In einer berechtigten Bandbreite verdiente der wissenschaftliche Meinungspluralismus Berücksichtigung. Zudem erwartet man beim einen Gegenstand mehr theoretische Information und beim anderen mehr Orientierung für die Praxis.

Das Wörterbuch ist als Behelf für die reflektierte Praxis gedacht. Es verfolgt also ein doppeltes Ziel. *Einerseits* soll es dem Seelsorger die Fachfragen beantworten, die er an die Humanwissenschaften zu stellen hat; vornehmlich Fragen an die Medizin, Psychologie, Psychotherapie, Soziologie, Sozialwissenschaft, Verhaltenslehre und Rechtspflege. Mit „Seelsorger" sind hier nicht nur die ordinierten Träger kirchlicher Pastoral gemeint, sondern auch im theologisch weitesten Sinn alle Gläubigen, die sich durch die Taufe auch zum Heilsdienst in der Welt berufen wissen, etwa als Familienmütter, Krankenpfleger usw. *Andererseits* sollen Ärzte, Berater, Sozialarbeiter und andere im mitmenschlichen Dienst Engagierte im Wörterbuch kurzgefaßte Auskunft auf jene Fragen bekommen, die sie an die Praktische Theologie stellen. Dieser Zielsetzung entsprechend, wurde Wert auf eine verständliche Darstellung gelegt, soweit das bei der gebotenen Knappheit möglich erschien.

Als Herausgeber zeichnen solidarisch die Mitglieder der Redaktionsgruppen, die unter der Leitung von Univ.-Doz. Dr. Gottfried Roth die Endredaktion arbeitsteilig durchführten. Es sind dies die Herren:

    Prof. Dr. Heimo Gastager, Salzburg
    Prof. DDr. Karl Gastgeber, Graz
    Prof. Dr. Gottfried Griesl, Salzburg
    Dr. Josef Mayer-Scheu, Heidelberg
    Prof. Dr. Waldemar Molinski, Wuppertal
    Prof. DDr. Erich Pakesch, Graz
    Doz. Dr. Heinrich Pompey, Würzburg
    Dr. Artur Reiner, Heidelberg
    Doz. Dr. Richard Riess, Erlangen
    Doz. Dr. Gottfried Roth, Wien
    DDr. Wilfried Ruff, Berlin — Göttingen
    Prof. Dr. Joachim Scharfenberg, Kiel
    Dr. Karl E. Schiller, Ried i. I.
    Prof. Dr. Dietrich Stollberg, Bielefeld-Bethel

Die Veröffentlichung erfolgt im Auftrag des Beirates der Konferenz der deutschsprachigen Pastoraltheologen im Gemeinschaftsverlag Herder-Wien und Vandenhoeck & Ruprecht-Göttingen. Besonderen Dank verdient der Herder-Verlag für die tatkräftige Unterstützung durch Herrn Lektor Dr. Gottfried Hierzenberger, ebenso auch die Deutsche Bischofskonferenz, die unsere Arbeitstagungen finanzierte.

Salzburg, 1. Juni 1974   Gottfried Griesl

BIOGRAPHISCHE KURZANGABEN DER MITARBEITER

ANDREAS AIGNER, Dr., geb. 1931, Betriebspsychologe in Graz

STEFAN ANDREAE, Prof., Dr., Lehrbeauftragter f. Pastoralpsychologie a. d. Univ. Bonn

WILHELM ARNOLD, Prof., Dr., geb. 1911, Univ.-Prof. u. Vorstand d. Psychologischen Institutes d. Universität Würzburg

HANS ASPERGER, Prim., Univ.-Prof., Dr., geb. 1906, Vorst. d. Univ.-Kinderklinik Wien

HANS-MARTIN BARTH, Dr., geb. 1939, Univ.-Doz. f. Systematische Theologie

HELMUT BARZ, Dr. med., geb. 1932, Facharzt f. Psychiatrie u. Neurologie, Dozent u. Lehranalytiker am C. G. Jung-Institut, Zürich

KARL BAUER-DEBOIS, Dr., Psychologe u. Dir. d. Akademie f. Sozialarbeit, Linz-Donau

KLAUS-MARTIN BECKMANN, Oberkirchenrat, Pfarrer, Dr., geb. 1931, Referent f. Mission u. Ökumene b. d. Leitung d. Evang. Kirche in Hessen und Nassau, Darmstadt

ERICH BEYREUTHER, Prof., Dr. theol., geb. 1904, Universität München

ROMAN BLEISTEIN SJ, geb. 1928, Redakteur d. „Stimmen d. Zeit", Dozent f. Pädagogik a. d. Hochschule f. Philosophie München

MARIA BLOHMKE, geb. Königsberg, Ostpreußen, Fachärztin f. innere Medizin, 1966 Habilitation f. Sozialmedizin, z. Z. wissenschaftl. Rätin u. Leiterin d. Abt. f. prospektive Epidemiologie d. Inst. f. Sozial- und Arbeitsmedizin d. Univ. Heidelberg

JOHANNES BÖKMANN, Prof., Dr., Prof. f. Moraltheologie a. Kölner Priesterseminar, Dozent a. Institut f. Lehrerfortbildung in Essen

PETER BRAUN, Dipl.-Psych., geb. 1943, Wiss. Lehrtherapeut (DBV) Ausbildung v. Verhaltenstherapeuten

IGOR A. CARUSO, Univ.-Prof., Dr., geb. 1914, Gründer d. „Wiener Arbeitskreises f. Tiefenpsychologie", ord. Prof. d. Univ. Salzburg (Tiefenpsychologie, Sozialpsychologie u. Klinische Psychologie)

RUTH CHARLOTTE COHN, geb. 1912, Psychotherapeutin u. Pädagogin, Professional Director a. Coordinator of the Workshop Institute for Living Learning (WILL), N. Y. Atlanta, Ga. Pittsburgh, Pa. u. Basel; Schweiz

EMERICH CORETH, SJ, geb. 1919, seit 1955 Prof. d. Philosophie a. d. Theolog. Fakultät d. Universität Innsbruck, seit 1972 Provinzial d. Jesuiten in Österreich

FRANZ DANDER, SJ, geb. 1901, a. o. Univ.-Prof. i. R., gegenw. vorwiegend seelsorglich tätig

KARL-HEINZ DEGENHARDT, Prof., Dr. med., geb. 1920, Dir. d. Inst. f. Humangenetik, Klinikum d. Univ. Frankfurt

HANS DIBOLD, Dr., geb. 1904, arbeitet als Internist, Diätetiker u. Schriftsteller in Linz

RUDOLF DIRISAMER, geb. 1946, Planungs-, Forschungs- und Lehrtätigkeit in den Bereichen Architektur-, Wohnungs-, Stadt- u. Kunstsoziologie (Wien)

GERD DOMANN, Mag., geb. 1934, kath. Priester (Pallottiner) u. Psychoanalytiker, z. Z. Doktorand a. Psycholog. Institut d. Univ. Salzburg, Individual- wie Gruppenberatung i. kirchl. Institutionen

MATHIAS DORCSI, Dr. med., geb. 1923, Facharzt für physikalische Medizin und Leiter des Institutes für homöopathische Medizin und der homöopathischen Ambulanz an der Wiener Poliklinik

ALEXANDER DORDETT, Univ.-Prof., Dr., geb. 1916, Ordinarius f. Kirchenrecht a. d. Univ. Wien

WILHELM DREIER, Prof., DDr., geb. 1928, Diplomvolkswirt, o. Prof. u. Vorst. d. Inst. f. Christl. Sozialwissenschaft d. Univ. Würzburg

JOH. H. EMMINGHAUS, Univ.-Prof., DDr., geb. 1916, Priester (Paderborn), nebenamtlicher Blindenseelsorger, o. Univ.-Prof. f. Liturgiewissenschaft in Wien

EGON FÄRBER, lic. theol., geb. 1937, Mitglied d. Kongregation d. Missionare v. d. Heiligen Familie, z. Z. wissenschaftl. Mitarbeiter a. Seminar f. Pastoraltheologie a. d. Univ. Mainz

ADOLF FALLER, Prof., Dr. med., Bc. phil., geb. 1913, Direktor d. Inst. f. Anatomie u. Spezielle Embryologie d. Univ. Fribourg (Schweiz)

HEINZ FLECKENSTEIN, Prof., Dr., geb. 1907, Priester, Professor (em.) f. Pastoraltheol. in Würzburg

HENNING FRICKE, geb. 1938, Dipl.-Soziologe, wiss. Assistent a. Inst. f. Arbeits- u. Sozialmedizin II d. Univ. Heidelberg

PETER FRÖR, Pastor, geb. 1942, Stud. d. Theologie u. Pastoralpsychologie, seit 1972 Krankenhausseelsorger i. Bethel b. Bielefeld u. Supervisor a. Seelsorgeinst. a. d. kirchl. Hochschule Bethel (Zentr. f. klinische Seelsorgeausbildung / CPE)

BALTHASAR GAREIS, Dr., geb. 1929, Oberpfarrer im Jugendstrafvollzug, Hochschuldozent für Psychologie in Ebrach (BRD)

HEIMO GASTAGER, Univ.-Prof., Dr. med., geb. 1925, Vorstand der psychiatrischen Krankenhausabteilung in Salzburg, Lehrbeauftragter f. med.

Psychologie u. Psychopathologie a. d. Philosoph. Fakultät f. Psychohygiene aus christl. Schau a. d. Theol. Fak. d. Univ. Salzburg

SUSANNE GASTAGER, Dr. phil., Psychologin, geb. 1931, Arbeit i. Bereich d. klin. Psychologie

KARL GASTGEBER, Prof., Dr. med. et theol., geb. 1920, Priester, Ordinarius f. Pastoraltheologie a. d. kath. theol. Fakultät d. Univ. Graz, Vorstand d. Pastoralinst. i. Graz

HERIBERT GAULY, Prof., Dr., geb. 1928, Ordinarius f. Pastoraltheologie i. Fachbereich kath. Theologie a. d. Univ. Mainz

HILDEGARD GOSS-MAYR, Dr., geb. 1930, Sekretärin des Internationalen Versöhnungsbunds (Unterstützung des Aufbaus gewaltloser Befreiungsbewegungen in Lateinamerika, Schulung in aktiver Gewaltlosigkeit in Europa)

ANTON GRABNER-HAIDER, Dr. theol., geb. 1940, phil. Forschungstätigkeit u. Verlagsarbeit in Graz

CHRISTIAN GREMMELS, Doz., Dr. theol., geb. 1941, Doz. f. Sozialethik im Fachbereich Evangelische Theologie der Philipps-Universität Marburg

GOTTFRIED GRIESL, Prof., Msg., Dr., geb. 1917, Vorstand des Instit. f. Pastoraltheologie d. Univ. Salzburg

GUIDO GROEGER, Prof., Dr., geb. 1917, Arzt u. Psychotherapeut, Dir. des Evangelischen Zentralinst. f. Familienberatung in Berlin, Prof. f. Pastoralpsychologie an der Kirchl. Hochschule Berlin

BRIGITTE GROH, Dr., geb. 1925, prakt. Ärztin, Schulärztin, langjährige Tätigkeit auf sexualpädagogischem Gebiet

BERNHARD HÄRING, Prof., Dr., geb. 1912, Redemptorist, Prof. für Moraltheologie an der Academia Alfonsiana Rom

CHRISTIANE HAERLIN, geb. 1942, Ausbildung als Beschäftigungstherapeutin, z. Z. an der Stiftung Rehabilitation Heidelberg (Betreuung psychisch Behinderter)

JULIUS HANAK, Militäroberpfarrer, Dr. theol., Soldatenpfarrer beim Korpskommando II, Salzburg

GEORG HANSEMANN, Prof., Dr., geb. 1913, Ordinarius f. Katechetik u. Vorstand des Inst. f. Katechetik an der theol. Fakultät d. Univ. Graz

HUBERT HARBAUER, Prof., Dr., geb. 1910, ordentlicher Prof. f. Kinderpsychiatrie an der Johann-Wolfgang-Goethe-Universität Frankfurt a. M.

HELMUT HARSCH, Prof., Dr., geb. 1929, Prof. f. Pastoralpsychologie am Theol. Seminar in Friedberg (Hessen)

ANNELISE HEIGL-EVERS, Prof., Dr. med., geb. 1921, Leiterin der Forschungsstelle f. Gruppenprozesse der Universität Göttingen

WILHELM HEINEN, Prof., Dr., geb. 1909, Priester, Ordinarius f. Moraltheologie an der Univ. Münster

ROLF HEINRICH, geb. 1946, Wiss. Ass. in Aachen

HANS-JÖRG HERBER, Prof., Dr., geb. 1944, Prof. an der Päd. Akad. der Diözese Linz, Lehrbeauftragter im Fach Psychologie an der Univ. Salzburg

EUGEN HEUN, Dr. med., Dr. phil., geb. 1898, Studium d. Medizin, Psychologie, Ethnologie u. Religionswissenschaft, Praxis als Facharzt f. innere Krankheiten u. Psychotherapie in Herborn

GOTTFRIED HIERZENBERGER, Dr. theol., geb. 1937, Verlagslektor in Wien

KARL HÖRMANN, Prof., Dr., geb. 1915, Universitätsprofessor f. Moraltheologie an der Universität Wien

ALEXANDER HOLLERBACH, Prof., Dr., geb. 1931, ord. Prof. f. Rechts- u. Staatsphilosophie, Geschichte d. Rechtswissenschaft u. Kirchenrecht an der Universität in Freiburg

HANS HOLLERWEGER, Prof., Dr., Prof. f. Liturgiewissenschaften an der Phil.-theol. Hochschule in Linz

HEINZ HUNGER, DDr. hab., geb. 1907, Lehrbeauftragter f. Sexualpädagogik an d. Gesamthochschule Wuppertal u. an d. Päd. Hochschule Rheinland, Abtlg. Aachen und Neuß

HUGO HUSSLEIN, Prof., Dr., Ordinarius f. Gynäkologie und Geburtshilfe an der II. Universitätsfrauenklinik der Univ. Wien

WERNER HUTH, Dr., Nervenarzt, Psychotherapeut, Vorstandsmitglied der int. Forschungsgemeinschaft f. Schicksalspsychologie, Lehrbeauftragter an der Hochschule f. Philosophie in München

HANS INNERLOHINGER, geb. 1931, hauptamtl. Betriebsseelsorger der VOEST-ALPINE in Linz, Pfarrer einer Betriebsgemeinde mit Centrum

PETER JANKOWSKI, geb. 1942, Diplom-Psychologe, Leiter der Evangel. Beratungsstelle f. Erziehungs- u. Ehefragen Würzburg, Lehrbeauftragter an der Universität Würzburg

WERNER JENTSCH, Dr. theol., geb. 1913, Kirchenratamtsleiter für Religionspädagogik u. kirchl. Bildungsarbeit in München

PHILIPP KAISER, Prof., Dr., geb. 1929, Prof. f. Geschichte der Philosophie und theologischen Propädeutik an der theol. Fakultät in Paderborn

JOSEPH A. KELLER, Dipl.-Psych., geb. 1944, Wiss. Ass. am Psych. Inst. der Universität Würzburg

BERNHARD KLAUS, Prof., Dr., geb. 1913, Ordinarius f. Prakt. Theologie, Vorstand des Seminars f. Homiletik u. Vorstand der Abteilung f. Chr. Publizistik an der Universität Erlangen-Nürnberg

ERNST KLEE, geb. 1942, Studium der Theologie und Sozialpädagogik, Publizist, Projektleiter „Umweltbewältigung f. Behinderte" an der Volkshochschule in Frankfurt

MICHAEL KLESSMANN, Psychotherapeut in Bethel

FERDINAND KLOSTERMANN, Prof., Dr., geb. 1907, Prof. f. Pastoraltheologie an der kath.-theol. Fak. d. Universität Wien

ADOLF KÖBERLE, Prof., Dr., geb. 1898, Prof. f. evangel. Theologie an der Universität Tübingen

ACHIM KRÄMER, geb. 1939, Dr. jur., Rechtsanwalt, wiss. Angestellter am Seminar f. Rechtsphilosophie u. Kirchenrecht der Universität Freiburg i. Breisgau

HUGO ENOMIYA-LASSALLE SJ, Dr., geb. 1898, Missionar, Leiter eines Meditationszentrums in der Nähe von Tokyo/Japan

HANS LAU, Prof., Dr. med., geb. 1927, Leitung der städtischen Frauenklinik Darmstadt, Akademisches Lehrkrankenhaus der Johann-Wolfgang-Goethe-Universität Frankfurt/Main

GERHARD LIEDKE, Dr., geb. 1937, Theologe, Wissenschaftlicher Referent an der Forschungsstätte der Evangelischen Studiengemeinschaft Heidelberg

HELGE CARL LINDINGER, Prim., Dr. med., geb. 1926, Primarius der II. Rehabilitationsabteilung des Niederösterr. Landeskrankenhauses Mauer-Amstetten, Facharzt in St. Pölten, Ehe- und Familienberatung der Inneren Mission in Wien, Konsulent und Mentor des Evangelischen Zentralinstituts f. Ehe- und Familienberatung in Berlin

FRANZ MÄNHARDT, Dr., geb. 1938, Univ.-Ass. am Institut f. Internationales Privatrecht u. Privatrechtsvergleichung der Universität Salzburg

GERHARD MARCEL MARTIN, Dr., geb. 1942, Wissenschaftlicher Assistent in Systematischer Theologie u. Schriftsteller, bis 1973 am Fachbereich Ev. Theologie an der Universität Tübingen

CHRISTOPH MAYERHOFER, Dr. jur., geb. 1935, Sektionsrat im BM f. Justiz, stellvertretender Abteilungsleiter f. Einzelstrafsachen in Wien

THEO MAYER-MALY, Univ.-Prof., Dr., geb. 1931, Prof. für bürgerliches und römisches Recht an der Univ. Salzburg

JOSEPH MAYER-SCHEU, Dr., geb. 1936, Oratorianer, Klinikpfarrer u. Leiter der klinischen Seelsorgeausbildung an den Universitätskliniken in Heidelberg, graduiert in TZI

HUBERT MAYR, geb. 1948, anerkannter österr. Waffendienstverweigerer, Theologiestudent, Wien

MARGRET MEERWEIN, geb. 1935, Dipl.-Psychologin und Psychagogin bei der Psychologischen Beratungsstelle der Evang. Landeskirche, Stuttgart

WERNER MENDE, Prof., Dr., geb. 1919, Leiter d. Abteilung f. Forensische Psychiatrie an der Universität München

KURT MEUSBURGER, Dr., geb. 1925, seit 1957 in Salzburg frei-praktizierender Facharzt f. Neurologie und Psychiatrie, Psychotherapeut. Arbeitsgemeinschaft

HANS BERNHARD MEYER SJ, Univ.-Prof., Dr., geb. 1924, Univ.-Prof. f. Liturgiewissenschaft an der Theol. Fakultät der Universität Innsbruck

JÜRGEN MICKSCH, Pfr., Dr. phil., geb. 1941, Theologe und Soziologe, Oberkirchenrat beim kirchlichen Außenamt der Evangelischen Kirche in Deutschland, Frankfurt

EGON MIELENBRINK, Vikar, Dr. theol., geb. 1937, Gemeinde- und Wallfahrtsseelsorger, Mitarbeiter f. Kirchliche Sendungen beim Deutschlandfunk Köln, Mitherausgeber der theol. Zeitschrift „Sein und Sendung"

DIETMAR MIETH, Univ.-Ass., Dr. theol., geb. 1940, Stipendiat d. Deutschen Forschungsgemeinschaft in Tübingen

FRIEDRICH MILDENBERGER, Prof., Dr., geb. 1929, o. Prof. f. systematische Theologie an der Universität Erlangen-Nürnberg

HANS MOLINSKI, Prof., Dr. med., Facharzt f. Psychiatrie und Neurologie, Psychoanalyse, Leiter der psychosomatischen Abteilung der Univ.-Frauenklinik Düsseldorf

WALDEMAR MOLINSKI, Prof., Dr., geb. 1926, Univ.-Prof. an der Gesamthochschule Wuppertal

JULIUS MOREL, Univ.-Prof., Dr., geb. 1927 Budapest, Vorstand des Institutes für Soziologie an der Rechts- und Staatswissenschaftl. Fakultät der Universität Innsbruck

BERTHOLD MOSER, Prof., DDr., geb. 1908, Rechtsanwalt in Salzburg

OTTO MUCK SJ, Univ.-Prof., Dr., geb. 1928, Professor f. Christliche Philosophie an der Theologischen Fakultät der Universität Innsbruck, Rektor des Canisianums

JÖRG MÜLLER, Dr., geb. 1943, Ass. am pastoralpsych. Inst. Salzburg

NORBERT MÜLLER-GERHARD, geb. 1935, Diplom-Psychologe, Missio Canonica, seit 1968 tätig an der Universitätsklinik f. Kommunikationsstörungen in Mainz

ALBRECHT MÜLLER-SCHÖLL, Dr., geb. 1927, Direktor der Diakonischen Akademie, zentrale Fortbildungsstätte des Diakonischen Werkes

HANS-RUDOLF MÜLLER-SCHWEFE, Prof., Dr., geb. 1910, Ordinarius am Seminar f. Praktische Theologie der Universität Hamburg

LEO NAVRATIL, Dr. med., univ. et phil., geb. 1921, Primararzt des Niederösterr. Landeskrankenhauses f. Psychiatrie und Neurologie Klosterneuburg

WALTER NEIDHART, Prof., Dr., geb. 1917, o. Prof. für praktische Theologie an der theol. Fakultät der Universität Basel

AGNES NIEGL, Dr., Min.-Rat., Abteilungsleiter im Österr. BM f. Unterricht und Kunst, Wien, Hauptarbeitsgebiet Anstalten der Lehrer- u. Erzieherbildung, Kindergärtnerinnen, Erzieher

GERHARD ONDER, geb. 1931, Sektionsrat (Abteilungsleiter) im Bundesmin. f. Justiz in Wien

ERICH PAKESCH, Prof., DDr., geb. 1917, Vorstand des Institutes f. medizinische Psychologie u. Psychotherapie d. Universität Graz

BERNHARD PAULEIKHOFF, Prof., DDr., geb. 1920, Prof. f. Klinische Psychopathologie in Münster

ANSGAR PAUS OSB, Dr., geb. 1932, Univ.-Prof. in Salzburg

KARL PEHL, geb. 1913, Frankfurt, Pfarrer, seit 1957 in der Telefonseelsorge in Frankfurt tätig, seit 1965 Leiter d. kath. „Arbeitsgemeinschaft Telefonseelsorge u. Offene Tür"

RUDOLF PFISTERER, Dekan, Dr., geb. 1914, seit 1952 Pfarrer an der Jugendstrafanstalt Schw. Hall, seit 1970 Dekan im Strafvollzug

PAUL PHILIPPI, Prof., Dr., Leiter des Diakonischen Instituts in Heidelberg

VINZENZ PLATZ, geb. 1934, Diözesanfamilienseelsorger im Erzbistum Freiburg

HEINRICH POMPEY, Doz., Dr. theol., Dipl.-Psych., geb. 1936, Hochschullehrer für Pastoraltheologie und Pastoralpsychologie an der Universität Würzburg; psychotherapeutische und seelsorgliche Mitarbeit in der Kirchlichen Ehe- und Lebensberatungsstelle Würzburg

JOSEF RABAS, Prof., Dr. theol., geb. 1908, Prof. d. Katechetik u. Religionspädag. in der Theol. Fakultät Würzburg

REINHARD RAPP, Pastor, geb. 1926, Chefredakteur d. evangelischen Sonntagblattes „Die Botschaft", Hannover. Publizistisch tätig auf dem Grenzgebiet zwischen Theologie und Naturwissenschaft

STEFAN REHRL, Univ.-Prof., DDDr., Vorstand d. Moraltheologischen Instituts der Theologischen Fakultät, Universität Salzburg

ARTUR REINER, Dr., geb. 1928, Mitglied des Oratoriums Philipp Neri in Heidelberg. Seit 1959 katholischer Pfarrer an den Universitätskliniken in Heidelberg

ANDREAS RETT, Prof., Dr., geb. 1924, Univ.-Prof. f. Neuropädiatrie, Vorstand der Klinik f. entwicklungsgestörte Kinder der Stadt Wien, Leiter des Ludwig-Boltzmann-Institutes zur Erforschung kindl. Hirnschäden

RICHARD RIESS, Doz., Dr., geb. 1937, Dozent f. Pastoralpsychologie am Pastoralkolleg der Evang. Luth. Kirche in Bayern (Erlangen)

ERWIN RINGEL, Prof., Dr., geb. 1921, Leiter der psychosomatischen Abteilung an der Psychiatrischen Universitätsklinik, Vorsitzender des Vereins für Individualpsychologie in Österreich, Gründer und Ehrenpräsident der Internationalen Vereinigung für Selbstmordverhütung, ärztlicher Leiter des psychohygienischen Dienstes der Caritas

DOROTHEA RÖHR, Doz., Dr., geb. 1942, beschäftigt an der Justus-Liebig-Universität in Gießen als Dozentin für Medizinische Soziologie

WOLFGANG RÖMER, Msgr., geb. 1928, Leiter der „Zentralstelle für katholische Seelsorge bei Sinnesgeschädigten (Blinde, Gehörlose, Taubblinde) in der BRD

HILDE ROSENMAYR, Dr. phil., geb. 1925 in Wien, Mitarbeit an mehreren Veröffentlichungen auf dem Gebiet der Alterssoziologie

LEOPOLD ROSENMAYR, Prof., Dr., Prof. f. Soziologie an der Universität Wien

FRANZ XAVER ROTH, Prof., Dr., geb. 1926, Prof. für Religionspädagogik an der Pädagogischen Akademie in Krems

GOTTFRIED ROTH, Dr. med., geb. 1923, Facharzt für Neurologie u. Psychiatrie, Oberarzt am neurol. Krankenhaus Rosenhügel Wien, Lehrbeauftragter für Pastoralmedizin an der theol. Fakultät der Univ. in Wien

BERNHARD RÜTHER, P., Dr., Kamillianer (OSC), geb. 1913 in Gescher i. Westfalen. Leiter der Abteilung Gesundheitshilfe im Deutschen Caritasverband und Mitglied des Geschäftsführenden Vorstandes des Deutschen Caritasverbandes

WILFRIED RUFF SJ, Dr. med. Dr. theol., geb. 1937, Lehrauftrag f. Pastoralanthropologie an der Phil.-Theol. Hochschule St. Georgen, Frankfurt, z. Z. Sozialpsychiater im Niedersächs. Landeskrankenhaus Tiefenbrunn

PURVEZIJ J. SAHER, Dr., Präsident d. Internationalen Gesellschaft f. Religionsphilosophie u. Geistesgeschichte e. V. in Münster

HANS SCHÄFER, Prof., Dr. med., geb. 1906, Direktor d. I. Physiologischen Institutes geschäftsf. Direktor am Institut f. Sozial- und Arbeitsmedizin, Universität Heidelberg

JOACHIM SCHARFENBERG, Prof., Dr., geb. 1927, Psychoanalytiker und ordentlicher Professor für Praktische Theologie an der Christian-Albrechts-Universität Kiel

MARTIN SCHEEL, Pastor, Dr. med., geb. 1917, Ausbildung als Theologe und Mediziner, missionsärztliche Tätigkeit in Indien 1951—1957, seit 1961 Dir. des Deutschen Instituts für Ärztliche Mission e. V.

KARL E. SCHILLER, Dr., geb. 1928, evang. Pfarrer, Vorsitzender des Ausschusses für Sozialtherapie der Evang. Kirche A. u. H. B. in Österreich, Geschäftsführer der Österr. Arbeitsgemeinschaft „Arzt und Seelsorger"

RAOUL SCHINDLER, Prof., Dr., geb. 1923, Vorstand d. VII. Abt. d. Psychiatrischen Krh. d. Stadt Wien, Leiter des Referates Psychohygiene des Gesundheitsamtes d. Stadt Wien, Sekretär d. Österr. Arbeitskreises f. Gruppentherapie u. Gruppendynamik, Leiter des Wiener Arbeitskreises der Österr. Arbeitskreise f. Tiefenpsychologie

SEPP SCHINDLER, Prof., Dr., Leiter der Abteilung f. Sozialisationsforschung und Entwicklungspsychologie am Psychologischen Institut der Universität Salzburg

HEINRICH SCHIPPERGES, Prof., Dr. med., Dr. phil., geb. 1918, Direktor des Instituts für Geschichte der Medizin, Universität Heidelberg

FELIX SCHLOSSER, Dr., geb. 1927, Direktor d. Instituts der Orden für missionarische Seelsorge und Spiritualität, Frankfurt

JOSEF SCHMITZ-ELSEN, Dr., geb. 1934, Leiter der Hauptvertretung des Deutschen Caritasverbandes in Bonn, Jurist

FRANZ-MARTIN SCHMÖLZ, o. Univ.-Prof., Dr., geb. 1927, Vorstand d. Inst. für Philosophische Gesellschaftslehre u. Politische Theorie, Universität Salzburg

ERWIN SCHMUTTERMEIER, Dr., geb. 1921 in Kautzen, Kinderfacharzt, Direktor des Landes-Jugendheimes und der Heilpädagog. Station des Landes NÖ. Lehrbeauftragter für „Heilpädagogik" an der Hochschule für Musik Wien

HEINRICH SCHNEIDER, Prof., Dr. phil., geb. 1929, Ordinarius für Politikwissenschaft, Vorstand d. Instituts für Theorie der Politik sowie des Instituts für Friedensforschung der Universität Wien

WOLFGANG SCHWERD, Prof., Dr. med., geb. 1924, o. Univ.-Prof. f. Gerichtliche Medizin an der Universität Würzburg, derzeit Präsident der Deutschen Gesellschaft f. Rechtsmedizin

EDUARD SEIDLER, Prof., Dr., Univ.-Prof. an der Universität Freiburg i. Br.

WILLIBALD SLUGA, Dr., Facharzt für Psychiatrie und Neurologie, Oberarzt an der Psychiatrischen Universitätsklinik Wien, Psychiatrischer Konsulent des österr. Bundesministeriums f. Justiz

YORICK SPIEGEL, Doz., Dr., geb. 1935, Dozent an der Universität Gießen, Fachbereich Religionswissenschaften

HERMAN A. M. J. M. VAN DE SPIJKER ofm. Cap., P., Dr., geb. 1936, Pastoraltheologe im Deventer Krankenhaus

HERMANN STENGER, Prof., Dr., geb. 1920, Fortbildung und Beratung kirchlicher Berufe

GERHARD STÖVESAND, Dr., geb. 1936. Tätig in der psychoanalyt. ausgerichteten Lebensberatung

DIETRICH STOLLBERG, Prof., Dr. theol., geb. 1937, Prof. f. Prakt. Theologie mit Schwerpunkt Seelsorge an der Kirchlichen Hochschule Bethel in Bielefeld (BRD), Psychotherapeut

DIETER STOODT, Prof., Dr. theol., geb. 1927, Prof. f. Evang. Theologie unter bes. Berücksichtigung der Religionspädagogik an der Universität Frankfurt, Fachbereich Religionswissenschaften

GÜNTER STRUCK, Dr. med., geb. 1923, Facharzt für Neurologie, Psychiatrie und Psychotherapie, seit 1968 Direktor des Katholischen Zentralinstituts für Ehe- und Familienfragen, Lehrbeauftragter für Psychohygiene am Klinikum Essen

JOSEF SUDBRACK SJ, Doz., Dr., geb. 1925, Dozent für Spiritualität in Innsbruck, Gastprofessor Divinity School Harvard USA

GEORG TEICHTWEIER, Prof., Dr. theol., o. Prof. der Moraltheologie an der Julius-Maximilians-Universität Würzburg

RICHARD ÜBELHÖR, Prof., Dr., geb. 1901, em. Vorstand der urolog. Universitätsklinik, derzeit Facharzt in Wien

RICHARD VÖLKL, Prof., Dr., geb. 1921, Ordinarius f. Caritaswissenschaft und Christliche Sozialarbeit, Dir. des gleichnamigen Institutes der Universität Freiburg i. Br.

GUSTAV L. VOGEL, DDDr., Prof. f. Pastoralmedizin a. d. Univ. Bochum u. d. Theol. Hochschule d. Pallottiner in Vallendar.

LORENZ WACHINGER, Dr. theol., geb. 1936, studiert derzeit Psychologie und arbeitet als Eheberater

HANS-JOACHIM WACHSMUTH, Pastor, Supervisor am Zentrum f. klinische Seelsorgeausbildung, Bethel

ALOIS WAGNER, Dr., geb. 1924, Weihbischof v. Linz, geistl. Leiter d. österr. Entwicklungshelferdienstes

JOSEF WEINBERGER, geb. 1943, Studium der Theologie, Hochschulassistent f. Religionspädagogik an der Kath.-Theol. Fak. der Univ. Wien, zur Zeit Ausbildung zum Sozialarbeiter in Wien

JOSEF WEISMAYER, Doz., Dr., geb. 1936, Oberassistent am Institut f. Dogmatische Theologie und Dogmengeschichte der Univ. Wien

BERNHARD WELTE, Prof., Dr., geb. 1906, Prof. f. christl. Religionsphilosophie an der Theologischen Fakultät d. Universität Freiburg

HORST WESTMÜLLER, Pfarrer, geb. 1939, wissenschaftl. Referent f. Theologie u. Sozialethik am Sozialwissenschaftl. Institut der evang. Kirche Deutschlands, Bochum

ECKART WIESENHÜTTER, Prof., Dr., geb. 1919, Leitender Chefarzt, z. Z. apl. Prof. f. Psychiatrie und Neurologie an der Univ. Tübingen

IGNAZ ZANGERLE, Prof., Dr., geb. 1905, Bundesstaatl. Volksbildungsreferent i. R., Lehrbeauftragter f. Erwachsenenbildung a. d. Univ. Innsbruck

EDITH ZERBIN-RÜDIN, Doz., Dr. med., geb. 1921, Wissenschaftliche Mitarbeiterin am Max-Planck-Institut für Psychiatrie, München, Privatdozentin für Medizinische Genetik an der Universität München

VALENTIN ZSIFKOVITS, Univ.-Prof., DDr., geb. 1933, Prof. an der Universität Graz, Generalsekretär des Universitätszentrum f. Friedensforschung in Wien

PAUL M. ZULEHNER, Doz., DDr., geb. 1939, Pastoralsoziologe, Lehrbeauftragter an den Universitäten Würzburg und Wien

ABKÜRZUNGEN DER AUTORENNAMEN

Ai	= Aigner, Dr. Andreas, Graz		Fri	= Fricke, Dr. Henning, Heidelberg
An	= Andreae, Dr. Stefan, Bonn-Beuel		Ga	= Gastager, Dr. Heimo, Salzburg
Ar	= Arnold, Prof. Dr. Wilhelm, Würzburg		GaS	= Gastgeber, Dr. Susanne, Salzburg
As	= Asperger, Prim. Univ.-Prof. Dr. Hans, Wien		Gg	= Gastgeber, Dr. Karl, Graz
Ba	= Bauer-Debois, Dr. Karl, Linz		GH	= Grabner-Haider, Dr. Anton, Graz
Be	= Beckmann, Dr. Klaus, Darmstadt		Gm	= Gremmels, Dr. Christian, Marburg
Bl	= Bleistein, Dr. Roman, München		Go	= Groh, Dr. Brigitte, Wien
Bo	= Blohmke, Univ.-Doz. Maria, Heidelberg		Goe	= Groeger, Prof. Dr. Guido, Berlin-Schlachtensee
Bö	= Bökmann, Prof. Dr. Johannes, Bad Honnef		GoM	= Goss-Mayr, Dr. Hildegard, Wien
Br	= Braun, Dipl.-Psych. Peter, Würzburg		Gr	= Griesl, Dr. Gottfried, Salzburg
Bt	= Barth, Univ.-Doz. Dr. Hans-Martin, Erlangen		Gy	= Gauly, Dr. Heribert, Mainz
By	= Beyreuther, Univ.-Prof. Dr. Erich, Feldkirchen-München		Ha	= Harbauer, Prof. Dr. H., Frankfurt
Bz	= Barz, Dr. Helmut, Herrliberg		Hae	= Haerlin, Christiane, Heidelberg-Wieblingen
Ca	= Caruso, Univ.-Prof. Dr. Igor, Salzburg		Hb	= Herber, Dr. Hans-Jörg, Linz/Magdalena
Ch	= Coreth, Prof. Dr. Emmerich, Wien		He	= Heun, DDr. Eugen, Herborn
Co	= Cohn, Dr. Ruth C., New York		Hg	= Hunger, Doz. Dr. Heinz, Münster
Da	= Dander, Univ.-Prof. Dr. Franz, Klagenfurt		Hi	= Heinrich, Dr. Rolf, Aachen
Dc	= Dorcsi, Dr. Matthias, Wien		Hk	= Hanak, Dr. Julius, Wals/Salzburg
De	= Degenhardt, Prof. Dr. Karl-Heinz, Schwalbach		Hl	= Heigl-Evers, Dr. Annelise, Tiefenbrunn
Di	= Dibold, Dr. H., Linz		Hm	= Hansemann, Univ.-Prof. Dr. Georg, Graz
Do	= Domann, Dr. Gerd, Salzburg		Hn	= Heinen, Prof. Dr. Wilhelm, Münster
Dr	= Dreier, Prof. DDr. Wilhelm, Würzburg		Ho	= Hollerbach, Dr. A., Hugstetten
Ds	= Dirisamer, Rudolf, Wien		Hö	= Hörmann, Prof. Dr. Karl, Wien
Dt	= Dordett, Prof. Dr. Alexander, Wien		Hr	= Häring, Univ.-Prof. Dr. Bernhard, Bonn
Em	= Emminghaus, Prof. DDr. J. H., Klosterneuburg		Hs	= Harsch, Dr. Helmut, München
Fa	= Faller, Prof. Dr. Adolf, Fribourg		Ht	= Huth, Dr. Werner, München
Fä	= Färber, Dr. Egon, Mainz		Hu	= Husslein, Prof. Dr. Hugo, Wien
Fl	= Fleckenstein, Dr. Heinz, Würzburg		Hw	= Hollerweger, Dr. H., Linz
Fr	= Frör, Studienleiter Pastor Peter, Bielefeld/Bethel		Hz	= Hierzenberger, Dr. Gottfried, Wien
			In	= Innerlohinger, Hans, Linz

Ja	=	Jankowski, Dr. Peter, Würzburg
Je	=	Jentsch, Kirchenrat Dr. Werner, München
Ka	=	Kaiser Dr. Philipp. Würzburg
Ke	=	Klee, Ernst, Frankfurt
Kl	=	Klaus, Prof. Dr. Bernhard, Erlangen
Klr	=	Keller, Josef A., Dipl.-Psych., Würzburg
Ko	=	Klostermann, Univ.-Prof. Dr. Ferdinand, Wien
Kö	=	Köberle, Dr. Adolf, München
Kr	=	Krämer, Achim
Ks	=	Klessmann, Dr. Michael, Bethel
La	=	Lau, Prof. Hans, Darmstadt
Ld	=	Lindinger, Primar Dr. Helge, St. Pölten
Li	=	Liedke, Dr. Gerhard, Heidelberg
Ls	=	Lassalle, P. Hugo Enomiya Tokyo
Ma	=	Martin, Dr. G. M., New York
Mä	=	Mänhardt, Dr. Franz, Salzburg
May	=	Mayr, Hubert, Wien
Mb	=	Mielenbrink, Dr. Egon, Telgte
Md	=	Mildenberger, Dr. Friedrich, Erlangen-Kosbach
Me	=	Meerwein, Dipl.-Psych., Margret, Stuttgart
Mg	=	Meusburger, Dr. Frau u. Herr, Salzburg-Parsch
Mh	=	Mayerhofer, Sekt.-Rat Dr. Christoph, Wien
Mi	=	Micksch, Dr. J., Frankfurt
Mk	=	Molinski, Dr. Hans, Düsseldorf
Ml	=	Morel, Prof. Dr. Julius, Innsbruck
MM	=	Mayer-Maly, Prof. Dr. Theo, Salzburg
Mn	=	Mende, Prof. Dr. Werner, München
Mo	=	Molinski, Dr. Waldemar, Wuppertal
Mr	=	Moser, DDr. Berthold, Salzburg
MS	=	Mayer-Scheu, Dr. Josef, Heidelberg
Mt	=	Mieth, Dr. Dietmar, Tübingen
Mu	=	Muck, Dr. P. Otto, Innsbruck
Mü	=	Müller, Dr. Jörg, Salzburg
MüG	=	Müller-Gerhard, Dipl.-Psych., Norbert, Frankfurt
MüS	=	Müller-Schöll, Dr. Albrecht, Stuttgart
Mw	=	Müller-Schwefe, Dr. H.-R., Hamburg
My	=	Meyer, Dr. P. Klaus Bernhard, Innsbruck
Na	=	Navratil, Dr. Leo, Gugging
Ne	=	Neidhart, Prof. W., Reinach
Ni	=	Niegl, Min.-Rat Dr. Agnes, Wien
On	=	Onder, Sekt.-Rat Dr. Gerhard, Wien
Pa	=	Pakesch, Univ.-Prof. Dr. Erich, Graz
Pe	=	Pehl, Pastor Dr. Karl, Frankfurt
Pf	=	Pfisterer, Dekan Dr. Rudolf, Schwäbisch Hall
Ph	=	Philippi, Prof. Dr. Paul, Heidelberg
Pk	=	Pauleikhoff, DDr. Bernhard, Münster
Pl	=	Platz, Vinzenz, Freiburg
Po	=	Pompey, Doz. Dr. Heinrich, Höchberg
Ps	=	Paus, P. Dr. Ansgar, Salzburg
Rb	=	Rabas, Prof. Dr. J., Würzburg
Re	=	Rett, Prim. Univ.-Doz. Dr. Andreas, Wien
Rf	=	Ruff, DDr. Wilfried, Göttingen
Ri	=	Riess, Dr. Richard, Erlangen-Buchenhof
Rl	=	Ringel, Dr. Erwin, Univ.-Prof., Wien
Rm	=	Römer, Msgr. Wolfgang, Düren
Rn	=	Reiner, Dr. Artur, Rektor, Pfarrer, Heidelberg
Ro	=	Roth, Prof. Dr. Franz Xaver, Krems
Rö	=	Röhr, Doz. Dr. Dorothea, Giessen
Rp	=	Rapp, Pastor Hans-Reinhardt, Hannover
Rr	=	Rehrl, Prof. Dr. Stefan, Salzburg
Rs	=	Rosenmayr, Univ.-Prof. Dr. Leopold u. Dr. Hilde, Wien
Rt	=	Roth, Doz. Dr. Gottfried, Wien
Rü	=	Rüther, P. Dr. Bernhard, Freiburg
Scha	=	Scharfenberg, Prof. Dr. Joachim, Kiel

Schä	= Schäfer, Prof. Dr. Hans, Heidelberg		Stu	= Struck, Dir. Dr. Günther,
Schd	= Schindler, Prof. Dr. Raoul, Wien		Stv	= Stövesand, Dr. Gerhard, Salzburg
SchE	= Schmitz-Elsen, J., Dir., Bonn		Su	= Sudbrack, Prof. Dr. P. Josef, München
Sche	= Scheel, Pfarrer Dr. M., Tübingen		Te	= Teichtweier, Prof. Dr. Georg, Lengfeld
Schi	= Schiller, Dr. Karl E., Ried		Üb	= Übelhör, Prof. Dr. Richard, Wien
Schl	= Schindler, Dr. Sepp, Salzburg		Vo	= Vogel, Univ.-Prof. DDDr. Gustav, Essen
Schm	= Schmuttermeier, Hofrat Dr. Erwin, Wien		Vö	= Völkl, R., Prof. Dr., Freiburg
Schn	= Schneider, Univ.-Prof. Dr. Heinrich, Kaltenleutgeben		Wa	= Wachinger, Dr. L., München
Schö	= Schlösser, P. Dr. F., Frankfurt		Wei	= Weinberger, Ass. Josef, Wien
Schp	= Schipperges, Prof. DDr. Heinrich, Heidelberg		Wg	= Wagner, Weihbischof Dr. Alois, Linz
Schw	= Schwerd, Univ.-Prof. Dr. W., Würzburg		Wi	= Wiesenhütter, Dr. E., Aschau
Schz	= Schmölz, Univ.-Prof. Dr. Franz-Martin, Salzburg		Wm	= Westmüller, Pfarrer Horst, Bochum
Sa	= Saher, Dr. P. J., Münster		Wt	= Welte, Prof. Dr. Bernhard, Freiburg
Se	= Seidler, Dr. Eduard, Freiburg		Wth	= Wachsmuth, Hans-Joachim, Bethel
Sl	= Sluga, Dr. Willibald, Wien		Wy	= Weismayer, Dr. Josef, Wien
Spi	= Spiegel, Doz. Dr. Yorick, Frankfurt-Westend		Za	= Zangerle, Prof. Dr. Ignaz, Innsbruck
Spj	= Spijker, P. Dr. Herman van de, Deventer		Ze	= Zerbin-Rüdin, Doz. Dr. Edith, München
Std	= Stoodt, Prof. Dr. Dieter, Darmstadt		Zs	= Zsifkovits, Prof. Dr. V., Graz
Ste	= Stenger, Prof. Dr. Hermann, München		Zu	= Zulehner, DDr. Paul M., Wien
Sto	= Stollberg, Prof. Dr. Dietrich, Bethel			

ABKÜRZUNGSVERZEICHNIS

a. a. O.	= am anderen Ort (Hinweis auf ein schon vorher zitiertes Buch)	HPTh	= Handbuch der Pastoraltheologie
ABGB	= Allgemeines Bürgerl. Gesetzbuch	i. e. S.	= im engeren Sinn
		incl.	= inclusive
Abs.	= Absatz	insbes.	= insbesondere
allg.	= allgemein		
Art.	= Artikel	Jh.	= Jahrhundert
AT	= Altes Testament	jur.	= juristisch
atl.	= alttestamentlich		
		kath.	= katholisch
Bd.(e)	= Band (Bände)	konfess.	= konfessionell
bes.	= besonders	krit.	= kritisch
best.	= bestimmt		
betr.	= betreffend	Lj.	= Lebensjahr
BGBl	= Bundesgesetzblatt	lt.	= laut
bibl.	= biblisch		
BRD	= Bundesrepublik Deutschland	ma.	= mittelalterlich
		mag.	= magisch
bzw.	= beziehungsweise	mhd.	= mittelhochdeutsch
ca.	= circa		
christl.	= christlich	NS	= Nationalsozialismus
chron.	= chronisch	NT	= Neues Testament
		ntl.	= neutestamentlich
dementspr.	= dementsprechend		
deutschspr.	= deutschsprachig	o. ä.	= oder ähnlich
d. h.	= das heißt	od.	= oder
d. i.	= das ist	ÖJGG	= Österreichisches Jugendgerichtsgesetz
dJGG	= deutsches Jugendgerichtsgesetz		
dt.	= deutsch	päd.	= pädagogisch
		past.	= pastoral
einschl.	= einschließlich	phil.	= philosophisch
emot.	= emotional, emotionell	psych.	= psychologisch
entspr.	= entsprechend		
evtl.	= eventuell	rel.	= religiös
		RGG	= Religion in Geschichte und Gegenwart
f.	= für		
geist.	= geistig	s.	= siehe
geistl.	= geistlich	s. a.	= siehe auch
G(es). W.	= Gesammelte Werke	s. d.	= siehe dort
GG	= Grundgesetz	sex.	= sexuell
ggf.	= gegebenenfalls	sog.	= sogenannt
gw.	= gegenwärtig	soz.	= sozial
		soziol.	= soziologisch
Hdb.	= Handbuch	spez.	= speziell
hl.	= heilig	spezif.	= spezifisch

theol.	= theologisch	u. U.	= unter Umständen
trad.	= traditionell	u. zw.	= und zwar
tw.	= teilweise		
		v.	= von
u.	= und	v. a.	= vor allem
u. a.	= unter anderem	versch.	= verschieden
u. ä.	= und ähnlich	vgl.	= vergleiche
u. a. m.	= und anderes mehr		
u. dgl.	= und dergleichen	z. B.	= zum Beispiel
UN	= Vereinte Nationen	z. T.	= zum Teil
urspr.	= ursprünglich	zw.	= zwischen
usw.	= und so weiter	z. Zt.	= zur Zeit

Abartig ↗ Abnorme Persönlichkeit ↗ Perversionen

Aberglaube. 1. A. bedeutet — etymolog. gesehen — „Irrglaube" = in rel. Scheu u. mag. Denken wurzelnder verkehrter ↗ Glaube (Übersetzung v. lat. ‚superstitio' = ängstl. Scheu, Wahnglaube). Die Erkenntnis u. Bewertung einer Haltung (Handlung, Ansicht usw.) als A. setzt eine krit. Distanz zur Weltanschauung u. Welterfahrung der ↗ Magie voraus, wie sie nur auf einer best. Entwicklungsstufe v. ↗ Religiosität (Glaube) u. auf der Basis einer rational wissenschaftl. Weltsicht möglich wird. — 2. A. setzt ein mag. Weltbild voraus od. jedenfalls Restbestände davon (die Welt ist v. übermenschl. bedroht. Machtwirkungen bestimmt, denen gegenüber man ↗ Angst, Unfreiheit u. ↗ Abhängigkeit empfindet u. vor denen man sich durch best. Maßnahmen schützen will). Solche „Überhangsmagie" äußert sich bes. häufig in den Grenzsituationen des Lebens (z. B. gegenüber ↗ Krankheit u. ↗ Tod), in Situationen gesteigerter Angst, weitreichender ↗ Entscheidungen od. unerträgl. Belastungen. Der Mensch begegnet darin „Mächten u. Gewalten", über die er nicht verfügen kann, die ihn verunsichern u. in Frage stellen. Statt darauf mit hoffendem ↗ Vertrauen (Glauben) zu reagieren, die Kräfte zu analysieren, sich ihrer innerweltl. (psychischen, physischen, gesellschaftl.) Struktur zu vergewissern u. sie damit zu bestehen, reagiert der A. mit allerlei angeblich bewährten Mitteln (↗ Ritual, Befragen v. Wahrsagern, Astrologen, Chirologen, Strahlenkundigen usw.; Beobachtung gewisser Zeiten, Worte, Reihenfolgen usw.; Benützung versch. Gegenstände wie Maskottchen, Talisman ...) u. tut damit so, als ob man eine „andere Wirklichkeit" solcherart manipulieren könnte. — 3. Vom Standpunkt absolut gesetzter rationaler Wissenschaftlichkeit aus erscheint jede Religion als A.; dies wird aber der transzendentalen Struktur des Menschen nicht gerecht (↗ Transzendenz, Geheimnis) u. provoziert geradezu ↗ Religionsersatz. Das Christentum distanziert v. seiner Basis her (Bibel) den A.n als Vertrauensmangel Gott gegenüber u. als Unglauben, sah sich aber im Laufe seiner Geschichte immer wieder genötigt, sich v. A. u. seinen Praktiken abzugrenzen u. zu befreien, da die „mag. Schicht" in jedem Menschen immer wieder fixiert bzw. dominant, jedenfalls zu wenig integriert wurde. — 4. Bes. gefährlich wirkt sich A. der ↗ Krankheit gegenüber aus. Die vielfältigen Erfahrungen menschl. Ohnmacht u. die Gefühle des Ausgeliefertseins u. der Angst treiben den Menschen immer wieder dazu, sich v. ↗ Wunderheilungen, Entstrahlungsgeräten, Magnetiseuren u. dgl. ↗ Heilung u. Heil zu erwarten. Sehr oft wird dieses verzweifelte Sicherungs- u. Hilfebedürfnis der leidenden Menschen in okkultkrimineller Weise ausgenützt. — 5. Pastoralanthropolog. ist folgendes anzumerken: ↗ Seelsorge muß A. als Symptom einer Existenzkrise, einer tiefliegenden menschl. Not verstehen. Diese Not muß ernst genommen u. bewußt gemacht werden. Abhilfe kann eigentl. nur im Zusammenhang eines umfassenden Reifungsprozesses des Menschen geschaffen werden (Einüben in krit. Bewußtsein, ethisches Verhalten, Leben mit der Unsicherheit, Freiheit v. den Zwängen, Selbständigkeit, glaubendes Vertrauen, Dasein-für-andere, in das „Trotzdem" v. Sinn, Bejahung u. Vollendung angesichts v. Sinnlosigkeit, ↗ Verzweiflung u. Scheitern). Im Zuge eines solchen Lernprozesses kann A. aufgedeckt, distanziert u. überwunden werden. Hz

Lit.: Bächtold/Stäubli, Handwörterbuch des deutschen Aberglaubens (1927 ff.); H. Gottschalk, Der Aberglaube. Wesen u. Unwesen (1965); E. Saxrer, Aberglaube, Heuchelei u. Frömmigkeit (1970).

Abhängigkeit. Jeder Mensch ist in vielfältiger Weise abhängig v. seiner ↗ Umwelt, ohne die er nicht existieren könnte. Seine A. zeigt sich in ↗ Bedürfnissen, die mittels unbelebter u. belebter Objekte sowie in best. ↗ Verhaltensmustern bzw. Gewohnheiten (↗ Gewöhnung-Gewohnheit) zu befriedigen sucht. So braucht der Mensch Nahrung, um seinen Hunger zu stillen, einen Partner, um sein Sehnen nach ↗ Liebe zu erfüllen, u. das Wohlwollen seiner Mitmenschen, das er sich

z. B. durch Grußgesten erhalten kann. Für das ↗ Kind ist die A. v. einer ↗ Bezugsperson notwendig, um sich mit seiner ↗ Umwelt auseinandersetzen u. v. ihr abgrenzen zu können; derart gesichert, vermag das Kind sich versch. Verhaltensweisen anzueignen u. soziale ↗ Werte zu verinnerlichen, die ihm später eine ihm entspr. Stellung in der ↗ Gemeinschaft ermöglichen. Aus dem einseitigen A.sverhältnis, bei dem das Kind allein Hilfe empfängt, wird so zunehmend eine partnerschaftl. Beziehung, die durch gegenseitiges Helfen u. Stützen geprägt ist (↗ Partnerschaft). In einer A. des Gebens u. Nehmens erlebt sich der Mensch dann in Beruf u. ↗ Freizeit, in ↗ Freundschaft, ↗ Ehe u. ↗ Familie.

Als eigentl. A. od. Sucht wird jedoch ein Verhalten bezeichnet, das die ↗ Personalisation bzw. ↗ Sozialisation des Individuums verhindert, weil es v. jenen dem menschl. Wesen eigenen Formen der A. abweicht. Dabei wird etwas, zu dem eine auch natürl. A. bestehen kann, in seinem Wert verabsolutiert, so daß alles Handeln u. jede Zielsetzung darauf ausgerichtet werden. Eine solche krankhafte A. ist also ein Zustand, in dem ein Mensch derart auf ein best. Objekt od. Verhaltensmuster bezogen ist, daß er dieses allem anderen vorzieht u. sich selbst ihm unterordnet. Sie kann sich im physischen u. psychischen Bereich manifestieren.

Eine physische A. läßt sich durch wiederholte Gaben v. best. Substanzen (↗ Drogen) auch bei Tieren erzeugen. Sie zeigt sich in einer ↗ Gewöhnung (Toleranz) an den Stoff u. bei seinem Entzug in Abstinenzerscheinungen. Je nach der Substanz ist die Gewöhnung verursacht durch eine Herabsetzung der Empfindlichkeit des Zentralnervensystems od./u. durch die Beschleunigung des Abbaues der Substanz in der Leber; deswegen werden immer höhere Dosen der Droge notwendig, um den urspr. Effekt erzielen zu können. Die Entzugssymptome, die ebenso Ausdruck biochem. Umstellungen sind, machen sich als Schwäche, Unruhe, Zittern, Schwitzen, Durchfall usw. bemerkbar. Mit der körperl. A. ist eine psychische verbunden, die als Drang nach Einverleiben der Droge auftritt, sobald jener Stoff im Blut einen Schwellenwert unterschritten hat, bei dem seine psych. Wirkung nachläßt u. sich körperl. Entzugssymptome bemerkbar machen. Die wiederholte Zufuhr der Droge wird zu einem Fehlverhalten mit hoher Selbstverstärkung, wobei sich das Bedürfnis nach dem betr. Stoff verselbständigt auf Kosten aller anderen Bedürfnisse des Individuums.

Häufiger sind jedoch *psychische* A.n, bei denen eine körperl. A. nicht od. nur sekundär auftritt, so daß sie sich nicht pharmakolog. erklären lassen. Sie können alle menschl. Verhaltensweisen u. Funktionen betreffen u. werden z. B. als Spiel-, Arbeits-, Freß-, Rauch-, Wander-, Fernseh-, Geltungs- u. Streitsucht bezeichnet. Die Kriterien f. eine psych. A. sind: 1. ein Motiv, das in einem scheinbar nicht zu lösenden ↗ Konflikt begründet ist; 2. der Drang, das betr. Fehlverhalten ständig zu wiederholen; 3. der Kontrollverlust, so daß die Willenskraft allein nicht mehr ausreicht, um jenes Fehlverhalten aufzugeben; 4. die Einsichtslosigkeit bzgl. der A. u. ihrer Zerstörung der eigenen ↗ Person u. Umwelt. Als Ursachen psych. A. werden Störungen in der ↗ Persönlichkeitsstruktur u. -entwicklung sowie Umweltfaktoren diskutiert. In der ↗ Psychiatrie wurde die A. auf einen psychopath. Charakter zurückgeführt, der sich in Haltlosigkeit, Willensschwäche u. Sprunghaftigkeit zeige; auch ↗ Vererbung wurde angenommen. Später ging man von Verbindungen zum manisch-depressiven Krankheitsbild od. zu Zwangsneurosen. Testpsych. Untersuchungen ergaben bei A. eine vorherrschend negative Lebensgrundstimmung, ↗ Angst, Ich-Schwäche mit mangelndem Durchsetzungsvermögen, Kontaktschwierigkeiten mit gestörten Gefühlsbeziehungen, geringe Belastbarkeit mit raschem Konzentrations- u. Leistungsabfall, was alles aber auch Folge der A. sein kann. Heute gibt es zwei Erklärungsversuche f. die Pathogenese einer A.: Nach der ↗ Lerntheorie stehe anfangs die zufällige ↗ Erfahrung, daß ein best. Fehlverhalten eine spannungs- u. angstlösende Wirkung habe. In ähnl. Situationen werde auf jene Erfahrung zurückgegriffen, so daß dann

Angst in gleicher Weise vermieden od. gelöst werde. Durch weitere, diese Erfahrung verstärkende Erlebnisse entwickle sich ein erlerntes Fehlverhalten, das durch häufige Angstvermeidung unterhalten werde u. durch Verselbständigung zur A. führe. Dagegen betonen psychodynam. Theorien die Bedeutung der Stimmungsänderung bei der A. Durch eine extrem verwöhnende od. unterdrückende ↗ Haltung der Eltern seien in der Kindheit rivalisierende Impulse zw. ↗ Es u. ↗ Über-Ich entstanden, die zum Konflikt zw. Anklammerungswünschen u. expansiv-aggressiven Tendenzen führten, so daß sich das Kind weder f. Triebbefriedigung noch f. Triebverzicht habe entscheiden können. Die daraus erwachsende Spannung u. Angst habe es zu verdrängen versucht, wodurch eine Ich-Reifung verhindert worden sei. Der abhängige Mensch verharre also auf der prägenitalen Stufe der ↗ Libido-Entwicklung; in dieser oralen Fehlhaltung bleibe er passiv mit Riesenerwartungen u. Geborgenheitswünschen, deren (kurzfristige) Erfüllung er nur in der A. v. einem Objekt od. Fehlverhalten erleben könne, weil er zu partnerschaftl. Bindung nicht fähig sei.

Darüber hinaus werden bei der Entstehung einer A. auch andere Faktoren des Sozialfeldes wirksam. Insbes. zerrüttete Familienverhältnisse, Auflösung gesellschaftl. Strukturen mit kollektiver Verunsicherung tradierter Wert- u. Verhaltensnormen, Zugehörigkeit zu einer ↗ Subkultur, biolog. Krisenzeiten (z. B. ↗ Pubertät), sowie häufige Enttäuschungen im emotionalen u. berufl. Bereich verstärken A.stendenzen eines Individuums u. führen zur Manifestation einer A. Diese Faktoren u. die Persönlichkeit des Individuums bestimmen auch die Form der A. (↗Drogen-, ↗Alkoholabhängigk.). Die Folgen der A. zeigen sich als Circulus vitiosus im psycho-physischen Bereich (wachsende persönl. Probleme, Schädigung der Hirnfunktionen, körperl. Verfall) u. auf sozialer Ebene (zunehmende Schwierigkeiten in zwischenmenschl. Beziehungen u. in der ökonom. Situation), was sich am schwerwiegendsten im Verlust der persönl. ↗ Freiheit auswirkt u.

eine Therapie (↗ Entziehungskur) so langwierig macht. Wilfried Ruff

Lit.: F. Laubenthal (Hsg.), Sucht u. Mißbrauch (1964); E. Thiemann, Gewohnheit od. Sucht? (1970); World Health Organization, W.H.O. Expert Committee on Addiction-Producing Drugs: 13th report. Techn. Rep. Ser. 273 (1964), 9.

Abnorme Persönlichkeit. A. P. ist eine durch eine Dominanz best. charakterolog. Merkmale bedingte Störung im Erleben od. in der Umweltbeziehung. *Synonyma* sind ↗ Psychopathie, Charakteropathie. Mit der Feststellung a. P. verbindet die ↗ Gesellschaft eine Abwertung. Psychopathen werden immer wieder als Minus-Varianten, Minderwertige, Störenfriede, aber auch als Sozialparasiten u. moralisch Defekte (↗ moral insanity) bezeichnet. Psychopath ist in der Umgangssprache zu einem Schimpfwort geworden. Demgegenüber vertritt die ↗Psychiatrie einen wertfreien Psychopathiebegriff, ohne ihn freilich ganz durchsetzen zu können. Bisher ist jeder Versuch, die Psychopathie kurz zu definieren, unbefriedigend geblieben, da neben dem psych. u. charakterolog. auch der soziale Aspekt mit seinen Umweltbezügen beachtet werden muß. Das Wesen des Psychopathischen läßt sich daher nicht definieren, sondern nur umschreiben, wobei gegenüber dem Normalen keine scharfen Grenzen gezogen werden können. Eine ↗ Krankheit im medizin. Sinne stellt die Psychopathie nicht dar u. ist demnach nach dem Strafgesetz auch nicht als Schuldausschließungsgrund im Sinne des § 2 (österr. Strafgesetz) anerkannt. Im deutschen Strafgesetz wird die Feststellung, ob den charakterl. Anomalien ein Krankheitswert zuerkannt werden kann, die Anerkennung einer Beeinträchtigung der Schuldfähigkeit (Minderung, aber niemals Aufhebung) nach § 51 b (verminderte ↗ Zurechnungsfähigkeit) zur Anwendung bringen lassen.

Die Einteilung der a.n P. erfolgt nach den hervorstechenden abnormen Charakterzügen u. wurde urspr. v. K. *Schneider* gegeben; späterhin v. H. *Häfner* u. N. *Petrilowitsch* modifiziert. Gegenüber der ↗ Neurose ist die Psychopathie nicht durch ein klinisch umschriebenes Syndrom, sondern durch dauernd vorhandene psychopath. Erlebnis- u. Verhaltensweisen ge-

kennzeichnet. Da es die Psychopathie im eigentl. Sinne nicht gibt, können nur konkrete a. P.n beschrieben werden, wobei die Einordnung in Gruppen immer problematisch bleiben wird.
An solchen artifiziell aufgestellten Gruppen unterscheidet man: *asthenische* P.n, die sich seel. unzulängl. fühlen u. leicht versagen, *sensitive*, selbstunsichere P.n, die überaus empfindsam u. ungewöhnl. leicht beeindruckbar sind; *anankastische* P.n, ausgesprochene Gewissensmenschen, in allen Lebensbereichen übergenau, mit ↗ Neigung zu zwanghaftem Verhalten; *schizoide* P.n, die durch kühles u. schroffes Wesen auf der einen u. Überempfindlichkeit auf der anderen Seite gekennzeichnet sind; *depressive* P.n mit gedrückter Stimmungslage, negativer Gefühlsbetonung in allen Lebensbereichen sowie einer pessimist. Grundauffassung; *hyperthyme* P.n mit oberflächl. heiterer Grundstimmung u. gesteigerter ↗ Aktivität v. a. in Form v. Redseligkeit u. Betriebsamkeit; *haltschwache* P.n, die ihren Neigungen u. Strebungen mehr ausgeliefert sind als andere, sie sind v. a. durch einen Hang zu arbeitsscheuem Lebenswandel, zu ↗ Kriminalität, Süchtigkeit, ↗ Prostitution gefährdet; *erregbare* P.n, die zu Affektausbrüchen neigen, die in keinem Verhältnis zu den meist geringfügigen Anlässen stehen; *gemütsarme* P.n mit einem Mangel der Fähigkeit zum gemeinsamen Erleben u. Mitfühlen mit anderen Menschen, sie sehen im anderen bloße Objekte, gegenüber denen sie rücksichtslos ihre Vorteile durchsetzen; *querulantorische* P.n sind rechthaberische, halsstarrige, fanatisch unbelehrbare, zugleich aber auch auf geringfügiges od. vermeintl. Unrecht empfindlich reagierende Naturen, die im Kampf f. ihr subjektives Recht alles übrige zurückstellen; *hysterische* P.n schließlich sind geltungssüchtig, sie möchten mehr scheinen, als sie sind, u. wollen ohne Einsatz immer im Mittelpunkt des Geschehens stehen, u. zw. um jeden Preis, auch mit Hilfe eines a.n ↗ Verhaltens.
Charakteristisch ist bei allen a.n P.n die Bindungsschwäche zu einem Partner, wobei jede ↗ Partnerschaft nur zur Stützung der eigenen Persönlichkeit gesucht wird. Der Vitalitätsverlust u. die Einengung der Umweltbeziehungen führen zu einem Modus vivendi, der als Ausweichreaktion einem Teil der Psychopathen ein Leben neben der Gemeinschaft ermöglicht. Pa
Lit.: K. Schneider, Die psychopathischen Persönlichkeiten (⁹1950); N. Petrilowitsch, Abnorme Persönlichkeiten (1966).

Abnorme Reaktionen ↗ Neurosen

Abortus ↗ Abtreibung

Abrüstung ↗ Friedensforschung ↗ Gewaltlosigkeit

Abschied ↗ Trauer

Absence. A. = „Wegbleiben", ist die häufigste Form des kleinen epilept. Anfalles in Form einer nur Sekunden dauernden Bewußtseinspause. Dabei wird das Gespräch od. die Tätigkeit kurz unterbrochen u. gleich wieder fortgesetzt, „wie wenn nichts gewesen wäre". Während der Bewußtseinspause ist die Haut blaß, die Pupillen sind weit u. reaktionslos, im EEG (Hirnstromableitung) sind typische epilept. Veränderungen sichtbar, es besteht keine Erinnerung daran. ↗ Anfallsleiden.

Absolution ↗ Beichte ↗ Bußsakrament

Abstinenz (lat.) freiwillige od. v. außen aufgezwungene — oft rel., weltanschaul. od. gesundheitl. begründete — Enthaltung v. einer Befriedigung vitaler ↗ Triebe od. Verzicht auf die Erfüllung v. Konsumwünschen. ↗ Askese, ↗ Fasten, ↗ Alkohol- u. ↗ Drogenabhängigkeit, ↗ Konsumverhalten, ↗ Enthaltsamkeit.

Abtötung ↗ Askese

Abtreibung. A. (Abortus, Fehlgeburt) ist Ausstoßung des „Schwangerschaftsproduktes" vor der 28. Woche (Gesamtdauer der ↗ Schwangerschaft 40 Wochen). Die genaue Definition des Begriffes A. ist abhängig v. der Auffassung über den Schwangerschaftsbeginn. Nach mehrheitl. biolog. u. rechtl. Auffassung beginnt die Schwangerschaft mit der ↗ Nidation. A. bedeutet dann die Entfernung eines bereits in die Gebärmutter-

Abtreibung

schleimhaut eingenisteten Eies. Es ist zu unterscheiden zw. Frühabort (bis zur 12. Woche) u. Spätabort, zw. spontaner u. künstl. herbeigeführter A. Während vor der Nidation die Verlustrate befruchteter Eizellen 30—40% beträgt, liegt sie nach der Nidation bei 10—20% f. den Frühabort; ab 12. Woche wird der Spontanabort immer seltener. Eine ↗ Fehlgeburt bedeutet f. die ↗ Frau, die sich ein ↗ Kind wünscht, ein nachhaltiges u. bedrückendes Erlebnis, das ihr weibl. Selbstwertgefühl belasten, seel. Konflikte auslösen u. im Wiederholungsfalle den Bestand der ↗ Ehe gefährden kann. Ursächl. kommen in Frage: Störungen in der Eientwicklung (Molenbildung), Infektion der Mutter, Mißbildung der Gebärmutter (↗ Unfruchtbarkeit).

80—90% aller Fehlgeburten sind artifiziell herbeigeführt. Jede artifizielle A. ist mit Gefahren verbunden. Die mütterl. Todesrate beträgt beim Frühabort 2—4 Todesfälle bezogen auf 100.000 A.sfälle, beim Spätabort 30—40/100.000. Sofortkomplikationen sind: Blutungen, Entzündungen, Verletzungen. Spätkomplikationen: Sterilität, Schwierigkeiten bei späteren Geburten, Frühgeburt.

Zu unterscheiden ist die legal u. die illegal durchgeführte A. Legal ist eine A. dann, wenn sie in Übereinstimmung mit den bestehenden Gesetzen erfolgt, illegal, wenn sie gegen die Gesetze geschieht. In Ländern mit strenger Gesetzgebung (A. nur, wenn Leben u. ↗ Gesundheit der Mutter in ernster Gefahr sind) wird eine außerordentlich hohe Zahl illegaler A.n vermutet (10—12‰ bezogen auf die Gesamtbevölkerung). In früheren Zeiten war die Gefahr f. die Mutter bei der illegalen A. sehr groß. Heute ist diesbzgl. zw. legal u. illegal durchgeführter A. kein wesentl. Unterschied mehr, weil 80—90% der illegalen A.n v. Fachkundigen durchgeführt werden.

Um die Zahl der illegalen A.n zu reduzieren, wird in vielen Ländern eine Liberalisierung der Gesetze angestrebt. Dem Gesetzgeber bieten sich dabei zwei Möglichkeiten an: 1. *Die Fristenlösung:* Innerhalb einer best. Frist soll jede Schwangerschaft ohne Angabe v. Gründen straffrei abgebrochen werden können. Der Gesetzgeber gibt dabei den Rechtsschutz der Schwangerschaft grundsätzl. auf. 2. *Die Indikationslösung:* Die Schwangerschaft bleibt weiterhin ein schutzwürdiges Rechtsgut u. darf nur bei Vorliegen best. Gründe abgebrochen werden. In vielen Ländern (Osteuropa, Skandinavien, England, z. T. Nordamerika) sind die Indikationen (I.) stark erweitert worden u. umfassen neben körperl. Erkrankungen u. seel.-geist. Störungen der Mutter (mediz. I.) auch sozialen Notstand (soziale I.), Schädigungen des Kindes (eugen. I.) u. ↗ Vergewaltigung (kriminolog. I.). Je nach den bestehenden Kontrolleinrichtungen werden diese Indikationen streng od. großzügig gehandhabt. Als Folge einer solchen Indikationsausweitung hat sich gezeigt: die A.rate steigt stark an u. dementspr. sinkt die Geburtenrate ab. Umstritten ist, ob damit die Zahl der illegalen A.n wesentlich zurückgegangen ist.

Hugo Husslein

Die Gründe (Indikationen) f. eine A. können vielfältig sein: Beeinträchtigung der mütterl. Gesundheit (Verschlimmerung körperl. ↗ Leiden u. geistig-seel. Überforderung), Gefährdung des sozialen Status (finanz. Belastungen, kinderfeindl. ↗ Vorurteile, ↗ Diskriminierung lediger Mütter), Eingrenzung der persönl. ↗ Freiheit (Verpflichtungen der Kindererziehung, beschränkter Wohnraum, aufgezwungene Schwangerschaft), Befürchtung einer Schädigung des Kindes (↗ Erbkrankheiten, Mißbildungen). Diesen Gründen steht dann das ↗ Leben des menschl. Keimes entgegen, das durch eine A. vernichtet wird. Daraus ergeben sich drei Fragenkomplexe:

1. Sind die mit der konkreten Situation gegebenen *Gründe f. eine A.* schwerwiegend u. nur durch diese zu überwinden?
— Das Gewicht der Gründe, die an eine A. denken lassen, kann nur in der jeweiligen Situation bestimmt werden u. hängt wesentl. v. den betroffenen Personen ab. Grundsätzl. sollten diese Gründe mit ihnen entspr. Mitteln angegangen u. überwunden werden. Z. B. sind sozioökonom. Notlagen durch soziale u. wirtschaftl. Maßnahmen zu beheben. Od.: wird vom Einzelnen ↗ Verantwortung u.

Einsatz f. andere erwartet, muß sich auch die ↗ Gesellschaft als ganze um Einschränkung u. Verzicht bemühen. —
2. Hat ein menschl. Lebewesen schon *vor seiner Geburt ein Recht auf Leben* u. entspricht dieses dem Lebensrecht nach der Geburt? — Mit der Verschmelzung einer menschl. Ei- u. Samenzelle beginnt der Werdeprozeß eines menschl. Lebewesens. Da es v. Anfang an artspezif. ist, muß ihm auch das dem Menschen als solchem zustehende Recht auf Leben zukommen, das seine biolog. Existenz sichert u. ihn dadurch befähigt, sich in seiner leib.-geist. Einmaligkeit (↗ Personalität) zu verwirklichen. In den ersten beiden Entwicklungswochen ist der Keim allerdings aufgrund seiner fehlenden ↗ Individualität (Möglichkeit der Mehrlingsbildung) noch kein Rechtsträger i. e. S. Aber auch dann u. wenn man annimmt, daß das körperl. Substrat f. die Verwirklichung v. Geistigkeit erst mit der sechsten Entwicklungswoche irreversibel angelegt ist (↗ Leben, menschl.), kann dem Keim ein Recht auf Schutz seiner Existenz nicht abgesprochen werden, weil der Werdeprozeß in seiner Artspezifität weitgehend programmiert ist. Solange ist aber dann das Lebensrecht des Keimes noch nicht mit dem eines sicher personalmenschl. Lebewesens voll identisch. Während dieser ersten Entwicklungszeit, in der ein „Überstieg" des Keimes zu personaler Befähigung mit größter Wahrscheinlichkeit noch nicht anzunehmen ist, könnte es in einem Konfliktfall gewichtige Gründe (hohe personale ↗ Werte) geben, hinter die der Schutz jenes höchstwahrscheinl. noch nicht personalen Lebens zurücktreten müßte. Wenn aber der Keim in seiner Struktur zu späterer Personalität befähigt erscheint, kann es im Konfliktfall nur noch um die Abwägung zw. rettbarem u. unrettbarem Leben gehen, weil dann das Recht auf Leben f. das ungeborene Lebewesen ebenso gilt wie f. das geborene (↗ Notstandshandlung). —
3. *Wer schützt* das Recht auf Leben u. *wer entscheidet in Konfliktfällen* (wie z. B. bei einer A.), ob es anderen Rechtsgütern unterzuordnen ist? — Da der einzelne sein Recht auf Leben im allg. nicht allein gegen Übergriffe anderer zu schützen vermag, kann nur eine ↗ Gemeinschaft diesen Schutz garantieren. Daran muß sie selbst interessiert sein, weil sie durch den Zusammenschluß der einzelnen konstituiert wird u. erhalten bleibt. Dieser Schutz des Lebensrechts kommt in der Gemeinschaft meist best. ↗ Gruppen in bes. Weise zu (natürlicherweise: Mütter, delegiert: Ärzte u. a.). Diesen kann auch in Konfliktfällen aufgrund ihrer Kompetenz die ↗ Entscheidung übertragen werden. Es handelt sich dann aber nicht um das Recht einer freien Entscheidung über den eigenen Leib (wie es Frauen in der Diskussion um die A. häufig fordern), sondern über das Lebensrecht eines anderen menschl. Wesens. Weil eine schwangere Frau, die eine A. wünscht, bei einer solchen Entscheidung jedoch in einen ↗ Konflikt zw. den eigenen Interessen u. dem Lebensrecht des Keimes gerät, vermag sie dieses objektiv nicht wirksam zu vertreten, so daß die Gemeinschaft dieser Frau nicht das volle Entscheidungsrecht zur A. übertragen kann. — Daraus folgt a) die Notwendigkeit einer gut fundierten ↗ Sexualpädagogik, die zur Verantwortlichkeit im geschlechtl. Leben motiviert u. damit den Menschen vor einer Schwangerschaft eine freie Entscheidung über sich selbst ermöglicht (↗ Empfängnisregelung, ↗ Familienplanung); b) die Notwendigkeit wirksamer kirchl. u. staatl. Maßnahmen, die bei einer Schwangerschaft sachl. Information (↗ Beratungsstellen) sowie umfangreiche soziale u. wirtschaftl. Hilfe garantieren.

Wilfried Ruff

Lit.: H. Bour: Schwangerschaftsabbruch — Bibliographie, in: THQ 151 (1971) 254—63; J. Gründel: Abtreibung pro u. contra (1971); W. Siebel u. a.: Soziologie d. Abtreibung, empir. Forschung u. theoret. Analyse (1971); H. O. Siegrist: Der illegale Schwangerschafts-Abbruch (1971); K. Hinrichsen: Embryolog. Aspekte eines Schwangerschaftsabbruchs, in: Theol. prakt. Quartalsch. 120 (1972) 224—30; A. Burghardt u. R. Slunsky: Die Abtreibung — ein soziomed. Phänomen. Berichte, hrg. v. Institut f. Soziologie an der Hochschule f. Welthandel, Heft 6 (1973).

Abulie = krankhafte Willensschwäche bis Willenlosigkeit, bes. bei Stirnhirnerkrankungen, aber auch als Primärsymptom bei Schizophrenie (E. Bleuler), wobei Willensimpulse durch unkontrollierte Gegenantriebe gesperrt werden. Bei ↗ abnormen Persönlichkeitsentwicklungen (↗ Psychasthenie) mangelnde Fähigkeit, sich neue Einstellungen (↗ Beichte!) anzueignen (Abuliker bedürfen daher einer bes. intensiven pastoralen Führung).

Abwehrmechanismus. Unbewußter psychischer Vorgang, der den Zweck hat, das Bewußtsein dessen zu verhindern, was die Integrität u. Kontinuität des Individuums zu bedrohen scheint. Die Abwehr richtet sich hierbei gegen einen ↗ Trieb od. eine Vorstellung, die mit großer Unlust verbunden werden od. das sich bildende bzw. bereits gebildete ↗ Ich in Frage stellen würden (z. B. als moralisch unverträglich). Sehr versch. Arten eines solchen unbewußten Vorgangs werden in der ↗ Psychoanalyse pauschal A.n genannt. Mit diesem Sammelnamen wird die genet. u. dynam. Besonderheit jedes einzelnen dieser Mechanismen, die recht unterschiedl. nach ihrem Ursprung u. nach der Beschaffenheit des verursachenden ↗ Konflikts sind, nicht präjudiziert. — Die ↗ Verdrängung ist ein typischer A., der bereits in solchen Entwicklungsstadien funktioniert, in denen das Ich erst auf dem Wege zur Bildung steht; daher werden abgewehrte ↗ Triebe u. Vorstellungen bereits vor der Ausbildung eines begriffl. Bewußtseins wirksam. Die ↗ Rationalisierung hingegen — auch eine der typischen A.n — setzt bereits eine fortgeschrittene Stufe der Ichbildung voraus. Die Zahl der A.n ist selbstverständl. willkürl. zu bestimmen. Typ. A.n sind: ↗ Regression (v. der gegenwärtigen auf eine früher durchlaufene Entwicklungsstufe), Reaktionsbildung (d. h. eine scheinbar unerklärl. Reaktion auf unbewußte Vorgänge), Isolierung (des Konflikts im Gesamt der psychischen Organisation), ↗ Projektion (des verdrängten Inhalts od. des verursachenden Konflikts auf die ↗ Umwelt), ↗ Introjektion (der Umwelt in die eigene psychische Organisation, deren Abhängigkeit somit unbemerkt bleibt), Verneinung (eines Triebes od. einer Vorstellung, welche hiermit als fremd empfunden wird), ↗ Verleugnung (Unmöglichkeit, gewisse Vorgänge wahrzunehmen; verwandt mit Verneinung), Ungeschehenmachen (im Gedächtnis; verwandt mit Verleugnung), Wendung gegen die eigene ↗ Person (der Gegenstand des Konflikts wird durch die eigene Person ersetzt), Verkehrung ins Gegenteil (unerträgl. Triebe u. Wünsche werden durch gegensätzl. ersetzt) usf.; ungemein wichtig ist endlich der kulturtragende A., nämlich die ↗ Sublimierung. Viele der genannten A.n sind ↗ Ersatzhandlungen: der Trieb od. die Vorstellung werden auf andere Inhalte verschoben. Dies ist im Falle der Sublimierung gesellschaftl. positiv zu werten, da verpönte Wünsche u. Vorstellungen durch sozial hochwertige ersetzt werden. — Die Kenntnis der A.n ist in der ↗ *Pastoralanthropologie* wichtig: Viele Verhaltensweisen, die der bewußten sittl. Person zugeschrieben werden, sind in Wirklichkeit weitestgehend durch die unbewußten psychischen Vorgänge v. der Person als Gesamt gleichsam abgetrennt. Wichtig ist auch die Möglichkeit, durch ↗ Erziehung u. psychische Einwirkung Triebe zu sublimieren, wobei diese Möglichkeit bis zur ↗ Manipulation u. ↗ Gehirnwäsche gehen kann. Die A.n, unter ihnen diejenigen, die sich patholog. zu einem Wiederholungszwang verhärten, sollen nicht als rein „negativ" u. bloß krankhaft betrachtet werden. Sie gehören nicht nur notwendigerweise zur Ichentwicklung, sondern sind zugleich echte *Austauschmechanismen* (I. A. Caruso) des Ichs mit der Welt. Ihre Rolle ist nicht allein die der Verteidigung gegen schwer zu ertragende Einflüsse der Außenwelt, sondern zugleich die der behutsamen Milderung dieser Einflüsse zur Ermöglichung eines aktiven Kontakts. Dadurch sind die A.n, als Austauschmechanismen, Faktoren der Erkenntnis: Nichts kann vom Menschen erkannt werden, ohne daß eine prakt. Auseinandersetzung zw. Subjekt u. dem neuen Objekt stattfindet, d. h. ohne Einsatz v. Introjektion (des Objekts), ↗ Projektion (seitens des Subjekts) u. a. m. Die Pastoralanthropologie soll die „positive", erkenntnistheoret. u. soziale Funktion der A.n in jedem auch „patholog." Fall erkennen u. f. die prakt. Erweiterung der Weltbezüge einsetzen können. E. Bibring u. D. Lagache sprachen auch v.

Abarbeitungsmechanismen (besser wohl: *Aufarbeitungsmechanismen*); unter diesem Begriff wurden „veränderte" A.n verstanden, die, etwa während der psychoanalyt. Kur, v. der einzigen Regelung durch das Lust-Unlust-Prinzip abrücken, um mehr der Wahrnehmung der Realität zu gehorchen u. dadurch die zwischenmenschl. Beziehungen realistischer zu gestalten. Ca

Lit.: S. Freud, Die Verdrängung. Ges. W. X. (1946); A. Freud, Das Ich und die Abwehrmechanismen (³1958).

Adipositas ↗ Fettsucht

Adoleszenz ↗ Lebensstufen ↗ Reifung

Adoption. Die A. ist die Annahme an Kindes Statt durch eine Person od. ein Ehepaar, um ein Eltern- u. Kindschaftsverhältnis zu begründen. Durch A. erhält das Kind die rechtl. Stellung eines ehel. Kindes des Annehmenden, jedoch ohne Wirkung auf die Verwandten des Annehmenden od. des Kindes. Die A. erfolgt durch Vertrag zw. dem Annehmenden u. dem Kind u. bedarf staatl. Zustimmung. Das gleiche gilt f. die Aufhebung der A. Persönl. Voraussetzungen f. den Annehmenden (v. denen Befreiung aber erteilt werden kann) sind: Kinderlosigkeit sowie ein best. Mindestalter (25 Jahre in der BRD). Notwendig sind die Einwilligung des Ehegatten des Annehmenden u. der leibl. Eltern des Adoptivkindes, die erst 3 Monate nach der Geburt wirksam erteilt werden kann. Die häufig angewandte „Inkognito-A.", bisher in Österreich, aber nicht in der BRD gesetzl. geregelt, bedeutet das Verschweigen des Namens der leibl. Eltern gegenüber den Adoptiveltern u. umgekehrt u. dient dazu, die Eingliederung des Kindes in die Adoptivfamilie abzusichern. Das 1967 vom Europarat verabschiedete Übereinkommen über die A. v. Kindern verpflichtet die Vertragsstaaten zur Einführung der sog. „Voll-A."; diese bedeutet die völlige Lösung des Kindes aus seiner Ursprungsfamilie u. die unwiderrufl. Eingliederung in die Adoptivfamilie. Die Wirkungen dieser A. sollen sich daher auch auf die Verwandten des Annehmenden erstrecken, u. die rechtl. Beziehungen des Adoptivkindes zu seinen leibl. Eltern u. deren Verwandten sollen einschließl. des Unterhalts u. des Erbrechts erlöschen. Das Vorhandensein eigener Abkömmlinge soll kein Hinderungsgrund zur A. sein. Das Kind soll die Staatsangehörigkeit der Adoptiveltern erhalten. Die Aufhebung der A. soll zwar nicht ganz beseitigt werden, sie ist jedoch erhebl. einzuschränken u. nur noch bei Irrtum u. aus wichtigem Grund möglich. Bes. die Früh-A. verhindert den psych. ↗ Hospitalismus einer ↗ Heimerziehung u. vermag vielen, vorwiegend nichtehel. Kindern die Grundlage f. eine gute Entwicklung zu bieten. SchE

Lit.: A. Müller-Schöll, Kind an Kindes Statt, (1966); H. Edelmann, Adoptiveltern — Adoptivkinder, (1972); J. Pechstein, Intensivierung der Früh-A. zur Verhinderung v. Verhaltensstörungen, in: Ärztliche Praxis 24 (1972) 1773—80.

Ärzteeid ↗ Berufsethik

Affekt ↗ Emotionalität

Aggression. Das lat. Wort aggredior heißt ursprüngl.: herangehen, sich nähern, erst später: jemanden angreifen, über ihn herfallen. So legt sich auch heute wieder nahe, zw. zerstörerischer A. u. solcher, die näher bei der ↗ Aktivität steht, zu unterscheiden. Die Eindämmung der zerstörerischen A. mußte in allen Kulturen als eine wichtige Aufgabe der Selbsterhaltung angesehen werden. Sie wird meist so gelöst, daß die A. auf die Stammesfremden abgeleitet, innerhalb der Bluts- u. Lebensgemeinschaft jedoch mit schweren Strafen belegt wurde. Das atl. „Gesetz des Talions" (Auge um Auge, Zahn um Zahn) hatte ebenfalls die Funktion, überschießende A. (der Mensch will um ein Vielfaches des ihm entstandenen Schadens vergelten), einzudämmen u. die Vergeltung in geregelte Bahnen zu lenken. Die atl. ↗ Verkündigung sieht den Menschen mit äußerstem Realismus als ein Wesen an, bei dem die A. zur Grundbefindlichkeit zu gehören scheint u. auch durch die „Stimme des Blutes" nicht eingedämmt wird (Gen 4, 1—16). In der Jesus-Überlieferung wird, gegen die jüd.

Aggression

Tradition, den Freund zu lieben u. den Feind zu hassen, die Feindesliebe zur programmat. Forderung erhoben. Dies soll offenbar die Funktion haben, durch die Radikalität dieser Forderung die Verstricktheit des Menschen im aggress. Fühlen u. Wünschen aufzudecken u. in der Frohbotschaft v. der erfahrenen Annahme u. Vergebung durch Christus ein Motiv f. den Verzicht auf aggress. Impulse bereit zu stellen. In der Geschichte der christl. ↗ Kirche hat jedoch der unkontrollierte Durchbruch aggress. Strebungen immer wieder eine große Rolle gespielt, was entweder zur Außenwendung der A. auf Andersgläubige od. zur Innenwendung gegen die eigene ↗ Person (↗ Masochismus) geführt hat. Im Zeitalter v. Massenvernichtungswaffen muß das A.sproblem als die Schicksalsfrage der Menschheit überhaupt bezeichnet werden (↗ Friedensforschung).

Aus der wissenschaftl. Diskussion des A.sproblems sind drei Hypothesen v. bes. Bedeutung:

1. Der *lerntheoret.* Ansatz, der aggress. ↗ Verhalten auf best. grundlegende Lernprozesse in der menschl. ↗ Sozialisation zurückführt, die durch das Erziehungssystem v. Lohn u. ↗ Strafe bedingt sind. Durch nachträgl. Modellernen müßte es grundsätzl. möglich sein, die frühere Lernerfahrung, die zu aggress. Verhalten führte, zu löschen u. durch neue, zweckmäßigere Lernprozesse zu ersetzen. In Gesellschaften, die äußere Feindbilder zur Aufrechterhaltung des inneren Zusammenhaltes brauchen, wird es aber nicht als zweckmäßig angesehen werden können, durch Umgestaltung der Erziehungssysteme A.n hemmende Lernprozesse zu institutionalisieren. — 2. Die *Frustrations-Hypothese*, die v. der Erfahrung ausgeht, daß A. vorwiegend im Gefolge erzwungener u. nicht sinnvoll motivierter Verzichte auf die Befriedigung vitaler Bedürfnisse u. ↗ Triebe auftritt. Bes. der Unterdrückung sex. Bedürfnisse wird f. die Entstehung v. zerstörerischer A. eine hohe Bedeutung zugeschrieben. V. einer repressionsfreien ↗ Sexualerziehung u. einer freieren ↗ Sexualethik erhofft man sich automatisch einen Rückgang der menschl. A.sneigung. — 3. Die *Trieb-hypothese*, die sich im Spätwerk v. Sigmund Freud findet u. die in der A. einen Trieb sieht, der den Menschen genauso angeboren sei wie die ↗ Libido. Sie kann dann aber nicht einfach beseitigt werden, sondern muß beim Aufbau der menschl. Person in ein Sinnganzes eingeordnet werden. So spielt sie etwa als ↗ Trotz in der Phase der Ablösung aus der totalen Lebensgemeinschaft mit der ↗ Mutter eine wichtige u. lebensfördernde Rolle. In der Phase der ↗ Anpassung an das bestehende Normensystem werden aggress. Triebimpulse durch ↗ Identifizierung mit dem als Aggressor empfundenen gleichgeschlechtl. Elternteil (A. Freud) in das eigene ↗ Ich als sog. ↗ Über-Ich aufgenommen, das durch Gewissensimpulse f. die Unterdrückung sozialschädl. Triebneigungen sorgt. Auch in der ↗ Pubertät werden A.striebe zur Befreiung des Jugendlichen aus seel. Abhängigkeitsverhältnissen benutzt.

Der ↗ Seelsorger wird aus seiner Erfahrung heraus kaum zu optimist. getönten A.stheorien neigen können, die das Problem zu einer leicht lösbaren Aufgabe der Lern- u. Sozialisationstechniken machen möchten. Er kann sich aber auch einem Pessimismus nicht anschließen, der in der zerstörerischen A. ein Fatum sieht, dem auf keinem Wege auszuweichen ist. F. die seelsorgerl. Praxis sind die Modifikationen der A. wichtig, die die ↗ Psychoanalyse als Triebschicksale beschrieben hat: a) Die ↗ Verdrängung der A. führt dazu, daß der aggress. Impuls aus dem Bewußtsein abgeschoben, aber nicht wirklich beseitigt wird, so daß die aggress. Impulse sich unbemerkt u. unerkannt doch wieder in die zwischenmenschl. Beziehungen eindrängen. — b) Die Wendung gegen die eigene Person führt dazu, daß aggress. Impulse zur unbewußten Ursache f. viele seel. bedingten ↗ Krankheiten werden können. Manche Arten der ↗ Depression müssen als solche unbewußte A.n angesehen werden, f. die im Individuum u. seiner ↗ Umwelt keine anderen Verarbeitungsmöglichkeiten zur Verfügung stehen. Im ↗ Sadismus u. ↗ Masochismus ergreift die A. Besitz vom gesamten Sexualleben, so daß ↗ Lust nur im Quälen u. Gequältwerden erfahren werden kann. — c) Die ↗ Sublimierung der A. stellt dagegen die Möglichkeit dar, die aggress. Impulse vom Mitmenschen weg auf Objekte der ↗ Natur zu richten („Macht euch die Erde untertan", Gen 1, 28), gedankl. Probleme zu bewältigen, der A. sprachl. Ausdruck zu verleihen, Muskelaktivität in Sprachaktivität zu verwandeln (A. Mitscherlich) od. sie spielerisch in Wettkämpfen abzureagieren. Mir scheinen sich aus diesen Sachverhalten folgende pastorale Aufgaben zu ergeben: 1. Durch die Auslegung der bibl. Botschaft zu einer Umgestaltung des öffentl. Bewußtseins im Sinne des anthropolog. Realismus der Bibel beizutragen u. so den v. a. in christl. Gemeinden oft noch heimischen ↗ Abwehrmechanismus der ↗ Verleugnung der A. zu durchbrechen. — 2. Zu einer Umgestaltung der frühkindl. ↗ Sozialisation v. a. in kirchl. Institutionen (↗ Elternberatung, ↗ Kindergarten) beizutragen, die die Umsetzung v. A. in schöpferische ↗ Aktivität (Abenteuerspielplätze u. ä.) ermöglichen. — 3. Die v. a. im Protestantismus verbreitete Passivität der ↗ Gemeinde in ↗ Gottesdienst u. Gemeindeversammlung durch Angebote zu kreativer u. aktiver Gestaltungsmöglichkeit aufzuheben. — 4. In der persönl. Einzelseelsorge Räume des ↗ Vertrauens anzubieten, in denen man sich freimütig zu eigenen aggress. Regungen bekennen kann, ohne verurteilt zu werden. — 5. In neuen Formen v. ↗ Gruppenseelsorge auf der Grundlage v. ↗ Gruppendynamik u. ↗ Selbsterfahrung Kommunikationsräume anzubieten, in denen u. a. auch der angemessene Umgang mit eigenen u. fremden A.n eingeübt werden kann.   Joachim Scharfenberg

Lit.: R. Denker, Aufklärung über Aggression (1966); H. J. Gamm, Aggression und Friedensfähigkeit in Deutschland (1968); A. Mitscherlich, Bis hierher und nicht weiter (1969); W. Neidhard, Das Gebot der Nächstenliebe und die Aggression, ZEE 1969, Heft 5; A. Storr, Lob der Aggression (1970); J. Dollard, Frustration und Aggression (1970); F. Hacker, Aggression (1971).

Agonie = Todeskampf, biolog. prämortaler Auflösungsprozeß, psych. oft ein Sich-Entgegenstellen der ↗ Person dort, wo der ↗ Tod nicht schlagartig eintritt. ↗ Sterben ↗ Sterbenshilfe.

Aktivität. A. (v. lat. activus = tätig) ist die Fähigkeit, mit der sich der Mensch handelnd mit der Welt auseinandersetzt; neben der ↗ Kontaktfähigkeit eine der wesentl. Eigenschaften des Menschen. Materielles Substrat der A. ist das motorische u. das sensible/sensorische Nervensystem. Stufen der motorischen Integration: spinaler Reflexbogen, striopallidäres System, Pyramidenbahnmotorik. Thymopsyche u. Noopsyche (Stransky) stehen in polarer Spannung zueinander (↗ Triebe, ↗ Hemmung, ↗ Spontaneität, ↗ Verantwortung). „Was ein Mensch zu leisten imstande, was er als sittl. ↗ Person wert ist, das hängt v. a. davon ab, auf welcher Höhe der Bewußtheit u. der willentl. Beherrschung der Ausgleich dieser Spannung dieser beiden Instanzen gelingt" (Asperger). ↗ Aggression ist lediglich eine reaktive Form menschl. Tuns, ohne freie Entscheidung, also kein echter, freier menschl. Akt. Die Möglichkeit menschl. A. u. der Raum menschl. ↗ Freiheit können durch ↗ Erziehung u. eigene Entscheidungen eingeschränkt sein. Die A. kann auch krankhafterweise gestört sein, insbes. durch ↗ Psychosen, Enzephalitiden u. deren Folgeerscheinungen; je nach der Entwicklungsstufe, auf welcher die Störung erfolgte, treten eigentüml. Verhaltensstörungen auf: A.sstörungen in übersteigerter od. verminderter Form.   Rt

Lit.: H. Asperger, Heilpädagogik (⁵1961).

Akupunktur. Aus der chines. Medizin stammende Methode, durch Einstechen v. (Gold- bzw. Silber-)Nadeln an (empir. gefundenen) Punkten der Körperoberfläche ↗ Schmerzen zu beeinflussen; Verwendung auch bei operativen Eingriffen.

Alkoholabhängigkeit. Alkohol ist seit 12.000 Jahren die am meisten gebrauchte ↗ Droge. In Primitivkulturen war er fester Bestandteil v. Zeremonien u. Festen, der dem Menschen die kontrollierte Möglichkeit gab, Gefühle der ↗ Freude, Stärke u. Hingabe freizusetzen u. in den Dienst gemeinsamer Planungen (z. B.

Kriegsvorbereitungen) zu stellen. Bis heute werden die Trinkgewohnheiten v. der jeweiligen Kultur bestimmt. Während Alkoholkonsum in Abstinenzkulturen (z. B. Islam, Hinduismus) verboten ist, entzieht er sich in Ambivalenzkulturen mit versch. Wertsystemen (z. B. USA, Skandinavien) nur der sozialen Kontrolle. In Permissivkulturen ist Alkoholgenuß mit Feierlichkeiten u. Mahlzeiten verbunden (z. B. südeurop. Länder) od. wird grundsätzl. toleriert (z. B. Frankreich). Alkoholexzesse werden jedoch nur in ↗ Subkulturen (z. B. Seefahrt, Gaststättengewerbe) akzeptiert, wo Drogen Ausdruck u. Mittel f. die Flucht aus der ↗ Gesellschaft sind.

Das Ausweichen vor einer Rollenerwartung u. die Unfähigkeit zu echter mitmenschl. Beziehung sind die häufigste Ursache f. Alkohol-Mißbrauch, der in allen sozio-ökonom. Schichten vorkommt, aber in höheren Gesellschaftskreisen länger kaschiert werden kann. Anfangs dient Alkohol dazu, Spannungen u. Unlustgefühle zu beseitigen u. zu vermeiden. Das führt zu regelmäßigem u. heiml. Alkoholkonsum mit Schuldgefühlen bei Ernüchterung: aus dem Mißbrauch entwickelt sich eine A. Diese wird wie jede ↗ Abhängigkeit auch im Kontrollverlust deutlich, so daß geringste Alkoholmengen (z. B. Weinbrandpraline) einen Alkoholexzeß auslösen können. Ermahnungen der Umgebung erreichen zwar eine Steigerung der Schuldgefühle mit kurzer ↗ Abstinenz, der aber eine stärkere Alkoholphase mit Abwehrhaltung folgt. Die Flasche mit Alkohol wird zum Trostspender u. Mutterbrustersatz, der allein noch Gefühle v. Verständnis u. Geborgenheit vermittelt. In der Folgezeit machen sich toxische Schäden an Leber, Magen, Herz u. Nervensystem (Neuritis, Krampfanfälle) mit Gedächtnisstörungen, Trugwahrnehmungen u. erhöhter Suizidneigung (↗ Selbsttötung) bemerkbar.

Jellinek hat fünf Typen des Alkoholmißbrauchs unterschieden. Der Alpha-Alkoholiker trinkt zu bes. Anlässen vermehrt Alkohol, um sich aufgrund einer psychischen Fehlhaltung Erleichterung zu verschaffen. Der Beta-Alkoholiker konsumiert häufig übermäßig Alkohol im Rahmen kulturbedingter Trinksitten (zum Fernsehen, an Wochenenden), so daß bei ihm Organschäden auftreten. Während bei diesen beiden Typen bloß ein Alkoholmißbrauch vorliegt, sind die folgenden Formen mit einer A. verbunden. Der Gamma-Alkoholiker entspricht anfangs dem Alpha-Typ, kann später aber nicht mehr aus eigener Willenskraft zu trinken aufhören u. fällt schließlich durch immer neue Alkoholexzesse auf. Der Delta-Alkoholiker entwickelt sich häufig aus dem Beta-Typ u. wird zum Gewohnheitstrinker, der einen gewissen Alkoholspiegel im Blut aufrechtzuerhalten sucht. Der Epsilon-Alkoholiker trinkt exzessiv in nahezu regelmäßigen Intervallen („Quartalstrinker"), an deren Beginn er scheinbar ohne Grund in eine Mißstimmung gerät.

In westl. Ländern besteht bei 1—2% der Bevölkerung eine A.; der Anteil v. Frauen (15%) u. Jugendlichen (10%) ist in jüngster Zeit stark gestiegen. Obwohl die A. in den deutschsprachigen Ländern als ↗ Krankheit anerkannt ist, sind Behandlungsmöglichkeiten (↗ Entziehungskur) u. Vorbeugemaßnahmen noch völlig unzureichend. In der BRD wird dafür nur ein geringer Anteil der über 3,5 Milliarden DM aufgewendet, die der Staat als Steuern aus dem jährl. Alkoholkonsum f. fast 25 Milliarden DM erhält. Das ist umso erstaunlicher, als die sozialen Folgen der A. (Arbeitsausfall, Fürsorgekosten, Straftaten usw.) zu erhebl. ökonom. Nachteilen führen. Rf

Lit.: E. M. Jellinek, The Disease Concept of Alcoholism (1960); W. Feuerlein, Chron. Alkoholismus, in: Nervenarzt 43 (1972) 389; F. Stemplinger, Alkoholikerfibel f. d. Arzt, Schriftenreihe d. Bayer. Landesärztekammer, Bd. 27 (o. J.).

Allergie. Der (griech.) Begriff wurde v. Clemens v. Pirquet 1906 geprägt. Man versteht darunter die Reaktionslage des Organismus, welche auf eine (reversible) Bindung zw. Antigenen (Krankheitserreger eiweißhaltiger Art) u. Antikörpern (Immunkörper) zurückgeht.

Allgemeine Psychologie (und Seelsorge).
Die A. P. untersucht auf experimentelle Weise — ergänzt durch empir. Erhebungsverfahren — das weite Feld der sog.

psychischen Funktionen u. psychischen Kräfte des Menschen. Die Forschungen der A. P. zu den psychischen Funktionen: Wahrnehmung, Gedächtnis (u. ↗ Lernen), Denken u. zu einzelnen psychischen Kräften: ↗ Triebe (↗ Aggression, ↗ Sexualität usw.), ↗ Instinkte, Interessen (z. B. Leistungsmotive, Einsichten), Gefühle, Stimmungen, Affekte usw. liefern anthropolog. Grundeinsichten f. die Aufgabengebiete der ↗ Prakt. Theologie (Gruppen- u. Einzelseelsorge, Katechetik, Homiletik, Öffentlichkeitsarbeit usw.). So setzen beispielsweise die pastorale Analyse des sittl. Verhaltens (↗ Freiheit des Wollens, Grenzen der ↗ Verantwortung usw.) wie die Einschätzung der rel. sittl. Aszetik anthropolog. solide Informationen der ‚Willenspsychologie' voraus. F. die Beichtseelsorge u. die kirchl. ↗ Lebensberatung (v. Eheleuten, Jugendlichen, Alten u. Alleinstehenden) bilden die Motivationspsychologie u. Konfliktforschung (Teilgebiete der A. P.) eine große Hilfe: die Motivationsspychologie bei der Anamnese v. ↗ Freiheit u. Bindung des Individuums, die Konfliktforschung v. a. bei der Verwirklichung des Friedensauftrages der ↗ Kirche, die Befriedigung einzelner u. gesellschaftl. Gruppen. Auch die ↗ Sexualpastoral (in ↗ Erziehung, Unterweisung u. ↗ Beratung) — will sie nicht allein auf dem tiefenpsych. Ansatz Freuds u. der Physiologie der Sexualorgane aufbauen — wird sich mit den motivationspsych. Forschungserkenntnissen eingehend auseinandersetzen müssen, die die A. P. zur Verfügung stellt. Po

Lit.: Handbuch der Psychologie in 12 Bänden, Bd. 1 u. 2: Allgemeine Psychologie (1964—1966); H. Rohracher, Einführung in die Psychologie (1965).

Allgemeinmedizin. So bereitwillig man Einteilungen annimmt, wie allgem. u. spez. Biologie, allgem. u. angewandte Psychologie, „basale" (Portmann) u. spez. Anthropologie, die Abgrenzung einer allgem. Medizin v. einer Spezialmedizin ist nicht geläufig. Man versteht aber ohne weiteres die Verschiedenheit der ärztl. Tätigkeit, des Praktikers u. des Facharztes. Der prakt. Arzt wäre dann Vertreter der A. Die Tatsache, daß immer weniger prakt. Ärzte tätig sind, wird als großer Nachteil empfunden. Es ist bemerkenswert, daß intensive Anstrengungen unternommen werden, um die Relation Facharzt — prakt. Arzt (gw. mehr Fachärzte als prakt. Ärzte) zu ändern. Man plant, einen Facharzt f. A. zu inaugurieren; der prakt. Arzt soll damit in seinem Ansehen u. seinem Einkommen dem Facharzt angeglichen werden. Die Futurologen der Standesvertretung sind überzeugt, daß bei einer Umkehr des Trends die Zahl der prakt. Ärzte rapid steigen wird, auch dadurch, daß ein Vakuum, v. a. außerhalb der Großstädte, aufzufüllen ist. Man ist sich darüber einig, daß der A.r in ärztl., menschl. u. soziol. Hinsicht unersetzlich ist. Das Paradoxon, daß der prakt. Arzt im Laufe der letzten Jahrzehnte an Bedeutung so sehr verloren hat u. offenbar einer Aufwertung entgegengeht, ist nun zu erklären.

↗ Arzt sein ist ein Urberuf. Unvergleichbar vielen jener Tätigkeiten, die ein Arzt *auch* ausüben kann, v. a. dem eines anwendenden Naturwissenschaftlers. Wenn man dies so ausschließlich fordert, wie in dem Satz geprägt — Medizin wird eine Naturwissenschaft od. sie wird nicht sein —, bedeutet dies eine ernst zu nehmende Verfälschung. Die Übersetzung naturwissenschaftl. Erkenntnis u. des techn. Fortschrittes in die ärztl. Praxis erfordert natürlich auch Spezialisierung. Der menschl. Körper wurde aufgegliedert. Vom Scheitel bis zur Sohle sind viele Fachärzte daran beteiligt. Die Gewissenhaftigkeit dieser Tätigkeit, das Geschick, Theorien zu realisieren, u. die Vervollkommnung der handwerkl. Arbeit hängen — u. dies begründet — v. Einengung u. Konzentration ab.

Die Forderung, den Menschen auch als beseeltes Wesen zu erkennen, als eine ↗ Person, wird immer intensiver. Noch werden die somat. u. psychischen Belange des Kranken in der Praxis nicht ineinander verwoben. Die ↗ Psychosomatik ist ein junger Zweig der ärztl. Wissenschaft. Die ↗ Psychotherapie ist der Somatotherapie noch nicht ebenbürtig.

Die Beziehung ↗ Arzt—Patient ist primär eine individ., persönl. Die Stellung des Menschen in der ↗ Gesellschaft wird aber zunehmend dem Aufgabenbereich des Arztes integriert. Eine ↗ Sozialhygiene ist bereits unentbehrlich. F. den einzelnen Arzt ist die Gesamtheit des Wissens nicht mehr überschaubar u. erlernbar. Warum dann doch eine A. als Programm, als Wunsch u. als Notwendigkeit? Das Helfenkönnen des Arztes wird immer an die Möglichkeit einer Begegnung zweier Personen geknüpft bleiben. Dies darf aber nicht ausschließlich eine einmalige Begegnung sein u. nicht bloß techn. Verarbeitung. In einem zeitgemäßen Sinn ist der A.r dem Patienten gegenüber ein Moderator. In der oft unüberschaubaren Fülle auch einander widersprechender Forderungen, die an den einzelnen Kranken gestellt werden, diagnost. u. therapeut. Art, im Bereiche der Vorsorgeuntersuchung u. der Umweltgestaltung, muß einer vermitteln u. auf die Person u. deren Kapazität abstimmen. Einer muß die Verantwortung auf sich nehmen, die Gangart der Spezialisten — was machbar ist, soll durchgeführt werden — mäßigen od. dagegen sein. Einer muß echt informieren, ohne ein Bündel ↗ Angst zu hinterlassen. Es ist eine Umkehr der Arbeitsteilung nötig. Die Kliniker müssen forschen, sie haben immer neu zu interpretieren u. dies dem A.r weiterzugeben. Dieser wieder gibt die Erkenntnisse dem ↗ Kranken weiter. Beide sind damit Diener des Patienten. Wird dies möglich werden? Nicht, wenn die Zahl der A.r nicht wesentlich steigt. Nicht, wenn die Erziehung der künft. Ärzte so bleibt wie bisher. Nicht, wenn die schon vorhandenen Informationsmöglichkeiten ungenützt bleiben. Computer u. Datenbank bedingen keine Verfälschung der ärztl. Tätigkeit. Sie werden dem Arzt mehr Zeit f. den einzelnen Kranken verschaffen. Der Praktiker hat viel weniger mit Syndromen u. Raritäten, sondern überwiegend mit den wenigen großen Gruppen der Volkskrankheiten zu tun. In der ↗ Vorsorgemedizin kann der Arzt bereits erarbeiteten Themata folgen. Immer aber wird der Arzt mit der individ. Besonderheit konfrontiert werden. Der A.r kann durch seine Arbeit dem „Humanum" wesentl. näher kommen als der Spezialist. Dies würde f. die geist. Gesamtsituation des Standes v. einiger Bedeutung sein. Üb

Lit.: St. Krauter, Der Landarzt. Arzt und Christ 1 (1955) 138—141; C. Korth/J. Schmidt, Hausarzt und Wohlfahrtsstaat, 1 (1955), 131—137; P. Gunkel, Arzt für die Familie. Arzt und Christ 1 (1955), 163—172; A. Finsen, Arzt, Patient und Gesellschaft (1969); R. N. Braun, Lehrbuch der ärztlichen Allgemeinpraxis (1970).

Altenheim. Die bäuerl. u. bürgerl. Welt der vorindustriellen Zeit bot dem Altgewordenen Raum u. Lebensmöglichkeit im Bereich der ↗ Großfamilie. Seitdem diese Ordnung aus vielerlei Gründen dahingefallen ist, ist die Frage nach der Unterbringung alter Menschen f. die letzte Lebensstufe zu einem Problem geworden. Die meisten alten Menschen bevorzugen die eigene kleine Wohnung außerhalb der ↗ Familie u. doch zugleich in einer gewissen Nähe zu ihr, so daß Distanz u. Verbundenheit gleichermaßen zu ihrem Recht kommen. Daneben werden heutzutage v. der öffentl. Wohlfahrt u. v. der kirchl. Fürsorge, weithin auch aufgrund privater Initiativen, in großer Zahl A.e errichtet, die in erster Linie f. die vielen bestimmt sind, die nicht mehr genügend gesundheitl. Voraussetzungen f. eine eigene hauswirtschaftl. Betätigung besitzen. Doch reicht die benötigte Zahl zur Zeit bei weitem nicht aus. Es gibt A.e in allen Preislagen, angefangen vom bescheidenen Bürgerheim bis hin zu luxuriös ausgestatteten Häusern, in denen ein hohes Kulturniveau herrscht. Bevorzugt wurde bisher die Lage am Rand der Städte, doch hat sich neuerdings gezeigt, daß A.e mitten in der Stadt den Kontakt zu Angehörigen u. das notwendige Reizangebot (z. B. Beobachten des Straßenverkehrs) besser gewährleisten. Man setzt zu den Mahlzeiten die Bewohner heute nicht mehr an lange Tischreihen, sondern bildet kleinere ↗ Gruppen an Einzeltischen in geeigneter Zusammenstellung. Angegliederte Werkstätten sollen die Bastelfreude fördern. F. pflegebedürftige Bewohner, die nicht mehr ausgehen können, werden die oberen Stockwerke reserviert. Der Übergang aus der privaten Existenz in ein A. ist ein Schritt, der nicht immer leicht fällt. Im Heim muß

Rücksicht genommen werden auf Tageseinteilung u. Hausordnung. Man wohnt nahe zusammen mit Menschen, an die man sich vielleicht nur schlecht gewöhnen kann. F. anschlußfreudige Leute ist die seel. Umstellung leichter als f. die, die nach einem angestrengten u. bewegten Berufsleben gern allein wären. Indem der ↗ Seelsorger um diese Schwierigkeiten weiß u. sie behutsam anspricht, könnte er den notwendig werdenden Schritt des alten Menschen in ein A. erleichtern. Die weitere pastorale Betreuung darf sich dann allerdings nicht auf gelegentl. u. unregelmäßige Sakramentenspendung sowie auf die Todesstunde beschränken (↗ Sterbenshilfe), sondern muß dem alten Menschen die Gewißheit vermitteln, als vollwertiges Gemeindemitglied nicht abgeschrieben zu sein. Gerade die Bewältigung des Altwerdens, Untätigseins u. ↗ Leidens erweist sich in vielen A.n als bedrückende, oft tabuisierte Last ihrer Bewohner. ↗ Altenklub ↗ Altenseelsorge ↗ Altern. Kö

Lit.: A. Vischer, Alte Menschen im Altersheim (1952); Ch. Bourbeck, Vom Leben alter Menschen außerhalb der Familie, in: Mut zum Alter (1967).

Altenklub. Der Mensch im Alter ist in Gefahr, aus dem Verband v. ↗ Familie u. ↗ Gesellschaft ausgegliedert zu werden. Dieser Isolierung wirkt die Gründung v. A.s entgegen. ↗ Kirche u. öffentl. Wohlfahrt stellen Räume zur Verfügung, in denen Gelegenheit geboten wird, gemeinsame Erfahrungen u. Erlebnisse auszutauschen. Vorträge zur Weiterbildung, Gesellschaftsspiele, Bastelwerkstätten tragen dazu bei, daß der gealterte Mensch nicht der ↗ Vereinsamung überlassen bleibt. Doch sollte man über solcher ↗ Institutionalisierung nicht vergessen, daß es auf die Dauer auch lähmend wirken kann, immer nur v. seinesgleichen umgeben zu sein, woraus sich die Aufgabe ergibt, daß auch die junge Generation u. der Mensch in der Lebensmitte der Verpflichtung eingedenk bleiben sollte, die Nähe der Altgewordenen aufzusuchen. ↗ Altenheim ↗ Altenseelsorge ↗ Altern. Kö

Altenpflege ↗ Pflegedienste

Altenseelsorge. Die Lebenserwartung des Menschen v. heute ist ständig im Steigen begriffen. Je mehr die Zahl derer wächst, die das siebte, achte u. neunte Jahrzehnt erreichen, umso dringender stellt sich die Aufgabe, dem gealterten Menschen beizustehen. Auf keinen Fall gelingt rechtes ↗ Altern v. selbst. Je häufiger dabei Fehler gemacht werden, umso düsterer wird sich der späte Lebensabend darstellen. An der Bewältigung solcher Hilfen müssen heute alle Wissenschaftsdisziplinen gemeinsam arbeiten. Ein Aspekt allein, sei es der wirtschaftl., der medizin., der rel., würde immer zu kurz greifen. — Eine der größten Nöte u. Anfechtungen des Alters ist die ↗ Vereinsamung, die mit wachsender Schwermut Hand in Hand geht. Die meisten Gleichaltrigen sind dahingegangen, die jüngeren Jahrgänge haben andere Neigungen u. Problemstellungen, sie sprechen eine andere Sprache, die nicht mehr verstanden wird. Gleichwohl sollte der Mensch im Alter sich davor hüten, dem Richtgeist u. Starrsinn u. der schnellfertigen Ablehnung der Jugend zu verfallen. — Viele Menschen quälen sich im hohen Alter mit der Frage: Wozu bin ich noch auf der Welt? Ich kann nichts mehr leisten, ich bin zu nichts mehr nütze, ich falle den anderen nur zur Last. Auf solche Klagen ist zu erwidern: der ↗ Wert des Menschen hängt nicht an seiner Verwertbarkeit. Solange das Lebenslicht brennt, verfolgt die göttl. Macht damit eine Absicht: Vielleicht sollen wir noch etwas lernen, das zu lernen wir bisher versäumt haben, od. Gott braucht uns noch f. einen best. Menschen, dem gerade wir aufgrund unserer Lebenserfahrung hilfreich beistehen könnten. Es gibt auch stille, verborgene Tätigkeiten eines sinnvollen Wirkens bis hin zu der Weise des treu geübten Fürbitte f. Volk u. Land, f. ↗ Kirche u. Reich Gottes. Ein solcher v. der Welt gering geachteter Dienst u. bes. das damit Christus nachgetragene Kreuz ist nicht weniger wert als das aktive Handeln. —

Das Alter hilft dazu, daß der Mensch sich der göttl. Wirklichkeit aufs neue öffnet, kann er sich doch nicht verschweigen, daß er nahe vor den Toren der Ewigkeit steht. Gleichwohl sollte niemand die Hinwendung zu Gott auf das Alter verschieben; denn wir wissen nicht, ob wir zu hohen Jahren kommen werden u. können nicht darauf bauen, daß uns dann noch alle Kräfte des Geistes, der Seele u. des Willens zur Verfügung stehen, um die ewige Berufung fest zu machen. Auf alle Fälle gilt es, im Alter Frieden zu machen mit Gott, mit dem Nächsten u. mit sich selbst. Keine Bitterkeiten, keine Empörungen u. Unversöhnlichkeiten auf die letzte Reise mitnehmen! — Im Alter kann es geschehen, daß die Erinnerung an längst vergangene u. vergessene ↗ Schuld mit Macht wieder aufbricht. Dabei mögen Unterlassungssünden das ↗ Gewissen oft schwerer bedrücken als reale Verfehlungen. Die bittere ↗ Reue des Zu-spät kann den Menschen im Alter dermaßen quälen, daß er in Zustände tiefster Melancholie verfällt. Gegen solche Traurigkeit hilft kein pharmazeut. Präparat. F. diese Anfechtung des Herzens gibt es nur ein Heilmittel, es ist der Hinweis auf die Barmherzigkeit Gottes, die er in Jesus Christus dem Menschengeschlecht erschlossen hat. — Eine bes. Aufgabe stellt das Altgewordensein im Blick auf das Verhalten zu den Realitäten ↗ Sexualität ↗ Liebe u. ↗ Ehe. Der junge Mensch neigt zur Meinung, f. den alten Menschen gäbe es in diesem Bereich keine Probleme mehr. In Wahrheit verhält es sich keineswegs so. Die eigentl. Meisteraufgabe besteht darin, daß es den Verheirateten wie den Alleingebliebenen nach der Lebensmitte gelingt, den Übergang vom Eros zur Agape, v. den sinnl. Liebeswünschen zu einer geist. Ausreifung zu finden. Dieser Prozeß kann sich über Jahre erstrecken. Den Eheleuten muß man sagen: Denke nicht, daß dein Lebenskamerad dich weniger liebt, weil er dich jetzt anders liebt als in den Jahren des Lebenssommers. Auch diese andere Weise zu lieben kann zart u. gütig, kann aufmerksam u. verständnisvoll sein ohne ↗ Libido. — Mit dem hohen Alter wächst die Anfälligkeit f. ↗ Krankheiten aller Art. Bes. die bösartigen Geschwulstkrankheiten treten dann immer häufiger auf. Wie soll man sich verhalten, wenn es feststeht, daß ein gealterter Mensch v. dieser lebensbedrohenden ↗ Krankheit ergriffen worden ist? An dieser Stelle gehen die Meinungen v. ↗ Arzt u. ↗ Seelsorger vielfach beträchtlich auseinander. Der Arzt sieht in der aufrecht erhaltenen ↗ Hoffnung seinen besten Helfer. Auch der ↗ Seelsorger wird den Willen zum ↗ Leben zu stärken suchen, indem er darauf hinweist, daß bei Gott kein Ding unmöglich ist u. daß der Mensch im ↗ Glauben mitschaffen kann an der Wiederaufrichtung seiner Kräfte. Wenn sich aber die Krankheit zum ↗ Tode in unmißverständl. Deutlichkeit zeigt, dann sollte sich der Seelsorger zu einer entschlossenen ↗ Sterbenshilfe bereit finden. Die Hinführung hat niemals in der Weise zu geschehen, daß man dem Todgeweihten zuruft: Bestelle Dein Haus, denn Du mußt sterben! Wohl aber wird man im ↗ Gespräch die Gedanken hinlenken auf die Welt der Ewigkeit, der wir alle entgegengehen u. die auf uns wartet als das Vaterhaus Gottes mit den vielen Wohnungen. Zur Betreuung der Altgewordenen gehört auch die Seelsorge an den Lebensmüden (↗ Selbsttötung). Die Statistik zeigt, daß die selbstgewählte Zerstörung am höchsten zw. 20 u. 40 Jahren liegt, um dann bei den Siebzigjährigen erneut steil anzusteigen. So weit ein Mensch ansprechbar ist auf die Realität des Geschicks nach dem Tod, wird man ihm sagen: Es ist sinnlos, sich v. einer schweren Situation durch Davonlaufen zu befreien. Wir entrinnen dadurch nicht der uns gestellten Aufgabe. Wir erschweren dadurch nur unser künftiges Geschick. Auf sich allein gestellt, wird der Angefochtene mit seiner ↗ Verzweiflung niemals fertig werden. Es muß ihm brüderl. ↗ Gemeinschaft zur Seite gestellt werden. In der Beziehung warten noch große Aufgaben im Blick auf die Verlebendigung der christl. ↗ Gemeinden. ↗ Altenklub, ↗ Altenheim. Adolf Köberle

Lit.: L. Zarncke, Das Alter als Aufgabe (1966); A. Köberle, Altwerden in der Sicht des Seelsorgers, Mut zum Alter (1967); R. Guardini, Die Lebensalter, (1967).

Altern. Es ist nicht einfach (zumal eine umfassende wiss. ↗ Gerontologie erst in Anfängen besteht), ein einheitl. —

nicht einseitig allzu positiv verbrämendes od. negativ zu düsteres (f. beide gibt es Beispiele) — Bild des A.s zu zeichnen. Wenn auch der „Bewegungsraum" (H. Ruffin) des Menschen mit wachsendem A. geringer wird, ist doch im Einzelfall der aus ↗ Anlage, Lebensgeschichte u. personaler Lebensbewältigung gewordene ↗ Charakter entscheidend, z. T. sogar noch f. Grad u. Maß körperl. Störungen. Ein heutiger Mediziner würde freilich kaum mehr so uneingeschränkt wie Naunyn 1909 in einem der frühesten Lehrbücher der „Greisenkrankheiten" formulieren: „Wir sehen ganz allgem., daß die Greise, die ihre geist. Frische bewahren, sich auch körperl. viel besser halten." Denn zweifellos ist das A. verbunden mit Minderung d. vitalen Kräfte; das A. prägt sich in Veränderungen der äußeren Erscheinung, in den Funktionen u. ↗ Leistungen des Menschen sichtbar u. unübersehbar aus: weniger straffe u. elast. Gestalt, Verlangsamung des Tempos, Reduzierung der Sinnesfähigkeit (bes. der Hör- u. Sehkraft) u. des Leistungsvolumens, Nachlassen der Regenerationsfähigkeit u. ä. Dem entspricht im geist. Lebensbereich eine Einengung des Interesses, das Nachlassen produktiver Fähigkeiten, eine „allgem. Leistungsminderung" (J. H. Schultz), vorab im Sinne des verstärkten Konservativismus bis zur Feindseligkeit gegenüber dem Neuen (weil man gegenüber dem „Erprobten" u. Gewohnten sicher, dem Neuen gegenüber aber naturgemäß unsicher ist), geringere Merkfähigkeit f. Gegenwärtiges u. jüngst Vergangenes (mit ausgesprochener Neigung zur Verklärung des fest im ↗ Gedächtnis verankerten „Früheren"), eine Verlangsamung aller Leistungen (H. Hoff). Selbst ein so vorsichtiger Wissenschaftler wie H. Ruffin betont, es sei offenbar, daß „alles psychische Verhalten u. Befinden, soweit es v. vitalen Grundkräften mitgetragen u. mitbestimmt wird, beim alternden Menschen eine Reduktion erfährt". (Er weist bes. hin auf die ↗ Sexualität sowie auf alle sinnl. u. motor. Leistungen.) Aber die altersbedingte Minderung der vitalen Kräfte u. die Einengung des Interesses müssen nicht zur Minderung des Intelligenz- u. Persönlichkeitsniveaus führen. Der alternde Mensch kann sogar in sinnvoller Verwendung u. Ausformung erworbener Lebenserfahrung höhere Reifung erringen, die sich in abgeklärten Alterswerken sowie in menschl. Weisheit u. Gelassenheit zeigt. (Von hier aus kann nach alter Menschheitserfahrung der alte Mensch sogar erhöht rat-, sogar leitungsfähig werden, vgl. „Senat", „Presbyter".) Um freilich evtl. sogar zu einem relativen Maximum an eigenständiggeistiger Stellungnahme zu gelangen bzw. um die Aufgabe der Anpassung an die neue Lebenssituation optimal zu bewältigen (zu der ↗ Frauen im Gesamtdurchschnitt bisher eher befähigt scheinen als ↗ Männer), braucht der alternde Mensch über die eigenen charakterl. Kräfte hinaus äußere Hilfen (od. Voraussetzungen), etwa eine gewisse wirtschaftl. u. soziale Daseinssicherung, Gelegenheit zu mitmenschl. Kontakten (etwa zu den „um die Ecke wohnenden" Kinderfamilien u. sonstigen Freunden u. Bekannten), Gelegenheit zu sinnvoller Tätigkeit, Bildungs- u. Gesellungsangebote u. ä. (vgl. ↗ Altenfürsorge). Wenn auch das A. schicksalsmäßig u. unaufhaltsam (im 6. Lebensjahrzehnt) beginnt u. gewisse Abbauerscheinungen körperl. wie geist. Art unabwendbar sind, wenn auch psychosoziale Erkrankungen in dieser Krisensituation häufiger sind (übrigens auch in anderen ähnl., bes. in Übergangsepochen des Lebens), so gibt es doch individuell u. gruppenmäßig unterschiedl. Manifestationen der physischen u. psychischen Phänomene des A.s. Es ist bekannt, daß Wandlungen der Hygiene, der Ernährung, des gesamten Lebensstiles, Fortschritte der ↗ Präventivmedien u. ↗ Heilung heute mehr Menschen das höhere Alter erreichen lassen u. viele länger leistungsfähig erhalten. Gleichzeitig jedoch verschärfen gewisse Wandlungen des Wirtschafts- u. Gesellschaftslebens die Situation dieser — in unseren Zivilisationsgesellschaften ständig wachsenden — Menschengruppe. Immer mehr erscheinen die Alten diesen Gesellschaften als Randgruppe, wenn nicht gar als „Ballast", sofern hier der Wert des Menschen nur nach seiner Leistungs- u. Genußfähigkeit bemessen wird. Zudem fehlen der heutigen Gesellschaft weithin

↗ Leitbilder, die den Alten eine ↗ Rolle vorzeichnen, in die er hineinwachsen kann, die ihm gleichzeitig Schutz gewährt u. Gelegenheit zur Teilnahme am Leben der jüngeren Generation gibt. (Frühere Gesellschaften hatten — f. eine zahlenmäßig freilich viel kleinere Gruppe — solche Verhaltensmuster, etwa innerhalb der ↗ Großfamilie, im „Altenteil", im Eintritt ins Kloster od. ä.) Deshalb muß das Interesse der Gerontologie nicht nur den biolog. Problemen der Altershygiene u. ↗ Alterskrankheiten gelten, sondern auch den soziol. Zusammenhängen (wachsende Zahl der Alten, ihre Ausgliederung aus der Erwerbs- u. damit leicht aus der Gesamtgesellschaft, Gefahr der Ghettoisierung im ↗ Altenheim u. a.). Auch müssen planmäßige pädagog. Bemühungen Hilfen erarbeiten u. bereitstellen, in denen die Jungen das A. förmlich „vorauslernen" u. den Alten ein menschenwürdiges A. erleichtert wird (Bildungsangebote, ↗ Altenklubs, Stätten der Begegnung, Hilfen zu sinnvoller Tätigkeit usw.). Zeigen doch Erfahrung u. wissenschaftl. ↗ Forschung, daß Sinnerfülltheit des gesamten Lebens auch auf die körperl. u. psychische ↗ Gesundheit positiv einwirkt, wie umgekehrt fehlender Sinn allerlei ↗ Krankheiten, nicht zuletzt ↗ Neurosen, aber auch ↗ Psychosen Vorschub leistet. Freilich gibt es, auch bei relativ erträgl. Lebensbedingungen der alten Menschen, psychosoziale Erkrankungen, unter denen der Kranke u. seine ↗ Umwelt gleicherweise leiden, ja eine eigentl. „Psychiatrie des Seniums" (Ruffin). Neben den psychiatr. A.serkrankungen, wie arteriosklerot. od. senile Demenz, A.s- bzw. Involutionsdepressionen, A.s-paranoia u. senilem Eifersuchtswahn sowie Spätepilepsien mit Dämmerzuständen kann es im fortschreitenden A. zu Veränderungen der Persönlichkeit kommen, die einerseits hirnorgan., andererseits auch psychogen, etwa durch den Statusverlust u. Rollenwechsel im A. bedingt sind. Das Absinken des Status der Alten in unserer ↗ Gesellschaftsstruktur führt zu einem Wertverlust, der ebenso schmerzl. empfunden wird wie die Unmöglichkeit, best. ↗ Rollen zu übernehmen. Durch die verminderte ↗ Kontaktfähigkeit alter Menschen u. ihre gesellschaftl. Isolierung kommt es zu einer ↗ Vereinsamung, die sich in der Verstärkung physiolog. Altersbeschwerden ausdrückt. Aufgrund seiner erhöhten Labilisierung u. seiner verringerten Fähigkeit, Enttäuschungen zu ertragen, reagiert der alte Mensch auf äußere Gefährdungen entweder mit direkter Auflehnung, die zu rücksichtslosem Selbstbehauptungsstreben u. überhöhten Ansprüchen an die Umwelt führt, od. durch mittelbare Abwehrmaßnahmen mit Nicht-zur-Kenntnisnahme der eigenen Situation u. Festhalten an einem pseudo-jugendl. Lebensstil. Die inneren Gefahren, die die Geschlossenheit der Persönlichkeit zu beeinträchtigen drohen, werden vielfach mit einer Fassadenbildung beantwortet. Dabei neigt der alte Mensch zu kleinlich-pedantischen Tendenzen der Schematisierung u. Formalisierung, schützt sich durch Errichten v. Barrieren (z. B. übersteigertes Ehrgefühl) u. versucht damit, den erschütterten inneren Halt durch krampfhaftes Festhalten an Äußerlichkeiten zu ersetzen. Nicht vergessen darf man in diesem Zusammenhang auf der anderen Seite jene — zahlenmäßig vielleicht nicht allzu häufigen — Fälle der (evtl. durch psychotherapeut. od. allgemein „seelsorgl." Hilfen unterstützten) Chancen der Umprägung, der echten ↗ Wandlung auch alter Menschen bis hin z. religiösen ↗ Konversion (etwa in bewußter Rückkehr zur Religiosität u./od. Kirchlichkeit früherer Lebensjahre). Nicht zuletzt hier hat die kirchl. ↗ Altenseelsorge Auftrag wie Chance.

Heinz Fleckenstein

Lit.: A. L. Vischer, Die seelischen Wandlungen beim alternden Menschen (1949); H. Ruffin, Das A.n u. die Psychiatrie des Seniums (1958); R. Treutter, Das A. in der modernen Gesellschaft (1961); M. Benary-Isbert, Das Abenteuer des A.ns (1966); J. Améry, Über das A.n, Revolte u. Resignation (1969); Th. Bliewsis (Hrg.), Die dritte Lebensphase. Chancen des Älterwerdens (1970); H. J. Brouwer u. a.: Neue Wege in der Altenpastoral (1971); H. Wulf, Morgen ist gestern. Ein Beitrag z. Verständnis der A.s (1972); R. Schenda, Das Elend der alten Leute (1972).

Alterskrankheiten = Krankheiten des höheren Lebensalters: 1. grundsätzlich gleich den Krankheiten der mittleren, auch der frühen Lebensstadien, jedoch durch den

spezif. Status der Biomorphose (Bürde) in Verlauf u. Erscheinungsform geprägt, durch den Altersfaktor determiniert: Verzögerung aller krankhaften Erscheinungen u. Heilvorgänge.
2. Alterseigene, im übrigen Leben nicht auftretende Erkrankungen, insbes. psychiatr. Alterserkrankungen (senile u. präsenile ↗ Psychosen, ↗ Geriatrie, ↗ Gerontologie):
a) Krankheiten die mit dem Abbau der psychischen Leistungen einhergehen (gefäßbedingte Erkrankungen des Gehirns, primärer bzw. sekundärer Substanzverlust des Gehirns, Hochdruckkrankheit).
b) ↗ Depressionen des Rückbildungsalters (Involutionsdepression), schizophrene Alterserkrankungen (Involutionsparanoia, -paraphrenie), abnorme Erlebnisreaktionen im vorgeschrittenen Lebensalter, Schwerhörigenwahn. Rt

Lit.: F. A. Kehrer: Vom seelischen Altern (1952); Fl. Laubenthal: Zur Psychologie und Pathologie des Alterns, Arzt und Christ 3 (1957) 146—156.

Alterssicherung. Unter A. wird die Sicherung des Lebensabends eines arbeitenden Menschen, u. zw. unter der Bedingung der voraussichtl. endgültigen Beendigung der „Arbeitsspanne" dieses Lebens verstanden. Diese A. (↗ Berentung) ist notwendig geworden, weil in einer Welt ohne genügende familiäre u. freundschaftl. Sorge u. Hilfe, insbes. aber in einer Welt, in der man rein technisch nicht mehr „sparen" kann, die Sicherung des Lebensabends nur noch als Gemeinschaftsaufgabe aller lösbar ist. Die Sicherung durch Privatbesitz ist, wenn nicht sehr große Vermögen zur Verfügung stehen, unmöglich geworden. Die A. durch die Rentenversicherung ersetzt eine Sicherheit durch Ersparnisse im Grunde durch die gegenseitige Hilfeleistung der Lebenden, d. h. sie führt die Sicherheit durch „Sparen" auf den Anspruch der Alten, v. den Arbeitsfähigen unterhalten zu werden, zurück. Das Geld, das wir heute als Arbeitnehmer in die Kassen der Versicherungsträger bezahlen, wird aufgewandt, um den jetzt lebenden Alten zu helfen, in der Erwartung, daß uns, wenn wir selber alt sind, die dann Jungen helfen werden. Diese Form der A. hat freilich die eine Konsequenz, daß jede Verschiebung im Verhältnis v. Verdienenden u. Rentnern sich entweder auf die Beitragslast der Verdienenden od. auf die Renten auswirkt, will man nicht einen Ausgleich über die allgem. Besteuerung in Kauf nehmen. — Die Rentenversicherung (RV) umfaßt drei Teile: (a) die RV der Arbeiter (ArRV). Sie wird getragen v. den sog. Landesversicherungsanstalten (LVA) insges. 20 in der BRD; (b) die RV der Angestellten (AnRV) — sie arbeitet mit nur einer einzigen Anstalt, der „Bundesversicherungsanstalt f. Angestellte" (BfA) in Berlin; (c) die knappschaftl. RV, die nur die im Bergbau beschäftigten Arbeiter u. Angestellten betrifft. Die Anstalten erhalten die durch sie zu disponierenden Summen durch die Beiträge, die v. Arbeitgebern u. Arbeitnehmern (bei letzteren durch Lohnabzug) über die gesetzl. Krankenkassen eingezogen u. an die Anstalt abgeführt werden. Bo

Lit.: H. Schaefer/M. Blohmke, Sozialmedizin (1972).

Ambivalenz. A. heißt soviel wie Doppelwertigkeit, Doppelgerichtetheit. Dieser Begriff wurde v. E. Beuler in die Psychologie eingeführt u. bezeichnet die gleichzeitige Anwesenheit einander entgegengesetzter Strebungen u. Gefühle (z. B. ↗ Haß u. ↗ Liebe) im Menschen gegenüber ein u. derselben ↗ Bezugsperson. S. Freud hat diesen Begriff in die ↗ Psychoanalyse übernommen u. hat das damit Gemeinte als ein zentrales Phänomen im menschl. Triebleben dargestellt. Freud sieht die A. der Gefühle in der ödipalen Entwicklungsstufe (3.—6. Lj.) des Menschen begründet: auf der einen Seite liebt das ↗ Kind den gleichgeschl. Elternteil, identifiziert sich mit ihm, will so werden wie er; auf der anderen Seite ringt das ↗ Ich des Kindes um Selbsterhaltung u. Selbstbehauptung. Aus dieser letzteren Strebung heraus erfährt das Kind den betr. Elternteil als übermächtig u. muß ihn insofern ablehnen. Dieses in der Ödipusphase grundgelegte Muster der Gefühls-A. (Liebe — Haß; Zuneigung — Abneigung) bricht in der ↗ Pubertät voll aus u. findet seinen Ausdruck beispielsweise in starken Gefühlsschwankungen gegenüber den Eltern u. Autoritätspersonen. Da die ↗ Reifung des Menschen nie zum Abschluß kommt, d. h. immer im Werden ist, ist diese Gefühlsa. latent auch im erwachsenen Menschen vorhanden. Personen in führender Position sollten sich dieses Sachverhaltes immer bewußt sein, da oft bei Autoritätskonflikten sie selbst nicht gemeint sind, sondern eine ↗ Übertragung der nicht geklärten Gefühlsa. auf ihre Person geschieht. Anthropolog. liegt diesem Phänomen die Tatsache zugrunde, daß Liebe, Zuneigung, ↗ Identifikation mit einer geliebten Person, d. h. also Bindung an eine andere Person, gleichzeitig Einschränkung der Triebfreiheit, des Selbstbehauptungsdranges bedeuten u. daß damit immer auch eine Konfliktsituation gegeben ist. Stv

Lit.: S. Freud, Triebe und Triebschicksale (1915), in: Ges. W. X, 223—224.

Amnesie = Erinnerungslücke aus hirnorgan. (Hirnerschütterung, epilept. Anfall, Dämmerzustand) od. affektiven Gründen (posthypnotisch, hysterisch). Die infantile A. (Erinnerungslosigkeit f. die ersten Lebensjahre) hat nach Freud schon mit dem aktiven Vorgang der ↗ Verdrängung zu tun. Nicht organ. bedingte A. kann in ↗ Hypnose od. in der ↗ Psychoanalyse aufgelöst werden.

Amplifikation. Term. technicus der ↗ komplexen Psychologie C. G. Jungs, wo es die Erweiterung u. Vermehrung unbewußten Materials durch aktive Imagination od. das Weiterphantasieren v. ↗ Träumen bedeutet.

Amt. A. ist ein vielschichtiger Begriff, der sämtl. institutionalisierten Dienstleistungen (Behörden, Verwaltungsfunktionen, Legislative, Exekutive usw.) umfaßt. Wesentlich f. jedes A. ist sein Dienstcharakter. Die mit dem A. verbundene ↗ Macht kann — v. a. bei Dominanz v. Bürokratisierung — zum Mißbrauch der ↗ Autorität führen. Im kirchl. Bereich wird meist der bes. Dienst der Leitung, der Dienst an der Einheit, mit A. bezeichnet. Der in der Schrift häufig gebrauchte Begriff „diakonia" = Dienst, ist ein Schlüsselwort f. das heutige Verständnis des kirchl. A.s: Bei aller Verschiedenheit des A.sbegriffes zw. den christl. Konfessionen dürfte hierin Übereinstimmung herrschen: keine „Gewalt" der ↗ Kirche ist v. der durch den Herrn der Kirche gegebenen Sendung u. Bevollmächtigung ablösbar. Sinn u. Zweck der Dienstämter der Kirche lassen sich nur am Beispiel u. Auftrag des Menschensohnes ablesen. — Die evang. Kirche versteht unter A. v. a. das öffentl. Verkündigungsa., Dienst an der Versöhnungsbotschaft durch Predigt u. Sakramentsverwaltung. Obwohl nach evang. Lehre alle Christen dem geistl. Stand angehören, haben dennoch nicht alle das geistl. A. Dieses ist göttl. Rechts, geht auf die Sendung der Apostel zurück u. wird dem einzelnen durch die Ordination durch A.sträger der Kirche unter ↗ Handauflegung u. ↗ Gebet übertragen. In den luther. Kirchen gilt die Ordination im Unterschied zur Investitur als einmalig (W. Pannenberg). Nach kath. Lehre gehört der Vorsteherdienst zur apostol. Eigenart der Kirche. Durch das ↗ Sakament der Weihe wird das A. der Apostel in der Geschichte weitergegeben (Sukzession). Obwohl das A. den pastoralen Erfordernissen u. dem Aufbau der ↗ Gemeinde optimal gerecht werden muß, versteht es sich nicht primär als geschichtl. u. soz. Größe: es ist Ausdrucksform des Verkündungsauftrags der Kirche (vgl. ↗ Berufung) u. steht im Dienst einer Botschaft, die höheren Ursprungs ist. Somit beinhaltet das A. ein zweifaches: Gemeindebezogenheit u. Eigenständigkeit, Institution u. Charisma. Es wird vieles davon abhängen, ob das A. in der Realität die Spannung zw. christl. ↗ Freiheit u. Gebundenheit an den Auftrag des Herrn durchgehalten wird Die Schrift erwartet ↗ Treue u. Zuverlässigkeit v. den Vorstehern (1 Kor 4, 2). In ihren Funktionen sind die einzelnen Dienstämter notwendig einander zugeordnet, was eine Hierarchie nicht ausschließt. Denn in den verschiedenen Ämtern wirkt derselbe Herr u. Geist (1 Kor 12). Fä

Die vielberufene Krise des kirchl. A.s heute, die sich in Rollenkonflikten, Amtsniederlegungen, geistl. Berufsschwund, innerkirchl. Spannungen u. Gruppenbildungen auswirkt, hat nicht nur theolog. sondern ebenso anthropolog. Gründe (↗ Demokratie i. d. K., ↗ Bewußtwerdung, ↗ Säkularisierung). Sie muß v. a. im Zusammenhang mit der raschen gesellschaftl. Entwicklung gesehen u. behandelt werden, an die sich die kirchl. ↗ Strukturen nicht unbesehen u. synchron anpassen können (Phänomen des „kulturellen Nachhinkens"). Gr

Lit.: K. Schuh (Hrg.), Amt im Widerstreit (1973); Reform u. Anerkennung kirchl. Ämter. Ein Memorandum der Arbeitsgemeinschaft ökumen. Universitätsinstitute (1973); Catholica 27 (1973) Heft 3/4: Sendung Christi, Kirche, Vollmacht und Amt.

Anästhesie. A. (griech.): Empfindungslosigkeit v. a. gegenüber ↗ Schmerz. *Patholog.:* durch Erkankungen im zentralen u. peripheren Nervensystem, aber auch auf psychogener (= hyster.) Basis. *Therapeut.:* durch schmerzstillende Medikamente (chem.), durch Kälte (physikal.), durch ↗ Hypnose (psychisch). Allgem. A. durch Narkose, örtl. A. durch partielle Ausschaltung der Schmerzempfindung bzw. der Schmerzleitung. — Schmerzstillung ist Recht u. Pflicht des ↗ Arztes. Anästhesiologie = Lehre v. der Schmerzausschaltung (eigene medizin. Diszipln). ↗ Akupunktur.

Anal. Auf den Anus bezogen. Term. technicus der psychoanalyt. ↗ Triebtheorie, nach der die anale Stufe der ↗ Sexualität in der Phase der Reinlichkeitserziehung durchlaufen wird u. die Grundlagen eines zwanghaften u. aggressiven Charakters erworben werden können.

Analerotik. A. bedeutet sex. Ansprechbarkeit bzw. Betätigung in der Aftergegend. Da der After (lat. anus) zu den sog. erogenen, d. h. f. erot. bzw. sex. Erregungen bes. empfängl. Zonen gehört, die in der sog. analen Phase im Zentrum des tiefenpsych. Interesses des ↗ Kindes bei der Entwicklung seiner ↗ Libido steht, ist die A. nicht v. vornherein als ↗ Perversion anzusehen. A. (Analsexualität) kann dann zur Perversion werden, wenn der Analkoitus die einzig befriedigende Form des ↗ Geschlechtsverkehrs ist. Analverkehr (lat. pedicatio), bei dem das Glied in den After des Partners od. der Partnerin eingeführt wird, sollte jedoch nur ausgeführt werden, wenn dabei auf die Bedürfnisse des Geschlechtspartners od. der -partnerin hinreichend eingegangen bzw. Rücksicht genommen wird, d. h. als Vorstufe od. Teil des sex. Liebesspiels bzw. als Variante, um das Lustempfinden zu steigern.

Analphabetentum. Nach einer Definition der UNESCO sieht man als „alphabetisiert" eine ↗ Person an, „die mit Verständnis eine kurze, einfache Aussage über ihr Alltagsleben sowohl schreiben als auch lesen kann". Durch die Bevölkerungsexplosion gerade in den Entwicklungsländern mit ihrem noch mangelhaft ausgebautem Schulsystem muß man leider ein Wachsen des A.s feststellen. Es liegen zwar keine exakten statist. Daten vor (Probleme v. Volkszählungen u. bewußte Verschleierung aus ↗ Prestigedenken heraus), doch wird geschätzt, daß ca. 65% der Weltbevölkerung zw. dem 15. u. dem 50. Lj. als nicht od. nur halb alphabetisiert (nur Lesen) zu betrachten sind. Im Rahmen der ↗ Entwicklungshilfe u. durch versch. Initiativen der UNESCO (1968 wurden z. B. 52 Länder im Hinblick auf deren Probleme mit dem A. betreut) u. betroffener Länder („Armee des Wissens" in Persien) wird ein gewisses Gegengewicht geschaffen. V. einem entscheidenden Abbau des A.s kann vorderhand aber noch nicht gesprochen werden.

Pastoralanthropol. relevant ist das A. insofern, als es zur „Sorge um den Menschen" gehört, durch Vermittlung der Grundlagen einer literar. ↗ Bildung die ↗ Kommunikation der Menschen untereinander zu verbessern. A. darf aber nicht nur negativ gesehen werden (als ob ein Abbau des A.s automatisch Bildung bedeuten würde); die Initiativen in dieser Richtung müssen vielmehr sehr behutsam vorangetrieben werden, um die kultur. Eigenständigkeit u. die gewachsene Mentalität nicht zu gefährden. Hz

Analytische Psychologie ↗ Komplexe Psychologie

Anamnese. Griech. anámnesis = Wiedererinnerung; medizin.: Vorgeschichte einer ↗ Krankheit als Eigen- u. Fremd-A., nach dem Inhalt als Familien-A., biograph. A. u. Sozial-A. In der ↗ Psychoanalyse: innere Lebensgeschichte (Geschichte des Selbst); theol.: feiernde Vergegenwärtigung eines geschichtl. Heilsereignisses, um es so über die Situation des Feiernden ↗ Macht gewinnen zu lassen (vgl. Rahner u. Vorgrimler).

Anankasmus ↗ Zwang

Andrologie. Lehre v. Bau u. Funktion des männl. Genitalapparates u. dessen Krankheiten. Abweichungen v. der Norm können neben den betreffenden organisch-funktionellen Störungen zu sexual-neurot. Verhaltensweisen führen. Pastoralanthropolog. sind beide Erkrankungstypen (getrennt od. verbunden) Störfaktoren f. die Verwirklichung duopersonaler menschl. ↗ Geschlechtlichkeit, da sowohl das leibl. Ausdrucksfeld derselben wie überhaupt die Kommunikationsfähigkeit beeinträchtigt sind.

Anencephalus. Mißgeburt mit Gehirndefekt (Fehlen des Großhirns), meist nur wenige Stunden lebensfähig.

Anerkennung. A. bedeutet Achtung u. Wertschätzung durch andere Menschen, die f. die Selbstachtung u. Selbsteinschätzung sowie f. das Selbstwertgefühl eines Individuums v. großer Bedeutung sind, wie ↗ Eltern, Freunde, Verwandte, Vorgesetzte, Kollegen etc. In diesem Sinne entsteht A. grundsätzlich mittels Lob u. Tadel durch die „bedeutsamen Anderen" (Rogers). In der Sprache der modernen Lernpsychologie (↗ Lernen) werden Lob u. Tadel daher als soziale Verstärker bezeichnet, wobei im allgem. die Ausdrücke „Lob" u. „A." gleichbedeutend verwendet werden. Aufgrund zahlreicher experimentell-empir. Untersuchungen muß als gesichert angenommen werden, daß sowohl durch A. u. Lob als auch durch Tadel (↗ Strafe) stärkere Verhaltensänderungen erreicht werden als dies ohne lobende od. tadelnde Anreizsituation der Fall ist. Die Wirkung der A. auf den einzelnen Menschen ist jedoch in bezug auf Richtung u. Stärke der Verhaltensänderung unterschiedl., was auf die versch. emotionell-kognitive Ausgangslage der Individuen aufgrund ihres je einzigartigen Erfahrungshintergrundes mit den durch bedeutsame ↗ Bezugspersonen verabreichten sozialen Verstärkern wie Lob u. Strafe zurückzuführen ist.
Pastoralanthropolog. ist die Bedeutung der wertschätzenden (lobenden) A. gegenüber einem geringschätzenden Erzieherverhalten bes. hervorzuheben. Die wertschätzende A. eines Erziehers wird als gefühlswarm, geduldig, höflich, ermutigend, persönl., partnerschaftl. u. lobend beschrieben. Geringschätzendes Erzieherverhalten hingegen als ungeduldig, leicht verärgert, intolerant, unbeherrscht, verletzend u. beleidigend. Untersuchungen zeigten die hohe Bedeutung, die Wärme, Zuneigung u. persönliche A. f. den erzieherischen wie ganz allgem. mitmenschl. Kontakt haben. Aufgrund dieser Befunde ist anzunehmen, daß A. durch relevante Bezugspersonen ein unabdingbares Bedürfnis f. jeden Menschen ist, bes. aber f. ↗ Kinder u. Jugendliche. Wird dieses „Grundbedürfnis nach A." (Maslow) im Laufe der Entwicklung eines Menschen nicht befriedigt, so kommt es zu schweren seel. Störungen, denn die Selbstachtung entfaltet sich in enger Verbindung mit der A. durch die soziale ↗ Umwelt. Ein positives Selbstwertgefühl aber ist die unerläßl. Voraussetzung f. das Gelingen der ↗ Selbstverwirklichung. *Gebsattel* faßte diesen psych. Grundtatbestand in die Formel: Das Selbst als Verwirklichtes ist immer ein vom ↗ Du Vermitteltes. Hb

Lit.: R. Tausch/A. Tausch, Erziehungspsychologie (⁶1971); C. R. Rogers, Die Klient-bezogene Gesprächstherapie, Kindler-Studienausgabe (1973).

Anfallsleiden. A. ist Sammelbegriff f. eine große Gruppe v. Erkrankungen, deren Leitsymptom das plötzl. u. unerwartete Auftreten v. Syndromen ist, die sich verschiedentlich aus Krämpfen, Bewußtseinsverlust od. Bewußtseinstrübung u. Krämpfen zusammensetzen, zur

Anfallsleiden

Wiederholung neigen u. relativ rasch abklingen. A. wird häufig synonym. f. die epilept. Krankheiten verwendet, deren Leitsymptom der zerebrale Anfall ist. Da vielfach mit negativen Vorstellungen (Erblichkeit, Unheilbarkeit, soziale Minderwertigkeit, Gemeingefährlichkeit) belastet, v. modernen Autoren deswegen hirnorgan. A. genannt. *Histor.:* die Epilepsie ist seit 4000 Jahren bekannt u. wird schon auf Keilschrifttexten erwähnt. Hippokrates (um 460—377 v. Chr.) erkannte u. beschrieb die Epilepsie (griech. epilambanein: hinfallen, überfallen; Fallsucht) als eine vom Gehirn ausgehende Störung. Schon im Griechischen als heilige ↗ Krankheit, später im Lateinischen (bis heute!) morbus sacer bezeichnet. Im Hochmittelalter Fallsucht genannt (morbus caducus) u. ebenfalls als Gehirnkrankheit aufgefaßt. *Religionspsychopatholog.:* das Unheimliche des plötzlichen Hinstürzens in Bewußtlosigkeit, die illusionären u. halluzinator. Begleitsymptome, grausame Kurzschlußhandlungen, sowie auch manche den echten epilept. Symptomen ähnl. Anfallserscheinungen nicht-epilept. Art („hyster." Anfälle) haben dazu geführt, den Anfallspatienten den Charakter der ↗ Besessenheit zuzuschreiben (Pseudobesessenheit). *Pastoralmedizin.* relevant ist auch die heute infolge des kulturpatholog. Wandels weniger oft auftretende Bigotterie, meist bei dementen Epileptikern. *Forensisch* wichtig ist die Gemeingefährlichkeit, die im Rahmen epilept. Dämmerzustände auftreten kann; nicht selten sind pyromane Brandstifter Epileptiker. In *kanonist.* Hinsicht ist bei Epilepsie Irregularität ex defectu gegeben. *Klin.:* Die Epilepsie ist ein periodisch auftretendes A.; es können Anfälle tägl., wöchentl., monatl. od. selten im Jahr auftreten, tagsüber, aber auch nachts; im Einschlafen wie beim Aufwachen. Nach der Ursache unterscheidet man seit W. Gowers (1881) zwei große Gruppen: a) genuine, idiopathische, auch kryptogene Epilepsie, an sich nicht hereditär, mit bis heute unbekannter Verursachung; meist zw. ↗ Pubertät bis Ende des 3. Lebensjahrzehntes beginnend; b) symptomat. Epilepsie oder epileptiforme Anfälle, die nicht an ein best. Lebensalter gebunden, sondern abhängig v. den sie auslösenden Grundleiden sind, v. a. von chron. zerebralen Prozessen, wie Gefäßerkrankungen, Gehirn(haut)entzündungen, Hirntumoren, Mißbildungen bzw. degenerative Erkrankungen, frühkindl. ↗ Hirnschädigungen; Stoffwechselerkrankungen. Die wichtigsten Anfallsformen sind: 1. Der *große epilept. Anfall* (grand mal). Prodromalstadium: Stunden od. Tage vorangehende Unruhe, ↗ Verstimmung u. Reizbarkeit; kurzdauernde Aura (abnorme Wahrnehmungen u. Empfindungen) unmittelbar vor dem Anfall, Streckkrämpfe mit Bewußtlosigkeit, Initialschrei, schließlich rhythmisch. Zuckungen der Streck- u. Beugemuskulatur, Zungenbiß, Abgang v. Harn u. Kot. Erschöpfungsstadium mit eingeengtem Bewußtsein u. terminaler Schlaf. Im EEG hirnelektr. Entladungen in Form v. paroxysmaler Dyrhythmie. — 2. *Absence,* bei Kindern zw. 3. u. 13. Lj.: plötzl., nur wenige Sekunden andauernde ↗ Bewußtseinsstörung. Im EEG charakterist. die sog. spitzen Welle-Paroxysmen. — Generalisiert, tonisch chron. Krämpfe während akuter Erkrankungen bei Kindern, die eine höhere Krampfbereitschaft haben als Erwachsene, heißen Gelegenheitskrämpfe. Etwa 10% der sog. Fieber- od. Infektkrämpfe gehen später in echte Epilepsieanfälle über. — 3. *Dämmerattacken* (psychomot. Anfälle) mit eingeengtem ↗ Bewußtsein u. bizarrer Motorik (im EEG Herdbefund im Temporallappen). — 4. *Jacksonanfälle.* Muskelzuckungen einer Körperhälfte od. Extremität ohne Bewußtseinsverlust bei umschriebener Störung der Hirnrinde, häufig nach Schädeltrauma.

Es gibt neben epilept. Sonderformen (Myoklonus-Epilepsie, Reflexepilepsie, zerebellare Anfälle) nicht-epilept. Anfallsformen, die zu den Anfallsleiden gezählt werden:

1. Vegetative Anfälle, uneinheitl. Syndrome a) mit Gesichtsrötung, Schweißausbruch, Speichelbildung, Steigerung v. Blutdruck u. Pulsfrequenz oder b) Gesichtsblässe, Erniedrigung v. Blutdruck u. Pulsfrequenz.

2. **Kreislaufbedingte Anfälle:** a) synkopale Anfälle, nach Schwindel, Übelkeit u. Schweißausbruch, sekundenandauernder Bewußtseinsverlust ohne Gliederzuckungen (Ohnmacht), b) Anfälle v. Bewußtlosigkeit mit extremer Blässe u. Pulslosigkeit bei Störung der Herztätigkeit.
3. **Narkolepsie:** Schlafanfälle bzw. affektiver Tonusverlust (Lachschlag), Störung des Schlaf-Wach-Rhythmus od. des Muskeltonus.
Die epilept. Dämmerzustände sind lang anhaltende psychot. Zustände vor od. nach großen Anfällen od. anstelle v. Anfällen auftretende Äquivalente. Bewußtseinseinschränkung mit Neigung zu brutalen, sinnlosen Handlungen, explosible Reizbarkeit.
Die *Diagnose* ergibt sich aus der neurol. u. psychiatr. Untersuchung, bes. wichtig hirnelektr. Untersuchungen (EEG), woraus Schlüsse auf Anfallsformen gezogen werden können u. wichtig f. gezielte Therapie u. Therapieüberwachung. EEG auch im Intervall positiv (negative EEGs, bis zu 30% bei ausgeprägten A. mit großen Anfällen beweisen nicht das Fehlen einer Epilepsie).
Therapie: medikamentös, zahlreiche chem. unterschiedl. antikonvulsive Substanzen; bei Hirntumoren, Hirnabszeß, Narben usw. auch chirurg. Therapie; psychotherapeut. Führung der Patienten, die vielfach beeinträchtigt sind; Soziotherapie (Schule, Beruf). Neben dem Anfallsgeschehen ist die epilept. Wesensänderung zu beobachten (mitunter schon vor dem ersten Anfall); bei sog. genuinen Formen deutlicher ausgeprägt als bei symptomat. A. Häufig: Ichbezogenheit, Selbstgerechtigkeit, Formelhaftigkeit, Pedanterie, Klebrigkeit, Bigotterie.
Die epilept. Demenz (Intelligenzabbau) ist ausschließl. Folge häufiger Anfälle.

↗ *Ehe,* ↗ *Schwangerschaft,* ↗ *Kinder:* Anfallskranke können eine Ehe schließen, jedoch ist bei beidseitiger familiärer Belastung od. Erkrankung das Risiko relativ groß, daß auch die Kinder epilept. Anfälle bekommen. Epilepsie stellt keine Indikation f. einen Schwangerschaftsabbruch dar, doch bedarf es einer erhöhten Überwachung der Schwangeren durch Frauen- u. Nervenärzte u. einer bes. Therapie. Die Entbindung soll in einem Krankenhaus erfolgen. Gottfried Roth

Lit.: Ph. Bamberger/A. Matthes: Anfälle im Kindesalter (1955); E. Grünthal: Die Genuine (kryptogene) Epilepsie u. die Gruppe der epileptiformen Erkrankungen (symptomat. Epilepsie) in: M. Reichhardt: Allgemeine u. spez. Psychiatrie (1955).

Anfechtungen ↗ Versuchung

Angewandte Psychologie (u. Seelsorge). Die A. P. (auch Psychotechnik genannt) versucht die Erkenntnisse der versch., v. a. experimentell forschenden Fachrichtungen der Psychologie (z. B. der ↗ Allgem. Psychologie) f. prakt. Fragestellungen menschl. Lebens nutzbar zu machen. Eine Reihe v. Teildisziplinen der A. P. haben sich in den letzten Jahren entwickelt: z. B. die Beratungs-, Industrie-, Arbeits-, Werbe-, Verkehrs-, Gerichts- u. Wehrpsychologie. Als älteste Teildisziplin der A. P. darf die ↗ Pastoralpsychologie angesehen werden; denn ehe es im mitteleurop. Kulturbereich eine systemat.-wissenschaftl. Anwendung der Psychologie f. die personale ↗ Lebensberatung gab, findet seit der pastoralen Akzentsetzung der Theologie im 18. Jh. eine Umsetzung psych. Erkenntnisse in der seelsorgewissenschaftl. Literatur statt. Neben der direkten Übernahme psych. Erkenntnisse — im Sinne der A. P. — in die Seelsorgepraxis muß die ↗ Prakt. Theologie ebenso auf Erfahrungen u. Anwendungserfolge der einzelnen Teildisziplinen der A. P. zurückgreifen: z. B. auf die Beratungspsychologie in allen Bereichen der Individualseelsorge, auf die Arbeitspsychologie f. die ↗ Betriebsseelsorge u. f. die Analyse der vielfältigen seelsorgl. Arbeitsfelder, auf die Wirtschaftspsychologie f. die effektive Gestaltung der kirchl. Verwaltung aller Ebenen, auf die Werbepsychologie f. die Selbstdarstellung u. Werbung der Kirche (Öffentlichkeitsarbeit). Po

Lit.: W. Arnold, Angewandte Psychologie (1970); H. Pompey, Pastoralpsychologie — Die Entwicklung der ältesten Teildisziplin der Angewandten Psychologie, in: Psychologie und Praxis XVI (1972) 168—175).

Angst. Medizin.-psych. gesehen ist A. eine primäre Affektreaktion, die auch beim ↗ Tier als A.-Wut-Verhalten (fearrage-pattern) in bedrohl. Situationen nachgewiesen werden kann. Typ. A.verhalten ist die Flucht, es kommt aber auch zur Erstarrung. A. geht mit vegetativen Reaktionen (Notstandsreaktion nach Cannon) einher. An der A. ist die Hirnrinde als Hemmer sicher beteiligt, wie Versuche mit beiderseitiger Abtragung der Temporalregion durch Jameron 1957 an Rhesusaffen zeigten. In der Unterscheidung zw. A. u. Furcht wird die Furcht als objektbedingte Reala, bezeichnet, eine unbest., real nicht begründete A. dagegen als Ausdruck eines Triebkonfliktes aufgefaßt. Ist eine solche A. an kein best. Objekt gebunden, spricht man v. frei flottierender A. Tritt die A. als Folge eines Reizgeschehens auf, das normalerweise ohne affektive Bedeutung ist, spricht man v. fixierter A. Bei der neurot. A. ersetzt der Mensch zur Vermeidung v. Furcht vor seinen eigenen Antrieben, deren eigentl. Objekt durch ein symbol. Objekt, dessen Bedeutung ihm selbst unbewußt bleibt. Er vermeidet damit neurot. Schuldgefühle auf Kosten einer abnormen Furcht. Diesen Mechanismus finden wir bei der ↗ Phobie, die einen Versuch der Umwandlung v. A. in Furcht darstellt. Außer der phob. A. gibt es zahlreiche andere Arten neurot. fixierter A., die nach Meinung der ↗ Tiefenpsychologie Ausdruck eines Triebkonfliktes sind. Neben der Real-A. bzw. Furcht u. der neurot. A. stellt die moral. A. od. Gewissensa. ein Gefahrensignal f. das ↗ Ich dar, die bei Bedrohungen aus dem ↗ Über-Ich auftritt. Auf diese Gewissensa. kann das ↗ Ich entweder mit rationalen Maßnahmen u. einer realitätsgerechten ↗ Einstellung od. aber irrational durch ↗ Abwehrmechanismen reagieren. Damit kommt es zu einer Erstarrung der ↗ Persönlichkeit in fixierten Verhaltensweisen. Die psychoanalyt. Theorie der A. hat bereits im Werk v. S. Freud eine bemerkenswerte Wandlung durchgemacht. Freud glaubte zunächst, die A., die im Krankheitsbild der v. ihm untersuchten u. behandelten ↗ Neurosen stets eine große Rolle spielte, als verwandelte u. v. ihren ursprüngl. Zielen abgelenkte ↗ Libido ansehen zu müssen, die A. aus „Libidostauung" u. somit als das Ergebnis der ↗ Verdrängung erklären zu können. Weitere klin. Erfahrungen u. die darauf gegründeten theoret. Reflexionen brachten ihn jedoch dazu, diese Theorie später genau umzukehren: Nicht die Verdrängung erzeugt A., sondern die A. mußte als die Ursache der Verdrängung angesehen werden, das ↗ Ich wurde als die eigentl. A.stätte bezeichnet. Damit kann die A. aber nicht mehr als ein neurot. Symptom gedeutet werden, dessen Beseitigung sich die psychoanalyt. Therapie erhoffen kann, sondern sie wird als eine Art „Existenzial" angesehen, dem der Mensch auf keine Weise entgehen kann. Auch die therapeut. Erfahrung, daß neurot. Symptome vielfach A. binden, die dann im Laufe des therapeut. Prozesses frei wird u. in das ↗ Bewußtsein treten kann, scheint diese Theorie zu bestätigen.   Erich Pakesch

In der theol. Debatte war es v. a. P. Tillich, der diesen grundlegenden Einsichten Freuds in seiner theol. Interpretation gerecht zu werden versuchte. V. der patholog. A. hebt er die menschl. Grund-A. als die A. eines endl. Seins vor der Drohung des Nichtseins ab u. differenziert diese Grund-A. in A. des ↗ Todes u. der Vernichtung, ↗ Verdammungs-A. bzw. ↗ Schuld-A. u. A. vor der Leere u. Sinnlosigkeit, die jeweils den großen Epochen der menschl. Geistesgeschichte (Altertum, Mittelalter, Neuzeit) zugeordnet werden. Diese existenielle A. ist aber im Gegensatz zur patholog. od. neurot. A., die an den Psychotherapeuten verwiesen wird, das Objekt der seelsorgerl. Hilfe. Dabei kann es aber nicht darum gehen, die A. zu beseitigen, sondern gerade die Fähigkeit zu stärken, die A. auf sich zu nehmen. Dies tut der *Mut:* „Der Mut des ↗ Vertrauens nimmt die A. des ↗ Schicksals u. die A. der Schuld wie die A. der Sinnlosigkeit in sich hinein". Damit hat Tillich ein Modell eines offenen ↗ Gespräches u. der Zusammenarbeit zw. ↗ Arzt u. ↗ Seelsorger bei grundsätzl. Funktionsteilung entworfen. Die existentielle A. in ihren drei Formen kann nicht das Anliegen des Arztes als ↗ Arzt sein, sondern er hat sich mit der neurot. A. zu befassen, die sich als falsch

plazierte Unsicherheit, als falsch plaziertes Schuldbewußtsein, als falsch plazierter Zweifel manifestiert. Die neurot. A. dagegen ist nicht das Anliegen des Seelsorgers als ↗ Seelsorger, denn die Predigt des letzten Mutes kann f. Neurotiker gefährl. Folgen haben.
Eine pastoralpsych. Besinnung des A.-Problems in der Gegenwart wird v. dem Eingeständnis ausgehen müssen, daß kirchl. ↗ Verkündigung u. ↗ Seelsorge die A., die zu einem Signum unseres Zeitalters zu werden scheint, im Sinne oftmals sehr sublim geist. u. geistl. Hegemonie-Ansprüche ausgebeutet haben. Die A. als eth. Motiv (A. vor Höllenstrafen, A. vor dem Kind, A. vor Liebesentzug) in der kirchl. Seelsorge stellt eine Perversion ihres Auftrages dar! Auch die Ausbeutung der psychoanalyt. Erkenntnis, daß Schuldgefühl sich gelegentl. in A. umsetzen kann, um dem Menschen unserer Tage seine Erlösungsbedürftigkeit zu demonstrieren, scheint mir kein redl. Weg in Theol. u. Seelsorge zu sein. Dagegen scheint mir die Vermittlung des „Mutes zum Sein" angesichts des immer wieder ausgesprochenen Sinnlosigkeitsverdachtes, d. h. die Vermittlung v. Sinnstrukturen im persönl. wie im gesellschaftl. Leben eine der dringenden Aufgaben der ↗ Pastoralpsychologie in der Gegenwart u. Zukunft zu sein. Sie wird sich dabei nur mit Vorteil einer krit. Auseinandersetzung mit den psychoanalyt. Denkmodellen auch der A.-Theorien bedienen.

Joachim Scharfenberg

Lit.: S. Freud: Hemmung, Symptom und Angst, Ges. Werke Bd. XIV; O. Pfister: Das Christentum und die Angst (1944); P. Tillich: Der Mut zum Sein (1954); R. Battegay: Angst und Sein, Hypokrates-Verlag (1970); J. Scharfenberg: Das Problem der Angst im Grenzgebiet v. Theologie u. Psychologie, in: Religion zwischen Wahn und Wirklichkeit (1972), S. 172 ff.

Animus — anima ↗ Komplexe Psychologie ↗ Archetypen

Anlage u. Vererbung. V. ist die Weitergabe der Eigenschaften lebender Organismen an die Nachkommen. Sie dient der Konstanterhaltung, aber auch der Weiterentwicklung der Arten. Erb-A. ist die im Erbbild gespeicherte u. auf die Nachkommen übertragene, kodierte Erbinformation. ↗ Erbgut ist die Gesamtheit aller Erb-A.n. ↗ Disposition ist die ererbte od. erworbene Bereitschaft eines Organismus, auf Reize in best. Weise zu reagieren, bes. auf Schäden mit ↗ Krankheit zu antworten. Vererbt werden nicht fertige Eigenschaften, sondern kodierte Informationen, also Werdemöglichkeiten od. ↗ Potenzen. Welche Potenzen verwirklicht werden u. wie, wird v. der ↗ Umwelt mitbestimmt.

Die Erbinformation des Menschen befindet sich in 23 Chromosomenpaaren innerhalb des Zellkerns jeder Körperzelle. Die Geschlechtszellen enthalten den halben Chromosomensatz, also 1 × 23 Chromosomen, die Desoxyribonukleinsäure Samenzelle erhält das neue Lebewesen wieder die komplette Chromosomenzahl, je eine Hälfte v. ↗ Vater u. ↗ Mutter. Der entscheidende Bestandteil der Chromosomen, die Desoxyrbonukleinsäure (DNS) enthält den genet. Kode, dessen 4 Buchstaben aus den 4 Basen Cytosin, Thymin, Adenin u. Guanin bestehen, ähnlich wie das Morsealphabet aus den 3 Elementen Punkt, Strich u. Zwischenraum. Ein Gen ist jene Menge Erbsubstanz, die f. ein Merkmal (ältere Definition) od. einen Eiweißstoff (neuere Definition) verantwortl. ist. Im Gegensatz zu den Chromosomen kann man es im Mikroskop nicht sehen, daher schwankt die Schätzung der Gesamtzahl zw. 10.000 u. mehreren Millionen.

Die formalen V.sgesetze (Mendel'sche Gesetze) entdeckte der Augustinerpater Mendel bereits 1865. Alle Erb-A.n (Gene) sind paarweise vorhanden. Bei dominantem Erbgang genügt *ein* Gen zur Ausbildung eines Merkmales od. einer ↗ Krankheit; alle Genträger zeigen das Merkmal, die Hälfte ihrer Kinder ebenfalls. Bei rezessivem Erbgang bedarf es *beider* Gene, um das Merkmal hervorzurufen. *Ein* Gen *allein* bleibt wirkungslos, die mischerbigen (heterozygoten) Überträger nur eines Genes zeigen das Merkmal nicht. Heiraten zwei rezessive Merkmalsträger, so sind alle Kinder betroffen. Heiratet ein Merkmalsträger einen normalen Partner, sind alle

Anlage u. Vererbung

Kinder äußerl. unauffällige, mischerbliche Überträger. Von den Kindern zweier unauffälliger, mischerbiger Überträger sind 25% v. dem Merkmal betroffen, 50% mischerbige Überträger u. 25% frei v. Merkmal u. A. Dieser Fall ist in der Praxis häufig: Ein gesundes, aber f. eine rezessive Krankheit mischerbiges Elternpaar bekommt plötzl. ein krankes Kind, das v. beiden Eltern das kranke Gen geerbt hat. Alle weiteren Kinder haben ein Krankheitsrisiko v. 25%. Bei intermediärer (additiver) V. üben beide Gene eines Paares eine gewisse Wirkung aus. Bei Monogenie ist ein einziges Genpaar beteiligt; bei Polygenie mehrere, sie ist bes. kompliziert. Bei Polyallelie kommt ein Gen in mehr als zwei erbl. Varianten vor. Die Erbinformation muß an die nächste Generation weitergegeben u. im Einzelindividuum realisiert werden. Beide Vorgänge laufen nicht völlig starr ab. Bei der Weitergabe können Erbänderungen (↗ Mutationen) auftreten. Bei der Realisierung hat die ↗ Umwelt mehr od. weniger Mitspracherecht: Es gibt umweltlabile Eigenschaften (z. B. Körpergewicht, die meisten psychischen Eigenschaften). u. umweltstabile (z. B. Körpergröße). Viele Eigenschaften zeigen keinen klaren Erbgang, obgleich ↗ erbl. Belastung, d. h. familiäre Häufung u. hohe Zwillingskonkordanz Erblichkeit beweisen. Der Grund kann in Polygenie liegen. Außerdem ist der Weg vom Erbbild (Genotyp) zum äußeren Erscheinungsbild (Phänotyp) weit u. verläuft über viele Reaktionen, wobei reichl. Gelegenheit f. Abwandlungen durch die ↗ Umwelt besteht. An den meisten normalen u. krankhaften Eigenschaften sind Erb-A. u. Umwelt beteiligt, jeweils mit versch. Gewicht. Der Erbeinfluß ist am deutlichsten bei körperl. Eigenschaften, z. B. Blutgruppen. Auch psychische Eigenschaften haben eine erbl. Grundlage, doch da sie der ↗ Kommunikation des Individuums mit der Umwelt dienen, stehen sie mit dieser in bes. enger Wechselbeziehung. Manche Persönlichkeits- u. Verhaltensentwicklungen lauten autochthon ab, d. h. ohne Anstoß v. außen. Oft aber müssen zur A. best. Umweltreize u. Lernvorgänge hinzukommen, damit sich regelrechte Verhaltensmuster entwickeln.

Bes. eindrucksvoll ist das A.-Umwelt-Zusammenspiel bei Prägungsvorgängen, wo Umweltreize f. die ordnungsgemäße Entwicklung erbl. angelegter Verhaltensweisen entscheidend sind. Prägung kann flexible Verhaltens- u. Reaktionsweisen irreversibel fixieren, ist aber häufig nur während best. Zeitabschnitte, sog. sensibler Phasen, möglich. Bekannt sind die Verhaltensprägungen bei jungen Graugänsen u. Enten durch Lorenz u. Mitarb. Bei Intelligenz sind nicht nur die erbl. Grundlage, sondern auch ↗ Erziehung u. ↗ Lernen wichtig. Sie ist sehr komplex, ihre Teilkomponenten sind versch. stark erbbedingt: Formal-abstrakte Fähigkeiten z. B. stark, Gedächtnisleistung u. Schulerfolg weniger. ↗ Charakter wird v. Lebenserfahrungen, Erziehung u. Schulung wesentl. mitgeformt; einzelne Komponenten, z. B. Spannkraft, Zuwendungsbereitschaft, Problemerfassungsfähigkeit sind vorwiegend a.bedingt. Bei vielen ↗ Erbkrankheiten muß zur A. noch ein Auslösefaktor hinzukommen. Leider sind Erb- u. Umweltfaktoren gerade bei den häufigsten genet. Krankheiten unklar, die meisten gut aufgeklärten Erbleiden sind selten. Bei vielen psychischen Krankheiten sind Erbfaktoren beteiligt, aber wir kennen sie nicht. V. ist nicht gleich ↗ Determination u. schließt Willensfreiheit nicht unbedingt aus. Die Erb-A. steckt den Kreis des Möglichen ab, zusätzl. Faktoren sind an der Realisierung beteiligt. Daher sind Erbbedingtheit v. Krankheit, abnorme Veranlagung od. abnormes ↗ Verhalten kein prinzipieller Grund f. Exkulpierung, Rentenablehnung od. therapeut. Untätigkeit. Auch Erbkrankheiten können erfolgreich behandelt werden, besser freilich ist Vorbeugung (↗ Eugenik). Vererbungslehre u. Schöpfungsgeschichte, Naturwissenschaft u. Religion in Einklang zu bringen, ist wiederholt versucht worden, z. B. v. Teilhard de Chardin u. Thorpe.

Edith Zerbin-Rüdin

Lit.: H. Fritz Nüggli, Vererbung bei Mensch u. Tier (²1961); P. Teilhard de Chardin, Die Entstehung des Menschen (1961); P. E. Becker, (Hrg.), Handbuch d. Humangenetik, Bd. **5** (1964—1973); F. Fuhrmann, Taschenb. d. allgemeinen u. klinischen Humangenetik (1965); P. E. Becker, Determiniertheit u. Freizeit d.

Menschen aus humangenet. Sicht. Wege z. Menschen 20 (1968); C. Stern, Grundlagen d. Humangenetik (1968); W. H. Thorpe, Der Mensch in der Evolution. Naturwissenschaft u. Religion (1969); W. Lenz, Medizinische Genetik (²1970); C. Bresch /R. Hausmann, Klassische u. molekulare Genetik, (1972); L. S. Penrose, Humangenetik, Heidelbg. Taschenb. Nr. 8 (1973).

Anomalien. A. = (griech.) v. der Durchschnitts- bzw. Idealnorm abweichende ↗ Symptome od. ↗ Syndrome im somat., psychosomat. bzw. psychischen Bereich.

Anonyme Alkoholiker. Eine 1935 gegründete u. sich seit 1952 auch in deutschspr. Ländern rasch ausbreitende Selbsthilfeorganisation v. Alkoholabhängigen, die heute in der BRD nahezu 300 Gruppen mit je ca. 20 anonym bleibenden Mitgliedern zählt. In wöchentl. Meetings wird bei Gesprächen über die eigene Leidensgeschichte die ↗ Gemeinschaft mit Problemgefährten erfahren u. die Erkenntnis vermittelt, daß der einzelne seinem zeitlebens latent vorhandenen Triebverlangen mit Hilfe v. Menschen gleichen Erfahrungshintergrundes erfolgreich widerstehen kann. Neuerdings wird der Versuch gemacht, ähnl. Gruppen auch f. Opiat- u. Medikamentenabhängige, sowie f. Neurotiker zu bilden. Angehörige v. Alkoholabhängigen können sich in den Anon-Al-Gruppen zum Meinungsaustausch treffen. ↗ Alkoholabhängigkeit. Rf

Inform.: 465 Gelsenkirchen, Wildenbruchstr. 31.

Anorexie ↗ Magersucht

Anpassung. A. ist zu verstehen als Zustand u. als Prozeß. Als Prozeß wird sie aktiv gesteuert od. unter dem Einfluß der Umgebung passiv ertragen. Zustand u. Prozeß beziehen sich auf das Verhältnis v. Systemen zueinander (z. B. Organismen) od. v. Systemen zu ihrer jeweiligen Umgebung (z. B. ↗ Umwelt). Angepaßtheit als Zustand kann aufgefaßt werden als Gleichgewicht zw. den internen Gesetzmäßigkeiten v. Systemen, die sich in einem Interaktionsverhältnis befinden. Aufgrund der Vielfalt erforderl. Interaktionsbeziehungen kann die A. an ein best. System meist nur begrenzt sein. Bei lebenden Systemen unterscheidet man die A. der Art v. der A. des Individuums.

Die A. der Art wird wesentl. durch ↗ Mutation gewährleistet (C. Darwin, 1875), bei der A. der höheren Organismen, speziell soz. Gebilde u. des menschl. Individuums, wächst der Anteil des ↗ Lernens u. die Entwicklung einer die Notwendigkeit der A. kompensierenden künstl. Umwelt. Beim Überleben der Art ist A. z. B. des Modus der Nahrungsgewinnung (Ökologie) eine existentielle Notwendigkeit. F. das Individuum kann die flexible Fähigkeit zur aktiven A. an eine wechselnde Umwelt, z. B. an soz. ↗ Normen, ebenso existentiell sein. Angepaßtheit als Zustand bedarf eines Gleichgewichtes gegenüber der Fähigkeit zu aktiver A., die sich auch darin äußert, daß das Individuum seine Umwelt verändert u. so gestaltet, daß sie der Erfüllung seiner Bedürfnisse entgegenkommt. Hier ist speziell betroffen das Verhältnis zw. Individuum u. ↗ Gesellschaft, zw. dem Einzelnen u. der Institution. Die Fähigkeit zur aktiven A. entspricht der Realisierung der individ. Potenz zur Selbstentfaltung. Br

Lit.: R. Berlinger, Das Werk der Freiheit (1959); W. Arnold/H. J. Eysenck, u. a., Lexikon der Psychologie (1971).

Anspruch ↗ Konflikt ↗ Ehrgeiz

Anthropologie. A. ist die Lehre vom Menschen (griech. anthropos). Das Wort erscheint Anfang des 16. Jh. bei M. Hundt erstmalig als Bezeichnung einer ethisch-psych.-physiol. Zusammenschau. Die Frage nach dem Menschen drängte schon seit der griech. Tragödie u. Philosophie („Mensch als Maß aller Dinge") in den Vordergrund des abendländ. Denkens u. wird durch die jüd.-christl. Tradition aufgenommen, der es um das Heil des Menschen geht. In der Neuzeit tritt als Zentralthema der Forschung an die Stelle der früheren Theozentrik der Mensch mit seiner techn. u. organisator. Schöpferkraft. Kant führt alles Philosophieren auf vier anthropol. Grundfragen zurück: „Was kann ich wissen? Was soll ich tun? Was darf ich hoffen? Was ist der Mensch?" Aber erst im 19. Jh. formierten sich anthropolog. Wissenschaften wie Abstammungslehre, vergleich. Medizin u. vergleich. Völ-

kerkunde; Anfang des 20. Jh. entwickeln M. Scheler u. H. Plessner die philos. A., A. Gehlen erweitert sie zur allgem. empir. A., es folgten eine medizin., psych., geograph. A. In den Ansätzen befindet sich noch die pädagog. A. (Flitner u. a.) u. die theol. A. (K. Rahner). Die Integration der Einzeldisziplinen u. ihrer Erkenntnisse in eine Gesamtwissenschaft „A." ist eine noch unerfüllte Forderung. Es bräuchte zunächst den systemat. Aufbau der empir. Forschung zu einer „basalen A." (Portmann).
Als Wissenschaft hat jede anthropolog. ↗ Forschung den Menschen möglichst umfassend u. direkt in seiner konkreten Wirklichkeit zu untersuchen. Die Schwierigkeit liegt hier aber in der sachl. u. erkenntnismäßigen Eigenart des „Gegenstandes". Sachlich: Der Mensch ist ein *mehrdimensionales* Wesen. Ich kann ihn nicht begreifen als bloßes Lebe-wesen (materialist. A.), weil seine freie Selbstbestimmung die naturwissenschaftl. Festlegung sprengt; ebensowenig nur als ↗ „Bewußtsein" (idealist. A); die dualist. Formel v. Descartes, wonach der Mensch beides zugleich sei, befruchtete durch ihre method. Einfachheit wohl die Wissenschaft, versperrte aber f. lange Zeit den Blick auf die Einheit u. Ganzheit des Menschen u. ist unbrauchbar geworden. Das ↗ Leib-Seele-Problem war durch den Dualismus vielfach künstl. aufgeheizt worden. Auch die Dreiteilung in Leib—Seele—Geist (Klages) u. die Einführung des ↗ Unbewußten (Freud) brachten keine Lösung. Die empir. A. geht heute auf das Umgreifende u. Spezifische menschl. Daseins aus u. vermeidet ideolog. Vereinfachungen; wenn sie dabei die biolog. Verfassung des Menschen betont, so bedeutet das keinen Naturalismus mehr, weil auch die ↗ Leiblichkeit des Menschen vom Ganzen her verstanden u. v. der des ↗ Tieres abgehoben wird (Tinbergen, Buytendijk).
Die Unmöglichkeit einer abschließenden Antwort ergibt sich auch daraus, daß der Mensch nicht als festumrissenes Objekt vorliegt, sondern immer erst seiner freien Selbstgestaltung aufgegeben ist, so daß der Mensch erst aus dem Rückblick auf die Verwirklichung seiner ↗ Freiheit, auf seine erst werdende Geschichte, sagen kann, was er ist. In dieser *dynam.* Sicht kann die A. als die Geschichte der ↗ Personalisation (Caruso) verstanden werden. Personalisation sieht den Menschen im stetigen Werdeprozeß, in dem er vom Objekt des ↗ Schicksals zum Subjekt der Geschichte wird, seine Ätiologie zur Ethik, seine Ökologie zur Ökonomie. Der Prozeß ist notwendig verbunden mit spezif. menschl. Vorrang: geplanter ↗ Arbeit u. Herstellung immer komplizierterer Werkzeuge, die das Körperschema erweitern. Im Gegensatz zum Tier, das instinkt- u. umweltgebunden lebt, ohne seine Grenze zu kennen, verfügt der Mensch über ↗ Bewußtsein: er erkennt seine Grenzen mit dem Denken als seinem Antrieb u. Mittel. Er erkennt aber auch das Jenseits der Grenze u. ent-wirft sich selbst in die Zukunft hinein. (↗ Transzendenz). Einerseits bietet die Grenze dem Besitz des Gegebenen u. Erworbenen Sicherung, andererseits reizt sie zur Überschreitung als Befreiung. Der Mensch leidet als potenziell unbegrenzter unter dem Gefangensein u. fürchtet zugleich die Überschreitung der Grenze. So kommt es zu Zögern u. Irrtum u. zur geschichtl. Verwirklichung des eigenen Entwurfs. Die Freiheit des Menschen wird hier nicht mehr als Problem statischer Willensfreiheit umstritten, sondern ergibt sich aus der Dynamik der Grenzsituation.
Schließlich erweist sich Personalisation als Prozeß im Spannungsfeld v. Selbstwerdung (↗ Individuation) u. Vergesellschaftung (↗ Sozialisation). Der Prozeß trägt *dialekt.* Charakter, wie er im Entfaltungsdreischritt der Einzelperson zutagetritt: auf die ↗ Abhängigkeit u. Geborgenheit des ↗ Kindes (Thesis) folgt die ↗ Verneinung (Antithesis) als Befreiung, ↗ Introversion u. Verselbständigung in der ↗ Pubertät; dieser folgt wieder die realist. Weltzuwendung in der Reifezeit (Synthesis). Die ↗ Psychoanalyse zeigt, wie es durch Blockierung auf einer Entfaltungsstufe (↗ Fixierung) od. durch Rückfall in frühere Verhaltensmuster (↗ Regression) zu Störungen kommt.
Erkenntnistheoret. läßt sich der A. keine einheitl. wissenschaftl. Methode aufdrängen, da die unterschiedl. Dimensionen des

Menschseins unterschiedl. Methoden verlangen. Die meist ideolog. gefärbten „Menschenbilder" leiden an dieser Unschärfe: daß naturwiss. erhobene Befunde als Lebensnormen ausgegeben werden od. phil. Sinndeutungen als empir. Tatsachen. Man wird in der anthropolog. Forschung also weiter method. auseinanderhalten:

1. *Naturwissenschaftl. A.*, anfänglich ganz den Abstammungsfragen (Darwin) zugewandt, untersucht heute v. a. die Besonderheit des Menschen u. seiner biol. ↗ Entwicklung: Die ursprüngl. Hilflosigkeit, Instinktarmut u. körperl. Unfertigkeit („physiolog. Frühgeburt") verweisen das Kind völlig auf Gestaltung durch mitmenschl. ↗ Erziehung; Weltoffenheit u. Freiheit ermöglichen eine geradezu grenzenlose Formbarkeit. Das Tier kennt weder eine ↗ Jugend (zw. Geschlechtsu. Vollreife) noch ein Alter (nach dem Ende der Fortpflanzungsfähigkeit) wie der Mensch. *Medizin. A.* zeigt in der ↗ Psychosomatik die unzertrennl. Gestalteinheit des Menschen, so daß sich tiefenseel. Wünsche u. Ängste in körperl. Symptomen zum Ausdruck bringen u. v. dorther verstanden u. behandelt werden können (↗ Angst).

2. *Kulturwissenschaftl. A.* untersucht mit empir. u. phil. Methoden die gegenseitige Abhängigkeit v. Persönlichkeit u. Gesellschaft auf den versch. Kulturgebieten (↗ Familie, ↗ Sprache, ↗ Religiosität usw.). Dabei geht sie entweder v. den zwischenmenschl. Beziehungen (*Sozial-A.*) od. v. den Errungenschaften menschl. Sprache, theoret. u. prakt. Vernunft (*psych. A.*) aus, die den einzelnen tragen u. v. ihm geschaffen werden. Hierher gehört auch die *pädagog. A.*

3. *Phil. A.:* Aufgrund seiner Instinktenthobenheit gestaltet der Mensch sein Dasein aus eigener Planung; dazu braucht er Antwort auf die ihm eigene Frage nach dem Sinn, die nicht halt macht, bis sie bei den letzten Gründen ankommt (Philosophie). Da ferner der Mensch als Mikrokosmos das einzige Naturwesen ist, das sich denkend auf alles bezieht, deutet die Reflexion dieses Bezugs das Ganze. Doch erst Kierkegaard u. Nietzsche unternehmen den Versuch, jede Philosophie auf eine neue A. zu gründen; die meisten Anregungen gingen v. M. Scheler aus.

4. *Theol. A.:* In der Weltimmanenz scheitert die Sinnfrage an der unaufhellbaren Dunkelheit des ↗ Todes, der ↗ Schuld u. des ↗ Leides; das Leben vermag humane Erwartung nicht zu erfüllen. Hinzu kommt das religionschaffende numinose Bedürfnis (R. Otto). So durchbricht der Mensch auch diese Grenze im Akt des Transzendierens auf Gott hin, in dem er ↗ Er-lösung u. Erfüllung hofft. *Theol. A.* versteht sich aber nicht einfach als Entwicklung dieses sinn-anthropolog. Ansatzes, sondern stellt unabhängig v. anderen anthropolog. Disziplinen aus dem Glaubensgut systemat. die theol. Aussage über den Menschen als Heilssubjekt, ↗ Geschöpf, Sünder u. Erlöser dar, wozu eigentl. die ganze Dogmatik gehört. Die letzten Probleme empir. u. phil. A. münden hier ein — freilich auf anderer Ebene, in der gnadenhaften ↗ Transzendenz. *Bibl. A.* leistet Vorarbeit u. hebt vom Hintergrund zeitgebundeer anthropolog. Vorstellungen, die in keiner Schrift des A. T. u. N. T. zum reflektierten u. intendierten Inhalt gehören, die gemeinten Offenbarungsaussagen über den Menschen (als gottbezogenen) ab. Ein anderer Standort kommt der ↗ *Pastoral-A.* zu.

Gottfried Griesl

Lit.: H. Plessner, Die Stufen des Organischen u. der Mensch (1928); R. Guardini, Welt u. Person. Versuche zur christl. Lehre vom Menschen (³1950); F. Buytendijk, Das Menschliche. Wege zu s. Verständnis (1958); M. Landmann, Der Mensch als Schöpfer u. Geschöpf d. Kultur (1961); M. Scheler, Die Stellung des Menschen im Kosmos (1962); A. Gehlen, Der Mensch. Seine Natur u. Stellung i. d. Welt (⁷1962); Flitner u. a., Wege zur pädagog. A. (1963); K. Rahner, Grundentwurf einer theol. A. in: Hb. d. Past. Theol. II (1966); E. H. Gebsattel, Imago hominis. Beiträge zu einer personalen A. (1968); F. Hartmann, Ärztliche Anthropologie (1973).

Antiautoritäre Erziehung ↗ Erziehung ↗ Autorität, ↗ Kinderläden

Antibabypille ↗ Empfängnisregelung ↗ Ovulationshemmer

Antipathie = (lat.-gr.) Abneigung; Widerwillen; bewußte od. unbewußte Ablehnung einer ↗ Person, oft ohne erklärbaren Grund. Gegensatz zur A. ist die

Sympathie. F. die zwischenmenschl. Begegnung u. Kontaktaufnahme kommt beiden eine erhebl. Bedeutung zu.

Antisemitismus. A. (wörtl.: Semitengegnerschaft) ist eine ↗ Einstellung, die den Juden kulturelle, soziale, moral. Minderwertigkeit zuspricht u. daher ihre gesellschaftl. u. rechtl. Schlechterstellung, Verfolgung, im Extremfall Ausrottung betreibt. Judenfeindschaft kannte schon die Antike (Gründe: Xenophobie, d. h. allgem. beobachtete Abneigung gegen Fremde, Andere; Verweigerung des röm. Kaiserkults). Im MA. (seit der Kreuzzugszeit) kommt es zu Verfolgungen, seit dem 13. Jh. zu fixierten ↗ Diskriminierungen (Ghettos; Kleidervorschriften; Verbot v. Grundbesitz, Ackerbau, handwerkl. Berufsausübung). Neuzeitl. Emanzipationsbestrebungen (Aufklärung, napoleon. Epoche, 19. Jh.) führen zu neuen Bewegungen v. A., die in Hitlers ↗ Rassenideologie, Verfolgungs- u. Ausrottungspolitik (bes. zw. 1940 u. 1945) kulminieren. Doch wirkt jenes Gedankengut z. T. latent, z. T. manifest auch heute noch fort. Gründe u. Anlässe des A. sind komplex u. nur z. T. v. der jüd. Eigenart ableitbar:
1. Fremdenfurcht (Xenophobie) ist allgem. üblich; Integration u. kollektives Selbstwertgefühl v. ↗ Gruppen werden durch Kontrast-Stereotype gefördert (↗ Vorurteil), interne Fremdgruppen (↗ Minderheiten) können die Rolle des Sündenbocks übernehmen. Je spannungsvoller u. problematischer ein kollekt. Selbstwertgefühl (z. B. ein Nationalbewußtsein) ist, desto leichter setzt dieser Mechanismus ein.
2. Dafür boten sich die Juden als Opfer geradezu an, da sie in der christl. Welt eine Sonderstellung haben: als „Zeugen ihrer Ungerechtigkeit u. unserer Wahrheit" (Augustin) sind sie immer wieder Stein des Anstoßes u. doch gewissermaßen tabuisiert, da ihre heilsgeschichtl. Rolle noch nicht erfüllt ist (ihre ↗ Bekehrung soll Vorzeichen der Wiederkunft Christi sein).
3. Im 19. Jh. führte die Verunsicherung v. Landvolk u. Kleinbürgertum durch neue Lebensformen (↗ Industrialisierung, Kommerzialisierung) u. Krisen zum Bedürfnis, „Schuldige" zu erkennen; die Juden wurden mit jenen Tendenzen assoziiert, da „befremdl." Entwicklungen leicht „Fremdartigen" zugeschrieben werden u. da sie (aufgrund best. typ. Berufe wie: Händler, Pfandleiher, später Advokaten, Journalisten usw.) als „Ferment der Dekomposition" galten.
4. Diese Tendenzen wurden — wenn auch nicht durchwegs — v. polit. Kräften (Alldeutsche, Christlichsoziale u. a.) bewußt genutzt u. im Kampf gegen Liberalismus u. Sozialismus eingesetzt.
Aus alldem ergeben sich die Dimensionen u. Strategien der Auseinandersetzung mit dem A.: z. B. Bemühungen um Personbildung (so daß die erwähnten psychol. Mechanismen geringere Wirkchancen haben); Aufklärung über Hintergründe des A.; im christl. Bereich Selbstbesinnung über die Einstellung zum Judentum.

Schn

Lit.: P. Massing, Vorgeschichte des polit. Antisemitismus (1959); H. Huss/A. Schröder (Hrg.), Antisemitismus — Zur Pathologie d. bürgerl. Gesellschaft (1965).

Antizipation (v. lat. anticipere) bedeutet Vorwegnehmen eines späteren Entwicklungsstadiums aufgrund einer neurot. Störung (↗ Neurose).

Antrieb ist ein uneinheitl. gebrauchter Begriff, oft als zusammenfassende Kennzeichnung verwendet f. Trieb (↗ Trieblehre), ↗ Motivation, Willensakt (↗ Wille), Strebung usw. Ganz allgem. versteht man unter A. ein dynam. Moment, das in allem tier. u. menschl. ↗ Verhalten zum Ausdruck kommt, insoferne es dieses erst ermöglicht. Somit ist eine umfassende Definition f. die dynam. u. energetisierende Komponente zielgerichteten Verhaltens gegeben, durch die ein Organismus eben „angetrieben" wird, ein ↗ Bedürfnis zu befriedigen.
A. squellen: Körperl. u. seel. Prozesse, die eine „innere Reizung" bewirken, welche nach best. Erlebnis- u. Verhaltensweisen drängt.
A. sziel: Objekt der Bedürfnisbefriedigung, deren Erreichung Ziel des A.s ist u. somit einen ↗ Wert repräsentiert.

A.sstärke: Kraft, mit der ein Organismus od. eine ↗ Person angetrieben wird. Beeinflußbar durch Deprivation (Entzug der Mittel zur Bedürfnisbefriedigung), Veränderungen im körperl. u. seel. „Haushalt" u./od. der Umweltbedingungen. Neben der Grundbefindlichkeit des Bedürfens (Lersch), die den tier. u. menschl. A. in gleicher Weise kennzeichnet, gibt es spezif. menschl. Charakteristika des A.slebens, die sich durch enge Koppelung an kognitive Prozesse ergeben: bewußte Hemmung u. Steuerung des A.s, der planende Ausgriff in die ↗ Zukunft (Antizipation) u. die Möglichkeit der bewußten themat. Ausrichtung des A.s auf Ziele, die aus sachl.-objektiven Gründen verwirklicht werden sollen.

Der A. als eine dem Verhalten zugrundeliegende Kraft kann quantitativen u. qualitativen Änderungen unterliegen, v. denen die wichtigsten sind:

A.slosigkeit, ein Merkmal vieler ↗ Geisteskrankheiten. F. den A.slosen haben die A.sziele wenig Aufforderungscharakter, d. h. sie können ihn nicht zu Handlungen u. Entschlüssen bewegen.

A.sstörung, Abweichung vom normalen A.sverlauf sowohl in Richtung auf zu wenig als auch zu viel A. Wirkt sich aus in Bewegungsverarmung u. Leistungsverlangsamung einerseits, in heftigen, beschleunigten Reaktionen andererseits (z. B. effektloser Beschäftigungs- u. Rededrang).

A.süberschuß, nach M. Scheler, A. Gehlen u. a. eine spezif. menschl. Eigenart, stets mehr A.senergien zu besitzen, als in Handlungen umgesetzt werden kann. Voraussetzung f. die relative Unabhängigkeit des Menschen v. einer best. Situation u. f. die Plastizität seiner Entwicklung sowie Bedingung der Möglichkeit f. geistige, schöpferische Leistung.

Die enge Verflechtung v. A. u. Persönlichkeit läßt es aussichtsreich erscheinen, durch die Kenntnis der bes. A.slage eines Menschen Ansätze zur prakt. Hilfe bei der Bewältigung mannigfacher Lebensprobleme zu gewinnen. Hb

Lit.: H. Thomae (Hrg.), Handbuch der Psychologie Bd. II: Motivation (1965).

Anzeigepflicht ↗ Meldepflicht ↗ Schweigepflicht

Apallisches Syndrom. Funktionelle Ausschaltung der Hirnrinde (Pallium) bei schweren ↗ Hirnschäden mit erhaltenen primitiven Funktionen, aber fehlender ↗ Spontaneität; als Dauerzustand od. Durchgangsstadium mit Rückbildung (bes. bei ↗ Kindern) od. tödl. Ausgang.

Apathie. Affektive Teilnahmslosigkeit gegenüber äußeren Eindrücken bei vollem ↗ Bewußtsein. Dieses „Fehlen der Gefühle" (Jaspers) wird beobachtet bei manchen ↗ Hirnschäden, Vergiftungen, Erschöpfungszuständen, bei (katatomem) Stupor u. a. ↗ Psychosen, aber auch als normale Reaktion auf Schreckerlebnisse u. kann im Extremfall die Willensantriebe lahmlegen (↗ Abulie). Pastoral bedeutungsvoll ist A. bei neurot. Zuständen (selten), in der ↗ Trauerarbeit u. als „Selbstschutzmechanismus der Seele" gegen Dauerbedrohung (z. B. im Konzentrationslager, V. Frankl). Auch bei schwerer Akedia wird man an diesen Zusammenhang denken müssen. Rel. Unansprechbarkeit beruht u. U. nicht auf Mangel an ↗ Glauben u. gutem ↗ Willen, sondern auf dieser körperl. od. seel. bedingten „Emotionslähmung" (Baelz).

Gr

Aphasie. Sprachstörung durch Schädigung des Gehirns, nicht der Sprachwerkzeuge selbst. Je nach Lokalisation amnestische A. mit vorwiegend Wortfindungsstörungen, sensorische A. mit Störungen des Sprachverständnisses, motorische A. mit Wortstummheit (Störung der Sprachfähigkeit bei erhaltenem Sprachverständnis) u. versch. Rückbildungsformen. Täuscht oft eine Verwirrtheit vor. Der ↗ Seelsorger kann bei motorischer u. amnestischer A. damit rechnen, daß er verstanden wird, obwohl sich der Kranke selbst vielleicht nicht sinnvoll ausdrücken kann (bes. bei Schlaganfällen).

Aphrodisiaca. Unter A. (griech.) versteht man Mittel zur Steigerung des Geschlechtstriebes, früher empir. gefundene ↗ Drogen, in sog. Liebestränken verwendet; nunmehr auch synthet. Substanzen. — Anaphrodisiaca: Mittel zur Dämpfung des Geschlechtstriebes.

Appetenz. Der Begriff A. (v. lat. verlangen) bedeutet a) *ernährungsphysiol.*: Verlangen nach Nahrung, Appetit. b) *psychol.*: Verlangen nach Triebbefriedigung; in der Instinktlehre: ↗ Antrieb, durch welchen ein Lebewesen dem Auslöser einer Instinkthandlung entgegengeführt wird.

Apraxie. Hirnorganisch bedingte Störung des zweckmäßigen Handelns trotz bestehender Fähigkeit zu Einzelbewegungen.

Arbeit. Physikal. definiert ist A. „Kraft mal Weg", wobei Kraft wiederum durch „Masse mal Beschleunigung" definiert ist. Im weiteren Sinne soll jedoch unter A. alles das an menschl. Tätigkeit verstanden werden, was zur Befriedigung eines ↗ Bedürfnisses unternommen wird. Sie dient den meisten Menschen dazu, ihren ↗ Lebensstandard durch Geldeinnahmen zu sichern, doch kann jemand auch „freiwillig" arbeiten, wenn es ihm ↗ Freude macht, etwas zu tun. Wird dies Tun ohne jede Absicht u. in voller ↗ Freiheit des Entschlusses ausgeführt, so soll es ↗ Spiel genannt werden. Ein best. menschl. Tun ist umso mehr A., je weniger darauf der Begriff des Spieles angewandt werden kann, doch gibt es viele menschl. Tätigkeiten (z. B. die eines Wissenschaftlers od. Künstlers in best. Situationen), wo die Grenze zw. A. u. Spiel verschwindet. In der modernen A.swelt ist A. weit entfernt v. Spiel, zur Gänze od. in erhebl. Ausmaß erzwungen durch äußere Kommandos (der Maschine, des Fließbandes) u. damit ohne die Unterstützung des eigenen, lustvollen, spielerischen ↗ Antriebs.

Unter *Beruf* wird dagegen ein System v. Tätigkeiten verstanden, das mehr od. weniger nach eigener Wahl ergriffen werden kann u. versch. Tätigkeiten einer gemeinsamen Funktion des Handelnden in seiner ↗ Gesellschaft zuordnet u. v. der Gesellschaft mit irgendwelchen Sachleistungen u. mit entspr. Sozialprestige honoriert wird. Zu dieser Funktion ist in der Regel eine adäquate Ausbildung erforderlich. Das Zusammenspiel v. Beruf u. A. stellt sich nach der Theorie der Antriebe dann so dar, daß zw. den Extremen der rein erzwungenen A. (↗ Ausbeutung) u. dem völlig freien Spiel alle Übergänge existieren. Im Beruf wählt sich der Mensch eine Form der Tätigkeit, welche er aus freiem Antrieb tut, was mit der „Freude an der A." identisch ist.

Die Entartung der A., die nicht mehr um ihrer selbst willen, sondern aus sekundären Antrieben („Gelderwerb"), getan wird, nennt man „Job". In diesem Ringen um Job od. Beruf ist viel v. einer Problematik um ↗ Freiheit u. ↗ Selbstbestimmung enthalten. Der moderne Produktionsprozeß macht eine solche Freiheit in der A. v. Jahr zu Jahr schwerer erreichbar. Freilich paßt sich der Mensch auch solchen Verschiebungen an: die A.sfreude ist offenbar stark v. der sozialen ↗ Gruppe bzw. ↗ Klasse abhängig, welcher der Arbeiter angehört hat, um es anders auszudrücken: man findet sich mit weniger Freiheit ab u. entwickelt neue Wertvorstellungen des Tuns u. ist stolz auf Dinge, die früher nicht so positiv beurteilt worden wären.

Der Begriff der A. ist im Bereich rechtl. Maßnahmen, mit der es die Versicherungsmedizin in der Regel zu tun hat, anders zu behandeln als in einer Auseinandersetzung über die psychophys. Problematik. Histor. gesehen ist der Begriff der A. identisch mit Mühsal, ↗ Armut u. sozialer Bedrängnis, wenn man die etymolog. Bedeutungen des Wortes „A." betrachtet. Die Mühseligkeit der A. wird v. allen Autoren betont, doch ist sie allein, „wie der ↗ Sport beweist", nicht ausreichend zu ihrer Kennzeichnung. Es ist offenbar der soziale Gesichtspunkt der abhängigen, nicht in Freiheit erfolgenden Tätigkeit wesentl. Wie sehr dieses ursprüngl. ganz phil. Argument sich auch im Bereich des Rechts durchgesetzt hat, beweisen die Bestimmungen der Reichsversicherungsordnung (insbes. im Vergleich zum Angestelltenversicherungsgesetz), die eben A. als das unspezialisierte Tun, das auswechselbar ist, betrachten u. aus deren Formulierungen unverkennbar die Ansicht hervorleuchtet, daß dieses Tun zugleich abhängiger, unfreier ist als das des Angestellten, der sich zu seinem Tun „berufen" fühlt. Das spiegelt sich sogar in der Tatsache, daß der arbeitslose Arbeiter vorwiegend wegen körperl. Defekte keine A. findet, der arbeitslose Angestellte aber wegen seines Alters. ↗ Leistung

Maria Blohmke

Lit.: E. Welty, Sinn u. Wert der menschl. Arbeit (1946); H. Schaefer / M. Blohmke, Sozialmedizin (1972).

Arbeitsfähigkeit ↗ Arbeit

Arbeitsmedizin. A. ist eine medizin. Fachrichtung, die sich mit allen Fragen des (vornehml. körperl.) arbeitenden Menschen befaßt; die Arbeitsphysiologie erforscht die günstigsten Bedingungen f. die ↗ Arbeit; die Arbeitshygiene fördert den Schutz vor (typ.) Berufskrankheiten; die Arbeitspsychologie untersucht die Arbeitsbedingungen nach ↗ Anlage u. Neigung der Werktätigen.

Arbeitstherapie. A. = Berufstherapie. Unter diesem Begriff wird heute eine Vielzahl v. heterogenen Therapieformen verstanden. Grundsätzl. bedeutet A. eine unter der Verantwortlichkeit des ↗ Arztes stehende Therapieform, die meist durch Arbeitstätigkeiten aus der freien Wirtschaft auf eine Verbesserung des körperl. u. seel.-geist. Zustandes des Patienten zielt u. allgem. Arbeitsfähigkeiten wieder einübt. Im Interesse des Patienten u. seiner nahtlosen ↗ Rehabilitation müssen sowohl in der ↗ Beschäftigungstherapie bzw. Ergotherapie als auch in der Berufstherapie diese Aspekte vertreten sein. Einer der Begründer der A. war der Arzt H. Simon, der in der psychiatr. Anstalt in Gütersloh 80% seiner Patienten arbeitstherapeut. behandelte. In der Folgezeit hat die A. oft das therapeut. Ziel des Patienten aus dem Auge verloren u. statt dessen der Wirtschaftlichkeit der Institution gedient.
Heute trifft man neben dieser entgleisten Form der A. auf neuverstandene therapeut. Formen.
In einigen europ. Ländern wird A. synonym mit Beschäftigungstherapie verwendet. Hae

Lit.: Arbeit als Mittel psychiatr. Therapie (1968); D. Bennett, Die Bedeutung der Arbeit f. d. psychiatr. Rehabilitation, in: Sozialpsychiatr. Texte (1972).

Archetyp(en). Begriff der antiken Philosophie f. Urbilder (bei Plotin weiterentwickelte „Ideen" Platos). C. G. Jung setzt A. ein f. urtümliche Verhaltensformen u. Symbole als „vererbte Bahnungen" des (hinter dem persönlichen ↗ Unbewußten angenommenen) ↗ „kollektiven Unbewußten", der allen Menschen gemeinsamen ↗ Psyche: abgeleitet v. den mit den verschiedensten Inhalten in allen Zeiten u. Kulturen gleichbleibenden Grundformen der Märchen, Mythen, Folklore, Religionen, ↗ Träume u. Produktionen Geisteskranker (Hell—Dunkel, Geburt—Tod, Untergang—Auferstehung usf.). Gott sei ein A. des „Selbst" (Zentrum des kollektiven Unbewußten), das „Mandala", der vielfach variierte viergeteilte Kreis (vgl. auch Hakenkreuz) der A. der psychischen Vollständigkeit (Ganzheit, Individuiertheit, Selbstintegration — nicht Vollkommenheit!): vorkommend in allen Kulturen u. in Träumen nach geglückten Psychoanalysen. Der christl. Trinitätslehre wird der Vorwurf gemacht, sie verdränge nur (integriere u. überwinde nicht) die vierte Potenz, den Teufel. Da A. älter als der histor. Mensch seien u. aus dem schöpferischen Urgrund heraus Bilder u. Symbole in der Psyche bewirkten, kann man sie nicht be-, sondern nur umschreiben, rückblickend aus dem Effekt ableiten. In ausgedehnten Studien („Psychologie u. Alchemie", „Aion", „Symbolik des Geistes") beschrieb Jung sich in Kulturen manifestierende A., die immer „ambivalent" (Gegensatzpaare enthaltend) angeordnet sind, z. B. Anima-Animus („Die Beziehungen zw. dem ↗ Ich u. dem Unbewußten"): wichtig auch in Patientenbehandlungen: Der Mann verdrängt weibl. Anteile (Anima) u. hat sie zu integrieren, die Frau männl. (Animus). Im Fall der Harmonie (↗ Individuation) bilden beide keine sich ausschließenden Gegensätze. — Die v. Jung seinen richtigen Beobachtungen zugrunde gelegten Theorien einer psychischen Vererbung wurden vielfach als wissenschaftl. unhaltbar kritisiert. Nach Wiesenhütter („Zur

Traumdeutung", in: „Therapie der Person") sind A. nicht auf ererbte psychische Bahnungen zurückzuführen, sondern auf Innen u. Außen umfassende, v. den ersten Lebensmonaten an sich einprägende Niederschläge der überall u. immer gleichen menschl. Daseinsformen (Oben—Unten, Hell—Dunkel, Warm—Kalt, Mann—Weib, Werden—Vergehen usf.).

Wi

Lit.: C. G. Jung, Gesammelte Werke (1958 ff); E. Wiesenhütter, Therapie der Person (1969).

Armut. Die A. hat versch. Aspekte. Sie kann zunächst verstanden werden als Mangel an materiellen Gütern u. Möglichkeiten (z. B. Einkommen, Produktions- u. Nahrungsmittel, Wohnung), deren Notwendigkeit sich vom jeweiligen gesellschaftl. Mindestbedarf ergibt. Wo das Einkommen nicht ausreicht, um das Existenzminimum zu decken, wird der Mensch zum Hilfsbedürftigen. Ursache kann die ungerechte Verteilung der Güter dieser Erde sein od. die eigene (oft unverschuldete) Unfähigkeit, produktiv zu sein. Eine solche materielle A. ist ein wirtschaftl. Problem auf nationaler u. internat. Ebene. Ihre Behebung kann nur durch Anwendung des Prinzips der ↗ Gerechtigkeit erfolgen. Dies verlangt, daß sowohl der materiell mehr Besitzende wie auch der geistig Fähigere sich in den Dienst der Armen stellt, um deren A. beseitigen u. verhindern zu helfen (↗ Entwicklungshilfe, ↗ Sozialarbeit, ↗ Sozialdienste).

A. bedeutet häufig auch einen Mangel an Lebensentfaltung, der sich aus Unwissenheit od. aus der Unmöglichkeit zur Selbstbildung u. geistigen Entfaltung ergibt. A. kann dann nicht allein durch Übergabe v. materiellen Mitteln behoben werden. Wesentlicher ist der Versuch, einem derart Armen eine Hilfestellung zu seiner geistigen Formung u. damit zur Bewältigung seiner Aufgaben zu geben, damit er so sich selbst sein Leben produktiv zu gestalten vermag (↗ Erziehung, ↗ Beratung, ↗ Psychotherapie).

A. kann auch ein Mangel an ↗ Freiheit sein. Knechtung u. ↗ Unterdrückung bringen den Menschen in einen hilflosen u. bedürftigen Zustand. So hat der Kolonialismus die freie Entfaltung vieler Völker lange gehemmt u. verhindert (↗ Ausbeutung). Diktatur u. Terror grenzen ähnlich durch ↗ Zwang die Entwicklung einzelner Menschen od. Gruppen (↗ Minderheiten) ein u. bringen diese in eine Lage, in der sie sich selbst nicht mehr zu helfen wissen (↗ Resignation) od. sich zusammenfinden in einer ↗ Subkultur, die dann einen Ausweg oft nur noch in Gegenterror od. ↗ Revolution sieht.

Unter A. ist auch der Mangel an einer sinnvollen Lebensausrichtung (↗ Lebenssinn) zu verstehen. So gibt es Menschen, die trotz materiellen Reichtums u. üppigen ↗ Lebensstandards innerlich in einer bedrückenden Mangelsituation leben, wobei sie ihr eigenes Leben als leer u. ziellos empfinden (↗ Konsumverhalten).

Schließlich kann A. eine freigewählte Form f. eine sinnerfüllte Lebensbewältigung sein, wie sie Christus vorgelebt hat u. wie sie im ↗ Gelübde der christl. A. nachvollzogen wird. Dieser freiwillige Verzicht auf irdische Güter bedeutet jedoch nicht einen Almosenanspruch; vielmehr soll der lebensnotwendige Unterhalt im allgem. durch eigene ↗ Arbeit sichergestellt werden. Die Haltung einer derart freigewählten A. kann dann ein Weg zur Weltbewältigung u. sinnvollen Lebenserfüllung sein (vgl. Mt 5, 3—9; Lk 4, 18; 2 Kor 9, 8).

Wg

Lit.: S. Münke u. a.: Die Armut in der heutigen Gesellschaft, Ergebnisse einer Untersuchung in West-Berlin (1956); J. Schmauch, Herrschen od. Helfen? (1967); Populorum progressio (1967), 5—11, 22—26 u. a.

Arzneimittel. Unter A. (mhd.: arcenîe, Heilmittel) versteht man ursprüngl. empirisch gefundene, medizin. brauchbare Naturstoffe der Pflanzenwelt (↗ Drogen) u. des Tierreiches (Organ-, Hormonpräparate), ferner Mineralien (Metallsalze); heute bedeutet A. eher aus überkommenen Arzneistoffen isolierte therapeutisch wirksame bzw. synthetisch hergestellte chem. Verbindungen anorgan. bzw. organ. Art. Aus der naturwissenschaftl. orientierten A.lehre entwickelte sich die moderne Pharmakologie mit klin. u. experimentellen Zweigen. Die therapeut. Bedeutung einer Substanz läßt sich aus ihrer Wirkungsweise ableiten u. im Tierexperiment begründen. In der Humanmedizin spielen aber auch psychische Faktoren eine oft nicht unwesentl. Rolle. A. sind gegen Mangelzustände gerichtet (Hormone, Vitamine), beeinflussen Schmerz-Entstehung, ↗-Leitung, ↗-Wahrnehmung (Analgetika), den Wach- u. Schlafrhythmus (Weckmittel, Hypnotika), psychiatr. Zustandbilder (↗ Psychopharmaka, besser enkephalotrope Substanzen), stören den Stoffwechsel der Mikroben (Antibiotika), senken od. erhöhen den Blutdruck, regulieren die Herztätigkeit, erhöhen die Flüssigkeitsausscheidung, mildern Spannungszustände bei inneren Organen der Muskulatur usw.

Der Verordnung der A. geschieht durch den ↗ Arzt, die Herstellung derselben durch Apotheken u. A.firmen.

Die seit wenigen Jahrhunderten erscheinenden Pharmakopoen beinhalten eine Kodifizierung der zur Verwendung seitens der Gesundheitsbehörden freigegebenen A. Die zahlreichen Bilder „Christus als Apotheker" illustrieren auch die noch bei Paracelsus auffindbare Auffassung, daß die A. nicht nur in der Schöpfung vorgegeben sind, sondern daß sie auch in einem inneren Zusammenhang zw. ↗ Heilung u. Heil gesehen werden. Rt

Lit.: K. O. Møller, Pharmakologie (1947); Hildegard von Bingen: Heilkunde. (Hsg. H. Schipperges) (1957).

Arzt. Der A. (v. griech. „archiatros" über mhd. „arzet") ist bei seinem spez. Tun, dem Eingriff, zu allen Zeiten v. seiner sozialen ↗ Rolle wie auch v. seinem personalen Auftrag her gewertet worden. Sein Beruf ist auch heute noch in der öffentl. Meinung v. erstaunlich hohem Prestige getragen, obschon kein Stand stärker polemisch attackiert wird. Hierbei müssen irrationale wie rationale Momente berücksichtigt werden. Als Mittler des Numinosen hatte der A. schon in den archaischen Kulturen persönl. Macht über Menschen. Er kannte ↗ Drogen u. Gifte u. wußte um die Geheimnisse u. Schwächen seiner Patienten. Er bediente sich der ↗ Suggestion u. praktizierte die „Droge A.". Daneben finden wir den Handwerker, der schon früh Techniken der Chirurgie auszubilden wußte. In der antiken Heilkultur wurde der A. zum Diätetiker der Erzieher u. Trainer, der einer privaten wie auch öffentl. ↗ Hygiene einen normativen Charakter aufzuprägen wußte. Als fachkundiger Diener der Physis wurde er Meister des Nomos. Als „kybernetes" des biolog. Fließgleichgewichtes u. in Verbindung mit einem phil. Lebensstil mißt Hippokrates ihm göttl. Ehren bei. Im christl. Mittelalter, so bei Isidor v. Sevilla, wird er der „moderator" humaner Lebensführung. Für Paracelsus ist der A. der, „der die Not wendet". Aristoteles hatte dieses universale Wissen u. Wirken auf die Formel gebracht: Der A. ist der Logos der ↗ Gesundheit. Für Karl Jaspers noch ist seine Praxis „konkrete Philosophie". Der Beruf des A.s zählt auch heute noch zu einem der wenigen wirkl. Berufe, nur noch zu vergleichen mit dem Lehrer, dem Richter, dem Priester. Nach diesem Schema bildeten sich die vier „facultates" im „studium generale": die Theologie, Jurisprudenz, Philosophie u. Medizin der Universitäten. Der wachsenden sozialen Beanspruchung gegenüber wird sich der personale Auftrag behaupten müssen u. damit eine Standesethik, deren „Fundamentalqualitäten" (Martini, 1953) lauten: persönl. Einsatz in einer Situation, die Not zeigt, um Hilfe zu fordern; aktive Gesundheitsführung im Sinne einer positiven Lebensgestaltung; Zurückhaltung angesichts der Einsicht, daß ein Arzt kein Richter, kein Priester, kein Schulmeister ist; Aufrichtigkeit am Krankenbett u. jene vierfache Ehrfurcht vor dem Oben u. Unten, dem Außen u. Innen, die v. Augustinus bis Goethe die abendländische Kultur geprägt u. erhalten hat. ↗ Berufsethik ↗ Schweigepflicht, ärztl. Schp

Lit.: H. Schulten, Der Arzt (²1961); H. Sigerist, Große Ärzte. Eine Geschichte der Heilkunde in Lebensbildern. (⁶1970).

Arzt—Patient. V. ihrem personalen Auftrag her wie auch in ihrem sozialen Rollengefüge konstituiert sich die Medizin als konkretes Verhältnis zw. A. u. Krankem. Während die ↗ Krankheit ein absoluter Begriff geblieben ist, tritt mit dem Kranken ein persönl. Partner vor den

A. u. fordert eine existentielle Begegnung heraus. Das A.—P.nverhältnis macht die Medizin zu einem Heilauftrag; ihre soziale Kategorie dominiert vor der wissenschaftl., wirtschaftl. od. gesundheitspol. Konzeption. In den ältesten Zeugnissen der Medizingeschichte bereits finden wir den A. als einen natürl. Fachmann f. menschl. Grundbedürfnisse, denen der A. mit seinem Eingreifen an einer ihm zunächst fremden ↗ Person zu begegnen versucht. Behandlung war in erster Linie ↗ Beratung, Führung eines Kranken in der Konsultation u. durch die Ordination. Der Kranke sollte angeleitet werden zu einer neuen Ordnung, wobei der A. nur als Diener der Kunst gilt, der Kranke aber zusammen mit dem A. gehalten ist, der Krankheit zu widerstreben (Hippokrates). Hier sind Ansätze zu jener therapeut. ↗ Gemeinschaft zu finden, die wir heute als anthropolog. Feld umreißen. Diese diätetisch fundierte Heilkunde ist im Grunde eine dialog. Wissenschaft geblieben: sie konstituiert sich in der Interaktion v. A. u. P.; sie macht den A. zum Bildner einer Lebensgestaltung u. verpflichtet ihn, sein Heilwissen zu popularisieren u. damit zum Gesundheitserzieher zu werden.

Der an der griech. Tradition gebildete arab. A.philosoph (ḥakīm) ist sich dieser dialog. Rolle bewußt geblieben, wie nicht nur aus dem intensiven Verhältnis v. Lehrer u. Schüler hervorgeht, das zur Scholastik u. letztlich zur Universität geführt hat, sondern auch aus der eminent wichtigen Position, die einem Kranken im islam. Kulturkreis zugesprochen wurde. Als fortschrittl. wird ein A. gepriesen, wenn er die Probleme des Kranken so genau wie möglich kennt u. dadurch das ↗ Vertrauen seines P.n erwirbt. Der erfahrene A. bewahrt seinen Partner vor ↗ Angst u. Schwierigkeiten; er trifft aus seinem Wissen heraus Vorsorge f. alle seine Lebensbelange. Paracelsus hat den Kranken geradezu selig gepriesen, „dem Gott zufüget seinen A.". Der Kranke soll dem A. die Perle sein, die gesucht wird, ein Acker, in welchem der Schatz liegt. Ein Kranker soll seinem A. Tag u. Nacht vor Augen stehen u. „eingebildet", ja, er soll dem P.n „ehelich zugetan" sein. In einem solchen personalen Partnerverhältnis wird der A. — wie Friedrich Nasse ihn nannte — zum „Zeugen der Szenen des Lebens", Zeuge v. Geburt u. ↗ Tod, Zeuge v. allen Hoch- u. Tiefzeiten. Die „kleine Welt" des Kranken bildet nach Wilhelm Griesinger geradezu jenes „Stück Leben, das man Praxis nennt". Im Zeitalter der ↗ Technik u. zunehmender Vermassung (↗ Masse) scheint dieser personale Kontakt zu schwinden. Eine auf naturwiss. Modelldenken reduzierte Medizin sucht den P.n zu einem „Objekt" zu machen. Das natürl. Verhältnis wird sekundär durch eine Kommunikationsforschung analysiert u. als Interaktion interpretiert. Hist., soz., physiol. u. humanökol. Aspekte müssen herangetragen werden, um die Felder der ↗ Umwelt, Inwelt, Erlebniswelt u. Mitwelt v. neuem zu artikulieren.

Mit seiner Anthropolog. Medizin versuchte v. a. Viktor v. Weizsäcker das „Verhältnis v. A. u. Krankem" als neue Grundlage aller Heilkunde herauszustellen. Nach der „Einführung des Subjekts in die Medizin" u. über die „Biograph. Methode" wird der „Sinn des Daseins" zu erhellen gesucht, an dessen Verlust die Kranken „am meisten leiden". Die Voraussetzung der personalen Heilkunde ist weder ein wissenschaftl. noch humanitäres od. karitatives Motiv: Ihre Heilkunst beruht vielmehr auf einer Wirklichkeit, an der ein P. essentiell teilnimmt. Um v. diesem seinem leidenden Partner etwas zu erfahren, muß der A. seine Lebensgeschichte beurteilen; in solcher biograph. Gemeinsamkeit interessiert nicht mehr der patholog. Tatbestand, sondern ein erlebtes ↗ Leiden, das gemeinsam zu verarbeiten ist. Aus dieser „Medizin in Bewegung" (Siebeck) heraus hat Viktor E. von Gebsattel (1953) drei Sinnkreise im Partnerverhältnis v. A. u. Krankem unterschieden: 1. die sympathet. Sinnstufe, in welcher der helfende A. der Not eines Kranken begegnet; 2. die diagnost. ↗ Verfremdung mit ihrer notwendigen Versachlichung der Not durch techn. Distanzierung; 3. den personalen Sinnkreis, wo der A. dem P. wiederum als ↗ Person begegnet u. fachkundige Antwort gibt. In allen Sinnkreisen aber wird in erster Linie nach dem Menschen u. erst in zweiter Sicht nach der Krankheit gefragt. Im Bewußtsein „gemeinsamer Existenz" glaubt auch Ludwig Binswanger, mit dem Kranken auf gleicher Ebene stehen zu können, ohne ihn zu einem Objekt zu erniedrigen. Andererseits betont Karl Jaspers (1953) bewußt die klare Scheidung v. ärztl. Heilung u. seelsorgl. Zuwendung. „Mit der Trübung des A.tums wird der Ernst der Religion verloren u. zugleich die Reinheit wissenschaftl. gegründeten ärztl. Könnens". ↗ A. u. Seelsorger in ihren kategorial verschiedenartigen ↗ Ämtern zu verwechseln, wird als Resultat moderner Glaubenslosigkeit gewertet. Gleichwohl weist dieser so elementare zwischenmenschl. Bereich personale wie soziale Aspekte auf, wobei nach Laín Entralgo (1969) vier Momente zu unterscheiden sind: 1. das erkennende Moment (Diagnostik); 2. die operationalen Merkmale (Therapie); 3. der affektive Bereich (↗ Partnerschaft) u. 4. die ethisch-rel. Motive. Während die tradit. Medizin den diagnost. Bereich u. die therapeut. Felder, darin eingeschlossen auch die „Gemeinschaftsarbeit zw. A. u. P." (Viktor v. Weizsäcker) in den Vordergrund gestellt hatte, tritt in den gegenwärtigen Strömungen der affektive Bereich in den Mittelpunkt, damit auch das normative Bezugssystem u. seine wachsende Problematik. Mit diesem Spannungsfeld werden A. u. P. sich im techn. Zeitalter vermehrt auseinanderzusetzen haben.   Heinrich Schipperges

Lit.: V. v. Weizsäcker, Arzt und Kranker (1941); P. Christian, Das Personverständnis in der modernen Medizin (1952); K. Jaspers, Arzt und Patient. Stud. Gener. 6 (1953) 435—443; Arzt und Patient. in: Fischer Lexikon Medizin. Hrg. F. Hartmann u. a. (1959) Bd I, 58—76; P. Laín Entralgo, Arzt und Patient (1969).

Arzt u. Seelsorger.
V. der Frühzeit der Menschheit bis in die antiken Hochkulturen hinein u. auch heute noch bei den sog. Primitiven sind die Tätigkeiten des A.s u. des Priesters in Personalunion vereinigt (Priesterarzt, Medizinmann). Nach entspr. Ansätzen in den altoriental. Kulturkreisen bewirkt der Einfluß des Hippokrates (460—377) in Griechenland die Verselbständigung der Medizin gegenüber rel. Einflüssen. Das 6. bis 12. christl. Jh. ist jedoch ein „Zeitalter der Mönchsmedizin", in welchem die frühchristl. Vorstellung des „Christus Medicus" eine große Rolle spielt. Durch das Vordringen der arab. Medizin u. das Kirchenverbot gegen die Ausübung des A.-Berufes durch Kleriker wird diese Situation zugunsten der „Laienärzte" überwunden. Der Verlust einer ganzheitl. Sicht des Menschen in der Neuzeit erleichtert wohl eine sachl. Kompetenztrennung, aber die Verständnislosigkeit einer zunehmend somatisch orientierten Medizin gegenüber kirchl. ↗ Krankenseelsorge reduziert die wünschenswerte Kooperation zw. A. u. S. weithin auf bloße ↗ Toleranz. Zusätzl. Erschwerungen ergeben sich aus der organisator. Überlastung des mod. ↗ Krankenhaus-Betriebes, in dem der S. zur soziolog. Randfigur werden kann. Eine bedauerl. Folge davon ist u. a., daß f. die unabdingbare ↗ Sterbenshilfe bis heute keine verbindl. Vorsorge gefunden wurde. Die psychotherapeut. u. psychosomat. Erkenntnisse bewirken in der 2. Hälfte unseres Jh. bei einer Reihe v. Ärzten einen gegenseitigen Gesinnungswandel: Sie suchen die Zusammenarbeit mit S.n, die ihrerseits durch die aus den USA stammende ↗ Klin. Seelsorgeausbildung wesentl. besser als früher auf eine solche Kooperation vorbereitet werden können. Anzustreben ist eine gleichberechtigte ↗ Partnerschaft zw. A. u. S., die v. gegenseitiger Respektierung der jeweiligen Kompetenzen getragen wird u. echtes Teamwork in gemeinsamen Aufgaben. Der Förderung einer derartigen Partnerschaft dienen im deutschspr. Raum die von W. Bitter gegründete „Internat. Gemeinschaft A. u. S." (Stuttgart), die Schweiz. Arbeitsgemeinschaft „A. u. S." (Zürich) u. die Österr. Arbeitsgemeinschaft „A. u. S." (Ried im Innkreis).   Schi

Lit.: Die Zeitschriften „Arzt u. Christ" (O. Müller, Salzburg), u. „Wege zum Menschen" (Vandenhoeck & Ruprecht, Göttingen), die Publikationen der „Internat. Gemeinschaft A. u. S." (Klett-Verlag, Stuttgart) u. Österr. Arbeitsgemeinschaft „A. u. S." (Veritas-Verlag, Linz).

Arztgeheimnis ↗ Schweigepflicht

Arztwahl. Die personale Beziehung zw. dem Kranken u. dem ↗ Arzt entspricht einer asymmetr. Dyade, denn der Kranke hat das Recht, den Arzt zu wählen, nicht aber umgekehrt (↗ Übertragung). Das Recht auf freie A. leitet sich unmittelbar ab aus dem Recht des Menschen, über die Totalität seiner ↗ Person frei verfügen zu können. Dieses Recht gilt uneingeschränkt auch f. den Kranken u. Leidenden. Unter entspr. Bedingungen (Unreife, ↗ Geistesschwäche, ↗ Geisteskrankheit) kann dieses Recht auf andere Personen übertragen werden (Entmündigung). Je mehr die einmalige Eigentümlichkeit der Person v. ↗ Krankheit u. ↗ Leiden ergriffen ist, desto natürlicher u. berechtigter ist ihr Anspruch auf Entscheidungsfreiheit in der Wahl des Arztes. Dieser Anspruch mag zurücktreten hinter das Bedürfnis nach optimaler Perfektion in der physikal.-chem. u. in der apparativ-techn., also in der überwiegend anonymen Medizin, desgleichen in der Notfallsmedizin u. in der Behandlung lebensbedrohender Ereignisse. Das personale Grundrecht auf freie A. wird gefährdet durch techn. Versachlichung, auch durch demagog.-ideolog. od. materialist. Vorstellungen vom staatl. Gesundheitsdienst. Das personale Recht auf freie A. mündet in das pastorale Bedürfnis des Menschen, sich um sein Heil u. um das Heil anderer zu sorgen (↗ Heilung u. Heil). Das Problem der freien A. ist dem Problem der freien Wahl des ↗ Seelsorgers vergleichbar. Die psycholog. Determinanten der A. sind in der ↗ Persönlichkeitsstruktur der Heilsuchenden begründet u. zielen auf best. Arztpersönlichkeiten ab. Ausgeprägte Erwartungshaltung (Schultz-Hencke) auf einer mythischen od. mag. Bewußtseinsstufe (Gebser) wird den Heilsuchenden bevorzugt auf irrationale Heilmethoden u. deren Vertreter hinlenken. Darin aber liegt eine anthropolog. Gefahr: Heilsuchende sind verführungsgefährdet. Der rel. Gefahr der ↗ Sektenbildung entsprechen medizin. die ↗ Kurpfuscherei u. andere unqualifizierten Heilpraktiken. Einerseits geg. diese, andrerseits geg. die sog. Schulmedizin sind die „irration. Heilmethoden" (z. B. Volksmedizin, ↗ Naturheilkunde, Homöopathie) u. echte ↗ Wunderheilungen abzugrenzen. In der A. gehen folgende Elemente Hand in Hand: einerseits verantwortl. überlegte Motive, sachl. Begründung des gewählten Heilverfahrens u. die ↗ Freiheit des Patienten; andrerseits unreflekt. od. mag. Motive, Irrationalität des gewählten Heilverfahrens u. Verführungsgefährdung des Heilsuchenden. Wo bei der A. fehlgeleitete rel. Motive mitspielen (z. B. Gesundbeter), kann past. ↗ Beratung hilfreich sein. Mg

Lit.: Niedermeyer, Handbuch der spez. Pastoralmedizin, Bd. V (1952).

Askese. Das mit A. (auch Ascese bzw. Aszese) im weiteren Sinn Umgrenzte ist Gemeingut aller Religionen u. Welthaltungen. Geschichte (I), theol.-anthropolog. Reflexion (II) u. Aktualisierung (III) kreisen um a) Übung u. b) Verzicht.

I. Der Begriff stammt v. griech. askein: Ausübung einer Tätigkeit (auch geistig, ethisch) mit dem Akzent auf Sorgfalt, Anstrengung u. auch Ausdauer.

a) *Rel. Übung* war im naiven Weltbild (heute in Religionen, die noch nicht im ↗ Gespräch mit der Modernen stehen) kein Problem. Doch gerade im rel. Erleben kündet sich die moderne Fragestellung an: Wie weit ist es einübbar? Wie weit Geschenk, Gnade, unerwartetes Ereignis? Die Zeugnisse des ↗ Zen-Buddhismus stellen z. B. beides unvermittelt nebeneinander: Satori, das höchste Erleben, ist mit Gewalt zu erzwingen — Satori ist völlig unerwartet. Mit dem Selbstbewußtwerden des Individuums zu Ende des Mittelalters werden die Fragen bewußt. Zuerst (schon vor Luther) auf rel. Ebene: Ist Gottesbegegnung steuerbar? Od. durchbricht sie jede menschl. Gleisseung? Gesetz-Evangelium (evang.) u. Werk-Gnade (kath.) sind u. a. Kategorien der Beantwortung. Inzwischen beherrscht diese Spannung die anthropolog. Diskussion: Ein Menschenbild, das strukturalistisch, informationstheoretisch u. statist. einzuordnen ist, od. das personalist.-existentialist., das jede begriffliche Festlegung sprengt? Die Betonung des aktualist., nicht manipulierbaren Vollzugs scheint im christl. Bereich — nicht ohne Einfluß der fernöstl. Meditationsmethodik — einer neuen

Wertschätzung des Übens Platz zu machen.
b) *A. als Verzicht* zu beschreiben, hieße, die Frömmigkeitsgeschichte (↗ Frömmigkeit) wiedergeben. Eine (unsystemat.) Typisierung muß genügen:
(1) *Verzicht als Selbstzweck*. Diese masochist. Haltung darf keiner großen Religion od. Epoche angeheftet werden. Die Phänomene sind anders zu deuten.
(2) *Verzicht als Loslösung vom Materiellen*. Erscheinungsbilder u. Hintergrundsauffassungen variieren. Materie, Körperlichkeit, Geschlechtlichkeit als in sich böse; — als dualist. dem Geistigen, Personalen gegenüberstehend; — als niederer Bestandteil eines Ganzen; — als verletzlichste Angriffsfläche des Bösen. Neben od. in menschenunwürdigen Verzichtsauffassungen stehen unaufgebbare Einsichten u. ↗ Erfahrungen.
(3) *Verzicht als Funktion*. Jedes intensiv angestrebte Ziel verlangt Verzicht auf andere Möglichkeiten. Die menschl. ↗ Anlagen können nur eingeschränkt, d. h. unter Verzicht realisiert werden. Das gilt auch f. die rel. „Anlage", die in mancher Hinsicht neben anderen Begabungen steht. Die Gefahr dieser Auffassung liegt im Mechanisieren v. Handeln u. Wollen. A.-Wettbewerbe unter Mönchen aller Art (wer hungert am längsten?) gleichen industriellen ↗ Leistungs-Wettbewerben.
(4) *Verzicht als personales Geschehen*. Wenn menschl. Begegnung mehr ist als erweiterter Egoismus, liegt in ihr Verzicht, d. i. Zerbrechen des Egoismus: Verzicht auf die isolierten Belange v. „Ich-↗ Wir" zugunsten v. „Du-Ihr". Ohne diese personale Grundsicht hängt jedes asket. Streben in der Luft. Die oft beschworene Gefahr des Personalismus ist seine Funktionalisierung: als könne man seine Einsichten dort einsetzen, wo techn. Können zu Ende ist; als könne man eine an Verzichtsunfähigkeit zerbrechende ↗ Gemeinschaft durch personale Aufrufe heilen. Als regulatives Prinzip aber (ontolog. verstanden!) bringt der Verzicht wegen des „Du-Ihr" Sinn u. Ordnung in die anderen asket. Anliegen.
II. 1. *Die positive Grundtendenz* ist zu betonen.

(a) *A. als Übung* bejaht die Kontinuität, ein Reifwerden, das sich wie Jahresringe um den Kern des Selbst legt.
(b) *A. als Verzicht* bejaht die Ausrichtung des Menschen auf ein Ziel; bejaht darüber hinaus, daß dieses Ziel nicht in Ich-Erweiterung, sondern im Gegenüber liegt.
2. Was als ↗ *Erbsünde* theoretisiert wurde, gehört zur Reflexion über A.: Das menschl. *Versagen*, das sich in Handlungen äußert, aber in Stimmung u. Grundtun (des Einzelnen, der Gemeinschaft) eine bleibende Haltung andeutet; deshalb Einübung der rechten Haltung. *Die menschl. Angewiesenheit*, nicht nur als biolog. Gesetz, sondern als personaler Wesenszug; im schuldhaften Tun wird sie zugleich pervertiert (Egoismus) wie vertieft (Vergebungsnotwendigkeit); deshalb Verzicht.
3. Die Bedeutung des *personalen Gottes*, wie sie in der christl.-marx. Diskussion aufscheint, wird in dieser Thematik sichtbar: Gott als Verheißung, in der die Antinomien (Übung — existentieller Vollzug; Verzicht—Selbstwerdung; Versagen—Vergeben) aufgelöst werden. Gott als Kraft u. Sicherheit, jetzt schon die Versöhnung der Antinomien zu betreiben. Gott gerade deshalb nur personal zu denken (vgl. I b 4).
4. *Geschichtl. Formen* der A. (auch bei Jesus; s. Jüngersprüche) sind nur auf diesem Verständnishintergrund zu deuten.
III. *Die Aktualisierung v. A. als Übung u. Verzicht* steht im Gespräch zw. der theoret. u. histor. Reflexion, den Humanwissenschaften u. der Situation des betr. Menschen. (Vgl. die entspr. Artikel.)
1. *In der* ↗ *Leiblichkeit*, als Erscheinung des ganzen Menschen, wird die Bedeutung der Übung sichtbar. Die Ausdruckskraft der körperl. Haltung od. Sammlung durch Wiederholung v. Wort- u. Melodie-Folgen (transzendentale ↗ Meditation, Rosenkranz) sind v. geist. Bedeutung u. lassen sich einüben. Kaum bedacht ist die kommunikative (gesellschaftl.) Bedeutung der Leiblichkeit. Verzicht (Zölibat) darf kein Selbstwert werden; die regulative Rolle des Personalen ist maßgebend. Die sog. „myst. A."

gehört hierher: Leibl. Verzichten, um geist. ↗ Werte zu entbinden. Es ist an der Zeit, alte christl. Erfahrungen dieser Art vom heutigen Stand des Wissens neu zu bedenken u. zu integrieren.
2. In den Bereich des *Gemüthaften*, „Seelischen" gehört z. B. das Einüben in „ästhet." Erfahrung. Es (z. B. Bild, Musik) kann Grundlage f. rel. Erleben, aber nicht dieses selbst sein. Die Rolle des Verzichts wird greifbar. Die ‚asket.' Beschränkung mancher Kunstwerke zeigt sowohl die funktionale Bedeutung des Verzichtens wie auch, daß der Gesamtentwurf mehr ist als nur Funktionalität.
3. Ohne *personale Spitze* bleibt alles im Belanglosen, Unverbindlichen. In diesem Bereich wird es empir. belegbar, daß Einübung u. Ereignis, also A. u. geschenkter Vollzug zusammengehören. Einübung (A.) darf nicht zur gesetzeshaften Einengung u. ↗ Spontaneität der geschenkten Erfahrung nicht zur unberechenbaren Willkür werden. — Auch der Verzicht verliert sein negatives Vorzeichen in personaler Sicht.
4. Die rel. *Motivierung* kündet sich überall dort an, wo menschl. Erfahrungen antinomisch einander gegenüberstehen. Deshalb gehört A. (als Einübung des noch Ausstehenden, als Verzicht wegen des Kommenden) auch in den rel. Vollzug, ist aber überaus behutsam zu realisieren.   Josef Sudbrack

Lit.: Marcel Viller/Karl Rahner, Aszese u. Mystik in der Väterzeit. Ein Abriß (1939); C. Feckes, Die Lehre vom christl. Vollkommenheitsstreben (²1953); Georg Kretschmar, Ein Beitrag zur Frage nach dem Ursprung frühchristlicher Askese, Zeitschrift Theologie Kirche, 61, 1964, 27—67; Josef Sudbrack, Dienst am geistlichen Leben (1971); Karlfried Graf Dürckheim, Werk der Übung — Geschenk der Gnade, Geist und Leben 45, 1972, 363—382; Johannes Gründel (Hg.), Triebsteuerung, Für und Wider die Askese (1972).

Asozial. A. meint in seiner wörtl. Bedeutung, daß ein Mensch ohne Bezug auf andere Menschen lebt (↗ Gemeinschaft). Es ist bezeichnend, daß derzeit im allgem. Sprachgebrauch der Begriff a. als gegen die ↗ Gesellschaft gerichtet empfunden wird. Als „a.e Elemente" gelten heute „Schädlinge der Gesellschaft". Emotionelle Ablehnung u. mangelnde Reflexion der jeweils herrschenden Meinung über abweichendes Verhalten sind f. die alltägl. Verwendung des Begriffes charakteristisch (↗ Diskriminierung, ↗ Vorurteil); z. B. waren f. den nationalsozialist. Staat neben Juden (↗ Antisemitismus) auch Mitglieder konfessioneller Jugendgruppen a. („Volksschädlinge"). Der Gebrauch dieses Begriffs deckt das Selbstverständnis einer Gesellschaft (↗ Ideologie) auf. Derzeit (1974) wird a. überwiegend verwendet f. Vagabunden, ↗ Prostituierte, ↗ Alkoholabhängige, ↗ Drogenabhängige, Arbeitsscheue (↗ Arbeit), Betrüger sowie f. Angehörige v. sozial schlecht integrierten Gruppen Jugendlicher, v. Unterschicht- (od. auch Oberschicht-) Angehörigen (↗ Subkultur), v. Zigeunern (↗ Minderheiten) u. a. Mit dieser Wertung definiert sich eine Leistungsgesellschaft, in der andere Lebensformen (z. B. Bedürfnislosigkeit, kontemplative Orden) dem ↗ Abwehrmechanismus der ↗ Verdrängung anheimfallen.

In dieser Sicht bedeutet a. die Zuordnung zu einem Schema anstelle einer Begegnung mit der so bezeichneten ↗ Person, ↗ Familie od. ↗ Gruppe. Eine solche Zuordnung ist f. die Betroffenen mit ↗ Entfremdung u. evtl. ↗ Vereinsamung verbunden. Sie wird als ↗ Frustration erlebt, wenn zunächst Verständnis v. dem anderen (wegen seiner Persönlichkeit od. Funktion) erwartet wurde; die Antwort ist dann nicht selten ↗ Aggression, wobei eine derartige Reaktion noch immer bessere Chancen f. ein ↗ Gespräch bietet als ↗ Resignation. Eine ↗ Kommunikation aus unterschiedl. sozialen Positionen setzt aber v. a. emot., aber auch intellekt. Verständnis f. die jeweils andere Position voraus. Dieses wird zunächst primär v. der in der sozial gefestigten Position befindl. Person od. Gruppe ausgehen müssen. Wird Begegnung u. Gespräch mit a.n Personen, Familien od. Gruppen als pädagog. bzw. pastorales Anliegen gesehen, so können die in ↗ Selbsterfahrungsgruppen vermittelten Einsichten der ↗ Gruppendynamik wertvolle Hilfe bieten.

Vielfach ergeben sich beim Versuch einer Kommunikation jedoch Schwierigkeiten daraus, daß aufseiten des „a.n" Partners primäre Störungen der ⁊ Sozialisation vorliegen. Der Mensch ist zwar seinen Möglichkeiten nach ein auf den Mitmenschen bezogenes Lebewesen (⁊ Mitmenschlichkeit, ⁊ Gemeinschaft); er muß diese soziale Einstellung aber erst im Verlauf seiner ⁊ Entwicklung erwerben. Im dauernden Kontakt mit einer ⁊ Bezugsperson, zumeist der ⁊ Mutter, entfaltet sich beim Säugling seine ⁊ Emotionalität („soziales Lächeln" als Antwort u. Aufforderung) u. seine Fähigkeit, sich durch Laute u. Gesten auszudrücken u. seine ⁊ Bedürfnisse kundzutun. Werden sie angemessen befriedigt, kann das ⁊ Kind ⁊ Vertrauen zur Umwelt entwickeln („Urvertrauen" n. Erikson); es wird zu kognitiver u. intellektueller Orientierung in ihr befähigt. Die ⁊ Familie ist in der Regel der Garant einer ungestörten Entwicklung (⁊ Eltern—Kind-Beziehung). Doch sind auch pathoIog. Entwicklungen möglich: So führt häufiger Wechsel der Pflegepersonen zum ⁊ Hospitalismus, langdauernde Trennung v. der geliebten Bezugsperson bereits beim 6 Monate alten Kind zur ⁊ Depression, Vernachlässigung u. ⁊ Kindesmißhandlung zur ⁊ Verwahrlosung (⁊ Soziopathie). Die Folgen v. derartigen, durch ⁊ Prägung in der Kindheit erfolgten Fehlentwicklungen lassen sich nur durch frühzeitige intensive Behandlung (⁊ Milieu-, ⁊ Psychotherapie) überwinden (⁊ Sozialarbeit, ⁊ Rehabilitation). Sepp Schindler

Versch. Autoren haben (nicht unbestritten) versucht, den Begriff a. durch andere zu ergänzen od. zu ersetzen — insbes. weil a. häufig mit negativen Wertvorstellungen verbunden wird. Als *unsozial* wird gelegentlich nur dasjenige ⁊ Verhalten bezeichnet, das Gruppen- od. Klasseninteressen (z. B. im Arbeitsprozeß) mit totalitärem Anspruch zu vertreten u. durchzusetzen sucht. *Dissozial* meint ein abweichendes Verhalten, das sozialstrukturell bedingt u. ausgeprägt gesellschaftsfeindl. erscheint. *Antisozial* steht manchmal f. ein durchgehend aggressives Verhalten v. „Verbrechern" (⁊ Kriminalität). Rf

Lit.: H. W. Jürgens, Asozialität als biolog. u. sozialbiolog. Problem (1961); E. H. Erikson, Kindheit u. Gesellschaft (1965); H. Hoefnagels, Soziologie des Sozialen (1966); E. Schmalohr, Frühe Mutterentbehrung bei Mensch u. Tier (1968); B. Bernstein, Soziale Struktur, Sozialisation, Sprachverhalten (1973); ders., D. Henderson u. W. Brandes, Soziale Schicht, Sprache u. Kommunikation (1973).

Assimilation (lat.) Angleichung; ⁊ Anpassung; Ähnlichwerden. In den versch. Wissenschaften auftretender Begriff, z. B. in der Botanik: die Bildung körpereigener, aus v. außen aufgenommener anorgan. Substanzen; in der Physiologie: beim Farbensehen (nach E. Hering) der Aufbau der Sehsubstanzen in der Netzhaut; in der Soziologie: das Aufgehen einer Minderheitengruppe in einer Volksgruppe od. Anpassung des Einzelnen an seine soziale Umgebung in Denken u. Verhalten; in der Psychologie: das Verschmelzen einer neuartigen ⁊ Erfahrung od. Vorstellung mit einer bereits vorhandenen. Aus wahrnehmungs- od. vorstellungsmäßigen Ähnlichkeiten kommt es leicht zu A.stäuschungen.

Assoziation. Als A. kann die unterschwellige Verbindung scheinbar unverbundener Einfälle bezeichnet werden, die C. G. Jung in seinen A.sexperimenten nachwies u. die Freud in seiner „Psychopathologie des Alltagslebens" beschrieben hat.

Asthenie. Körperl. od. seel. Schwäche, Kraftlosigkeit, als Habitus beim leptosomen Körperbautyp (Kretschmer), beim asthen. Psychopathen (K. Schneider), sowie bei ⁊ Neurasthenie u. ⁊ Psychoasthenie. ⁊ Typenlehre.

Astrologie. A. ist im Gegensatz zur Astronomie (Lehre v. dem in den Sternen wirkenden Naturgesetz) die Lehre vom Zusammenhang ird. Geschehens mit dem geist. Sinn der Sternenwelt. Ihre Wurzeln liegen im mytholog. antiken Weltbild der vorderasiat. Astralreligionen (Sumerer u. Babylonier). Die Erde ist dort der Mittelpunkt der Welt, der Mensch als Mikrokosmos ein Spiegelbild des Makrokosmos. Alle Wissenschaft u. Weisheit ist im Sternenhimmel niedergeschrieben. Nur wer die Zeitzeichen der

Gestirne zu deuten weiß, kann Herrscher, Weiser u. Priester sein. V. bes. Bedeutung sind die Stellungen der Sonne, des Mondes u. der Planeten zur Erde. Im ↗ Horoskop (der die Stunde anschauende Punkt im Tierkreis) wird in der Geburtsstunde das ↗ Schicksal des Menschen bestimmt. — Daraus können ↗ Fatalismus u. Determinismus folgen. Da die Haltung vieler Astrologen in krassem Widerspruch zu Schöpfungsglauben u. Vorsehung Gottes steht, wird die A. vom Christentum abgelehnt. Trotzdem breitete sich in der Renaissance die (arab.) A. an europ. Fürstenhöfen aus. Namhafte Gelehrte beschäftigten sich mit dem Einfluß der Planetenkonstellationen (Tycho de Brahe). Heute findet sich Sterndeutung v. a. in theosoph., anthroposoph. u. parapsych. orientierten Kreisen. Der astrolog. Einfluß auf das ↗ Unbewußte wird noch untersucht. Die üblichen Zeitungshoroskope zeigen tw. pädagog. Tendenzen, fördern aber dennoch ↗ Aberglauben u. Massenverdummung. ↗ Parapsychologie.

Gg

Lit.: P. Urban, Parapsychologie. Schicksalsforschung zwischen Psychologie u. Astrologie (1974).

Audition. Psychiatr. ungebräuchl. Bezeichnung f. „Stimmenhören" bes. bei ↗ Paranoia. Theol.: „Einsprechung", außer- od. übernatürl. (mystisch) vermittelte einbildl. Erscheinung mit Hörwahrnehmungscharakter.

Auferstehungsglaube. Mit der apostol. Urkirche bekennen wir den ↗ Glauben an die Auferstehung Jesu (Lk 24 u. a.), in der sich Gott zum Leben u. Sterben seines Sohnes bekannt hat. Jesus Christus ist aber nicht allein um seiner selbst willen auferstanden, sondern zum „Erstling der Entschlafenen" (1 Kor 15) geworden. Er ist deshalb auch Urbild u. Ursache unserer Auferstehung. Diese Verbundenheit mit Christus wird in der Hl. Schrift häufig mit dem Bild des Leibes beschrieben: Christus als das Haupt u. die Getauften als die Glieder (vgl. Röm 6; Kol 2 u. a.). Die Auferweckung v. den Toten ist allerdings nicht als Analogie od. nur abgewandelte Aufnahme des ird. ↗ Lebens, sondern als durchgehend neue Daseinsweise zu denken, als eine Verwandlung „des Vergänglichen ins Unvergängliche" (1 Kor 15). Dieser Vorgang entzieht sich insofern allen unseren Vorstellungen, die ganz an die ird. Erfahrungswelt u. Existenzweise geknüpft sind. Er bleibt m. a. W. ein ↗ Geheimnis des Glaubens.

Aus dem Glauben an die Auferstehung entspringt jedoch jetzt schon die Gewißheit: Der ganze, d. h. gerade auch die ↗ Leiblichkeit umfassende Mensch ist zum neuen Leben berufen. Siegel dieser Gewißheit sind auch die ↗ Sakramente: In der ↗ Taufe sind wir auf den erlösenden ↗ Tod Christi getauft u. in der Eucharistie empfangen wir seinen lebenspendenden Leib (vgl. Joh 6) — Vorgänge, mit denen unser Leben über den Tod hinaus in einen übergreifenden Zusammenhang gestellt wird.

Die Auferstehung des „Fleisches" (d. h. der Menschheit) gehört freilich zu den Glaubensinhalten, die v. vielen säkularen Zeitgenossen als Zumutung empfunden werden (vgl. die neueren Umfragen). Ein Grund dafür liegt sicherlich darin, daß die Auferstehung dem Nachweis der exakten Naturwissenschaften unzugänglich bleiben muß. Läßt sich über die *Auferstehung* insofern nicht empir.-wissenschaftl. handeln, so bleibt doch der Auferstehungs*glaube* der empir. Betrachtungsweise keineswegs entzogen. Ohne Zweifel kann der A. den illusionär-infantilen Charakter verschiedener Religionsformen verstärken (vgl. S. Freud, Die Zukunft einer Illusion u. a.). Ohne Zweifel verdichtet sich aber im A. auf eigene Art auch eine grundlegende anthropolog. Voraussetzung: Die Fähigkeit zur ↗ Hoffnung, eine Eigenschaft, die mehr ist als nur ein Epiphänomen des Menschlichen. „Ich sehe in der Hoffnung — so der Psychiater K. Menninger (Das Leben als Balance, 1968, 375) — einen Aspekt des Lebenstriebes, des schöpfer. Impulses, der gegen Auflösung u. Zerstörung kämpft." Ein authentischer A. wird das Verhältnis v. Hoffnung u. ↗ Heilung vertiefen, weil er sich v. dem Verhältnis v. Hoffnung u. Heil her versteht.

Da

Lit.: M. Schmaus, Der Glaube der Kirche I (1970), 734—46; J. Ratzinger, Einführung in das Christentum (⁴1968), 289—300.

Aufklärung, geschlechtliche ↗ Sexualpädagogik

Aufklärungspflicht ↗ Wahrheitspflicht

Ausbeutung. A. ist ein bes. v. Marxisten verwendeter, aber in die allg. Diskussion eingeführter Begriff. Bei Marx bedeutet er die Verwertung fremder ↗ Arbeit ohne Gegenleistung aufgrund v. Verfügungsmacht über Produktionsmittel; A. kommt also nur vor, wo der Stand der ↗ Technik es zuläßt, daß Arbeiter mehr erzeugen, als sie zur Lebensfristung brauchen, u. wo die Verteilung der Produktionsmittel (Eigentum) die Möglichkeit bietet, andere zu unentgeltl. Mehrleistung zu zwingen. Formen der A. sind Sklaverei, Frondienst, Lohnarbeit (sofern die Entlohnung den Arbeitswert nicht erreicht u. der Mehrwert anderen zugutekommt). „Sekundäre A." liegt nach Marx vor, wo der Arbeiter nicht durch Abzüge vom eigentl. angemessenen Lohn, sondern durch Aufschläge auf eigentl. angemessene Preise (Mietwucher, Lebensmittelteuerung) benachteiligt wird. Im heutigen Marxismus wird überdies v. „gesellschaftl. A." (man könnte sagen: „tertiärer A.") in dem Sinn gesprochen, daß zusätzl. eine Ungleichverteilung des Mehrwerts zugunsten großer Einzelkapitale (Monopole) erfolgt, wodurch die relativ Schwächeren benachteiligt werden. Dieses Denkschema wäre auch auf ökonom. ↗ Machtverhältnisse zw. versch. Ländern übertragbar (A. unterentwickelter Länder durch industrialisierte). In der nichtmarx. Theorie ist dieses Konzept (insbes. die ihm zugrundeliegende Arbeitswerttheorie) umstritten. Es setzt die Bestimmbarkeit des eigentl. angemessenen („gerechten", „natürl.") Lohns bzw. Preises voraus u. negiert produktive ↗ Leistungen unternehmerisch tätiger Eigentümer.
Der Begriff kann auch in einer weiteren Bedeutung verwendet werden, im Sinne der Vorenthaltung v. Lebenschancen überhaupt; diese kann strukturellen Charakter haben, also in gesellschaftl. od. polit. Verhältnissen begründet sein, ohne daß best. Personen (als Ausbeutern) persönl. ↗ Schuld zurechenbar wäre. A. ist dann so viel wie ↗ Unterdrückung, gesehen in ökonom. Perspektive.

Schn

Lit.: K. Marx, Das Kapital, v. a. Bd. 1 u. 3 (Marx-Engels, Werke, Bd. 23 u. 25) (1962/1964); W. Becker, Kritik der Marxschen Wertlehre (1971).

Auserwählung ↗ Prädestination

Ausländerseelsorge. Die Verantwortung gegenüber dem „Fremden" nimmt die ↗ Kirche durch die A. u. Auslandsseelsorge wahr. Mit Auslandsseelsorge wird die Arbeit f. die Landsleute einer Kirche bezeichnet, die ausgewandert sind bzw. im fremdsprachigen Ausland leben. A. meint die Aufgabe einer Kirche gegenüber den in ihrem Territorium wohnenden bzw. arbeitenden Ausländern. Da sich beide Arbeitsgebiete f. den „Fremden" vielfach überschneiden, werden sie meist v. derselben Kirchenverwaltung koordiniert. Die ↗ Industrialisierung in Westeuropa hat einen Sog nach ausländ. Arbeitnehmern ausgelöst, der durch wirtschaftl. Faktoren bestimmt war. 1974 lebten über 10 Millionen Wanderarbeitnehmer tw. mit ihren Familienangehörigen in westeurop. Ländern. Sie kamen unvorbereitet in eine v. meist anderen ökonom., sozialen u. kulturellen ↗ Normen geprägte ↗ Umwelt, die eine Krise im Selbstverständnis der Migranten hervorrief. F. viele Ausländer bewirkt diese Umstellung eine Gefahr f. das Glaubensleben, das gerade in dieser Neuorientierung bewahrt u. gefestigt werden muß. In den letzten Jahren war f. kath., orthodoxe u. evang. ausländ. Arbeitnehmer eine umfangreiche A. aufzubauen. Sie wird durch kath. Auswandererkapläne od. -missionare, durch orthodoxe Priester sowie evang. Pfarrer wahrgenommen. Häufig werden Laien beteiligt. Tw. werden auch einheim. Priester mit guten Fremdsprachenkenntnissen eingesetzt. Die muttersprachige ↗ Seelsorge hat auf der einen Seite die Integration ausländ. Christen in die einheim. Gemeinden, andererseits zugleich die Wahrung ihrer ↗ Identität anzustreben. Die Kirche ist oft die einzige Einrichtung, in der die Verbindung zum Herkunftsland

u. zur Heimatkirche wahrgenommen u. damit eine völlige ↗ Entfremdung vermieden werden kann. Muttersprachige ↗ Gottesdienste vermitteln Gläubigen durch die ↗ Sprache, die Liturgie u. die anschließende ↗ Kommunikation ein Erlebnis der Heimatkultur. A. kann sich auch bes. um diejenigen bemühen, die nach kurzem od. längerem Auslandsaufenthalt wieder in ihr Herkunftsland zurückkehren möchten. Solch tiefgehende ↗ Entscheidungen können meist nur in der Sprache durchdacht u. besprochen werden, in der Menschen beten u. ihre Identität erkennen.

A. gehört grundsätzlich zur Verantwortung der einheim. Kirchen. Sie haben dafür zu sorgen, daß ankommende ausländ. Gläubige in der durch die Umstellung bedingten inneren u. äußeren Krise geistl. Hilfe in ihrer Sprache erhalten. Ausländerpfarrer sind durch die meist zerstreute Ansiedlung v. Ausländern häufig überregional tätig. Dies sollte allerdings nicht zur Entstehung ethnischer bzw. Ghetto-Kirchen führen. Die kath. Kongregation f. die Bischöfe hat 1969 in der Instruktion zur Seelsorge unter den Wandernden deutlich betont, daß der Ortskirche des Aufnahmelandes zuerst die geistl. Betreuung f. die wandernden Gläubigen obliegt. Die muttersprachige Orientierung darf nicht zu einer Absonderung v. der Ortskirche führen, durch die Spannungen u. ↗ Vorurteile zur einheim. Bevölkerung verstärkt werden. Langfristig soll A. überflüssig u. der Ausländer voll in bestehende Gemeinden seiner Konfession integriert werden. Die A. sollte ein wichtiger Beitrag zur Bereicherung des einheim. rel. Lebens u. des ökumen. ↗ Dialoges sein.

Der A.r hat sich der Fragen der Arbeitswelt u. der Menschen in dieser sozialen Schicht anzunehmen. Er hat sie dort aufzusuchen, wo sie arbeiten u. wohnen, wo sie sich versammeln u. ihre ↗ Freizeit verbringen. Der A.r hat dabei nicht nur die Gegenwart der Kirche u. der Botschaft Christi in einer fremden Umwelt zu bezeugen. Er hat auch Hilfen bei der Bestimmung des geistigen Standorts, bei der Analyse bedrückender gesellschaftl. Bedingungen u. bei ihrer Verbesserung zu geben. Dies kann z. B. durch Initiativen bei Selbstorganisationen, Bildungsmaßnahmen, Hausaufgabenhilfen usw. erfolgen. Dabei ist eine intensive Zusammenarbeit mit den Sozialdiensten der ↗ Caritas bzw. ↗ Diakonie erforderlich.

A. kann sich den vielfältigen Problemen fremdsprachiger ↗ Minderheiten nicht entziehen: der Rechtsunsicherheit, ↗ Vereinsamung, polit. Verfolgung, Familientrennung, den Wohnungsproblemen, dem Bildungsnotstand ausländ. Kinder, illegalem Aufenthalt u. der meist fehlenden sozialen Anerkennung. Neben pastoralen Aufgaben wird vom A.r erwartet, daß er dazu beiträgt, Ursachen der Benachteiligung v. ausländ. Arbeitnehmern zu beheben u. Vermittler zur einheim. Bevölkerung u. ihren Institutionen zu sein. Bes. pastorale Aufgaben entstehen durch die ↗ Krankenhaus- u. ↗ Gefängnisseelsorge an Ausländern. Da Ausländer durch die Sprachbarriere kaum Kommunikationsmöglichkeiten haben, ist in Anstalten ihre Isolation u. Vereinsamung besonders schwerwiegend. Dazu kommen das oft andere Verständnis der Bedeutung v. ↗ Krankheiten u. mangelnde Kenntnisse bzw. deformierte Informationen über eigene Rechte. Jürgen Micksch

Lit.: Th. Grentrup (Hrg.), Die apostol. Konstitution „EXSUL FAMILIA" zur Auswanderer- u. Flüchtlingsfrage (1955/56); Wanderseelsorge, Nachkonziliare Dokumentation Band 24 (1971); W. Zwingmann, Ausländerseelsorge u. kirchl. Sozialdienst an ausländ. Mitbürgern, Caritas Mitteilungen, Freiburg, H. 2–3 (1973), 1–16; Kirchliches Außenamt der EKD, Evangelische Ausländer unter uns, Frankfurt (1974).

Außerehelicher Verkehr ↗ Sexualität ↗ Geschlechtsbeziehungen

Außersinnliche Wahrnehmung ↗ Parapsychologie

Auswahlkriterien. Menschl. ↗ Freiheit u. ↗ Verantwortung erweisen sich bes. in Situationen, in denen zw. mehreren einander ausschließenden ↗ Werten gewählt werden muß. Dabei erscheinen die versch. Möglichkeiten des Handelns unterschiedl. stark v. individ., sozialen u. ökonom. Aspekten geprägt. Das Abwägen jener Gesichtspunkte kann schließlich

zur ↗ Entscheidung f. einen der Werte führen, was zugleich einen Verzicht auf die anderen zur Wahl stehenden Werte bedeutet. In versch. Bereichen menschl. Handelns haben Entscheidungen häufig derartige Konsequenzen, die dann das Wohl od. Leben v. Menschen betreffen. Obwohl eine ↗ Gemeinschaft allen in ihr Lebenden gleicherweise verpflichtet ist, läßt es sich nicht vermeiden, daß Entscheidungen zum Wohl v. einigen getroffen werden müssen, die sich f. andere nicht zum Wohl, sondern evtl. zum Schaden auswirken. Der Grund f. solche Situationen liegt im Wesen der Gemeinschaft; in ihr sind die einzelnen zwar wechselseitig u. vielfältig aufeinander bezogen, aber doch eigenständig, so daß die Möglichkeiten der Gemeinschaft begrenzt sind. Daher sind A. erforderlich, die eine ungerechte Bevorzugung bzw. Schädigung v. einzelnen od. ↗ Gruppen in dieser Gemeinschaft vermeiden sollen.
Mit der Notwendigkeit solcher Kriterien sieht sich v. a. der ↗ Arzt konfrontiert, weil die ↗ Gesellschaft ihn zwar in bes. Weise zur Hilfe verpflichtet, ihm aber diese Hilfe nur in begrenztem Rahmen ermöglicht (↗ Kosten-Nutzen-Verhältnis). Da auch seine eigenen Kräfte begrenzt sind, muß er sich fragen, welchen seiner Patienten er zu welcher Zeit welche Maßnahmen zukommen lassen soll. Um die Wahl unter den Patienten u. den zur Verfügung stehenden Maßnahmen treffen zu können, ist zunächst die Dringlichkeit des ärztl. Eingreifens zu überlegen, die dann mit dessen Erfolgsaussichten abzuwägen ist. Weiter ist der körperl.-geist. Zustand der betroffenen Patienten u. ihre soziale ↗ Rolle zu berücksichtigen, die ihnen ein unterschiedl. Maß an Verantwortung f. andere auferlegt. Ebenso ist die Qualität des personellen u. finanz. Aufwands zu bedenken. Grundlegend u. entscheidend ist dabei, daß der Arzt sich selbst u. seine Patienten als ↗ Personen miteinander in derselben Gemeinschaft verknüpft sieht. Rf

Autismus. Einengung der ↗ Persönlichkeit auf das Innenleben, Verlust der sozialen Beziehungen. E. Bleuler hat A. als typ. Symptom der Schizophrenie beschrieben, frühkindl. A. (L. Kanner) als krankhafte ↗ Entwicklungsstörung, autist. Psychopathie (Asperger) als angeborene Anomalie (begabte, aber im prakt. Leben sehr ungeschickte ↗ Kinder). Damit verbundene Tendenz zur ↗ Masturbation hängt in geschlossenen Anstalten auch mit der Aussonderung aus der heterosex. ↗ Gesellschaft zusammen.

Autoerotik ↗ Narzißmus

Autogenes Training. Eine v. J. H. Schultz entdeckte, stufenweise erlernbare Methode der ↗ Entspannung, durch die auf autohypnot. Weise z. B. ↗ Schmerzen, Schlaflosigkeit u. psychosomat. Verkrampfungen bewältigt werden können.
Lit.: J. H. Schultz, Das autogene Training ([14]1973).

Automatisierung ↗ Technik

Autopsie ↗ Obduktion

Autorität. A. (v. lat. auctoritas = Ansehen, Geltung, Einfluß, Würde) ist nicht einfach die Qualität einer ↗ Person, eines ↗ Amtes od. einer Institution, sondern ein best. Verhältnis, das Menschen zueinander haben. Die nähere Bestimmung der A. ist daher v. der Definition der Beziehungen abhängig u. v. der Art der Interaktionen, die im *A.sverhältnis* stattfinden (↗ Kommunikation). Statt nur v. der Legitimation des A.strägers her zu fragen, ist es daher notwendig, die Beziehung zw. A.sträger u. A.sempfänger mit ihrer dynam. Komponente zu berücksichtigen. Charakterisiert man das A.sverhältnis v. der Entstehung her, dann muß man unterscheiden: eine durch die ↗ Natur begründete ↗ Verantwortung u. Fürsorgepflicht („natürl." A. in der ↗ Familie); eine zeitweilige, situationsbezogene Überlegenheit sachl. od. persönl. Art (*situative* A.); eine in sozialer Funktionsteilung begründete A., die aus der Beauftragung mit einer bes. Aufgabe erwächst (*Auftrags*-A.). In jedem Falle wird dem Sinne nach beim A.sträger ein Vorsprung an Kompetenz angenommen, den der A.sempfänger mit einem Vorschuß an ↗ Vertrauen honoriert. Zwar konstituiert sich A. auch dadurch, daß die Kompetenz erwiesen wird, aber sie ist nicht völlig vom dauernden Erweis ihrer selbst abhängig. Zum A.sverhältnis gehört eine Vorwegnahme des Vertrauens. — Je statischer u. unabänderlicher ein A.sverhältnis verstanden wird, je mehr es an einer grundsätzl. Über- u. Unterordnung festhält u. sich dadurch als bleibendes Abhängigkeitsverhältnis (↗ Abhängigkeit) versteht, je mehr es sich daher dem Erweis der Kompetenz, der Erfragung der Legitimation, der Überprüfung des Auftrags entzieht, umsomehr gerät es in die Gefahr, zu einem *autoritären Verhältnis* zu werden. Ähnlich wie bei Herrschaft u. ↗ Macht stellen sich hier Probleme der Zweideutigkeit u. des Mißbrauchs (↗ Unterdrückung). Je weniger auf die situationsgebundene, sachl. bzw. funktionale Begründung der A. zurückgefragt werden kann u. darf, umso irrationaler wird das A.sverhältnis. Die bes. Kennzeichen eines sinnvollen A.sverhältnisses, Verantwortung u. Mitbestimmung, treten dann hinter das Schema Befehl u. ↗ Gehorsam zurück. — Man muß daher zw. den positiven u. negativen Möglichkeiten des A.sverhältnisses unterscheiden, zw. einem „*autoritativen*" u. einem „*autoritären*" Modell der A. Ein autoritatives Modell der A. ist dadurch gekennzeichnet, daß der A.sträger seine Zuständigkeit v. der Entwicklung der Situation, v. der Veränderung seiner Funktion u. v. der ↗ Mündigkeit des A.sempfängers abhängig macht. Das erfordert Bereitschaft zu rationaler Auseinandersetzung, zum Erweis der Kompetenz in der Praxis u. zur Anerkennung einer angemessenen Mitbestimmung des A.sempfängers. Voraussetzung dafür ist beim A.sträger die Distanz zur eigenen A.; dieser steht oft eine Identifikation v. Person u. ↗ Amt entgegen. Seitens des A.sempfängers ist die Wahrnehmung seiner Mitverantwortung zu fordern; auch ihm kommt die Aufgabe zu, das Verhältnis kooperativ zu gestalten (z. B. in der ↗ Erziehung, im Heilungsprozeß bei der ↗ Beratung). Darin kommt die dynam. Komponente des A.sverhältnisses zum Ausdruck: dem Sinne nach hat es sich v. fragloser Abhängigkeit zur partnerschaftl. Kooperation zu wandeln (↗ Partnerschaft, ↗ Emanzipation). Diese hebt die A. nicht auf, sondern begründet sie immer wieder neu auf rationale Weise. Mit einem solchen Modell ist die einseitige Interpretation der A. als Abhängigkeitsverhältnis, ein Erbe des ↗ Patriarchats u. entspr. der soziohistor. Entwicklungen, überwunden. Eine autoritäre Auffassung der A. zeichnet sich demgegenüber dadurch aus, daß der A.sträger den A.sempfänger auf seine Unselbständigkeit zu fixieren sucht. Deshalb verschleiert er dessen Interessen, verdrängt die ↗ Konflikte u. setzt ↗ Zwang u. Drohung an die Stelle einsichtiger Begründungen. Dem A.sempfänger bleibt dabei oft nur ein fragwürdiger Gehorsam im Sinne der Unterwerfung od. ein Aufbegehren, das sich in antiautoritären Gegenbewegungen zeigen kann, wie sie derzeit v. a. im Bereich der ↗ Erziehung, der ↗ Gesellschaft u. der ↗ Kirchen auswirken. Aber auch etwa im ↗ Arzt—Patienten-Verhältnis können autoritäre Züge auftreten (z. B. im Verstoß gegen die ↗ Wahrheitspflicht beim ungerechtfertigten Verschweigen einer Diagnose). Immer ist zu fragen, ob der Vertrauensvorschuß der A. f. die Sache selbst (Pflege, ↗ Heilung, ↗ Beratung) genutzt od. zur Stärkung des Abhängigkeitsverhältnisses des A.trägers mißbraucht wird. — Sinnvolle A. ist demnach primär als *anthropolog. Grundmuster* zu verstehen, das v. Kompetenzunterschieden, Funktionsteilungen u. sozialer Beauftragung ausgeht. In pastoraler Hinsicht sollten eine ganze Reihe v. Interaktionen im Sinne des autoritativen Modells verstanden werden: das Verhältnis v. Eltern u. Kindern (↗ Eltern—Kind-Beziehung), v. Lehrern u. Schülern (↗ Schule—Elternhaus), v. Beratern u. Beratenen (vgl. ↗ Ehe- u. ↗ Familienberatung), v. Arzt u. Patient (↗ Arzt—Patienten-Verhältnis), v. Pfleger u. Krankem (↗ Pflegedienste), v. Psychotherapeut u. Behandeltem (↗ Psychotherapie), v. Sozialpädagogen u. Bedürftigem (↗ Sozialarbeit, ↗ Sozialdienste), v. Bewährungshelfer u. Straffälligem (↗ Bewährungshilfe) usw. In all diesen Fällen kommt es darauf an, daß Kompetenzvorsprung u. Vertrauensvorschuß zu einem kooperativen Prozeß führen, bei dem die Verantwortung beider Seiten eingerechnet wird. Dies gilt auch f. die geistl. Betreuung der Mitmenschen bei der ⌐ Seelsorge im engeren Sinn. — Zu dieser Sicht v. A.sverhältnissen kann das christl. *Verständnis* beitragen, weil es v. der ⌐ Freiheit u. ⌐ Mündigkeit der Person ausgehend, eine „brüderl.-subsidiäre" (H. Mühlen) Stilform der A. zw. den Menschen nahelegt. Darüber hinaus muß man im christl. A.sverständnis drei Aspekte beachten: A. als Interpretation des Verhältnisses der Gläubigen zu Gott, Christus u. der Kirche; die A. bei der Vermittlung der christl. Heilsbotschaft (vgl. ⌐ Amt); die bes. Kennzeichen, die Jesus f. ein christl. A.sverhältnis aufgezeigt hat. F. den ersten Aspekt spielen zeitgeschichtl. Züge u. gesellschaftl. Verhältnisse eine große Rolle (⌐ Großfamilie, Königtum, hierarch. Denken, Absolutismus). Man wird hier wie auch bei der Amts-A. (zweiter Aspekt) die Veränderungen des anthropolog. Grundmusters beachten u. die v. Jesus aufgezeigten Charakteristika v. A. (dritter Aspekt) im prakt. Vollzug verwirklichen müssen: die ⌐ Diakonie (vgl. Mk 10,45; Joh 13,13 ff.), die brüderl. ⌐ Liebe, die auch Gott einschließt, insofern er in Jesus seine „Knechte" zu „Freunden" (vgl. Joh 15,9—17) u. zu „Freien" (vgl. Gal 5,13; 1 Kor 7,22) gemacht hat, die Perspektive der Stellvertretung, die Jesus vorgelebt hat (vgl. Joh 14,8—15,24). In der Nachfolge Jesu versteht der Mensch seine A. immer als eine anvertraute, über die er Rechenschaft ablegen muß. Auch dort, wo sich die A. durch Gottes Wort u. durch die zur Vermittlung des Kerygmas geschaffenen Dienststrukturen der christl. ⌐ Gemeinde bekräftigt weiß, legitimiert sie sich letztlich nur durch ihre Teilhabe an der Heilssorge Gottes: durch den Dienst an der ⌐ Menschwerdung des Menschen (⌐ Demokratie in der Kirche). Dietmar Mieth

Lit.: K. G. Schmidt/Freytag (Hg.), Die Autorität und die Deutschen (1966); J. M. Todd (Hg.), Probleme der Autorität (1967); M. Horkheimer, Autorität u. Familie, in: M. H., Traditionelle u. kritische Theorie (1970), 162—230; R. Mumm (Hg.), Autorität in der Krise (1970); J. Hartfiel (Hg.), Die autoritäre Gesellschaft (Reihe Kritik, Bd. 1) (²1970); D. Mieth/H. Bour, Religiöse Erziehung — autoritär, antiautoritär od. autoritativ? in: Diakona 4 (1973), 61—68.

Autosuggestion ⌐ Hypnose

Aversion ⌐ Antipathie

Balintgruppe. B.n arbeiten nach einem Konzept, das der Arzt u. Psychotherapeut Michael Balint anfangs der 50er Jahre dieses Jh. entwickelt hat. Zugrunde liegt die Entdeckung des Spannungsverhältnisses zw. ↗ Arzt, ↗ Patient (↗ Arzt—Patienten-Verhältnis) u. ↗ Krankheit (bzw. ↗ Sterben, ↗ Tod) das sich gerade in unbewußten Vorgängen auf die ↗ Kommunikation zw. den Beteiligten auswirkt. Ähnliches gilt f. den Umgang zw. Patienten bzw. Ratsuchenden u. Psychologen, ↗ Seelsorgern, Sozialarbeitern u. a. Angehörigen beratender Berufe. Das Ziel einer B. ist die berufsbegleitende Aus- bzw. Fortbildung der Teilnehmer f. ihren Umgang mit Menschen, insbes. eine verschärfte Selbst- u. Fremdwahrnehmung, ein tieferes Verständnis f. die unbewußten Prozesse zw. dem Teilnehmer u. seinen Klienten, Patienten od. Ratsuchenden, das Sich-Einlassen auf unbewußte Vorgänge in der Berufspraxis, die die persönl. inneren Bereiche in Anspruch nehmen u. eine Auseinandersetzung mit der eigenen Berufsidentität verlangen, um die Fähigkeit zu steigern, fremdseel. Phänomene zu erkennen u. unvoreingenommen zu verstehen. Eine B. besteht in der Regel aus 6—10 Teilnehmern, die sich regelmäßig, etwa wöchentl. od. 14-tägig, f. ca. 90 Min. unter Leitung eines hierfür ausgebildeten Psychotherapeuten treffen. Ein Gruppenmitglied trägt jeweils einen konkreten „Fall" mögl. spontan u. aus dem Gedächtnis vor (höchstens mit kleinen schriftl. Gedächtnisstützen), wobei auf die Schilderung der Wahrnehmungen des Vortragenden, insb. bei der Erstbegegnung mit dem Gesprächspartner größter Wert gelegt wird. Die ↗ Gruppe hat die Aufgabe, den Vortragenden in seiner Beziehung zum „Fall" zu beobachten, sein Verhalten zu spiegeln, das unbewußte wie das bewußte seel. Konfliktfeld herauszuarbeiten u. zum Verstehen u. zur Selbstannahme des Vortragenden beizutragen. Der Gruppenleiter leistet seine Beiträge bzw. Interventionen (bei abweiger Gesprächsführung) im Kontext der Fallbesprechung, nicht in Gestalt systemat. Zusammenfassungen. So lernt die Gruppe eigenständig, durch eigene Erfahrung, die Zusammenhänge an jedem Fall neu zu entdecken. Im dt. Sprachraum ist die B. in Verbreitung begriffen u. hat sich als Ausbildungsform insbes. f. Ärzte, Psychologen u. Seelsorger bewährt. MS

Lit.: M. Balint, Der Arzt, sein Patient u. die Krankheit (²1966); H. Argelander, Konkrete Seelsorge, Balintgruppen mit Theologen im S. Freud-Institut Frankfurt/M. (1973).

Bedürfnis. B. ist ein natürl., endogenes, d. h. ohne Auslösung durch äußere Reize wirksames Verlangen nach einem best. Tun od. best. Objekten. B. wird meist im Zusammenhang mit ↗ Antrieb, ↗ Motivation od. ↗ Trieb diskutiert. Man nimmt an, daß das psych. B. eine Koppelung mit einem organ. grundgelegten *Bedarf* aufweist, dessen Ziel es ist, ein Gleichgewichtssystem im Organismus („Homeostase", *Cannon*) aufrechtzuerhalten. Die Zunahme des B.s wird als Verlangen, eine weitere Steigerung als Drang empfunden. Das Vorhandensein eines B.s läßt sich auch aus dem Verhalten erschließen. Auf diesem Wege schreibt man auch den Tieren B.e zu. Eine feste Koppelung zw. organ. Bedarf u. psych. B. besteht jedoch nicht. Ohne entspr. organ. Bedarf entstehen gerichtete B.e als assoziative Beiprodukte v. Lernvorgängen, die v. der ↗ Lerntheorie als sekundäre Motivationen bezeichnet werden. Miller hat die Entstehung sekundärer B.e als „lernbare Antriebe" bezeichnet.

Zu den primären B.n zählt man: Hunger, Durst, Verlangen nach ↗ Schlaf, Anspruch auf Sauerstoff u. Bewahrung eines optimalen Wärmezustandes. Aus der Gruppe der primären B.e herausgelöst hat man: das Verlangen nach sex. Aktivität, das Bemutterungsb., den Spieltrieb, die ↗ Neugier. Die moderne Verhaltensforschung (Lorenz, Tinbergen) hat außerdem noch auf B.e aufmerksam gemacht, die durch best. Reizkonfiguration (angeborene Schemata) ausgelöst werden. Das B., dabei etwas Bestimmtes zu tun, ist in Gefühle eingekleidet, die ihrerseits dem Gegenstand gewisse Eigenschaften beilegen. Die Gegenstände erhalten dadurch „Aufforderungscharakter" (Lewin). Den Komplex der primären B.e bezeichnet man auch als ↗ Instinkte. Den primären B.n, die triebmäßig fixiert sind, durch

Lernprozesse modifiziert werden können, werden die Quasi-B.e (*Lewin*) gegenübergestellt, die durch einen Willensakt geschaffen werden (der sonst neutrale Briefkasten erhält z. B. Aufforderungscharakter, wenn man einen Brief aufgeben will). Während die primären, vitalen B.e zum Erlebnis des Müssens führen, offenbaren sich die personalen, transvitalen Quasi-B.e in der Erregung des Sollens. Diese Unterscheidung ist f. *Revers* die Ursache der Persönlichkeitsentfaltung des Menschen im Gegensatz zur Gewohnheitsbildung beim ↗ Tier, bei dem das Muß der Instinkte die artgemäße Existenz garantiert. Der Mensch gelangt durch das Sollen zur personalen Autonomie u. reguliert, am Sollen orientiert, das v. ↗ Neigungen u. B.n gelenkte Handeln im Sinne der ↗ Selbstverwirklichung. Pa

Lit.: K. Lewin, Vorsatz, Wille und Bedürfnis (1926); K. Lorenz, Über den Begriff der Instinkthandlung, Fol. Biotheoretica 2 (1937); N. Tinbergen, Instinktlehre (1956); W. Revers, Gefühl, Wille und Persönlichkeit, in: Katz, Kleines Handbuch der Psychologie (³1972).

Befruchtung, künstliche. Bei der k. B. (die häufig mit der künstl. ↗ Besamung verwechselt wird) wird eine befruchtungsfähige Eizelle ohne Mitwirkung eines Samenfadens zur Entwicklung gebracht. Durch einen unspezif. Reiz (z. B. Nadelstich, Wärme, chem. Substanz) kann grundsätzlich aus jeder reifen Eizelle auch ohne Vereinigung mit einer Samenzelle ein genetisch identisches Individuum hervorgehen (↗ Parthenogenese). K. B.n bei menschl. Eizellen haben bisher nur zu Entwicklungen bis zum Vier-Zellen-Stadium geführt.

Begabung. B. = ererbte, körperl., psychische u. geist. Verhaltens- u. Leistungskonstitution (= Leistungsdisposition). Die individuell sehr versch. B. bedarf zu ihrer Entfaltung einer begünstigenden ↗ Umwelt; ↗ Lernen, ↗ Erziehung, ↗ Schule-Elternhaus.

Begierde ↗ Lust ↗ Konkupiszenz

Begräbnis ↗ Trauer ↗ Bestattung ↗ Ritus

Begutachtung. Unter B. versteht man die wissenschaftl. begründete Stellungnahme eines Sachverständigen zu einem rechtserhebl. Tatbestand. Der Zweck der B. kann sehr versch. sein. Im ärztl. Bereich geht es meist um die Klärung v. Kausalzusammenhängen zw. objektiv feststellbaren od. auch nur vermeintl. Schädigungen u. gesundheitl. Störungen od. dem ↗ Tod. Unter der Vielzahl mögl. ärztl. B.n seien erwähnt: Die Feststellung der strafrechtl. ↗ Zurechnungsfähigkeit, der ↗ Glaubwürdigkeit, der Haft- od. der Verhandlungsfähigkeit, der Fahrtauglichkeit od. der Abstammung eines Menschen (sog. ↗ Vaterschaftsnachweis). Der Gutachter soll aufgrund seiner Sachkunde Gerichten, Verwaltungsorganen, Versicherungen etc. helfen, gerechte bzw. richtige ↗ Entscheidungen zu treffen. Er hat dabei die Verpflichtung, unparteiisch u. nach bestem Wissen u. Gewissen seine Gutachten zu erstellen. Sofern der zu Begutachtende Patient od. Klient des Gutachters ist od. war, muß dieser sich v. jenem v. der ↗ Schweigepflicht entbinden lassen. Ist der zu Begutachtende verstorben, so kann niemand, auch kein Gericht, die Entbindung v. der Schweigepflicht stellvertretend f. den Verstorbenen übernehmen. Der Gutachter kann jedoch trotzdem — dem Prinzip der Güterabwägung entsprechend — seine Kenntnisse über den Verstorbenen mitteilen, wenn er der Überzeugung ist, daß er damit in dessen wohlverstandenem Interesse handelt. ↗ Notstandshandlung. Schw

Lit.: K. Jessnitzer, Der gerichtliche Sachverständige (1966); H. H. Marx, Gutachtenfibel (1967); C. B. Bloemertz, Die Schmerzensgeldbegutachtung (1971); Langelüddecke, Gerichtliche Psychiatrie (1971).

Behaviorismus ↗ Lerntheorien

Behinderte. B. sind keine einheitl. Gruppe. Man kann unterscheiden: Körperb. (in ihren Bewegungen Eingeschränkte), Sinnesb. (Blinde, Hörgeschädigte usw.), geistig B. (z. B. Mongoloide) u. Lernb. (Verhaltensgestörte, Erziehungsschwierige) od. besser gesagt: „sozio-kulturell Benachteiligte" (Begemann). Lernb. sind nicht in erster Linie in ihrer Intelligenz eingeschränkt, sondern durch ihre soziale Herkunft benachteiligt u. deshalb in ihrem Verhalten auffällig. Die anderen Behinderungen sind meist während der ↗ Schwangerschaft (z. B. Röteln der Mutter), bei Geburt od. durch frühkindl. Erkrankungen verursacht. Kriegsbeschädigte, Arbeits- u. Unfallb. stehen als Erwachsene vor andersgearteten Problemen, z. B. Möglichkeiten zur berufl. Umschulung (↗ Rehabilitation). B. Kinder sind großteils Mehrfachb. Zur körperl. tritt nicht selten noch eine Sinnesschädigung od. eine geistige Behinderung auf. Kernprobleme sind Frühdiagnostik u. Frühbehandlung. Eine möglichst frühe Diagnose ermöglicht frühe therapeut. Maßnahmen. In späteren Jahren kann meist nur noch symptomlindernd behandelt werden. Viele B. (z. B. Spastiker u. Muskelkranke) können ohnedies nur symptomlindernd behandelt werden. ↗ Heilung ist in vielen Fällen zur Zeit nicht möglich. Vorschul-Einrichtungen (↗ Vorschulerziehung) u. das Sonderschulwesen (↗ Sonderschulen) bedürfen eines besseren Ausbaus. Strittig ist, ob b. Kinder in Sondereinrichtungen besser gefördert werden od. ob man sie in Normalschulen (wie in Dänemark) integrieren soll, unter Einbeziehung individ. Hilfen.

Das Verhalten der ↗ Umwelt ist noch geprägt v. ↗ Vorurteilen. Als schwerste Behinderung werden Blindheit, Lähmung, Aussatz eingeschätzt, mit Abstand folgen Geisteskrankheiten (↗ Psychosen). Damit übernimmt die Umwelt histor. Verhaltensmuster, wie sie im NT geschildert sind: Die Blinden, Lahmen, Aussätzigen u. Besessenen waren im Altertum die aus der ↗ Gemeinschaft Ausgegrenzten. Sie verbreiteten Abscheu (Behinderung als ↗ Strafe der Gottheit; vgl. z. B. das Buch Ijob) u. wurden isoliert. Deshalb spricht man vom „Aussätzigensyndrom". Die Vorurteile der Umwelt dürften tw. v. Hilflosigkeit bestimmt sein. Man weiß nicht, wie mit einem B.n umzugehen ist, hält das Problem auf Abstand, indem man den B.n verstößt. So werden B. nicht als Subjekte behandelt, die selbst handeln können, sondern als Objekte, denen Almosen u. ↗ Mitleid zustehen, aber keine eigenen Rechte.

Viele ↗ Familien mit b.n Kindern sehen sich als v. Gott gestraft an. Jesus hat dieses Vorurteil am Beispiel des Blindgeborenen abgewehrt (Joh 9). So wenig ↗ Gesundheit die Belohnung f. ein tugendhaftes Leben ist, ist Behinderung eine Bestrafung f. sündhaften Lebenswandel. Vom Messias sagt die atl. Weissagung, daß er weder Gestalt noch Schönheit habe (Jes 53, 2). Gott als der Mißgestaltete, Erniedrigte steht im Widerspruch zum Griechentum mit den Idealen des Schöngewachsenen, Gesunden u. Heilen. Gelingt es, ein b.s Kind normal zu behandeln, wird es sich auch normal entwickeln. Kein b.s Kind leidet v. Geburt an unter seiner Behinderung, sondern beginnt sie natürlicherweise kompensatorisch zu verarbeiten, als sei der b. Zustand normal (Dysmeliekinder, denen Arme fehlen, gebrauchen ihre Füße). Erst die ↗ Eltern übertragen ihre ↗ Ängste auf die Kinder, weil sie die Einschätzung der Umwelt f. sich übernehmen. Eltern b.r Kinder erleben die Geburt als tiefgreifenden ↗ Schock. Die Behinderung des Kindes wird als eigenes Versagen empfunden. Deshalb bedeutet die Geburt des b.n Kindes vielfach den Abbruch vieler Außenkontakte. Kinder werden so bewußt od. unbewußt versteckt.

Das b. Kind wird als Demütigung erlebt. Dies schlägt im ↗ Unbewußten in feindselige Gefühle (↗ Aggressionen) gegen das Kind um. ↗ Männer bilden sich einen Mangel an ↗ Potenz ein, projizieren ihre Versagensgefühle oft auf die Ehefrau. Im Unbewußten melden sich (um die eigene Wertminderung loszuwerden) Todeswünsche gegen das Kind. Das schlechte ↗ Gewissen versucht gutzumachen. Die Folge: Verhätschelung u. Über-Betreuung (↗ Overprotection). Elternberatung muß gleich nach der Geburt einsetzen. Eltern, die sich mit der Behinderung des Kindes bewußt auseinandersetzen lernen, gewinnen eine natürl. Einstellung. Stattdessen bedeutet heute die Behinderung der Kinder oft noch ein Behindertsein der Eltern.

Die schwerste Behinderung des B.n ist nicht das körperl. Eingeschränktsein (dies gilt entspr. auch f. seel. u. milieubedingte Behinderungen), sondern die Selbsteinstufung des B.n, die er v. seiner Umwelt als eigene Meinung übernommen u. verinnerlicht hat. Er ist fremdbestimmt. Bezeichnungen, die auf B. angewendet werden, sind negative Wertungen: erwerbsunfähig, invalide (dienstuntauglich). Als gängige ↗ Werte stehen ihnen gegenüber: gesund, dynamisch, leistungsfähig (auf die ↗ Produktivität bezogene Werte). Der B. leidet durch die Übernahme der negativen Einschätzung v. a. an Selbsthaß.

Der B. muß sich selbst akzeptieren, ein eigenes (im Gegensatz zum Fremd-) ↗ Bewußtsein entwickeln. Sein ↗ Ich-↗ Ideal muß sich an Eigenwerten orientieren, sonst wird er ohnmächtig auf die Mitleids- u. Almosenebene abgeschoben. Die Loslösung v. Eltern u. „Betreuern" ist notwendig. Stattdessen wird man meist *für* ihn aktiv: Andere handeln f. ihn. Nichtb. lösen Probleme der B.n. ↗ Minderwertigkeitsgefühle verfestigen sich, wenn wortgewandtere u. geschicktere Helfer f. ihn alles erledigen. Das Helfertum verstärkt Unselbständigkeit u. Passivität. Der B. muß seine Interessen selbst organisieren lernen (auch geistig B. können eine größere Selbständigkeit erreichen als ihnen meist zugetraut wird), der Helfer hat nur unabdingbare Hilfestellungen zu leisten. Über eigenes Handeln kann der B. seinen Selbsthaß in schöpferische Energie überführen. Dann ist der Lustgewinn aus eigenem Handeln größer als der Lustgewinn durch Betreutwerden.

Einsatz u. Arbeit f. B. hat immer zusammen mit u. (wenn möglich) *durch* B. zu geschehen. Selbstvertrauen entsteht durch eigene ↗ Erfahrungen. Zunehmend muß die Umweltbewältigung eingeübt, müssen Programme entwickelt werden, die Verhalten in der Umwelt, Durchsetzung u. Selbstbehauptung trainieren. Über die Erfahrung, daß mit der Interessenwahrnehmung in eigener Sache das Leben bewältigt u. Hindernisse abgebaut werden können, wächst die Eigenaktivität. Auch der Schwerstb. muß nicht Pflegeobjekt bleiben. Alle ↗ Aktivitäten, die in die Umwelt führen, sind einer B.narbeit vorzuziehen, die innerhalb des Gruppenghettos betrieben wird.

Ernst Klee

Lit.: Ch. Brown, Mein linker Fuß (1956); E. Klee, Behindertenreport (1974).

Beichte I. (kath.) B. besagt reuiges ↗ Bekennen, wird seit dem 13. Jh. als pars pro toto f. das Bußsakrament gebraucht u. bezeichnet die sakramental verfaßte Sündenvergebung in der Kirche. Rel.geschichtl. hängt sie mit ↗ Sünde, ↗ Schuld u. ↗ Buße zusammen. Das AT verlangt Umkehr u. Hinwendung des auserwählten Volkes zum Bundesgott in kult.-rituellen Bußformen u. in der v. den Propheten geforderten persönl. ↗ „Beschneidung der Herzen". Christus verkündet das kommende Gottesreich u. fordert Umkehr u. ↗ Glauben an den Vatergott, der gerne zur Vergebung bereit ist. Der Opfertod Christi bringt allen Menschen Vergebung. In der ↗ Taufe wird Christus angezogen u. nach paulin. Theologie muß der Mensch ständig umkehren, um immer mehr das zu werden, was er aus Gnade schon ist. Jeder Rückfall in Sünde u. heidn. ↗ Laster ist nicht nur ein Unglück f. den Christen, sondern belastet auch die ↗ Kirche als ↗ Gemeinschaft v. ↗ Heiligen. Diese versucht daher durch Ermahnung, Zurechtweisung u. Ausschluß den Sünder zur Umkehr zu bewegen. Die v. Christus der Kirche übertragene Binde- u. Lösegewalt bewirkt, daß kirchl. Handeln zum gegenwärtigen Handeln Gottes wird. In den ersten 11 Jh.n der kirchl. Bußtradition sind zwei entscheidende Phasen festzustellen: die bis zum 6. Jh. vorherrschende einmalige öffentl. Kirchenbuße mit einer harten Bußdisziplin; danach entwickelte sich nach dem Vorbild der Mönchs-B. immer mehr die geheime Ohren-B., jedoch mit kanon. Rekonziliation, die man regelmäßig empfangen sollte. Dazu wurden die rigorosen Bußleistungen weitgehend abgemildert u. mittels Bußbüchern vereinheitlicht. Es ist auffallend, daß in der lat. Kirche die judizielle Sicht der B. vorherrschte, während in der Ostkirche schon v. Anfang an das medizinell-therapeut. Verständnis des Bußinstitutes überwog. Die letzte theolog. Entfaltung der

B. erfolgte durch die Scholastik im 13. Jh. Die seit der Väterzeit übl. Vorstellung, daß aufgrund persönl. Bußleistung Sünden vergeben werden, läßt sich bei der Zusammenziehung v. Bekenntnis u. Lossprechung nicht mehr vertreten, zumal die Bußauflage nun *nach* der Absolution erfolgte. In dieser Phase tritt die ↗ Reue in den Mittelpunkt. Nur eine best. Reue, nämlich die vollkommene, kann die Sünden tilgen, die unvollkommene Reue ist nur in Verbindung mit der Lossprechung sündentilgend. Die Absolutionsworte des Priesters allein haben keine sündenvergebende Wirkung. Zum gültigen Empfang des Bußsakr. sind daher sowohl die Akte des Pönitenten (Bekenntnis, Reue, Vorsatz u. Genugtuung) als auch die Absolution des Priesters wesentl. Obwohl die B. ein personal-existentielles Geschehen ist, hat sie auch eine bes. Wirkung auf die kirchl. Gemeinschaft. Versöhnung mit Gott ist an die Versöhnung mit der Kirche geknüpft. Die seit dem 2. Vatik. Konzil begonnene Erneuerung der kirchl. Bußpraxis muß sich noch eingehender mit den tridentin. Lehraussagen über das Bußsakrament beschäftigen, die „kraft göttl. Rechtes" eine jährl., persönl. Ohren-B. bei einem Priester mit detailliertem Bekenntnis aller schweren Sünden nach Art, Zahl u. Umständen fordern. Grundsätzl. könnte die Kirche heute past. Modifikationen durchführen, wenn es die geschichtl. Heilsbedingungen verlangen. So gehen die Bestimmungen über die Generalabsolution, über B.hören bei Schwerkranken (↗ Krankenseelsorge) u. Fremdsprachigen (↗ Ausländerseelsorge) über die Bedingung eines detaillierten Sündenbekenntnisses bereits hinaus. So könnte die Kirche auch einen Bußgottesdienst f. sakramental erklären, wenn dadurch eine wirksame Form der Buße erreicht wird. Die B. steht auch in einer engen Beziehung zur Eucharistie. Als ↗ Sakrament der Wiederversöhnung hebt sie Exkommunikation auf u. macht kommunionfähig. B. wurde in der Form der Andachts-B. zum bedeutendsten Mittel der ↗ Askese; die sündentilgende Kraft der Eucharistie wurde dabei verkürzt. Pastorale Beobachtungen stellen heute einen erhebl. Rückgang der B.n fest. ↗ Säkularisierung, Glaubensschwund, falsche Gewissensbildung u. Enttäuschung über fruchtlose B.n legen eine Reform der Bußpraxis nahe. Fehleinstellungen der B. gegenüber sind: Juridismus (B. als Einrichtung der göttl. Gerichtsbarkeit); Ritualismus (Verdinglichung u. Verwechslung des ↗ Symbols mit der Sache selbst); Isolierung der B. vom Leben (mit einer doketist. Verflüchtigung der gottmenschl. Struktur der Sakramente od. einer perfektionist. Fehleinschätzung des Bußsakramentes im Zusammenhang mit versch. Erscheinungen v. ↗ Angst u. ↗ Zwang); falsche Gewissensbildung (wenn das ↗ Gewissen nicht im Hinblick auf Gott u. die personale Verantwortung, sondern als Mittel zum Zweck der B. gebildet wird). Juridismus in der B. erzeugt ↗ Gesetzlichkeit (Legalismus) u. Gesetzesgehorsam, das spontane positive Handeln aus dem ↗ Glauben u. der ↗ Liebe tritt zurück. Der Legalismus führt zum Minimalismus, der den Anruf des Evangeliums nicht mehr hört u. das Sündenbewußtsein auslöscht. Dagegen führt der ängstl. Rigorismus eifriger Sittenlehrer zur Überbewertung läßl. Sünden zu Todsünden, die schließlich nicht mehr ernst genommen werden. Die ↗ Verantwortung des Sünders wird einseitig nur in Richtung Gott, nicht aber auch in Richtung Mitmensch (↗ Mitmenschlichkeit) u. Gemeinschaft gesehen. Ein nur oberfläch. christl. gebildetes Gewissen, das ständig den ↗ Projektionen, Ängsten u. Zwängen aus der Tiefenseele ausgesetzt ist, verliert leicht das Gleichgewicht u. erleidet Wertverschiebungen (z. B. in der ↗ Verdrängung des zentralen Liebesgebotes durch eine überängstl. ↗ Sexualethik). Unentfaltetes Schuldbewußtsein klebt nur an der äußeren Handlung u. nicht an der inneren Verantwortung; B. führt dann nicht mehr zum inneren Gesinnungswandel. Andererseits werden vielfach Sünden gebeichtet, die im eigenen Gewissen nicht als solche erkannt werden. Gewissensbildung ist mit der Persönlichkeitsentfaltung gekoppelt. Infantile u. juvenile Fixierungen wie auch Rückfälle in kindl. Verhaltensweisen (↗ Regressionen) können durch Ängste provoziert werden. Die Gewissensbildung muß sehr wohl ein Handeln gegen das Gewissen (formale

Sünde) vom objektiv schlechten Handeln ohne subjektives Bewußtwerden des ↗ Bösen (materielle Sünde) unterscheiden. Aversionen gegen die B. können auch aus affektiven ↗ Verstimmungen od. einer schlechten Seelenführung entstehen. Der schuldbewußte Mensch erlebt im Beichtvater eine eigene Transparenz Gottes; an seiner Güte od. Grobheit erlebt er Gottes Barmherzigkeit od. Strenge, daher wendet er sich in unlog. Konsequenz beim Versagen eines Beichtvaters v. Gott selbst ab. Das Bedürfnis nach versierten Seelenführern ist sehr groß. Eine verstärkte Ausbildung in den neuen Methoden der Seelenführung (↗ Sensitivity training, pastorale Gesprächsführung = ↗ Pastoral Counseling, ↗ Gruppendynamik, ↗ Psychotherapie) ist Pflicht des ↗ Seelsorgers. Falsch verstandener Paternalismus (B.vater—B.kind) bereitet oft Schwierigkeiten. Alle Priester sind zuerst Brüder u. Weggenossen der Gläubigen u. Sünder; daher weniger autoritäre Anweisungen u. mehr kooperative ↗ Beratung. Die infantile, juvenile u. adoleszente Entfaltungsstufe des Gewissens betonen jeweils die mehr autoritätsgebundene, ichgebundene u. transzendierende Haltung des Gläubigen. F. die Infantilstufe sollte die christl. Schuldbereinigung in der ↗ Familie ausreichen, f. die Juvenilstufe Bußfeiern u. sakramentale B. u. f. die Adoleszenzstufe sollte eine intensive Gewissensbildung durch B. u. Gemeindebußfeiern vorgesehen sein.

Karl Gastgeber

Lit.: K. Tilmann, Die Führung zu Buße, Beichte u. christl. Leben (⁴1967); L. Bertsch, Buße u. Bußsakrament in der heutigen Kirche (1970); B. Häring, Die große Versöhnung (1970); J. Finkenzeller/G. Griesl, Entspricht die Beichtpraxis der Kirche der Forderung Jesu zur Umkehr? (1971); K. Rahner, Art. Buße u. Bußsakrament, in: Herders theol. Taschenlexikon (1973).

Beichte II. (evang.). Bei aller Polemik gegen das kath. B.institut wurde die B. als consolatio fratrum u. als persönl. Zuspruch der Vergebung v. den Reformatoren hoch geschätzt u. als wichtiges Mittel der ↗ Seelsorge wärmstens empfohlen. Erst nachdem die luther. Orthodoxie die B. einem starken Intellektualisierungsprozeß unterworfen hatte u. im B.stuhl eine Art Katechismusexamen durchgeführt wurde (das Goethe in „Dichtung u. Wahrheit" eindrucksvoll beschreibt) konnte der Pietismus mit dem Schlachtruf „B.stuhl — Höllenpfuhl!" die B. als feste Institution innerhalb der evang. Kirche weithin zum Verschwinden bringen. Bei großen Seelsorgepersönlichkeiten (wie Löhe, Blumhardt u. in den verschiedenen ↗ Erweckungsbewegungen) ergab sich jedoch häufig eine spontane Regeneration der B., die oft über mehrere Generationen anhielt. Bes. auffällig war im Bereich der evang. Kirche die durch den evang. Kirchentag in Frankfurt 1951 ausgelöste Bewegung zur Regeneration der B., die sich jedoch bei der Aufarbeitung der dort gemachten ↗ Erfahrungen sowie auf den folgenden Kirchentagen stärker als das spontane Bedürfnis nach seelsorgerl. ↗ Gespräch u. nach ↗ Beratung herausstellte.

In jedem Fall war es eine best. seel. Situation, die die Reformatoren im Auge hatten, als sie auch innerhalb der evang. Kirche eine Hochschätzung der B. forderten. Sie besteht in der Situation eines Menschen, der unter einem angefochtenen u. verstörten Gewissen leidet. Wir haben uns im Ernst zu fragen, ob eine solche Situation heute als Massenerscheinung noch gegeben sein kann. D. Riesman hat eine Zuordnung v. Charaktertypen u. Gesellschaftsformen versucht („Die einsame Masse"), die auch einiges Licht auf das Problem der B. zu werfen vermag. Die Welt des „traditionsgelenkten Menschen" bietet eine in äußeren Ordnungen erkennbare, durch Autoritäten, Institutionen u. Traditionen gesicherte Hierarchie ewiger ↗ Werte, in die sich der einzelne lediglich einzuordnen braucht. ↗ Schuld wird hier vornehmlich als das Herausfallen aus der ewigen Ordnung erlebt. In dieser Zeit bietet das B.institut dem gewissensempfindl. u. gewissensstarken Menschen Befriedigung seiner Existenz durch die Versöhnung mit der Institution u. eine ihm auferlegte Bußleistung. In der Welt des „innengelenkten Menschen" wird die Kategorie des einzelnen entdeckt, dem Gewissen dieses einzelnen wird eine noch stärkere Bedeutung beigemessen; was in der Sphäre der Innerlichkeit Orientierung u. Ausrichtung zu bieten vermag. In unserer Zeit ist der Mensch nun in bes. Weise am anderen orientiert („other-directed"). Die Voraussetzung f. eine starke Verinnerlichung der Gewissensnormen ist nicht mehr gegeben, weil keine starken Persönlichkeiten zur Identifizierung mehr zur Verfügung stehen. Schuld wird deshalb weder vorwiegend als das Herausfallen aus einer ewigen Ordnung noch als quälender Gewissenskonflikt erfahren, sondern sie manifestiert sich stärker in einer Orientierungslosigkeit u. Ratlosigkeit im Zusammenleben der Menschen u. in ernsten ↗ Konflikten in den zwischenmenschl. Beziehungen. Es bleibt offen, ob sich die Schwerpunktverlagerung v. der Situation des angefochtenen u. verstörten Gewissens zu dem Bedürfnis, seine Konfliktsituationen mit einem anderen durchzusprechen, besser verstehen u. bewältigen zu können, rückgängig machen läßt.

In jedem Fall scheint mir eine Hochschätzung der B. als eines Therapeutikums, wie sie hier u. da ausgesprochen wird u. wie sie sich auch aus statist. Erwägungen nahelegt (geringere Neuroseanfälligkeit v. kath. Bevölkerungsanteilen mit intakter B.praxis), v. einem groben Mißverständnis auszugehen: Der therapeut. Effekt der ↗ Sprache in der Psychotherapie besteht ja keineswegs im Aussprechen v. bewußt gewordenen Verfehlungen, sondern in der sprachl. Rekonstruktion unbewußt gewordener, also verdrängter traumat. Szenen (A. Lorenzer). Wo Menschen mit dem B.begehren zum Seelsorger kommen, ergibt sich m. E. heute die zusätzl. pastoralpsych. Aufgabe, zu prüfen, ob nicht ein krankhafter psychischer Prozeß im Hintergrund steht, gegenüber dem der Vollzug der B. u. der Zuspruch der Vergebung zwangsläufig völlig wirkungslos bleiben müssen.

Joachim Scharfenberg

Lit.: W. Böhme, Beichtlehre für evangelische Christen (1956); M. Thurian, Evangelische Beichte (1958); W. Uhsadel, Evangelische Beichte in Vergangenheit und Gegenwart (1961); A. Snoeck, Beichte und Psychoanalyse (1961); J. Scharfenberg, Seelsorge und Beichte heute, in: Wege zum Menschen (24. Jahrg., 1972, Heft 2/3, S. 80 ff.).

Bekehrung. Unter B. verstehen wir die innere Wandlung eines Menschen v. einem gottabgewandten od. gottgleichgültigen Zustand hin zu lebendiger Gottverbundenheit. Der Mensch bricht in der B. bewußt u. willentl. mit der falschgelebten Vergangenheit. Er liefert sich der Herrschaft Gottes aus u. wird dadurch mit einem neuen Sein beschenkt. B. setzt einen Anruf Gottes voraus, der zugleich die Kraft u. die Verheißung in sich schließt, diesem Anruf Folge zu leisten. B. ist immer beides zugleich: ein Akt der menschl. ↗ Freiheit u. Machtwirkung der göttl. Gnade. B. verlangt die entschlossene Hingabe des Menschen an das göttl. Du u. schließt doch den Selbstruhm u. die Verdienstlichkeit des Menschen aus. Man kann es paradox nur so formulieren: B. ist geschenkte ↗ Entscheidung. Darum kommt das Wort in der Sprache der Bibel sowohl im Aktiv wie im Passiv vor. Petrus ruft den Männern v. Israel zu: „So tut nun Buße u. bekehret euch!" (Apg 3, 19). Daneben steht die Feststellung: „Denn ihr waret wie die irrenden Schafe, aber ihr seid nun bekehrt worden zu dem Hirten u. Bischof eurer Seelen" (1 Petr 2, 25).

Der Ruf zur B. ergeht in der urchristl. Botschaft an Juden u. Heiden. Jeder muß der Welt absagen, die ihn bisher rel. geprägt hat. Jeder hat das bisherige rel. Kleid abzulegen, um das Kleid Christi anzuziehen, in das gehüllt er Frieden u. Leben aus Gott empfängt. B. ist darum bei jeder missionar. ↗ Verkündigung zu fordern, die im Bereich der außerchristl. Religionen geschieht. Das unverwechselbare Zeichen f. den Vorgang der B. ist der Empfang der christl. ↗ Taufe, die beides in sich schließt, das In-den-Tod-Geben des alten Menschen u. das Wiedergeborenwerden zu einem lebendigen Glied am Leibe Christi.

B. kann sich aber auch innerhalb der christl. ↗ Kirche u. ↗ Gemeinde als notwendig erweisen, wenn man an die ungezählten Schmalspurchristen in allen Konfessionen denkt, die ihren Christenstand bedenkenlos mit schwächl. Gewohnheitssünden od. groben Verfehlungen zu vereinigen wissen. So wird schon im AT Israel, das Volk der Erwählung

u. der Bundesschlüsse, v. der prophet. Verkündigung aufgerufen, sich v. den falschen Göttern abzukehren u. sich dem wahren Gott der Barmherzigkeit u. der Verheißungen aufs neue zuzuwenden. Das gleiche gilt v. der christl. Einzelexistenz. Wenn also auch der Vorgang der B. seinen voll berechtigten Stellenwert in der bibl. Verkündung hat, so kann doch nicht übersehen werden, daß das Wort B. in unseren Tagen weithin einen unangenehmen Beigeschmack angenommen hat. Pietismus u. Sekten haben sich mit bes. Leidenschaft des Vollzugs der B. angenommen u. ihn in ihrer Traktatliteratur durchexerziert. Dabei ist es sowohl nach der chronolog. wie nach der psych. Seite hin zu mannigfachen gesetzl. Entstellungen gekommen. So verlangt man v. einem Bekehrten, daß er Tag u. Stunde dieses Ereignisses exakt anzugeben vermag. Es gibt in der Geschichte der Christenheit große u. klassische B.n. Wir können an Augustin, an Calvin, an Pascal u. August Hermann Francke denken, die die Stunde des Umbruchs in ihrem Leben präzise bestimmen konnten. Trotzdem gilt: im Reich Gottes wird gesprengt u. geschmolzen. Es können auch ganze Zeitabschnitte einer ↗ Krankheit, einer Berufsausbildung, einer Eheführung sein, die die innere Wesenswandlung herbeiführen, ohne daß ein Kalenderdatum genannt werden kann. Die methodist. B.spredigt will die Wirkung an ganz best. seel. Abläufen wahrnehmen u. daran die Echtheit ablesen. Es beginnt mit Zerknirschung, Buß- u. Reuetränen, heftigen seel. Erschütterungen, spontanen Ausbrüchen v. Schuldbekenntnissen, womöglich öffentl. vor der Gemeinde abgelegt, bis hin zur Erfahrung des getrösteten ↗ Gewissens u. des Jubels im ↗ Heiligen Geist. Es kann sein, daß ein gottgewirkter Seelenkampf solche Ausdrucksformen annimmt; dann haben wir sie in ↗ Ehrfurcht zu respektieren. Es ist aber davor zu warnen, derartige Merkmale als die unerläßl. Kennzeichen f. die Echtheit der erfolgten Wandlung bei jedermann zu fordern. Die Abneigung gegen diese entstellten Formen v. B.seifer darf nicht dahin führen, das bibl. Recht der B. gering zu achten. In der Auseinandersetzung mit den säkularen Weltmächten ist der Ruf der Einkehr, Umkehr u. Hinkehr des Herzens in eine erneuerte Gemeinschaft mit Gott dringlich u. begründet genug (↗ Säkularisierung).

Adolf Köberle

Lit.: J. Schniewind, Das biblische Wort von der Bekehrung (1947); ders., Die Freude der Buße (1960); W. Gruehn, Die Frömmigkeit der Gegenwart (1960); H. Bräumer, Das Zeugnis von der Bekehrung (1973); E. Müller, Bekehrung der Strukturen (1973).

Bekennen. B. ist ein Kundmachen mittels der ↗ Sprache an eine ↗ Gemeinschaft. Im besonderen versteht man darunter einen ethischen Vorgang, in dem in freier ↗ Entscheidung persönl. Tatbestände u. Überzeugungen kundgemacht werden. Unter gewissen Umständen kann das B. zur notwendigen Pflicht werden. Das Bekenntnis ist der Ausdruck der Gewissensüberzeugung, nennt Gutes u. ↗ Böses beim Namen u. stellt damit der objektiven Ordnung ein Zeugnis aus. Der Bekennende übt damit auf seine Umgebung einen Einfluß aus u. wird so zu einem Faktor des rel. u. sozialen Lebens. B. im bibl. Sinn bedeutet Anerkennung u. öffentl. Lobpreis Gottes, aber auch Bekenntnis der ↗ Schuld u. der Umkehr (↗ Bekehrung). Im NT übt Jesus seine Jünger im Vaterunser auf ein neues B. u. Bitten ein, er fordert ein Sich-B. zu ihm, das Glaubensbekenntnis wird im Taufbekenntnis zur notwendigen Bekundung des inneren ↗ Glaubens. Theol. hat das B. seinen Grund im Öffentlichkeitsinteresse Gottes. Der Selbstmitteilung Gottes entspricht das B. des Menschen. Die Offenbarung selbst ist ein offenes B. der erbarmenden ↗ Liebe Gottes zu den sündigen Menschen. Er gibt seinen Ratschluß bekannt, den Menschen das Heil zu bringen, selbst bis zur äußersten Selbsthingabe am Kreuz. Der Mensch, der sich zum Geheimnis der Liebe Gottes bekennt, wird gleichzeitig das Geheimnis seiner eigenen Bosheit eingestehen. Er überwindet damit seine Verhärtung in der Schuld u. öffnet sich dem Gnadenimpuls des ↗ Heiligen Geistes, der den Menschen überführt u. Christus verherrlicht. Christl. B. hat seinen Schwerpunkt im Lobpreis der rettenden Heilstat Gottes u. der darin begründenden ↗ Hoffnung. Es erfolgt vor der ↗ Kirche (als Bestandteil der Liturgie) u. vor der Welt in der ↗ Verkündigung, durch das Beispiel u. durch das Martyrium. In der Reformationszeit hat das B. mehr den Sinn der Zustimmung zu den Entscheidungen des kirchl. Lehramtes od. zu best. konfess. Lehrschriften (Bekenntnisformeln) angenommen. Kirchenrechtl. u. menschenrechtl. wird dem einzelnen Menschen Freiheit im Akt des B.s zugesichert. F. die Zugehörigkeit zu Glaubensgemeinschaften wird die freie u. bewußte Übernahme des Glaubensbekenntnisses verlangt. Gg

Lit.: H. Lang, Der Sinn des B.s. Die Kirche in der Welt, hg. von E. Kleineidam/O. Kuß (1938), 211—222; H. Zeller, Bekenntnis, in LThK 2, 142—146 (1958).

Bekenntnisfreiheit ↗ Freiheit

Belastbarkeit ↗ Frustrationstoleranz ↗ Frustration

Belastung, erbliche ↗ Anlage u. Vererbung

Belohnung ↗ Lohndenken ↗ Verhaltenstherapie ↗ Strafe

Beratung. Das herkömml. Verständnis definiert das wesentl. Geschehen der B. als Erteilen u. Empfangen v. Ratschlägen im Sinne v. konkreten Verhaltensvorschriften, die ein mit Fachwissen, ↗ Erfahrung od. bes. Begabung ausgestatteter Berater einem ihm mindestens in diesen Punkten unterlegenen Ratsuchenden erteilt. Dieses Verständnis geht v. dem Bereich der Fachb. (advising) aus, bei dem sich der Berater vorwiegend mit einem best. Sachproblem des Klienten befaßt. Das Vorgehen in der ↗ Familienberatung (↗ Erziehungsberatung, ↗ Eheberatung), der ↗ Lebensberatung (wie sie auch in der ↗ Telefonseelsorge geschieht) usw. ist dagegen sehr selten als Fachb. aufzufassen, sondern als Fallb. (consultation; der Berater befaßt sich v. a. mit der ↗ Rolle einer ↗ Person u. den Problemen, die sich f. den Klienten aus dieser Rolle ergeben), oder als persönl. B. (counseling; der Berater befaßt sich vorwiegend mit der Person des Klienten u. den Problemen, die sich aus seinem So-sein ergeben haben; Abgrenzung bei *Antons*). Entscheidend bei diesen B.sformen ist der grundsätzl. Verzicht des Beraters auf die Rolle des „Besserwissenden", der durch Empfehlen od. Suggerieren v. Maßnahmen (↗ Manipulation) in die Lebensgestaltung des Ratsuchenden eingreift u. damit dem Klienten etwas v. dessen ↗ Verantwortung wegnimmt. Vorrangige Ziele der persönl. B. sind demgegenüber: größere Klarheit des Klienten über sein Problem, dessen Hintergründe u. damit verbundene Motive; mehr Klarheit über die Notwendigkeit v. ↗ Entscheidungen u. größere Befähigung zu überlegtem, d. h. verantwortetem Handeln; Verringerung v. ↗ Angst- u. ↗ Schuld-Gefühlen, die den Klienten in seiner Wahrnehmung u. seinem Handeln blokkieren. Eine geringere Bedeutung kommt dem Erteilen v. Informationen zu. Wo die eigene Überzeugung des Beraters wirklich erfragt wird, stellt der Berater sie dar (Echtheit des Beraters). —
Ein solches Verständnis v. B. hat seine Quellen in den Erkenntnissen der ↗ Tiefenpsychologie (analyt. ↗ Psychotherapie) u. der nondirektiven (klientenzentrierten) Therapie nach C. R. *Rogers* (↗ Gesprächs(psycho)therapie). Dementspr. Fundierungen weisen heute die wichtigsten pastoralpsych. Ansätze auf; die Gemeinsamkeit v. B. u. ↗ Seelsorge stellen z. B. *Faber* u. *van der Schoot* heraus (↗ Pastoral Counseling). Es geht im B.sgespräch um Themen, die eine Bedeutung im Leben des Gesprächspartners haben; der Berater bemüht sich um Verständnis dieser Bedeutung u.: „was auch immer zur Sprache kommt …, letztl. geht es um das Heil des Menschen u. — wie verborgen auch immer — um die letzten Dinge" (a.a.O., S. 127). Entgegen der Forderung nach ↗ Verkündigung im seelsorgerl.-beratenden ↗ Gespräch stellt *Thilo* fest: „Das Spezifikum christl. Seelsorge liegt nicht in dem, was wir sagen, sondern daß wir es als Christen u. in der Verantwortung vor dem Vater Jesu Christi sagen" (S. 22).

Die moderne ↗ Pastoralpsychologie macht den ↗ Seelsorger darauf aufmerksam, daß sich hinter den alltägl.-techn. od. auch scheinbar rein theol. Anfragen seiner Gemeindeglieder, z. B. bei den Kasualien, tieferliegende Probleme verbergen, die unbearbeitet bleiben, wo sich der Seelsorger v. a. als Theologe (im Sinne eines „Fachberaters") angesprochen fühlt; „der Seelsorger muß die Haltung des autoritativen Ratgebers, die uns allen durch Studium u. Amtsbewußtsein eigen ist, fahrenlassen u. sich — oft auch bei Glaubensproblemen — auf Zuhören u. Mitdenken beschränken". Die Annäherung an diese Haltung zielt auch die ↗ Klinische Seelsorgeausbildung an. Bei Thilo u. a. finden sich Darstellungen der versch. Kasualhandlungen als Anlässe f. beratende Seelsorge. *Junker* gibt f. das B.sgespräch Hinweise auf differenzierte Interaktionsformen, die dem Berater beim Umgang mit versch. Strukturen v. Klienten möglich sind. Bei *Stollberg* werden weiterführende Ansätze einer seelsorgerl. Gruppenb. berichtet (s. a. Knowles; ↗ Gruppenseelsorge). Auf Probleme f. das Beraterverhalten macht *Berne* in seiner Interaktionsanalyse aufmerksam, so u. a.: wo der seesorgerl. Berater die Entscheidungen des Gesprächspartners in dessen Verantwortung belassen will, kann es passieren, daß der Ratsuchende aus ↗ Angst vor eigener Verantwortung ein früheres Abhängigkeitsverhältnis (↗ Eltern—Kind-Beziehung) wiederholen will u. vom Berater „Anweisungen" od. „Rezepte" fordert (a.a.O., 151 ff., 204 ff.).

Peter Jankowski

Lit.: E. Berne, Spiele der Erwachsenen (1970), 151—161, 189—220; H. Faber & E. van der Schoot, Praktikum des seelsorgerl. Gesprächs (³1971); J. W. Knowles, Gruppenberatung als Seelsorge u. Lebenshilfe (1971); D. Stollberg, Seelsorge durch die Gruppe (1971); H.-J. Thilo, Beratende Seelsorge. Tiefenpsych. Methode, dargestellt am Kasualgespräch (1971); K. Antons, Praxis der Gruppendynamik (1973), 24 ff.; H. Junker, Das Beratungsgespräch (1973).

Beratungsstelle. *Aufgabe* v. B.n ist fachlich qualifizierte, d. h. v. den Erkenntnissen der anthropolog. Wissenschaften ausgehende Hilfe bei vorwiegend seel. Konflikten, bes. in den Bereichen des Zusammenlebens der Generationen in der ↗ Familie (↗ Erziehungs-, Eltern-, Jugendberatung), des Zusammenlebens v. Paaren (↗ Ehe-, Verlobten-, Partnerberatung) u. in schwierigen Situationen der Lebensgestaltung (↗ Lebensberatung, Suchtberatung, Behindertenberatung). *Träger* der B.n sind vielfach die ↗ Kirchen, die diese ↗ Beratung als Zweig des seelsorgerl. Dienstes verstehen. Die *Arbeitsweise* der meisten B.n ist durch das Zusammenwirken v. Fachkräften versch. Ausbildungen (Psychologen, Psychotherapeuten u. Fachärzten, Psychagogen, Sozialarbeiter, Heilpädagogen, Eheberater, Juristen, Theologen) im Teamprinzip (↗ Teamwork) gekennzeichnet. Vorwiegend suchen Klienten die B. aufgrund entspr. Hinweise v. Bekannten, aber auch Lehrern, Pfarrern, Ärzten, Ämtern usw. auf, daneben werden aber auch Besuche in den ↗ Familien durchgeführt. In den meisten ↗ Telefonseelsorge-Stellen ist der rein telefon. Kontakt mit dem Klienten vorherrschend. Der ↗ Seelsorger, der Klienten zu einer B. schickt, sollte wissen u. ggf. die Klienten darauf hinweisen: Die meisten B. arbeiten auf der Basis der Freiwilligkeit des Erscheinens des Klienten; die Vermittlung zu einer B. ist nur sinnvoll bei einem Mindestmaß an Bereitschaft zur Mitarbeit im Beratungsgeschehen. Da einem geschätzten Bedarf v. mindestens einer ausgebauten Ehe- u. Familienb. auf 40 000 Einwohner sehr viel weniger Stellen in den deutschsprach. Ländern gegenüberstehen, gibt es vielfach Wartelisten f. Klienten. Die meisten B.n erheben nur geringe od. keine Kostenbeiträge v. Ratsuchenden. Die B. verpflichtet sich zur Verschwiegenheit dem Klienten gegenüber, so daß Mitteilungen an Dritte über den Beratungsfall nur mit Einverständnis des Betroffenen gemacht werden.

Die nächstgelegene B. läßt sich den unten angeführten Verzeichnissen entnehmen od. ist bei den folgenden Zentralstellen zu erfragen:

1. Erziehungs- u. *Jugend*beratung:
● BRD: Bundeskonferenz f. Erziehungsberatung, D-8510 Fürth ↗ Amalienstr. 6, (gibt heraus: Verzeichnis der Erziehungsberatungsstellen der BRD u. Berlin-West, 1972).

● Österreich: A-1010 Wien, Schottenring 24.
● Schweiz: CH-3000 Bern, Brückfeldstraße 23; CH-4000 Basel, Schützengraben 49.
● Liechtenstein: FL-9494 Schaan, Postgebäude.
2. ↗ *Ehe-, Verlobten-,* ↗ *Lebens-* u. *Sexual*beratung:
● BRD: Deutscher Arbeitskreis f. Jugend-, Ehe- u. Familienberatung, Geschäftsstelle, D-4400 Münster, Birkenweg 9 a, (gibt heraus: Verzeichnis sämtl. Ehe-, Familien- u. Sexualberatungsstellen in der BRD, 1971).
● Schweiz: Institut f. Ehe u. Familienwissenschaft CH-8032 Zürich, Neptunstr. 38 (gibt heraus: Verzeichnis offizieller Ehe- u. Familienberatungstellen in der Schweiz).
3. *Sucht*beratungsstellen (↗ Alkohol-, ↗ Drogenabhängigkeit) sind bei den zuständigen Gesundheitsämtern od. den Jugendämtern (-sekretariaten) zu erfragen.

Ja

Lit.: H.-R. Lückert (Hsg.), Handbuch der Erziehungsberatung, 2 Bde (1964); K. Wahl, Familienbildung u. -beratung in der BRD (1972).

Berentung. Die B. eines Arbeitnehmers wird dann vorgenommen, wenn er die Altersgrenze erreicht hat (↗ Alterssicherung) od. seine Arbeitsfähigkeit durch ↗ Krankheiten u. Gebrechen vorzeitig derart vermindert ist, daß eine Berufsunfähigkeit od. Erwerbsunfähigkeit vorliegt. In diesem Fall tritt, nach Feststellung der eingetretenen Berufs- od. Erwerbsunfähigkeit, eine vorzeitige B. (früher Frühinvalidisierung genannt) ein. Die Altersrente wird, sobald ein Anspruch auf sie besteht, aufgrund eines formlosen Antrags an den Versicherungsträger gewährt. Problematisch ist dagegen das B.sverfahren bei vorzeitiger B. Ob der B.sfall bei vorzeitiger B. eingetreten ist, beurteilt sachverständig der Rentengutachter, in der Regel ein ↗ Arzt, welcher dem Rentengutachterdienst einer Rentenversicherungsanstalt angehört (↗ Begutachtung). Aufgrund des rentenärztl. Gutachtens entscheidet dann der Versicherungsträger über die Rentengewährung. Das Gutachten muß den Nachweis führen, daß der Antragsteller durch ↗ Krankheit weniger als die Hälfte dessen verdienen kann, was ein voll Leistungsfähiger im gleichen Beruf verdient, wenn es die Berufsunfähigkeit feststellen will. Ist der Versicherte durch Krankheit od. Gebrechen stärker geschädigt, so daß er eine regelmäßige Erwerbstätigkeit gar nicht mehr ausüben kann od. bei einer noch möglichen Tätigkeit nur noch geringfügig (weniger als $1/5$ des durchschnittl. Bruttotariflohns eines körperl. u. geistig gesunden Versicherten mit ähnl. Ausbildung u. gleichwertigen Kenntnissen u. Fähigkeiten) verdienen kann, so liegt Erwerbsunfähigkeit vor.

Bo

Lit.: H. Schaefer/M. Blohmke, Sozialmedizin (1972).

Beruf ↗ Berufsberatung ↗ Berufsethik, ärztl. ↗ Berufskrise, geistl. ↗ Berufung, ↗ Arbeit

Berufsberatung. B., eines der Hauptgebiete der ↗ Angewandten Psychologie, bezeichnet sowohl die Tätigkeit als auch die Institution. In vielen Ländern ist B. Teilgebiet der Arbeitsbehörden (Deutschland, England, USA) od. der Schulverwaltung (z. B. Frankreich). Daneben bemühen sich freie Wohlfahrtsverbände, Industrie- u. Verwaltungsunternehmen um diese Aufgabe. Die B. hat in erster Linie eine helfende Funktion: Jugendliche vor der Schulentlassung sollen auf den richtigen berufl. Lebensweg gebracht werden; Körperbeschädigte u. ↗ Behinderte, die rehabilitiert werden sollen, (↗ Rehabilitation) bedürfen einer spez. B.; ebenso Erwachsene, die einen anderen Beruf suchen (Arbeitsplatzwechsel, ↗ Berufswechsel) u. berufl. Aufstieg anstreben (2. Bildungsweg). B. muß sich einerseits ausrichten nach den Möglichkeiten im Berufsleben (Berufsbilder, Angebot u. Nachfrage in der freien Wirtschaft). Dabei muß aber das Recht der ↗ Person auf ↗ Freiheit der Berufswahl, nicht das Vorrecht der ↗ Gesellschaft (wie in diktator. Staatsformen) im Vordergrund stehen. Andererseits ist v. a. die Berufseignung beim einzelnen Ratsuchenden festzustellen. B. betreibt keine Auslese der Besten, sondern sorgt f. die normale Verteilung der Begabungskapazitäten. Die diagnost. Feststellung der Berufseignung muß durch verifizierbare Methoden erfolgen (Fähigkeits-Intelligenztests, Arbeitsproben, persönl. ↗ Gespräch u. Exploration). B. muß human u. sozial sein u. daher auch um ihre pädagog. u. therapeut. Grenzaufgaben wissen. Sie steht in engem Zusammenhang mit der helfenden Medizin, mit Schul- u. Studienberatung. Der Berufsberater soll sowohl das prakt. Berufsleben mit den einschlägigen Gesetzen u. Bestimmungen kennen als auch über die psych. Gegebenheiten der Ratsuchenden Bescheid wissen. Ar

Lit.: Kommission der Europäischen Gemeinschaften: Jahresbericht übe, die Tätigkeit der Berufsberatung in der Gemeinschaft, Luxemburg, Amt f. amtl. Veröff. der Europ. Gem. (1969); W. Arnold, Angewandte Psychologie (1970); J. Cardinet u. a., Travailleurs et emplois (= Traité de psychologie appliquée, Nr. 4) (1971).

Berufsethik, ärztliche. Unter ä. B. versteht man die Erforschung u. Darstellung jener Regeln f. heilberufl., insbes. ärztl. Handeln, dem der Charakter des Rechten, des Menschenwürdigen, des sittl. Erlaubten zukommt. Je nach Epoche u. Kulturkreis bestehen Unterschiede — vgl. Wandel ethischer Auffassungen u. Vorschriften der antiken Medizin in der frühchristl. Heilkunde, deren ↗ Leitbild statt Asklepios nun Christus medicus wird. — Dokument ärztl. Pflichtenlehre (Deontologie) v. zeitloser Gültigkeit ist der ↗ Hippokrat. Eid, der (nach L. Edelstein) auf der pythagoräischen Ethik fußt. Der antike Text bildet den Ausgangspunkt zahlreicher ärztl. ↗ Eide u. Gelöbnisse, die bei der Promotion bzw. Beginn der berufl. Tätigkeit geleistet werden od. aber deren Befolgung den Ärzten empfohlen wird (vgl. Genfer Deklaration v. 1948, eine in gegenwärtige Auffassung u. Diktion gebrachte Transponierung des hippokrat. Textes). Zahlreiche ärztl. Vorschriften sind aufgrund ihrer Aufnahme in staatl. Ärztegesetze od. berufl. Standesordnungen bzw. in allgemeine staatl. Gesetze (z. B. Strafrecht) verpflichtend u. unterliegen dem Wandel der jeweiligen Gesetzesänderungen seitens staatl. Instanzen (vgl. ↗ Abtreibung: Indikationen-, Fristenlösung; ↗ Strafrechtsreform). — Die Humanmedizin kennt nicht nur statist. ↗ Normen (v. naturwissenschaftl. Bedeutung), sondern auch Wertnormen anthropolog. u. theol. Relevanz (s. unten). Deontologie ist auch mehr als Standesethik, zu welcher zahlreiche Vorschriften gehören (Ausbildungsordnung, kollegiale Etikette u. ä.). — Die Grundpflichten ärztl. B., welchen in entspr., z. T. abgestufter Weise auch das medizin. Personal (↗ Pflegedienste) unterliegt (Krankenschwestern, Pfleger, Laboratoriums- u. Röntgenassistenten, Heilgymnastikerinnen, Masseure, Spitalsbeamte usw.) sind: grundsätzl. Hilfsbereitschaft gegenüber den Kranken, Schutz des menschl. ↗ Lebens (Ablehnung v. Abtreibung jegl. Art, Ablehnung der Beihilfe zur ↗ Selbsttötung, Ablehnung positiver ↗ Euthanasie, v. Humanexperimenten mit unsicherem bzw. schwer schädigendem od. tödl. Ausgang), Wahrung des Berufsgeheimnisses (ärztl. ↗ Schweigepflicht), der ↗ Wahrheits- bzw. Wahrhaftigkeitspflicht, sittl. ↗ Verhalten gegenüber allen dem Arzt anvertrauten od. sich anvertrauenden Personen, kollegiale Mithilfe (Konsilium), Honorargerechtigkeit. — Die Strukturgegebenheiten der Sozialversicherung brachten Probleme hinsichtl. einer menschenwürdigen u. sachgerechten Zusammenarbeit zw. Arzt, Patienten u. Versicherungsträgern, die aufkommende ↗ Präventivmedizin bringt Probleme zw. Individuum u. ↗ Gesellschaft. Die Möglichkeit der Organtransplantation (↗ Transplantation) ergab Fragen nach der sittl. Erlaubtheit derselben unter Berücksichtigung des Lebens des Organspenders (vornehml. Problematik der Bestimmung des Todeszeitpunktes; ↗ Todesursachen), auch der Fragekreis der Humanexperimente (↗ Experimente) zeigt arztethische Aspekte. — Pastoralanthropolog. stellt die ärztl. B. (Deontologie, Arztethik) eine Verbindung v. Ethik (phil. Sittenlehre) u. Moral (theol. Sittenlehre) dar u. ist die Zusammenfassung moralphil. sowie moraltheol. Grundsätze, insofern sie f. das ärztl. Handeln v. Bedeutung sind. Der allgemein ärztl. Aufgabenbereich ist in dieser Sicht erweitert um die transzendentale Dimension (Mensch als ens religiosum) wie auch um den eschatolog. Aspekt, insofern der Mensch im Tod nur seine raumzeitl. Gestalt, nicht aber seine geistige Existenz verliert. Geburt, Phasen u. Krisen des menschl. Lebens, Eheleben, ↗ Krankheit, ↗ Sterben u. ↗ Tod erhalten über ihre biolog. u. humanen Gegebenheiten hinaus den Charakter rel. Existenz u. Zeichenhaftigkeit (↗ Symbol); daraus erwachsen normative Regeln f. ärztl. Handeln, die biolog. Notwendigkeiten überschreiten: Schutz des menschl. Lebens v. der Empfängnis an, eines Lebens, dessen Herr nicht der Mensch ist; vorehel. ↗ Enhaltsamkeit u. verantwortete Elternschaft (↗ Familienplanung) als Leitbilder ärztl. Eheberatung, Ablehnung v. Selbstmord u. Euthanasie, weil der Mensch nicht Herr über den Tod ist; sittl. gerechtfertigte u. begründete Therapie, letztlich auch ↗ Sterbenshilfe (Thanatologie), Unterscheidung zw. echter u. unechter (krankhafter) ↗ Religiosität im Rahmen einer modernen Pastoralpsychiatrie, die die Eigenständigkeit des Religiösen anerkennt. F. den christl. Arzt sind die humanen Pflichten gegenüber dem Kranken überhöht durch rel. Zielsetzungen (Mensch als ↗ Geschöpf Gottes auf dem Weg zu Gott), er wird wachen Verständnisses den kranken Gläubigen auf seinem Lebensweg begleiten. Der christl. Arzt wird die Weltanschauung des nichtchristl. Patienten, des rel. indifferenten Kranken respektieren. Er wird mit dem Krankenseelsorger eine Gemeinschaft f. den leidenden Menschen bilden, verbunden durch die innere Beziehung v. ↗ Heilung u. Heil, wissend um die letzte Vergeblichkeit ihrer Bemühungen, verwiesen auf eine im ↗ Glauben begründete ↗ Hoffnung (↗ Krankenhausseelsorge ↗ Krankenseelsorge).

Gottfried Roth

Lit.: A. Niedermeyer, Ärztliche Ethik (1954); Pius XII., Reden an Ärzte (1954); R. Kautzky, Der ärztl. Kampf um das Leben bis zum letzten Augenblick, in: Hochland 53 (1961), 303—317; ders., Die Verletzung der körperlichen Integrität in der Sicht der ärztl. Ethik, in Arzt und Christ 11 (1965), 32—52; G. Roth: Die Eide und Gelöbnisse an der medizinischen Fakultät der Universität Wien. Stud. Gesch. der Universität Wien (1965), Band I, 218—258 (Lit.-Verz.); B. Häring, Heilender Dienst. Ethische Probleme der modernen Medizin (1972); P. Sporken, Menschlich sterben (1972); W. Krösl/E. Scherzer (Hsg.), Die Bestimmung des Todeszeitpunktes (1973); H. Pompey, Fortschritt der Medizin u. christl. Humanität (1974).

Berufsgeheimnis ↗ Schweigepflicht

Berufskrisen, geistliche. Häufigste Ursachen: Fehlmotivierung des Berufs, mangelnde Reife, mangelnde Eignung u. dadurch geringe Durchhaltekraft bei inneren u. äußeren ↗ Konflikten. Bei Fehlmotivierungen sind ideale Motive bewußtseinsdominant (z. B. Menschen helfen, ↗ Liebe verkünden, die Welt zu Christus führen); ausschlaggebend aber sind unbewußte Motive: Flucht vor der in der Kinderzeit als bedrohlich erlebten Welt, Heilsegoismus, skrupulöser Drang nach Heilsgewißheit od. Versöhnung mit einem strafenden Gott durch Dienst f. ihn; in Zeiten bes. Hochachtung f. geistl. Berufe auch: Geltungssucht u. ↗ Prestigedenken; f. den zölibatären Priester u. die ehelose Ordensfrau auch: Flucht vor der übermächtigen ↗ Mutter bzw. dem ↗ Vater u. vor der ↗ Frau bzw. dem ↗ Mann überhaupt, Ausweichen vor den Problemen der ↗ Geschlechtlichkeit, ↗ Homophilie, Furcht vor der ↗ Verantwortung f. Ehepartner u. ↗ Familie (↗ Zölibatspflicht). Unerkannte krankhafte Motive gibt es im Latenzstadium v. ↗ Psychosen: schizoide kontaktschwache Eigenbrötler od. depressive Melancholiker, die f. innerl. u. asket. gehalten werden; Fanatiker od. Manisch-Umtriebige, die man f. tatkräftige Praktiker hält. Fehlmotivierungen sind bes. häufig bei mangelnder menschl. Reife, wenn z. B. anerzogene Ideal-Klischees des geistl. Berufs nicht aufgearbeitet u. korrigiert wurden. Ebenso bei Fehl-Einschätzung der eigenen Fähigkeiten sowie bei falscher Erlebnisverarbeitung. Wird durch Nachreifung, Umweltkonflikte, Mißerfolge u. Korrektur-Erlebnisse die Fehlmotivierung od. gar die mangelnde Eignung mehr od. weniger bewußt, dann kommt es zu B. Diese sind bes. intensiv, wenn durch Ordination bzw. Profeß die geistl. Rolle festgelegt ist. V. der ↗ Umwelt wird die Revision eines geistl. Berufs u. ein evtl. Ausscheiden meist negativ beurteilt: Treulosigkeit, Wortbrüchigkeit u. a. m. Dadurch u. durch ein schlechtes ↗ Gewissen bei dem Betreffenden selbst wirken sich g. B. bis in den existentiellen Grund aus. Ihre ↗ Verdrängung kann zu neurot. Verhaltensweisen führen, doch sind die g.n B. wegen ihrer personalen Totalität weniger verdrängungsanfällig als andere Lebenskrisen u. bedürfen umsomehr der Hilfe zur Bewältigung. Vor g.n B. schützen: eine harmonisch reifende Persönlichkeit, ein gesundes Urteil („sana ratio") u. eine persönlichkeitsgerechte ↗ Motivation.

Vo

Lit.: E. Grünewald, „Zur Frage der Berufsneurose beim Theologen" in Anima 10, S. 86—94; H. Stenger, Wissenschaft u. Zeugnis (1961); Kirche u. Priester zw. dem Auftrag Jesu u. den Erwartungen der Menschen (1974).

Berufstherapie. Dieser Begriff wurde Anfang der siebziger Jahre in der BRD geprägt, um in Abgrenzung des heterogen verwandten Begriffes ↗ Arbeitstherapie ein neues Berufsbild zu schaffen. Der Berufstherapeut arbeitet in ↗ Rehabilitations-Einrichtungen aller Art. Er steht im Team mit Ärzten, Psychologen, Sozialarbeitern, Beschäftigungstherapeuten, Rehabilititionsberatern u. Vertretern des Arbeitsamtes unter der Verantwortlichkeit des ↗ Arztes. Er befaßt sich mit spez. Berufsbereichen, die im Hinblick auf den vergangenen u. zukünftigen Beruf des Patienten wichtig sind. Er trägt dazu bei, durch berufsmäßige theoret. u. prakt. Übungen sowie durch Auftragsarbeiten aus der Wirtschaft den Patienten in einen alten od. einen neuen Berufsbereich wiedereinzugliedern. Hae

Lit.: H.-P. Harlfinger, Arbeit als Mittel psychiatrischer Therapie (1968); Stiftung Rehabilitation, (Hsg.), Berufstherapie (1973).

Berufswechsel. B. ist eine Erscheinung der technisierten arbeitsteiligen ↗ Gesellschaft. Während früher jeder Beruf Verpflichtung im Sinne eines Angerufenseins bedeutete, vollzog sich im Zusammenhang mit der Technisierung der Tätigkeitswelt ein Wechsel im Berufsleben zugunsten der Arbeitswelt. ↗ *Arbeit* wird verstanden als Mittel zur Lebensfristung, wird als solches praktiziert u. erlebt. *Job* bedeutet die ökonom. Teilstruktur der Arbeit. In einer Gesellschaft, die Beruf nur als Arbeit od. Job versteht, ist der B. gleichbedeutend mit Fluktuation der Arbeitskräfte v. einem Arbeitsplatz zum anderen, je nach Gunst der Arbeitsbedingungen (Arbeitszeit, Arbeitsplatz, ↗ Freizeit, Entlohnung). Die Gründe f. einen B. liegen teils in der veränderten Wirtschaftsstruktur (Rückgang der bäuerl. u. handwerkl. Betriebe), in der zunehmenden Technisierung (↗ Technik) u. Automatisierung (Aufkommen neuartiger u. mehr attraktiver Berufe, z. B. Programmierer), teils in den Schwankungen des wirtschaftl. Wachstum (Übersättigung des Arbeitsmarktes in einzelnen Sparten; Mangel an Rohstoffen; daher drohende Arbeitslosigkeit), teils im Verlust der Tauglichkeit zum erlernten Beruf durch ↗ Krankheit od. ↗ Unfall. Wenn berechtigte Gründe f. einen B. vorliegen, können v. Staats wegen in einigen Ländern Beihilfen zu *Umschulung, Weiterbildung* u. ↗ *Rehabilitation* gegeben werden. Andere Maßnahmen: Bewußte Konzentration auf „*Grundberufe*" bei Spezialisierung der einzelnen Arbeitstätigkeiten. In der BRD soll das „Berufsgrundbildungsjahr" aus der unmittelbaren Bindung an spez. Tätigkeiten in Produktion od. Verwaltung herausgelöst sein u. breitere berufl. Allgemeinbildung vermitteln f. „Grundberufe", die dann weitere Differenzierung erfahren können. Auch das Konzept der Gesamtschule zielt auf eine breitere Basis der Berufsbildung ab, die einen B. im Bedarfsfall ermöglichen kann. Es wird eine stärkere Durchdringung v. *Theorie u. Praxis* f. alle Schulzweige angestrebt, so daß Abiturienten genauso zu prakt. Berufen finden wie zur Hochschulausbildung. Umgekehrt geht in einigen Ländern der Trend dahin, daß Lehrlinge mit abgeschlossener Berufsausbildung das Abitur erreichen können (z. B. in der BRD auf dem zweiten Bildungsweg). F. die nächsten Jahre muß gerechnet werden, daß sich die Zahl der Berufswechsler aus dem akadem. Bereich in prakt. Berufen erhöht. Es ist zu erwarten, daß hierbei sozialpsych. Schwierigkeiten auftreten werden, bes. in den Ländern, in denen Berufe noch prestigegeladen sind. Ar

Lit.: H. Abel, Berufswechsel u. Berufsverbundenheit (1958); A. Anastasi, Fields of Applied Psychology (1964); W. Arnold, Berufsberatung, in: W. Arnold, H. J. Eysenck, R. Meili: Lexikon der Psychologie, Bd. I (1971), S. 266 ff.; A. Hegelheimer, Bildungsplanung und Beruf. DIHT-Schriftenreihe, Heft 135 (1973).

Berufung. Schon das Kind erfährt sich zur ↗ Selbstverwirklichung gerufen: zunächst ↗ Freude an best. Tun, allmähl., selten exklusiv, Drang zu best. Berufen u. Lebensstand. ↗ Endogene ↗ Neigungen u. Eignungen, affektive ↗ Erfahrungen, auch anregende Anrufe v. Menschen u. Dingen spielen eine Rolle. Dies gilt auch f. rel. B. Bei manchen zivilen Berufen ist kaum v. B. zu sprechen. Religionsgeschichtl. kennt man B. rel. schöpferischer Persönlichkeiten (↗ Propheten, Religionsstifter) durch ↗ Auditionen, ↗ Visionen, ↗ Träume u. a. Erfahrungen. Im Alten Testament ruft Gott den Erwählten unmittelbar od. mittelbar (durch Menschen), oft gegen seinen ↗ Willen, in seinen Dienst (Gottesmänner, Israel). Auch die ntl. B.sauffassung hat atl. Wurzeln. Jesus ruft, auch nach Ostern (Paulus), einzelne Menschen in seine Nachfolge, die er dann mit Vollmacht sendet. Im ↗ Heiligen Geist (Apg 13,2; 1 Kor 12, 4—11) gibt es auch in der Kirche B.n. Durch die ntl. Botschaft sind alle Menschen v. Gott gerufen; die den Ruf in ↗ Glaube (Mk 1,15) u. ↗ Taufe annehmen (Mt 22,14), bilden die ntl. Heilsgemeinde. In dieser Ur-B. kann dem Christen alles: ↗ Schicksal, Lebensstand, ziviler Beruf, christl. B. (1 Kor 7,7.17.20.24) Geistesgabe zum Nutzen der ↗ Gemeinde (1 Kor 12,7; Eph 4,12) werden. In engem Zusammenhang damit stehen bes. B.n, darunter Leitungsdienste (vgl. Joh 15,16; 2 Tim 1,6) u. Rätestand (↗ Evangel. Räte). Während die Gemeinde bzw. ihre Vorsteher bei freien Geistesgaben nur eine prüfende u. ordnende Funktion haben (1 Thess 5,21; 1 Kor 14), bedarf es bei Vorsteherdienst (Priester) u. Rätestand auch einer äußeren, kirchl. B. durch Bischof od. Ordensobere, die aber die innere, göttl. B. voraussetzt. Diese gibt noch kein Recht auf Ordination (↗ Amt) od. ↗ Ordensgelübde, muß aber durch menschl. feststellbare Kriterien erkannt werden: Eignung (einschließlich einer gewissen Neigung), rechte Absicht (Prüfung der ↗ Motivation u. der psych. u. christl. Echtheit, Ausschaltung v. Fremdmotiven) u. die ↗ Freiheit der ↗ Entscheidung. Normalerweise spricht Gott zu uns durch Tatsachen u. ↗ Erfahrungen unserer Lebensgeschichte. Bes. B.serlebnisse sind nicht nötig. Gottes Erwählungen u. B.n sind kein einseitig göttl., sondern ein dynam.-dialog. Geschehen. Die zu erreichende Sicherheit ist meist keine andere als bei anderen Berufen, was schuldbare u. schuldlose Fehlentscheidungen des Kandidaten wie seiner Oberen ermöglicht. Gemäß dem Einladungscharakter der B. wird im Normalfall kaum strenge Folgeverpflichtung vorliegen. Ko

Lit.: RGG ³I 1083—1089; LThK ²II 280—285; HPTh IV 451—469 (Lit.); M. Oraison, Berufsfindung u. B. (1972).

Besamung künstliche. Bei der k. B. wird Sperma ohne Geschlechtsverkehr in die weibl. Geschlechtsorgane eingeführt. Schon im 14. Jh. wurde sie v. Arabern bei Pferden angewandt; heute hat sie in der Tierzucht die natürl. B. weitgehend abgelöst. Beim Menschen werden k. B.n ebenfalls seit Jahrhunderten vorgenommen. Ist wegen körperl. od. psychischer Ursachen bei ↗ Mann od. ↗ Frau ein vollendeter Geschlechtsverkehr nicht möglich, so kann durch künstl. Einführen des Samens in die Gebärmutter der Kinderwunsch der Ehepartner verwirklicht werden (homologe k. B.). Bei Unfruchtbarkeit des Ehemannes ist eine k. B. nur erfolgreich, wenn (wie 1884 erstmals in Philadelphia) Samen eines anderen Mannes verwendet wird (heterologe k. B.). Weil u. sofern das intendierte Kind ein personales Wesen mit einem Eigenwert sein wird, hat es Anspruch auf ein überlegtes, ihm gemäßes Handeln der Eltern, das schon mit der ↗ Entscheidung, ob es existieren soll od. nicht, einsetzt. Wird dieses Recht des Kindes in Beziehung gesetzt zum ehel. Recht auf Kinderzeugung, kann eine k. B. ethisch gerecht-

fertigt sein. Allerdings sind dabei versch. Einwände zu bedenken.
Der Samen f. eine homologe k. B. muß durch ↗ Masturbation gewonnen werden. Wenn das Kind Ausdruck einer sich verschenkenden Liebesgemeinschaft ist, in der es um seiner selbst willen intendiert wird, dann ist eine solche Masturbation ein auf das ↗ Du des Gatten ausgerichteter u. daher zu verantwortender Akt. — Bei der heterologen k. B. erscheint schon die ↗ Motivation des Kinderwunsches fragwürdig, insofern zwar die Zustimmung des Mannes als Akt der Hingabe verstanden werden könnte, aber eine gleiche Selbstlosigkeit von seiten der Frau eigentlich zum Verzicht auf k. B. führen müßte. Wird die Erfüllung des Kinderwunsches vom Kind her u. v. seinem Anspruch auf eine ihm gemäße Selbstverwirklichung begründet, so liegt die ↗ Adoption od. Pflege eines „ungeborgenen" Kindes näher. Darüber hinaus läßt sich eine heterol. k. B. wegen der Masturbation des Samengebers u. der bisherigen Praxis seiner Anonymität, die vom ↗ eugen. u. psych. Aspekt bedenklich ist, ethisch in kaum einem Fall rechtfertigen. Eine Argumentation vom Einzelglück od. v. der guten biolog. Erfolgsquote übersieht, daß jeder Mensch in einem Gemeinschaftsbezug steht, der ihm neben Rechten auch die Pflicht zur ↗ Verantwortung auferlegt.

Rf

Lit.: W. Ruff, in: Ärztl. Prax. 22 (1970), 2631—37; G. Jahn, in: Dt. Ärztebl. 69 (1972), 309—13.

Beschäftigungstherapie. Die B. gehört zu den nicht ärztl. medizin. Berufen. Ein Beschäftigungstherapeut arbeitet im therapeut. Team mit Ärzten, Psychologen, Pflegepersonal, Krankengymnasten, ↗ Sozialarbeitern, Logopäden, Pädagogen u. a. Obwohl die B. heute im Zeichen der zunehmend rehabilitativ orientierten Medizin im Team weitgehend selbständig ist, steht sie jurist. gesehen unter der Verantwortlichkeit des Arztes.
Die B. arbeitet in medizin. Fachbereichen wie Orthopädie, Neurologie, Psychiatrie, Psychotherapie, Pädiatrie, Geriatrie, die sich mit angeborenen od. erworbenen längerfristigen Krankheiten od. Behinderungsarten befassen. In zunehmendem Maße wird B. auch außerhalb des ↗ Krankenhauses in weiterführenden Rehabilitationseinrichtungen, in Sonderkindergärten u. -schulen u. teilstationären u. ambulanten Einrichtungen praktiziert.
Im akuten Krankheitszustand ist das Ziel der B., den Patienten allgemein körperl. u. geist. zu aktivieren u. ihn dadurch wieder zu einer oft durch die Krankheit verlorengegangenen Lebensbejahung zu motivieren. Über den Weg der aktiven Beteiligung des Patienten werden nach dem Akutstadium einzelne körperl. u. geist. Funktionen wieder gezielt geübt u. damit krankhafte Störungen reduziert od. beseitigt. Im weiteren Verlauf wird durch gezielte ↗ Aktivitäten u. steigende Belastung der Übergang zu einer berufsvorbereitenden ↗ Arbeitstherapie u. ↗ Berufstherapie u. Wiedereingliederung in das häusl. u. soziale Leben angestrebt.
Die B. entsprang in den angelsächs. Ländern der Behandlungsbedürftigkeit Verletzter des Ersten Weltkrieges u. erhielt einen neuen Auftrieb im Zweiten Weltkrieg. In den deutschspr. Ländern wurde sie Anfang der fünfziger Jahre eingeführt. Zunächst verwendete sie in Einzeltherapie musisch-schöpferische u. handwerkl. Techniken (Malen, Töpfern, Flechten, Weben, Holz- u. Metallarbeit). Diese zuerst nach körperfunktionellen Aspekten ausgerichteten Techniken wurden in jüngerer Zeit bes. in der modernen ↗ Psychiatrie gruppendynam. genutzt nach mal- u. gestaltungstherapeut. Gesichtspunkten (↗ Maltherapie). Ferner wurde die B. erweitert 1. um vorberufl. Techniken, die den nahtlosen Übergang zur berufl. ↗ Rehabilitation gewährleisten sollen, 2. um Techniken zum Selbsthilfetraining (z. T. mit techn. Hilfsmitteln) u. Übungen im lebensprakt. Bereich (Haushalt, Verkehr, öffentl. Leben), 3. um gezielte Aktivitäten im Freizeitbereich.
Die so auf realist. Rehabilitationsziele ausgerichtete B. hat sich Ende der sechziger Jahre in einigen europ. Ländern in *Ergotherapie* (to ergon (griech.) = Werk, Arbeit, Tat, Leistung) umbenannt.
Da die in der B. behandelten Patienten oft durch ihre Krankheit tiefgreifende

Veränderungen ihres Lebens erfahren, muß der Beschäftigungstherapeut seine therapeut. Aktivitäten im Hinblick auf die Gesamtsituation des kranken Menschen einsetzen. Der Patient muß durch diese Hilfe wieder Vertrauen in sich u. seine ↗ Umwelt fassen u. damit zu einem Sinn, wenn nicht gar zu neuem Selbstverständnis seines Lebens finden.
Hae

Lit.: G. Jentschura (Hrg.), Beschäftigungstherapie (1974); Zs.: „Beschäftigungstherapie u. Rehabilitation", Heidelberg.

Beschneidung. Die B. gilt als die älteste Operation am Menschen, die urspr. mit Steinmessern (Ex 4,25) vollzogen wurde. Am männl. Glied wird entweder das Frenulum der Glans durchtrennt (Inzision) od. beide Vorhautblätter werden umschnitten (Zirkumzision). Bei Mädchen werden die kleinen Schamlippen od./u. die Klitoris verkürzt; gelegentlich wurde damit die Vernähung der Vulva (Infibulation) verbunden. Die männl. B. ist ein verbreiteter Brauch, der bei Juden am 8. Tag nach der Geburt, bei islam. Völkern sowie bei afrikan. u. südamerikan. Stämmen während der ↗ Pubertät vorgenommen wird. Ursprünglich sollte die B. wohl eine bei mangelnder Reinlichkeit auftretende Vorhautentzündung verhindern, wodurch die Fortpflanzungsfähigkeit beeinträchtigt gewesen wäre. Daraus entwickelte sich ein Initiationsritus, durch den der Jugendliche f. geschlechtsreif erklärt u. in die Religionsgemeinschaft voll verantwortlich aufgenommen wurde. Im AT ist die B. das grundlegende Bundeszeichen, das die Zugehörigkeit zum auserwählten Volk besiegelt (vgl. Apg 7,8). Im NT wird sie vergeistigt zur B. des Herzens in der ↗ Taufe, die als wahre B. Christi die innere Umkehr anzeigt (Röm 2,29).
Weniger klar erscheint der Sinn der weibl. B., die bes. bei islam. Völkern verbreitet war u. noch heute bei afrikan. Nomaden Brauch ist. Sie wurde im 1. Lebensjahr u. im Gegensatz zur männl. B. ohne öffentl. Feier vorgenommen. Ob die B. die sexuelle ↗ Lust dämpfen od. den Geschlechtsverkehr erleichtern sollte, ist umstritten. Wahrscheinlicher ist ein myst. Ursprung, insofern sie wie die B. des Weinstocks eine größere Fruchtbarkeit bewirken sollte. Dagegen diente die Infibulation v. a. zur Bewahrung der anatom. ↗ Jungfräulichkeit bis zur Hochzeit.
Heute wird die männl. B. bes. in den USA propagiert, weil sie als wirksame Vorbeugemaßnahme gegen das Portio- u. Peniscarcinom angesehen wird. Neuere Untersuchungen haben aber erhebliche Zweifel an einem Zusammenhang zw. B. u. Portiocarcinom aufkommen lassen. Da das Peniscarcinom auch durch gute Genitalhygiene zu vermeiden ist, dürfte eine B. nur noch bei einer Verengung der Vorhaut (Phimose) sinnvoll sein. Rf

Lit.: R. Geissendörfer, in: Langenbecks Arch. klin. Chir. (Kongreßband 1953); A. Huber, in: Ärztl. Prax. 24 (1972), 4480 f. u. 26 (1974), 315.

Beseelung ↗ Leben, menschliches

Besessenheit. B. (lat. obsessio) ist die Besitzergreifung v. Menschen durch ichfremde ↗ Mächte (Dämonen, Geister, Teufel) — eine Vorstellung, die bes. die Antike u. das Mittelalter beherrscht hat, aber auch in der Moderne (z. B. in primitiven Kulturen) noch wirksam ist. Meistens gelten lebende od. tote Mitmenschen, ↗ Tiere u. überirdische Wesen als solche Mächte, die einen einzelnen Menschen od. eine ↗ Masse spontan besetzen od. auf best. Weise (mithilfe v. ↗ Drogen, Musik od. ↗ Tanz) herbeigerufen werden können.
Im Mittelalter hat sich die Vorstellung v. B. v. a. mit dem Hexenwahn verbunden u. zu unzähligen Greueltaten geführt. Nicht zuletzt auch aus diesem Grunde hat die Aufklärung die Annahme v. B. als gefährl. ↗ Aberglauben abgetan. Schließlich hat auch die Weiterentwicklung der psychiatr. Wissenschaft dazu beigetragen, B. als „Geisteskrankheit" (↗ Psychose) zu verstehen. Aus tiefenpsych. Sicht erscheint B. als ein psychodynam. Prozeß, bei dem Introjekte frühkindl. Phasen (↗ Imago des Vaters, der ↗ Mutter u. dgl.) das ↗ Ich des Menschen beherrschen (S. Freud) od. — m. a. W. — abgespaltene Anteile u. autonom gewordene Komplexe die menschl. Persönlichkeit in Beschlag nehmen (C. G. Jung).

Die christl. ↗ Kirchen haben die Vorstellung v. B. mehr od. weniger modifiziert aufgenommen. Sie gründen sich dabei bes. auf die bibl. Berichte, denen zufolge Jesus Besessene geheilt u. auch seine Jünger zur Austreibung (↗ Exorzismus) v. Dämonen autorisiert hat (Mt 10 uvm.). Ein ir-rationales Phänomen wie B., mit dem sich bereits das Rituale Romanum v. 1614 ausführlich befaßt, kann freilich weder rationalistisch — etwa durch positivist. Wissenschaften — noch restaurativ — etwa durch naiven ↗ Teufelsglauben — erklärt werden. Vielmehr bedarf es heute einer neueinsetzenden Interpretation des Dämonischen in seiner polit., psychosex. u. psychosozialen Dimension — u. nicht zuletzt der befreienden Inspiration durch den, der selbst „die Pforten der Hölle u. des Todes" überwunden hat. Schi

Lit.: E. v. Petersdorff, Daemonologie, 2 Bände (1956/57); M. Eliade, Schamanismus u. archaische Ekstasetechnik (1957); J. Zutt, Ergriffenheit u. Besessenheit (1972).

Bestattung. B. ist die mit rituellen Handlungen verbundene u. nach Zeiten, Völkern u. Religionen versch. Entfernung des Leichnams aus der ↗ Gemeinschaft der Lebenden, in unserem Kulturbereich durch Begraben od. Verbrennen. Die Teilnahme an der B. wird verstanden als Ausdruck der Verbundenheit mit dem Toten, als eine ihm erwiesene Ehrung u. als ein Zeichen der ↗ Mitmenschlichkeit gegenüber den Angehörigen. Darüber hinaus soll die christl. B. v. a. „den österl. Sinn des christl. ↗ Todes ausdrücken". Demgemäß beinhaltet das ↗ Gebet f. den Verstorbenen die Bitte um Vergebung der ↗ Schuld u. um Vollendung.
Der *kath*. Ritus der B. ist durch „Die kirchl. Begräbnisfeier in den Bistümern des deutschen Sprachgebietes" (1973) neu geregelt. Je nach Ortsumständen wird er mit drei (Trauerhaus, Kirche, Grab) od. zwei Stationen (Friedhofshalle, Grab) od. an einer einzigen Stelle (Grab od. Krematorium) gehalten. Der wesentlichste Bestandteil soll die Feier der Eucharistie sein, unmittelbar bei der B.sfeier od. getrennt v. ihr. Bei Verbrennung des Leichnams ist die kirchl. Feier entweder vorher (am Sterbeort od. im Krematorium) od. nachher bei der Beisetzung der Urne. In den *evang.* Begräbnisriten nehmen die Schriftlesung u. die Ansprache einen bevorzugten Platz ein.
Bei der christl. B. soll das Bekenntnis des ↗ Glaubens an die Auferstehung in der ↗ Verkündigung u. in Gebet u. Gesang vor anderen berechtigten Anliegen bevorzugt werden. F. die ↗ Gemeinden ist je nach Umständen u. Möglichkeiten die Sorge um ein würdiges Bestatten ihrer Glieder ein verpflichtender Dienst. Dabei haben Brauchtum (u. a. die Totenwache) u. Totenandenken ihre Bedeutung u. sollen christl. Glauben ausdrücken.
In der Erd-B. sieht die Kirche eine bes. Ähnlichkeit mit dem Begräbnis Christi. Wer aber seinen Leichnam zur Einäscherung bestimmt, behält das Recht auf eine kirchl. B. Wenn jemand aus der Kirche ausgetreten ist od. auf andere Weise bewußt v. der Kirche Abstand genommen u. vor dem ↗ Sterben kein Zeichen einer Sinnesänderung gegeben hat, so ist seine Haltung zu respektieren, u. es wird keine offizielle kirchl. B. gehalten. Dies bedeutet jedoch kein Urteil über den Verstorbenen u. sein ↗ Schicksal. Hw

Lit.: B. Bürki, Im Herrn entschlafen (1969); K. Dirschauer, Der totgeschwiegene Tod (1973).

Bestialität. B. (lat. bestia = [Raub-]Tier) meint im allg. das rohe Benehmen eines Menschen, der sich seinem Affekt- u. Triebdruck weitgehend ungesteuert überläßt. Im engeren Sinn bedeutet B. ein grausames ↗ Verhalten v. Menschen gegenüber ↗ Tieren, das häufig sexuell motiviert ist. Geschlechtl. Handlungen an u. mit Tieren, die nicht aus Lust am Quälen geschehen, werden dagegen als ↗ Zoophilie bezeichnet.

Betriebsseelsorge. Das Ziel der B. ist es, daß möglichst viele Menschen ihre Aufgabe im Betrieb vom Standpunkt des ↗ Glaubens durchdenken u. immer fähiger werden, im betriebl. u. wirtschaftl. Leben aus dem Geiste Christi zu handeln. Dieses Ziel wird erreicht durch eine intensive Bildungsarbeit. Soziallehre, Theologie der Welt, Information über die aktuellen Ereignisse stehen im Vordergrund. Die ↗ Erziehung zu kritischem

Denken wird bewußt gefördert. Der Bildungsvorgang vollzieht sich in kleinen ↗ Gruppen nach den Erfahrungen der ↗ Erwachsenenbildung. Ein sehr starkes Gemeinschaftsbewußtsein innerhalb der Gruppe bildet den nötigen Rückhalt, wenn aus der Reflexion eine Aktion werden soll. Materielle und geistige Not gibt es genug. B. ist in erster Linie eine Sache der Laien. Dafür ausgebildete Seelsorger leisten nur Assistenz. Für Großbetriebe haben sich eigene Zentren u. Hauptamtliche sehr bewährt. Die Zuordnung in der Diözese geschieht meist über das Pastoralamt. Die Zusammenarbeit mit den Gliederungen der Kath. Aktion ist selbstverständlich.

Die B. ist eine Konsequenz aus der pastoralen Theorie „Kirche für die Menschen". Das Heil des Menschen ist wesentl. v. seinem Milieu u. den Strukturen mitbestimmt. B. ist daher ein Dienst am Menschen u. an den Strukturen. In einer durch u. durch sachorientierten Welt, in dieser immer konsequenter durchorganisierten unpersönl. Leistungsgesellschaft, wo er so wenig angenommen ist, hat der Mensch gerade nach ↗ Gemeinschaft Sehnsucht. In der Gemeinschaft der B. erlebt er ein Stück heile Welt, einen Raum der Menschlichkeit, jedoch nicht isoliert vom Leben, sondern in dauernder Auseinandersetzung mit der betriebl. Wirklichkeit. Zu einem nicht geringen Teil ist B. „Soforthilfe". ↗ Eheberatung u. ein erstes therapeut. ↗ Gespräch werden reichlich beansprucht. Daß die B. nach außen hin nicht den Stempel des Amtskirchlichen trägt, ist hier ein großer Vorteil. In

Lit.: F. Prinz, Die Welt der Industrie — eine Sorge der Kirche (1966); — Hb. f. Past. Theol. IV, 381 ff.

Bettnässen. Als unwillkürl. nächtl. Harnabgang über das 4. Lj. hinaus bedarf das B.leiden (enuresis) der Behandlung. Entgegen herrschender Meinung liegen selten (bei kaum 10%) körperl. Ursachen (bes. Mißbildung od. Entzündung der Harnwege) vor. Vielmehr zeigt die fast regelmäßige Koppelung mit psych. Symptomen (Nägelbeißen, nächtl. Aufschrekken, Lernschwierigkeiten u. a.), daß B. Symptom u. Auswirkung einer gestörten Grundbeziehung des Kindes ist u. dann nur v. dorther geheilt werden kann. Vorübergehend kann auch ein bereits sauber gewordenes ↗ Kind rückfällig werden bei schmerzl. Liebesentzug, wenn es etwa den bisher alleinigen „Besitz" der Mutter mit einem Nachgeborenen teilen muß (*sekundäres* B.). Anhaltendes *primäres* B. signalisiert eine ↗ Fixierung in der Kleinkindwelt: Das Kind ist nicht imstande, der Mutter zuliebe auf die feuchtwarme Urbefriedigung zu verzichten. Die Ursache liegt meist im Fehlverhalten der ↗ Mutter, das seinerseits v. neurot. Störungen u. ↗ Entfremdungen bestimmt wird. Enttäuschungen im Leben, in der ↗ Ehe, Reinlichkeitsfanatismus, Rigorismus, kalter Erziehungsehrgeiz od. eigene Haltlosigkeit der Mutter fließen unbewußt bes. bei der Reinlichkeitserziehung in die Behandlung des Kindes ein u. machen es diesem schwer, die entscheidende notwendige Liebesbeziehung zur Mutter (u. damit zur ↗ Umwelt) zu entwickeln u. so zur erwünschten Triebregulierung zu kommen. In der Reinlichkeitserziehung darf es zu keinem Machtkampf kommen; jeder Liebesentzug (Drohung, Beschämung, Schläge) treibt das Kind nur in die Abwehr u. verhärtet die Fixierung. Scheinerfolge bei rigorosen Maßnahmen entlarven sich vielfach durch Rückfall in das B. u. belasten überdies den kindl. Charakter. Ist die Mutter nicht fähig, die erforderl. Liebe zu äußern, so kann zur Heilung des B.s letztlich Verbringung des Kindes in wärmere Pflege notwendig erscheinen. Alle therapeut. Maßnahmen haben auf die Sanierung der gestörten Kind-Umwelt-Beziehung auszugehen.

Pastoralpsych. stellt. B. einen ernstzunehmenden Indikator f. eine Beziehungsstörung dar, die oft genug mit rel. Fehleinstellungen zusammenhängt; bes. in Bettnässerfamilien spielt nicht Vererbung, sondern die Tradition realitätsfeindl. Erziehungsprinzipien u. ↗ Ideologien die verhängnisvolle Rolle. Pastorale Beratung hat beim Abbau der pathogenen Fehleinstellungen wirksame Hilfe zu leisten, bes. wenn diese pseudorel. begründet od. v. der Umwelt verstärkt werden. Gr

Lit.: W. Kemper, Bettnässerleiden (1970).

Bevölkerungspolitik. Als B. sind alle jene Maßnahmen zu umschreiben, die Größe (quantitative B.) u. Zusammensetzung (qualitative B.) einer Bevölkerung unter einer gegebenen Zielvorstellung verändern sollen. Die Verschränkung der B. mit ↗ Sozial-, ↗ Gesundheits-, ↗ Wirtschafts- u. Steuerpolitik verlangt eine ausgewogene Koordinierung im Rahmen einer gesamtgesellschaftl. Ordnungskonzeption. Grundlagen bevölkerungspolit. Maßnahmen sind zwei Vorstellungen: a) die jeweilige Bevölkerungssituation u. ihre Entwicklungstrends, sowie best. Auffassungen vom generativen Verhalten der jeweils betroffenen Menschen; b) die Möglichkeit der Beeinflussung der jeweiligen Bevölkerungssituation. Historisch u. im ethnolog. Vergleich findet sich eine Vielzahl bevölkerungspolit. Methoden: z. B. Kindesaussetzung u. -tötung (bes. ↗ Behinderte), Tötung altersschwacher Personen (↗ Euthanasie), Heiratsrituale, Einwanderungs- u. Auswanderungsanregungen u. -beschränkungen u. steuerl. Maßnahmen. Derzeit wird auf unterschiedl. Weise versucht, Einfluß auf die *Bevölkerungsentwicklung* zu nehmen: v. der ↗ Familienpolitik bis zur ↗ Alterssicherung (Rentenproblematik). Zu den versch. Maßnahmen, v. denen erwartet wird, daß sie die *Bevölkerungsvermehrung* fördern, gehören z. B. immaterielle Vergünstigungen (Mutterschaftsmedaillen), Geldzuwendungen bei Geburt, Ehestandsdarlehen, Familienbeihilfen, (z. B. Kindergeld), Ausbildungsbeihilfen, Jugendhilfemaßnahmen u. Steuerermäßigungen f. kinderreiche Familien. Maßnahmen zur *Verringerung der Bevölkerung* zielen auf ein Sinken der Geburtenziffer durch Propagieren v. ↗ Empfängnisregelung u. ↗ Familienplanung. Auch die Ehegesetzgebung (Mindestalter, Eheschließung u. -scheidung) u. die Stellung der ↗ Frau in der ↗ Gesellschaft beeinflussen die Bevölkerungsentwicklung mit; eine weitere bevölkerungspolitische Maßnahme sind die erwähnten Ein- u. Auswanderungsbestimmungen (vgl. Gastarbeiter). B. als Versuch der Einflußnahme auf menschl. Verhalten befaßt sich also mit sozial überformten individualpsych. Determinanten v. Heirat, Fortpflanzung u. Erziehung. Ihre Maßnahmen richten sich auf gruppentyp. Verhaltensweisen (↗ Gruppendynamik), die bisher noch nicht gezielt u. sicher zu beeinflussen sind (vgl. Entwicklungsländer). F. die gegenwärtige B. lassen sich gewisse Grundprinzipien aufstellen: B. soll hinwirken auf die Sicherung des ↗ Lebensstandards, des Bevölkerungsbestands (best. Kinderzahl je Familie) u. der Institutionen ↗ Ehe u. Familie; außerdem soll sie eine gerechte Umverteilung der Produktionsgüter u. -mittel unter bevölkerungspolit. Gesichtspunkten planen (Problematik der Effizienzkontrolle). Die Integration aller nationalen B.n zu einer Weltb. mit bevölkerungspolit. Problemlösungen f. die sog. Entwicklungsländer dürfte jedoch auf längere Sicht nicht zu erwarten sein.

Fri/Rf

Lit.: G. Mackenroth, „Bevölkerungslehre" (1953); K. M. Bolte, Bevölkerung II (Politik) HDSW II (1959); K. M. Bolte, Deutsche Gesellschaft im Wandel I (1966); R. Mackensen/H. Wewer (Hrg.), Dynamik der Bevölkerungsentwicklung (1973).

Bewährungshilfe ist Betreuung u. Hilfe für jugendl. od. erwachsene Rechtsbrecher (Probanden) während einer Probezeit. Der Begriff kann in versch. Bedeutungen verwendet werden:
a) Methode der ↗ Sozialarbeit: Verurteilte, bzw. aus Haft od. Erziehungsanstalt Entlassene (↗ Strafvollzug) benötigen vielfach Hilfe bei ihrer ↗ Rehabilitation bzw. ↗ Sozialisation. Sie kann sowohl in Unterstützung bei Überwindung äußerer Schwierigkeiten (z. B. Arbeitsplatzsuche, Wohnungssuche) bestehen wie in der Hilfe bei der Lösung sozialer od. persönl. Probleme (z. B. Familien- od. Eheprobleme, ↗ Vereinsamung, ↗ Identitätsfindung), die ↗ Verhaltens notwendig machen. In der Regel bedarf es hiefür hauptamtl. Bewährungshelfer, d. h. in der Methodik sozialer Einzelfallhilfe (↗ case work), bzw. sozialer Gruppenarbeit ausgebildeter Sozialarbeiter (↗ Sozialarbeit). Gelegentl. kann auch ein geeigneter ehrenamtl. Bewährungshelfer bestellt werden. Voraussetzung jeder B. ist ein „menschl., unbürokrat. Verhältnis, das auf Vertrauen u. Achtung aufgebaut sein muß" (Greth-

lein). Der Proband muß in seinem Sosein akzeptiert u. darf durch den Bewährungshelfer nicht verurteilt werden. Dieser hat das Recht auf Zutritt zum Probanden u. auf Auskunft über ihn. Er ist dem Gericht regelmäßig berichtpflichtig.

b) *Rechtsinstitution:* Die Regelung der B. ist eine Einrichtung geltenden Rechts. Bei probeweiser Entlassung aus Strafhaft u. bei bedingter Verurteilung kann ein Bewährungshelfer bestellt werden. Mit Zustimmung des Jugendlichen u. seines gesetzl. Vertreters kann in Österreich auch vor der Hauptverhandlung B. ausgesprochen werden, wenn es dringend geboten erscheint. Die rechtl. Bestimmungen finden sich im Strafgesetz, Jugendgerichtsgesetz, Gesetz über die bedingte Verurteilung (in Österr. überdies im Bundesgesetz über die B.).

c) *Organisation:* Der Bewährungshelfer wird als Person durch den Richter bestellt. Die Auswahl der Bewährungshelfer richtet sich nach seiner Persönlichkeit u. nach der Situation des Probanden. Anleitung u. Dienstaufsicht durch Sozialarbeiter (Geschäftsstellenleiter). Aufgabe der Organisation ist auch Förderung des Kontaktes zu anderen Stellen u. Mitwirkung bei sozialer Integration u. bes. Beseitigung v. ↗ Vorurteilen gegen Straffällige. Bei Problemen mit Probanden empfiehlt es sich, den Bewährungshelfer zu informieren. Anschriften können auch über das zuständige Gericht erfahren werden. Schl

Lit.: G. Nass, Bewährungshilfe (1968); Rosenmayr/Strotzka/Firnberg (Hrg.), Gefährdung u. Resozialisierung Jugendlicher (1968); Zeitschrift: ‚Bewährungshilfe' (1974) — 21. Jg.

Bewegungstherapie. In der ↗ Psychiatrie heute vielfach verwendete Art der Heilgymnastik, bei der es aber im Gegensatz zu dieser nicht um ein Training gestörter Körperfunktionen, sondern um eine Förderung der ↗ Kreativität geht.

Bewußtsein. Biolog.-physiolog. wird unter B. die Zuwendung zur ↗ Umwelt verstanden, die durch tonische Aktivität der Hirnrinde bedingt ist (= Vigilanz). Das B. wird gesteuert vom aufsteigenden retikulären Aktivierungssystem u. reguliert durch ein Vigilanzsystem, das in engem Zusammenhang mit den Zentren des Wachens u. Schlafens im Hypothalamus steht. Eigenschaften des B.s sind seine *Klarheit* u. seine *Helligkeit*. Versch. Klarheitsgrade der B.seintrübung werden unterschieden: *Benommenheit* in der Auffassung u. Reaktion; *Somnolenz*, ein schlafähnlicher Zustand, bei dem der Patient noch erweckbar ist; *Sopor*, bei dem durch kräftige Reize noch Abwehrbewegungen hervorgerufen werden können; *Bewußtlosigkeit*, in der der Patient nicht mehr auf Reize reagiert u. *Koma*, in dem stufenweise die Reflexe bis zum Übergang in den ↗ Tod erlöschen. Neben der Helle des B.s ist die *Weite* des B.s hervorzuheben. Das B. ist eingeengt, wenn nur einige Erlebensinhalte festgehalten werden u. alles übrige nicht verarbeitet wird (= Dämmerzustand). Als *Dämmerzustand* kann ein zeitlich begrenztes Geschehen mit verändertem B. angesehen werden (aber ohne B.strübung). Personen mit krankhaft eingeengtem B. können komplizierte Handlungen sinngemäß durchführen, z. B. Reisen, ohne spätere Erinnerung an diese Handlungen.

Anthropolog.-psych. ist B. eine spezif. Eigenart des menschl. Erlebens. B. — als Vergegenwärtigung v. vergangenem, gegenwärtigem od. künftigem Erleben — ist je nach aktuellem psychischem Befinden u. sozial-situativen Lebensbedingungen verschieden stark (= Intensität), verschieden lang andauernd (= Zeitlichkeit) u. auf Etwas in sich selbst od. außerhalb der ↗ Person (= Intentionalität) gerichtet. Die höchste Stufe erreicht das B. im „Sich-Selbst-Bewußtwerden" (= Selbstbewußtsein; ↗ Ich, ↗ Individuation). Mit dem psycho-dynam. Begriff „Bewußtes" (↗ Bewußtwerdung, ↗ Unbewußtes) kann B. nicht gleichbedeutend verwendet werden. B. steht eher dem psych. Begriff der Wahrnehmung näher. Die Art u. Weise des personalen B.s (hinsichtl. Stärke, Umfang usw.) kommt f. das Handeln des Menschen eine entscheidende Bedeutung zu. Handlungen ohne klares od. mit eingeschränktem B. können nicht voll verantwortbar sein. ↗ Bewußtseinsstörungen. Pa/Po

Lit.: Handbuch der Psychologie in 12 Bänden. Bd. 1: Allgemeine Psychologie. 1. Halbbd.: Wahrnehmung und Bewußtsein. Hrsg. v. W. Metzger

(1966); W. de Boor, Bewußtsein und Bewußtseins-Störungen (1966); P. Gorsen, Zur Physiologie des Bewußtseinsstromes (1967).

Bewußtseinskrampf. Mit diesem fachlich nicht eingeführten, irreführenden Ausdruck bezeichnen einige Psychotherapeuten die pastoralpsych. bedeutungsvolle Störung des seel. Gleichgewichts, die durch „Aussperrung des ↗ Unbewußten", bzw. durch Unfähigkeit zu verdrängen entsteht. Die (gelungene) ↗ Verdrängung hat als unbewußter Normal-Vorgang eine psych. Stabilisierungsfunktion, indem sie störende (dem Normsystem des ↗ Über-Ich widersprechende) Strebungen nicht zur Austragung im ↗ Bewußtsein kommen läßt u. somit die bewußte Verhaltensregulierung entlastet. Bei Verlust dieser Fähigkeit im B. muß sich das ↗ Ich mit jedem inneren od. äußeren ↗ Antrieb gewissenhaft auseinandersetzen u. gerät in einen ↗ Stress, der orientierungslos werden od. schließlich erstarren läßt. Die Ausdrucksphänomene: Verlust der ↗ Spontaneität u. des sicheren Wertgefühls, Pedanterie u. Suche nach detaillierten Gesetzen (↗ Gesetzlichkeit) haben trotz anderer Ursache Ähnlichkeit mit der ↗ Skrupulosität u. erfordern wie diese meist psychotherapeut. Behandlung.   Gr

Bewußtseinsstörungen. B. werden in der klin. Psychopathologie, soweit sie sich nämlich mit formalen Veränderungen psychischer Hirnfunktionen befaßt, praktisch nach 3 Gesichtspunkten eingeteilt: 1. Störungen der *Vigilanz* (Grad der Wachheit), gestuft in Benommenheit, Somnolenz (Schläfrigkeit), Sopor (unerweckbarer schlaffähnl. Zustand), Koma (Bewußtlosigkeit), sowie die ↗ Absence (Bewußtseinspause), 2. Störungen der *Aufmerksamkeit* (Enge des ↗ Bewußtseins) im ↗ Dämmerzustand u. ähnl. Phänomenen wie Trance u. ↗ Hypnose, 3. Störungen der integrativen Funktion des Bewußtseins, der *Luzidität* (Besonnenheit) in den versch. Zuständen der Verwirrtheit mit Störungen der Orientierung u. des Denkzusammenhanges. Die Trübung des Bewußtseins kommt dabei in Wahrnehmungsstörungen (↗ Halluzinationen, illusionären Verkennungen) zum Ausdruck.

Bei dieser Einteilung bleiben lebensgeschichtl. u. kulturelle Dispositionen notwendig unberücksichtigt, weil man Besonnenheit als logisch-begriffl. Integrationsform zur Norm erhebt u. andere prälog. Strukturen des Bewußtseins, wie sie in anderen Kulturen u. bei „primitiven" Persönlichkeiten vorkommen, damit als abnorm abwertet, womit aber auch etwa meditative Zustände mit Zeit-Raum-Enthobenheit schwer einzuordnen sind. Pastoral ist einerseits eine Bewußtseinserweiterung (↗ Psychedelik), wie in der Mystik, durchaus ernst zu nehmen, andererseits eine Einengung des Bewußtseins mit der Tendenz zu massenpsychoseartigen Erscheinungen (Flagellantentum u. Kinderkreuzzüge im Mittelalter) auch heute noch in Form v. ausgeprägten od. sublimen Arten v. rel. ↗ Fanatismus eine ernstzunehmende Gefahr.

Neben der klassischen setzt sich heute die phänomenolog. orientierte Betrachtungsweise des Bewußtseins des franz. Psychiaters Henry Ey allmählich durch. Sie kommt einer anthropolog. Psychopathologie schon viel näher, indem sie das Bewußtsein einerseits als konstituiertes Feld mit Funktionskreisen versch. Hirngebiete in Beziehung setzt, aber auch in seiner Artikulation mit dem geschichtl. Subjekt des Erlebens sieht. Daraus ergibt sich eine viel breitere Fassung v. B. als stufenweiser Entortung des Bewußtseins einschließlich einer Pathologie des ↗ Ich. In diesem Sinne werden alle akuten ↗ Psychosen als verschiedenstufige Entordnung des Bewußtseins aufgefaßt.   Ga

Lit.: K. Jaspers, Allgemeine Psychopathologie (⁶1953); H. Ey, Das Bewußtsein (1967).

Bewußtwerdung. In der klass. Psychologie, bes. seit Descartes wurde das ↗ „Bewußtsein seiner selbst" als die Grundgegebenheit menschl. Seelenlebens angesehen. Erst Sigmund Freud u. die durch ihn begründete ↗ Psychoanalyse trugen den Zweifel in die „cartesianische Festung" selber, indem sie das ↗ Bewußtsein als weithin „falsches Bewußtsein" enthüllten u. als das „eigentl. Seelische" das ↗ Unbewußte ansahen. Dem Prozeß der B. kommt deshalb in der Psychoanalyse die entscheidende Bedeutung zu, die sich in dem programmat. Satz Freuds ausdrückte: „Wo ↗ Es war, soll ↗ Ich werden". Die B. vollzieht sich jedoch keineswegs in der Form intellektuell-verbaler Aufklärung über unbewußte psychische Vorgänge (dies wäre genauso, als ließe man in Zeiten einer Hungersnot Speisekarten an die Leute verteilen — so Freud), sondern in einem Erlebnisprozeß, in dem der Patient seine unbewußten ↗ Konflikte auf dem Wege der ↗ Übertragung auf den Analytiker projizieren, eine histor. Angelegenheit in eine aktuelle verwandeln u. auf dem Wege der Bearbeitung des ↗ Widerstandes u. der ↗ Deutung allmählich dazu gebracht werden kann, die traumatisierenden ↗ Erfahrungen der Vergangenheit zu wiederholen, die verdrängten Implikationen solcher Szenen zu erinnern u. das Ganze durchzuarbeiten.

F. die Psychoanalyse stellt die B. einen hohen ↗ Wert dar, sie sieht die gesamte Menschheitsentwicklung als einen fortschreitenden Prozeß der B., der allerdings v. tiefgehenden ↗ Regressionen immer wieder unterbrochen wird. Totale Bewußtheit kann jedoch, solange ↗ Träume u. ↗ Fehlleistungen das Alltagsleben bestimmen, nur als ein utop. Ziel ins Auge gefaßt werden.

Auch in der ↗ Seelsorge wird eine größere Bewußtheit im Umgang mit dem eigenen triebhaften Bereich sowie mit den Symbolen der Überlieferung angestrebt werden müssen. Diese Bemühungen können sich berufen auf die in der Jesus-Überlieferung selbst lebendigen Impulse zur Ehrlichkeit gegen sich selbst, die Polemik gegen die zwangsläufige Heuchelei jeder Gesetzesreligion (↗ Gesetzlichkeit) sowie auf die bereits auf bibl. Boden anzutreffenden Bemühungen um Entritualisierung u. Entmythologisierung des Glaubens (↗ Entsakralisierung). Als Arbeitsgebiete dafür sind zu nennen: Versuche zu einer tiefenpsych. Interpretation bibl. Texte, Vertiefung der Einzelseelsorge durch ↗ Supervision u. ↗ Balintgruppen-Arbeit, sowie neue Formen der ↗ Gruppenseelsorge. *Scha*

Lit.: S. Freud, Abriß der Psychoanalyse (1938), Ges. Werke, Bd. XVII; E. Neumann, Ursprungsgeschichte des Bewußtseins (1949); C. G. Jung, Von den Wurzeln des Bewußtseins (1954); Y. Spiegel (Hrg.), Psychoanalytische Interpretation biblischer Texte (1972).

Beziehungen, zwischenmenschliche ↗ Gruppe ↗ Kommunikation ↗ Mitmenschlichkeit

Bezugsperson. Die Wichtigkeit der frühen B.n f. die kindl. Entwicklung u. die ↗ Menschwerdung des Menschen überhaupt ist in allen psych. Schulen unbestritten. Bes. die Forschungen v. R. Spitz u. E. Erikson haben deutlich gemacht, daß einer gesicherten u. kontinuierl. Beziehung u. Zuwendung in der frühen Kindheit schlechterdings lebenserhaltende Bedeutung zukommt. Die prägende Funktion früher B.n hat f. den ferneren Lebensweg geradezu schicksalhafte Bedeutung (vgl. F. Schottlaenders Buchtitel: „Die Mutter als Schicksal"), die einen psych. Determinismus nahelegen könnte. Demgegenüber haben in der neueren psychoanalyt. Diskussion v. a. Heinz Kohut u. Hermann Argelander darauf hingewiesen, daß einer Verabsolutierung der frühkindl. Beziehungsmöglichkeiten, die sich stets auf libidinöse Triebimpulse gründen muß, die Beobachtungen eines narzißtischen Entwicklungsstadiums (↗ Narzißmus) entgegenstehen, in dem das kleine ↗ Kind sich auch auf sich selber konzentrieren kann u. die Möglichkeiten f. schöpferische Alternativen zu den zwangsläufig vorgegebenen Außenweltelementen ausgebildet werden.

Da in der theol. Debatte neuerdings vielfach der v. E. Erikson geprägte terminus ↗ „Urvertrauen", das an den frühen B.n erworben wird, zur Erläuterung des christl. Glaubensbegriffs herangezogen wird, dürften die theoret. Überlegungen der ↗ Psychoanalyse auch f. die Theologie v. Wichtigkeit sein, in der neben der Redeweise vom „Gott in Beziehung" auch die ↗ Verkündigung der „Aseität" Gottes (der in sich selbst ruhende Gott) steht, die als ein Impuls gegen eine Verabsolutierung der Beziehung angesehen werden kann.

Der ↗ Seelsorger als B. wird v. a. da eine bes. große Rolle spielen, wo ein Mensch Defizite an Beziehung aus seiner früheren Lebensgeschichte meint aufholen zu müssen. Weitverbreitet ist die Auffassung, der Seelsorger als B. könne durch ein bes. reichliches Angebot an persönl. Zuwendung die Defizite der Vergangenheit auffüllen. Derartige Versuche scheitern aber häufig an der Nichtbeachtung der interpersonalen Dynamik v. ↗ Übertragung u. Gegenübertragung, die eine Lawine v. Zuwendungswünschen auslösen kann u. gutgemeinte seelsorgerl. Bemühungen nicht selten in ungewollten Katastrophen enden läßt. Die hier gemachten Erfahrungen ermutigen dazu, die entspr. Funktionen eher der Seelsorgegruppe u. dem Gemeinschaftsleben in der ↗ Gemeinde zuzuteilen als der Zweierbeziehung v. Gemeindeglied u. seelsorgerl. B. *Scha*

Lit.: F. Schottlaender, Die Mutter als Schicksal (1949); E. H. Erikson, Kindheit und Gesellschaft (1956); J. Scharfenberg, Übertragung und Gegenübertragung in der Seelsorge, in: Forschung und Erfahrung im Dienst der Seelsorge (1961), S. 80 ff.

Bigamie ↗ Monogamie ↗ Ehe

Bildung.
1. Weder die Versuche der positivist. noch der existenzphil. orientierten Erziehungswissenschaft, den *B.sbegriff* aus der päd. Fachsprache überhaupt zu verbannen, noch dessen inflationist. Verwendung in der B.spolitik u. im B.sjournalismus haben verhindern können, daß f. die wissenschaftl. Praxis sich eine relative Eindeutigkeit dieses Begriffs herausgebildet hat. B. ist danach der Komplementärbegriff zu ↗ Erziehung u. meint den Prozeß der Entfaltung, in dem ein Inneres nach außen tritt. B. ist freilich kein organ. Vorgang v. der Art, daß da eine innere Kraft ohne jede Rücksicht auf eine widerständige Wirklichkeit nach außen drängte. Sie vollzieht sich vielmehr in ständiger Auseinandersetzung mit Welt u. ↗ Gesellschaft u. ist daher ohne Erziehung nicht denkbar.
2. Die *Theorie der B.* hat einerseits den Weg anzugeben, den der Mensch durchlaufen muß, um ganz zu sich selber zu kommen, andrerseits aufzuzeigen, wie dem Menschen durch planmäßiges Einwirken dabei geholfen werden kann: a) In der Theorie der *formalen B.* liegt der Schwerpunkt der Mensch-Welt-Beziehung auf der Seite des Subjekts, f. welches die Welt nur das Material zur B. der je eigenen Kräfte des Menschen darstellt. b) F. die Theorie der *kategorialen B.* (J. Derbolav u. W. Klafki) realisiert sich B. in verantwortlichem Tun. c) Nach der Theorie der *dialog. B.* (Th. Ballauf) ereignet sich B. als best. Verhältnis zw. Mensch u. Welt u. legt sich in Sachlichkeit u. ↗ Mitmenschlichkeit aus (↗ Dialog). d) In der *techn. B.stheorie* (E. Fink) gilt nur derjenige als gebildet, der sich als zuständig Forschender u. Lernender begreift u. sich der jeweiligen Arbeitsgruppe einordnet. — Es scheint derzeit unmöglich zu sein, alle Wirklichkeitsbereiche kategorial aufzuschließen u. in eine einheitl. B.stheorie einzuholen.
3. Die bildungstheoret. Diskussion der Gegenwart geht bes. intensiv den Zusammenhängen v. B. u. ↗ Sprache nach; ist doch menschl. Welt sprachl. fixierbare Welt. Das mit ihr gegebene „Weltbild" läßt sich durch Spracherlernung erweitern. Größere Sprachmächtigkeit aber fördert gleichzeitig die Selbstfindung des ↗ Ichs (vgl. W. v. Humboldt). Daß sich die B.stheorie dabei auf die Ergebnisse v. a. empir. „sciences humaines", wie der Psychologie, Sozial- u. Tiefenpsychologie sowie der Soziologie stützen muß, liegt auf der Hand. Auch die bildende Funktion des ↗ Gesprächs, des ↗ Spiels, der Feier, des Festes, der Geselligkeit, überhaupt aller Ausdrucksformen menschl. ↗ Kommunikation ist noch immer am besten v. der Sprache her aufzuschließen.
4. Ein weiteres wichtiges, aber noch zu wenig erforschtes Feld der zeitgenössischen B.stheorie bildet das Verhältnis v. ↗ *Arbeit u. B.* Die Totalsetzung der Arbeit im Denken v. K. Marx u. L. Feuerbach nötigt die B.stheorie, Arbeit als Bestimmungsgrund v. B. anzunehmen. Die Schwierigkeit, daß Arbeit einerseits eine notwendige Bedingung der menschl. ↗ Selbstverwirklichung darstellt, andererseits sich gerade aus der Vorrangstellung der Arbeit innerhalb einer arbeitsteilig verbundenen ↗ Gesellschaft eine ↗ Entfremdung des Menschen u. damit eine ↗ Hemmung sozialer ↗ Integration zwangsläufig ergibt, kann bildungstheoret.

nur überwunden werden, wenn man sich entschließt, den Begriff der Arbeit selber weiter zu fassen als bisher. In den Fragebereich v. Arbeit u. B. gehören nämlich nicht nur Arbeits-, Berufs- u. Wirtschafts-Pädagogik, sondern auch ↗ Freizeit-, Kultur- u. letztl. auch polit. Pädagogik.
5. Die Aufklärung des Prozesses, in dem B. sich vollzieht, führt zum Begriff der *Bildsamkeit*, welche nicht, wie noch Herbart gemeint hat, als harmon. Entfaltung eines Inneren aus sich heraus, sondern als ungleichmäßige, schubweise menschl. ↗ Entwicklung zu verstehen ist. Insofern Bildsamkeit als Formbarkeit nur in den Grenzen der natürl. Herkunft u. der geschichtl. Situation der ↗ Individualität möglich ist, wird in diesem Begriff auch die Grenze jedes B.svorganges deutlich. Da sich Bildsamkeit weder als die Formung a priori gegebener ↗ Anlagen noch als Machbarkeit des Menschen (↗ Manipulation) bestimmen läßt, ist der Mensch auf konkrete Begegnung mit den Mitmenschen angewiesen (↗ *Sozialisation*, ↗ *Personalisation*).
6. Mit der Institution *Schule*, sofern sie ein Spiegelbild der Gesellschaft darstellt, ist die Forderung nach ständiger Schulreform implizit gegeben. Die B.stheorie muß die geschichtsrichtigen Forderungen der Schule mit den unabdingbaren Erfordernissen der ↗ Menschwerdung des Menschen in Einklang bringen. Die B.sinhalte können heute nicht mehr als bloße Mittel angesehen werden, durch welche B. bewirkt wird. In Wirklichkeit muß der Mensch in der Auseinandersetzung mit den B.sinhalten zu sich selbst kommen. Die Auswahl, die Stufung u. Konzentration der B.sinhalte wieder hängen v. den Aufgaben ab, welche vom einzelnen bzw. v. einer ↗ Gruppe od. Nation im jeweiligen geschichtl. Kontext zu bewältigen sind. Im B.sverfahren werden die Lebensbereiche, welche in der Schule durch B.sinhalte präsent gemacht werden (das Religiöse, Politische, Geschichtliche, Wirtschaftliche, Wissenschaftliche, Musische usw.), aus der Lebenswirklichkeit herausgehoben u. planmäßig f. den Unterricht zusammengefaßt.
7. ↗ Pastoralanthropologie u. B.stheorie befinden sich in einem dialekt. Verhältnis.

Obwohl die Heilssorge jedem Menschen zugewendet werden muß, auch dem gänzlich ungebildeten, bleibt dennoch wahr, daß ein tieferes Glaubensverständnis nur durch Reflexion des zu Glaubenden ermöglicht wird. Aus diesem Grunde war auch die Verbreitung v. B. immer die gleichzeitig zu realisierende Konsequenz jeder Art v. ↗ Verkündigung. V. der Eigengesetzlichkeit der Kultursachgebiete her ist daran festzuhalten, daß es keine spezif. kath. Pädagogik u. — trotz Max *Scheler* u. R. *Guardini* — auch keine spezif. kath. B.stheorie mehr geben kann. Solange aber der bildungstheoret. Gesamtzusammenhang nicht neu entziffert worden ist, tut man gut, sich an den Rat *Kierkegaards* zu halten u. die einzelnen B.sprobleme auf ihre pastoralanthropolog. Relevanz hin zu untersuchen.

Ignaz Zangerle

Lit.: R. Guardini, Grundlegung der Bildungslehre (1953); Th. Litt, Techn. Denken u. menschl. Bildung (1957); G. Dohmen, Bildung u. Schule 2 Bde. (1965 f.); I. Speck, Die anthropolog. Fundierung erzieherischen Handelns (1968).

Biopsie. B. (griech.) bedeutet die opt. Untersuchung v. Organen, Geweben etc. am lebenden Menschen.

Biotechnik. Unter B. versteht man die ↗ Manipulation v. Lebensvorgängen u. der lebendigen Substanz: 1. Verfahren, durch die das generative Verhalten der Menschen einer durch die ↗ Technik ermöglichten Regelung unterworfen ist: ↗ Empfängnisregelung, künstl. ↗ Besamung, negative u. positive ↗ Eugenik. — 2. Eingriffe in die lebende Substanz: Beeinflussung der Embryonalentwicklung, der psychischen Leistungen (↗ Psychopharmaka, chem. ↗ Gehirnwäsche, Psychochirurgie) u. der Organfunktionen (↗ Transplantation, Herzschrittmacher, ↗ Organe, künstl.). — 3. Manipulation sozialer Strukturen (↗ Familie, Beruf, Politik etc.). — B. betrifft alle Bereiche der Lebewesen (auch Agrikultur, Tierzüchtung); hinsichtlich des Menschen ergeben sich ethische Probleme (Erlaubtheit des anthropotechn. Eingriffes). (ärztl.) Berufsethik ↗ Naturrecht Rt

Lit.: A. Barthelmess, Gefährliche Dosis? (1959); H. Ryffel, Probleme der Biotechnik in soziologischer Sicht, Arzt und Christ 11 (1965), 193—211; L. M. Weber, Ethische Probleme der Biotechnik und Anthropotechnik, Arzt und Christ 11 (1965), 227—234.

Bisexualität. Unter B. im weiten Sinn wird das Nebeneinanderbestehen v. homo- u. heterosex. Geschlechtstrieben verstanden. Wie die ersten Anlagen der Sexualorgane zu Beginn der Embryonalentwicklung f. beide Geschlechter identisch sind u. sich erst durch hormonale Steuerung differenzieren, so ist auch die psychische Geschlechtsspezifität anfangs nicht eindeutig. Erst aufgrund der genitalen Reifung (↗ Pubertät) u. der Prägung durch soziale u. kulturelle Einflüsse beginnt sich das Individuum einem Geschlecht zugehörig zu fühlen. Aber auch nach Erreichen der Geschlechtsspezifität ist der Mensch weder physisch noch psychisch vollkommen eingeschlechtl. ausgeprägt. Im biolog. Bereich deuten das Vorhandensein der das andere Geschlecht bestimmenden Hormone, die Brustwarzen beim ↗ Mann u. die dem Penis ähnelnde Klitoris der ↗ Frau auf die bisexuelle Veranlagung hin. Sie spiegelt sich psych. in den ↗ Konflikten des Individuums, sein eigenes Geschlecht anzunehmen u. gegengeschlechtl. Triebregungen zu verdrängen (Penisneid der Frau, Penisverleugnung des Mannes). Als eigentl. B. wird jedoch nur eine Störung in der psycho-sozialen Geschlechtsentwicklung bezeichnet, bei der das geschlechtsreife Individuum sich weder als Mann noch als Frau fühlt u. seine sex. Neigungen nicht wirklich auf Personen des eigenen (↗ Homosexualität) od. anderen Geschlechts (↗ Heterosexualität) zu richten vermag; sie kann gelegentl. mit ↗ Intersexualität verbunden sein. Meist macht sie sich als Störung im Ablauf des Sexualverhaltens (↗ Impotenz) bemerkbar u. zeigt sich in häufig wechselnden Sexualkontakten zu gleich- u. verschiedengeschlechtl. Partnern (↗ Promiskuität).

Rf

Lit.: S. Freud, Ges. Werke, Bd. 12 u. 16 (1948); J. Money, Mann u. Frau — Einheit d. Gegensätze, in: Sexualmed. 1 (1972), 73—77.

Blaues Kreuz. Das 1877 in Genf gegründete BK. besteht aus zwei Verbänden, die mit gleicher Zielsetzung dem Diakon. Werk angeschlossen sind. In regelmäßigen Zusammenkünften u. durch eine zeitl. begrenzte, schriftl. Verpflichtung, Alkohol „mit Gottes Hilfe" zu meiden, wollen sie die Botschaft der freimachenden Gnade (↗ Erlösung) wirksam werden lassen in einer inneren Lebenserneuerung. Die mehr als 200 Vereine mit über 7000 Mitgliedern sind teilw. pietistisch ausgerichtet, aber offen auch f. nicht-evangel. Christen. ↗ Alkoholabhängigkeit.

Rf

Inform.: a) BK. in Dtsch., 65 Wuppertal-Barmen, Freiligratherstr. 27. — b) BK. in d. evang. Kirche, 463 Bochum-Linden, Mathiasstr. 1.

Blindenseelsorge. B. hat lediglich Ergänzungsfunktion zur allg. ↗ Seelsorge im Hinblick auf Blinde u. hochgradig Sehschwache. F. die B. ist Blindheit nicht primär ↗ Krankheit, noch weniger Hilfsbedürftigkeit schlechthin im Sinne der ↗ Caritas, sondern zunächst einmal nur Behinderung durch den Ausfall der Wahrnehmungen des — menschl. freilich eminent wichtigen — Gesichtssinnes (↗ Behinderte). Je nach dem Eintritt der Blindheit (Geburt, Kindheit, Alter) besteht zwar ein gewisser Mangel od. eine Einengung des opt. Vorstellungsschatzes, doch ist gesamtmenschl. dieser Mangel weitgehend durch die anderen Sinne (bes. durch Gehör- u. Tastsinn) zu kompensieren, so daß dem Blinden die f. ein geist. Leben notwendigen Anschauungsinhalte keineswegs fehlen. Eine eigentl. „Blindenpsychologie" gibt es — trotz vielfacher gegenteiliger Behauptungen seit Diderots „Brief über Blinde an Sehende", 1749, u. daraus abgeleiteter Vorurteile — nicht. Das Grundproblem des Blinden ist der Gegensatz v. seel.-geist. Vollwertigkeit einerseits u. andererseits der Unfreiheit in der Bewegung ohne fremde Hilfe, in körperl. Tätigkeit u. Arbeit u. bes. in der Aufnahme opt. Kommunikation in Zeichen, Gebärde u. Literatur. Diese Spannung führt zu Besonderheiten: Höhere Aufmerksamkeit der Restsinne, bewußtes Gedächtnis- u. Willenstraining, um sich gesellschaftl. u. wirtschaftl. zu behaupten, lebhafte Phantasietätigkeit etc; in negativen Fällen freilich auch zu ↗

Depressions, ↗ Vorurteilen u. schmerzl. ↗ Resignation. Der Blinde ist heute praktisch f. alle Berufe zu rehabilitieren (↗ Rehabilitation), v. a. dank seiner Selbsthilfeorganisationen, öffentl. Sozialhilfe (incl. Schule u. Fortbildung) u. der Verbesserung akust. Bildungsmittel (Tonträger verschiedenster Art).
Blinden-Personalpfarren sind daher unnötig u. eher schädlich: Der Blinde möchte als Mensch unter Menschen an der v. Sehenden f. Sehende gestalteten Welt möglichst voll teilnehmen u. sich in sie integrieren, bedarf dazu nur des Verständnisses, der Rücksicht, des ↗ Vertrauens u. gelegentl. Hilfen seiner ↗ Umwelt u. der B. Die Zahl der Blinden ist nicht einmal sehr groß: In unseren Breiten kommt auf ca. 1.500 Sehende lediglich 1 Blinder; nur etwa 6—7% davon sind Blindgeborene, weniger durch Vererbung als durch fötale Schädigungen (Rubeolen der Mutter etc).
Durch die Dunkelziffer der verschiedengradigen Altersblindheit ist kaum eine zuverlässige Statistik erhältlich.
Für die B. bedarf man kaum (anders als bei Taubstummen u. ↗ Taubblinden) bes. Hilfsmittel od. Fertigkeiten, wenn auch die Kenntnis der Braille-Blindenpunktschrift gelegentl. v. Vorteil sein kann, spez. bei der Korrespondenz; das Tonband kann aber meist die Schriftlichkeit ersetzen.
Schwerpunkte der B. liegen im Kindesalter (meist Heimschule, vielfach konfessionell), in der behutsamen Betreuung Erblindender u. Neuerblindeter mit den vielfältigen Schockwirkungen u. im bes. einfallsreichen seelsorgl. Angebot f. Blinde in den Ortspfarren (vom Vorleseapostolat bei Einsamen, aber auch bei Studenten, Begleitung zum ↗ Gottesdienst, über Feiern u. Geselligkeiten bis zu Einkehrtagen u. ↗ Exerzitien auf Dekanats- od. Bistumsebene). In allen Diözesen gibt es nebenamtl. B.r. In Einzelfällen ist an fürsorgerische u. caritative Hilfe zu denken. Es existieren mehrere kirchl. Zeitschriften u. Spezialbibliotheken f. Blinde (Schwarz- wie Brailledruck, Tonbüchereien etc.), die man am leichtesten bei der „Zentralstelle f. kath. Seelsorge bei Sinnesgeschädigten", Steinweg 10, D-516 Düren/Rhld. erfragt. Dort bestehen auch lebhafteste ökumen. u. internat. Kontakte. Em

Lit.: J. H. Emminghaus, Kleine Blindenpastoral (²1962); H. Garbe, Die Rehabilitation der Blinden u. hochgradig Sehbehinderten (1965).

Blutschande ↗ Inzest

Blutsverwandtschaft. Für blutsverwandte Ehepaare aus ↗ Familien ohne bekannte Erbleiden ist das Risiko kranker Kinder nur wenig erhöht. Die Gefahr besteht darin, daß zwei gleichartige rezessive Krankheitsanlagen, die einzeln unbemerkt über Generationen vererbt wurden, im ↗ Kind zusammentreffen. Diese Wahrscheinlichkeit ist bei blutsverwandten Ehepaaren erhöht, da sie auf Grund der gemeinsamen Vorfahren ein ähnlicheres Erbgut haben als nichtverwandte Eheleute. Selbst aus inzestuösen Verbindungen können normale Kinder entspringen, wie die Geschwisterehen der altägypt. Könige u. heutige Erfahrungen zeigen. Die häufige Minderbegabung v. Inzestkindern dürfte daher kommen, daß Personen, die ↗ Inzest begehen, oft selbst minderbegabt od. psychisch abnorm sind. Fortgesetzte Inzucht bewirkt Einschränkung der genet. Vielfalt u. kann herabgesetzte Vitalität u. Anpassungsfähigkeit zur Folge haben. Andererseits können sich auch hochwertige Eigenschaften ansammeln. Ze

Bluttransfusion. B. ist die Übertragung v. Blut v. Mensch zu Mensch direkt od. indirekt vermittels einer Blutkonserve. Schon früh versuchte man durch Übertragung v. Tier- (Lamm-) od. Leichenblut (Moskauer Ärzte Judin u. Skutina) schwere Blutverluste od. erkranktes Blut zu ersetzen, was aber wegen der Abwehrreaktionen mißlang. Erst durch die Entdeckung der Blutgruppen durch J. Landsteiner wurde die Übertragung gruppengleichen Blutes möglich. Die f. den Abwehrmechanismus wichtigen Blutgruppen 0, A, B, AB wurden durch Untergruppen A_1, A_2, A_3 u. weitere Faktoren (M, N, P, G, H, Rh) ergänzt, die f. die B. unbedeutend, aber f. erbbiolog. Untersuchungen (z. B. Vaterschaftsnachweis) wichtig sind. Die bis zum 2. Weltkrieg vor-

herrschende direkte Frischblutübertragung wurde mit der Entwicklung der Blutkonserve immer mehr verdrängt auf Fälle v. genuinen Blutkrankheiten u. Blutaustausch bei Erythroblastosen. Infusion der etwa 3 Wochen haltbaren u. auf Blutbanken deponierten Blutkonserven wird bevorzugt bei akuten Blutungen, Operationsschock, sekundärer Anämie, Infektionskrankheiten u. Vergiftungen. Blutersatzmittel (Plasma u. a.) haben den Vorzug bei dringenden Notfällen, Brandwunden, ↗ Schock u. Kollaps u. Nephropathien. B. bringen den rasch notwendigen Blutersatz, aber auch umstimmende, die Abwehrkräfte steigernde (Rekonvaleszentenblut) u. die Gerinnung fördernde Wirkungen hervor. In vielen Fällen rettet sie das Leben.
V. ethischer Seite her gibt es im Gegensatz zu einigen Sekten (Zeugen Jehovas) keine Bedenken gegen eine B., wenn alle Kautelen f. eine Transfusion eingehalten werden, wie Blutgruppenbestimmung u. Verträglichkeitsreaktionen (Kreuzmethode), genaue serolog. Untersuchung zur Verhinderung einer Transfusionssyphilis, -hepatitis u. -malaria, richtige Konservierung auf Blutbanken. Treten bei der Transfusion Schüttelfrost, Erbrechen u. Fieber auf, so ist mit schweren Abwehrreaktionen zu rechnen (Kollaps, Herzversagen, Schock); Bekämpfung durch Herz- u. Kreislaufmittel, künstl. Beatmung. Die sorgfältige Gewinnung v. Konservenblut, die genauen serolog. Untersuchungen u. Verträglichkeitsreaktionen sichern einen möglichst komplikationslosen Verlauf der B. Für den großen Bedarf v. Blutkonserven muß durch Spenderaktionen vorgesorgt werden. Gg

Lit.: P. Fuchsig, Bluttransfusion, in: Consilium (¹1957); A. Sturm, Grundbegriffe der inneren Medizin u. Neurologie (1968).

Böse(s). *1. Problem:* Die Menschen neigen angesichts der Tatsache, daß es in der Welt Zustände gibt, die v. ihren Vorstellungen, wie die Verhältnisse sein sollten, abweichen, dazu, diese Differenz dem B.n als Ursache zuzuschreiben. So werden 1. Motive zur Veränderung eines als bedrohl. empfundenen ↗ Schicksals zum Guten freigesetzt, 2. Kräfte mobisiert, um nicht direkt veränderbare, sinnlose bzw. schädl. Verhältnisse, die als solche dennoch als unbedingt zu verändernde erscheinen, bei sich u. anderen zu akzeptieren u. infolgedessen leichter zu ertragen, 3. die Menschen veranlaßt, ihre Hoffnung auf eine vom B.n befreite Welt zu setzen, sofern diese ihnen als ein u. U. zugängl. gnadenhaftes Angebot erscheint; u. dadurch eine zusätzl. ↗ Motivation zu erhalten, das ihnen Mögliche zur Überwindung des B.n zu tun. Das Reden vom B.n erweist sich jedoch als schädlich, wenn es dazu verleitet, 1. fälschlicherweise Gutes als B.s zu brandmarken u. in der Folge B.s zu fördern, 2. direkt veränderbare Verhältnisse als unabänderlich zu akzeptieren, 3. in der ↗ Hoffnung auf ein besseres Leben in der Bekämpfung des B.n träge zu werden. Auf jeden Fall kann man best. Verhaltensweisen nur b. nennen, wenn man v. der Sehnsucht nach einer Veränderung der Welt bzw. nach einer veränderten Welt erfaßt ist. Soll das Reden vom B.n dem Ziel des Heraufkommens einer veränderten Welt dienen, müssen die verschiedenen Theorien vom B.n unter dem Gesichtspunkt überprüft werden, inwieweit sie geeignet sind, tatsächl. besser mit dem fertig zu werden, was als b. bezeichnet wird.
2. Wesen: Reden vom B.n ist nur sinnvoll, wenn man es v. der bloßen Unvollkommenheit unterscheidet. Diese wird am Maßstab der konkret möglichen bzw. absoluten Seinsvollkommenheit gemessen, jene aber am Maßstab der f. das unvollkommene Seiende möglichen u. verpflichtenden Vollkommenheit des Handelns, also an der ↗ Norm der ↗ Sittlichkeit. Das B. ist demnach v. der metaphys. Unvollkommenheit zu unterscheiden, die sich aus der Begrenztheit des Irdischen notwendig ergibt; weiterhin v. der tatsächl. u. in dem Sinne physischen Unvollkommenheit, die als diese best. Unvollkommenheit zwar nicht notwendig ist, als eine best. Unvollkommenheit aber doch notwendig ist. So haben wir z. B. alle notwendig eine begrenzte u. somit unvollkommene Intelligenz, Größe

usw., die als eine best. aber nicht absolut notwendig ist. Als b. wird dagegen ein Verhalten danach beurteilt, wie es sich zur Norm des Sollens verhält. D. h., das B. besteht im Verhältnis, in dem eine best. Absicht, ein best. Tun zu einer verpflichtenden Ordnung stehen. Das B. besteht demnach näherhin darin, daß das Verhältnis des Tuns zur Ordnung der Bevorzugung u. Zurückstellung, die durch das Sollen angezeigt wird, umgekehrt wird. Das Tun, das im Verhältnis zur Sittenordnung zurückgestellt werden sollte, wird bevorzugt u. durch diese Bevorzugung u. dieses umgekehrte Verhältnis zur Sittenordnung als b. charakterisiert. Demnach kann man vom B.n im Unterschied zur Unvollkommenheit sinnvollerweise nur reden, indem man bei Unvollkommenheiten unnötigen u. gleichzeitig nicht gesollten ↗ Entscheidungen als Ursache zuschreibt. Das ist jedoch nicht so möglich, daß man deduktiv v. der Ursache des B.n auf das B. schließt, man kann auch den Weg v. der Ursache des B.n zum B.n nicht direkt beschreiben, sondern man kann nur ausgehend vom Schuldbekenntnis etwas über das in ihm implizierte Schuldbewußtsein aussagen. Denn die Ursache des bösen Verhaltens u. der durch es bedingten bösen Verhältnisse u. somit das radikal B. ist nicht unmittelbar greifbar u. begrifflich denkbar, sondern diese ist nur indirekt u. zwar im ↗ Bekenntnis der als b. gedeuteten Verhältnisse zugänglich, weil der Mensch nur im Sein bei Objekten bei sich ist u. sich u. diese Objekte nur durch deutende ↗ Symbole vermittelt begreift. Das radikal B. kann somit nicht direkt introspektiv im unmittelbaren Vollzug seiner Akte betrachtet werden, sondern nur im Spiegelbild seiner Objekte, in dem dieses B. zum Ausdruck kommt, u. zw. als b. gedeutetes. D. h., unmittelbarer Gegenstand v. Untersuchungen über das B. kann nur die Symbolik des B.n sein.

Wird eine solche Untersuchung unter Zuhilfenahme der psychoanalyt. Methode durchgeführt, stößt man auf ↗ Lust u. Begierde als hermeneut. Grundprinzip zur Erklärung v. Schuldbewußtsein, das den Triebwunsch im Sich-Zeigen u. im Sich-Verbergen verschleiern mag. Es läßt sich jedoch bezweifeln, daß mit dieser Methode der ganze Sinngehalt der Symbolik des B.n ausgeschöpft werden kann. Es ist deshalb naheliegend, diese auch sittenphänomenol. zu untersuchen. Man entdeckt dann als hermeneut. Grundprinzip dieser Symbolik eine zerstörerische Fähigkeit des ↗ Willens, gegen das ↗ Gesetz zu handeln, also anders handeln zu können, als man gehandelt hat, u. darin die Fähigkeit, eine Verpflichtung nicht zu erfüllen, die man als klar gerechtfertigt erkennt. Das radikal B. erscheint somit sittenphänomenol. gesehen als eine Grunddisposition der ↗ Freiheit, die vorausgesetzt werden muß, damit die in der Symbolik des B.n sich ausdrückende ↗ Erfahrung ethisch gedeutet werden kann. Das B. würde demnach aufhören, b. zu sein, wenn es aufhörte, eine Seinsweise der Freiheit zu sein, die selbst aus der Freiheit kommt. Das radikal B. ist somit sittenphänomenol. der unzeitl. Aspekt des in jedem b. Verhalten vorgefundenen B.n. Als tatsächlich b. kann man dieses nur aufgrund einer Grenzphilosophie kennzeichnen, indem man die Symbolik des B.n als Ausdruck der Grenzerfahrung einer sich selbst bereits unfrei gemacht habenden Freiheit, als Unfähigkeit der Fähigkeit der Freiheit versteht.

3. *Ausmaß:* Dieses sittl. B. tritt umso deutlicher zutage, 1. je offensichtlicher die Norm der sittl. Vollkommenheit wird, an der sich das Seiende orientieren soll, 2. je klarer die unmittelbare Verpflichtung zum Handeln nach dieser Norm erkannt wird u. dementsprechend die Verantwortung f. ein entsprechendes Handeln zunimmt, 3. je offensichtlicher die nachteiligen Folgen unverantwortlichen Handelns u. die Erfordernisse zu seiner Wiedergutmachung zutage treten. V. hier her ist es zu erklären, daß im Christentum das Bewußtsein v. ↗ Sünde, ↗ Schuld u. B.m einschließlich der ↗ Erbsünde eine außerordentl. Vertiefung erfahren hat. So ist die allmählich sich entfaltende Erbsündenlehre das Ergebnis einer fortschreitend reflektierenden Interpretation des Christusmysteriums mit seinen Implikationen f. die Erfassung des B.n. So ging mit der Vertiefung des Glaubensbewußtseins v. der endgültigen

Überwindung des B.n eine Vertiefung im Glaubensbewußtsein vom Ausmaß des B.n Hand in Hand. Demnach wird man, je nachdem, wie weit man den Unvollkommenheiten des Daseins mittelbar od. unmittelbar sittl. Unverantwortlichkeit zuschreibt, das B. mehr od. weniger intensiv ausgedehnt ansehen.

Nun zeigen aber die Einsichten der Natur-, Human- u. Gesellschaftswissenschaften, insbes. auch die der Psychologie, daß alle menschl. — einschl. der psychischen — Handlungen zahlreichen gesetzmäßigen Mechanismen unterworfen sind, die nur begrenzt beeinflußbar sind. Der Grund dafür ist darin zu suchen, daß der Mensch in seinem Handeln v. — zum großen Teil unbekannten — neurolog., endokrinen, mehr od. weniger unbewußten u. schwer durchschaubaren Antriebskräften sowie v. mannigfaltigen — unzureichend bekannten — gesellschaftl., wirtschaftl. u. sonstigen Faktoren bestimmt ist. Die Entdekkung dieser Einflüsse zeigt oft, warum Menschen in best. Situationen in best. Weise handeln mußten u. folglich das formal B. ausgeschlossen ist. Sie zeigt noch öfter, daß ein best. Verhalten erklärlich u. naheliegend ist. Sie läßt andererseits hinreichenden Grund dafür erkennen, warum das menschl. Handeln sich grundsätzlich nicht in anderen sittl. guten Bahnen hätte vollziehen können; sie legt häufig die Existenz eines mehr od. weniger großen unmittelbar zugänglichen psychischen Freiheitsraumes nahe. Triebmechanismen u. freie Entscheidungsmöglichkeiten erscheinen dann als gleichzeitige Handlungsfaktoren in einem kaum auflösbaren Ineinander, das formal b. Handeln ermöglicht. Demnach vollzieht sich das b. Verhalten nach mannigfaltigen natürl. u. kulturellen Gesetzmäßigkeiten, diese aber wurden letzten Endes durch freie, u. zwar sittlich b. Entscheidungen in dieser Welt in Bewegung gesetzt bzw. in ihrer Richtung bestimmt.

4. *Möglichkeiten der Überwindung:* Eine radikale Überwindung des B.n mit den Mitteln der Ethik ist nicht möglich, da das radikal B. als apriorische Bedingung des tatsächlichen ethischen Handelns anzusehen ist. Dementsprechend ist f. den Menschen v. sich aus eine Überwindung bzw. Bekämpfung des B.n nur insoweit möglich, wie es gelingt, die natürl. u. kulturellen Gesetzmäßigkeiten im Hinblick auf die Ermöglichung sittl. guter Entscheidungen zu beeinflussen u. dadurch die Voraussetzungen f. die Wiederherstellung der sittl. Ordnung zu verbessern. Das geschieht dadurch, daß man den menschl. Freiheitsraum zu erweitern versucht, indem man seine Grenzen bewußt macht, Motive zu seiner sittl. guten Nutzung u. Erweiterung bereitstellt u. dadurch die Überschreitung der Grenze dieses Freiheitsraumes in einer der menschl. Freiheit entsprechenden Weise ermöglicht.

Weil der Mensch als Individual- u. Sozialwesen unter mannigfaltigen ↗ Zwängen steht u. die Beseitigung best. Zwänge häufig — u. in begrenztem Umfang immer — neue Zwänge bewirkt, ist dieser Emanzipationsprozeß aus der Gewalt des B.n außerordentlich kompliziert u. verlangt gründl. Kenntnisse der natürl. u. kulturellen Gesetzmäßigkeiten. Ihre unsachgerechte Beeinflussung kann zu erhebl. physischen wie gesundheitl., gesellschaftl., machtpolit., psychischen, neurot. u. sonstigen Störungen führen. Man muß sich damit abfinden, daß der Befreiungsprozeß auch wegen der neuen Zwänge, die er stets bewirkt, u. wegen seines Ausganges v. bestehenden b. Verhältnissen, die den Menschen schon in v. ihm unaufhebbare Zwänge brachten, grundsätzl. nur begrenzten Erfolg haben kann.

5. *Befreiung vom B.n:* Der sich als dem B.n verfallen vorfindende Mensch, der zur Bekämpfung des B.n befähigt u. berufen ist u. dabei zwangsläufig doch immer scheitert, ist somit auf Befreiung vom B.n verwiesen, wenn er eine endgültige Überwindung des B.n anstrebt bzw. erwartet.

Diese Befreiung verkünden Juden- u. Christentum als schon verwirklichte u. noch zu verwirklichende Möglichkeit der ↗ Erlösung vom B.n. Diese wird im ↗ Glauben somit unter der Perspektive der ↗ Hoffnung gesehen: Die infolge des B.n zu Kreuz u. ↗ Tod bestimmte Freiheit soll durch das Gute in der Gestalt des auf uns zukommenden u. geschenkten Reiches Gottes u. der es zur Vollendung kommen lassenden Gnade Gottes in Überfülle zur Geltung kommen. Im Glauben müssen demnach die Freiheit u. das B. in der Ordnung der Überfülle gesehen werden, in der die Freiheit zu ihrer Vollendung gelangt, u. zwar indem sie das B. durch seine Übernahme u. Ausrichtung auf die Ordnung der Überfülle überwindet.

Indem das B. im Glauben als Sünde vor Gott charakterisiert wird, wird die quälende Reflexion über das Vergangene in Gewissensbissen durch die ↗ Reue in die Perspektive der Verheißung Gottes gestellt. Gleichzeitig wird so der selbstgerechte u. zum Scheitern verurteilte Wille, nach dem Gesetz leben zu wollen, als entfremdender Anspruch des Menschen, Herr seines Lebens zu sein, entlarvt; d. i. nicht in der bloß ethischen, sondern erst in der rel. Betrachtung des B.n möglich (↗ Religiosität).

Im rel. Horizont der Hoffnung erscheint das B. des B.n schließlich zutiefst in ideolog. bzw. totalitären Zielvorstellungen der menschl. Vollendung, weil so eine begrenzte menschl. Erfüllung verabsolutiert wird u. alle Teilziele in Beziehung zu diesem letztlich versklavenden Endziel gesehen u. bewertet werden. In rel. Sicht dagegen werden alle menschl. Zielsetzungen, einschließlich der b.n, relativiert u. dynamisiert im Hinblick auf eine absolut offene, alle Maße sprengende Erfüllung in der gnadenhaften Gottesvereinigung. So wird selbst das B. in geheimnisvoller Weise in den Dienst des Heraufkommens der Überfülle des Reiches Gottes gestellt.

Waldemar Molinski

Lit.: H. Reiner, Das Prinzip v. Gut u. Böse (1949); G. Mensching, Gut u. Böse im Glauben der Völker (²1950); M. Buber, Bilder v. Gut u. Böse (1953); A. Hesnard, Morale sans péché (1954); W. Bitter (Hrg.), Gut u. Böse in der Psychotherapie (1959); B. Welte, Über das Böse (1959); Ch. Journet, Vom Geheimnis des Übels (1963); K. Lorenz, Das sogenannte Böse (1963, ⁷1965); H. Harsch, Das Schuldproblem in Theologie u. Tiefenpsychologie (1965); W. Czapiewski/G. Scherer, Der Aggressionstrieb u. das Böse (1967); A. Plack, Die Gesellschaft u. das Böse (1967, ⁵1969); Concilium (1970), Heft 6/7: Die Herausforderung des christlichen Glaubens durch die Infragestellung des sittlich Bösen; P. Ricoeur, Die Fehlbarkeit des Menschen (dt. 1971); ders., Symbolik des Bösen (dt. 1971); W. Lauer, Schuld — das komplexe Phänomen **(1972)**.

Borderline case. B. c. (engl.: Grenzfall) bedeutet Zustandsbild zw. gesund u. krank, z. B. gewisse charakterl. Profilierungen (psychopath. Persönlichkeiten), aber auch Zustandsbilder zw. zwei krankhaften Syndromen, z. B. ↗ Neurose mit ↗ Psychose-Wert.

Brautunterricht. Dem vor der Eheschließung durch das Kirchenrecht vorgeschriebenen Brautexamen, das sich auf Aufnahme der Personalien der Brautleute, dem Vorlegen wichtiger Urkunden, der Prüfung des Ehewillens u. evtl. vorhandener ↗ Ehehindernisse bezieht, folgt der B., der vom Pfarrer der Braut od. v. einem durch ihn delegierten Priester zu halten ist. Im B., der als Brautgespräch gestaltet werden sollte, soll über das Wesen der christl. ↗ Ehe gesprochen werden. Es genügt nicht, mit den Brautleuten nur den äußeren Ablauf der Trauung u. der Brautmesse durchzusprechen od. sie zu mahnen, vor ihrem Eheschluß zur ↗ Beichte zu gehen. Wohl ist vom Priester darauf hinzuweisen, daß die Trauung in Verbindung mit der Eucharistiefeier nur dann stattfinden soll, wenn f. wenigstens einen Ehepartner auch sonst der Besuch der Eucharistiefeier üblich ist, sonst ist die Trauung während eines Wortgottesdienstes angebracht. Wo die kirchl. Trauung nur aus konventionellen Gründen od. Familienrücksichten geplant u. keine Glaubensmotivation erreichbar ist, sollte man die kirchl. Eheschließung aufschieben. Im B. muß auf das Gesamt christl. Ehe hingewiesen werden; im konkreten Fall auch auf Möglichkeiten, Schwierigkeiten u. Besonderheiten bei Mischehen. Da dem Priester die Kompetenz in Einzelfragen fehlt u. ↗ Eheseelsorge nicht allein Aufgabe des Priesters ist, tritt ergänzend od. anstelle des Einzelgesprächs vor der Eheschließung der Brautkursus, das Brautleuteseminar od. der Brautgemeinschaftstag, der v. einem Team, bestehend aus einem Mediziner, Juristen, Theologen, einem ↗ Vater od. einer ↗ Mutter gehalten wird. Nicht allein in Vorträgen, auch in Gruppengesprächen sollen sich Brautleute mit der vielfältigen Problematik ihrer künftigen Ehe vertraut ma-

chen. Der Theologe muß unbedingt darauf achten, daß er nicht nur dogmat., moraltheol. od. kirchenrechtl. Abhandlungen über Ehe gibt, sondern die Brautleute in ihrer Situation anspricht u. zeigt, welchen Dienst sie aus dem ↗ Glauben in der Ehe aneinander zu verrichten haben. Bes. kirchl. engagierten Brautpaaren ist die Teilnahme an Besinnungstagen od. ↗ Exerzitien vor dem Eheabschluß anzuraten.
In den evang. Kirchen ist das Traugespräch mit den Brautleuten gängiger Brauch. Es ist nach H.-J. Thilo neben dem liturg. Vollzug der Trauung u. neben der Traupredigt die dritte Dimension, in der eine „↗ Deutung hintergründiger Lebensvorstellungen als Lebenshilfe" gegeben wird. Das Traugespräch steht in enger Beziehung zur nachgehenden Seelsorge in Form der ↗ Ehe- u. der ↗ Erziehungsberatung, ja kann selber beratenden Charakter haben. Mb

Lit.: A. Müller, Zeitgemäße Vorbereitung auf die Ehe, in: J. A. Hardegger, Handbuch der Elternbildung II (1966), 426; J. Jakli, Methoden der Ehevorbereitung (1970); H.-J. Thilo, Beratende Seelsorge. Tiefenpsychologische Methodik, dargestellt am Kasualgespräch (1971).

Broken home. Aus dem Engl. in die deutsche Fachliteratur übernommener Ausdruck zur Bezeichnung einer unvollständigen, ja fehlenden ↗ Familie im Kindesalter, also Wegfall des ↗ Vaters od. der ↗ Mutter od. beider Eltern (durch ↗ Tod, Scheidung, unehel. Geburt) ohne entspr. Ersatz durch Pflegeod. Adoptiveltern. Daraus ergibt sich mangelnde emotionale Zuwendung („Nestwärme"), sowie Mangel an ↗ Bezugspersonen zum Aufbau fester persönl. Bindungen, in der Folge u. U. Schwierigkeiten bei der ↗ Identitätsfindung u. allgem. sozialen Orientierung in der ↗ Pubertät.
Synonym gebraucht auch: Defektfamilie. Als solche könnte man jedoch auch nach außen hin intakte, in inneren Beziehungen gestörte Familien („Fassadenfamilie") bezeichnen, während der Ausdruck b. h. auch nach außen hin unvollständige Familien meint. ↗ Familienpathologie. GaS

Lit.: H. u. S. Gastager, Die Fassadenfamilie (1973).

Brot für die Welt ↗ Entwicklungshilfe, kirchliche

Brutalität. Gewalttätigkeit; Grausamkeit; Rücksichtslosigkeit; Grobheit; v. a. Menschen, jedoch auch ↗ Tieren wie der pflanzl. ↗ Natur gegenüber. Die psychosozialen Ursachen sind vielfältig, z. B. Zerstörungslust, Menschenverachtung, ↗ Enttäuschung, ↗ Haß u. ↗ Aggression.

Buße. Der Begriff B. steht in unmittelbarem Zusammenhang mit dem Begriff der ↗ Sünde. Er fehlt in mag. u. rein diesseitigen Weltanschauungen, die kein eigentliches Sündenbewußtsein kennen. In primitiven Religionen erscheint B. als Wiederherstellung der gestörten objektiven Ordnung durch Sühnopfer, in Hochreligionen als individ. ↗ Bekehrung durch ↗ Bekennen u. verschiedene Formen der Wiedergutmachung. In den älteren Schriften des AT wird B. (sûb = zurückkehren, sich abkehren) v. a. als Rückkehr des Volkes zu Jahve gesehen. Bei den ↗ Propheten (Jer u. Ez) ändert sich das schon, u. in der Weisheitsliteratur werden die fast synonym verwendeten Ausdrücke Bekehrung (epistrophè) u. B. (metánoia) mehr als Umkehr des einzelnen verstanden. Im NT ist nach Johannes dem Täufer u. Jesus das bevorstehende bzw. angebrochene Gottesreich Grund zur B., die hier radikale Lebensänderung bedeutet u. den ↗ Glauben an Jesus voraussetzt. Wie schon im AT wird erst recht im NT betont, daß B. Werk Gottes ist, das der Mensch aus eigenem nicht vollbringen kann. Im Unterschied zum AT erscheint sie primär als Hinwendung zum neuen Leben, das Gott schenkt, u. in der Konsequenz als Abkehr v. allem Gottwidrigen. Sie ist gleichbedeutend mit dem zum-Glauben-Kommen u. zugleich der konkrete Vollzug des rechtfertigenden Glaubens, der durch die ↗ Taufe, die das Grundsakrament der B. ist, besiegelt wird. Sie muß sich bewähren in „Früchten der B.", im „neuen Leben" dessen, der mit Christus der Sünde gestorben ist.

B. als ↗ Tugend, als christl. Lebenshaltung, gründet also in dem Glauben, daß sich der Mensch als Sünder in einer Lage befindet, aus der Gott allein ihn retten kann, aber auch retten will. Ihr zentralster Akt ist die ↗ Reue — das „erschrockene ↗ Gewissen" (Luther) —, durch die sich der Sünder, getragen v. der Gnade Gottes, v. seiner sündigen Vergangenheit u. dem aus ihr resultierenden heil-losen Zustand distanziert, durch die er fähig wird, im Glauben Gottes Vergebung zu empfangen u. das Angebot zu einem neuen Beginn zu ergreifen (Vorsatz, tätige B.). Christl. B. ist daher ebenso weit entfernt v. ↗ Verdrängung wie v. ↗ Verzweiflung. Im Glauben an die ↗ Erlösung durch Christus bewältigt sie die Vergangenheit u. öffnet den Weg in die ↗ Zukunft. Nach kath. Verständnis findet sie ihre sichtbare Vollendung im wirksamen Zeichen des Bußsakramentes (↗ Beichte). My

Lit.: K. Rahner, Buße, Sacramentum Mundi I (1967), 652—655 (Lit.); W. Löser, Buße — Bußerziehung — Bußpraxis: Lex. d. Pastoraltheologie (1972), 73—78; R. Hermann, RGG³ I 1534—1538 (Lit.).

Bußsakrament ↗ Beichte ↗ Bekehrung

Caritas. Meist als institutionalisierte u. organisierte Hilfeleistung der Kirche verstanden, ist C. pastoral.theol. als eine Verwirklichung christl. ↗ Liebe zu sehen, die sich praktisch primär als Nächstenliebe betätigt (z. B. Röm 13,8; Gal 5,13 f; 6,2), der ↗ Diakonie, die wiederum v. a. im notleidenden Menschen Christus dient (Mt 25, 31—46) u. der „Kirche der Armen" (II. Vat., GS 1; LG 8). Gegenüber weltanschaulich neutraler Humanität wesenhaft rel. motiviert (Gal 5,6; Jak 1,27), muß sie, was heute bes. betont wird, in die ↗ Gemeinde integriert u. Lebensäußerung aller ihrer Glieder, insbes. der Laien sein (AA 8).

Grundsätzl. dem ganzen Menschen verpflichtet, leistet die Kirche umfassende sozial-caritative Hilfen (↗ Sozialarbeit, ↗ Sozialdienste), doch entsprechen ihrer Sendung bes. die der ↗ Seelsorge verwandten Dienste in personaler u. rel. Not (↗ Beratung; ↗ Vereinsamung), die „strapaziöse" C. etwa f. unheilbare Kranke u. wenig Erfolg versprechende Klienten (↗ Asozial, ↗ Behinderte, ↗ chron. Krankheit, ↗ Sucht) u. die universale, weltweite Hilfe (↗ Entwicklungshilfe, kirchl.).

Dazu bedarf es der anfänglich schon im Urchristentum vorhandenen Organisation, die, trotz der sie bedrohenden Gefahren, nicht in individualist. u. spiritualist. Sinne abgewertet (Apg 6,1—6; 2 Kor 8 f; 1 Tim 5,9—16; GS 88; ↗ Diakonat), aber auch niemals Ersatz od. „Alibi" f. mangelnde persönl. geübte Nächstenliebe werden darf. Sie kann jedoch aufs ganze gesehen die gerade heute erforderl., sach- u. fachgerechte, wissenschaftl. fundierte, dauerhafte u. auch die vom Klienten manchmal bevorzugte anonyme Hilfe vermitteln; sie ist notwendig auch um der innerkirchl. u. ökumen. Zusammenarbeit willen u. f. wirklich partnerschaftl. Kooperation mit der nichtkirchl. Sozialarbeit z. B. im Rahmen des Deutschen C.verbandes (Freiburg i. Br.), der Österreichischen C.zentrale (Wien), des Schweizerischen C.verbandes (Luzern) u. z. B. mit der C. Internationalis u. dem Diakonischen Werk der Evang. Kirche. Vö

Lit.: Zeitschr. Caritas (Freiburg i. Br.); Jahrbuch des DCV (Lit.); R. Völkl, Dienende Kirche — Kirche der Liebe (1969) (Lit.); Pastorale. Fasz., Diakonie u. Caritas (Mainz, im Erscheinen).

Case Work (engl.) Einzelfall-Hilfe. Es handelt sich beim C. W. um ein vertieftes Bemühen, dem Einzelnen im Rahmen der ↗ Sozialarbeit auf psychiatr., psych. u. psychoanalyt. Basis (↗ Lebensberatung) zu helfen. C. W. geht über materielle Lebenshilfe (finanz. Unterstützung, Arbeitsvermittlung, usw.) hinaus. Durch psych. orientierte ↗ Gespräche u. Maßnahmen soll der Klient zur Selbständigkeit u. Selbstverantwortung befähigt werden. C. W. läßt sich durch ↗ Milieutherapie bzw. Sozialtherapie des größeren Lebensraumes eines Klienten ergänzen.

Lit.: R. Bang, Hilfe zur Selbsthilfe (1960); dies., Psych. u. method. Grundlagen der Einzelfallhilfe (Casework) (⁴1968).

Charakter. Ch. (wörtlich Prägung, Kerbung) bezeichnet zunächst ganz allgemein verschiedene wertfreie Merkmale einer Sache od. eines Individuums (Charakteristikum). Eine andere Auffassung meint damit die seel.-geist. Eigentümlichkeit eines Lebewesens. Beim Menschen ist das Personsein Grundlage des charakterl. Soseins u. Sowerdens. Unterscheidendes Merkmal der Personen untereinander ist der Ch., d. h. das individuelle Geprägtsein, das sich in best. Erlebnisweisen u. Verhaltensformen darstellt, welche sich mehr od. weniger strukturiert ganzheitlich zusammenfügen u. relativ beständig sind. Ch. i. e. S. ist also das spezif. Sosein eines best. Menschen. Die Ch.forschung unterscheidet animalische u. geistige Ch.anlage, einen relativ beständigen Grund-Ch. (Aristoteles) vom empirischen Ch. (Kant), der abhängig ist v. Erziehungs- u. Umwelteinflüssen. Nach A. Pfänder ist der empirische Ch. die Selbstauszeugung des Grund-Ch.s (begründet im Urtrieb der Selbstentfaltung). A. Gehlen versteht unter Ch. den Inbegriff stabiler Gewohnheiten u. Gesinnungen, eine Verhaltensformel v. gleichbleib. Wertneigung, ein Zuchtprodukt der Gesellschaft u. ihrer Interessenverteilung.

Ch.ologie im weiteren Sinne beschäftigt sich mit der Art u. Weise, wie der Mensch seine ↗ Anlagen entfaltet, spezifiziert, kompensiert, auf sie reagiert. In der differentiellen Psychologie werden Ch. u. Persönlichkeit oft verwechselt. Ch.ologische Systeme wurden in der ersten Hälfte des 20. Jhs. vorwiegend als Schichtenmodelle vertikal od. zentriert aufgebaut. Die Diagnostik des Ch.s beruht auf Beobachtung u. Interpretation. Ausgangspunkt war ursprünglich die Ausdruckspsychologie auf dem Weg der Intuition (Mimik, Pantomimik, Sprechen, Schrift), später die phänomenolog. Persönlichkeitsdiagnose mit der Ermittlung der Leistungs-, Haltungs-, Verhaltens- u. Wesenseigenschaften; verifizierende Begründungen durch metrische Faktorenanalysen (R. B. Cattell). Die Ch.entwicklung ist genetisch, d. h. anlage(erb)bedingt, die Ch.entfaltung v. Umweltfaktoren abhängig. Ar

Lit.: W. Arnold, Person, Charakter, Persönlichkeit (³1969); I. L. Janis (Hrg.),Personality (1969); P. R. Hofstätter, Differentielle Psychologie (1971); H. J. Vetter/B. D. Smith (Hrg.), Personality Theory. A Source Book (1971); Th. Herrmann, Lehrbuch der empirischen Persönlichkeitsforschung (²1972).

Charismen. Unter Ch. versteht man bes. Gnadengaben des ↗ Hl. Geistes an den getauften Gläubigen (↗ Taufe), durch die er als Charismatiker berufen u. befähigt wird, in eigener Weise zum fortschreitenden Heilswerk Christi beizutragen u. Zeugnis f. die weltüberwindende Kraft des Geistes Gottes abzulegen. Die apostol. Predigt beruft sich auf die mannigfaltigen Geistwirkungen der Ch. in der organ. Einheit der ↗ Kirche als Erfüllung der f. die messian. Zeit verheißenen Geistsendung; Paulus zählt (1 Kor 12 u. a.) einzelne Ch. auf wie: wunderkräft. ↗ Glauben, Weisheitsrede, ↗ Prophetie, Heilungsgabe, ekstat. ↗ Zungenrede, ↗ Ehelosigkeit, aber auch Amtsgnaden wie Gemeindeleitung, Zuspruch, Auslegungs- u. Unterscheidungsgabe, Hilfeleistung u. Verwaltung. Die Entgegensetzung v. ↗ Amt u. Ch. in der Kirche erscheint somit bibl. wenig begründet, wohl aber histor., da nach dem 3. Jh. viele freie Ch. in „Ämter" (z. B. Exorzist) umgewandelt wurden. Das Nachlassen der Ch. veranlaßte eine ältere Schultheologie, die Ch. als außerordentl. Privilegien der Urkirche zu definieren. Das neue Selbstverständnis der Kirche seit dem II. Vatikan. Konzil rechnet die Ch. zu den bleibenden Zeichen der Geistsendung in der Kirche Jesu. Das Kriterium f. die Echtheit der Ch. liegt nicht so sehr im Wunderbaren der Wirkung, sondern nach den paulin. Unterscheidungsregeln im Bekenntnis zu Christus u. im wahren Dienst an der ↗ Gemeinde (1 Kor 12,2—7). Charismat. Wirken vollzieht sich nicht neben den natürl. Voraussetzungen seines Trägers od. gegen diese, sondern vielmehr durch seine ↗ Person u. in ihren Aufgaben. Daher kann u. soll sich der Getaufte um höhere Ch. bemühen (1 Kor. 12,31). Theol. kann also etwa einem ↗ Arzt, dessen verantwortungsbewußtes Wirken ganz vom Glauben getragen ist, das Ch. der Krankenheilung zugesprochen werden. Gr

Lit.: O. Semmelroth, in: Sacramentum Mundi I (1968), 119 ff.

Chronische Krankheit. Ch. K. ist eine ↗ Krankheit, v. meist weniger starker Wirkung als eine akute Erkrankung, welche aber Monate sowie auch Jahre od. das ganze Leben hindurch andauert u. durch eine Störung der Lebensfunktionen gekennzeichnet ist, die meist nur durch andauernde Medikation od. sonstige Heilmaßnahmen ausgeglichen werden kann. Characterist. Folgen: gestörtes Gesundheitsgefühl, verminderte Leistungsfähigkeit u. Gefahr der Lebensverkürzung. Beispiele: ch. Infektionsk.n (Tuberkulose), aber auch Altersveränderungen (Abnutzungserkrankungen, v. a. am Bewegungsapparat u. Kreislaufsystem). Unter *Leiden* versteht man v. der Norm abweichende, weitgehend stationäre körperl. Mängel. Die Lebensfunktionen sind behindert, der Spielraum der Anpassungsmöglichkeiten verkleinert. Die Einstellung zu einer ch. K. ist sehr verschieden: ↗ Resignation, od. auch Kraft des ↗ Willens zum Leben u. zur Pflicht, zur Leistung als einer positiven Bewältigung. Der Mensch vermag ein inhaltsreiches u. wertvolles Leben zu verwirklichen, vorausgesetzt, daß ↗ Charakter u. zielstrebige Leitbilder (Sinnhaftigkeit) dafür gegeben sind. Die Bejahung der ch. K.

vermag die Reifung der Persönlichkeit zu beeinflussen; mitunter wird ärztlicherseits die Wiederherstellung der Leidensfähigkeit intendiert. Die hoffnungslose Krankheit wird in der christl. ↗ Hoffnung aufgefangen; das gilt in je spezif. Weise f. ch. K.n aufgrund persönl. bzw. fremder ↗ Schuld od. auch bei fehlender Schuld (stellvertretendes ↗ Leiden). Die Pflege hoffnungslos Kranker dokumentiert den Wert des Menschen; die ärztl. Therapie darf bei einem mit Sicherheit dem ↗ Tod verfallenen Leben beendet werden, wenn dieses nur mehr aus einzelnen isolierten vegetativen Funktionen besteht. ↗ Hirntod ↗ Lebensverlängerung ↗ Euthanasie Rt

Lit.: F. E. Frankl, Homo patiens (1948); J. Klaesi, Der unheilbare Kranke u. seine Behandlung (1950); Pius XII, Reden an Ärzte (1956, 1958); W. H. Hauss, Begriff u. Auswirkung chron. Erkrankungen, in: Arzt u. Christ 4 (1958), 1—3; J. Linzbach, Pathologie, in: Medizin I—III (1959).

Client-centered Therapie ↗ Gesprächspsychotherapie

Clinical Pastoral Training ↗ Klinische Seelsorgeausbildung

Coitus interruptus. Der C. (lat. coire = zusammengehen) i. (lat. interrumpere = unterbrechen) wird im Volksmund als „Rückzieher" od. „sich in acht nehmen" bezeichnet. Beim ↗ Geschlechtsverkehr zieht der ↗ Mann sein Glied vor Eintritt des Orgasmus zurück, so daß der Samenerguß nicht in die Scheide hinein erfolgt. Der die Zuverlässigkeit einer kontrazeptiven Methode messende Pearl Index beträgt 10—35/100; d. h.: in 1200 Anwendungsmonaten bzw. Zyklen der ↗ Frau ist mit 10—35 ungewollten ↗ Schwangerschaften zu rechnen. Obgleich also der C. i. nur wenig zuverlässig ist, wird er auch heute noch sehr häufig angewandt. Der Grund dafür ist vermutlich neben Unkenntnis u. Mangel anderer empfängnisverhütenden Maßnahmen (↗ Empfängnisregelung, ↗ Familienplanung) die Einfachheit des C. i. Allerdings ist der C. i. eine f. die Partner meist unbefriedigende Methode der Empfängnisverhütung. Sie ist in mancher Hinsicht mit ↗ Petting vergleichbar, da beide durch eine nur unvollkommene geschlechtl. Vereinigung v. a. das Erleben des ↗ Orgasmus anstreben. Während beim Petting beide Partner die gegenseitige sex. Befriedigung zu erreichen suchen, bleibt der ↗ Geschlechtsverkehr beim C. i. f. die ↗ Frau meist wegen der kurzen Dauer u. plötzl. Beendigung unbefriedigend, wozu die Sorge um die beabsichtigte Empfängnisverhütung kommt, deren Wirksamkeit allein v. der Reaktionsfähigkeit des ↗ Mannes abhängt. Daher wird das Auftreten v. nervösen Erscheinungen (z. B. Reizbarkeit, Schlaflosigkeit, ↗ Angst) mit ↗ Impotenz u. ↗ Frigidität bei häufiger Anwendung des C. i. auf die Störung des natürl. Ablaufs der sex. Befriedigung zurückgeführt. Neuere Autoren haben die gleichen Symptome allerdings auch beobachten können, wenn andere empfängnisverhütenden Methoden (z. B. ↗ Ovulationshemmer, intrauterines Pessar) angewandt werden. Diese Folgeerscheinungen sind daher eher eine Reaktion auf die Empfängnisverhütung an sich. Denn beim Vorliegen einer neurot. Persönlichkeitsstruktur (↗ Neurose) kann die Manipulation des Geschlechtsaktes durch Anwendung einer empfängnisverhütenden Methode unbewußte, in der eigenen Lebensgeschichte begründete Ängste u. ↗ Konflikte od. auch ↗ Schuld-Gefühle mobilisieren. Auch interpersonale Faktoren, insbes. die Art der betr. Partnerbeziehung spielen dabei eine Rolle. Zeigen sich daher bei C. i. od. anderen empfängnisverhütenden Methoden ungünstige Auswirkungen, ist eine baldige psychotherapeut. ↗ Beratung notwendig, in die möglichst beide Partner einbezogen werden sollten. Mk/Rf

Lit.: H. Harmsen, C.J., in: Die Sexualität des Menschen, hsg. v. H. Giese (1971); H. Molinski, Zur Akzeptabilität kontrazeptiver Methoden, in: Ztschr. f. Allgemeinmedizin 47, 799 (1971).

Counseling ↗ Beratung

Cunnilingus. C. (lat. cunnus = weibl. Scham, lingua = Zunge) bedeutet Liebkosen der weibl. Geschlechtsteile mit Mund u. Zunge. Wird v. zahlreichen Frauen als bes. anregend empfunden, ist nicht als ↗ Perversion anzusehen, sollte aber nur bei entspr. gefühlsmäßiger Übereinstimmung der Geschlechtspartner ausgeübt werden. ↗ Fellatio.

Dämmerzustand. ↗ Bewußtseinsstörung mit affektiver Einengung, nach außen scheinbare Besonnenheit od. Verwirrtheit. Organisch od. psychogen bedingt, aber auch durch rituelle Praktiken mit konzentrativer Einengung des Bewußtseinsfeldes (Meditationsübungen, ↗ Autogenes Training) durch Erlöschen der Bewußtseinskontinuität (↗ Psychosen).

Dämonen ↗ Besessenheit

Daseinsanalyse: Eine aus der Philosophie in Anlehnung an M. Heidegger v. M. Boß u. V. E. v. Gebsattel entwickelte psychotherapeut. Methode. Der gesamte Lebensvollzug u. nicht nur einzelne Symptome oder Krankheitskausalitäten werden im therapeut. ↗ Gespräch verarbeitet; ↗ Existenzanalyse ↗ Logotherapie.
Lit.: M. Boss, Psychoanalyse u. Daseinsanalytik (1957).

Daseinsvorsorge. Der Begriff D. wurde v. Ernst Forsthoff im Zusammenhang mit einer Analyse der modernen Verwaltungswirklichkeit in das Schrifttum eingeführt (Die Verwaltung als Leistungsträger, 1938). Er sollte bezeichnen „die Darbringung v. Leistungen, auf welche der in die modernen massentüml. Lebensformen verwiesene Mensch lebensnotwendig angewiesen ist". D. erscheint so als Leitbegriff, unter dem die Funktionen der leistenden Verwaltung — im Unterschied zur „obrigkeitl.", vorwiegend mit Befehl u. Zwang operierenden „Eingriffsverwaltung" — zusammengefaßt sind: v. der Bereitstellung v. Wasser u. Elektrizität über die Versorgung mit Verkehrsanlagen u. -mitteln od. die Sozialversicherung u. Sozialhilfe bis zur geistigen D. durch Bildungseinrichtungen u. Kulturpflege. Mit der Neuordnung des Wohnungs- u. Bodenmarkts, dem ↗ Umweltschutz u. der Sicherung von ↗ Lebensqualität schlechthin zeigen sich derzeit neue Felder staatl. D.
Das spez. Sachproblem der D. — ↗ Verantwortung des Staates f. die Bedürfnisse des einzelnen u. der ↗ Gesellschaft — besteht seit dem Beginn des industriellen Zeitalters. „Vorsorge f. das Dasein" war ein Grundbegriff schon der Staatslehre Hegels u. Lorenz v. Steins; in anderer Weise war das Problem Zentralthema der Klassiker des Sozialismus. Heute ist staatliche D. zur Bedingung der Möglichkeit moderner Staatlichkeit, ja realer ↗ Freiheit in der Gesellschaft überhaupt geworden; der Rechtsstaat ist nur noch als leistender, verteilender u. lenkender „sozialer Rechtsstaat" (Art. 20 Abs. 1, 28 Abs. 1 GG) möglich. Zunehmend werden daher im Bereich der D. Rechtspositionen auf ↗ Leistung (Teilhaberechte) entwickelt u. v. der Rechtsprechung anerkannt. In den freiheitl. Demokratien der Bundesrepublik Deutschland, Österreichs u. der Schweiz findet der D. betreibende „Leistungsstaat" seine Grenze am Freiheitsprinzip: wohlfahrtsstaatl. totale „Daseins*versorgung*", die der Aktivität v. einzelnen u. v. ↗ Gruppen (auch der Kirchen) keinen Raum mehr ließe, wäre unzulässig; der Staat ist zumindest in einigen Bereichen, vornehmlich dem des sozialkaritativen Dienstes, auf (im positiven und aktiven Sinne) *subsidiäres* u. mit gesellschaftlichen Kräften *kooperierendes* Handeln verwiesen. ↗ Caritas ↗ Soziale Sicherung ↗ Sozialpolitik   Ho/Kr
Lit.: P. Badura, Die D. als Verwaltungszweck der Leistungsverwaltung u. der soziale Rechtsstaat, in: Die Öffentliche Verwaltung (1966), S. 624—633; E. R. Huber, Vorsorge für das Dasein, in: Festschrift für Ernst Forsthoff (1972), S. 139—163.

Dating. D. (engl. date = Datum): Verabredungen mit andersgeschlechtl. Partnern bes. unter Teenagern, bei denen häufig Zärtlichkeiten (↗ Necking, ↗ Petting) erwartet werden. D. steht nicht selten unter einem die ↗ Erotik ungünstig beeinflussenden Leistungsdruck, besonders wenn Eltern u. Jugendliche möglichst viele Dates (auch Bezeichnung f. die Partner bzw. Partnerinnen) als Zeichen des Erfolgs u. der Beliebtheit ansehen u. der Verlauf der Verabredungen zum Gegenstand indiskreter — teils prahlerischer — Erzählungen wird. Es besteht dann eine gewisse Gefährdung der gesunden Entfaltung v. ↗ Erotik u. ↗ Sexualität. Der Begriff wird heute auch in deutschsprach. Gebieten f. Einladung, Verabredung, Rendezvous, Stelldichein u. ä. gebraucht.

Debilität ↗ Schwachsinn

Defloration. D. (v. lat. flos = Blume): Entjungferung durch Zerreißen des Jungfernhäutchens (Hymen) bzw. Ausdehnung der Scheide am Scheideneingang der Frau, ist tw. v. einer leichten Blutung u. einem meist nur geringen Schmerz begleitet. D. erfolgt nicht nur durch den ersten Geschlechtsverkehr, sondern öfters auch durch medizin. od. sonstige manuelle Eingriffe (↗ Masturbation, Unfälle). Die materielle Unversehrtheit des Hymen wird gefühlsmäßig u. kultisch oft überbetont — sie wird z. B. im Pontificale Romanum f. die feierl. Konsekration v. Jungfrauen in best. Klöstern verlangt — u. die Bedeutung der D. oft v. gesellschaftl. u. trad. Vorstellungen nachteilig belastet. Das kann zu mitunter sogar traumat. Angstzuständen u. falscher Einschätzung v. deflorierten Frauen führen (↗ Sexualpädagogik). Auch wegen der D. ist beim ersten Geschlechtsverkehr besondere Rücksichtnahme nötig. Die Gleichsetzung v. D. u. dem Verlust der Jungfräulichkeit (Devirgination) fördert eine ↗ doppelte Moral, versteht Jungfräulichkeit zu sehr vom Anatomischen her u. sieht ↗ Geschlechtsbeziehungen bloß vom Koitus her.

Degeneration. D. (v. lat. Entartung) bedeutet *genetisch*: Körperl. u./od. seel. Leistungsminderung infolge Vererbung patholog. Merkmale (Inzucht, ↗ Mutation); Zunahme durch negative Gegenauslese infolge der gegenwärtigen Zivilisation (W. Lenz); *biolog.*: regelwidrige Entwicklung v. Geweben bzw. Organen bei Einzelwesen od. auch ganzen Populationen; *patholog.*: Entartungserscheinungen durch negative Umwelteinflüsse; *psychopatholog.*: psychische Entartung, Minderwertigkeit (z. B. sex. ↗ Depravation).

Delirium. Akuter halluzinatorischer Verwirrtheitszustand mit Desorientiertheit u. Bewegungsunruhe; organisch od. psychogen bedingt (↗ Bewußtseinsstörungen, ↗ Psychosen). Im franz. Sprachgebauch bedeutet es meist ↗ Wahn.

Demenz. Unter D. versteht man: Erworbenen Abbau der Persönlichkeit mit Herabsetzung der Intelligenz, der Auffassungsgabe u. des Gedächtnisses (↗ Psychosen, ↗ Geistesschwäche). Anthropolog.: über den körperl. Befund hinaus Verlust gemeinsamer Geschichte durch soziale Isolierung (z. B. Alters-Demenz), der z. B. in der Pfarrgemeinde entgegengewirkt werden müßte (↗ Altenseelsorge) ↗ Vereinsamung.

Demokratie in der Kirche. Die Diskussion über D. i. d. K. leidet zuweilen an mangelnder Unterscheidung (A) dessen, was unter D. u. Demokratisierung verstanden wird, u. (B) der möglichen Motive u. Ziele. — Zu (A) muß die Diskussion bestimmter Strukturkonzepte v. der Frage der prinzipiellen Interpretation v. Kirche unterschieden werden. Kirche existiert nicht f. sich selbst, sondern v. Christus her u. auf Christus hin; es kann daher keine kirchl. Volkssouveränität (ebenso auch keine Papst- od. Konzilssouveränität) im Sinne irgendeiner Selbstherrschaft geben. Indessen setzen demokrat. od. demokratie-ähnl. Strukturen nicht das Prinzip souveräner Selbstverfügung voraus (umgekehrt erfordert die Idee der Volkssouveränität ein einigendes Prinzip, das aller individ. u. kollektiven Willensbildung vorausgeht).

Was die Strukturformen betrifft, so kann mit „Demokratisierung" d. K. gemeint sein: (1) Die Einführung v. Stilformen u. Praktiken, die dem Ethos der D. adäquat erscheinen, ohne daß tradierte Strukturen der Hierarchie verändert werden (z. B.: Abbau prunkvollen Zeremoniells; Pflege „partnerschaftl.", „dialog." Umgangsweisen; regelmäßige Beratung der Amtsträger durch Sachverständige u. v. a. durch Vertreter der ↗ Gemeinden = „Mitsprache"; Etablierung einer kirchl. Öffentlichkeit, so daß die Amtsträger bei Wahrung ihrer formellen Kompetenz gehalten sind, sich einer kirchl. „öffentl. Meinung" zu stellen); (2) eine gewisse Einschränkung hierarch. Kompetenz durch rechtl. Fixierung v. Mitsprache; (3) eine Bindung der hierarch. Kompetenz an demokrat. gebildeten Willen durch fixiertes Zustimmungserfordernis einer repräsentat. Körperschaft zu gewissen Entscheidungen; (4) die Verstärkung dieser Bindung durch Einführung des Vertrauensprinzips (Wahl der Amtsträger, gegebenenfalls f. eine best. Zeit od. unter Einräumung der Möglichkeit der Abwahl unter gewissen Bedingungen); (5) der Abbau hierarch. Strukturen zugunsten einer Verfassung reiner Brüderlichkeit ohne jede (gemäßigt: ohne jede nicht funktional erforderl.) Über- u. Unterordnung. — Angesichts dieser mögl. Differenzierungen sind pauschale Urteile über D. i. d. K. fragwürdig.

Überdies sollte (B) deutlich gemacht werden daß man über D. i. d. K. in unterschiedl. Perspektive sprechen kann:

● Etwa darüber, inwieweit die Kirche demokrat. Strukturen übernehmen solle, um in der modernen Gesellschaft „anzukommen";

● od. darüber, ob aus innerkirchl. Gründen die Angleichung der Legitimierungsstrukturen an die in der Welt üblichen zur Festigung der ↗ Autorität des ↗ Amtes wünschenswert sei;

● od. darüber, ob die christl. Botschaft nicht selbst Sinngehalte enthält, die (polit. formuliert) auf D. hindeuten, ja „demokratischer" seien als jede „polit." D. sein könnte (vgl. die Umschreibungen f. Reich Gottes), ohne daß sie freilich kurzschlüssig mit best. ird.-polit. Strukturen ineinsgesetzt werden dürften.   Schn

Lit.: J. Ratzinger /H. Maier, Demokratie in der Kirche (1970); F. Viering/H. Johnsen (Hg. i. A. d. Arnoldsheiner Konferenz), Demokratisierung der Kirche? (1970); „Demokratisierung der Kirche", Heft 3 d. 7. Jg. der Internat. Zeitschrift „Concilium" (1971).

Demut. D. bedeutet im Wortsinn: Mut zum Dienen (mhd: dêmuot). Als christl. ↗ Tugend ist sie im Vorbild Christi begründet (Mt 11,29). Sie meint nicht nur eine Grundeinstellung des Menschen im Angesicht des erhabenen u. heiligen Gottes (ein solches Verständnis findet sich auch im vor- u. außerchristl. Raum), sondern zielt gleich wesentlich auf den selbstlosen Dienst am Mitmenschen nach dem Beispiel Jesu Christi, der „Knechtsgestalt angenommen" (Phil 2,5—11) hat u. der gekommen war, „zu dienen u. sein Leben hinzugeben" (Mk 10,45). Wer sein Jünger sein will, muß „sich selbst verleugnen", sein „Kreuz auf sich nehmen" (Mk 8,34) u. den Brüdern „die Füße waschen" (Joh 13,14—17). So ist es verständlich, daß D. immer wieder als zentrale christl. Tugend verkündet wurde (vgl. z. B. Augustinus Ep. 118,3,22).

Ohne Zweifel fällt es vielen Menschen heute schwer, in der D. einen Wert zu erblicken. Sie empfinden D. als „Sklavenmoral" (Nietzsche), als Lebensstil vital gebrochener Individuen, als raffinierten Trick einer herrschenden Klasse, mit dessen Hilfe die Masse der Ausgebeuteten gefügig gemacht werden soll. Solches Mißtrauen hat viele Ursachen. Nicht die geringste ist in einer theol. u. psych. einseitigen ↗ Verkündigung zu suchen, die fast ausschließlich die Sündhaftigkeit u. Erbärmlichkeit des Menschen betonte (z. B. im Jansenismus). Dazu kommt die Erfahrung, daß demütiges Gebaren zuweilen nichts anderes ist als pharisäische Heuchelei. Die Tiefenpsychologie hat schließlich aufgezeigt, daß eine Fassade der D. nicht selten gestörtes Selbstvertrauen verbirgt, neurotische Gefügigkeitshaltung, verdrängte Aggressionen, patholog. Bedürfnis nach Bevormundung.

Gegen solche (u. ä.) Mißverständnisse u. Mißbräuche muß D. aufgezeigt werden: D. ist eine grundlegende Antwort auf die Erkenntnis des radikalen Abstandes zw. Mensch u. Gott u. zugleich die gläubige Annahme des befreienden Heilswortes, das gerade den Niedrigen, Kleinen u. Schwachen gilt u. ihre Erniedrigung aufhebt.

In dieser polaren Spannung wird D. immer stehen: in aller Nüchternheit die Wirklichkeit des Menschen zu sehen, seine Grenzen, seine Schwachheit, seine ↗ Schuld — u. zugleich zu wissen, daß Gott unsere Armut in Reichtum verwandelt. D. bewahrt den Menschen vor kritikloser Selbstüberschätzung wie vor entwürdigender Servilität. Gerade weil er im Glauben weiß, daß er aus eigener Kraft nichts vermag (2 Kor 3,5), daß ihm aber in Christus alles geschenkt worden ist (1 Kor 3,22), braucht er seine Sicherheit nicht mehr ängstlich auf eigene Leistungen gründen zu wollen, er kann hinauswachsen über das lähmende Kreisen um das eigene ↗ Ich zur ↗ Freiheit eines selbstlosen Dienstes f. Gott u. die Menschen. Gy

Lit.: O. Schaffner, Christl. Demut. Des hl. Augustinus Lehre von der humilitas (1959) (*Lit.*).

Deontologie ↗ Berufsethik

Depersonalisation. Als D. bezeichnet man das Gefühl der ↗ Entfremdung des ↗ Ichs od. des eigenen Leibes („Ich bin wie ein Automat, bin nicht mehr ich, muß mich kneifen, um meinem Leib überhaupt zu empfinden"). Ein bes. quälendes Zustandsbild, das bei allen psychot. Erkrankungen u. abnormen Erlebnisreaktionen (insbes. bei der ↗ Neurasthenie) vorübergehend od. dauernd vorkommen kann. Nach Jaspers handelt es sich um eine Störung des Daseinsbewußtseins, im Gegensatz zu den eigentl. Ich-Störungen Schizophrener, bei denen die Fremdheit als Eingenommensein v. anderen (Menschen od. Mächten) erlebt wird. D. gehört zusammen mit Derealisation (Entfremdung der ↗ Umwelt, Unwirklichkeit) zu den Entfremdungserlebnissen. Psychodynamisch handelt es sich dabei um eine Rückziehung der libidinösen Objektbesetzung (vom Ich bzw. v. den Objekten der Außenwelt). Pastoral ist wichtig, daß D. allein noch keine Persönlichkeitsspaltung, keine ↗ Psychose bedeutet. Allerdings kommt es häufig, z. B. im Drogenrausch, zusammen mit Körpergefühlsveränderungen (riesengroße od. winzige Gliedmaßen, Schrumpfung des ganzen Leibes, u. a. m.) u. anderen Trugwahrnehmungen als D.ssyndrom vor. Dann handelt es sich um eine Psychose. Ga

Lit.: K. Jaspers, Allgemeine Psychopathologie (⁸1953); J. E. Mayer (Hrg.), Depersonalisation (1968).

Depravation. D. (lat.: Verfall, Verderbnis) bedeutet Verfall sittl. Verhaltensweisen als Folge v. ↗ Abhängigkeit, im Rahmen psychot. Erkrankungen (insb. schizophrener u. manischer Zustandsbilder) aber auch infolge eines moralischen Defekts. Anfänglich, je nach Grundkrankheit, ungestörte intellekt. Fähigkeiten; ferner Kontaktschwäche, mangelndes Scham- u. Ehrgefühl, allgem. Gefühlsarmut, mangelnde Zielstrebigkeit u. Entschiedenheit. Schwierigkeiten mit ↗ Familie, ↗ Gesellschaft u. ↗ Gesetz als Folge der D. — Unter sex. D. versteht man zunehmende Zügellosigkeit od. perverses Verhalten, dessen Bewertung v. gesellschaftl. Faktoren bestimmt ist.

Depression. D. (v. lat. deprimere = niederdrücken) ist der Oberbegriff f. ein bei gesunden Menschen allzu bekanntes, bei kranken sehr häufig vorkommendes Syndrom mit trauriger, lustloser od. ängstl. Verstimmung, bei der oft auch körperl. Beschwerden vorhanden sind. Sie gehört zu den häufigsten Erscheinungen beim leidenden Menschen. Jeder in der ↗ Seelsorge im weitesten Sinne Tätige muß daher ihre Problematik kennen. Seelsorge u. ↗ Psychotherapie berühren sich hier sehr eng. Zu den häufigsten Klagen in der ↗ Telefonseelsorge zählen die über depressive Störungen. Auch die Schwermut (Melancholie) als treffende deutsche Bezeichnung f. best. Formen v. D.n geht nicht nur den Psychiater an. „Wir glauben, es handelt sich um etwas, was mit den Tiefen unseres Menschentums zusammenhängt" (R. *Guardini*). Stets ist bei der D. der ganze Mensch ergriffen. Zwar ist in der Regel in erster Linie das Gemüt betroffen. Aber v. a. Denken u. Handeln werden immer mehr od. minder in Mitleidenschaft gezogen. Bei jeder D. stellt sich die Frage, ob u. in welchem Maße die Persönlichkeit einerseits u. die Situation andererseits f. ihre Entstehung u. ihre Art verantwortlich zu machen sind, wobei beide untrennbar miteinander verknüpft bleiben. Wenn auch jeder depressive Erscheinungen aus eigenen Erfahrungen genauer kennt, so sind diese Einsichten doch nicht ohne weiteres auf andere zu übertragen, da Art u. Weise der D. v. Mensch zu Mensch verschieden sind. Während z. B. der eine mehr still-traurig od. vorwiegend antriebsgehemmt ist od. eher über körperl. Beschwerden des Herzens, der Atmung, des Magens u. anderer Organe klagt, verhält sich ein anderer v. a. unruhig, umtriebig, gereizt od. gar aggressiv. Dieser Mensch nimmt Enttäuschungen,

Mißerfolge u. Schicksalsschläge in erster Linie passiv-leidend hin, jener sucht sie dagegen durch größere ↗ Aktivität zu bewältigen.
Neben den oft im Vordergrund stehenden negativen Aspekten sind bei der D. auch die positiven zu bedenken. Insbes. kann sie den Menschen zu einem ernsteren Nachdenken führen. Seit *Aristoteles*, der vor allem die Philosophen zu den Melancholikern zählt, sind die Beziehungen zw. Genialität u. Melancholie immer wieder gesehen u. erörtert worden. *Kierkegaard* u. a. haben unter Schwermut gelitten. Schwermut kann einerseits die Basis, der Quell produktiven Denkens sein, andererseits das Denken u. insbes. auch das produktive Denken lähmen. Sie kann die persönl. Entwicklung fördern, u. sie kann sie ruinieren. Sie kann Grund, Ausdruck u. Folge sowohl einer reifen als auch gescheiterten persönl. ↗ Entwicklung sein. Nach *Guardini* erschließt sich ihr eigentl. Sinn nur aus dem Geistigen: „Die Schwermut ist die Beunruhigung des Menschen durch die Nachbarschaft des Ewigen. Beseligung u. Bedrohung zugleich."
Nach ihren Ursachen, die allerdings keineswegs scharf voneinander zu trennen, vielmehr oft miteinander verknüpft sind, haben wir 3 Arten depressiver Störungen zu unterscheiden: psychogene, endogene u. somatogene D.n. Während die Ursachen der ersteren u. letzteren weitgehend bekannt sind, kennen wir diese bei den endogenen Formen bisher kaum. Zu welcher dieser 3 Arten eine D. gehört, ist wegen der therapeut. Konsequenzen diagnostisch stets möglichst zu klären. Depressive Sonderformen lassen wir hier außer acht, da sie eine untergeordnete Rolle spielen: — 1. *Psychogene* D.n: Bei diesen Formen handelt es sich um normale seel. Reaktionen, die bei jedem Menschen anzutreffen sind u. in der Regel eher ein Zeichen v. ↗ Gesundheit als v. ↗ Krankheit sind. Tiefe u. Dauer dieser Reaktionen können jedoch so ausgeprägt sein, daß eine Behandlung erforderlich wird. Suicidgedanken u. -handlungen sind bes. deutl. Signale einer Behandlungsbedürftigkeit. F. den ↗ Seelsorger u. Therapeuten ist es v. a. wichtig, zu erfahren, wie schwer der Patient in seiner D. leidet bzw. an der D. zugrundeliegenden Belastungen zu tragen hat, ob u. inwieweit er selber mit den Schwierigkeiten fertig werden u. wie er diese überhaupt bewältigen kann. Depressive Reaktionen können in depressive Entwicklungen einmünden, die v. a. auf einer Nicht-Bewältigung v. Schwierigkeiten u. auf andauernden od. sich wiederholenden Belastungen beruhen. — 2. *Endogene* D.n: F. diese Formen wird auch der Ausdruck „Melancholie" gebraucht. Bei ihnen fehlen im Unterschied zu den reaktiven (psychogenen) D.n verständl. Motive als Ursachen. Zwar können Ereignisse wie Wohnungswechsel, Geburt, Arbeitsplatzwechsel, Pensionierung, kleine Unfälle u. a. als auslösende Momente zu beobachten sein, aber die eigentl. Ursachen sind noch weitgehend unbekannt. Die Persönlichkeit dieser Patienten ist bemerkenswerterweise durch eine bes. Ordentlichkeit u. Gewissenhaftigkeit gekennzeichnet. Unlust u. Interesselosigkeit, vitale Traurigkeit mit dem Unvermögen, sich nicht freuen u. nicht traurig sein bzw. nicht weinen zu können, ↗ Hemmungen im seel. u. mot. Bereich bis hin zum Stupor, Klagen über Schlafstörungen u. körperl. Beschwerden, insbes. Druckgefühl im Kopf u. auf der Brust, prägen das Bild, das oft Tagesschwankungen mit einer Besserung der Beschwerden am Abend zeigt. Häufig stehen Schuldgefühle, Minderwertigkeitsgedanken u. gar nicht selten auch Versündigungsideen od. ein Verarmungswahn im Vordergrund. Wegen ihrer Schuldgefühle u. Versündigungsideen wenden sich diese Kranken oft zuerst an ihren Seelsorger. Wichtig ist daher: Bei diesen oft hartnäckig vorgetragenen Selbstanklagen ist stets an eine Schwermut zu denken u. ein Arzt zu Rate zu ziehen, zumal die Suicidgefahr bei diesen Kranken meist sehr groß ist. — 3. *Somatogene* D.n: Bei diesen Formen handelt es sich um depressive Störungen im Rahmen einer körperl. Krankheit, v. a. einer Hirnkrankheit, z. B. einer Hirnsklerose od. auch eines Hirntumors. Die körperl. Krankheit stellt hier wenigstens zum Teil die Ursache der D. dar. Es besteht einerseits zwar ein direkter kausaler Zusam-

menhang zw. D. u. Hirnkrankheit. Andererseits fließen aber gerade bei dieser Gruppe organ., endogene u. reaktive Momente oft ineinander über. Stets ist eine ärztl. Behandlung erforderlich. Bei allen drei Gruppen sind zwar im Einzelfall sichere Voraussagen über die Dauer der D. kaum möglich. Aber die Formen der beiden ersten Gruppen klingen in der Regel wieder völlig ab, während der Verlauf bei der letzteren in erster Linie von der körperl. Krankheit abhängig ist. Bernhard Pauleikhoff

Lit.: R. Guardini, Vom Sinn der Schwermut (1949); H. Tellenbach, Melancholie (1961); P. Matussek, A. Halbach, U. Troeger, Endogene Depression (1965); P. Kielholz, Diagnose und Therapie der Depressionen für den Praktiker (²1966); B. Pauleikhoff u. H. Mester, Abnorme Reaktionen und Entwicklungen, in: Psychiatrie der Gegenwart. Bd. II/1 (²1972).

Desintegration. D. (lat.: Zerfall, Zerstörung) bedeutet Zerfall der Persönlichkeit, der zur Gesamtfunktion zusammengefügten u. harmonisierenden Leistungen des Verstandes, des Gemütes, des ↗ Willens; v. a. bei schizophrenen ↗ Psychosen vorkommend.

Determination (lat.) der Vorgang, durch den die Entwicklung einer körperl., psychischen od. geist. Verhaltensrichtung bzw. Verhaltensweise festgelegt ist; ↗ Anlage u. Vererbung, ↗ Willensfreiheit.

Detumeszenz. D. (lat.: detumescere = abschwellen) bedeutet *path.:* Zurückgehen, Abnahme einer Geschwulst; *psychol.:* Begriff v. Moll geprägt: Drang zur geschlechtl. Befriedigung u. Entleerung der Geschlechtsdrüsen als Teilkomponente der geschlechtl. Triebhaftigkeit (vgl. Kontrektationstrieb = Drang, den Geschlechtspartner zu berühren u. zu betasten, vorgängig dem D.-Trieb)

Deutung. Daß die Manifestationen des Lebens einer D. bedürfen, hat die Menschheit immer gewußt, u. alle frühen phil. u. rel. Systeme stellen solche D.sversuche dar. Seit dem Aufkommen der Naturwissenschaften glaubte man den D.sversuchen der Tradition die Empirie als einen neuen Erkenntnisweg entgegensetzen zu können. Die erkenntnistheoret. Debatten der Neuzeit haben in der Gegenwart zu einer stärker hermeneutisch bestimmten Philosophie geführt, in der die D. an zentraler Stelle steht (P. Ricoeur, J. Habermas) u. zu einer neopositivist. Wissenschaftstheorie, in der an der Empirie als einem stets revisionsbedürftigen Erkenntnisweg festgehalten wird. Die hermeneut. Philosophie wird — mit einem gewissen Recht — in die Nähe der theol. Tradition gerückt. Wo man mit Hilfe der Überlieferung zu deuten versucht, mußte auch die psychoanalyt. D. ein vermehrtes Interesse beanspruchen können. Sie kann deshalb als der methodisch klarste Weg bezeichnet werden, dem — oft unbewußten — Interesse am Erkenntnisvorgang auf angemessene Weise Rechnung zu tragen. Während sich die psychoanalyt. D. vorwiegend auf die Manifestation des ↗ Unbewußten eingestellt hat u. als ↗ Traum-D., ↗ Übertragungs-D. u. ↗ Widerstands-D. ganz best. techn. Regeln unterworfen ist, wird die seelsorgerl. D. sich um die Einordnung eines Lebensschicksals in einen Sinnzusammenhang bemühen u. eine solche Sinnvermittlung auf den verschiedensten Wegen zu leisten versuchen (↗ Lebenssinn). Scha

Lit.: W. Loch, Über einige allgemeine Strukturmerkmale und Funktionen psychoanalytischer Deutungen, in: Psyche (1966), Heft 5, S. 377 ff.; J. Habermas, Erkenntnis und Interesse (1968); P. Ricœur, Die Interpretation (1968).

Diätetik. Diät (gr. diaita) heißt: geordnetes ↗ Leben. Mittel u. Gegenstand der Ordnung sind die Ernährung (E.), seltener Seelenführung, rel. od. höfischer Brauch, ↗ Wohnen, ↗ Liebe. *Einfältig* sagt man oft D. statt Diätkost u. erschwert dadurch das Führen eines entspr. Diät-Halten-Lebens. D. befaßt sich heute berufsmäßig in Lehre u. Praxis mit E. Gesunder u. Kranker, einzeln u. in ↗ Gruppen. D. braucht die Einzelpersönlichkeit des ganzen Menschen, Körper, log. Verstand, ↗ Willen. Diätbehandlung ist Menschenbehandlung (Anthropotherapie) u. geht als E.s—↗Verhalten über erlerntes Sachwissen zu persönl. Gesundheitsgewissen, Lebensbejahen, Heilkraft v. ↗ Genießen u. Lebenswürze, v. Verzicht (Askese als Schutz vor ↗ Drogen),

↗ Fasten, Opfer (ohne Opfer, ja ↗ Tod v. Lebendigem keine Nahrung), Schöpfungsgesetz, ernährend — Mütterliches, Sitte (jede E. hat moral. Stellenwert), ↗ Gemeinschaft, Aufnahme der Welt, stoffl. Wandlung zum Dank. D. nähert Heilen zeichenartig dem Heil (↗ Heilung u. Heil). Gefahren der D.: Irrtum, Hochmut, Sucht nach Neuem, Verachten v. Volkskost, Abschluß vor ↗ Gemeinschaft (echte D.Kost kommt aus Gemeinschaftskost), ↗ Religions- u. Sakramentsersatz, wenn ↗ Gesundheit zum Selbstzweck wird, Reformgeschäft mit ↗ Angst, Starrsinn u. Denkfaulheit in Gemeinschaftsküchen usw. Sorge um den Menschen verlangt D.: Vermitteln ihres Wesens, persönl. Vorbild (↗ Heilige, Orden), Rat u. Tat bei E. Gesunder u. Kranker in Gemeinschaft, Haus, Heim, Lager, Treffen, Festen, ↗ Exerzitien, Einkehrwochen, Spitälern, am Sterbenden (Stillen des Durstes, „Füttern"), Pflege der Eigen- u. Fremdverantwortung (Krankheit durch Fehler, Mangel u. Überfluß), Bereiten, Teilen, Verteilen u. Reichen der Speise. Der D. sind wie allem ↗ Heilen natürl. Grenzen gezogen. Darüber hinaus bleibt sie im Glaubenszusammenhang des Heils, das aus der Eucharistie lebt. Di

Lit.: C. R. Schlayer/J. Prüfer, Lehrbuch der Krankenernährung. I. Allgemeine und spezielle Diätetik (1964), „Ernährung" — „aktuelle Fragen", facultas, Wien (1973).

Diagnostische Psychologie (und Seelsorge).

Die D. P. (auch Psychodiagnostik od. Psychologische Diagnostik genannt) umfaßt die Erstellung, die Anwendung u. die wissenschaftl. Überprüfung psych. Tests. Entspr. ↗ Testverfahren gelten zumeist als Voraussetzung f. psych. Beratungen (v. a. f. die ↗ Erziehungs- u. ↗ Berufsberatung) u. f. psychotherapeut. u. psychagog. Maßnahmen. Die D. P. entwickelt u. überprüft einzelne Tests, die zur Messung v. Leistungen (Intelligenz-, Entwicklungs-, Schul- u. Fähigkeitstests) u. zur Beurteilung einer Persönlichkeit (Fragebogentests, psycho-physische Tests, Schrift- u. Ausdrucksuntersuchungen, Spiel-, Zeichen-, Farb- u. Bildtests, Verhaltensbeobachtungen) verwendet werden. Außerdem nimmt die D. P. testtheoret. Untersuchungen z. B. zur generellen Meßbarkeit psychischer Leistungen u. Charakterstrukturen vor u. erforscht Grenzen u. Möglichkeiten des psychodiagnost. ↗ Gesprächs (↗ Exploration u. ↗ Anamnese besitzen eine integrierende Funktion im Rahmen eines Testvorgangs). Ein psychodiagnost. Verfahren, das stets ein ganzes Set v. sich ergänzenden Tests umfaßt — wenn notwendig vervollständigt durch eine auch tiefenpsych. vorgehende Lebenslaufanalyse — u. das mit einem psychodiagnost. Gespräch abgesichert ist, findet seinen Abschluß in der Erstellung eines Gutachtens (z. B. Schul- od. Gerichtsgutachten; ↗ Begutachtung).

Ohne testtheoret. Informationen (z. B. über die Grenzen einer Testaussage, die wahrscheinliche Treffsicherheit, die situative Abhängigkeit v. Testergebnissen, die Verfälschungsmöglichkeiten u. a.) ist die Anwendung v. Tests u. ihre Auswertung äußerst bedenklich. Keinesfalls sollten ↗ Seelsorger ohne psych. Ausbildung derartige Verfahren z. B. im Rahmen der Beratungsseelsorge, einsetzen. Verbreitet ist die irrige Meinung, bereits durch psychodiagnost. Tests einen Beitrag z. B. zu einer Konfliktbewältigung leisten zu können: die rationale Erkenntnis u. die emotionale Bejahung der Erkenntnis f. ein künftiges Handeln sind Reaktionen auf versch. psychischen Ebenen. Im Blick auf die individ. Seelsorge bzw. die allgem. Heilsverkündung kommt der D. P. keine Bedeutung zu. Eine Anwendung ist denkbar f. die kirchl. Personalplanung: z. B. Berufseignung, Personalauswahl u. Aufgabenzuteilung bzw. personengerechter Arbeitseinsatz kirchl. Dienstträger in den versch. Seelsorgsbereichen. Dazu erforderl. Persönlichkeits- u. Leistungstests sind jedoch noch nicht entwickelt. Sicher würden sie dem einzelnen Seelsorger wie dem seelsorgl. Auftrag einen Dienst erweisen können (größere Arbeitsleistung u. größere Berufszufriedenheit). In den kirchl. Erziehungs-, Ehe-, Familien- u. Lebens-↗ Beratungsstellen findet die D. P. bereits verbreitete Anwendung, doch handelt es sich dabei nicht um eine primär pastorale Nutzung.

Versuche der D. P., die Eignung zum geistl. Beruf positiv zu testen, haben zu keinem brauchbaren Ergebnis geführt; andererseits können durch method. Nachweis der Nichteignung u. U. schwierige Zweifelsfälle bereinigt werden. Po

Lit.: Benkö-Nuttin, Examen de la personalité chez les candidats à la prêtrise (1956); Handbuch der Psychologie in 12 Bänden, Bd. 6: Psychologische Diagnostik (1964).

Diakonat. In der röm.-kath. Kirche ist der D. die unterste Stufe in der Weiheordnung: Diakon, Priester, Bischof. Bis zum II. Vat. Konzil war der D. jahrhundertelang lediglich Durchgangsstufe zur Priesterweihe; durch das Konzil ist er wieder — wie in der Urkirche — zu einem eigenständigen ↗ Amt erhoben worden. In der Ostkirche ist diese Tradition nie unterbrochen gewesen. Das griech. Wort „diákonos" wird im NT im Sinne v. Helfer, Diener gebraucht. Demzufolge liegt im D. der Akzent nicht so sehr auf der ↗ Verkündigung des Wortes Gottes, sondern ganz konkret auf dem *Dienst* an der ↗ Gemeinde. Die wichtigsten Vollmachten, die dem Diakon durch das Konzil anerkannt wurden, sind: Verwahrung der Eucharistie, Assistenz bei der ↗ Trauung, feierl. Spendung der ↗ Taufe, Leitung des Wortgottesdienstes, Spendung v. ↗ Sakramentalien, Leitung des Beerdigungsritus. Zum Verständnis im evang. Bereich ↗ Diakonie. Stv

Lit.: K. Rahner/H. Vorgrimler, Diaconia in Christo (Über die Erneuerung des Diakonates), in: Qu. disp. 15/16 (1962).

Diakonie. D. heißt in der christl. Tradition die soziale Dimension kirchl. Leitungsverantwortung. Im NT u. in der Alten Kirche steht diese im Zusammenhang mit der eucharist. Mahlversammlung, v. wo aus namens des Bischofs die Armen, Kranken u. Gefangenen der ↗ Gemeinde durch Diakone versorgt werden. Daraus entwickeln sich einerseits gemeindeübergreifende organisierte soziale Hilfen u. die kirchl. Verwaltung, andererseits verkümmert allmählich die gottesdienstl. Verwurzelung der D: Aus dem ständigen, mit einem sozialen Auftrag verbundenen ↗ Amt des Diakons wird ein hierarch. Durchgangsgrad zum Priestertum. In nachkonstantinischer Zeit übernehmen Kloster- und Ordensgemeinschaften die Rolle der Zufluchtsstätte f. Arme u. Bedrängte. Sie führen die Tradition der Gastfreundschaft (Xenodochion) im Hospitalwesen weiter (Basilius der Große!), welches dann im MA v. Laienbruderschaften aufgenommen wird. Nach der Reformation erwächst daraus die soziale Verpflichtung der christl. Obrigkeiten (Armenkästen), im calvin. Bereich wird eine neue Verwirklichung des Diakonenamtes versucht. Im Zeichen erwecklicher ↗ Frömmigkeit signalisiert D. während des 19. Jh. schließlich das Leitbild v. einer evang. Kirche, in der „die ↗ Liebe wie der ↗ Glaube" (Wichern) zur amtl. ↗ Verantwortung gehört. Dazu sollen die Bruder- u. Schwesternschaften der neuen Berufe Diakon u. ↗ Diakonisse beitragen. Die ↗ Innere Mission sollte auf diesem Wege Agent sein, nicht aber zum Ersatz werden. Tatsächlich aber sind „Diakon. Werke" nach dem Zweiten Weltkrieg meist aus einer Vereinigung kirchenamtl. Sozial-Initiativen („Hilfswerk") mit der vereinsmäßig organisierten Anstaltsarbeit der „Innern Mission" hervorgegangen. In der BRD zählt die D. der evang. Kirche etwa 160.000 hauptberufl. Mitarbeiter. Auch in der kath. Kirche hat die diakon. Komponente des eucharist. u. des sozialkaritativen Dienstes (↗ Caritas) seit dem II. Vatikan. Konzil stärkere Beachtung gefunden. Kennzeichnend f. moderne D. ist auch ihre ökumen. Dimension („Misereor", „Brot f. d. Welt") u. ihre unumgängl., aber unterschiedl. gefaßte Zuordnung zu staatl. ↗ Sozialpolitik („Subsidiaritätsprinzip"). Ph

Lit.: H. Krimm (Hsg.), Das diakon. Amt der Kirche (²1965).

Diakonisse. D.n (griech.: Dienerinnen) waren in der Zeit des NT. u. in der frühen Christenheit „Gemeindehelferinnen" (z. B. Phöbe in Römer 16,1). 1836 wurde im evang. Bereich das ↗ Amt der D. durch Pfarrer Theodor Fliedner in Kaiserswerth (seit 1929 Stadtteil v. Düsseldorf) wieder eingeführt Die Hauptaufgabe der D. sind pflegerische Dienste (in ↗ Krankenhäusern, Heimen, Schulen u. ä.). In der Gegenwart haben alle D.nhäuser Nachwuchsmangel, weil die ganzheitl. lebenslange Bindung an die Mutterhausgemeinschaft im Gegensatz zum vorigen Jahrhundert nicht mehr gefragt ist.   Schi

Lit.: H. Krimm, Das diakon. Amt der Kirche (²1965).

Dialog. Platon hat seine Akademie auf den D. gegründet. Diese erste umfassende wissenschaftl. Lehr- u. Forschungsstätte Europas benützte demnach den D. unter Lehrenden u. Lernenden, um durch das ↗ Gespräch zu größerer Erkenntnis der Wahrheit zu gelangen. Man kann einen dreifachen D. unterscheiden: Forschungsgespräch, Lehrgespräch, Verständigungsgespräch. — Das Verständigungsgespräch spielt dabei die umfassendste Rolle im Leben der Menschen. Wir sprechen miteinander, um unsere Standpunkte, Vermutungen und Überzeugungen auszutauschen, so daß wir einander besser verstehen lernen. Während seit den frühchristl. Apologeten der D. den Zweck hatte, den Partner, bes. außerhalb der ↗ Kirche, v. der eigenen Meinung zu überzeugen, setzt sich im Vat. II. ein neues D.-Verständnis durch: über die Auseinandersetzung zu gegenseit. Verstehen u. durch dieses zu gemeins. Handeln zu kommen. Solcher D. ist zunächst innerhalb der Kirche selbst nötig.

Aus dieser Auffassung heraus werden nachkonziliare Einrichtungen geschaffen, z. B. Priesterrat u. Pastoralrat als Gespräch zw. Bischöfen u. Priestern u. zwischen diesen u. den Laien. Auch die Diözesansynoden dienen dem Ziele der Mitverantwortung u. Mitwirkung möglichst vieler am innerkirchl. Leben. Dabei kann das Mitreden grundsätzl. drei Formen annehmen: a) gegenseitige Information, b) Mitberatung, c) Mitentscheidung. Es geht um die Einbringung demokrat. Modelle in den innerkirchl. Entscheidungsprozeß (↗ Demokratie in der Kirche). Damit eng zusammen geht die ↗ Freiheit der Meinungsäußerung u. das Mitdenken aller in der Kirche (sentire cum ecclesia), die sich mehr u. mehr als Kirche der Erwachsenen versteht u. auf einer legitimen ↗ Pluralität der Meinungen beruht.

Zum Gelingen des D.s gehört als Grundvoraussetzung das Ernstnehmen des Gesprächspartners u. das darin enthaltene Zuhören-können. D. ist also etwas anderes als Disput od. Diskussion. Er setzt gegenseitiges ↗ Vertrauen u. Hochachtung voraus.

Durch das Vat. II. ist auch der D. mit den anderen christl. Bekenntnissen u. Kirchen als ökumen. Bewegung angeregt worden, ebenso das Dauergespräch mit den nichtchristl. theist. Weltanschauungen u. dem Atheismus. Nicht weniger wichtig erscheint der D. der Kirche mit der Welt. Dabei hat die Kirche der Gefahr zu begegnen, daß wegen der heute stark betonten ↗ Geschichtlichkeit jeder Weltanschauung auch ihre ↗ Verkündigung absoluter Heilswahrheiten relativiert wird. Die Aufnahme des D.s über die Glaubensgrenze hinweg — bes. in den dringl. Fragen der Kooperation f. Frieden, soz. ↗ Gerechtigkeit, ↗ Freiheit — bedeutet jedoch keine Leugnung des absoluten Anspruchs göttl. Wahrheit.

Jeder D. unter Gläubigen gründet allerdings im D. mit Gott. Unter dem Worte D. verbirgt sich demnach das wichtigste u. weltweite Zukunftsprogramm der Kirche als Öffnung zu allen Menschen guten Willens aus dem Geiste des Evangeliums heraus.   Rr

Lit.: St. Rehrl, Der Dialog in Forschung, Lehre u. Leben (1967); Dokumente des II. Vat. Konzils (D. H. u. G. S.); B. Waldenfels, Das Zwischenreich des Dialogs (1972).

Dialyse. Der griech. Ausdruck bedeutet *chem.:* Trennung niedermolekularer Stoffe (Salze) aus einer Lösung hochmolekularer Stoffe (Eiweiße); *medizin.:* selektive Diffusion gelöster Teilchen (Kristalloide, Elektrolyte, Glukose, Harnstoff u. a.) durch halbdurchlässige Membranen (natürl. Membranen in Organen wie Niere, Gehirn), künstl. Membranen bei Haemo-D. zur „Entgiftung" des Blutes (↗ Organe, künstl.).

Diskriminierung. Soziale D. bezeichnet die negative Einschätzung u. ungleiche Behandlung v. Einzelpersonen od. sozialen ↗ Gruppen sowie deren Ausschließung v. sozialer Akzeptierung u. die wirksame Einschränkung ihrer Lebenschancen. Das Alltagsverständnis nimmt zwar D. wahr u. lehnt ihre Auswüchse ab, betrachtet aber soziale, rassische u. a. Unterschiede als f. die D. begründend u. objektiv vorgegeben. Aus soziolog. Sicht erscheinen aber diese Unterschiede als etwas v. der ↗ Gesellschaft „Gemachtes", als Endprodukt eines komplexen sozialen Prozesses, der in einer Abfolge v. sozialen Interaktionen u. ↗ Entscheidungen besteht. Erst durch die v. best. gesellschaftl. Gruppen vollzogene Definition v. Situationen u. Verhaltensweisen, der ↗ Institutionalisierung v. Wertsystemen u. ihrer erfolgreichen Durchsetzung wird eine Kategorisierung v. ↗ Personen geschaffen u. deren ↗ Verhalten als abweichend v. den durchgesetzten ↗ Normen bestimmt. Damit wird D. ermöglicht. (So trägt ein best. Verhalten noch nicht das Merkmal z. B. „kriminell" an sich, sondern dieses kommt erst durch den sozialen Definitionsprozeß zustande). V. den jeweiligen Herrschafts- u. ↗ Macht-Verhältnissen ist es abhängig, wer in einer best. Gesellschaft (unter Berufung auf best. Interessen) soziales Handeln gegen andere normiert, kontrolliert u. diskriminiert. Die ungleichen Chancen in diesem Definitions- u. Durchsetzungsprozeß stellen sich f. große soziale Gruppen (wie ↗ Frauen, manuelle Arbeiter) als ungleiche Zugangsmöglichkeiten zum Privilegiensystem der Gesellschaft dar. F. soziale ↗ Minderheiten (Gastarbeiter, Obdachlose, alte Menschen), Personen mit abweichendem Verhalten (Strafgefangene, Drogenabhängige, psychisch Kranke), Personen mit physischen Deformationen (↗ Behinderte) bedeuten sie negative Zuschreibung (↗ Vorurteil) u. D., die v. Verweigerung v. Rechten über wirtschaftl. Maßnahmen, soziale Ausschließung bis hin zur polit. Verfolgung reichen können. Die D. wird durch eine ↗ Ideologie zu rechtfertigen versucht, die die „Andersartigkeit" erklären u. eine Gefährdung durch die Diskriminierten nachweisen soll. Die Einsicht, wie sich D. vollzieht, ist für eine pastorale Arbeit mit Diskriminierten v. Bedeutung. *Wei*

Lit.: E. Goffmann; Stigma. Über Techniken der Bewältigung beschädigter Identität (1967); H. S. Becker, Außenseiter. Zur Soziologie abweichenden Verhaltens (1973); H. Steinert (Hrsg.), Symbolische Interaktion. Arbeiten zu einer reflexiven Soziologie (1973).

Disposition. Körperl. u. seel. Verfassung mit entspr. Reaktionsbereitschaft auf krankheitsveranlassende Einwirkungen; theol.: spirituelle Verfassung als Voraussetzung f. den gültigen u. erlaubten Sakramentenempfang.

Dissimulieren. Im biolog. Sinne versteht man unter D. den Abbau u. die Ausscheidung der Abfallprodukte des Stoffwechsels u. der unverarbeiteten Stoffe; auch die Atmung bei Mensch u. Tier gehört hiezu. Physiolog. handelt es sich um die Umwandlung v. energiereichen organ. Stoffen mittels Atmungsfermenten in einfachere Endprodukte unter Freiwerden v. Energie. Medizin.-psych. ist D. ein Hinwegtäuschen über Krankheitssymptome. Im Bereich des Krankheitsgeschehens kommt D. v. a. bei den Geisteskrankheiten vor, u. zw. häufiger als das Vortäuschen v. Symptomen. So stellen sich Melancholiker als geheilt, um Selbstmord verüben zu können, andere Kranke, um eine größere Handlungsfreiheit zur Ausführung ihrer Pläne zu erlangen. Die Dissimulanten versuchen jene Gedanken u. Symptome zu verbergen, von denen sie wissen, daß andere sie als krankhaft ansehen. Sie selbst halten sich nicht f. krank, ihnen fehlt die Krankheitseinsicht. Auffallend häufig findet sich das D. bei Schizophrenie u. Paranoia, wo man wegen der geschickten Täuschung u. der überlegten Vorbereitungen zur ↗ Selbsttötung auf eine Zurechnungsfähigkeit schließen würde, die aber gerade bei diesen Krankheiten nicht gegeben ist.

D. im kirchenrechtl. Sinn ist das bewußte Hinwegsehen der kirchl. Obrigkeit über vorhandene Mißstände, die man nicht verhindern kann od. will, weil sonst noch ärgere Übel entstehen würden. Man nimmt die Gesetzesverletzung zur Kenntnis, ohne sie zu billigen, setzt aber die strafrechtl. Sanktionen aus. Praktisch hat dieses bewußte Hinwegsehen den Charakter einer stillschweigenden Dispens. Gg

Lit.: A. Niedermeyer, H. d. spez. Pastoralmedizin V, 50; E. Bleuler, Lehrbuch d. Psychiatrie (1955), 127; J. Lederer, Dissimulation, in: LThK 3, 425.

Dreiecksverhältnis ↗ Geschlechtsbeziehungen

Droge(n). Substanzen, die auf das Zentralnervensystem anregend od. hemmend wirken, werden heute als D. bezeichnet. Die in unserem Kulturkreis akzeptierten D. sind Kaffee, Tee, Tabak u. Alkohol. Mit ihrer Hilfe versucht der Mensch sich zu entspannen od. aufzuputschen, seine oralen ↗ Bedürfnisse zu befriedigen od. sich mit anderen besser zu verstehen. Die Wirkung der D. hängt dabei v. versch. Faktoren ab: v. Menge, Stärke u. Qualität der D., v. der Geschwindigkeit ihrer Verteilung im Organismus, v. den physischen u. psychischen Reaktionsweisen der ↗ Person u. v. der augenblickl. Situation. Außer der erwünschten Wirkung treten bei höherer Dosierung Nebenwirkungen wie Übelkeit, Schwindel, Herzklopfen, Schweißausbruch usw. auf.
Entspr. den Empfehlungen der WHO (1964) lassen sich die D. in sieben Gruppen einteilen: 1. Opiate (z. B. Morphium, Heroin, Polamidon), 2. Barbiturate u. a. Hypnotika (Schlafmittel), 3. Alkohol, 4. Kokain, 5. Cannabis (z. B. Haschisch, Marihuana), 6. Halluzinogene (z. B. LSD, Meskalin, organ. Lösungsmittel), 7. Weckamine bzw. Stimulantien (Pervitin, Captagon, Nikotin). Substanzen aus den ersten drei Gruppen wirken betäubend, die übrigen dagegen anregend. Da mit den meisten D. eine erhebl. gesundheitl. Gefährdung verbunden ist, die v. a. in der Gefahr einer Abhängigkeit (↗ Drogenabhängigkeit) besteht, sind Herstellung, Abgabe u. Erwerb dieser D. gesetzlich geregelt (z. B. in der BRD durch das Betäubungsmittelgesetz v. 12.1.1972). Die Sehnsucht nach Rauschzuständen, in denen Stimmung u. geistige Funktionen verändert sind, war früher an relig. ↗ Riten u. kulturelle Bräuche gebunden. Pflanzenextrakte, Musik u. ↗ Tanz führten zu einem Zustand der ↗ Ekstase, in dem sich der Mensch aus dem Alltäglichen seines Daseins befreit fühlte zur ↗ Gemeinschaft mit den Göttern. Wenn auch der Rausch heute nicht mehr sinnvoll in das rel. Leben einbezogen wird, so könnten das Motiv der ↗ Neugier u. der anfängl. Genuß v. D. in einer ↗ Gruppe (was beides f. jugendl. D.-Probierer charakteristisch ist) auf eine Sehnsucht hindeuten, die weniger Ausdruck einer Verweigerung gegenüber den Leistungsansprüchen der ↗ Umwelt ist als vielmehr die unbest. Erwartung einer Sinnfindung im gemeinsamen Erleben v. ↗ Transzendenz. Da sich diese ↗ Hoffnung aber nicht erfüllt, endet ein solcher D.versuch (mit Cannabis od. Stimulantien) meist nach kurzer Zeit des Probierens u. Experimentierens; etwa 10% der jugendl. Probierer steigen aber auf härtere D. (Halluzinogene, Opiate) um, u. 2—5% geraten schließlich in eine ↗ Drogenabhängigkeit. Rf

Lit.: W. Schmidbauer/J. v. Scheidt, Handb. d. Rauschdrogen (1971); Religion u. die Drogen, hrg. v. M. Josuttis u. H. Leuner (1972). Information (kostenlos): „Vorbeugen ist besser als Drogen" u. „Drogenberatung — wo?" durch: Bundeszentrale f. gesundheitl. Aufklärung, D-5 Köln 91, Postfach 93 01 03.

Drogenabhängigkeit. Je nach bevorzugter ↗ Droge lassen sich versch. Typen v. ↗ Abhängigkeiten unterscheiden, die zunehmend häufiger auch kombiniert bei derselben Person festgestellt werden können. Neben der ↗ Alkoholabhängigkeit ist die Abhängigkeit v. Schlafmitteln (bes. Barbiturate) u. Aufputschmitteln (Weckamine) weit verbreitet. Sie findet sich v. a. bei Erwachsenen, bleibt aber lange unentdeckt u. entwickelt sich häufig aus einem ↗ Medikamentenmißbrauch. Wie diese drei Abhängigkeitstypen war auch die Opiatabhängigkeit in den deutschsprachigen Ländern früher v. a. auf Erwachsene zw. 25 u. 50 J. beschränkt. Seit die „Drogenwelle" Mitte der 60er Jahre auch auf den europ. Kontinent übergegriffen hat, wird die Abhängigkeit v. Opiaten zunehmend bei Jugendlichen beobachtet. Diese begannen meist im Alter v. 10—15 J.

erste Drogenerfahrungen mit Nikotin, Alkohol u. Cannabis zu machen, probierten dann Halluzinogene u. Stimulantien u. injizierten sich schließlich Opiate (Fixer). Eine derartige „Drogenkarriere" ist aber nicht zwangsläufig; sie kann vorher enden od. in die Abhängigkeit v. einer jener anderen Drogen münden. Cannabis u. Halluzinogene bewirken zwar nicht wie die anderen genannten Drogen eine mehr od. weniger starke physische Abhängigkeit; die psychische Abhängigkeit v. ihnen hat jedoch die gleichen sozialen Folgen wie die v. anderen Drogen. Die Einengung der Interessen u. der Mangel an ↗ Aktivitäten führen zum Aufgeben v. Schule, Studium od. Beruf u. zur Zerstörung der bisherigen Sozialbeziehungen. Stattdessen sucht der Abhängige eine delinquente ↗ Subkultur, zumal er straffällig werden muß, um sich seine Droge beschaffen zu können (↗ Jugendkriminalität). Zu dieser Beschaffungskriminalität kommen Straftaten, die unter Drogenwirkung begangen werden (z. B. Verkehrsunfälle).

Da die Therapie der D. (↗ Entziehungskur) mühsam u. häufig erfolglos ist, kommt der Vorbeugung bes. Bedeutung zu. Neben Aufklärung u. Information, die in jüngster Zeit ein leichtes Sinken des Drogenkonsums bei allerdings noch wachsender D. bewirkt haben, muß bes. die Verhütung der zur D. disponierenden Faktoren (↗ Abhängigkeit) intensiviert werden. Dazu ist v. a. eine wirksame ↗ Ehe- u. ↗ Erziehungsberatung mit der Möglichkeit zur ↗ Familientherapie notwendig.   Rf

Lit.: E. Christiani/G. Stübing, Drogenmißbrauch u. Drogenabhängigkeit (1972); P. Kielholz/D. Ladewig, Die Drogenabhängigkeit d. modernen Menschen (1972); J. v. Scheidt (Hrg.), Drogenabhängigkeit. Zur Psychologie u. Therapie (1972).

Du. D. bezeichnet die zweite ↗ Person des Personalpronomens. In W. v. Humboldts Sprachphilosophie ist das D. der Andere als „Angeredeter". Der Mensch ist darauf angelegt, zum anderen in Beziehung zu treten (↗ Bezugsperson). Er kann nicht als nur individ. Substanz, als isoliertes Subjekt, als nur f.-sich-seiendes ↗ „Ich" leben. Nach christl. Anschauung ist in der v. Christus begründeten Heilsgemeinschaft in einem gewissen Sinn der eine immer auch Heilsmittler f. den anderen. Im Verhältnis zum anderen vollzieht sich das Gericht über die eigene Existenz (Mt 25, 31 ff.). — Erst dort, wo sich der Mensch v. einem D. angenommen u. geliebt weiß, erfährt er sich selbst im eigentl. Sinn. Das Mitsein bedeutet in seinem wahren Wesen keine Gefährdung des Selbstseins, der ↗ Freiheit u. Einmaligkeit; es ist Voraussetzung f. die ↗ Reifung zur ↗ Liebe, ↗ Freundschaft, ↗ Ehe. Ohne D. ist das Ich unmöglich, es bleibt isoliert, gerät in ↗ Vereinsamung u. Sinnlosigkeit. — Das Mitsein vollzieht sich im Medium der ↗ Sprache im weitesten Sinn (als Wort, Gebärde, Zeichen, Handlung usw.). D. bringt beides zum Ausdruck: Selbstbesitz u. Verwiesensein, Immanenz u. ↗ Transzendenz. — Jede Ich-D.-Beziehung gründet in der Mensch-Gott-Beziehung: Augustinus erfaßt das Verhältnis der ↗ Seele zu Gott als Beziehung des geschaffenen Ich zum D. des Schöpfers. Er ist das absolute, das umfassende D. Mose erfuhr in der Offenbarung am Sinai den Namen, das Wesen Gottes: „Ich werde dasein, als der ich dasein werde" (Ex 3,14): Der dreieinige Gott wendet sich uns zu. Seine Epiphanie in der Welt sagt mehr als Existenz, sie zeigt sich als das D., das dem Menschen ↗ Zukunft eröffnet. Am deutlichsten wird das D. Gottes an die Menschen in seinem Sohn, der uns Mitmensch u. Bruder wurde, dessen Name Emmanuel — „Gott mit uns" — heißt. Im Gebet wendet sich das geschöpfliche D. an das umfassende D., das Jesus mit dem Wort ↗ „Vater" meint. Dieses D., zu dem ich sprechen darf, nimmt ↗ Angst, Einsamkeit u. Existenznot; denn es ist das umfassende D., v. dem ich ganz angenommen bin. ↗ Bezugsperson   Fä

Lit.: M. Buber, Ich und Du (1923); ders., Die Schriften über das dialogische Prinzip (1954); J. Ritter (Hrg.), Historisches Wörterbuch der Philosophie, 2. Bd. (1972), 295 ff.

Dynamische Balance. D. B. ist ein Begriff, der aus dem *System Themenzentrierter Interaktion* stammt. Das System TZI (nach Ruth C. Cohn, auch bekannt

als WILL-Methode oder TIM), ist ein Gruppenführungsmodell. Es beruht auf den *Axiomen*,
1. daß allem Lebendigen Ehrfurcht gebühre,
2. daß der Mensch eigenständig (autonom) sei u. v. allen u. allem abhängig (interdependent),
3. daß Hindernissen auf dem Weg Vorrang eingeräumt werden muß.
V. diesen Axiomen leiten sich *Postulate* der ↗ Verantwortung ab:
1. Man soll sein „eigener Chairman" sein — der, der sich selbst verantwortlich leitet, d. h. nach innen schaut u. seine Bedürfnisse u. Wünsche kennt u. der, der nach außen blickt, d. h. innerhalb der inneren u. äußeren Gegebenheiten entscheidet; einer, der sich weder unselbständiger Konformität noch unüberprüften Impulsen beugt.
2. Jede Situation muß als Anlaß genutzt werden, zu nehmen u. zu geben.
3. Störungen müssen erkannt, akzeptiert u. überwunden werden.
Das System arbeitet mit der Hypothese, daß ↗ Person (↗ Ich), ↗ Gruppe (Wir) u. die Aufgabe, das Thema (↗ Es) gleich wesentlich sind — in allen Arbeits- u. Diskussionsgruppen. Gleiche Wichtigkeit bedeutet gleiches Gewicht, daher „d. B.". Jedoch gibt es in keiner Gruppe ein stat. Gleichgewicht, in dem die Aufmerksamkeit aller gleichzeitig aufeinander u. auf das Thema gerichtet werden kann. Vielmehr kann nur jeweils an *einen* Aufmerksamkeits-Schwerpunkt auf einmal gedacht werden.

B. ist nur möglich im dynam. Prozeß — so wie die B. eines Fahrrads nur durch Nacheinander-Treten der Pedale erreicht werden kann.

D. B. kann auch über den Systembereich des Ich-Wir-Es-Gleichgewichts übertragen werden auf alle seel. u. zwischenmenschl Prozesse, in denen nicht stat., sondern dynam. Gleichgewicht verwirklicht werden kann; z. B. d. B. innerhalb einer guten ↗ Familie, in der die Aufmerksamkeit f. jedes Mitglied dynamisch wechselt, aber im Ganzen gleichgewichtig ist; d. B. zw. seel., physischen, intellekt. u. geist. Bedürfnissen; od. d. B. zw. Interessengebieten innerhalb eines Schultages od. Lehrplans. Co

Lit.: M. Kröger, Themenzentrierte Seelsorge (nach C. Rogers u. R. Cohn) (Urban Reihe 605); R. Cohn, Das Thema als Mittelpunkt der Gruppe, in: Zeitschrift für Gruppenpsychotherapie und Gruppendynamik 3 — Vandenhoeck & Ruprecht (1970); R. Cohn, The Beyond Within, Voices, Journal of the American Academy of Psychotherapists (1972); R. C. Cohn, Vom Rivalitätsprinzip zum Kooperationsmodell mit Hilfe der TZI, Schlesw. Holst. Ärzteblatt, H. 10/73.

Egoismus ↗ Ich ↗ Narzißmus

Ehe. E. ist eine auf Lebens- u. Geschlechtsgemeinschaft hingeordnete Verbindung v. ↗ Mann u. ↗ Frau, die als solche auf gesellschaftl. Anerkennung u. Förderung angewiesen ist. Sie hat eine innere Sinnhaftigkeit in der wechselseitigen ehespezif. Ergänzung v. Mann u. Frau, durch die die Gatten in ihrem Mann- bzw. Frau-Sein u. in dem f. die E. spezif. Eins-Sein vervollkommnet werden sollen. Sie hat darüber hinaus einen über die Sinnhaftigkeit hinausweisenden Zweck, der in der ehespezif. Hinordnung der Gatten auf einen neuen kreativen Menschen- u. Gottesbezug besteht. Sinn u. Zweck der E. bedingen einander derartig, daß sie jeweils nur im gleichen Umfang erreicht werden können. Denn die die E. v. innen bestimmende u. sie doch übersteigende Zweckhaftigkeit ist begründet in der Art der Zuordnung v. Mann u. Frau in der E., durch die die Gatten zu tieferer personaler Partnerschaft nicht nur miteinander, sondern durch sie auch mit den Mitmenschen u. dadurch auch zur persönlicheren Begegnung mit Gott fähig werden sollen. Der Zweck der E. zielt somit weit über die Erzeugung u. ↗ Erziehung v. Kindern hinaus, er kann auch dann erreicht werden, wenn der Verzicht auf Nachkommenschaft begründet od. notwendig ist, z. B. wegen berufl. Verpflichtungen im Dienste der Mitmenschen od. wegen Unfruchtbarkeit (↗ Familienplanung). Wegen der Hinordnung der E. auf Geschlechtsgemeinschaft ist eine ↗ „Josefsehe" nur im Dienste v. ↗ Werten sinnvoll, die einerseits eine Lebensgemeinschaft v. Mann u. Frau erfordern, andererseits ↗ Geschlechtsbeziehungen nicht sinnvoll erscheinen lassen. Auch die ↗ Polygamie entspricht somit nicht dem Sinn der E., weil sie die gleichberechtigte ↗ Partnerschaft nicht voll verwirklicht. Sie ist nur unter kulturellen Bedingungen zu tolerieren, wo eine solche Gleichberechtigung (↗ Emanzipation) aufgrund des unausgebildeten sittl. ↗ Bewußtseins noch nicht erreichbar ist (↗ Konkubinat).
Die E. bedarf der gesellschaftl. Anerkennung, sowohl im Interesse ihrer selbst als auch wegen ihrer Bedeutsamkeit f. die ↗ Gesellschaft. Diese ist dementspr. zur Ermöglichung u. Förderung der E. verpflichtet. Die Art dieser Anerkennung u. Förderung ist v. den unterschiedl. kulturellen Gegebenheiten abhängig. Sie sollte so sein, daß sich die E. ihrem Sinn u. Zweck entspr. optimal entfalten kann. Dementspr. ist die Gesellschaft in Unordnung, wenn E. nur in einer ↗ Onkelehe verwirklicht werden kann, weil andernfalls das Recht zum Eingehen einer E. wegen unzumutbarer wirtschaftl. Nachteile nicht ausgeübt werden könnte.

Mo

Lit.: Th. Bovet, Ehekunde, 2 Bde. (²1963/67); ders., Kompendium der Ehekunde. Zürcher Vorlesungen (1969); G. Krems/R. Mumm (Hrg.), Theologie der Ehe (1969); J. Duss von Werdt/ G. A. Hauser, Das Buch von Liebe und Ehe (1970).

Eheberatung. *1. Geschichte u. Organisation:* Die E. ist ein Zweig der psychosozialen ↗ Lebensberatung. Vorläufer: Ehegerichte, Friedens- u. Eherichter, ↗ Eheseelsorge. Die moderne E. hat sich aus eugenischen, kontrazeptiven u. sexualwissenschaftl. Ansätzen entwickelt. (1907 versuchten dt. Zivilstandesämter mit Gesundheitszeugnissen, belastete Ehen zu verhindern — 1912 gründete Margaret Sanger in den USA ein Instit. f. Geburtenkontrolle — 1919 eröffnete Magnus Hirschfeld eine erste Sexualberatungsstelle in Berlin.) In den Jahren zw. den Weltkriegen kamen stärker psych. u. soz.-pädagog. Aspekte zum Zug. 1925 schrieb A. Adler in Wien einen Beitrag f. das „Ehebuch" v. Graf Keyserling, in dem er v. der Notwendigkeit u. der Aufgabe sprach, die ↗ Ehe zu *gestalten.* Es entstanden auch die ersten kirchl. E.sstellen Durch den Nationalsozialismus wurde diese Entwicklung unterbrochen. Gegen Ende der 40er-Jahre wurden neue E.sstellen gegründet, sowohl v. neutralen wie konfess. Trägern. Zur Zeit bestehen in der BRD u. in West-Berlin ca. 300, in Österreich einige, in der Schweiz ca. 35 E.sstellen. Trägerverbände in der BRD: Deutsche Arbeitsgemeinschaft f. Jugend- u. E. (Detmold); Evang. Konferenz f. Familien- u. Lebensberatung (Stuttgart) (dazu als Ausbildungsstätte das Evang.

Zentralinstit. f. Familienberatung, Berlin); Kath. Zentralinstit. f. Ehe- u. Familienfragen, Köln (dazu: Verband kath. Eheberater). Diese 3 Verbände bilden zusammen mit der Bundeskonferenz f. ↗ Erziehungsberatung u. der Gesellschaft ↗ Pro Familia den „Dt. Arbeitskreis Jugend-, Ehe-, Familienberatung", der die Funktion eines nationalen Komitees f. diesen Bereich wahrnimmt. — In Zürich besteht das v. Th. Bovet gegründete Institut f. Ehe- u. Familienkunde (Internationale gamolog. Symposien). In Verbindung mit der Association Française des Centres de Consultation Conjugale, Paris, dem National Marriage Guidance Council, London u. den 3 dt.E.sverbänden gibt das Zürcher Institut seit 1964 das „Zentralblatt f. Ehe- u. Familienkunde — EHE" heraus.

2. *Definitionen u. Methoden:* Während nach dem Krieg die E. sich überwiegend auf die Ehe als Institut konzentrierte u. v. daher die Ehepartner zur Klärung u. Aufarbeitung ihrer ↗ Konflikte zu bewegen versuchte, setzte sich danach, vom psychoanalyt. Standpunkt her, ein anderer Aspekt durch: Ehestörungen wurden als Schwierigkeiten u. ↗ Leiden des einzelnen Partners angesehen, woraus sich die Bearbeitung persönl. Konflikte ergab. Seit knapp einem Jahrzehnt ist ein dritter Aspekt in den Vordergrund gerückt, der eine Synthese der beiden anderen, des institutionell-sozialen wie des individualpsych. darstellt. Es handelt sich um die aus der Kommunikationsforschung gewonnenen Einsichten in die Interaktion v. Partnern. Sie ermöglicht diagnostisch eine Transaktionsanalyse u. beraterisch eine ↗ Kommunikationstherapie, in der individ. u. soziale Faktoren miteinander verbunden werden. (Auf psychoanalyt. Basis v. E. Berne, Th. Harris, J. Willi u. a. weiterentwickelt, auf lerntheoret. verhaltenstherapeut. Basis v. W. Lederer, K. H. u. A. Mandel, P. Watzlawick u. a). — Nach W. Bäuerle ist ↗ Beratung: a) *Orientierungshilfe:* „Es handelt sich ... um die Entwicklung ... der Fähigkeit des Klienten, seine subjektive Problemlage zu formulieren u. zu objektivieren" (K. Mollenhauer). b) *Planungshilfe:* Es geht dabei darum, „den Ratsuchenden in die Lage zu setzen, Zusammenhänge neu zu erfassen u. so zum selbstverantwortl. Handeln bereit zu werden" (A. Däumling). c) *Entscheidungshilfe:* „(Es) kommt ... in jeder Beratung darauf an, daß der nun informierte, aufgeklärte, distanzierte, seinen versch. Möglichkeiten u. deren Wirkungen u. Folgen bewußte u. eingedenke Klient nun in ↗ Freiheit eine ↗ Entscheidung trifft, ein Akt seiner Selbständigkeit u. Initiative" (Bäuerle). — Nach einer Definition v. J. Scharfenberg ist Beratung „fachkundige ↗ Partnerschaft auf Zeit." E. wird in Form v. Einzelberatung, Paar-Beratung u. Gruppen-Beratung durchgeführt. — Definitionen u. Methoden der modernen E. machen deutlich, daß es nicht um ein Erteilen v. Ratschlägen geht, sondern darum, daß Berater u. Klient, selber in Interaktion miteinander stehend, die Interaktionsprobleme, die Beziehungsstörungen des Klienten klären u. bearbeiten u. dadurch einer Lösung zuführen. Beratung u. Weisungen stehen im Widerspruch zueinander u. schließen sich gegenseitig aus. Grundlegend f. alle beraterische Methodik ist die v. C. G. Rogers u. R. Tausch entwickelte klientenzentrierte Therapie (↗ Gesprächspsychotherapie). Ihre Leitsätze hat H. Harsch zusammengefaßt: a) Ich nehme den andern an, wie er ist. b) Ich fange da an, wo der andere steht. c) Ich mache dem andern ein emotionales Angebot. d) Ich verzichte damit ausdrücklich auf Argumentieren u. Diskutieren. e) Ich befrage u. prüfe meine eigenen Emotionen, die der andere in mir auslöst. f) Ich beurteile ihn nicht nach meinen Maßstäben. g) Ich versuche ihn aus seiner ↗ Entwicklung u. ↗ Umwelt zu verstehen u. zu akzeptieren. h) Ich orientiere mich an dem, was der andere braucht. i) Ich sehe im anderen meinen Arbeitspartner u. nicht mein Arbeitsobjekt.

3. *Probleme:* Die in der E. auftauchenden Ehe- u. Partnerschaftsprobleme sind: a) *Mißverstehen, Nichtverstehen, Streit:* Die an die Ehe gerichteten Erwartungen spielen eine wesentl. Rolle. Sie treten als ↗ Hoffnungen u. Befürchtungen auf, wobei letztere seltener erkannt u. mitgeteilt werden. Zu den Hoffnungen zählen die Wünsche auf Erfüllung der eigenen ↗ Be-

dürfnisse: nach ↗ Sprache u. ↗ Kommunikation, Verstehen u. Verstandenwerden, Bestätigung u. Geltung, Information u. Orientierung, Ordnung u. Gestaltung, Zärtlichkeit u. ↗ Sexualität, Eigenbereich u. Gemeinsamkeit, Auseinandersetzung u. Einigung, Vergnügen u. ↗ Freude, Abwechslung u. Beständigkeit, Nähe u. Distanz. Werden Bedürfnisse u. Wünsche nicht deutlich ausgesprochen — was sehr oft der Fall ist — muß es zu ↗ Frustrationen, ↗ Aggressionen u. Kommunikationsstörungen kommen. — b) *Sex. Probleme:* Fragen der Gestaltung der Geschlechtsgemeinschaft u. deren Störungen (↗ Impotenzformen, ↗ Frigidität, ↗ Empfängnisregelung, ↗ Homosexualität u. ↗ Perversionen) — c) *Probleme mit Eltern u. Schwiegereltern* u. andern engen Beziehungspersonen. d) *Probleme biolog.-biograph. Phasen:* ↗ Eugenik, Lebensmitte (um 35), ↗ Klimakterium, ↗ Altern. e) *Probleme in Verbindung mit Alkohol u. Suchtmitteln* (↗ Abhängigkeit).

4. *Ausbildung:* Die übliche Ausbildung des ↗ Seelsorgers setzt ihn ebensowenig wie den ↗ Arzt imstande, E. durchzuführen. F. alle Berufsgruppen (Psychologen, Psychagogen, Psycho- u. Gesprächspsychotherapeuten, Sozialarbeiter mit Ausbildung in Einzelfallhilfe od. Gruppendynamik) gilt, daß zur Ausübung der E. eine Zusatzausbildung theoret. (einschlägige Kapitel d. Soziologie, Psychologie, Sozialwissenschaft, Methodik) u. prakt. Art (Beratung unter ↗ Supervision) notwendig ist. Auf den Seelsorger kommen im Zusammenhang mit Partnerkonflikten folgende Aufgaben zu: Erstgespräch — Information — Überweisung — Stützung. Ferner prophylakt. Maßnahmen, z. B. Jugend- u. Eheseminare.

Die E. ist der ↗ Erziehungs- u. Familienberatung verbunden. Zwei Probleme stehen in ↗ Forschung, Aus- u. Fortbildung zur Klärung an: die Frage der Ehebeeinträchtigung durch sozioökonom. Bedingungen, ferner die Beratung v. Angehörigen der soziol. Unterschichten. Hier müssen andere, weniger verbale Methoden zur Anwendung gebracht werden.

Guido Groeger

Lit.: Th. Bovet, Kompendium der Ehekunde (1969); G. Struck u. L. Loeffler, Einführung in die E. (1971); A. u. K. H. Mandel, Einübung in Partnerschaft (1972); H. Harsch, Theorie u. Praxis des beratenden Gesprächs (1973).

Ehefähigkeit. E. ist zunächst eine Forderung des staatl. u. kirchl. Rechtes f. die gültige u. erlaubte Eheschließung; sie besteht im wesentl. im Freisein v. Ehehindernissen u. muß sich an möglichst sicher feststellbare Fakten halten. Sittl. verantwortete Übernahme der ehel. Bindung an einen Partner f. das ganze Leben verlangt jedoch darüber hinaus eine E. im anthropolog. Sinn, die meist als Ehereife bezeichnet wird. Aufbauend auf der psycho-physischen Reife setzt diese Charakterqualitäten voraus, die rechtl. schwer faßbar, aber f. das Gelingen der ↗ Ehe v. ausschlaggebender Bedeutung sind. Heute erleben wir in allen Kulturnationen ein früheres Heiratsalter, als dies in vergangenen Jahrzehnten üblich war. Gleichzeitig stellen Fachleute ein Hinaufrücken der geist.-seel. Reife fest, während die körperl. Entwicklung früher zum Abschluß gelangt (Akzeleration). Nicht zuletzt wird v. Statistikern darauf hingewiesen, daß — mitbedingt durch das heute übliche frühere Heiratsalter — die Scheidungsziffern ansteigen. Man könnte hieraus den Schluß ziehen, daß die meisten, die eine sog. Frühehe eingehen, nicht über das nötige Maß an E. verfügen. E. setzt eine möglichst weitgehende seel. geistige Reife der Persönlichkeit voraus, d. h. außer der physischen, v. a. die psychische u. soziale Fähigkeit sowohl im Erkennen der eigenen Persönlichkeitsmerkmale als auch derjenigen des Partners. Sie zu erreichen, ist f. jeden schwierig. Ein Patentrezept f. die Erlangung der E. kann nicht gegeben werden. Jedoch wird in zunehmendem Maße versucht, durch breit angelegte Ehevorbereitungskurse E. zu wecken, bzw. eine Eheunfähigkeit zu erkennen. V. den großen Kirchen werden systematisch in der Bundesrepublik, in Österreich u. in der Schweiz Ehevorbereitungskurse angeboten — jedoch darf nicht verschwiegen werden, daß keineswegs alle Angebote den notwendig hohen Anforderungen entsprechen. (↗ Brautunterricht) Stu

Lit.: M. Dirks, Die Ehe (1968); Beiträge zur Theologie der Ehe, Bd. 4 der Reihe „Familie in der Diskussion" (hrg. v. G. Struck) (1971).

Ehehindernisse ↗ Ehefähigkeit ↗ Eherecht

Ehekonsens ↗ Ehefähigkeit ↗ Ehe ↗ Eherecht

Ehekrisen ↗ Eheberatung

Eheliche Pflichten ↗ Ehe

Eheliche Untreue. Unter E. U. ist ein dem Sinn u. — in der Folge davon auch — dem Zweck der ↗ Ehe widersprechendes Verhalten zu verstehen. Die Ehe wird immer dann u. in dem Maße gebrochen, wie ein od. beide Ehepartner sich nicht mehr in ehespezif. Weise als ↗ Mann u. ↗ Frau wechselseitig ergänzen bzw. vervollkommnen u. statt dessen männl. bzw. weibl. Sinnerfüllung nicht nur unabhängig voneinander, sondern auf Kosten des Partners suchen u. in der Folge davon auch ihren gemeinsamen qualitativ neuen Menschen- u. Gottesbezug zunichte machen. Demnach ist — sittl. gesprochen — E. nur in dem Maße möglich, wie Ehe — wiederum sittl. gesprochen — zustande gekommen ist. Das hängt davon ab, wie weit die Fähigkeit zu einer ↗ Partnerschaft verwirklicht wurde. E. ist folglich desto schwerwiegender zu beurteilen, wie er den Kern der Lebens- u. Geschlechtsgemeinschaft trifft. Dann aber ist im Sinne Jesu nach Mt 19,9 nicht erst die Wiederheirat Geschiedener, sondern bereits die Trennung v. Tisch u. Bett als E. zu deuten, weil sie dem v. Gott zutiefst beabsichtigten Sinne der Ehe als Eins-Werden v. Mann u. Frau widerspricht.

E. kann sich demnach als *sexuelle* Untreue manifestieren. Diese wird — wegen der Bedeutung der ↗ Sexualität f. den Menschen — häufig als Symptom einer tiefgreifenden personalen ↗ Entfremdung zu deuten sein. Das braucht aber nicht immer der Fall zu sein, so z. B., wenn außerehel. ↗ Geschlechtsbeziehungen bloß leichtfertig u. ohne allzu tiefe Bindungen aufgenommen werden.

E. kann sich weiterhin als *soziale* Untreue — auch ohne sexuelle Untreue — manifestieren. Das ist der Fall, wenn ein Ehepartner nur sein eigenes Leben ohne Rücksicht auf die grundlegenden ↗ Bedürfnisse des Partners verwirklicht, deren Befriedigung dieser aufgrund des Sinnes u. Zweckes der Ehe erwarten könnte. So ist Interesselosigkeit f. die Belange des Partners in dem Maße als E. anzusehen, wie man zur Gemeinsamkeit fähig ist u. dennoch nicht zu der f. den Partner existenznotwendigen Anteilnahme (z. B. an dessen berufl. u. sozialem Leben) bereit ist.

Ist es zu E. gekommen, wird Empörung wegen der erlittenen Verletzung häufig berechtigt sein. Nicht selten wird man jedoch nicht nur prüfen müssen, inwieweit Treuelosigkeit überhaupt vorlag, sondern v. a. auch, inwieweit man sie durch eigenes Fehlverhalten provoziert hat. Die Versöhnungsbereitschaft würde so erleichtert, geeignete Schritte zur Erreichung tieferer Gemeinsamkeit würden schneller gefunden werden. Die Versöhnungsbereitschaft kann begrenzt sein durch das Nichtwollen des Partners u. die eigene Unfähigkeit, dessen Rücksichtslosigkeit zu ertragen. Mo

Lit.: J. Gondonneau, Freiheit in der Ehe (1972); A. Mitscherlich/G. Kalow (Hrg.), Über Treue und Familie. Zwei Gespräche (1972); H. Zuber, Liebe — Treue und Untreue. Zu den psychologischen Ursachen von Untreue und Ehebruch (1973).

Ehelosigkeit. Ehelos kann man sein, weil man trotz Gelegenheit zur ↗ Ehe nicht heiraten will od. weil man aus physischen, sozialen od. moral. Gründen genötigt bzw. entschlossen ist, auf eine Ehe zu verzichten. V. dieser Art der E. ist die ↗ Jungfräulichkeit zu unterscheiden. Der Verzicht auf Ehe trotz Gelegenheit zu ihr aus Gründen der Bequemlichkeit, ↗ Angst vor Bindung usw. u. somit das bloße Verharren im Stand des „Junggesellen" ist abzulehnen, weil der Betreffende so ohne entspr. Grund auf die Verwirklichung wesentl. Dimensionen seines Menschseins, auf Möglichkeiten des Liebens u. Geliebtwerdens u. dadurch der fortschreitenden Humanisierung der ↗ Gemeinschaft der Menschen verzichtet. Muß jemand auf Ehe wegen mangelnder ↗ Ehefähigkeit verzichten, sollte alles Mögliche zur Beseitigung dieser Ehunfähigkeit getan werden. Ist sie nicht behebbar, können wegen der Verwiesenheit des Menschen auf intime Lebensgemeinschaft u. ↗ Sexualität erhebliche Probleme entstehen. Diesen sollte man entspr. verständnisvoll begegnen, indem man auftretendem Fehlverhalten gegenüber im Rahmen des Möglichen tolerant ist u. gleichzeitig nach Möglichkeiten sucht, die bestehenden Schwierigkeiten auf ein Minimum zu reduzieren.

Im sozialen Bereich ist v. a. darauf zu drängen, daß durch unsoziale Verhältnisse, wie zu geringe Bezahlung, zu weitreichende berufl. Beanspruchung, wie sie z. B. bei Politikern u. Ärzten vorkommt, durch Rassen- u. Religionsdiskriminierung usw., niemand an einer Ehe gehindert wird, die er ohne diese ungerechten Benachteiligungen eingehen könnte. Auch die kirchl. Ehehindernisse sollten unter dieser Rücksicht überprüft werden. Verwitweten u. Geschiedenen, denen E. nicht selten kaum möglich ist, ist in diesem Zusammenhang bes. Aufmerksamkeit zu widmen (↗ Zölibatspflicht).

Moral. erforderlich kann der Verzicht auf Ehe werden, wenn man nur so unausweichl. Aufgaben wahrnehmen kann, wie z. B. die Versorgung v. hilflosen Kindern od. Eltern. Dabei ist jedoch darauf zu achten, daß v. den Versorgenden nicht unzumutbare Opfer verlangt werden, die man langfristig oft nicht ohne erhebl. Schaden f. sich selbst u. somit letztlich auch f. die andern bringen kann.

F. die Betroffenen ist die E. demnach immer ein Schicksal, das umso schwerer zu ertragen ist, je weniger sie es ändern können u. je größer bei ihnen das Bedürfnis nach einer Ehe ist. Sie sollten sich im Rahmen des Notwendigen um Geduld mit sich selbst u. den Mitmenschen u. um kompensatorisches Verhalten bemühen. Dadurch könnten sie ihr Geschick in erhebl. Maß mildern, v. a. wenn ihnen eine intensive helfende Zuwendung zu den Mitmenschen gelingt. V. diesen sind ernsthafte u. aufmerksame Anstrengungen zu erwarten, um die Unverheirateten vor Isolation zu bewahren, in die sie nur zu leicht geraten. Mo

Lit.: E. Stern, Die Unverheirateten (7. Heft der Reihe „Geschlechtsleben und Gesellschaft") (1957);

M. Oraison, Psychologie des ehelosen Lebens (1969); Humanisierte Sexualität — partnerschaftliche Ehe — erfüllte Ehelosigkeit. Österr. Pastoraltagung 1970 (1971).

Eherecht. Die Lehre sieht im sakramentalen Charakter des Ehebundes eine Begründung f. die kirchl. Ehehoheit; geschichtl. betrachtet bahnte sich diese Entwicklung durch die fortschreitende Verkirchlichung des öffentl. Lebens an. Kraft dieser Befugnis stellt der kirchl. Gesetzgeber Ehehindernisse auf, regelt die Vorschriften über den Ehekonsens u. die Form des Eheabschlusses; parallel damit geht die Kritik am geltenden E. Tatsache ist, daß durch Eingehen einer ↗ Ehe u. die Gründung einer ↗ Familie die private Sphäre verlassen wird, so daß die Ehe der Parteienwillkür entzogen ist. Daher besitzt die ↗ Gesellschaft ein unbestrittenes Recht auf Regelung wesentl. rechtl. Belange.

Da die Christen des Altertums nach staatl. Normen, gleich allen anderen Staatsbürgern, ihre Ehe schlossen, neigt man in der jüngst entflammten Diskussion dazu, darauf hinzuweisen: Ziel einer Neugestaltung wäre demnach die Herauslösung aus der kirchl. Hoheit, um dem Staat nicht nur die Zuständigkeit f. Formvorschriften, sondern folgerichtig auch f. Hindernis- u. Konsensbestimmungen zu erlassen. Die Lösung kann nicht nur v. kirchenpolit. u. rechtl. Gesichtspunkten erfolgen, nicht minder gewichtig ist die pastorale Schau. Diese jedoch hängt mit der grundsätzl. Erwägung zusammen, wie weit der Christ zur persönl. u. bewußten ↗ Entscheidung zu erziehen ist. Damit wird, wie etwa bei der Spendung der ↗ Taufe, in verstärktem Maße an die persönl. ↗ Verantwortung appelliert. Ein gänzl. Verzicht auf kirchenrechtl. ↗ Normen, sofern sie nicht das göttl. Recht betreffen, würde bedeuten, daß jede standesamtl. Ehe v. Getauften nicht nur gültig, sondern auch sakramental wäre. Ein Vergleich mit früheren Zeiten ist nicht statthaft, da sich unter dem Vorzeichen eines gestörten Leitbildes die Voraussetzungen gewandelt haben.

Wünschenswert erschiene es jedoch, die bestehende Gesetzgebung v. Ballast zu befreien; dazu gehört eine zu weitreichende Aufstellung v. Ehehindernissen, die in dieser Überladenheit kaum einen seelsorgl. Nutzen aufweisen. Umgekehrt entzieht sich jedoch mancher Tatbestand einer rechtl. befriedigenden Lösung. Dabei sei an die psychische ↗ Ehefähigkeit gedacht, die mehr aussagt als die bloße „Konsensfähigkeit" im herkömml. Sinn. Die weite Skala v. psychisch labilen Persönlichkeiten, Neurotikern u. Psychopathen läßt sich nicht nur anhand des Beweiszieles erfassen, ob sie gerade im Augenblick der Eheschließung mit der notwendigen Handlungsfähigkeit ausgestattet waren. Da die Kirche keine Scheidung einer christl. vollzogenen Ehe kennt, steht dem ↗ Seelsorger nach Zerbrechen einer solchen Verbindung kein anderes Mittel zu Gebot als die Berufung auf eine moraltheol. Entscheidung nach seelsorgl. Grundsätzen. Daher ist es begreiflich, daß sich die Gegenwartsproblematik erneut mit der Frage wie weit eine grundsätzlich zu bejahende Unauflöslichkeit reicht, befaßt. Dt

Lit.: H. Hanstein, Kanonisches Eherecht (⁶1961); U. Mosiek, Kirchliches Eherecht (²1972).

Ehescheidung. E. stellt in der Regel das Ende eines urspr. vielleicht „geglückten Lebens zu zweit" dar. E. bedeutet zumeist das Scheitern eines Bemühens, mit einem Partner einen gemeinsamen Lebensweg zu gehen.
Die Ursachen f. die in den Kulturnationen allerorts in den letzten Jahren stetig steigenden Scheidungsziffern sind mannigfaltig u. nicht zu pauschalieren. Wie die Statistiken beweisen, zeigen sich zwei Häufigkeitsgipfel: einmal in den ersten Ehejahren u. dann um das zweite Ehejahrzehnt. F. den ersten Gipfel scheinen nach einhelliger wissenschaftl. Meinung die „Frühehen" verantwortlich. Hier sind häufig mangelnde Ehereife od. verfehlte ↗ Partnerwahl als wichtigste Faktoren zu nennen. Bei den zahlreichen Scheidungen in höherem Ehealter sind bes. Krisen, Altersprobleme, Umweltfaktoren (↗ Krankheit eines Partners) zu erwägen. „Schuld" — ein früher zentraler Begriff, tritt nach allgem. Berater-Erfahrung mehr u. mehr in den Hintergrund. ↗ Schuld ist selten nur auf einer Seite der Partner. Dies schlägt sich auch in Reformbestrebungen des ↗ Eherechts nieder, wo man vom „Verschuldensprinzip" zum „Zerrüttungsprinzip" bei der (weltl.) Ehescheidung übergeht. Stu

Lit.: B. Bergerfurth, Das Eherecht (³1971); Elemente eines zeitgerechten Ehe- und Familienrechts, hrg. vom Kommissariat der Deutschen Bischöfe, Bonn (1973).

Eheseelsorge. E. setzt mit der rechtzeitigen Vorbereitung zur ↗ Ehe ein, hat ihren Schwerpunkt im Bereich v. Ehe u. ↗ Familie, muß sich aber auch f. die unvollständigen Familien (Witwen, ↗ unehel. Kinder u. Mütter u. Geschiedene) verantwortl. wissen.
1. Gegenüber einer rein doktrinären od. kirchenrechtl. Sicht der Ehe hat sich die E. v. a. um den ehel. Menschen zu kümmern, muß ihn vor einer Verunsicherung durch eine rigorist. u. libertinist. ↗ Sexualethik schützen u. ihn zur christl. Eigenverantwortung seiner partnerschaftl. Beziehung u. ↗ Elternschaft führen. E. hat nicht so sehr normierend u. dirigierend vorzugehen, sondern mehr beratend, helfend u. verstehend den Ehepartnern beizustehen, u. wird sich streng vor einer Einmischung in die Intimsphäre hüten, wissend, daß nicht nur hier, sondern v. a. in den alltägl. Schwierigkeiten des Zusammenlebens die Probleme der E. liegen.
2. Angesichts der fortschreitenden ↗ Urbanisierung u. ↗ Säkularisierung der menschl. ↗ Gesellschaft ist die patriarch. Sicht v. Ehe u. Familie zu revidieren u. eine unterschiedl. Position der E. zu akzeptieren.
3. Unter den Formen der E. nimmt die ↗ Verkündigung in ihrer Mannigfaltigkeit (Predigt, Katechese, ↗ Brautunterricht, Eheseminare, pastorale ↗ Gespräche) den hervorragendsten Platz ein. Sie wird nicht so sehr ↗ Normen wiederholen u. Moral predigen, sondern Hilfen zu deren Verwirklichung vermitteln u. das in Christus uns zuteil gewordene Heil u. die Verheißung des Evangeliums hervorheben. Die Sakramentalität der Ehe ist f. den Katholiken nicht etwas Hinzugefügtes, sondern die eigentl. Tiefe der Ehe selbst, wodurch sie Zeichen der unermeßl. Liebe Gottes wird (↗ Sakramente). Im

liturg. Bereich wird sich die ↗ Trauung nicht bloß auf die Einhaltung der Formpflicht beschränken, sondern den Schwerpunkt auf das gläubige ↗ Vertrauen zu Gott u. auf die gegenseitige selbstlose Liebe legen. Die Verweigerung der kirchl. Trauung bei mangelhaftem ↗ Glauben muß gut überlegt werden Die ↗ Beichte vor u. in der Ehe bedarf großer Erfahrung des Beichtvaters, da sie oft der Ort einer intimen ↗ Eheberatung ist, wo es gilt, rel. u. existentielle Schwerpunkte zu setzen.
4. Die neuen Erkenntnisse der ↗ Gruppenseelsorge sind auch in der E. gut zu verwenden. Familienrunden (wie die Equipes de Notre Dame) verhelfen zu Glaubens- u. Erziehungsberatungen, zur Hauseucharistie u. Familienhilfe. Ehepaarexerzitien, Familienferien, Mütterurlaube sind zu veranstalten. Die ↗ Erwachsenenbildung wird in ↗ Brautunterricht, Eheseminaren u. Elternschulen sowie durch eine einschlägige Literatur besorgt sein, zeitgemäßes Wissen in kirchl. Sicht darzubieten. Die ↗ Mischehen bedürfen einer gemeinsamen Betreuung beider Konfessionen. Die zerrütteten u. zerbrochenen Ehen u. die nachfolgende Wiederverheiratung dürfen nicht bloß nach dem strengen Recht abgeurteilt werden, sondern bedürfen auch eines menschl. Verständnisses u. einer tatkräftigen Hilfe. Der Eheseelsorger muß sich heute mehr denn je die theol., psych. u. anthropolog. Kenntnisse aneignen, um im seelsorgerl. Gespräch Rat u. Hilfe bieten zu können. Stu

Lit.: K. Rudolf, Ehe u. Familie. Eine entscheidende Frage der heutigen Seelsorge (1968); O. Schlißke, Evangelisches Ehebuch (1970); Duss v. Werdt, Ehepastoral, in: Lexikon f. Past. (1972), 104—108; Th. Bovet, Die Ehe (1972); P. Adenauer, Ehe u. Familie. Ein pastorales Werkbuch (1972).

Ehezweck. Nach der Auffassung des Codex Juris Canonici gilt: „Der Hauptzweck der ↗ Ehe ist die Erzeugung u. ↗ Erziehung v. Nachkommenschaft, Nebenzweck die gegenseitige Unterstützung u. geordnete Befriedigung des Geschlechtstriebes" (can. 1013). Aufgrund eines langen, schon in der griech. Philosophie u. im frühen Christentum ansetzenden u. bis heute noch nicht völlig abgeschlossenen Prozesses setzt sich jedoch immer mehr die Überzeugung durch, wechselseitige ehespezif. Ergänzung der Ehegatten als immanenten Sinn der Ehe u. die über die Zweiergemeinschaft hinausweisende ehespezif. Verpflichtung zu einem neuen kreativen Menschen- u. Gottesbezug als diesen immanenten Sinn übersteigenden u. v. ihm geforderten Zweck der Ehe anzusehen. Dieser E. wird sich im allgem. in der Erzeugung u. Erziehung v. Nachkommenschaft konkretisieren, kann aber auch auf andere Weise durch gemeinsamen liebenden Einsatz f. die Mitmenschen, der aus dem Gottesbezug erwächst, verwirklicht werden.

Ehrfurcht. E. beschreibt ein Grundverhalten des Menschen u. gehört als sittl. Prinzip (A. Schweitzer) zu den wesentl. Zielen der ↗ Erziehung. Sie erwächst aus der (intuitiven od. reflektierten) Überzeugung, daß allem Seienden unter, neben u. über ihm (Goethe) ein ↗ Wert zukommt, den es zu achten u. zu wahren gilt. E. umschließt in gleicher Weise Distanz u. Zuwendung. Ihre Eigenart ist nicht Furcht vor einem größeren u. mächtigeren Gegenüber, dem man sich gefügig u. gefällig zeigen müßte, sondern die Anerkennung der allem Sein eigenen Würde. Diese ist vorgegeben u. nicht in das Belieben des Menschen gestellt. Darum ist sie in ihrem Kern seinem Zugriff entzogen u. nicht nach Willkür zu manipulieren. E. bleibt aber nicht bei der ↗ Erfahrung des Abstandes stehen. Sie ist mehr als nur Verzicht auf selbstherrl. u. gewalttätigen Eingriff in das Dasein des anderen. E. ist darüber hinaus positiv darum besorgt, die Eigenart u. ↗ Freiheit des Gegenüber in ihm zukommenden Weise zur Geltung kommen u. sich entfalten zu lassen. E. ist nicht nur eine Spielregel zwischenmenschl. Verhaltens, die v. best. soziol. Konstellationen abhängig ist u. bei einer Veränderung dieser Strukturen hinfällig würde. Eine Deutung der E. als Mittel der ↗ Repression od. als Hindernis f. notwendige Veränderungen geht am Kern der Sache vorbei. Ebenso verfehlt ist freilich die Berufung auf E., wenn damit lediglich bestehende Machtverhältnisse abgesichert od. soziale Sitten erhalten werden sollen. E. lebt aus der Achtung vor dem inneren Wert u. ist nicht unbedingt an best. äußere Ausdrucksformen gebunden. Diese können je nach geschichtl., geograph. od. kulturellen Räumen sehr verschieden sein u. unterliegen ohne Zweifel einem ständigen Wandel. Es ist jedoch gefährlich, überkommene Ausdrucksweisen der E. voreilig preiszugeben, ohne sich zugleich um neue, dem Lebensgefühl des heutigen Menschen möglicherweise mehr entspr. Formen zu bemühen. Sie werden daran zu messen sein, wie weit sie dem eigentl. Anliegen der E. Rechnung tragen, die Grundlagen eines humanen Lebens zu schützen u. zu fördern. Der (naive) Versuch einer radikalen Enttabuisierung (↗ Tabu) führt ebenso in die Unmenschlichkeit wie etwa das ehrfurchtlose Eindringen in die ↗ Intimsphäre eines Menschen durch Sensationsberichte der ↗ Massenmedien. Die Frage bleibt freilich, ob eine umfassende Motivierung zur E. ohne theol. Begründung auf die Dauer tragfähig ist. Mit Sicherheit kann jedoch gesagt werden, daß eine Hinführung zur E. nicht durch wortreiche Appelle, sondern entscheidend durch die Erfahrung gelebter E. geschieht.

Gy

Lit.: Th. Steinbüchel, Christliche Lebenshaltungen (1949), 87—135; J. Stelzenberger, Die Ehrfurcht, in: Theol.-Quart.-Schrift 131, Tübingen 1951, 1—16.

Ehrgeiz. E. gilt als das wichtigste Motiv f. ↗ Leistungen u. dient zur Bestätigung der eigenen ↗ Person, nicht so sehr der Verwirklichung sachl. ↗ Werte. Der E. scheint also eher auf Wirkung als auf Wirken bedacht zu sein. Nach Ph. Lersch ist der E. ein Leistungsstreben, das den Geltungswert des individ. Selbst erhöht. Remplein ordnet ihn ein als eine Variante des Geltungsstrebens. Natürlich kann der E. maßgeblich am Vollzug wertvoller Leistungen beteiligt sein; insofern hat er produktive Tendenz im Vgl. zu Gefallsucht od. ↗ Eitelkeit. E. ist oft Ansporn zur ↗ Aktivierung vorhandener Kräfte u. verfügbarer Gaben. Er wirkt meist kompensierend, indem er über manche Mängel u. Leistungsschwächen auf anderen Gebieten hinweghilft. Positiv zeigt er sich in Willenseinsatz, Fleiß u. Verantwortungsbewußtsein; negativ in der Leistungssucht aufgrund eines schwachen Selbstgefühls, das vom Leistungswert her eine Steigerung des Eigenwertes erwartet. E. ist insofern immer soziales ↗ Verhalten, als die damit erstrebte Ehre ↗ Anerkennung ist, die der Betreffende aufgrund seiner äußeren sichtbaren Eigenschaften, Leistungen u. Umstände genießt. Zugleich ist er im erzieher. Feld Wetteifer gegenüber Gleichen. Aus der Tatsache, daß dem einzelnen das ↗ Geltungsbedürfnis u. der Erfolg des Mitmenschen unsympathisch sind, läßt sich folgern, daß E. aus dem Potential der Aggressivität (↗ Aggressionen) gespeist wird. Im sportl. Wettkampf wie in jedem anderen, über rein sachl. Leistung erhobenen Ehranspruch finden wir die aggressive Haltung der Forderung nach u. des Zwanges zur ↗ Anerkennung. Guilford stellte fest, daß E. dem ↗ Bedürfnis nach Beachtung gleichkommt (vgl. z. B. das Streben nach einem gewissen sozialen Status; ↗ Prestigedenken). Der Verlust eindeutiger Identität in der frühkindl. u. späteren ↗ Entwicklung macht das Individuum abhängig vom Urteil anderer; insofern entspringt E. einer mangelnden ↗ Ich-Identität. Diese wiederum hat ihren Ursprung in den fehlenden ↗ Leitbildern, in der Fragwürdigkeit gesellschaftl. Prestigeerwerbung, in der Relativierung aller ↗ Werte u. in der moral. Desintegration. Eine nicht-direktive ↗ Erziehung ist infolge ihrer entspannenden Wirkung (↗ Entspannung), ihrer freiheitbelassenden Ausrichtung der Selbständigkeit förderlich u. dämpft daher den E.

Mü

Lit.: H. Remplein, Psychologie der Persönlichkeit (1963); H. Buchkremer, Ehrgeiz (1972).

Eid. Im Zeugen-E. (Aussage-E.) wird Gott zum Zeugen angerufen, daß man in Wahrhaftigkeit aussage. Im Treue-E. wird der getreue Gott gewissermaßen zum Treuhänder der eingegangenen Verpflichtung bestellt. Der E. im rel. Sinn ist nur gegeben, wenn ausdrücklich auf Gottes Wahrhaftigkeit u. Treue Bezug genommen wird. Gemäß der Bergpredigt ist der E. eigentlich „vom Übel" (Mt 5,34—37); denn das Wort der Jünger Christi sollte an sich so zuverlässig sein, daß es keines E.s mehr bedürfte. So gehört der E. zu den „Notordnungen". Einerseits kann er in dieser unvollkommenen Welt vielfach dem Streit u. der Unsicherheit ein Ende setzen; anderseits sollte uns die Notwendigkeit des E.s Anruf zu Bekehrung und gesellschaftl. Erneuerung u. zum Ansporn absoluter ↗ Wahrhaftigkeit u. ↗ Treue werden gerade auch dort, wo uns niemand einen Eid abverlangt. In der Vergangenheit wurden auch im Raume der kath. Kirche allzu leicht u. allzu oft E.e verlangt, wie z. B. die jährl. Erneuerung des Antimodernisten-E.s f. Theologieprofessoren. Im Eheprozeßrecht könnte dagegen der E. wohl aufgewertet werden, so daß auf kleinl. Untersuchungen verzichtet werden könnte. Im pluralist. Staat ist es wohl besser, wenn der E. durch eidesstattl. Versicherungen abgelöst wird. Der E. ist ein zugleich rel. u. sozialer Akt, der v. solchem Gewicht ist, daß er im privaten Leben möglichst ganz unterlassen werden sollte. Je radikaler daher Christen leichtfertigem Schwören absagen, umsomehr gewinnt der E. in feierl. Momenten sein Gewicht u. umsomehr wird die Sündhaftigkeit v. Mein-E. u. E.bruch evident. Christus hat, als er vom Hohenpriester unter E. befragt wurde, ob er der Sohn Gottes sei, feierlich geantwortet (Mt 26,63 f.). Das feierl. Glaubensbekenntnis u. Taufversprechen u. die Ehegelübde im Angesichte der Kirche liegen auf der Ebene der feierl. Versicherungen u. Versprechen Christi. Hr

Lit.: B. Häring, *Das Gesetz Christi* (⁸1968), III, S. 263—265 (mit weiterer Literatur).

Eifersucht. E. ist letztlich ↗ Angst vor dem Liebesverlust eines Partners u. kommt bei jedem Menschen vor, kann aber im Normalfall unter Kontrolle gehalten werden. E. bezieht sich auf ↗ Werte, auf die ein legitimer Anspruch besteht, v. denen der Eifersüchtige aber meint, sie würden ihm vorenthalten. Eben diese subjektive Täuschung über das Sich-ihm-Versagen eines Wertes macht das Pathologische der E. aus. Die Geschwister-E. (vgl. Kain u. Abel) als früheste ↗ Erfahrung ist f. den Vorgang der ↗ Sozialisation unvermeidlich. Später geht sie über in die Geschlechts-E. u. wird im Sprachgebrauch oft mit *Neid* verwechselt. Während Neid eher ein Drang nach dem Objektbesitz darstellt, ist E. ein Drang nach dem Subjektbesitz, wobei es zu Wutausbrüchen u. Verdächtigungen gegenüber geliebten Personen kommen kann. E. ist der Ausfluß eines ungeheuren Besitzdranges gegenüber dem Partner, dem dadurch jegliche ↗ Freiheit geraubt wird. Das volkstüml. Wort v. der E. als ↗ Leidenschaft, die mit Eifer sucht, was ↗ Leiden schafft, trifft den patholog. Kern: nämlich die Suche nach Beweismaterial f. die verletzte ↗ Liebe, die leidvolle Bestätigung f. die immer schon vorhandene Vermutung des Nichtgeliebtwerdens. Eifersüchtige Menschen sind daher sehr unsicher u. gehen v. einer Minderwertigkeitsposition aus, wonach andere schöner, attraktiver, sexuell lohnender seien als sie. Infolge des mangelnden ↗ Selbstwertgefühls fehlt dem Eifersüchtigen auch oft die nötige ↗ Kontaktfähigkeit, oft ist er dazu nicht bereit, eben weil er meint, nicht akzeptiert zu werden. Hierin zeigt sich jedoch nur ein Symptom im Rahmen einer gescheiterten Persönlichkeitsentwicklung. E. ist somit nicht Zeichen v. Liebe, sondern Zeichen einer gestörten Selbstliebe (↗ Narzißmus) u. verletzten ↗ Eitelkeit. Die Ausschließlichkeit des Besitzanspruches ist typisch. Da es sich um ein tiefliegendes personales Symptom handelt, ist E. nicht durch Ratschläge zu beseitigen. Nur eine psych. Therapie kann helfen z. B. in Form eines analyt. ↗ Gesprächs, wobei das eifersüchtige ↗ Verhalten als Nachwirkung früherer seel. Verletzungen verstanden (↗ Trauma) wird (↗ Psychoanalyse, ↗ Psychotherapie). Mü

Lit.: J. Rattner, *Der schwierige Mitmensch* (1970); H. Schoeck, *Der Neid und die Gesellschaft* (1971).

Eingriff, ärztlicher. Im engeren Sinn ist jede chirurg. Operation ein ä. E.; im weiteren Sinn versteht man darunter jegl. Beeinflussung v. Lebensvorgängen, Organfunktionen u. morpholog. Strukturen durch den ↗ Arzt: Operationen zu Heilzwecken (Entfernung kranker Organe, Organteile od. Organsysteme, ↗ Transplantation, „Psychochirurgie", ↗ Sterili-

sierung, Kastration, ↗ Geschlechtsumwandlung), ↗ Empfängnisregelung u. künstl. ↗ Besamung, Schwangerschaftsabbruch (↗ Abtreibung) u. alle Verfahren, durch die das generative Verhalten einer (biochem. usw.) Regelung unterworfen wird; negative u. positive ↗ Eugenik; E. in die Erbsubstanz; pharmakolog. Therapie, insbes. Psychopharmakologie; physikal. Therapie, insbes. Strahlentherapie; positive u. negative ↗ Euthanasie; ↗ Wiederbelebung.
Der ä. E. stellt eine Störung bzw. Verletzung nicht nur der körperl. Integrität dar, was meist im Vordergrund der Erörterungen steht (↗ Verstümmelung) sondern eine je nach Verfahren versch. Beeinflussung des in Struktur u. Funktion integrierten Lebewesens (in der Humanmedizin).
Die Verletzung der körperl. Integrität kann zum Nutzen dessen, an dem sie vorgenommen wird, geschehen, bei den üblichen Operationen u. diagnost. bzw. anderen therapeut. Maßnahmen; od. zugunsten anderer, zu deren unmittelbarer Behandlung (bei der Übertragung v. Blut, Organteilen od. Organen v. einem lebenden Menschen — Spender — auf den anderen — Empfänger); im ↗ Experiment im Rahmen der medizin. ↗ Forschung u. Lehre; schließlich aus Gründen der ↗ Kosmetik (plast. Chirurgie, Wiederherstellungschirurgie, „kosmet. Chirurgie").
Arztethisch bzw. moraltheol. geht es um die Berechtigung zu derartigen E.n Hinsichtlich der gegebenen bzw. fehlenden Rechtswidrigkeit u. der rechtl. bzw. sittl. Erlaubtheit haben sich versch. Meinungstypen gebildet: Einwilligungs-, Berufsrechts-, Gewohnheitsrechts-, Heilzwecktheorien.
Die Berechtigung der Integritätsverletzung zu Heilzwecken, im Extremfall der ↗ Verstümmelung, wird unter Berufung auf die Hinordnung des Teiles auf das Ganze u. die Erlaubtheit der Opferung des Teiles zur Erhaltung des Ganzen als moralisch einwandfrei anerkannt; mitunter bedarf es einer subtilen, abwägenden Beurteilung des Arztes, immer jedoch, mit Ausnahme strenger vitaler Indikation bei Bewußtlosen, ↗ Kindern etc. der Einwilligung des Patienten. Ein Organ od. Organteil, aber auch Blut u. Hormone haben ihre Bedeutung im Gesamtgefüge des Organismus u. jener Funktionen, der Mensch aber hat, als Leib—Geistseele—Ganzheit, als ↗ Person seinen Eigenwert: das Ganzheitsprinzip (Totalitätsprinzip) ist auf das Seinsganze zu beziehen, nicht auf ein moral. Ganzes (↗ Gesellschaft, ↗ Familie usw.). Das Ganzheitsprinzip gilt f. die Einzelmenschen; nicht f. den menschl. Organismus, sondern f. seine personale Ganzheit mit allen leibl. u. seel. Funktionen. Demzufolge dürfen menschl. Organe, bzw. Organteile entfernt u. Funktionen unterdrückt od. geändert werden, wenn dies f. das Gesamtgefüge des Menschen notwendig erscheint. Es müssen ganzheitl., anthropolog. Kriterien berücksichtigt werden, u. es sind die Folgen f. den betroffenen Menschen aufgrund einer Integritätsverletzung arztethisch u. moralisch zu prüfen. Mitunter wird das Prinzip des doppelten Effektes zur Geltung kommen. Zweifelsohne stehen jene ä. E. im Vordergrund der Überlegung, die das Leben des einzelnen im Ganzen betreffen (z. B. in der Geburtshilfe), od. aber eine bes. Nähe zu typisch menschl. ↗ Leistungen haben (generative, endokrine, cerebrale Leistungen).
Rt

Lit.: A. Niedermeyer: Compendium der Pastoralmedizin (1953); H. Ryffel: Probleme der Biotechnik in sozialer Sicht, Arzt und Christ 11 (1965) 193—211; H. Hepp, Möglichkeiten und Grenzen des medizin.Eingriffs in der Frauenheilkunde u. Geburtshilfe, Arzt und Christ 11 (1965) 212—226; R. Kautzky, Die Verletzung der körperl. Integrität in der Sicht ärztl. Ethik, Arzt und Christ 11 (1965) 32—53; K. Hörmann: Lexikon der christlichen Moral (1969); P. Sporken, Darf die Medizin, was sie kann? (1971); B. Häring, Heilender Dienst (1972).

Einsamkeit ↗ Vereinsamung

Einstellung (attitude). E.n sind nicht direkt beobachtbare, sondern aus dem ↗ Verhalten zu erschließende Bedingungen des Verhaltens. Ihre Funktion besteht darin, die psychischen Abläufe zu organisieren u. zu lenken.
Allen E.n kommen folgende Kennzeichen zu: 1. E.n sind *gegenstandsbezogen,* d. h. jede E. ist E. zu etwas. Gegenstand v. E. kann all das sein, wozu ein Individuum

in eine wie immer geartete Beziehung treten kann, also zu Pflanzen, ↗ Tieren, einzelnen Menschen wie auch zu sozialen Gemeinschaften (z. B. Rassenhaß gegen Neger, ↗ Antisemitismus). Damit bleiben E.n immer subjektive Größen, die zwar zur Welt in ständigem Bezug stehen, aber nicht zur Welt, wie sie objektiv ist, sondern wie sie vom jeweiligen Subjekt erfahren wird.

2. E.n sind *gelernt*. E.n sind also nicht vorgegeben, sondern sie müssen erworben werden, sie differenzieren sich in der Wechselwirkung zw. Individuum u. ↗ Umwelt im Zuge der persönl. Lerngeschichte aus u. entwickeln sich unter dem Einfluß der konkreten ↗ Erfahrung. E.n sind also durch die Erfahrung bedingt, sind sie aber einmal erworben, bedingen sie ihrerseits die Erfahrung u. damit jedes weitere Verhalten. Das Merkmal der Gelerntheit v. E.n ist bedeutsam f. jede Art v. ↗ Erziehung u. ↗ Prägung v. Menschen. Denn durch Einpflanzung best. — v. der jeweiligen Umwelt (z. B. den Erziehern) erwünschter E.n kann das Handeln des Menschen beeinflußt u. gesteuert werden.

3. E.n sind *systemabhängig*, d. h. all die psychischen Abläufe, die zur Bildung einer E. beitragen, stehen in wechselseitiger Beziehung u. beeinflussen sich ständig gegenseitig: wenn eine Komponente sich ändert, ändern sich in gewisser Weise auch die anderen. In der gegenwärtigen E.sforschung werden drei dominierende Komponenten genannt: die kognitive, die affektive u. die volitive. So wirkt z. B. die kognitive Komponente der E. verändernd auf die affektive u. umgekehrt, d. h. es besteht ein Streben nach Konsistenz. Unter Konsistenz wird die Tendenz der drei Komponenten eines E.ssystems — Kognition, Gefühl, Handlungsbereitschaft — verstanden, hinsichtlich Richtung u. Komplexität übereinzustimmen. Das bedeutet nicht, daß E.n immer ausgeglichen od. ausgleichbar sind. Konsistenz bedeutet ja immer auch die Möglichkeit des Auftretens v. Inkonsistenz in einem E.ssystem. So findet man z. B. bei ein u. demselben Menschen neben der allgem. E. der Nächstenliebe etwa einen bes. Judenhaß. Im Alltagsleben spielen die E.n bes. im sozialen Umgang eine bedeutende Rolle. So versuchen wir, bei unserem Mitmenschen seine moral., seine polit., seine ästhet. E. usw. herauszufinden, um dann danach unsere E. gegenüber diesem Menschen zu formen u. unser Verhalten ihm gegenüber auszurichten. Hb

Lit.: E. Roth, Einstellung als Determination individuellen Verhaltens (1967); R. Oerter, Moderne Entwicklungspsychologie (¹²1973)

Eitelkeit. E. gehört als „Hoffart" zum Schema der sog. Haupt- od. Quellsünden (↗ Sünde ↗ Laster). Im herkömml., sehr eingeengten u. einseitigen Verständnis bezeichnet man als E. die bewußte, vielleicht auch zur Schau gestellte Pflege leibl. Schönheit u. damit verbundene Aufwendung an ↗ Kosmetik u. Kleidung. Insofern wird E. v. a. als „typ. weibl." Fehlhaltung verstanden, häufig auch mit Bibelzitaten belegt (z. B. 1 Tim 2,9). Heute wissen wir jedoch natürl. ↗ Werte zu schätzen, wozu auch die ↗ Gesundheit u. Schönheit des menschl. Leibes gehört (↗ Leiblichkeit). Seine Pflege u. die ↗ Freude an ihm kann nie u. nimmer Sünde sein. Im Gegenteil, man darf nicht in der Vernachlässigung des Leibes u. in einem grau in grau getönten Einerlei den „Typ des christl. Menschen" sehen od. gar schaffen wollen. Eine lebensnahe Charakterisierung der E. muß wohl vom lat. Wort vanitas (Leerheit od. Hohlheit) ausgehen. Dann ist der eitle Mensch jener, der nur eine lockende Fassade vorzuzeigen hat, hinter der nichts ist, wie der Volksmund sehr wahr sagt. Im gegenwärtigen Sprachgebrauch würde man den Eitlen als „Angeber" od. „Blender" bezeichnen. Danach wäre der Grundfehler des Eitlen die verlogene Täuschung der Mitmenschen. Dazu kommt, daß die Eitle nur die vordergründigen Werte des Lebens gelten läßt, das ↗ Glück etwa nur im Besitz sieht, seine Stellung in der ↗ Gesellschaft einzig nach dem Umworbenwerden bemißt. Solche Menschen übersehen ihre wahre Würde als creatura nobilis, als adeliges ↗ Geschöpf vor Gott (Bernhard v. Clairvaux). Aus diesem Wissen darf sich der Mensch über seine geist. u. leibl. Vorzüge freuen. Aber er wird sie immer in der rechten Relation zur eigentl. Tiefendimension des Menschen sehen, die in der liebenden Zuwendung zum Mitmenschen u. in der glaubenden u. hoffenden Hinwendung zu Gott besteht. Der eitle Mensch ist zu beiden Verhaltensformen unfähig. Er läßt den Mitmenschen nur insoweit gelten, als dieser ihm Beifall zollt, u. er vermag nicht, f. empfangene Auszeichnungen u. Begabungen dankbar zu sein, u. noch weniger, auf das stets Neue u. Größere in seinem Leben zu warten. In selbstgefälliger Genügsamkeit dreht er sich egozentrisch um sein eigenes, maßlos überbewertetes ↗ Ich (↗ Narzißmus). ↗ Demut   Te

Lit.: W. Heinen, Liebe als sittl. Grundkraft u. ihre Fehlformen (³1968).

Ekklesiogene Neurosen. Der Begriff wird erstmals v. E. Schaetzing gebraucht u. v. ihm erklärt als „durch kirchl. Dogmatismus verursachte ↗ Neurosen". Diesen Dogmatismus sieht Kl. Thomas im Anschluß an Sch. in einer engen, gesetzl. u. leibfeindl. ↗ Erziehung, die in kirchl. (bes. in pietist.) Kreisen weit verbreitet ist. Bei beiden Autoren wird der Begriff E. N. mehr heuristisch als streng wissenschaftl. gebraucht. In einer krit. Stellungnahme weist Th. Bovet mit Recht darauf hin, daß der Einfluß der späteren Erziehung f. die Entstehung der Neurosen nicht überschätzt werden darf u. daß die dafür maßgebenden Faktoren v. der herrschenden Moral weitgehend unabhängig sind. Er bemerkt jedoch zugleich, daß eine bestehende neurot. Disposition ceteris paribus bei einer engherzigen moralisierenden Erziehung eher zu einer manifesten Neurose führt als in einem gesunden Milieu. Der Begriff E. N. darf also nicht vorschnell verallgemeinert werden. V. a. ist seine Anwendung auf ↗ Frigidität, Potenzstörungen u. ↗ Homosexualität wissenschaftl. fraglich. Das Adjektiv „ekklesiogen" bezieht sich auf eine schwer faßbare kollektive Größe. Sein fakt. Sinn müßte soziol. u. theol. sorgfältig reflektiert werden. Die wissenschaftl. Unzulänglichkeit des Begriffes E. N. sollte aber nicht dazu verleiten, die im weitesten Sinn des Wortes pathogene Wirkung mancher im kirchl. Raum vorhandenen

↗ Einstellungen, die über Andachtsliteratur usw. wirken, gering zu schätzen. Bes. ist darauf zu achten, daß der in den Kirchen mit leitenden, seelsorgl. u. päd. Aufgaben betraute Personenkreis über eine genügende affektive Reife, über eine gesamtmenschl. u. gläubige Identität verfügt, damit nicht durch eigene Fehlhaltungen u. Neurosen in anderen Menschen psychisch negative Folgen hervorgerufen werden (↗ Berufsberatung, pastorale ↗ Identitätskrise).   Ste

Lit.: E. Schaetzing, Die ekklesiogenen Neurosen, in: Wege zum Menschen (1955); Stellungnahme v. Th. Bovet, ebd.; Kl. Thomas, Handbuch der Selbstmordverhütung (1964) u. weitere Werke des Verf.; A. Görres, Pathologie des kathol. Christentums, in: Handbuch der Pastoraltheologie (1966).

Ekstase. E. (griech. ekstasis = Außer-sich-sein) bedeutet Abwesenheit des ↗ Ich, Erlöschen des ↗ Ichbewußtseins infolge Übermächtigwerden eines Transzendenten (göttl. ↗ Inspiration, dämon. Besessenheit), einer vermeintl. außerpersonalen Gewalt (intensive Affekte u. Erregung, Geisteskrankheit, Intoxikation). *Religionswissenschaftl.:* In vielen früheren u. gegenwärtigen Kulturen ist E. ein bekanntes Phänomen der Bewußtseinsveränderung, wobei durch innere Akte starker Intensität das aktuelle autopsychische ↗ Bewußtsein ebenso wie normale Sinneswahrnehmungen aus der ↗ Umwelt zurücktreten od. völlig erlöschen. In der christl. ↗ Mystik: In der patrist. Zeit u. im Mittelalter bedeutete E. supranormale Zustände aufgrund der Erfahrung göttl. Transzendenz (göttl. Trunkenheit), der unmittelbaren ↗ Erfahrung Gottes. In der span. Mystik (Therese v. Avila, Johannes vom Kreuz) subtile Beschreibung der einzelnen Stufen mystischen Lebens: E. gilt nur als vorübergehendes Begleitphänomen (nicht Selbstzweck wie in östl. Religionen) auf dem Weg zu Gott, zur letzten Vereinigung des Menschen mit Gott.

Phänomenolog.-psych. ist ein ekstat. Bewußtsein abzugrenzen gegenüber dem getrübten u. unterwachen somnambulen Bewußtsein u. gegen den geordneten u. überklaren Bewußtseinszustand der Versunkenheit. Die Echtheit der E. (im christl. Sinn) bedarf der real gegebenen Intention eines personalen transzendenten Gottes (Gottgewirktheit). F. die moderne psychotox. E. werden meist LSD (= Lysergsäure-Diäthylamid, halbsynthet. Abkömmling des Mutterkornalkaloids), Mescalin, Psilocybin verwendet. Diese u. andere halluzinogene ↗ Drogen sind aber nicht v. sich aus f. die Natur der ekstat. Erlebnisse verantwortlich. Die tox. E.n aufgrund v. Drogengewirktheit entsprechen cerebralen Intoxationen, in welchen Persönlichkeitsniveau, innere ↗ Haltung, theol. u. phil. Vorbildung etc. Mitursachen darstellen u. v. a. die Inhalte der ekstat. Erlebnisse prägen. ↗ Parapsychologie, ↗ Abhängigkeit, ↗ Drogenabhängigkeit Rt

Lit.: A. Mager, Mystik als seelische Wirklichkeit (1946); H. J. Weitbrecht, Beiträge zur Religionspsychopathologie (1948); C. Albrecht: Psychologie des mystischen Bewußtseins (1951); J. Lhermitte, Echte und falsche Mystiker (1953); Th. Spoerri (Hsg.), Beiträge zur Ekstase (1968); W. H. Clark: Chemische Ekstase. Drogen und Religion (1971); J. Keilbach, Religiöses Erleben (1973).

Elite. E. meint eine „Auswahl" od. eine „Auslese" der ↗ Gesellschaft bzw. eines sozialen Subsystems (Stadt, Schule, Partei usw.), die sich durch ihren Status v. der ↗ Masse abhebt (↗ Minderheiten). V. Pareto (1848—1923) führte den Begriff in die Soziologie ein; der E.-Gedanke geht v. a. auf Platos Staatslehre mit ihrer Vorstellung der herrschenden Wert-E. zurück, wonach nur die kleine ↗ Gruppe der Gerechtesten, Tapfersten u. Weisesten (Philosophen) zur Herrschaft auserkoren ist, während sich die Mehrheit der Bürger der ↗ Daseinsvorsorge u. Verteidigung zu widmen habe.

Die soziolog. E.theorien suchen aufzuzeigen, daß es in jeder Gesellschaft u. in ihren Subsystemen Ungleiche u. Gleiche, Herrschende u. Beherrschte gibt. Damit stellen sie die Gleichheitsforderung der Franz. Revolution in Frage u. wollen zugleich zum Verständnis v. System u. Funktion einer ↗ Gemeinschaft beitragen. Die soziol. Diskussion des E.prinzips richtet sich einerseits gegen die feudal-aristokrat. Herrschaftsverhältnisse, andererseits werden aber auch die auf Ungleichheit basierenden gesellschaftl. Verhältnisse v. manchen Vertretern als „natürl." angesehen. Karl Marx sucht die „natürl." E.-herrschaft zu entlarven, indem er deren Fundament im Privateigentum an den Produktionsmitteln offenlegt u. sich durch dessen Aufhebung die ↗ Utopie einer kommunist. Gesellschaft der Gleichen verspricht. Zuvor aber ist f. das Stadium des Sozialismus die kommunist. Partei eine neue E., deren Mitgliederzahl darum bewußt klein gehalten wird. Ihre Funktion liegt v. a. in der Führung der ↗ Masse zur geschichtl. Erfüllung des Umschlags vom Sozialismus in den Kommunismus. — Die neueste Diskussion verwendet anstelle des E.begriffs auch den des „Establishments", od. auch den der „Ober-, Mittel- u. Unterschicht" (↗ Klasse, soziale), wobei v. a. die schichtspezif. Bildungschancen u. die damit in der heutigen Gesellschaft gegebenen berufl., einkommens- u. machtmäßigen Entwicklungsmöglichkeiten herausgestellt werden. Damit verbunden ist die umstrittene Frage, wieweit eine „Demokratie" mit einer „Herrschaft durch E.n" zu vereinbaren ist, es sei denn, es handelt sich um offene bzw. wandelbare E.n, die vom Volk eingesetzt, abgesetzt u. kontrolliert werden können. Ein bes. Problem stellen die meinungsbildenden E.n in Presse, Funk u. Fernsehen (↗ Kommunikationsmittel, ↗ Massenmedien) dar, aber auch die v. der Konsumwerbung kreierten „Konsum-E.n" (↗Meinungsbildung, ↗ Manipulation, ↗ Prestigedenken). Das E.problem ist darum v. a. heute im Zusammenhang aller Bemühungen zu sehen, die Demokratie als Herrschafts- u. Lebensform zu stabilisieren u. das Bildungssystem zu reformieren. ↗ Demokratie in der Kirche. Dr

Lit.: W. Dreier, Funktion u. Ethos der Konsumwerbung (1965); W. Zapf, Wandlungen der deutschen Elite (1965); U. Jaeggi, Die gesellschaftl. Elite ([2]1967); T. B. Bottomore, Elite u. Gesellschaft (1968).

Eltern—Kind-Beziehung. Ihre Bedeutung f. die Entwicklung des ↗ Kindes als Einzelpersönlichkeit wie als Sozialwesen wurde in neuerer Zeit besonders v. der Tiefenpsychologie betont. Art u. Intensität der Beziehung sind nichts statisch

Eltern—Kind-Beziehung

Unveränderbares, sondern unterliegen der Entwicklungsdynamik des Kindes, werden aber auch v. ↗ Erfahrung. u. ↗ Reifung der Eltern geprägt. Zunächst sind die Eltern die Gebenden u. Formenden. Schon vor der Geburt sollten freudige Annahme u. Erwartung die Regel sein, sind aber heute keineswegs selbstverständlich. V. der Geburt an, bes. in den ersten zwei Lebensjahren, soll das Kind neben der rein körperl. Pflege, ↗ Liebe, Geborgenheit, „Nestwärme" vorfinden. Die Bedeutung der ↗ Mutter od. einer die Mutterrolle übernehmenden ↗ Bezugsperson (Ersatz-Mutter) f. diesen entscheidenden Lebensabschnitt ist unbestritten. Die Beziehung der Mutter zum Kind ist zunächst durch die Enge der körperl. Bande bestimmt.: Empfängnis, ↗ Schwangerschaft, Stillen, Säuglingspflege, aber auch körperl. Zärtlichkeiten. Das Kind ist gewissermaßen eine Fortsetzung, eine Erweiterung ihres Leibes. Zuneigung u. Liebe ergeben sich sozusagen v. selbst, „instinktiv": das kleine Wesen sucht v. sich aus Geborgenheit u. Wärme u. fordert durch seine Schutzlosigkeit den Pflegeinstinkt der Mutter heraus.

Diese körperl. Nähe u. Angewiesenheit vereinfacht anfangs die Mutter—K.-B., kann aber später zu Komplikationen führen, wenn sich diese nicht vergeistigt u. wandelt. Die ersten Sozialkontakte werden in dieser Zeit geknüpft, die ersten Verhaltensmuster, ↗ „Haltungen" geprägt. In der ↗ Erziehung aktualisiert u. bewährt sich die E.—K.-B., denn Erziehung ist kein einseitiger Vorgang (im Sinne eines Aufoktroierens vorgefaßter elterl. Wunsch- u. Zielvorstellungen auf das Kind), sondern soll v. Anfang an — so selbstverständlich die Wertordnung der Eltern wesentl. Voraussetzung ist u. die Zielrichtung angibt — der ↗ Individualität u. persönl. Eigenart des Kindes Rechnung tragen, u. spielt sich in einer Wechselwirkung v. Aktion u. Reaktion ab.

Mit Älterwerden u. Heranwachsen u. Reifen des Kindes kommt es (bzw. sollte es kommen) zu einer Schwerpunktverschiebung bezüglich der Führungsrolle: die sich formende Persönlichkeit des Kindes erfordert immer mehr partnerschaftl. Anerkennung, aber auch eine gewisse Distanzierung, ein „Ab-halftern", das erst eine Bewährung in Selbständigkeit möglich macht.

Durch eigene Leistungen, durch Einbringen neuen Gedankengutes, neuer Denkweisen, ja durch spätere Übernahme der Sorge f. die Eltern bzw. als Bindeglied zw. ihnen, die durch altersbedingte ↗ Vereinsamung bedroht sind, u. der Gesellschaft, kann schließlich das Kind ganz die ↗ Rolle des Gebenden, ja die Führung übernehmen. Dieser Rollenwechsel geht nicht immer spannungs- u. störungsfrei vor sich. Eltern, bes. solche Mütter, die ihre — wie sie meinen — immer noch notwendige Beschützerrolle nicht aufgeben wollen, die die Zügel der Erziehung nicht rechtzeitig locker lassen, ohne sie allerdings ganz aus der Hand zu geben (!), die v. ihren Kindern Dankbarkeit u. im Gefolge davon mehr od. weniger blinden ↗ Gehorsam erwarten u. verlangen, müssen oft erst davon überzeugt werden (wenn das überhaupt gelingt), daß eine solche ↗ Haltung einer uneingestandenen Herrschsucht, einem Mangel an ↗ Demut (= Dienstgesinnung) entspringt u. keineswegs — wie sie oft behaupten — nur zum Besten des Kindes dient, sondern nicht selten die innere od. auch offene Emigration des Kindes aus der Familie (und aus der bisherigen Wertordnung) zur Folge hat. Bes. in u. nach der ↗ Pubertät kann der ↗ Generationskonflikt deutlich werden. — Spannungen sollten zunächst als etwas durchaus Natürliches betrachtet u. v. beiden Seiten gelassen ertragen u. ausgetragen werden. Sie können so zur ↗ Reifung, zur weiteren Profilierung der Persönlichkeit beitragen u. damit die E.—K.-B. schließlich bereichern. Nicht nur Folgen erzieherischer Fehlhaltungen (heute meist im Sinne der Verwöhnung od. „Luxus- ↗ Verwahrlosung") u. Mangel an gegenseitigem Verstehen u. ↗ Toleranz, sondern auch zeitbedingte Änderungen der Gesellschaftsstruktur können den ↗ Konflikt verstärken u. „aufheizen", so daß es zur gewaltsamen Auflehnung, zur revolutionären Haltung, zum Bruch der E.—K.-B. u. nicht selten parallel dazu zum Protest gegen die bestehende Gesellschaftsordnung kommt.

In solchen Konfliktsituationen u. Konstellationen spielt oft der ↗ Vater eine entscheidende Rolle. Hier wird deutlich, daß E.—K.-B. mehr meint als nur die anfangs v. der Tiefenpsychologie in ihrer Bedeutung so sehr betonte Mutter—K.-B. Wenn auch in den jüngeren Lebensjahren des Kindes die Mutter als Erziehungs- u. Beziehungsperson Vorrang hat, sollte doch v. Anfang an der Vater nicht in den Hintergrund treten. Die Beziehung des Vaters zum Kind ist v. Anfang an nicht durch körperl. Nähe geprägt, ist auch nicht so sehr vom Emotionalen als vielmehr vom Rationalen bestimmt. Das macht sie zunächst oft f. beide Teile schwieriger als die Zuneigung zw. Mutter u. Kind.

Zunächst muß sich der Vater f. sein Kind engagieren, will er nicht riskieren, daß er ihm fremd u. innerlich fern bleibt. Es genügt nicht, nur stolz auf das „Produkt" zu sein, das man gezeugt u. mit Hilfe der ↗ Frau „in die Welt gesetzt" hat, die nötigen Mittel f. Wachstum u. Betreuung des Kindes zu erarbeiten u. alles übrige, v. a. die Last der Erziehung (als mehr od. weniger interessierter Zuschauer) der Mutter zu überlassen. Es genügt auch nicht, nur Respektsperson in der Familie bzw. Strafvollzieher zu sein. Die ↗ Autorität des Vaters gründet sich auf die Liebe, die er der Mutter u. die Mutter ihm entgegenbringt. Diese gegenseitige Zuneigung der Eltern ist erstes Vorbild f. die späteren Kontakte des Kindes, f. seinen „Weg zum ↗ Du"; zum Mitmenschen, zum Partner — u. schließlich auch zu Gott.

In den späteren Jahren des Kindes nimmt die Bedeutung des Vaters noch zu: als Vorbild, als älterer Freund, an dem man sich orientiert, zu dem man seine Zuflucht nimmt, mit dem man aber auch alle Probleme wälzen kann. Qualität u. Intensität gerade der Vater—K.-B. haben starken Einfluß auf das Verhältnis des Heranwachsenden zur Autorität, zur Gesellschaft u. ihren Ordnungen u. ↗ Normen, auch die Beziehung zu Gott wird durch das Verhältnis zum natürl. Vater mitgeprägt. Brigitta Groh

Lit.: P. Gunkel, Arzt für die Familie, in: Arzt und Christ 1; 3, 163, Wien 1955; R. W. Schirm u. E. Horn, Fürs Leben erziehen (1959); E. Ell, Kluge Eltern, glückliche Kinder (1965); G. Gebhard, Wir werden Eltern (1968); Allerbeck—Rosenmayr, Einführung in die Jugendsoziologie (1974).

Elternrecht. Eltern haben nicht nur das Recht, sondern auch die Pflicht, ihre Kinder nach dem Maßstab ihres gebildeten ↗ Gewissens zu erziehen. Die Erziehungsaufgabe der Eltern, die Recht u. Pflicht zugleich beinhaltet, stößt in der heutigen „pluralistischen ↗ Gesellschaft" mehr u. mehr auf Widerstand. V. mehreren Seiten her wird heute versucht, das E. mehr od. weniger offenkundig „auszuhöhlen". Dies geschieht durch ↗ Ideologien die bereits in der ↗ Vorschulerziehung versuchen, die Kinder zu indoktrinieren. Bekannt sind die Bestrebungen, über die Schule u. insbes. best. Unterrichtsformen u. -ziele den Einfluß der Eltern auf die Erziehung ihrer Kinder zu mindern bzw. umzufunktionieren. Vielfach versäumen es die Eltern, ihr E. in den demokrat. Gremien der Schule wahrzunehmen od. gar durchzusetzen. Bei den mehrfach sozialist. od. marxist. geprägten Reformbestrebungen mancher linksorientierter Regierungen gelingt es zuweilen, das E. der Einflußnahme auf Unterrichtspläne u. Unterrichtsziele zu umgehen. Viel mehr als bisher müßte erreicht werden, daß sich Eltern ihres E.s bewußt werden u. stärker auf die ideolog. Bestrebungen der Schulleitungen reagierten.

Zwar ist in den Gesetzen das E. kaum bestritten — jedoch nehmen es die meisten Eltern aus Unkenntnis (od. aus Trägheit?) nicht genügend wahr. In der Bundesrepublik, in Österreich u. in der Schweiz bemühen sich die Elternverbände (z. B. die Katholische Elternschaft Deutschlands sowie die Evangelische Elternschaft), bei den Eltern in speziellen Seminaren „bewußtseinsbildend" zu wirken. Stu

Lit.: B. Bergerfurth, Das Eherecht (³1971).

Elternschaft. E. ist heute im deutschen Sprachraum zumeist verbunden mit „verantwortlich". Der Begriff „verantwortliche" od. „verantwortete" E. bezieht sich in erster Linie auf die ↗ Verantwortung, eine der jeweiligen ↗ Ehe angemessene

Zahl v. ↗ Kindern zu zeugen u. entspr. zu erziehen (↗ Familienplanung). E. setzt zahlreiche Fähigkeiten voraus, v. a. Einsichtsfähigkeit in die eigene ↗ Person, die eigene Situation sowie die des Partners, Überblick über die gesellschaftl. Situation, ↗ Geduld, Umsicht u. v. a. m. (↗ Ehefähigkeit). In den Dokumenten des II. Vatikan. Konzils ist der Begriff „Verantwortete E." besonders herausgestellt u. in der „Pastoralkonstitution" allen verheirateten Christen als wesentl. Anliegen eigens aufgetragen. E. bedeutet andererseits aber auch, sich bereits vor der Geburt eigener Kinder auf diese u. ihre spätere ↗ Erziehung positiv einzustellen. Aber in der Praxis zeigt sich, daß gerade eine solche wünschenswerte positive ↗ Einstellung nicht v. vornherein da ist, sondern oft mühsam erworben u. erlernt werden muß. Auch hierzu dienen die v. den Kirchen angebotenen Elternseminare, Elternschulen (früher Mütterschulen). Nicht an letzter Stelle seien die vom Kath. Zentralinstitut f. Ehe- u. Familienfragen in Köln herausgegebenen Elternbriefe „du u. wir" genannt, die in regelmäßiger Folge Eltern erstgeborener Kinder gleichsam als Anleitung f. eine verantwortungsbewußte Elternschaft v. den deutschen Bischöfen an die Hand gegeben werden ↗ Eltern—Kind-Beziehung).
Diese Elternbriefe sind auch in Österreich u. in der Schweiz bekannt u. werden dort in einigen Diözesen — genau wie in der Bundesrepublik — regelmäßig (alle drei Monate ein Brief) — an die Eltern ausgeliefert. Stu

Lit.: Elternbriefe „du und wir" (hrg. V. Kath. Zentr.-Institut f. E.- u. Fam.-Fragen, Köln); R. Rüberg, Eltern in einer neuen Welt (1969).

Emanzipation. Unter E. verstand das röm. Recht die Entlassung des ↗ Kindes aus der väterl. Gewalt, ähnlich auch das alte dt. Recht. In neuerer Zeit bezeichnet E. einen Prozeß, der den Mitgliedern einer unterdrückten gesellschaftl. ↗ Gruppe (↗ Minderheiten) volle Gleichberechtigung bringen soll (z. B. Frauenbewegung). In den letzten Jahren gewann E. eine allgemeinere Bedeutung. Unter dem Einfluß der sog. Frankfurter „Krit. Schule" (Adorno, Horkheimer, Habermas) wird E. definiert als „die Befreiung der Subjekte ... aus Bedingungen, die ihre Rationalität u. das mit ihr verbundene gesellschaftl. Handeln beschränken" (K. Mollenhauer). E. soll die ↗ Entfremdung des Menschen überwinden, ihn fähig machen zur Selbstbestimmung, zur ↗ Mündigkeit, zur Demokratie. Weil aber die Selbstentfremdung des Menschen weniger individ. ↗ Schuld als vielmehr das Produkt gesellschaftl. Verhältnisse darstelle, müßten durch Aufklärung die (oft geheimen) autoritären Herrschaftsstrukturen (↗Autorität, Macht) aufgedeckt u. durch E. überwunden werden. Eine bedeutsame Rolle in diesem Prozeß wird der sex. E. zugewiesen: die überkommenen ↗ Normen u. ↗ Tabus werden als raffinierte Instrumente zur ↗ Ausbeutung durch die herrschende Klasse interpretiert (↗ Repression), die um der Befreiung u. Selbstverwirklichung des Menschen willen abgeschüttelt werden müßten.
Dieses Verständnis v. E. muß gesehen werden vor dem Hintergrund eines dynam., evolutiven Menschenbildes u. einer (auf Hegel u. Marx zurückgehenden) Deutung der Geschichte als Prozeß der Befreiung. Zweifellos erwachsen aus einer derartigen Sicht mächtige Impulse f. den Kampf gegen ↗ Unterdrückung u. f. die E. des Menschen aus unwürdiger ↗ Abhängigkeit — ein Kampf, dem sich auch der Christ verpflichtet weiß. Aber es ist andererseits nicht zu übersehen, daß E. in aufklärer. Optimismus überfordert wird, wenn sie das „befriedete Dasein" (H. Marcuse) schlechthin bringen soll. Wenn E. u. menschl. Autonomie als absolute ↗ Werte gesetzt werden, dann führt dieser Weg nicht nur in die Irre, sondern nur zu leicht in ein totalitäres System, das die ↗ Freiheit des Menschen bedroht (↗ Ideologie, ↗ Utopie). Gy

Lit.: H. Marcuse, Der eindimensionale Mensch (1967); K. Mollenhauer, Erziehung u. Emanzipation (1968).

Embryonalentwicklung ↗ Leben, menschliches

Embryotomie ↗ Abtreibung

Emotionalität. Auch *Gemütsbewegung.* Manchmal gleichbedeutend mit „*Gefühl*" verwendet. Bezeichnung f. den gesamten Gemütszustand eines Menschen mit seiner Gestimmtheit u. den f. ihn typischen Akzentuierungen seiner Zustand-, Selbst- u. Fremdwertgefühle. K. Schneider unterscheidet angenehme *Zustandsgefühle* wie ↗ Freude, Behagen, Leichtigkeit, Beglücktheit, Jubel, Ruhe, Zufriedenheit, Zuversicht v. den unangenehmen Zustandsgefühlen wie die Traurigkeit, Sorge, ↗ Angst, Furcht, Unbehagen, Unheimlichkeit, Verzagtheit, Hilflosigkeit, Heimweh, ↗ Verzweiflung, Grauen, Schrecken, Zorn, Ärger, Wut, Neid, ↗ Eifersucht, Langeweile u. Leere. Ambivalente Zustandsgefühle sind Wehmut, Gerührtheit, Entsagung. Zustandsgefühle u. Selbstwertgefühle können sowohl frei aufsteigend wie reaktiv auftreten u. halten als *Grundstimmung* im Gegensatz zum kürzer dauernden Affekt über lange Zeit an. Abzugrenzen v. der E. ist das *Temperament,* das die f. einen Menschen charakterist. Gesamthaltung der Affektivität nach den Faktoren der Affizierbarkeit u. des ↗ Antriebes im Unterschied zur emotionalen Gestimmtheit umfaßt, während im Temperament das psychische Tempo die Antriebskomponente darstellt. Die E. wird damit Ausdruck der persönl. ↗ Leiblichkeit (Revers) od. als endothymer Grund der Persönlichkeit (Lersch) betrachtet. Die Grundlage der E. sind die vegetativen, humoralen u. morpholog. ↗ Anlagen des Gesamtorganismus, die in der E. zusammenwirken. Störungen der E. zeigen sich insbes. in den Untergrundsdepressionen, die auch als larvierte ↗ Depressionen od. vegetative Depressionen mit vorwiegend vegetativen körperl. Symptomen u. geringfügigen psychopatholog. Erscheinungen ablaufen. Sie treten nach K. Schneider als rein endothyme Schwankungen des nicht erlebten u. nicht erlebbaren Untergrundes der Gestimmtheit in Erscheinung, der in der biolog. Sphäre der Tiefenpersönlichkeit verankert ist. Eine weitere Störung der E. ist die Affektlabilität od. emotionale Labilität, wie sie bei hirnorganisch Kranken od. seel. od. körperl. sehr Erschöpften zu beobachten ist. Dabei kommt es bei geringfügigen äußeren Reizen durch den Wegfall der emotional stabilisierenden Funktion der Stirnhirnrinde zu kurzzeitigen affektiven Reaktionen, wobei hinter den spontan ablaufenden Ausdrucksmechanismen nur ein geringer echter Affekt steht. Dieses Phänomen, das auch als emotionale Inkontinenz bezeichnet wird, führt zu den Symptomen des Zwanglachens u. Zwangweinens, die völlig übergangslos aufeinander folgen können (↗ Zwangssymptom).

Bei Katastrophenreaktionen kommt es bei manchen Menschen zu einem emotionalen Stupor, einer vorübergehenden akuten Gefühlslähmung, meist zusammen mit ausgesprochenen Derealisations- u. Depersonalisationserlebnissen, so daß sich der Betreffende völlig unbeteiligt in den gefährlichsten Situationen bewegt od. völlig apathisch u. stumpf sitzen u. liegen bleibt, ohne adäquat auf die Gefahr zu reagieren u. an die noch mögliche Rettung seiner selbst od. anderer Menschen zu denken. Pa

Lit.: M. B. Arnold, Emotion and Personality, 2 Bde (1962); W. J. Revers, Gefühl, Wille und Persönlichkeit, in: Katz (Hrg.), Kleines Handbuch der Psychologie (1972).

Empathische Methode ↗ Gesprächs(psycho)therapie

Empfängnisregelung. Während mit dem Begriff „Geburtenregelung" nicht nur eine Fruchtbarkeitsregelung, sondern auch eine ↗ Abtreibung u. Kindes-Aussetzung gemeint sein kann, umfaßt der Begriff „Empfängnisregelung" nur die gewollte od. verhütete Empfängnis. Die gewollte u. bewußte Fruchtbarkeit bekommt eine zunehmend größere Bedeutung (↗ Familienplanung). E. im Sinn v. Verhütung spielt vor u. in der ↗ Ehe eine Rolle. Empfängnisverhütende Methoden müssen folgenden Anforderungen entsprechen: Sicherheit, Unschädlichkeit, Annehmbarkeit für beide Partner. Ferner müssen sie einfach u. praktikabel, preiswert u. reversibel sein. Im einzelnen sind zu unterscheiden:
1. Methoden (Kontrazeption ohne Anwendung von Mitteln): 1.1 Periodische Enthaltsamkeit nach ↗ Knaus—Ogino-Methode (Vermeidung des Koitus wäh-

rend der fruchtbaren Tage der Frau). Der Vorteil, keine Mittel anwenden zu müssen, ist gering gegenüber der Unsicherheit u. Kompliziertheit der Methode, die eher zum Erreichen einer Empfängnis geeignet ist. — 1.2 Periodische E. durch Messen der Körper-Grundtemperatur (Frauenthermometer). Relativ sicher, jedoch auch kompliziert u. die Spontaneität einengend. — 1.3 ↗ Koitus interruptus. Die älteste u. verbreitetste Form der Empfängnisverhütung, die sehr unsicher ist. 2. Mittel für den Mann: Präservative oder Kondome (am besten mit Spermien tötendem Gelee). Unkompliziert u. sicher, außerdem Infektionsschutz, oft jedoch psychologische Hindernisse. 3. Mittel für die Frau: 3.1 Pessare (verschiedene Ausführungen, Prinzip: Verschluß des Muttermundes). Anpassung durch Arzt. Relativ sicher. — 3.2 Intrauterin-Pessare (kleine, flexible Spiralen aus Plastik, die in die Gebärmutter eingebracht werden, verhindern die ↗ Nidation). Große Sicherheit, Gefahr von Nebenwirkungen (Blutungen). — 3.3 Salben, Tabletten, Zäpfchen, Sprays (töten Spermien ab u. verschließen den Muttermund). Nicht sicher genug. Hohe Sicherheit in Kombination mit 3.1. — 3.4. ↗ Ovulationshemmer. Misch- u. Sequenzpräparate. ↗ Morning-after-pill. 4. ↗ Sterilisierung.

Reihenfolge d. Sicherheit: Sterilisierung — Ovulationshemmer — Intrauterinpessare — Kondome — Pessare — Chem. Mittel — Temperatur-Methode — Knaus-Ogino-Methode — Spülungen — Koitus interruptus. Goe

Lit.: (↗ Familienplanung). Offiz. kath. Stellungnahmen: Enzykliken Casti connubii (1930) u. Humanae vitae (1968). Lehrschreiben der dtsch. Bischöfe (1968) — Evang. Stellungnahme: Sexualethische Denkschrift (1971); G. K. Döring, Empfängnisverhütung (1971).

Empfängnisverhütung ↗ Familienplanung

Endogen = anlagebedingt, im Gegensatz zu ↗ exogen, oft auch im Sinne v. kryptogen (unbekannte Ursache) gebraucht als Entstehungsbedingung v. ↗ Psychosen

Endokrine Störungen. Funktionsstörungen der Drüsen der inneren Sekretion mit Auswirkungen im körperl. u. im psychischen Bereich (Endokrinopathien, endokrinolog. ↗ Psychiatrie)

Entartung ↗ Degeneration

Entfremdung. E. bezeichnet ein objektives Verhältnis, manchmal auch ein subjektiv bewußtes, worin die Persönlichkeit nicht als selbständiges u. voll entfaltetes Subjekt, sondern bis zu einem gewissen Grad zum Objekt, zur „Sache", zum „Ding" herabgewürdigt wird. Im heutigen anthropolog. Sinne geht der Begriff in erster Linie auf *Hegel* u. *Marx* zurück. Schon früher allerdings, auch in der Theologie u. christl. Philosophie, wird die Wirklichkeit der Knechtschaft, des ↗ Leidens u. des Elends durch einen Abfall (also Ent-fremdung) v. der Seinsordnung erklärt. Unter den neuzeitl. Philosophen bieten *Rousseau* u. *Kant* Theorien der „Ent-äußerung" menschl. Rechte bzw. Eigenschaften im sozialen Bereich. Bei *Hegel* stellt die Geschichte einen Prozeß dar, in dem die „absolute Idee" zur ↗ Selbstverwirklichung gelangen soll; in einer ersten Bewegung vergegenständlicht sich die Idee in der ↗ Natur u. der Geschichte, um dann durch die Selbstüberwindung ihrer E. zu sich selbst zu gelangen. *Marx* lieferte wohl die höchste Entfaltung des Begriffes E. durch die Absage an den Idealismus *Hegels* u. die Bezugnahme auf den konkreten, geschichtl. Menschen. Für *Marx* handelt es sich bei der E. um folgende gesellschaftl. Erscheinung: die durch materielle u. geistige Tätigkeit der Menschen hervorgebrachten Produkte (darunter auch geist.-seel. Verhältnisse, ↗ Ideologien usw.) treten dem Menschen als fremd gewordene, selbständige u. die Menschen beherrschende Mächte gegenüber. Dies geschieht dadurch, daß die Werkzeuge der Produktion, darunter Menschen selbst als schöpfer. Wesen, über ihre eigene Arbeitskraft u. über die Werkzeuge u. Produkte der ↗ Arbeit nicht selbst verfügen können, sondern diese als Ware an eine mächtige Klasse verkaufen müssen (↗ Ausbeutung). Vor dieser Entäuße-

eines Teils seiner selbst an eine v. ihm profitierende ↗ Macht empfindet sich der Mensch als ohnmächtig (↗ Manipulation). Nicht nur materielle Produkte, sondern auch geistige (z. B. das Werk eines Künstlers) sowie alle menschl. Beziehungen wie ↗ Liebe, ↗ Freundschaft usw. werden auf diese Weise entfremdet. Der späte Marx u. insbes. alle kommunist. Autoren legten Wert darauf, diese Erscheinung als durch die Klassengesellschaft u. ihre Produktionsverhältnisse verursacht, hervorzuheben. Da der Mensch Schöpfer seiner Kultur u. seiner gesellschaftl.-wirtschaftl. Ordnung ist, kann man durchaus die v. den Marxisten vorgeschlagene Einschränkung des Begriffes der E. annehmen. Diese Einschränkung soll uns daran erinnern, daß jede, auch eine als biologisch (z. B. angeborene ↗ Krankheit) od. anthropologisch (z. B. Abhängigkeitsverhältnis) erscheinende E. einen Aufruf an die Menschen darstellt, diese durch Veränderung der gesellschaftl. Verhältnisse letztlich aufzuheben. Nicht zutreffend wäre hingegen die Vernachlässigung der Begleiterscheinungen der E., auch wenn die Gefahr einer gesellschaftl. Verwischung des Begriffes dabei besteht u. klar bewußt bleiben soll. Die Psychoanalyse Freuds hilft uns, den anthropolog. Aspekt der E., so wie letztere durch das Subjekt erlebt wird, zu verstehen. Zwar kannte Freud weder den Hegelschen noch den Marxschen Begriff der E. Von Anfang an sah Freud den Sinn der psychoanalyt. Heilung darin, das neurotische Elend (↗ Neurose) in ein allgemein menschl. zu verwandeln. In der Geschichte des Subjektes ist die v. Marx beschriebene ökonom. E. weitestgehend durch lebensgeschichtl. Verhältnisse (z. B. kindl. Erlebnisse, Familiengeschichte) verdeckt u. letztere gilt es zu entwirren, damit der Mensch sich dieser lebensgeschichtl. Verhältnisse bewußt werden u. die ↗ Verantwortung f. ihre weitere Gestaltung sowie f. die Gestaltung der ↗ Gesellschaft übernehmen kann. Schon v. Geburt an ist das Menschenkind auf den Mitmenschen angewiesen, so daß die Prägung der E. unausbleiblich ist. Die Bewußtwerdung dieser Prägung soll dem Menschen erlauben, die affektive od. die subjektive E. zu durchschauen u. an der Aufhebung der objektiven zu arbeiten.

Die zweifache Bedeutung des Begriffes E. (die ökonom. u. die anthropolog.) sollte in der pastoralen Tätigkeit ständig berücksichtigt werden, da sie auf das konkrete Elend des Menschen u. dessen ↗ Abhängigkeit vom Materiellen hinweist. Hierbei ist die gesellschaftl. bzw. die polit. Aufklärung in theoret. Form öfters unwirksam. Deswegen gilt es insbes. bei der individ. Neurose, zunächst die subjektiv erlebte Geschichte geduldig mittels der Methoden der ↗ Psychotherapie bzw ↗ Psychoanalyse objektiv zu durchleuchten. Igor A. Caruso

Lit.: S. Freud, Die Verneinung. Ges. W. XIV (1948); K. Marx, Die Frühschriften (1963); J. Gabel, Formen der Entfremdung (1964); I. A. Caruso, Soziale Aspekte der Psychoanalyse (1972); J. Israel, Der Begriff Entfremdung (1972).

Enthaltsamkeit. E. ist in christl. Sicht zunächst der Verzicht auf die Erfüllung an u. f. sich guter menschl. Strebungen im Dienste größerer ↗ Liebe, also z. B. der zeitweilige — im gegenseitigen Einverständnis erfolgende — Verzicht auf sex. ↗ Partnerschaft in der ↗ Ehe, um sich intensiver dem ↗ Gebet zu widmen (1 Kor 7,5), od. der Verzicht auf Speise, um sensibler f. die Bedürfnisse anderer zu werden (↗ Fasten). Abhängig davon kann E. auch den Sinn haben, der Verselbständigung u. Verabsolutierung der ↗ Triebe auf Kosten der ausgewogenen Entfaltung der ganzen Persönlichkeit entgegenzusteuern. E. kann schließlich auch zugunsten notwendigerweise zu respektierender ↗ Werte gefordert sein, so z. B. im Falle einer notwendigen ↗ Ehelosigkeit.

E. sollte stets die Abwertung der Strebung vermeiden, v. der E. geübt wird. So darf bes. die dauernde sex. E., wie sie dem Ideal der ↗ Jungfräulichkeit entspricht, nicht zu einer Geringschätzung v. Ehe u. ↗ Sexualität führen. E. darf dementspr. nicht primär mit Motiven wie „Herrschaft über den Leib", „Vollbesitz des Geistes", „Behinderung der individuellen Vervollkommnung", „Verzicht auf Menschenliebe zugunsten der Gottesliebe" gefordert werden, sondern es muß deutlich gemacht werden, daß z. B. Herrschaft über den Leib nur insofern sinnvoll ist, wie sie fähiger auch zu sex. Liebe macht. E. sollte demnach weiterhin stets auf die Bedürfnisse der Mitmenschen Rücksicht nehmen. So ist z. B. Fasten nur in dem Maße sinnvoll, wie es zur ↗ Bekehrung disponiert, welche immer zu den Werken der Nächstenliebe bewegen u. v. ihnen begleitet sein muß. Verzicht, der Unordnung überwindet, Opfer, die v. Selbstbefangenheit befreien u. hellhörig f. den einladenden Liebesanruf Gottes machen, sind dementspr. nur dann sinnvoll, sofern sie das Bewußtsein f. eben diesen Wert der Bekehrung zu Gott u. f. die Bedürftigkeit des Nächsten eröffnen. Freiwillige E. sollte folglich maßvoll geübt werden, denn Übertreibungen in dieser Hinsicht führen leicht zu Stolz u. Überheblichkeit, die v. Gott u. dem Nächsten trennen, anstatt mit ihnen zu verbinden (Mt 6,16—18). Andererseits kann zu starke E. wegen des Unvermögens zu ihr in ↗ Versuchung führen (1 Kor 7,5) u. so ihr Ziel verfehlen. Die notwendig geübte E. kann schwere Opfer verlangen. Sie werden umso leichter zu bringen sein, je mehr die gläubige Anerkennung der Souveränität Gottes gelingt, der seine Gnadengaben u. Geschenke so verteilt, wie er will, u. in seinem universellen Heilswillen doch bereit ist, jedem gerecht zu werden u. ihn überglücklich zu machen. Die notwendige E. kann somit in bes. Weise dazu beitragen, daß man sein Vertrauen ganz auf Gott setzt, v. ihm Stärke u. ↗ Geduld erbittet u. somit sein Heil v. ihm erwartet, indem er als der Unverfügbare erhofft wird. Mo

Lit.: J. Stelzenberger, Die Beziehung der frühchristl. Sittenlehre zur Stoa (1933); F. X. v. Hornstein/A. Faller, Gesundes Geschlechtsleben (1950); dies., Ich u. Du (1963); B. Lotz, Die drei Stufen der Liebe (1971).

Enthemmung. E. ist Freiwerden v. Affekten u. Trieben aus dem Integrationsgefüge geistseel. Funktionen, die sonst v. Intellekt u. ↗ Willen einer übergeordneten Sinnhaftigkeit dienstbar gemacht sind. Es kommt zum Auftreten v. Primitivreaktionen: übertriebene u. unangepaßte, eigengesetzl. fortlaufende Reaktionen (E. Kretschmer) wie Zittern, Schreien, Toben, Bewußtseinseinengung, Erstarren, vegetative Symptome; ferner ↗ Halluzinationen, Delirien; aber auch eth. Entgleisungen. — Bei organ. Hirnerkrankungen (senile ↗ Demenz, progressive Paralyse), bei ↗ Psychosen (v. a. bei ↗ Manie u. maniformen Syndromen der Schizophrenen), bei zerebralen Intoxikationen (↗ Alkoholabhängigkeit u. andere ↗ Abhängigkeiten), auch bei infantilen u. neurot. Persönlichkeiten. Gegebenenfalls Verantwortlichkeit bei sittl. relevanten Vorentscheidungen. Rt

Lit.: H. J. Weitbrecht: Psychiatrie im Grundriß (²1968).

Entmündigung ↗ Mündigkeit

Entmutigung. ↗ Selbstvertrauen ist eine wesentl. Voraussetzung menschl. Existenz (↗ Geltungsbedürfnis). Entscheidender Faktor f. seine Entwicklung ist das Gefühl des Geliebtwerdens. Leider aber ist mangelnde bzw. mangelhafte Liebeszuwendung keineswegs der einzige Grund f. E. des ↗ Kindes. Genauso verhängnisvoll kann sich jene Zerrform der ↗ Liebe auswirken, die versucht dem Kinde alle Schwierigkeiten aus dem Wege zu räumen; es bleibt dann einfach die Entwicklung der eigenen Kräfte u. Fähigkeiten aus, man verläßt sich auf die anderen, die Großen, die alles viel besser können u. einem alles abnehmen. Die katastrophalen Folgen dieses Vorganges werden offenbar, wenn der Jugendliche sich später zur lebensnotwendigen ↗ Selbständigkeit durchringen soll u. will: er hat ↗ Angst davor, schiebt die Loslösung immer wieder hinaus — er hat nie gelernt, auf eigenen Füßen zu stehen u. außerdem ist es ja so bequem, andere f. sich sorgen zu lassen. Daß damit in Wirklichkeit ein „unbequemer", qualvoller Zustand fixiert wird, der einen Menschen zum dauernden „Invaliden" macht, wird nur allzuleicht vom Beobachter übersehen — der Betroffene aber ahnt es u. drückt sein ↗ Leiden gewöhnlich in einer Vielzahl neurot. Symptome aus (↗ Neurosen).

Viele andere Wege führen zur E.: v. a. jene ↗ Projektionen, die Eltern ihren Kindern gegenüber durchführen. Das Kind

soll all die Ziele erreichen, die der früheren Generation versagt blieben, es soll es „besser haben", ohne Rücksicht darauf, ob es solchen Forderungen auf den verschiedensten Gebieten auch gewachsen ist; od. es soll den Eltern möglichst ähnlich sein, eine Imitation sozusagen, die das Gefühl der Eigenständigkeit natürlich nicht aufkommen läßt, sondern entmutigte ↗ Resignation zur Folge hat. Wieder andere brauchen Sündenböcke f. das eigene Versagen: ihnen kann es kein Kind recht machen, u. ihre Kritik wird immer negativ u. destruktiv sein, also entmutigend wirken.
Von der E. geht eine schlimme Eigendynamik aus, die den Entmutigten immer mehr in den „Rückzug v. der Welt" hineintreibt. Damit aber wird dieses Problem sozusagen ein allgemeines, ein öffentl., wir alle sind aufgerufen, den Schwachen anzunehmen u. ihm zu helfen, Schritt f. Schritt ↗ Vertrauen zu sich selbst zu gewinnen (↗ Erfolgserlebnis. Rl

Lit.: A. Mitscherlich, Versuch, die Welt besser zu verstehen (1970); H. E. Richter, Eltern, Kind u. Neurose (²1972).

Entsakralisierung. E. setzt die mit dem Wortpaar sakral-profan gegebene Problematik voraus: Der erst im 19. Jh. aufkommende Ausdruck „sakral" (ohne Entsprechung im klass. od. ma. Latein!) bezeichnet „den aus der Rationalität der Welt ausgesonderten Bereich, der vor jeder Verweltlichung geschützt werden muß" ...; „profan" (v. lat. pro-fanum = vor dem Heiligtum) „ist in diesem Kontext die v. den ↗ Kirchen emanzipierte Welt mit ihrem Anspruch auf Eigengesetzlichkeit" (H. Mühlen). Negativ ist die Verwendung dieses Begriffspaares zu werten, wenn Sakralisierung im Sinne v. Verdinglichung, Versinnlichung, Kategorialisierung des Gottesbezugs der ↗ Schöpfung (hl. Gegenstände, Personen, Gesten, Worte usw.) bzw. Verabsolutierung geschöpfl. Wirklichkeiten verwendet wird u. Profanierung damit den Charakter des Sakrilegs, der Blasphemie, der antigöttlichen ↗ Aktivität erhält. Durch die ↗ Menschwerdung Gottes ist der Gegensatz sakral-profan überwunden, der Welt ist ihr urspr. Gottesbezug neu geschenkt (gerade als weltl. Welt ist sie die v. Gott bejahte u. angenommene u. nichts ist v. der Anwesenheit Gottes in der Welt ausgenommen als die ↗ Sünde = die Profanität schlechthin). — Derart verstanden, macht E. in einem krit. Prozeß jede Verdinglichung der ↗ Transzendenz u. jede Verabsolutierung der geschöpfl.-weltl. Wirklichkeit rückgängig u. stellt die „neue Wirklichkeit" der Welt (↗ Erlösung) wieder her. E. schafft also durchaus nicht „Sakralität" ab, sondern bedeutet Reinigung v. allen Perversionen des ↗ Heiligen, indem sie das Gottes-, Welt- u. Selbstversändnis Jesu (in einer Kurzformel des ↗ Glaubens „der dem freien Menschen in seiner weltl. Welt nahegekommene Gott") durchsetzt. Jede Pseudosakralität (↗ Aberglaube, ↗ Magie, ↗ Religionsersatz), die Gegenständliches als göttlich (mana-geladen, tabuiert, ausgesondert, begnadet usw.) deklariert, verwischt im Grunde die durch Jesus u. sein Evangelium (↗ Verkündigung) geschaffenen Konturen u. Strukturen, handelt usurpatorisch (maßt sich z. B. an, „an Stelle Gottes" zu handeln, wie manchmal eine mißverstandene kirchl. Autorität) u. zerstört damit die echte Gottbezogenheit (u. Transzendenz).

Pastoralanthropolog. entsteht die Aufgabe, einen breit angelegten ↗ Lernprozeß zu initiieren, der die Fehler der Vergangenheit (z. B. die Sakralisierungstendenzen im 19. Jh.) überwindet, indem falsche Fixierungen aufgedeckt, aufgelöst u. auf echte Transzendenz-, Sakral- u. Gotteserfahrung hin neuorientiert werden (↗ Freiheit, ↗ Frömmigkeit, ↗ Glaube, ↗ Gottesdienst, ↗ Liebe, ↗ Mitmenschlichkeit, ↗ Religiosität, ↗ Sakramente, ↗ Sexualität u. a.). Damit wäre auch die uralte dualistische Versuchung überwunden, daß Umgang mit der Welt, dem „Stoff", den Dingen dieser Welt, dem „Fleisch", der ↗ Natur usw. befleckt u. vom Jenseitigen = Himmel, ↗ Geist, Gott, Übernatur usw. abzieht. Hz

Lit.: H. Bartsch (Hrg.), Probleme der Entsakralisierung (1970); H. Mühlen, Entsakralisierung. Ein epochales Schlagwort in seiner Bedeutung f. die Zukunft der christl. Kirchen (1971); ders., Art. Sakralität u. Profanität, in: Lexikon der Pastoraltheologie (1972).

Entscheidung. Mannigfache psychische, somat. u. soziokulturelle Faktoren bestimmen den E.sprozeß. Daß dieser nicht im Mechanismus v. Reiz u. Reaktion aufgeht, sondern zu reflektierter u. verantwortlicher Stellungnahme herausfordert, kennzeichnet die Situation des „zur ↗ Freiheit verdammten" (Sartre) Menschen. Während das ↗ Tier weitgehend instinktgesichert ist, ist der Mensch auf E. angewiesen, was ihn umsomehr bedrängt, als er um die Bedingtheit u. Reichweite seiner E. weiß: Jede E. kommt v. E.n her, die nicht die meinen waren, u. hat E.n zur Folge, die möglicherweise nicht die meinen sein, sondern meinen E.sraum einengen werden. Mit meiner E. verhalte ich mich darum zu mir selbst, zu meinem Leben als ganzem u. zu dem Leben überhaupt, das mein Leben umgibt u. bedingt. Insbes. der Existentialismus (vgl. S. Kierkegaard, K. Jaspers) hat den E.scharakter der menschl. Existenz betont, dabei allerdings die transsubjektiven Implikationen v. E. vernachlässigt. Der Existentialist ringt um eine E., welche ihn zu dem werden läßt, was er *ist;* der Marxist dagegen sucht diejenige E., die ihn im Kontext der menschl. ↗ Gesellschaft zu dem beitragen läßt, was diese *werden muß.* Wird das Ziel eines E.sprozesses prinzipiell der Falsifikation entzogen, so spricht der Neopositivismus (H. Albert) v. Dezisionismus.

Der christl. ↗ Glaube nimmt den Totalaspekt der E. auf u. begreift diese in ihrer Relation zu Gott. Sofern der Mensch durch E. seine ↗ Selbstverwirklichung sichern will, ist diese in ihrer Grundrichtung festgelegt u. als ↗ Sünde qualifiziert. Das Evangelium fordert heraus zum Verzicht darauf, sich selbst durch seine E.n retten zu wollen. Es bringt damit eine E. höherer Ebene in den Blick: die E., in die Unabhängigkeit meines Gerettetseins v. meinen E.n einzuwilligen. Die Geschichte christl. Denkens hat die beiden Ebenen tw. vermischt (Pelagianismus, Pietismus), tw. auch scharf zu profilieren gewußt (vgl. die Prädestinationslehre der Reformatoren u. K. Barth). Meine E.n sind aufgehoben in Gottes mich rettender Grund-E., die mich dazu befreit, tapfer E.n einzugehen u. Fehl-E.n zu riskieren. Bt

Lit.: P. Schütz, Das Wagnis des Menschen im Offenen der Freiheit, in: ders., Freiheit — Hoffnung — Prophetie. Von der Gegenwärtigkeit des Zukünftigen, Gesammelte Werke, Bd. III (1963), S. 643—671; H. Lübbe, Theorie und Entscheidung. Studien zum Primat der praktischen Vernunft (1971).

Entspannung. Die Begriffe Spannung u. E. sind aus dem Bereich der Mechanik u. Physik abgeleitet. E. darf nicht als totale Spannungslosigkeit verstanden werden. Dies wird evident bei einer Reihe v. E.sübungen, die nicht eine durchgehende E. im Sinne v. Erschlaffung hervorrufen, sondern eine Leistungssteigerung, u. zw. während des Entspannens. Das gleiche gilt f. medikamentöse E.stherapien: Entspannende Pharmaka steigern gar nicht selten Leistungsfähigkeit u. Leistungswillen. Es gibt auch pathogene Wirkungen der Entlastungs- u. E.ssituation, z. B. nach der Pensionierung od. der Heimkehr aus der Gefangenschaft. Ebenso werden Herzinfarkt od. epilept. Anfälle immer wieder gerade im Zustand der E.(nach der ↗ Arbeit, nachts) ausgelöst.

Vielfach behaupten moderne Menschen, sie lebten in unerträgl. Spannungen. Es geht aber in Wirklichkeit um best. Verschiebungen u. Vereinseitigungen des heutigen Lebens. Wenn viele Patienten in der Gegenwart nach E. verlangen, so liegt die Ursache dafür keineswegs bei einer allgem. Zunahme der Spannungen (↗ Stress). Weniger die allgem. Spannungszunahme in der Welt steht im Vordergrund, sondern eher selektive Veränderungen u. Spannungsverschiebungen. Ein Patient kommt also nicht zu E.sübungen (z. B. ↗ Autogenes Training), um zu entspannen, sondern die E. soll ihm dienen, mit seinem Leben u. seinen Aufgaben besser fertig zu werden (↗ Ermüdung, ↗ Erschöpfung, ↗ Nervenzusammenbruch, ↗ Psychasthenie, ↗ Freizeit, ↗ Erholung, ↗ Urlaub, ↗ Kurwesen, ↗ Naturheilverfahren, ↗ Psychosomatik, ↗ Psychotherapie). Aus dem Fernen Osten stammen E.sübungen wie ↗ Yoga u. ↗ Zen. Der E. wird auch v. der christl. ↗ Spiritualität hohe Bedeutung zuerkannt

(↗ Kontemplation, ↗ Meditation, ↗ Exerzitien, ↗ Fasten, ↗ Frömmigkeit, ↗ Hoffnung, ↗ Freude). MüG

Lit.: E. Coué, Die Selbstbemeisterung durch bewußte Autosuggestion (1961); A. Leibig, Heilung durch E. (1961); B. Stokvis u. E. Wiesenhütter, Der Mensch in der E. (²1963); H. Würthner, Die Macht der E. (²1963/³1974); J. Faust, Aktive E.sbehandlung (⁸1970); G. Volk. E. — Sammlung — Meditation (²1972).

Enttäuschung ↗ Entmutigung ↗ Frustration

Entwicklung. Unter E. wird „eine Reihe v. miteinander zusammenhängenden Veränderungen, die best. Orten des zeitl. Kontinuums eines individuellen Lebenslaufes zuzuordnen sind" (H. Thomae), verstanden. Der Stand der körperl. E. ist erkennbar am Längen- u. Gewichtswachstums, an der röntgenolog. feststellbaren Knochenkern-E. u. an der E. der Reifungsmerkmale, die durch Inspektion, Messung, sowie durch die Bestimmung best. Hormonspiegel definierbar sind. Die relativ größte körperl. E.sgeschwindigkeit liegt im 1. Lebensjahr, später folgt eine präpuberale Wachstumsbeschleunigung mit oft erhebl. Auseinanderfallen einzelner E.sdaten. Die 1. Regelblutung liegt beim Mädchen in unserem Kulturkreis um das 13. Lj. (Schwankungsbreite zw. dem 10. u. 16. Jj.). Reife Spermatozoen werden beim Knaben um das 15. Lj. erwartet (Schwankungsbreite zw. dem 11. u. 17. Lj.). Das E.stempo hängt ab v. genetischen u. umweltabhängigen Voraussetzungen; best. Krankheitsbilder können das E.stempo verändern. Der säkulare Entwicklungswandel (vorwiegend unter dem Erscheinungsbild der Akzeleration) führte bei einigen E.sdaten zu einer Vorverlegung um 1—2 Jahre. — Die seel. E. ist bei dem verhältnismäßig unreif zur Welt kommenden Neugeborenen im 1. Lj. durch das Stadium der Kontaktaufnahme gekennzeichnet. Das 2. u. 3. Lj. bringen vorwiegend motorische Integration. Im 4. u. 5. Lj. erreicht das Kind die Phase der krit. Realitätsprüfung (prägenitale Phase) u. danach das Stadium der sozialen Einordnung bis zum Präpubertätsbeginn (Latenzphase). Die Kindheit endet mit der ↗ Pubertät im eigentl. Sinn, in der es zur Ablösung v. den ↗ Eltern, zur Integration objektbezogener genitaler ↗ Sexualität u. zur Einordnung in bisher nicht bekannte ↗ Gruppen u. in die Berufswelt kommt. Damit erreicht der Jugendliche ein Stadium der Neuorientierung (12.—18. Lj.), er findet bei bisher komplikationsfreiem Verlauf seine eigene Identität. ↗ Entwicklungsstörungen ↗ Entwicklungspsychologie Ha

Entwicklungsanomalien. Störungen der gesetzmäßig ablaufenden körperl. u./od. geist.-seel. ↗ Entwicklung im Sinne der ↗ Hemmung (Retardierung), der Beschleunigung (Akzeleration), der Andersartigkeit (↗ Degeneration). Partielle E. erweisen sich als neurotifizierende Faktoren (E. u. W. Kretschmer).

Entwicklungshilfe, kirchliche. E. ist eine Existenzfrage der Menschheit. Die weltweite Entwicklung hat in unserer Zeit zu einer starken Differenzierung geführt. ↗ Technik, ↗ Industrialisierung, Kolonialpolitik, ↗ Ausbeutung haben die Menschen polarisiert in Arme (↗ Armut) u. Reiche, Hungernde u. Satte, Kranke u. Gesunde, Analphabeten u. Gebildete, Proletarier u. Privilegierte. 2,5 Milliarden Menschen haben ein Pro-Kopf-Jahreseinkommen v. 160 Dollar u. verfügen nur über 15% des Welteinkommens, während 1 Milliarde der Weltbevölkerung bei einem durchschnittlichen Pro-Kopf-Einkommen v. jährl. 1.700 Dollar mehr als 85% des Welteinkommens zur Verfügung haben. — E. ist auf den Menschen ausgerichtet u. soll allen zugute kommen. Sie will die Verwirklichung der ↗ Menschenrechte, um eine ↗ Gesellschaft zu schaffen, in der Menschen ohne Hunger u. ↗ Angst, ohne Elend u. Ungerechtigkeit leben können. So kann man E. als Finden echter techn. Zusammenarbeit, als Hilfe zur gerechten Weltentwicklung u. auch als Ausgleich zw. reich u. arm bezeichnen.

Ziel jeder E. ist der gesamtmenschl. Entwicklungsprozeß, der allen Völkern zugute kommt: „Entwicklung ist nicht gleichbedeutend mit wirtschaftlichem Wachstum. Entwicklung muß umfassend sein, sie muß den ganzen Menschen im

Auge haben u. die gesamte Menschheit. Wir lehnen es ab, die Wirtschaft vom Menschlichen zu trennen, v. der Entwicklung der Kultur, zu der sie gehört. Was für uns zählt, ist der Mensch, der einzelne, die Gruppe v. Menschen bis zur gesamten Menschheit. Nach dem Plan Gottes soll jeder Mensch sich immer weiterentwickeln; denn das ganze Leben ist ↗ Berufung." (PP 14—15). Dieser Satz aus der Enzyklika „Über den Fortschritt der Völker" (PP) ist eine entscheidende Aussage, was k. E. will, u. woran sich bisherige k. E. auch orientiert hat. Die Tradition der Kirche wird in Nr. 12 dieser Enzyklika aufgezeigt: „Treu der Weisung u. dem Beispiel ihres göttl. Stifters, der die Verkündigung der Frohbotschaft an die Armen als Zeichen f. seine Sendung hingestellt hat, hat sich die Kirche immer bemüht, die Völker, denen sie den Glauben an Christus brachte, zum wahren Menschentum zu führen. Ihre Missionare haben Kirchen, Hospize, Krankenhäuser, Schulen, Universitäten gebaut. Sie haben die Eingeborenen gelehrt, die Hilfsquellen ihres Landes besser zu nutzen, u. haben sie so nicht selten gegen die Gier der Fremden geschützt." Dies bedeutet, daß die k. E. eine lange Erfahrung hat. Ziel der Mission war es nicht allein, das Wort Gottes zu predigen, sondern zugleich auch zu helfen. Es war aber nie beabsichtigt, diese beiden Aufgaben zu vermengen.

Thesen zur k. E:

1. K. E. will im wesentl. den Regeln der internat. E.konzeption folgen, zumal gerade kirchl. Organisationen in dieser weltweiten Verpflichtung bahnbrechende Initiativen selbst geleistet u. angeregt haben.

2. Sie will die Erfüllung der ↗ Gerechtigkeit fördern. Sie will aus der Sicht der gesamtmenschl. Solidarität f. die Durchführung des internat. Lastenausgleiches tätig sein. Sie will dadurch Begegnung schaffen zw. den gleichberechtigten Menschen, Völkern u. Kulturen im Geiste der Achtung u. des gegenseitigen Lehrens u. Lernens.

3. Sie will Strukturhilfe leisten u. an der Verstärkung des internationalen Engagements, an der Förderung u. Verbesserung der internat. Rahmenbedingungen f. entwicklungspolit. Maßnahmen mithelfen. Sie will den Mentalitätswandel in Übersee unterstützen. Auf diese Weise will k. E. eine dem Land angepaßte Strukturhilfe leisten.

4. Sie will Entfaltung u. Wachstum in den Entwicklungsländern fördern, so daß ein sich selbst tragender Entwicklungsprozeß in Übersee zustande kommt. Sie will die Förderung der notleidenden Völker, damit sie zu freier Entfaltung u. zum geistigen u. wirtschaftl. Wachstum gelangen. Das Leitwort „Hilfe zur Selbsthilfe" ist eine entscheidende Zielsetzung f. jede k. E.

5. Sie will den Prozeß der internat. ↗ Partnerschaft anregen u. in Gang bringen helfen. Jedes Land, das gibt, wird auch im gemeinsamen Begegnungsprozeß wertvolle Erkenntnisse u. Anregungen erhalten. Die weltweite Begegnungsmöglichkeit über die Mission ist ein bes. günstiger Weg, um eine partnerschaftl. Zusammenarbeit zu stärken.

6. Sie will Bildungshilfe sein. Die Ausbildung einheimischer Führungskräfte in Übersee, wobei dort entspr. Bildungsstätten errichtet werden sollen, ist ein wichtiges Ziel. Das große personelle Hilfsprogramm mit dem Einsatz v. Experten u. Entwicklungshelfern ist initiativ v. der k. E. her begonnen worden u. hat exemplarisch gewirkt. So ist die Bildungshilfe zugleich eine Bedingung f. jede andere Hilfe. Sie bildet auch die Grundlage f. eine friedvolle Entwicklung.

7. Sie will koordinierte Finanzhilfe leisten. Nach einem best. Schema werden kirchl. Hilfsgelder vergeben: a) Zunächst muß vom Ansuchenden eine schriftl. Darlegung eingebracht werden. b) Die eingebrachten Ansuchen werden geprüft, ob ihr Zweck v. den zuständigen staatl. u. kirchl. Stellen in Übersee gewünscht wird. c) Eingereichte Ansuchen werden in den einzelnen nationalen kirchl. Zentralstellen bearbeitet u. deren Verwirklichung geplant. d) Die nationalen Planungen werden der internat. Koordinierungsstelle (CIDSE) in Brüssel mitgeteilt, die gegebenenfalls Orientierungen bekanntgeben kann. e) Nach erhaltener Hilfe sind die Empfänger verpflichtet, Berichte über die Entwicklung der Projekte zu geben.

8. **Die Personalhilfe** (Experten u. Entwicklungshelfer) wird im Rahmen k.r E. als entscheidende Tat gewertet. Interessenten werden sorgfältig ausgewählt, in Vorbereitungskursen eingeschult u. zu einem 3jährigen (Experten evtl. auch 2jährigen) Einsatz verpflichtet.
Organisationen, die E.leistungen koordinieren u. Informationen geben, sind: Internationale Arbeitsgemeinschaft f. sozio-ökonomische Entwicklung zur Koordination kath. Hilfswerke aller Länder CIDSE; Sitz: Brüssel.
Österreich: Koordinierungsstelle f. internat. Entwicklungsförderung der Österr. Bischofskonferenz u. österr. Entwicklungshelferdienst, Sitz: Afro-Asiatisches Institut (AAI) Wien. Institut f. internat. Zusammenarbeit, Sitz: Wien.
Bundesrepublik Deutschland: Arbeitsgemeinschaft f. Entwicklungshilfe MISEREOR, Sitz: Aachen.
Schweiz: Fastenopfer der Schweizer Katholiken, Luzern; Schweiz. Kath. Laienhelferwerk, Sitz: Fribourg.

Alois Wagner

Lit.: Vaticanum II. Pastoralkonstitution über die Kirche in der Welt v. heute (1965); Populorum progressio (Über den Fortschritt der Völker) Rundschreiben v. Papst Paul VI. (26. 3. 1967); J. Schmauch, Herrschen od. helfen? (1967); Weltweite Entwicklung. Offizieller Bericht der Konferenz v. Beirut (Ökumen. Rat der Kirchen u. Päpstliche Kommission ‚Justitia et Pax') (1968); Der Pearson-Bericht (1969); Millendorfer Gasparri, Entwicklung als gesellschaftlicher Lernprozeß (1970).

Entwicklungspsychologie (und Seelsorge).

Die E.P. erforscht die Entfaltung der emotionalen u. kognitiven Funktionen u. Kräfte eines Individuums od. einer Gruppe v. Individuen im Einflußbereich der sozialen ⁊ Umwelt (⁊ Sozialisation). Bislang war in der E.P. das Bemühen vorherrschend, den menschl. Lebenslauf in Abschnitte od. Phasen aufzuteilen (Kindheit, ⁊ Jugend, Erwachsenenalter, Alter usw.). Vertreter dieser Richtung (Kroh, Remplein) versuchten mit Hilfe v. Lebenslaufanalysen alterstyp. Merkmale des emotionalen Verhaltens, der Lebensinteressen, der gesellschaftl. Funktionen des Menschen usw. systematisch zu erfassen, um z. solchen allgemeinen Feststellungen auf mögliche Verhaltensweisen eines Individuums in den einzelnen Lebensphasen Rückschlüsse ziehen zu können. Seit einigen Jahren setzt sich eine andere Forschungsrichtung durch (z. B. Thomae, Oerter), die einzelne psychische Funktionen in ihrer Progression experimentell-empirisch untersucht. F. sie ist ⁊ Entwicklung ein komplexes Geflecht v. ⁊ Ursache — Wirkung; eine Ordnung des menschl. ⁊ Verhaltens nach alterstyp. Eigenarten erscheint dieser Richtung nicht sinnvoll. Die Entwicklung des Menschen wird v. verschiedenen Forschungsaspekten her betrachtet, das sind z. B. die geist. Leistungen (Denken, ⁊ Lernen, Wahrnehmen, Sprechen usw.), die Gemütsfähigkeiten (Affekte, Triebe, ⁊ Wille, Neugierverhalten od. andere Charaktereigenschaften) bzw. die ⁊ Einstellungen u. ⁊ Haltungen (die sittl. u. rel. Verhaltensnormen, die kulturellen od. lebensprakt. ⁊ Werte usw.). Die Untersuchungen erstrecken sich auf das ganze Lebenskontinuum u. berücksichtigen die typischen sozialen Lebensbedingungen (Beruf, Geschlecht, Wohngegend usw.) Die Forschungsbereiche der E.P. schließen die Fragen nach Veranlagung u. Umweltprägung, nach Begabung u. Entwicklung usw. ein.

Es ist daher naheliegend, daß Erkenntnisse u. Erfahrungen der E.P. — gleichgültig ob sie unter dem Gesichtspunkt der Entwicklung nach Phasen od. nach psychischen Funktionsbereichen gewonnen wurden — eine Bedeutung f. die *Seelsorge* besitzen. Hilfreich sind die Einsichten der E.P. f. die ⁊ Religionspädagogik, z. B. bei der rel. Erziehung der ⁊ Kinder in Elternhaus u. Schule, f. die ⁊ Kinder- u. ⁊ Jugendseelsorge einschl. der richtigen Gestaltung v. Jugend- u. Kindergottesdiensten u. -predigten usw., f. die kirchl. ⁊ Kindergarten-Arbeit, Leitung u. Führung v. Internaten, Jugendhäusern u. -heimen. Die E.P. leistet ferner wichtige Beiträge zur Jugendpastoral: z. B. bei der Erziehung der jungen Christen zur ⁊ Mündigkeit in Kirche u. Staat u. beim Bemühen, die Jugendlichen gemeinschaftsfähig zu machen. So setzt die Abwendung v. späteren Ehe- u. Familienkrisen bereits prophylaktisch vorhel. u. ehebegleitende Erziehung u. Betreuung voraus. Die E.P. untersucht auch die späteren Lebensphasen. Daher bietet sie Grundlageninformationen f. die ↗ Altenseelsorge in Wohnheimen u offenen ↗ Altenclubs. Die E.P. ermöglicht zudem die Analyse individual- u. sozialpsychischer Entwicklungsfolgen u. somit eines wichtigen Ursachensektors menschl. Lebenskonflikte. Ihre Beiträge zum Problemkreis: Anlage u. Umweltprägung sind v. a. bedeutsam f. die ethisch-seelsorgerl. Beurteilung verantwortl. Handelns, f. prophylakt. Hilfestellungen milieu-benachteiligter Kinder usw. Auch f. die Einschätzung u. Bewertung v. Spiel u. ↗ Arbeit ist die E.P. unumgänglich. Po

Lit.: Handbuch der Psychologie in 12 Bänden. (Hrg. v. Ph. Lersch u. a.), Bd. 3: Entwicklungspsychologie (1959); R. Oerter, Moderne Entwicklungspsychologie ([11]1972).

Entwicklungsstörungen sind zu erwarten, wenn, bedingt durch konstitutionelle Vorgegebenheiten, durch kindl. Hirnschaden, durch ↗ Krankheit od. durch ungünstige Milieu- u. peristatische Einflüsse die Kind-Umwelt-Beziehungen sich nicht normal entwickelt haben. Das dynam. Kontinuum der psychischen ↗ Entwicklung weist dabei phasenabhängige krit. Verdichtungen auf, durch die bevorzugt E. provoziert werden. Dies gilt v. a. f. die notwendigen engen Beziehungen zw. ↗ Kind u. Bezugsperson (↗ Hospitalismus) der ersten Lebensjahre, f. die Trotzphase zw. dem 2. u. 4. Lebensjahr, die Zeit nach der Einschulung u. f. die Präpubertäts- bzw. erste Pubertätsphase mit Ablehnung u. Protestreaktionen. Hier spielt heute v. a. die Forderung nach Umorientierung tradierter ↗ Werte eine Rolle. Das relative Gleichgewicht der späten Kindheit (Latenzphase) wird jetzt durch Körperwachstum u. durch das Anwachsen libidinöser Triebansprüche u. entspr. Integrierungsschwierigkeiten in Frage gestellt. Obwohl sich heute viele, früher allgemeingültige Verhaltensmuster aus unterschiedl. ↗ Motivation verändern, spitzt sich die Entwicklungssituation zusätzlich dann zu, wenn einzelne Entwicklungsetappen der frühen Kindheit nicht od. nicht entspr. durchlaufen wurden. Verhaltensstörungen oder neurot. Spiel- u. Lernstörungen werden dann vermehrt beobachtet. — Im Ablauf der *körperl.* Entwicklung können der nicht termingerechte Eintritt der Hoden in den Hodensack (spätestens im 3. Lj.), eine auffällige körperl. Kleinheit oder das Körpergefühl belastende Mißbildungen od. Veränderungen („Thersiteskomplex") bzw. krankhaft bedingte sex. Frühreife (Pupertas praecox) zu E. führen. Bei der disharmon. (asynchronen) Reifung kommt es zu einem unharmon. Ausreifen des körperl. u. seel. Persönlichkeitsanteils. Reifungsdisharmonie ist oftmals Ursache f. psychosoziale Fehlhaltung u. dissoziale Entwicklung. Eine gewisse Entwicklungsunebenheit gehört allerdings in jede Pubertätsentwicklung. Ha

Entziehungskur. Die ↗ Abhängigkeit v. ↗ Drogen ist in der BRD seit dem Urteil des Bundessozialgerichts v. 18. 6. 1968 als ↗ Krankheit anerkannt, deren Behandlungskosten v. den gesetzl. ↗ Krankenversicherungen zu tragen sind. Eine erfolgreiche Therapie scheitert anfangs jedoch an den ↗ Abwehrmechanismen des Abhängigen, die dadurch verstärkt werden, daß seine ↗ Umwelt ihn nicht als krank akzeptiert u. er selbst einen Lustgewinn in seiner Abhängigkeit erlebt. Erst ein psycho-sozialer u. körperl. Leidensdruck motiviert den Abhängigen, eine Lösung v. der Droge u. therapeut. Hilfe zu suchen. Da die Entstehungsursachen individ. verschieden sind, muß auch die Therapie unterschiedl. gestaltet werden. Der Behandlungsweg beginnt meist in einer Klinik mit einer bis zu zweiwöchigen physischen E., die durch Medikamente (z. B. Distraneurin) erleichtert werden kann. Die anschl. psychische E. ist ein langfristiger Prozeß v. mehreren Jahren, wobei immer wieder Rückfälle in die Abhängigkeit möglich sind. Wegen der geringen ↗ Frustrationstoleranz u. den passiven Abhängigkeitswünschen hat sich dabei die ↗ Gruppentherapie einer individuellen ↗ Psychotherapie überlegen erwiesen. Sie findet zunächst 2—6 Monate lang in offenen od. halboffenen Spezialeinrichtungen statt (in der BRD gibt es neben bes. Abteilungen in Nervenkliniken 31 Heilstätten mit 2000 Betten; Wartezeit v. ca. 6 Monaten). Nach den Prinzipien der therapeut. ↗ Gemeinschaft sind die Gruppenmitglieder zugleich Therapierte u. Therapeuten, die mit Hilfe v. Ärzten, Psychologen u. Sozialarbeitern prakt. Lebensfragen zu klären u. ein problemlösendes Verhalten mit Änderung der Abhängigkeitsgewohnheiten einzuüben versuchen. Durch Medikamente (z. B. Antabus) od. ↗ Verhaltenstherapie kann darüber hinaus eine systemat. Desensibilisierung versucht werden. Abstinenz allein ist jedoch nicht das Ziel der Behandlung, so daß der Aufbau neuer positiver Einstellungen, die sich in der Befähigung zur ↗ Sozialisation u. ↗ Emanzipation zeigen, im Vordergrund stehen muß. Wie notwendig dabei eine rel. Hilfestellung ist, beweisen die Erfolge d. transzendentalen ↗ Meditation. Bes. der ↗ Seelsorger kann nach einem Rückfall des Patienten dessen ↗ Hoffnung stärken u. moral. Vorhaltungen der Umwelt abwehren. Deswegen müssen auch die Angehörigen in die Therapie einbezogen werden. Da der Abhängige auch nach dieser mehrmonatigen Phase der E. gefährdet bleibt u. jederzeit rückfällig werden kann, muß er weiter an ↗ Gruppen- od. ↗ Wohngemeinschaftstherapie teilnehmen u. informator. Gespräche mit Gleichgesinnten suchen (↗ Anonyme Alkoholiker, ↗ Blaues Kreuz, ↗ Guttemplerorden, ↗ Kreuzbund, ↗ Release). Rf

Lit.: W. Feuerlein, Therapie d. Alkoholismus, in: Münch. med. Wsch. 112 (1970), 1611—19; W. Holzgrebe, Stat. Behandlung Suchtkranker, in: Ärztl. Prax. 24 (1972), 4813—17; P. Schulz, Drogenszene — Therapie hoffnungslos?, in: Ärztl. Prax. 25 (1973), 3996—99.

Epilepsie ↗ Anfallsleiden

Erbanlage ↗ Anlage und Vererbung

Erbgut. E. (synonym Genom) betrifft die in der Einzelzelle (z. B. Keimzelle od. Somazelle) od. in einem Organismus (↗ Tier od. Mensch) gespeicherte genetische Information, strukturell gebunden an Desoxyribosenukleinsäure (DNS) des Zellkerns; es wird v. Generation zu Generation weitergegeben; es besteht aus einzelnen voneinander unabhängig vererbbaren Teilinformationen, die f. die Ausbildung je eines Merkmals verantwortlich u. untereinander kombinierbar sind. Diese Teilinformationen werden Gene genannt. Ihre Gesamtheit prägt das Genom, das in der Keimzelle des Menschen an 23 Chromosomen gebunden ist (22 Autosomen, 1 Geschlechtschromosom). Gene sind Untereinheiten der DNS, abgrenzbar u. ohne Überschneidung. Sie setzen sich aus einer Vielzahl v. Nukleotiden (Phosphorsäure-Pentose-Base) zusammen, die sich durch die spezif. Aufeinanderfolge v. 4 verschiedenen Basen u. das Zusammenwirken v. Basentripletts f. die Codierung der Eiweißsynthese kennzeichnen. Nach Comings (1972) enthält der haploide Chromosomensatz des Menschen (Genom einer Ei- od. Samenzelle) ca. 3,0 pg (10^{-12} g) DNS. Dies entspricht ca. 10^9 Basentripletts. Bei durchschnittl. Anzahl v. 300—350 Basentripletts pro Gen schätzt Comings das haploide Genom des Menschen auf 3 Mill. Gene. Ca. 7% der Gene codieren Enzyme od. Strukturproteine u. sind repetitive Gene f. best. Ribonukleinsäuren (RNS); ca. 13% der Gene haben funktionalen Charakter. Der aktive Teil eines Genoms ist demnach ca. 20%; der hohe Anteil an „stummer" DNS könnte nach Comings als Mutationsschutz nützlich sein. Die Regulation v. Genaktivitäten im Genom erklären Jacob, Monod, Lwoff mithilfe v. 1. Strukturgene, die das primäre Genprodukt codieren. 2. Operatorgene, die die Ablesung eines od. mehrerer Strukturgene ermöglichen. 3. Regulatorgene, die über einen Repressor die Funktion des Operatorgens steuern. Diese f. Bakterien nachgewiesene Generegulation wird beim Menschen f. die aufeinanderfolgende Synthese verschiedener Hämoglobine in der ↗ Ontogenese in Anspruch genommen, ist aber noch nicht verifiziert. Jeder Mensch hat in seinem E. neben Genen f. die normale physische u. psychische Merkmalsprägung auch ↗ Mutationen, die u. U. zu ↗ Erbkrankheiten führen können. Das E. bestimmt die Grenzen der Variabilität in der Verwirklichung der Merkmale. De

Lit.: E. Harbers, Nukleinsäuren. Biochemie und Funktionen (1969); D. Hess, Fahrplan der Gene (1972); ders., Genetik. Grundlagen — Erkenntnisse — Entwicklungen (1972); F. Kaudewitz, Molekular und Mikrobengenetik (1973).

Erbhygiene ↗ Eugenik

Erbkrankheiten. E. (synonym: Erbleiden) entstehen prae- od. postnatal als Entwicklungs- u. Stoffwechselregulationsstörungen, maßgeblich beeinflußt durch das ↗ Erbgut. Unterscheidung v. drei ursächl. Kategorien: 1. Monogen bedingte anomale Phänotypen. 2. Multifaktoriell, polygen bedingte Anomalien u. ↗ Krankheiten. 3. Chromosomal bedingte ↗ Entwicklungsstörungen. Den Erbleiden liegen ↗ Mutationen zugrunde im Gen-Chromosom- u. Genombereich. Nicht die Erbleiden werden v. Generation zu Generation weitergegeben, sondern nur die zugrunde liegenden mutierten Erbanlagen; daran muß auch im Ausdruck der Sprache festgehalten werden. Der Genotyp eines Erbleidens beinhaltet die Mutation u. den normalen Genbestand. Der anomale Phänotyp ist demgemäß in seiner Variabilität beeinflußt sowohl durch die Mutation als auch durch den übrigen normalen Genbestand. Der Katalog „Mendelian Inheritance In Man" des amerikanischen Arztes u. Humangenetikers Viktor A. McKusick, Baltimore, The John Hopkins Press 1971, zitiert 866 gesicherte u. 1010 sehr wahrscheinlich monogen bedingte Erbleiden des Menschen, getrennt nach autosomal dominanten (415 + 528), autosomal (365 + 418) u. geschlechtsgebunden erblichen (86 + 64) Phänotypen u. in alphabet. Reihenfolge nach der gebräuchlichsten Bezeichnung des Erbleidens. Verschiedenen Erbgang zeigen nicht die Gene, sondern die charakteristischen phänotyp. Merkmale. Eine regelmäßig dominante Genmutation, die die Lebensfähigkeit u. Fortpflanzung seiner Träger mehr od. weniger beeinträchtigt, zeigt im Auftreten des Erbleidens klar den Weg der mutierten Erbanlage durch die Generationen. Ein rezessiv genbedingtes Erbleiden kann nur bei Personen auftreten, die v. beiden Eltern das gleiche mutierte Gen erhalten haben. Rezessiv genbedingte X-chromosomal gebundene Erbleiden treten in der Regel nur im männl. Geschlecht auf, werden aber durch gesunde heterozytogene Genträgerinnen weitergegeben. Entscheidendes Kriterium polygener Erbbedingtheit einer Anomalie od. Krankheit sind quantitative Abweichungen in Funktionen od. Merkmalen, die in der Bevölkerung eine breite Streuung zeigen. Charakteristische Krankheitsmerkmale sind nur willkürlich abgrenzbar. Die Manifestation der Krankheit hängt ab v. mannigfachen Umweltfaktoren. Chromosomal bedingte ↗ Entwicklungsstörungen sind Erbleiden sensu strictiori, wenn eine transmittierte strukturelle Chromosomenaberration zugrundeliegt. ↗ Anlage u. Vererbung, ↗ Eugenik. De

Lit.: W. Fuhrmann, Taschenbuch der allgemeinen u. klinischen Humangenetik (1965); H. Nachtsheim, Kampf den Erbkrankheiten (1966); W. Hienz, Chromosomenfibel. Einführung in die klinische Zytogenetik für Ärzte und Studenten (1971); V. McKusick, Mendelian Inheritance in Man (1971); K. H. Degenhardt, Humangenetik (1973).

Erbsünde. „Der Mensch erfährt sich, wenn er in sein Herz schaut, auch zum ↗ Bösen geneigt u. verstrickt in vielfältige Übel, die nicht v. seinem guten Schöpfer herkommen können ... So ist der Mensch in sich selbst zwiespältig. Deshalb stellt sich das ganze Leben des Menschen, das einzelne wie das kollektive, als Kampf dar ... zw. Gut u. Böse" (II. Vatikan. Konzil, KuW 13). Damit ist eine Grunderfahrung des Menschen verbalisiert, die über ↗ Entfremdung, ↗ Schuld, ↗ Konflikte usw. einzelner hinausgeht u. als „Grundbefindlichkeit" verstanden werden muß. Der theol. Fachausdruck dafür ist E.
Die Konzilsaussage v. 1965 hat eine lange Geschichte. Eine entscheidende Funktion kommt dabei dem Apostel Paulus zu, der in seinem Römerbrief die schuldhafte Grundbefindlichkeit des Menschen ausdrücklich mit der ↗ Sünde Adams in Verbindung brachte u. v. einer Übertragung dieser Schuld auf die gesamte Menschheit spricht (Röm 5,12—21). Er versteht dabei E. — ohne freilich den Begriff zu verwenden — als „Ungehorsam gegen Gott", der den Verlust des „Friedens mit Gott" u. somit „Gottes Zorn" bewirkt. Die Ursünde Adams hatte den ↗ Tod, das Sterbenmüssen aller Menschen, zur Folge u. schloß die Menschheit v. einem Leben in Herrlichkeit bei Gott aus. Aus diesem „Zustand der Verurteilung" (Verdammnis) befreite Jesus Chri-

stus als der „zweite Adam" durch seinen Tod u. seinen ↗ Gehorsam (↗ Erlösung). Im Laufe der Kirchengeschichte wurde dieses E.nverständnis weiterentfaltet, wobei immer wieder Einseitigkeiten auftraten, die zu vielen Mißverständnissen u. Fehlhaltungen Anlaß gaben (Automatik der Schuldübertragung durch Geschlechtsgemeinschaft, ererbte Sünden u. Kollektivschuld, historist. Verständnis bibl. Aussagen, Verdammungszustand auch der Ungeborenen u. der kleinen ↗ Kinder usw.). — Folgende Elemente der theol. E.nlehre sind festzuhalten: a) der Heilszusammenhang der gesamten Menschheit (nicht aber ein strikter Monogenismus = Abstammung der Menschheit v. einem einzigen Menschenpaar); b) Begehrlichkeit des Menschen zum ↗ Bösen als Grundbefindlichkeit (↗ Konkupiszenz); c) die faktische Gottesferne u. ↗ Entfremdung, die der Mensch nicht v. sich aus beenden kann (Erlösung); d) E. ist nicht (bloß) Straffolge, Ergebnis absoluter Selbstliebe (↗ Narzißmus), ein naturhaft schlechtes Prinzip od. eine persönl. Tat, sondern ein innerer Zustand, dessen Ursache über das Verschulden des einzelnen weit hinausgeht u. v. ihm deshalb auch nicht behoben werden kann; e) E. ist eine Offenbarungswahrheit, die menschl. ↗ Erfahrung übersteigt, in gleiche Richtung gehende Erfahrungen aber verschärft u. erhellt. Gegenwärtige theol. Bemühungen suchen in das „Geheimnis der E." mehr Licht zu bringen, indem sie die E. als „erfahrbare Kontingenz" od. als „Fähigkeit, zw. Gut u. Böse zu unterscheiden" od. als „Schuldgemeinschaft" im Sinne Freud'scher Tiefenpsychologie verstehen wollen. Solche Versuche dürfen nicht auf Kosten der unveräußerl., geoffenbarten Inhalte der E.nlehre gehen, sondern müssen sowohl dem heutigen Fragenstand u. Problembewußtsein wie der christl. Tradition gerecht werden.
Pastoralanthropolog. relevant wird E. insofern, als sie menschl. Nöte (↗ Teufelsangst, ↗ Verdammungsangst, Entfremdung, Schuld usw.) u. ↗ Hoffnungen (↗ Auferstehungsglaube, ↗ Unsterblichkeitserwartung, ↗ Religionsersatz usw.) korrespondiert. Alle theol. Positionen sind daraufhin zu überprüfen, ob sie neurotisierend wirken (↗ Angst, ↗ Skrupulosität, Zwangsneurosen usw.) bzw. ob ihre negativen Aussagen in einem richtigen Verhältnis zu den positiven Aussagen der Erlösung stehen. Was den Menschen aller Zeiten u. Kulturen erfahrbar war u. bleibt, ist: daß wir uns einerseits im „Zustand der Gottferne" de facto befinden (vgl. z. B. die Aussagen der griech. Tragödie) u. andrerseits nach der Nähe Gottes sehnen. Genau das aber will der E.begriff festhalten: dieses dialekt. Antlitz unserer Existenz auf Gott hin; einerseits erlittene „Abwesenheit Gottes" (Gott-ist-tot-Theologie), andrerseits Sehnsucht nach Gottes ↗ Gemeinschaft. Christus hat auf beides seine lebendige Antwort. Rr/Hz

Lit.: P. Schoonenberg, Theologie der Sünde (1966); K. H. Schelkle, Schuld als Erbteil? (1968); K. Rahner, Monogenismus u. Erbsünde (1969); J. Weismayer u. a., Ist Adam an allem schuld? (1971); J. Gross, Entwicklungsgeschichte des Erbsündedogmas 4 Bde. (1972); G. Hierzenberger, Art. Erbsünde, in: Theologische Worthülsen — übersetzt (1973).

Erfahrung. 1. Der *erkenntnistheoret.* u. *phil.* Begriff v. E.: E. ist eine Form, Erkenntnisse zu gewinnen; das Erkennen vollzieht sich nicht im theoret. diskursiven Denken, sondern in einem durch unmittelbare Anschauung u. Wahrnehmung erworbenen Wissen. Die E. bildet ein vermittelndes Glied zw. Theorie u. Praxis; E. ist in der Praxis begründet u. führt in der Summierung v. E.serkenntnissen zu einer Theoriebildung bzw. Abänderung od. Bestätigung einer vorhandenen Theorie. Zu unterscheiden ist zw. E.sgewinnung im Rahmen wissenschaftl. ↗ Forschung u. der allgem. menschl. E.ssammlung. 2. Die *wissenschaftl.-empir.* E. (= Empirie): Im wissenschaftl. ↗ Experiment wird E. planmäßig, mit wissenschaftl. Methoden unter Zugrundelegung einer Wahrscheinlichkeitshypothese erworben. Mittels einer theoret. Analyse wird durch Induktion v. einzelner E. auf allgem. Sätze bzw. Gesetzmäßigkeiten geschlossen. Die wissenschaftl.-empir. Forschung u. E.ssammlung ist Grundlage der meisten Wissenschaften. 3. Die *allgem. menschl.* E.: Unter E. wird psych. die Summe der im Laufe des Lebens od. eines Lebensabschnittes gewonnenen Sacherkenntnisse,

Verhaltensmuster u. Einsichten verstanden, die sich aus der konkreten E. der sozialen u. materiellen ↗ Umwelt ergeben. Dieser „Schatz" an E. (↗ Lernen u. ↗ Lerntheorien) bestimmt oft unmittelbar (bewußt od. unbewußt) ↗ Verhalten u. Denken eines Menschen u. schlägt sich vielfach in allgem. Handlungsregeln nieder (↗ Werte). Sog. „bewährte E.n" verhindern häufig, daß neue E.n — unter veränderten Bedingungen u. in anderen Situationen gewonnen — akzeptiert u. f. das künftige Handeln effektiv genutzt werden. Die sog. *äußere* E. — aufgrund v. Sinneswahrnehmungen — ist auch v. anderen zu gewinnen u. damit zumeist nachprüfbar. Die *innere* E., als Erfassen v. inneren seel. Zuständen — insbes. im rel. Erlebnisbereich — stellt ein direktes Innewerden v. empir. nicht faßbaren Wirklichkeiten durch Innenschau (= Introspektion) dar. Innere wie äußere E. zeichnen sich in gleicher Weise durch sichere Gewißheit aus (= Evidenz). Allen Arten der E. ist gemeinsam, daß sie zwar beschrieben, aber in ihrem Gehalt u. in ihrer persönl. Gewichtung verbal unvermittelbar sind. E.n lassen sich nicht verstandesmäßig ausreden, sondern lediglich durch neue, tiefere E. überholen. Als Folge der Technisierung, Bürokratisierung u. Verplanung des Lebens ist es vielen Menschen heute kaum mehr möglich, v. a. in den materiellen Sachbereichen, *primäre* E. zu sammeln. Die zeitl. u. räuml. Lebensbedingungen des Menschen führen auch im sozialen Lebensfeld zu einem bedenklichen E.-sverlust, der zwangsläufig die sozialen ↗ Konflikte vermehrt. Denken u. Verhalten des Menschen sind weitaus mehr bestimmt durch E., die v. anderen erworben (*sekundäre* E.) wurde. Medien (Bild, Wort, u. a.) vermitteln E. in Form v. Meinungen, Verhaltensanweisungen usw., oft suggestiv auf der Basis des Nachahmungslernens in der bewußten od. unbewußten ↗ Identifizierung mit den dargestellten Vorbildern (↗ Lerntheorien). Damit wirkt sekundäre E. indirekt auf das Verhalten des Menschen

Po

Lit.: W. H. Walsh, Reason and Experience (1947); E. Husserl, Erfahrung und Urteil (^{3}1964).

Erfolgserlebnis. Erfolg ist Selbstbestätigung u. daher unentbehrlich f. unsere Existenz. Die Eltern sind die ersten, die mit entspr. Liebeszuwendung u. ↗ Geduld erreichen können, daß dem ↗ Kind die lustvolle Durchdringung des Lebensraumes gelingt u. es nicht entmutigt (↗ Entmutigung) aufgibt. Später fällt den Lehrern diese verantwortungsvolle Aufgabe zu: die Schule müßte alles tun, um im Rahmen der gegebenen individ. Möglichkeiten ein Gefühl des „Das kann ich" zu vermitteln, statt die Überlegenheit der Älteren durch Entmutigung der Kinder unter Beweis zu stellen. Auch weiterhin sollten wir bereit sein, E.e zu ermöglichen u. zu vermitteln: dies ist eine Frage der zwischenmenschl. Beziehungen, des Verantwortungsbewußtseins f. den Anderen, der ↗ Gruppendynamik u. des klärenden ↗ Gesprächs. Wie viele Vorgesetzte sind z. B. gewöhnt, nur zu reden, wenn sie unzufrieden, aber kein Wort zu verlieren, wenn sie zufrieden sind: der Mensch braucht aber ↗ Anerkennung, ausgedrückt in den verschiedensten Formen.

Wenn der Mißerfolg chronisch geworden ist u. unbewußte Ursachen hat, ist ein krankhafter (neurot.) Zustand gegeben, der durch mitmenschl. Zuwendung allein nicht behoben werden kann, sondern des Psychotherapeuten bedarf. Es ist tragisch, daß es heute noch weitgehend unbekannt bleibt, wie viele ↗ Neurosen sich nicht so sehr in den klassischen wohlbekannten Symptomen, sondern in der Aneinanderreihung v. Mißerfolgen manifestieren. Hier hat es keinen Sinn, Gott u. die Welt anzuklagen, die wirkl. Chance bringt nur die rechtzeitige Einleitung einer entspr. ↗ Psychotherapie.

A. Adler hat seine individualpsych. therapeut. Technik v. a. in den Dienst der Überwindung v. Entmutigung durch E. gestellt. Auch die Entmutigung hat ihre Eigendynamik in dem Sinne, daß ein Erlebnis zur Grundlage u. Voraussetzung des nächsten, bereits einen Schritt weiterführenden wird. Aller Anfang ist natürl. schwer, daher muß die Devise lauten: Beginn mit einer Politik der kleinen Schritte. Ziel der Therapie ist es, den Patienten vor lösbare Aufgaben zu stellen u. durch kluges Arrangement deren Bewältigung zu fördern. Es gilt dabei auch das verhängnisvolle neurot. „Alles- od. Nichts-Prinzip" zu überwinden, wonach man *alles* aufgibt, weil die gewünschten Ziele zu hoch gesteckt u. damit nicht erreichbar erscheinen. Gestützt auf das ↗ Vertrauen zum Therapeuten („Der ↗ Arzt als Freund des Patienten", wie sich Adler ausdrückte) muß ein aktiv handelndes Prinzip in die Therapie eingeführt werden, welches der Überwindung der Passivität dient. Folgende Resultate können sich dabei, nach u. nach, einstellen: Aufgeben der „zögernden Attitude", größere Aufmarschbreite, Erweiterung des Lebensraumes, Verbesserung bestehender u. Erschließung neuer zwischenmenschl. Beziehungen sowie neuer Wertbereiche, zunehmende Aufgeschlossenheit, Atmosphäre der Zuversicht; Rückschläge, die es immer wieder gibt, dürfen das Training neuer Verhaltensweisen nicht unterbrechen, gegen die frühere Einförmigkeit des Mißerfolges muß das Gefühl der Wandelbarkeit der eigenen Aktionen sich durchsetzen. Natürl. ist dies nur bei Bewußtmachung der geheimen Ursachen des bisherigen Fehlverhaltens möglich.

Wie gesagt: Erfolg ist lebenswichtig. Und doch muß auch vor seiner Überwertung gewarnt werden: denn es sollte kein Erfolg über einen anderen sein, sonst würde aus unserer schon genug gefährl. Leistungsgesellschaft eine in der Wurzel kranke Erfolgsgesellschaft. Gerade das Christentum könnte einen Beitrag gegen die Vergötzung des Erfolges leisten Rl

Ergotherapie ↗ Beschäftigungstherapie

Erholung. *1. Begriffe:* E. meint im allgem. die Wiederherstellung aller physischen, psychischen u. organ. Kräfte des Menschen (↗ Ermüdung), so daß er den Aufgaben seines Lebens (in ↗ Ehe, ↗ Familie, Beruf, Öffentlichkeit) ohne sozial auffälliges ↗ Verhalten nachkommen kann. E. ist nicht gleichzusetzen mit der Genesung, die auf eine ↗ Krankheit od. Operation folgt (↗ Rehabilitation). Obgleich die v. A. Hittmair vorgeschlagene Unterscheidung zw. Entmüdung (in täglichen Ruhezeiten u. Arbeitspausen), ↗ Entspannung (am Wochenende) u. E. (im drei- bis vierwöchigen Jahresurlaub) die gemeinten Vorgänge gut beschreibt, besteht wenig Hoffnung auf die Übernahme dieser Begriffe.

2. Beziehung zw. E. u. ↗ *Arbeit:* Der Begriff der E. ist eindeutig auf die ↗ Arbeit bezogen; er mag mediz. in dieser Hinsicht gerechtfertigt sein, anthropolog. betrachtet, führt er zu einer Zweiteilung der an sich unteilbaren menschl. Existenz u. ist deshalb dort gefährlich, wo v. ihm auf eine zweigeteilte Lebenswirklichkeit geschlossen wird. Ähnliche Bedenken bestehen gegenüber den Begriffspaaren Arbeit u. ↗ Freizeit, Arbeit u. ↗ Muße; denn die unzureichende Wirklichkeit wird als maßgebend aufgefaßt (↗ Normen). Diese Überschätzung der „normativen Kraft des Faktischen" (mit den daraus folgenden ↗ Einstellungen u. Erwartungen) kann nur durch eine neue Konzeption der christl. Lebenswirklichkeit überwunden werden. Erste Grundaussage darin lautet: Arbeit u. E. bzw. ↗ Freizeit sind in gleicher Weise Gott wohlgefällig u. sinnvoll. Sobald der Christ die unreflektierten Wertvorstellungen (↗ Werte) einer auf ↗ Leistung fixierten (bürgerl.) ↗ Gesellschaft überwunden hat, gibt es f. ihn keinen Vorrang der Arbeit vor der E. Diese Gleichstellung kann zweitens nur durch den Oberbegriff der christl. Lebensform gelingen u. bewahrt werden, die ihren Sinn v. den zentralen bibl. Imperativen bezieht: Nachfolge Christi, österl. Existenz, Ehre Gottes, Dienst am Nächsten usw. (↗ Spiritualität).

3. Felder der E.: Im Ablauf des Lebens gibt es die verschiedenen Felder u. Weisen der E. Täglich bieten sich an: die Ruhezeit u. Arbeitspause u. der Feierabend, wobei erstere noch im Betrieb u. Büro vollzogen werden, der Feierabend meistens in der Familie verbracht wird, in der zusehends das Fernsehen eine große Rolle der Unterhaltung spielt (↗ Kommunikationsmittel). Entscheidende E. bringt Tag f. Tag der (möglichst ausgedehnte) ↗ Schlaf. Im Laufe der Woche, die als Arbeitswoche meist 40 Stunden zählt, ermöglicht das verlängerte Wochenende E.:

zu ausgedehntem Ausruhen, zur Fortbildung, zu Ausflügen, zur Beschäftigung mit entspannenden Hobbies, zu ↗ Sport u. ↗ Spiel mit der Familie, mit Freunden u. Kameraden. Der jährl. Urlaub, am besten drei bis vier zusammenhängende Wochen, bringt eine tiefe E.smöglichkeit durch passive od. aktive Tätigkeiten, bei denen sich verschiedene Vorlieben in den letzten Jahren abwechselten: Ausruhen, Wandern, Schwimmen, Schlafen, Sport, Hobbyferien, kulturelle Weiterbildung, Kunstfahrten, Abenteuerfahrten. Je nach Lebensweise (u. finanziellen Möglichkeiten) wird v. fast allen Bevölkerungsschichten (durch Reisen im In- u. Ausland) ein Urlaub gesucht, der einen Ausgleich im Hinblick auf die Einseitigkeiten, Belastungen u. Verzichte des alltägl. Lebens verschafft (↗ Ermüdung, ↗ Erschöpfung).
4. *Bedingungen der E.:* Als entscheidende Disposition f. die E. gilt die seel. ↗ Einstellung, im letzten ein Aufgehobensein in einem tragenden ↗ Lebenssinn. Damit gewinnt v. der Sache her das rel. Moment in der E. eine entscheidende Bedeutung, sodaß existentielle Ungesichertheit, mangelndes ↗ Urvertrauen, fehlende ↗ Liebe nur den Erfolg der E. mindern können. Die ↗ Psychosomatik hat ebenso wie die ↗ Logotherapie in dieser Hinsicht den einen, ganzen u. unteilbaren Menschen wieder der Medizin zum Bewußtsein gebracht. — Ist diese Grundbedingung eines allgem. Lebenssinnes erfüllt, läßt sich der jeweilige einzelne Sinn entdecken. Das E.sverhalten wird v. ihm motiviert, ↗ Langeweile wird überwunden, ↗ Aggressionen, die aus Sinnmangel entstehen, werden abgebaut. In all dem spielt die ↗ Emotionalität eine wichtige Rolle, zumal sie zur ↗ Integration der verschiedenen Lebensvollzüge beiträgt u. das Lebensgefühl einer existentiellen Zustimmung ermöglicht.
5. *Aufgabe der Pastoral:* Über die Reintegration v. E. u. Arbeit in eine einzige Lebensform hinaus — was eine Aufgabe der tägl. ↗ Verkündigung, der gesamten ↗ Spiritualität u. der ↗ Religionspädagogik darstellt — wäre es eine Aufgabe der ↗ Kirche, zur Hilfe des Menschen in den genannten E.sfeldern anwesend zu sein. Das betrifft die tägliche E. (z. B. in der ↗ Freizeit, ↗ Erwachsenenbildung u. ↗ Jugendseelsorge) ebenso wie die Wochenende (bei Bildungsveranstaltungen, in rel. Wochenenden) u. den Urlauben (↗ Tourismusseelsorge). Je mehr es bei diesen Einsätzen um einen selbstlosen Dienst an der ↗ Menschwerdung des Menschen (↗ Leben, menschl.) geht, um so glaubhafter wird die Kirche auch in ihrem spezif. seelsorgl. Bereich sein; es wird ihr dann nämlich abgenommen, daß der christl. ↗ Glaube in der E., ↗ Reifung u. Vollendung des Menschen in sich eine unersetzbare Aufgabe hat; daß beglückende menschl. Existenz u. die christl. Lebensform keine Alternativen sind. Diese ↗ Glaubwürdigkeit wird im ↗ Gesprächs-Angebot, in offenen Gesprächskreisen, in ↗ Meditations-Abenden, in einer „offenen" Kur- u. ↗ Tourismusseelsorge, in caritativen Diensten (↗ Caritas, ↗ Sozialdienste, kirchl.) gewonnen u. eben nicht nur im Angebot v. ↗ Gottesdiensten; denn gemäß einer anthropolog. fundierten Pastoral wird nicht nur in der Feier der Eucharistie der lebenswerte Sinn vermittelt, v. dem her die E. ihre letzte heilsame Wirkung empfängt (↗ Heilung u. Heil).

Roman Bleistein

Lit.: P. Rieger (Hrg.), Der moderne Urlaub (1961); L. Dufour, Gott am Wochenende (1969); F. Wagner, Die Urlaubswelt von morgen (1970); C. A. Andreae, Ökonomik der Freizeit (1970); E. Küng, Arbeit und Freizeit (1971); Schöpferische Freizeit (1974).

Erlebnisverarbeitung. Beeinflußt v. *Diltheys* „Erlebnispädagogik" u. *Freuds* Lehre v. der Entstehung der ↗ Neurosen aus frühkindl. traumat. (Sexual-)Erlebnissen (ohne seine früheste Konstitutionstheorie) formulierte die ältere Schulpsychiatrie (J. Lange, K. Schneider u. a.), Neurosen seien „Störungen der E.". Damit sollte klargestellt werden, daß ihnen im Gegensatz zu körperl. od. psychot. Störungen kein „echter" Krankheitswert zukäme. Dieser Ausgang verlor sich, nachdem der Begriff E. v. fast allen psychotherapeut. Richtungen übernommen worden war. Wegbereiter war E. Speer („Arzt der Persönlichkeit", „Das Erlebnis als klin. Aufgabe der ärztl. Psychothera-

Erlösung

pie"). Störungen der E. gibt es nicht nur in der frühen Kindheit, sondern auch vgl. dazu v. a. Kretschmer in: („Psychotherapeutische Studien"), in der ↗ Pubertät, nicht nur im Sexuellen, sondern in allen „Erlebnisfeldern": Geltung, ↗ Familie, ↗ Sport, Religion, Kunst usf. (über alle Trennung v. Leib u. Seele hinaus). ↗ Psychotherapie wird in toto definiert als „ärztl. Arbeit zur Beseitigung v. Störungen der E. u. ihrer Folgezustände". Jede „Erlebnisreaktion" sei einmalig wie jeder Mensch, seine Reaktionen, „Entartung" u. Stellung zur ↗ Gemeinschaft. Aber nie handele es sich bei der E. um die gesamte Persönlichkeit, sondern immer nur um einen ihrer Teilbereiche, die einer Fehlleitung unterliegen können, bei anderen trotz deutlicher Störungen Höchstleistungen zulassen (Kierkegaard, Meyer usw.). Eine genaue Definition der E. sei deshalb unmöglich, weil noch niemand umriß, was das Leben ist. Ebenso schillernd müßten deshalb die Grenzen v. Störungen der E. sein u. ihre Unterstellung unter den Krankheitsbegriff. Nur Erlebnisse, die man nicht einfach (willentl.) annehmen od. ablehnen kann (z. B. Rauchen), sondern denen man aus triebhaft-unbewußten Gründen unterliegt (↗ Abhängigkeit ↗ Perversion ↗ Selbsttötung usw.), sind echte Störungen der E. Einer einheitl. Lehre der E. stehen nach Speer v. a. die Kirchen entgegen, da sie mit ihrer Trennung v. Leib u. Seele (die nach dem Tod in den Himmel auffahre) das natürl. Verständnis einheitl. psychosomat. Reagierens des Menschen auf alle Erlebnisse verhindern würden. Wi

Lit.: E. Kretschmer, Psychotherapeutische Studien (1949); E. Speer, Das Erlebnis als klinische Aufgabe der ärztlichen Psychotherapie (1956).

Erlösung. E. wird in vielen Religionen verwendet, um die Überwindung eines unheilvollen, schuldhaften od. unvollkommenen Zustandes einzelner Menschen bzw. der ganzen Menschheit (Welt) auszudrücken. Über Ursachen und nähere Details der E.sbedürftigkeit gibt es freilich sehr verschiedene Vorstellungen, so daß man den Begriff nur mit großer Vorsicht zur Charakterisierung mehrerer Religionen zugleich („E.sreligionen") verwenden sollte.

Das Christentum versteht unter E. Befreiung, Loskauf des sündigen Menschen u. der sündigen Menschheit durch Christus Jesus. Dieser, obwohl in der Gestalt Gottes seiend, hat sein Gottgleichsein verhüllt u. ist nach außen hin als bloßer Mensch erschienen. Durch seinen ↗ Gehorsam gegen Gott, den Vater, der die Aufsichnahme des Kreuzestodes (Phil. 2,5 ff) u. das Erleben der Gottverlassenheit mit einschloß, hat er uns durch sein Wort, sein Wirken, sein ↗ Sterben u. seine Auferstehung (↗ Auferstehungsglaube) erlöst vom ↗ Tode u. v. der ↗ Sünde (↗ Erbsünde).

Jesus ist nach seinen eigenen Worten gekommen, zu suchen u. zu retten, was verloren war (Lk. 19,10). Er führt uns zurück in das „ Reich Gottes", in das Haus seines Vaters. Vgl. die Parabeln vom „Verlorenen Sohn", vom verirrten Schäflein u. dem Guten Hirten. Die Menschheit wird darin begriffen als eine Gott entlaufene, gottferne Menschheit, die v. sich aus keinen Weg zurück in die ↗ Gemeinschaft mit Gott findet. Auch im Bilde des ↗ Arztes, der die todbringenden Wunden heilt, ist ausgesagt, daß es keine Selbst-E. geben kann, da E. als Tat der verzeihenden ↗ Liebe Gottes zu verstehen ist. Sie geschieht u. wird uns zugesprochen durch seinen Sohn, der uns aus der Finsternis in das Reich des Lichtes versetzt hat u. die ganze Welt der gottgewollten Vollendung zuführt.

E. geschieht allerdings nur dem, der sich erlösen, befreien *läßt.* So sehr sie rettende Tat Jesu ist, so wenig zwingt sie. Diese ist vielmehr freiwillig v. jedem Menschen im ↗ Glauben zu ergreifen E. bewährt sich als ↗ Freiheit im sittl. u. sozialen Verhalten, als ↗ Verantwortung f. d. Nächsten (↗ Mitmenschlichkeit), als Befreiung v. allen ↗ Zwängen der ↗ Gesetzlichkeit, gesellschaftl. Automatik, psychische ↗ Fixierung — wenn der Mensch die angebotenen Möglichkeiten nützt u. den Weg Jesu geht.

Pastoraltheolog. ist zu beachten, daß der Mensch der westl. Zivilisation heute weitgehend die ↗ Erfahrung der Sünde verloren hat. Was diesen Menschen aber nach Auskunft der Psychologen u. Psychotherapeuten prägt, ist die Erfahrung der Sinnlosigkeit des Lebens, der Ungeborgenheit u. Ausgesetztheit (↗ Lebenssinn). Theol. kann dieses Phänomen als Erfahrung der „Gottesferne" gedeutet werden, allerdings mit dem einen wesentl. Unterschied gegenüber Erfahrungen früherer Zeiten, daß die persönl. Existenz Gottes nicht mehr ohne weiteres vorausgesetzt wird. Es ist mehr ein ↗ Leiden am Nichts. Die Folge davon ist, daß in der heutigen Zeit die ↗ Kirche, die das Evangelium v. der E. verkündet, mehr als menschl. Gemeinschaft im ↗ Bewußtsein der Menschen in den Vordergrund tritt u. nach ihrer ↗ Glaubwürdigkeit gefragt wird. Der Mensch unserer Zeit scheint weit mehr als zu früheren Zeiten des Menschen — d. h. hier der *menschl.*-kirchl. Gemeinschaft, die ihn ein Stück menschlicher Geborgenheit u. damit Sinnhaftigkeit des Lebens vermittelt — als Brücke zu bedürfen, um wieder einen Bezug zum E.sgeschehen zu bekommen, d. h. um die Botschaft v. der E. überhaupt richtig hören zu können. Rr/Hz

Lit.: K. Rahner, Erlösung, in: Sacramentum mundi I, 1159—1176; A. Höfer, Was heißt Erlösung? (1970); H. Kessler, Erlösung als Befreiung (1973).

Ermüdung. E. ist die Abnahme einer funktionalen Arbeitsfähigkeit u. Kraft als Ergebnis vorausgegangener Tätigkeit. E. bezieht sich auf die funktionale Arbeitskapazität einzelner Organe ebenso wie auf die ganzer Organismen, u. zw. sowohl auf physiolog. wie auf geist. od. verhaltensmäßige Funktionen. E. wird vermindert durch ↗ Erholung. Der E.sgrad kann durch die momentane Arbeitsfähigkeit ebenso gemessen werden wie durch die Zeit, welche zur Wiederherstellung der normalen Arbeitsfähigkeit benötigt wird. Die Ursachen der E. sind in der modernen Arbeitswelt keinesfalls mehr allein körperl. Tätigkeit. Gerade der Ablauf einer ständigen „Beschäftigung" mit angespannter Aufmerksamkeit, insbes. unter der Bedingung der Monotonie, erzeugt eine E., die sich mehr in geist. als in körperl. Leistungsminderung ausdrückt (↗ Leistung). Die Erscheinungsformen solcher E. zeigen fließende Übergänge zu dem Zustand der „Müdigkeit", der sich v. der E. dadurch unterscheidet, daß ihm eine Tätigkeit nicht notwendigerweise vorausgeht. Dieser Zustand ist vielmehr stark von der allgem. Stimmungslage (Stimmungsmüdigkeit; Schaefer) abhängig u. hat mit fehlendem ↗ Antrieb u. ↗ Depression zu tun. Dieser Zustand senkt natürl. sowohl die körperl. als auch die geistige Leistung (Leistungsmüdigkeit). Wird durch emotionale Antriebssteigerung diese Müdigkeit tw. überwunden, so wirkt sich das auch auf den Zustand einer E. nach erfolgter Arbeit aus, wodurch das Phänomen der E. so schwer objektivierbar, so variabel u. so abhängig v. emotionalen Faktoren wird.

↗ *Erschöpfung* ist eine vertiefte E.; der Begriff ist austauschbar mit Übermüdung, doch im Gegensatz zu E. läßt sich bei Erschöpfung eine Entleerung v. Energievorräten (insbes. Glykogen, Kreatinphosphat) bei fortschreitender E. nach langer Arbeit nachweisen.

Übermüdung ist eine exzessive E., fast synonym mit Erschöpfung, u. ein unscharfer Begriff trotz verbreiteter Verwendung in Deutschland u. Rußland. Oft wird Übermüdung als Übergang zw. physiolog. u. patholog. E. betrachtet. Exakte Kriterien zur Messung sind nicht bekannt. Schä

Lit.: W. Baust (Hrg.), Ermüdung, Schlaf u. Traum (1970).

Erotik. Unter E. im weiteren Sinn ist das libidinöse, d. h. jegliches lustbetonte sinnl. Verlangen (↗ Libido, ↗ Lust) zu verstehen, das sich auf einen selbst (Autoerotik), das gleiche Geschlecht (↗ Homoerotik) od. auf das andere Geschlecht beziehen kann.

↗ Tiefen- u. ↗ Entwicklungspsychologie haben auf unterschiedl. u. tw. miteinander konkurrierende Weise bewußt gemacht, daß die E. sich v. der frühesten Kindheit an in verschiedenen alters- bzw. personenspezif. Phasen entwickelt, in denen die Libido sich vornehmlich auf best. erogene Zonen bzw. Wahrnehmungstendenzen bezieht. (Freud unterscheidet die orale, anale, phallische, latente u. genitale Phase.) Dabei wird im besten Falle die

Prägung durch die vorausgehende Phase in der darauffolgenden integriert aufbewahrt u. aufgehoben, bis die E. in der sog. genitalen Phase zu ihrer vollen Reife u. Differenzierung in Einheit gelangt. Wird diese ↗ Entwicklung jedoch durch ungünstige Einflüsse beeinträchtigt u. in der Folge davon die E. in einer best. Phase mehr od. weniger fixiert, können ↗ Neurosen auftreten.

Das Durchlaufen der versch. Phasen der E. ist also nötig, um die ↗ Sexualität in einer dem Menschen entsprechenden, die entfaltete E. einschließenden Weise zur Geltung kommen zu lassen u. folglich ↗ Kreativität u. ↗ Reifung zu gestatten. Werden die Phasen der E. übersprungen od. unterdrückt, können sex. Störungen (wie ↗ Frigidität u. ↗ Impotenz) ebenso auftreten wie geist. u. auch geistl. ↗ Liebe erstickt werden kann, denn dann kommt der das Leibliche u. Geistige miteinander vermittelnde u. durch beide gefährdete seel.-gemüthafte Bereich nicht zu seinem Recht, folglich erlangen die menschl. ↗ Leiblichkeit mit ihrer Sexualität u. die menschl. Geistigkeit mit ihrer geschlechtl. Prägung nicht die ihnen entspr. Harmonie. Ausgereifte E. im engeren Sinn bewirkt das u. ist dementspr. der vitale Untergrund der im Sinnlichen wurzelnden personalen Erschütterungsfähigkeit durch die Mit- u. ↗ Umwelt u. der Hinwendungsbereitschaft zu ihnen, u. zw. in Form v. „Faszination" mit Phänomenen der „Identifikation" u. ↗ „Projektion" (A. Vetter).

Die E. soll nach kath. Auffassung als naturhafte Voraussetzung in die je anders u. doch zugleich v. Gott gnadenhaft „eingegossene" u. sich ihm zuwendende „erworbene" Liebe integriert werden, was nach der Auffassung best. Protestanten, wie K. Barth, A. Nygren u. a., wegen der Gegensätzlichkeit v. erotischer u. gnadenhafter Liebe unmöglich ist. Mo

Lit.: A. Nygren, Eros und Agape (²1954); G. R. Ritter, Jugend und Eros. Die Führung junger Menschen zu Reife und Liebesfähigkeit (1960); B. Stoeckle, Gottgesegneter Eros (1962); W. Heinen, Liebe als sittliche Grundkraft u. ihre Fehlform (³1968); A. Grabner-Haider / K. Lüthi, Der bedrohte Eros (1972); A. u. W. Leibbrand, Formen des Eros. Kultur- u. Geistesgeschichte der Liebe, Bd. I u. II (1973).

Erregung. *Biolog.:* Seit A. v. Haller (1753) gilt die E. als Wesensmerkmal lebender Substanz. Synonyma: Irritation, Exzitation. Neurophysiol. ist die E. eine Depolarisation (Entladung) der Nervenzellmembran. Biolog. Gegensatz zu E.: ↗ Hemmung, aber auch Lähmung.

Psych.: Starke Gemütsbewegung („Emotion"), ↗ Emotionalität. Verursacht wird die E. durch Vorstellung od. Wahrnehmung verbunden mit einem ↗ Antrieb, sei es v. außen (exogen) od. v. innen (endogen). Psychische E. steht immer in Gleichzeitigkeitskorrelation (Schultz-Hencke) mit vegetativ-nervös vermittelten körperl. Zustandsänderungen (↗ Leib—Seele, ↗ Psychosomatik). Subjektiv kann die E. lust- od. unlustbetont erlebt werden (↗ Lust). Psycholog. Gegensatz zu E.: Ruhe, Beruhigung.

Psychopatholog. ist E. v. Bedeutung bei ↗ abnormen Persönlichkeiten mit Neigung zu Primitivreaktionen. Kraepelin nannte sie „Erregbare", K. Schneider „explosible ↗ Psychopathen". Häufig sind sie im Umkreis der ↗ Alkoholabhängigkeit, der ↗ Drogenabhängigkeit, der ↗ Epilepsie u. der ↗ Hirnschädigung anzutreffen. Die psychopath. E. wird unter den vier antiken ↗ Temperamenten dem cholerischen (stark erregbar) u. dem sanguinischen (rasch erregbar) zugeordnet. Unter den Konstitutionstypen (↗ Körperbau u. Charakter) bevorzugt sie den athletischen Typ (↗ Typenlehre).

Kriminalpsych. ist E. die Ursache v. Triebdelikten (z. B. geplantes Sexualverbrechen unter längerdauerndem E.sdruck) u. v. Affektdelikten (z. B. Totschlag im Jähzorn).

Rel.-psych. ist die E. als Exaltation (Überspanntheit) u. als ↗ Ekstase (Verzückung) v. Bedeutung. Es kann schwer sein, zw. echter rel. Ergriffenheit u. psych. abnormer Schwärmerei zu unterscheiden. Die Bewältigung der aktuellen E. ist eine ständige Aufgabe der ↗ Erziehung u. Selbsterziehung (motivierte Selbstbeherrschung, Verstärkung der ↗ Frustrationstoleranz, Kanalisierung in sozial angepaßte Formen des Abreagierens in ↗ Spiel u. ↗ Sport usw.). Mg

Lit.: K. Schneider, Klinische Psychopathologie (1959); K. Thomas, Meditation (1973).

Ersatzbildung. E. bezeichnet in der ↗ Psychoanalyse einen unbewußten psychodynam. Vorgang, der an die Stelle des eigentl. (unbewußten) Inhaltes einen Ersatz produziert. Nach der psychoanalyt. Theorie strebt ein unterdrückter Bewußtseinsinhalt ständig nach einem Ersatzziel, das sein Ausleben gestattet. Alle neurot. Symptome, wie z. B. Waschzwang, Höhenangst, Stottern, Erröten usw. sind in E.n u. stehen symbolisch f. den eigentl. ins ↗ Unbewußte verdrängten ↗ Konflikt. Auch ↗ Fehlleistungen wie z. B. Versprechen, Verlegen usw. sind E.n. — V. der E. zu unterscheiden ist die Ersatzbefriedigung. Sie ist eine Möglichkeit des normalen Menschen, mit einem Triebverzicht fertigzuwerden (↗ Sublimierung). Die Ersatzbefriedigung des normalen Menschen ist flexibel u. führt zu einem relativen Ausgleich der Triebspannung, während die E. insofern neurot., d. h. krankhaft ist, als sie nicht zu einem Ausgleich führt u. sich darum in einer gewissen Starre dauernd wiederholt (Wiederholungszwang). F. den Seelsorger ist es wichtig, diesen seel. Mechanismus zu erkennen. Neurot. E.n dürfen u. können nicht moral. angegangen u. beurteilt werden, sondern sie gehören in die Hand des psych. geschulten Fachmanns. Stv

Ersatzhandlung ↗ Ersatzbildung

Erschöpfung. E. ist Folge übermäßiger ↗ Arbeit od. nicht bewältigbarer ↗ Verantwortung. Psychophysisch bedingte Übermüdung mit Verlust der Lebensfreude u. neurovegetativen Störungen einhergehendes Syndroms des starken bzw. vollständigen Aufbrauchens der vegetativen Kräfte, der biochem. Energien; Dekompensation des vegetativen Nervensystems. Im Gegensatz zur ↗ Ermüdung nicht nach kurzer Erholzeit (↗ Erholung) rückgängig zu machen. — F. die Entstehung ist auch die Entpersönlichung der totalen Arbeitswelt verantwortlich, das moderne Leistungsgewissen; Arbeitswut als Flucht u. süchtiges Verhalten. — Erschöpfungsdepressionen kommen aus lang anhaltenden Überbelastungen; bei charakterl. sensitiven, bes. gewissenhaften u. ehrgeizigen Menschen (↗ Ehrgeiz) auftretende E. der emotionellen Lebenskraft. Rt

Lit.: O. Graf, Die Krankheit der Verantwortlichen (1953); ders, Wir leben gegen das Leben. Arzt und Christ 1 (1955) 67—72; P. Kielholz: Diagn. u. Ther. d. Depressionen für den Praktiker (1965).

Erwachsenenbildung. In der E. geht es um planmäßige Zusammenfassung u. method. Durchführung aller Maßnahmen, die heute notwendig sind, den (erwachsenen, berufstätigen) Menschen zu befähigen, daß er „nicht manipuliertes Objekt, sondern mitgestaltendes Subjekt des gesellschaftl. Lebens zu sein" vermag (A. Exeler). Ziel der E. ist somit das Menschsein des Menschen, die „Aktivierung menschl. ↗ Mündigkeit, ↗ Freiheit u. Verantwortlichkeit" (F. Pöggeler). Angesichts der gewandelten Lebensverhältnisse ist dies nicht mehr allein durch den Bildungsprozeß in Kindheit u. Jugend zu erreichen. Nur durch „lebenslanges ↗ Lernen" vermag der Mensch die dynam. ↗ Entwicklung u. den daraus resultierenden Wandel der Lebens- u. Arbeitsbedingungen sowie die ihm zuwachsende größere ↗ Freiheit u. die damit gehäuften ↗ Konflikte des privaten u. öffentl. Lebens zu bewältigen.
Diese Aufgabe der E. ist f. die kirchl. Seelsorge in ihrer Sorge f. den Menschen begründet. Das Vat. II. hat sich voll hinter die Ansprüche des Menschen gestellt, Hilfe u. Anleitung zur Bewältigung der modernen Welt zu erhalten, u. sieht darin auch eine Aufgabe der kirchl. ↗ Gemeinde (vgl. GS 9 u. ö.). Darüber hinaus stellt der „Bildungsnotstand auch den Wurzelgrund f. die vielfach genannte rel. Krise dar" (W. Dreier). Schon gibt es mannigfache Angebote der E. u. eine wissenschaftl. ↗ Forschung über das „Lernen" im Zusammenhang personaler Bildung u. Entfaltung u. über die Ergänzung kognitiven Lernens durch Elemente der ↗ Gruppendynamik u. praxisbezogene Anleitungs- u. Auswertungsgespräche (↗ Gespräch, ↗ Balint-Gruppen). Ausdrückl. wird auch v. christl. Institutionen u. ↗ Gruppen (Verbände, Akademien, gemeindl. Bildungseinrichtungen) ein derartiges Angebot gemacht, mit

dem es gleichzeitig um die Weckung der Bereitschaft (↗ Motivation) zur ↗ Bildung geht. Dabei muß die ↗ Kirche durchaus nicht die gesamte E. selbst tragen u. durchführen; sie kann u. soll auch andere Träger anerkennen u. mit diesen zusammenarbeiten. Selbst hat sie gewiß dort einzutreten, wo Menschen alleingelassen werden. Keineswegs darf sich die Kirche auf die theol. E. einengen lassen. Dabei hat sie ihren Beitrag zur (umfassenden) E. „unter spez. Gesichtspunkten" zu sehen: ihr geht es um die Tiefendimension, den ↗ Lebenssinn, um „Daseinserhellung um der Lebensbewältigung willen" (I. Zangerle). Erst darüber hinaus geht es beim kirchl. Auftrag um die Fülle der theol. E.: das "Problem der Verstehbarkeit u. Erfahrbarkeit des Glaubens" (G. Moser), die „Glaubensreife durch Glaubensverständnis" (B. Dreher), die Bewältigung des theol. Pluralismus u. ä. —
Auch die kirchl. (u. selbstverständlich auch die theol.) E. muß sich die *method.* Erkenntnisse u. Fortschritte zu eigen machen, z. B. vom „Langzeitvortrag" (mit dem fast alle Bemühungen der letzten Jahrzehnte begonnen haben) zu „Impulsreferat", Arbeitspapier u. Thesen u. ä.; v. der nur passiven Aufnahme v. Informationen zu deren krit. Betrachtung u. zur Erarbeitung eigener Denk- u. Verhaltensweisen usw. — *Träger* der gesamten kirchl. E. waren seit ihrem Entstehen die Verbände; seit 1945 gaben die kath. (wie evang.) Akademien starke Impulse; mittlerweile gibt es die diözesanen Bildungswerke (u. -häuser), die eng zusammenwirken mit den Verbänden u. Räten (die nicht selten eigene Gruppen f. die örtl. Bildungsarbeit haben). Mehr u. mehr hat die Kirche Priester u. Laien hauptamtl. mit dieser Aufgabe betraut. Planmäßige kirchl. E. muß aber noch deutlicher als unabdingbare Teilaufgabe der kirchl. ↗ Seelsorge anerkannt werden.

Fl

Lit.: A. Exeler/D. Emeis, Reflektierter Glaube. Perspektiven, Methode und Modelle der theol. E. (1972) (dort weitere Literatur); G. Koch/J. Pretscher (Hrsg.), Glaubensverständnis, Glaubensvermittlung. E. (Festschrift für F. Hofmann) (1972) (darin: I. Zangerle, ‚Kleine' und ‚Große' Konzeption kath. E. 113—134; G. Moser, Zur pastoralen Bedeutung der E. 135—151); Vierteljahresschrift „E.", Verl. Fromm, Osnabrück, hrg. v. der Bundesarbeitsgemeinschaft für kath. E. (1974 im 20. Jg.).

Erwählung. Theol. ist E. ein bevorzugendes Herausheben eines einzelnen Menschen (Abram, Mose, ↗ Propheten, Jesus — Luk 9,35), einer ↗ Gruppe (die Zwölf) od. eines Volkes (Israel, ntl. Heilsgemeinde) letztlich durch Gott (od. Jesus), das der ↗ Berufung zugrunde liegt (Röm 8,29 f) u. dem Menschen zuvorkommt (Rö 9,11), aber dessen ↗ Entscheidung u. Bewährung nicht aufhebt. Absolute E.n wird man, abgesehen v. der grundlegenden E. des Menschen zum Heil, als Ausnahme ansehen können; wie die Berufung wird auch die E. meist relativ, konditioniert sein, d. h. Gott erwählt normalerweise jemanden f. eine Einladung zu einem Dienst, etwa in der Gemeinde Christi. Der ↗ Seelsorger begegnet nicht selten Personen, die sich aufgrund v. Eingebungen od. ↗ Privatoffenbarungen eine bes. E. zuschreiben od. die Ausführung angebl. göttl. Aufträge verlangen. Theol. ist hier zunächst eine ↗ „Unterscheidung der Geister" nach der paulin. Grundregel (1 Kor 12,2—7; ↗ Charisma) anzuwenden, um die Echtheit zu prüfen. Dabei verdient der Gesamtzusammenhang des Glaubenslebens u. der kirchl.-sozialen ↗ Einstellung der ↗ Person mit ihrem Persönlichkeitsbild bes. Beachtung. Oft handelt es sich bei Pseudo-E.n um wahnhafte Phänomene u. Entwicklungen, die sorgfältiger Behandlung durch den Facharzt bedürfen. F. schwierige Zweifelsfälle sollte in jedem Kirchengebiet ein Beratungsteam v. kompetenten Fachleuten zur Verfügung stehen.

Kl/Gr

Lit.: LThK² III 1061—1063; RGG³ II 610—621; ThW IV 147—181.

Erwartung ↗ Hoffnung ↗ Enttäuschung

Erweckung. *1. Bibl. Begründung:* Nach Rö 13, 11.12. werden Eingeschlafene aufgeweckt bzw. wachen jäh auf. Ihr Leben erfährt eine elementare Wendung (vgl. Augustins ↗ Bekehrung). *2. In der Geschichte der Christenheit* ereignen sich solche Umbrüche, die sich explosionsartig zu Massenbewegungen ausweiten, immerfort. Wir verweisen u. a. auf das Mönchtum, die Bußbewegungen im Mittelalter, auf Reformation u. Gegenreformation, die beide aus letzten Tiefen aufbrechen, in den folgenden Jahrhunderten auf Vorgänge in den Missionen, auf den Dauereinsatz der kath. wie evang. Volksmissionen wie auf die weltweiten Evangelisationsfeldzüge Billy Grahams in der Gegenwart. 3. *Im engeren Sinn* wird darunter ein protestant. Gesamtvorgang im 18. u. 19. Jh. verstanden, der auf dem Kontinent nach, im angelsächs. Raum vor der Aufklärung einsetzt. Die E. mobilisiert in England wie in Nordamerika Tausende, die sich tw. in der entstehenden methodist. Freikirche wie in der baptist. sammeln. Es kommt hier wie auf dem Kontinent in den evang. Staats- bzw. Pastorenkirchen unter dem Engagement vornehmlich der Laien zum Ausbau der Inneren- wie der Heidenmission, der Diaspora-, der Jugend- u. Studentenarbeit. 4. *Die prägende Kraft* ist durchgängig zu beobachten. Die Erweckten fügen sich in die missionar.-diakon. Aktionen ein, sind zu Opfern bereit wie zu einer asket. Kontrasthaltung bes. gegenüber einem sog. „Gewohnheitschristentum". Regelmäßiges Gebetsleben, Bibelstudium u. ↗ Gemeinschaft (Bruderschaft) sind Kraftquellen. 5. *Gefährdungen* ergeben sich oft durch die Emotionalisierung der ↗ Frömmigkeit. Schockartig sich vollziehende Bekehrungsumbrüche scheinen bei allem fundamentalen Gegensatz in ihren psych. Abläufen eine gewisse Nähe zur ↗ Gehirnwäsche auch in der Bekehrungsmethodik aufzuweisen. Doch erfolgt hier eine Befreiung aus ↗ Zwängen der Sinnlosigkeit in eine Urgeborgenheit, die das Leben total zu ändern und zu heilen vermag (↗ Lebenssinn). By

Lit.: V. Schnurr, Seelsorge in einer neuen Welt (²1959); W. Sargant, Der Kampf um die Seele (1960); E. Beyreuther, Die Erweckungsbewegung (²1974); derselbe, Kirche in Bewegung, Geschichte der Evangelisation u. Volksmission (1968).

Erythrophobie = Errötungsfurcht (↗ Phobie)

Erziehung. Jede E. geht v. zwei anthropolog. Grundannahmen aus: 1. daß der Mensch ein niemals fertiges Wesen ist u. 2. daß er erzogen werden kann. Ob der ↗ Familie, der ↗ Kirche od. dem Staat das vorrangige Recht bei der Wahrnehmung der E.s-Aufgaben zugebilligt wird, hängt vom weltanschaul. Standpunkt einer ↗ Gesellschaft bzw. eines Staates ab (nach den meisten christl. E.s-Konzepten kommt den Eltern zunächst das Recht der E. zu, Kirche u. Staat stehen ausschließlich in einem Verhältnis der Zuordnung u. Zusammenarbeit). Dem E.s-Recht der Eltern entspricht die E.s-Pflicht der Eltern; vernachlässigen die Eltern diese Pflicht u. lassen sie ihre ↗ Kinder verwahrlosen, so handeln sie unmenschlich, verantwortungslos u. f. ein soziales Gemeinwesen verhängnisvoll. In solchen Fällen ist der Staat zu subsidiären Eingriffen in die E. eines Kindes berechtigt u. verpflichtet. Ebenfalls hat der Staat E.s-Aufgaben zu übernehmen, die v. den Eltern allein nicht zu leisten sind (z. B. Einrichtung v. Schulen u. kulturellen Bildungsinstitutionen, Bereitstellung v. Lehrern usw). Seit den letzten Jahrzehnten wird gegenüber den Rechten der E.s-Träger (Eltern, Kirche, Staat) auch das Recht des Kindes, d. h. jedes „Menschen, gleich welcher Herkunft, welchen Standes u. Alters ... auf E." ausdrücklich hervorgehoben u. betont (z. B. Vat. II.; Erklärung über die christl. E., Artikel 1 u. durch die Allgem. Erklärung der ↗ Menschenrechte der UN v. 10. XII. 1948).

Vielfach wird E. als Hilfe zum Menschwerden u. Menschsein betrachtet. Da aber Menschlichkeit, wie bereits I. Kant herausstellt, dem Menschen nicht v. selbst zuwächst, sondern dem Menschen als Aufgabe gestellt ist, ergibt sich als fundamentales E.s-Problem die Definierung der E.s-Ziele (also nicht der E.s-Methoden) u. somit eines allgem. E.s-Konzepts. Es gilt zu entscheiden, welche Art der Menschlichkeit Ziel des E.s-Vorgangs bzw. welcher Idealtyp menschl. Seins einer E. zugrunde gelegt werden soll; beispielsweise im Sinne Ed. Sprangers: der theoret., ökonom., ästhet., polit., soziale od. rel. Menschentyp. Zwangsläufig bestimmen Vorverständnisse u. Weltanschauungen des Erziehers solche Zielumschreibungen. (Die Lernziele des schul. Unterrichts können dagegen rein utilitaristisch festgesetzt sein, z. B. Befähigung zur Lebensbewältigung im Arbeitsleben u. Vorbereitung auf gesellschaftl. Verpflichtungen. Die Pflege kultureller gemüthafter ↗ Werte, die Persönlichkeitsbildung usw. werden meist außer acht gelassen, wie ein Blick auf Lehr- u. Stoffpläne deutlich macht.) E. ist nicht nur ein ↗ Lernen lebensprakt. Fähigkeiten bzw. ein Übernehmen lebensnotwendiger Verhaltensinformationen usw. od. ein Hineinwachsen in die vorgegebene ↗ Gesellschaft (↗ Sozialisation), sondern ein vollpersonales Bildungsgeschehen. Keineswegs darf E. mit ↗ Anpassung an bestehende Verhältnisse, mit Einübung (= Dressur) in die v. den Eltern u. der Gesellschaft propagierten Verhaltenskonzepte u. Lebenseinstellungen verstanden werden. E. muß stets auf humane Bewältigung der Zukunft gerichtet sein, sei es die ↗ Zukunft des einzelnen od. der Gesellschaft: es gilt, Schwierigkeiten, die sich mit dem ökonom., wissenschaftl.-techn. Fortschritt der kommenden Generation stellen, in psychischer u. sozialer Hinsicht menschengerecht zu meistern. Das setzt v. a. auch die Vermittlung humaner Werte u. die Formung eines wachen ↗ Gewissens u. krit. ↗ Einstellungen voraus. Die Kriterien, die zur krit. Bewußtseinsbildung vermittelt werden, müssen zwar zeit- u. situationsbezogen sein, lassen sich aber nicht allein prakt.-ökonom. formulieren. E. als gesamtmenschl. ↗ Bildung geht über kognitives, verstandesmäßiges ↗ Lernen hinaus; sie umfaßt stets eine affektive, gemüthafte ↗ Prägung des Menschen (einschl. der Entfaltung eines gesunden Ich- u. Selbstbewußtseins). Die prakt. Bedeutsamkeit, d. h. u. a. die Stärke eines Handlungsmotivs (z. B. ob ein Mensch sich in seinem späteren Leben pragmatisch, egoistisch, sozial od. anders verhalten wird) hängt v. der affektiven Verwurzelung der ↗ Motivationen im Menschen ab. F. die motivationale E. sind v. a. die ersten beiden Lebensjahrzehnte entscheidend; die E. der menschl. ↗ Person wird in der Familie u. im ursprüngl. Lebensmilieu initiiert, grundgelegt u. in einem ergänzenden E.s-Vorgang durch andere, z. B. kirchl. u. staatl. Einrichtungen, wie ↗ Kindergärten, Vorschulen u. Schulen mitgestaltet (↗ Schule u. Elternhaus). Die Erfahrung u. Vermittlung widersprüchl. Werte u. Einstellungskonzepte, der ständige Wechsel v. ↗ Bezugspersonen (= Eltern, Pfleger, Erzieher) u. a. wirken sich im Blick auf die E.s-Ziele fast immer negativ aus; gleiches gilt f. zwanghafte Bindungen an einseitige, isoliert ausgewählte Wertvorstellungen (z. B. pedantische Ordnungssucht, übertriebene sex. Scham usw.).

Das Verhältnis zw. E.s-Person u. Kind wird heute vorwiegend in dreifacher Weise klassifiziert: autoritäres, antiautoritäres u. a-autoritäres E.s-Verhalten. Darüber hinaus gibt es in der päd. Tradition eine Fülle v. weiteren, genau differenzierten E.s-Stilen, z. B. nach J. P. Ruppert: der E.s-Stil der Sachlichkeit (ichbezogen — sachbezogen), der Güte (verstehen — fordern), der Tapferkeit (entmutigen — ermutigen; verhärten — vertrauensstärkend), der Wahrheit (schuldbewußt — selbstbewußt), der ↗ Ehrfurcht (autoritär — freiheitlich bis hemmungsu. bindungslos) u. der Sorge (verwöhnen — versagen) od. die E.s-Stile v. Ed. Spranger: weltnah — isoliert, frei — gebunden, vorgreifend — entwicklungsgemäß, uniform — individualistisch usw. Dem autoritären E.s-Stil steht das a-autoritäre, d. h. laissez-faire- E.s-Verhalten gegenüber. Antiautorität ist eine E., wenn beabsichtigt wird, gegen jede Art v. ↗ Autorität, d h. anarchistisch, zu erziehen. Wegen der ungleichen Ausgangsbedingungen zw. Erzieher (Informations- u. Erfahrungsvorsprung, physische Überlegenheit usw.) u. Kind ist fast immer eine Autoritätsdominanz der Erziehungsperson gegeben. Die ungleiche Kräfteverteilung führt unwillkürl. zu einer deutl. Prägung des Kindes entspr. dem Lebensmodell u. Lebensprogramm des Erziehers — ein Vorgang, der im Sinne der Methoden der ↗ Lerntheorien erfolgt. Der Stellenwert einer E.s-Person im E.s-Geschehen zwingt zur Frage nach der Befähigung u. Qualität dieser Autorität. Idealtypisch sollte sich z. B. die E.s-Autorität aufgrund der Rollenfunktion (z. B. ↗ Mutter, ↗ Vater od. Lehrer zu sein), des Wissens- u. Erfahrungsvorsprungs sowie aufgrund der menschl. charakterl. Reife des Erziehers ergeben, um vollverantwortl. u. päd. vertretbar erziehen zu dürfen. Eine solche Übereinstimmung wird jedoch nur selten voll erreicht. Da jede E. interaktional (d. h. ein Prozeß zw. zwei Menschen) ist, gehen Rückprägungen vom Kind auf den Erzieher aus. Erweist sich der Erzieher als schwach u. das Kind dagegen als triebstark, so erfolgt fast unumgänglich eine gewisse Anpassung des Erziehers an das Kind. Auch umgekehrt gibt es bedenkliche E.s-Dominanzen, wenn z. B. eine Mutter ihr Kind nicht in die ↗ Freiheit der eigenen Entscheidungs- u. Lebensgestaltung entlassen kann, sondern (oft unbewußt, zur eigenen Selbstbestätigung od. um anderer eigener psychischer Gewinne willen bzw. aus einer eigenen psych. Schwäche heraus) es in ↗ Abhängigkeit v. sich u. damit in Unselbständigkeit beläßt (↗ Overprotection). Diese u. andere E.s-Schwierigkeiten können im Verlauf eines E.s-Prozesses auftreten; in solchen Fällen ist es ratsam, eine ↗ Beratungsstelle aufzusuchen. E.s-Schwierigkeiten entstehen nicht allein auf Grund körperl. u. geist. Leistungsmängel, sondern v. a. auch aus erworbenen od. konstitutionellen emotionalen Schwächen (Labilität, Entschlußlosigkeit u. a.), bei überstarker Triebhaftigkeit (Aggressivität) usw. So fordert E. v. jedem Erzieher (Lehrer wie auch Eltern) ein solides päd., psych. u. soz. Grundwissen (obschon in der E. der natürl. Erziehungsinstinkt u. entspr. E.s-Fähigkeiten, z. B. einer Mutter, eine nicht zu unterschätzende Bedeutung besitzen) u. ein weltanschaul. E.s-Konzept (z. B. bei der motivationalen Bildung). Die fundamentale Bedeutung des E.s-Geschehens bei der Bewältigung menschl. Leids u. bei der Bildung verantwortl. Einstellungen gegenüber menschl. Not (sei es zur Überwindung eigener Lebenskrisen od. allgem., nationaler od. übernationaler Notlagen, wie Umweltkatastrophen, Hungersnöte, Dürren u. Überflutungen usw.) steht außer Frage.

Heinrich Pompey

Lit.: ↗ Entwicklungspsychologie, ↗ Religionspädagogik.

Erziehungsberatung. „Der Mensch wird in seinem ↗ Verhalten u. Erleben weitgehend durch die Beziehungs- u. Erziehungserfahrungen der Kindheit u. Jugend geprägt" (Lückert, 1964, S. 5—6). Daß damit dem Erziehungsverhalten eine immense Bedeutung zukommt, wird seit *Freud* nur sehr allmählich verstanden. Nach übereinstimmendem Urteil der Fachleute ist das Ausmaß v. ↗ Erziehungs-Problemen bis heute stetig gewachsen; Gründe dafür werden v. a. im Wandel der ↗ Gesellschaft (Entwicklung v. der ↗ Großfamilie zur Kernfamilie, zivilisatorische Erschwerung sozialen Lebens) u. der damit zusammenhängenden Erziehungsunsicherheit (Normenunsicherheit, Arbeitsbelastung durch den allgem. Leistungsdruck u. Ersatzbefriedigungen der Erzieher mit der Folge des gestörten Generationenverhältnisses) gesehen. Folge v. Erziehungsproblemen sind seel. bedingte Störungen (schätzungsweise bei 20% aller heutigen ↗ Kinder u. Jugendlichen), ↗ Jugendkriminalität u. späteres neurot. od. sozial abweichendes Verhalten. Im Kindesalter treten v. a. auf: körperl. Störungen u. Auffälligkeiten seel. bedingter Art (z. B. Schlafstörungen, Nägelknabbern, Unruhe, erhöhte Erschöpfbarkeit), Sprachstörungen (Stottern u. a.), Auffälligkeiten in dem emotionalen (Gefühls-) Bereich des Kindes (↗ Ängste, ↗ Minderwertigkeitsgefühle), Leistungsstörungen (Konzentrationsunfähigkeit, Schulschwierigkeiten) u. Verhaltensstörungen (Kontaktarmut, unangepaßtes od. sozial störendes Verhalten u. a.). Verfestigte Schwierigkeiten dieser Art lassen sich durch die Hinweise des Pfarrers, Lehrers usw. an die Eltern u. eigene Maßnahmen, z. B. im Unterricht, (sog. *funktionale* E.) meist nicht mehr beheben. Hier sollte an E.sstellen (sog. *institutionelle* E.) verwiesen werden (↗ Beratungsstelle). Hier können folgende Aufgaben angegangen werden:

a) Feststellung der Auffälligkeiten „einschließlich der ihnen zugrundeliegenden Bedingungen unter Berücksichtigung ihrer psychischen, physischen u. sozialen Faktoren".

b) ↗ Beratung „gegenüber Kindern, Jugendlichen, Eltern u. erforderlichenfalls auch Durchführung der notwendigen therapeut.-päd. Behandlung" (Grundsätze der Länder der BRD f. E.sstellen, 1973). Ein Arbeitsfeld f. den fachl. Erziehungsberater (Dipl.-Psychologen, Heilpädagogen usw.) bildet außerdem die Beratung u. Betreuung v. aufgrund v. Anlagen od. Geburtsschäden körperl. od. geistig beeinträchtigten Kindern (↗ Hirnschäden u. a.) u. v. leserechtschreibschwachen Kindern (↗ Legasthenie). Über die allgem. E. geht die v. Amts wegen erfolgende Erziehungshilfe (vereinbarte Erziehungsfürsorge, FEH, u. a.) hinaus.

Für ↗ Entwicklungsstörungen u. Verhaltensauffälligkeiten läßt sich häufig eine Ursache in einem verfehlten Erziehungsstil erkennen, z. B. in einer im Grunde feindseligen Haltung dem Kinde gegenüber u. damit fehlender Wärme in der ↗ Eltern-Kind-Beziehung, od. einer stark einschränkenden u. kontrollierenden Haltung der Eltern. Ein bekanntes Syndrom hemmender Erziehungseinstellung ist die Überbehütung des Kindes (↗ Overprotection), die ↗ Abhängigkeit u. sozial unreifes Verhalten des Kindes nach sich zieht. Bei der Behebung v. seelisch bedingten Störungen eines Kindes berücksichtigt die E. heute v. a. die Gesamtsituation seiner ↗ Familie u. des in ihr herrschenden Beziehungsgeflechts; so kann ein neurot. Arrangement in einer Familie („Patient Familie", ↗ Familienpathologie) sich auf das schwächste Glied, das Kind, am stärksten auswirken. Hier wird die Familie als ↗ Gruppe (u. das Geschehen in ihr als System) betrachtet u. therapeut. Bemühungen ihr in ihrer Gesamtheit zugewandt (↗ Familientherapie). Der mit dem schwierigen Kind od. Jugendlichen in seiner Schulklasse o. ä. konfrontierte ↗ Seelsorger wird diesen Zusammenhang bedenken müssen u. auf einseitig auf das Kind gerichtete Maßnahmen (Maßregeln, schul. Mittel, einfache Erziehungsanweisungen usw.) verzichten zugunsten v. Bemühungen um die Erkenntnis u. Lösung zugrunde liegender familiärer Problematik (↗ Eheberatung). Methodisch arbeitet die E., die v. den Grundsätzen v. Freiwilligkeit u. Verschwiegenheit ausgeht, mit dem Beratungsgespräch (↗ Beratung) mit einzelnen Eltern od. Elterngruppen, in ↗ Gespräch, ↗ Spiel u. a. mit Eltern u. Kind zusammen (Familientherapie; auch im Sinne v. Familienkonferenz nach Gordon), sowie versch. Therapieformen, die bei Kindern (analyt. Spieltherapie, nondirektive Spieltherapie, ↗ Verhaltenstherapie, heilpäd. Betreuung, Gruppenspieltherapie), Jugendlichen u. Erwachsenen (↗ Verhaltenstherapie. ↗ Gesprächstherapie) zur Anwendung kommen. Ja

Lit.: H.-R. Lückert, Handbuch der Erziehungsberatung (2 Bände) (1964); H. E. Richter, Eltern, Kind u. Neurose (1967); C. Ertle, Erziehungsberatung (1971); T. Gordon, Familienkonferenz (1972).

Erziehungsfehler ↗ Erziehung ↗ Erziehungsberatung

Es. Der Ausdruck „das E." wurde v. G. Groddeck in Anlehnung an Friedrich Nietzsche geprägt, der damit das Unpersönliche u. Naturnotwendige des menschl. Wesens zum Ausdruck bringen wollte. Freud übernimmt ihn, als er 1923 seine Instanzenlehre entwirft, u. bezeichnet damit den Triebpol der menschl. Persönlichkeit, dem er das ↗ Ich u. das ↗ Über-Ich gegenüberstellt. Der Inhalt des E. ist als psychischer Ausdruck der ↗ Triebe unbewußt, partizipiert so am „archaischen Erbe der Menschheit", zu dem das individuelle Verdrängte hinzutritt. Das E. als das große Reservoir der psychischen Energie hat keine Struktur aufzuweisen, Ich u. Über-Ich differenzieren sich durch Außenwelterfahrung u. ↗ Erziehung aus dem E. heraus. Als große Kulturaufgabe sieht Freud an: „Wo E. war, soll Ich werden".

Die starke Betonung des E., daß „wir gelebt werden v. unbekannten, unbeherrschbaren Mächten" hat zu einem gewissen anthropolog. Pessimismus in der ↗ Psychoanalyse geführt, hat aber auch Berührungspunkte zur bibl. Anthropologie, denn in der Feststellung, wie wenig der Mensch eigentlich „Herr im eigenen Hause" sei, vermag sich Freud eher auf die Bibel als etwa auf die idealist. Philosophie zu berufen.

Christl. Erziehung u. ↗ Seelsorge werden mitzuwirken haben an einer immer

stärkeren Umwandlung der Es-haften Bereiche in strukturierte, verantwortbare Ich-Leistung. Scha
Lit.: G. Groddeck, Das Buch vom Es (1961); S. Freud, Das Ich und das Es, Ges. Werke, Bd. XIII.

Ethik, ärztliche ↗ Berufsethik

Eudämonismus (griech.) ein bereits in der Antike phil. beründetes sittl. Verhaltensprinzip (↗ Glück = das sittlich Gute) u. eine daraus entwickelte Lebenseinstellung. Verhaltenskriterium ist entweder das Glück des Einzelnen od. der ↗ Gemeinschaft; ↗ Lebenssinn u. ↗ Hedonismus.

Eugenik. (Synonym: Erbhygiene). F. Galton (1822—1911) nannte die Wissenschaft v. ↗ Gesundheit u. biolog. Wohlbefinden der Menschen E. (griech.: Wohlgeborenheit). Sie erforscht, inwieweit Sitten u. Kulturen das ↗ Erbgut (↗ Anlage u. Vererbung) verändern u. sucht evtl. Verschlechterungen zu verhindern, weswegen sie auch als Erbhygiene bezeichnet wird. Durch nebelhafte Weltverbesserungsideen, utop. ↗ Zukunfts-Spekulationen u. Gewaltmethoden, die sich zu Unrecht eugenisch nannten, ist sie zeitweise in Mißkredit geraten — zu Unrecht. Ihr Ziel ist nicht Neuzüchtung v. Supereigenschaften u. Übermenschen (↗ Experimente), sondern Verhütung u. Reparation vom Menschen verursachter od. begünstigter Schäden (↗ Zivilisationsschäden, ↗ Umweltschutz). Erbverschlechterung (das Wort ↗ Degeneration ist weniger gut, da mehrdeutig) droht durch ↗ Mutationen infolge jonisierender Strahlung, Chemikalien, ↗ Drogen u. Genußmittel; ferner durch Vermehrung v. Erbkranken, die früher jung gestorben od. ohne Nachkommen geblieben wären, aber heute durch ärztl. Kunst u. Sozialfürsorge am Leben bleiben u. Kinder haben (↗ Erbkrankheiten). Einen günstigen Effekt dagegen hat der heutige Trend zu früher Eheschließung u. Fortpflanzung. Da Mutationen u. Chromosomenfehler mit dem Alter häufiger werden, haben die Kinder jüngerer Eltern ein geringeres Krankheitsrisiko (z. B. vervielfacht sich mit zunehmendem Alter der Frau das Risiko, ein mongoloides Kind zu bekommen). Im Augenblick scheinen die ungünstigen Einflüsse zu überwiegen. Wenn auch kein Grund zur Panik besteht, so ist die Sorge um die biolog. Zukunft des Menschen doch berechtigt.

Man unterscheidet positive E. (Erhaltung u. Verbreitung gesunder Erbanlagen) u. negative E. (Verhütung u. Ausschaltung v. Erbschäden). Die positive E. soll z. B. verhindern, daß durch unsere Gesellschafts- u. Wirtschaftsform gerade bes. begabte u. tüchtige Menschen zu späterer Eheschließung u. geringer Kinderzahl veranlaßt werden (↗ Familienplanung). Die negative E. umfaßt: 1. ↗ Mutations-Prophylaxe. 2. Verhütung der Manifestation krankhafter Erbanlagen, indem man auslösende Umweltfaktoren (z. B. bestimmte Nahrungsmittel) ausschaltet, abnorme Stoffwechselabläufe korrigiert od. fehlende Stoffe ersetzt (z. B. Insulin bei Zuckerkrankheit). Diese Maßnahmen müssen vor Ausbildung bleibender Schäden einsetzen, daher werden zur rechtzeitigen Erfassung bedrohter Kinder f. eine zunehmende Zahl erbl. Stoffwechselstörungen Vorsorgeuntersuchungen (Screening Programme) schon bei Neugeborenen entwickelt (↗ Präventivmedizin). 3. Vorgeburtl. Diagnose durch Fruchtwasser-Untersuchung (derzeit f. ca. 50 Erbkrankheiten möglich) u. im Falle einer sicher feststellbaren kranken Leibesfrucht ↗ Abtreibung aus eugen. Indikation. 4. Empfängnisverhütung bei Erbkrankheiten mit hohem Risiko f. das Kind (↗ Empfängnisregelung). Es beträgt f. die Kinder eines dominant Kranken 50%, f. die Kinder zweier mischerbiger Überträger einer rezessiven ↗ Krankheit 25% (solche Überträger sind bei etwa 100 Erbleiden feststellbar); aus versch. Gründen liegt aber das prakt. Erkrankungsrisiko oft niedriger als das theoret. u. wird dann durch die empir. Erbprognose (empir. Risikoziffern) angegeben. 5. Korrektur od. Austausch der kranken Erbanlagen (Genetic engineering) ist in absehbarer Zeit nicht möglich.

In vielen Fällen ist die Verhinderung der Fortpflanzung angezeigt, z. B. bei erbl. Blindheit od. Taubheit, bei erbl. Stoffwechselstörungen (inborn errors of metabolism); auch bei ↗ Schwachsinn u.

einigen best. psychischen Leiden (↗ Psychosen), wo die Kinder nicht nur die krankhafte ↗ Anlage, sondern auch ein ungünstiges häusl. ↗ Milieu zu erwarten hätten; die Kranken selbst werden durch ↗ Elternschaft häufig überfordert u. verlieren die zuvor gerade noch aufrecht erhaltene gesundheitl. u. soziale ↗ Anpassung. Eugen. Bestrebungen sind jedoch in Zielsetzung u. Methode nicht immer ganz problemlos. Schädl. Effekte können durch einen gewissen Nutzen kompensiert werden. Unentbehrliches (z. B. Röntgenstrahlen) kann bei unvorsichtigem Gebrauch zu Erbschäden führen. Eine scharfe Grenze zw. lebenswertem u. -unwertem menschl. ↗ Leben läßt sich weder jurist., noch ärztl. od. humanbiolog. ziehen (↗ Euthanasie). Der theol. Standpunkt ist in vielen Fragen uneinheitlich z. B. bei der ↗ Morningafter-pill u. bei der Abtreibung aus eugen. Indikation. Vor- u. Nachteile müssen immer gewissenhaft abgewogen werden. Die moderne E. hat weniger volksgesundheitl. Aspekte (↗ Gesundheitspolitik, ↗ Sozialpolitik) im Auge als das Wohl des einzelnen u. seiner ↗ Familie, wobei der soziale u. der individ. Aspekt in Einklang gebracht werden sollten; sehr oft decken sich beide tatsächlich. Sie lehnt Zwangsmaßnahmen ab. Der Verzicht auf od. der Wille zu Nachkommen soll freiwillig sein. Staat u. ↗ Gesellschaft müssen allgem. Verantwortungsbewußtsein wecken u. f. genügend genet. ↗ Beratungsstellen (wie beispielhaft in Marburg/BRD) sorgen. Die genet. Beratung behandelt jeden Fall individ. u. muß neben der Höhe des Erkrankungsrisikos auch Gesichtspunkte wie Schwere des Erbleidens, Therapiemöglichkeit, psych. Situation, Zahl vorhandener Kinder, rechtl. Verhältnisse usw. berücksichtigen.

Edith Zerbin-Rüdin

Lit.: F. Fuhrmann/F. Vogel, Genetische Familienberatung (1968); G. Wendt, Genetik u. Gesellschaft (1970); Biolog. Erbe u. menschl. Zukunft (1971); J.-D. Murken, Genetische Familienberatung u. pränatale Genetik (1972).

Euphorie. Heitere Stimmungslage mit herabgesetzter Selbstkritik bes. im Rahmen manischer Verstimmungszustände, aber auch bei toxischen Schädigungen des Gehirnes u. Sauerstoffmangel (Höhenrausch).

Vielfach bei schweren unheilbaren Krankheiten, wie multipler Sklerose, Hirntumoren, aber auch Carcinomen zu beobachten, bei denen die E. in groteskem Gegensatz zu der Hilflosigkeit des Menschen u. der Hoffnungslosigkeit seiner Lage steht.
Euphorische Stimmung wird in Versagenssituationen u. Konfliktzuständen durch Rauschmittel (Alkohol, ↗ Drogen, Psychodysleptica) gesucht, die den Betroffenen seiner äußeren u. inneren Schwierigkeiten zumindest vorübergehend entheben, eine Befreiung v. störenden Mißempfindungen, Stimmungen u. ↗ Hemmungen herbeiführen. Stoffe mit euphorisierende Wirkung werden charakteristischerweise nie als Suchtmittel verwendet. Pa

Lit.: H. H. Wieck, Lehrbuch der Psychiatrie (1967); G. Bauer, Rauschgift (1972); F. Laubenthal (Hsg.), Sucht u. Mißbrauch (1972); Schulte/Tölle, Psychiatrie (1973).

Euthanasie. (griech. eu = gut, sanft; thanatos = Sterben, Tod). Das Wissen um den ↗ Tod als Ende jeder irdischen Existenz sowie die Erfahrung v. ↗ Angst u. ↗ Vereinsamung beim ↗ Sterben anderer erweckt den Wunsch nach einem guten u. sanften eigenen Tod. Schon im 3. Jh. v. Chr. schrieb der griech. Komödiendichter Possidip: „Von dem, was der Mensch v. den Göttern zu erlangen fleht, wünscht er nichts Besseres als einen guten Tod". Als eine Möglichkeit, sich zeitig in der Kunst des Sterbens zu üben, galt das geduldige Ertragen v. Leid; eine andere war die ↗ Hoffnung auf das ↗ Mitleid u. die Hilfe der Mitmenschen. Wie es f. den Arzt der Antike jedoch nicht selbstverständlich war, die Behandlung unheilbar Kranker od. Sterbender zu übernehmen, so war bei versch. Völkern auch die Art der ↗ Sterbenshilfe unterschiedlich, die v. aufopferungsvoller Pflege bis zur ↗ Tötung des Sterbenden reichte. Erst mit dem Christentum wurde die Verpflichtung zum pfleger. Beistand bis zum letzten Atemzug des Sterbenden zur unbestrittenen Norm u. sowohl v. der Nächstenliebe wie vom Recht auf Leben begründet.
Mit der zunehmenden Säkularisierung u. den wachsenden Möglichkeiten der Medizin erfuhr der Begriff E. seit dem

Euthanasie

19. Jh. eine ständige Ausweitung. E. kann heute bedeuten:
1. *Sterbenshilfe ohne Lebensverkürzung:* dem Sterbenden werden durch seelsorgerl. u. pfleger. Beistand sowie durch schmerzlindernde Maßnahmen die versch. Phasen seines Sterbens so erleichtert, daß er seine Lebensmöglichkeiten optimal auszunutzen vermag. Sie gilt als selbstverständl. Hilfe f. das Sterben.
2. *Sterbenshilfe durch Sterbenlassen (passive* E.): es wird auf mögl. ärztl. Maßnahmen verzichtet, die den Tod hinauszögern u. damit das Leben des Sterbenden kurzfristig verlängern könnte. Denn die Anwendung lebensverlängernder Mittel bedeutet häufig f. den Sterbenden zugleich eine Verlängerung seines Leidens, so daß ein derartiges „künstl." Aufschieben des Todes als *negative* E. bezeichnet wird.
3. *Sterbenshilfe als gezielte Sterbens-Nachhilfe (aktive* E.) durch beabsichtigtes u. planvolles Eingreifen in den Sterbensprozeß wird der Tod vorzeitig herbeigeführt; dabei ist zu unterscheiden zw. ausdrückl., stillschweigender od. fehlender Einwilligung des Sterbenden bzw. (falls dieser entscheidungsunfähig ist) seiner Angehörigen.
4. *Vernichtung „lebensunwerten" Lebens* aus eugen., sozio-ökonomischen od. scheinbar altruistischen (Mitleid) Motiven: die Tötung unheilbar Kranker, insbes. geistesschwacher Menschen, wurde im NS-Staat auch als E. bezeichnet, hat aber mit dieser nichts zu tun, weil es sich nicht um Sterbende handelt. Eine derartige Lebensvernichtung wird v. der christl. Morallehre, der ärztl. Ethik u. dem internat. Strafrecht ausdrückl. u. entschieden abgelehnt (↗ Mord).

E. als Hilfe *für* das Sterben ist nicht umstritten, wohl aber E. als Hilfe *zum* Sterben, da sie als Sterbens-Nachhilfe immer auch in irgendeiner Weise lebensverkürzend wirkt — entw. durch das Unterlassen lebensverlängernder Maßnahmen od. durch den Entschluß zum lebensverkürzenden Eingriff. Die Grenzen zw. aktiver u. passiver E. verwischen jedoch häufig. Ist z. B. der Abbruch einer künstl. Beatmung schon eine gezielte Sterbens-Nachhilfe od. nur der Verzicht auf die Fortführung einer lebensverlängernden Maßnahme? Wesentlicher erscheint die Antwort auf die Frage, ob das Aufrechterhalten der Beatmung f. diesen Sterbenden noch sinnvoll ist u. ob dadurch ein anderer größerer Wert gefährdet wird. Weder das Recht auf einen „natürl." Tod noch das Recht auf Leben gelten absolut. Diesen Rechten entsprechen Pflichten, die sich v. der ↗ Gemeinschaft her ergeben. Grundsätzl. gilt, daß der Arzt die ihm zur Verfügung stehenden Möglichkeiten einsetzen sollte, solange das Leben eines Sterbenden noch in *sinnvoller* Weise verlängert werden kann. Eine Lebensverlängerung wird jedoch dann sinnlos, wenn sie den Sterbensvorgang nur kurzzeitig aufzuhalten, nicht aber rückgängig zu machen vermag, od. wenn sie mit einer übergroßen physischen, psychischen od. sozio-ökonomischen Belastung des Sterbenden u. der Gesellschaft verbunden ist. Aus der Sinnlosigkeit weiterer Hilfe allein kann allerdings nicht schon ein aktives Eingreifen in den Sterbensprozeß abgeleitet werden. Das Sterben bezieht seinen Sinn nicht v. einer mögl. Hilfeleistung, sondern aus dem Wesen des Menschen, dem die Fähigkeit eigen ist, „das Leiden nicht nur passiv zu ertragen, sondern an ihm auch reifen zu können" (Wunderli). Dem widerspricht nicht der Heilauftrag des Arztes, Leben zu erhalten u. ↗ Leiden zu lindern. Angesichts v. Sterbenden gerät der Arzt jedoch in einen ↗ Konflikt: mit der (kurzfristigen) Lebenserhaltung kann eine Vermehrung des Leidens verbunden sein, während eine Linderung der Leiden nur durch eine Lebensverkürzung zu erreichen sein kann.

Diese bei jeder Sterbens-Nachhilfe auftauchenden Schwierigkeiten sind nur zu lösen, wenn versucht wird, die Frage nach dem ↗ Lebenssinn zu beantworten u. ein Denken vermieden wird, das ↗ menschl. Leben nur utilitaristisch einschätzt u. auf das Diesseits begrenzt. Dann können als Norm f. sinnvolles u. akzeptables menschl. Leben die v. Sporken aufgestellten Kriterien hilfreich sein, um bei einem Sterbenden über eine Sterbenshilfe zu entscheiden: 1. der Patient muß faktisch die Möglichkeit haben, „in dem ihm verbleibenden Leben einen Sinn zu sehen, selbst wenn dieses ‚nur' das Leben seines Sterbens ist"; 2. er kann „noch eine best. Aufgabe (sowohl individuell als auch gesellschaftl.) zu erfüllen" haben; 3. dem Pat. ist „Kommunikation, d. h. irgendein Kontakt auf menschl. Ebene, möglich"; 4. sein Leben ist „zur Realisierung einer selbstlosen Liebe ein Appell an den Mitmenschen". Wilfried Ruff

Lit.: H. Ehrhardt, Euthanasie u. Vernichtung „lebensunwerten" Lebens (1965); J. Fischer, Euthanasie heute? (1968); Euthanasie, hsg. v. F. Valentin (1969); H. Thielicke, Wer darf leben? (1970); P. Sporken, Menschl. sterben (1972); P. Fritsche, Grenzbereich zw. Leben u. Tod (1973); P. Moor, Die Freiheit zum Tode (1973); J. Wunderli, Euthanasie od. über die Würde des Sterbens (1974).

Exerzitien. Der Begriff E. als terminus technicus f. einen spirituellen Vorgang ist unlösbar mit Ignatius v. Loyola († 1556) verbunden. Die wesentl. Elemente seines ↗ Bekehrungsweges, seine Weise des Findens des Willens Gottes hielt er schriftl. fest, um damit „anderen helfen" zu können. Das v. Paul III. am 31. 7. 1548 approbierte „E.buch" war spätestens 1541 abgeschlossen. Seine Grundrichtung wird ersichtlich aus dem „Prinzip u. Fundament" (Nr. 23), dem „Ruf des Königs" (Nr. 91 ff) u. der ↗ Meditation über die zwei Banner (Nr. 136 ff), sowie der „Kontemplation" zur Erlangung der ↗ Liebe (Nr. 230 ff); die Weisungen zur Wahl (Nr. 169 ff) u. die Regeln zur ↗ Unterscheidung der Geister (Nr. 313 ff) wollen unmittelbar zur ↗ Entscheidung führen.
Die „Geistl. Übungen" zielen nach Ignatius darauf ab, „sich selbst zu überwinden u. sein Leben zu ordnen" (Nr. 21). In der Meditation des Heilswirkens Gottes, v. a. des Heilsgeschehens in Christus soll der Exerzitant seiner existent. Situation vor Gott innewerden u. in grenzloser Verfügbarkeit den Weg suchen, den Gott weist: Dies kann durch eine in der „Wahl" erfolgende entscheidende Weichenstellung im Leben geschehen; dies wird häufiger im Bedenken des gegebenen Lebensweges u. der erwählten Lebensform vor Gott erfolgen (Nr. 169 ff. 189).
Ursprüngl. wurden die E. nur einzelnen gegeben — etwa dreißig Tage hindurch (Nr. 4). Aber schon bald wurde die Form der Gruppen-E. üblich; das erste E.-Haus entstand 1561 in Alcalá. Daneben sah Ignatius f. den Fall geringer spiritueller Bereitschaft an Stelle der gesamten E. eine kurze Einweisung in grundlegende Übungen spirituellen Lebens vor (Nr. 18). F. jene, die sich nicht f. einen Zeitraum v. 30 Tagen freimachen konnten, faßte Ignatius eine Komprimierung des Wesentlichen ins Auge (Nr. 19). Damit sind im Ansatz schon die verschiedenen Formen markiert, die sich seither entwickelt haben: E. während einiger Tage, Retraites, Einkehrtage usw. F. die Praxis v. E. (ignatianischer Inspiration) ist bedeutsam: 1. die Zielrichtung auf das Bedenken „meines" Standortes vor Gott hin, das Suchen jener Weg-Weisung, die Gott gewährt; 2. eine Atmosphäre, die dieses Hören auf Gott ermöglicht (Nr. 20), was nicht unter allen Umständen nur Stille bedeuten muß; 3. ein E.-Geber, dem einzelnen in seinem unvertretbaren Suchen des Willens Gottes Hilfe bietet, nicht aber zu vorgefaßten Entscheidungen drängt (Nr. 14 ff). Wy

Lit.: F. Wulf Hrg.), Ignatius von Loyola. Seine geistl. Gestalt u. sein Vermächtnis (1956); H. Rahner, Ignatius von Loyola als Mensch u. Theologe (1964); K. Rahner, Betrachtungen zum ignatianischen Exerzitienbuch, (1965); A. Görres, Ein existentielles Experiment. Zur Psychologie der Exerzitien des Ignatius von Loyola, in: Interpretation der Welt (Guardini-Festschrift), Würzburg (1965), 497—517; J. Sudbrack, Die Rolle des E.ngebers, in: Geist u. Leben 39 (1966) 288—300; Ignatius von Loyola, Geistliche Übungen (Übersetzung A. Haas), (1967 HB 276).

Exhibitionismus. Durch Entblößen od. Zurschaustellen des eigenen Körpers (bes. der Geschlechtsorgane) vor fremden Personen, meist des anderen Geschlechts, wird beim E. sex. Erregung u. Befriedigung gesucht. Das Verbleiben in der Anonymität mit Verzicht auf persönl. Beziehungen deutet auf eine Störung in jener frühen Entwicklungsphase hin, in der das Kind v. a. sich selbst als Liebesobjekt erfährt u. zur Schau stellt (↗ Narzißmus). Als sex. Infantilverhalten kommt E. nicht nur bei schwerer neurot. Fehlentwicklung, sondern auch bei ↗ Geistesschwäche vor. E. gilt als eine ↗ Perversion des männl. Geschlechts, obwohl psychodynamisch auch der weibl. Striptease eine Form des

E. ist. E. gilt in den deutschsprachigen Ländern als ein ↗ Sexualdelikt, bewirkt aber nur dann psych. Schäden bei Kindern, wenn eine rechtzeitige Sexualaufklärung (↗ Sexualpädagogik) versäumt wurde. ↗ Voyeur Rf

Existenzanalyse. Die E. v. V. E. Frankl (Prof. f. Neurologie u. Psychiatrie an der Univ. Wien) begründet eine Form der ↗ Psychotherapie, die sich v. der ↗ Psychoanalyse dadurch unterscheidet, daß sie nicht das triebhaft ↗ Unbewußte zu Heilungszwecken bewußt macht u. das Geistige als Epiphänomen psychischer Vorgänge versteht, sondern das Bewußtwerden des Verantwortunghabens, das Bewußtwerden des tragenden Grundes alles Menschseins, sowie die Bewußtmachung des geistig Unbewußten fördert. Es handelt sich um eine Psychotherapie vom Geistigen her. Während die E. das geist. Unbewußte bewußt macht, stellt die ↗ Logotherapie die therapeut. Verwirklichung dar. Frankl betont, daß es nicht nur unbewußte Triebhaftigkeit, sondern auch unbewußte Geistigkeit gibt, darüber hinaus ist das Geistige nicht nur als eigene Dimension, sondern als die eigentl. Dimension des Menschseins aufzufassen. Gegen Freuds Lustprinzip, gegen Adlers Geltungsstreben stellt Frankl den Willen zum Sinn u. sieht als krankmachenden Faktor die Sinnlosigkeit des gegenwärtigen menschl. Daseins; die noogenen ↗ Neurosen sind die dazugehörigen Krankheitsbilder. Frankl vernachlässigt aber keineswegs die leibl.-somat. Dimension des Menschen u. kennt auch die psychogenen u. die somatogenen Faktoren, die psych. u. konstitutionsbiolog. Substrukturen des Menschseins u. des menschl. Krankseins (somatogene Pseudoneurosen, ↗ Psychosen als Somatosen). Pastoralanthropolog. erweisen sich Frankls E. u. Logotherapie als eine Form der Psychotherapie, die eine bes. Nähe zur ↗ Seelsorge hat; in der ärztl. Seelsorge wird der leidende Mensch, der sich einem mitunter unaufhebbarem ↗ Schicksal gegenüber sieht, zu Leidensfähigkeit u. Bejahung des ↗ Leidens, zu Sinnfindung u. Wertverwirklichung geführt, indem er sich seiner Endlichkeit bewußt wird u. seiner ↗ Verantwortung gegenüber einer personalen Instanz (Gott); das ↗ Gewissen weist über eine weltimmanente Verfaßtheit des Menschen hinaus in die ↗ Transzendenz; ↗ Person ist letztlich nur als Ebenbild Gottes zu verstehen, die ↗ Selbstverwirklichung des Menschen geschehe in der Nachfolge Gottes. Rt

Lit.: V. E. Frankl, Logos u. Existenz (1951); ders., Theorie u. Therapie der Neurosen. Einführung in die Logotherapie u. Existenzanalyse (1956); ders., Psychotherapie in der Praxis (⁷1961); ders., Ärztliche Seelsorge (⁷1966); ders., Der Wille zum Sinn (1972).

Exogamie. E. ist das f. Angehörige einer ↗ Gruppe, eines Stammes od. Volkes verbindliche Gebot, den Geschlechts- od. Ehepartner außerhalb dieser ↗ Gemeinschaft zu suchen; sie ist somit die positive Seite d. ↗ Inzest-Tabus. Die in allen Kulturen zu findende E. sichert eine kooperative Verbindung v. Gruppen mit versch. Sozialbeziehungen u. ermöglicht den Abbau v. gesellschaftl. Klassenunterschieden. Dagegen zielt die Endogamie auf die Reinhaltung einer sich exklusiv verstehenden Gemeinschaft durch Heiraten untereinander (z. B. Adelsfamilien).

Exogen = durch äußere, nicht anlagebedingte Schädigung hervorgerufen (↗ Psychosen).

Exorzismus. E. (griech. ex-orkizein = die Dämonen abwehren) ist eine uralte menschl. Betätigung, böse Geister zu beschwören u. aus Besessenen auszutreiben. Nach dem NT ist Jesus dank der Wirksamkeit des ↗ Heiligen Geistes ein Exorzist v. einzigartiger Bedeutung; er erweist dadurch den Anbruch des Reiches Gottes (Mt 12,28). Auch seine ↗ Wunderheilungen sind unmittelbarer od. mittelbarer E. Er gibt seinen Jüngern den Auftrag zur Geisteraustreibung (Mt 10,8). Dementspr. stand in der antiken u. ma. ↗ Kirche der E. in größtem Ansehen. Seit der Mitte des 2. Jh. besaß mindestens jede größere Christengemeinde Exorzisten, die hundert Jahre später eine eigene Stufe in der Hierarchie der klerikalen ↗ Ämter bildeten. Schon früh wurden mehrere E.n vor der ↗ Taufe durchgeführt. In dem bislang in der kath. Kirche gültigen Taufritus f. Erwachsene finden sich 10 E.n Auch Martin Luthers „Taufbüchlein" v. 1526 enthält ausdrückl. E.-formeln. Bes. wichtig war der E. bei den Kranken, die als besessen angesehen wurden. Exorzist. Handeln erwies sich hier angeblich immer wieder medizin. Tun weit überlegen. Als man im Zuge der Aufklärung ↗ Besessenheit als „Geisteskrankheit" definierte, wurde jeder kirchl. E. als ↗ Aberglaube diffamiert. Die kath. Kirche kennt heute noch neben dem v. Papst Leo XIII. 1890 eingeführten „Kleinen E." den „Großen E." aus dem Rituale Romanum v. 1614. Die Durchführung des großen E. bedarf der ausdrückl. bischöfl. Erlaubnis. Auch in der evang. Kirche gibt es einzelne Befürworter des E. So sehr jedem Mißbrauch des E. gewehrt u. die Wirklichkeit dämon. Besessenheit viel kritischer als früher erfaßt werden muß, ist andererseits in der Kirche Jesu Christi daran festzuhalten, daß — wo u. wann es Gott gefällt — Menschen durch E.n v. widergöttl. Bindungen befreit werden können. Schi

Lit.: A. Rodewyk, Die dämon. Besessenheit (1963); ders., Dämon. Besessenheit heute (1966); E. Bartsch, Die Sachbeschwörungen in der röm. Liturgie, in: LQF 46 (1967); G. Frei, Probleme der Parapsychologie, II. T.: Besessenheit, Exorzismus u. Ekstase (1969).

Experiment(e). E. sind empir. Verfahrensweisen, durch die planmäßig u. kontrolliert Hypothesen auf ihren Wahrscheinlichkeitsgrad überprüft werden sollen. Ihr Sinn u. Wert bestimmen sich allg. v. dem zu erwartenden Nutzen her, der in einem entspr. Verhältnis zum notwendig werdenden Aufwand stehen muß (↗ Kosten-Nutzen-Verhältnis). Sie werden dann letztlich auf eine Verbesserung menschl. Lebensbedingungen hinzielen. Der Mensch ist aber nicht bloß Motiv f. E.; in Medizin, Psychologie u. Soziologie wird er häufig selbst zum Versuchsobjekt. Um die Wirkung neuer Heilmittel u. -methoden sichern zu können, müssen die in Vorversuchen gewonnenen Erkenntnisse am Menschen geprüft werden. Auch lassen sich best. individ. u. soziale Verhaltensweisen nur verstehen u. ggf. verändern, wenn der Mensch selbst Gegenstand v. E.n wird.

In jeder Versuchsanordnung, in der der Mensch zum Objekt wird, besteht die Gefahr seiner Schädigung. Eine mögl. Gefährdung läßt sich durch das erhoffte Ergebnis der E. dann rechtfertigen, wenn Risiko u. Nutzen im Bewußtsein höchster ↗ Verantwortung gegeneinander abgewogen werden. Diese Verantwortung, die das Wohl der Versuchsperson (Vp.) u. der menschl. ↗ Gemeinschaft bedenkt, wird nicht immer gewahrt. Davon zeugen z. B. die Unterkühlungs-E. im NS-Reich, die Tuskegee-Studie mit Syphilitikern u. die Contergan-Tragödie. Zwar ist sich die Mehrzahl d. Wissenschaftler ihrer Verantwortung bewußt, doch gibt es stets einige, die im Streben nach Priorität einer Entdeckung u. nach wissenschaftl. Anerkennung Versuche wagen, in denen das Risiko den mögl. Nutzen übersteigt. Gruppenforschung kann derartige E. kaum verhindern, da die gleiche eth. Einstellung die Auswahl der Gruppenpartner unbewußt beeinflußt (Barber). Daher ist eine soziale Kontrolle bes. jener E. notwendig, bei denen Menschen zu Versuchszwecken eingesetzt werden sollen. Sie muß sich schon während der Studienzeit künftiger Wissenschaftler in der Schärfung deren eth. ↗ Bewußtseins auswirken, damit sie später den ↗ Wert der Einzelperson u. der Gemeinschaft nicht dem Wert eines vordergründigen Fortschritts (↗ Fortschrittsglaube) unterordnen. Kontrollkommissionen, wie sie z. B. in den USA seit 1966 f. staatl. geförderte biomedizin. Forschungsprojekte obligatorisch sind, sollten die geplanten E. prüfen u. begleiten.

Derartige Kontrollmechanismen, in denen sich das Selbstverständnis der jeweiligen ↗ Gesellschaft ausdrückt, sind auch dort erforderlich, wo eine ausdrückl. freiwillige Zustimmung der Vp. nicht möglich ist (↗ Wahrheitspflicht). Sowohl die Urteilsbegründung des Nürnberger Prozesses (1947) wie auch die v. der 18. Generalvers. des Weltärztebundes 1964 verabschiedete Deklaration v. Helsinki betonen zwar die informierte, freie Einwilligung der Vp. als unbedingte Voraussetzung f. E. Aber die durch E. mögl. Ge-

fährdung des Lebensbereiches — Veränderung komplizierter biolog. Regelkreise u. psych. Verhaltensmuster — sind heute f. den Nicht-Fachmann nur noch selten zu verstehen u. zu beurteilen. In psych. E.n kann die bewußte Täuschung der Teilnehmer sogar ein notwendiges Mittel sein, um best. Verhaltensweisen u. Gefühlsreaktionen hervorrufen u. beobachten zu können (Milgram). So führt z. B. ein zunächst als ↗ Spiel aufgefaßter Versuch (Lehrer-Schüler- od. Wärter-Gefangenen-E. mit Strafmöglichkeiten) leicht zu einer ↗ Identifizerung mit der übernommenen ↗ Rolle, wobei unbewußte Persönlichkeitsschichten wirksam werden. In derartigen f. die Vp. oft nicht mehr kontrollierbaren Situationen vermag der einzelne auch nicht mehr über den Abbruch der E. frei zu entscheiden. Umso sorgfältiger müssen die Wissenschaftler u. die Kontrollinstanzen der Gesellschaft darauf achten, daß die Identität der Vp., ihr ↗ Wert u. ihre ↗ Freiheit, nicht dem wissenschaftl. Fortschritt untergeordnet werden (↗ Gehirnwäsche). Dazu gehört auch, daß nach Beendigung der E. dem Teilnehmer dessen Ziele erklärt werden u. daß er nicht sich selbst überlassen bleibt. Ist das gewährleistet, kann sich der einzelne sogar verpflichtet fühlen, E. im Dienst der ↗ Gemeinschaft einzugehen. Eine derartige freie Grundentscheidung, um des Gemeinwohles willen an wissenschaftl. qualifiz. E.n teilzunehmen, ist somit wesentlicher als eine informierte Zustimmung zu best. E.n. Da sie nicht v. Kindern u. psychisch schwer gestörten Kranken getroffen u. als personale ↗ Entscheidung nicht durch Einwilligung eines gesetzl. Vertreters ersetzt werden kann, ist dieser Personenkreis v. E.n auszuschließen. Bei Strafgefangenen ist darauf zu achten, daß jeder psychische u. physische ↗ Zwang unterbleibt.
Während psych. u. soziolog. E. im allg. aufgrund einer wissenschaftl. Zielsetzung unternommen werden, steht in der Medizin bei vielen E.n das Interesse des betr. Kranken im Vordergrund. Fast jeder ärztl. Maßnahme könnte zwar ein gewisser Versuchscharakter zugeschrieben werden, wenn die Erprobtheit der Methode, die Erfahrung des Arztes u. die jeweilige Situation bedacht werden. V. ihnen unterscheiden sich therap. E. jedoch dadurch, daß sie grundsätzl. nicht genügend erprobt sind u. deswegen auch im Hinblick auf künftige Kranke vorgenommen werden, wobei f. den betr. Patienten die Chance eines Erfolges deutlich geringer ist als bei Routine-Eingriffen. Eine Gefahr derartiger, in der Moraltheologie als außerordentl. ↗ Heilmittel bezeichneter E. ist die, daß im Interesse künftiger Kranker ein erhöhtes Behandlungsrisiko am gegenwärtigen Patienten eingegangen wird, womit dessen Krankheitsverlauf erschwert bzw. zu dessen vorzeitigem ↗ Sterben beigetragen werden kann. Grundlegend f. die Entscheidung zum ↗ Eingriff ist auch beim therap. E. das Verhältnis v. Risiko u. Nutzen, das zunächst im Hinblick auf das Wohl des betr. Kranken abzuwägen ist, aber auch die Interessen der ↗ Gemeinschaft (finanz. u. person. Belastung, künftiger Nutzen) zu berücksichtigen hat. Allerdings lassen sich die Erfolgsaussichten f. den betr. Patienten nur schwer abschätzen, wenn eine in Labor- u. Tier-E.n als mögl. erkannte Behandlungsmethode am Menschen versucht wird. Denn der Mensch vermag ↗ Krankheit u. ↗ Leiden anders zu erleben u. zu ertragen als das ↗ Tier, das überdies nach E.n weniger umsorgt wird als jener.
Auf die informierte freie Einwilligung des Patienten muß bei therapeut. Eingriffen ebenfalls gelegentl. verzichtet werden. Sonst könnte bei der Prüfung neuer ↗ Arzneimittel aufgrund v. suggestiven Reaktionen nicht auf die tatsächl. medikam. Wirkung geschlossen werden. Schwerkranke Patienten, bei denen ein therapeut. E. die letzte Hilfsmöglichkeit ist, können meist nicht mehr frei zustimmen. Daher ist auch hier eine soziale Kontrolle wesentlich, die dem Arzt Kriterien f. sittl. gerechtfertigte Entscheidungen zu vermitteln u. ihn dann zu stützen vermag.
(Bes. gesetzl. Regelungen f. E. am Menschen gibt es in den deutschsprach. Ländern nicht, jedoch sind die Strafvorschriften der Körperverletzung, Nötigung u. Freiheitsberaubung, sowie die zivil-

rechtl. Möglichkeit v. Unterlassungs- u. Schadensersatzansprüchen zu beachten.)
Wilfried Ruff

Lit.: A. Mitscherlich u. F. Mielke (Hsg.), Medizin ohne Menschlichkeit (1960); P. Overhage, Experiment Menschheit (1967); H.-R. Weber (Hrg.), Experimente am Menschen (1969, Stud. d. Ökumen. Rates d. Kirchen, Nr. 6); M. Marlet, in: Orientierung 33 (1969), 21—23; H. Zilinski, in: Arzt u. Christ 17 (1971), 90—98; B. Barber, in: Ärztl. Prax. 24 (1972), 4346—52; R. Sage (Hsg.), Experimentation With Human Beings (1972); S. Milgram, Das Milgram-Experiment (1974).

Exploration (lat.) Erforschung; Untersuchung; Ausforschung des psychischen Befindens (z. B. der Leistungs- u. Intelligenzfähigkeiten, der Charaktereigenschaften, usw.) durch das Mittel des ↗ Gesprächs. Im Rahmen eines psych.-testdiagnost. Verfahrens (↗ Testverfahren, Psychodiagnostische Psychologie) kommt der E. als diagnost. Instrumentarium (z. B. Lebenslaufanalyse) eine fundamentale Stellung zu.

Extraversion (lat.) ein vorwiegend auf sich selbst ausgerichtetes Interesse (nach C. G. Jung) bzw. eine persönlichkeitsbedingte Lebenseinstellung u. Verhaltensweise (nach H. J. Eysenck); das Gegenstück zur E. bildet die ↗ Introversion.

Familie. F. nennt man eine unterscheidbare soziale Einheit, die aus ↗ Eltern u. abhängigen ↗ Kindern besteht (R. Fox). Aber schon die f. diese Einheit v. den Soziologen gebrauchten Ausdrücke „Kernf." (engl. nuclear family) od. „Rumpff." weisen darauf hin, daß mit dem Einschrumpfen der tradit. ↗ Großf. zur modernen Kleinf. auch eine Begriffseinschränkung stattgefunden hat. Der Alltagssprachgebrauch ist hier mit großer Selbstverständlichkeit viel weitherziger: „Das liegt in der F.", „Er gehört zur F.". Im Jahre 1910 umfaßten noch 79% der Wiener F.n weitere Angehörige im F.nverband, im Jahre 1961 nur mehr 10% (Bodzenta), im Vergleichsjahr in der BRD nur 9% (Neidhardt). Dieser Schrumpfungsprozeß bringt versch. Probleme mit sich: Das ↗ Kind, f. dessen ↗ Sozialisation die F. die wichtigste Primär- ↗ Gruppe ist, findet zwar in der meist eher schon partnerschaftl. Binnenstruktur mit ihrer weitgehenden Rollenoffenheit optimale personale Entfaltungsmöglichkeiten, jedoch nur, wenn die Beziehungen der Eltern zueinander u. zum Kind lebendig sind (↗ Eltern–Kind-Beziehung, ↗ Partnerschaft, ↗ Rolle). Beim „Auseinanderleben" (Desorganisation) der F. ist die Gefahr v. Fehlentwicklungen groß (↗ F.npathologie). Dies betrifft nicht nur das Kind (↗ Entwicklungsstörungen), sondern v. a. auch die nur im Haushalt isolierte ↗ Frau u. ↗ Mutter sowie beide Ehegatten im langen Zeitraum der „nachelterl. Gattenf.", die mit wachsender durchschnittl. Ehedauer immer mehr an Bedeutung gewinnt. (Die durchschnittl. Ehedauer ist durch die längere Lebenserwartung zw. 1920 u. 1950 v. 27 auf 39 Jahre angestiegen). Der heranwachsende Jugendliche kommt auch im günstigsten Fall intakter, lebendiger F.nbeziehungen mit den Eltern allein als ↗ Bezugspersonen nicht aus, was auch in keiner vorindustriellen Kultur v. ihm erwartet wurde (wie die vergleichende Ethnologie zeigt: er ist in der Sippe, im Stamm, in der Großf. eingebettet). Ist nun die Kleinf. (Kernf.), wie dies häufig durch die soziale ↗ Mobilität bedingt ist, im neuen ↗ Lebensraum selbst isoliert (soziolog.: ↗ Desintegration der F. in der ↗ Gesellschaft), so ist auch aus diesem Grunde die Gefahr v. Fehlentwicklungen gegeben, z. B. der zu frühen u. zu radikalen Ablösung aus der F. in Gegengruppierungen Jugendlicher (Rauschgiftwelle, Hippie-Bewegung). Pastoral ins Auge zu fassen wäre daher das Zusammenschließen mehrerer F.n zu F.nrunden, Wohnblockgemeinschaften u. ä., um durch lebendigen ↗ Dialog sowohl den intra- wie auch den interfamiliären Kontakt zu beleben u. damit der Gefahr sowohl der Desorganisation als auch der Desintegration zu begegnen. Dabei ergäbe sich zwanglos auch die Einbeziehung unvollständiger F.n (lt. Volkszählung 1961 bestehen 14% der österr. Haushalte nur aus einem Elternteil mit Kindern). Gelingt diese Belebung der personalen Beziehungen u. die Einbettung in einer Kleingemeinde, so ist die moderne Kleinf. nach Ansicht erfahrener F.ntherapeuten wie z. B. Lidz „trotz ihres Mangels an stabilisierenden Faktoren besser geeignet f. die Vorbereitung ihrer Kinder f. das Leben in einer Gesellschaft, die rasch ihre Anpassungstechniken wechselt, als F.n mit ausgedehnten Verwandtschaftssystemen". ↗ Familienplanung, ↗ Familienseelsorge

GaS

Lit.: Lidz, Th.: The Family and Human Adaptation (1963); Schelsky, H.: Wandlungen der deutschen Familie in der Gegenwart (1967); R. Fox, in: Jungk, R./Mundt, H. J.: Hat die Familie noch eine Zukunft? (1971); Neidhardt, F.: Die Familie in Deutschland (1971); Bodzenta, E.: Die österreichische Gesellschaft (1972); Gastager, H. u. S.: Die Fassadenfamilie (1973).

Familienpathologie. F. ist ein in Mitteleuropa noch verhältnismäßig neuer Zweig der ↗ Psychopathologie, der sich letztlich mit der Frage nach ↗ Gesundheit u. ↗ Krankheit der ↗ Familie beschäftigt. Ursprüngl. handelte es sich um das Problem, inwiefern sich abnorme Familienstrukturen krankmachend auf schizophrene Kinder u. Jugendliche aus solchen Familien auswirken können. So beschrieb der amerikan. Kinderpsychiater Kanner 1949 die andauernde symbiot. Bindung zw. Müttern u. ihren später schizophrenen Kindern: Die ↗ Mutter gab unaufhörl. ↗ Liebe im Übermaß, aber unter der Bindung der Ausschließlichkeit der ↗ Mut-

Familienpathologie

ter-Kind-Beziehung u. der dauernden ↗ Abhängigkeit. Solche krankmachenden Paarbildungen zw. einem Elternteil u. einem meist gegengeschlechtl. ↗ Kind wurden später v. Bateson als double-bind (Beziehungsfalle) beschrieben: bleibt das Kind darin nach dem unbewußten Wunsch des Elternteiles verhaftet, so gilt es als unselbständig u. hilflos, ein Grund mehr, es in überfürsorgl. Weise zu bemuttern. Versucht es altersgemäß in der ↗ Pubertät sich abzulösen, so gilt es als rücksichtslos, ja unmoralisch. Durch ↗ Verdrängung des Ablösungswunsches bleibt es daher häufig in der Beziehungsfalle (in der es sich auf alle Fälle „falsch" verhält) stecken, bringt aber seinen unbewußten Wunsch nach Ablösung symbolhaft in hyster. Symptomen od. irreal in schizophrenen Wahnbildungen zum Ausdruck. Viele jugendl. ↗ Neurosen, psychosomat. Erkrankungen u. ↗ Psychosen haben hier ihre Wurzeln.

Pastoral ist zu beachten, daß die Überfürsorge (↗ Overprotection) solcher Mütter („ich lebe nur f. mein Sorgenkind") vordergründig als ethisch sehr positiv imponiert, wobei die dahinterliegende Beziehungsnot meist nicht gleich sichtbar wird, die ↗ Familie nach außen hin als intakt erscheint. ↗ Pastoral counseling darf also nicht *nur* darauf abzielen, diese krankmachende Paarbildung dem Elternteil bewußt zu machen, da dadurch allein die zugrundeliegende Beziehungsnot des Elternteils selbst nicht behoben werden kann. Es handelt sich dabei häufig um alleinstehende od. aber innerhalb der Familie isolierte Mütter ohne lebendige Gattenbeziehung. Meist kann die Ablösung des Kindes erst angebahnt werden, wenn die Beziehungsnot beim Elternteil behoben werden kann (z. B. durch lebendige Einbindung in die Pfarrgemeinde, durch Eröffnung eines neuen „Lebens-" u. damit Beziehungsbereiches f. den Elternteil).

Wann ist also eine Familie gesund, wann ist sie „krank"? Sie ist dann gesund, wenn sie die Familienmitglieder aller Generationen in lebendigen Beziehungen integrieren u. ihnen optimalen Entwicklungsspielraum gewähren kann. Dies ist aber nur dann möglich, wenn sie selbst auch in die ↗ Gesellschaft eingebunden ist, d. h. lebendige Außenkontakte zur nächstgrößeren gesellschaftl. Einheit (Kleingemeinde, Wohngemeinde, Pfarrgemeinde) hat.

Die traditionsgebundene ↗ Großfamilie der vorindustriellen Gesellschaft erweist sich in Hinsicht auf die gesellschaftl. Einbindung als sehr stabil, wodurch f. den einzelnen ein hohes Maß an Sicherheit gewährleistet ist. Sie läßt allerdings wegen ihrer starren Rollenerwartung (die ↗ Rolle des ↗ Vaters, des ältesten Sohnes usw.) ihren Mitgliedern wenig Raum f. persönl. u. soziale ↗ Mobilität.

In hochentwickelten Industriegesellschaften finden wir heute meist die moderne Kleinfamilie. Sie läßt als traditionsarme Partnerschaftsfamilie den einzelnen Mitgliedern zwar viel persönl. Entwicklungsspielraum, ist aber ziemlich instabil (hohe Scheidungsziffern), da sie — nur auf die lebendige ehel. Beziehung angewiesen — sehr krisenanfällig ist, zumal sie eben häufig nicht genügend in die Gesellschaft eingebunden ist. Zerbricht sie durch Scheidung, so führt dies zum ↗ „broken home" f. die Kinder. Wird sie durch Traditions- od. moral. Druck aufrechterhalten, obwohl die Beziehungen im inneren „zerrüttet" od. erstarrt sind, so führt dies zur „Fassadenfamilie" mit den eingangs beschriebenen Gefahren der pathogenen Paarbildung od. aber auch zu körperl. od. seel. Erkrankungen meist der ↗ Frau, die als nur Hausfrau u. Mutter mit der (berufl.) Entfaltung des ↗ Mannes nicht Schritt halten kann u. spätestens mit dem Weggang der Kinder (der noch dazu zeitl. ungefähr mit dem ↗ Klimakterium zusammenfällt) häufig in eine Krise gerät: Der Mann ist jetzt auf dem Höhepunkt seiner berufl. Laufbahn mit vielen Außenkontakten, die Frau beginnt spätestens jetzt unter der Isolierung zu leiden, in die sie längst geraten ist (Spätkrise der Ehe).

Die fehlende Bindung der modernen Kleinfamilie in die Kleinstgemeinde verschärft das Problem der ↗ Integration der Kinder (neuere Lösungsversuche: ↗ Kinderläden, kindgemäße Spielplätze mit wechselnder Aufsicht, usw.), der Jugendlichen (Trend zu informellen Gruppierungen) sowie der Altengeneration. Pastoral wären hier breite Ansatzmöglichkeiten im Rahmen der Pfarrgemeinde: Familienrunden, Gemeindezentren mit integriertem (nicht isolierendem!) ↗ Altenklub, Begegnungsmöglichkeiten aller Generationen zu gegenseitiger (nicht nur einseitiger) Hilfeleistung.

↗ *Familientherapie* nennt man Behandlungsmethoden, die krankmachende Familienstrukturen verändern sollen, wenn die Behandlung des einzelnen Familienmitgliedes (Primärpatient) sich als nicht ausreichend erweist. Bei offenen Ehekonflikten (nicht gelingende ↗ Partnerschafts-Beziehung im Falle der Frühkrise der ↗ Ehe) verwendet man meist psychoanalyt., gesprächstherapeut. od. verhaltenstherapeut. Methoden als Partnerschaftstraining. In verdeckten Ehekrisen (Fassadenfamilie) mit Symptomträgern muß den einzelnen Mitgliedern erst klargemacht werden, daß nicht nur der Primärpatient (schizophrener Jugendlicher, drogenabhängiger Jugendlicher, Frau in der klimakterischen Krise u. a. m.) selbst, sondern die ganze krankmachende Familienbeziehungsstörung behandelt werden muß.

Familienberatung zielt ebenso wie Familientherapie auf eine Verbesserung der ↗ Kommunikations-Struktur ab u. arbeitet mit denselben Methoden. Der Unterschied ist einerseits darin zu sehen, daß ärztl. Familientherapie meist dort eingesetzt wird, wo ein Symptomträger im somat. medizin. Sinn organisiert wurde (also bei körperl., psychosomat. Erkrankung), andererseits auch in der Art der Grundausbildung dessen, der die „Behandlung" durchführt: Die gleiche Methode, die der Arzt „Therapie" nennt, wird der Psychologe „Kommunikationstraining" od. „Familienberatung" nennen. ↗ Familienseelsorge. Heimo Gastager

Lit.: Richter, H. E.: Patient Familie (1970); Watzlawick, P. / Bevin, J. H. u. D. D. Jackson: Menschliche Kommunikation (1972); Gastager, H. u. S.: Die Fassadenfamilie (1973).

Familienplanung. F. ist der Fachausdruck f. den verantwortl. Gebrauch der Fortpflanzungsfunktionen innerhalb einer ↗ Ehe u. eines Sozialgefüges. Im individ. Bereich beruht sie auf Recht u. Pflicht der Eltern, Zahl u. Zeitpunkt der ↗ Schwangerschaften selbst zu bestimmen. Auf der sozialen Ebene ist sie begründet in der Notwendigkeit einer ↗ Bevölkerungspolitik, die allen Bürgern des Staates eine ausreichende Existenzgrundlage zu sichern hat. F. besteht deswegen nicht nur im Vermeiden unerwünschter Schwangerschaften, sondern auch im Ermöglichen v. gewollten Geburten. Dabei sind vier Aspekte zu bedenken:

I. *Sozio-ökonom.:* Nach dem rapiden Sinken der Sterblichkeitsziffern werden heute 218 Kinder auf 100 Ehen f. die Bestandserhaltung der Bevölkerung als ausreichend erachtet. Während der letzten Jahrzehnte nahm jedoch die Bevölkerung in Europa um 0,7%/o u. in Entwicklungsländern bis zu 3,8%/o jährl. zu, so daß sie in weiten Gebieten der Erde stärker wuchs als die Erschließung des ↗ Lebensraumes. Dadurch wurden bes. in Entwicklungsländern Verbesserungen der Ernährungs- u. Wohnsituation unmöglich, Anstrengungen im Bildungswesen überrollt u. die Arbeitslosigkeit vermehrt. Zugleich wurde damit eine F. f. den einzelnen u. f. das Sozialwesen verhindert, weil F. einen höheren sozio-ökonom. Status nicht nur anstrebt, sondern auch in Form v. besserer ↗ Bildung u. geregelter Lebensweise voraussetzt.

II. *Psych.:* Das generative Verhalten verlief bisher meist unreflektiert; noch heute wird in Europa jedes zweite ↗ Kind unbeabsichtigt gezeugt u. 15%/o der dt. Frauen sind Methoden der ↗ Empfängnisregelung unbekannt. Der Kinderwunsch hängt v. Alter, Geschlecht, Religion, Ausbildung, Einkommen u. Wohngegend ab. Als ideale Kinderzahl werden in hochentwickelten Ländern 2—3, in geringer entwickelten 3—5 (allerdings bei einer Kindersterblichkeit v. 20%/o) angegeben. Tatsächlich liegt die ermittelte Zahl der Kinder bes. in Entwicklungsländern stets über der gewünschten Zahl, was auf die Unkenntnis einer Empfängnisvorbeugung zurückzuführen ist. Während gewollte u. zum optimalen Zeitpunkt geborene Kinder meist in f. sie günstigen Verhältnissen aufwachsen, verursacht eine rasche Geburtenfolge mit übermäßiger Belastung

der Eltern oft eine körperl. u. geistige Entwicklungsverzögerung der Kinder. III. *Medizin.:* Bei Vielgebärenden finden sich vermehrt schwangerschaftsbedingte Erkrankungen u. eine erhöhte Mütter- u. Kindersterblichkeit; bei zu geringen Schwangerschaftsabständen treten vermehrt ↗ Fehl- u. Frühgeburten auf; bei Eltern über 35 J. steigt die Gefahr v. Veränderungen im ↗ Erbgut (↗ Eugenik). Zur Vermeidung unerwünschter Geburten gibt es bisher kein ideales Mittel der F. Die heute verwendeten Methoden, die nach der jeweiligen psychischen, sozialen u. physischen Situation der Geschlechtspartner gewählt werden, sind:
1. Vermeiden od. Aufschieben (höheres Heiratsalter) des Geschlechtsverkehrs. —
2. Empfängnisverhütung: a) ohne Hilfsmittel (↗ Knaus-Ogino-Methode, ↗ Coitus interruptus), b) mechan. (Kondom, Pessar), c) chem. (v. außen anwendbar: Creme, Spray; innerlich wirksam: Antibabypille, Hormoninjektion), d) operativ (↗ Sterilisierung durch Vasektomie od. Tubenligatur). — 3. Schwangerschaftsabbruch (↗ Abtreibung). — Ebensowenig gibt es ideale Methoden, um bei ↗ Unfruchtbarkeit erwünschte Schwangerschaften herbeizuführen. Sie richten sich nach den Ursachen u. bestehen in psychotherap., hormonalen od. operativen Maßnahmen; bei Zeugungsunfähigkeit ist eine Schwangerschaft durch künstl. ↗ Besamung möglich. Wilfried Ruff

IV. *Ethisch:* Sittl. Maßstab f. die F. sollte die Bedeutsamkeit der zu planenden Kinder f. die maximale Erfüllung des Sinnes u. Zweckes der Ehe sein. Deshalb sollte man sich so viele Kinder wünschen, wie man in partnerschaftl. ↗ Verantwortung voreinander, gegenüber den vorhandenen u. zu erwartenden Kindern, den Mitmenschen u. vor Gott nach bestem Wissen u. Gewissen meint haben zu sollen, u. zw. nicht in Übereinstimmung mit einem gequälten, sondern mit einem liebenden, vertrauensvollen u. nüchternen ↗ Gewissen. Dementspr. sollte das erste Kriterium f. die F. sein, ob ein Kind zur Vervollkommnung jedes einzelnen der beiden Ehegatten sowie der ihrer Paarbeziehung beiträgt. Je mehr das der Fall ist, desto mehr ist das Kind — auch psych. gesehen — die Frucht einer reifen Paarbeziehung. Die Ehegatten müßten also darauf achten, ob sie ein zu empfangendes Kind — so weit sie das voraussehen können — einander näher bringen od. entfernen würde. Sie müßten sehen, ob die berechtigten ↗ Bedürfnisse des Kindes mit den gesundheitl., psychischen, berufl. u. sonstigen berechtigten Bedürfnissen der Partner in Übereinstimmung zu bringen sind. Ist das nicht der Fall, sollten sie unbefangen auf ein Kind verzichten. Folglich sollte der Wunsch, einem Kind das Leben zu schenken bzw. der Verzicht darauf, nach Möglichkeit nur in gemeinsamer Absprache der Ehegatten erfolgen, da sonst der eine Partner dem anderen u. U. in unverantwortl. Weise Lasten auferlegt, die dieser nicht tragen kann bzw. will, u. die jener ihm nicht abnehmen kann. Kinder, die die Eltern nicht einander näher bringen u. glücklicher machen, hätten wohl auch weniger günstige Voraussetzungen f. eine maximale Entfaltung. Der immanente Sinn der Ehe wird dann ihrem transzendenten Zweck untergeordnet, anstatt gleichwertig zugeordnet.

Im Interesse der Kinder sollten die Eltern weiterhin so viele Kinder planen, wie sie aufgrund ihrer Liebesfähigkeit nicht bloß hinreichend, sondern optimal erziehen können. Deshalb sollten sie bei der F. auf ihre gesundheitl. (auch erbgesundheitl.) Verfassung achten, auf ihre päd. Fähigkeiten, auf die Bedürfnisse evtl. schon vorhandener Kinder, auf die wirtschaftl. u. soziale Lage (wie z. B. die Wohnungsverhältnisse, die beruflichen Verpflichtungen, die vorhandenen Hilfen usw.). Da der transzendente Zweck der Ehe verlangt, so fruchtbar zu werden, wie es den Bedürfnissen u. Fähigkeiten der Mitmenschen entspricht, sollten bei der F. Gesichtspunkte der ↗ Bevölkerungspolitik verstärkt zur Geltung kommen; d. h., Ehegatten sollten — im Rahmen des Machbaren — nicht mehr u. nicht weniger Kinder bekommen, als das unter ausgewogenen bevölkerungspolit. Gesichtspunkten erstrebenswert ist. Das setzt allerdings voraus, daß bevölkerungspolit.

Zielvorstellungen erarbeitet werden, die den sittl. Erfordernissen entsprechen. Bei all dem muß der Mensch sich dessen bewußt bleiben, daß seinem Planen nicht nur Grenzen durch sein konkretes Können, sondern auch durch sein moral. Sollen gesetzt sind. Folglich muß er sich damit abfinden, daß viele nichtgeplante Kinder empfangen werden. Sie haben einen unveräußerl. moral. Anspruch darauf, v. allen mit der gleichen ↗ Liebe aufgenommen zu werden wie die erwünschten Kinder.

Waldemar Molinski

Lit.: W. Molinski, Geburtenregelung u. Geburtenkontrolle, in: Sacr. Mundi, II (1968) 174—85 (Lit.); H. W. Jürgens, Geburtenkontrolle als Instrument internat. Bevölkerungspolitik, in: Münch. med. Wsch. 110 (1968) 2833—39; K. H. Wrage, Intimgemeinschaft u. Empfängnisregelung (1969); R. Fikentscher, Die kinderlose Ehe, in: Münch. med. Wsch. 112 (1970) 1579—85, 1671—81; E. Gerfeldt, F. in sozialhygien. Sicht, in: Ärztl. Prax. 23 (1971) 3871 f; G. K. Döring, Empfängnisverhütung (1971); J. Hutjes, Priester zur Geburtenregelung. Eine empir. Untersuchung (1972); W. Molinski, Bevölkerungsentwicklung u. F., in: Leb. Zeugnis 1973, H. 3, 50—73.

Familienrecht. F. im weiteren Sinn bedeutet (zumindest im Bereich der abendländ. Rechtskreise): Die Summe aller ↗ Normen einer konkreten Rechtsordnung, welche die aus der Geschlechtsverschiedenheit der Menschen entstehenden sozial. Bindungen als wesentl. Tatbestandsmerkmal beinhalten. Dazu zählen nicht nur das einschlägige Privatrecht (F. im engeren Sinn, Schadenersatz-, Miet-, Erbrecht), welches traditionellerweise vornehmlich dazu berufen ist, die persönl. u. wirtschaftl. Binnenbeziehungen der durch ↗ Ehe u. (od.) Verwandtschaft miteinander verbundenen natürl. Personen zu regeln, sondern in zunehmendem Maße auch das einschlägige öffentl. Recht (Beamten-, Arbeits-, Sozialrecht, Verfahrensrecht, Strafrecht, Verwaltungsrecht [namentlich Steuerrecht], Staatsangehörigkeitsrecht u. v.a.m.). Im engeren Sinn umfaßt das F. hingegen alle jene privatrechtl. Normen, welche die aus der Geschlechtsverschiedenheit der Menschen entstehenden (vgl. repräsentativ § 44 österr. ABGB) soziol. Beziehungen unmittelbar ordnen u. institutionalisieren. Freilich dienen auch die Institutionen des F.s i. e. S. (wie ↗ Ehe, ↗ Verlobung, Lebensgemeinschaft, ↗ Blutsverwandtschaft, künstl. Verwandtschaft u. subsidiäre privatrechtl. Schutzverhältnisse [Vormundschaft, Pflegschaft]) keineswegs nur der Wahrung privater Interessen, sondern sind vielmehr — da sowohl der Staat liberal-christl. als auch marxist. Prägung ein eminentes Interesse an geistig, körperl. u. soziolog. gesunden Gesellschaftsverhältnissen zeigt — auch zur Durchsetzung staatl. Zielvorstellungen bestimmt. Hier greift deshalb der Staat vielfach hoheitlich regelnd ein (Amtsvormundschaft, Jugendfürsorge), gewährt aber wiederum erhöhten Bestandsschutz durch Grund- u. Freiheitsrechte sowie insbes. durch die Normen des Strafrechtes (Pönalisierung v. Bigamie, ↗ Ehebruch, ↗ Inzest u. dgl.).

Für das F. entwicklungsgeschichtl. am gravierendsten waren die ↗ Säkularisierungs- u. Liberalisierungsprozesse im Zuge der „Aufklärung" (Beginn der Gleichberechtigung der Geschlechter, Betonung der ↗ Individualität u. ↗ Menschenwürde, stärkeres staatl. Interesse an Kindererziehung u. ↗ Bildung [Josephinismus]). Die Tendenz nach allseitiger, formaler Gleichberechtigung (in Ehe-, Eltern- u. Kindschaftsbeziehungen [↗ Eltern-Kind-Beziehung]) sowie die völlige Zurückdrängung kirchl. Einflußnahme (vgl. etwa das Ehescheidungsrecht des schweiz. ZGB u. der fast gleichen Ehegesetze der BRD u. Österreichs) charakterisieren das moderne F. ebenso wie seine schwierige Position im Spannungsfeld zwischen öffentl. u. privatem Recht. Gleichzeitig ist allerdings durch rechtssoziol.-empir. Beobachtungen das Vertrauen in die Gestaltungskraft des Rechts im Bereich v. Ehe u. Familie weitgehend geschwunden. Eine „förderl. Kooperation" (Bosch) der Jurisprudenz mit Theologen, Anthropologen, Psychologen, Pädagogen, Sozial- u. Wirtschaftswissenschaftlern ist daher in dieser Sphäre wohl ältester normativer Ordnungsbestrebungen mehr denn je geboten.

Mä

Lit.: Bosch, Ehe u. Familie in der Rechtsordnung (1966); Bergmann-Ferid: Internationales Ehe- u. Kindschaftsrecht (⁴1969). Schwimann, Eherecht u. Ehewirklichkeit, in: Gedenkschrift F. Gschnitzer (1969).

Familienseelsorge. F. setzt eine klar konzipierte ↗ Eheseelsorge voraus, zielt über die Partnerbeziehung (↗ Partnerschaft) auf die ↗ Eltern-Kind-Beziehung, sieht die ↗ Ehe u. ↗ Familie im Kontext ihrer gesellschaftl. Bezüge (↗ Gesellschaft) u. bezieht die das Familienleben berührenden Lebensbereiche mit ein (↗ Lebensraum); sie geschieht als Einzel-, ↗ Gruppen- u. Gemeindeseelsorge (↗ Gemeinde). Sie geht aus v. der konkreten Lebenswirklichkeit mit den die Familie betr. Existenzproblemen (↗ Wohnen, ↗ Arbeit, ↗ Familienplanung, ↗ Erziehung, ↗ Freizeit). Gegensätzl. Einstellungen der Partner zu wichtigen Lebensfragen, unkontrollierte Außeneinflüsse auf die Familienmitglieder (↗ Entfremdung), ein sich ausbreitendes mechanist. u. rationalist. ↗ Menschenbild, der Verlust des Schutzes der Gesellschaft f. die Familie als intime u. primäre Kleingruppe, ihre ↗ Manipulation durch ideolog. Interessen u. sekundäre Systeme, der ↗ Streß des Berufslebens sowie vordergründiges ↗ Prestigedenken u. Freizeitkonsum (↗ Konsumverhalten), die Spannungen durch den ↗ Generationskonflikt rufen nach Verlebendigung der innerfamiliären ↗ Kommunikation bei einer gleichzeitig angestrebten ↗ Aktivität nach außen über die Familie hinaus. Es sind Hilfen verlangt, die Orientierung (↗ Werte, ↗ Normen, ↗ Entscheidung, ↗ Gewissen, ↗ Glaube) geben u. so die ↗ Angst im Miteinanderleben verringern, die Fähigkeit zur partnerschaftl. ↗ Liebe entfalten u. ein vorbehaltloses Engagement füreinander (↗ Treue) aus persönl. ↗ Erfahrung begründen (↗ Motivation). Damit sind die Ehe- u. Familienbildung als bes. Sach- u. Zielbereich der ↗ Erwachsenenbildung sowie die Familienhilfe (Familienpflege, -erholung, ↗ Behinderten-Hilfe, Hilfen f. Teil-, Mehrkinder-, Ausländerfamilien, Hilfen bei ungewollter ↗ Schwangerschaft in u. außer der Ehe) zusammen mit gesellschafts- u. familienpolit. Bemühungen auf kommunaler, landes- u. bundespolit. Ebene (finanz. Sicherung u. Entlastung, familiengerechter Wohnungsbau u. -beschaffung, ↗ Kindergarten—Schule—Berufsausbildung, kindergerechte Spielplätze) Basisaufgaben der F.,

verstanden als umfassender Heilsdienst. Es geht heute — im Ernstnehmen der Schöpfungswirklichkeit — um eine Generalisierung des Guten im Dienst an allen, bes. an den gesellschaftl. u. kirchl. Randgruppen. Vordringl. Aufgabe ist ein Konzept an prakt., sozialer, beraterischer Hilfe (↗ Caritas, ↗ Diakonie, ↗ Ehe-, ↗ Erziehungsberatung ↗ Beratung), damit niemand in wirkl. Not alleingelassen ist. Insbes. Ehepaargruppen (Familiengruppen, -kreise), deren Mitglieder sich durch den gegenseit. Kontakt helfen u. die lebendige ↗ Gruppen in einer offenen ↗ Gemeinde darstellen, können diese Arbeit anregen u. tragen durch das klärende u. befreiende ↗ Gespräch, durch konkrete Dienste gemeinschaftl. ↗ Diakonie, durch Zusammenarbeit mit Pfarrod. Kirchengemeinderat, mit Verbänden u. Einrichtungen, mit den Sorgen u. Interessen der Familie nahestehenden fachkundigen Persönlichkeiten.

Je ernsthafter pastorale Bemühungen theol. begründet sind, umso glaubwürdiger u. wirksamer sind sie. Grundlegend f. eine Ehe- u. Familientheologie ist die unmittelbare u. ganzheitl. Offenheit des Menschen als ↗ Person, als ↗ Mann u. ↗ Frau f. die Begegnung mit Gott, mit dem Mitmenschen u. in bes. Weise mit dem andersgeschlechtl. Lebensgefährten bzw. zw. Eltern u. Kindern. Diese doppelte Bindung befähigt zur Entfaltung der Menschlichkeit u. zur Weltverantwortung. Beide Grundbezüge sind gefährdet durch das begegnungsunfähige, selbstgerechte ↗ Ich. Jesus, der Christus, eröffnet in der gläubigen Begegnung dem Menschen dessen wahre Gestalt (↗ Gottebenbildlichkeit), u. heilt durch seine das ↗ Böse überwindende Hingabe den Menschen u. seine Beziehungen. Familie als gefühlsmäßig geschützter Raum (↗ Emotionalität) u. offene, angstfreie Beziehung will alles Tun u. Dasein füreinander als einen Akt der ↗ Liebe, die aus dem Geheimnis der Liebe Gottes schöpft, freilegen. Die Gattenliebe u. mit ihr die Eltern-Kind-Liebe werden zum erfahrbaren u. wirksamen Zeichen f. den Heilswillen (↗ Heilung u. Heil) Gottes, f. die in Christus erkennbar gewordene u. durch die Kirche fortwirkende Zuwen-

dung Gottes, die in ihrer ↗ Treue trotz allem menschl. Sichversagen unwiderrufl. zugesagt bleibt. Die Kirche aktualisiert sich in ihrer gott-menschl. Dimension bis hinein in eine Ehe u. Familie, die im ↗ Glauben ihre Krisen u. ↗ Konflikte durchsteht u. so auch die Nöte ihrer Zeit u. ↗ Umwelt aufholt.
Ehe u. Familie können mit ihrer intimen ↗ Kommunikation, ihrer Spannung aus der ↗ Partnerschaft u. der ↗ Eltern—Kind-Beziehungen eine ihnen eigene Dynamik als Zelle der kirchl. Gemeinde u. als Ursprungsgruppe in der Gesellschaft entwickeln. Hier liegt ein f. eine Erneuerung v. Familie, Kirche, Gesellschaft bisher nicht genügend beachtetes Potential. Daraus ergibt sich als primärer Formalaspekt der F.: Möglichst viele Familien zu befähigen, daß sie das Leben in Kirche u. Gesellschaft aus ihren familiären Erfahrungen heraus eigenaktiv mitgestalten können. Familienpastoral wird zur Pastoral durch die Familie f. suchende, verunsicherte, überforderte, belastete Familien u. Vereinzelte. Da die Familie v. allen Lebensbereichen betroffen u. mit allen Lebensaltern unmittelbar konfrontiert ist, ist hier ein zentraler Ansatz dafür zu sehen, daß Junge u. Alte, Gesunde u. Kranke, Erfolgreiche u. am Leben Zerbrochene in den Blick kommen. Freilich hat die christl. Ehe u. Familie sich in dem Sinne zu relativieren, daß die Nachfolge Christi eine neue Verbundenheit u. eine intensivere Verpflichtung des Glaubenden f. die Brüder („die Anderen", Sartre!) begründet als Sympathie u. familiäres Zugetansein. Daher ist sie auch angewiesen auf das Zeugnis u. den Dienst der „Unverheirateten um des Reiches willen" (↗ Ehelosigkeit, ↗ Jungfräulichkeit).
Um den jeweiligen örtl. u. regionalen Bedürfnissen entsprechen zu können, ist eine Bedarfsanalyse notwendig. Weithin scheint das Gespräch der ↗ Seelsorger über familienpast. Fragen um der ↗ Glaubwürdigkeit u. Eindeutigkeit der ↗ Seelsorge willen Vorrang zu haben. Ehepartner sind am besten ansprechbar über Fragen der Kleinkindererziehung, der Gewissensbildung (↗ Gewissen), der geschlechtl. Erziehung (↗ Sexualpädagogik), der rel. Bildung (↗ Kinder-, ↗ Jugendseelsorge). V. den Erziehungsproblemen her eröffnet sich der Zugang zu oft unbewußten Problemen der Ehe u. ihrer partnerschaftl. Gestaltung wie insbes. auch ihrer rel. Motivierung. Fragen nach einem gläubigen Miteinander im Alltag (↗ Spiritualität), ↗ Gebet, bibl. Besinnung, ↗ Gottesdienst u. Festfeier, Teilhabe an den ↗ Sakramenten setzen hier am fruchtbarsten an. Bes. schwierig wird es mehr u. mehr f. junge Paare, sich auf einander einzuspielen u. zu einer geistigen Symbiose zu finden. Der Zugang zu anderen braucht bes. Anlässe, da sie zunächst sehr stark aufeinander eingestellt sind.

Brautgespräch (↗ Brautunterricht), Taufgespräch (↗ Taufe), Elternkatechese, Einbeziehen der Eltern in die Hinführung der Kinder zu den Sakramenten (Eucharistie, ↗ Beichte, Firmung; Abendmahl), Mitarbeit v. Ehepaaren aus der Eigenerfahrung wie als Fachleute in der mittelbaren u. unmittelbaren Ehevorbereitung sind unverzichtbar f. eine Aktivierung der Glaubenssubstanz in den Familien u. f. eine Aktivierung des Gemeindelebens. Dazu zählen weiter Familiengottesdienste, gelegentl. als Haus- od. Gruppengottesdienst sowie v. Elterngruppen vorbereitete bes. Kindergottesdienste. Die Seelsorge an konfessionsverschiedenen Ehen (↗ Mischehe) ist im Zusammenhang mit der gesamten Familienpastoral u. zugleich mit den ökumen. Bemühungen zu sehen. Gemeinsame Trauegespräche, gegenseitige Trauassistenz, bes. ehebegleitende Hilfen, ökumen. Familiengottesdienste, ökumen. Besuchsdienst setzen die Bereitschaft zur interkonfess. Begegnung überhaupt voraus.
Je schwieriger f. die ↗ Jugend der Weg zur Personreife (↗ Person, ↗ Personalität) u. zur Ehereife (↗ Ehefähigkeit, Frühehe) u. die ↗ Partnerwahl werden, umso notwendiger ist ein breites Angebot einer rechtzeitigen u. qualifizierten Ehevorbereitung. In den entscheidenden Entwicklungsphasen (↗ Entwicklung u. a.) sollten den Jugendlichen Foren u. Seminare zu Fragen der Bedeutung der ↗ Sexualität, der ↗ Partnerschaft, der ↗ Partnerwahl, der Liebesfähigkeit als Vor-

aussetzung f. eine Dauerbindung angeboten werden. Das unmittelbare seelsorgl. Traugespräch (↗ Brautunterricht) wird weithin bereits durch örtl. Ehevorbereitungsseminare u. gelegentl. durch mehrtägige Kurse zur Einübung in Partnerschaft (Brautleutewochen) f. bes. Interessierte ergänzt. ↗ Familientherapie

Vinzenz Platz

Lit.: Stirnimann, Heinrich (Hrsg.): Christliche Ehe und getrennte Kirchen (Dokumente — Studien — internationale Bibliographie), Ökumenische Beihefte 1 (1968); Adenauer, Paul (Hrsg.): Ehe und Familie — Ein pastorales Werkbuch (1972); Liss, Bernhard: Thema Ehe — Familie (1974).

Familientherapie. F. ist als eigenständige „Fachrichtung" in den USA bereits seit über 30 Jahren eingeführt. Erst in den letzten Jahren wurde F. im dt. Sprachgebiet v. a. durch H. E. Richter bekannt. F. umfaßt alle — vorwiegend auf psychoanalyt. bzw. psychotherapeut. Basis angelegten — Methoden, die darauf abzielen, nicht nur das den ↗ Arzt bzw. Therapeuten aufsuchende Individuum in den Mittelpunkt therapeut. Bemühens zu stellen — sondern alle seine erreichbaren Familienangehörigen. In den Beziehungen der Familienmitglieder lassen sich f. den Fachmann nicht selten Störungen ermitteln, die ein od. mehrere Individuen zu einem Patienten „organisieren" (vgl. Richter 1970). Bes. Aktualität hat die F. durch die zunehmende Unsicherheit des gegenwärtigen Lebens in einer „konsumierenden Massengesellschaft" erlangt. Wesentl. Ursache f. die verbreitete Unsicherheit ist der immer stärker werdende soziale Wandel (Richter), der vielfältige Probleme f. die Familienmitglieder, insbes. f. die ↗ Kinder u. Heranwachsenden mit sich bringt.

Das sich ändernde Rollenverständnis v. seiten der ↗ Gesellschaft als auch vonseiten der einzelnen Individuen fordert mehr od. weniger rasche geistige Umstellungsprozesse, denen nur wenige gewachsen sind. Als Beispiel sei hier nur das Problem der berufstätigen Hausfrau genannt, die zu leicht in Pflichtenkollision mit ihren zahlreichen Aufgaben (Kinderbetreuung, Besorgen des Haushalts, ↗ Aktivitäten in ihrem Beruf, evtl. noch zusätzl. Ausbildung u. a.) gerät.

Die F. bedient sich versch. psychotherapeut. Methoden, u. zw. als Einzel- wie als Gruppenbehandlung. Zur F. gehört auch der weite Bereich der ↗ Ehe- u. Familienberatung. ↗ Erziehungsberatung, ↗ Familienpathologie, ↗ Familienseelsorge

Stu

Lit.: Richter, H. E.: Patient Familie (1970); Junker, H.: Das Beratungsgespräch (1973); Handbuch der Ehe-, Familien- u. Gruppentherapie (1973).

Fanatismus. Wörtl.: fanaticus (lat.) = v. einer Gottheit in Raserei versetzt. Symptomatisch ist F. ein „blindes", doktrinäres, affektiv übertriebenes u. meist aggressives Sich-Ereifern f. nur einige wenige Ziele od. Ideen (↗ Vorurteile) aus vorwiegend rel. (z. B. Religionskriege, Zelotentum, ↗ Religionspsychopathologie), moral. (Gerechtigkeits-, Wahrheits-F., ↗ Moralpsych.) od. polit. (Militarismus, ↗ Rassenideologie, Totalitarismus) Zusammenhang. Nicht verwechselt werden dürfen F. u. Begeisterung, Enthusiasmus, Idealismus (↗ Ideal), ↗ Glaube, ↗ Besessenheit, ↗ Trotz, ↗ Sucht, ↗ Leidenschaft, Querulantentum u. ↗ Zwangssymptome, obgleich sie gewisse Affinitäten besitzen.

Charakterologisch handelt es sich beim F. um Strebungen, die sowohl hohe Intensität (Gefühlserregbarkeit, ↗ Emotionalität) als auch große Nachhaltigkeit (Bindungsfähigkeit) aufweisen (Lersch). Eine ausgeprägte Fehlentwicklung des ↗ Gewissens (Prinzipienmenschen) od. gar die ↗ psychopatholog. Erscheinungen der paranoiden (↗ abnormen) Persönlichkeiten (Schizoide, fanat. Psychopathen, Neurotiker, ↗ Wahn, ↗ Psychopathie, ↗ Neurose) sind ebenfalls als Wegbereiter des F. anzuführen.

Fanatiker sind v. mimosenhafter Empfindlichkeit hinsichtl. ihrer eigenen Person u. zur Selbstbescheidung nicht fähig. Die im Alter (↗ Altern) abnehmende Umstell- u. Anpassungsfähigkeit, die Erstarrung des Affektiven u. Intentionalen (Interessen) können ebenso wie die Einseitigkeit u. das labile ↗ Selbstwertgefühl in der Jugendzeit (↗ Jugend) dem F. den Boden bereiten.

Tiefenpsych. resultiert F. aus unbewußten ↗ Abwehrmechanismen u. wird zur

Kompensationsform v. ↗ Minderwertigkeitsgefühlen u. ↗ Frustrationen, gespeist aus Ressentiment (sublime Art der Vergeltung aus Lebensneid) u. ↗ Geltungsbedürfnis (Sendungsbewußtsein des Zukurzgekommenen). Männer überwiegen unter den Fanatikern. Neben Einzelnen können auch ↗ Gruppen u. v. a. ↗ Massen dem F. erliegen.
Therapie u. Prophylaxe: Bei zu ↗ Radikalisierung neigenden Jugendlichen sind Übertragen v. konkreten Aufgaben u. echter ↗ Verantwortung sowie gesprächsweise Bearbeitung v. Erfolgen u. Niederlagen hilfreich. Hinweise auf ideelle Überspannung u. gefährl. Fehlbeurteilungen samt deren Folgen u. Anbieten v. Modellen des Ausgleichs u. des Kompromisses, ohne jedoch die Begeisterungsfähigkeit junger Menschen zu schmälern, können gegenüber evtl. auftretendem F. dämpfend wirken. Eine dem F. entgegenwirkende ↗ Erziehung bemüht sich um Entfaltung v. psych. Einfühlungsvermögen, Rücksichtnahme, Offenheit, Aufgeschlossenheit, Vielseitigkeit, Realismus, Kritikfähigkeit (auch gegen sich selbst), Unterscheiden des Wesentlichen v. Unwesentlichem, Festigung des Selbstvertrauens (Ermutigungspädagogik) u. eine Gewissensbildung, die gezielt gegen Rigorismus u. ↗ Skrupulosität Front macht. Erziehung zur ↗ Toleranz u. zum Ertragen v. Niederlagen u. v. Triebeinschränkung, v. a. zur Kontrolle der ↗ Aggressionen (↗ Friedensforschung), beugen dem F. vor. Bei schwierigen Fällen sind ↗ Beratungsstellen u. Fachleute einzuschalten.

MüG

Lit.: Heiss, R.: Der jugendliche Radikalismus. In: Die Erziehung (1930); Rudin, F.: Fanatismus (1965); Hoffer, E.: Der Fanatismus (1965); Petrilowitsch, N.: Abnorme Persönlichkeiten (1966).

Fasten. Es gibt ein Hungern unter äußerem ↗ Zwang, so bei Nahrungsmangel od. Nahrungsentzug, aber auch unter innerem Zwang, wie bei manchen Zwangsneurosen u. ↗ Psychosen. Freiwillig hungert der mit Recht so genannte Hunger-Künstler, um Geld zu verdienen od. berühmt zu werden. Freiwillig ist auch ein Hunger-Streik zu polit. od. wirtschaftl. Zwecken, ferner das Hunger-Experiment eines Forschers, der sich zu wissenschaftl. Zwecken der Nahrung enthält. Freiwillig hungern schließlich Kranke zu therapeut. Zwecken, wie überhaupt die meisten sog. F.kuren psych. gesehen Hungerkuren sind. Demgegenüber hat das F., wie das echte Beten, keinen Zweck, sondern einen Sinn, der weder mit dem Verstand faßbar noch mit bloßem Wollen erreichbar ist. Während der willensmäßig Hungernde best. Zwecke verfolgt u. dabei seine Persönlichkeit, sein ↗ Ich, zu behaupten sucht, gibt sich der Mensch im F. gefühlsmäßig einem Übergeordneten hin, um einer höheren Existenz teilhaftig zu werden. Insofern ist das F. irrational u. transzendental, auch wenn im Heilf. ↗ „Gesundheit" od. sozialethisch ↗ „Gemeinschaft" erstrebt wird. Im F. muß sich der Mensch aber auch behaupten im Sinne v. „Machet Euch die Erde (bzw. den Leib) untertan." Insofern besteht eine — unbewußte Identität mit willensmäßigem Hungern. Bewußt aber kann ein Wechsel zw. beiden Arten v. Nahrungsenthaltung eintreten.

Manche F.ärzte definieren das F. als freiwillige u. völlige Nahrungsenthaltung bis zu jenem Zeitpunkt, da lebensnotwendige Substanz angegriffen wird; erst danach beginne das Hungern. Damit rechnete man früher nach 80 bis 90 Tagen, in neuerer Zeit wurden aber Hungerkuren, allerdings bei Fettleibigen, bis zu 250 Tagen durchgeführt. Die lebensgefährl. Grenze, wonach es übrigens nur noch ein Verhungern gibt, ist also nicht bekannt; auch tritt jenes „elementare Hungergefühl", das frühere F.ärzte als Zeichen eines „Ausgefastetseins" u. Beginn des Hungerns meist nach 40 bis 60 Tagen erwarteten, oft nicht ein.

Ursprüngl. war Nahrungsenthaltung ein mag. Akt (↗ Magie), um „verderbl. Kräfte" abzuwehren. Dieser „apotropäische Charakter" (P. R. Arbesmann) ist auch im F. noch wirksam, u. „negative Magie der Ernährung" hat nach wie vor ihre Berechtigung. Damit einher geht eine „Stärkung der eigenen Macht" über andere wie über sich selbst. Spezif. F.ärzte glauben an eine „Naturheilkraft", die am stärksten bei völliger Nahrungsenthaltung zur Auswirkung kommt. In myst. Schau ist es mit O. Buchinger, der „Archäus"

Fasten

bzw. der „innere Arzt", dem sich der F. de anvertraut. Wenn das Abzuwehrende nicht mehr bzw. nicht nur in der Nahrung, sondern innerlich erlebt wird, ergibt sich das myst. F. Erstrebt wird eine Annäherung an das Unbegreifliche, psych. eine Versenkung ins ↗ Unbewußte, wozu das F. den Weg bereitet. Voraussetzung zum F. ist eine gewisse Bereitschaft; so kann ein ↗ Kind zwar Nahrung verweigern, aber erst im Jugendalter ist F. möglich (Pubertätsaskese). Dann wieder bildet das ↗ Klimakterium der ↗ Frau eine gewisse Disposition, während ↗ Männer in den „Wechseljahren" meist weniger geneigt sind. Es gibt aber auch eine latente Bereitschaft zum F., die weit häufiger ist als eine ausgesprochene. Anlässe hierzu bieten manche ↗ Krankheiten, insbes. akute Erkrankungen, bei denen das Hungergefühl aussetzt. Ferner disponieren Angst- u. Zwangsneurosen, depressive u. hypochondr. Zustände zum F. Bes. disponiert sind ängstl., überempfindl. u. selbstunsichere Persönlichkeiten.

Bereitschaft zum F. findet sich eher bei schizothymen als bei cyclothymen Charakteren (E. Kretschmer), eher bei Introvertierten als bei Extravertierten (C. G. Jung). Geneigter sind v. innen geleitete als v. außen gesteuerte Menschen, nach innen als nach außen Integrierte (E. R. Jaensch), der „homo divinans" mehr als der „homo faber" (Th. W. Danzel). Besonders geneigt ist der „homo religiosus" (M. Scheler) bzw. der „rel. Typus" (E. Spranger). Das sind freilich Abstraktionen, die aber zum Verständnis einer konkreten Bereitschaft beitragen können. Eine der genannten Bereitschaften genügt meist nicht, mehrere zusammen schon eher, stets ist aber eine Aktivierung erforderlich. Ärztlicherseits geschieht das durch eingehende ↗ Anamnese, bes. hinsichtl. Ernährung u. Genußmittel. Allgemein verbreitet sind Schuldgefühle; meist nur unbewußt od. verdrängt. Diese müssen aktiviert werden.

Charakteristisch sind gewisse Verunreinigungsgefühle, die zunächst körperl. verstanden werden, oft auch mit Recht. Daraus kann ein Reinheitsstreben hervorgehen, möglicherweise als Ausdruck einer ↗ Neurose, zugleich aber doch auch der Versuch zu deren Überwindung. Jedenfalls gibt es ein echtes Reinheitsstreben — körperl. wie seel. u. geistig. Eine neurot. Struktur ist solange sinnvoll, wie Krankheitsveränderungen auf diese Weise behoben werden können. Dann aber muß die „Verunreinigung", die aus sex. od. aggressiver Herkunft sein kann, seel.-geist. erlebt u. sublimiert werden. Dazu bedarf es einer vertieften Selbsterkenntnis u. bei Neurosen auch analyt. ↗ Psychotherapie.

Zum F. gehört ↗ Regression, d. h. unbewußtes Zurückweichen auf frühere Erlebnisse u. Entwicklungsstufen. Das ist nötig, um Rückstände nachzuholen, u. möglich durch ↗ Introversion, die schon durch Nahrungsenthaltung begünstigt u. durch ↗ Entspannung, ↗ Meditation u. Kontemplation noch gefördert wird. So kann schließlich eine echte ↗ Progression erfolgen u. der gewandelte Mensch sich wieder seiner ↗ Umwelt zuwenden. Das ist freilich ein langwieriger Prozeß vor, während u. nach einem F., der aber hierdurch sehr gefördert wird.

Das F. ist primär individuell; bei Naturvölkern sind es stets einzelne Personen, die aus bes. Erleben zum F. kommen, Medizinmänner u. Schamanen, in Hochreligionen Propheten u. andere Persönlichkeiten bes. Art; sie fühlen sich durch übergeordnete Mächte berufen u. sind mit C. G. Jung durch ↗ Archetypen bzw. Dominanten des ↗ kollektiven Unbewußten bestimmt. Darin liegt überhaupt erst die Möglichkeit, daß F. einzelner Personen f. Gemeinschaften verbindlich wird. So ist denn auch — anthropolog. gesehen — f. das F. der Christen Jesus Christus v. zentraler Bedeutung.

Nachdem nun die christl. F.praxis bis auf kümmerliche Reste zusammengeschrumpft ist (Joh. Schümmer), bemüht man sich in den letzten Jahren um eine Erneuerung. Dazu verlangte P. R. Regamey: 1. Wie Christus wird der Christ durch den ↗ Heiligen Geist zum F. geführt, 2. zu einem wirklich strengen F., 3. einem geistigen Kampf, 4. wie Christus durch F. seine Erlösertätigkeit einleitete, so beseelt der Christ sein F. durch brüderl.

Faszination

↗ Liebe. Nach Arthur Wallis, dessen Buch die beste Schilderung des christl. F.s bietet, brauchen wir, ob gesund od. krank, den Geist Gottes, bevor wir ein F., bes. ein lange dauerndes, unternehmen.

Von Paul Rohleder werden alljährlich im „Berneuchener Haus" in Horb (Württ.) F.- u. Gebet-Wochen veranstaltet. Diese Zeit ist aber viel zu kurz, um ausreichende ↗ Erfahrungen zu machen. Es leuchtet auch nicht ein, warum „eine Begründung des rel. F.s nicht v. so od. so gearteten Erwartungen u. psych. Bedürfnissen ausgehen darf". Ist etwa die Nachfolge Christi nicht mit Erwartungen verbunden u. erfolgt sie nicht aus seel. Bedürfnissen?

Die Hoheneck-Zentrale in Hamm i/W. gibt alljährlich „F.briefe" heraus, auch mit „Anregungen einer Experten-Kommission" (1964). Darin wundert sich Norpoth, daß nicht schon längst wieder v. der Kirche eine sechswöchige Abstinenz v. Fleisch, Alkohol u. Nikotin eingeführt ist; das wäre aber noch kein F. Martini betont die persönl. ↗ Freiheit u. schließt damit eine kirchl. F.disziplin aus. Häring hält ein rein geist. Zielsetzung f. utopisch, er betrachtet mit Recht das F. als leib.-seel. u. geist. Übung, es fehlen aber anthropolog. Grundlagen, ohne die eine Erneuerung in unserer Zeit nicht möglich ist.

V. a. muß zw. Hungern u. F. richtig unterschieden werden, u. zw. nach der bewußten Motivierung. Im Unbewußten gibt es eine solche Trennung nicht, wohl aber biolog. Grundlagen u. Triebgefüge bzw. deren Störungen, die zu der einen od. anderen Form v. Nahrungsenthaltung disponieren. Durch willensmäßiges Hungern können zwar Krankheitsveränderungen behoben u. auch psychische Heilwirkungen erzielt werden, zur Behebung v. Neurosen u. Wandlung der Persönlichkeit wie zur sitt.-rel. Erneuerung bedarf es aber des F.s. Eugen Heun

Lit.: Heun, E.: Das Fasten als Erlebnis u. Geschehnis. Psych. u. physiolog. Grundlagen der Nahrungsenthaltung (1953); Regamey, P. R.: Wiederentdeckung des Fastens (1963); Heun, E.: Heilung durch Fasten u. Rohsäfte (²1966); Buchinger, O.: Das Heilfasten (¹³1967); A. Wallis, God's Chosen Fast. A Spiritual and a Practical Guide to Fasting (1968); Hall, F.: Atomkraft v. Gott durch Fasten u. Gebet (1972).

Faszination (lat.) Bezauberung; verblendete Begeisterung; Gebanntsein v. einem Menschen od. einer Menschengruppe. F. bezeichnet ein nicht immer rational erklärbares, vom Bewußten od. ↗ Unbewußten bestimmtes Verhalten, das bis zu einem unlösbaren Gefesseltsein an einen Menschen, eine Sache bzw. ein Erlebnis reicht. ↗ Ekstase ↗ Fixierung

Fatalismus (lat.) Lebenseinstellung, daß alles unabänderlich durch ein v. Gott od. kosm. Kräften ausgehendes ↗ Schicksal (= fatum) vorbestimmt sei. Eigenaktivitäten u. Anstrengungen werden bei F. v. vornherein als erfolglos u. damit sinnlos abgelehnt. ↗ Determination

Feed-back. Der Begriff F. — urspr. f. Rückkoppelungseffekt in Mechanik u. Elektrotechnik gebraucht — bezeichnet einen Rückmeldevorgang in einem kybernetisch zu verstehenden System (Regelkreis). Dabei kann die Wirkung bzw. das Ergebnis (output) des Systems mittels Rückfluß v. Informationen einen od. mehrere der Wirkfaktoren derart beeinflussen, daß die Funktion des Systems in ihrer Wirkung modifiziert, d. h. verstärkt od. abgeschwächt wird. Die meisten biolog. (z. B. Zentralnervensystem) u. sozialen Systeme (z. B. Organisationen) funktionieren mit F. So beruht auch das „↗ Lernen am Erfolg" auf einer Rückkoppelung, indem das ↗ Erfolgserlebnis zum Einüben od. zur Änderung eines best. ↗ Verhaltens motiviert (↗ Verhaltenstherapie). In der ↗ Gruppendynamik besteht das F. in den Reaktionen, die durch eine Verhaltensweise eines Gruppenmitglieds bei anderen bewußt od. unbewußt ausgelöst werden, wodurch dem Betroffenen sein Verhalten einsichtig u. modifizierbar werden kann. Rf

Fehlbildung ↗ Entwicklungsstörungen ↗ Behinderte

Fehlgeburt. F. (medizin. Abort(us)) ist die Ausstoßung einer noch nicht selbständig lebensfähigen Leibesfrucht, die noch nicht 35 cm lang u. noch nicht 28 Schwangerschaftswochen alt ist. Es gibt ungewollte (spontane) u. künstlich herbeigeführte (artifizielle) F.n. Man unterscheidet Frühaborte vor der 12. Woche u. Spätaborte. Bei einer spontanen F. treten zuerst Blutungen u. häufig auch Kreuzschmerzen auf. Die Frucht wird oft mit dem Blut ausgestoßen, ohne daß die Frau es bemerkt. Da sich aber noch Reste der Placenta in der Gebärmutter befinden können, müssen diese mittels Kürettage entfernt werden. Strengste Asepsis ist geboten, da sich sonst Puerperalsepsis einstellen kann. Bei einem spontanen Spätabort setzen Wehenschmerzen u. Fruchtwasserabgang wie bei einer Geburt ein. Beim verhaltenen Abort war der Embryo schon einige Wochen zuvor abgestorben ohne Schaden f. die Mutter. Man nimmt an, daß etwa 10—20% aller ↗ Schwangerschaften durch Spontanabort beendet werden, wobei die Frühaborte am häufigsten sind. In einem hohen Prozentsatz zeigen solche Früchte schwere Mißbildungen u. Abweichungen im Chromosomensatz. Weitere Ursachen können ↗ Krankheiten der Mutter sein, wie hormonelle Störungen, Infektionskrankheiten u. Erkrankungen der Gebärmutter, die eine Einnistung des befruchteten Eies verhindern. Außerdem können schwere Arbeiten (Bauersfrauen), ↗ Unfälle u. ↗ Schocks zu Spontanaborten führen.

Beim habituellen Spontanabort (mehr als 3 F.n ohne erkennbare Ursachen) ist eine gründl. Durchuntersuchung der Frau geboten. Bei entspr. Beobachtung u. medikam. Behandlung kann die ↗ Schwangerschaft bis zur normalen Geburt erhalten werden. Es ist wichtig, daß sich alle schwangeren Frauen, bei denen Blutungen auftreten, sofort zum Arzt begeben, der sie einer entspr. Behandlung zuführen wird. Die künstl. eingeleitete F. ist ein willkürl. Schwangerschaftsabbruch, der in vielen Ländern (BRD, Österreich, Schweiz) nur aufgrund einer medizin. Indikation, wo das Leben der Mutter durch die Schwangerschaft höchst gefährdet ist, straffrei bleibt. Alle übrigen Aborte werden strafrechtl. als ↗ Abtreibung verfolgt.
↗ Familienplanung   Gg
Lit.: Niedermeyer, A.: Hdb. d. spez. Pastoralmedizin Bd III, 145—179 (1950); Helbling, W.: Pathologie der Frühschwangerschaft, in: Klinik der Frauenheilkunde V (1966); J. Gründel (Hg), Abtreibung, pro u. contra (1971).

Fehlleistung. F. bezeichnet in der ↗ Psychoanalyse eine Handlung, deren ausdrücklich (bewußt) angestrebtes Ziel nicht erreicht, sondern durch ein anderes ersetzt wird. Dieses Ersetzen ist unbewußt gesteuert u. ist darum ein Hinweis f. die eigentliche (verdrängte) Absicht. Insofern ist die F. auf der Ebene des ↗ Unbewußten eine geglückte Handlung. F.n sind z. B. Versprechen, Vergessen, Verlesen, Verschreiben, Vergreifen, Verlieren usw. Über Theorie u. Praxis der F.n kann man sich gut in S. Freuds Schrift „Zur Psychopathologie des Alltagslebens" orientieren. Einige Beispiele aus dieser Schrift f. Versprechen: „Da sind einige Dinge zum Vorschwein gekommen" (da sind einige Schweinereien zum Vorschein gekommen). „Ich begrüße die Anwesenden u. erkläre die Sitzung f. geschlossen" (f. eröffnet, aber ich wollte, sie wäre schon geschlossen). „Darauf, daß es so war, wie ich sage, bin ich bereit, jeden Meineid zu leisten" (jeden Eid zu leisten, aber es wäre ein Meineid). — Da in der Pastoral der Vergangenheit fast ausschließlich v. der Voraussetzung ausgegangen wurde, daß sich emotionales Leben u. Erleben im ↗ Bewußtsein abspielt, wird am Beispiel der F.n die Bedeutung des Unbewußten f. die ↗ Motivation menschl. Handelns deutlich. Ersatzbildung.   Stv
Lit.: S. Freud, Zur Psychopathologie des Alltagslebens (1904), Ges. Werke Bd. 4; ders., Vorlesungen zur Einführung in die Psychoanalyse (1916/17), Ges. Werke Bd. 11.

Fellatio. F. (v. lat. fellare = lecken): Liebkosen des männl. Gliedes mit Lippen, Zunge bzw. Mund, wobei tw. das Glied in den Mund eingeführt u. bis zum ↗ Orgasmus gereizt wird. Kommt nicht nur bei Homosexuellen als Geschlechtsverkehr mit vertauschter Lage vor; ist nicht ohne weiteres als ↗ Perversion anzusehen u. sollte nur bei entspr. gefühlsmäßiger Übereinstimmung der Geschlechtspartner ausgeübt werden. ↗ Cunnilingus.

Feminisierung. F. setzt den Begriff „Feminismus" voraus, der in dreifacher Hinsicht verwendet wird: a) *Psych.* als Bezeichnung f. ein weibisch-weichl. Wesen des ↗ Mannes; b) *soziolog.* als wachsender Einfluß der ↗ Frau im Weltbild der Zeit u. im öffentl. Leben (ähnl. dem Begriff Frauen-↗Emanzipation verwendet); c) *biolog.-medizin.* bedeutet F. („Feminierung") Entwicklungsstörungen des Mannes durch Kastration, Hormontherapien, Nebenwirkungen v. Tumoren der Nebennierenrinde u. dgl. Die ↗ *Religionssoziologie* verwendet den Begriff F., um folgendes Phänomen zu beschreiben: Die (kirchl.) Statistik weist ein signifikantes Überwiegen der Frauen in der Gesamt der Gottesdienstbesucher u. Sakramentenempfänger aus. Dies bedeutet, daß sich der ↗ Seelsorger (als Prediger, Liturge, Sakramentenspender usw.) auf ein überwiegend weibl. Publikum einstellt — dies aber nicht primär als Mann, sondern als eine Sakralgestalt (als „hl. Außenseiter", entspr. der Rollenerwartung, der er sich anpaßt). Dies hat oft eine ganz best. Unnatürlichkeit im Ton, in der Gestik, in der Wortwahl, im Lebensstil, im ↗ Verhalten, in Reaktionen, in der konkreten Organisation der ↗ Gemeinden zur Folge, die zwar v. der in-group (dem Stammpublikum, das daran gewöhnt ist) meist gar nicht bemerkt wird, die aber f. v. außen zur Gemeinde Stoßende oftmals geradezu abstoßend wirkt.
Problematisch ist also nicht das Überwiegen des weibl. Elements in den Pfarrgemeinden, sondern die aus unbewältigter ↗ Kommunikation entstehenden Verkrampfungen bzw. emot. Belastungen, die sich in Kitsch, weibischem Gehabe der (männl.) Träger kirchl. ↗ Ämter (Priester wie Laien), daraus resultierender ↗ Diskriminierung des Religiösen, Isolierung feminisierter Gemeinden, mangelnder Werbekraft der ↗ Verkündigung, Unterdrückung natürl. Empfindungen u. Reaktionen usw. niederschlagen. Abhilfe kann nur dann geschaffen werden, wenn ein gewisses Gleichgewicht des männl. u. weibl. Elements in den betr. Gemeinden hergestellt wird, wenn man sich der vorhandenen F. bewußt wird u. entspr. Gegenkräfte mobilisiert (↗ Entsakralisierung). Hz

Ferien ↗ Erholung ↗ Freizeit

Fertilität. Unter F. (v. lat. fertilitas = Fruchtbarkeit) versteht man die bei ↗ Mann u. ↗ Frau jeweils geschlechtsspezif. geprägte Fähigkeit der Fortpflanzung. Die Human-F. hat als Fähigkeit zur Ontogenese auch Ausdruckscharakter, insofern Weitergabe des menschl. ↗ Lebens dem leibl.-geist. Wesen des Menschen entspricht (↗ Leiblichkeit, ↗ Leib-Seele-Problem).

Fetischismus. Beim F. überträgt der Mensch Gefühle auf leblose Gegenstände, die f. ihn eine ↗ Person od. übersinnl. Macht symbolisieren. Der sex. F. gilt als ↗ Perversion bes. des männl. Geschlechts, bei der sex. Erregung u. Befriedigung nur durch Stehlen, Anblicken u./od. Berühren v. Gegenständen des weibl. Geschlechts (Strümpfe, Büstenhalter, Schuhe, Haare usw.) erreicht werden können. Als Ursache wird eine erhebl. ↗ Kastrationsangst (↗ Ödipuskomplex) angenommen, die behandlungsfähig ist. Zw. F. u. der üblichen Übertragung erot. Gefühle auf Körperteile u. Gegenstände der geliebten Person gibt es zahlreiche Übergangsformen.

Fettsucht. Ist der Mensch übergewichtig, wird es vorwiegend drei Ursachen dafür geben können: a) Schlechte Eßgewohnheiten, wobei zu oft, zu viel u. eine falsch zusammengestellte Nahrung gegessen wird. Diese Entwicklung wird in unserer Wohlstandsgesellschaft mit ihrem überreichen Konsumangebot sehr gefördert. Auf der anderen Seite verhindert der moderne Lebensstil immer mehr Energieabfuhr, indem er vielfach körperl. Abreaktion erschwert u. Bewegungsarmut provoziert. Bei diesen F.formen spielt oft eine erbl. Komponente im Sinne einer gegebenen Familiendisposition eine zusätzl. Rolle. b) Eine Dysfunktion der Drüsen mit innerer Sekretion, bes. der Hirnanhang- u. der Schilddrüse, wodurch es zu einer Verschiebung des innersekretor. hormonellen Gleichgewichtes kommt. Diese Formen verraten sich durch typ. körperl. Symptome, die durch eine sorgfältige ärztl. u. laboratoriumsmäßige Untersuchung entdeckt werden können. c) Das Übergewicht kann auch die direkte körperl. Folge psychischer Störungen, also eine psychosomat. Manifestation sein. Hier beginnt ein Mensch seine seel. Spannungen u. ↗ Konflikte in einem veränderten Eßverhalten auszudrücken. Daß man aus ↗ Verzweiflung zum Vielfraß werden kann, ist allgemein bekannt: der weit verbreitete Ausdruck: „Kummerspeck" beweist es. Freud hat gezeigt, daß in den ersten Perioden unseres Lebens die Nahrungsaufnahme im Mittelpunkt der kindl. Gefühle steht (sog. „orale Phase") u. daß Ernährtwerden in diesem Zeitpunkt mit dem Gefühl des Geliebtwerdens identisch ist. Daraus ergibt sich die Möglichkeit, daß ein ↗ Kind, welches sich nicht genügend geliebt fühlt, dieses Minus durch ein Plus an Appetit auszugleichen versucht. Es bedient sich der „Organsprache", um auf seine Konflikte aufmerksam zu machen u. sie gleichzeitig (wenn auch falsch) zu lösen. Ein gewisses, heute sehr häufig zu beobachtendes Elternverhalten, nämlich Kinder durch Süßigkeiten f. alle möglichen anderen ↗ Frustrationen zu trösten, fördert eine solche Fehlentwicklung beträchtlich. Mit dadurch kommt es dazu, daß Essen als Ersatzbefriedigung f. andere verwehrte od. mißglückte Wünsche benützt wird, etwa als Substitut f. sex. od. aggressive Tendenzen. Auch hier finden wir, wie so oft, daß das neurot. Kind in einen Teufelskreis gerät: denn der Dicke wird gewöhnlich verspottet, kommt in Isolation u. sieht darin nun neue Gründe dafür, aus Erbitterung u. Verzweiflung noch mehr zu essen.

Die Zeiten des Julius Cäsar, der „wohlbeleibte Männer" um sich sehen wollte, sind vorbei, größtenteils herrscht heute ein Schlankheitsideal. Aber auch wenn dem nicht so wäre, müßte vor der Fettleibigkeit gewarnt werden, weil sie durch die Provozierung v. körperl. ↗ Leiden (v. a. Herz-Kreislauferkrankungen) die Lebenserwartung wesentl. herabsetzt. Daher ist es gut zu wissen, daß es f. alle drei genannten Ursachen der Übergewichtigkeit gute Heilungschancen gibt. F. die Gewohnheitsesser wird es um ein Training neuer Verhaltensmuster gehen, die endokrin Gestörten brauchen entspr. medikamentöse Behandlung u. f. die neurot. Fettsüchtigen (hier trifft das Wort „Sucht" wirklich den Kern des Problemes — Kasteiung durch Hunger wird daher nicht lange durchgehalten —) kann aufdeckende ↗ Psychotherapie den Zwang zur essensmäßigen Ersatzbefriedigung aufheben. Appetitzügler hingegen haben sich eher als schädlich erwiesen, psychisch gestörte Menschen (also v. a. Personen der dritten Gruppe), aber nicht nur sie, können in eine gefährl. ↗ Abhängigkeit v. ihnen geraten. Rl

Lit.: H. Hoff/E. Ringel, Aktuelle Probleme der psychosomat. Medizin (1964); B. Luban-Plozza/ W. Pöldinger, Der psychosomat. Kranke in der Praxis (^{2}1972).

Feuerbestattung ↗ Bestattung

Finalität. Warum ein Mensch best. Dinge tut u. andere unterläßt, ist ein Problem, das mit Recht seit langem forschende Geister beschäftigt. Die Frage nach dem Motiv kann zumindest mit zweifacher Blickrichtung beantwortet werden: die einen werden die menschl. Handlungen verursacht sehen durch seine Vergangenheit, durch die Faktoren, die jeden zu dem werden ließen, was er ist: Erbanlagen, Familienmilieu, ↗ Prägung best. Verhaltensweisen im Wechselspiel mit der Reaktion der Umgebung. Die anderen werden die entscheidende Triebkraft in der ↗ Zukunft sehen, etwa so formuliert: Welches Ziel strebt er damit an? F. diese letztere Betrachtungsweise fand Alfred Adler den Ausdruck F.: Alles, was der Mensch tut, dient einem Ziele, mag ihm dasselbe bewußt od. verborgen sein. Die Handlungen im Dienste eines geheimen Zieles nennt die Tiefenpsychologie „Arrangements". Auch neurot. Symptome sind zielbezogen in diesem Sinne; Adler pflegte Patienten zu fragen: Was würden Sie tun, wenn Sie ihre Symptome (z. B. Spannungskopfschmerz) nicht hätten? Lautete die Antwort z. B.: „Dann würde ich studieren", war er überzeugt, daß der

Kopfschmerz als Alibi f. das Nicht-Studieren herhalten mußte, weil der Betreffende — aus welchen Gründen auch immer — ↗ Angst vor dem Studium hatte. Es müßte sich eigentl. erübrigen, darauf hinzuweisen, daß diese Arrangementstruktur dem Betroffenen *nicht* bewußt ist — leider erscheint dies aber in einer Zeit, die immer noch Neurotiker u. Simulanten vielfach gleichsetzt, doch notwendig zu sein. Kausalität (das Forschen nach den verursachenden Faktoren seit der Geburt) u. F. ergänzen einander natürlich, gehören zusammen. Denn die Zielsetzung eines Menschen ist durch seine Vergangenheit bestimmt u. andererseits werden die Anlagen des ↗ Charakters schon frühzeitig, bereits in der Kindheit, in den Dienst best. Ziele (etwa der Ichhaftigkeit od. der Wirhaftigkeit im Sinne Künkels) gestellt, die somit wesentl. die Leitlinie mitformen, nach der sich dann das fakt. Handeln eines Menschen orientiert. Ob wir nun kausal od. final vorgehen, eines bleibt gleich: die Änderbarkeit des menschl. Verhaltens. Wir müssen nur dazu bereit sein, uns nicht bedenkenlos als die zu akzeptieren, die wir sind. Im Falle unbewußt fixierter Verhaltensweisen freilich ist die Aufdeckung Voraussetzung f. die Wandlung. Heute wissen wir, daß jede Analyse v. einer Synthese gefolgt sein muß, in der der Patient seine in der Analyse gewonnenen Einsichten verarbeitet, indem er neue Verhaltensmuster, die im Dienste besserer Ziele stehen, ausdauernd u. geduldig trainiert. Rl

Lit.: A. Adler, Praxis u. Theorie der Individualpsychologie (1920); V. Künkel, Einführung in die Charakterkunde (1929).

Fixierung. Der Begriff F. ist ein bedeutsamer u. zentraler Begriff in der psychoanalyt. Lehre. Er beschreibt zunächst die Tatsache, daß jeder Mensch durch erlernte Verhaltensweisen in der frühen Kindheit seel. geprägt ist. Auf diese infantilen ↗ Erfahrungen greift der Mensch immer wieder zurück, er ist darauf fixiert, festgelegt. Im engeren Sinne wird der Begriff der F. in der psychoanalyt. Neurosenlehre verwendet u. dort mit den Entwicklungsstufen der ↗ Libido (Triebe) in Zusammenhang gebracht. Das Kind durchläuft vom 1. bis ca. 6. Lj. in seiner Triebentwicklung drei Stufen: 1. die orale Stufe: das Kind erfährt die Welt durch den Mund. Saugen an der Mutterbrust, der Eßvorgang überhaupt, das Betasten u. Berühren der Gegenstände u. auch der eigenen Körperteile mit dem Mund führt zur Lustbefriedigung (↗ Lust); 2. die anale Stufe: hier steht der Ausscheidungsvorgang im Vordergrund. Die sog. „Töpfchenperiode" ist insofern wichtig, weil in der Erfahrung des Kindes das Ausscheiden „Hergeben", „Schenken" bedeutet; 3. die genitale Stufe: in dieser Phase tritt das eigene Genitale, das Geschlechtsorgan in den Vordergrund. Das Kind unterscheidet zw. dem Geschlecht v. ↗ Vater u. ↗ Mutter. Darum nennt man diese Phase auch Ödipusphase (↗ Ödipuskomplex). — Auf allen drei Stufen können Störungen auftreten. Der Eßvorgang, der Ausscheidungsvorgang u./od. die Beschäftigung mit dem eigenen Genitale können durch die Erzieher mit Verboten belegt werden. Das bedeutet f. das Erleben des Kindes eine Unlusterfahrung. Eine solche Störung der normalen, f. die ↗ Entwicklung des Kindes wichtigen Lusterfahrung führt zur F. auf der jeweiligen Stufe, d. h. der erwachsene Mensch greift in seinem späteren Leben auf diese gestörten Erfahrungsmuster zurück (↗ Regression). Der oral Gestörte neigt beispielsweise zur ↗ Depression, da ihm die frühkindl. erste Lusterfahrung u. damit die erste positive Orientierung auf die Welt hin fehlt; der anal Gestörte neigt zu Geiz u. Zwangshandlungen, da sein „Geschenk", das „Hergeben", nicht in adäquater Weise angenommen wurde; die Störungen auf der genitalen Stufe führen zu Störungen in der geschlechtl. ↗ Identitätsfindung. F. bedeutet also ein Hängenbleiben auf einer frühkindl. Entwicklungsstufe u. damit eine Stagnation in der ↗ Charakter-Entwicklung. Im Extremfall nimmt das krankhaft-neurot. Formen an u. muß therapeut. behandelt werden.

Aus dem in Umrissen dargestellten Komplex wird ohne weiteres deutlich, wie auch rel. Entwicklung u. Erfahrung v. hier aus beeinflußt, ja pervertiert werden kann.

Der entscheidende Faktor f. F. stellt die ↗ Angst dar. Wo in der relig. ↗ Erziehung mit dem wirksamen Mittel des Angstmachens gearbeitet wird, kommt es leicht zur F. eines verzerrten Gottesbildes u. zu Blockierungen in der ↗ Gewissens-Bildung (↗ Über-Ich), die das relig. Leben nachhaltig lähmen od. zu Abwehrreaktionen führen. Die päd. Betreuung der ↗ Familien zur Vermeidung v. F. ist darum eine äußerst wichtige Aufgabe der ↗ Seelsorge. Stv

Lit.: S. Freud, Vorlesungen zur Einführung in die Psychoanalyse (1916/17), Ges. Werke Bd. 11; F. Riemann, Die Persönlichkeit des Predigers aus tiefenpsych. Sicht, in: R. Riess, Perspektiven der Pastoralpsychologie (1974), S. 152—166.

Flirt. F. ist eine spielerische Form der ↗ Erotik, bei der zw. zwei Partnern eine sex. getönte Beziehung ohne ernsthafte personale Bindung eingegangen wird. F. ist deshalb in dem Umfang abzulehnen, wie er im Partner Erwartungen weckt, die man nicht einhalten kann od. will. Der F. ist zur Entwicklung bzw. Erhaltung der erot. Fähigkeiten bes. f. diejenigen sinnvoll, die sich wegen mangelnder ↗ Identitätsfindung ihrer Geschlechterrolle nicht sicher sind u./od. wegen ihrer Tendenz, ihre eigenen Vorstellungen vom Partner auf diesen zu projizieren (↗ Projektion), zum hinreichenden Verständnis seiner Eigenart nicht in der Lage sind.

Flucht in die Krankheit. Vorgang, der Dichtern u. Schriftstellern v. alters her bekannt ist, als Ausweichmanöver des Menschen vor unüberwindlich scheinenden Hindernissen (auch „polit. Krankheit"). Bewußte F. wird als ↗ Simulation bezeichnet: Es bestehen keine objektivierbaren Krankheitssymptome u. keine (echte) ↗ Neurose. Nach *Wiesenhütter* („Rentenneurotiker" im Hdb. d. Arbeitsmedizin Bd. III) können diese aber bei anhaltender Simulation nachfolgen. — Unbewußte F. ist ein Begriff der Tiefenpsychologie u. ↗ Psychosomatik. Zu den wichtigsten Entdeckungen *Freuds* gehört, daß F. aus einer unbefriedigenden Wirklichkeit in Krankheitssymptome mit einem ↗ Lust-gewinn (↗ Krankheitsgewinn) verbunden sein kann. Der F. entspricht die ↗ Regression, die Rückkehr auf frühere Stufen der ↗ Libido-Entwicklung, indem die kindl. Wunscherfüllung im Versorgtwerden bei Nichtkönnen an die Stelle angemessener (erwachsener) Ausdrucksmittel u. Realitätsbewältigung tritt. Nach *Freud* vertritt dann die Neurose „in unserer Zeit das Kloster, in welches sich alle die Personen zurückzuziehen pflegten, die das Leben enttäuscht hat od. die sich f. das Leben zu schwach fühlten". — Die Psychosomatik ist weitgehend eine Lehre v. der Entstehung körperl. Krankheiten durch unlösbare psychische Konflikte u. Belastungen, also unbewußter F.; V. v. *Weizsäcker* („Körpergeschehen u. Neurose", „Soziale Krankheit u. soziale Gesundheit") beschrieb die Verschiebung schwerer geist., seel. u. sozialer ↗ Konflikte in den Körperbereich als oft „positive ↗ Verdrängung". Mancher Konflikt erweist sich mit od. nach einer eingreifenden Organkrankheit als gelöst od. lösbar u. so „der Körper klüger als der Verstand". — F. u. ihre Vermeidung spielt eine große Rolle bei den modernen ↗ Resozialisierungs-Bemühungen (s. *Wiesenhütter* „Rehabilitation" im Hdb. d. Neurosenlehre Bd. IV) nach längeren Krankheiten, Klinikaufenthalten od. im Fall der Versehrtheit.
Wi

Lit.: Weizsäcker, V. v.: Soziale Krankheit u. soziale Gesundheit (1955); Wiesenhütter, E.: Der Rentenneurotiker im Berufsleben, in: Handbuch der Arbeitsmedizin Bd. III (1962).

Fokaltherapie. Unter F. versteht man eine v. Malan erstmalig versuchte, v. M. Balint zur method. Klarheit erhobene Form der psychoanalyt. Kurztherapie, die unter konsequenter Ausnutzung der ↗ Übertragungs-Vorgänge den ersten vom Patienten präsentierten unbewußten Konflikt zu ihrem Fokus bestimmt u. unter bewußter Ausklammerung anderer Probleme alle ↗ Deutungen auf diesen einen Fokus zu beziehen versucht. Sie vermag oft in wenigen Behandlungsstunden eine konkrete Entlastung u. Symptomerleichterung des Patienten zu erreichen. Die Anwendung konsequenter F. erfordert ein außerordentl. Maß an professionellem Geschick u. therapeut. Erfahrung des Analytikers.

Neuerdings gibt es Stimmen, die allgem. ↗ Beratungs-Vorgänge wie ↗ Ehe- u. ↗ Lebensberatung dem Strukturmodell der F. anzunähern versuchen. In sog. Balint-Gruppen haben W. Loch, H. Argelander u. a. zu klären versucht, wie weit Ärzte, Lehrer, Pfarrer in die Lage versetzt werden können, in ihrer berufl. ↗ Arbeit in einen besseren Kontakt zu dem ↗ Unbewußten der ihnen Anvertrauten zu kommen u. diesen im begrenzten Umfeld einzelner unbewußter Konflikte in „Aha-Erlebnissen" (M. Balints flash-Technik) punktuelle Erleichterung in festumrissenen u. abgrenzbaren Bereichen zu verschaffen. Scha

Lit.: Balint, M.: Der Arzt, sein Patient und die Krankheit (1957); Maeder, A.: Studien über Kurztherapie (1963); Balint, M. u. E.: Psychotherapeutische Techniken in der Medizin, Kindler Taschenbuch; Klüwer, R.: Erfahrungen mit der psychoanalytischen Fokaltherapie, in: Psyche, 25. Jg. 1971, Heft 12, S. 932 ff.

Forschung. F. läßt sich als planvoller Einsatz unseres Wissens f. die Stellung neuer Probleme u. deren teilweiser od. vollständiger Lösung definieren. Je mehr Fragen aufgrund v. F. eine Antwort finden, umso mehr neue Fragen stehen hinter diesen Antworten. Vom F.sobjekt her pflegt man geisteswissenschaftl. u. naturwissenschaftl. F. zu unterscheiden. Die eine befaßt sich mit dem Menschengeist u. seiner Kulturarbeit. Die andere wendet sich der den Menschen umgebenden ↗ Natur zu. Dabei ist zu bedenken, daß der denkende Mensch selbst ein Teil der Natur ist, daß andererseits auch in den Naturwissenschaften nicht vom denkenden Menschen abgesehen werden kann. Schon vom Objekt her ergeben sich zahlreiche Überschneidungen der Thematik der einzelnen F.srichtungen. Nach *Husserl* müssen Thematik u. Methodik einer F.srichtung aufeinander bezogen sein. Dem F.sgegenstand kommt allerdings mehr Bedeutung zu als den erkenntnis-theoret. Überlegungen, welche die Methodik betreffen. *Husserls* Phänomenologie hat weite Gebiete der Geisteswissenschaften entscheidend beeinflußt. Die Kompliziertheit der angewendeten Methodik setzt hoch spezialisierte Forscher voraus. Laufend verselbständigen sich neue F.sgebiete aufgrund neuer Methoden. Die mehr beschreibenden Naturwissenschaften charakterisieren u. ordnen ihre F.sgegenstände. Sie versuchen dieselben durch Vergleich miteinander in Beziehung zu setzen. Erklären heißt, ein Ding irgendwie in einem anderen wiederfinden. Die sog. exakten Naturwissenschaften vereinfachen die zu erklärenden Vorgänge in entspr. ↗ Experimenten. Sie versuchen in Modellvorstellungen zu begreifen. Durch Induktion wird eine Gesetzmäßigkeit erfaßt, die man zahlenmäßig mit Hilfe einer Formel ausdrückt. Man versucht, die beobachteten Gesetzmäßigkeiten in einer umfassenden Hypothese miteinander in Beziehung zu setzen. Der logische Ausbau der einzelnen Hypothesen u. ihre Zusammenfassung führt zur Theorie, welche es gestattet, den Ausgangspunkt erneut zu. genauer zu definieren. Die Geisteswissenschaften gehen teils induktiv, teils deduktiv vor. Sie sammeln u. ordnen Fakten u. Daten im Hinblick auf deren ↗ Deutung in einer Gesamtschau. Auch die Geisteswissenschaften arbeiten vielfach mit Hypothesen u. Theorien, welche die Erklärungsversuche in einer best. Richtung festlegen. Im Verlauf weiterer F. werden diese durch neue Beobachtungen u. Feststellungen entweder bestätigt od. widerlegt. Im einen Fall werden sie zu anerkannten Tatsachen, im andern werden sie als überflüssig ausgeschaltet. Mit *Renoirte* kann man sich den Erkenntnisprozeß der F. unter dem Bild einer ständig sich verengenden Spirale versinnbildlichen. F. schreitet vorwärts u. kommt doch immer wieder in neuer Form zu früheren Standpunkten. Die einander stets ablösenden Definitionen, Hypothesen, Theorien u. Synthesen führen zu einer immer besseren Annäherung an die gesuchte Teil-Wahrheit. Das Neue enthält in genauerer u. umfassenderer Erkenntnis das Alte. Die Analyse der Hypothesen zeigt, daß auch im Bereich der F. die ↗ Phantasie ihre Rechte behält. Große Synthesen können intuitiv unter dem Einfluß schöpferischer Phantasie reifen, um erst nachträglich experimentell unterbaut od. logisch weiterentwickelt zu werden. Reine F. erweitert den Horizont unserer Erkenntnis u. schafft dadurch neue Möglichkeiten;

angewandte F. sucht die techn., wirtschaftl. od. medizin. Auswertung. Träger der F. waren bisher in erster Linie die Universitäten. Ihnen treten immer mehr F.sinstitute zur Seite, während die gelehrten Gesellschaften, die seit der Renaissance die wichtigsten Träger der F. waren, mehr u. mehr an Bedeutung verlieren. Die F., die zunächst an die Forscher-Persönlichkeit gebunden war, wird in zunehmendem Maß ↗ Teamwork einer Forschergruppe, innerhalb welcher Forscher verschiedener Arbeitsrichtungen zusammenarbeiten. Die F.sinstitute verdankten ihre Existenz zunächst der Privatindustrie od. einzelnen Mäzenen, die über Industriekapital verfügten (Carnegie, Rockefeller, Jacobsen). Heute werden sie häufig mit Hilfe staatl. Mittel ins Leben gerufen. Die meisten F.sinstitute widmen ihre Arbeit naturwissenschaftl. Problemen. Weltberühmte F.sinstitute f. geisteswissenschaftl. Fragen entstanden v. a. in Ländern mit alten Kulturen (Institut de France in Kairo, American School for Classical Studies in Athen, Deutsches Archäologisches Institut in Rom). Seit dem 2. Weltkrieg spielt die F.skapazität eines Landes eine immer größere polit. Rolle (Manhatten Projekt der USA f. den Einsatz der Atombombe). Der Staat steuert in zunehmendem Maße die F.sprojekte. Radar, Computer, Kernspaltung, Weltraumrakete sind technolog. Anwendungen staatl. gesteuerter F. Durch die Zusammenballung der Mittel wird die Zeitspanne zw. erstem F.sergebnis u. techn. Auswertung immer kleiner. Zw. der Entdeckung der wissenschaftl. Fotografie u. der modernen Fotoindustrie liegt ein Zeitraum v. rund 100 Jahren. Beim Telefon sind es noch 50 Jahre, beim Radio 35, bei der Television 15, bei der Uranbombe 6 Jahre u. beim Transistor noch 5 Jahre. Im Interesse kollektiver Zielsetzungen in Politik, Handel u. Industrie werden immer größere Summen investiert. Man spricht v. Wissenschaftspolitik u. versteht darunter die Gesamtheit aller Maßnahmen einer Regierung f. Förderung der F. im Hinblick auf ihre allgem. Politik. Ende der 50er Jahre bewilligten die USA rund 5 Milliarden Dollar f. wissenschaftl. F., 1970 waren es bereits 25 Milliarden Dollar. Schon *Nietzsche* hat der modernen F. vorgeworfen: „Es fehlt ihr ein Ziel gegen die Zukunft hin." Die prinzipielle ↗ Ambivalenz jeder Entdeckung kann zum Fortschritt od. zur Vernichtung gebraucht werden. Aus der F. der wertfreien Wissenschaft lassen sich logischerweise keine ↗ Werte herleiten, f. die es sich lohnen würde zu leben od. auch zu sterben. F.sergebnisse liefern an sich noch keine Orientierung f. das Handeln u. geben keinen ↗ Lebenssinn. Erst im Rahmen einer Weltanschauung können die F.sergebnisse wertend in das Ganze des menschl. Denkens u. Handelns eingegliedert werden. Nur wertbezogene F. wird sich ihrer ständigen ↗ Verantwortung bewußt werden u. bleiben können. Nur so kann der Mensch seine Aufgabe erfüllen, Mitarbeiter in einer Schöpfung, die sich noch ständig vollzieht, zu sein. Dann wird F. auch dienstbezogen sein, entspr. der ständigen Wechselwirkung zw. F. u. ↗ Gesellschaft, Dienst am Mitmenschen, in welchem wir Christen Christus sehen. Das moderne Weltbild ist als grandiose Vision aus menschl. F. hervorgegangen. Aber auch es trägt unzulängl., anthropomorphe Züge, weil es sich in menschl. ↗ Geschöpfen widerspiegelt. Wir bauen unser Weltbild aus unserer Zeit heraus mit den F.sergebnissen u. der Methodik, wie sie uns zur Verfügung stehen, wie andere vor uns es taten u. noch andere nach uns es tun werden.

Adolf Faller

Lit.: N. A. Luyten, Universität u. Weltanschauung. Rektoratsrede 1957. Freiburger Universitätsreden Neue Folge Nr. 25 (1958); ders.: Forschung u. Bildung (1965); W. Gerlach, H. Kienle, W. Bargmann, A. Portmann u. A. Weber, Neue Wissenschaft, in: Propyläen-Weltgeschichte Bd. 9: Das zwanzigste Jahrhundert. 459—597.

Fortschrittsglaube. F. ist ein die Aufklärung des 18. Jh. charakterisierendes Faktum; der ↗ Glaube an die Vernunft verbindet sich hier mit den gläubigen ↗ Hoffnungen auf die Früchte der beginnenden ↗ Industrialisierung. Die phil.soziolog. Analysen u. Spekulationen fanden v. a. in den Theorien v. A. Comte ihren klass. Ausdruck. Demnach vollzieht sich der Fortschritt — einer aufwärts gerichteten Geraden gleich — in drei Stadien: vom theol. zum metaphys. u. sodann zum positiven bzw. wissenschaftl. Zeitalter. Die ↗ Soziologie habe dabei die bes. Aufgabe, die Prinzipien der Ordnung u. des Fortschritts miteinander zu versöhnen. Sie werde zur positiven Moral, zur neuen Religion der Menschheit. Dieser F. wurzelte fernerhin in einem Evolutionismus, wonach die ↗ Entwicklung der Menschheit od. der ↗ Gesellschaft unabhängig v. der gestaltenden ↗ Verantwortung des Menschen einem festgelegten Endpunkt zusteuere. V. einem solchen determinist.-evolutionist. F. ist heute v. a. der marxist. Sozialismus getragen. Ihm gaben K. Marx u. F. Engels im histor. u. dialekt. Materialismus eine fortschrittsgläubige Grundlage, wonach die Geschichte der Menschheit zwangsläufig in der Dialektik v. These (Urkommunismus), Antithese (Sklaven-, Feudalu. kapitalist. Gesellschaft) zur Synthese des Sozialismus/Kommunismus verlaufen werde. Neomarxistische Auffassungen bauen stärker die Notwendigkeit der aktiven revolutionären Veränderung als polit.-strateg. Mittel in die Theorie ein, um die „Realutopie" (H. Marcuse) einer emanzipierten, herrschaftsfreien u. gleichen Gesellschaft zu erreichen (↗ Revolution, ↗ Utopie, ↗ Ideologie).

F. zeigt sich hier in einer Art säkularisierter Eschatologie. Dieser steht die Theorie u. Praxis wissenschaftl. gelenkter Entwicklung der Industrieländer als eigene Art v. F. gegenüber, in dem die Selbstverständlichkeit v. wirtschaftl. Wachstum u. v. linearer Wohlstandsmehrung zum irrationalen Ausdruck mangelnden Realitätssinns zu werden droht. Wissenschaftl.-techn. u. wirtschaftl. Fortschritt auf der einen u. sozialer Fortschritt auf der anderen Seite bilden hier eine Scherenbewegung, vergleichbar der Entwicklung v. ↗ Armut u. Reichtum, v. entwickelten u. unterentwickelten Ländern in der Welt. Nur zögernd macht den blinden ↗ Hoffnungen eine wissenschaftl. Erforschung der Zukunftschancen heutiger Menschheit Platz (↗ Zukunftsforschung), die auch als ↗ Friedensforschung bezeichnet wird: Frieden als unabdingbare Voraussetzung v. Fortschritt im Sinne des Überlebens,

wozu die Menschheit — zum erstenmal in ihrer Geschichte im Besitz v. weltzerstörenden Kräften (Atombombe) — ihr eigenes Ja zu sagen hat. Friedl. Überleben schließt jedoch die Aufgabe einer gerechteren u. menschlicheren Entwicklung der Welt ein. Dr

Lit.: E. Burck (Hrsg.), Die Idee des Fortschritts. Neun Vorträge über Wege und Grenzen des Fortschrittsglaubens (1963); R. W. Meyer, Das Problem des Fortschritts heute (1969); J. Ritter, Art. Fortschritt, in: Histor. Wörterbuch der Philosophie, Bd. 2 (1972), Sp. 1032 ff.; W. Oelmüller, Fortschritt wohin? Zum Problem der Normenfindung in der pluralen Gesellschaft (1972); D. Meadows, Die Grenzen des Wachstums (1972).

Frau. Die F. ist ein Mensch weibl. Geschlechts; Weibl.-sein hat versch. Bedeutungen:

a) *Biolog.* Bedeutung: Weibl.-sein bedeutet, über bestimmte biolog. Merkmale (sog. primäre u. sekundäre Geschlechtsmerkmale) zu verfügen, die ein Mensch männl. Geschlechts (↗ Mann) nicht hat; es handelt sich dabei um Organe, die f. die Fortpflanzung eine befruchtungsfähige Eizelle zur Verfügung halten u. f. das befruchtete Ei die Voraussetzung zur Heranreifung bis zur Geburt bieten, d. h. bis zum Stadium eines getrennt vom mütterl. Organismus lebensfähigen ↗ Kindes.

b) *Psychosex.* Bedeutung: Die biolog. gegebenen anatom. Geschlechtsunterschiede haben f. die ↗ Entwicklung eines Kindes weibl. Geschlechts bestimmte psychische Folgen: Die Entdeckung der Genitalzone in der frühen Kindheit führt zu ersten sex. Betätigungen (↗ Masturbation), wahrscheinlich noch ohne psychischen Inhalt. In der so beginnenden ↗ phallischen Phase findet keine Verknüpfung dieser Masturbation mit den Objektbesetzungen des ↗ Ödipus-Komplexes statt; es kommt jedoch zur Entdeckung des groß angelegten Penis der Jungen als unterlegenen Gegenstücks der eigenen Klitoris u. damit zur Entwicklung des Gegensatzpaares: phallisch (männlich) — kastriert (weiblich). Daraus folgender Penisneid, der entweder zu einem Männlichkeitskomplex (Hoffnung, doch noch einmal einen Penis zu bekommen u. dadurch dem Manne gleich zu werden) als Reaktionsbildung od. zur

Verleugnung der Penislosigkeit (sich versteifen in der Überzeugung, doch einen Penis zu besitzen u. deswegen gezwungen zu sein, sich so zu verhalten, als ob man ein Mann sei) führen kann od. zur Hinnahme der narzißtischen Wunde (↗ Narzißmus) mit daraus folgendem ↗ Minderwertigkeitsgefühl. Evtl. ↗ Identifizierung mit der männl. Geringschätzung des Weibes. Häufig Entwicklung des Charakterzuges der ↗ Eifersucht, die durch Verstärkung aus der Quelle des abgelenkten Penisneides bei der F. eine größere Rolle spielt als beim Mann. Als weitere Folge des Penisneides Lockerung des zärtl. Verhältnisses zum Mutterobjekt (die ↗ Mutter wird f. den Penismangel des kleinen Mädchens verantwortl. gemacht; sie hat das Kind mit ungenügender Ausrüstung in die Welt geschickt). Motivierung f. die Lösung v. der ↗ Mutterbindung nach der Entdeckung der genitalen Benachteiligung oft durch Eifersucht auf ein anderes Kind, das v. der Mutter angeblich mehr geliebt wird. Bald nach der Entwicklung des Penisneides Gegenströmung gegen die Masturbation als Vorbote jenes Verdrängungsschubes, der zur Zeit der ↗ Pubertät ein großes Stück der männl., d. h. an den Penis gebundenen ↗ Sexualität beseitigen wird, um Raum f. die Entwicklung der Weiblichkeit zu schaffen. Auflehnung gegen die phallische Masturbation auch zwecks Vermeidung der mit dem Penisneid verknüpften narzißtischen Kränkung; d. h. die Erkenntnis des anatom. Geschlechtsunterschiedes führt das kleine Mädchen v. der Männlichkeit u. der männl. Masturbation weg in neue Bahnen, die eine Entfaltung der Weiblichkeit ermöglichen; die ↗ Libido des Mädchens gleitet längs der vorgezeichneten symbol. Gleichung „Penis = Kind" in eine neue Position. Der Wunsch nach einem Penis wird aufgegeben u. der Wunsch nach einem Kind an die Stelle gesetzt; der ↗ Vater wird zum Liebesobjekt genommen, während die Mutter zum Objekt der Eifersucht wird. (Wenn diese Vater-Bindung später als verunglückt aufgegeben werden muß, kann sie einer Vater-Identifizierung weichen, mit der das Mädchen zum Männlichkeitskomplex zurückkehrt u. sich eventuell an ihm fixiert).

Der Ödipus-Komplex wird beim Mädchen langsam verlassen, nicht zertrümmert wie beim kleinen Jungen; er wird durch ↗ Verdrängung erledigt; dadurch entfällt die intensive ↗ Über-Ich-bildende Kraft, die die Auflassung des Ödipus-Komplexes (Abwendung vom ↗ Inzest u. Einsetzen v. ↗ Gewissen u. Moral) beim kleinen Jungen hat. Das Über-Ich wird (nach Freud) bei der F. niemals so unerbittlich, so unpersönlich, so unabhängig v. seinen affektiven Ursprüngen, wie es vom Mann gefordert wird. Charakterzüge der Art, daß die F. weniger Rechtsgefühl zeigt als der Mann, weniger Neigung zur Unterwerfung unter die großen Notwendigkeiten des Lebens, daß sie sich öfters in ihren ↗ Entscheidungen v. zärtl. u. feindsel. Gefühlen leiten läßt, sind nach Freud durch den spez. Verlauf der Über-Ich-Bildung beim Mädchen begründet.

c) *Soziol.* Bedeutung: Die soziol. Bedeutung des Weibl.-seins variiert nach den realen u. symbol. Funktionen, die dem Mann u. der F. in einer Zivilisation zugewiesen werden. Diese Funktionen werden u. a. v. den ↗ Rollen-Erwartungen bestimmt, die die Eltern an das Kind (das kleine Mädchen) richten (H. E. Richter), u. v. den kulturellen Faktoren, die zunächst über die Eltern u. deren ↗ Einstellungen u. Erwartungen u. später unmittelbarer auf die Entwicklung des Mädchens einwirken. Unter diesen Aspekten wurden die v. Freud (s. o.) beschriebenen psychosex. Determinanten f. die Entwicklung u. das ↗ Verhalten der F. als einseitig u. überwertig betrachtet. Diejenigen Vertreter der ↗ Psychoanalyse (K. Horney, M. Klein, E. Jones), die beim Mädchen v. vornherein die Existenz spezif. sex. Empfindungen annehmen, sehen z. B. in der phallischen Phase nur eine sekundäre Bildung mit Abwehrcharakter. Auch Freud hat zugegeben, daß die einzelne F., wenngleich ihr Wesen weitgehend durch ihre Sexualfunktion bestimmt sei, „auch sonst ein menschl. Wesen sein mag" u. daß der Einfluß der sozialen Ordnung auf die Frau nicht zu unterschätzen sei. Für K. Horney sind es nicht biolog. Gründe, sondern wesentl. Kulturfaktoren, welche die (nach Freud psychosex. determi-

nierten) Einstellungen u. Verhaltensweisen der F. bestimmen — wie das masochist. Verhalten (↗ Masochismus) v. F.n, die weibl. Überwertung der ↗ Liebe u. die übergroße ↗ Angst vor ihrem Verlust, ferner die als Ausdruck v. Penisneid interpretierten weibl. Minderwertigkeitsgefühle. Der Wunsch, ein Mann zu sein, kann nach Horney ein Schild f. verdrängten destruktiven ↗ Ehrgeiz sein, er kann aus der Zugehörigkeit zu einer weniger privilegierten ↗ Gruppe (↗ Klasse, soziale) u. den damit verbundenen Minderwertigkeitsgefühlen resultieren. Die weibl. Angst vor Liebesverlust wird daraus abgeleitet, daß sich aus der Gesamtheit der kulturellen Situation heraus f. die Frau die Liebe als der einzige ↗ Wert darstelle, der im ↗ Leben zähle. Der weibl. Masochismus, den H. Deutsch in Erweiterung der Freudschen Theorie als eine Elementarkraft des weibl. Seelenlebens bezeichnet, ist aus der Sicht von Horney durch die kulturell bedingte größere ↗ Abhängigkeit der F. u. durch die tradit. Betonung ihrer Schwäche u. Gebrechlichkeit bestimmt; daraus können sich masochist. Phänomene entwickeln als Versuch, Sicherheit u. Befriedigung im Leben durch Unauffälligkeit u. Abhängigkeit zu erreichen, Herrschaft über andere durch Schwäche u. ↗ Leiden zu gewinnen, Feindseligkeit durch Leiden auszudrükken u. in ↗ Krankheit ein Alibi f. Mißerfolg zu suchen. —
So bestimmt sich das Weiblich-sein der F. nach heutiger Auffassung v. a. aus dem wechselseitigen Verhältnis biolog., psychosex. u. soziolog. Determinanten. Sicher ist die F. nicht bloß ein kastrierter Mann, wie es aus der psychosex. Sicht Freuds erscheinen muß; sicher fühlen sich viele F.n in verschiedenen Kulturen „kastriert" gegenüber dem M., u. zw. aufgrund kulturbedingter Unterbewertung der F. hinsichtl. ihrer Mitwirkung in den Bereichen des öffentl. Lebens (Wissenschaft, Wirtschaft, Politik). Die an die F. gerichteten Rollenerwartungen u. die v. ihr entwickelten Rollenbereitschaften sind nach wie vor übermäßig mit Mütterlichkeitsvorstellungen befrachtet. Infolgedessen stoßen Konzepte einer veränderten Arbeitsteilung zw. Mann u. F. — insbes. beim Aufziehen der Kinder, die eine stärkere Mitbeteiligung der F. im öffentl. Leben ermöglichen könnten (z. B. Einrichtung v. Halbtagsstellen f. junge Eltern, damit sich jeder Elternteil sowohl an der Pflege der Kinder beteiligen wie auch seine berufl. Entwicklung fördern kann) — nicht nur auf den Widerstand des Mannes, sondern interessanterweise auch der betroffenen F.n selbst. Anneliese Heigl-Evers

Lit.: S. Freud, Einige psychische Folgen des anatomischen Geschlechtsunterschiedes. Ges. W. Bd. 14, 19—30 (1925); ders., Neue Folge der Vorlesungen zur Einführung in die Psychoanalyse. Ges. W., Bd. 15, 119—145 (1932); H. Deutsch, Psychology of Women (1945); M. Mead, Male and Female. A Study of the Sexes in a changing World (1950); K. Horney, Neue Wege in der Psychoanalyse (1951); A. Heigl-Evers/F. Heigl, Lieben u. Geliebtwerden in der Ehe (1962 u. 1974); H. E. Richter, Eltern, Kind u. Neurose (1963).

Freie Liebe. Ausdruck f. geschlechtl. Zusammenleben, meistens jedoch ohne ↗ Willen zur ↗ Ehe (↗ Konkubinat, ↗ Onkelehe). Man entscheidet sich zu ihr, wenn man 1. aus sozialen Verhältnissen (z. B. Heiratsverbote) od. Rücksichtnahmen (Furcht vor ↗ Diskriminierung), 2. aus Unfähigkeit zu dauerhafter personaler Bindung (↗ Liebe) od. Verantwortungslosigkeit (↗ Geschlechtsbeziehungen, ↗ Ehebruch), 3. aus ↗ Vorurteilen gegenüber od. schlechten Erfahrungen mit der Institution der Ehe keine Ehe schließen kann od. will. F. L. steht ethisch im Widerspruch zur christl. ↗Verantwortung geschlechtl. ↗ Partnerschaft u. führt sozial leicht zur Ausbeutung. ↗ Geschlechtsbeziehung, ↗ Promiskuität.

Freiheit. Der Mensch erfährt das relativ Überdauernde u. Gleichbleibende seiner ↗ Personalität, das ihm zur Verwirklichung aufgegeben ist, in mannigfacher Hinsicht als bedingt. Denn der Mensch ist nicht völlig frei u. unbegrenzt in seinen Entfaltungsmöglichkeiten, sondern muß gleichsam „schicksalhaft" unter best. vorgegebenen Bedingungen leben u. sich entfalten. Er erfährt die Begrenztheit seiner physischen (Sein in dieser ↗ Leiblichkeit) u. psychischen (Sein mit dieser ↗ Begabung u. dieser ↗ Emotionalität) Konstitution. Er ist in eine best. mitmenschl. u. geschichtl. Situation hineingestellt, die ihm nicht beliebige Möglichkeiten eröffnet u. dem eigenen Wollen u. U. Widerstand entgegensetzt. Er lebt in einem best. ↗ Milieu, in einer best. sozialen ↗ Klasse mit ↗ Ideologien, die u. U. seine Entfaltung hemmen od. einseitig lenken. Aber wenn der Mensch als geschichtl. Wesen (↗ Geschichtlichkeit) sich auch mitgeprägt erfährt v. einem vorgegebenen Stil des Lebens, Denkens u. Wertens einer Epoche, so erfährt er sich doch auch — der eine mehr, der andere weniger — als berufen u. befähigt zur eigenen Mitgestaltung seiner eigenen Geschichte u. der ↗ Zukunft der Menschheit. (Vat. II., GS 4: „Heute steht die Menschheit in einer neuen Epoche ihrer Geschichte, in der tiefgreifende u. rasche Veränderungen Schritt um Schritt auf die ganze Welt übergreifen. Vom Menschen, seiner Vernunft u. schöpferischen Gestaltungkraft gehen sie aus; sie wirken auf ihn wieder zurück, auf seine persönl. u. kollektiven Wünsche, auf seine Art u. Weise, die Dinge u. die Menschen zu sehen u. mit ihnen umzugehen.") Bei u. in aller Fremdbestimmtheit erfährt sich der Mensch doch in einen, wenn auch begrenzten, Raum freien Handelns u. freier Selbstverwirklichung gestellt, ja, zur verantwortl. Mitgestaltung dieses Raumes befähigt, berufen u. verpflichtet.

Allerdings wird der Mensch auch v. triebhaftem Begehren bestimmt. Auch dies ist eine elementare Erfahrung des Menschen, u. die moderne ↗ Forschung lehrt, wie weitgehend diese Triebbestimmtheit ist (↗ Trieblehre, ↗ Konkupiszenz).

Das Fragen nach der F. des Menschen hat zu zwei extremen Auffassungen geführt, denen es gemeinsam ist, jene Spannung einseitig auflösen zu wollen: Auf der einen Seite steht die Lehre v. einer totalen Unbestimmtheit des Menschen (Indetermination). Dem Menschen wird eine absolute F. ohne Maß u. Grenze zugesprochen. Auch christl. Moralverkündigung handelte gelegentl. so, als ob es eine uneingeschränkte Willensfreiheit gäbe. Auf der anderen Seite gibt es die (häufigere, verbreitetere) Lehre v. einer totalen Bestimmtheit (↗ Determination), in der dem Menschen überhaupt kein F.sraum zugebilligt u. seine F.serfahrung als Täuschung erklärt wird. Aber die Welt, in der der Mensch lebt, erweist sich f. ihn nicht als eine starre, fertige Gegebenheit, die ihm einfach gegenübertritt u. ihn zu best. Reaktionen zwingt. Vielmehr bildet der Mensch sich in gewisser Weise seine Welt selbst, indem er Sinngehalte u. ↗ Werte in ihr entdeckt od. in sie hineingibt u. indem er eine verschiedenartige u. durchaus wandlungsfähige ↗ Einstellung zu ihr einnimmt. Diese Wertungen u. Einstellungen kann er selbst erkannt od. aus Überzeugungen anderer übernommen haben.

Unsere Willensentscheidung erweist sich ferner als frei, insofern sie sich selber durch Gründe zu bestimmen vermag. Sie ist umso freier, je mehr sie aus selbstgewählten u. bewußten Gründen entspringt. F. wird dabei bes. erfahren durch das ↗ Bewußtsein, unter gleichen Umständen so u. anders handeln od. sich entscheiden zu können, auch wenn die Motive v. gleichem Gewicht zu sein scheinen.

Der Raum personaler F. zeigt sich weiterhin in dem elementaren Bewußtsein, um höherer ↗ Werte willen in Selbstüberwindung u. ↗ Selbstverleugnung egoistische Motive abweisen zu können. Menschl. Handlungen werden nach ihrer sittl. Güte od. Schlechtigkeit bewertet. Dabei ist der verbindl. Wertmaßstab allein die sittl. Verpflichtung, die sich nur an die F. wendet; sie kann in ihrer Forderung stärker sein als der stärkste Selbsterhaltungstrieb (↗ Gewissen).

Schließlich: Gäbe es keine relativ freie Entfaltungsfähigkeit des Menschen, gäbe es auch keine verantwortbare ↗ Schuld. Totale Determination schließt schuldhafte Verfehlungen aus. Dabei muß die Schuld nicht unmittelbar aus der jeweiligen Handlung zu erweisen sein; sie kann auch weit vorher in der verengten, dem Menschen nicht entspr. Einschätzung der Welt als Welt v. Werten liegen. Dieses Erkennen v. Werten ist die Voraussetzung v. Urteilen u. Handeln. In der menschl. Erfahrung v. Schuld ist somit wiederum ein Hinweis auf F. gegeben.

F. ist also eine Gegebenheit des menschl. Daseins, die vom Menschen unmittelbar u. spontan erfahren werden kann. Freilich: F. als personale Gegebenheit, die zum Kern der Person gehört, ist wie diese selbst nicht mit naturwissenschaftl. Methoden zu erweisen. Wer aber bereit ist, die Erfahrung, die er als Person mit sich selbst macht, als Erfahrung v. Realität anzunehmen, dem wird auch die eigene F. zur Realität (↗ Selbsterfahrung). So wird der Mensch, der die Erfahrung der F. macht, auch der Bedeutung dieser F. gewahr. Sie ermöglicht, aber sie erfordert auch, daß er sich selbst bestimmt (↗ Entscheidung). Was ↗ Prägung der Geschichte durch den Menschen besagt, was ihm als bleibende Aufgabe vorgegeben ist, ruht letztlich auf der Möglichkeit der Selbstbestimmung in F. u. kann nur realisiert werden, wenn der Mensch seine F. gebraucht. Handelt der Mensch aus seiner F. heraus, wird er auch die ↗ Verantwortung f. das tragen, was durch ihn geschieht (oder unterbleibt). So begründet F. letztlich die einmalige Geprägtheit des Menschen: Sie ist der Kern seiner unverlierbaren Würde (↗ Menschenwürde); sie ist seine unverzichtbare Aufgabe in all seinen Lebensbereichen. Deswegen muß dem Menschen seine F. auch ermöglicht werden in der Ausübung bzw. Nichtausübung seiner Religion (Bekenntnisf.), bei der ↗ Gattenwahl, bei Berufswahl (↗ Berufsberatung) u. Arbeitsplatzwechsel, in der Gestaltung seiner ↗ Freizeit u. seines ↗ Konsumverhaltens. Mit dieser F., die durch die gesellschaftl. Mächte u. die diese ordnenden polit. Kräfte respektiert werden muß (↗ Menschenrechte), ist dem Menschen aber auch eine Verantwortung auferlegt, die er zugleich auf sein eigenes Wohl wie das der ↗ Gemeinschaft u. in Bezug auf die Gegenwart wie auf die ↗ Zukunft hat. Die Aufgabe der ↗ Pastoralanthropologie besteht gerade darin, dem Menschen diese F. in Verantwortung zu sichern, aber auch ihn f. eine solche Verantwortung in F. zu befähigen.

Heinz Fleckenstein/Heinrich Pompey

Lit.: A. Hunold (Hsg.), Erziehung zur Freiheit (1959); P. Brückner, Freiheit, Gleichheit, Sicherheit (1966); K. Mannheim, Freiheit u. geplante Demokratie (1970).

Freikörperkultur (FKK) ↗ Nacktheit

Freizeit. Der Begriff der F. ist nicht präzise definiert (weder in der Soziologie noch in der Psychologie). Meint er nur die v. Berufsarbeit freie Zeit? Meint er die zur Selbstverfügung freie Zeit? Od. muß man neuestens mit H. W. Opaschowski unterscheiden zw. „Freizeit" (als einer arbeitfreien Zeit) u. „freie Zeit" (als „Zeitabschnitte faktischen od. potentiellen Freiseins")? Wie auch immer die Definition lautet, festzuhalten ist: die F. ist in den letzten hundert Jahren f. alle Schichten gewachsen, die F. wird (ohne in Kulturpessimismus zu verfallen) zu einem bedrängenden Problem der ↗ Freiheit, u. die F. bestimmt zusehends das rel. ↗ Verhalten, auch dieses wird zu einer F.beschäftigung, ist also nicht mehr wie früher selbstverständlich in die Berufswelt eingebunden (↗ Arbeit).

F. bietet (in schichtenspezif. zeitl. Ausdehnung u. in je andersgearteter lokaler Fixierung) Freiräume an, die der Mensch ausfüllen müßte, sollen nicht ↗ Langeweile u. ↗ Aggression in ihnen ihr Unwesen treiben. Aus diesem Angebot freier Zeit, die sich viele durch sogen. F.angebote (in Konsum u. Kommerz; ↗ Konsumverhalten) wieder nehmen lassen, kann ein Raum der ↗ Selbstverwirklichung (in ↗ Glück u. ↗ Freude) werden, wenn die F.menschen gelernt haben, über ihre freie Zeit eigenverantwortlich zu verfügen (↗ Erholung). Damit stellt sich die Forderung nach einer F.erziehung. Sie beinhaltet: ↗ Sensibilisierung f. ↗ Manipulation, Kräftigung der ↗ Entscheidungs-Fähigkeit, Weckung der emotionalen u. kommunikativen Anlagen (↗ Emotionalität, ↗ Kommunikation), Eröffnen eines letzten ↗ Lebenssinnes. F.pädagogik muß durch Einübung dem Menschen helfen, sich angesichts einer Fülle lockender Angebote das ihn (in Muße u. Glück, auch sittlich zu verantwortende) Erfüllende zu wählen u. seine Entscheidung notfalls gegen den Druck einer „einsamen Masse" (D. Riesman) durchzuhalten. Die Chance der F. besteht also in einer tieferen Lebenserfüllung, in mehr Glück, in einer größeren Selbstverwirklichung auf allen (sozialen, polit., emotionalen, kreativen, sportl., rel.) Ebenen. ↗ Erholung, ↗ Muße Bl

Lit.: H. E. Bahr, Totale Freizeit (1963); H. Giesecke (Hrsg.), Freizeit- und Konsumerziehung (²1971); A. Auer, Ethos der Freizeit (1972); E. K. Scheuch/R. Meyersohn (Hrsg.), Soziologie der Freizeit (1972); Schöpferische Freizeit, Referate der Österr. Pastoraltagung 1973 (1974); R. Langmann, Die unbewältigte Freizeit, in: Dt. Ärzteblatt (1974) 1249—54.

Freude. Die mit F. gemeinte Erfahrung ist umfassend (mit der Gegenerfahrung ↗ Leiden umgreift sie alles Erleben), komplex (Mangel in einer Hinsicht kann Leid bedeuten) u. wurzelt im personalen Bereich (wo sie mit moralisch-gut zusammenfallen kann); eine Definition wird erst durch Detaillierung (I) brauchbar f. krit. Analysen (II) u. pastorale Hinweise (III).

I. *Erfahrung v. Stimmigkeit* kann F. definiert werden.

a) Stimmigkeit ist so *universal* wie möglich zu verstehen: umgreift Organisches (Kreislauf), Soziales (↗ Liebe), Moralisches (↗ Gewissen), Ästhetisches usw.

b) Nicht nur *Immanenz*-Gefühl (Wohlbehagen), sondern passives (Erwarten) wie aktives (Erstreben) *Transzendieren* gehören zur Stimmigkeit.

c) Die *notwendige Rangordnung* der Elemente (etwa: Leib-Seele-Geist; od.: vorpersonal-personal-dialogisch) darf die integrierende Rolle der F. nicht verschleiern.

d) Die *Erfahrungsqualität* der F. variiert auf Ebenen, in Situationen u. bei Personen. Aber sie darf weder in Richtung Überschwang (↗ Ekstase, Rausch) noch in Richtung Ausgeglichenheit (Indifferenz, Gleichgültigkeit) — die Extreme berühren sich! — einseitig festgelegt werden.

e) Keines der angebotenen *Verstehensmodelle* ist restlos falsch. Doch beim Abwägen werden Humanität u. Christentum sichtbar: Sex. Erfüllung (einige psychoanalyt. Entwürfe); Einschwingen in die ↗ Leiblichkeit (viele ↗ Meditationsideologien); ästhet. Abrundung (v. Kierkegard kritisiert); moral. Selbstbestätigung (mancher christl. Entwurf); Persönlichkeitserfahrung (als sublimste Möglichkeit des Scheiterns); u. Begegnungssituation (Gefahr des Personalismus; ↗ Askese I b 4).

II. Daß Mensch u. menschl. Gemeinschaft auf F. als erfahrene Stimmigkeit hin angelegt sind, ist ein analyt. Satz. Erst bei Rangordnung u. Verwirklichung entstehen die Fragen.

a) Der gegen das Christentum erhobene Vorwurf v. F.- u. ↗ Lust-Feindlichkeit ist widersinnig. Doch die *einseitige Herausstellung v. Rangordnungen* führte u. führt zu gefähl. Verschiebungen. Geist. (übernatürl.) F. ohne leibl. Fundament kann zum Selbstbetrug werden; Jenseitsf. ohne Diesseitserfahrung zur Weltfeindlichkeit; individ. F. ohne soziale Verflechtung tendiert zu egoist. Abkapselung. Wo F. ihre Integrationsrolle verliert, bekommt sie das Aussehen ihres Gegenteils u. spricht auch oft dessen Sprache (Leid-Sehnsucht; Liebe zum Schmerz).

b) Doch weder dies noch die oft überbewertete *falsche Rangordnung* trägt die Alleinschuld an der F.losigkeit der Gegenwart. Wo freilich ↗ Genießen, ↗ Macht, Besitz (die drei klass. ↗ Versuchungen) u. ä. als Gipfel humaner Stimmigkeit erstrebt werden, verschieben sich die Ebenen so sehr, daß das Bild der F. wiederum verzerrt wird.

c) Ohne ein Wissen um die *wesenhafte Bruchstückhaftigkeit* jeder menschl. F.erfahrung wird der Zugang zu den Problemen versperrt. Manches an der modernen F.losigkeit stammt aus der Sucht nach restloser Erfüllung u. Stimmigkeit, die zu schnell in ↗ Verzweiflung umschlägt. Eine Ökonomie der F. kommt ohne Nüchternheit nicht aus.

d) Ebensowenig kommt sie aus ohne Rücksicht auf *die Variabilität* des mit F. Gemeinten. F. am Schöpferischen, am Besinnlichen, am Ekstatischen, am Geistigen, an Entscheidungen; F. des Afrikaners, des Nordländers, des Inders; F. im Kindesalter, in der Jugend od. in der Reife sind keine nebensächl. Erscheinungsformen einer gleichbleibenden F.; F. besteht aus der Vielfalt ihrer Möglichkeiten.

e) Eine *Grundrangordnung* darf erst bedacht werden, wenn das bisher Gezeigte feststeht. Sie aber wird kaum anders als in personalen Kategorien entworfen werden können, wobei ↗ Person als integrale (den ganzen Menschen umfassende), u. nicht als extrem existentielle (nur Geist-

Entscheidungsmitte meinende) Bestimmung zu fassen ist. Damit wird deutlich, wie sehr die dialogische Struktur des Menschen (worin seine ↗ Sexualität liegt!) Maßstab der F.erfahrung ist; aber auch, daß die rel. F. im Zenit personale, dialogische Züge trägt (↗ Dialog).

f) *Rel., christl. F.* (an Gott, an ↗ Gotteserfahrung, am eigenen Ausgerichtetsein auf Gott) unterliegt den genannten Kriterien; aber zugleich ergibt sie sich als Summe u. als Verheißung der vielfältigen F.erfahrungen des Menschen.

III. Nicht daß, nicht wie sehr, sondern in welcher Weise *F. zur Pastoral* gehört, ist zu überlegen. Der f.lose Charakter mancher ihrer Hinweise steht im Gegensatz zu einer alten ↗ Spiritualität, wo z. B. ↗ „Trost" d. h. F.erfahrung, Horizont f. alles übrige war.

a) *Konkretheit* fehlt vielen Lehren über die christl. F. Der Horizont der eschatolog. F. (Himmel, Paradies) verblaßt, wenn er nicht erfahrbar gemacht wird in Situationen des Lebens.

b) Erlebbar bleibt F. auf die Dauer nur über die *Sinnenhaftigkeit;* das wissen die ignatian. ↗ Exerzitien ebenso wie die kirchl. Kunst aller Zeiten.

c) *Geistige* (personale, übernatürl.) *F.* sollte — wenigstens in pastoraler Methodik — nicht als Gegensatz, sondern als Aufsteigerung der Sinnesf. gesehen werden.

d) Damit ergeben sich zwei Schritte zur *Einübung v. F.:* Weckung der Sensibilität f. frohmachende Begebenheiten u. Begegnungen. Verinnerlichung dieser Sensibilität zur Bereitschaft f. Erfahrungen, die im Sinnenhaften nicht mehr aufgehen: künstlerische, ethische Werte, menschl. Personartigkeit, rel. ↗ Hoffnung (↗ Sensibilisierung).

e) Eine *Pastoral der menschl. Sinne* könnte große Dienste leisten. In der myst. Literatur finden sich dafür wertvolle Hinweise: Hören-Musik-Harmonie; Sehen-Bild-Begegnung; Schmecken-Süße-Identität; Tasten-Greifbar Real; Atem-Weltraum-Einheit; usw.

f) *F. am Wort* wird in einer Welt, wo Worte zu kalten Informationsträgern werden, unerläßlich zum Erfahren des Christentums. Die Pastoral sollte sich mit Literaten usw. verbünden.

g) Die Frage nach F. ist die wichtigste, die *Frage nach dem Leid* aber die dringlichste. Nur dann lautet die Antwort nicht ↗ Verzweiflung, wenn bewußt bleibt, daß auch jede F. über sich hinausweist, Verheißung ist f. kommende, integrale F. u. damit Leid impliziert.

h) Damit aber steht die Pastoral vor dem Sinn *rel. F.*, die früher vielleicht abgelöst od. gar im Gegensatz zu anderen F.n gesucht wurde, die aber gerade heute die Kraft zur Integration v. F. u. Leid beweisen muß. Josef Sudbrack

Lit.: H. Cox, Das Fest der Narren. Das Gelächter ist der Hoffnung letzte Waffe (1970); E. H. Erikson, Identität und Lebenszyklus (1970); G. M. Martin. Fest und Alltag, Bausteine zu einer Theorie des Festes (1973).

Freundschaft. F. ist eine frei bejahte, wechselseitige Liebesbeziehung geistig-erot. Art v. zwei od. mehreren Personen, die in einem gegenseitigen innigen ↗ Vertrauens-Verhältnis besteht, das sich aber nicht in leibl. Hingabe äußert, sondern ein beiderseitiges Verhältnis darstellt, das auf Dauer ausgerichtet ist. In der Schrift gibt es die F. im natürl. Sinn, z. B. die F. zw. David u. Jonathan. In übernatürl. symbol. Weise bezeichnet sie die Verbindung zw. Gott u. seinem Volk Israel. Auch das NT erkennt nicht nur das Recht auf F. an, nach Joh. kennzeichnet Jesus die Lebenshingabe f. die Freunde als Höhepunkt der F. (Joh 15,15), wie er selbst sein Leben f. die Jünger, die seine Freunde geworden sind, weil er ihnen die Botschaft vom Vater gebracht hat, hingibt. Durch die F. wird dem einzelnen die ↗ Liebe u. Güte Gottes erfahrbar. Zahlreiche Beispiele v. F.n großer ↗ Heiliger u. bedeutender Gestalten der Kirche in allen Jahrhunderten lassen erkennen, wie F.n Hilfen bei der christl. Lebensgestaltung sind.

F. die Entwicklung des ↗ Kindes u. des Jugendlichen hat die F. entscheidenden Einfluß, bes. wenn der junge Mensch im Verlauf der ↗ Pubertät bei der Ichfindung auch den anderen, zunächst gleichgeschlechtl. Partner entdeckt. Während vergangene Zeiten, vorab der Puritanismus, hierin die Gefahr einer auch sex. Hinwendung zum gleichgeschl. Freund zu sehen glaubten, wird heute umso stärker auf den Vorteil der F. im Entwicklungsprozeß des jungen Menschen hingewiesen. Wurden in der Vergangenheit in kirchl. Kreisen sogen. „Partikular-F.n" verboten, so versucht man heute ihre Vorteile auszunutzen, indem man die natürl. Bindungen nicht nur bestehen läßt, sondern sie in kluger Weise fördert u. einzusetzen versucht. So werden gerade in der Zukunft freundschaftl. Zusammenschlüsse v. Priestern od. Priestern u. Laien als Teams od. sogar in Wohn- u. Lebensgemeinschaften neue Wege der ↗ Seelsorge eröffnen. F.n zw. denen, die sich nicht v. anderen abkapseln, können dazu beitragen, den falschen Individualismus innerhalb v. Seelsorge u. ↗ Erziehung zu überwinden u. ein neues ↗ Gemeinschafts-Bewußtsein prägen zu helfen.

Mb

Lit.: I. Lepp, Vom Wesen und Wert der Freundschaft (1965); E. Mielenbrink, Freundschaft in christlicher Erziehung u. Seelsorge (1967).

Friedenserziehung. Neben der wissensch. ↗ Friedensforschung u. konkreten Friedensarbeit geht es der F. um das päd. strukturierte Bemühen, Menschen unserer Zeit f. ein friedvolles, d. h. gewaltloses, freies u. zufriedenes Zusammenleben im zw.menschl., gesellschaftl. u. übernationalen Bereich zu befähigen. Diese Zielsetzung kann nicht absehen v. zwei Vorgegebenheiten: der menschl. ↗ Aggression u. zw.menschl. ↗ Konflikten. Dabei ist menschl. Aggression nicht nur als ein tiefenpsychisches Phänomen (Freuds Destruktionstrieb), sondern auch aufgrund einer soziol. Analyse in ihren gesellschaftl. Implikationen zu sehen, wobei der Vorwurf einer größeren Anfälligkeit stärker kirchengebundener Menschen f. autoritäre Entscheidungen zugunsten gewaltsamer Maßnahmen mitgehört werden sollte, obwohl diese Anschuldigung durch eine kompromißlose Haltung christl. ↗ Gruppen u. gläubiger Menschen gemildert wird. Grundlage f. jede F. kann nur sein, die allen Menschen in gleicher Weise zuerkannte Personenwürde, die ↗ Freiheit eines jeden in seiner ↗ Selbstverwirklichung u.

Zuordnung zur ↗ Gemeinschaft u. eine gerechtere Teilnahme aller an den Gütern der Erde, um Konfliktstoffe zu eliminieren u. gewaltsame Ausbrüche einzelner wie ganzer Gruppen zu verhindern. Konkrete F. wird sich um eine Bewußtseinsbildung bemühen müssen, die sich friedvollem Neben- u. Miteinander im je konkret-geschichtl. Raum kognitiv (Einsicht in Würde u. Notwendigkeit) u. affektiv (Bereitschaft u. Einsatz) öffnet, u. um ein phasengemäßes Einüben solcher Verhaltensweisen in ↗ Spiel, Gruppe, Beruf, ↗ Gesellschaft, die ↗ Toleranz u. ↗ Partnerschaft bedingen u. konstituieren. Grundlegende erzieherische Maßnahme einer F. ist die Führung zu ↗ Mündigkeit u. Weltverantwortung, die die Rolle eines krit. Beobachters u. selbstkrit. Mitträgers friedensbedingender ↗ Einstellungen u. Handlungen bzw. Unterlassungen in Gesellschaft u. Eigenleben übernehmen. Konkrete Einzelmaßnahmen heute sind Befähigung zum ↗ Dialog, der auf richtiger Kenntnis des anderen beruht u. den Mut zur krit. Bewertung der eigenen Position besitzt, ↗ Wille zur ↗ Identifizierung mit ihm u. seiner Ausgangsstellung, Bereitschaft zur Konfliktlösung bzw. zum Leben ohne Gewalt u. ↗ Unterdrückung auch in Konflikten. ↗ Gewaltlosigkeit.

Rb

Lit.: E. Krippendorff (Hrsg.), Friedensforschung (1968); H. E. Tödt, Friedensforschung als Problem f. Kirche u. Theologie, in: G. Picht u. H. E. Tödt, Studien zur Friedensforschung Bd. 1 (1969), 9–72; W. Huber, Frieden als Problem der Theologie, in: J. Bopp/H. Bosse/W. Huber, Die Angst vor dem Frieden (1970); D. Senghaas, Die Erziehung zum Frieden in einer friedlosen Welt, in: Hermann Röhrs, Friedenspädagogik (erziehungswissenschaftl. Reihe Bd. 1) (1970), 158–167; J. Rabas, Friedenserziehung in christl. Gemeinde, in: J. Hepp/E. Mielenbrink/H. Pompey, (Hrsg.), Funktion u. Struktur christl. Gemeinde, (1971).

Friedensforschung. Der Friede war schon immer Gegenstand menschl. Überlegens u. Strebens. Er war auch Thema versch. Wissenschaften, v. a. v. seiner auffälligsten Kehrseite, dem Krieg her. Seit Beginn unseres Jahrhunderts hat sich bes. die Disziplin der „Internat. Beziehungen" mit diesem Thema beschäftigt. Einen entscheidenden Impuls gewann die wissenschaftl. Beschäftigung mit dem Frieden v. den furchtbaren Erfahrungen zweier Weltkriege sowie v. der Tatsache, daß in den Waffenarsenalen der Welt immer mehr thermo-nukleare Overkill-Kapazitäten gelagert werden, Fakten, welche den Frieden deutlicher als je zuvor als „Lebensbedingung des techn. Zeitalters" (C. Fr. v. Weizsäcker) erscheinen lassen. Unter den wissenschaftl. Ansätzen zu diesem Thema sind v. a. zwei hervorzuheben: 1. Die bes. in Frankreich betriebene *Polemologie*, die sich um möglichste Wertfreiheit (➚ Werte) der ➚ Forschung bemüht u. nicht v. Frieden als einem Idealzustand, sondern vom Krieg u. ➚ Konflikt ausgeht. Diese Art der Forschung kommt der jeweiligen dringenden Realität der ➚ Macht zweifellos sehr nahe, läuft aber damit doch Gefahr, sich vorschnell mit einer Status-quo-Realität abzufinden, anstatt eine Forschung zur Systemüberwindung zu sein. Der Rückzug auf die postulierte Wertfreiheit vermag manche eigene Voreingenommenheit aufzuzeigen, übersieht aber die große Gefahr v. unbewußten u. de-facto-Wertungen, die sich umso eher einschleichen können, je mehr explizite Wertungen verboten u. verdrängt werden. Auch übersieht sie eine zu starke Fixierung auf Krieg u. Konflikt leicht die tieferen Ursachen dieser Phänomene. Solch tradit. Beschäftigung mit dem Anliegen des Friedens wird oft auch entgegengehalten, daß sie eher Kriegsforschung als F. sei. 2. Teilweise als Reaktion darauf hat sich v. a. seit den 50er Jahren die krit. F. entwickelt. Sie ist betont wert-engagiert u. praxisorientiert mit breitem Ansatzpunkt, weil sie nicht nur die bes. im Krieg deutlich in Erscheinung tretende personale Gewalt, sondern auch die weniger dramatisch wirkende, aber in ihren Opfern tragische strukturelle Gewalt zum Gegenstand ihrer Untersuchung macht. Damit hängt auch ihre Unterscheidung in negativen (besser: negativ definierten) u. positiven (besser: positiv definierten) Frieden zusammen. Mit ersterem ist Abwesenheit v. Krieg od. kollektiver Gewaltanwendung, mit dem zweiten die Verwirklichung best. ➚ Werte, wie etwa sozialer ➚ Gerechtigkeit, ➚ Freiheit, Wohlfahrt, ➚ Glück u. dgl. gemeint. Die kritische F. ist also an einem Idealzustand des Friedens orientiert, weist damit aber eine gewisse Nähe zur ➚ Utopie mit all ihren Vor- u. Nachteilen auf. Zu solchen Nachteilen zählt die Gefahr, in einer allzugroßen ➚ Fixierung auf das Bessere die Chancen des jeweiligen relativ Guten zu verpassen. — Forschungsgebiete in der F. sind u. a.: Verursachung u. Beherrschung v. ➚ Konflikten; Theorien über individ. u. kollektive ➚ Aggression; Kriegsverhütung, Abrüstung u. Rüstungskontrolle; regionale u. globale Sicherheitssysteme; ➚ Integration; ökonom. Aspekte des Krieges u. des Friedens; Friede u. Dritte Welt; Nationalismus; ➚ Friedenserziehung. Zs

Lit.: K. Kaiser, Friedensforschung in der Bundesrepublik (1970); V. Zsifkovits, Der Friede als Wert. Zur Wertproblematik der Friedensforschung (1973).

Frigidität. F. (v. lat. frigidus = kalt) bedeutet wörtl. sex. Gefühlskälte der ➚ Frau, bezieht sich aber in Wirklichkeit auf unterschiedl. Symptome, die die Folge der Abwehr sex. Erlebens sind. Sex. Verlangen (➚ Libido) u. Erleben können tw. beeinträchtigt od. völlig ausgelöscht sein; Ekel, Aversion od. den ➚ Mann abwehrendes ➚ Verhalten können, brauchen aber nicht hinzuzutreten; sie können u. U. einen Scheidenkrampf (Vaginismus) bewirken, der ein Eindringen des männl. Gliedes unmögl. macht. F. ist außerordentlich verbreitet. Die unbefriedigte Frau verursacht oft einen unbefriedigten Zustand des Mannes, u. es kann zu Ehe- u. Erziehungsstörungen u. zu sekundären psychoneurot. od. psychosomat. Störungen bei Frau, Mann od. ➚ Kindern kommen. Das Einleiten einer Therapie ist oft erschwert, weil die Frau ihre F. verschweigt od. weil Frau u. Untersucher sie unrealistischerweise f. ein fast selbstverständl. u. kaum beeinflußbares Frauenschicksal halten. Bei einem guten Fachmann — solche sind z. Z. aber noch selten — bestehen in vielen Fällen gute Heilungsaussichten. Temporäre od. situative F., die nicht als ➚ Krankheit aufgefaßt werden sollte, aber auch manche länger anhaltende F. können darauf beruhen, daß die f. die Frau gültigen sozio-kulturellen od. psych. Voraussetzungen einschließlich der f. sie gültigen Wertmaßstäbe in der Beziehung zum Mann keine hinreichende Geltung finden. F. kann Begleiterscheinung einer nicht erkannten ↗ Depression sein u. durch entspr. medikamentöse Behandlung schwinden. Nur selten spielen bei der F. organische od. hormonelle Faktoren eine entscheidende Rolle. Psychoanalyt. Beobachtung hat gezeigt, daß unbewußte ↗ Fixierung auf die ↗ Liebe zum ↗ Vater, untergründige homosex. Tendenzen (↗ Homosexualität), ↗ Kastrationskomplex u. Penisneid (↗ Ödipuskomplex), Männlichkeitswunsch od. Männerhaß, Ablehnung der weibl. ↗ Rolle (bes. v. ↗ Schwangerschaft) od. ↗ Angst vor Liebesverlust als ↗ Strafe f. sex. ↗ Lust (z. B. bei infantiler ↗ Masturbation) eine ursächl. ↗ Rolle spielen können. In neuerer Zeit wurde deutlicher gesehen, daß F. nicht nur v. den Ängsten u. ↗ Konflikten der betroffenen Frau selber her zu verstehen u. zu behandeln ist, daß F. vielmehr ähnlich wie andere funktionelle Sexualstörungen (↗ Sexualpathologie) als ein interpersonales Phänomen zustande kommt, in das die Schwierigkeiten beider Partner eingehen. Die populäre Sexualliteratur hat bei vielen Frauen unrealist. Vorstellungen u. Verpflichtungsgefühle hinsichtlich eines dramatischen ↗ Orgasmus hervorgerufen. Viele Frauen können aber auch ohne das Erleben eines ausgeprägten Orgasmus sex. vollauf befriedigt sein. Rf

Lit.: V. Frick, Frigidität u. Anorgasmie, in: Sexualmedizin 2 (1973) 58—61. H. Quint, Psychodynamische Aspekte bei der Frigidität, in: Ztsch. Psychosomat. Medizin 26, 303 (1970). William H. Masters u. Virginia E. Johnson, Impotenz u. Anorgasmie.

Frömmigkeit. Das Wort „fromm" erlangte erst seit dem 16. Jh. eine spezif. rel. Bedeutung, während es vordem „tapfer", „gerecht", „nützlich" meinte. Zu Beginn des 19. Jh. erfolgte eine weitere Bedeutungsverengung zur Bezeichnung einer stark individualist. geprägten rel. ↗ Haltung, in der das Gefühlsmoment stark betont war (Schleiermacher). Im Zusammenhang damit wird umgangsprachl. F. als eine Sache der reinen Innerlichkeit, sowie des rel. Gefühls betrachtet. Unter Bezugnahme auf den griech.-hellenist. Begriff der „eusébeia" u. der röm. „pietas" ließe sich F. im theol. Sinn umschreiben als „geistl. Vollzug (in ↗ Glaube, ↗ Hoffnung u. ↗ Liebe) der konkreten menschl. u. christl. Existenz" (A. Auer); „Frommsein umfaßt das ganze christl. Dasein des einzelnen Menschen unter bes. Hervorhebung seines Verhältnisses gerade zu Gott" (K. Rahner). Damit ist eine sehr enge Beziehung v. F. u. ↗ Spiritualität gegeben.

F. das pastorale Tun der Kirche u. f. die Spiritualität des einzelnen Christen ist die Ausgewogenheit zw. dem christl. Grundvollzug in Glaube, Hoffnung u. Liebe einerseits u. den konkreten Realisierungen u. Formen anderseits, in denen sich dieser Grundvollzug ausdrückt, entscheidend (K. Rahner: transzendentales u. kategoriales Moment der F.). Der Grundvollzug, in dem sich die Antwort auf Gottes Selbstmitteilung ereignet, bedarf der Verleiblichung im Wort, im Zeichen, in verschiedenen äußeren Formen der F.; diese einzelnen Formen u. Elemente können aber durch ihre Fülle u. ihr Eigengewicht übersehen lassen, daß sie nicht in sich u. aus sich das Letzte u. Eigentliche darstellen. Das Verhältnis zw. dem Grundvollzug u. den konkreten Formen ist keine stat. Größe, sondern hat eine große Variationsbreite im Leben u. in der Geschichte der ↗ Kirche u. im Leben u. in der Geschichte des einzelnen. Dementspr. kann man von verschiedenen F.shaltungen und F.stypen sprechen.

F. die Praxis ergibt sich daraus das Postulat, daß äußere Formen der F. auf das Letzte u. Eigentliche in Glaube, Hoffnung u. Liebe hin transparent bleiben müssen. Das bedeutet, daß jede Verabsolutierung v. F.sformen (als allein seligmachend) v. Übel ist. Doch sollte im pastoralen Bemühen auf die Traditionskontinuität so weit wie möglich Rücksicht genommen werden; aufgegeben sollten nur jene Formen werden, deren „Revitalisierung" nicht mehr möglich scheint. Über all dem darf aber nicht übersehen werden, daß sich die Verleiblichung des Grundvollzuges nicht nur in „rel." Formen vollziehen soll, sondern auch in

einer recht verstandenen „weltl. F." (vgl. Jak 1,26 f.).
Wy

Lit.: K. Rahner, Formale Grundstrukturen der Heilsvermittlung. Die Rücksicht auf die verschiedenen Aspekte der Frömmigkeit, Handbuch der Pastoraltheologie, Bd. II/1 (1966) 61—79; Dietrich v. Oppen, Der sachliche Mensch. Frömmigkeit am Ende des 20. Jahrhunderts (²1969); Josef Sudbrack, Motive u. Modelle f. ein Leben als Christ (1970).

Frühehe ↗ Ehe

Frustration. „Das ist das Verhängnis: Zw. Empfängnis u. Leichenbegängnis nichts als Bedrängnis" sagt der Dichter u. deutet damit an, daß unser ganzes Leben im Zeichen der Verzichtleistung steht, etwa unter dem Motto: „Entbehren sollst Du, sollst entbehren". Freud hat wissenschaftl. gezeigt, daß wir alle den schweren Weg vom Lust- zum Realitätsprinzip gehen müssen, niemandem also F.n erspart bleiben können. Wichtig ist es nun in diesem Zusammenhang, zw. unvermeidbaren u. vermeidbaren Versagungen zu unterscheiden. Daß Eltern ↗ Kindern gegenüber Gebote u. Verbote vom ersten Augenblick an aussprechen müssen, ist bei unserem Realitätsprinzip (u. wohl bei jeder denkbaren menschl. ↗ Gemeinschafts-Form, die ja nur durch individ. Einschränkung zustandekommen kann) unvermeidlich: aus solchen „F.n" entstehen dann auch keine psychischen Störungen — sonst müßten ja alle Menschen Neurotiker geworden sein, denn niemandem blieb es erspart, z. B. zu lernen, auf die Befriedigung des Eßtriebes eine gewisse Zeit zu warten. Die krankmachenden F.n sind jene, die durch ein Minus an ↗ Liebes-Zuwendung entstehen: Das Gefühl des Geliebtwerdens ist das entscheidende „Vitamin" f. die gesunde kindl. Entwicklung, alles kann vom Kinde akzeptiert u. übernommen werden, wenn es nur die Sicherheit hat, angenommen zu sein. Geht diese Sicherheit verloren, entstehen unweigerlich ↗ Aggressionen gegen die Eltern im jungen Menschen, diese müssen, da mit der Existenz unvereinbar, verdrängt werden, damit ist der erste neurot. Zwiespalt (zw. bewußter Zuneigung u. unbewußter Ablehnung) in der Seele des Kindes geboren, aus dem dann die verhängnisvolle weitere neurot. Symptomatik resultiert. Es spricht sehr vieles dafür, daß die Verhaltensforscher (etwa K. Lorenz) recht haben, wenn sie behaupten, die destruktive Aggressivität komme vorwiegend durch F. der Sehnsucht, geliebt zu werden, zustande. Die Welt ist heute voll v. Menschen, die durch falsche Gefühle der Eltern entweder pathologisch frustriert od. durch mangelhafte ↗ Erziehung nicht genügend darauf vorbereitet wurden, F.n auszuhalten. Hier später Abhilfe zu schaffen, ist zwar prinzipiell möglich, aber mit ungeheurem Kraftaufwand verbunden. Umso wichtiger wird es sein, prophylaktisch-psychohygienisch rechtzeitig die Anwendung falscher Erziehungsprinzipien u. unzulängl. Liebesformen durch die Eltern zu verhindern.
Rl

Lit.: K. Lorenz, Das sogenannte Böse (1963); A. Mitscherlich, Die Idee des Friedens ↗ die menschliche Aggressivität (1970); A. Mitscherlich, Müssen wir hassen (1972).

Frustrationstoleranz (engl., lat.) die Fähigkeit, auch starke ↗ Enttäuschungen (↗ Entmutigungen, Vereitelungen, Versagungen, Nichterfüllungen, usw.) od. ungerechtfertigte Angriffe v. Mitmenschen zu ertragen bzw. auf solche Aktionen gelassen mit kontrollierter od. sehr geringer ↗ Emotionalität, d. h. ohne ↗ Aggressionen zu reagieren.

Fürsorge ↗ Sozialarbeit

Furcht ↗ Angst ↗ Gottesfurcht

Futurologie ↗ Zukunftsforschung

Ganzheitsmedizin. G. verwirklicht jeweils in verschiedener Ausprägung die hippokrat. Dreiheit der Heilkunst: ↗ Krankheit, Kranker u. ↗ Arzt; die Idee der G. intendiert den Menschen in allen seinen Dimensionen, insofern das leib-geist-seel. Gesamtgefüge in der Krankheit gestört ist u. nicht bloß ein isolierter Bereich, der aber Ort der primären Erkrankung u. Schwerpunkt des Krankseins sein kann. G. ist eine ärztl. Aufgabe: die Einheit des Organismus, des ↗ Charakters, der Konstitution u. des Krankheitsbildes zu sehen, die Krankheit aus dem Ganzen des Menschen zu begreifen (Diagnose) u. zu heilen (Therapie). In praxi wohl nur partiell erreichbar, v. manchen Schulen überschätzt, die sich mit Aufbrauchkrankheiten, neurot. Erkrankungen (↗ Neurosen) usw. beschäftigen u. lebensbedrohl. Zustandsbilder (die typ. Fälle der Notfallmedizin, insbes. auch der Notfallchirurgie) nicht kennen u. daher nicht berücksichtigen. Gewiß bleibt auch hier der allerdings sukzessive u. nicht simultane ärztl. ↗ Eingriff als ein letztl. pluridimensionales u. also ganzheitl. Bemühen gefordert. G. in neuerer Zeit als Gegenbewegung gegen eine ausschließl. naturwissenschaftl. orientierte Medizin unter Einbeziehung nicht nur psych. u. psychobiograph., sondern auch soziol. u. sogar theol. Faktoren wiederholt gefordert u. in kleinerem Rahmen verwirklicht. Rt

Lit.: K. Jaspers, Allgemeine Psychopathologie (⁵1948); F. Büchner, Vom geistigen Standort der modernen Medizin (1957); F. Hartmann, Ärztliche Anthropologie (1973).

Gastarbeiter ↗ Ausländerseelsorge

Gattenwahl. G., man würde besser sagen ↗ „Partnerwahl", verlangt bes. heute — in einer sich stetig wandelnden technisierten Welt — Persönlichkeitsmerkmale, wie Einsichtsfähigkeit in die eigene Struktur u. die eigene Handlungsfähigkeit, „Einfühlungsvermögen", krit. Distanz zum Partner — auch u. gerade „Verliebtheit bis über beide Ohren!". Letzteres ist v. a. schwierig, weil hierbei Emotionen (↗ Emotionalität) viele Menschen gefangennehmen u. blind machen („blind vor Liebe").

Nach der Erfahrung zahlreicher Fachleute sollte G. ein prozeßhaftes Geschehen u. kein „Handeln aus dem Augenblick" sein, wenn die ↗ Ehe auf die Dauer gelingen soll (vgl. U. *Beer*).
G. setzt in erster Linie die Fähigkeit zu echter ↗ Partnerschaft voraus. Zahlreiche, f. die G. wesentl. Charakteristika sind zusammengefaßt bei v. *Gagern* (1967). Stu

Lit.: U. Beer, Recht auf Liebe (1968); F. v. Gagern, Eheliche Partnerschaft (1971); U. Beer, Mit Lust u. Liebe-Einführung f. junge Leute (1973).

Gebärde ↗ Symbol

Gebet. G. läßt sich im aktuellen Fragestand v. Theorie u. Praxis kaum noch im Apriori v. Wissen od. Eigenerfahrung definieren. Eine breite Phänomensichtung (I) ist erforderlich, um christl. Akzente zu setzen (II) u. prakt. Hinweise zu geben (III).
I. Die letzten Jahre zeigen eine Fülle v. Aspekten auf: a) Die v. der sog. *polit. Theologie* entworfene G.slehre hat viele überrascht. Einerseits schockierte die Reduktion des Betens auf krit. Reflektieren: G. sei Bewußtmachung der Ungerechtigkeit der Zustände. Im Konkretwerden, im Mit-Erleiden u. Engagement erwuchs die Notwendigkeit einer Art Bitt-G. (D. Sölle), das nicht in metaphys. od. psych. Sicherheit, aber in personaler Unmittelbarkeit bestehe. b) Die *Meditationsbewegung* legt Entgegengesetztes nahe: Beten als Selbst-Finden, -Werden, -Verkosten. Gottes Personalität, Gottes Du könne „nicht auch nur irgendwie in einer Linie mit dem menschl. ↗ Ich gedacht werden" (Enomyia-Lassalle). Gesucht wird Erfahrung: Glaubenszusagen — wie die v. Gottes Güte — nicht nur als zukünftig zu erhoffen, sondern gegenwärtig zu erleben. c) Im Anliegen der *Pentecostals* wird der Horizont weiter: Gesang, Rhythmus, Gemeinschaftsleben, spontane Äußerungen, kreatives Tun als Gestalten des Betens. Aus ↗ Angst vor Veräußerlichung (Verwechslung v. Formen wie ↗ Zungenreden, Heilungen, ekstat. Zuständen mit G. in sich) dürfen die posit. Impulse nicht verkannt werden. Weil Theorie u. Praxis des Betens auf die

↗ Verleiblichung u. Vergemeinschaftlichung verzichteten, wurde das konkrete Beten blutleer. d) *Geschichte u. Gegenwart* sind im Spektrum der drei Konkretisierungen zu betrachten: Krit. ↗ Aktivität, selbstbesinnende ↗ Meditation, vielfältige Leibwerdung. Dann wird deutlich, daß der geschichtl. Strom des Betens breiter floß, als die vielen Darstellungen ahnen lassen; daß das Beten der Gegenwart in Vielfalt, nicht aber in verengender Einseitigkeit zu suchen ist. Dann kann auch der Kern des christl. G.s, das Du Gottes, sichtbar werden.
II. Mitte der christl. Vielfalt des Betens ist a) *Gottes Du*. Nur mit Verkürzung der Gestalt Jesu ist es zu umgehen. Im *Bittgebet* wird dies sichtbar. Als primitives Anbiedern stände es nahe bei ↗ Aberglaube u. ↗ Magie; reduziert auf Sich-Einfügen in die Vorsehung od. auf Bitten um „Geistiges" wäre es Äußerlichkeit od. psych. Trick, weil unverifizierbar. Neben der Berücksichtigung der ↗ Intimsphäre (menschl./göttl. Ich; klassisch gesagt: Analogie u. Geheimnis) ist die Schrift zu hören: „Bittet u. wisset, daß ihr bereits empfangen *habt,* u. es wird euch zuteil werden." D. h. Gottes Heilsgabe, die in Jesu Auferstehung begründete ↗ Hoffnung, ist der allein gültige Bezugspunkt jeder christl. Bitte. b) *Mit der Gestalt Jesu* ebenso untrennbar mit eins ist Liebestun u. mitmenschl. Aktivität. Zum Christentum gehört beides: Gottes Du u. aktiver Weltauftrag. Aufgabe der G.spastoral ist, die Einheit v. beidem auch erfahrungsmäßig nahezubringen. Die Hoffnungstheologie tat wichtige Schritte dazu. Gegenposition wäre ein pantheist. Gottesbild, wo der Verzicht auf Gottes Du in teilnahmslose Annahme der Tatsachen ausläuft, d. ein atheist. Gottesbild, wo die Negation Gottes die Gewißheit des endgültigen Scheiterns besagt. c) In der *Geistwirklichkeit Gottes* liegt begründet, daß dieses Beten nicht blinden Aktivismus, sondern ↗ Selbstwerdung des Menschen bedeutet. Die mannigfachen Bemühungen um G. als Zu-sich-selbst-Kommen vor Gott, als Meditation, haben hier ihre theoret. u. prakt. Bedeutung. Hierhin gehören auch die oben angedeuteten G.serfahrungen der Pentecostals. Nach bibl. Zeugnis stehen die in der Psyche des Menschen gründenden (meditativen u. ekstat.) ↗ Geist-G.s-Erfahrungen unter dem doppelten Kriterium: Bekenntnis zu Jesus im Fleisch u. Nutzen der ↗ Gemeinde. d) Die *trinitätstheol. Struktur* des christl. G.s ist nicht Anfang, aber Ziel der Bemühungen. Das setzt einen letzten Akzent: Beten bleibt unterwegs. Es will nicht alles erfahren u. die Hoffnung (wie der ↗ Zen-Buddhismus) ausschalten, noch muß es am eigenen Ungenügen verzweifeln. Es weiß um Jesus, der zugleich Weg u. Wahrheit ist.

III. Im Gesagten liegen die *prakt.* Hinweise: a) Mehr als bisher sind die *Vorräume des Betens* zu beachten. Erfahrung v. Kunst, ↗ Natur, meditative u. kreative Selbstwerdung, Leidbewältigung, Einstimmung durch Bild u. Raum, Körperhaltung sind Türöffner zu G. Neben mehr körpergebundenen od. psychischen Übungen wie Wiederholungen u. Vergegenwärtigungen sind — kaum noch als Vorräume zu bezeichnen — die Befähigung zur personalen Begegnung u. zum Worterfassen einzuüben. b) Die *Warnung vor dem Überziehen* v. Methoden u. Forderungen ergibt sich aus psych. Gründen wie aus dem Wegcharakter des G.s. Das paulin. „Seufzen im Geist" umfaßt mehr als ausdrückliches od. gar formuliertes Beten. Deshalb muß echtes G. auch dort gesehen werden, wo Suchen u. Fragen statt Gelingen u. Erfahren im Vordergrund stehen. c) Im *Nebeneinander v. Spontaneität u. geprägter Form* liegt eine Chance der G.spastoral; ebenso in dem v. *Sprechen u. Schweigen,* v. *liturg. Mittun u. Zuschauen.* Doch bringt es die immer noch dauernde Engführung des G.s mit sich, daß jeweils das erste Element (bis zum betenden ↗ Tanz) intensivere Pflege verlangt. d) Im *Gemeinschaftscharakter des Betens* liegt eine Zusammenfassung des Gesagten. Er umschreibt nur mit dem einsamen G. zusammen die pastorale Aufgabe. Aber auch hier herrscht immer noch eine einseitige G.sauffassung. Gemeinschaftl. Beten heißt nicht nur gemeinsam ein G. vollziehen od. gar gemeinsam im Schweigen zu beten. Gemeinsamkeit kommt zur vollen ekklesiolog. Sichtbarkeit, wo ↗ Gespräch u. Tun v. Menschen untereinander u. ihr G. zu Gott einswerden. Nur so kann die volle G.serfahrung der urchristl. Eucharistie zurückgewonnen werden. e) Mit ihr als gültig bleibendem Modell wird zugleich die Einbeziehung des gesamtmenschl. Verhaltens in den Raum des Betens gefordert. Josef Sudbrack

Lit.: H. Ott, Das Gebet als Sprache des Glaubens, in: Wirklichkeit und Glaube II: Der persönliche Gott (1969) 297—329; W. Bernet, Gebet. Mit einem Streitgespräch zwischen Ernst Lange und dem Autor (1970); O. H. Pesch, Sprechender Glaube, Entwurf einer Theologie des Gebetes (1970); H. Schmidt, Wie betet der heutige Mensch? Dokumente und Analysen (1972); J. Sudbrack, Beten ist menschlich. Aus der Erfahrung des Lebens zu Gott gehen (1973).

Geburt, schmerzfreie. G.- od. Wehenschmerz wird heute wissenschaftl. überwiegend als physiolog. angesehen. Es gibt medikamentöse u. psych. Methoden, die zur Verringerung der ↗ Schmerzen beim Gebären geeignet sind. — Zur *medikamentösen G.serleichterung* werden Analgetika (schmerzlindernde Mittel), Inhalationsnarkotika (einzuatmende Betäubungsmittel) u. Leitungsanästhetika (Erzeugung örtl. Unempfindlichkeit durch Einspritzung im Bereich v. Nerven) benutzt. Zur Verminderung v. psychischer Spannung u. ↗ Angst sind Sedativa (beruhigende Mittel) u. sog. Tranquilizer (tranquillus — ruhig), d. h. unspezifisch beruhigend wirkende Pharmaka geeignet. Auf der Vorstellung, daß nur patholog. Abläufe Schmerz verursachen u. die G. als physiolog. Vorgang natürlicherweise schmerzfrei sein müsse, beruht die Hypothese, daß G.s- od. Wehenschmerzen durch bedingte Reflexe (Pawlow) entstanden. Die *psych. Methoden* der G.serleichterung versuchen, den objektiven G.sschmerz durch Affektentzug, sein subjektives Erleben durch Einengung des ↗ Bewußtseins u. den Ablauf der G. durch Tonusregelung zu erleichtern. Der Affektentzug geschieht rational durch schulende Erklärung des G.svorganges u. emotional durch Herstellung eines Vertrauensverhältnisses zu Personen, die der Kreißenden beistehen werden. Bewußtseineinengung wird durch eigene Ablenkung u. aktive Zuwendung zum G.svorgang, speziell zur Wehe, z. B. durch best. Atemtechnik, bewirkt. Muskelrelaxation (Lockerungsgymnastik) u. Atemübungen induzieren vegetative ↗ Entspannung u. psychische Beruhigung. Zu den psycho-prophylakt. (seel.-vorbeugenden) Methoden der G.svorbereitung gehören Fremdsuggestion u. ↗ Hypnose, ↗ Autogenes Training (J. H. Schultz 1926), Progressive Relaxation (Jacobson 1928), die sog. „Natürliche G." od. „G. ohne Angst" (G. Dick-Read 1933), das russische (Velvovski 1949) u. das französische (Lamaze 1952) Verfahren. Pius XII wies in seiner Ansprache „Über die s. G." (8. 1. 1965) darauf hin, daß eine schmerzlose Entbindung zwar außerhalb der „gemeinmenschl. Erfahrung" stehe, die „neue Methode" der PsychoProphylaxe jedoch „in sich betrachtet" nichts enthielte, „was vom moral. Standpunkt aus zu beanstanden wäre". Er erklärte zur Aussage der Genesis (3.16) in dolore paries filios, daß mit der Bestrafung der Stammeltern u. ihrer Nachkommen die Erforschung der Schöpfung u. die Suche nach Erleichterung des Lebens v. Gott nicht verboten wurde. ↗ Geburtstrauma. La

Lit.: G. Dick-Read, Childbirth without Fear, the Principles of Natural Childbirth; Deutsch: Mutterwerden ohne Schmerz (= falsche Übersetzung!), Die natürliche Geburt (1963).

Geburtenregelung ↗ Familienplanung

Geburtstrauma. 1. (Synonym mit Geburtsschaden verwendet) Krankheitszustände der Neugeborenen, die hauptsächl. mit dem Geburtsvorgang zusammenhängen: a) Blutungen, v. a. Hirnblutungen; b) Knochenverletzungen: Brüche v. Schlüsselbein, Oberarmknochen, Oberschenkelknochen, selten Wirbel- od. Schädelfrakturen, c) Nervenläsionen (Lähmung der Gesichtsnerven; obere, seltener untere Plexuslähmung an den Armen). — 2. Psychoanalyt. Hypothese: Durch die Trennung v. der ↗ Mutter während des Geburtsaktes u. die erste Gefahrensituation (Beengung im Atmen) wird ↗ Angst zum erstenmal bei der Geburt erlebt (↗ Trauma); bei Wiederholung einer Gefahrensituation wirkt diese ↗ Erfahrung fort. Nach O. Rank's Meinung seien die Schwierigkeiten im menschl. Leben vielfach durch das traumat. Erlebnis der Geburt bedingt. Rt

Lit.: ad 1) Lehrbücher der Geburtshilfe, Kinderheilkunde und Neurologie; ad 2) S. Freud, Gesammelte Werk: XI, 411; XIV, 168, 182.

Gedächtnisstörungen. Unter G. versteht man Störungen der Reproduzierbarkeit v. Vorstellungen, bzw. Bewußtseinsinhalten u. unterscheidet Perceptions-, Merkfähigkeits- u. Reproduktionsstörungen.
1. Zeitl. od. inhaltl. begrenzte G. werden auch als ↗ Amnesie bezeichnet. *Retrograde Amnesie* umfaßt die Zeit vor einem Schädeltrauma durch Auslöschung hypothet. Gedächtnisspuren, z. B. bei einer Commotio cerebri (Gehirnerschütterung). *Anterograde Amnesie* nach Wiedererwachen des ↗ Bewußtseins wird wahrscheinlich durch eine herabgesetzte Bewußtseinslage u. dadurch bedingte ungenügende Fixierung der Sinneseindrücke bedingt. Retroaktive Hemmung des Gedächtnisses, auch *Einprägungsamnesie* genannt, klass. beim Korsakoff-Syndrom, wie es beim chron. Alkoholismus vorkommt (↗ Alkoholabhängigkeit). Dabei Unfähigkeit, neue Erinnerungsinhalte zu fixieren, während alte Erinnerungsgehalte vollständig erhalten sind. *Janet* nimmt Störung des Sozialgedächtnisses mit Unfähigkeit zur Vergegenwärtigung u. Unfähigkeit zur ↗ Integration in die soziale Zeit an. *Umschriebene lakunäre Amnesien* finden sich bes. bei akuten Geistesstörungen, die dem akuten exogenen Reaktionstyp (früher Amentia) angehören. Nach Abklingen wie ausgestanzt wirkende Gedächtnislücke. — *Senile Amnesie* betrifft zunächst jüngere Ereignisse, während frühere Erinnerungen erhalten bleiben (Ribot'sches Gesetz); dehnt sich beim Fortschreiten progressiv aus.
2. Gedächtnis*fälschungen:* a) *Konfabulationen* als Ausdruck imaginärer Produktionen, die vom Patienten f. Erinnerungen gehalten werden. Damit werden lakunäre Amnesien ausgefüllt. b) *Ekmesie* erlebt Vergangenheit als Gegenwart. Bes. bei senilen Patienten od. in Delirien. Charakteristisch auch bei psychodel. Delirien (Haschisch, Meskalin, LSD). ↗ Psychedelik, ↗ Drogenabhängigkeit.

c) *Paramnesie* = Scheinbekanntheit. Gegenwart wird als Vergangenheit erlebt. Man glaubt, etwas wiederzuerkennen, was man nicht kennt. Deja vue-Erlebnis od. Jamais vue-Erlebnis bei Temporallappenepilepsie od. anderen ↗ Hirnschädigungen, Doppelgängererlebnis.
3. Neben organ. G. gibt es auch psychogene G. = hysterische Amnesien. Forensisch ist diese Unterscheidung bedeutungsvoll. Während organische Amnesie im Laufe der Zeit sich bis auf einen unaufklärbaren Kern (Kernamnesie) reduziert, weitet sich psychogene Amnesie fortschreitend aus. Subjektiv schuldhaft empfundene Handlungen werden aus dem Bewußtsein verdrängt. Solche Amnesien sind im Gegensatz zu den durchgehenden Ausfällen lacunärer Amnesien partiell, weil sie sich nur auf ein best. Thema beziehen, in dem die affektiven Belastungen u. ↗ Konflikte zum Ausdruck kommen. Das Vergessen bedeutet in diesen Fällen die Ablehnung einer Wirklichkeit. Ausgeprägte selektive Amnesien finden sich bes. bei der ↗ Hysterie, an der Freud den Mechanismus der ↗ Verdrängung als Ich-Abwehrmechanismus studiert hat.

Pa

Lit.: M. Bleuler, Endokrinologische Psychiatrie (1954); R. Bergius, Handbuch der Psychologie, 2. Halbb. Denken und Lernen (1964); H. H. Wieck, Lehrbuch der Psychiatrie (1967); R. Lindahl, Psychologie des Lernens und Gedächtnispsychologie in: Katz: Kleines Handb. d. Psychol. (1972); Schulte-Tölle, Psychiatrie (1973).

Gedankenübertragung ↗ Parapsychologie

Geduld. Vom Wortstamm her weist G. (lat. patientia) auf ein passives Ertragen v. ↗ Leid u. Mühsal. In Anlehnung an Aristoteles (Eth. Nic. III, 10) u. die Lehre der Stoa hat Thomas v. Aquin die G. der ↗ Tugend der ↗ Tapferkeit zugeordnet u. sie im Gegensatz zu stumpfer Gleichgültigkeit erklärt: „Geduldig ist nicht, wer das Übel nicht flieht, sondern wer sich dadurch nicht zu ungeordneter Traurigkeit hinreißen läßt" (S. Th. II/II, 136,4 ad 2 — Üs. v. Pieper). — Die Bibel beschreibt mit G. die ↗ Haltung eines Menschen, der es nicht nur mit der Welt u. seinem Leben, sondern

v. a. mit dem unbegreifl. Gott schwer hat (Hiob), der aber dennoch unbeirrt auf die Erfüllung der Verheißungen Gottes wartet. G. steht deshalb oft fast synonym f. ↗ Hoffnung u. ↗ Glaube (bes. bei Paulus) u. wird so zu einem „Zentralbegriff eschatolog. Haltung" (Bornkamm). Diese ↗ Deutung kann auch heute einen Zugang zur Wertschätzung der G. erschließen. Zunächst müssen freilich einige Mißverständnisse ausgeräumt werden: in christl. Sinn ist G. nicht Ausdruck v. ↗ Antriebs-Schwäche, ↗ Apathie od. ↗ Resignation. G. ist mehr als nur stummes Hinnehmen od. dumpfes Ertragen widriger Umstände. Sie bedeutet innere Kraft, die in aller Bedrängnis die Fröhlichkeit des Herzens zu wahren vermag. G. ist „Inbegriff letzter Unverwundetheit" (Pieper). Sie wird aber nicht erreicht durch einen Rückzug in die Unangreifbarkeit stoischen Gleichmuts, sie lebt vielmehr aus der gnadengewirkten Hoffnung (vgl. Kol 1,11) auf die Untrüglichkeit der Heilszusage Gottes. G. empfindet sehr wohl Widerstände u. Anfechtungen, aber sie hält dafür, „daß alle Leiden dieser Zeit nicht zu vergleichen sind mit der künftigen Herrlichkeit" (Röm 8,18). Aus dieser unerschütterl. Verankerung findet der Mensch auch die Kraft zur G. mit seiner ↗ Umwelt, zur G. mit sich selbst. Er kann sich u. die anderen ertragen, weil er sich getragen weiß v. der ↗ Liebe Gottes. Die G. gibt ihm Gelassenheit, Großzügigkeit u. Durchstehvermögen. In einer Zeit tiefreichender existentieller Verunsicherung, wachsender psychischer Labilität u. ständigen Schrumpfens des seel. „Spannungsbogens" kann die Rückbesinnung auf die christl. G. u. ihre beharrliche Einübung beträchtl. Hilfe zur Lebensbewältigung bieten. Gy

Lit.: F. J. Schierse: Geduld, HThG I, 436 ff., LThK IV, J. Pieper: Vom Sinn der Tapferkeit, Mü (⁸1963).

Gefängnisseelsorge. ↗ Seelsorge ist der dem ganzen Menschen geltende Zuspruch der Befreiung u. der darin enthaltene Anspruch, als Befreiter die Chance eines neuen Anfangs zu ergreifen.
Diese kurze Definition wirkt auf dem Hintergrund des Alltags in einem Gefängnis als anstößige Herausforderung. Einmal steht die Existenz im ↗ Strafvollzug unter dem *Vorzeichen der Unfreiheit*, die sich in mancherlei Einschränkungen äußert. Die Schwierigkeit aller Maßnahmen auf eine Einordnung in die Gesellschaft hin läßt sich auf die Formel bringen: Kann man zur ↗ Freiheit erziehen, indem man Freiheit entzieht? Damit hängt etwas anderes zusammen, was die Situation kennzeichnet. Als Abwehr des selbst verschuldeten Aufenthalts hinter Gittern regt sich im Gefangenen der dauernde *Versuch der Selbstrechtfertigung*. Diese Offensive zur Entschuldigung führt nicht zur Ent-Schuldung, sondern wälzt das Versagen auf irgendeinen Sündenbock ab (z. B. Eltern, ↗ Milieu, ↗ Gesellschaft). Dadurch fixiert man sich, ohne es zu merken, auf den gegenwärtigen Standpunkt. Weil man nicht den Mut aufbringt, nach den Wurzeln seines Versagens u. seiner Fehlhaltung zu suchen, ist man auch nicht genügend motiviert, die ↗ Zukunft vorzubereiten. Sie wird dadurch zum farbigen Traum einer schillernden ↗ Illusion, mit der man sich vertröstet, sich selbst rechtfertigt u. damit die Einladung zur Umkehr blockiert (↗ Schuld).
In diesem Rahmen findet das *seelsorgerl.* ↗ *Gespräch* statt. Es geht dabei um das Interesse Gottes f. Menschen, die sich f. ihn weithin nicht mehr interessieren. Die vorhandene Ablehnung od. Gleichgültigkeit dürfen nicht dazu verleiten, die Botschaft v. *der Rettungs- u. Befreiungsaktion Gottes* durch Argumentieren über eine angebl. Beweisbarkeit erhärten zu wollen. Eine solche Stützaktion endet nur zu leicht im Tauziehen einer gegenseitigen Diskussion, bei der die hilfreiche Initiative des Anredens u. die Antwort des Zuhörens behindert werden u. ausfallen.
Nicht etwa, daß man vor einer solchen Auseinandersetzung zurückschrecken müßte! Aber alles zu seiner Zeit. Einwände u. Widersprüche können in das Gespräch eingearbeitet werden, ohne daß dadurch dieser Protest zum beherrschenden Thema wird.
Was muß hier besonders bedacht u. beachtet werden?

1. Das Evangelium soll als die *Chance der Umkehr* u. des Neuanfangs bezeugt werden (↗ Bekehrung). Ein solcher Zuspruch vermag die Schatten der Vergangenheit zu vertreiben, Hindernisse in der Gegenwart zu überwinden u. so einen Weg f. die Zukunft zu finden. Dieses letzte Ziel einer sich mit Gottes Hilfe einstellenden *Freiheit u. Sinnerfüllung* darf man nie aus dem Auge verlieren. Das in der ↗ Sozialarbeit zum Ausdruck kommende Bemühen um eine Eingliederung in die ↗ Gesellschaft (↗ Bewährungshilfe, ↗ Rehabilitation, ↗ Sozialisation) ist im besten Fall eine Etappe auf diesem Weg, u. auch die durch die Psychologie erfolgende Erhellung u. Heilung darf mit dieser letzten Freiheit nicht verwechselt werden. ↗ Heilung u. Heil sind nicht das gleiche. Ein seiner Störungen enthobener Mensch ist dadurch noch nicht seines Wegs u. Ziels gewiß (↗ Lebenssinn). Freiheit ist erst da, wo Schuld nicht mehr verdrängt werden muß, sondern dem Lamm Gottes aufgebürdet werden darf, das sie wegträgt (Joh 1,29).

2. Diese Wahrheit gilt es im seelsorgerl. Gespräch dem einzelnen so zu bezeugen, daß sie ihm nicht nur verständlich wird, sondern auch die *bes. Umstände* seines Lebens erschließt. Dabei darf weder der Wahrheit ein Stück abgebrochen noch die ↗ Liebe als Zuwendung vernachlässigt werden.

3. Im tägl. Ablauf des Anstaltsalltags muß ein solches Gespräch zum *Freiraum des Zeithabens* werden. Dabei darf man sich durch keinerlei falsche Rücksicht — etwa auf das Funktionieren der ↗ Arbeit od. durch einen eigenen Terminplan — unter Zeitdruck setzen lassen; sonst geht jede ↗ Glaubwürdigkeit verloren. Gefangene haben dafür ein feines Gespür.

4. Das Zeithaben besteht v. a. in der *Kunst des Zuhörens.* Fragen sollten so gestellt werden, daß eine Atmosphäre des ↗ Vertrauens geschaffen wird; jede Art v. ↗ Neugier muß vermieden werden. Die oft entsetzl. Erfahrungen des Vertrauensbruchs u. die daraus resultierende ↗ Vereinsamung müssen überwunden werden. Gerade im Gespräch mit dem Gefängnisseelsorger ist es f. viele eine Wohltat, die „Karten offen auf den Tisch legen" zu können, ohne einen Eintrag in die Akten befürchten zu müssen. Dabei gilt es, still u. aufmerksam auf Nebengeräusche u. Untertöne zu achten, in denen sich — oft verschlüsselt — zaghaft u. verschämt das eigentl. Anliegen zu Wort zu melden versucht.

5. Diesem Zuhören muß bei der *Anrede* Rechnung getragen werden. In der Struktur des Gefängnisses mit seinen bes. ↗ Machtverhältnissen ist echte — nicht nur beteuerte — Solidarität u. ↗ Partnerschaft die Ausnahme. Wer Gefangenen im seelsorgerl. Gespräch begegnen will, muß seine institutionelle ↗ Autorität Tag f. Tag in eine personale umzuwandeln versuchen. Dies muß sich darin niederschlagen, daß Anrede nie den Anflug v. Anordnung haben u. Gespräch nie zum dozierenden Monolog werden darf. Die Möglichkeit einer solchen — oft unbewußten — Angleichung an die Mentalität hinter Gittern muß erkannt u. überwunden werden.

6. Voraussetzung f. das zu weckende Vertrauen ist *unbedingte Vertraulichkeit.* Deswegen muß man jeder Versuchung widerstehen, ein aus solchen Gesprächen stammendes Wissen als Information an Instanzen innerhalb u. außerhalb des Vollzugs weiterzugeben. Ein solches Gespräch wird auch unterminiert, wenn man der oft mit Drängen der Gefangenen verbundenen Erwartung nachgibt, es könnten hier größere od. kleinere Vorteile erzielt werden. Diese Gespräche dürfen nicht auf einen solchen Nutzen abgestellt sein; dies schließt nicht aus, daß im konkreten Fall ein gezieltes Engagement erfolgen kann u. muß.

7. Seelsorgerl. Gespräche scheinen oft erfolglos zu sein, die sich anbahnende Änderung bleibt zunächst meist ohne *sichtbare Konsequenzen.* Die Schädigung eines Gefangenen kann so tief reichen, daß trotz aller Aufgeschlossenheit ein Zurückfallen in alte ↗ Gewohnheiten nicht zu verhindern ist. Erneut straffällig Gewordene dürfen deshalb nicht mit einer sie beschämenden Enttäuschung empfangen werden, sondern müssen erneut geduldiger Zuwendung sicher sein können. Die Müdigkeit der ↗ Resignation darf nicht die Oberhand gewinnen; ihr Versagen

darf nicht zum eigenen Verzagen werden. ↗ Seelsorger bedürfen daher selbst der ermutigenden Führung Gottes. „Deshalb werden wir nicht mutlos, weil wir dieses Amt auf Grund der uns widerfahrenen Barmherzigkeit haben" (2. Kor 4,1). ↗ Strafe, ↗ Strafrechtsreform, ↗ Strafvollzug.

Rudolf Pfisterer

Lit.: R. Pfisterer, *Zwischen Kasernenhof u. Schlaraffenland* (1973).

Gefühl ↗ Emotionalität

Gegenübertragung ↗ Übertragung

Geheimnis. Unter G. versteht man eine verborgene od. schwer zugängliche Gegebenheit im Seinsbereich bzw. als Wahrheitsgehalt. 1. *Anthropol.:* In der Personmitte existieren dem wachen ↗ Bewußtsein undurchschaubare Gegebenheiten, ↗ Antriebe u. Zielvorstellungen v. unveräußerl. Charakter, unverlierbarer Eigenart u. Würde, welche sowohl die individ. Persönlichkeit wie die gesamte Wirklichkeit betreffen (↗ Transzendenz, ↗ Lebenssinn, ↗ Menschenwürde, ↗ Person). 2. *Jurid.:* G. ist ein Sachverhalt, der verschwiegen werden muß, ausgenommen bei gültiger Entbindung v. der G.pflicht (↗ Schweigepflicht, ärztl.). 3. *Theol.:* rel. G., ↗ Mysterium; Beichtg. (↗ Beichte). Im Wort G. kommen sowohl die Struktur der Wirklichkeit (Welt u. Mensch) wie die Unbegreiflichkeit u. Urverfügbarkeit Gottes (↗ Gotteserfahrung) gleicherweise zum Ausdruck, so daß ihm ein zentraler Platz in der christl. orientierten Praxis u. Theorie zuzumessen ist. Nur wer mit dem G. rechnet u. in Mitmenschen (↗ Mitmenschlichkeit) das G. achtet (↗ Ehrfurcht), wird der Würde menschl. ↗ Person gerecht u. vermeidet eine Reduzierung auf einzelne Dimensionen (empirische, positivistische, humanistische, materialistische u. a. Einseitigkeiten). Weil der Mensch G. ist, darf er nicht als Mittel mißbraucht (↗ Manipulation) od. als Gegenstand behandelt werden (↗ Arzt-Patienten-Verhältnis).

Rt/Hz

Gehirnwäsche. G., ein journalist. Wort f. ↗ Manipulation der Gehirnfunktionen aus polit. Gründen, wird auch „Gedankenkontrolle" genannt. Man versteht darunter die durch verschiedene Techniken (↗ Narkoanalyse, ↗ Hypnose u. sonstige psychische Beeinflussung, aber auch Hunger, Durst, Finsterheit, Schlaflosigkeit, Dauerstehen, Blendung, ↗ Lärm) bedingte Vergewaltigung des Denkens u. Wollens polit. Gegner zugunsten des eigenen Regimes: Zerstörung der Widerstandskraft, Verkehrung der polit. Auffassung, Verrat v. Gesinnungsfreunden, Lob des Feindes u. Mitarbeit. Die Wirksamkeit der G. ist abhängig v. der konstitutionsbiolog. Widerstandskraft, Suggestibilität u. Kraft der eigenen Überzeugung; ferner abhängig v. den angewandten Methoden u. der Dauer der Anwendung, v. sonstiger Erpressung (z. B. an Familienangehörigen) u. v. Folter. ↗ Lügendetektor

Rt

Lit.: P. Dal Bianco, „Ich-Plastik" durch politische Medizin? *Wort und Wahrheit* 5 (1950) 450—454.

Gehörlosenseelsorge. Als Gehörlose (G.) — in der BRD heute ca. 300.000, davon 5.000 Kinder, v. denen 82% beschult sind — bezeichnet man die Menschen, die durch Vererbung, Schädigung im Mutterschoß od. Erkrankungen im frühesten Kindesalter die Fähigkeit des Hörens entbehren. Ihr Problem liegt darin, daß sie ohne planmäßige zusätzl. Bemühung der Wortsprache nicht fähig werden u. damit einer entscheidenden Voraussetzung der geistigen Entfaltung u. mitmenschl. ↗ Kommunikation beraubt sind. V. den G.n heben sich die später Ertaubten ab, die nach erlangter Sprechfähigkeit das Gehör verlieren. Die G.n haben normale geistige Veranlagung (sofern nicht ein zentraler ↗ Hirnschaden vorliegt). Sie müssen die Lautsprache durch planmäßige Hilfen erlernen, denn die Gebärdensprache, die ja auch erlernt werden muß, gestattet nur deutlich verminderte Kontakte mit Menschen gleichen Schicksals (od. mit Gesunden, die die Mimik u. Gestik der G.n eigens erlernt haben). Durch Jahrtausende (gemäß Autoritäten wie Hippokrates, Aristoteles u. a.), ja selbst noch in der Aufklärungsepoche (etwa G. Herder, I. Kant u. a.), hielt man die G.n f. unfähig zu einer geistigen ↗ Bildung. So mußten sie ihr Leben verbringen als Bettler od. Insassen christl. Caritasheime. Gegen manche Widerstände schufen Abbé de l'Epée 1770 in Paris u. S. Heinicke 1778 in Leipzig die ersten Anstalten f. Taubstummenbildung mit dem Ziel der Befähigung der G.n zur Lautsprache. Es war erkannt, daß nur so eine volle Eingliederung in die ↗ Gesellschaft der Gesunden u. damit die Überwindung v. ↗ Vereinsamung u. ↗ Minderwertigkeitskomplexen möglich ist; zögernder wurde freilich anerkannt, daß der „normale" G. dieser Ausbildung fähig ist. Noch F. Lenz hielt 30% der G.n f. schwachsinnig, u. a. deshalb, weil er die Kretine einrechnete, bei denen die Gehörlosigkeit Folge zentraler Gehirndefekte war. Mittlerweile hat die G.n-Pädagogik große Fortschritte gemacht; gelang es ihr doch, die Mehrzahl der schulisch Ausgebildeten voll in die Gesellschaft einzugliedern. Bis zum BGB brauchten in der BRD auch erwachsene Taubstumme einen Vormund; im Strafrecht waren sie weithin den Minderjährigen gleichgestellt. 1911 wurde der Schulzwang in der Fachanstalt mit dem Ziel der Erlernung der Lautsprache eingeführt. Auch heute bleiben der kirchl. ↗ Seelsorge spezif. Aufgaben: einmal das öffentl. Bewußtsein zu wecken u. wachzuhalten f. die pflichtmäßige Sorge v. ↗ Kirche, Gesellschaft u. Staat f. die G.n, ihre Bildung u. Integration in die Gesellschaft; zum anderen, ihnen spezif. Beheimatung in eigenen ↗ Gruppen zu ermöglichen, eigene ↗ Gottesdienst u. a. rel. Veranstaltungen (Einkehrtage, ↗ Exerzitien) anzubieten sowie die Einzelseelsorge (mit dem Ziel der Bewältigung des schweren ↗ Schicksals u. der Überwindung spezif. Gefährdung) zu ermöglichen. Das setzt voraus, daß auch die Kirche Anstalten, Lehrkräfte u. Sonderseelsorger bereitstellt. In der BRD gibt es den „Verband der kath. G.n" (Sitz Fulda), die „Arbeitsgemeinschaft der kath. G.-Seelsorger" (Sitz Düren) sowie die „Zentralstelle f. kath. Seelsorge bei Sinnesgeschädigten (Blinde, G. u. Taubblinde)" (Sitz Düren). Letztere trägt die Aus- u. Fortbildung der Fachkräfte f. die Schulen u. veranstaltet Grundausbildungs- sowie Fortbildungskurse f. G.n-Seelsorger, v. denen jedes Bistum wenigstens einen besitzt. ↗ Ehen v. u. mit G.n verdienen alle Förderung, auch evtl. spezielle caritative u. seelsorgl. Hilfen. Erblich g. Kinder sind in diesen Ehen nicht häufiger als allgemein; im Einzelfall müßte allerdings zum Verzicht auf das eigene Kind geraten werden. ↗ Taubstummenbelehrung ↗ Blindenseelsorge Fl

Lit.: HPTh, Bd. IV (1969), 205—207; Bd. V (Lexikon) (1972): Art. Behinderte. G.n-Betreuung; H. Fleckenstein, Persönlichkeit u. Organminderwertigkeiten (1937) (Taubstummheit u. Psyche 35—61).

Gehorsam. Man muß unterscheiden zw. dem G. aufgrund einer Einsicht in den Sinn einer sachl. Anordnung, dem G. als bes. rel.-sittl. ↗ Tugend u. dem G. als Befehlshörigkeit. Im ersten Fall handelt es sich um einen Akt der ↗ Verantwortung; im zweiten Falle um eine Unterordnung des eigenen ↗ Willens u. Verstandes (vgl. Vaticanum II, LG n. 25) gegenüber einer ausgewiesenen u. anerkannten ↗ Autorität. Auch dabei ist Voraussetzung, daß Einsicht in das Sinnziel der gemeins. ↗ Arbeit besteht. G. als Befehlshörigkeit verzichtet hingegen auf die Frage nach der Legitimation der ↗ Autorität u. nach dem Sinn der Anordnung: Grund des G.s sind die Höherstellung des Gebietenden u. die ↗ Abhängigkeit v. ihm („Befehl ist Befehl", Kadaverg.). Diese Art des G.s kann weder menschl. noch christl. bejaht werden. Der rel. G. darf also nicht in dieser Weise mißverstanden werden. Auch wo ein G.s ↗ Gelübde vorliegt, kann es nicht um einen mechan. G. gehen, sondern nur um die Bereitschaft, alles zu tun, was im Bereich der f. das eigene Leben als sinnvoll bejahten Existenz in einer rel. ↗ Gemeinschaft notwendig ist u. im Hinblick auf diese Notwendigkeiten dem Oberen zu vertrauen. In jedem Fall darf der G. nicht als aszet. Technik absolut gesetzt werden. Der Rekurs auf die Verantwortung u. das ↗ Gewissen soll in einem G.sverhältnis immer offen sein. Christl. gesehen ist nur der G. Gott gegenüber durch nichts anderes als durch das Vertrauen in ihn legitimiert. Im zwischenmenschl. Bereich muß die Beugung unter die Autorität „einsichtigem Gewissensg." (A. Auer) entspringen. Nach bibl. Verständnis ist dieser Gewissensg. v. ↗ Glauben geprägt (vgl. Röm. 14,23). F. den G. im Glauben gebraucht Paulus nicht dasselbe Wort wie f. den Obrigkeitsg. Jesus hebt den G. v. jedem Legalismus u. Formalismus ab (vgl. Umgang mit dem Sabbat). Ein christl. G.sverständnis schließt also die eigene Verantwortung, gegebenenfalls den Widerstand, nicht aus.

Sowohl der eigene G. als auch der G. des anderen Menschen ist daher zu verantworten. Das bedeutet einerseits, daß man sich den Anforderungen, deren Sinn die eigene Einsicht bestätigt, u. den Anordnungen einer ausgewiesenen Autorität nicht entzieht. Das bedeutet andererseits, daß man ein bestehendes G.sverhältnis nicht mißbraucht. So darf z. B. der G. in rel. Gemeinschaften nicht die Brüderlichkeit verfehlen, auf die er gegründet ist. Das Vertrauen, das zw. ↗ Arzt u. Patienten, zw. Seelenführer u. Beichtkind, zw. Psychotherapeuten u. psychisch. Krankem bestehen soll, sollte nicht als Mittel mißbraucht werden, die ↗ Abhängigkeit des anderen u. die eigene Überlegenheit zu perpetuieren. Abhängigkeit u. G. sind zwar unerläßliche, aber vom Sinn der ↗ Heilung sachl. u. zeitl. begrenzte Mittel des Umgangs mit dem leidenden Menschen. Der im G. enthaltene Vertrauensvorschuß ist zwar eine Grundbedingung menschl. Existenz überhaupt, aber er bedarf mehr der ↗ Liebe als des ↗ Zwangs. Daher ist jede G.serziehung im Kern eine ↗ Erziehung zur Verantwortung im Rahmen der Möglichkeiten des Kindes, des Kranken od. des Straffälligen. Schon in der frühkindl. ↗ Erziehung sollte der ↗ Wille um des G.s willen nicht gebrochen, sondern z. Einordnung in die Einsicht geführt werden. Mt

Lit.: K. Delahaye, Gestaltswandel des G., in: Moral zw. Anspruch u. Verantwortung (FS. W. Schöllgen, 1964) S. 131—141; A. Müller, Das Problem v. Befehl u. G. im Leben der Kirche (1964); D. Sölle, Phantasie u. G. (1970).

Geist. Als *beschreibender Begriff* meint G. zunächst das dem Menschen gegenüber anderen erfahrbaren Wesen Eigentümliche u. Auszeichnende. Als solcher Begriff faßt G. daher alle spezif. menschl. Tätigkeiten zusammen: seine relative Instinktungebundenheit u. damit die Plastizität seiner kulturellen Leistungen in ↗ Sprache, Gemeinschafts-, Bau- u. Lebensformen. Das setzt ein Handeln aus Einsicht u. ↗ Entscheidung sowie ein Selbstbewußtsein voraus, durch welches sich der Mensch v. ihm bewußt gewordenen Gegenständen u. v. den spontanen ↗ Antrieben distanzieren, v. ihnen abheben u. nach dem jeweils Umgreifenden fragen u. streben kann. Alle diese Eigentümlichkeiten an unserer Tätigkeit können *geistig* genannt werden. Zugleich muß man sich aber bewußt sein, daß wir diese Tätigkeiten jeweils in Rückbezogenheit auf naturhafte u. geschichtl. Bedingungen erleben: erst in der Begegnung mit anderem kommen wir zu uns selbst u. dies auch nur schrittweise.

Als seinsmäßig (metaphysisch) *erklärender Begriff* sucht G. jenen Sachverhalt am Menschen zu fassen, der Grund f. die geistigen Tätigkeiten ist. So ist G. Grund f. die grundsätzliche Offenheit f. das Sein u. damit auch f. sich selbst, d. h. f. Selbstbewußtsein. Diese Offenheit ist im Menschen nur schrittweise, v. äußeren Bedingungen abhängig, verwirklichbar. Darin zeigt sich, daß der G. im Menschen (↗ Geistseele) wesentl. leibbezogen ist. Die Möglichkeit versch. Beziehung der Seienden zur G.igkeit wurde in der christl. Philosophie des Mittelalters zu einer Systemisierung der Seienden verwendet: das *ungeistige Seiende,* das nicht der Rückkehr zu sich selbst in Selbstbewußtsein fähig ist; der *Mensch,* der zwar leiblich ist, aber in Begegnung mit anderen zu sich selbst kommt, zur Entscheidung aufgerufen, f. alles offen ist u. so zum Bewußtsein seiner Beziehung auf Gott, den letzten Grund v. allem, gelangen kann; den *absoluten G.,* als letzten u. personalen Urgrund, der je schon voll bei sich u. als letzter Grund unabhängig ist. Unter „reinem G." verstand man vom absoluten G. verschiedene endl. G.wesen, die aber nicht welthafte u. leibl.

Existenz auf Art des Menschen haben (Engel).

Im *übertragenen Sinn* nennt man auch Produkte menschl. Tätigkeiten geistig u., soweit sie als kulturelle Leistungen Bestand haben u. vom einzelnen Menschen vorgefunden u. verstanden werden, „*objektiven G.*", wohl besser: „objektivierter G.". Wird G. als das Auszeichnende der ↗ Person angesehen u. die Person in ihrem Eigenwert anerkannt, dann findet auch G. eine positive Bewertung. Tritt diese in der Struktur der Wirklichkeit gründende Bewertungsgrundlage in den Hintergrund, so kann je nach Erlebnisgrundlage eine versch. Bewertung des G.s auftreten: die Erfahrung, daß menschl. geistige Tätigkeit ihre Grenze in den naturhaften Bedingungen findet, kann zu einer Abwertung des Materiellen führen, bis zu einem Dualismus v. G. u. Materie, wobei die Materie als Grund des Übels angesehen wird. Steht ein Erlebnis der naturhaften Sicherheit u. Geborgenheit im Vordergrund, dann kann der „G. als Widersacher der Seele" u. damit des spontanen Lebens betrachtet werden. Sinn einer seinsmäßigen Analyse ist die Kritik dieser spontanen Wertungen u. damit die Vorbereitung einer rechten Selbsteinschätzung des Menschen. ↗ Heiliger Geist. Mu

Lit.: E. Coreth, Was ist der Mensch? (1973); H. Buchner, Geist: Handbuch philosophischer Grundbegriffe (1973) I 536—546.

Geisteskrankheit ↗ Psychose

Geistesschwäche. Heute wird zunehmend unter G. all das verstanden, was früher mit ↗ Schwachsinn gemeint war.

Geistseele. Die Seele (↗ Psyche) des Menschen ist geistig (↗ Geist) u. wird deshalb als G. bezeichnet. Die Seele, als innerer, ganzheitl. Grund f. die Eigenart des Seins u. Wirkens eines Lebewesens, ist beim Menschen Grund gerade auch der menschl. Tätigkeiten des Erkennens, Liebens u. Wollens, die zugleich eine bewußte Ich-Bezogenheit haben (Selbstbewußtsein). Phänomenolog. lassen sich diese Tätigkeiten als geistig kennzeichnen, insofern sie eine bewußte Entgegensetzung v. ↗ Ich u. Gegenstand enthalten, die ermöglicht ist durch ein Übersteigen des Horizonts, in dem sich ein Gegenstand bietet, auf den Welt- u. Seinshorizont hin, der grundsätzlich allumfassend ist. Dadurch unterscheiden sich Inhalte geistigen Erkennens u. Wollens v. den Inhalten sinnenhaften Erkennens u. Strebens, die je ihre unüberschreitbar begrenzten Horizonte haben. Diese Begrenztheit wird verständlich durch die ↗ Abhängigkeit v. körperl. Organen. Sieht man die Materie als inneren Grund einer räuml. Seinsweise an, dann wird verständlich, warum in der thomist. Philosophie aus der geistigen Tätigkeit des Menschen darauf geschlossen wird, daß die Seele des Menschen innerlich unabhängig v. der Materie sein müsse, ohne daß damit die wesentl. Hinordnung auf die Materie zur Konstitution des ganzen u. leibhaften Menschen geleugnet wird.

Gegenüber einer dualist. Auffassung vom Menschen, welche Geist u. Körper trennt u. entgegensetzt, wurde in der christl. Philosophie u. Theologie des Mittelalters die Wesenseinheit des Menschen betont: Die G. ist nicht ein Prinzip des Menschen, das dem Prinzip f. den Körper gegenübersteht, sondern die eine Seele des Menschen ist zugleich Grund der geistigen wie auch der innerlich vom Materiellen abhängigen Tätigkeiten des Menschen (anima est forma corporis: die Seele wird aufgefaßt nicht nur als Grund der bewußten geistigen Tätigkeiten, sondern auch als die Eigenart des menschl. Leibes bestimmender Grund). Es gehört daher zur G., daß sie auf die Durchformung eines Leibes hingeordnet ist. Die „innere Unabhängigkeit" v. der Materie als Eigentümlichkeit der Geistigkeit der G. wird auch als entscheidender Grund f. die ewige Bestimmung der menschl. ↗ Person angesehen, die sich in der Offenheit u. Verantwortlichkeit der Person zeigt u. auch darin, daß die Verzwecklichung der Person bloß zur Erfüllung einer zeitl. begrenzten Funktion im zeitl. Kosmos dem erlebten Eigenwert der Person nicht entsprechen würde. Da aber die wesentliche Hinordnung der menschl. G. auf den Leib eine leiblose Daseinsweise des Menschen problematisch macht, muß die christl. Lehre v. der Auferstehung des Fleisches als Antwort auf die v. der Philosophie her offen bleibende Frage angesehen werden (↗ Auferstehungsglaube). ↗ Leben, menschl., ↗ Leib-Seele-Problem   Mu

Lit.: E. Coreth, Was ist der Mensch? (1973) 139—169; C. Cirne-Lima, Der Mensch als Geist und Materie: Warum glauben (³1967) 45—54.

Geltungsbedürfnis. Wenn wir jemanden als geltungsbedürftig bezeichnen, verbinden wir dies mit einer negativen Qualifikation. Den Wunsch nach ↗ Anerkennung aber hat jeder; es müßte bekannt werden, daß es sich dabei an u. f. sich um einen legitimen Anspruch handelt. Heißt es doch ganz klar etwa in der hl. Schrift: „Du sollst deinen Nächsten lieben wie dich selbst". Ein Mensch ohne Selbstliebe (ohne ↗ Narzißmus, wie der tiefenpsych. Fachausdruck lautet) ist hinsichtl. seiner Lebensfähigkeit bedroht, wir sollten also endlich damit aufhören, den „Selbstlosen" als ↗ Ideal hinzustellen, bei dem es sich nur allzuoft um einen verkappten bes. Geltungsbedürftigen handelt. Das Krankhafte des G.s kann nur in seiner abnormen Qualität liegen. Wir erleben unser ↗ Selbstwertgefühl in der Kindheit dadurch, daß wir uns geliebt u. akzeptiert fühlen. Mehr denn je gilt in dieser entscheidenden Periode der Satz des Dichters: „Daß Du mich liebst, macht mich mir wert". Bleibt diese Bestätigung aus, resultieren daraus ↗ Minderwertigkeitsgefühl u. tiefe Unsicherheit, welche dann tragischerweise, aber durchaus konsequent unter Anwendung einer Überkompensation zu verstärktem G., oft sogar zu ausgesprochenem ↗ Macht- u. Geltungs-Trieb führen kann. Es war der Begründer der Individualpsychologie, Alfred Adler, der gezeigt hat, daß gerade Ichunsicherheit mit verstärkter Ichbezogenheit gekoppelt sein muß: denn solche Menschen fühlen sich gezwungen, das Versäumte nachzuholen, suchen überall um jeden Preis Bestätigung. Der Mitmensch (sowohl im Berufs- wie im Privatleben) wird nicht als Subjekt, sondern als Objekt erlebt, nämlich als Mittel zum Zweck, die eigene Selbsteinschätzung zu erhöhen: daß auf diese Weise zwischenmenschl. Beziehungen mißlingen müssen u. somit andere Beteiligte in die Katastrophe einbezogen werden, versteht sich von selbst (↗ Mitmenschlichkeit).

Umso wichtiger ist es, daß wir jene Maxime der konservativen ↗ Erziehung aufgeben, die es sich zum Ziele gesetzt hat, das ↗ Kind die grenzenlose Überlegenheit der Eltern fühlen zu lassen. Bes. die Untersuchungen v. Henseler in Ulm sollten uns dabei mahnend vor Augen stehen, der gezeigt hat, wie sehr Lebensverneinung u. Schädigung des Selbstwertgefühles v. Kindheit an zusammenhängen.   Rl

Lit.: H. Henseler, Die Bedeutung narzißtischer Objektbeziehungen f. Verständnis u. Behandlung v. Suizid-Patienten (1970); H. Verküter, Narzißmus (1973).

Gelübde. In der atl. Frömmigkeit spielt das G. eine bedeutende Rolle als verstärktes Bitt- u. Dank-↗Gebet. Durch das feierl. Versprechen einer Dankesgabe soll das Bittgebet dringender u. das Bekunden dankbarer ↗ Gesinnung sicherer gemacht werden. Das Entscheidende ist nicht die dingl. Gabe, sondern der Ausdruck der Hingabe, des Lobpreises u. Dankes. Rel.-gesch. nimmt das G. teil an der Sinndeutung des Opfers: Die Gott gelobte u. freudig dargebrachte Gabe ist Sinnbild der persönl. Selbstübergabe an Gott. F. den Christen drückt das G. die sakramentale Gleichgestaltung mit Christus u. seiner Anbetung des Vaters „im Geiste u. in der Wahrheit" aus, die ihren Höhepunkt im Kreuzesopfer erreicht hat. Im G. spricht sich die Taufweihe u. die Salbung mit dem ↗ Geiste (Firmung) aus. In der Geschichte der Kirche ragen die drei G. der ↗ Armut, der gottgeweihten ↗ Ehelosigkeit u. des ↗ Gehorsams hervor (↗ Räte, Evangelische). Hier ist es unübersehbar, daß ein G. keine bloße Selbstverpflichtung zu äußeren ↗ Leistungen ist, sondern freudig vollzogene Einweihung zu einem ganz Gott u. dem Evangelium geschenkten Leben. Es ist Antwort auf eine bes. Gnade u. Vertrauen auf den Beistand des ↗ Heiligen Geistes. Entscheidend ist, daß das G. in voller ↗ Freiheit dargebracht wird; denn Gott will keine erzwungene Weihegabe. Das Ziel ist die größtmögliche Frei-

Gemeinde

heit f. Gott u. sein Reich, die ↗ Freude an seiner Freundschaft u. das Zeugnis f. sein Evangelium. Die Festigkeit der Bindung kommt der Freiheit der Kinder Gottes zugute. Wenn sich in der past. ↗ Beratung (↗ Pastoral Counseling) ein G. (nicht selten) als bewußt od. unbewußt v. ichbezogenen Wünschen u. ↗ Ängsten motiviertes u. „rel." getarntes Handelsgeschäft mit Gott entpuppt, so ist nicht nur die (Un)gültigkeit des G.s moralisch zu klären, sondern auch der persönl. Motivationshintergrund mit seinen spirituellen Fehleinstellungen zu ordnen. Die G. können sinnvoll nur v. jenen übernommen u. durchgehalten werden, die frei v. grobgesetzl. Gesinnung sich dem „Gesetz der Gnade" immer mehr öffnen u. in allem nur das Wohlgefallen Gottes suchen, u. zw. als Ausdruck der Dankbarkeit u. des Lobpreises seiner grenzenlosen Güte. Hr

Lit.: B. Häring, Das Gesetz Christi, München (⁸1968), III, S. 270—283 (mit Bibliographie).

Gemeinde. I. Christl. G. ist eine ↗ Gruppe v. Menschen, die sich mindestens auf Jesus v. Nazareth beziehen, ihm u. seiner Botschaft eine über seinen ↗ Tod hinausreichende Heils- u. Glaubensbedeutung zuerkennen, seine Botschaft weitersagen u. nach seinen Impulsen zu leben versuchen. Am Anfang steht nach dem NT die Begegnung der Jünger mit dem histor. Jesus, die österl. Erfahrung Jesu als des erhöhten Herrn u. die Erfahrung des ↗ Heiligen Geistes, in dem der Herr weiter seiner G. als Garant des Lebens, der ↗ Freiheit u. Ordnung, der Vielfalt u. Einheit gegenwärtig ist.

Das Leben der G. u. ihrer Glieder ist Nachfolge Jesu: Offensein f. Gott als die ↗ Liebe u. f. die Menschen als Brüder u. Schwestern Jesu. Die G. darf wie Jesus nur eine Vorliebe kennen, die f. die Armen, Kranken, Ausgebeuteten, Diskriminierten, Entrechteten u. Sünder (↗ Minderheiten); hier zeigt sich wie im Gebot der Feindesliebe die ganze Radikalität des Liebesgebotes. Anfangs war selbst die eucharist. Feier mit einem Agape Mahl verbunden. Nicht einmal auf den Sabbat kam es mehr an, sondern auf den Menschen, um dessentwillen auch der Sabbat da ist (Mk 2,27). G. ist nie Selbstzweck, sondern G. f. die andern (Mt 25, 34—40).

Grundfunktionen der G. sind das Weitersagen der befreienden Botschaft Jesu, die danksagende u. versöhnende Feier seiner Gegenwart, die gelebte Bruderschaft u. der Dienst an der Welt; etwas ausgefaltet: ↗ Verkündigung u. Information, christl.-spirituelle ↗ Erziehung u. ↗ Bildung, pastorale ↗ Beratung u. Lebenshilfe, ↗ Gottesdienst u. sakramentaler Dienst, Caritas u. ↗ Sozialdienste, gesellschaftl. ↗ Diakonie.

Das NT gebraucht f. G. u. ↗ Kirche dasselbe Wort „Ekklesia", das zunächst die konkrete Versammlung v. Christen od. die ↗ Gemeinschaft der in einem best. Haus sich treffenden od. in einer best. Stadt od. Landschaft lebenden Christen meint, dann aber auch die Gesamtkirche, die in den einzelnen Versammlungs-, Haus- od. Ortsg.n Ereignis wird. Heute wird man kirchensoz. u. -rechtl. unterscheiden: die Diözese als die eigentl. vollrechtl. Ortskirche; die Pfarrei als den kleinsten kirchenrechtl. konstituierten Teil einer Diözese, territorial od. kategorial-personal um best. Menschen, an best. Anstalten, nach Lebensalter, Beruf, gemeinsamer ↗ Spiritualität u. ↗ Gesinnung; Vollg.n, in denen alle Grundfunktionen einer christl. G. unmittelbar vollzogen werden — außer den Pfarreien Territorial- u. Sonderg.n wie Wohnviertel-, Sprengel-, Studenten-, Betriebs-, Krankenhausg.n; Gruppen u. paragemeindl. Gemeinschaften v. versch. Festigkeit, in denen sich nur einige der entscheidenden Lebensvollzüge einer christl. G. ereignen.

Gegenüber der Volks-, Versorgungs-, Festungskirche zeigt sich die Tendenz zur Freiwilligen- u. Erwachseneng., zu größerer Beweglichkeit u. Offenheit nach außen, zu größerer Humanität u. Brüderlichkeit, darum auch zu kleineren gemeindl. Substrukturen innerhalb v. Großpfarreien; dabei verliert das fast ausschließl. Territorialprinzip an Dominanz zugunsten kategorial-personaler G.bildungen.

II. Das Heil, um das es Jesus ging u. seiner G. gehen muß, ist ↗ Gerechtigkeit, Freiheit, ↗ Glück, ↗ Versöhnung, ↗ Freundschaft, Friede, Liebe; es hat eine

Gemeinschaft

leibl. Seite u. bricht wie die Herrschaft Gottes jetzt schon an. So wird G. „Keim u. Anfang des Reiches" (KK 5). Schon ihre ↗ Verkündigung hat eine welt- u. gesellschaftskrit., darum verändernde Funktion; ehe man seine Gabe zum Altar bringt, muß man sich mit dem Bruder versöhnen (Mt 5,23 f.); die Diakonie aber öffnet sich jeder individ. u. sozialen, leibl. u. geist. Not.

„Vertikale" u. „Horizontale", Glaubenshilfe u. ↗ Mitmenschlichkeit gehören zusammen. Wenn auch die eigentl. Lebenshilfe der G. das Öffnen f. die Dimension Gottes ist, muß G. doch solidarisch sein mit den großen menschl. Anliegen (PK 1): Überwindung v. ↗ Armut u. Hunger, ↗ Analphabetismus u. ↗ Rassenideologie; ↗ Konflikt-Bewältigung; Einsatz f. eine menschenwürdigere Welt, in der weniger Unschuldige leiden. In den überschaubaren gemeindl. Substrukturen kann man sich den jeweils Schwächsten zuwenden (↗ Kindern, Jugendlichen, jungen Müttern, Geschiedenen, Pendlern, Barackenbewohnern, Gastarbeitern, Obdachlosen, Geschädigten, Abhängigen, ↗ Kranken, Behinderten u. Alten), die jeweils akt. menschl. Nöte in Stadt u. Dorf entdecken u. analysieren (↗ Wohnen u. Siedeln, ↗ Umweltschutz, ↗ Lärm-Bekämpfung, ↗ Arbeit, ↗ Spiel, ↗ Sport- u. ↗ Freizeit-Räume, ↗ Erziehung u. ↗ Bildung), Strategien entwerfen, entspr. Dienste anbieten u. sachkundige Hilfen leisten (↗ Gesprächs-Kreise u. Wochenenden, um die Menschen selbst zu aktivieren, Information u. ↗ Kommunikation, offene ↗ Kinder- u. ↗ Jugendseelsorge, ↗ Erwachsenenbildung, Gemeinwesensarbeit, Erziehung, ↗ Ehe- u. Sozialberatung, ↗ Altenklubs, sozial-polit. Engagement). Dazu sind Spezialisierung u. fachl. Weiterbildung der Mitarbeiter (Kindergärtnerinnen, Jugendreferenten, ↗ Sozialarbeiter) nötig, Aufspüren u. Einsatz der in der G. vorhandenen ↗ Charismen, Beiziehung v. Psychologen u. Soziologen, Kooperationsbereitschaft auch mit der Kommunalg.; dabei wird man gerne abgeben, was andere vielleicht besser machen. So soll die G. ein Anwalt des Menschen in allen Dimensionen sein; das wäre zugleich das beste Kriterium ihrer Christlichkeit u. der beste Beweis ihres ↗ Glaubens. Ferdinand Klostermann

Lit.: F. Klostermann, Prinzip G. (1965); ders., Die G. Christi (1972); ders., Gemeinde — Kirche der Zukunft (1974); P. G. Seiz (Hrsg.), Die Siedlung als Neuland der Kirche (1968); Concilium 9 (1973) Heft 4.

Gemeindepsychiatrie. Psychiatr. Dienst im Rahmen v. Wohngemeinden durch ↗ Ärzte, Fürsorgerinnen u. Sozialarbeiter, unter bes. Berücksichtigung der jeweils gegebenen Familien- u. Wohngemeinschaften. ↗ Wohngemeinschaftstherapie, ↗ Sozialarbeit.

Gemeinschaft. Das menschl. Individuum steht in einem vielfältigen u. wechselseitigen Bezug auf Menschen in einer ↗ Gesellschaft. Diese Hinordnung auf andere ist nicht nur durch die Artzugehörigkeit u. im gleichen Wesen begründet; sie ist überdies konstitutiv f. den einzelnen, weil er bloß in diesem Bezug auf andere seine Möglichkeiten zu entfalten u. er selbst zu werden vermag. Insofern der einzelne sich dieses Bezugs bewußt wird u. ihn zusammen mit anderen frei bejaht, bildet sich in der Gesellschaft eine G. v. ↗ Personen mit einem „Gefühl der Zusammengehörigkeit" (Tönnies) u. gleichen Zielen. Indem die G. dem einzelnen einen Entfaltungsspielraum zugesteht u. sichert, erwartet sie v. ihm die Achtung der Ansprüche auch der anderen. Dazu bedarf es einer gewissen Ordnung innerhalb der G., auf die der einzelne verpflichtet wird. Eine solche G. könnte aber noch rein funktional verstanden werden, wenn sie bloß v. den ↗ Bedürfnissen ihrer einzelnen Mitglieder her gesehen wird. F. den einzelnen wäre sie nur deswegen notwendig, weil er in ihr seine Möglichkeiten mehr od. weniger gegen die Ansprüche der anderen zu realisieren vermag. Das gemeinsame Ziel ist dann nur äußerl. u. letztl. individualistisch, näml. das eigene Wohl u. die eigene Vollendung. Eine derartige G. erhielte ihre Berechtigung also nur v. den gegenwärtig in ihr lebenden einzelnen, in deren Wohlergehen ihr ↗ Wert bestände.

Zwar muß es dem Menschen in seiner Hinordnung auf die G. anderer immer auch um seine eigene Verwirklichung gehen. Indem er sich aber dieser G. als der-

Gemeinschaft

jenigen, durch die er selbst wird, verpflichtet weiß, wird er dabei nicht nur das eigene Wohl, sondern auch das der G. zu fördern suchen. Er wird ein ↗ Verantwortungs-Bewußtsein entwickeln, das nicht nur v. der ↗ Gerechtigkeit bestimmt ist, sondern sich auch v. der ↗ Liebe zu den anderen leiten läßt. Die ↗ Familie ist z. B. eine solche G., in der sich ↗ Ich u. ↗ Du zum ↗ Wir verbunden haben, so daß sich jeder f. den anderen einzusetzen versucht u. offen ist f. dessen Bedürfnisse. Das Bewußtsein der Gemeinsamkeit weiß sich in ihr dann auch zukünftigen Familienangehörigen verpflichtet, auf die sie ihr Tun mitausrichtet. Um die Familie als G. zu stärken u. um deren Möglichkeiten in der ↗ Zukunft zu verbessern, können ihre Mitglieder durchaus gegen den eigenen vordergründigen Nutzen handeln, sofern sie die G. als einen Wert erkannt u. erfahren haben.

In ähnl. Weise können auch Staat, Volk u. Menschheit als G.n verstanden werden, denen eine gewisse Eigenständigkeit u. ein Eigenwert zukommen. Eine derartige G. bestimmt ihren Sinn u. Wert nicht nur in der unmittelbaren Förderung des gegenwärtigen Wohlergehens ihrer einzelnen Mitglieder. Sie sucht vielmehr Güter zu verwirklichen, die der einzelne f. sich allein nie zu erreichen vermag. Es sind Güter, die nur in gemeinsamer Anstrengung zu realisieren sind u. zunächst der G. nützen, indem sie diese festigen u. stärken, so daß sie neue u. größere Aufgaben angehen kann. Durch die G. vermittelt, erhält aber auch der einzelne in ihr Anteil an ihren Gütern. Denn die Vervollkommnung der G. bedeutet zugleich eine größere Leistungsfähigkeit, die ihren Mitgliedern mehr Entfaltungsmöglichkeiten jetzt od. in Zukunft zu geben vermag. Allerdings gilt das nur, solange sich die G. allen in ihr Lebenden (insbes. auch den ↗ Behinderten) gleicherweise verpflichtet weiß. Dagegen würde sie durch eine ↗ Diskriminierung einzelner od. v. ↗ Gruppen innerhalb der G. (↗ Minderheiten) letztlich gegen ihre eigene Vervollkommnung handeln, insofern sie sich dann als G. selbst infrage stellt.

Die Forderungen, die eine G. an ihre Mitglieder hat, können auch v. einem künftigen Ziel her motiviert sein, dessen Verwirklichung ihre gegenwärtigen Mitglieder nicht mehr erleben werden. Die damit auferlegten Verzichtleistungen sind v. der G. selbst her zu begründen, insofern diese weiterexistieren soll um ihrer künftigen Mitglieder willen. Wie die gegenwärtigen Mitglieder der G. nämlich v. den Vorleistungen anderer profitieren, so sollten sie auch alles daran setzen, die G. zugunsten künftiger Mitglieder zu stärken u. entspr. zu befähigen. Der Wert einer so verstandenen G. liegt also nicht bloß in der Organisation eines reibungslosen Nebeneinanders ihrer Mitglieder. Er ist vielmehr in best. Aufgaben u. Zielsetzungen begründet, die f. einen einzelnen unerreichbar bleiben, aber in dem Miteinander v. vielen verwirklicht werden können. Das grundlegende Ziel der G. muß dabei eine Verbesserung der menschl. ↗ Lebensqualität sein, die sich nicht immer schon in der gegenwärtigen Generation auswirkt, weil Fortschritt oft einen langdauernden Einsatz aller erfordert.

Wilfried Ruff

Der christl. Begriff der G. verbindet dreierlei (Dombois): *communio* als Einigung des Menschen mit Gott, die das befreite Ich-Gewissen des glaubenden einzelnen einschließt; diese G. muß heutzutage in „resozialisierter" Gestalt gelebt werden; *communitas* als tätige Gliedschaft in der Glaubens-G., die man „vergesellschaftete Religion" nennen kann; Kerngemeinde-↗ Ideologie, Institutionsegoismus u. klerikale Züge erschweren die Mitarbeit nicht nur in den Kirchen, sondern auch in Parteien, Gewerkschaften usw.; *communicatio* als konkretes Versöhnungsgeschehen zw. einzelnen (Annahme) u. ↗ Gruppen in der Spannung v. ↗ Konflikt u. Friede. Die Beachtung dieser Differenzierung im Begriff der G. kann dazu beitragen, „Elastizitätsreserven" kirchl. Handelns zu mobilisieren — eine wichtige prakt.-theol. wie kirchenpolit. Aufgabe f. die *Kirche als g.bildenden Prozeß.*

Diese Aufgabe sucht die Kirche in ↗ Gottesdienst, im seelsorgl. ↗ Gespräch, in der ↗ Diakonie u. in der Katechese

(↗ Religionspädagogik) zu erfüllen. Dabei stößt sie auf gesellschaftl. Bedingungen, die in vielen Variationen alle betreffen: Der Vergesellschaftungsprozeß läuft auf inter-individ. Wettbewerb, auf Reduktion v. Selbst- u. Mitbestimmung usw. hinaus; G. wird kaum noch erlebt (z. B. als personale Liebe statt Sexkonsum; Solidarität statt bloße Kooperation; Annahme anderer statt Selbstdurchsetzungsinteresse). Nicht einmal die Erkenntnis dieses Mangels ist allgemein, obwohl jedermann unter ihm leidet; denn die Glücksangebote auf dem Markt (z. B. Erfüllung durch Sex; ↗ Urlaubs-Versprechungen; Verheißung v. ↗ Gesundheit, techn. Erleichterung; Unterhaltung) verhindern diese. Im modernen Städtebau (↗ Wohnen) schafft sich die Gesellschaft ein Pendant zum Psychogramm der G.slosen, u. während die ↗ Kommunikationsforschung zunimmt, verkümmert kommunikatives Handeln weiter. Trotzdem ist es falsch, vom Standpunkt einer Verherrlichung der G. die Gesellschaft als ↗ geist- u. g.s-los zu denunzieren. Wir müssen unser organisations- u. wissenschaftsvermitteltes Gesellschaftsgefüge akzeptieren, gleichzeitig jedoch ins Spiel bringen, wie mehr G. realisiert werden kann. Die Kirche muß versuchen, den einzelnen zu stärken, ihm auch zu helfen, daß er sich kritisch an institutionellen u. organisatorischen Prozessen beteiligen kann, u. sie muß seine Fähigkeiten zu solidarischem Handeln erweitern. Dieter Stoodt

Lit.: F. Tönnies, Gemeinschaft u. Gesellschaft (1939); W. Elert, Abendmahl u. Kirchengemeinschaft in der Alten Kirche hauptsächl. des Ostens (1954); R. Dahrendorf, Gesellschaft u. Demokratie in Deutschland (1965); H. Hoefnagels, Soziologie des Sozialen (1966); M. R. Vogel/P. Oel, Gemeinde u. Gemeinschaftshandeln (1966); H.-D. Bastian, Kommunikation (1972).

Gemeinwesenarbeit ↗ Sozialarbeit ↗ Daseinsvorsorge

Gemütskrankheiten ↗ Psychosen

Generationskonflikt. Schon immer erlebt der Jugendliche die Lösung aus elterl. ↗ Autorität weitgehend als eine Befreiung. Die eigene, ihm zunehmend wesentlicher erscheinende Stellungnahme wird zu solchem ↗ Wert, daß er sie verteidigen u. an ihr festhalten möchte. „Jugendbewegung", „skeptische Generation" u. a. Begriffe formulierten hier spezif. Lebens- u. Weltanschauungen. Der um seine Position (↗ Rolle) ringende Jugendliche erlebt dabei häufig eine gewisse Selbstüberschätzung, weil er recht behalten möchte auch gegenüber Tatsachen, die in der Vergangenheit anders gesichert waren. Er denkt deshalb mehr an eine Orientierung in seiner kommenden „richtigen" Welt als an eine Konformität zur Gegenwart, die ihm ein Provisorium bedeutet. Damit besitzt diese ↗ Einstellung auch eine positive dynam. Komponente u. gerät nicht selten in einen nützl. Gegensatz zu der vom Erwachsenen demonstrierten mehr statischen u. in den Auge des Jugendlichen erstarrten Orientierung. Der G. besitzt so in seiner spezif. Ausprägung jeweils auch induktive Wirkungen auf das übrige Gesellschaftsgefüge. Dabei sollte der Jugendliche aber nicht zum kulturellen Schiedsrichter einer Generation entarten. Er sehnt sich nach einem meist veränderten Sinngehalt seines Lebens u. relativiert dabei nur ungenügend die Widersprüchlichkeit seiner Strebungen u. die Fragwürdigkeit seiner Wertungen. Er neigt gelegentlich dazu, sich durch kritiklose Übernahme v. Schlagworten u. unausgegorenen ↗ Ideologien, die Aufgabe, die er lösen möchte, zu erleichtern. Der G. wird v. a. in Industrienationen beobachtet; dabei unterliegt dieser in seinem Gehalt u. seinen Ausdrucksformen einem fortwährenden Wandel, der wiederum in Abhängigkeit vom Zeitgeist steht. Der einsame Jugendliche in der Reifungszeit steht vor dem Versuch, viele Aufgaben bewältigen zu wollen, in deren Ablauf ihm die ↗ Abhängigkeit v. Eltern od. Autoritäten hinderlich ist. Ziel des G.s sind Gleichberechtigung u. Mitsprache. Ha

Lit.: W. Neidhardt u. a., Der Konflikt der Generationen (1966).

Genießen. Als Sigmund Freud auf die Frage nach dem Behandlungsziel der v. ihm entwickelten psychoanalyt. Therapie lakonisch antwortete, er müsse sich damit zufrieden geben, seinen Patienten „ein Stück Arbeits- u. Genußfähigkeit wiederherzustellen", griff er — vielleicht ohne es selbst zu wissen — auf eine Formulierung zurück, die er als junger Mann v. einem Mitglied der sephardischen Gemeinde in Hamburg, also einer im Chassidismus verwurzelten Gruppierung der Judenschaft, gehört hatte. Nach der dort vertretenen Auffassung waren der Jude f. den Genuß u. der Genuß f. den Juden bestimmt. Freud selbst hat in seinem späteren Leben wenig Gebrauch gemacht v. einem solchen rel. untermauerten Programm zur Ausweitung v. Genußmöglichkeiten. Er gehörte zu den glückl. Naturen, bei denen Arbeiten u. Phantasieren zusammenfielen u. die sich — nach eigenem Zeugnis — bei nichts anderem amüsieren könnten. Auch in den theoret. Konzepten der Psychoanalyse überwiegt — v. a. im Spätwerk Freuds — ein skeptisch resignativer Zug im Blick auf die menschl. Genußmöglichkeiten. Die ↗ Psychoanalyse also im Sinne einer Aufforderung zum uneingeschränkten Hedonismus zu verstehen, heißt, sie böswillig mißzuverstehen.

Trotzdem hat sie nicht wenig dazu beigetragen, die Frage nach den menschl. Möglichkeiten des G.s in das öffentl. Bewußtsein zu rücken. Dabei ist wichtig, daß das G. als eine ↗ Ich-Funktion angesehen werden muß, die den Genuß aus der nur triebhaften Unbewußtheit v. Triebbefriedigung herausheben möchte. Ihr bevorzugter Bereich ist also nicht die Befriedigung objektlibidinöser Triebregungen, sondern die narzißtische Triebgruppe, die sich aus Niederschlägen aufgegebener Objektbesetzungen gebildet hat u. vom Objekt absehen kann. Damit steht die psychoanalyt. Auffassung vom G. sicher näher bei den mystischen Konzepten der fruitio Dei als bei einem platten Hedonismus.

Seelsorgerl. Bemühungen um menschenwürdiges G. werden sich gewiß mit dieser Linie, die eine Verbesserung der ↗ Lebensqualität einschließt, besser befreunden können als mit einer solchen, die G. lediglich in Kategorien der Konsumsteigerung zu sehen vermag. Scha

Lit.: G. M. Martin, Wir wollen hier auf Erden schon . . . (1970); H. Marcuse, Zur Kritik des Hedonismus, Zeitschrift für Sozialforschung, Bd 7 (1938); S. 55 ff; M. Balint, Problems of Human Pleasure and Behaviour (1957).

Gerechtigkeit. G. ist ein vieldeutiger Begriff. Im rel. Sprachgebrauch (bes. des AT) bezeichnet er die Erfüllung des Willens Gottes u. steht damit in der Nähe v. Heiligkeit, ↗ Gottesfurcht u. ↗ Frömmigkeit. Die paulin. Theologie beschreibt G. als Frucht der Rechtfertigung, die Gottes Gnade den Menschen schenkt. — Hier wird G. angesprochen als eine Grundform menschl. ↗ Tugend. Nach der Definition des Thomas v. A., die sich auf eine tief in die Antike reichende Tradition stützt, bedeutet G. „die Haltung, kraft deren einer standhaften u. beständigen Willens einem jeden sein Recht zuerkennt" (II/II, 58,1 — Üs. Pieper). G. setzt voraus, daß jeder Mensch Träger v. Rechten ist (↗ Menschenrechte, ↗ Menschenwürde). Die Begründung dafür ergibt sich phil. aus der ↗ Personalität, theol. aus der Kreatürlichkeit des Menschen. Zur Einteilung der G. vgl. die Lehrbücher der Moral. So einmütig G. als sittl. ↗ Wert anerkannt wird, so schwierig erweist sich ihre konkrete Verwirklichung. Was heißt: jedem das Seine geben? Die Antworten unterscheiden sich beträchtl., je nach geschichtl. u. gesellschaftl. Situationen. Zweifellos steht G. immer auch in einer gewissen Spannung zur ↗ Liebe. Weil G. sich auf Äußeres bezieht, auf die Anerkennung v. materiellen u. geist. (z. B. Ehre od. guter Ruf) Rechten u. Gütern eines anderen, steht sie in dauernder Gefahr, in äußerl. ↗ Gesetzlichkeit zu erstarren. Andererseits bewahrt gerade die G. davor, eine histor. gewordene u. bedingte Rechtsordnung als in jeder Weise unabänderl. hinzunehmen. Sie stellt den unermüdl. Ansporn dar, in immer neuem Bemühen f. eine gerechtere Welt zu kämpfen. Weil G. aus einer radikalen u. unbedingten Achtung vor dem Recht lebt, kann sie sich nicht v. vornherein mit einer vorgefundenen Rechtsordnung (die immer auch Unrecht einschließt) begnügen. Die ↗ Ehrfurcht vor dem Menschen läßt sie zum Anwalt aller Unterdrückten werden. G. macht sensibel gegen alles Unrecht, wo immer u. durch wen immer es geschieht. G. schafft damit wesentl. Grundlagen des Friedens. Bei all dem sind die Grenzen der G. nicht zu übersehen. Sie ist zwar unentbehrlich zur Ordnung der sozialen Beziehungen, aber weder der einzelne Mensch noch die ↗ Gesellschaft kann allein aus der Respektierung v. Rechten leben. Dazu sind noch andere Werte notwendig, die nicht durch eine Rechtsordnung faßbar u. regulierbar sind, z. B. Hingabe, Vergebung, Liebe. Die Einsicht, daß G. auf dieser Welt nie völlig zu verwirklichen ist, bewahrt sie vor blindem ↗ Fanatismus, der letzten Endes ungerecht u. zerstörerisch wird (vgl. M. Kohlhaas). Darum kann G. nie absolutes Prinzip des Zusammenlebens sein, sie bedarf der Ergänzung u. Überhöhung. Bloße G. führt in letzter Konsequenz zu Unmenschlichkeit. Gy

Lit.: J. Pieper, Über die Gerechtigkeit (³1960); P. Tillich, Liebe, Macht, Gerechtigkeit (1955).

Geriatrie. Der Begriff G. (v. griech. = Greisenheilkunde) wurde in Anlehnung an die Pädiatrie (Kinderheilkunde) geprägt f. die Lehre v. den ↗ Alterskrankheiten; G. umfaßt also alle ↗ Krankheiten des höheren Lebensalters: infolge der bes. Phase der Biomorphose (altersspezif. biolog. Situation, biolog. ↗ Alter) in Verlauf u. Erscheinungsweise modifizierte Erkrankungen, wie sie sonst auch den Menschen treffen, aber auch typ. Alterserkrankungen. Im höheren Alter verlaufen alle sonst normalen wie auch die krankhaften Vorgänge verzögert u. weniger deutlich ausgeprägt (Entzündungen, Wundheilung usw.). Als biolog. Vorgang ist Altern die irreversible Veränderung der lebenden Substanz, die letztlich zum (physiolog.) ↗ Tod führt. Rt

Lit.: U. Lehr, Psychologie des Alterns (1972).

Gerichtliche Medizin. G. M. (in der BRD seit 1968 „Rechtsmedizin" genannt) ist eine medizin. Disziplin, die in Lehre, ↗ Forschung u. Praxis die Anwendbarkeit medizin. Kenntnisse u. Methoden zur Klärung rechtserhebl. Tatbestände zum Inhalt hat. In der Lehre fällt dem Rechtsmediziner außerdem die Aufgabe zu, dem angehenden ↗ Arzt die wichtigsten Kenntnisse der ärztl. Rechts- u- Standeskunde sowie der Versicherungsmedizin zu vermitteln. Im einzelnen behandelt die Rechtsmedizin folgende Fragen: Aufgaben u. ↗ Verantwortlichkeit des Arztes in der ↗ Gesellschaft u. f. die Gesellschaftsstellung des Arztes; vertragl. Beziehungen zw. ↗ Arzt u. Patient; ärztl. Ethik (↗ Berufsethik); Umfang u. Grenzen der ärztl. ↗ Schweige- u. Aufklärungspflicht (↗ Wahrheitspflicht); der Auskunfts- u. ↗ Meldepflicht gegenüber Behörden; Rechtsfragen bei ärztl. ↗ Eingriffen — insbes. Operationen u. Transfusionen —, ↗ Operationsrecht; ferner die Lehre vom ärztl. ↗ Kunstfehler; v. den wichtigsten versicherungsmedizin. Problemen sowie v. den Grundlagen der ärztl. Sachverständigentätigkeit (↗ Begutachtung), bes. im Hinblick auf den Beweiswert medizin. Fragestellungen (Wahrscheinlichkeitsbegriff). Ärztl. Aufgaben der Befund- u. Beweissicherung bei fragl. verbrechensherbl. Körperverletzungen (z. B. Mißhandlungen ↗ Notzucht) u. bei unklaren sowie unerwarteten Todesfällen: Probleme der Leichenschau u. ↗ Obduktion, Todeszeitbestimmung, differentialdiagnost. Möglichkeiten zur Abgrenzung vom natürl. ↗ Tod, ↗ Unfall, ↗ Selbsttötung, sowie Tötung durch fremde Hand (↗ Mord). Im Interesse der Rechtssicherheit ist es außerdem erforderlich, daß jeder Arzt Kenntnisse über die häufigsten Methoden der Verbrechensbegehung (↗ Kriminalität) u. andere die ↗ Gesundheit u. das ↗ Leben bedrohende Einwirkungsmöglichkeiten besitzt.

Der Unterricht in der Rechtsmedizin beinhaltet ferner die Vermittlung der wichtigsten Grundkenntnisse auf den Gebieten der forensischen Serologie, der medizin. Spurenkunde, der forensischen Toxikologie (insbes. der Alkoholbeeinflussung des Menschen) u. der Verkehrsmedizin (hier bes. Fragen der Fahrtauglichkeit, der Unfallprophylaxe) u. auch Grundkenntnisse über die Möglichkeiten der Rekonstruktion v. Verkehrsunfällen (↗ Unfall) durch Obduktion u. spurenkundl. Untersuchungen. Hinzu kommt die notwendige Unterrichtung in Spezialgebieten, insbes. der forensischen ↗ Psychopathologie (Begutachtung des Rechtsbrechers, ferner hinsichtl. der Geschäftsfähigkeit, Testierfähigkeit, ↗ Glaubwürdigkeit u. ↗ Zurechnungsfähigkeit, sowie Probleme der ↗ Jugendkriminalität u. der ↗ Sexualpsychopathologie). Die zuletzt genannten Probleme aus dem Aufgabengebiet der forensischen ↗ Psychiatrie werden an vielen Fakultäten in getrennten Spezialvorlesungen gelehrt. Schw

Lit.: B. Mueller, Gerichtliche Medizin (1953); G. Eisen, Handwörterbuch der Rechtsmedizin (1973).

Gerontologie. Unter G. (v. griech. geron = Greis; logos = Lehre, Wissenschaft) versteht man die Lehre vom ↗ Altern als letzter Phase des menschl. ↗ Lebens in ihrer Eigenständigkeit u. Abhängigkeit v. den übrigen Phasen u. Krisen. ↗ Alterskrankheiten, ↗ Geriatrie

Geschichtlichkeit. Der Ausdruck G. ist mehrdeutig, er kann z. B. meinen: (1) histor. Tatsächlichkeit (G. Jesu im Ggs. zu einem bloßen ↗ Mythos), (2) nur historischer Bedeutung im Ggs. zu Gegenwärtigkeit, (3) Veränderlichkeit im Ggs. zu Unveränderlichkeit, (4) Relativität im Ggs. zu Unbedingtheit. Der Sachgehalt v. G. wurde seit dem Historismus thematisch, d. h. seit der im 19. Jh. entwickelten Denkweise, der gemäß Wirklichkeiten (v. a. des menschl. Daseins, der Kultur u. ↗ Gesellschaft) nicht anhand systemat. Theorie bleibender Wesensstrukturen, sondern als Produkte wechselnder Sach- u. Motivlagen begriffen werden. Hierzu führte die Erfahrung der Vielfalt v. Kulturen, Ordnungsentwürfen u. Sinngebungen in Vergangenheit u. Gegenwart (↗ Pluralität). G. wurde derart der Idee vernünftiger Deduktion der einzig richtigen Lebensordnung entgegengesetzt, aber auch dem Verständnis des Menschen aus seiner bleibenden ↗ Natur. Die anthropolog. Bedeutung der G., insbes. ihr Zusammenhang mit der ↗ Freiheit, ist häufig bedacht worden. Der Mensch lebt nicht kraft vorprogrammierter ↗ Antriebe, vielmehr ist ihm sein Dasein aufgegeben; er versteht u. vollzieht diese Aufgabe im Rahmen eines Sinnentwurfs, der nie der einzig mögliche ist: es gibt eine „berechtigte Pluralität konkreter Humanismen" (K. Rahner). Freilich geschieht der jeweil. Sinnentwurf nie v. einem Nullpunkt aus, sondern in Aneignung u./od. Kritik einer Tradition (auch die Kritik ist dialektisch aufs Erbe bezogen). Da er den Vorblick auf Ziele, Aufgaben u. Erfüllungen einschließt, ist G. v. Vergangenheit, Gegenwart u. Zukunft bestimmt.
Daß Erfahrung u. Deutung der G. auf das atl. u. christl. Daseinsverständnis (auf die Konzeption der Heilsgeschichte) zurückgeht, ist bekannt. Bedenkenswert ist die theolog. Aussage, daß die Welt als Produkt göttl. Schöpfungshandelns v. Geschichte umgriffen ist u. überdies vermöge der Hinordnung auf Christus erst recht geschichtl. Sinngebung unterliegt.
Im Zeichen der G. werden heute oft überkommene ↗ Normen-Systeme hinterfragt u. kritisiert (Moral- u. ↗ Naturrechts-Lehren), zuweilen werden Relativierung, Verlust normativer Verbindlichkeit u. Objektivität befürchtet. Dabei wird u. U. Absolutheit mit Unveränderlichkeit v. moral. od. naturrechtl. Gesolltem verwechselt. Histor. Wandelbarkeit v. Daseinsaufgaben bedeutet weder ihre Irrationalität noch ihre Überantwortung an Willkür. Schn

Lit.: August Brunner, Geschichtlichkeit (1961); Gerhard Bauer, „Geschichtlichkeit" — Wege u. Irrwege eines Begriffs (1963); „Naturgesetz u. christl. Ethik" (Schr. d. Kath. Akademie in Bayern, Bd. 55), München 1970 (darin: Ludger Oeing-Hanhoff, Der Mensch: Natur oder Geschichte? S. 11 ff.; Franz Böckle, Sittliches Naturgesetz in geschichtl. Wirklichkeit, S. 103 ff.)

Geschlechtlichkeit ↗ Sexualität

Geschlechtsbeziehung. 1. Jede G. im engeren Sinn besteht im Geschlechtsakt. Er ist v. intensiven psychosomat. ↗ Erregungen u. ↗ Lust-Gefühlen begleitet, die bei der Frau aber nicht zwangsläufig zum ↗ Orgasmus führen müssen. Unter G.n im weiteren Sinne kann man alle zwischenmenschl. eindeutig erotisch bzw. sexuell geprägten Kontakte verstehen. Auch beim ↗ Tier gibt es G.n, die unmittelbar zwar bloß der Lustgewinnung dienen, wie z. B. homosexuelle Handlungen, aber als Zweck des ganzen, instinktiv festgelegten Sexualverhaltens der Tiere läßt sich doch nur die Zeugung neuen Lebens erkennen. Die menschl. G.n haben diesen Zweck der Zeugung v. Nachkommenschaft zweifellos auch. Aber der Mensch hat zunehmend gelernt, diesen Zweck bewußt mit Sinn zu erfüllen u. die G.n nicht nur in den Dienst der Erzeugung u. ↗ Erziehung v. Nachkommenschaft, sondern auch der persönl. Triebbefriedigung u. v. a. der interpersonalen ↗ Kommunikation zu stellen (↗ Sexualität). —

G.n bergen die Gefahr in sich, menschl. Leben unverantwortlich zu zeugen, den Geschlechtspartner auszubeuten u. die Herrschaft über den eigenen Trieb zu verlieren. Dazu kommen u. U. Risiken f. die ↗ Gesundheit, z. B. durch ↗ Geschlechtskrankheiten. G.n sind deshalb so zu gestalten, daß sie den eigenen ↗ Bedürfnissen u. denen der Geschlechtspartner gleichermaßen gerecht werden u. ebenso denen des Nachwuchses u. der ↗ Gesellschaft entspr. Rechnung tragen.

2. Das ist nach den bei uns vorherrschenden Vorstellungen nur in der ↗ Ehe möglich. Das wird damit begründet, daß nur in der Ehe eine solche Totalität, Ausschließlichkeit u. Dauerhaftigkeit der Beziehungen gegeben sei, die den der ↗ Menschenwürde entspr. Rahmen f. die geschlechtl. Ganzhingabe bietet. Außerdem sei eine außerehel. Kindererzeugung u. -erziehung nicht mit dem Wohl der Nachkommenschaft vereinbar. Dem entspräche, daß Ehe u. ↗ Familie nur hinreichend geschützt werden könnten, wenn G.n ausschließlich den Ehegatten gestattet werden. Darüber hinaus verlange die Verwiesenheit des Menschen auf klare sittl. Prinzipien sowie das Interesse des Gemeinwohls an festen Verhaltensregeln die Reduzierung der G.n auf die Ehe. Deshalb sei ausschließlich die Ehe v. Gott als Institution zur sex. ↗ Partnerschaft eingesetzt (↗ Familienplanung). —

Dem wird zunehmend entgegengehalten, daß in der Ehe zwar im allgemeinen die besten Voraussetzungen f. die Aufnahme v. G.n gegeben seien, aber ihre Reduzierung auf die Ehe sei in vielen Fällen nicht nötig, wenn unerwünschte Zeugung v. Kindern ausgeschlossen u. eine Ausbeute v. in freier Übereinkunft u. aufgeschlossener ↗ Liebe sich mündig begegnenden Geschlechtspartnern vermieden werden können. Solche G.n entsprächen sogar den berechtigten Bedürfnissen best. am Eheabschluß aus versch. Gründen gehinderter Menschen, die nur so ernsthafte psychische u. soziale Störungen vermeiden könnten. Sie sollten nicht im Namen sittl. Prinzipien verboten werden, die in Wirklichkeit immer im Dienste der den Menschen konkret möglichen personalen Verwirklichung u. Vervollkommnung stünden. Weiterhin sei die ↗ Diskriminierung solcher G.n auch unter Berufung auf ein bloß vorgebliches Gemeinwohl abzulehnen. Denn das Gemeinwohl verbiete die Aufnahme v. G.n tatsächlich nur in dem Umfange, wie dadurch die freie Entfaltungsmöglichkeit Dritter ungebührlich beeinträchtigt werde. Das könne bei vernünftigem u. liebevollem Vorgehen aber nicht der Fall sein, so sei es auch nicht berechtigt, im Interesse des Gemeinwohls den Verzicht auf mögliche, berechtigte u. f. best. Menschen sehr wichtige G.n zu verlangen.

3. Tatsächlich ist f. den Menschen der Geschlechtstrieb nicht einfachhin verfügbar, er unterliegt vielmehr einer gewissen Eigengesetzlichkeit. Deshalb muß der Mensch fortschreitend lernen, den Geschlechtstrieb personal zu integrieren sowie ihn in den Dienst der personalen Kommunikation zu stellen u. G.n als ↗ Sprache der Liebe zu gebrauchen u. zu verstehen. Dazu ist die schrittweise Einübung u. Aufnahme v. G.n nötig, wobei „Experimente" u. Fehler unvermeidlich sind.
a) Man wird darum nicht sagen können, daß z. B. ein gewisser Austausch v. sexuell geprägten Zärtlichkeiten zw. Verlobten der ↗ Menschenwürde widerspricht u. nicht als Sprache der Liebe dienen kann, sondern er sei geradezu umgekehrt dazu geeignet, die Liebe zw. den Verlobten zu vertiefen u. im Hinblick auf die geplante Ehe zu prüfen. Gewisse, nicht v. vornherein bestimmbare Formen der ↗ Erotik u. des Sexus erscheinen aber auch schon ohne den mehr od. weniger festen ↗ Willen zu einer definitiven u. ausschließl. Bindung an den betr. Partner sinnvoll, sofern sie die personale, auf den Partner eingehende Kommunikation fördern. Folglich sind mehr od. weniger intime sowie in-

tensive G.n zunächst danach zu beurteilen, inwiefern sie der liebenden Partnerschaft förderlich od. abträglich sind.
b) Da liebevolle G.n die Partner nicht nur in ihrem ↗ Mann- bzw. ↗ Frau-Sein, sondern auch in dem f. die G.n spezif. Eins-Sein vervollkommnen u. jegliche personale Vervollkommnung über sich hinaus auf Gott u. die Mitmenschen öffnet, sind G.n weiterhin danach zu beurteilen, ob sie fähiger machen zu tieferer personaler Partnerschaft nicht nur mit dem Geschlechtspartner, sondern auch mit allen anderen Mitmenschen u. durch diese Partnerschaft mit den Mitmenschen auch zur echteren u. persönlicheren Begegnung mit Gott. Demnach sind G.n in dem Maße abzulehnen, wie sie zu einer egoistischen Abkapselung der Geschlechtspartner führen u. ein immanentistisches, einseitig lustbetontes statt ein offenes, gottbezogenes u. hingabebereites Menschen- u. Weltverständnis fördern.
c) Man wird weiterhin daran festhalten können, daß f. die Aufnahme endgültiger G.n nur in der Ehe alle f. sie angemessenen Voraussetzungen voll erfüllt sind, die vernünftigerweise f. sie gefordert werden, nämlich: Ehewille, ganzheitl. Lebensgemeinschaft, öffentl. Anerkennung der Verbindung, hinreichende Voraussetzungen f. evtl. mögliche u. erstrebenswerte Kindererzeugung u. -erziehung. Demnach sind alle Formen v. G.n abzulehnen, u. zw. in dem Maße abzulehnen, wie sie den Abschluß einer Ehe u. ihre Aufrechterhaltung ungünstig beeinflussen (↗ Ehebruch). G.n aber sind in dem Umfang u. in der Weise zu pflegen, wie sie die Partner einander näherbringen bzw. ihre Verbundenheit erhalten. Wenn bei G.n ein Element od. mehrere Elemente der Ehe fehlen, entbehren die G.n dementspr. best. Vollkommenheiten, die ihnen im Interesse eines humanen Vollzuges zu eigen sein sollten. Dabei ist jedoch zu bedenken, daß die G.n anders zu beurteilen sind, wenn eine od. mehrere dieser Voraussetzungen aus v. den Partnern selbst od. nicht v. ihnen selbst zu verantwortenden Gründen fehlen. Im letzten Fall kann der Verzicht auf G.n u. U. mehr od. weniger unzumutbar bzw. ihre Aufnahme unter den konkreten Umständen f. best.

Personen sogar ratsam sein (↗ Ehelosigkeit, ↗ Enthaltsamkeit, ↗ Homosexualität, ↗ Onkelehe).
4. Die Art der G.n sollte den Bedürfnissen des Partners entsprechend gestaltet werden. Dazu können manche nicht als konventionell geltende Praktiken gehören. Als ↗ Perversion ist dementspr. sex. Gebaren nur dann anzusehen, wenn ein best. Verhaltenssystem zum ausschließlichen geworden ist, also eine Teilfunktion der Sexualität verabsolutiert wird u. eine liebende Zuwendung zum Partner als personalem Du nicht gelingt od. nicht erstrebt wird. Schließlich sollte man bei den G.n den Erfordernissen der ↗ Familienplanung entsprechen u. auf die Zeugung ↗ unehel. Kinder verzichten. Waldemar Molinski

Lit.: F. Böckle u. J. Köhne, Geschlechtliche Beziehungen vor der Ehe (1967); J. S. Yankowski, Sex vor der Ehe (1967); R. R. Bell, Voreheliche Sexualität (1968); L. Rössner, Kultivierung der Geschlechtsbeziehungen (1968); F. Oertel (Hsg.), Lieben vor der Ehe? (1969); E. Kellner (Hsg.), Sexualität ohne Tabu u. christl. Moral. Gespräche der Paulus-Gesellschaft, (1970); B. Schlegelberger, Vor- u. außerehelicher Geschlechtsverkehr (1970); E. Ell, Dynamische Sexualmoral (1972).

Geschlechtskrankheiten. Als G. werden die Infektionskrankheiten Gonorrhoe (Tripper), Syphilis (Lues), Ulcus molle (weicher Schanker) u. Lymphogranuloma inguinale bezeichnet. Sie werden in der Regel durch vorehel., nebenehel., ehel. od. homosex. Geschlechtsverkehr übertragen, gelegentl. aber auch auf anderen Kontaktwegen erworben. Die Gonorrhoe kann z. B. intrafamiliär durch Schmierinfektionen auf die sehr empfindl. Schleimhaut der Scheide kleiner Mädchen übertragen werden (Vulvovaginitis gonorrhoica infantum) od. beim Geburtsakt auf die Augenschleimhaut des Neugeborenen (Ophthalmia neonatorum). Die Syphilis kann bei entspr. Lokalisation infektiöser Effloreszenzen durch den Kuß, durch gemeins. Benutzung eines Trinkgefäßes, durch Berührung des Herdes mit dem Finger — letzeres unter Umständen berufl. (bei ↗ Ärzten u. Hebammen) — übertragen werden. Die Übertragung einer G. bei Benutzung einer Toilette kommt

praktisch nicht vor, obwohl dies oft als Schutzbehauptung vorgebracht wird.
— Die soziale Bedeutung ergibt sich aus ihrer Häufigkeit, aus ihren möglichen Folgen (Kinderlosigkeit, Einkindsterilität u. andere Folgekrankheiten) u. aus den hohen Kosten der Behandlung u. Bekämpfung. Als uraltes soziolog. Phänomen ist die ↗ Prostitution (geschlechtl. Hingabe an viele gegen Entgelt) immer die wichtigste Quelle der G. gewesen. Die öffentl. Prostitution spielt heute nicht mehr eine so große Rolle, da die gewerbsmäßigen Dirnen bekannt sind u. laufend gesundheitl. überwacht werden. Die heiml. Prostituierten u. hwG-Personen beiderlei Geschlechts (Personen mit *häufig w*echselndem *G*eschlechtsverkehr) übertreffen die Dirnen an Zahl um ein Vielfaches. Sie sind nicht bekannt, was die Auffindung u. Ausschaltung als Infektionsquelle sehr erschwert. — Ein begünstigendes soziolog. Phänomen ist ferner die ↗ Promiskuität (wechselnder sex. Konsum ohne Entgelt). Diese wird gefördert durch die erotisierenden Einflüsse v. Film, Literatur, Illustriertenpresse u. Reklame, durch Parties u. durch die Kontakte der Geschlechter in der Berufsarbeit. Bo

Lit.: H. Gärtner, H Reploh, Lehrbuch der Hygiene. Präventive Medizin (1969).

Geschlechtsumwandlung.

Der Wunsch nach Aufgabe der eigenen körperl. Geschlechtsmerkmale u. nach Erlangen der körperl. Attribute des anderen Geschlechtes ist nur selten anzutreffen (bei ↗ Männern häufiger als bei ↗ Frauen). Nicht alle Transvestiten haben diesen Wunsch (↗ Transsexualität).

Ist jedoch das Transvestieren mit dem Drängen nach körperl. G. verbunden, dann handelt es sich diagnost. um einen Transsexualismus. Dieser beruht auf einer vollständigen psychischen ↗ Identifizierung mit dem anderen Geschlecht, während die körperl. Merkmale des eigenen Geschlechts abgelehnt werden. Transsexuelle sind chromosomal, hormonell u. bzgl. ihrer äußeren u. inneren Geschlechtsmerkmale eindeutig ihrem ursprüngl. Geschlecht zugehörig. Sie fühlen sich aber in psychischer Hinsicht als andersgeschlechtl. u. leben auch die ↗ Rolle des anderen Geschlechtes.

Der Transsexuelle sucht keine homosexuelle Verbindung (↗ Homosexualität), sondern wünscht einen heterosexuell ausgerichteten Partner.

Aus der Diskrepanz zwischen dem ursprüngl. Geschlecht u. dem Streben nach der ↗ Rolle des anderen Geschlechtes ergeben sich f. den Betroffenen ganz erhebl. ↗ Konflikt-Situationen, v. a. in sozialer Hinsicht. Durch die Ablehnung vonseiten ihrer ↗ Umwelt u. die Schwierigkeiten bei den Bemühungen um eine Änderung des Namens u. des Personenstandes stehen diese Menschen in der Gefahr, sozial isoliert zu werden u. zu vereinsamen (↗ Vereinsamung). Sie reagieren auf diese Konflikte häufig mit ↗ Depressionen bis hin zu suizidalen Handlungen u. Selbstverstümmelungen. Es handelt sich bei ihnen zumeist nicht um psychisch gröber Gestörte. Zugrunde liegende organ. Erkrankungen des Zentralnervensystems od. ↗ Psychosen sind außerordentl. selten. Die psychischen Veränderungen sind in den meisten Fällen Reaktionen (↗ Entwicklungen) auf die vergebl. Bemühungen, eine G. zu erreichen.

Eine tw. körperl. G. kann durch ↗ Hormonbehandlung, durch Kastration u. schließlich durch plast. Operationen an den Genitalien angestrebt werden. Manche Transsexuelle sind aber mit den Ergebnissen der Hormonbehandlung nicht zufrieden. Sie streben dann zumeist mit großer Nachhaltigkeit die plast. Korrektur ihrer äußeren Geschlechtsmerkmale an. Beim männl. Transsexuellen kommt an operativen Eingriffen in Frage: die plastische Anlage der Brust, die Entfernung der männl. Genitalien u. eine Vagina-Plastik, die auch Kohabitationen ermöglicht. Bei weibl. Transsexuellen ist die Entfernung v. Mamma, Uterus u. Ovarien sowie die Herstellung einer Hoden- u. Penis-Plastik denkbar.

Solche operativen Hilfen können sich auf die psycho-soziale Situation des Transsexuellen günstig auswirken. Man kann ihnen dadurch zu einer größeren seel. Ausgeglichenheit verhelfen u. ihnen den starken Leidensdruck nehmen. Bes.

rechtl. Schwierigkeiten ergeben sich durch die oft sehr nachhaltigen, aber z. B. in der BRD vergebl. Bemühungen des Transsexuellen, auch den zivilrechtl. Status des anderen Geschlechtes zu erhalten. Eine eindeutige Namens- u. Personenstandsänderung ist nicht möglich; allenfalls können die zivilrechtl. Hindernisse dadurch wenigstens umgangen werden, daß ein Vorname gewählt wird, der bei beiden Geschlechtern üblich ist. Durch eine psychotherapeut. Führung u. Betreuung nach erfolgten operativen Korrekturen kann das Hineinwachsen in die neue Geschlechtsrolle mit ihren sozialen Entfaltungsmöglichkeiten gefördert werden. Es gibt also eine ganze Reihe v. Behandlungsmöglichkeiten f. Transsexuelle, die — sinnvoll aufeinander abgestimmt — durchaus hilfreich sein u. zu einer zufriedenstellenden sozialen ↗ Anpassung führen können. In den USA wird eine solche mehrgleisige Behandlung in spez. Therapie-Zentren f. Transsexuelle durchgeführt. Die berichteten Katamnesen lassen durchwegs auf gute Erfolge schließen. Ob jedoch ganz generell dem Wunsch nach G. entsprochen werden sollte, ist sehr fraglich. In jedem einzelnen Falle muß sorgfältig abgewogen werden, wie die Gewichtsverteilung der individ. Faktoren u. der gemeinschaftsbezogenen Gesichtspunkte sich darstellt. Wenn eine schwere psychische innere Konfliktsituation mit starkem Leidensdruck u. womöglich echter Suizidgefahr besteht, wird sich der Arzt noch am ehesten zu den hier genannten therapeut. Eingriffen entschließen, v. a. auch deswegen, weil die psychotherapeut. Behandlung allein od. eine sonstige psychiatr. medikament. Behandlung keine Erfolge erwarten läßt. Mn

Lit.: H. Benjamin, The Transsexual Phenomenon (1966); E. Schorsch, Phänomenologie der Transsexualität, in: Sexualmedizin 4: 195—198 (1974).

Geschlechtsverkehr ↗ Sexualität ↗ Geschlechtsbeziehungen

Geschöpf. Der christl. Glaube bestimmt alles, was ist, als G. Gottes. Das bedeutet, daß solches G. nicht in sich selbst besteht, sondern allein aus Gottes bleibender Zuwendung seine Wirklichkeit hat. Diese Zuwendung muß als persönl. Zuwendung verstanden werden (Gott spricht dem G. seine Wirklichkeit zu, Psalm 33,4—9). Sie ist zugleich dauernde Zuwendung der Güte Gottes (ein Entzug solcher Zuwendung müßte das Vergehen des G. bedeuten, vgl. Psalm 104, 29.30). Der Mensch ist in hervorgehobener Weise G. Gottes, weil er der Zuwendung Gottes selbst persönl. entsprechen kann u. soll.
Erkenntnis solcher Zuwendung Gottes kann nicht nur in der allgem. Weise der Schöpfungsaussage geschehen. Sie verlangt Konkretisierung im persönl. Vorsehungsglauben, der Gottes Zuwendung zum je eigenen Leben erfaßt (das je nachdem größere od. kleinere ↗ Gruppen, mit denen wir durch ↗ Schicksal verbunden sind, miteinschließt). Erkenntnis der Vorsehung wird zwar immer partiell bleiben, doch ist es eine wichtige Aufgabe der ↗ Seelsorge, ihren Sinn zu erfassen u. solche Sinnerkenntnis (z. B. im Gebet) immer mehr zu vertiefen. Zugleich ist aber auch auf die Verpflichtung des G.s gegenüber seinem Schöpfer wie gegenüber seinen Mitg.n zu achten.
Die Zuwendung des Schöpfers zum G. bedient sich immer geschaffener Vermittlungen. Die Erkenntnis solcher Zuwendung wird der Vermittlung durch allgem. Gesetzmäßigkeiten der ↗ Natur (vgl. Matth. 5,45) genauso begegnen wie der Vermittlung durch Menschen. Das Erleben v. außerordentl. Führung (Wunder) kann als Begegnung mit „Engeln" als den bes. Dienern Gottes erfahren werden, wie umgekehrt hervorgehobene Erfahrungen des ↗ Bösen u. des Sinnwidrigen im „Satan" personifiziert werden. Md

Lit.: P. Brunner, Gott, das Nichts und die Kreatur, in: Pro ecclesia, Bd. 2, 31—50; P. Smulders, in: Sacramentum mundi IV, 391—402.

Gesellschaft. Der G.s-Begriff ist vieldeutig u. umstritten. Im engsten Sinn kann damit das gesellige Beisammensein einer ↗ Gruppe gemeint sein, während G. im weitesten Sinn ein Volk od. die ganze Menschheit umfaßt. Im Rechtsbereich wird G. durch einen Vertrag als zweckrationales Gebilde (z. B. Aktien-G.) konstituiert. Das aufkommende staatspolit. Bewußtsein des 18. u. 19. Jh. begrenzte den G.s-Begriff auf den der bürgerl. G., die (im Gegensatz zum Staat) als Tausch-G. v. a. v. ihrem Ziel eines liberalen Wirtschaftshandelns verstanden wurde. Seitdem der Marxismus jenes G.s-Modell als „kapitalist." charakterisiert hat (↗ Ausbeutung), wird der soziale Mittelstand noch als bürgerl. G. bezeichnet. Die v. Tönnies versuchte scharfe Trennung zw. G. u. ↗ Gemeinschaft, die zw. dem zweckhaften, künstl.-„willkürl." Gebilde der G. u. der eigentl., naturhaften Verbundenheit der Menschen in der Gemeinschaft unterschied, ist heute weitgehend aufgegeben. Die christl. G.s-Lehre betont bes. die Wechselbeziehungen zw. Einzelwesen u. sozialem Gebilde, d. h. jener dauernden u. wirksamen Verbindung v. Menschen zur Verwirklichung eines gemeinsamen Zieles od. ↗ Wertes (↗ Kirche u. G.). Sozialanthropolog. kann G. definiert werden als ein einheitl. Gefüge v. Menschen, die durch Übernahme u. Erfüllung versch. Funktionen zueinander in Beziehung stehen. Die Gesetzmäßigkeiten dieses funktionalen Zusammenhanges zw. Individuen werden durch Koordination u. ↗ Integration, Organisierung u. ↗ Institutionalisierung erreicht u. gesichert. Mit einer derartigen Vergesellschaftung erwächst aber ein sozialer ↗ Konflikt zw. den Tätigkeiten der Individuen (↗ „Arbeit") u. den sichernden Einrichtungen des Eigentums („Kapital"). Daraus leitete die marxist. Theorie der Klassen-G. einen notwendig werdenden Klassenkampf ab, bei dem der Mittelstand zerbreche, so daß sich Arbeiter u. Kapitalisten unversöhnl. gegenüberständen (↗ Klasse, soziale). In den meisten der heutigen G.s-Strukturen scheint weniger ein Klassenkampf mit einer Umverteilung v. ↗ Macht zu drohen, als vielmehr eine zunehmende Egalisierung u. soziale Kontrolle der Einzelnen (↗ Manipulation, ↗ Zwang). Indem das Geflecht gesellschaftl. Beziehungen zw. den Menschen immer dichter wird, gibt es mehr u. mehr G., in der individ. Verhaltensweisen einander angeglichen u. persönl. ↗ Freiheit mit den damit verbundenen Risiken durch soziale

↗ Sicherung ersetzt werden. Diese wachsende Vergesellschaftung vermag aber anscheinend weder zu einer stärkeren Befriedung der Menschheit zu führen (↗ Friedensforschung), noch die ↗ Diskriminierung v. ↗ Minderheiten (z. B. psychisch Kranke, alte Menschen) abzubauen.　　　　　　　　　　　　Rf

Lit.: F. Tönnies, Gemeinschaft u. Gesellschaft (^{8}1935); T. Parsons, Structure and Process in Modern Societies (1960); R. Dahrendorf, Gesellschaft u. Demokratie in Deutschland (1965); L. Kofler, Zur Geschichte der bürgerl. Gesellschaft (^{3}1966); W. E. Moore, Strukturwandel der Gesellschaft (1967).

Gesetzlichkeit. G. wird in unterschiedl. Bedeutung verwendet. Dem Wortsinn nach versteht man unter G. die Übereinstimmung des Handelns mit dem geltenden Gesetz. Das Adjektiv gesetzlich sagt: dem Gesetz gemäß; auf den Buchstaben des Gesetzes achtend. Das Staatsrecht gebraucht f. diesen Sachverhalt das Wort Legalität. Jesus erkennt das „Gesetz" — verstanden als Willenserschließung Gottes — an. Er ist nicht gekommen, das „Gesetz" aufzuheben, er radikalisiert es (vgl. Mt 5), er ist Herr des Gesetzes. Der christl. Glaube muß daher alle G. am Evangelium messen, wobei Evangelium nicht einfachhin als ein „neues Gesetz" im Gegensatz zum atl. äußeren Gesetz oder als eine rein innerl.-gnadenhafte Größe verstanden werden darf. Evangelium bedeutet das Ausrufen des Anbruchs der den Menschen zum ↗ Gehorsam verpflichtenden Herrschaft Gottes (Kasper). — V. dieser positiven Bedeutung der G. hebt sich ein anderes Verständnis ab: Die Moraltheologie versteht unter G. ein Handeln, das sorgfältig Gesetzesvorschriften erfüllt, sich aber nicht um Sachgerechtigkeit, um den Sinn des Gesetzes u. die Forderung der jeweiligen Situation müht. So steht G. vielfach f. Erstarrung zum Buchstaben des Gesetzes, der tötet (vgl. 2 Kor 3,6). Der rein formalist. G. ist jede Vorschrift gleich wichtig. Das Gesetz wird zur selbständigen Größe. Sie nimmt Gottes Willen nicht zu ernst: sie begrenzt ihn auf formulierte Gebote. Sie täuscht sich auch v. a. über die Stellung des Menschen vor Gott: Gott wird zur berechenbaren Größe. Formale G. ist nicht wirkl. Gehorsam vor Gott, sondern allzu leicht eine Flucht aus der ⤴ Verantwortung. Die sinnvolle Erfüllung des Gesetzes aus ⤴ Liebe u. die Offenheit f. den je neuen Anruf werden nicht mehr gewahrt. Der Weg zu einer tiefen u. wesentl. Gottverbundenheit wird blockiert. Jesus deckt erbarmungslos die Entartung dieser G. auf (Mt 23). Er fordert den Geist der ⤴ Gerechtigkeit u. ⤴ Liebe (Mk 7,8—13). Die Pastoral muß auf die Gefahr solcher G. hinweisen u. den Zugang zur christl. ⤴ Freiheit u. ⤴ Mündigkeit aufzeigen. Denn nicht in der Stellung des Menschen zum „Gesetz", sondern in der Stellung zur ⤴ Person u. zum Wort Christi entscheidet sich das Heil. Solcher Glaube gibt das „gesetzl." Leistenwollen auf; er ist die personale Selbstübereignung an Gottes Herrschaft in Christus. Fä

Lit.: Franz Böckle, Gesetz u. Gewissen (1965); Marc Oraison, Der Buchstabe tötet (Herderbücherei 417) (1972).

Gesinnung. Die Betonung der G. verhindert die Einengung des Sittlichen auf Entscheidung u. Handlung, auf Gesetz u. ⤴ Gehorsam. Die Bibel lehrt uns eine G.sethik. Da Gott uns seine eigene ⤴ Liebe offenbart u. unser Herz, unser Innerstes, dieser Liebe erschließt, ist der Anruf „Bekehret euch!" frohe Kunde: Gott gibt uns ein neues Herz u. einen neuen ⤴ Geist. Die Zuwendung zu Gott, zu den ⤴ Werten des Guten, Wahren, Schönen ist ganzheitlich u. kommt aus der Mitte des Daseinsvollzugs. Wie die G. selbst, so ist auch das sie auszeichnende geist. Fühlen zielgerichtet. Die gemüthafte Qualität der G. ist wie diese selbst vom Wert bestimmt, dem sich die ⤴ Person zuwendet u. antwortet. G. im positiven Sinn ist ein Denken u. Wollen des Herzens, ein Brückenbauen zur Herzmitte des andern. So garantiert die Pflege der G.sethik Tiefe u. Fülle der ⤴ Verantwortung, u. zw. so, daß der Mensch kraft der Reinheit u. Stärke seiner Gesinnung den sittl. Anruf so aufnimmt, daß die Antwortbereitschaft garantiert ist. Nur wo G. sentimental mißverstanden wird, tut sich ein Abgrund zw. G.sethik u. Verantwortungsethik auf. F. das kindl. ⤴ Gewissen ist Gut u.

Böse zunächst in guten u. bösen Dingen u. Handlungen erfaßbar, sein Gehorsam ist mehr als Frucht der ⤴ Erziehung (⤴ Sozialisation), denn als personale G. anzusprechen. Erst in dem Zusammenbruch des infantilen Wertgefüges u. der starken Selbstzuwendung (⤴ Introversion) der ⤴ Pubertät kann u. soll es zum eigentl. Aufbau einer G.sethik kommen, die Gut u. Böse hinter die Dinge u. Taten in das Herz des Menschen (als Selektionsinstanz) zurückverlegt. Dieser entscheidende Schritt sittl. ⤴ Bildung, v. Christus im Kampf gegen die ⤴ Gesetzlichkeit der Pharisäer exemplarisch durchgeführt (vgl. Mt. 23, 23—26 u. a.), muß daher in jeder Generation u. in jedem einzelnen neu vollzogen werden. Aufgrund v. ⤴ Fixierungen im kindl. ⤴ Über-Ich bleibt der Schritt oft aus; ⤴ Seelsorge hat dann die Aufgabe, die Entfaltung v. G.sethik nachzuholen.

V. G.n im vollentfalteten Sinn kann man nur sprechen, wo die Zuwendung einer Person gilt — Gott, dem Nächsten, einer Persongemeinschaft u. dem Selbst, insofern vom andern angenommen. Das Evangelium betont v. a. die G.n der Liebe, ⤴ Freude, Güte, des Wohlwollens u. Friedens, der Barmherzigkeit u. der ⤴ Ehrfurcht. Wert u. Tiefgang der G.n werden weithin v. der Grundhaltung u. Grundintention der Person mitbestimmt. Die Pflege der G.n ist in mancher Hinsicht bedeutungsvoller als die Anstrengung der nackten Willensenergie. Freilich gibt es auch keine erfolgreiche G.spflege ohne die Spannkraft d. Willens, der sich den verkehrten G.sregungen mit klaren Motiven u. gestützt v. den positiven G.n widersetzt. Es geht v. a. darum, den G.n der Liebe zu Gott u. zum Nächsten mehr Raum zu schaffen. In dieser Sicht ist die Bedeutung des ⤴ Gebetes u. der Kontemplation offensichtlich. Hr

Lit.: B. Häring, Das Gesetz Christi, München (1968⁸), I, S. 243—258.

Gespräch. Das G., das v. großen Geistern der Menschheitsgeschichte wie Platon u. Schleiermacher als eine Urfunktion des menschl. ⤴ Geistes angesehen wurde, ist in der neueren Philosophie v. a. durch

F. Ebner u. M. Buber in den Mitelpunkt der Aufmerksamkeit gerückt worden. Im Gegensatz zur Ich-Es-Beziehung (wobei „Es" hier nicht mit dem psychoanalyt. Fachterminus verwechselt werden darf!) zu den Dingen, die als Objekte dem wissenschaftl. Zugriff offen stehen, ist das Strukturelement der Ich-Du-Beziehung das G. als die spezif. Form der zwischenmenschl. ↗ Kommunikation, die den Menschen erst zu sich selber kommen läßt: „Person erscheint, indem sie zu anderen Personen in Beziehung tritt. ↗ Ich werde am ↗ Du; Ich werdend spreche ich Du" (M. Buber).
Auf die Eigentümlichkeit sprachl. Kommunikation hatte bereits Wilhelm v. Humboldt in seiner Sprachtheorie hingewiesen, daß in ihr nämlich „immer etwas unerkannt übrigbleibt". Keiner denke bei dem Wort gerade das, was der andere denkt u. diese „noch so kleine Verschiedenheit zittert ... durch die ganze Sprache fort". V. diesem Ansatz her hat die hermeneutische Schule der Philosophie der ↗ Sprache u. dem G. die Funktion zugeschrieben, als symbol. Interaktion mit der Überlieferung zu verbinden u. zum besseren Verstehen zu gelangen, während die Kommunikationstheoretiker die Sprache auf ihren reinen Informationswert hin untersuchen, die Gesprächsvorgänge zu mathematisieren u. ihre „Ungenauigkeitsrelation" zu eliminieren suchen. Sigmund Freud hat das G. in die Heilkunde eingeführt. Ausgehend v. der Beobachtung, daß die alten mag. Praktiken sich immer des Wortes bedient haben u. der Feststellung, daß der „Zauber des Wortes" stets auch ↗ Krankheits-Erscheinungen beeinflussen konnte, wurde zunächst die Suggestivkraft der Sprache erforscht, die Freud bei Charcot in Paris ausgiebig kennengelernt hatte. Über die „kathartische Methode" Breuers gelangte Freud schließlich zu einer totalen Ablehnung der ↗ Suggestion, auch in Form v. ↗ Hypnose u. Verhaltenstraining u. entwickelte die Form des therapeut. G.s, das zwar eine asymmetrische Struktur aufweist, in dem jedoch die ↗ Freiheit des Patienten u. die Förderung dieser Freiheit oberstes Gebot f. den Therapeuten sind. Mit der Einführung der Sprache als Therapeutikum hat Freud zugleich eine Verbindung zur sprachl. Überlieferung der Menschheit hergestellt (↗ Mythos, Kultus, Dichtung einerseits u. die therapeut. Situation andererseits legen sich wechselseitig aus), deren Bedeutung f. die Krankheitslehre überhaupt noch nicht abzusehen ist.

Das seelsorgerl. G. wird einerseits v. den ↗ Erfahrungen der ↗ Psychotherapie nicht absehen, andererseits diese nicht einfach kopieren können, ohne daß ↗ Seelsorge nichts anderes wäre als „Psychotherapie im kirchl. Kontext" (D. Stollberg). Dringend erforderlich erscheint eine theol. Theorie der Seelsorge, die die method. Ansätze der G.s-Führung auf ihre theol. Implikationen befragt, ihre Verwirklichungschancen im Kontext der Berufsarbeit des ↗ Seelsorgers überprüft u. die krit. Funktionen der Überlieferung an den humanwissenschaftl. Ansätzen ins Spiel zu bringen versteht.

Auch das *seelsorgerl. G.* wird sich best. Elemente bedienen, wie sie in der Geschichte des G.s u. in allen Techniken der säkularen G.s-Therapien entwickelt wurden. Als solche Elemente seien genannt:
1. Das *freie G.*, wie es zw. Freunden stattfindet, u. das eine völlige Gleichberechtigung u. völlige Symmetrie der Rollenverteilung aufweist. Es entzieht sich offenbar der Manipulierbarkeit u. weist so etwas wie einen Ereignischarakter auf.
2. Das *Lehrg.*, wie es vorbildhaft in der sokratischen Methode entwickelt wurde, u. dessen Grenzen da in Sicht kommen, wo es suggestiv zu werden versucht.
3. Das *Explorationsg.*, das als eine „tätige Erkundung" (L. Pongratz) verstanden werden kann, die aber nur im klaren Bewußtsein geführt werden kann, daß die Person dessen, der es führt, in ihrer Eigenart u. Wesensstruktur ein nicht auszuschaltender u. wirksamer Faktor des G.s ist.
4. Die *helfende Beziehung*, wie sie in der ↗ Sozialarbeit entwickelt wurde, deren oberstes Ziel es ist, den Klienten im Hinblick auf seine gesamte Lebensführung so unabhängig wie möglich zu machen. Es ist „Hilfe zur Selbsthilfe" (R. Bang).

5. Das *psychoanalyt.* G., das unter Bearbeitung v. ↗ Übertragung u. Widerstand (↗ Psychoanalyse) verdrängte u. damit unbewußt gewordene traumatisierende Erfahrungen dem ↗ Bewußtsein wieder zugänglich zu machen sucht.
6. Das *verhaltenstherapeut.* G., das durch die Dosierung der Zuwendungsintensität erwünschtes Verhalten hervorzurufen u. unerwünschtes Verhalten in den Hintergrund zu drängen versucht.
7. Die ↗ G.*spsychotherapie*, bei der es durch eine starke Konzentration auf das hic et nunc, durch emotionale Wärme u. Wertschätzung seitens des Therapeuten sowie durch den Versuch, den Klienten mit seinen eigenen Gefühlen zu konfrontieren, zu einer Konfliktlösung innerhalb der eigenen ↗ Emotionalität kommen soll.
8. Das *kommunikationstherapeut.* G., das zu einer Metakommunikation gelangen will u. unter Ausschaltung möglicher Fehlerquellen die Kommunikationsvorgänge selbst in ihrer mathematisierbaren Gesetzmäßigkeit zu erfassen sucht. —
Angesichts des verwirrenden Methodenpluralismus kann eine Haltung, die eklektisch vorgeht u. sich willkürlich anzueignen versucht, was an nützl. Techniken u. Praktiken zur Verfügung steht, die also die Humanwissenschaften lediglich als „Hilfswissenschaften" der ↗ Praktischen Theologie ansieht, nicht mehr verantwortet werden. Als eine mögliche Leitlinie f. eine grundsätzliche Diskussion mit den versch. G.s-Formen könnte der reformatorische Ansatz v. der „Freiheit eines Christenmenschen" angesehen werden. Das seelsorgerl. G. müßte dann auch in seinen Methoden darauf hin ausgerichtet sein, wieweit es die ↗ Freiheit des G.s-Partners respektiert, wieweit es Freiheit ermöglicht, wo diese eingeschränkt erscheint u. wieweit das G. selbst Fundstelle der ethischen ↗ Entscheidung zu werden vermag. Eine offene Frage, eine eingestandene Ratlosigkeit sind keineswegs eine Bankrotterklärung des G.s, sondern gerade damit könnte der Raum geschaffen werden f. neue Lösungsmöglichkeiten, an die vorher keiner der G.s-Partner gedacht hat.
Auf den bedeutsamen Unterschied zw. seelsorgerl. G. u. ↗ Beichte sowie auf die Besonderheiten des Gruppeng.s, das in der Seelsorge zunehmend an Bedeutung gewinnt (↗ Gruppenseelsorge), sei nur am Rande verwiesen.

Joachim Scharfenberg

Lit.: R. Bang, Hilfe zur Selbsthilfe (1960); K. Heeroma, Der Mensch in seiner Sprache (1963); J. Scharfenberg, Sprache, Geschichte u. Überlieferung bei Sigmund Freud, in: Dialog über den Menschen (1968); J. Scharfenberg, Zur Lehre von der Seelsorge, in: Theologia Practica (1969); H.-J. Thilo, Beratende Seelsorge (1971); J. Scharfenberg, Seelsorge als Gespräch (1972); H.-C. Piper, Gesprächsanalysen (1973); H. Faber/E. v. d. Schoot, Praktikum der seelsorgerl. G.s (^{5}1974).

Gesprächspsychotherapie. Die G. ist eine psychotherapeut. Methode, die in den 40er Jahren dieses Jahrhunderts v. Carl G. Rogers (USA) entwickelt wurde. Unter dem Namen „non-directive-counseling" u. später unter der Bezeichnung „client-centered-therapy" findet die G. in Nordamerika große Beachtung. Von amerik. u. europ. Theologen, insbes. aber v. S. Hiltner, wurde sie (↗ Pastoral Counseling) in die praktische ↗ Seelsorge integriert. In Deutschland verbreitete sich die „client-centered-therapy" durch die Schule v. Tausch unter der Bezeichnung G. (die Fachtherapeuten dieser Richtung haben sich in der Gesellschaft f. wissenschaftl. G. e. V., Sitz: Hamburg zusammengeschlossen). Die G. v. Rogers geht v. den Grundannahmen aus: 1. Der Mensch besitzt eine Selbstgestaltungstendenz, d. h. er ist vorwärtsstrebend, vernünftig u. realistisch u. 2. der Mensch ist fähig, die vielfältigen Aspekte seines Wesens u. seines ↗ Lebens zu verstehen, die ihm Ängste, Kummer u. Beschwerden verursachen. Nach R. Bastine stellt sich ihr G. die Aufgabe, die Initiative u. eigene ↗ Aktivität des Klienten bei der Lösung seiner Probleme zu fördern. Dies geschieht u. a., wenn der Therapeut seinen Klienten als selbständige ↗ Person akzeptiert u. ein möglichst geringes ↗ Abhängigkeits-Verhältnis anstrebt u. wenn er es dem Klienten ermöglicht, seine Gefühle, Wünsche u. ↗ Wert-Vorstellungen zu klären. So hilft er ihm, sich wirksamer mit seiner ↗ Umwelt-Situation auseinanderzusetzen. Keinesfalls ist die inhaltl. Beeinflussung v. Klienten das Ziel der G. —

z. B. Wahl eines Berufes, Aufrechterhaltung od. Scheidung einer ↗ Ehe. G. sucht die psych. Voraussetzungen zu schaffen, daß der Klient sich selbst u. seine Umwelt ohne bedeutsame Verzerrungen u. internale Blockierungen adäquat wahrnimmt u. so angemessene, reife, verantwortungsvolle Entscheidungen f. Beruf, Ehe, usw. treffen kann. Die Hypothese v. Rogers, daß Klienten unter den optimalen psych. Bedingungen der G. im allgem. dasjenige Verhalten wählen, das sie als reifere u. an die Umwelt angepaßtere ansehen, hat sich bestätigt. Mit einer Fülle v. ↗ Experimenten konnte belegt werden, daß drei Gesprächsvariable (1. positive, nicht an Bedingungen geknüpfte Wertschätzung, emotionale Wärme, 2. Echtheit u. Selbstkongruenz des Therapeuten u. 3. Verbalisierung der emotionalen Erlebnisinhalte des Klienten) eine entscheidende Bedeutung im Verarbeitungsprozeß v. menschl. Problemen, v. ↗ Angst, ↗ Trauer, ↗ Hemmungen, Schwierigkeiten der ↗ Selbstverwirklichung, mangelnder sozialer Durchsetzung, ↗ Verstimmungen usw. besitzen. Die Gesprächsvariablen ermöglichen eine erhöhte Selbstexploration des Klienten, v. a. der gefühlshaften Seite des Verhaltens u. führen zu einer Veränderung der Persönlichkeit, d. h. sie rufen ein größeres Wohlbefinden des Klienten hervor. Wenn auch direkte Ratschläge, Wertungen wie Verhaltensinterpretationen vermieden werden, so beschränkt sich die G. nicht auf ein rein passives Zuhören u. reflektierendes Verstehen. Es findet sich durchaus in der G. eine dialog. Offenheit der Beziehung zw. Therapeut u. Klient, jedoch muß die Beziehung derart sein, daß das Gespräch allein auf den Klienten u. sein Erleben zentriert bleibt. Die Gesprächsvariable „Echtheit u. Selbstkongruenz" schließt ein, daß dem Klienten auch ein ↗ Feed-back des gefühlshaften Eindrucks gegeben wird, den der Klient beim Therapeuten hervorruft; dieses Feed-back muß aber vom Klienten angstfrei erlebt werden können. Ebenso gehört die Konfrontation bei widersprüchl. Gefühlsaussagen oder Widersprüchen zw. Aussagen (z. B. über Angsterleben) u. gleichzeitigem Ausdrucksverhalten (z. B. Lächeln) zur Methode der G. Auch Sachinformationen (z. B. über soziale u. finanzielle Hilfsmöglichkeiten) od. das freie Angebot v. Hilfen (z. B. zur Behebung v. Schwierigkeiten am Arbeitsplatz, falls dies ohne Mithilfe des Therapeuten nicht möglich ist) stehen nicht im Gegensatz zur G. Die Anwendung direktiver Momente in der G. setzt jedoch therapeut. Erfahrung u. Sensibilität (↗ Supervision) voraus. Der therapeut. Prozeß wird eingeleitet durch den Klienten, der sich bemüht, aus der ihn bedrückenden psycho-sozialen Problemsituation herauszukommen. Es erfolgt zunächst eine Klärung der G.-Situation, z. B. durch die Information, daß der Therapeut lediglich die Bedingungen schafft, die es dem Klienten ermöglichen, seine Probleme zu bearbeiten u. daß es im freien Belieben des Klienten steht, die Gesprächsgelegenheit nach seinen Bedürfnissen zu nutzen. In die 1. Phase der G. fällt — wenn notwendig — die Abklärung der Beziehungsverhältnisse zw. Therapeut u. Klient, z. B. die Erwartungen des Klienten an den Therapeuten u. umgekehrt. Es erfolgt vorwiegend ein Äußern negativer Gefühle (1. Stufe): z. B. sich v. Gott u. den Mitmenschen benachteiligt fühlen; Angst, v. einem geliebten Menschen verlassen zu werden, usw. Es kommt sodann (2. Stufe) allmählich zu einem fortschreitenden Bekunden v. positiven Gefühlen, z. B. der Umwelt gegenüber, dem nach u. nach (3. Stufe) positive Handlungsimpulse, z. B. Gespräche über die ↗ Kirche, folgen. Es entwickeln sich (4. Stufe) neue Einsichten, der Klient lernt z. B., sich selbst od. seine Umweltsituation besser, d. h. realistischer zu sehen. Handlungsalternativen (5. Stufe) werden in Betracht gezogen u. eingehend erwogen. Erste prakt. Schritte zur Bewältigung der ↗ Konflikt-Situation (6. Stufe) zeigen sich, z. B. Aufnahme v. Gesprächen mit der Person, die ihn enttäuschte; Umzug in eine andere Wohnung, usw. Die Einsicht in die verwickelte Problemlage nimmt zu, es wächst (7. Stufe) ein Gefühl v. Unabhängigkeit, z. B. v. rel. ↗ Gesetzlichkeit od. einem Menschen, an den er sklavenhaft gekettet war, usw. Die Angst vor Entscheidungen vermindert sich u. das ↗ Vertrauen in selbstgeplante

Handlungen steigt, bis schließlich (8. Stufe) Hilfebedürfnis u. das Erleben eines schweren Konfliktes immer mehr nachlassen. Auf diese Weise wird mit Hilfe der beschriebenen Gesprächshaltung, die nur unter fachkundiger ↗ Supervision erlernt werden kann, der Klient in die Lage versetzt, angstfrei u. realistisch auch andere Handlungsaspekte klarer zu sehen u. zu akzeptieren. Die lähmende u. versperrende Angst wird gemildert. Es geschieht eine Stärkung des Selbstbewußtseins u. ein Freisetzen verborgener Kräfte zur Konfliktbewältigung

Heinrich Pompey

Lit.: R. Tausch, G. (²1968); R. Bastine, Einführung in die Klienten-zentrierte G. In: Praxis der Familienberatung 4 (1971) 481—486; C. G. Rogers, Die nicht-direkte Beratung (1972); L. J. Pongratz, Lehrbuch der Klinischen Psychologie (1973); C. G. Rogers, Die klient-bezogene G. (1973).

Gestalttherapie. G. ist die v. F. S. Perls (geb. Berlin 1893) entwickelte Therapieform, die menschl. ↗ Verhalten unter dem Blickpunkt v. Gestalten betrachtet u. zum Ausgangspunkt des therapeut. Bemühens nimmt, wobei angenommen wird, daß sich menschl. ↗ Verhalten zwar aus Einzelelementen aufbaut (z. B. ↗ Erfahrungen, Wünsche, Erlebnisse, Erwartungen, ↗ Bedürfnisse usw.), daß diese aber erst durch Wechselbezüge zu Gestalten u. damit wirksam werden. Perls beschreibt z. B. den Neurotiker als ↗ Person, die v. Schuldbehaftetheit u. Ressentiments gegen die Eltern erfüllt, diese auch als Erwachsener beschuldigt, f. seine Probleme verantwortlich zu sein, ohne seine eigenen Möglichkeiten zu aktivieren. Das Ziel der G. liegt darin, dem ↗ Ich dazu zu verhelfen, daß es lernt, sich die „unerledigten Situationen" der Vergangenheit zu integrieren, damit es das „Hier-u.-Jetzt" seiner Selbst- u. Fremdwahrnehmung möglichst der Wirklichkeit entsprechend aufnimmt u. auf sie adäquat reagiert. Die G. wurzelt in der ↗ Psychoanalyse (O. Rank, W. Reich) ebenso wie in der Gestaltpsychologie (M. Wertheimer, K. Koffka, W. Köhler), dem ↗ Psychodrama (J. L. Moreno), in den phil. Systemen des Existenzialismus u. der Phänomenologie (M. Heidegger, J. P. Sartre, E. Husserl, M. Buber, L. Binswanger) u. dem Behaviourismus (K. Goldstein).

Perls bezeichnet seine Methode als „therapeut. Philosophie" od. „phil. Therapie". Als solche stellt die G. ein anthropolog. Konzept dar, das den Menschen mit allem, was *ist*, in Harmonie zu bringen versucht.

Die wichtigsten Konzepte der G. sind: 1. Das „Kontinuum der Bewußtheit" („continuum of awareness"), in dem die Dichotomie v. Leib u. Seele (↗ Leib-Seele-Problem) aufgehoben u. als Gestaltdynamik des Organismus verstanden ist. Bewußtheit bedeutet helle Wachheit u. bewußtes Erleben der Wirklichkeit, die im „Hier" in mir, um mich herum u. im Austausch mit anderen wirksam ist. Bewußtheit umschließt drei Elemente: das Selbstbewußtsein; die Wahrnehmung des Umfeldes; die Phantasmen u. ↗ Abwehrmechanismen, die das Ich einsetzt, um am „status quo" festhalten zu können. — 2. Das „Jetzt" („now") od. die „Gegenwärtigkeit" („present enderness"), was besagt, daß allein das im „Hier" Erlebte u. seine Reflexion f. das Ich v. Bedeutung sind, da das Individuum im „Jetzt" lebt u. — wenn es will — sich nur jetzt ändern kann. Es gilt f. die G. die Gleichung: Jetzt=Erfahrung=Bewußtheit= Wirklichkeit. Das Sich-Anklammern an der Vergangenheit bzw. die ↗ Fixierung an die Zukunft, wird als ↗ Widerstand gewertet u. als therapeut. Material behandelt. Entscheidend bleibt der organismische Befindlichkeit als Gestalt des Erlebens im „Jetzt". — 3. Das „Vermeiden" („avoidance") u. die „unerledigte Situation" („unfinished business"). Sie bilden den neurot. Kern des Verhaltens, da das Ich durch ein infantiles Festhalten am „status quo" seiner sozialen Erfahrungen die Schließung „guter" u. „prägnanter Gestalten" im „Jetzt" unmöglich macht, also neurot. reagiert.

G. ist „Einzeltherapie" in der ↗ Gruppe. Letztere hat nur instrumentale Funktionen (z. B. ↗ Feed-back, Übungssituation, Verstärkung).

Do/Pa

Lit.: J. Fagan / I. L. Shepard (Hsg.), Gestalttherapy Now (²1970); H. Petzold, Gestalttherapie und Psychodrama (1973); F. S. Perls, Gestalttherapie in Aktion (1974).

Gesundbeten ↗ Heilung und Heil ↗ Aberglaube, ↗ Wunderheilungen

Gesundheit — Krankheit. Die Begrifflichkeit v. „gesund" u. „krank" ist vom Stand des jeweiligen Wissens abhängig, aber auch v. herrschenden ↗ Wert-Vorstellungen geprägt. Ihre soziokulturelle Vielfalt u. Widersprüchlichkeit läßt sich sowohl an einer Geschichte der Krankheitsauffassungen als auch innerhalb einer medizintheoret. Systematik aufweisen. G. u. K. stehen somit im Spannungsfeld zw. dem ↗ Arzt, seinem Kranken u. der jeweiligen ↗ Gesellschafts-Struktur. Beide Felder bleiben abhängig vom wissenschaftl. Bezugssystem wie vom psychosozialen Kontext. Aus dem histor. Panorama können nur die wichtigsten Positionen markiert werden. F. Hippokrates ist Gesundsein das Gleichmaß der Säfte u. Kräfte in ihrer geordneten Mischung u. Ausgleichung. Geordnete Lebensführung bezieht sich auf die ↗ Natur (res naturales), um v. hier aus die nichtnatürl. Lebensbedingungen des Menschen zu stilisieren (res non naturales). Die Überlieferung dieser ↗ „Diätetik", die über zweitausend Jahre die Medizin als eine Gesundheitslehre informiert hat, bezieht sich auf folgende sechs Punkte: 1. Licht, Luft u. Umwelt (aer); 2. Speise u. Trank (cibus et potus); 3. ↗ Arbeit u. ↗ Muße (motus et quies); 4. Schlafen u. Wachen (somnus et vigilia); 5. Ausscheidungen u. Absonderungen (excreta et secreta); 6. die Leidenschaften (affectus animi). Nach Aristoteles kann G. nicht als eigenständige Kategorie aufgefaßt werden; sie ist nur ein qualitatives Bestimmtsein innerhalb einer Kategorie, ein Bereitsein im Hinblick auf es selbst od. auf ein anderes. G. wäre demnach ein Habitus (hexis), in dem wir potentiell gesund sind u. damit relativ krank, immer auf dem Wege zu einer G. — Von der scholast. Medizin des christl. Mittelalters wird eine ontolog. K.slehre abgelehnt. K. ist kein Prozeß, sondern ein Unterbleiben; sie hat kein Sein, sondern tritt als Verlust auf. K. als „destitutio" od. „deformatio" ist lediglich ein „modus deficiens", während G. als „constitutio" u. „creatio" den schöpferischen Lebensprozeß bewirkt u. unterhält. Mit der Neuzeit werden die Grundbeziehungen zw. gesund u. krank immer vielschichtiger, ambivalenter u. fließender, während die v. der Antike prophylaktisch od. therapeutisch beeinflußten Übergangsfelder der „neutralitas" gänzlich verdrängt werden; dieses so wesentl. Brachfeld zw. „noch nicht gesund" u. „nicht ganz krank" ist erst v. einer ökologisch orientierten ↗ Vorsorge-Medizin wieder ins Blickfeld gerückt worden. F. die ↗ Pluralität der modernen K.slehren zeugt auch die Terminologie: Eine Ätiologie des Krankseins unterscheidet die krankhaften Zustände (pathe) v. krankhaften Vorgängen (nosoi). In den K.sbegriff aufgenommen werden: die subjektive Hilfsbedürftigkeit des Patienten (aegritudo), die zu diagnostizierende Störung (pathos), das Objekt der ärztl. Hilfe (insanitas) sowie die soziale Hilfsbedürftigkeit (infirmitas). Die K.slehre (Pathologie) untersucht dabei die Ursachen der ↗ Leiden (Ätiologie), ihre Entstehung u. ihren Verlauf (Pathogenese) sowie die Erscheinungsweisen eines K.sbildes (Symptomatologie). Sie bringt das Ganze zu einer Beurteilung (Diagnose), wobei der objektive „Befund" zu unterscheiden bleibt vom subjektiven „Befinden" des Patienten selbst. Der theoret. Klassifikation entsprechen die Versuche einer K.sdefinition. Nach einem Entscheid des Bundesgerichtshofes (1958) ist K. „ jede Störung der normalen Beschaffenheit od. der normalen Tätigkeit des Körpers, die geheilt, das heißt beseitigt od. gelindert werden kann". Wesentlich fundierter versucht K. E. Rothschuh (1972) zu definieren: „Krank ist der Mensch, der wegen des Verlustes des abgestimmten Zusammenwirkens der physischen od. psychischen od. psychophysischen Funktionsglieder des Organismus subjektiv od. klinisch od. sozial hilfsbedürftig ist". In jüngster Zeit hat die ↗ Weltgesundheitsorganisation (WHO) G. formuliert als einen „Zustand vollkommenen körperl., seel. u. sozialen Wohlbefindens, u. nicht allein als Fehlen v. K.n u. Gebrechen". Alle Definitionen kranken daran, daß ein Kriterium f. Normalität, Regel, Wohlbefinden fehlt, somit lediglich eine Leerformel vorstellt u. auf eine Tautologie ausgewichen wird. Zur Diskussion stehen heute zwei divergierende Modelle, v. denen sich das eine auf ein ökonom. Bezugssystem ausrichtet, auf Freisein v. K., auf Arbeitsfähigkeit u. Genußfreudigkeit u. die damit verbundene ↗ Rehabilitation (restitutio ad integrum), während ein psychosoziales Konzept auf das Gleichgewicht v. Mensch u. Umwelt, auf die Harmonie v. Mensch u. Gesellschaft u. damit auf mehr ökolog. Kriterien hin ausgerichtet ist, auf eine ↗ Resozialisierung (restitutio ad integritatem). „K. hat sich uns — wie Viktor v. Weizsäcker schreibt — wie eine Kritik des menschl. Lebens u. Zusammenlebens aufgedrängt, u. wir können nicht mehr anders, als uns mit ihr wie mit einem Prüfstein menschl. Benehmens u. Verhaltens auseinanderzusetzen". Damit sind die Prinzipien artikuliert, wie wir uns abzugrenzen haben „in G." u. damit auch „gegen K.". Die Grenzen sind fließend, da beide Bereiche relativ sind: sie erfordern einen Maßstab nicht aus dem wissenschaftl. Eigenbereich heraus, sondern v. einem übergeordneten normativen Bezugssystem her. Wir müssen wissen, „krank woran" u. „gesund wozu"! Wir alle sind relativ krank, u. wir blühen auf zu vieltausendfältiger G. (Theophr. Paracelsus). Es gibt unzählige G.n des Leibes (Nietzsche). Karl Barth hat in seiner Dogmatik (1957) betont, daß der gesunde u. der kranke Mensch ein u. dieselben geschöpfl. Persönlichkeiten geblieben seien. „Es geht in G. u. K. hier wie dort nicht um zwei getrennte Bereiche, sondern jedesmal ums Ganze, um ihn selbst, um seine größere od. kleinere Kraft u. um seine oder mehr od. weniger schwer bedrohende u. bereits mindernde Unkraft". Je mehr die Medizin v. ihrem Konzept einer angewandten Naturwissenschaft abgelöst wird, um sich den Geistes- u. Sozialwissenschaften zu öffnen, um so mehr wird auch die Klärung der Begrifflichkeit u. damit die Sinnfrage v. G. u. K. in den Vordergrund treten.   Heinrich Schipperges

Lit.: W. Riese, The Conception of Disease (1953); K. Barth, Dogmatik, Bd. 3, Teil IV (1957); E. Müller, Gesundheit und Krankheit, in: Hdb. allg. Path. 1 (1969) 51—108; K. E. Rothschuh, Der Krankheitsbegriff. Hippokrates 43 (1972) 3—17.

Gesundheitspolitik. Unter G. werden alle Maßnahmen verstanden, die im umfassenden Rahmen der ↗ *Sozialpolitik* mit dem Ziel der Erhaltung, Sicherung u. Förderung der ↗ Gesundheit ergriffen werden. Entspr. der Definition der ↗ Weltgesundheitsorganisation wird ↗ Gesundheit heute als „Zustand vollkommenen körperl., geist. u. sozialen Wohlbefindens" verstanden u. nicht allein als Fehlen v. ↗ Krankheiten u. Gebrechen. Derartige Maßnahmen haben innerhalb sozialpolit. Konzepte einen bes. Stellenwert insofern, als Gesundheit u. ↗ Krankheit alle ↗ Gesellschafts-Mitglieder berühren. Sie erfolgen zumeist als staatl. Maßnahmen, die einen umfangreichen, z. T. gesetzl. abgestützten Katalog umfassen. Gesetzl. geregelt sind in den meisten Staaten: Maßnahmen gegen gemeingefährl. u. übertragbare Krankheiten; Zulassung zu ärztl. u. anderen Heilberufen (↗ Arzt, ↗ Heilpraktiker, ↗ Pflegedienste) sowie zum Heilgewerbe; Umgang mit ↗ Arznei-, Heil- u. Betäubungsmitteln u. Giften (↗ Arzneimittel, ↗ Drogen); Schutz beim Verkehr mit Lebens- u. Genußmitteln sowie Bedarfsgegenständen; Gesundheitsfürsorge im weitesten Sinn (↗ Daseinsvorsorge); Schutz gegen Gefahren beim Freiwerden v. Kernenergie; Versorgung der Kriegsbeschädigten u. Kriegshinterbliebenen; das Recht der Wirtschaft, mit einigen Bestimmungen über das Gewerberecht (z. B. Schutz der Bevölkerung gegen gesundheitl. Gefahren aus der Industrie (↗ Umweltschutz). — Dabei ergibt sich eine Vielzahl v. Überschneidungen mit dem Bereich der *sozialen* ↗ *Sicherung*. Ein wesentl. Teil gesundheitspolit. Maßnahmen ist jedoch gestützt auf die Tätigkeit versch. medizin. Institutionen (wie z. B. *öffentl.* ↗ *Gesundheitswesen, freie Wohlfahrtsverbände,* die sich um die Aufgaben der ↗ *Sozialhygiene,* ↗ *Prophylaxe,* ↗ *Rehabilitation* usw. sorgen. F. die G., bes. hinsichtl. eines gesundheitsentsprech. Verhaltens, ist die *Gesundheitserziehung* v. bes. Bedeutung. Gesundheitsschädl. Verhaltenstandards müßten durch Gesundheitserziehung eine Änderung erfahren, was die umfassendste Präventivwirkung haben dürfte. Grundsätzlich ist G. orientiert am Prinzip der Gleichheit der Lebenschancen; spez. sozialmedizin. u. medizinsoziolog. Untersuchungen lassen diese

Gleichheit hinsichtl. Zugangsmöglichkeiten (Eingangsfilter) in Gesundheitssysteme jedoch zumindestens fraglich erscheinen. Fri

Lit.: J. Stralau, Gesundheitspolitik, HDSW, Bd. IV (1956); Chr. v. Ferber, Gesundheit u. Gesellschaft (1971); H. Schaefer/M. Blohmke, Sozialmedizin (1972).

Gesundheitswesen. Das staatl. G. nimmt die medizin. Aufgaben, die der gesetzl. Regelung bedürfen, wahr (↗ Gesundheitspolitik). Die erste Funktion besteht in der Rechtssetzung, d. h. der Gesetzgebung u. der Rechtsaufsicht des Staates über solche Funktionen, die in privater Hand liegen, wobei Funktionen gemeint sind, die nicht durch staatl. Behörden od. Körperschaften des öffentl. Rechts erfüllt werden (Zulassung zu ärztl. u. anderen Heilberufen u. zum Heilgewerbe, nebst der Regelung des einschlägigen Rechts, Verkehr mit ↗ Arznei-, Heilu. Betäubungsmitteln u. Giften, Schutz beim Verkehr mit Lebens- u. Genußmitteln sowie Bedarfsgegenständen). Die zweite Funktion besteht in der v. Staats wegen betriebenen Abwehr aller gesundheitl. Gefahren, die einerseits jedes Individuum bedrohen, andererseits nicht durch individ. Bemühungen abgewehrt werden können (Bekämpfung ansteckender ↗ Krankheiten, allgem. ↗ Gesundheits-Vorsorge). Die dritte Funktion besteht im gesundheitl. Schutz solcher Individuen, die zur Eigenhilfe aus irgendwelchen Gründen nicht befähigt sind od. denen eine solche Eigenhilfe nicht zugemutet werden kann (Gesundheitsfürsorge, ↗ Sozialarbeit). Die vierte Funktion besteht in der Bereitstellung einer objektiven, durch Privatinteressen nicht berührten ↗ Begutachtung aller strittigen medizin. Verhältnisse. — In diesen 4 Punkten spiegelt sich das Verhältnis v. Individuum u. ↗ Gesellschaft wider, wobei die Gesellschaft die Vertretung lebenswichtiger Interessen, in deren Durchführung sich die Gesellschaft in ihrer Mehrheit einig ist, dem Staat überträgt. Die erste u. vierte Funktion des G.s betreffen die grundsätzl. Neutralisierung privater Ansprüche im gesellschaftl. Bereich durch Rechtsaufsicht im weitesten Sinn u. Rechtsfindung bei strittigen Fragen. Die zweite u. dritte Funktion des G.s betreffen die Verhältnisse zw. Individuum u. Gesellschaft, so daß teils die Gesellschaft vor dem Individuum, teils das Individuum vor der Gesellschaft vor äußeren Gefahren geschützt wird. Die Funktionen zwei bis vier richten sich unmittelbar auf das Wohl des Bürgers, stellen also einen Dienst an seiner Gesundheit dar u. werden daher auch durch den Öffentl. Gesundheitsdienst wahrgenommen; im wesentl. durch die staatl. Gesundheitsämter. Bo

Lit.: H. Schaefer/M. Blohmke, Sozialmedizin (1972).

Gesundheitswille. Der Verlauf jeder Erkrankung — v. der harmlosesten bis zur gefährlichsten — ist abhängig v. der Widerstandsfähigkeit des Organismus, die ihrerseits wieder in Zusammenhang steht mit der psychischen Verfassung des Betreffenden. Der frohgemute liebe Augustin konnte in die Pestgrube fallen, ohne daß ihm etwas geschah. Man sollte heute nicht mehr v. hoffnungslosen ↗ Krankheiten sprechen: Auch lebensbedrohl. ↗ Leiden — z. B. Krebs — können eine positive Wendung nehmen, wenn der Patient nicht aufgibt u. durch Mitarbeit die therapeut. Maßnahme des ↗ Arztes, der auch psych. richtig vorgehen muß, unterstützt. Die Wissenschaft sagt, daß die Unfähigkeit, mit der durch die Erkrankung hervorgerufenen Situation fertig zu werden, den ↗ Tod beschleunigt, während die Besserung ein kreativer Prozeß ist, der nur möglich wird, wenn trotz der Erkrankung der ↗ Lebenssinn bewahrt wird u. best. Ziele angestrebt bleiben. Bei primitiven Völkern ist der sog. Woo-Doo-Tod beschrieben worden. Menschen, die sich gegen ein ↗ Tabu vergangen haben u. deswegen aus der ↗ Gemeinschaft ausgeschlossen wurden, ziehen sich zurück u. sterben binnen weniger Tage, ohne daß die ↗ Obduktion nennenswerte krankhafte Veränderungen im Körper aufweisen könnte; ein solcher „psychogener Tod" scheint ein Beweis mehr f. den Einfluß der Seele auf den Körper zu sein. Ähnl. Phänomene finden sich auch in durchaus zivilisierten Gegenden. Immer wieder macht man die Erfahrung, daß alte Menschen, wegen irgendwelcher Störungen ins Spital eingeliefert, dort binnen kurzem zugrunde gehen, wobei es nicht möglich ist, ein schwerwiegendes Leiden zu diagnostizieren od. durch irgendeine Therapie diesen Prozeß des „Absterbens" aufzuhalten. Erst die Erforschung der trostlosen Lebensbedingungen dieser Patienten macht klar, daß sie an innerer Hoffnungslosigkeit gestorben sind (↗ Verzweiflung). Im Kampf mit den Krankheiten kann der Mensch vielfache Verhaltensweisen zur Anwendung bringen. V. der hypochondrisch-depressiven Verarbeitung über die ↗ „Flucht in die Krankheit" u. ihrer „Ausgliederung" (der Versuch, die Erkrankung nicht zur Kenntnis zu nehmen) bis zu ihrer Eingliederung. Erfahrung lehrt, daß nur die letztere, die freilich auch die schwierigste u. damit seltenste ist, den Genesungsprozeß unterstützen kann. ↗ Hypochondrie schützt im entscheidenden Moment nicht, ↗ Depression setzt die Widerstandskraft herab, Flucht in die Krankheit (nicht mit Simulation zu verwechseln!) verstärkt die Symptome, u. der Versuch, eine Krankheit zu ignorieren, wird oft mit dem Tode bezahlt. Eingliederung heißt: die Krankheit sachlich zur Kenntnis zu nehmen, alle Kräfte im Kampf mit ihr zu mobilisieren u., wenn es sein muß, aus dem verbleibenden Krankheitsrest das beste zu machen. Ob ein Mensch diesen Genesungswillen aufbringt, ist v. vielen Faktoren abhängig. Da ist zuerst einmal seine Persönlichkeit u. sein ↗ Charakter anzuführen. V. der Kindheit an muß es Ziel einer verantwortungsbewußten ↗ Erziehung sein, die positive Auseinandersetzung mit der Krankheit zu fördern, den einzelnen lernen zu lassen, nicht zu kapitulieren u. nicht in eine gefährl., kindl.-regressive Reaktion auf die Erkrankung zu flüchten. Ferner ist f. die Mobilisierung des G.s die Lebensumstände entscheidend, in denen sich der Betroffene befindet; auch die ↗ Einstellung seiner nächsten Angehörigen (ob sie zu ihm halten od. ihn im Stich lassen) kann in ihrer Einflußnahme nicht hoch genug eingeschätzt werden; last not least ist die Weltanschauung anzuführen: sie wird diesen Prozeß, wie jeden anderen lebenswichtigen auch, mitbeeinflussen.

Die ↗ Psychohygiene, in deren Bereich das Kapitel G. zweifelsfrei gehört, hat es gelernt, die Dinge nicht nur individuell, sondern auch gesellschaftspolit. zu betrachten. In diesem Sinne ist es nicht genug, den ↗ Kindern ein „Gesundheitsgewissen" (der Ausdruck stammt v. Stransky) anzuerziehen, das ihnen „Kranksein" nicht so bald erlaubt, man muß auch die richtige Einstellung zur Krankheit vermitteln: Gesundheit ist das höchste anzustrebende Gut, aber gerade die Verachtung u. Herabwürdigung des Kranken leistet — scheinbar paradox — oft einen wesentl. Beitrag dazu, daß sein Genesungswille erlischt.
Rl

Lit.: J. Cermak, Ich klage nicht (1972); K. D. Stumpfe, Der psychogene Tod (1973).

Gewalt ↗ Macht, ↗ Intensität, ↗ Unterdrückung

Gewaltlosigkeit. G. ist etymolog. die Übersetzung des Sanskritwortes ahimsa, d. h. gegen Unrecht kämpfen, ohne zu schädigen. Diese negative Abgrenzung v. Gewaltanwendung ist zu ergänzen durch den Begriff satyâgraha: Kraft der ↗ Wahrhaftigkeit, Kraft der ↗ Liebe (M. Gandhi). G. ist stets aus dieser doppelten Perspektive zu verstehen. Sie ist also jene ↗ Haltung, die unter Verzicht auf Gewaltanwendung (↗ Wehrdienstverweigerung) gegen bestehende Gewalt, die die potentielle Entfaltung des einzelnen od. gesellschaftl. ↗ Gruppen verhindert (J. Galtung), durch die jedem Menschen innewohnende Kraft der Wahrheit u. Liebe in Form v. spezif. Methoden u. im Rahmen einer umfassenden Strategie Widerstand leistet u. ihre Überwindung anstrebt. Es handelt sich um eine Befreiung des einzelnen u. der ↗ Gesellschaft in Richtung auf gemeinschaftl. verantwortete Teilhabe in einer gerechten, versöhnten Gesellschaft. Grundbedingungen f. die Konkretisierung dieses Fernziels: 1. Übereinstimmung v. Ziel u. Methodik: durch gewaltlose Strategien u. Mittel muß unter Achtung der menschl. ↗ Person durch die Kraft der ↗ Gerechtigkeit, Wahrheit u. Liebe Unrecht in den ↗ Gewissen u. in den Strukturen der Gesellschaft aufgedeckt u. überwunden werden; 2. die Überzeugung, daß der Mensch ein

Gewaltlosigkeit

Gewissen hat, das ihn drängt, ethischen Grundforderungen in freier ↗ Entscheidung zu entsprechen u. daß der Mensch bildungsfähig ist (↗ Bildung). Gewaltloses Denken u. Handeln wird ansatzweise in fernöstl. Philosophien u. Religionen, in Naturreligionen, im westl. Humanismus gefordert u. findet Ausdruck in zahlreichen geschichtl. Beispielen. Christl. G. wird als Teilnahme an der ↗ Erlösung verstanden. Zwar wurde schon das Volk Gottes im AT auf seinem Weg des Schalom zum heilen Menschen, zur versöhnten ↗ Gemeinschaft u. z. B. durch Micha (4, 3—5), Jesaja (11, 1—9; 35, 5—10; 53, 1—12) zur Einsicht geführt, daß Befreiung nicht durch Triumph über die Feinde, sondern durch gewaltloses Wirken des sich hinschenkenden Gottesknechtes bewirkt wird. Die prophet. Schau, daß der Gottesknecht dieses Wirken, das in der Parusie vollendet wird, in die Geschichte einpflanzt, erfüllt Jesus Christus, der die Menschen vom „alten Unrecht" erlöst u. mit Gott versöhnt. Er fordert sie auf u. befähigt sie, nicht nur in *Nächstenliebe* (gewaltloses Austragen v. Problemen u. Überwinden v. ↗ Aggressionen im persönl. Bereich, in der lokalen u. nationalen ↗ Gemeinschaft; ↗ Dialog, Vergebung, Gerechtigkeit) u. *Feindesliebe* (Wiederherstellung d. Einheit aller Menschen als Kinder des einen Vaters, Überwindung des Freund-Feind-Denkens, gewaltlose Befreiung der Unterdrückten u. der Unterdrücker, Versöhnung in Gerechtigkeit) die Kette v. Unrecht u. Gewalt je u. je zu durchbrechen, sondern die geistig, sozial u. polit. befreiende Kraft der *trinitären Gottesliebe,* die sich f. den Menschen verschenkt (Joh. 15, 9—14), zu bezeugen u. in der Geschichte wirksam zu machen.

Die Haltung der G. prägte das Leben der Urkirche. Ab Konstantin wird aufgrund gegenseitiger ↗ Abhängigkeit v. ↗ Kirche u. Staat u. unter Einfluß der röm. Philosophie die Lehre v. gerechtfertigter Gewaltanwendung zur Verteidigung (gerechter Krieg) entwickelt (Augustinus, Th. v. Aquin, Vittoria, Pius XII.). Gewaltlose Richtungen bestehen fort: Märtyrer, Gottesfriedensbewegungen, franziskan. Bewegung, histor. Friedenskirchen. Die Frage ist bis heute in der kath. wie in den evang. Kirchen theol. offen, wenngleich der moderne Krieg (↗ Friedensforschung), die Rückbesinnung auf das Evangelium wie das Anwachsen gewaltloser Befreiungsbewegungen (M. Gandhi, D. Dolci, M. L. King, C. Chavez, H. Câmara) der gewaltlosen ↗ Haltung immer stärkeren Vorrang geben. (Vgl. II. Vat. Konzil, Lumen gentium, 78; Weltkirchenrat, Kirche u. Gesellschaft: „Gewalt u. G. u. der Kampf f. soziale Gerechtigkeit", 1973).

Die moderne, materialist. Konsumgesellschaft integriert unter Vorgabe humaner ↗ Emanzipations-Ideale den Menschen in ein System weitgehender Abhängigkeit, dessen Ziel Profit u. nicht die Erfüllung menschl. ↗ Bedürfnisse ist. Der Mensch *erleidet* den Enthumanisierungsprozeß *passiv* od. er *revoltiert* gegen ihn mit Gegengewalt, überzeugt, daß diese den Schritt vom Sklaven zur ↗ Person möglich macht. Auch die G. sieht in der Mobilisierung u. nicht in der ↗ Verdrängung des Aggressionstriebes den Ausgangspunkt zur Befreiung (↗ Heilung u. Heil), jedoch durch seinen Einsatz in gewaltlosen Veränderungsprozessen zu persönl. u. kollekt. Selbstbefreiung der Betroffenen u. der f. das Unrecht Verantwortlichen. Pädagogen, Ärzte Psychiater, Priester u. Sozialarbeiter treffen auf den durch ↗ Unterdrückung psychisch u. physisch erkrankten Menschen. Die G. bietet im Heilungsprozeß konkrete Hilfe: 1. ↗ *Meinungsbildung:* objektive Gesamtanalyse der ↗ Konflikt-Situation erarbeitet durch die Betroffenen (P. Freire). 2. *Geistige* ↗ *Motivation:* Vermittlung des ↗ Glaubens an die revol. geistigen Kräfte des Menschen, neues Menschen- u. Weldbild (siehe oben), Stärkung des Selbstvertrauens. 3. *Schulung in gewaltlosem* ↗ *Verhalten u. gewaltlosen Aktionsmethoden:* Aufbau u. Ausbildung v. Basisgruppen als Voraussetzung f. soziale Befreiungsarbeit (↗ Sozialarbeit); *Erlernen des gewaltlosen* ↗ *Dialogs* als grundlegendem Arbeitsinstrument, dies gründet auf der Überzeugung, daß beide Partner durch die Kraft der Gerechtigkeit u. Liebe veränderungsfähig sind, Achtung der ↗ Werte u. Person des Gegners. seiner ↗ Sprache; *direkte Aktion:* der gewaltlose Dialog wird in der Öffentlichkeit fortgesetzt. Er dient der Meinungsbildung u. dem moral. Druck (Flugblätter, ↗ Massenmedien, Demonstrationen, ↗ Soziodrama usf.); *schwere Waffen der gewaltlosen Aktion*, die große Disziplin u. Opferbereitschaft verlangen, können nur am Ende der gewaltlosen Strategie stehen: kollektive Verweigerung der Teilnahme an Unrecht, ziviler Ungehorsam gegen ungerechte Gesetze, Immobilisierung, Generalstreik usw. 4. *Konstruktive Programme:* diesen kommt f. den heilungsbedürftigen Menschen bes. Bedeutung zu, da sie sinnerfülltes Arbeiten an Zellen der neuen Gesellschaft sichtbar u. Selbstbefreiung durch Dienst an der ↗ Gemeinschaft spürbar machen. Z. B. Friedensdienst f. Wehrdienstverweigerer; Selbsthilfearbeit v. Basisgruppen an den demokratischen, kreativen Lebensformen: Überwinden des Egoismus der Kleinfamilie, Erziehung zu Selbstverantwortung v. ↗ Kindern u. Jugendlichen, Arbeit mit soz. Randgruppen u. ↗ Minderheiten, Kampf gegen Luxus u. Verschwendung. Bemühen um gesunde ↗ Umwelt, polit. Arbeit zur Durchsetzung der Grundrechte f. die **Dritte Welt**, für Abrüstung usf.

Hildegard Goss-Mayr

Lit.: Werke v. M. Gandhi, M. L. King; J. M. Muller, „Gewaltlos" (1973); P. Freire, Pädagogik der Unterdrückten (1973); J. Galtung, Modelle zum Frieden. Methoden u. Ziele der Friedensforschung (o. J.).
Quartalschriften: „Gewaltfreie Aktion" (Th. Ebert, Berlin), „Der Christ in der Welt" (Wien).

Gewissen. 1. *Ursprung u. Wesen:* Das G. gehört bleibend zu den Grundgegebenheiten des menschl. Daseins, weil sonst eine ↗ Selbstverwirklichung in ↗ Freiheit nicht denkbar ist. Umstritten ist der Ursprung des G.s. Nach biologist. u. soziologist. Theorien findet es sich erst auf einer best. Stufe kultureller u. sozialer Entwicklungen. Das G. wäre dann nur der Niederschlag v. ↗ Lust- u. Unlustgefühlen od. v. gesellschaftl. Verhaltensregeln. Bei S. Freud ist das G. identisch mit dem ↗ Über-Ich des ↗ Vaters, als Ausdruck der ↗ Angst vor bedrohender väterl. (auch gott-väterl.) ↗ Autorität. In Wahrheit aber ist das G. eine mit dem menschl. Dasein verbundene Wirklichkeit, eine angeborene Fähigkeit des Menschen. „G.-haben gehört zum Mensch-sein" (H. Kuhn, Begegnung mit dem Sein, Tübingen 1954, 60). Wie das menschl. Auge v. Geburt an zw. Licht u. Finsternis unterscheiden kann, so ermöglicht das G. die grundsätzl. Unterscheidung zw. gut u. böse (↗ Böse). Freilich bedarf dieses Ur-G. nun der ↗ Bildung, der ↗ Erfahrung u. Unterrichtung darüber, was konkret das sittl. Gute ist. Diese Ausbildung eines Wert-G.s beginnt mit dem ersten Lebenstag des ↗ Kindes, im Erleben der Ursprungsfamilie. V. a. durch das Beispiel, aber auch durch das begründende Wort der Eltern u. anderer ↗ Bezugspersonen u. durch die Erfahrung im Leben der ↗ Gesellschaft muß deutlich werden, warum dieses Verhalten sittl. wertvoll, ein anderes sittl. schlecht ist. Das eigentl. Wesen des G.s besteht jedoch darin, daß sich der Mensch in einer konkreten Situation zur freien u. verpflichtenden ↗ Entscheidung aufgerufen weiß zw. ↗ Wert u. Unwert od. zw. mehreren Werten, v. denen im Augenblick nicht alle verwirklicht werden können. Ur-G. u. Wert-G. werden im Situations-G. aktualisiert. —

2. *Die Funktion des G.s:* Die theoret. Bejahung eines sittl. Wertes hat demnach noch nicht den Rang einer G.sentscheidung u. verdient nicht das Prädikat „gewissenhaft". Das G. tritt erst in Funktion, wo es um eine persönl., unvertretbare Entscheidung gerade in dieser Situation geht. Dann stellt mir das vorangehende G. mahnend od. warnend die Dringlichkeit einer guten Entscheidung vor Augen. Es zeigt mir die Folgen des unsittl. Handelns, etwa als Ungehorsam gegen Gottes Anruf od. als Verletzung der Bruderliebe od. als Gefährdung meiner eigenen sittl. Existenz. Entgegen den Einwänden gegen das geforderte Gute, entgegen den Forderungen der eigenen Bequemlichkeit, entgegen der ↗ Sorge, mit einer best. Entscheidung in der Gesellschaft unangenehm „aufzufallen", weist diese Stimme, die ich als mein „besseres ↗ Ich" erkenne, mich entschieden auf meine Verpflichtung hin; od. sie rät mir, mich doch besser über das Für u. Wider einer Entscheidung zu informieren. In dieser Funktion ist das G. v. allen geistig.-seel. Kräften mit-

getragen, v. den verstandesmäßigen ebenso wie v. den erlebnis- u. willensmäßigen. Darum sieht zurecht die heutige Psychologie mit der ↗ Mystik des Mittelalters das G. in der Mitte der ↗ Person wirksam, wo der Mensch ganz „bei sich" ist u. „sich selbst aussprechen" kann. Nur im uneigentl. Sinn können wir das G. als Stimme Gottes in uns bezeichnen. Wenn das G. nichts wäre als eine „Antenne zum Himmel hin", dann müßten die Entscheidungen aller Glaubenden einander völlig gleichen, was gegen alle Erfahrung ist. Wenn sich aber ein Mensch bei seiner G.sentscheidung in Kenntnis der anstehenden sittl. Werte u. in kluger Abwägung der Situation Mühe gegeben hat, darf er vertrauen, daß er damit dem Auftrag Gottes an sein ↗ Leben entsprochen hat. Nach der Entscheidung äußert sich das nachfolgende, gute od. schlechte G. lobend od. tadelnd (G.sbiß). So erweist sich das G. als Voraussetzung f. die ↗ Selbstverwirklichung des Menschen. Daraus leitet sich die Pflicht der G.sbildung ab, vom frühkindl. Gewöhnungs-G. bis zum reifen personalen G. Der Mensch wird durch sein G. auch auf seine ↗ Transzendenz zu Gott hingewiesen. Warum kann er diese Stimme nicht zum Schweigen bringen, wenn sie ihn anklagt, warum sie nicht ausschalten, wenn er sich einfach „gehen lassen" will?

3. *Das G. u. die sittl. Norm bzw.* ↗ *Autorität:* Wenn das Wert- u. Situations-G. bei der sittl. Entscheidung zusammenwirken, hat die extreme Situationsethik nicht recht mit ihrer Meinung, das Individuum dürfe sich in der je einmaligen Entscheidung nicht v. allgem. Normen bestimmen lassen. Jeder sittl. Akt sei vielmehr eine Art geistiger Neuschöpfung. Diese utop. G.süberschätzung wird durch die Erfahrung widerlegt. Je drängender eine Entscheidung, je undurchsichtiger die Situation, je gewichtiger die Folgen, desto dankbarer ist der Mensch, wenn ihm einsichtige Normen als Entscheidungshilfen zur Hand sind. Das darf freilich nie dazu verleiten, die eigene Entscheidung aus G. sich zu sparen u. mit einer legalist. Gesetzesbefolgung sich ein Alibi zu verschaffen. Die v. der christl. Botschaft bestimmte G.sauffassung hat, beginnend mit Röm 14, 23 bis herauf zum II. Vatikanum, eindeutig festgehalten, daß die subjektiv letztentscheidende Instanz im sittl. Handeln des Menschen nicht das Gesetz u. nicht die menschl. Autorität darstellen, sondern das um die Entscheidung bemühte G. des Menschen. So hat es auch immer Menschen gegeben, die mit Berufung auf ihr G. gegen hergebrachte Normen protestierten, die sie f. unrichtig hielten. —

4. *Fehlformen des G.s haben versch. Ursachen:* Fehler in der ↗ Erziehung des Menschen, Gleichgültigkeit der einzelnen seiner G.sforderung gegenüber, unwürdige ↗ Abhängigkeit v. der Meinung anderer. Das irrende G. ist der subjektiven Überzeugung, daß eine Entscheidung richtig ist, während diese einer objektiven Überprüfung nicht standhält. Es fragt sich nur, ob dieser Irrtum in der sittl. Wertordnung verschuldet ist od. nicht. Im zweiten Fall muß der Mensch auch dem Spruch des irrenden G.s folgen. Das ängstl. od. skrupulöse (v. scrupulus, das Steinchen) G. sieht sich ständig v. ↗ Sünde bedroht, kommt kaum zu einer frohmachenden u. befreienden Entscheidung (↗ Skrupulosität). Die ↗ Beratung u. Führung der G.sängstlichen bedarf ebenso der liebevollen ↗ Geduld wie der klaren Bestimmtheit. Das laxe G. ist eine Mischung aus einem bewußt „weitmaschig" geformten Wert-G. u. einem jeweils nach der billigsten Lösung suchenden Situations-G. Steigend häufiger finden wir das manipulierte G. Der Mensch macht sich in seiner Entscheidung v. dem abhängig, was die Reklame, das Schlagwort, die öffentl. Meinung f. richtig halten. Das Ergebnis ist der Massenmensch ohne eigenen Standpunkt u. ohne verantwortete Entscheidung. Ideal ist das zarte G., zu verstehen als das ständig besseren Überlegungen offene Wert-G. u. als das reaktionssichere u. entscheidungsbereite Situations-G.

Georg Teichtweier

Lit.: A. Auer u. a., Das G. als freiheitl. Ordnungsprinzip (1962); R. Egenter u. P. Matussek, Ideologie, Glaube u. G. (1965); J. G. Ziegler, Vom Gesetz zum G. (1968); E. Stadter, Psychoanalyse u. G. (1970); G. Griesl, G.-Ursprung, Entfaltung, Bildung (1970); W. Heinen, Das G. — sein Werden u. Wirken zur Freiheit (1971).

Gewöhnung — Gewohnheit. Das Verhältnis der Begriffe „Gewöhnung" (G.) u. „Gewohnheit" (Gt.) entspricht dem v. (Lern-)Prozeß u. Resultat: G. bedeutet demnach das Annehmen v. Gt.n u. stellt somit den Prozeß der Gt.sbildung dar. Gt. läßt sich also im weitesten Sinne als eine gelernte ↗ Verhaltens-Weise auffassen, die wenig bis gar keiner bewußten Steuerung bedarf (↗ Erziehung). Die umfassendste u. differenzierteste Theorie über die Gt. als Endprodukt eines komplizierten Lernprozesses stellte der amerikan. Verhaltensforscher C. L. Hull (1943, 1951) auf: bei ihm umfaßt der Begriff „habit" (Gt.) verschiedene Formen gelernten ↗ Verhaltens in Abhebung v. instinkt- u. triebhaftem Verhalten (↗ Instinkt, ↗ Trieb). Gt. u. „gelerntes Verhalten" bedeuten dasselbe, die Lerngesetze u. die Gesetze der Gt.sbildung beziehen sich praktisch auf identische Prozesse. Die Ausbildung der Gt.sstärke ist abhängig v. der Häufigkeit des gemeinsamen Vorkommens einer best. Reizkonstellation mit einer bes. Reaktionsweise, soferne dabei ein ↗ Bedürfnis befriedigt werden kann. Einmal erworbene Gt.n bleiben erhalten, solange sie zur Bedürfnisbefriedigung führen. Ist dies durch gewisse Veränderungen in der ↗ Umwelt od. innerhalb der ↗ Person nicht mehr möglich, kommt es zur Modifikation od. zum gänzl. Verschwinden der Gt.
Die Bedeutung der G. in ihrer Auswirkung auf das Handeln ist kaum zu überschätzen: ihr Einflußbereich erstreckt sich vom Erlernen elementarer Bewegungsformen wie Gehen u. Sprechen des Kleinkindes bis zu den mechanischen, halbautomatisierten Bewegungsabläufen u. Routinehandlungen des Erwachsenen (z. B. beim Ankleiden). Darüber hinaus muß das Konzept der G. auch herangezogen werden f. die Erklärung, wie körperl.-physiolog. ↗ Abhängigkeiten (Sucht), Tics u. a. „nervös" bedingte Gt.n u. überhaupt diejenigen Verhaltensgt.n u. Denkschemata entstehen, die einen einzelnen Menschen sowie eine sozial u. kulturell abgrenzbare ↗ Gruppe charakterisieren.
Eingefahrene Gt.n zu durchbrechen od. auszuklinken, kann oft nur gelingen, indem man andere, gegengerichtete Gt.n aufbaut. Im Rahmen der ↗ Klinischen Psychologie bemüht sich in jüngster Zeit v. a. die ↗ Verhaltenstherapie um die theoret. Entwicklung, empir. Überprüfung u. prakt. Anwendung systemat. Verfahren zur Bildung u. Zerstörung v. Gt.n. Wieweit eine „v. außen" unternommene G. zu der gewünschten Gt. führt, hängt letztlich davon ab, inwieweit der Prozeß der G. vom einzelnen Menschen selbst übernommen u. in eigenständiger („internalisierter") Weise durchgeführt werden kann. Hb

Lit.: C. L. Hull, Essentials of Behavior (1951); E. Roth, Persönlichkeitspsychologie (1969).

Glaube(n). G. bezeichnet den Vollzug der Existenz in u. zu ihrem Gottesverhältnis. Niemand ist daher ohne G., weil niemand sich aus sich selbst setzen, vollziehen od. vollenden kann. In diesem Sinn hat die Religionswissenschaft recht, wenn sie jede Religion als Weise zu glauben beschreibt u. noch den Atheismus einbegreift. Die *Bibel* nennt die Beziehung des Menschen zum Gott der Offenbarung G. Gott selbst führt den Menschen aus seiner Weltbefangenheit (↗ Aberglaube) u. Selbstbefangenheit (Unglaube) zum G.; er befreit ihn zum G. u. vollendet seine Existenz. Diese Aktion Gottes kommt in Jesus zur Erfüllung, indem er die jüd. Verkehrung des G.s aufhebt u. ihn ganz auf die freie Annahme der freien Gnade Gottes setzt. So wird G. im Namen Jesu zur Lebenspraxis des v. Jesus erfaßten Menschen. Er lernt es, Gott zu trauen, sein Leben aus dem G. zu leben u. Früchte des ↗ Gehorsams zu bringen. An Jesus entscheidet sich, ob der Mensch aus sich u. den Kräften der Welt od. aus der Zuversicht zu Gott zur Erfüllung seines Lebens kommen will. Dieser G. in der durch Jesus eröffneten Dimension macht Geschichte. Er kämpft gegen die Weltbefangenheiten des Menschen; er erweist sich als Unruhe des (griech.) Denkens u. artikuliert sich in ihm. Im Spätmittelalter droht er zum Werk des Menschen zu werden; die Reformation stellt die Grundkategorie: G. als fiducia wieder her. Mit der Neuzeit eröffnet sich eine neue ↗ Versuchung: G. versteht sich

Glaube(n)

als Überlegenheit u. ↗ Mündigkeit; muß dann der Mensch nicht noch seinen eigenen Ursprung im G. hinter sich lassen, um so ganz zu sich selbst zu kommen? Diese Frage kennzeichnet die G.ssituation unserer Zeit. — G. ist also Vollzug personalen Seins, in dem der Mensch sein Verhältnis zum anderen Menschen, zur Welt u. zum Ganzen der Welt vollzieht. Dabei wenden sich kath. Denker gegen eine einseitige Betonung des G.s als Zustimmung zur Lehre. Sie knüpfen am Verhältnis v. ↗ Personen an, um in Analogie dazu das Gottesverhältnis zu beschreiben (Holländ. Katechismus); od. sie setzen bei der ursprüngl. Spannung v. Angewiesenheit u. Offenheit an, um „mystagogisch" die G.s-Dimension zu verstehen (K. Rahner). G. realisiert das Verhältnis zu Gott durch die Welt hindurch. Protestant. Theologen betonen die umgekehrte Bewegung. Vom G. an Gott her wird die Welt als Aufgabe des G.s verstanden. Der Glaubende ist Mitarbeiter Gottes; ohne Verwirklichung ist der G. tot (Bonhoeffer, Gollwitzer); G. nimmt die Welt an (Tillich). G. ist also ein Prozeß. Er muß sich bewähren; er muß sich durch die Anfechtung hindurch im Wagnis durchhalten u. gewinnen. Dieser Prozeß vollzieht sich auf dem Feld des Aberglaubens im weitesten Sinn. Wirklichkeiten dieser Welt versuchen den Menschen; Geschlecht od. Besitz od. die ↗ Macht der ↗ Umwelt suchen ihn zu bestimmen. Dann wird G. gewonnen, indem diese ↗ Abhängigkeit durchbrochen wird; die Krisen des Lebens werden als Ruf zum G. verstanden; Offenheit zu Gott u. v. ihm her wird gewonnen. Wichtiger ist der Prozeß auf dem Feld der ↗ Ideologien. Nicht so sehr die natürl. Abhängigkeiten hindern den Menschen, sondern die großen Konstruktionen, mit denen die ↗ Gesellschaft das Leben gestaltet u. verändert. Dann ist es die ↗ Utopie einer vom Menschen vollendeten Welt od. umgekehrt die ↗ Verzweiflung an der unüberwindl. Widersprüchlichkeit der Gegenwart, mit denen sich der G. auseinandersetzen muß. Das erfordert tiefe Auseinandersetzung mit den Experimenten kollektiver Daseinsgestaltung. Diese sollen nicht verworfen, sondern geöffnet werden: durch die Erkenntnis der ↗ Verantwortung f. eine mündige, durch Vernunft bestimmte Welt (Bonhoeffer), durch das Einstimmen in Christus, der diese Welt zum Lob Gottes transzendierte, durch das Ausstehen der Gefährdungen der Welt u. des Menschen im G. an Jesu Weltüberwindung. — Alles spitzt sich dann auf die Anfechtung zu, ob nicht der Mensch doch in allem mit sich u. der Welt alleine bleibe. Hier gewinnt die ↗ Menschwerdung Jesu Christi neue Bedeutung.

Die Auseinandersetzung des G.s mit Aberglauben u. Unglauben verwickelt also den Menschen in die Konfrontation mit dem Zeitgeist. Sie kann nicht v. dem einzelnen allein geführt werden, sondern erfordert die Begegnung der ↗ Kirche mit ihm. Dazu muß die Theologie sich nicht nur als Wissenschaft verstehen, sondern zugleich als Überwinderin v. Wissenschaft; sie führt die Vernunft in den Gehorsam Christi zurück (2 Kor 10,5). F. die Biographie des Menschen bedeutet der Prozeßcharakter des G.s, daß der Mensch das ↗ Urvertrauen (Erikson) zu sich selbst, zu Welt u. Gott nicht ohne Bruch bewahren kann u. daher der Hilfe von außen bedarf: 1. Die Grundhaltung des Menschen bedarf des G.s jeweils nach ihrer psychischen Prägung als eines Komplements: Der Schizoide muß es lernen, sein ↗ Ich hinzugeben, der Depressive, zu sich selbst Ja zu sagen, der Hysteriker, konkret zu werden, der Zwanghafte, sich zu wandeln (F. Riemann). ↗ Seelsorge erhält hier die Aufgabe, dem G. des einzelnen zum Durchbruch u. zur Reife zu verhelfen. 2. Die ↗ Lebensstufen müssen die Wandlungen der Existenz verarbeiten, damit der G. nicht hinter dem Lebensprozeß zurückbleibt: Ablösung v. den Eltern u. ihrem Bild (↗ Imago), Annahme der Herausforderungen des Lebens in ↗ Verantwortung, Ja zum ↗ Altern. Auch hier erwachsen der Seelsorge wesentl. Aufgaben. Aber die G.sprozesse der Person sind eingebettet in die große Auseinandersetzung der Christenheit um den G. Die Menschenwelt lebt in der ↗ Entfremdung, in der Spannung v. Ich u. ↗ Selbst, v. Ich

u. Welt, v. ↗ Spontaneität u. Reflexion, v. Tradition u. ↗ Zukunft. Sie ist angelegt auf Erfüllung u. Einheit u. muß erfahren, daß das Ziel nicht aus dem Ich od. dem Selbst, aus der Welt od. aus Utopie gewonnen wird, sondern nur aus der Begegnung mit Jesus, in dem Gott selbst sich auf die Welt u. den Menschen eingelassen hat. Der Mensch ist angewiesen auf Offenbarung. Er ist durch sie herausgefordert zum G. als der Überwindung v. Aberglauben u. Unglauben.

Hans-Rudolf Müller-Schwefe

Lit.: C. H. Ratschow, Der angefochtene G. (²1957); H. Thielicke, Ich glaube (1965); G. Ebeling, Das Wesen des christl. Glaubens (1967); F. Riemann, Grundformen der Angst (³1967); Handbuch der Pastoraltheologie. Bd. III. (1968), 518—548; Holländischer Katechismus; J. Ratzinger, Einführung in das Christentum (¹¹1970).

Glaubenshilfe ↗ Seelsorge ↗ Krankenhausseelsorge

Glaubenszweifel. Wenn der ↗ Glaube als Prozeß verstanden werden muß, dann ist er verbunden mit dem G. an die Allmacht, an die ↗ Gerechtigkeit, an die Güte Gottes od. daran, ob überhaupt Gott sei. In unserer v. der Wissenschaft bestimmten Welt, die den Zweifel u. die Kritik zur Methode gemacht hat, kommt der Auseinandersetzung mit den G.n bes. Bedeutung zu. Sie finden sich 1. auf der intellekt. Ebene: Es beginnt vielleicht mit dem Zweifel an den in der Bibel erzählten Wundern, setzt sich fort im Zweifel an der ↗ Glaubwürdigkeit der Kirche, vollendet sich in dem durch die Wissenschaft bestimmten Bild v. der Welt, das nur Relativitäten u. Gesetzmäßigkeiten kennt u. den Menschen als die offene Stelle der Welt ansieht, der an die Stelle Gottes tritt. Dann wird der Glaube an Gott als Illusion angesehen; Skepsis od. ↗ Fanatismus der ↗ Ideologie lösen den Glauben ab. — 2. Auf der existentiellen Ebene: Der Glaube wird v. den Folgen wissenschaftl.-techn. Weltgestaltung bedrängt. Er leidet an der Ungerechtigkeit der Welt, an der Unaufhörlichkeit der ↗ Konflikte; er wird durch die ↗ Psychoanalyse mit der eigenen Zweideutigkeit konfrontiert; er findet Gott nicht mehr.

— G. sollen nicht ignoriert, verharmlost (verdrängt) od. verurteilt werden (verwerflich ist es nur, eine Glaubenswahrheit wider bessere Einsicht abzulehnen). Der Mensch hat sich dem G. gewissenhaft zu stellen u. lernt dabei, daß er seinen Glauben oft nur durch Bewältigung des Zweifels bewähren kann. Die Auseinandersetzung mit dem G. ist einmal Sache der Theologie. Zum andern wird die ↗ Haltung des Zweifels nur überwunden, wenn der Mensch durch die ↗ Liebe Jesu u. seiner ↗ Gemeinde sich u. die Welt als im Widerspruch bejaht erfährt. Rationale Engführung u. emotionaler Vertrauensmangel werden geheilt durch die Liebe. Dazu gehört auch, daß Skepsis od. ↗ Verzweiflung weichen, wenn der Mensch aus der intellekt. Distanz zum konkreten Einsatz u. zum Opfer in den Konflikten der Welt gebracht wird. Mw

Lit.: L. Dewart, Die Zukunft des Glaubens (1968); P. M. Zulehner, Religion nach Wahl (1974).

Glaubwürdigkeit. Glaubwürdig werden ein Tatbestand, ein Wort, eine Verhaltensforderung durch die G. des Boten od. Befehlenden, des „Garanten". Sowohl bei der geschichtl. wie gerichtl. Prüfung eines Tatbestandes kommt es auf die (objektive wie subjektive) Zuverlässigkeit des „Zeugen", des Vermittlers od. Gutachters an. Mehr noch bei einer Sittenforderung od. gar beim ↗ Glauben im theol. Sinn; hier ist die G. des Boten (des Predigers, der ↗ Gemeinde, der Kirche) sogar die einzige Garantie f. die Wahrheit der Botschaft. Dabei wurzelt die G. ebenso in der Zuverlässigkeit des vermittelnden Wortes wie in dem v. der Botschaft geprägten Leben des Zeugen. Da der Mensch ohne Glauben u. ↗ Vertrauen nicht zur ↗ Selbstverwirklichung gelangen kann, da ein menschl. Zusammenleben ohne ein gewisses Maß v. gemeinsamen Ideen, ↗ Werten u. Verhaltensmustern nicht möglich ist, die dem Menschen glaubwürdig übergeben u. vorgelebt werden müssen, damit er sie in ↗ Freiheit u. ↗ Verantwortung übernehmen kann, da sich gerade heute — in einer pluralen ↗ Gesellschaft — nicht wenige „Weltanschauungen" gleichzeitig um Gefolgschaft bemühen, ist der heutige Mensch um so mehr auf G. seiner mitmenschl ↗ Umwelt angewiesen. Aus schmerzl. Erfahrungen mit gewissen „Verlogenheiten" überlieferter (etwa „bürgerl.") Kultur, auch aus genauerer wissenschaftl. Untersuchung v. Lebenslügen aller Art erhob unser Jh. laut u. bewußt die Forderung nach „Echtheit" (F. Nietzsche), „Eigentlichkeit" (M. Heidegger), „Wahrhaftigkeit" (deutsche Jugendbewegung). Nur der „lautere" Mensch, der Ideen wie Fakten unverfälscht (durch bewußtes od. unbewußtes Interesse, ↗ Vorurteile u. ä.) wahrzunehmen u. zur Richtschnur des eigenen Lebens zu machen vermag, kann sie den anderen glaubwürdig vermitteln. Die christl. Moraltheologie erfaßte die Forderung unter dem Stichwort der „Wahrhaftigkeit" (im Sinne des „Wahrseins", des „Wahrdenkens" u. „Wahrhandelns", v. dem das „Wahrsprechen" nur ein, freilich gesellschaftl. bes. bedeutsamer, Teil ist). Ihr ging es um das „die Wahrheit tun in ↗ Liebe" (Eph 4,15). Sie weiß Bedeutsames über die Verwerflichkeit v. Heuchelei u. Lüge, die das Vertrauen unter den Menschen u. gar die Zuverlässigkeit einer ↗ Gesinnungs-Gemeinschaft untergraben. (F. die Kirche u. ihre G. vgl. H. Küng, Wahrhaftigkeit. Zur Zukunft der Kirche. Freiburg—Basel—Wien ²1968). Zur Reife des Menschen, die ihn f. andere glaubwürdig macht, gehört aber auch die ↗ Treue, die Bereitschaft u. Fähigkeit, das eigene Selbst beständig zu ordnen u. das dem anderen Geschuldete od. frei Versprochene auch unter persönl. Opfern einzuhalten. Dazu gehört auch die unbedingte Wahrung des Geheimnisses, die Bereitschaft zum Schutz der ↗ Intimsphäre des einem (gar berufl.) Anvertrauten. Nur solche erwiesene, ja selbstverständl. Treue vermag Vertrauen zu wecken, das ja nur gewagt werden kann, wenn u. weil sich der „ethische Garant" (auf den vorab jeder junge Mensch unabdingbar verwiesen ist) als glaubwürdig erwies. Da alles menschenwürdige Leben u. Zusammenleben auf ↗ Gerechtigkeit basiert, gehören der ↗ Wille, die Bereitschaft u. die erworbene u. bewußt gepflegte Fähigkeit, dem anderen alles das zu geben (u. zu lassen), was „sein ist", worauf er Recht u. Anspruch hat, also auch der Wille, sich gerecht u. treu zu verhalten, zur rechten Selbstverwirklichung, die ihrerseits Voraussetzung der G. ist. Daraus ergibt sich aber auch, daß Unglaubwürdigkeit, Unechtheit, Unlauterkeit, Unfähigkeit zu Treue u. Vertrauen (namentl. bei solchen, die berufsmäßig ↗ Verantwortung f. andere Menschen tragen) die Schuld tragen an schweren Störungen der menschl. Entfaltung, deren (meist gesellschaftl.) Ursachen sorgfältig studiert u. durch entspr. „Behandlung" abgebaut werden müssen. Fl

Gleichberechtigung ↗ Emanzipation

Glossolalie. Synonyma: Pseudog., Neoglossie, Zungenreden.
1. *Psychiatr.:* Stammeln, formlose unzusammenhängende Sprechbestandteile, unverständl. Rede, weil mit Wortneubildungen u. agrammatikal. Passagen durchsetzte ↗ Sprache, meist bei Schizophrenie; die Syntax ist aufgelockert, aber fragmentarisch erhalten, auch Verwendung v. Fremdwörtern ohne sinnvollen Zusammenhang. Schizophasie, schwerste Form: schizophrene Sprachverworrenheit. —
2. *Religionspatholog.:* Ausdruck heftiger Gemütsbewegung, mitunter auch Sprechen einer fremden bzw. unverständl. Sprache in rel. ↗ Ekstase; traditionell sieht man dahinter göttl. Eingebung od. dämon. Beeinflussung (↗ Erweckung, ↗ Besessenheit, Psychedelik).

Glück. Das Problem des G.s ist in den letzten Jahren wieder in der theol. Diskussion aufgetaucht, nachdem v. a. Kant die phil. u. theol. Lehre v. der eudämonist. Richtung befreit hatte (↗ Eudämonismus). Dabei ist v. a. eine Schwerpunktverlagerung v. der eth. auf die ästhet. Fragestellung zu beobachten. Hatte etwa H. Marcuse noch 1938 formuliert, daß die Beschränkung des G.s auf die sinnl. ↗ Lust Daseinsverhältnisse geschaffen habe, die wahre Lust nicht nur der Seele, sondern allen wesentl. personalen Beziehungen entfremdet habe, so wird jetzt etwa v. H. Cox ein Eingehen auf die ästhet., gefühlsmäßigen u. symbol.

Aspekte des Lebens gefordert. J. Moltmann beklagt, daß in der Theologie die aesthet. Kategorien der neuen ↗Freiheit zugunsten der moral. Kategorien des neuen Gesetzes u. des neuen ↗ Gehorsams verschwunden seien. V. einem verstärkten Umgang mit den christl. ↗ Symbolen des G.s darf erwartet werden, daß es zu einer Bewußtseinsveränderung kommt, die zw. wahrem u. falschem G. zu unterscheiden lehrt, die ↗ Phantasie anregt, neue Ebenen des ↗ Bewußtseins eröffnet, so daß Phantasiewelt u. Faktenwelt sich gegenseitig befruchten können, die Möglichkeiten realen Heils antizipiert werden, das Ganz-andere vergegenwärtigt u. damit die Veränderung des Hiesigen vorweggenommen wird. Freilich wird eine Neuhinwendung zur Welt des Transrationalen, Spielerischen, Symbolischen nicht mehr mit der Naivität u. Unmittelbarkeit des ↗ Kindes erfolgen können. Das christl. Bewußtsein wird auch in Zukunft den symbol. Gehalt plus das Bewußtsein seines symbol. Charakters umfassen müssen. Scha

Lit.: H. Marcuse, Zur Kritik des Hedonismus, Zeitschrift für Sozialforschung, Bd. 7 (1938); H. Cox, Das Fest der Narren (1970); G. Martin, Wir wollen hier auf Erden schon ... (1971); J. Moltmann, Die ersten Freigelassenen der Schöpfung (1971); J. Scharfenberg, Symbole des Glücks in theol. u. psych. Sicht, in: Perspektiven der Pastoralpsychologie (1974).

Gottebenbildlichkeit. Der urspr. bibl. Begriff der G. umschreibt im AT bei der Bestimmung des Verhältnisses des Menschen zu Gott eine dem Menschen eigentüml. u. ihn daher v. den anderen ↗ Geschöpfen unterscheidende bes. Beziehung zu Gott (Gen 1,26—29); in Gegensatz zu den anderen Geschöpfen kann der Mensch mit Gott sprechen u. verantwortlich über das Geschaffene verfügen. Auch nach der Fehlverfügung (↗ Erbsünde) bleibt die G., weil der Mensch weiterhin v. Gott angerufen u. ihm verantwortlich bleibt (Gen 9,6).
Im höchsten Maß ist die G. im Gottmenschen Jesus Christus verwirklicht. Er ist als Sohn das Bild des Vaters, seine Selbstmitteilung (2 Kor 4,4—6; Kol 1,15 f; Hebr 1,3). In ihm als menschgewordenem Gott wird der Vater sichtbar u. zugleich wird in ihm deutlich, wozu der Mensch berufen ist. Durch ihn, unsern Bruder, dürfen wir zu Gott „Vater" sagen (Gal 4,6), weil wir durch ihn aus der Sklaverei des Gesetzes (↗ Gesetzlichkeit) befreit u. als Kinder Gottes adoptiert sind (Gal 4,5).

Die konfessionellen Differenzen in der Lehre v. der G. spiegeln die Differenzen in der Gnaden- bzw. Rechtfertigungslehre. Die kath. Tradition betont hier eher die Kontinuität des selbstbewußten Subjekts, das durch die Gnade geheiligt wird, indem sie eine natürliche G. (imago), die geistige ↗ Natur des Menschen als seine unverlierbare Wesensbeschaffenheit, v. der ungeschuldeten Gabe der heiligmachenden Gnade unterscheidet, durch die der Mensch zum übernatürl. Ebenbild (similitudo) Gottes werden soll. Diese Gabe ist durch den Fall verloren u. wird ihm in der Rechtfertigung neu geschenkt. Die evang. Tradition dagegen betont eher Gottes alleiniges Handeln in der Rechtfertigung, indem sie vom völligen Verlust der G. durch den Fall spricht u. diese neu geschaffen sieht im Geschenk der ↗ Gerechtigkeit Jesu Christi als des eigentl. Ebenbildes Gottes (2 Kor 4,4 u. ö.) an den Menschen.

In der platon. Philosophie sind die Ideen Urbilder, v. denen die erfahrenen Dinge u. ↗ Personen unvollkommene Abbilder sind, die aber auf eine größere Verähnlichung mit dem Urbild hinstreben. Über Augustinus, der diese Urbilder als Ideen des Schöpfers deutet, hat dieses Gedankengut in die christl. Philosophie u. Theologie Eingang gefunden u. hat zur theol.-spekulativen Entfaltung der G. des Menschen geführt. Das Eigentümliche des Menschen ist, daß er sich seiner Spannung zum Urbild — Gott als Schöpfer u. Christus als Urbild des vollkommen mit Gott verbundenen Menschen — bewußt werden kann u. sich bewußt um die — freilich nur durch die Gnade Gottes mögliche — Angleichung an das Urbild mühen soll. Hilfe dabei ist der meditativ in den Abbildern erfaßbare Verweis auf das Urbild. Mi/Mu

Lit.: L. Scheffczyk (Hrsg.), Der Mensch als Bild Gottes (Wege der Forschung, Bd. 124) (1969); D. Roloff, Gottähnlichkeit, Vergöttlichung u. Erhöhung zum seligen Leben. Untersuchungen zur Herkunft der platonischen Angleichung an Gott (Untersuchungen zur antiken Literatur u. Geschichte 4) (1970).

Gottesdienst. 1. *Begriff.* G. wird in sehr versch. Bedeutungen gebraucht u. bezeichnet sowohl die inneren als auch die äußeren Akte der Gottesverehrung, das Verhalten einzelner wie v. ↗ Gruppen gegenüber Gott sowie die Formen privater wie öffentl. Gottesverehrung, wobei letztere im heutigen Sprachgebrauch der ↗ Kirchen u. der G.wissenschaft gewöhnlich „Liturgie" genannt werden, während z. B. die Religionswissenschaft eher v. ↗ Kult spricht. G. im weiten Sinn meint daher das ganze v. rel. ↗ Haltung (↗ Religiosität, ↗ Frömmigkeit) getragene u. geformte Leben, im engeren Sinn jene Akte ausdrückl. Gottesverehrung, die in einer kirchl. ↗ Gemeinschaft u. in v. dieser geregelten Formen vollzogen werden (↗ Ritus).
2. *Im NT.:* Die Christen haben zunächst noch am jüd. G. teilgenommen (vgl. Apg 2,46; 3,1; 5,12.21.42; 21,18 ff.). Gleichzeitig entwickelten sie im Anschluß an die Mahlfeiern, die Jesus mit seinen Jüngern gehalten hatte, u. an den G. der Synagoge ↗ Gemeinde-G.e, zu denen sie in ihren Häusern zusammenkamen: zu ↗ Verkündigung, ↗ Gebet u. „Brotbrechen" (vgl. Apg 2,42.46; 20,7.11), wobei früh eine feste Ordnung eingehalten wurde (vgl. 1 Kor 10—14; 1 Tim 2—3). Bedeutsam ist, daß im NT Begriffe, die den atl. od. heidn. Kult u. dessen Träger bezeichnen, nicht f. den christl. G., sondern zur Bezeichnung des christl. Lebenswandels, bzw. f. apostol. u. diakon. Dienste (↗ Diakonie) verwendet werden (vgl. Röm 15,16; Phil 2,17; 3,3). Dahinter steht die Auffassung, daß es keine v. dem das ganze Leben erfassenden Glaubensgehorsam abgetrennte kult. Sphäre gibt. Wohl gibt es das „Zusammenkommen" im Namen Jesu, das sich zum G. „Versammeln" der Gemeinde (vgl. Apg 20,7 f.; 1 Kor 11,17 ff.), d. h., das Entscheidende ist im NT die im Namen ihres Herrn versammelte Gemeinde, in deren Mitte Jesus gegenwärtig ist (↗ Entsakralisierung).
3. *In der Zeit der Kirche.* Aus den schlichten Versammlungen der frühen Brudergemeinden entwickelte sich seit dem 4. Jh. der cultus publicus der vom röm. Reich geförderten Großkirche. Dieser G. nahm Elemente des atl. Kultes u. des kaiserl. Hofzeremoniells in sich auf u. assimilierte auch heidn. Kulttraditionen (↗ Sprache, ↗ Tanz, Feierformen). So entstanden die symbolreichen Mysterienfeiern der Ostkirchen u. die vom röm. Sakralrecht beeinflußte latein. Liturgie, die sich im Mittelalter zur dramatisierenden, auf schauende Teilnahme ausgerichteten Klerusliturgie entfaltete, neben der zahlreiche volkstüml., in der Muttersprache gehaltene G.-Formen (Andachten, ↗ Wallfahrten, Prozessionen, relig. Brauchtum) heranwuchsen. Es kam zu einer tiefgreifenden Durchdringung v. gottesdienstl. u. gesellschaftl. Leben, aber es schlichen sich auch viel ↗ Aberglaube u. Mißbrauch ein.
Die Kirchen der Reformation reagierten mit einer auf die Schrift u. auf Luthers Rechtfertigungslehre (sola fides, sola scriptura) gestützten Reformbewegung, die sich gegen den als „Menschenwerk" mißverstandenen G. wendete u. den „Opfercharakter" der Messe bekämpfte. Die ↗ Verkündigung des Wortes wurde stark betont, man strebte nach Einfachheit u. Verständlichkeit, führte die Volkssprache in den offiziellen G. ein, beschnitt drastisch die Wucherungen des spätmittelalterl. G.s, schaffte die Verehrung der ↗ Heiligen u. ihrer Reliquien ab u. hob die Unterscheidung zw. geweihtem Klerus u. Laien grundsätzlich auf.
In der kath. Kirche wurde die latein. Liturgie im Auftrag des Trienter Konzils reformiert, v. Wucherungen u. Mißbräuchen befreit u. zentralistisch geregelt. In dieser Form blieb sie, v. rubrizistischer Erstarrung bedroht, seit dem 17. Jh. praktisch unverändert bestehen. Stärkeren Veränderungen war der landeskirchl. geordnete G. der evang. Kirchen unterworfen, der — aus Prinzip bei den Reformierten, faktisch bei den Lutheranern, am wenigsten bei den Anglikanern u. in den nordischen Ländern, die stärker an der mittelalterl. Tradition festhielten — das Lehrhafte auf kosten des Sakramentalen betonte. Mit der beginnenden ↗ Säkularisierung verloren die Kirchen u. ihre G.e

an gesellschaftl. Bedeutung. Ein privatisierendes, individualist. Verständnis des G.s breitete sich aus. Jedoch im 19. u. v. a. im 20. Jh. entstand die sog. Liturg. Bewegung, die seit dem 1. Weltkrieg breitere Schichten erfaßte u. nach dem 2. Weltkrieg v. den Kirchenleitungen aufgegriffen wurde, um aufgrund eines neugewonnenen Kirchenverständnisses eine volksnähere, der Zeit angepaßtere Liturgie zu schaffen. Die Liturgiekonstitution des 2. Vatikanum war in der kath. Kirche der vorläufige Höhepunkt dieser ↗ Entwicklung, die auch in Fragen des G.s zu einer Annäherung an die Kirchen der Reformation wie an die Ostkirchen führte. Letztere kennen bisher keine nennenswerte liturg. Erneuerungsbewegung, da ihr G. immer volksnah war u. seit jeher weitgehend in der Volkssprache gefeiert wurde.

4. *Wesen u. Bedeutung.* G. ist die Aktuierung des Gottesverhältnisses (↗ Glaube) des einzelnen wie der ↗ Gemeinde. Er ist wesentlich gebunden an Offenbarung u. Stiftung Gottes. Der Mensch kann nicht eigenmächtig Gott dienen wollen. Er muß v. ihm ermächtigt u. in die Begegnung mit ihm berufen werden. Deshalb spielt im G. die Tradition eine entscheidende Rolle, haben gottesdienstl. Formen ein großes Beharrungsvermögen u. kann G. auch nicht als Werk u. Leistung des Menschen verstanden werden, sondern nur als gnadenhaft-dialog. Geschehen: Gott ruft den Menschen in die heiligende Begegnung, u. der Mensch antwortet durch Anbetung, Bekenntnis, Dank, Opfer, Sühne, Bitte. Dieser dialog. Charakter kommt im Gegenüber v. ↗ Amt u. Gemeinde zum Ausdruck: der ordinierte Vorsteher redet u. handelt im Namen u. Auftrag Gottes u. dient so der Gemeinde, damit sie durch Wort u. ↗ Sakrament wirksam an dem v. Gott angebotenen Heil teilhaben kann. Die Gewißheit der Gegenwart Gottes, der vergangenen Heilstaten u. des zukünftigen Heiles gründet im christl. G. in der Person des erhöhten Herrn, in seiner Stiftung, die in der Kirche weiterlebt, in seinem ↗ Geist, der sie trägt u. erfüllt. Weil der G. der Kirche wirksames u. vergegenwärtigendes Gedächtnis Jesu u. seines Heilswerkes sowie feiernde Vorwegnahme der endgültigen ↗ Gemeinschaft mit Gott u. der Vollendung der Welt ist, u. weil dies im ebenso zweckfreien wie sinnvollen Handeln des G.s unter Inanspruchnahme aller Fertigkeiten u. Künste zum Ausdruck gebracht wird, deshalb hat der G. Festcharakter: er überwindet die v. bloß zweckrationalem Tun bestimmte Werktäglichkeit, fügt die Feiernden in den Gesamtzusammenhang der Heilsgeschichte u. in die Gemeinschaft der pilgernden wie der vollendeten Kirche ein u. entreißt sie der Verlorenheit, Sinnlosigkeit u. Einsamkeit (↗ Lebenssinn, ↗ Vereinsamung). Das geschieht allerdings nur dann überzeugend, wenn dem bes. G. das Gottdienen im privaten u. öffentl. Leben entspricht, d. h. wenn der G. in die Gesamtpastoral der Gemeinde u. in das Leben der Gläubigen integriert ist (↗ Seelsorge). Hans Bernhard Meyer

5. *Pastoralanthropolog. Aspekt:* In jüngster Zeit gewinnt der G. als „symbol. ↗ Kommunikation" erneut an Bedeutung. Als im eigentl. Sinne symbol. können dabei jene Ausdrucksformen bezeichnet werden, die allgemeinmenschl. ↗ Erfahrungen personaler Art ausdrücken u. relativ unabhängig v. umwelthaften u. sozioökonom. Bedingtheiten zu sein scheinen. Als exemplarisch f. viele kann das ↗ Symbol des aufgedeckten Angesichts genannt werden, das v. den Anfängen der Überlieferung her in Gestalt des aronit. ↗ Segens an zentraler Stelle des christl. G.s aufbewahrt wird, zur Vermittlung der Erfahrung v. ↗ Urvertrauen, Geborgenheit u. ↗ Glück dient u. v. Paulus zur Ausformulierung des eschatolog. Heiles herangezogen wird (1 Kor 13,12). Wenn v. Theologen wie H. Cox eine Verbindung unseres Lebens mit dem Gestern u. Morgen durch ein Eingehen auf die ästhet., gefühlsmäßigen u. symbol. Aspekte des Lebens gefordert wird, wenn J. Moltmann beklagt, daß die ästhet. Kategorien der neuen ↗ Freiheit zugunsten der moral. Kategorien des neuen Gesetzes u. des neuen ↗ Gehorsams verschwunden seien u. entdeckt, daß Ethik unter keinen Umständen alles werden dürfe, da doch die theolog. Tradition voller ästhet. Bilder u. Kategorien stecke, so dürfte damit

auch dem gottesdienstl. Geschehen neue Aufmerksamkeit gebühren.
Sie ist im Bereich der evang. Theologie v. a. da anzutreffen, wo man vormals die Geschichte zur einzigen Wirklichkeit des Menschen erklärt hatte u. in Versuchen wie dem „Polit. Nachtgebet" Symbole in Begriffe, Feier in Information u. ↗ Spiel in Kategorien der ↗ Entscheidung umzuformen versucht hatte. Hier wird nun gerade erkannt, daß ein Ideal, das symbolisiert würde, bei genügend emotionaler Anziehungskraft eine starke Motivationsquelle dafür abgeben kann, darauf hinzuarbeiten u. dazu beizutragen, daß die ↗ Gesellschaft sich selbst zu transzendieren vermag. Festlichkeit, Spiel, ↗ Meditation u. ↗ Liebe, die mit Nützlichkeit nichts zu tun haben, sondern reiner Selbstzweck sind, können den Menschen dazu befähigen, seine Erfahrung dadurch zu erweitern, daß er Ereignisse der Vergangenheit aufs neue durchlebt u. die ↗ Phantasie zu einer Form des Spielens macht, das die Grenzen der Zukunft erweitert u. eine festl. Weise darstellt, sich die Vergangenheit zu eigen zu machen (H. Cox).

Zum anderen ist es aufgrund der tiefenpsych. Erkenntnis, daß auch der moderne Mensch mit Symbolen umgeht, daß es auch in seinem Leben Bereiche des transrationalen Umganges mit der Wirklichkeit gibt, zu einer Neueinschätzung des G.s gekommen. Freilich wird man hier v. a. betonen müssen, daß es sich bei diesem Umgang mit der Welt der Symbole des Spiels u. der Feier nur um einen gedeuteten Umgang handeln kann, denn wenn sich der Umgang mit kirchl. ↗ Ritualen u. Symbolen in tiefer Unbewußtheit vollzieht, steht er stets in der Gefahr, zu einem neurot. Zwangssystem mit ungeschichtl. Wiederholungszwang zu erstarren (↗ Magie).
Die tiefenpsych. ↗ Deutung u. Aufarbeitung der gottesdienstl. Formen muß deshalb als ein dringendes Desiderat pastoral-psych. Forschung angesehen werden.

Joachim Scharfenberg

Lit.: G. van der Leeuw, Phänomenologie der Religion (1933) bes. 317—436; P. Brunner, Die Lehre vom Gottesdienst der im Namen Jesu versammelten Gemeinde: Leiturgia. Handb. des evang. Gottesdienstes I. (1954) 83—364; S. Mowinckel/J. Elbogen/H. Riesenfeld/G. Kretschmar/K. Onasch/K. Dienst/H. Urner/W. Jannasch/W. Holster, Gottesdienst: RGG³ II. (1958) 1751, 1789; C. Vagaggini, Theologie der Liturgie (1959); E. J. Lengeling, Liturgie: HthG II. München 1963, 75—97; M. Löhrer, Die Feier des Mysteriums der Kirche. Kulttheologie und Liturgie der Kirche: HPTh I. (1964) 287—323; J. A. Jungmann, Wortgottesdienst im Lichte von Theologie und Geschichte (1965); H. Cox, Das Fest der Narren (1970); J. Moltmann, Die ersten Freigelassenen der Schöpfung (1971); D. Andresen (Hrsg.), Kirche am Montag (1973); J. Scharfenberg, Symbole des Glücks in theologischer und psychologischer Sicht, in: Perspektiven der Pastoralpsychologie (hrsg. von R. Riess) (1974).

Gotteserfahrung. 1. *Allgem. Bestimmung:* G. darf nicht mit spez. rel. Erlebnissen in eins gesetzt werden. Sie setzt zwar, wie jede Erfahrung, gegenwärtiges Erleben voraus. Doch zugleich ist sie mehr als solches Erleben, sofern hier eine best. Erfahrungsperspektive vorgegeben ist, die Erlebtes zusammenordnet u. es erlaubt, dieses Erlebte in der Erinnerung zu behalten.

Diese Erfahrungsperspektive als Voraussetzung v. G. ist grundsätzlich mitteilbar, während rel. Erleben, sei es als Gefühl der ↗ Abhängigkeit, sei es als Erleben des ↗ Heiligen in Schrecken u. Anziehung (mysterium tremendum et fascinans), sei es als myst. Intuition nie allgemein werden kann. Sicher kann auch solches Erleben der G. zugeordnet werden. Aber G. umfaßt mehr u. anderes als solche rel. Erlebnisse.

Zwei Momente der eine G. ermöglichenden Erfahrungsperspektive müssen zunächst genannt werden, um die Eigentümlichkeit v. G. zu erfassen. Einmal ist Gott nicht Gegenstand unter anderen Gegenständen dieser Welt. Erst recht ist er nicht sinnl. wahrnehmbar. Darum kann G. nicht am Modell gegenständl. Erfahrung u. sinnl. Vergewisserung v. Wirklichkeit gemessen werden. Zugleich aber muß sie als Erfahrung doch gegenwärtiges Erleben in sich schließen. Das bedeutet, daß G. immer durch gegenständl. Erfahrung vermittelt ist, daß sie mit dem Erleben innerweltl. Widerfahrnisse u. Handlungen zusammenfällt.

Zum anderen schließt die durch unsere christl. Tradition f. die G. vorgegebene Erfahrungsperspektive ein, daß es dort, wo Gott im Spiel ist, immer um das Ganze der Wirklichkeit geht. Das bedeutet nicht nur, daß grundsätzlich jedes Erleben der G. zugeordnet werden kann. Es nötigt vielmehr dazu, alle Erfahrung jedenfalls auch unter der Perspektive der G. zusammenzuordnen. Beide Momente lassen sich nicht trennen, sondern fallen in der G. zusammen: die Vermittlung v. G. durch best. innerweltl. Widerfahrnisse u. Handlungen, die wir erleben, u. zugleich die Einordnung aller unserer Erfahrungen in die umfassende Gesamtperspektive der G.

2. *Die Erfahrungsperspektive des christl. Glaubens:* Nur wer sich die Erfahrungsperspektive der christl. Tradition zu eigen macht, wird christl. G. machen können. Solche Aneignung ist als Teilmoment des ↗ Glaubens zu bestimmen. G. ist also Sache des Glaubens. Dabei gilt nach dem zunächst Gesagten: Der Glaubende hat nicht prinzipiell andere Erlebnisse als der, der nicht glaubt. Aber ihm werden in der Anleitung durch die christl. Erfahrungsperspektive diese Erlebnisse zur christl. G. Diese setzt also nicht eine Gottunmittelbarkeit jedes einzelnen voraus, bedarf vielmehr der Vermittlung durch die christl. Tradition, durch ↗ Verkündigung u. Lehre der Kirche. Zugleich wird sich aber diese tradierte Erfahrungsperspektive im jeweiligen Erleben bewähren müssen, wenn der Glaube Gottes gewiß werden soll.

Zur Ausführung der in der christl. G. vorausgesetzten Perspektive muß neben den unter 1. genannten formalen Momenten wenigstens ein Grundsachverhalt genannt werden: Gott ist zugleich der Schöpfer u. der Erlöser des Menschen. Er gewährt Welt u. er gewährt Heil. Beides läßt sich freilich nicht einfach zusammenaddieren, so daß zur Welt auch noch das Heil hinzukäme. Vielmehr zeigt sich hier ein Gegensatz, der in der christl. G. durchgestanden werden muß. Denn indem Gott Heil gewährt, setzt er zugleich in einen Gegensatz zur Welt. Welt u. unser Sein in der Welt ist ja nicht nur bestimmt durch die Güte der Schöpfung Gottes, sondern zugleich durch die menschl. ↗ Sünde. Diese ist nicht nur als individ. Tathandlung wirksam, sondern auch in einer umfassenden Verkehrung der Welt, die als Widerfahrnis des ↗ Bösen u. des Übels in der Welt erlebt wird (↗ Erbsünde). Nur in der Unterscheidung v. dieser durch die Sünde verkehrten Welt kann Heil gewonnen werden. Das bedeutet aber zugleich Unterscheidung v. dem eigenen, durch die Sünde bestimmten Sein in der Welt, v. dem „alten Menschen". Erfahrung des Gottes, der Heil gewährt, ist die Erfahrung, daß solche Unterscheidung sich vollzieht, gerade auch als Erfahrung des ↗ Leidens an der Welt u. des ↗ Sterbens. Solches Heil wird nun aber dem gewährt, der Gottes ↗ Geschöpf ist. Darum widerfährt Heil nicht schlechthin als Widerspruch gegen die Welt. Vielmehr wird in der Unterscheidung v. der Welt der Sünde u. des ↗ Todes Geschöpflichkeit neu konstituiert, die die Güte der Welt bewährt, indem sie das Gute genauso tut, wie sie es empfängt.

Diese Gegensätzlichkeit im Erleben v. Welt — Unterscheidung v. der durch die Sünde bestimmten Welt wie Identifizierung mit der als Schöpfung qualifizierten Welt — ist konstitutiv f. die Erfahrungsperspektive, in welcher der christl. Glaube Gott erfährt, u. darf nicht zugunsten der Unterscheidung od. der Identifikation aufgelöst werden. Nur so kann G. die Erfahrung des dreieinigen Gottes bleiben.

3. *Das Problem christl. G. heute:* Das Problem der christl. G. heute liegt darin, daß die christl. Erfahrungsperspektive nicht mehr, wie das mit mehr od. weniger starken Modifikationen lange Zeit der Fall war, v. der überwiegenden Mehrheit in der ↗ Gesellschaft geteilt wird.

Das bringt einmal mit sich, insbes. f. die Theologie, die in ihren Denkgewohnheiten an dieser vergangenen Situation orientiert ist, daß nach einer möglichst allgem. Erfahrung gesucht wird, die auch heute noch als G. zu identifizieren wäre. Dabei wird aber die trad. christl. Erfahrungsperspektive entleert, im Zweifelsfall sogar ganz aufgegeben. Hat man hier die veraltete Denkgewohnheit einmal durchschaut, wird man gegen solche Versuche immun sein.

Es bringt aber auch einen Verlust an Plausibilität f. die genuin christl. Erfahrungsperspektive mit sich, damit eine gewisse Erschwerung, sich diese anzueignen u. also christl. G. zu machen. Die Kirche wird sich auf diese Situation einzustellen haben, indem sie diese Schwierigkeit bewußt macht u. in der christl. Gemeinschaft desto mehr zu solcher G. anleitet u. sie pflegt, je weniger sie dabei durch eine allgem. gesellschaftl. Übereinkunft gefördert wird.

Friedrich Mildenberger

Lit.: K. Barth, Kirchliche Dogmatik I 1 (^{8}1964), S. 206—239; F. Mildenberger, Ohne Gott leben — vor Gott. Bemerkungen zur gegenwärtigen Diskussion der Gottesfrage. Calwer Hefte Nr. 101 (1969); H. Ott, Wirklichkeit u. Glaube. Bd. 2: Der persönliche Gott (1969); Schubert M. Ogden, Die Realität Gottes (1970); K. Rahner, Gotteserfahrung heute. In: Gott in dieser Zeit, Hrsg. Leonhard Reinisch (1972), S. 1—16.

Gottesfurcht. Wenn der Mensch glaubt, daß er sein Dasein Gott als Schöpfer verdankt u. dieser auch Herr u. Ziel seines Lebens ist, dann gehört zur Anerkennung dieser Situation des Menschen vor Gott, also zur Anbetung Gottes, auch die heilige „Furcht" (vgl. den Ausdruck „mysterium tremendum et fascinans" v. R. Otto). Diese G. ist die Anerkennung der unbegreifl. Größe u. Verfügungsgewalt, Heiligkeit u. Verehrungswürdigkeit Gottes, gepaart mit dem Bewußtsein der eigenen ↗ Abhängigkeit u. auch Sündigkeit des Menschen (↗ Sakrament). Deshalb enthält die G. als Hauptgrund die Anerkennung der Größe Gottes gegenüber unserer Kleinheit, als Folge davon die Spannung zw. unserem Streben nach ↗ Glück, Geborgenheit u. Erfüllung, also nach Heil, u. der Tatsache, daß die Erreichung des Heils nicht bloß v. uns abhängt, sondern v. a. v. Gott, so daß wir unser „Heil in Furcht u. Zittern" wirken: „denn Gott ist es, der in Euch das Wollen u. das Vollbringen wirkt nach seinem Wohlgefallen" (Phil 2,12 f). Die G. ist Ausdruck des christl. Glaubens. Sie ist gepaart mit der ↗ Hoffnung, durch die das Heil zu erlangen u. ist dadurch v. der ↗ Angst zu unterscheiden. Eine wichtige Aufgabe der ↗ Reifung des persönl. Verhältnisses zu Gott ist die ↗ Erlösung der Angst zu einer mit Hoffnung gepaarten G. Die G. schließt auch nicht die durch Christus ermöglichte ↗ Liebe zu Gott als unserem Vater aus, in dem wir uns geborgen wissen können, sondern ist vielmehr ein Moment dieser Liebe. Vgl. dazu M. Luther im Kleinen Katechismus: „Wir sollen Gott über alle Dinge fürchten, lieben u. ihm vertrauen" u. Franz v. Sales: „Der Mensch soll Gott nicht aus Furcht lieben, sondern aus Liebe fürchten." Eine furchtlose Einstellung gegenüber Gott müßte als die Anmaßung angesehen werden, selbst absolut u. unabhängig wie Gott sein zu wollen. Glaube u. Liebe jedoch ermöglichen durch Überwindung der Angst durch christl. Hoffnung eine echte innere ↗ Freiheit u. Zuversicht.

Das Ziel einer christl. ↗ Frömmigkeit muß es sein, G. (als unmittelbares Erleben wie als durch Selbsterkenntnis vermittelte Einsicht in das eigene Ungenügen gegenüber Gottes Willen) mit der Liebe zu dem Gott zu verbinden, der uns in Jesus Christus gnädig begegnet. Die dazu notwendige Einübung in rel. Erleben wie in eine Selbsterkenntnis, die sich dem bibl. Anspruch stellt, wird des Umgangs mit der bibl. Geschichte nicht entbehren können, die eine unvergleichl. Anschauung solcher Frömmigkeit vermittelt.

Mi

Lit.: LThK IV (1107—1109); G. Griesl, Pastoralpsychologische Studien (1966).

Größenwahn ↗ Psychosen ↗ Manie

Großfamilie. Die bäuerl. od. bürgerl. G. unseres Kulturraums (↗ Familie) umfaßte mehrere Generationen in der direkten Linie sowie allenfalls andere Verwandte (die nicht erbberechtigten jüngeren Geschwister, entferntere Verwandte). Dieses Sozialgebilde war in seiner Rollenstruktur traditionsgebunden festgefügt (die ↗ Rolle „des ↗ Vaters", „der ↗ Mutter", des ältesten od. jüngeren Sohnes) regelte weitgehend auch die Verhaltensweisen), wobei eine starre hierarchische Rangordnung (↗ Eltern-Kind-Beziehung) herrschte. Es bot dem einzelnen maximale Sicherheit, jeder hatte „seinen Platz" in diesem Gefüge, bis hinab zum Geistesschwachen, der hier auch seine geschützte Position am unteren Ende der Rangordnung hatte. Den heranwachsenden ↗ Kindern bot die G.

eine Vielzahl v. mögl. ↗ Bezugspersonen, jedoch waren den Entwicklungsmöglichkeiten des einzelnen die engen Grenzen der ↗ Rolle gesetzt, aus denen ein Heraustreten fast unmöglich war (weder vertikale noch horizontale ↗ Mobilität, Entfaltung der Persönlichkeit nur im Rahmen der vorgegebenen Rolle u. Rangposition). Diese trad. G. ist heute nur mehr sehr vereinzelt, am ehesten noch auf dem Lande anzutreffen, meist finden sich jedoch auch hier nur mehr Übergangsformen zur Kleinfamilie mit mehr oder weniger intensivem Festhalten der patriarchal. Rollenverteilung. Pastoral wäre zu beachten, daß beim Übergang (Auflockerung der patriarchal. Struktur, Abwandern an Industrieorte, „Pendler") die Gefahr der sozialen Isolierung u. der kulturellen Desorientiertheit bestehen (↗ Familienpathologie). Gruppierungen wie Familienrunden, die dem Gedanken- u. Erfahrungsaustausch dienen u. eine ↗ Integration in neue ↗ Gemeinschaften (z. B. gemeinsamer Haushalt mehrerer Familien mit Aufgabenverteilung) ermöglichen, wären zu fördern (↗ Familienseelsorge, ↗ Wohngemeinschaftstherapie). GaS

Lit.: H. u. S. Gastager, Die Fassadenfamilie (1973).

Gruppe. 1. Die G. ist im Unterschied zu *Masse* u. *Menge* ein differenziertes soziales Gebilde, bei dem alle Mitglieder durch ↗ *Motivation, Intention* u. *Funktion* aufeinander bezogen sind. 2. Innerhalb der G. ereignet sich das interpersonale Kräftespiel der ↗ *Gruppendynamik*. Letztere bezeichnet auch den Prozeß zw. versch. G.n, die evtl. Unterg.n einer (Groß-)G. darstellen. Die G. zeigt u. a. Tendenzen zu *Kohärenz* (Befriedigung gemeinsamer Bedürfnisse, auch des Sicherheitsbedürfnisses gegenüber echter od. vermeintl. Bedrohung v. außen) u. *Interdependenz*, zur *Formalisierung* des G.nprozesses (↗ Institutionalisierung, Rollenfixierung als Angstabwehr, agiertes ↗ Sicherungsbedürfnis) u. zur *Dauerhaftigkeit*. Diese Tendenzen stoßen ständig auf Gegenkräfte, so daß *G.nspannung* entsteht. Der einzelne wird oft durch ein Bedürfnis nach ↗ Anerkennung u. Zugehörigkeit bzw. durch seine ↗ Angst vor Isolierung *g.nabhängig*. In der idealen G. halten sich Individualität (↗ Ich) u. Sozialität (Wir) die Waage. Denn eine G. erfüllt ihre *Aufgabe* (zu deren *Zweck* sie bewußt od. unbewußt gebildet wurde) am besten, wenn die Mitglieder *vertrauensvoll* miteinander *kommunizieren*, d. h. *eigenständige Beiträge* einbringen können u. dennoch *akzeptiert* werden, auch wenn die Mehrheit diese Lösung nicht gefunden hat. *Imitation* u. *Opposition*, die nicht sachl., sondern persönl. Gründen entspringen (↗ Rivalität usw.), schaden der G., wenn es nicht gelingt, sie aufzudecken u. zu bearbeiten bzw. in den Dienst der Sache zu stellen. Letzteres geschieht dann, wenn die gemeinsamen Interessen stärker sind als die — stets vorhandenen u. die G.ndynamik in Gang haltenden — persönl. Motivationen u. interpersonalen Spannungen. Je größer eine G. ist, desto gefährdeter ist ihre *Funktionsfähigkeit*. Sie gliedert sich daher entweder in eine Führung u. eine ihr sich unterordnende ↗ Masse od. Menge, od. es entstehen gleichberechtigte, funktional unterschiedene, aber kooperierende *Unterg.n*. Die Führungsfunktion kann wie alle G.nfunktionen je nach *Situation* u. *Kompetenz* wechseln. Je häufiger dies geschieht, desto situationsgerechter u. flexibler kann eine G. operieren. Da das Potential einer G. größer ist als das eines einzelnen, ist die unter alle aufgeteilte Führungsfunktion (shared leadership) der monopolisierten (↗ Rolle, ↗ Amt) vorzuziehen. 3. G.ndynamik bestimmt unser tägl. Leben in Staat u. ↗ Gesellschaft ebenso wie in ↗ Familie u. Privatleben. Es kommt darauf an, Organisationsformen zu finden, die jedes Mitglied mit seinen Fähigkeiten im rechten Augenblick zum Zuge kommen lassen. Man unterscheidet *Primär-* u. *Sekundärg.n* (Familie u. ↗ Sozialisations-G.n gegenüber Schulklasse, Club, Arbeitsteam usw.). Außerdem hat jedes Individuum mehrere Bezugsg.n (zu denen Primär- u. Sekundärg.n gehören können), denen es zwar nicht angehören muß, nach welchen es sich jedoch richtet (etwa weil es dazugehören möchte u./od. weil es sie fürchtet). Die Orientierung an Bezugsg.n *außerhalb* (outgroup) schafft häufig Konflikte *innerhalb* (ingroup) der G., in welcher sich ein Individuum *hier u. jetzt* befindet. — Die G.*nforschung* ist ein Aspekt der ↗ Sozialpsychologie u. der ↗ Soziologie. Sie wird nach ihrem Gegenstand selbst „G.ndynamik" genannt. Ihre Erkenntnisse werden u. a. in Politik u. Wirtschaft, ↗ Psychotherapie, Pädagogik u. ↗ Seelsorge angewandt. Zur sozialpsych. Schulung bedient man sich versch. Formen der g.ndynamischen *Laboratoriumsmethode*. Dietrich Stollberg

Lit.: H. G. Preuss (Hsg.), Analytische Gruppenpsychotherapie (1966); R. Battegay, Der Mensch in der Gruppe, Bde. I—III (1967 ff.); T. Brocher, Gruppendynamik und Erwachsenenbildung (1967); K. Spangenberg, Chancen der Gruppenpädagogik (1969); W. R. Bion, Erfahrungen in Gruppen und andere Schriften (1971); J. W. Knowles, Gruppenberatung als Seelsorge und Lebenshilfe (1971); A. K. Rice, Führung und Gruppe (1971); St. de Schill (Hsg.), Psychoanalytische Therapie in Gruppen (1971); D. Stollberg, Seelsorge durch die Gruppe (1971); Training. T-Gruppentheorie und Laboratoriumsmethode (1972); A. Heigl-Evers, Konzepte der analytischen Gruppenpsychotherapie (1972); P. Sbandi, Gruppenpsychologie (1973); H. Steinkamp, Gruppendynamik und Demokratisierung (1973); O. Betz/F. Kaspar (Hsg.), Die Gruppe als Weg (1973); K. W. Dahm/H. Stenger (Hsg.), Gruppendynamik in der kirchlichen Praxis (1974).
Zeitschriften: Dynamische Psychiatrie, Berlin 1968 ff.; Gruppenpsychotherapie und Gruppendynamik, Göttingen 1968 ff.; Gruppendynamik, Stuttgart 1970 ff.; Wissenschaft und Praxis in Kirche und Gesellschaft, Göttingen 1911 ff., bes. H. 9, 1970 (Seelsorge und Gruppendynamik).

Gruppendynamik. a) Als interdisziplinäre wissenschaftl. Theorie bezeichnet G. den v. dem Gestaltpsychologen K. Lewin (1890—1947) begründeten Forschungsbereich der Sozialwissenschaft, der die Wechselbeziehungen u. -wirkungen zw. Individuen, zw. Individuen u. ↗ Gruppen, Gruppen untereinander u. zu sozialen Organisationen erforscht u. die Gesetze der wechselseitigen ↗ Abhängigkeit erhellt. Als praxisbezogene Wissenschaft überwindet sie die Kluft zw. sozialwissenschaftl. Theorie u. sozialem Handeln, indem sie in sog. Laboratorien, ↗ Sensitivity-Trainings u. ↗ Selbsterfahrungsgruppen die wissenschaftl. erforschten Gesetze auf der Erfahrungsebene zur Anwendung bringt. b) G. als Bewegung verfolgt päd. Ziele, insofern das emotional getönte interpersonale bzw. intergruppale Kräftespiel (↗ Emotionalität), die konstruktiven wie destruktiven Sozialtendenzen, das Streben nach Nähe u. Zugehörigkeit, wie die gleichzeitig auftretende Furcht vor zerstörerischer Abhängigkeit in der Gruppe thematisiert u. dort bearbeitet werden. Im Maße des sich entwickelnden Wir-Bewußtseins entsteht eine Atmosphäre des ↗ Vertrauens, das eine angstfreie ↗ Kommunikation ermöglicht. So werden optimale Bedingungen f. die Entfaltung der Persönlichkeit wie f. die Wirksamkeit hinsichtl. einer gemeinsamen Aufgabe geschaffen (↗ Gemeinschaft). c) Die Bedeutung der G. f. ↗ Erziehung, ↗ Seelsorge, ↗ Erwachsenenbildung, ↗ Sozialarbeit, vita communis der Orden usw. dürfte u. a. darin liegen, daß das Zusammenleben wie -arbeiten beeinträchtigenden frühkindl. geprägten ↗ Verhaltens-Muster wie ↗ Angst vor Liebesverlust, infantile Wünsche u. Erwartungen, aber auch emot. ↗ Abwehrmechanismen durch die Dynamik der Gruppe aufgelöst bzw. vermindert werden können. Wenngleich die ↗ Abwehr- bzw. Schutzmechanismen zur Sicherung der ↗ Ich-Identität in Gruppen immer wieder neu aufleben, u. so ↗ Konflikte u. Kommunikationsstörungen verursachen u. die Kooperation erschweren, so verhilft die v. der Primärgruppe (↗ Familie, Heim usw.) verschiedene Dynamik der neuen Bezugsgruppe zu neuen Erfahrungen, die, wenn der Prozeß des Sich-Einlassens gelingt, zu einer reiferen Ich-Identität wie zu einer größeren Gruppeneffektivität führen. Do

Lit.: K. Lewin, Feldtheorien in den Sozialwissenschaften (1963); D. Cartwright u. A. Zander, Group Dynamics Research and Theory (³1968); D. Stollberg, Seelsorge durch die Gruppe (1971); A. Hollweg, Theologie und Empirie — Ein Beitrag zum Gespräch zw. Theologie u. Sozialwissenschaften in den USA u. Deutschland (²1972); R. Battegay, Der Mensch in der Gruppe, 3 Bde. (1971—73); K. Antons, Praxis der Gruppendynamik. Übungen u. Techniken (1973); K. W. Dahm/H. Stenger (Hsg.), Gruppendynamik in der kirchl. Praxis. Erfahrungsberichte (1974).

Gruppenpsychotherapie. Gruppenpsychotherapie ist ein Sammelbegriff f. alle wissenschaftl. fundierten Methoden der ↗ Psychotherapie, die in kleiner ↗ Gruppe (face-to-face-group) durchgeführt werden. Dabei ist nicht der ökonom. Gesichtspunkt wesentlich (daß eine Mehrzahl v. ↗ Patienten durch einen Therapeuten versorgt werden kann), sondern die bes. Wirkkraft, die durch das therapeut. Medium „Gruppe" entsteht. Die Kenntnis dieser Gruppenwirkungen ist noch keineswegs abgeschlossen, jedoch durch konsequente Forschungsarbeit in den letzten 50 Jahren, die zum Großteil in sog. gruppendynam. Laboratorien mit Gesunden geleistet wurde, zumindest eingeleitet. Es ist heute gesichert, daß eine Gruppe als solche nicht nur die in ihr stattfindenden psychischen Vorgänge erheblich verstärkt, sondern auch je nach der eingenommenen Rangposition (R. Schindler) Ich — stärkende bzw. Ich — schwächende Einflüsse ausübt; daß sie einen starken Anreiz zur Identitätsbildung gibt u. in Form der sog. ↗ Rolle einen bedeutsamen Identitätsschutz verleiht; daß die in ihr ablaufenden Gruppenprozesse Konfliktlösungsmodelle anbieten (od. auch deren Verhinderung darstellen), die vom Individuum überdacht u. übernommen werden können; daß durch die in ihr ablaufenden Interaktionen eine spezif. Gruppenintimität entsteht, die stärkende, befreiende u. befriedigende Gefühle auslöst u. deren Zerfall od. Bedrohung mit ↗ Angst u. depressiven Emotionen einhergeht; daß im Schutz der Gruppenintimität (des Sich-angenommen-Fühlens) der je persönl. ↗ Mythos, zusammengesetzt aus reifen u. unreifen (infantilen) Erwartungen u. ↗ Übertragungen, dargestellt u. reflektiert werden kann; usw.

Der Gruppentherapeut therapiert daher nicht über die ↗ Deutung der ihm in der Gruppe begegnenden Krankheitsbilder, sondern über die Gruppe u. sein Verständnis ihrer hic et nunc Situation. Interventionen aller Gruppenteilnehmer sind prinzipiell gleich wichtig, vielfach gehen klärende Erfahrungen nicht vom Gruppenleiter aus, sondern v. andern Teilnehmern. Das führt bisweilen zu einer Unterbewertung der Diagnosen u. Verlaufskriterien der ↗ Krankheiten im Vertrauen auf die korrigierenden Eigenkräfte der Gruppe. Wenn allerdings die Beachtung der Krankheitsformen außer acht bleibt, sollte nicht mehr v. G., sondern v. Gruppenarbeit (group work) gesprochen werden. Das hat keine wertende Bedeutung, wohl aber praktische, da im group work psychot. od. zur ↗ Psychose neigende Personen überfordert werden können, u. auch jurist., da die Ärztegesetze der europ. Staaten im allgem. Therapie dem Arzt vorbehalten. Gerade der ↗ Seelsorger hat jedoch trad. eine starke Verbundenheit zur Gruppenarbeit, u. bisweilen werden sich Übergänge u. Überschneidungen zur Gruppentherapie kaum vermeiden lassen. Verharmlosende Benennung (↗ „Beratung") od. Nicht-sehen-wollen der therapeut. Situation wäre hier unredlich u. gefährdend. Als moderne Lösung kann in solchen Fällen die Zusammenarbeit v. ↗ Arzt u. Seelsorger (bzw. nichtmedizin. Gruppenarbeiter) im ↗ Teamwork gelten, der das Lebenswerk v. W. Bitter gewidmet ist.

G. verfügt über zahllose Methoden, je nach Betonung der einen od. andern spezif. Gruppenwirkung. Von J. L. Moreno leiten sich mehrere Techniken ab, die den Gruppenteilnehmer zum darstellenden Ausagieren („acting out") seiner Regungen u. ↗ Bedürfnisse anregen. Das hat zur Entwicklung des ↗ Psychodramas geführt. V. der ↗ Psychoanalyse wird der Übertragungsdeutung, der Ich-Abwehr u. der Identitätsbildung Hauptgewicht gegeben. Von K. Lewin u. seinen Nachfolgern am N. T. L. (National Trainings Laboratory) wurde die ↗ feed-back-Technik entwickelt, das therapeut. Lernen über die Rückinformation der andern Teilnehmer. Lerntheoretisch (↗ Lerntheorie) begründet sind schließlich eine Unzahl zum Teil non-verbaler Übungsspiele, die meist der Annäherung u. Begegnung dienen (die Encounter-Bewegung hat daraus einen Selbstzweck gemacht), od. der Verbesserung des Interaktionsstils (wie z. B. die Technik des fairen Streitens nach G. Bach). F. die pastorale Aufgabe sind v. a. Entwicklungen wichtig geworden, die im Grenzbereich zw. G. u. Gruppenarbeit stehen. Hierher gehört v. a. die Betreuung der ↗ Familie, die ja vielfach als Urmodell der Gruppe aufgefaßt wird. Ungeachtet des noch ausstehenden Nachweises dieser Hypothese hat doch die Betrachtung der Familie als Gruppe zu wichtigen Entdeckungen geführt. V. a. konnte gezeigt werden, daß Spannungen im Interaktionsfeld der Familiengruppe bereinigt od. doch eingefroren werden, indem ein Familienmitglied mit dem Ausdruck der Schwäche belastet wird u. sich als Träger v. Symptomen darstellt, als krank im Sinne einer sozialen ↗ Rolle (T. Parsons). Durch diesen gruppenspezif. Konfliktlösungsmechanismus können Individuen vermöge ihrer günstigen Gruppenposition ihren Angstdruck auf andere verlagern, v. a. auf das in Omega-Position befindl. Mitglied. Der Symptomträger muß daher seinem individ. Befund nach keineswegs krank sein, seine Entlassung aus der Krankheitsrolle der Familie gelingt auch nicht über seine individ. Therapie, sondern nur über die Therapie der ganzen Familiengruppe (↗ Familientherapie). Die Befunde unterstreichen die Bedeutung der ↗ Eheberatung, die heute auch vielfach in Form v. Partnergruppen durchgeführt wird.

Die Erforschung kollektiver Störungen, bzw. patholog. Circleschlüsse in der ↗ Gesellschaft, steht noch am Beginn, doch folgen diese Störungen offensichtlich weitgehend dem Modell des Störungsverhaltens in Kleingruppen (H. E. Richter). Gesichert sind kollektive Maßnahmen, die Problemgruppen in ihrer Randposition festhalten u. zum Symptomträger gesellschaftl. Spannungen machen, wie z. B. Geisteskranke, sex. Deviante u. Dissoziale. Korrekturversuche in dieser Dimension gewinnen den Stellenwert v. Bewegungen, wie die Antipsychiatrie u. aufklärende Gesellschaftskritik unserer Zeit. Als strateg. Formel hat sich z. B. die therapeut. Gemeinschaft (Maxwell Jones) erwiesen, die Reformen der psychiatr. Spitalspraxis einleitet. Eine systematisierte Großgruppen-Psychotherapie gibt es allerdings bisher noch nicht. ↗ Gruppendynamik, ↗ Gruppenseelsorge, ↗ Gestalttherapie, ↗ Wohngemeinschaftstherapie. Raoul Schindler

Lit.: P. R. Hofstätter, Gruppendynamik (1957); S. R. Slavson, Gruppenpsychotherapie. In: E. Stern, Die Psychother. in der Gegenwart (1958); J. L. Moreno, Gruppenpsychother. u. Psychodrama (1964); ders., Grundlagen der Soziometrie (1954); R. Battegay, Der Mensch in der Gruppe I—III (1967—1969); H. E. Richter, Patient Familie (1970); ders., Die Gruppe (1972); A. Heigl-Evers, Psychoanalyse u. Gruppe (1971); L. Kaufmann, Familie, Kommunikation, Psychose (1972); C. J. Sager/H. S. Kaplan/A. Heigl-Evers, Handb. der Ehe-, Familien- u. Gruppentherapie (1973).

Gruppenseelsorge. 1. G. ist ein moderner, mehrdeutiger Begriff. Im weitesten Sinn meint er pastorale Arbeit f. Bezugsgruppen (Erwachsene, Jugendliche), dann seelsorgl. Tätigkeit mit ↗ Gruppen in der ↗ Gemeinde (z. B. Familienkreis, Jugendgruppe), schließl. eine bes. Form pastoraler Arbeit mit/in Gruppen, die eigens dafür gebildet werden (z. B. Patientengruppen, ↗ Balint-Gruppen f. ↗ Seelsorger). Infrage kommen v. a. Kleingruppen (5—10 Mitgl.), aber auch größere Gruppen, sofern die Kommunikationsart die volle Beteiligung jedes einzelnen als ganzen Menschen mit seinen Gefühlen, seiner Sinnlichkeit, seinem Denken, seinen Wertungen usw. erlaubt (↗ Gruppendynamik). — ↗ Seelsorge ist hier zu verstehen als Sorge um den Menschen in seiner ganzen Existenz, v. a. im Hinblick auf den ↗ Lebenssinn, zunächst bezogen auf die Möglichkeiten, zum eigenen Dasein ja sagen zu können, trotz aller Fragen, Unsicherheiten, Schuldgefühle (↗ Schuld), ↗ Abhängigkeiten usw. Durch das Angebot v. derartigen Gruppen werden manche Ratsuchende erreicht, die kein Einzelgespräch führen möchten. Zugleich bietet der Seelsorger durch die Gruppe den zum Einzelgespräch bereiten Klienten noch andere Identifikations- u. Auseinandersetzungsmöglichkeiten an; dadurch werden neue Selbst- u. Fremderfahrungen mit anderen Menschen ermöglicht, die aus Verhaltensmustern ihrer Primärgruppe (↗ Familie) befreien können, z. B. durch Solidarisierung, Konfrontation, Akzeptieren Andersdenkender u. -fühlender, Lernen neuer ↗ Rollen u. Formen der Angstbewältigung, Neuentdecken v. ↗ Freiheit u. ↗ Unterdrückung, ↗ Macht u. Ohnmacht.

2. Die Methoden der G. hängen v. den jew. Lern- u. Arbeitszielen ab, jedoch sind die f. die Gruppenarbeit gesicherten Ergebnisse der Kleingruppenforschung (Gruppe), bes. der ↗ Gruppendynamik zu berücksichtigen. Gezielte Formen der G. wie ↗ Sensitivity-training, ↗ Selbst-

erfahrungsgruppen u. a. gruppendynam. Übungen sollen nur v. entspr. ausgebildeten Personen geleitet werden. G. kann bei method. einwandfreier Durchführung starke therapeut. Wirkungen entfalten. ↗ Gruppenpsychotherapie kann zwar im kirchl. Kontext stattfinden od. die G. befruchten. Sie folgt jedoch ihren eigenen Zielen u. Gesetzen u. kann nicht generell f. die spezif. Anliegen der Seelsorge verwendet werden, obwohl sich Seelsorge (prinzipiell) therapeut. orientiert u. sich im Zusammenhang v. ↗ Heilung u. Heil an den ganzen Menschen wendet, wobei sie sich eine Wechselwirkung zw. der Gesundung des Körpers u. dem Sich-Stellen gegenüber den Lebenskrisen (bes. in den Beziehungen zu sich selbst, zur ↗ Umwelt u. zum ↗ Glauben) erhofft (↗ Krankenhausseelsorge). Die bes. Formen der Gruppentherapie, wie z. B. analyt. Gruppen, gegenwartsbezogene Konfliktbearbeitung durch Gruppenberatung, Encountergruppen, ↗ Psychodrama, versch. verhaltenstherapeut. orientierte u. kombinierte Arbeitsformen, verlangen eine eigene therapeut. Ausbildung f. den Leiter.

Auch die Themenzentrierte Interaktion (TZI) nach R. C. Cohn erfordert eine eigene Ausbildung, aber keine Qualifikation als Therapeut, obwohl v. ihr starke therapeut. Wirkungen ausgehen können. Sie fördert v. a. lebendiges ↗ Lernen des ganzheitl. anzusprechenden Menschen, u. dies sowohl inhaltl. als auch auf der Ebene der Haltungsänderung, indem sie das Thema, die Gruppe u. den f. sich verantwortl. einzelnen als gleichwertige Faktoren des Gruppengeschehens strukturiert. Zw. diesen 3 Faktoren soll der (partizipierende) Leiter das Gruppengeschehen dynamisch balancieren (↗ Dynamische Balance). Die TZI stellt eine Art Rahmengarantie v. Beziehungen dar, in der sich jeder vom Thema, vom anderen u. v. der Gruppe betroffen fühlen kann, weil ihm Möglichkeiten angeboten werden, seine Barrieren gegen einen der Faktoren in diesem Prozeß abzubauen. Die Transparenz der Prinzipien u. Regeln der TZI erleichtert das Erlernen dieser Methode u. macht sie f. die G. auch im weiteren Sinn bes. geeignet.

3. Hinter dem funktionalen Ablauf des Geschehens der G. steht eine theol. Dimension: ↗ Kirche als ↗ Gemeinde ist immer schon eine Gruppe gewesen. Als Gesamtgemeinde hat sie durch die Intensität u. Offenheit der ↗ Kommunikation zw. verschiedenartigen ↗ Gemeinschaften entscheidende Impulse empfangen (vgl. das Mönchstum u. a. Bewegungen der Kirche). Ihr Anfang im Pfingstereignis wird beschrieben als geistgewirktes Reden u. Verstehen in der ↗ Sprache des je Anderen (vgl. Apg 21,1 ff. 7 ff.). In der G. kann sich Kirche in ursprüngl. Sinn ereignen u. wichtige Züge des Evangeliums verdeutlichen. Menschen versuchen über die Schranken der sozialen, bildungsmäßigen, gesellschaftl., emotionalen Verschiedenheiten hinweg einander zu ertragen u. anzunehmen (vgl. Mt 5,46 ff., 7,12; Lk 6,31; Gal 6,2; Kol 3,13 a), eine sträfl. vernachlässigte Dimension des Zusammenlebens in unseren Gemeinden. Die bes. Aufgabe der Gruppenmitglieder besteht gerade darin, auf die Signale der ↗ Angst, der Hilfsbedürftigkeit bei sich u. anderen zu achten, auf sie einzugehen u. sich gegenseitig zu stützen, die ↗ Verantwortung f. sich selbst, aber nicht f. die andern zu übernehmen u. in der ↗ Erfahrung der Solidarität einander zur Selbstannahme zu verhelfen (vgl. z. B. Mt 7,1—5; Lk 6,32 ff.; Gal 6,2). Im allgemeinen Aushalten der eigenen u. fremden Not ereignet sich häufig ein Ausbrechen aus der ↗ Vereinsamung in die Zuwendung, ja in die Erfahrung v. Angenommensein u. ↗ Liebe. Der einzelne wird nicht an seiner ↗ Leistung gemessen, sondern an seiner Bereitschaft, auch mit dem Wenigen, was er hat, sich einzubringen (z. B. indem er lernt, seine ↗ Angst in der Gruppe auszusprechen als Akt erster Befreiung). Darin liegt eine wichtige Anwendung der Lehre Jesu in dem Gleichnis v. den Talenten (Mt 25,14 ff.). Wo immer Menschen im Vertrauen auf die Gegenwart des ↗ Hl. Geistes so miteinander umgehen, ist ihnen die Nähe des mitgehenden Gottes verheißen. Entscheidend ist dabei die Tatsache der Gruppe, in der sich Gemeinde durch Gottes Geist ereignen kann, weil die Vielen mit ihren

je versch. Nöten u. Gaben (1 Kor 12, 4—10, 12—26) immer wieder konkret auf das Miteinander-Aushalten, die gegenseitige Ergänzung verwiesen sind u. die Einheit im Konsens als Frucht seines Geistes erfahren können (vgl. Eph 4,2; Mt 18,19 f.). Die Grundregel des gemeinsam zu übenden ↗ Verhaltens lautet: Alles was ihr wollt, was euch die Menschen tun, das tut auch ihr ihnen (Mt 7,12). Josef Mayer-Scheu

Lit.: H. J. Clinebell, Modelle beratender Seelsorge (1971); J. W. Knowles, Gruppenberatung (1971); D. Stollberg, Seelsorge durch die Gruppe (1971); Gruppenarbeit i. d. Seelsorge, Themenheft Lebendige Seelsorge Nr. 3 (23) (1972); M. Kroeger, Themenzentrierte Seelsorge (1973).

Gruppensex. Auch wenn das christl. ↗ Ehe-Ideal sex. Treue sich v. jeher vor dem Kontrasthintergrund sex. Ungebundenheit u. Untreue zu bewähren gehabt hat, ist das moderne Phänomen des G. — vorher verabredete sex. Handlungen zw. mehreren Ehepaaren innerhalb einer ↗Gruppe — eine Rand- u. Dekadenzerscheinung im letzten Drittel des 20. Jh. innerhalb des westl. hochindustriellen Kulturkreises. G. unterscheidet sich grundsätzl. v. histor. Einrichtungen wie der kult.-rel. Fest-↗Promiskuität (Bacchanalien) bei Naturvölkern u. in der vorchristl. Antike wie auch zum anderen v. neueren, vorwiegend marx.-psychoanalyt. motivierten Reformversuchen der ↗ Gesellschaft, neue Formen v. Erziehungs-, Wohn- u. Wirtschaftsgemeinschaften zu erproben (Kommune, Kibbutz), bei denen das trad., auf sex. Treue beruhende Ehe-Modell mit seinen angebl. Besitz- u. Konsumzwängen aus überwiegend nichtsex. Gründen theoret. u. prakt. in Frage gestellt u. gelegentl. beiseite geschoben wurde.

Nach den Untersuchungen v. Leigh u. Bartell in den USA u. Horst Fischer in der BRD streben die den G. praktizierenden Kleinzirkel keinerlei Veränderungen der Gesellschaft an, sondern suchen lediglich im grundsätzl. akzeptierten trad. Wirtschafts- u. Moralgefüge ihre häufig infantil gebliebenen sex. Wünsche u. ↗ Phantasien durch einverständl. Ringtausch der Partner zu befriedigen u. damit ihre sonst in jeder Hinsicht bürgerl. geführte Ehe bzw. ↗ Partnerschaft vorgeblich zu stabilisieren. Masters-Johnson u. a. konnten zwar an manchen Einzelfällen nachweisen, daß sex. Störungen verhaltenstherapeut. durch einen kurzzeitig zur Verfügung gestellten anderen Intimpartner zu beseitigen sind, daß aber auch neue u. schwere ↗ Konflikte auftreten können (↗ Sexualethik, ↗ Sexualpathologie, ↗ Sexualität). Hg

Lit.: M. Leigh, Leigh-Report, Sexuelle Gruppenverhalten in den USA (1965); H. Fischer, Sexuelles Gruppenverhalten in Deutschland (1968); H. R. Kohl, Kollektive Erfahrungsberichte: Wohngruppe, Kommune, Großfamilie (Gegenmodelle zur Kleinfamilie); Kommune 2, Versuch der Revolutionierung des bürgerlichen Individuums — Kollektives Leben mit politischer Arbeit verbinden! (1969); R. Ruthe (Hg.), Ist die Ehe überholt? (1970); B. Bettelheim, Die Kinder der Zukunft (1971); L. Liegle, Familie und Kollektiv im Kibbutz (1971); G. D. Bartell, Gruppensex-Report (1972); P. Petersen, Wohngemeinschaft oder Großfamilie — Versuch einer neuen Lebensform (1972). Zeitschrift „Ehe", Kommune und Großfamilie 1971 (8. Jg.), Heft 3 u. 4, „Die Zukunft der Monogamie" (1972) (9. Jg.), Heft 1 u. 2.

Guttempler-Orden. Eine 1850 in New York entstandene, polit. u. konfess. neutrale Antialkoholiker-Bewegung, die ihre Mitglieder zu völliger ↗ Abstinenz verpflichtet. Die dem Logensystem der Freimaurer gleichende Strukturierung wurde vor wenigen Jahren aufgegeben. Der dt. G. wurde 1889 gegründet, 1939 aufgehoben u. 1945 neu errichtet; er zählt gegenwärtig in d. BRD 3500 Mitglieder. ↗ Alkoholabhängigkeit.

Inform.: 2 Hamburg 1, Adenauer-Allee 48.

Haftpsychose = akute psychopatholog. Veränderungen in Zusammenhang mit Freiheitsentzug. In jüngster Zeit immer mehr auch Hinweis auf chron. Persönlichkeitsstörungen als Ergebnis v. Absperrung u. Isolierung. Man unterscheidet daher akute u. chron. Formen v. H.n. Bezeichnung ↗ Psychose trifft jedoch nur vereinzelt im strengen psychiatr. Sinne v. Geisteskrankheit zu. Allgemein sind f. die Ausbildung v. „H.n" ausschlaggebend: 1. die Persönlichkeit des Gefangenen. 2. Die erlebte ↗ Motivation der Haft. 3. Die Umstände des Freiheitsentzuges. 4. Dauer des Freiheitsentzuges. 5. Alter des Gefangenen. Akute Haftreaktionen vorwiegend bei primär gestörten Persönlichkeiten, in Einzelhaftsituationen u. am Anfang einer Haftzeit (Untersuchungshaft), gelegentl. auch gegen das Ende eines langen Freiheitsentzuges auftretend. Akute Haftreaktionen sind: 1. Neurot. Reaktionen (hysteriform, verbunden mit Selbstbeschädigungen). 2. Depressive Verstimmungen (hypochondr. Züge, präsuizidales Syndrom, Selbstbeschädigungen u. Selbstmordversuche). 3. Schizophrene Reaktionen (es wird allgem. bezweifelt, ob die erzwungene ↗ Introversion der Haft allein solche Reaktionen bedingen kann (Disposition notwendig?). 4. Psychosomat. Störungen (↗ Regression u. damit Auftreten psychosomat. Reaktionsmuster, die in den ungünstigen Lebensumständen v. Kriminellen geprägt wurden). Therapie: in der Regel Überstellung in psychiatr. Fachabteilungen. Bei Langbestraften finden wir Persönlichkeitsänderungen durch Einwirkung chron. Freiheitsentzuges. Sie wurden aufgrund v. wissenschaftl. Untersuchungen im österr. Strafvollzugswesen als „funktionelles Psychosyndrom" bezeichnet. In der ↗ Psychiatrie werden Veränderungen der Persönlichkeit durch allgem. u. chron. Schäden des Organismus als „organ. Psychosyndrome" bezeichnet. Da bei fehlenden Krankheitshinweisen im untersuchten Personenkreis die Bezeichnung „organisch" nicht zutreffend war, wurden die festgestellten Persönlichkeitsänderungen als „funktionell" bezeichnet. Damit auch Reversibilität des Syndroms. Dieses ist charakterisiert durch 1. Störungen im Gefühlsleben (Verflachung der Affektivität, mögliche Durchbrüche v. Emotionen: akute Haftreaktion). 2. Störung v. Auffassung u. Denken (Einengung u. Verarmung des Assoziationsbetriebes). 3. Veränderungen im Lebensstil (infantil-regressives Verhalten, auch formalist. unpersönl. Lebensgestaltung). 4. Kontaktstörungen (zunehmende Unsicherheit gegenüber Leben in der ↗ Freiheit, psychosex. Abnormität). Wir verfügen heute noch nicht über allgem. anwendbare Alternativen zum Freiheitsentzug als ↗ Strafe, obwohl weitgehend Einigkeit darüber besteht, daß die trad. Form des ↗ Strafvollzuges die ↗ Kriminalität kaum entscheidend zurückzudrängen vermag. Es wird auch die Auffassung vertreten, daß die Strafvollzugsanstalten kriminalisierend wirken. Chancen des Entlassenen zur gesellschaftl. Wiedereinordnung können durch „funktionelle Psychosyndrome" behindert werden. Vorbeugung v. H.n durch Intensivierung der Behandlung des Gefangenen: 1. Vermehrung der Besuche u. des Briefverkehrs, Teilnahme an ↗ Massenmedien. Aufbau v. Situationen des Lebens in der Freiheit innerhalb des Gefängnisses (Modellsituationen). Gruppenbehandlung als „soziales Vorfeld". 2. Verstärkung der Kontakte zur ↗ Umwelt, Ausgang zur ↗ Arbeit, ↗ Urlaub (Verminderung v. Ehe- u. Sexualproblemen). Unter 2. angeführte „Lockerungen" des Strafvollzuges werden v. der Öffentlichkeit in der Regel nur schwer toleriert. Moderner Strafvollzug soll Freiheitsstrafe immer mehr durch Merkmale der persönlichkeitsgerechten Maßnahme unterwandern (Behandlungsgedanke). Voraussetzung sind Klassifizierung u. Differenzierung, Ausbildung v. Fachkräften auf dem Gebiet der ↗ Psychologie, Psychiatrie, Pädagogik, ↗ Seelsorge u. ↗ Sozialarbeit. ↗ Gefängnisseelsorge. Sl

Lit.: Hans v. Hentig, Die Strafe. Bd. 2: Die modernen Erscheinungsformen (1955); Schuld u. Schicksal. Zur Reform des Strafwesens (1969).

Halluzinationen. H. sind Wahrnehmungen ohne entspr. Sinnesreiz v. außen. Alle Wahrnehmungen können halluziniert werden, wobei versch. Elemente kombiniert werden (Löwe mit Flügeln). Oft ist die Abgrenzung gegen ↗ Illusionen, d. s. krankhafte gefälschte wirkl. Wahrnehmungen, schwierig. ↗ Visionen ohne Objekte, Stimmen aus den Wänden sind unzweifelhaft H. Bei den H. wechseln Intensität, Deutlichkeit u. Realitätseindruck häufig. Oft brechen die Sinnestäuschungen plötzlich über die Ahnungslosen herein, dann brechen friedl. Schizophrene empört in wildes Schimpfen aus. Opt. H. sind relativ selten, meist nur beim Delirium tremens. Gerüche, unangenehme Geschmacksempfindungen, seltsame Empfindungen in der Haut u. in den Gliedern stellen sich bei Schizophrenen ein. Häufig ist das Stimmenhören, typisch ist die ↗ Projektion nach außen. H. werden v. den eigenen Vorstellungen streng geschieden. Nur bei den Schizophrenen ist die Trennung zw. H. u. inneren Wahrnehmungen oft schwierig. F. sie ist das nicht so wichtig, da sie auch die eigenen Wahrnehmungen als v. oben angegeben betrachten. Der Affekt- u. Reaktionswert ist oft groß, sie haben eine zwingende ↗ Macht über den Kranken. Sog. teleolog. H. geben dem ↗ Patienten gute Ratschläge od. warnen sie z. B. vor ↗ Selbsttötung. Sog. ↗ Gewissens-Stimmen geben eine gerechte od. böswillige Kritik. Beim Gedankenhören vernimmt man die eigenen Gedanken als v. anderen Personen ausgesprochen. H. werden auch in ihren tollsten Formen als Tatsachen hingenommen, wobei heute die dämon. Einflüsse mehr durch Maschinen, Radarapparate mit physik. Fernwirkungen ersetzt werden. H. begleiten viele Geisteskrankheiten, Vergiftungen u. schwere ↗ Erschöpfungs-Zustände. Wesen u. Genese der H. sind nicht völlig geklärt, am besten verständlich sind die H. bei zerebralen Reizzuständen, wo es sich um meist elementare H. (Blitze, Funken, Wolken, Lärmen, Schießen, Kribbeln, Brennen) handelt. Psychogene H. sind zu Wahrnehmungen gewordene Vorstellungen. Sie haben etwas Traumhaftes an sich. Bei den schizophrenen H. wird der Abbau der Persönlichkeit in der Zerfahrenheit der H. immer deutlicher.

Gg

Lit.: E. Bleuler, Lehrbuch der Psychiatrie, (1955), S. 28 bis 33; P. Heck, H., in LThK. (1960) 1335 f.

Haltung. Hier ist zu unterscheiden zw. körperl. H., die Gegenstand der Ausdruckspsychologie ist, u. der seel. H. Die seel. H. wird in den psych. Persönlichkeitstheorien als eine ganzheitl. Ausrichtung der Gefühls-, Willens- u. Denkprozesse, bezogen auf einen weiten Objektkreis, bestimmt. So wird z. B. ein Mensch, bei dem die rel. H. im Vordergrund steht, nicht nur einzelnen, sondern einer Vielzahl v. Menschen, Naturobjekten usw. in einer best. bzw. anderen Weise begegnen, als dies ein Mensch all diesen Objekten gegenüber tun wird, der vorwiegend ästhetisch ausgerichtet ist.

In der modernen ↗ Sozialpsychologie werden die Begriffe H. u. ↗ Einstellung weitgehend synonym gebraucht. Beide Begriffe bezeichnen hier hypothetische Konstrukte, d. h. nicht beobachtbare komplexe psych. Tatbestände, die als notwendige Zwischenglieder zw. Stimulation des Subjekts durch Reize (Objekte, Situationen) u. darauffolgender Antwort erschlossen werden. Die H. bezieht sich auf Reize, die ihre Bedeutsamkeit durch den ↗ Wert, den das Individuum mit ihnen verbindet, erhalten, denn das Wertsystem eines Menschen bestimmt mit, wie wir die Welt sehen u. wie wir uns verhalten. Da dieses Wertsystem wiederum großteils durch die jeweilige ↗ Umwelt eines Menschen mitbestimmt ist, werden diese Reize als „sozial bedeutsame" bezeichnet. Die im Laufe des Lebens erworbene ↗ Verhaltens-Tendenz zu dieser Klasse v. Objekten u. Situationen wird H. genannt.

Die drei Hauptkomponenten dieser seel. H. sind: die *affektive,* die *kognitive* u. die *Verhaltens*komponente. Die Dauerhaftigkeit einer H. hängt vor allem v. der Stärke der affektiven Komponente, der emotionalen Anteilnahme, ab. Je stärker diese Komponente der Ichbeteiligung ist, desto bedeutsamer ist die betr. H. f. das Individuum u. desto schwerer ist sie in der Regel zu ändern. Bei der Entstehung v. H.n ist möglicherweise phylogenetisch eine ↗ Instinkt-Grundlage vorgegeben, z. B. die Tötungshemmung (K. Lorenz), als Anlagekomponente werden indiv. Unterschiede in der Lernfähigkeit angesetzt (H. J. Eysenck). Prinzipiell jedoch kann der Erwerb v. H.n als Lernvorgang bezeichnet werden, wobei die Übernahme v. H.n aus der Umwelt durch Nachahmung u. Identifikation eine bedeutende Rolle spielt. So mag sich z. B. beim ↗ Kind die rel. H. zunächst durch die Übernahme der rel. H. der Eltern entwickeln. Darüber hinaus freilich kann als weitere — biographisch spätere — Quelle der rel. H. z. B. die Reflexion über den Sinn der eigenen u. der menschl. Existenz überhaupt hinzukommen (↗ Lebenssinn). Hb

Lit.: E. Roth, Einstellungen als Determination individuellen Verhaltens (1967); R. Oerter, Moderne Entwicklungspsychologie ([11]1972).

Handauflegung. Rel.gesch. ist schon sehr früh die Auffassung v. der Hand als einem Kraftträger bekannt, in der die Potenz eines Menschen od. Gottes gesammelt ist. So ist es verständlich, daß in verschiedenen magischen Kulten (auch in unseren Tagen) die H. ein wirksamer Gestus der Beruhigung, Beeinflussung u. der Kraftübertragung darstellt. Auch der ↗ Arzt be*hand*elt den ↗ Patienten. Im AT u. NT wird die Erteilung eines ↗ Segens mit gleichzeitiger H. verbunden (z. B. Gen 48,15). Dieser Gestus ist hier aber nicht aus sich selbst wirksam, sondern äußeres ↗ Symbol der v. Gott herrührenden u. erbetenen Segensgnade. Im NT tritt die H. auch noch in Verbindung mit den Krankenheilungen Jesu u. seiner Jünger auf (Mt 9,18 par.; Mk 6,5; 8,23 25; Lk 4,40; 13,13; Apg 28,8 u. a. m.). Auch die Verleihung v. Ämtern (↗ Amt) erfolgt unter H. (Apg 6,1—6; 13,3 u. a. m.). H. ist auch Zeichen u. zugleich Mittel der Geistspendung (Apg 8,15 17). Im Bußverfahren der frühen Kirche ist die H. Zeichen der Wiederversöhnung. In den Liturgien beider christl. Konfessionen sind die genannten Bedeutungen v. H. gebräuchlich u. wirksam. Stv

Haß. Als Umkehrung der ↗ Liebe zielt der H. in aktiver u. kämpferischer Verneinung *direkt* auf Entfernung, Entmachtung, Zerstörung u. Vernichtung der gehaßten Sache od. Person. H. wird geweckt durch eine reale od. vermeintl. Bedrohung der Person, welche sich in physischen, psychischen od. sittl. Existenz gefährdet erlebt. In der Extremform des H.s fühlt, sinnt, strebt u. agiert ein Mensch unter der kompromißfeindl. Alternative: Ich od. der andere. Mit u. bei der Abwehr des Bedrohenden wirbt der Hassende *indirekt* um Beachtung, Verständnis, Förderung u. gekonnten liebenden Beistand zum Gelingen der unbewußt ersehnten Wandlung. Weil H. ein fehlgesteuertes Lieben ist, engagiert der Mensch im H.n alle physischen, psychischen u. geist. ↗ Anlagen. Charakteristisch f. den wütend Hassenden sind die Blindheit f. vergleichendes Sehen u. Werten, die Taubheit f. sinngebende Argumente u. das Besessensein der Personmitte.

H. ohne Ausuferung als Angriff gegen die ungerechte ↗ Verneinung, welche die versch. Formen der Existenz einer Person infrage stellt, kann lebensnotwendig, gut u. als tapferes Tun tugendhaft sein (Thomas v. Aquin).

Durch Impulse u. Aktionen ungerechtfertigten H.s sind solche Personen gefährdet, die an Reifungs- u. Entfaltungsverzügen sowie Reifungsblockaden leiden. Somit ist ungerechter u. ausufernder H. Zeichen einer gestörten (dissoziierten) Persönlichkeit. Diese Fehlform menschl. Existenz, die zum H. als desorientierter, pervertierter Liebe disponiert, wird gestiftet durch lieblose ↗ Einstellung u. ↗ Haltung der Eltern, Geschwister u. durch Ausfall v. Stellvertretern dieser Grundgestalten in der Lebensentwicklung. Psychische Initiativ-Prozesse f. H. sind unverarbeitete ↗ Minderwertigkeitsgefühle, Neid u. Ressentiment, die aus wirkl. od. vermeintl. Benachteiligung entstehen; im Neid werden dabei dem anderen Sosein, Besitz u. Geltung mißgönnt, während im Ressentiment Angleichung u. Gleichwertung erstrebt werden.

Da H. nie ohne Versagen u. Zutun anderer Menschen entsteht, richtet er sich zunächst gegen Menschen. Daraus erwachsen Gotteshaß u. Selbsthaß.

In menschenkundl. Pädagogik u. Pastoral kann dem H. begegnet werden, indem in Begegnung u. Beziehung die Reifungsverzüge u. Reifungsstörungen des Hassenden aufgearbeitet werden zus. mit der

Sorge um Integrierung seiner Persönlichkeit. Liebendes u. sachkundiges, diagnostizierendes u. heilendes Standhalten in Liebe ist somit gefordert. Dabei ist bes. zu beachten, daß alle ↗ Ideologien, die auf dissoziierte Persönlichkeitsstrukturen ihrer Verfechter hinweisen, kollektiven H. begründen u. aufrechterhalten. Hn

Lit.: M. Balint, Die Urform der Liebe u. die Technik der Psychoanalyse (1966); M. Scheler, Wesen u. Formen der Sympathie (1973).

Hausarzt. Darunter versteht man den Allgemeinpraktiker (prakt. ↗ Arzt), der ↗ Familien u. Sippen ärztl. betreut u. mit ↗ Schicksal u. ↗ Krankheiten mehrerer Generationen vertraut ist; vorteilhaft f. ↗ Anamnese, Therapie u. ↗ Prognose. Der H. betreibt vielfach auch infolge persönl. Nähe die sog. „kleine ↗ Psychotherapie". Im 19. u. in der ersten Hälfte des 20. Jh. besonders verbreitete u. geschätzte Form ärztl. Tätigkeit, heute noch ↗ Leitbild f. individ. ärzt. Betreuung.

Hebephrenie ↗ Psychosen

Hedonismus (griech.) antike phil. Lehre, nach der ↗ Lust u. ↗ Genießen die höchsten Lebensziele sind; ↗ Lebenssinn, ↗ Eudämonismus.

Heil ↗ Heilung und Heil

Heilige. Gott ist der allein H., v. dem alles Heil ausgeht. Doch die Forderung Jesu an den Menschen nach Vollkommenheit gebietet diesem, sich um Heiligkeit zu bemühen. Paulus redet in versch. Briefen die Glieder der christl. ↗ Gemeinden mit „H." an, da sie durch ↗ Taufe u. Gliedschaft in der Kirche v. Gott zur Heiligkeit berufen sind. Die Heiligkeit des Menschen ist also wesentl. Geschenk der Gnade Gottes. Der Mensch muß versuchen, diese Gabe Gottes in seinem Leben anzunehmen u. damit zu arbeiten. Begrifflich ist zw. gnadenhafter, ethischer u. kultischer Heiligkeit zu unterscheiden. Die Anerkennung u. Verwirklichung dieser Werte steht u. fällt mit dem ↗ Glauben. Das Bestreben, H.r zu werden, d. h. Gottes Gnade im eigenen Leben Raum zu geben u. im ↗ Glauben u. in der ↗ Liebe zu beantworten, um so zur Anschauung Gottes zu kommen, darf nicht nur als Möglichkeit f. bes. heroische Menschen gewertet werden, sondern ist allg. Aufgabe christl. Lebens (vgl. Mt 5,48). Immer wieder, bes. bei jungen Menschen, ist zu betonen, daß der Weg der Heiligung lang u. beschwerlich sein kann. Versagen u. auch schwere ↗ Schuld dürfen den Menschen nicht dazu verleiten, diesen Weg der Heiligung zu verlassen. Da die ↗ Charismen verschieden sind, kann die Heiligung des Menschen sich verschieden zeigen. Ob im Blutzeugnis des Märtyrers in der Bewährung im Alltäglichen, ob in der ↗ Gemeinschaft der ↗ Familie od. eines Ordens, immer geht es darum, den Weg der Nachfolge Christi zu gehen, d. h., nicht in Weltverneinung, aber auch nicht in innerweltl. Humanismus, sondern in Hinwendung auf Gott sich zugleich ganz der Aufgabe an der Welt u. am Menschen zuzuwenden. ↗ Heiligenverehrung Mb

Lit.: W. Nigg, Die Heiligen kommen wieder, Herder-Bücherei Nr. 468 (1973).

Heiligenverehrung. Gott allein gebührt die Anbetung des Menschen. Nach kath. Auffassung darf jedoch der ↗ Heilige, der in seinem Leben in bes. Weise versucht hat, sich auf Gott hin auszurichten u. deshalb nach seinem ↗ Tod in der Anschauung Gottes ist, verehrt werden. In den ersten christl. Jahrhunderten wurden nur die Märtyrer, die ihr Leben f. Christus hingegeben haben, als Heilige verehrt, später auch die, die durch ihr heroisches ↗ Tugend-Leben ein Vorbild gegeben haben, bes. Bischöfe, Ordensleute, Jungfrauen u. Witwen. Seit dem Mittelalter kam liturg. Verehrung nur jenen zu Gott Heimgegangenen zu, die durch kirchl. Kanonisationsprozesse, zunächst auf Diözesan- od. Landesebene, später durch einen röm. Prozeß, als Selige od. Heilige anerkannt wurden. Zu ihren Ehren durften Kirchen gebaut, Altäre u. Bilder errichtet werden, vor denen man auch Kerzen abbrennen durfte. Einige Meßformulare f. ihr Fest kamen in Gebrauch. Durch die Heiligsprechungsprozesse wurden in best. Zeiten ganz gewisse

Typen v. Heiligen herausgestellt. Verheiratete Laien od. Weltpriester ohne bischöfl. Rang sind unter den kanonisierten Heiligen nur ganz vereinzelt zu finden. Während in der kath. u. orthodox. Kirche die H. bes. im Mittelalter zunahm u. durch übertriebenen Reliquienkult, Wundersucht u. ↗ Aberglauben zu Auswüchsen führte, lehnten die Reformatoren die liturg. Verehrung u. die Anrufung v. kanonisierten „Heiligen" als unbiblisch ab. F. die evang. Christenheit sind gemäß dem Sprachgebrauch im NT alle Christusgläubigen „Heilige". Hervorragende Glaubenszeugen aus allen Jahrhunderten können ↗ Vorbilder sein. Durch das Betrachten der ihnen geschenkten Gnade Gottes kann das Gottvertrauen gestärkt werden.

In der kath. Kirche hat heute die H. nicht mehr so große Bedeutung wie in vergangenen Jahrhunderten. Man sollte in der ↗ Verkündigung heute weniger auf die Fürsprache der Heiligen, die sie bei Gott f. die Lebenden verrichten, hinweisen, sondern bewußt v. ihrem Vorbildcharakter sprechen. Auch sie waren in ihrem Leben ringende u. reifende Menschen mit versch. Veranlagungen, Charaktereigenschaften u. menschl. Schwächen. Die „Konstitution über die Kirche" (II. Vatikan. Konzil) gibt als weiteren Grund f. die Verehrung der Heiligen an, daß ihre Nähe zu Christus, wenn wir sie anrufen, auch uns tiefer an ihn bindet. F. den modernen Menschen, bes. f. den jungen, wird H. oft durch Starkult ersetzt. Der Mensch unserer Tage findet zum Heiligen nur dann einen Zugang, wenn er ihm bei seinen vielfältigen Aufgaben u. Problemen u. deren Bewältigung Vorbild ist, mag er kanonisiert sein od. nicht. ↗ Ideal　　　　　　　Mb

Lit.: K. Rahner in P. Manns, Die Heiligen in ihrer Zeit I (1966) 9—26.

Heiliger Geist. „Geist Gottes" (hebr. ruach, griech. pneuma) bezeichnet im AT das Wirken Gottes in der Welt, v. a. in der Geschichte u. im einzelnen Menschen (bes. in den Propheten; ↗ Prophetie). Er ist Grund der Heilshoffnung des Volkes Gottes. Im NT wird die personale Gegenüberstellung v. Vater u. Sohn durch den H. G. vollendet: im Sohn ist die Fülle des G.s, der als G. Gottes die Fülle des Heils durch Gott enthält. Er ist der Beistand, den der Sohn den Seinen verheißt, der vom Vater ausgeht, sich aber v. Vater u. Sohn unterscheidet. V. ihm wird gesprochen in ↗ Symbolen der Kraft (Sturm), der Begeisterung der Zeugen (Feuerzungen) u. der Schaffung des neuen Gottesvolkes (Taube). Ihm wird bes. das Sichschenken Gottes an die Menschen zugeschrieben, die gnadenhafte Verbindung des Menschen mit Gott: die Inspiration der Propheten u. der Hl. Schrift, der Beistand, durch den die ↗ Kirche fähig ist, die Lehre Jesu Christi unverfälscht zu verkünden u. das Leben der Gnade zu vermitteln in den ↗ Sakramenten.

In Entfaltung dieser Bezeugung des H. G.s im NT u. seiner Gleichstellung mit dem Vater u. dem Sohn (vgl. Taufformeln) wurde in der frühen Kirche die Göttlichkeit des H. G.s ausdrücklich erfaßt u. bekannt. In Vergleich mit dem menschl. Seelenleben suchte Augustinus den H. G. als die ↗ Liebe zu verstehen, welche Vater u. Sohn miteinander verbindet. Dadurch wird auch verständlich, daß die Zuwendung Gottes zum Menschen in gnadenhafter Liebe des H. G.s gesehen wird, in welchem der Mensch durch Christus mit dem Vater verbunden ist. Dem Wirken des H. G.s entspricht seitens des Menschen, der im G. Gottes leben möchte, daß er sich bemüht, die „Einsprechungen des H. G.s" wahrzunehmen, sie v. entgegengesetzten Einfällen zu unterscheiden u. sich so der „Führung durch den H. G." anzuvertrauen. In der Geschichte christl. Lebensführung kommt daher der ↗ Unterscheidung der G.r eine bes. Bedeutung zu. Sie soll die Aufmerksamkeit f. dasjenige in der Lebensgestaltung schärfen, was einem ↗ Leben im Sinne Christi entspricht. Diese Schärfung ist erforderlich zur Erfassung der über die allgem. ↗ Normen christl. Lebens hinausgehende persönl. ↗ Berufung u. deren Verwirklichung. — So wird ein Christ aus dem Zeugnis der ↗ Erfahrung anderer in ihrem Bemühen um christl. Lebensgestaltung (kirchl. Bezug) u. aus den ihm widerfahrenden Fügungen seines Lebens (persönl. Führung) Schritte f. die Gestaltung seines Lebens erfassen, v. denen er mit Recht hoffen kann, daß sie auf dem Weg zur persönl. Erfüllung seines Lebens liegen, ohne daß er diesen Weg in seiner Gesamtheit absehen kann. Menschen, denen er begegnet, sollten ihm zu diesem Erfassen helfen, aber zugleich respektieren, was sich dem Betroffenen als sein persönl. Weg zeigt. Der H. G. betrifft nicht nur die Entfaltung des einzelnen Menschen. Er bewegt die Kirche als Volk Gottes durch die menschl. Geschichte hindurch ihrer Vollendung entgegen. Dem H. G. wird das Aufbrechen neuen Lebens in Form v. charismat. Bewegungen (↗ Heilige, Ordensgründungen, Bewegungen, die jeweils zu Erneuerung in der Kirche geführt haben) zugeschrieben. Die Leitung durch den H. G. wird als Gewähr f. ein sinnvolles Ende auch in unabsehbaren Situationen gesehen. Mu

Lit.: H. Mühlen, Der Heilige Geist als Person (1963); L. Scheffczyk, Der eine u. dreifaltige Gott (Unser Glaube 3) (1968).

Heilmittel. H. sind alle Remedien, mit denen H. ↗ Arzt eingreift: als „ultima ratio" die Chirurgie, als leichtestes Mittel der ärztl. Rat („regimen sanitatis"), als eigentl. Remedium das Medikament. Die ↗ Arzneimittel im engeren Sinne bilden die „materia medica", die der röm. Militärarzt Dioskurides im 2. Jh. n. Chr. den drei Naturreichen (den Mineralien, dem Pflanzen- u. dem Tierreich) entnahm. H. galten in der Antike als „Hände der Götter". Das christl. Mittelalter beruft sich zur Legitimierung der Arzneimittel auf Sir 28: „Der Herr ist's, der H. aus der Erde sprießen läßt, u. ein kluger Mann verschmäht sie nicht". In den „Institutiones" des Cassiodorus gelten sie als v. Gott verordnet (a Domino constituta). Im „Hortulus" des Walafrid Strabo od. in der „Physica" der Hildegard v. Bingen wird diese Heiltradition kultiviert: Alle Dinge der Welt sind begabt mit „Heil"; Gott hat in der ↗ Natur die H. vorgezeichnet u. zugeordnet. Aus dieser absoluten Heilsordnung heraus ordiniert ein Arzt; sein Ethos liegt nicht im Sanieren, sondern in der Barmherzigkeit. Arnald v. Villanova spricht vom Medikament als einem „beneficium sanationis"; H. werden die Wegweiser zum Himmel. Erst Paracelsus versucht die Aufbereitung der natürl. Heilschätze durch den chem. Prozeß („Kunst Vulcani" od. „Alchimia"). Um die Mitte des 19. Jh. wurde die Materia Medica in die volksmedizin. Hausbücher verdrängt, wo die alten Mittel bis zum Tage lebendig geblieben sind. Mit der Jahrhundertwende etablierte sich eine rationale Pharmakotherapie, die bald schon industrielle Maßstäbe annahm u. ohne deren „H." einem Arzt v. heute Therapien nicht mehr denkbar wäre. V. dieser Pharmakotherapie haben wir alle Fortschritte zu erwarten, aber auch wachsende Nebenwirkungen u. damit ein immer diffiziler werdendes Störfeld, zumal die H. immer aufwendiger, unübersichtlicher, zweischneidiger u. kostspieliger wurden, während der Mensch immer anfälliger, bedürftiger u. anspruchsvoller zu werden scheint. Die Medizin bedarf daher gerade unter dem Aspekt der H. prinzipiell u. auch in Zukunft einer Apologetik. Bei der modernen Rationalisierung u. Technisierung dürfte damit auch der anthropolog. Effekt jeder therapeut. Handlung wieder in den Vordergrund treten: die Vorstellung nämlich vom Bessern u. Heilen u. damit letztlich v. einem normativen Bezugssystem. Not-Stand will durch Heil-Mittel gewendet werden zum Wohl-Stand, dessen Ziel das Ganze ist, die „integritas", das Heil! Schp

Lit.: H. Haas: Spiegel der Arznei. Ursprung, Geschichte u. Idee der Heilmittelkunde (1956); H. Schipperges: Heilmittel als Heilsmittler im Mittelalter. In: Arzt u. Christ 4 (1960) 205—214.

Heilpädagogik. Das Wort „H.", in der BRD synonym mit „Sonderpädagogik", der schulischen Hilfe f. sinnesdefekte od. geistig behinderte ↗ Kinder, in den Ostblockländern mit „Defektologie" od. „Rehabilitationspädagogik" verwendet, hat in Österreich einen viel weiteren Sinn: sie umfaßt auch die medizin. psych. u. soziale Problematik dieser Kinder. Sie muß ja auf biolog. Fundamenten stehen, da sie sich ausschließlich mit organisch od. funktionell gestörten Kindern beschäftigt u. man nur aus dem Verständnis dieser Zu-

sammenhänge zu speziellen Behandlungsmethoden finden kann — etwa bei Sinnesgestörten, Tauben, Blinden, bei motorisch Gestörten (Körperbehinderten), bei geistig Retardierten (der größten Zahl der zu betreuenden Fälle) u. schließlich bei emotional gestörten, neurot. Kindern. Medizin. Wissen u. therapeut. Methodik kommen ebenso aus der Pädiatrie (normale u. patholog. ↗ Entwicklung, biochem. Zusammenhänge) wie aus der Kinderpsychiatrie (seel. Störungen). Ebenso muß in die H. auch psych. Wissen integriert werden (intellekt. u. seel. Entwicklung, Testmethodik, Charakterologie, evt. auch ↗ Erziehungsberatung u. Verhaltensbeeinflussung), ebenso auch Wissen u. Methoden der Sozialwissenschaften. Bei allen Störungen sind zweifellos päd. — daher wahrhaft „heil"-päd. — Methoden therapeut. am wirksamsten. F. den schließl. Erfolg ist die Früherfassung der Störungen entscheidend (z. B. „Risikokinderprogramm"). Daran muß sich eine „phasenbezogene" heilpäd. Hilfe schließen: Physiotherapie, zus. mit der ↗ Mutter, Sonderkindergarten, ↗ Sonderschule (möglichst differenziert, etwa auch nach „Mehrfachbehinderungen"), Berufseinführung durch „Lebenshilfe", „Jugend am Werk", „Geschützte Werkstätten", Erziehungsberatungsstellen, heilpäd. Kliniken u. Heime. Bei intensivem Einsatz kann die große Mehrzahl der gestörten Kinder zu guter, viele können zu überdurchschnittl. sozialer ↗ Anpassung geführt werden. ↗ Behinderte As
Lit.: H. Asperger, Heilpädagogik (⁵1968).

Heilpraktiker. Der H. zählt zu den heilenden Berufen. Er ist nicht ↗ Arzt im strengen Sinne der Berufsordnung. Er darf keinen arztähnl. Titel führen u. muß seine Tätigkeit im Rahmen der Berufsordnung halten, die den Ärzten die Behandlung gewisser ↗ Krankheiten u. die Anwendung gewisser ↗ Therapien vorbehält. In den meisten Ländern darf sich H. nur nennen u. diesen Beruf ausüben, wer vom Gesundheitsamt zugelassen u. v. der Berufsorganisation der H. als geeignet erfunden wird. Hält sich der H. in den Grenzen seiner Kompetenz, so ist er eine bisweilen wertvolle Ergänzung des heute sehr spezialisierten Arztes. Der H. wird es sich v. a. angelegen sein lassen, ein vertrauenerweckendes Verhältnis zu seinen ↗ Patienten herzustellen u. sich innerhalb des begrenzten Sektors seiner Tätigkeit stets zu vervollkommnen. Er wird es nicht unterlassen, seinen Patienten an den Facharzt zu verweisen, wo immer er an die Grenzen seiner eigenen Kunst angelangt ist. Das Ethos des H.s ist das gleiche wie das des Arztes, vielfach in einer Ausprägung, die dem des Arztes der vortechn. Epoche entspricht. Hr
Lit.: B. Häring, Heilender Dienst. Ethische Probleme der modernen Medizin (1972).

Heilssorge ↗ Seelsorge

Heilung und Heil (Hg. u. H.). H. im christl. Sinn — nur dieser Gesichtspunkt kann im folgenden berücksichtigt werden — bedeutet ↗ Erlösung aus widergöttl. Gebundenheit, Befreiung zur ewigen ↗ Gemeinschaft mit dem dreieinigen Gott, damit auch Gewinnung v. Halt u. Sinn im Dasein, liebende Einstellung zu den Mitmenschen, Mut zum u. ↗ Freude am Leben in Vertrauen auf Gott, ↗ Hoffnung auf die ↗ Zukunft über ↗ Sterben u. ↗ Tod hinaus. Der Christ ist davon überzeugt, daß diese heilvolle Wirklichkeit nur in lebendigem ↗ Glauben an Jesus Christus zuteil wird (Apg 4,12). Hg. ist die Veränderung eines Krankheitsprozesses zur ↗ Gesundheit hin, die nicht nur körperl. u. seel. Wohlbefinden umschließt, sondern zu der auch normale Lebens- u. Entfaltungsbedingungen (z. B. ↗ Arbeit, zwischenmenschl. Beziehungen, Sinnerleben) gehören. Ist Gesundheit ist letztlich ganzheitl. ird. Wohl, Hg. also Hilfe zu dessen Erlangung. Daß das individuelle u. kollektive ird. Wohl immer wieder gestört ist, führt die Bibel auf das verschuldete Mißverhältnis der Menschen zu Gott, auf deren Sündhaftigkeit, zurück. Diese besteht schon vor der bewußten Entscheidungsfähigkeit des ↗ Kindes in der angeborenen Tendenz des Menschen, sich zum Mittelpunkt seines Lebens u. damit Gott den ihm gebührenden Platz streitig zu machen. Aus dieser Ursprungs- od. ↗ Erbsünde erwachsen dann durch ↗ Entscheidung u. Verstrickung die Tatsünden (↗ Sünde). In der Glaubensgemeinschaft mit Gott bekommt der sündige Mensch um Christi willen Anteil an dem gottgeschenkten H. durch den Zuspruch der Sündenvergebung (↗ Beichte). Dies ist auch die Voraussetzung dafür, daß die sündhaftigkeitsbedingten Störungen des Wohls, einschließlich des Krankseins im engeren Sinn, sich optimal zum Besseren ändern können. In welchem Umfang dem begnadigten Sünder ird. Wohl zuteil wird, hängt allerdings völlig vom geheimnisvollen souveränen Willen Gottes ab. Es ist also nicht so, daß jeder Kranke ein bes. Sünder ist, gemessen an denen, die sich gesund u. wohl fühlen, u. auch umgekehrt nicht so, daß letztere immer bes. fromm sind. Jesus hat seinen Jüngern nicht nur den Auftrag erteilt, „allen Völkern" das H. zu verkünden (Mt 28, 19 f.), sondern auch — wie er — zu heilen (Mt 10,8). Dieses heilende Handeln im Christusauftrag ist nicht gleichzusetzen mit dem allgem. Therapieren, das „Gottlose" wie Christusgläubige bei entspr. Sachkenntnis gleicherweise zu vollziehen vermögen. Auch letzteres geht auf einen göttl. Auftrag zurück, nämlich auf das Gebot der Nächstenliebe. Das medizin. Heilen in jeder Form (einschließlich ↗ Psychotherapie u. ↗ Sozialmedizin) richtet sich ausschließlich auf das ird. Wohl der kranken Menschen. Heilendes Handeln im Christusglauben will darüber hinaus auch stets gleich intensiv deren ewiges H. im Wissen darum, daß ohne Verbindung mit Gott in Christus der geheimnisvoll-hintergründige Zusammenhang zw. der Wirklichkeit des menschl. Krankseins überhaupt u. dem teufl. Drang zur Gottlosigkeit in allen Menschen nicht gelöst wird, sondern der eigentl. Krankheitsherd virulent bleibt. Rechtes heilendes Handeln im Christusauftrag kennt keine spezif. H.methoden, die mit medizin. Verfahren in Konkurrenz treten könnten, etwa nach dem Schema: kein Arzt — dafür ↗ Gebet, ↗ Handauflegung od. ä. Es wird vielmehr normalerweise dann richtig vollzogen, wenn die medizin. Maßnahmen nach bestem Wissen u. Gewissen des Arztes angewendet werden bei gleichzeitiger patienten- u. situations-

entspr. Bezeugung des H.s, also der Zusprechung der göttl. Vergebung durch Wort u. ↗ Sakrament. Heilendes Handeln im Christusauftrag ist demnach qualitativ mehr als medizin. Bemühungen, auch als solche, die ausdrückl. um Christi willen geschehen u. daher gewöhnlich als christl. ↗ Caritas od. ↗ Diakonie bezeichnet werden. Durch diese Glaubensbehauptung soll das medizin. Tun in seinem großen relativen Wert f. alle Menschen in keiner Weise herabgesetzt werden.

Heilendes Handeln im Christusauftrag ist immer ein zeichenhafter Hinweis auf die ↗ Liebe Gottes, die in Jesus Christus sich offenbart, eine tathafte ↗ Verkündigung dessen, daß Gott in, mit u. unter dem ewigen H. auch die optimale Voraussetzung f. unser ird. Wohl schenkt, einschließlich des individuellen u. sozialen Gesundseins. Ein voller Erfolg, den nur die unabhängige Gnade Gottes bewerkstelligen kann, d. h. optimales Wohl bei festem Christusglauben, ist ein Zeichen des anfangsweise bereits in dieser Welt angebrochenen Reiches Gottes. Beim heilenden Handeln im Christusglauben muß zw. der geschilderten gewöhnl. u. einer außergewöhnl. Form unterschieden werden. Letztere ist gekennzeichnet durch die spontane Vollmacht v. Jüngern Jesu zum unmittelbaren Heilen als Zeichen des Reiches Gottes. Solche Hg.n, die echte ↗ Wunderhg.n sein können, aber nicht müssen, setzen die charismat. „Gabe, gesund zu machen", (1 Kor 12,9) voraus; sie sind niemals method. verfügbar (etwa durch „Gesundbeten" od. die utop. Praktiken der Christian Science). Auch beim spontanen Heilen im Christusauftrag kommt es zuweilen nur zu einer „biolog. Entstörung" ohne Glaubensgemeinschaft mit dem dreieinigen Gott, bei vollkommenem Gelingen jedoch zum lebendigen Christusglauben plus optimaler Gesundung (vgl. die Heilung der zehn Aussätzigen durch Jesus Lk 17, 11 ff).

Karl E. Schiller

Das Begriffspaar Hg. u. H. schließt einen theol. Sachverhalt ein, der bis in die naturwissenschaftl. Dimension der Humanmedizin reicht, insofern er den ganzen Menschen als Natur- u. Geistwesen umfaßt. Es handelt sich gewissermaßen um die Gegenseite v. ↗ Krankheit u. Schuld. Es kann nicht geleugnet werden, daß der Mensch aus einer wie immer gearteten sittl. relevanten Maßlosigkeit (Büchner) erkranken kann. Das frühchristl. u. frühmittelalterl. Leitbild des Christus medicus zeigt diese Verflochtenheit, wie sie schon im NT vielfach deutlich wurde (Wunderheilungen Christi); H. erstreckt sich vertikal u. horizontal (Semmelroth) u. korreliert mit der ↗ Freiheit des Menschen als konstitutivem Zeichen f. ↗ Gesundheit; insofern Hg. den Zustand v. Gesundheit wiederherstellt, ist jene Harmonie bildhaft vorweggenommen, die auf Grund theol. ↗ Hoffnung im Zustand der ↗ Erlösung gegeben sein wird. „H. u. Hg. des Menschen stehen in inniger Beziehung zu Ganzheit u. Hg. der menschl. Person" (Häring). Rt

Lit.: F. Büchner, Vom geistigen Standort der modernen Medizin (1957); J. B. Metz, Zur Metaphysik zur menschlichen Leiblichkeit, Arzt und Christ 4 (1958) 78—84; H. Doebert, Das Charisma der Krankenheilung (1960); W. Pressel, Vom Umgang mit Kranken (1962); O. Semmelroth, Heil, in: HB theol. Grundbegriffe (1962); A. Hijmans, Glaube und Heilung (1965); H. Schipperges, Zur Tradition des christus medicus im frühen Christentum und in der älteren Heilkunde, Arzt und Christ 11 (1965) 12—20; H.-D. Reimer, Metaphysisches Heilen, eine kritische Darstellung der „Christlichen Wissenschaft" (1966); D. Stollberg, Therapeut. Seelsorge (1969); A. Allwohn, Evangelische Pastoralmedizin (1970); B. Häring, Heilender Dienst (1972).

Heimerziehung. Obwohl die H. eine Erziehung in ↗ Gemeinschaft (Gleichaltrigengruppe) ist, worin auch ihre großen Möglichkeiten f. die ↗ Sozialisation der „Zöglinge" liegen, muß doch die Beachtung der ↗ Individualität jedes einzelnen ↗ Kindes sichergestellt sein. Daher sind Organisation u. Einrichtungen, wie z. B. die Gruppenstärken, dementspr. verschieden. Die Erziehungsmittel im Heim sind ähnlich wie in der ↗ Familie: die Vorbildfunktion sowie die im Rahmen echten Kontaktes variierte emotionale Zuwendung (↗ Emotionalität) — unterstützt durch indiv. zu wählende Verstärkung. Bes. in Sonderheimen werden die Maßnahmen päd. spezifischer ausgerichtet sein. Auch im Heim bildet eine ausgewogene Atmosphäre die Basis f. eine gedeihl. Persönlichkeitsentfaltung des Kindes, so daß ein einheitl. Zusammenwirken aller Kräfte — im Sinne v. ↗ Teamwork — angestrebt werden muß. Wichtig ist der persönl. Einsatz des Betreuers, wobei in Anbetracht der ↗ Identifizierung des Kindes mit dem Erzieher dessen Persönlichkeit v. größter Bedeutung ist.

Bei Auswahl des Heimes ist zunächst das *Alter* des betr. Kindes zu berücksichtigen, da f. jede Altersstufe adäquate Institutionen zur Verfügung stehen. Ebenso ist eine nach dem *Geschlecht* getrennte od. koedukative H. möglich. Hinsichtl. *Familienbezogenheit* ist zu unterscheiden zw. familienergänzenden Heimen, z. B. Internaten f. best. Ausbildungszwecke bzw. f. den Fall, daß sich die Eltern als alleiniger Träger der Erziehung insuffizient erweisen, u. familienersetzenden Einrichtungen, wie etwa Pflegenest, Kinderdorf od. Nacherziehungsheim bei ↗ Verwahrlosung. Bei mehrjähriger *Dauer* solcher Unterbringung soll das Heim zur echten Heimat werden. Daneben sind zeitl. befristete Aufnahmen in Übergangsstationen möglich. Zu berücksichtigen ist weiter die *Bedürftigkeit* des Kindes. Es gibt einerseits allgem. Internate f. gesunde Kinder u. andererseits nach Art der ↗ Entwicklungsstörung differenzierte. Im Sinne des *Trägers* wird ein Heim entweder neutral od. zweck- bzw. weltanschauungsgebunden geführt.

F. bestimmte Reifungsstörungen erweist sich die H. als große Hilfe, weil sie dem Kinde jene Betreuung gewähren kann, die es in Anbetracht seiner Störung nach wissenschaftl. u. prakt. Gesichtspunkten braucht. Zudem ist es in solchen Institutionen am ehesten möglich, dem Heranwachsenden durch eine ihm adäquate Erfassung u. Eingliederung in eine soziale ↗ Gruppe das Erlebnis der Vollwertigkeit zu vermitteln. Dadurch erfüllt die H. eine eminent pastorale Aufgabe.

Bei jungen Menschen mit kindl. ↗ Hirnschaden steht die Bemühung um eine Kompensierung der Ausfälle durch verschiedenste medizin. u. päd. Hilfen im

Vordergrund. Durch Erfolgserlebnisse soll jedem Kind eine Selbstbestätigung ermöglicht werden. Vermittlung der Sicherheit in der Alltagsroutine u. taktvolle Lenkung zu angepaßtem ↗ Verhalten sind wichtig, um die Eingliederung in die ↗ Gesellschaft (↗ Sozialisation) zu erleichtern. Bes. Wert ist auf Ausforschung u. Förderung v. Sonderbegabungen zu legen, weil auf diesem Wege sowohl die Neigung dieser Kinder zu sekundärer Neurotisierung (↗ Neurose) hintangehalten wird, als auch solche Spezialkenntnisse die Berufsaussichten bessern. Im Heim ist auch die nötige Schutzsituation zur Verhinderung v. Selbstgefährdungen gegeben. Bei cerebral bedingten Minderbegabungen, die häufig mit Sinnes- u. Bewegungs-Behinderungen kombiniert sind, ist die Betreuung dem gesamten Niveau des Kindes anzupassen (↗ Behinderte). Bei ererbtem ↗ Schwachsinn gelingt sie leichter durch Schwerpunktverlegung auf das Praktische u. emotionales Erfassen. Bei *isolierten Sinnesdefekten* (Blindheit, Taubheit) erfordert die Betreuung — neben der Ausrichtung auf Behebung bzw. Milderung der Störung — wegen der vielfältigen psychogenen Reaktionen der betroffenen Kinder ebenfalls eine umfassende päd. Führung. Bei allen psychischen Störungen sollte die seel. Ausgeglichenheit des Kindes durch geregelte Tageseinteilung im allg. u. eine individ. Führung mit therapeut. Maßnahmen im besonderen angestrebt werden. Die richtige Lenkung bietet dem Kinde Orientierungsmöglichkeiten u. Sicherung f. sein Verhalten u. stellt dadurch eine angstfreie Atmosphäre her. Die positiven Wesenszüge müssen gefördert werden. Die psychische Irritation bei neurot. Symptomen verlangt eine Einzel- u. ↗ Gruppentherapie. Gleichzeitig sollten neuerliche ↗ Frustrationen u. Schockierungen vermieden werden. Bei *Verwahrlosung* im Kindes- u. Jugendalter ist primär der vorsichtige Aufbau einer persönl. Beziehung zw. Erzieher u. Zögling erforderlich (↗ Übertragung). Je nachdem, ob eine geistige, emotionale od. sittl. Dissozialität (↗ asozial) im Vordergrund steht, muß die Betreuung auf deren Behebung u. auf die Konsolidierung der Persönlichkeit gerichtet sein, was die Erziehungsfähigkeit des Betreuers auf eine harte Probe stellen kann.
Bei jeder ↗ Erziehung — also auch bei der H. — kommt es nicht nur auf das formale Moment, sondern wesentlich auf das Erziehungsziel an. Dieses ist einerseits die soziale Einordnung, andererseits die Entfaltung der Persönlichkeit (↗ Reifung). Dabei ist die rel. Erziehung (↗ Religionspädagogik) v. ausschlaggebender Bedeutung, weil sie dem Dasein — wie immer es gestaltet wird — seinen Sinn (↗ Lebenssinn) gibt.
Erwin Schmuttermeier

Lit.: F. Trost (Hsg.), Handbuch der Heimerziehung, 2 Bde. (1954—1962); E. Kiehn, Praxis des Heimerziehers. (Freiburger Sozialpäd. Beiträge Bd. 5) (1965); H. Opitz u. F. Schmid (Hrsg.), Handbuch für Kinderheilkunde (Bd. 3 — Soziale Pädiatrie) (1966); H. Rünger, Heimerziehungslehre (³1968); P. Schmidle u. H. Junge (Hsg.), Wachsen, Lernen, Reifen — Beiträge zur Heimerziehung (Freiburger Sozialpäd. Beiträge, 1969); R. u. A. Tausch, Erziehungspsychologie (⁶1971); F. Stöckmann, Das geistig behinderte Kind im Heim (1973).

Hellsehen ↗ Parapsychologie

Hemmung. Dieser Begriff ist in mehrfacher Hinsicht bedeutungsvoll. 1. *Physiolog.*: Zeitl. begrenzte Aktivitätshinderung der Nervenzellen ohne Gewebsschädigung; H. u. ↗ Erregung bedingen in ihrem Zusammenspiel das geordnete Funktionieren des Zentralnervensystems. — 2. *Patholog.*: Krankhafter Vorgang im organneurolog. Bereich. — 3. *Psychisch*: Aktivitätshinderung aus instinktiven, reflektorischen Gründen od. eth. ↗ Motivationen. — 4. *Psychopatholog.*: Verlangsamung der psychischen Vorgänge, Verlust v. ↗ Antrieb u. Initiative, Denkhemmung, Einfallsarmut, Ausdrucksarmut; verursacht durch ↗ Angst, Unsicherheit u. ↗ Schuld-Gefühl. Häufig bei ↗ Depressionen ↗ endogener od. ↗ exogener Art. H. bedeutet auch mäßige u. andauernde Erschwernis der motor. Leistungen: langsamer Gang, leise, monotone ↗ Sprache.

Herz-Lungen-Maschine ↗ Organe, künstliche

Herzschrittmacher ↗ Organe, künstliche

Heterosexualität ↗ Intersexualität ↗ Bisexualität

Hexenwahn ↗ Aberglaube ↗ Besessenheit ↗ Wahn

Hilfeleistung, unterlassene. Die u. H. ist ein ↗ Verhalten, das vom dt. Strafgesetzbuch (StGB v. 1870) unter best. Voraussetzungen unter ↗ Strafe gestellt ist, vgl. § 330 c StGB (eingeführt durch Ges. v. 28. 6. 1935 in Erweiterung des früheren § 360 Nr. 10, neugef. durch Gesetz v. 4. 8. 1953, vgl. Bundesges. Bl. I, 735): „Wer bei Unglücksfällen od. gemeiner Gefahr od. Not nicht Hilfe leistet, obw. dies erforderl. u. ihm den Umständen nach zuzumuten, insbes. ohne erhebl. eig. Gefahr u. ohne Verletzung anderer wicht. Pflichten mögl. ist, wird mit Gefängnis bis zu einem Jahr od. mit Geldstrafe bestraft."
Unrechtsgehalt ist ein Verstoß geg. die aus dem Zusammenleben v. Menschen folgende Pflicht zur Betätigung der einfachsten, keinerlei Selbstaufopferung erfordernden Nächstenhilfe (nicht der Schadenabwendung). § 330 c ist ein Delikt geg. die Menschlichkeit, begangen im Rahmen des Alltäglichen (Maurach). Das Besondere der Vorschrift ist dennoch, daß hier die Pflicht zur Nächstenhilfe, also ein eth. Gebot (Du sollst in Notfällen nach Kräften helfen), wenn auch unter angemess. Einschränkungen (Gemeingefahr, Gemeinnot, Erforderlichk., konkr. Zumutbarkeit), allgem. vom Staat unter ↗ Strafe gestellt wird. Damit ist eine rel. Überzeugung nach fast 2000 Jahren säkularisierender Geschichte in einem liberalen Rechtsstaat Gesetz geworden: das f. viele Zeitgenossen ärgerniserregende Verhalten Jesu gegenüber Stammesfremden u. rel. Außenseitern, wie es sich insbes. in der Beispielserzählung vom barmherzigen Samaritan (vgl. Lk 10,26 ff.) niedergeschlagen u. auf die christl. Ethik des Abendlandes ausgewirkt hat (vgl. die Entwicklung der Samariterorden, ↗ Krankenpflege, ↗ Diakonie, ↗ Krankenhaus, u. a. m.). Dieser Straftatbestand ergänzt beispielh. die ärztl. ↗ Berufsethik f. jedermann aus Gründen humanitärer Solidarität, die im § 330 c schon aufgrund des bloßen Aufeinander-Angewiesenseins v. Menschen angenommen wird. Krankheiten gelten im allg. nicht als „Unglücksfälle" i. S. des § 330 c, doch kann, wie das Reichsgericht (RG) entschieden hat, eine plötzl. Krankheitsverschlimmerung (RG 75,71) ebenso zum Unglücksfall werden wie die drohende Komplikation bei einer Geburt (RG 75, 160); auch durch Selbstmordversuche (↗ Selbsttötung) od. Verbrechen kann ein „Unglücksfall" entstehen. Die Hilfeleistungspflicht besteht primär gegenüber dem Verunglückten, kann aber bei Gemeingefahr od. Verkehrsunfällen auch gegenüber anderen Gefährdeten entstehen. MS

Lit.: W. Gallas, Unterlassene Hilfeleistung nach dt. Strafrecht, Dt. Landesreferate zum IV. Int. Kongreß f. Rechtsvergleichung (1954), S. 344 ff. R. Maurach, Deutsches Strafrecht, Bes. Teil (⁴1964).

Hippokratischer Eid. Der h. E. ist ein ärztl. Berufseid, der nach dem berühmtesten Arzt der Antike, Hippokrates (geboren um 460 v. Chr.), benannt ist u. v. W. Capelle auch ihm zugeschrieben wird. Er gliedert sich in zwei Teile: Pflichten des Schülers gegenüber seinem Lehrer u. dessen Familie u. Verpflichtung des Schülers zur Weitergabe des medizin. Wissens sowie Verpflichtung gegenüber arzteth. Vorschriften, die nach L. Edelstein aus der pythagoräischen Ethik abgeleitet werden können: Grundsätzl. Hilfsbereitschaft gegenüber den Kranken, Ablehnung der Mithilfe bei ↗ Selbsttötung, Ablehnung der ↗ Abtreibung, ↗ Schweigepflicht, sittl. Verhalten gegenüber den Kranken. Wenn auch altphilolog. u. medizinhistor. Forschungen bis heute kein einheitl. Ergebnis über Verfasser u. Zeit der Abfassung u. ehemaligen Gültigkeitsbereich erbracht haben, ist der h. E. ein exemplar. Text ärztl. Standesethik u. erwies seine normative Kraft bis in unsere Gegenwart (vgl. Genfer Deklaration 1948, moderne Textierungen ärztl. Pflichten). Das Christentum hat die ärztl. Pflichtenlehre im wesentl. übernommen, wenngleich der h. Kodex, die asklepiadische Pflichtenlehre, unter das Leitbild des „Christus medicus" gestellt wurde (Hildegard v. Bingen: Christus Magnus Medicus; Petrus Hispanus: Christus Summus Medicus).

Rt

Lit.: F. Büchner, Der Eid des Hippokrates (1947); Hippokrates, Fünf auserlesene Schriften, hrsg. v. W. Cappelle (1955); Karl Deichgräber: Der hippokratische Eid (1955, ²1969); L. Edelstein: Der hippokratische Eid (1969).

Hirnschaden, kindlicher, beinhaltet alle bleibenden organ. Veränderungen des Gehirns. Solche können dadurch entstehen, daß gesunde Nervenzellen zerstört bzw. abgebaut werden, aber auch solcherart, daß im Gegensatz zur Norm bestimmte Areale partiell od. vollständig unausgereift geblieben sind. Neben der relativ kleinen Gruppe der sog. ↗ Erbkrankheiten sind hinsichtlich des Zeitpunktes ihrer Entstehung die genetisch fixierten Erkrankungen wie z. B. der Mongolismus (Down-Syndrom) zu nennen. Die angeborenen Stoffwechselanomalien sind in ihrem ätiolog. Hintergrund noch nicht ganz geklärt. Des weiteren die Embryopathien u. Fetopathien, bei deren Entstehung Sauerstoffmangel, Infektionserreger u. chem. Substanzen mitwirken. Die perinatal (bei der Geburt) gesetzten H. entstehen selten durch echte traumat. Verletzung des Gehirns, sondern sind zum großen Teil die Folgen vasozirkulatorischer Prozesse.

Die postnatal im Laufe der frühkindl. Entwicklung, aber auch später auftretenden hirnorgan. Schädigungen sind meist Defektheilungen nach Encephalitis. In den letzten drei Jahren sind die Schädelhirntraumen ein quantitativ bedeutsamer Faktor geworden.

In der äußeren Form u. Symptomatik können Hirnschädigungen cerebralmotor. Bewegungsstörungen, geistige Retardierung, Sprachstörungen, sowie Störungen des ↗ Verhaltens u. der Sinnesrezeption zeigen.

Unter Mehrfachbehinderung versteht man die Kombination v. Schäden in mehreren Bereichen.

Frühdiagnose ermöglicht Früherfassung u. frühzeitige Orientierung v. ↗ Erziehung, Training u. Behandlung. Den Möglichkeiten, mit Medikamenten zu behandeln, sind Grenzen gesetzt. Basis der Betreuung ist die ↗ Heilpädagogik, der zahlreiche Methoden wie Logopädie, Physiotherapie, ↗ Musik- u. ↗ Beschäftigungstherapie beigeordnet sein können. Sonderkindergärten, Sonderschulen u. beschützende Werkstätten sind die Stationen der Hirngeschädigten.

Der Schweregrad der Erkrankung, das Ausmaß der Retardierung, die Stellung des ↗ Kindes in der ↗ Familie, seine Anpassungsfähigkeit u. die Betreuungsmöglichkeiten bestimmen die Entwicklung weitgehend.

Re

Lit.: A. Peiper, Die Eigenart kindl. Hirntätigkeit (1961); A. Rett, Der kindl. Hirnschaden, in: Almanach f. ärztl. Fortbildung (1963); ders., Das hirngeschädigte Kind. Ärztl., soziale u. päd. Probleme (1971); ders., Mongolismus heute, in: päd. praxis 11 (1972) 187—194.

Hirntod. Der Begriff H. wurde v. M. F. X. Bichat 1800 geprägt. H. bedeutet den irreversiblen Verlust aller Gehirnfunktionen (brain death, mort du cerveau). Der isolierte Organtod des Gehirns folgt 1. aus einer tödl. Schädigung des Gehirns durch ↗ Trauma od. Infektion od. ist 2. Folge moderner Reanimationsbehandlung; er beruht auf einer primären Schädigung des Gehirns od. auf einem sekundär entwickelten zytotoxischen Hirnödem. Die Zellveränderungen betreffen nicht nur das Großhirn, sondern auch den gesamten Hirnstamm, in dem die vegetativ-vitalen Funktionen lokalisiert sind. Das klin. Bild des zerebralen ↗ Todes ist gekennzeichnet durch den absoluten Ausfall hirnspezif. Leistungen: Verlust des ↗ Bewußtseins, Fehlen der Spontanatmung, Ausfall aller spontanen zentralnervös gesteuerten motor. Aktionen; ferner Ausfall sämtl. Hirnnervenreflexe sowie zerebrale Reaktionslosigkeit auf alle Reize. — Mit dem Eintritt des H.s ist bewußtes menschl. Leben nicht mehr möglich, er entspricht in der Folge des Sterbevorganges de facto dem Individualtod, obwohl Herztätigkeit u. Kreislauf dank der intensivtherapeut. Maßnahmen noch funktionieren. Absolute Sicherheit f. den genauen Todeszeitpunkt ist dzt. noch nicht gegeben. — Arztethisch müssen die Kriterien des eingetretenen H.s erfüllt sein (klin. H.syndrom, völliges Erlöschen der bioelektr. Hirntätigkeit, intrakranieller Zirkulationsstillstand), will man die Versuche einer ↗ Wiederbelebung beenden bzw. ein Organ zwecks ↗ Transplantation entnehmen. Rt

Lit.: Pius XII, Rechtliche und sittliche Fragen der Wiederbelebung (1957) in Utz-Groner (1961); W. Ruff, Das Sterben des Menschen und die Feststellung seines Todes, in: Stimmen der Zeit 181 (1968) 251; J. Gerlach, Die Definition des Todes in der Medizin. Münch. med. Wschr. 112 (1970) 65—70; R. Kautzky, Der Arzt vor dem Phänomen des Todes, Arzt und Christ (1969); W. Kösl/E. Scherzer (Hrsg.), Die Bestimmung des Todeszeitpunktes (1973).

Hobby ↗ Erholung ↗ Freizeit

Hochmut ↗ Demut

Hörigkeit = starke, psychisch bedingte ↗ Abhängigkeit eines Menschen v. einem anderen; insbes. eine extreme, oft abnormale sex. Gebundenheit an einen Menschen. Aufgrund v. H. kommt es häufig zu Anstiftung u. Verleitung zu Straftaten.

Hoffnung. 1. *H.* kann als „Ausrichtung auf ein künftiges Gut, das nur schwer, aber nicht unmöglich zu erreichen ist", verstanden werden (Thomas v. Aquin). In diesem Sinne wurde sie v. a. als eine der „drei göttl. ↗ Tugenden" neben ↗ Glauben u. ↗ Liebe in der Tugendlehre behandelt (Moraltheologie, Dogmatik). — In der neuesten Zeit fand gleichsam eine Neuentdeckung der H. statt. Bahnbrechend waren hier E. Bloch (Das Prinzip H.) u. J. Moltmann (Theologie der H.). Auf theol. Seite geht es dabei v. a. darum, eine zu stark individualist. Sicht der H., die einseitig auf ein Jenseits ausgerichtet war, zu überwinden. H. ist als *Grundstruktur* des Christseins überhaupt zu verstehen. Bereits im NT werden die Heiden u. Ungläubigen dadurch charakterisiert, daß sie keine H. haben (vgl. 1 Thess 4,13; Eph 2,12).
2. *Grund der H.:* Die H. des Christen ist nicht einfach eine optimist. Grundeinstellung, sie stützt sich auch nicht auf die eigenen Fähigkeiten u. Fertigkeiten, sondern hat ihren Grund in Gott, der treu zu seinen Verheißungen steht. Diese ↗ Erfahrung machte Israel in seiner langen wechselvollen Geschichte; auch Job vertraut in aussichtsloser Lage darauf, daß Gott ihn nicht ganz verderben läßt. Das bibl. Gottesverhältnis läßt sich kurz als H. verstehen. — Daß der Mensch nicht zu verzweifeln braucht, läßt sich dann am Leben, an der Botschaft u. den Taten Jesu ablesen; was mit ihm anbricht, versteht man schon sehr früh als das „Evangelium" (Froh- bzw. Heilsbotschaft): Der Geplagte darf mit ↗ Heilung, der Ausgestoßene mit Versöhnung, der Sünder mit Vergebung rechnen. Jesu ganzes Leben ist ein einziges H.sbild f. seine Zeit u. die ganze Geschichte. —
3. *Dimensionen der H.:* Gegenüber der bisherigen Ausrichtung der H. auf das Jenseits ist hervorzuheben, daß die christl. H. eine *konkrete* H. ist, wie es sich an Jesus selbst erkennen läßt. Sie sucht die Not des Menschen zu lindern, in der er auf vielfältige Weise verstrickt ist. Dabei geht es nicht um ein Ver-trösten, sondern um wirklichen ↗ Trost in schwerer od. gar aussichtsloser Lage. Die Rettung des einzelnen aber ist nur möglich im Rahmen eines *gemeinsamen Heils,* der umfassenden Gottesherrschaft. Diese soziale Struktur der christl. H., der es konkret um ↗ Gerechtigkeit u. Frieden geht, ist heute angesichts der weltweiten Notsituationen bes. zu betonen. Die christl. H. ist ja nicht eine H., die an dieser Welt vorbeigeht, auch wenn sie über diese hinausgreift, sondern sie ist *H. f. diese Welt.* So kann u. muß sich die christl. H. mit all jenen Strömungen verbinden, die eine bessere Welt u. ↗ Gesellschaft bemüht sind, gleichzeitig aber wird sie die innerweltl. Heilsutopien (↗ Fortschrittsglaube, marxist. Gesellschafts-Utopien) auch krit. befragen. Schließlich vermag die christl. H. der *radikalen Sinnfrage,* wie sie durch die umgreifende Vergänglichkeit u. den ↗ Tod gestellt wird, eine begründete Anwort zu geben. Indem sie aufgrund der Auferweckung Jesu v. den Toten (↗ Auferstehungsglaube) das „Sein zum Tode" als ein „Leben auf H. hin" verstehen darf, verneint sie eine letztendgültige Sinnlosigkeit u. eröffnet so den Ausblick auf eine neue ↗ Zukunft (↗ Lebenssinn). Christl. H. ist so univer-

sale H. auf eine absolute Zukunft hin, die Gott selbst ist (Wiederkunft Christi; Auferstehung der Toten).
4. *Leben aus der H.:* a) Wird diese umfassende, alle Endlichkeit u. Diesseitigkeit übersteigende Dimension der erhofften Zukunft übersehen, dann verkennt der Mensch die wahre Wirklichkeit u. verfehlt deren Erfordernisse, ja er gerät selbst in tödl. Gefahr. Dies ist bei den innerweltl. Heilsutopien der Fall, da sie die wahren Möglichkeiten u. Grenzen, die dem Menschen in dieser Welt u. Geschichte gegeben sind (↗ Geschichtlichkeit), nicht sehen u. daher das künftige ↗ Glück f. schlechthin machbar halten. Da der Mensch dann zum Erfolg verdammt ist, wird er allzu leicht einer verklärten Zukunft geopfert. Das Paradies bleibt ausschließlich kommenden Generationen versprochen. Geht eine solche Zukunftshoffnung nicht am hoffenden Menschen selbst vorbei? — Christl. H. hält demgegenüber daran fest, daß alle u. jeder einzelne auf Zukunft hoffen dürfen (Auferstehung der Toten). — b) H. öffnet den Blick f. die wahren Gegebenheiten, sie gibt dem Menschen die Möglichkeit, die Welt so zu sehen, wie sie ist. H. ist nicht einfach Optimismus, der die Welt durch eine rosarote Brille sieht u. beschönigt. H. hält den Raum offen f. ein eschatolog. Handeln Gottes. Daher braucht der Mensch, der H. hat, die Not des Menschen nicht zu kaschieren, braucht er den Ernst der Lage nicht zu bagatellisieren, sondern kann er den Realitäten ins Auge sehen, ohne aufgeben od. verzweifeln zu müssen (↗ Verzweiflung). H. hat also eine enttabuisierende Wirkung (↗ Tabu), sie wird zur unerläßlichen Voraussetzung, um die anstehenden Probleme u. zukünftigen Aufgaben sachgerecht anzugehen. — c) H. vermag schließlich den Menschen selbst zu befreien aus lähmender ↗ Angst u. fruchtloser Passivität. Wo die H. schwindet, da stirbt der ↗ Wille zum ↗ Leben, verfällt die Kraft zum aktiven Eingreifen (↗ Aktivität), um eine schwierige Situation zu bestehen; wo aber H. ist, da ist der Mensch noch bereit, sich den Anforderungen zu stellen. Umgekehrt aber ist das aktive Engagement erforderlich, wenn die H. erhalten u. gestärkt werden soll. Passivität kann die H. ersticken lassen. — d) Schließlich ist heute bes. darauf hinzuweisen, daß die christl. H. den aktiven Einsatz im sozialen u. gesellschaftl. Bereich erfordert. Das Reich Gottes als Ziel christl. H. ist ja als die Zukunft der Geschichte u. der ganzen Menschheit angesagt, mit ihm ist Gerechtigkeit u. Frieden im umfassenden Sinn in Aussicht gestellt. Wenn diese H. eine glaubwürdige Botschaft sein soll, dann muß sich der Christ engagieren, um das Leid des einzelnen zu mindern u. die Not im sozialen Bereich in Richtung auf die erwartete Zukunft zu verändern. H., die sich nicht in der Praxis (Liebe) bewährt, gibt sich selbst auf, entlarvt sich als Lüge (vgl. 1 Kor 13). Christl. Engagement muß den „Vorschein" jener Zukunft sichtbar werden lassen, auf die hin H. sich richtet. So wird die richtig verstandene H. zum Stimulus eines Handelns, das wiederum H. weckt. Indem sich der Christ mit den Leidenden dieser Welt solidarisiert u. so die Not zu überwinden sucht, wird sein Engagement zu einem helfenden u. tröstenden Tun. Bei alledem aber übersieht die H. nicht, daß ihrem prakt. Engagement Grenzen gesetzt sind, daß diese Welt nicht zu einem Paradies umgestaltet werden kann. Sie lebt v. dem Wissen, daß wir unterwegs sind u. das Ziel noch vor uns haben. H. rechnet auch mit dem Scheitern des eigenen Einsatzes, wie es das Kreuz Jesu zeigt. Da der hoffende Mensch sich nicht darauf verläßt, daß die Dinge hier restlos verrechenbar sind, bleibt ihm auch angesichts des eigenen Scheiterns das ↗ Vertrauen auf Gottes rettende Tat (Ostern).   Philipp Kaiser

Lit.: E. Bloch, Das Prinzip H., 2 Bde. (1959 u. ö.); J.-B. Metz, Zur Theologie der Welt (1968); L. Boros, Aus der H. leben (²1968); J. Moltmann, Theologie der H. (³1969); W.-D. Marsch, Zukunft (1969); F. Kerstiens, Die Hoffnungsstruktur des Glaubens (1969).

Homoerotik. H. ist im Unterschied zur andauernden u. entschiedenen sex. Neigung zum geschlechtsreifen gleichgeschlechtl. Partner (↗ Homosexualität) eine im Entwicklungsalter vorkommende gleichgeschlechtl. Neigung, die mit andersgeschlechtl. ↗ Verhalten Hand in Hand

gehen kann u. im Erwachsenenalter meist ganz durch dieses abgelöst wird. Sie kommt relativ häufig vor. Nach Kinsey hatten 37% aller Männer, nach Giese-Schmidt 18% der Schüler zw. 12—18 Jahren homosex. Kontakte. H. kommt v. a. durch die bes. körperl. u. seel. Bedingungen der ↗ Pubertät zustande, nimmt tw. die Funktion v. ↗ Ersatzhandlungen wahr u. kann gelegentlich zu späteren Störungen der ↗ Potenz führen.
Mo

Lit.: W. Bräutigam, Formen der Homosexualität (1967).

Homophilie. Geprägt v. Römer 1904, wird H. entweder synonym mit ↗ Homoerotik od. unterbegriffl. verwendet u. bedeutet dann die gleichgeschlechtl. Zuneigung, insofern ihr Schwerpunkt auf vertiefter personaler Ebene im Bereich des Ganzheitlich-Menschlichen liegt.

Homosexualität. 1. *Begriff:* Zuneigung v. Männern (Andriotropie) u. Frauen (Gynäkotropie) zu Personen des gleichen Geschlechtes (= Homotropie; Gegensatz: Heterotropie. Diese Bezeichnungen stammen v. H. van de Spijker, 1968).
2. *Feststellung:* Erst im Erwachsenenalter ist festzustellen, ob jemand überwiegend u. dauerhaft homosex. ist, u. zw. nicht anhand homoerot. Gefühle u. homosex. Handlungen, sondern nur mit Hilfe dreier Kriterien: beständiger Zustand, auf gleichgeschlechtl. Personen ausgerichtete ↗ Phantasien bei der ↗ Masturbation u. v. a. Trauminhalte bei nächtl. ↗ Pollutionen. Es gibt auch im individ. Lebenslauf viele Intensitäts- u. Extensitätsnuancierungen v. H. (↗ Bisexualität).
3. *Ursache:* F. die Entstehung der H. werden heute weder ausschließl. ↗ Anlage-Faktoren noch psychosoziolog. erklärbare Situationen od. eine freie Wahl verantwortlich gemacht. Vielmehr wird eine Ursachenreihe angenommen, in der H. zunächst durch innere (↗ psychosomat.) u. äußere (↗ Umwelt-)Faktoren mitverursacht u. prädisponiert wird. H. ist aber auch eine v. der ↗ Person entwickelte u. „selbstbereitete" Zuneigung zum gleichen Geschlecht, womit nichts über ↗ Schuld od. Nicht-Schuld ausgesagt werden soll. Ein Mensch kann jedoch mit Hilfe seiner Freiheit seine H. einigermaßen beeinflussen, weil weder Vererbung noch Erwerbung, noch beides zusammen eine freie Person völlig determinieren können (↗ Freiheit). Der ↗ Verführung v. ↗ Kindern u. Jugendlichen durch ältere Personen (↗ Pädophilie) kann kein praktisch in Betracht kommender Anteil an der Entstehung der H. zugeschrieben werden.

4. *Therapie:* Das Zusammenspiel versch. Ursachen, die bei jedem einzelnen nach Größe u. Auswirkung verschieden sind, erschwert eine Therapie im Sinne einer Umwandlung v. H. in Heterosexualität. Diese Umwandlungschancen u. -erfolge sind sehr umstritten. Zudem ist zu fragen, ob u. inwiefern diese Umwandlungstherapie berechtigt ist. Die Aussage, daß jeder Mensch heterosex. sein muß, bedarf anthropolog. noch ihrer Begründung. Deswegen ist in den meisten Fällen als fast einzige adäquate therapeut. Möglichkeit die Bejahung der bestehenden Grundhaltung zu fordern. Vielfach ist fachmännische u. immer mitmenschl. Hilfe notwendig, um den homosex. Menschen im Akzeptierungsprozeß seiner H. zu begleiten.

5. *Erlebnisweisen:* Weil alle körperl. u. seel. ↗ Erfahrungen der gegenseitigen Anziehung, die zw. ↗ Mann u. ↗ Frau erlebbar sind, auch zw. homosex. Paaren auftreten u. weil die gegenseitigen Anziehungskräfte bei ihnen ebenfalls auf der Ebene v. Sexus, Eros u. Philia spielen, muß man auch bei H. nach diesen drei Komponenten nuancieren (H., ↗ Homoerotik, ↗ Homophilie), v. denen die eine od. die andere im Menschen überwiegen kann. Welche von ihnen sich schwerpunktmäßig im homosex. Menschen manifestiert, bestimmt die Umwelt mit. Eine vorwiegend heterosex. ↗ Gesellschaft mit wenig psychisch nuancierten moral. Grundsätzen stimuliert gewollt — wie direkt durch ↗ Strafrecht od. indirekt z. B. durch verallgemeinernde Erwartungen u. ↗ Ideale (↗ Leitbilder) — den homosex. Menschen vielfach zu einer ↗ *Verdrängung* seine Empfindungsweise, so daß nur homosex. Handlungen als Symptom seiner

↗ Konflikte im Vordergrund stehen. Viele Formen der gesellschaftl. u. geschichtl. Abwehr sollten darum nicht zuletzt in u. von den ↗ Kirchen abgebaut werden. Bloßes *Ausleben* der Sexualtriebe ohne personale Tiefe u. menschl. Wärme ist auf die Dauer nicht heilsam, weil eine solche Befriedigung das tiefste Sehnen im Menschen unerfüllt läßt. Nur *Personalisierung* der H. in einer verantwortungsvollen ganzheitl. auf den gleichgeschlechtl. Partner gerichteten ↗ Liebe od. eine wahrhaftige ↗ *Sublimierung* der H. sind anthropolog. u. damit u. darüber hinaus christl. gesehen wertvoll u. bedeutsam.

6. *Pastoral:* Kern jeder pastoralanthropolog. Hilfe u. Begleitung soll darum sein, dem homosex. Menschen bei der f. ihn keineswegs leicht erreichbaren Personalisierung — u. in Einzelfällen bei der Sublimierung — seiner H. behilflich zu sein, aus welchen situationsbedingten od. personengebundenen Gründen diese auch entstanden ist. Dazu ist notwendig: Krit. Exegese einschlägiger Bibeltexte, Abbau jahrhundertealter ↗ Vorurteile über ↗ Naturrecht u. bloß auf Zeugung u. ↗ Ehe hingeordnete ↗ Sexualität, tieferes Durchdenken des bibl. u. anthropolog. Menschenbildes, Annahme der durch die empir. Wissenschaften veranlaßten Ausweitung der Erkenntnisse über H., v. a. aber Rücksichtnahme auf die einmalige konkrete ↗ Natur des homosex. Menschen u. seine Selbstaussagen u. ↗ Ehrfurcht vor seinem persönl. ↗ Gewissens-Entscheid. Die eigentlich humane, menschenwürdige u. christl. Konsequenz der H. ist die ↗ Homophilie, deren Bedeutung f. die Gesellschaft freilich noch zu untersuchen ist.

A. M. J. M. Hermann van de Spijker

Lit.: H. Giese/V. E. von Gebsattel, Psychopathologie der Sexualität (1962); K. Freund, Die Homosexualität beim Mann (1965); M. Boss, Sinn u. Gehalt der sexuell. Perversionen — zur Psychopathologie des Phänomens der Liebe (1966); W. Bräutigam, Formen der Homosexualität. Erscheinungsweisen, Ursachen, Behandlung, Rechtsprechung (1967); A. M. J. M. Hermann van de Spijker, Die gleichgeschlechtliche Zuneigung, Homotropie u. die katholische Moraltheologie (1968); ders., Homotropie, Menschlichkeit als Rechtfertigung (1970); W. J. Sengers, Homosexualiteit als klacht, een psychiatrische studie (1969); Ch. Wolff, Psychologie der lesbischen Liebe (1973).

Hormonbehandlung. Hormone sind Stoffe, die v. innersekretor. Drüsen produziert werden bzw. durch Neurosekretion (Vasopressin, Oxytocin) entstehen u. über die Blutbahn auf ihre Erfolgsorgane wirken. Ihrer chem. Natur entspr. unterscheiden wir zwei Gruppen: *Stereoide* u. *Peptide*. Weil die Steroide eine relativ einfache chem. Struktur mit niedrigem Molekulargewicht haben, können die meisten v. ihnen synthetisch hergestellt werden. Nur f. Stoffe mit hohem Molekulargewicht (Gonadotropine, Wachstumshormon) ist man in der Anwendung noch immer auf die Extraktion aus natürl. Rohstoffen angewiesen. Wir sprechen v. Wirkungsmuster, weil Hormone an versch. Stellen im Organismus angreifen u. versch. Wirkungen hervorrufen, aber es besteht im allgem. immer eine gewisse funktionelle Konvergenz.

Da Hormone f. best. Funktionen unerläßlich, z. T. lebensnotwendig sind, sind Mangelerscheinungen der endokrinen Drüsen das Hauptanwendungsgebiet der H. Durch Verabreichung der zentral regulierenden Hormone der Hypophyse kann die Gesamtfunktion der peripheren Drüsen angeregt werden. Einfacher in der prakt. Anwendung ist die Verabreichung der Hormone der peripheren Drüsen. Als Beispiel: Störung im Zuckerstoffwechsel (Diabetes) durch Mangelproduktion des Pankreas wird durch Verabreichung des Pankreashormones (Insulin) behandelt. Über die erwünschte Wirkung hinaus werden fast immer auch andere Organu. Funktionssysteme beeinflußt. Eine genaue Kenntnis der Wirkungsweise u. eine f. den Einzelfall best. Dosierung ist daher unerläßlich, um „unerwünschte ↗ Nebenwirkungen" zu vermeiden.

Neben der Behandlung v. Mangelerscheinungen ist es gelegentlich wünschenswert, einzelne Wirkungen der Hormone therapeut. auszunützen: Wirkung auf den Elektrolythaushalt, Wirkung auf den Kohlenhydratstoffwechsel, immunosuppressive Wirkung, anabole Wirkung etc.

Die synthet. Darstellung v. Hormonen hat die Möglichkeit eröffnet, Variationen in ihrer Struktur anzubringen u. damit gezielte Veränderungen im Wirkungsmuster zu erreichen. Es ist möglich geworden, bei synthet. hergestellten Hormonen bestimmte Wirkungen zu forcieren u. unerwünschte Effekte auszuschalten bzw. abzuschwächen. Die bremsende Wirkung der peripheren Hormone auf die Funktion der Hypophyse wurde in der hormonalen ↗ Empfängnisregelung (Ovulationshemmung) ausgenützt. Hu

Lit.: A. Labhart, Klinik der inneren Sekretion (1971); Joachim Ufer, Hormontherapie, Grundlagen und Praxis (1972).

Horoskop meint als astrolog. Begriff im stat. Sinn das Persönlichkeitsbild, bedingt durch die Konstellation der Gestirne im Augenblick der Geburt, im dynam. Sinn den Einfluß der wechselnden Konstellationen. Voraussetzung ist die zentrale Stellung der Erde u. des Menschen im Kosmos. ↗ Astrologie

Hospitalisierung. Vorgang der Einweisung in ein ↗ Krankenhaus (Spital, Hospital, Klinik u. ä.) zum Zwecke der stationären Diagnostik u. Therapie.

Hospitalismus. Der H. als gesundheitl. Beeinträchtigung des ↗ Kindes kann sich verschieden darstellen. Der *körperl.* H. hat durch verbesserte ↗ Hygiene, durch neuzeitl. eingerichtete ↗ Krankenhäuser u. Heime (↗ Heimerziehung) an Bedeutung u. Aktualität eingebüßt. Der *psychische* H. (Verkümmerung, seel. Depravation, anaklit. ↗ Depression) hängt in seinem Ausmaß v. a. vom Lebensalter des Kindes ab. Der zeitl. Schwerpunkt einer Schädigungsmöglichkeit liegt zw. dem 6. Lebensmonat u. dem 3.—4. Lj. Ferner spielt die Zeitdauer der Hospitalschädigung eine Rolle. Kurzdauernde Heimwehreaktionen sind im allgem. reversibel. Mehrmonatige Herausnahme aus dem vertrauten Milieu kann bleibende Verhaltensalteration od. Persönlichkeitsdeviation bedingen. Die Art u. die Ausstattung des ein Kleinkind aufnehmenden Milieus sowie die Struktur der vorher vorhandenen Persönlichkeit spielen darüber hinaus eine Rolle. Im Ablauf der Hospitalschädigung wurden eine Protestphase, eine Phase der ↗ Verzweiflung u. zuletzt eine Zeit der Verleugnung differenziert (Bowlby). Hospitalisierte Kinder weisen eine verspätete psychische u. physische ↗ Entwicklung auf, ihre Reaktionen sind verlangsamt, ihre ↗ Aktivitäten geringer. Es fehlt den Kindern das rechte Gedeihen. Frühkindl. Entwicklungsdaten sind oft so erheblich verzögert, daß bei einer Untersuchung der Verdacht auf eine leichte hirnorgan. Vorschädigung erst ausgeschlossen werden muß. Psychisch hospitalisierte Kinder zeigen häufig eine ausgeprägte Neigung zu katarrhalischen Infekten mit geringer Gewichtszunahme. Im Schulalter läßt sich oftmals Kontaktarmut od. aggressive Unruhe beobachten. Affektiv bedingtes Schulversagen, vegetative Fehlsteuerungen, viele Verhaltensstörungen wie ↗ Bettnässen, Pavor nocturnus, stereotype Wackelbewegungen, vervollständigen das Bild. H. wird heute selten in ↗ Krankenhäusern, gelegentl. in personell u. räuml. unzureichend ausgestatteten Heimen, ebenso oft aber auch in unvollständigen u. vernachlässigten Familiensituationen beobachtet. Ha

Lit.: A. Dührssen, Heimkinder u. Pflegekinder in ihrer Entwicklung (1958); M. Meierhofer/W. Keller, Frustration im frühen Kindesalter (1966).

Human Engineering ↗ Biotechnik ↗ Humangenetik

Humanexperimente ↗ Experimente

Humangenetik. H., als Spezialfach der allg. Genetik, ist die Wissenschaft v. den Grundlagen u. Gesetzen der Vererbung normaler u. krankhafter Eigenschaften beim Menschen. Das gesamte körperl. u. seel.-geist. ↗ Leben des Menschen wird v. den Erbfaktoren (Genen) mitbestimmt (↗ Anlage u. Vererbung). Diese erbl. Veranlagung läßt sich umso deutlicher erkennen, je gleichförmiger u. besser beherrschbarer die ↗ Umwelt ist. Da ↗ Experimente am Menschen aus eth. Gründen nur begrenzt möglich sind u. seine lange Generationsdauer u. geringe Nachkommenzahl die Beobachtung erschweren, wurden u. werden die Grundlagen der Vererbung an ↗ Tieren u. Pflanzen experimentell erforscht. Beim Menschen bieten allerdings Familien- u. Zwillingsforschung, sowie Studien an Adoptiv- u.

Heimkindern einen gewissen Ersatz. Stimmen z. B. eineiige Zwillinge häufiger als zweieiige hinsichtl. eines Merkmals überein, weist dies auf Erblichkeit hin; wenn nicht, ist Umwelteinfluß zu vermuten. Kommt eine best. Eigenschaft des Adoptivkindes in seiner leibl. ↗ Familie vor, spricht das f. Erblichkeit, Vorkommen in der Adoptivfamilie dagegen f. Umwelteinfluß (↗ Adoption). Bei Heimkindern (↗ Heimerziehung) deutet eine unterschiedl. ↗ Entwicklung trotz gleicher Umwelt auf Erbmechanismen. So erforscht die H. die physiolog. Genwirkungen, die beim Menschen die Verschiedenheit seines normalen Erscheinungsbildes (Phänotypus) bedingen. Eine weitere bedeutende Aufgabe hat die H. in der Analyse patholog. Genwirkungen, die sich in ↗ Erbkrankheiten ausprägen können. Durch moderne klin. u. laborchem. Untersuchungsverfahren lassen sich Erbleiden häufig frühzeitig erkennen u. behandeln. Die Sicherung der Diagnose bei einem betroffenen Kind ermöglicht f. eine nachfolgende ↗ Schwangerschaft eine zuverlässige Risikoeinschätzung (Mendel'sche Spaltungsziffern b. monogener Ursache, empir. Ziffern b. multifaktorieller Bedingtheit). So kann im Rahmen einer verantworteten ↗ Familienplanung die Übertragung v. ↗ Mutationen mit höherem Krankheitswert in der Generationsfolge verhindert werden (↗ Eugenik). Ze

Lit.: W. Lenz, Medizin. Genetik. Grundlagen, Ergebnisse u. Probleme (1970); P. E. Becker (Hrg.), Humangenetik (1964—1974); K.-H. Degenhardt (Hrg.): Humangenetik. Ein Leitfaden f. Studium, Praxis u. Klinik (1974).

Human relations. Angloamerikan. Begriff aus der ↗ Gruppendynamik, der die zwischenmenschl. Beziehungen meint, die sich aus Interaktionen zw. den Mitgliedern einer ↗ Gruppe ergeben (↗ Kommunikation).

Humor ↗ Freude ↗ Liebe

Hunger ↗ Fasten ↗ Entwicklungshilfe, kirchliche ↗ Armut

Hygiene. H. ist der Teil der medizin. Wissenschaft, welcher sich mit der gewohnheitsmäßigen Umgebung des Menschen beschäftigt u. diejenigen Momente in derselben zu entdecken u. zu beseitigen sucht, welche Störungen im Organismus zu veranlassen u. seiner ↗ Entwicklung zu höchster Leistungsfähigkeit entgegenzuwirken imstande sind. Sie ist die Kunst des Gesundbleibens u. Wohlbefindens, hat daher die Aufgabe, Schädlichkeiten festzustellen, Schädigungen zu verhüten u. die Leistungsfähigkeit zu erhalten u. zu steigern. — Die H. beschäftigt sich mit der Gesundheitspflege u. der Gesunderhaltung, während die anderen Spezialfächer der Medizin durch die bes. Art des Ratsuchenden (↗ Patient = ein bereits Erkrankter), den Organsitz v. Leiden od. die Technik der Heilweise unterschieden werden. Das Wort „Medizin" geht auf die Vorstellung zurück, einen Verlust wieder gutmachen zu müssen, also des Heilens od. Helfens. Es wird also eine Einbuße an Behagen, ein Krankheitszustand vorausgesetzt. Die H. beschäftigt sich im Gegensatz hierzu mit der Erhaltung u. Pflege der ↗ Gesundheit durch geeignete ↗ Vorsorge-Maßnahmen (↗ Präventivmedizin, ↗ Prophylaxe). Bo

Lit.: E. Gerfeldt, Sozialhygiene (1955); W. Steuer, Gesundheitsvorsorge (1971).

Hylemorphismus ist die phil. Lehre, nach der alle körperl. Substanzen aus Stoff u. Form bestehen (Aristoteles). In der Dogmatik findet er sich in der Lehre v. Materie u. Form der ↗ Sakramente usw.

Hypnose. Künstl. herbeigeführte Veränderung des Wachzustandes, die dem Zustand des Schlafens ähnlich ist. Charakterisiert durch erhöhte Suggestibilität u. Einengung des Kontaktes auf die Person des Hypnotiseurs. Durch im hypnot. Zustand erteilte ↗ Suggestionen lassen sich funktionelle Veränderungen auf sensorischem, motorischem u. vegetativem Gebiet u. damit therapeut. Wirkungen erzielen, die zum Verschwinden psychosomat. (↗ Psychosomatik) u. hyster. (↗ Hysterie) Symptome führen können. Die Einleitung der H. erfolgt durch Fixation glänzender Gegenstände (Braid), durch Suggestion v. Müdigkeit u. Schweregefühl (Liébault) od. durch magnet. Striche (Messmer). Bis auf

15% sind normale Erwachsene hypnotisierbar. Hinsichtl. der Tiefe wird der hypnot. Zustand eingeteilt in drei Stadien: 1. Somnolenz, 2. Hypotaxie, 3. Somnambulismus. Katalept. Symptome, bei denen die Versuchspersonen ihre Gliedmaßen nicht mehr willkürlich bewegen können, lassen sich schon im ersten Stadium erzielen. Im zweiten Stadium können Sensibilitätsveränderungen sowie Erinnerungsverlust f. die Ereignisse während der H. suggeriert werden. Im dritten Stadium des somnambulen Zustandes können die Versuchspersonen ohne Unterbrechung des Trancezustandes die Augen öffnen, umhergehen u. agieren, wobei sie sich in einer vom Hypnotiseur suggerierten Scheinwelt befinden. In diesem Zustand lassen sich auch posthypnot. Aufträge erteilen, die späterhin mit sekundären ↗ Rationalisierungen ausgeführt werden. Das Aufwachen aus der H. erfolgt in der Regel auf Befehl des Hypnotiseurs. Die Versuchsperson entzieht sich jedoch in der Regel dem Einfluß eines posthypnot. Befehles u. einer Suggestion u. erwacht spontan aus der H., wenn solche Suggestionen ihrem ethischen Empfinden zuwiderlagen. Der Gebrauch der H. in der ↗ Psychotherapie erfolgt heute über das ↗ Autogene Training (I. H. Schultz), das zu einer gestuften Aktivh. (Langen) weitergeführt werden kann. Die theoret. Vorstellungen über das Zustandekommen der H. sind unbefriedigend. Am ehesten ist der Auffassung v. Schilder u. Kauders sowie v. Stokvis beizupflichten, daß es sich bei der H. um eine psychiatr. ↗ Übertragungs-Reaktion handelt. Dadurch stellt die H. eine Leistung des Hypnotisierten dar, dessen Triebansprüche in der H. befriedigt werden. Pa

Lit.: D. Langen, Gestufte Aktivhypnose (1969); B. Stokvis, Lehrbuch der Hypnose (1965); B. Stokvis/M. Pflanz, Suggestion (1961); B. Stokvis u. E. Wiesenhütter, Der Mensch in der Entspannung (1961).

Hypnotherapie. Die v. Charcot u. Janet in die wissenschaftl. Medizin eingeführte Benützung der ↗ Hypnose zu therapeut. Zwecken, die auf der Möglichkeit zur ↗ Suggestion beruht u. nur so lange wirksam ist, als jene aufrecht erhalten werden kann.

Hypochondrie. H. ist die Neigung zur eingebildeten ↗ Krankheit, verbunden mit einer gesteigerten Selbstbeobachtung. H. ist keine Krankheit, sondern ein Symptom v. großer Vieldeutigkeit. Man kann sie unter die Neuropathien einordnen. Der eingebildete Kranke leidet unter einer charakterist. ↗ Angst um das eigene Leben, sieht in unbedeutenden Anlässen gleich schwere Krankheiten u. fürchtet sich ständig vor dem ↗ Tod. Die Unterscheidung zw. eingebildeter u. vorgetäuschter Krankheit ist oft schwierig. Unbedachte ärztl. Äußerungen können oft zur iatrogenen H. führen. In bes. schweren Fällen kommt es zur Steigerung in hypochondr. ↗ Wahn-Ideen. Sie sind häufig bei ↗ Psychosen wie Schizophrenie, Paranoia, Melancholie u. Paralyse mit ständiger Angst vor dem Vergiftetwerden verbunden. Neurot. H. findet sich häufig beim Wechsel der Lebensphasen (↗ Pubertät, ↗ Wechseljahre) od. bei bes. Berufsgruppen (Medizinstudenten), die sich intensiv mit Krankheiten beschäftigen u. diese plötzlich am eigenen Leib feststellen. Im Alter lenkt die nachlassende Vitalität wiederum das Interesse auf den Leib. Der notwendigen Innewerdung versucht man durch äußere Aktivität zu entgehen. Die ↗ Überforderung (↗ Streß) führt zu Beschwerden, die überbewertet u. auf schwere Krankheiten zurückgeführt werden. Durch eine ↗ Flucht in die Krankheit versucht man der durch das ↗ Altern gestellten Aufgabe der Binnenwendung zu entgehen.

H. scheint nicht reaktiv, sondern thymisch bedingt zu sein. Der Hypochonder fürchtet seine Krankheit, der Hysteriker will sie, der Simulant täuscht sie vor. Nicht selten ist die durch die Publikation v. medizin. Abhandlungen induzierte H. bei medizin. interessierten Laien. Sie stellen den ↗ Arzt oft vor schwierige Aufgaben, wechseln diesen ständig, bis sie schließlich bei ↗ Kurpfuschern landen. In pastoraler Hinsicht sind Hypochonder schwer zu führen, da sie in ihrer starken Ichbezogenheit kaum auf eine Seelenführung eingehen. Die ↗ Selbsttötungs-Gefahr ist bei egozentr. Hypochondern geringer als bei den depressiven Formen,

Hysterie

wo sie das Symptom einer schweren Melancholie od. einer wahnhaften ↗ Psychose ist. Gg

Lit.: A. Niedermeyer, Handbuch d. spez. Pastoralmedizin, Bd. V, 76 f (1952).

Hysterie. H. ist als Krankheitsbild in der voranalyt. Zeit (Hippokrates bis Charcot) nicht einheitl. definiert. Hippokrates (um 400 v. Chr.) hat das Wesen der H. als genitale Nervenkrankheit der ↗ Frau, verursacht durch Lageveränderung der Gebärmutter (hystera), f. 2 Jahrtausende festgelegt. Diese somat. Auffassung blieb bis zum Ende des 19. Jh. bestehen. Es wechselten nur die Ansichten über den Sitz der ↗ Krankheit. Zeitweise wurde H. mit ↗ Epilepsie u. ↗ Hypochondrie zusammengeworfen u. als eingebildete Krankheit, verbunden mit „idiopath. Krankheit des Gehirns", erklärt. Bei Charcot (1825—93) wird die gestörte weibl. Genitalfunktion letztlich aus einem materiellen ↗ Hirnschaden abgeleitet u. das ↗ Leiden der H. insgesamt als schicksalhafte, vererbte ↗ Degeneration betrachtet.

S. Freud beschrieb die H. erstmals lebensgeschichtl. psych. als Akt der ↗ Verdrängung eines bewußtseinsunverträgl. ↗ (Sexual-)Traumas u. erbrachte durch hypno-kathart. Behandlung (↗ Hypnose) den Wahrheitsbeweis f. diese Theorie. Eine eher biologist. Perspektive des H.-Problems eröffnete die Konstitutionsforschung E. Kretschmers (1923) (↗ Körperbau u. Charakter). Die H. mit ihren vielen Erscheinungsformen hat heute an Bedeutung verloren. Der „große hyst. Anfall", die dramat. Demonstration des Bewegungssturmes, der den ganzen Leib erfaßt u. bis zur Ohnmacht schüttelt (↗ Erregung, ↗ Panik), gehört der Medizingeschichte an. Der moderne Mensch erleidet seine ↗ Konflikte unmittelbar als ↗ Angst u. ↗ Depression od. verdrängt sie in den Bereich vegetativ gesteuerter innerer Organsysteme (↗ Psychosomatik, ↗ Konversionssymptome). Bis in die Gegenwart fruchtbar geblieben ist die „hyst. Charakterstruktur" der ↗ Neopsychoanalyse. Sie vereinigt die positiven u. negativen, gewordenen u. erworbenen Eigenschaften der hyst. Persönlichkeit u. integriert: Strukturelement, hyst. Reaktionen u. Einzelsymptome.

Fruchtbare od. sterile Egozentrik, geniale u. produktive Realitätsgestaltung od. infantil-narzißt. Selbstbezogenheit, Zusammenhangsverlust infolge augenblickszentrierten Lebensgefühles od. pulsierende, sprudelnde u. glitzernde Lebensoberfläche stellen einige Strukturelemente dar. Gefürchtet u. ängstlich vermieden werden Regel, Ordnung, Dauer u. ↗ Verantwortung. Wie Ordnung ohne ↗ Freiheit zum ↗ Zwang wird, so drängt die zentrifugale Tendenz der H. zu Freiheit ohne Ordnung. Entstehung u. Erscheinungsform der H. wurden in der nachanalyt. Zeit einheitlicher verstanden u. anthropolog. umfassender erklärt.

Abgesehen v. den Mischstrukturen (66,2%) ergaben Untersuchungen einen Anteil v. 9,4% rein hyst. Strukturen (0,9% männlich, 16,3% weiblich) an Häufigkeit unter den versch. neurot. Strukturen.

F. die ↗ Seelsorge ist der hyst. Charakter eine bes. Bürde: narzißt. Egoismus läßt kein echtes Leidensgefühl u. damit keine Erlösungsbereitschaft aufkommen (↗ Narzißmus). Schmerz u. Leiden werden verfälscht u. übertrieben dargelegt (im Dienste eines neurot. Lustgewinnes), so daß der ungeübte Helfer leicht Täuschungen erliegt. Dennoch verbirgt sich hinter dem unbewußten Rollenspiel echte Hilfs- u. Heilbedürftigkeit.

Die Therapie (in schweren Fällen analyt. Behandlung) muß auf eine fortschreitende Konfrontation mit sich selbst abzielen, in der das Unechte klar gesehen u. die Realität beachtet wird. Gg/Mg

Lit.: S. Freud, Studien über Hysterie, Ges. Werke Bd. I; W. Bräutigam, Reaktionen, Neurosen, Psychopathien (1968); W. Schwidder, in: Grundzüge d. Neurosenlehre, Bd. II (1972); E. Kretschmer, Hysterie (⁷1974).

Ich. Als Gegenbegriff zu dem v. G. Groddek übernommenen ↗ „Es" sowie dem ↗ „Über-I." v. Freud in der zweiten Topik eingeführte Bezeichnung f. diejenige seel. Instanz, der die Mittlerrolle zw. den Ansprüchen u. Befehlen der anderen seel. Instanzen u. den Forderungen der Außenwelt zufällt. Im neurot. ↗ Konflikt mobilisiert es die ↗ Abwehrmechanismen, genetisch wird es als Niederschlag der aufgegebenen Objektbeziehungen u. damit als ein vom Es besetztes Liebesobjekt im eigenen Innern angesehen.
Verstand die ↗ Psychoanalyse sich v. ihren Anfängen her über lange Zeiträume hin als eine Psychologie des Es, so wurde v. a. in der Generation nach Freud (inauguriert durch dessen Tochter Anna) eine psychoanalyt. I.-Psychologie in Angriff genommen, als deren vorläufiger Endpunkt die Forschungen v. H. Kohut über den ↗ Narzißmus angesehen werden müssen.
Wenn die Psychoanalyse „I.-Stärkung" als die allgemeinste Formel ihres Behandlungszieles angibt, so wird sich auch die ↗ Pastoralpsychologie damit weitgehend identifizieren können. Theol. gesehen kann die ↗ Seelsorge nicht Anwalt einer unveränderl. Außenwelt, noch der triebhaften Ansprüche des Es, noch der Niederschläge der Erziehungsmächte im Über-I. sein, sondern derjenigen Instanz, die in ↗ Freiheit v. allen ↗ Zwängen des Vorfindlichen das Ganz-andere als das Zukünftige schon jetzt zu verwirklichen sucht. Totale Herrschaft des I. kann nur als ein eschatolog. Ziel ins Auge gefaßt werden. Scha

Lit.: S. Freud, Massenpsychologie und Ich-Analyse, Ges. Werke, Bd. XIII; S. Freud, Das Ich und das Es, Ges. Werke, Bd. XIII; A. Freud, Das Ich u. die Abwehrmechanismen (1964); H. Hartmann, Essays on Ego Psychology (1964); I. D. Ebner, Theology and the Self (1971).

Ichbewußtsein. Das ↗ Bewußtsein seiner selbst galt seit Descartes als das gewisseste anthropolog. Datum. Die ↗ Psychoanalyse zeigte, daß auch das Bewußtsein seiner selbst durch unbewußte Faktoren verzerrt sein kann u. so I. nicht als eine Gegebenheit, sondern als eine Aufgabe angesehen werden muß, deren Vollendung nur als eschatolog. Ziel ins Auge gefaßt werden kann.

Ideal. 1. *Begriffsbestimmung:* Wegen der nicht einheitl. Verwendung der Ausdrücke I., Vorbild, ↗ Leitbild, Beispiel u. dgl. muß zuerst gesagt werden, was hier mit dem Begriff I. gemeint ist. Wir verstehen darunter eine persönl. Zielvorstellung, auf die hin od. f. die der einzelne lebt, wobei der ↗ Wert dieses Zieles im sittl. Bereich liegt. Dadurch unterscheidet sich das I. vom Leitbild, bei dem der Wert, um dessentwillen es angestrebt wird, auch in anderen Bereichen als im sittl. liegen kann. Ein I. kann entweder ein Begriff sein (die Heiligkeit, der Fortschritt) od. eine ↗ Person. Wenn man v. jemandem behauptet, er habe keine I.e, dann meint man damit meistens die erste Kategorie. Weiters gehört wesentl. zum Begriff des I.s, daß es im eigentl. Sinn unerreichbar ist: also eine Zielvorstellung, die f. das ganze Leben einen Ansporn f. das Bemühen bietet, diesem Ziel näherzukommen. —

2. *Idealisches Denken heute:* Unter dem Einfluß v. E. Spranger herrschte bis vor kurzem die Meinung vor, daß jeder Jugendliche durch seine seel. Entwicklung v. selbst auf I.e hingewiesen werde. Auch die ↗ Entwicklungspsychologie sprach davon, daß der Jugendliche einen „ethischen Garanten" (H. Remplein) sucht, d. h. einen Erwachsenen, an dem er die Gültigkeit sittl. Werte ablesen kann. Diesbezüglich hat sich im Lauf der letzten Jahre ein Wandel vollzogen: statt Ausrichtung auf I.e geht es um ↗ „Selbstverwirklichung", der ↗ Glaube an I.e wird durch ein pessimist. Menschen- u. Lebensbild gefährdet, eine säkularisierte Denkweise bringt kein Verständnis f. eine außermenschl. Wertordnung auf: f. den autonomen Menschen ist alles relativ geworden (↗ Säkularisierung).

3. *Bedeutung der I.e f. die Menschenführung:* Der Glaube an die ↗ Gottebenbildlichkeit des Menschen gibt dem idealischen Denken eine Bestätigung v. der Offenbarung her. Ebenso zeigt die Psychologie, daß ein auf sittl. Werte ausgerichtetes ↗ Selbstwertgefühl des Menschen

nach Verwirklichung drängt; auch die v. C. G. Jung dargestellten „Urbilder" (↗ Archetypen) weisen in dieselbe Richtung. Wenn im Kindes- u. Jugendalter durch Wegfall v. Führung u. Vorbild der Zugang zu den sittl. Werten dem Heranwachsenden nicht erschlossen wird, entsteht eine ↗ Frustration, die die Grundlage einer pessimist. Selbst- u. Lebensverneinung bildet. Das Erschließen des Zugangs zu den sittl. Werten erfolgt durch das persönl. Vorbild der Erwachsenen, durch eine ↗ Erziehung, die das Streben nach Selbstverwirklichung im sittl. Bereich bestätigt, sowie durch jene Literatur, die I.gestalten zum Inhalt hat. Hm

Lit.: R. Oerter, Die Entwicklung von Werthaltungen während der Reifezeit (1966); H. Roth, Pädagogische Anthropologie (²1968).

Identifizierung. Als I. wird in der psychoanalyt. Theoriebildung der Vorgang bezeichnet, durch den ein Subjekt Eigenschaften des anderen in sich assimiliert u. sich so nach dem Vorbild des anderen verändert. Bereits der Säugling scheint intensiv den Vorgang der Einverleibung des primären Objektes erleben u. symbolisieren zu können. Der so vorwiegend körperl. erlebte Vorgang der ↗ „Introjektion" muß als Vorstufe der I. bezeichnet werden. Die klass. Zeit der I. ist jedoch die Entwicklungsstufe des ↗ Ödipuskomplexes, in der die Besetzungen der Eltern (in der Regel des gleichgeschlechtl. Elternteiles) aufgegeben u. durch I. ersetzt werden. Dadurch wird das ↗ Normen-System der Eltern als eine eigene seel. Instanz, dem ↗ Über-Ich im eigenen Innern, aufgerichtet. Die Bildung eines autonomen ↗ Ichs scheint unabdingbar auf der Möglichkeit zu I.svorgängen zu beruhen, wenngleich zur ↗ Identitätsfindung auch der — in der Regel die ↗ Pubertät beherrschende — Vorgang der Ablösung gehört. In der Gegenwart kommt es zu tiefgreifenden Wandlungen der I.svorgänge, da ↗ Kinder sich in der Regel nicht mehr einzig mit omnipotenten Elternpersönlichkeiten identifizieren, sondern früh pluralen I.smöglichkeiten ausgesetzt sind. Es ist anzunehmen, daß sich aus den veränderten ↗ Sozialisierungs-Praktiken tiefgreifende Änderungen der ↗ Über-Ich- u. ↗ Gewissens-Struktur ergeben werden. Scha

Lit.: Sigmund Freud, Massenpsychologie und Ich-Analyse, Gesammelte Werke, Bd. XIII; H.-R. Müller-Schwefe, Welt ohne Väter (1957); A. Mitscherlich, Auf dem Wege zu einer vaterlosen Gesellschaft (1968).

Identitätsfindung. Die Findung der eigenen Identität wurde v. E. H. Erikson in den Mittelpunkt seiner ↗ Sozialpsychologie gestellt. Sie stellt damit so etwas wie ein Korrelat zu der Konzentration der Ich-Entwicklung auf die ↗ Identifizierungs-Vorgänge zu Ausgang des ↗ Ödipuskomplexes durch Freud dar. Eriksons Entwicklungsgeschichte des ↗ Ich basiert auf einer Theorie der Realitätsbezüge u. bes. auf dem Herausarbeiten der ↗ Rolle der sozialen Realität. Unter Identität wird die Summe aller Bilder, Ideen u. Kräfte verstanden, die einer ↗ Person das Gefühl einflößen „wie sie selbst" zu sein u. „wie sie selbst" zu handeln. I. wird damit zu einem Prozeß, der auf einer erhöhten kognitiven u. emotionalen Fähigkeit beruht, sich selbst als ein umschriebenes Individuum in Beziehung zu einem voraussagbaren Universum zu sehen, das die Kindheitsumstände übersteigt. Damit rücken die Prozesse der ↗ Pubertät u. Adoleszenz stärker in den Vordergrund, u. — da Erikson als Beispiel f. I. eine Analyse der Person des jungen Luther vorgelegt hat — seine Kategorien sind in eine unvermutete Nähe zur rel. Begrifflichkeit gelangt, die die Chicagoer Theologenschule dazu veranlaßte, den Begriff der Identität als den stärksten neuzeitl. Beitrag zu dem anzusehen, was die christl. Überlieferung unter ↗ Glaube versteht. Scha

Lit.: E. H. Erikson, Der junge Mann Luther (1968); ders., Identität, Jugend und Krise (1970); ders., Identität und Lebenszyklus (1970); Leland Elhard, Living Faith: Some Contributiones of the Concept of Ego-Identity to the Understanding of Faith in: The Dialogue between Theology and Psychology (1969); J. Scharfenberg, Identitätskrise und Identitätsfindung im psychoanalytischen Prozeß in: Religion zwischen Wahn und Wirklichkeit (1972).

Identitätskrise, pastorale. Symptome der p. I. bei Pfarrern sind z. B. ↗ Schuld- u. Versagens-Gefühle, Zweifel an sich selbst u. am Sinn ihrer Arbeit, chron. Verteidigungshaltung, Managertum, ↗ Depressionen, psychosom. Erkrankungen, ↗ Resignation u. ↗ Berufswechsel. Die p. I. ist auch zu sehen im umfassenderen Zusammenhang der I. der ↗ Kirche, die als „Institution im Übergang" ihre gesellschaftl. ↗ Rolle wieder neu zu finden u. durchzusetzen hat. Gerade deshalb hält die evang. Kirche daran fest, den Pfarrer auf seine trad. Aufgaben v. Lehren, ↗ Verkündigung, Erziehen u. Helfen zu verpflichten. Beim kath. ↗ Seelsorger haben Sakramentenspendung, Liturgie u. Gemeindeleitung überlieferten Vorrang. Aber auch hier führt der kirchl. Bewußtseinswandel oft zum Rollenkonflikt zw. Amtsstruktur, Gemeindeerwartung u. Selbstbild. Die Erwartungen der Gemeindemitglieder u. der Öffentlichkeit verlaufen heute oft in umgekehrter Reihenfolge. F. sie ist der Pfarrer v. a. persönl. Beistand u. stets verfügbarer Helfer in Krisensituationen. Der Pfarrer selbst steht diesen Erwartungen skeptisch gegenüber. Er sieht sich mißbraucht u. mißverstanden als Repräsentant v. Tradition u. Vermittler v. Kontinuität u. Geborgenheit im Gegensatz zum Evangelium, das auf Erneuerung u. Veränderung zielt. Parallel dazu erlebt der Pfarrer seine persönl. I. Schon vor langer Zeit, meist in der Adoleszenz, hat er sich f. seinen Beruf entschieden u. ihn zu einem wesentl. Bestandteil seiner persönl. Identität gemacht (↗ Berufung). Die damit gegebene starke Normierung seiner Lebensführung ließ ihm wenig Spielraum f. eigene ↗ Reifungs-Prozesse, bes. in den Bereichen ↗ Selbstwertgefühl, ↗ Sexualität, ↗ Aggression u. ↗ Autoritäts-↗ Abhängigkeit (↗ Identitätsfindung). Hinzu kommt, daß er in seiner Ausbildung bisher zu wenig auf die v. ihm geforderte seelsorgerl. Begegnung mit anderen Menschen vorbereitet wurde. Im Umgang mit ihnen fühlt er sich deshalb als Universaldilettant u. den anderen helfenden Berufen unterlegen. Die Beschäftigung mit den Ergebnissen anderer Wissenschaften vom Menschen wie ↗ Psychologie u. ↗ Soziologie verunsichert ihn zunächst noch mehr hinsichtlich seiner eigentl. Aufgabe u. verschärft damit noch die p. I. In der p. I. liegt aber auch die Chance, daß der Pfarrer seine

↗ Freiheit u. Selbstverantwortung entdeckt, sein Wissen kritisch erweitert, eigene ↗ Kreativität freisetzt u. in dieser veränderten Identität seinen berufl. Eigenstand neu findet u. stabilisiert   Hs

Lit.: R. Riess, Seelsorge, S. 78—102; W. Zijlstra, Seelsorgetraining, S. 137—146.

Ideologie. Das Aufkommen der I. läßt sich geistesgeschichtl. u. geograph. feststellen; sie entstand in der v. Cabanis u. Destutt de Tracy vertretenen Philosophenschule am Ende des 18. Jh. in Paris u. versuchte die alten „sciences morales et politiques" — letztlich noch immer das alte Grundschema der aristotel.-scholast. Ethik u. Politik — in eine „science idéologique" umzuwandeln. Inspiriert wurde dieser Versuch der Umwandlung durch die Tatsache, daß im Emporkommen der Naturwissenschaften in den vergangenen Jahrhunderten ein neuer „positiver" Wissenschaftstyp geschaffen worden war, der wegen seiner „Exaktheit" einen ungeheuren Eindruck hinterlassen hatte. Die Versuchung, die positive Methode der Naturwissenschaft auf die „science des idées" anzuwenden, führt, wenn man ihr nicht widersteht, zum Versuch der Unterordnung der Geisteswissenschaften unter die Methode der Naturwissenschaften. Das Ergebnis dieses Vorganges ist die I. als neue „Wissenschaft". Es wäre falsch anzunehmen, daß es sich hier um einen historisch isolierten Vorgang handelte. Auf der einen Seite sind sich die Forscher darüber im klaren, daß die I. nur eine bes. Spielart einer weit zurückreichenden Geistesströmung ist, nämlich der Gnosis. Auf der anderen Seite hat die I., in der Geschichte fortwirkend, gerade in der neuesten Zeit ungeheure Folgen auf dem geist.-polit. Feld gezeigt. Die modernen I.n sind nicht nur gekennzeichnet durch den Drang nach wissenschaftl. Exaktheit, mit der die unerträgliche Ungewißheit bezüglich der Dinge dieser Welt kompensiert werden soll, sondern v. a. durch die Entfernung der Transzendenzproblematik, v. der der Philosoph im alten Verständnis die Antwort auf viele Fragen nach dem ↗ Lebenssinn beziehen konnte. V. der Reduktion aller Ideen versprachen sich die Ideologen die

Konstituierung einer Wissenschaft vom Menschen, die ihrerseits die Grundlage f. das gesamte polit. u. wirtschaftl. Leben abzugeben vermochte. Es liegt die Annahme zugrunde, daß diese Welt schlecht organisiert sei, daß sich ein besseres Programm entwerfen lasse u. daß das Programm der Verwirklichung fähig sei. Das „richtige Denken" der Ideologen besteht in der grundsätzl. Metaphysikfeindlichkeit u. in der ausschließlich in der (Sinnen-) ↗ Erfahrung begründeten naturwissenschaftl. Erkenntnis des Menschen. Mensch u. ↗ Gesellschaft bewegen sich nach erkennbaren Gesetzen, welche die Grundlage f. den Aufbau v. Staat u. Gesellschaft bilden. So werden die Ideologen zu Politikern, die I.n zum theoret. Fundament der Gesellschaft u. werden in den mannigfachsten Variationen in die Praxis umgesetzt. Das Phänomen der I.n kann nicht hinreichend erklärt werden ohne die Frage, wie der *Mensch* beschaffen sein muß, der eine I. produziert od. annimmt. Einige Kennzeichen liegen offen zutage. Neben der bereits erwähnten Sucht nach Elimination der Transzendenzproblematik u. nach „Sicherheit" im Wissen, verbunden mit dem ↗ Glauben an die Möglichkeit der Weltumformung, läßt sich nachweisen, daß die Ideologen nicht nur die Wissenschaft, sondern auch die Welt „in den Griff" bekommen wollen. Die *libido dominandi*, das Beherrschenwollen der Welt, ist auf die prakt. Umgestaltung der Verhältnisse gerichtet. Das Bewußtsein der *Revolte* gegen Gott manifestiert sich entweder im bloßen Beiseitelassen metaphysischer od. rel. Vorstellungen od. in der aktiven Form der Auflehnung im Falle versch. Religionskritiken (↗ Atheismus), f. die „der Mensch das höchste Wesen f. den Menschen" ist. Offensichtl. unterliegt der Ideologe einem Zwang, der Wirklichkeit in eine selbstkonstruierte Traumwelt zu entfliehen, in der alles weggelassen wird, was nicht ins System paßt. Der Ausschluß v. Realitätsfaktoren ist durchgehendes Kennzeichen der I.n. Das Verhalten der Ideologen bewegt sich in einem begrifflichen System v. Vorstellungen, ↗ Deutungen, Antizipationen u. ↗ Werten, das im Sinne konkreter Interessen zurechtgemacht ist, u. das sich mit der Realität nur partiell od. gar nicht zu decken braucht. I. ist, unter diesem Aspekt, eine Geisteshaltung, die aus der Beschränktheit der menschl. ↗ Natur u. des menschl. ↗ Geistes zu erklären ist, der sich weigert, die „Selbstüberschreitung" an sich zu vollziehen od. vollziehen zu lassen. Als Therapie dieses pneumopatholog. Zustandes ist in erster Linie die ↗ Erziehung zur Überwindung der eigenen Beschränktheit, zur Öffnung des Geistes u. zur Anerkennung der gesamten Realität zu empfehlen, die, auf den ↗ Charakter rückwirkend, eine Ablösung der Selbstüberschätzung, u. des Bewußtseins, Angelpunkt der Welt zu sein, zur Folge haben u. zur ↗ Demut führen kann (↗ Geheimnis).

Franz-Martin Schmölz

Lit.: Karl Mannheim, Ideologie u. Utopie (³1952); Hannah Arendt, Ideologie u. Terror, in: Offener Horizont, Festschrift f. K. Jaspers (1953); dies., Elemente u. Ursprünge totaler Herrschaft (1955); Theodor Geiger, Ideologie u. Wahrheit (1953); Georg Lukács, Die Zerstörung der Vernunft (1954); Otto Brunner, Neue Wege der Sozialgeschichte (1956); Jeanne Hersch: Die Ideologie u. die Wirklichkeit (1957); Eric Voegelin, Die neue Wissenschaft der Politik (1959); J. L. Talmon, Political Messianism (1960); Eric Voegelin, Religionsersatz, Die Massenbewegungen unserer Zeit, in: Wort und Wahrheit XV (1960); Hans Barth, Wahrheit u. Ideologie (²1961); Ernst Benz, Der Übermensch (1961); Kurt Lenk: Ideologie, Ideologiekritik u. Wissenssoziologie (1961); Franz-Martin Schmölz, Zerstörung u. Rekonstruktion der Politischen Ethik (1963), S. 62—81.

Idol = (griech.) Abgott; Götzenbild; Trugbild bzw. eine ↗ Person od. eine Sache, der große Verehrung entgegengebracht wird u. dem der einzelne od. die ↗ Masse nachläuft. I. kann aber auch ein unqualifiziertes, d. h. in seiner Bedeutung u. Gewichtung überschätztes Identifikationsobjekt sein.

Illusion. Der Begriff der I., mit dem man bisher eine falsche Vorstellung v. der Wirklichkeit bezeichnete, ist v. S. Freud dahingehend umgeprägt worden, daß eine I. „nicht notwendig falsch, das heißt unrealisierbar od. in Widerspruch mit der Realität sein" muß. Charakteristisch ist f. ihn vielmehr die Ableitung der I. aus menschl. Wünschen. Bereits in der Antike wurde der I.sbegriff religionskrit. eingesetzt (primus in orbe deos fecit timor),

v. a. aber durch Feuerbach popularisiert u. in der Umprägung durch Freud nun auch auf die Religion angewandt. Da die Lehrsätze der Religion nicht als Niederschläge der ↗ Erfahrung od. Endresultate des Denkens interpretierbar erscheinen, kann in ihnen nur das Prävalieren der Wunschwelt gegenüber der Sinnenwelt gesehen werden u. damit ein typ. kindl. Versuch der Weltbewältigung. Freuds theol. Freund O. Pfister trat ihm schlagfertig entgegen, indem er in der christl. Religion „die Zurückdrängung des Wunschdenkens durch das Realdenken u. die Mobilisation des Realdenkens durch das Wunschdenken" verwirklicht sieht. Damit rückt der I.sbegriff f. ihn stärker in die Nähe der ↗ Utopie, die als eine der tragenden Kräfte der Religion u. a. v. E. Bloch u. seiner Schule angesehen werden muß.

Unter pastoralpsych. Aspekt wird es wichtig sein, festzuhalten, daß menschl. Existenz ohne die Bildung v. I. sehr schwer vorstellbar ist. Entscheidend dürfte jedoch sein, ob die I. rückwärts gewandt u. ausschließlich auf infantile Zustände der individ. od. gesellschaftl. Vergangenheit bezogen ist od. ob sie als utop. Zukunftsvision verändernde Kräfte im individ. wie im gesellschaftl. Leben zu entbinden vermag. Als Kriterium f. seel. ↗ Gesundheit muß weithin gelten, inwieweit die Bildung v. I.n die Verbindung zur Realität abreißen läßt od. auch, wie der Verzicht auf jede I. zur hemmungslosen ↗ Anpassung an bestehende Wirklichkeit führen kann. Scha

Lit.: S. Freud, Die Zukunft einer Illusion, Gesammelte Werke, Bd. XIV; O. Pfister, Die Illusion einer Zukunft, Imago Bd. XIV, (1928), Heft 2/3; W. Schilling, Glaube und Illusion (1960); E. Fromm, Jenseits der Illusionen (1967); H. G. Preuss, Illusion und Wirklichkeit (1970); H. Zahrnt (Hrsg.), Jesus und Freud (1972); J. Scharfenberg, Religion zwischen Wahn und Wirklichkeit (1972).

Image. Urspr. in der angloamerikan. Psychologie gebräuchl. Begriff, der die Vorstellung bzw. das Bild (lat. imago) meint, das eine ↗ Person v. einer Gegebenheit hat. I. bezeichnet heute das öffentl. Ansehen einer Person, ↗ Gruppe, Institution, Tätigkeit, Ware usw. u. zeigt, wie eine solche Gegebenheit v. anderen gedeutet u. beurteilt wird. So hängt z. B. das ↗ Konsumverhalten der Verbraucher v. den Vorstellungsbildern ab, die sie v. den Produkten haben; Werbung soll das I. pflegen od. verändern, wobei nicht nur Eigenschaften u. Preis des Produktes wichtig sind, sondern auch dessen Name u. Verpackung, sowie die Vorstellungen über den Prestigewert des Produktes u. seiner Hersteller u. über den vermuteten Konsumentenkreis. ↗ Meinungsbildung, ↗ Prestigedenken.

Imago. Ursprüngl. Name der wächsernen Gesichtsmasken röm. Ahnengalerien. Allgem.: Bild. Im **Hypnotismus** (Bernheim, Forel, Stokvis u. a.) wurde ↗ Hypnose auf ↗ Suggestion, „bildhafte Einbildung" (= Imagination) zurückgeführt. Sie gelingt umso besser, je mehr der Hypnotisator der I., dem aus der Kindheit stammenden ↗ „Leitbild" (↗ Vater, ↗ Mutter, Vorbild, ↗ Ideal) des ↗ Patienten entspricht. Nach Freud gehen die Leitbilder in das ↗ Über-Ich ein bzw. bilden dieses. In Psychoanalysen werden I.s auf den Analysator „übertragen": dieser wird zum lebendigen ↗ Symbol v. Vater u. Mutter, an ihm werden unerfüllt gebliebene frühkindl. Wünsche nachgeholt u. Konflikte bearbeitet. Ähnlich werden in der ↗ Gruppenpsychotherapie Mitglieder zu Eltern u. Geschwistern umgeformt u. sie wie diese „behandelt". In der Psychotherapie C. G. Jungs u. seiner Schule wurde das Imaginieren (= „Bildern") zu einem spez. Verfahren ausgebaut, das viele Nachfolger u. Variationen erfuhr (Kretschmers u. Leuners „katathymes Bilderleben", „experimentelle Psychose" usw.). Viele aus dem ↗ Unbewußten auftauchende Symbole (↗ Archetypen, ↗ Visionen, sog. große ↗ Träume) übersteigen die Möglichkeiten vollen (deutenden) Verstehens. Der Patient od. Träumer kann sie jedoch malen u. sich über meditatives Versenken in das Bild ihren ursprüngl. emotionalen Erlebnisgehalten wieder annähern. In vielen Fällen gelingt so eine Ausweitung seiner Psyche über das persönl. Unbewußte (Freud) hinaus ins schöpferische Kollektiv-Unbewußte. Während Freud nur passiv „freie Einfälle" („Assoziationen") förderte u. deutete, greift die Jung-Schule urtüml. Bilder auf u. versucht sie in einem f. den Patienten förderl. u. ihn zu neuen Möglichkeiten führenden Sinn zu bearbeiten, immer wieder zu beleben u. umzuformen („Aktive Imagination"). Nach Wiesenhütter („Traum-Seminar") ist bei der Traumbearbeitung (-deutung) die Bildstufe zw. das unmittelbare symbol. Traumerleben (z. B. eines Tieres, das nicht als Bild, sondern leibhaftig erfahren wird) u. die spätere wache begriffl. ↗ Deutung einzuschalten. Wi

Lit.: C. G. Jung, Gesammelte Werke (1958 ff.); E. Wiesenhütter, Grundbegriffe der Tiefenpsychologie (1969).

Imbezillität ↗ Schwachsinn

Impfung. Neben einigen Fällen der *Heil-*I. (z. B. Injektion v. Blut Malariakranker bei gewissen Geisteskranken, Tuberkulineinspritzungen u. ä.) u. wenigen diagnost. I.n spielt die *Schutz*-I. die Hauptrolle. Diese besagt die (meist subkutane) Zuführung v. Krankheitsstoffen zu dem Zweck, durch die Herbeiführung einer abgeschwächten ↗ Krankheit Schutzstoffe gegen diese Krankheit im menschl. Organismus entstehen zu lassen, die eine aktive Immunisierung gegen solche echten Infektionen schaffen. Die I.s-Stoffe werden vom Kranken selbst, v. anderen Menschen od. vom ↗ Tier gewonnen. (Die gebräuchl. I.s-Seren werden heute meist v. Tieren gewonnen.) Zugrunde liegt die alte Menschheitserfahrung, daß nach Überstehen gewisser Infektionskrankheiten diesen gegenüber eine Dauerimmunität besteht, die also weitere Infektionen unwirksam macht. Die moderne ↗ Hygiene lebt weitgehend v. solchen Vorbeugungs-I.n gegen allgem. verbreitete od. in einem Lebensbereich (wieder) auftretende Seuchen (Pocken, Typhus, Cholera u. a.). In unserem Kulturkreis spielte (Dtsch. I.s-Gesetz v. 1874, weitere Seuchen- u. a. Gesetze, ähnlich in Österreich u. der Schweiz) die allgem. Pockenschutz-Zwangs-I. eine bes. Rolle (pflichtmäßige I. des Kleinkindes vor Ablauf des auf das Geburtsjahr folgenden Kalenderjahres; pflichtmäßige Zweit-I. im 12. Lebensjahr); andere I.n können bei gegebenen Voraussetzungen angeordnet werden. Gegen den I.s-Zwang gab es zwar vereinzelten Widerstand aus „Gewissensgründen"; im ganzen jedoch ist er bei uns gesellschaftlich rezipiert. Ethisch zu vertreten sind wohl auch durch staatl. Anordnung geforderte Schutz-I.n (die in einen I.s-Paß eingetragen werden müssen) im internat. Reiseverkehr. Gerade der schnelle Verkehr, vorab die Flugreisen, bringen die Gefahr der Einschleppung v. im Wohnraum des Betroffenen (ungefähr) ausgestorbenen Krankheitserregern, ohne daß die Tatsache der Infektion (wegen der Inkubationszeit) rechtzeitig erkannt werden kann. So droht die Gefahr v. Epidemien, damit eine solche Gefährdung des Gemeinwohls, daß v. hier aus die Ausübung eines gewissen ↗ Zwanges gerechtfertigt wird. (Im übrigen könnte hier der im ↗ Gewissen Angefochtene — meist ohne schweren Nachteil — auf die Auslandsreise verzichten.) — Dennoch scheint es begrüßenswert, daß bei neueren Schutz-I.n (typisch etwa bei der Polio-Schluck-I. gegen Kinderlähmung) der Staat an die freie ↗ Verantwortung der Bürger (vorab der Eltern) appelliert. Der signifikante Rückgang dieser Geißel scheint diese Methode des Vorgehens als zum notwendigen Ziel ausreichend zu verweisen. ↗ Vorsorge. Fl

Lit.: W. Ehrengut, Impffibel (²1966); ders., Schutzimpfungen bei Auslandsreisen (1974); H. Spiess, Impfkompendium (1973).

Impotenz. Emotionale Probleme können dadurch auftreten, daß Impotentia (I.) coeundi u. I. generandi verwechselt werden. Bei der meist auf einer Veränderung des Samens beruhenden I. generandi liegt ↗ Unfruchtbarkeit, d. h. Zeugungsunfähigkeit vor, obgl. der Geschlechtsverkehr ausgeführt werden kann. Bei der I. coeundi, der I. i. e. S., ist dagegen die Vereinigung der Geschlechtsorgane nicht möglich od. behindert, u. dennoch kann es u. U. zur Befruchtung, d. h. zur Vereinigung v. Ei- u. Samenzelle kommen. Die bei sex. Erregung zustande kommende Versteifung des männl. Gliedes (Erektion) kann ganz fehlen, zu schwach ausgebildet sein od. zu schnell wieder schwinden, sodaß das Glied nicht od. nur mangelhaft in die Scheide eingeführt werden kann. Bei weniger ausgeprägten Funktionsstörungen kann das versteifte Glied zwar eingeführt werden, der Samenerguß erfolgt aber vorschnell (Ejaculatio praecox) od. wird nicht als ↗ Orgasmus erlebt. Beim Zustandekommen der I. können unbewußte ↗ Ängste u. ↗ Konflikte eine Rolle spielen: verdrängte inzestuöse od. homosex. Wünsche (↗ Inzest, ↗ Homosexualität, ↗ Ödipuskomplex); Angst od. Haß in bezug auf die ↗ Frau, Angst vor ↗ Strafe f. sex. Genuß (↗ Masturbation). Ähnlich wie bei der ↗ Frigidität u. anderen funktionellen Sexualstörungen ist auch bei der I. in neuerer Zeit deutlich geworden, daß das Symptom weitgehend als ein interpersonales Phänomen aufgefaßt u. behandelt werden muß. Denn häufig sind die Konflikte u. Ängste beider Partner sowie ihre wechselseitigen interpersonalen Beziehungen v. ursächl. Bedeutung u. können in einer Partnertherapie aufgearbeitet werden (↗ Eheberatung, ↗ Psychotherapie). Ermüdung, Sorgen, ↗ Medikamente, Alkohol, sowie Auseinandersetzungen mit der Partnerin sowie situative Faktoren können auch zu einer allerdings nur vorübergehenden I. führen, wobei eher eine beruhigende als eine psychoanalyt. orientierte ↗ Psychotherapie angezeigt ist. I. als Folge einer unerkannten ↗ Depression mag medikamentöse Therapie erfordern. Manchmal sind auch organ. bzw. Stoffwechsel-Störungen die Ursache f. I., so daß allgemeinärztl. Untersuchungen nötig sind. Mk

Lit.: L. Lidberg, Psyche, Sex u. Soma. Ergebnisse einer Studie an 316 Patienten mit I. u. Ejaculatio praecox, in: Sexualmed. 2 (1973) 293—295.

Indifferenz. I. (= Gleichgültigkeit) wurde nicht erst durch Ignatius v. Loyola zu einem Fachwort der ↗ Spiritualität.
1. Die *stoisch-kynische Apatheia* (Adiaphora-Indifferentia) ist der begriffsgeschichtl. Ursprung: Sich befreien v. jeder ↗ Leidenschaft, um dadurch glücklich zu sein. Dieses ↗ Ideal durchzieht alle Religionen. Buddha: „Wenn der Mönch keiner ↗ Liebe, keiner ↗ Freude ... zugekehrt ist, geht er in ↗ Lust unter; ist Lust untergegangen, geht Leid unter." Die neuplaton. Ausprägung versteht Gottähnlichkeit als ↗ Geist-Werden, als Ablegen jeder sinnl. Regung; christl. (Thomas v. Aquin) wird korrigiert: „jeder ungeordneten Regung". Wie wenig die Synthese befriedigt, zeigt die bei „Frommen" virulente Gefahr, sittl.-christl. Vollkommenheit mit Leidenschaftslosigkeit zu verwechseln; diese als Sündenlosigkeit u. sogar als „Sündenunfähigkeit" zu betrachten: So im patrist. Evagrianismus, bei den mittelalterl. Brüdern vom Freien Geist, in den barocken Streitigkeiten um den Quietismus. Auch die ignatianische I. hielt Melchior Cano f. eine Lehre der Alumbrados, der Häresie der Erleuchteten. — 2. Doch die *ignatianische I.* klingt funktionalistisch: „Der Mensch ist geschaffen dazu hin ... Die anderen Dinge ... zum Menschen hin ... Hieraus folgt, daß der Mensch sie so weit zu gebrauchen hat, als sie ihm auf sein Ziel hin helfen, u. so weit lassen muß, als sie ihn daran hindern. Darum ist es notwendig, uns ‚indifferentes' zu verhalten." Sicherlich wurde der willensstarke Baske auch durch eine nominalist. Zeitstimmung geprägt, wo der verblassende Wesensgehalt der Dinge die Eigenkraft des ↗ Willens freigab. Doch bestimmend war seine ↗ Gotteserfahrung. — 3. *Pastorale Hinweise* stehen zw. beiden Entwürfen:
a) Um ↗ Werte ansichtig zu werden, braucht es eine *entspr. Voraussetzungslosigkeit,* die einzuüben ist.
b) Dies besagt keine „Apathie", wie personale Begegnung zeigt, sondern *ein bejahender Grundwille* wird aktuiert.
c) Das *Dilemma zw. Gleichgültigkeit u. leidenschaftl. Anteilnahme* kann zum Hinweis auf Gott werden, vor dessen Sein beides gilt: unbedingte Bejahung u. Gelassenheit, die vertraut, daß sein Wissen u. Wirken Berechnung u. Zugriff absolut übersteigen. Su

Lit.: G. Bardy, Apatheia, in: DictSpir I (1937) 727—746; G. Bottereau/A. Rayez, Indifférence, in: DictSpir VII 2 (1971) 1688—1708; H. Rahner, Ignatius von Loyola und das geschichtliche Werden seiner Frömmigkeit (1947).

Individualität. Der Begriff I. wird heute in versch. Weise gebraucht. Genetiker verstehen darunter die best. Merkmalstruktur, die im Genmuster vorgegeben ist, so daß genetisch identische Mehrlinge ein u. dasselbe Individuum wären. In der Soziologie wird die I. dagegen als Schnittpunkt sozialer ↗ Rollen definiert. Meist wird aber die Besonderheit der Eigenschaften eines Einzelwesens (Individuum), durch die es sich v. anderen als einmalig abhebt, als I. bezeichnet. Sie geht verloren, wenn das Individuum in Teile zerlegt wird, weil seine Eigenart in der Einheit seiner Teile besteht. Diese Einheit ist im Individuum eine Ganzheit, insofern seine Teile zu einem höheren Ordnungsgefüge zusammengeschlossen sind u. v. daher ihren Sinngehalt empfangen. Dieser eher quantitative Aspekt ist zu ergänzen durch einen qualitativen, welcher in der nur dieser Ganzheit zukommenden Spezifität besteht, durch die sich das Einzelwesen v. allen anderen unterscheidet. So ist das Individuum charakterisiert durch die Zentriertheit seiner Teile zu einer Ganzheit u. durch eine Besonderheit, die nur dieser Ganzheit eigen u. anderen nicht mitteilbar ist. Seine I. wird bestimmt durch die Intensität u. Weise, in der beide Aspekte in ihm verwirklicht sind.

Innerhalb des organ. Bereichs steigt mit wachsender Organisation der Grad an I. Insbes. die stärkere Ausbildung u. Vervollkommnung nervaler Strukturen ermöglicht eine Zunahme an innerer Zentrierung auf eine andauernde Ganzheit hin. Je mehr damit die Möglichkeit gegeben ist, sich mit der ↗ Umwelt auch aktiv in verschiedenartiger Weise auseinanderzusetzen, desto eher kann sich die individ. Eigenart ausprägen. Mit diesem ↗ Individuations-Prozeß ist bei höheren ↗ Tieren (z. B. Primaten) eine zunehmende Vergesellschaftung verbunden, in der das Individuum aufgrund seiner Interaktionen mit anderen eine best. soziale Rolle erhält. Beim Menschen erreicht der Individuations-Prozeß seinen Höhepunkt in der geistigen I. (↗ Personalität). In ihr erfährt sich der Mensch bewußt als der, der sich selbst zu eigen ist in einer ↗ Gemeinschaft, die ihm die Verwirklichung seines Wesens in der notwendigen Bezogenheit auf andere u. auf überindivid. Ordnungen ermöglicht. Rf

Lit.: E. Meyer, in: Wiss. Weish. 30 (1967) 130—53, 226—237; U. Schlottmann, Primäre u. sek. Individualität (1968); W. Ruff, in: Theol. Phil. 45 (1970) 24—59.

Individualpsychologie für Seelsorger ↗ Tiefenpsychologie für Seelsorger.

Individuation. Metaphys. Begriff, v. a. der Scholastik: Frage nach dem Grund der Absonderung des Individuellen aus dem Allgemeinen („principium individuationis"). In der neueren Philosophie, z. B. bei Hengstenberg („Philosoph. Anthropologie"), ist I. das Geschehen der Vereinigung v. ↗ Geist u. Vitalität. C. G. Jung setzt I. ein f. den Werdeprozeß, den die ↗ Psyche zur Erlangung ihrer Ganzheit, u. Vollständigkeit (nicht Vollkommenheit) zu vollziehen hat („Die Beziehungen zw. dem ↗ Ich u. dem ↗ Unbewußten"). I. führt aus den kindl. „kollektiven" Umweltbindungen heraus zur inneren Verselbständigung (nur in ↗ Neurosen fehlgeleitet in isolierende Vereinzelung). Die gesunde Persönlichkeit wächst unter Führung des „Selbst" in allgem. kulturelle psychische ↗ Kollektiv-Zusammenhänge; neurot. (extremer) Individualismus hingegen bringt ↗ Konflikte mit dem Kollektiv-↗ Normen. Normale I. bedeutet eine Erweiterung des ↗ Bewußtseins über das individ. Ich hinaus. Das Ich ist f. Jung nicht das Zentrum der Psyche, sondern ein „Komplex" v. Vorstellungen, die das Zentrum des Bewußtseins ausmachen u. f. die Erhaltung der Eigenidentität sorgen („Ich-Komplex"). Das Zentrum der gesamten Psyche wird „Selbst" genannt: eine „ideelle" Größe, die das Ich in sich begreift, es umgreift. In ↗ Phantasien erscheint es als göttl. dämon. Gestalt (Faust u. Mephisto bei Goethe, Zarathustra bei Nietzsche). Das Selbst ist nicht bewußt, sondern kollektivunbewußt. I. (= Selbstintegration, ↗ Selbstverwirklichung) übergibt dem Selbst die Führung bei der Integration aller ichhaften Vereinzelungstendenzen u. abgespaltenen od. verdrängten Strebungen, der bisher ungelebten Teilbereiche (↗ Introversion des Extravertierten, ↗ Anima beim ↗ Mann, ↗ Animus bei der ↗ Frau, Gefühle beim Verstandestyp, Gegensatzspannung der ↗ Archetypen usf.). Bleibt I. (auch als Ziel der Therapie) unvollständig, resultiert eine oberflächl. in der „Maske" (= „Persona") äußerer kindl.-unreifer Kollektivbindungen u. ↗ „Rollen" steckengebliebene Persönlichkeit. Das ↗ Symbol der geglückten I., der „Assimilation des ↗ Unbewußten u. des Gegensatzes", ist das „Mandala", der viergeteilte Kreis, das in allen Kulturen u. in ↗ Träumen erfolgreich behandelter ↗ Patienten zu findende Zeichen der „coincidentia oppositorum". Wi

Lit.: H.-E. Hengstenberg, Philosophische Anthropologie (1957); C. G. Jung, Gesammelte Werke (1958 ff.)

Industrialisierung. Mit diesem Begriff wird eine Anzahl v. Einzelphänomenen des wirtschaftl. u. sozialen Wandels der Neuzeit zusammengefaßt umschrieben. Wichtigster Faktor dieses Wandels ist der Übergang v. agrar.-handwerkl. geprägter Wirtschaftsweise zu industrieller, d. h. mit Hilfe des wissenschaftl.-techn. Fortschritts ermöglichter maschineller u. zumeist großbetriebl. Produktion u. Fertigung (↗ Technik). Die damit verbundene Ausprägung des volkswirtschaftl. Marktes, auf dem das (nunmehr anonym produzierte) Angebot mit der (durch Absatzwerbung gelenkten od. erzeugten) Nachfrage zusammengeführt werden muß, brachte eine Dynamisierung des wirtschaftl. Prozesses, die anfängl. in kurz-, mittel- u. langfristigen Zyklen des Auf- u. Abschwungs (Krisen) erfolgte u. erst seit den 30er Jahren des 20. Jh. (Keynessche Revolution) durch wirtschaftspolit. Planung u. Lenkung besser gesteuert werden kann (↗ Konsumverhalten). Damit verbunden war jedoch eine bislang nicht erreichte Steigerung der Produktion u. der Produktivität, die sich heute jedoch weltweit mit den noch schneller wachsenden Zahlen der hungernden Menschen (ganze Völker) konfrontiert sieht.
Die v. der I. ausgelösten *sozialen* Prozesse standen der wirtschaftl. Dynamisierung nicht nach, da sich die I. zunächst mit dem wirtschaftl. Ordnungsmodell des Liberal-Kapitalismus (bzw. Manchestertums) verband. Dadurch wurde der freie Markt in Angebot u. Nachfrage zum einzigen Regulativ, zum Ausgleich der unterschiedl. Interessen u. zur Steuerung des wirtschaftl. wie des sozialen Fortschritts gemacht, u. darin nicht zuletzt aufgrund der theol. ↗ Deutung seitens des schott. Deismus — die „unsichtbare Hand Gottes" (A. Smith) erblickt. Die Ausbildung einer Nur-Lohnarbeiterschaft, die als Folge der Landflucht weithin in großen Städten zusammengeballt lebte, die Entwicklung zur Kleinfamilie (Eltern mit Kindern), aber auch die soziale ↗ Mobilität u. sodann die Zuspitzung der „Sozialen Frage" durch Verproletarisierung breiter Schichten (auf dem Hintergrund einer bislang unbekannten Bevölkerungsexplosion; ↗ Klasse, soziale) machten die ideolog. Konfrontation v. Liberalkapitalismus, marxist. Sozialismus u. christl.-sozialer Bewegung zu einem der industriellen ↗ Revolution vergleichbaren Faktor des sozialen Umbruchs.

Nach fast zwei Jahrzehnten der I. ist es den Industriestaaten in vielen Bereichen gelungen, wirtschaftl. Fortschritt mit mehr sozialer ↗ Gerechtigkeit, ↗ Freiheit u. Gleichheit, aber auch mit Stabilität u. bildungsmäßiger Bewältigung des wirtschaftl. u. sozialen Wandels zu verbinden (↗ Sozialpolitik). Dennoch sind viele Probleme ungelöst: die höchst einseitige Vermögensverteilung, die ständig zunehmende schleichende Inflation, die zunehmende Umweltverschmutzung usw., Probleme, die z. Zt. unter den Stichworten v. „Qualität" u. „Quantität des Lebens" diskutiert werden (↗ Lebensqualität). Daneben stehen die Fragen der I. sog. unterentwickelter, meist ehemaliger Kolonialvölker als Fragen des gleichberechtigten Anteils an den wirtschaftl. Gütern der Welt zur Lösung an, obschon diesen ungelösten Fragen gegenüber bereits die „Grenzen des Wachstums" aufgezeigt werden. So wird die I. zum Menschheitsproblem, dessen Bewältigung neue wissenschaftl. Erkenntnisse u. ein neues Ethos der solidar. ↗ Verantwortung verlangt. ↗ Umweltschutz, ↗ Entwicklungshilfe, kirchl. Dr

Lit.: W. Hoffmann, Stadien u. Typen der Industrialisierung (1931); J. A. Schumpeter, Kapitalismus, Sozialismus u. Demokratie (1946); J. Fourastié, Die große Hoffnung des 20. Jh. (1954); F. Lütge, Deutsche Sozial- u. Wirtschaftsgeschichte. Ein Überblick (²1960); M. Pietsch, Die industrielle Revolution (1961); W. Hofmann, Ideengeschichte der sozialen Bewegung des 19. u. 20. Jh. (1962); R. Aron, Die industr. Gesellschaft (1964).

Infantilismus. I. (Begriff 1864 v. Laségue geprägt) meint nicht Gestalt u. Verhalten des ⌐ Kindes, sondern eines Erwachsenen, dessen ⌐ Entwicklung auf kindl. Stufe stehengeblieben ist. *Körperl.* I. geht meist auf Störung ⌐ endokriner Drüsen, abnorme ⌐ Anlage od. Erbkrankheit zurück (Zwergwuchs, Mongolismus, Unterentwicklung der Geschlechtsteile). *Psychischer* I. tritt darüber hinaus auch ohne nachweisl. körperl. Störung als Folge v. ⌐ Milieu-Schäden auf (Stimmungsabhängigkeit, ⌐ Narzißmus, naive Realitätsfremdheit, Unselbständigkeit, asoziale Kontaktarmut, kindl. Sexualverhalten, Potenzstörung). *Anthropolog.* I. läßt sich als Stehenbleiben der Persönlichkeit in der kindl. Integrationsstufe verstehen; eine (meist unbewußt, neurot. wirksame) „Werde-Angst" vor dem Erwachsensein od. die Unfähigkeit, sich v. den gewesenen Befriedigungsformen zu lösen, verhindert den Wachstumsschritt zu altersgemäßen Einstellungen u. Verhaltensweisen (infantile ⌐ Fixierung). Davon ist streng zu unterscheiden der Rückfall aus schon erreichter reiferer Integrationsstufe in kindl. Verhalten, wenn Erwachsene etwa bei traumat. Niederlagen sich hilflos fühlen u. benehmen „wie ein kleines Kind" (infantile Reaktion, ⌐ Regression). *Theol.* hat die Forderung, zu werden wie die Kinder (Mt 18.3), nichts mit I. zu tun, sondern besagt ein metaphys. u. rel. Kleinwerden des Menschen vor Gott. Allerdings gibt es eine Ausprägung infantiler Fixierungen im rel. Leben (*rel.* I.) mit typ. Fehlformen der ⌐ Frömmigkeit; meist besteht hier verstärkende Wechselwirkung zw. infant. ⌐ Bedürfnis-Struktur u. pseudorel. ⌐ Ideologie, die infant. ⌐ Haltungen zur ⌐ Norm erhebt. ⌐ Seelsorge hat spirituelle Erzeugnisse, Lebens- u. Führungsstile immer wieder daraufhin zu überprüfen, Fixierungen zu lösen u. damit auch dem Ärgernis des I. zu begegnen. Gr

Lit.: F. Künkel, Einführung in die Charakterkunde ([11]1950); G. Pfahler, Der Mensch u. seine Vergangenheit ([5]1964); R. J. Corboz, Spätreife u. bleib. Unreife (1967).

Infertilität ⌐ Impotenz ⌐ Unfruchtbarkeit ⌐ Fertilität

Informationstheorie. I. ist die Lehre v. den Eigenschaften, dem Übertragen, Erkennen u. Verarbeiten v. Information. Nach dem Zweiten Weltkrieg wurde sie v. Physikern u. Mathematikern (wie z. B. Shannon u. Wiener) als exakte Wissenschaft entwickelt. Sie faßt Information auf als die im naturwissenschaftl. Sinne meßbare Nachricht. Als meßbar gilt z. B. die Anzahl u. statist. Häufigkeit v. Zeichen. Nicht meßbar sind dagegen Sinn, ⌐ Wert u. Bedeutung v. Information. Unter „Information" wird nicht nur die Verständigung unter Menschen begriffen (⌐ Kommunikation), sondern allgem. die Steuerung v. Naturprozessen u. das Entstehen v. Form u. ⌐ Ordnung. Die Biologie spricht z. B. v. „genet. Information" u. meint damit die Steuerung v. Vererbungsvorgängen durch eine in den Keimzellen gespeicherte chem. „Schrift". Das Beispiel deutet an, daß „Information" zu einer eigenständigen naturwissenschaftl. Größe geworden ist. Schon Wiener erklärte: „Information ist Information, nicht Materie od. Energie". Unverkennbar ist auch die Ausstrahlung der I. in andere Wissenschaften wie z. B. der modernen Sprachphilosophie (Linguistik). Angesichts der vielen Mißverständnisse unter den phil. Richtungen ist das Bedürfnis nach einer logisch absolut klaren, eindeutigen Information gewachsen. F. die Theologie kann die I. eine Anregung sein, sich genauer mit der Wirkung v. den Grenzen der rel. ⌐ Sprache v. a. bei der ⌐ Verkündigung auseinanderzusetzen. Hierbei sind noch manche gefühlsmäßige Widerstände gegen das Eindringen naturwissenschaftl. Denkmodelle in scheinbar rein geisteswissenschaftl. Bezirke zu überwinden. Rp

Lit.: K. Steinbuch, Die informierte Gesellschaft (1966); H. Seiffert, Information über die Information (1968); H. R. Rapp, Wohin mit der Information? (1972); H. M. Schroder u. a., Strukturen menschl. Informationsprozesse (1974).

Initiation. Unter I. (Einweihung) versteht man den Ablauf v. rituellen Handlungen (⌐ Ritual) u. Unterweisungen, wodurch der Einzuweihende einem früheren alten Zustand entnommen u. in einen neuen rel., kulturellen od. sozialen Stand versetzt wird. Die I.szeremonien nehmen in nachahmender Wiederholung Bezug auf das beispielhafte Geschehen der Geburt, des ↗ Todes u. der Auferstehung (Wiedergeburt) im Leben einer urzeitl. gegebenen göttl. Wirklichkeit. Angefangen v. den archaischen Kulturstadien bis herauf in die entsakralisierten Bereiche (↗ Entsakralisierung) der technisierten Zivilisation (↗ Säkularisierung) lassen sich I.szeremonien nachweisen, in der Form v. Jugendweihen, Aufnahmeriten in eine ↗ Gemeinschaft od. einen Bund, I. in die Berufsgruppe rel. Persönlichkeiten. Alle I.sformen beruhen auf der Überzeugung v. der Notwendigkeit einer Bindung an den mächtigen bzw. liebenden Gott f. die Sinnerfüllung des eigenen Lebens. — Das klassische I.sszenarium (myst. Tod u. Wiedergeburt des Neophyten) kann ungeachtet der verschiedensten kulturellen u. gesellschaftl. Umweltbedingungen in vielgestaltiger Weise wiederholt werden. Seine Verankerung in der Struktur des geistigen Lebens führte dazu, daß trotz ihrer totalen inhaltl. Andersartigkeit bes. dem christl. ↗ Sakrament der ↗ Taufe die Bezeichnung I. zugesprochen werden konnte. Rel. ↗ Gemeinschaften (innerhalb od. außerhalb der christl. Kirche) knüpfen oftmals die Zugehörigkeit ihrer Mitglieder an Versprechen od. unaufkündbare ↗ Gelübde, in denen der I.sakt wiederkehrt. Nicht so sehr auf die Mitteilung neuer Lehren u, Erkenntnisse bedacht, bezweckt die I. vielmehr die Lebenserneuerung, wobei sich das „Betragen" des Initianten völlig ändert. F. die Wiedergewinnung der verlorengegangenen geistig-personalen Selbstidentität erhält — selbst bei religionslosen od. arel. Menschen — die erinnernde Besinnung auf die im ↗ Unbewußten, vornehmlich auch im ↗ Traum wirksamen I.selemente eine heilende u. rettende Funktion. In säkularisierten Gesellschaften lassen sich depotenzierte rel. I.sriten noch antreffen, z. B. in Gestalt v. Bräuchen anläßlich der Erlangung der Volljährigkeit, Neujahrsfeiern, der Hochzeit, des Richtfestes, des Antritts einer neuen Arbeitsstelle. I. ist das Zeichen f. den Durchbruch zu einer neuen Daseinsebene. Ps

Lit.: M. Eliade, Das Mysterium der Wiedergeburt (1961); Initiation, hrsg. v. C. J. Bleeker (1965).

Innere Mission. I. M. ist heute die Bezeichnung einer Organisation, die aus einer sozialen Bewegung innerhalb des dt. Protestantismus des 19. Jh. entstand u. untrennbar mit dem Namen J. H. Wichern († 1881) verbunden ist. „Suchen die Proletarier nicht mehr die Kirche, so muß die Kirche anfangen, die Proletarier zu suchen", sagte Wichern u. forderte auf, das Evangelium in Wort u. Tat neu zu verkünden. 1848 wurde der „Centralausschuß f. die I. M." gegründet, der alle Werke u. Vereine, die in dieser Weise arbeiteten, koordinieren sollte. Im Laufe der Zeit festigte sich die I. M. als Verein, wurde aber nicht in die evang. Kirche integriert — das Mißtrauen gegen übergemeindl., diakon., sozial orientierte Initiativen war zu groß. Trotzdem war die Bedeutung der I.n M. groß, was Namen wie v. Bodelschwingh, Naumann, Strecker u. Blumhardt bezeugen. 1945 wurde in Bethel neben Berlin ein 2. Hauptbüro eingerichtet, 1957 wurde die I. M. mit dem Evang. Hilfswerk in der Evang. Kirche in Deutschland fusioniert. Heute scheint es der I. M. besser als je zu gelingen, sich voll in „organisierter, unmittelbarer, sozialpolit. bzw. polit. wirksamer christl. Kampf- u. Tatgemeinschaft" (E. Gerstenmaier) zu engagieren. Hz

Lit.: M. Gerhardt, Ein Jahrhundert I. M. 2 Bde. (1948); E. Gerstenmaier, „Wichern II". Zum Verhältnis v. Diakonie u. Sozialpolitik, in: H. Krimm (Hsg.), Das diakon. Amt der Kirche (1965); M. Voigt-Scherpner, Art. „I. M." in: Taschenlexikon Rel. u. Theol. (1971).

Innerlichkeit ↗ Frömmigkeit

Insemination ↗ Besamung, künstliche

Inspiration. I. geht zurück auf griech. theopneustos („v. Gott eingegeben", 2 Tim 3,16). Im hellenist. Bereich bezeichnet I. das Verhalten v. Sehern, Wahrsagern, sofern sie unter Einwirkung eines (göttl.) „Pneuma" stehen, das den menschl. Verstand (Nous) austreibt u. so zur ↗ Ekstase führt. Diese pneumat. Begeisterung kann durch menschl. Mittel (Getränke, Einatmen v. Dämpfen, Musik) herbeigeführt werden. Bei Paulus wird dieser Ausdruck nicht auf Menschen, sondern auf die Schriften des AT angewendet. Damit will er ausdrücken, daß diese Schriften unter bes. göttl. Einfluß entstanden sind. Zur Abhebung vom hellenist. Gebrauch wurde in der christl. Literatur der Ausdruck „prophetisch" vorgezogen, erst vom 17. Jh. an wird I. als theol. Fachausdruck verwendet. Wir müssen zunächst drei Verwendungen des Wortes unterscheiden: a) I. im Sinn künstlerischer I.: Ein Einfall wird dadurch in seiner Unerzwingbarkeit, als Geschenk gekennzeichnet. Menschl. Mühen kann dazu disponieren, aber diese „Eingebung", diesen „göttl. Funken", die „Erleuchtung" nicht garantieren. — b) I. als Ausdruck der Gnadenlehre. Hier wird jede Anregung unseres Wollens zu ↗ Entscheidungen, die dem Heil förderlich sind, auf die Gnade Gottes zurückgeführt u. I. genannt. — c) Schrift-I. bezieht sich auf den bes. gnadenhaften (charismat.) Einfluß Gottes auf die Verfasser der Schriften des AT u. NT, durch den deren Schriften die Eigenschaft erhalten, daß sie das Wort Gottes sind u. Gott in einem bes. Sinn ihr „Urheber" genannt werden kann u. dadurch zugleich der Garant der Wahrheit des in der Schrift Mitgeteilten ist. Erkannt wird die I. dadurch, daß die ↗ Kirche, die sich als v. Gott gestiftet u. in der ↗ Treue zur apostol. Predigt weiß, erkennt, daß diese Schriften die normative Objektivation des ↗ Glaubens der Urkirche f. alle Zeiten sind. ↗ Heiliger Geist Mu

Lit.: K. Rahner, Über die Schriftinspiration (⁴1965); J. Beumer, Die Inspiration der Heiligen Schrift (1968).

Instinkt. Die Begriffe ↗ Trieb u. I. sind nicht scharf v. einander zu trennen. I. (ursprüngl. Reiz, Anreiz) wird schwerpunkthaft stärker f. niedere ererbte tierische (f. eine jeweilige Spezies arteigentüml.) Verhaltens- u. Bewegungsweisen zur Anwendung gebracht, Trieb mehr f. höhere, differenziertere. Niedere Tiere können ohne ein Zentralnervensystem, das Voraussetzung f. Triebe bildet, I. haben; f. Paarung, Beute, Nestbau, Brutpflege,

Institutionalisierung

Migration sind z. B. beide Begriffe zuständig. Nach Tinbergen („I.lehre") zeigen I.e gleiche Äußerungs- u. Verlaufsformen. Sie beginnen mit dem „Appetenzverhalten", der instinktiven Suche nach Reizen, die den angeborenen Auslösemechanismen im tierischen Organismus entsprechen. Werden diese wirksam, rollt das I.verhalten zwanghaft gleichförmig ab. Beim Menschen sind I.e zurückgetreten hinter bewußte u. Willens-Handlungen, mitunter noch erkennbar in Ausdrucksbewegungen u. sog. Übersprunghandlungen (an sich sinnlose Ersatz- od. Verlegenheitsbewegungen in ↗ Langeweile, ↗ Erregung od. Unentschiedenheit). Spricht man beim Menschen v. instinktivem Reagieren (z. B. in Gefahrsituationen beim Autofahren), ist unwillkürl. (vor Einschalten des ↗ Willens) Handeln gemeint, also nicht genau tierischer I. Nach Wiesenhütter („Medizin. Psychologie f. Vorkliniker") laufen I.e nach dem Reiz-Reaktions- („Schlüssel-Schloß"-)Prinzip auf äußere Anlässe hin ab, Triebe können, v. a. beim Menschen (bei dem man wohl v. einer Verkümmerung der I.e, aber nicht der Triebe spricht), zweck- u. zielgerecht aus dem Inneren heraus wirksam werden, ohne gleichförmig u. nach äußeren Gesetzen „abzurollen". In der ↗ Tiefenpsychologie trat der Begriff I. weit hinter den des Triebes zurück, wird aber in Verbindung mit „unbewußten" Mechanismen (die synonym f. „unwillkürl." Verhalten eingesetzt werden) v. a. angewandt, wenn man Vergleiche aus der Tierpsychologie (K. Lorenz u. a.) heranzieht, z. B. im Hinblick auf die „Prägung" tierischer I.e u. frühkindl. ↗ Verhaltens. Wi

Lit.: N. Tinbergen, Instinktlehre (1952); E. Wiesenhüter, Medizinische Psychologie für Vorkliniker (1965).

Institutionalisierung. Anthropolog. durch den Mangel einer „artspezif. ↗ Umwelt" (J. v. Uexküll) u. daher durch „Weltoffenheit" (H. Plessner, A. Gehlen) charakterisiert, verläuft die Aneignung der soziokulturellen Umweltbeziehungen des Menschen über die innerhalb sozialer Sub-Systeme (Recht, Wirtschaft, Religion) historisch sich formulierenden Institutionen.

In ihnen sind diejenigen ↗ Rollen u. Statusbeziehungen institutionalisiert, die gesamtgesellschaftl. v. „strategischer" Bedeutung sind (T. Parsons). Das sind z. B.: die Regelungen v. ↗ Geschlechtsbeziehungen (↗ Ehe, Verwandtschaft) u. v. ↗ Sozialisations-Verhältnissen sowie die Regelungen v. Kompetenzfunktionen in der modernen Produktions- u. Arbeitsverfassung (Hierarchie, Bürokratie). Auch die f. den Bereich der Religion kennzeichnenden Verhaltensweisen (Innerlichkeit, Subjektivität) sind durch theol. u. kirchl. Integrationen (↗ Sakramente, Formen des ↗ Gottesdienstes, ↗ Rituale; Rechtsordnungen) institutionell durchformt. Mit der Übernahme v. Institutionen (Anerkennung der Geltung ihrer ↗ Normen u. Sanktionen), die wesentl. auf ihrer im Prozeß der Sozialisation erfolgten Verinnerlichung beruht, befolgt der Handelnde in der Regel die institutionalisierten Rollenerwartungen, die zu einem „integrierenden Bestandteil seiner ↗ Motivations-Struktur, d. h. zu seiner ↗ Bedürfnis-Struktur (need-disposition) geworden sind" (A. Bellebaum). Strukturell-funktionalistisch betrachtet können sich die in den sozialen Sub-Systemen entfalteten Institutionen im Verhältnis zur Gesamtgesellschaft hemmend, d. h. „dysfunktional" auswirken. („Dysfunktional" f. das soz. System „medizin. Krankenversorgung" ist T. Parsons zufolge z. B. der zu hohe Anteil an Kranken in einer ↗ Gesellschaft.) Insofern der wissenschaftl.-techn. vollzogene Fortschritt auf die soziale Lebenswelt zurückbezogen werden muß, ist die gesellschaftl. Entwicklung v. Änderungen der bestehenden Institutionen u. v. neuen I.n abhängig, die dem Wandel der Lebensverhältnisse durch ihnen entspr. Institutionen Rechnung tragen. Beispiele dafür: Der zunehmenden Lebenserwartung entspricht die I. des ↗ Alterns (↗ Altenheime, ↗ Altenseelsorge, Altenpflege, ↗ Alterssicherung); dem Anwachsen der ↗ Freizeit entspricht die I. des Freizeit- ↗ Verhaltens (Freizeitpädagogik, ↗ Tourismusseelsorge etc.). Gm

Lit.: P. L. Berger/Th. Luckmann, Die gesellschaftl. Konstruktion der Wirklichkeit (1969) 49 ff.; H. Schelsky (Hrsg.), Zur Theorie der Institution. Interdiszipl. Studien Bd. 1 (1970).

Integration. In Polarität zur Differenzierung, dem Vorgang der Verfeinerung, steht I. im Dienste der Vereinigung u. „Zentralisation" (H. Werner) des organ. Lebens. In beiden Prozessen verwirklichen sich elementare Prinzipien menschl. ↗ Entwicklung u. ↗ Reifung. Denn wie die Differenzierung stellt auch die I. eine lebenswichtige Leistung des ↗ Ichs dar: die Selektion vielfältigster Signale aus somatisch-psychisch-sozialen Systemen u. ihre Synthese zu einem geordneten Ganzen, einer „Gestalt". Dank dieser Koordination entsteht aus einem Konglomerat isolierter Momente eine Identität u. Kontinuität des Menschen in Raum u. Zeit. Um einen Kern herum — man mag ihn „Ich" (Hartmann), „Ich-Identität" (Erikson), „Ich-Struktur" (Krech/Crutchfield), „Persönlichkeit" (Allport, Sullivan), ↗ „Selbst" (Maslow, Rogers) od. anders nennen — kristallisiert sich im Laufe des Lebens eine Komposition v. Eindrücken u. Erinnerungen, Gedanken u. Gefühlen, kurzum v. wahrgenommener Welt. Unübersehbar wird die Bedeutung der I. bes. an Defekten (↗ Hirnschäden u. dgl.) od. an Defiziten, wie z. B. der ↗ Desintegration od. der ↗ Depersonalisation, Zuständen pathol. Zerfalls, bei welchen ein geordnetes Zusammenwirken der psychischen Grundfunktionen nicht mehr gewährleistet ist (↗ Psychose). Neben dem sozialen Bereich, in dem die I. eine Bedingung f. die ↗ Sozialisation des Individuums in ↗ Gruppen u. ↗ Gesellschaft ist, ist deshalb die psychiatr., aber auch das psychotherapeut. Gebiet ein grundlegendes Beispiel f. die Bedeutung der I. So kann die Praxis jeder tiefenpsych. begründeten ↗ Psychotherapie exemplarisch zeigen, daß beim therapeut. Vorgang ich-fremde, ins ↗ Unbewußte verdrängte Impulse mit dem Bewußten zu vereinigen sind. „Nur die geeinte Persönlichkeit kann Leben erfahren, nicht aber jenes in Teilaspekte aufgespaltete Ereignis, das auch Mensch nennt" (C. G. Jung). Im Dienste der I. stehen schließlich auch Weltanschauung u. ↗ Wert-Hierarchie, welche die ↗ Motivationen des Menschen mehr od. weniger manifest bestimmen. Die Sinnfrage, ↗ Symbol f. die menschl. Suche nach Grundorientierung u. ↗ Glauben, kann sich zu einem „integrierenden System" (Ch. Bühler) verdichten, welches „noogenen ↗ Neurosen" (Frankl) vorzubeugen u. der ↗ „Verzweiflung" (Erikson) v. Menschen — v. a. auf den späteren ↗ Lebensstufen — entgegenzuwirken vermag. In unserer kosmopolitisch-kompliziert gewordenen Welt, in welcher sich Selbstentfremdung u. Sinnlosigkeit steigern, bedarf jedes Individuum einer mehr od. weniger umfassenden Interpretation seines Seins, welche die isolierten Stücke seines Lebens zu einem Ganzen zusammenfügt u. ihm Sinn u. Selbstbewußtsein verleiht. „Es kommt darauf an, meine Bestimmung zu verstehen, zu sehen, was Gott eigentlich will, daß ich tun soll; es gilt, eine Wahrheit zu finden, die Wahrheit ist f. mich, die Idee zu finden, f. die ich leben u. sterben will" (Kierkegaard). Rs

Lit.: Ch. Bühler/F. Massarik (Hrsg.), Lebenslauf u. Lebensziele (1969); N. Petrilowitsch (Hrsg.), Die Sinnfrage in der Psychotherapie (1972).

Intelligenz ↗ Begabung

Intelligenztest ↗ Test ↗ Testpsychologie

Intensivpflege. Die I. ist neben der Intensivüberwachung ein Zweig der Intensivbehandlung. Lebensbedrohl. Störungen vitaler Funktionen werden unter optimalem Einsatz einer perfekten Technik fast ausschließlich unter Leitung v. Anästhesiologen (Narkosefachärzten) behandelt. Neben dem ↗ Patienten, dem Mittelpunkt aller Bemühungen, sind die soziol. Interaktionen zw. ↗ Arzt, dem ↗ Pflegepersonal u. dem ↗ Krankenhaus- ↗ Seelsorger zu beachten. Da es sich sehr häufig um Kranke u. Verletzte in tiefer Bewußtlosigkeit handelt, ergeben sich daraus spezielle Probleme der ↗ Pastoralmedizin. Außerdem befinden sich viele dieser Patienten in einem Zustand nur noch künstl. aufrechterhaltener Lebensfunktionen. Damit im Zusammenhang steht das Problem der Feststellung des eigentl. Todeszeitpunktes (ein Problem nicht nur ärztl., sondern auch jurist. u. insbes. pastoraler Natur). Diese Fragen sind v. so fundamentaler Wichtigkeit,

daß Papst Pius XII. am 24. 11. 57 eigens hiezu Stellung genommen hat. Demnach besteht zwar das ärztl. Recht, nicht aber die ärztl. Pflicht, über gewöhnl. Mittel hinausgehende Behandlungsmethoden der ↗ Wiederbelebung zur Anwendung zu bringen. Pastoral ist die Forderung zu stellen, daß die ärztl. Bemühungen um den Bewußtlosen erst dann endgültig abgebrochen werden, wenn dem ↗ Seelsorger die Möglichkeit geboten wurde, dem Sterbenden die Heilshilfe anzubieten (↗ Sterbenshilfe, ↗ Krankensalbung). Mg

Lit.: B. Haid, „Die Pyramide", Naturwissenschaftl. Zeitschrift, Innsbruck 1960/1; Lawin, Praxis der Intensivtherapie (1971).

Intention, paradoxe. Aufforderung an den Patienten, gerade das zu wollen bzw. zu tun, wovor er sich aus neurot. Erwartungsangst fürchtet bzw. dessen Durchführung er scheut. P. I. ist ein Begriff der ↗ Existenzanalyse / ↗ Logotherapie (V. E. Frankl).

Internat(serziehung) ↗ Heimerziehung

Interruptio ↗ Abtreibung

Intersexualität. I. bezeichnet das Vorhandensein v. Merkmalen des männl. u. weibl. Geschlechts in einem Individuum. Beim Menschen beruht sie auf einer gestörten Geschlechtsentwicklung, die sich in der Diskrepanz zw. chromosomalem, gonadalem u./od. genitalem Geschlecht auswirkt. Nur selten findet sich sowohl Ovarial- wie Testisgewebe (Hermaphroditismus), wobei eine Selbstbefruchtung (wie bei Zwittern im Pflanzen- u. Tierreich) nie möglich ist. Häufiger sind nur die äußeren Geschlechtsorgane nicht eindeutig männlich od. weiblich ausgeprägt. Im Frauenleistungssport wird deswegen eine Chromosomenanalyse zur Geschlechtsbestimmung vorgenommen. ↗ Konflikte treten bei I. bes. auf, wenn die eigene Geschlechtsempfindung nicht mit dem chromosomalen Geschlecht übereinstimmt; allerdings kommt auch ↗ Bisexualität vor. Eine notwendig werdende ↗ Geschlechtsumwandlung ist bei I. ethisch vertretbar, sollte sich aber nicht am chromosomalen Geschlecht, sondern an der psych. Geschlechtsausprägung orientieren. Rf

Lit.: C. Overzier (Hrsg.), Die Intersexualität (1961); G. Jörgensen, Intersexualität im Sport, in: Sexualmedizin 1 (1972) 296—300.

Intimsphäre. Die I. hat den Sinn, den einzelnen ein Leben entspr. den eigenen Fähigkeiten u. ↗ Bedürfnissen ohne unberechtigte Einflußnahme durch andere zu ermöglichen. Eine solche erfolgt immer dann, wenn die Betreffenden durch äußere Eingriffe in ihrer Eigenart beschränkt od. in eine Richtung gedrängt werden, ohne daß dazu im Interesse der eigenen Selbstentfaltung u./od. der gleichberechtigten Selbstentfaltung anderer eine Notwendigkeit besteht. D. h., die I. ist der personale Innenbereich, der zur optimalen Entfaltung der leibl. u. seel. Kräfte der einzelnen u. somit zur ↗ Individuation nötig u. angemessen ist. Diese Sphäre eines zu schützenden Binnenklimas der Geborgenheit ist nicht nur v. ↗ Person zu Person verschieden, sondern auch v. geschichtl. gewachsenen kulturellen Gegebenheiten abhängig. Sie ist z. B. bei einem Säugling mit seiner weitreichenden ↗ Abhängigkeit v. der ↗ Mutter ganz anders als bei einem Künstler od. bei einem im Dienste der Öffentlichkeit stehenden Politiker. Die I. verfehlt ihren Sinn ebenso, wenn die Absonderung in die I. nicht in den Dienst der weiterreichenden Öffnung f. die Mitmenschen gestellt wird, wie wenn eine I. nur so weit eingeräumt wird, wie sie v. anderen nutzbar gemacht werden kann. Die I. ist heutzutage bes. bedroht durch die immensen Möglichkeiten der wissenschaftl.-techn. ↗ Manipulation, wie z. B. durch ↗ Lügendetektoren, das ↗ Unterbewußte steuernde Werbung usw., weiterhin durch einen zu extensiven u. intensiven Zugriff der Verwaltung in v. einzelnen besser subsidiär wahrzunehmende Aufgabenbereiche, durch gesellschaftl. Tendenzen der Vermassung u. Gleichmacherei, wie z. B. Konsumzwang, u. durch einseitige Überbewertung sowie Verzerrung best. Bedürfnisse, wie sie sich z. B. im weit verbreiteten Sexualismus äußert. Zum zeitgemäßen Schutz der I. ist nicht nur eine Weiterentwicklung des Rechts einschließl. des Strafrechts nötig, sondern die Pastoral sollte sich auch dadurch in ihren Dienst stellen, daß sie den einzelnen bei der Individuation hilft, gerade auch im rel.-sittl. Bereich, z. B. durch Anleitung zur ↗ Meditation u. zu selbständigem Handeln nach der ↗ Gewissens-Überzeugung, die den individ. Eigenbedürfnissen angemessen Rechnung tragen sollte.

Mo

Lit.: A. Elsässer, Die persönliche Intimsphäre, (1969).

Introjektion. I. ist ein vornehml. in der ↗ Psychoanalyse gebräuchl. Begriff u. bezeichnet soviel wie „Hineinnahme v. äußeren Gestalten u. Beziehungen in das Innerseelische". Gemeint ist folgendes: Das ↗ Kind nimmt in den ersten Monaten u. Jahren seines Lebens Verhaltensweisen u. ↗ Einstellungen, bewußte Wertungen u. auch unbewußte ↗ Haltungen seiner primären ↗ Bezugspersonen (Eltern, Pflegepersonen, Lehrer, Erzieher) u. die Atmosphäre seiner ↗ Umwelt unbewußt in sein Inneres auf u. erfährt dadurch eine Haltungsprägung. Es wird in seinem späteren Denken, Handeln u. Urteilen v. dieser unbewußten Norm geleitet u. bestimmt (↗ Projektion). Von der I. hängt die Gewissensbildung (↗ Gewissen, ↗ Über-Ich), letztlich auch — neben den ererbten ↗ Anlagen — die Entwicklung der Charakterstruktur (↗ Charakter, ↗ Identifizierung) ab. Anthropolog. gesehen ist die I. v. größter Wichtigkeit: der Mensch hat in ihr die Fähigkeit, eine Wertskala zu verinnerlichen u. daraus zu leben, u. das grundsätzl. unabhängig v. momentanen Außenweltforderungen, -reizen u. -kontrollen. Der psychische Vorgang der I. ist durch das Verhalten der Bezugspersonen beeinflußbar, indem diese z. B. ihre falschen Verhaltensweisen erkennen u. korrigieren. F. Eltern- u. Erzieherseminare öffnet sich hier ein weites Feld positiver Erziehungsarbeit.

Stv

Lit.: S. Freud, Trauer u. Melancholie (1917); G. W. X, 42—46; XIV, 243—258; H. Müller-Eckhard, Das unverstandene Kind (1953); G. Griesl, Gewissen. Ursprung — Entfaltung — Bildung (1970).

Introversion. Grundbegriff der ↗ Typenlehre v. C. G. Jung. In ihr unterscheidet Jung die vier Orientierungs-Funktionen: Denken, Fühlen, Empfinden u. Intuieren (auf die hier nicht eingegangen wird) u. die beiden Einstellungstypen: I. u. ↗ Exraversion. I. (= „Einwärtswendung") ist eine vorwiegend durch ↗ Erziehung u. ↗ Gewohnheit (u. nur in geringem Maße durch ↗ Anlage) bedingte seel. ↗ Einstellung, die darin besteht, daß der betr. Mensch sein Interesse u. seine seel. Energie ganz vorwiegend auf seine eigene Innerlichkeit wendet, während er die Außenwelt scheut u. sich gern vor ihr zurückzieht. Der extrem Introvertierte ist deswegen verschlossen, einzelgängerisch, gehemmt, ungeschickt im Auftreten, ängstlich, mißtrauisch, selbstkritisch. Gegen die als feindlich empfundene Welt sucht er sich zu sichern durch Unauffälligkeit, Korrektheit, abgezirkelte Höflichkeit. Der Umgang mit anderen ist ihm — v. ganz wenigen Ausnahmen abgesehen — eine Last. Dagegen: „Der Umgang mit ihm selbst ist ihm ein Vergnügen. Seine eigene Welt ist ein sicherer Hafen, ein ängstl. gehüteter ummauerter Garten, vor aller Öffentlichkeit u. zudringl. ↗ Neugier geborgen. Seine eigene Gesellschaft ist ihm die beste" (Jung, Ges. W. VI, 596). Die Maßstäbe f. seine Urteile u. sein Handeln sucht er — u. sei es im Widerspruch zu den Erfordernissen der ↗ Anpassung — in seinem Innern; er ist, in seinem Verhältnis zur ↗ Gesellschaft, der „innengeleitete" Mensch (D. Riesman); in seinem Verhältnis zur ↗ Religiosität ist er der Verfechter der Privat-↗Frömmigkeit (U. Mann) u. ↗ Privatoffenbarung. Der extrem exravertierte Typus ist in jeder Hinsicht das Gegenteil: „Das seel. Leben dieses Typus spielt sich gewissermaßen außerhalb seiner selbst, in seiner Umgebung ab. Er lebt in u. mit anderen; der Umgang mit sich selbst aber ist ihm unheimlich" (Jung). Er ist soziol. gesehen der „außen-geleitete" Mensch (D. Riesman); auf rel. Gebiet ist er z. B. der Vertreter des starren kirchl. Institutionalismus (U. Mann). Grundsätzlich wichtig zu bedenken ist, daß beide Typen selten in reiner Form vorkommen u. daß es außerdem eine Forderung der ↗ Psychohygiene ist, daß man nicht ausschließlich seinen eigenen Typus kultiviert, sondern gerade die Qualitäten des entgegengesetzten Typus „üben" sollte. Im Idealfalle sollten I. u. Extraversion sich die Waage halten. Viele fruchtlose Diskussionen, Ehekrisen, erfolglose ↗ Psychotherapien usw. beruhen auf dem Nichterkennen der introvertierten od. extravertierten Grundhaltung, v. der die beiden Partner ausgehen. ↗ Anerkennung der Gleichberechtigung bei Einsicht in die Verschiedenheit der beiden Typen kann oft scheinbar unüberbrückbare Schwierigkeiten beheben.

Bz

Lit.: D. Riesman, Die einsame Masse (1958); (rde Nr. 72); C. G. Jung, Psychologische Typen, Ges. W. Bd. VI (1960); U. Mann, Einführung i. d. Religionspsychologie, (1973).

Invalidität ↗ Berentung

Involution. Rückbildung der primären weibl. Geschlechtsorgane (insbes. der Ovarien) in Verbindung mit dem ↗ Klimakterium, die zu psychischen Störungen (I.s-↗Depression) Anlaß geben kann.

Inzest. Unter I. werden heute ↗ Geschlechtsbeziehungen zw. Blutsverwandten verstanden, die im dt. Sprachraum als Blutschande verboten sind, weil sie die ↗ Familie zerstören u. eine sittengefährdende Wirkung haben (§ 173 dt. StGB, § 131 u. 501 öst. StG, Art. 213 schweiz. StGB). Nach psychoanalyt. Auffassung entwickelt sich der I.wunsch in den ersten Lebensjahren, wobei das ↗ Kind sex. Wünsche seinen Eltern gegenüber empfindet (↗ Ödipuskomplex). Um aus diesen Regungen nicht eine so tiefe Bindung werden zu lassen, daß eine spätere Verselbständigung mit Gründung einer eigenen Familie verhindert wird, muß der I. tabuisiert werden. Dagegen nahmen andere (z. B. Westermarck) eine instinktiv gesicherte I.scheu an, weil sich ein I.verbot einheitl. in allen Kulturen nachweisen läßt. Diese I.schranke f. gedankl. u. körperl. sex. Annäherungen vermeide ↗ Eifersuchts-↗Konflikte innerh. der Familie, stabilisierte dadurch diese als ↗ Gruppe

u. verhindere Inzucht mit der Gefahr einer Vermehrung v. ↗ Erbkrankheiten. Beide Begründungen f. das I.verbot sind jedoch unzureichend. Zwar meiden auch ↗ Tiere meiden bestimmter Arten (z. B. Wildgänse), die aus derselben Brut stammen, Geschlechtsbeziehungen, aber nur wenn sie nicht sofort nach dem Ausschlüpfen voneinander getrennt werden. Ein sozialer Hemmungsmechanismus ist auch bei manchen Naturvölkern der eigentl. Grund f. das I.verbot: die I.schranke gilt bei diesen nicht f. biolog., sondern f. soziol. Verwandte, insofern eine Heirat innerh. des vom gleichen ↗ Totem bestimmten Clans verboten ist. Das I.verbot drückt hier negativ dasselbe aus wie die ↗ Exogamie, die eine Heirat in andere Sozialbeziehungen vorschreibt, um versch. Familienverbände sozio-ökonom. miteinander zu verknüpfen u. so eine höhere Gruppenorganisation zu erreichen.

Heute rechtfertigen die psych. Gründe mehr als die biolog. u. sozio-ökonom. ein I.verbot f. Verwandte ersten u. zweiten Grades. Dabei ist auch jene (oft gefährlichere) Form des I.s zu beachten, die sich hinter innigen affektiven Bindungen verbirgt, durch die ↗ Eltern ihre ↗ Kinder zu ihrem persönl. Besitz machen u. sie daran hindern, aus der ↗ Abhängigkeit in eine Eigenständigkeit mit neuer Objektwahl zu finden (↗ Eltern—Kind—Beziehung). Hier, wie auch bei dem eigentl. (sex.) I. v. Mutter—Sohn u. (häufiger) v. Vater—Tochter sind meist ↗ Neurosen der Eltern die Ursache u. Neurosen der Kinder die Folge, die sich bes. in Ich-Schwäche u. Sexualstörungen (↗ Impotenz) zeigen. Rf

Lit.: K. Salber, Zur Bedeutung des I., in: Münch. Med. Wsch. 43 (1965) 2105; H. Maisch, Inzest (1969).

Ipsation ↗ Masturbation

Irregularität. Unter I. (= Weihehindernis) versteht man ein dauerndes od. zeitl. begrenztes Hindernis, das vom Empfang der Priesterweihe od. der erlaubten Ausübung der Weihe (↗ Amts-Funktionen) ausschließt. Schon im AT nachweisbar; vgl. im NT 1 Tim 3,1—13 u. Tit 1,6—9. Weihehindernisse werden allmählich kodifiziert (CIC cc. 983—987). Unterscheidung der I.n: I. ex defectu beruht auf einem Mangel: unehel. Geburt; körperl. Mängel, die den Altardienst behindern (Fehlbildungen, ↗ Verstümmelungen, Blindheit, Taubheit, Stummheit); Epilepsie, Geisteskrankheit, ↗ Besessenheit; sukzessive Bigamie, rechtl. Ehrverlust usw. — I. ex delicto beruht auf einem sittl. Makel nach Empfang der ↗ Taufe: Glaubensabfall, Häresie u. Schisma; Taufempfang v. einem Nichtkatholiken; Bigamie; Mord; Verstümmelung od. ↗ Selbsttötung; Kurpfuscherei durch Geistliche, unberechtigte Ausübung priesterl. Funktionen. Bei den meisten Weihehindernissen gibt es Dispensmöglichkeiten. Rt

Lit.: E. Eichmann/K. Mörsdorf, Lehrbuch des Kirchenrechts aufgrund des Codex Iuris Canonici (1950).

Isolation ↗ Vereinsamung

Jähtaufe. Nach evang. Wortgebrauch unterscheidet sich J. v. der ↗ Nottaufe dadurch, daß nicht wie bei jener ein Laie, sondern ein Träger des geistl. ↗ Amtes bei plötzl. Erkrankung eines ↗ Kindes die ↗ Taufe in abgekürzter Form vollzieht.

Jesus-People. Auf die student. Protestbewegung der Sechziger Jahre in Amerika folgte eine Welle rel. Begeisterung, die ohne den Hintergrund der amerikan. Freikirchen, ohne die Hippie- u. Drogenszene, ohne die allgem. Probleme u. Zeichen unserer Zeit nicht zu verstehen ist. Die gesamte Bewegung (1967 in Kalifornien entstanden) wurde als „Jesus-Bewegung" bezeichnet; sie umfaßte die verschiedensten ↗ Gruppen: the straight people, teen-challenge, the children of god, catholic pentecostals usw., u. breitete sich fast in der ganzen Welt aus. Diese Gruppen werden durch folgende Gemeinsamkeiten charakterisiert: durch eine ekstat. ↗ Religiosität (eine ↗ „Bekehrung" spielte beim Eintritt in die Gruppe eine wichtige Rolle), durch eine große Hochschätzung des NT (wortwörtl. Auslegung, eschatolog. ↗ Spiritualität), durch eine a-polit. Einstellung, durch ein brüderl. Gemeinschaftsleben in kleinen Gruppen. Mit tw. zweifelhaften Methoden erreichten die „Jesus-Leute" Bekehrungen v. a. v. Drogenabhängigen. Selbst wenn die genannten Zahlen v. „Geheilten" bezweifelt werden müssen, ist die Arbeit der „Jesus-Leute" in der Drogenszene u. an „Ausgeflippten aus der ↗ Gesellschaft" sehr verdienstvoll. Nach einer ersten Zeit der Anerkennung u. großen Zustroms (1970–1972), auch in den europ. Ländern, ebbte 1972/73 diese Bewegung wieder ab. Inwieweit dabei auch die Jesusopern (Jesus Christ Superstar, Godspell), die mit der Jesusbewegung verbundenen kommerz. Interessen, nicht zuletzt auch die ↗ Massenmedien v. Bedeutung waren, läßt sich nur ahnen. Auf jeden Fall hinterläßt die Bewegung ein nicht unansehnl. Erbe: 1. Die Anfrage an die ↗ Kirchen, ob sie nicht (über Institutionen u. Dogmen hinaus) f. die Jugendlichen ein Raum echter, emotional hochwertiger Glaubenserfahrung sein müßten. 2. Die Erinnerung an den Mann Jesus, der neben anderen Idealgestalten wieder „gesellschaftsfähig" wurde. 3. Die Begeisterung in jenen charismat. Gruppen der (Catholic) Pentecostals, die neue Formen der ↗ Religiosität u. christl. ↗ Gemeinschaft einüben u. f. die Großkirchen erproben (↗ Erweckung). Bl

Lit.: G. Adler, Die Jesus-Bewegung (1972); H. J. Geppert, „Wir Gotteskinder". Die Jesus-People-Bewegung (1972).

Josefsehe. J. ist eine im kath. Raum gebräuchl. Bezeichnung f. eine ehel. Gemeinschaft, in der beide Ehegatten freiwillig aus rel. Motiven auf den leibl. Vollzug der ↗ Ehe unter Berufung auf Maria u. Josef verzichten. Nach kath. ↗ Eherecht steht die Gültigkeit einer J. außer Zweifel, wenn die Eheleute ihren gemeinsamen Verzicht als asket. Akt auffassen, der jederzeit v. einem der beiden Ehepartner rückgängig gemacht werden kann, der jedoch auf keinen Fall als Bedingung f. die Eheschließung betrachtet werden darf. Soweit der Gedanke einer J. noch vorkommt, wird der ↗ Seelsorger darauf achten, daß er nicht als naheliegende sekundäre ↗ Rationalisierung ideolog. od. neurot. Leibfeindlichkeit mißbraucht wird (↗ Enthaltsamkeit, ↗ Askese).

Jugend. Der vielschichtige Begriff „J." läßt sich nur mehrdimensional bestimmen: päd.-psych. betrachtet, ist J. J.alter bzw. Entwicklungsabschnitt, jur.: J.status, ästhet.: J.lichkeit, soziol. ↗ Gruppe, Stand od. Teilkultur in der Gesamtgesellschaft. Fachwissenschaften zur Erforschung v. J.-problemen sind J.kunde, ↗ J.psychologie u. J.soziologie. Im Sinne der letzteren läßt sich J. verstehen als 1. Nachwuchs der ↗ Gesellschaft, 2. Vorstoß gegen die Gesellschaft u. 3. Zwischenstand zw. den Generationen (Brücke od. Graben). Wie die Kulturanthropologie (M. Mead u. a.) lehrt, gibt es freilich einfache Kulturen, in denen der Übergang v. der Kindheit zum Erwachsensein kontinuierlich erfolgt. In den komplexen Gesellschaften, die dem jungen Menschen (durch Schule, Berufsbildung u. Spätehe) Diskontinuität, d. h. Aufschub der vollen gesellschaftl. Anerkennung zumutet, bildet sich J., die u. U. um ihr Lebensrecht kämpfen muß. So ist seit der europ. Aufklärung ein Zug zur

↗ Emanzipation der J. zu beobachten (19. Jh. christl. J.-Bünde, 20. Jh. J.-Bewegung, Bündische J.). J. ist u. bleibt also ein „geschichtl." Phänomen. Nach 1945 versucht man ihre jeweilige Generationsgestalt (Schelsky) epochaltypolog. (Muchow) zu erfassen. Die Bezeichnungen (skeptisch, unbefangen, sachlich, kritisch) wechseln aber rasch u. haben nur relative Bedeutung (vgl. „Junge Erwachsene", ↗ „Subkultur"). Zur Zeit kann man etwa v. einer „Generation zw. Skepsis u. Pathos" sprechen. Sie artikuliert sich in eigentüml. Verhalten (↗ Sprache, Mode, Rebellionsgruppen, schweigende Mehrheit). — Theol. gesehen ist J. eine spez. Werdelage des Menschen vor Gott u. daher ein spez. Auftrag an die ↗ Kirche Christi, die f. andere da ist. Wer die J. heute als Christ verstehen u. ihr helfen will, muß sich bemühen, (a) an der J.-Gestalt Varianten u. Invarianten zu unterscheiden, (b) den einzelnen J.lichen u. J. als Gruppe zusammenzusehen u. doch nicht miteinander zu verwechseln u. (c) nicht mit frommen Sprüchen, sondern der J. in konkreter Pastoral bzw. in sachl. ↗ Seelsorge zu begegnen. J. will ihr Recht in der Gesellschaft wie in der Kirche. Ihre pauschale Verurteilung ist ebenso fehl am Platze wie das ungeistl. Buhlen um ihre geistl. Gunst. J. will verstanden u. gefordert werden. Je

Lit.: A. Flitner, Soz. Jugendforschung (1963); F. Neidhardt u. a., Jugend im Spektrum der Wissenschaften (1970).

Jugendkriminalität. Darunter verstehen wir ein v. den sozialen u. eth. ↗ Normen abweichendes ↗ Verhalten der 14—21jährigen. Hauptdelikte der Jugendlichen sind überwiegend Eigentumsdelikte (Diebstahl, Einbruch, Raub, ca. 65%), sodann Vergehen u. Verbrechen gegen Leib u. Leben (Körperverletzung, Totschlag, Mord, ca. 15%) u. Vergehen gegen die geschlechtl. Sittlichkeit (Notzucht, Unzucht, ca. 10%). Drogenmißbrauch hat sich nach anfänglicher Ausweitung durch gezielte Gegenmaßnahmen auf einen relativ kleinen Kreis, allerdings einen „harten Drogenkern" reduziert (↗ Drogenabhängigkeit). J. ist seit dem 2. Weltkrieg sprunghaft angestiegen. Die Ursachen sind weitgehend in einer Konsumgesellschaft zu suchen, die familiäre u. eth. ↗ Werte immer mehr relativiert. In den meisten Fällen der J. hat der wichtigste ↗ Sozialisations-Faktor, die ↗ Familie, versagt. Jugendl. Straftäter stammen zum überwiegenden Teil aus erziehungsunfähigen, zerrütteten od. unvollständigen Familien (ca. 70—80 %). Mangelhafte Ehevorbereitung u. gesellschaftspolit. Begünstigung der Auflösung der Familien disponieren das Vorfeld der J. Die Rückfälligkeit unter den Jugendlichen ist dann besonders hoch (ca. 70%), wenn ein Versagen der Sozialisation in der frühesten Kindheit (Geburt bis 3. Lj.) festzustellen ist, wobei die ↗ Bezugsperson (↗ Mutter) entweder überhaupt nicht vorhanden (Säuglingsheim) od. phasenadäquat ungeeignet (Ablehnung u. Unerwünschtheit des Kindes) war. Daraus resultiert das Syndrom ↗ Hospitalismus, das sich vor der ↗ Pubertät in einem emot. Defizit, Inaktivität, Kontaktschwäche, ↗ Aggressionen, Streunen, Weglaufen u. kl. Diebstählen äußert, nach der Pubertät als ↗ Verwahrlosung, Unfähigkeit f. posit. menschl. Bindungen u. negat. Cliquenbildung (Rocker) in Erscheinung tritt. Ähnl. Wirkung geht auch v. der zwar äußerlich intakten, aber erziehungsunwilligen u. -unfähigen Familie aus, was dann als psychischer Hospitalismus u. Verwöhnungsverwahrlosung bezeichnet wird. Die negative Entwicklung wird begünstigt durch Darbietung v. fast ausschließlich materiellen, sex. u. verrohenden ↗ Idealen durch ↗ Massenmedien u. ↗ Gesellschaft. Da rel. u. eth. Werte in einer pluralist. Gesellschaft verdrängt werden, wird die ↗ Identifizierung mit diesen ↗ Leitbildern erschwert. So ist J. aufzufassen als Protest gegen mißglückte Sozialisation, Protest gegen die Wohlstandsgesellschaft durch Leistungspassivität bei gleichzeitig materiellem Anspruch, oder auch als Flucht in Euphorie (Drogenkonsum).

Vorbeugend kann J. nur begegnet werden durch eine ausgedehnte ↗ Familienseelsorge, durch Weckung des Verantwortungsbewußtseins der Eltern u. jungen Paare, ↗ Brautunterricht, Ausweitung der Betreuung v. Jugendgruppen, Besetzung der ↗ Erziehung mit rel. u. eth. Zielen, Ausbau einer ↗ Erziehungsberatung, Verbesserung des Adoptionsrechtes, Weckung des Problembewußtseins f. gesellschaftl. Außenseiter, Abbau der Gewaltverherrlichung in den Massenmedien, Ausbau eines Systems f. ehrenamtl. Bewährungshelfer, sozialpolit. Maßnahmen zur Verbesserung einer Chancengleichheit, Lösung der Sozialprobleme der Unterschicht. Gei

Lit.: S. H. u. E. Glueck, Jugendliche Rechtsbrecher (1963); G. Wurzbacher, Die Familie als Sozialisationsfaktor (1968); B. Gareis/ E. Wiesnet, Gefängniskarrieren (1973).

Jugendpsychologie (und Seelsorge). J.

ist ein wesentlicher Bereich der ↗ Entwicklungspsychologie. Gerade weil sie es mit der ↗ Jugend, d. h. mit dem Menschen in einer Umbruchs- u. Werdesituation, zu tun hat, kann sie es sich nicht leisten, den psych. Operationismus gegen die psych. Phänomenologie (Erfahrung gegen Wesensschau) auszuspielen u. umgekehrt. Die klassische J. v. E. Spranger versteht Jugend als den Prozeß, in dem es im Zusammenhang mit der geschlechtl. ↗ Reifung unter Autoritätskrisen zu Ich-Findung u. Begegnung mit dem anderen Geschlecht kommt. Die f. Sprangers Gymnasiasten in den 20er Jahren charakterist. Gefühlsspannungen (himmelhochjauchzend - zu Tode betrübt, kritisch - romantisch, introvertiert - extravertiert) sind auch heute zu beobachten u. erfordern zuweilen beratende ↗ Lebenshilfe. Der ↗ Seelsorger wird diese Durchgangsstadien ernst, aber nicht tragisch nehmen. Anders als vor 50 Jahren allerdings sind die sex. Frühentwicklung, die z. T. spätere geistigcharakterl. Reifung, die Formung durch die mod. Arbeitswelt, die sachl.-pragmat. Lebenseinstellung einerseits u. die neue Lust am polit. Engagement andererseits. Die Einteilung in Phasen (Remplein: Frühpubertät, Hauptpubertät, Adoleszenz) u. nach Geschlechtern läßt sich nicht mehr so genau abgrenzen, wenn auch Grundunterschiede bleiben: ein 13jähriges Mädchen u. ein 13jähriger Junge sind nicht einfach identisch! Die neuere J. (Thomae, Oerter) hat recht, wenn sie behauptet, daß nicht nur die frühe Kindheit prägt, sondern auch u. gerade das Jugendalter. Hier kommt es sogar zu entscheidenden „Veränderungen" im Sinne des „sozialen Lernens". Seelsorgerl. wichtig ist die tiefenpsych. Einsicht (Erikson, Schraml) in die „wechselseitige Regulation" v. Jugend u. ↗ Umwelt: inmitten der „Rollenkonfusion" sucht u. findet der Jugendliche seine „Identität" (= ↗ Mündigkeit, ↗ Emanzipation, Selbständigkeit). Dazu muß er sich v. seinem ursprüngl. biosozialen Status (Ausubel: Satellisierung bei den Eltern) lösen (Desatellisierung) u. zu einem neuen durchstoßen (mögliche Resatellisierung in der Jugendgruppe). Auf die Herausforderung dieser Umbruchsvorgänge, die auch eine rel. Relevanz haben, sucht die ↗ Jugendseelsorge zu antworten. Je

Lit.: E. Spranger, Psychologie des Jugendalters (1924; 1953); H. Thomae, Entwicklungspsychologie (1959); H. Remplein, Die seelische Entwicklung im Kindes- u. Jugendalter (1966); E. H. Erikson, Jugend und Krise (1970); R. Oerter, Entwicklungspsychologie ([11]1972); W. J. Schraml, Einführung in die moderne Entwicklungspsychologie (1972); W. Jentsch, Jugendseelsorge III/1, (1973), S. 29—164.

Jugendschutz.

Gesetze u. Verordnungen zum Schutze der ↗ Jugend regeln in der BRD, in Österreich u. in der Schweiz den Aufenthalt v. ↗ Kindern u. Jugendlichen an allgem. zugängl. Orten, in Gaststätten u. Beherbergungsbetrieben, den Besuch v. Kinos u. kulturellen Veranstaltungen, die Teilnahme an Glücksspielen, Autostopp, Alkohol- u. Nikotingenuß u. dgl. Inhaltl. sind diese Bestimmungen in den einzelnen Bundesländern u. Kantonen verschieden, da sie auf Grund der ortsübl. Sitten entstanden, vielfach erst um die Mitte des 20. Jh. — wie zum Beispiel die „Polizeiverordnung zum Schutz der Jugend" während des Krieges in Deutschland. Infolge der raschen Veränderungen unserer gesellschaftl. Struktur ist J. eine Gesetzesmaterie, die fortlaufend novelliert werden muß. Im weiteren Sinn können unter J. auch arbeitsrechtl. Bestimmungen (Verbot der Kinderarbeit) u. vorbeugende Maßnahmen der Jugendwohlfahrt (Jugendamt) verstanden werden. Gemeinsames Ziel dieser Bemühungen ist der Schutz v. Heranwachsenden vor den Gefahren einer anonym u. unübersichtl. gewordenen ↗ Gesellschaft, in der Traditionen kaum noch eine Kraft besitzen. Gesetze u. Verordnungen sind allerdings kein Ersatz f. ↗ Erziehung. Auch ist es problematisch geworden, der Jugend Grenzen setzen zu wollen, die sie in einen Schonbezirk sperrt, während Erwachsene alle Vorrechte f. sich beanspruchen. Ba

Lit.: Wolfgang Gernert, Jugendhilfe (1973).

Jugendseelsorge.
1. *Ansatz* (Historisches). Die tiefste Wurzel der J. liegt in der urchristl. Sorge um den jungen Menschen, wie sie in der Formel des Epheserbriefes (6,4) v. der „Erziehung u. Zu-Recht-Weisung (= Sinn-Gebung) des Herrn" (griech.: paideia u. nuthesia kyriu) zur Sprache kommt. Schon das atl. Vorspiel des seelsorgl. Erziehungsdenkens u. -handelns (Antwort auf die liturg. Warum-Frage des Sohnes: Dt 6,4 f., levit. Rechtssprüche, prophet. Mahnungen, Weisheitslehren) zeigt, daß sich Israel der päd. u. psych. Erkenntnisse u. Erfahrungen seiner ↗ Umwelt (Kanaan, Ägäis, Griechenland usw.) bedient. Ähnliches läßt sich den ntl. Schriften entnehmen. Zweifelsohne haben die jüd.-rabb. Erziehungspraxis (Zucht: Hebr 12,5 ff.) u. das griech.-röm. (Stoa) Erziehungsdenken (Bildung: Tit 2,11) die erste christl. Sorge um die Heranwachsenden mitbestimmt. Gleichwohl bleibt Christus der „Herr" dieser Bemühung (kyriozentr. Ansatz!): ihre Lehre muß untadelig (Tit 2,6—8), ihre Haltung brüderl. (1 Tim 5,1) u. ihr Grund der Sieg Jesu (1. Jo 2,14) sein. Auch im Verlauf der *Kirchengeschichte* sind humanwissenschaftl. Einflüsse zu beobachten, v. a. in den zwei „päd. Jahrhunderten" (Aufklärung-Pietismus 17./18.): Die frühen Formen der J. sind ohne sie undenkbar; kath.: Jesuitische ↗ Exerzitien (psych.-päd.), Don Bosco (soz.-päd.); evang.: Comenius, Zinzendorf (psych.-päd.), Wichern (soz.-päd.). Die Anfänge der eigentl. J. im 19. Jh. mit Bünden, ↗ Gruppen u. einzelnen (evang.: Williams, Rothkirch; kath.: Kolping, Mosterts) sind mehr charismat.-pragmat. Eine humanwiss. Reflexion dieses Zweiges der ↗ Seelsorge erfolgt erst in den 30er u. vor allem 50er Jahren des 20. Jh.
2. *Grundsatz* (Prinzipielles): Ist die J. grundsätzl. die „neue" Sorge der Kirche Christi um das Personwerden u. Personsein des jungen Menschen vor Gott bzw. um sein Heilwerden u. Heilsein, muß sie sich als „sachl." Seelsorge verstehen; sie unterliegt dem Prinzip der Sachlichkeit in einem doppelten Sinne: je mehr die J. die Sache mit Gott als die Sache Jesu wahrzunehmen sucht, umsomehr wird sie sich darum bemühen, die Sache des jungen Menschen als Menschen ernst zu nehmen. So gesehen hat die J. zwei Hauptfunktionen. Sie ist a) *verstehende* Seelsorge: In den Krisen u. ↗ Konflikten des Heranwachsens bedarf der junge Mensch als ein auf Verstandenwerden angewiesenes Wesen einer bes. vielschichtigen, im ↗ Glauben des Erw. gegründeten, ihn „annehmenden" u. sich solidarisierenden Verstehenshilfe, die dazu beiträgt, daß er sich selbst u. die anderen, die Welt u. Gott, die Dinge u. die (bibl.) Texte versteht. Zw. ↗ Verkündigung, Verstehen u. Verständlichmachung besteht dabei ein Junktim. — J. ist b) *befreiende* Seelsorge: Seelsorgl. Solidarität mit dem jungen Menschen schließt Konfrontation mit dem Evangelium nicht aus, sondern ein. Im Namen Jesu den Jugendlichen annehmen (Röm 15,7) (= zu ihm ja sagen), heißt, auch einmal aus ↗ Liebe zu ihm nein sagen. Nicht zuletzt aber soll er die befreiende Wirklichkeit v. Kreuz u. Auferstehung in die Nöte seiner Wirklichkeit erfahren können. In diesem Sinne ist die J. Dienst an der ↗ Freiheit: sie hilft echt, ↗ Schuld zu beichten u. zu vergeben, unechte Schuldgefühle abzubauen u. zu überwinden, v. inn. u. äuß. ↗ Zwängen frei zu werden u. gangbare Schritte selbständig zu gehen. In einer derart „solidarisch" u. „emanzipatorisch" verfahrenden J. stehen Wort u. Tat in einem unauflösbaren Komplementärverhältnis: J. ist immer diakonisch u. therapeutisch od. sie ist nicht; sie ist Glaubens- u. Lebenshilfe zugleich.
3. *Umsatz* (Praktisches): Die Praxis der J. besteht im Umsatz, d. h. im Umsetzen der Grundsätze des Verstehens u. Befreiens in die Lebenswirklichkeit der ↗ Jugend bzw. des einzelnen Jugendlichen. Dazu bedarf es versch. Mittel u. Wege. a) *Mittel* (Grenz- u. Vollzugswissenschaften): Ohne den Blick über die Grenzen der Theologie u. ohne Einsatz der Humanwissenschaften in den Vollzug ist J. heute nicht mehr möglich. In der *Psycho-*

logie helfen die Erkenntnisse der ↗ Entwicklungs-, Lern-, ↗ Sozial-, ↗ Tiefen-, Persönlichkeits-, Konflikts- u. v. a. der ↗ Religionspsychologie. Der Modus des Glaubens im Jugendalter mit seinen Merkmalen (Emanzipationsdrang, Identitätssuche, Zweifel, Stimmungslabilität, Bekehrungseifer, ↗ Indifferenz, Selbstbestrafungstendenz u. a.) wird so greifbarer; er ist, wenn überhaupt, befragter u. erlebter, durchdachter u. durchlittener Glaube. — Die (Jugend-)*Soziologie* zeigt der J. mit ihren Einsichten in Strukturen, Funktionen, ↗ Rollen u. Kleingruppen, welchen Ort der junge Mensch in der Gesellschaft einnimmt, bewahrt sie durch ihre empir. Erhebungen vor Über- u. Unterschätzungen der Jugendphänomene heute u. hilft ihr, den etwas individualist. Zug der früheren J. zu überwinden. Religionssoz. sind die bipolare Struktur der christl. Jugendgruppe (Gemeinschaftswille der Religion u. Gesellungsbedürfnis der Adoleszenz) sowie die Mehrdimensionalität des jugendl. Glaubens für die J. interessant. — Bei der ↗ *Psychotherapie* hat die J. neuerdings wohl die stärksten Anleihen aufgenommen, bisher noch mehr bei der allg. ↗ Tiefenpsychologie (bes. Freud, obwohl gerade bei Jung u. Adler manches f. die J. zu lernen ist), ↗ Gruppen- u. ↗ Gesprächstherapie (Counseling: Rogers). Die volle Aufarbeitung der spez. ↗ Gruppen- u. ↗ Gesprächstherapie (Lewin, Slavson, Tausch u. a.) durch die J. steht noch aus. Zw. J. u. Psychotherapie geht es heute mehr denn je um Lernbereitschaft, Wissen um den Auftragsunterschied (Fachberatung aufgrund des psychotherapeut. Verstehens — Lebenshilfe aufgrund des christl. Vergebens) u. konstruktive Wechselbeziehung. — „Interdependent" ist auch das Verhältnis zw. J. u. *Pädagogik.* Jugenderziehung u. J. sind je etwas f. sich, die erstere kann aber auch der letzteren vorausgehen od. folgen. Beide korrespondieren. Schließlich gibt es Erziehung im Vollzug der Seelsorge. Umgekehrt erwachsen dem Vorgang der Erziehung theol. Grenzfragen (Womit, Wozu u. a.). — Faßt man die humanwiss. Aspekte der J. in einer integrierenden (päd. u. theol.) *Anthropologie* zusammen, lautet das Ergebnis: Der Gegenstand der J. ist der ganze junge Mensch als werdende ↗ Person. Seine Christwerdung erfolgt unter den anthropogenen u. soziokulturellen Bedingungen der Personwerdung. — b) *Wege:* Drei Fragenkreise sind hier zu bedenken: Die seelsorgl. *Jugendberatung* bzw. die beratende J. erfährt method. wesentl. Hilfe v. der amerikan. Gesprächs- u. Gruppentherapie (Counseling, Group-Dynamics, ↗ Case-Work). Freilich geht die J. nicht in der Beratungstechnik auf. Der beratende Jugendseelsorger ist unmittelbar od. mittelbar Zeuge Jesu. Verkündigen u. Verhalten, Beraten u. Bezeugen, Wort u. Tat stehen in einem Komplementärverhältnis zueinander. Was jeweils artikuliert werden muß, lehrt in der konkreten Situation des Jugendlichen die ↗ Liebe (agape), die nicht das ihre, sondern das, was des anderen ist, sucht. — Das ↗ *Gespräch* mit dem jungen Menschen ist ausgesprochen problemorientiert. Im Sinne der Korrelation sucht es wirkl. Fragen zu replizieren, nicht künstl. Fragen zu indoktrinieren. Dabei ist auch der „junge Mensch die Frage u. nicht die Antwort" (Tillich)! „Die" Antwort ist Christus selber (zuweilen in der Form einer den Jugendlichen provozierenden „Frage"). Neue u. fruchtbare Formen der J. sind die Distanz u. Nähe zugleich ermöglichende Briefseelsorge u. die ↗ Telefonseelsorge. — *Ausbildung:* J.r kann man als Theologe, Religionspädagoge (grad.), Pastoralassistent, Jugendleiter, Diakon usw. werden, d. h. hauptamtl. auf akadem. od. seminarist. Wege. Dazu gehören das Studium der Theologie, der Humanwissenschaften (s. 3 a) u. Erfahrung in der Praxis. Ein bes. gutes Echo findet beim krit. Jugendlichen der nichtbeamtete Seelsorger; der „Laie" wird hier zum anerkannten Fachmann u. zum glaubwürdigen Sachwalter des Glaubens.

Werner Jentsch

Lit.: (evang.:) W. Jentsch, Handbuch der Jugendseelsorge, I (1965), II (1963), III,1 (1973), III,2 (1973); (kath.:) P. Hastenteufel, Handbuch der Jugendpastoral, I (1967), II (1969).

Jungfräulichkeit. Unter J. ist der freiwillige Verzicht auf sex. Verwirklichung u. ↗ Ehe zugunsten einer großmütigeren

↗ Liebe zu verstehen, wie sie ohne den Verzicht auf sex. u. ehel. ↗ Selbstverwirklichung im konkreten Fall nicht möglich scheint. Das Wort Christi Mt 19,12, „Es gibt Menschen, die sich der Ehe enthalten um des Himmelreiches willen. Wer es fassen kann, der fasse es!", wurde v. der ↗ Kirche zu allen Zeiten als Evang. ↗ Rat verstanden u. als eschatolog. Zeichen, bes. in den Orden verwirklicht (wenn auch mit unterschiedl. Hilfsmotiven). Pastoralanthropolog. läßt sich folgendes geltend machen:
1. Für die zur J. Berufenen ist bei Verzicht auf die intime Liebeshingabe in der ↗ Ehe eine großherzigere, zwar weniger intime, dafür aber universalere Liebe zu den Mitmenschen möglich. Da viele Menschen gerade durch die ↗ Gemeinschaft der Ehe zu einer größeren Liebesfähigkeit nicht nur gegenüber dem Partner, sondern auch gegenüber den anderen Mitmenschen u. dadurch gegenüber Gott gelangen, darf J. nur unter der Voraussetzung f. erstrebenswerter als die Ehe gehalten werden, wenn sie zu einer Maximierung der Nächstenliebe u. dadurch u. darüber hinaus der Gottesliebe beiträgt.
2. Die J. bringt exemplarisch u. zeichenhaft zum Ausdruck, daß die Verwirklichung des Menschseins u. der eschatolog. Liebe nicht notwendig an sex. Betätigung gebunden ist, diese wegen ihres ambivalenten Charakters u. ihres vielfachen Mißbrauches großherzige Liebe sogar behindern kann. Die J. ist so gesehen ein Versuch, so weit wie möglich frei zu werden v. einer Dominanz der ↗ Geschlechtlichkeit mit ihrer letztlich bloß relativen Bedeutung f. die den Menschen u. Gott ganz sich schenkende Liebe u. die Setzung eines Zeichens f. den Nächsten, der versucht ist, sich an die Welt u. speziell den Sexus zu verlieren. Sie tut das durch den exemplar. Hinweis, daß die Nächstenliebe auf die Gottesliebe hin transzendiert werden soll.

J. wird folglich mißverstanden, wenn die v. ihr geforderte ↗ Enthaltsamkeit in einer gestuften Moral grundsätzl. u. nicht nur im konkreten Einzelfall höherwertiger als die geordnete geschlechtl. Betätigung gedeutet wird. Umgekehrt ist bei rechter Einschätzung der Bedeutung der J. auch jegliche grundsätzl. Höherbewertung der geordneten geschlechtl. Betätigung gegenüber der Enthaltsamkeit abzulehnen.

Bei der ↗ Verkündigung der J. als ↗ Ideal muß folglich auf jegliche grundsätzl. Abwertung des Geschlechtlichen u. der Ehe verzichtet u. ihr charismat. Charakter betont werden. F. die Pastoral ergibt sich, daß nur ausgesprochen Liebesfähige zu einem Leben der J. geeignet sind u. deren Zeugnischarakter glaubwürdig darstellen können, zumal ↗ Ehelosigkeit ohne Liebe leicht zu Verhärtung, Eigenbrötelei usw. führt. Die gesetzl. Verpflichtung zu einem Leben nach dem Rat, der eben nicht allgemein verpflichtet, erscheint v. hier aus bedenklich, v. a., wenn die charismat. Liebeskraft nicht vorhanden od. erloschen ist. Mangelnde ↗ Integration kann sich in der J. ebenso wie in der Ehe in ernsthaften psychosomat. Störungen ausdrücken. Darüber hinaus muß Sorge getragen werden, daß die Fähigkeit der jungfräul. Menschen, in der Liebe zu wachsen, gefördert u. ihnen die auch f. sie notwendige menschl. Liebe geschenkt wird.

↗ Zölibatspflicht, ↗ Charismen   Mo

Lit.: L. Legrand, Jungfräulichkeit nach der Hl. Schrift (1966); W. Molinski, Zölibat morgen (1970).

Kastrationsangst. Terminus technicus Freuds. Nach ihm entdecken Kleinkinder in der (auf die orale u. die anal-sadistische folgenden) phallischen (= ödipalen, genitalen) Phase die Geschlechtsunterschiede u. -merkmale v. ↗ Mann u. ↗ Frau, meist verbunden mit einem intensiven Forscherdrang („Analyse der ↗ Phobie eines fünfjährigen Knaben"). Das Mädchen fühle sich als „kastrierter Knabe" u. mache als Zwischenstadium (das neurotisch vertieft u. fixiert werden kann) natürlicherweise den Kastrations-Komplex durch. Der Knabe erlebe die Möglichkeit, daß die Genitalien weg bzw. weggenommen sein könnten, v. a. wenn er mit Bestrafung u. (Liebes-)Entzug bedroht wird. Er übertrage diese auch auf das Abschneiden anderer Körperteile (s. Struwwelpeter-Geschichten) od. das Abscheiden des Kotes als sex. Symbole. Verstärkt werde K. durch die Ödipussituation: Der ↗ Vater wird im Kampf um die ↗ Liebe der ↗ Mutter zum Rivalen des Sohnes; dessen schlechtes ↗ Gewissen sage, der Vater könne sich durch die Entmannung des Sohnes rächen. Später führte Freud („Hemmung, Angst, Symptom") die K. auf die kindl. Trennungsangst zurück, die mit der Geburt (↗ Geburtstrauma) beginne u. im tägl. ↗ Leben durch die ständig sich wiederholenden Abwesenheiten der Mutter genährt werde. Verlust, Verlassenheit u. Kastration seien ein einheitliches angsterzeugendes Geschehen („Objektverlust"). ↗ Angst ist „Kastration der Mutter (nach der Gleichung Kind = Penis) ... Die Beraubung dieses Gliedes ist so viel wie eine neuerliche Trennung v. der Mutter", da der Penis der einzige Garant f. die mit der Geburt verloren gegangene Vereinigung mit der Mutter sei. — Freuds Deutung der K. war eine der Anlässe f. die Trennung u. Kritik Adlers an ihm. Nach diesem ist das Sexuelle nicht letzte Begründung aller Phänomene u. Symbole, sondern es steht oft symbolhaft f. anderes. Es komme zur K. nur bei Kindern durch eine harte u. eingehende ↗ Erziehung, die sie ihre Schwäche u. „Minderwertigkeit" gegenüber Erwachsenen nicht natürlich überwinden, sondern traumatisch fixieren läßt. Die Kastration kann dann ein ↗ Symbol für Defiziterleben schlechthin (Zu wenig haben, Angst vor weiterem Verlust) werden. **Wi**

Lit.: S. Freud, Gesammelte Werke (1940 ff.); E. Wiesenhütter, Freud und seine Kritiker (1974).

Katatonie. K. (= „Spannungsirresein") bezeichnet eine zum schizophrenen Formenkreis gehörende ↗ Psychose mit vorwiegender Störung der Willkürbewegungen.

Katharsis. V. Joseph Breuer gemeinsam mit Sigmund Freud in der Frühzeit der ↗ Psychoanalyse entwickelte therapeut. Methode, die auf der Überlegung beruhte, daß best. neurot. Symptome durch einen „eingeklemmten Affekt" zustande kämen. Ganz im Banne Darwins, der hinter allen lebendigen Vorgängen eine einheitl. Energie am Werke sah u. so etwa das Schwanzwedeln der Hunde als die körperl. Abfuhr eines seel. ↗ Erregungs-Zustandes deutete, versuchten die beiden Forscher dem eingeklemmten Affekt ihrer Patienten (in der Regel ein best. Quantum an ↗ Libido), eine psychische Abfuhrbahn zu eröffnen. Als solche wurde die Möglichkeit entdeckt, unter ↗ Hypnose od. in einem bes. markierten ↗ Entspannungs-Zustand sich den ↗ Konflikt „v. der Seele zu sprechen", der aufgestauten Triebenergie durch ↗ Sprache eine Ableitungsmöglichkeit zu verschaffen. V. solchen „Redekuren" ging dann die „kathart. Wirkung" aus, die dem Patienten das Aufgeben seiner Symptome ermöglichte. Die unerwünschte Nebenwirkung, daß Patienten, die einer solchen Therapie unterzogen wurden, sich außerordentlich stark an den ↗ Arzt banden, veranlaßte Breuer, sich v. den gemeinsamen Forschungen zurückzuziehen, während Freud auf der Grundlage der kathart. Methode die Bedeutung v. ↗ Übertragung u. Widerstand entdeckte u. so die eigentl. psychoanalyt. Methode entwickelte, der dann in zunehmendem Maße die physikal. Denkmodelle der Frühzeit aufgegeben wurden. **Scha**

Lit.: Breuer/Freud, Studien über Hysterie (1895); A. Janov, Der Urschrei — ein neuer Weg der Psychotherapie (1973).

Keuschheit. K. bedeutet in der Ethik jene Haltung, die sich ernsthaft darum müht, menschl. Geschlechtlichkeit ihrer inneren Seinsstruktur gemäß zu sehen u. zu leben (↗ Sexualität). Sie darf darum nicht mit dem Fehlen od. dem Verzicht auf geschlechtl. Handlungen gleichgesetzt werden (↗ Enthaltsamkeit). Die kath. Moraltheologie seit der Scholastik verstand K. als Teil der Grund-↗Tugend der Zucht (temperantia), deren Aufgabe es ist, die menschl. Geschlechtlichkeit unter die Ordnung der Vernunft zu stellen.

Ohne Zweifel ist der Begriff der K. durch eine oft verkürzte Sicht in der Vergangenheit belastet. Trotz der klaren Abgrenzung gegen alle leibfeindl. Strömungen in der Lehre vermochte es die ↗ Kirche während ihrer Geschichte nicht immer, in ihrer Praxis die positive Wertung der Sexualität in der Bibel durchzuhalten. Unter dem Einfluß neuplaton. Ideen kamen schon zur Zeit der Kirchenväter spiritualist. u. asket. Tendenzen zur Geltung, die eine unbefangene Einstellung zur Geschlechtlichkeit erschwerten; zumal sie sich auf anerkannte Autoritäten (etwa Augustinus) berufen konnten. Dennoch wäre es naiv u. histor. ungerecht, das Christentum allein f. die Entstehung v. Sexualangst, ↗ Prüderie u. Sexualneurosen verantwortlich zu machen. Die Forderung nach K. bedeutet nicht Unterdrückung od. Ausschaltung der Sexualität, sondern Einordnung des vitalen — beim Menschen nicht mehr nur durch ↗ Instinkt-Barrieren gezügelten — Sexualtriebes in Sinnzusammenhänge, die sich durch Reflexion menschl. u. kultureller Strukturen ergeben. Nicht der Verzicht auf sex. Betätigung macht den Kern der K. aus, sondern die Bejahung einer Ordnung. Darum ist es durchaus sinnvoll, auch v. einer ehel. K. zu sprechen; sie zielt darauf, Sexualität immer mehr zum Ausdruck personaler ↗ Liebe werden zu lassen; sie verhindert, den Partner zum bloßen Ausbeutungsobjekt sex. Triebhaftigkeit zu erniedrigen. Gerade die Einsicht in die elementare Bedeutung der Sexualität f. die menschl. Existenz wird ein hemmungsloses Ausleben des Triebes ablehnen; es führt eher zu seel. Erkrankung als ein in keuscher Haltung geleisteter Verzicht. Freilich ist die konkrete Fixierung u. Begründung geschlechtl. ↗ Normen nicht so einfach, wie es in der Vergangenheit angenommen wurde; soziol., kulturelle, klimat. Einflüsse spielen dabei eine nicht geringe Rolle. Darum ist K. nicht aus vordergründigen Sitten u. Konventionen ableitbar. Sie lebt vielmehr aus der umfassenden Bejahung der menschl. Geschlechtlichkeit, der sie die ihr zukommende ↗ Rolle bei der Verwirklichung des Menschlichen einzuräumen sich müht — nicht mehr u. nicht weniger. *Gy*

Lit.: Josef Pieper, Zucht u. Maß (⁷1955); M. Müller, Grundlagen der kath. Sexualethik (1968).

Kind. Zwischen Geburt u. beginnender ↗ Pubertät wird der Mensch als K. bezeichnet. Diese Lebensphase läßt sich grob einteilen: 1. *Säuglingszeit:* 1. Lj.; 2. *Kleinkind:* 2. bis ca. 5. Lj.; 3. *Schulkind:* ca. 6. Lj. bis Beginn der Pubertät. — Die ↗ Entwicklung verläuft am Anfang sehr rasch u. wird dann zunehmend langsamer. Man erkennt ausgeprägte Phasen, in denen best. Fähigkeit schwerpunktmäßig eine verstärkte Entwicklung erfahren (z. B. körperl. Entwicklung, Spracherwerb, Erfahren der ↗ Umwelt-Geschehnisse usw.). Die Kindheit stellt einen bes. bedeutsamen Abschnitt im Leben eines Menschen dar. Zwar ist das K. mit angeborenen Entwicklungsmöglichkeiten ausgestattet, die den Rahmen seiner Entwicklung abstecken, doch der Umwelt-Einfluß u. bes. die ersten Erfahrungen formen es auf entscheidende Weise. Nach Beobachtung vieler Psychologen (u. a. René Spitz) sind v. a. die ersten Lebensjahre prägend f. d. ↗ Einstellung des Menschen zu anderen Menschen u. zur Welt (↗ „Urvertrauen" nach E. Erikson. Eine entscheidende soziale Beziehung bildet das Verhältnis zw. ↗ Mutter u. K. (resp. ersatzweise f. die Mutter eine beständige Pflegeperson). Fehlt diese kontinuierl. Zuwendung der Mutter (od. einer anderen Person), so können schwere, u. U. irreparable geist., seel. u. evtl. auch körperl. Schäden entstehen (↗ Hospitalismus). — Mit ca. 3 Jahren tritt das K. im westl. Kulturbereich aus dem engeren Kreis der ↗ Familie heraus in eine weitere soziale u. kulturelle ↗ Umwelt (Kindergartenalter). Im ↗ Kindergarten werden best. Anforderungen an das K. gestellt: es muß z. B. eine längere Trennung v. der Familie aushalten können (was zur Loslösung u. Verselbständigung beiträgt), die Zuwendung einer erwachsenen Person (Kindergärtnerin) mit vielen Kindern teilen u. mehrere Kinder der gleichen Altersstufe neben sich ertragen können u. sich — je nach Situation — durchzusetzen od. anzupassen lernen (f. Einzelkinder eine bes. wichtige Übung). Die zunächst häufig wechselnden, später aber dauerhafteren ↗ Freundschaften des K.s bedeuten eine wichtige Einübung der Fähigkeit, sich an einen Menschen außerhalb der Familie zu binden. Mit der Schule tritt wiederum ein neuer sozialer Raum neben das Elternhaus. Im Zweifelsfalle kann mit Hilfe eines Schulreifetests die geist., körperl. u. soziale Schulreife des Kindes festgestellt werden. Die Person des Lehrers ist sowohl zur Ablösung des Kindes v. der elterl. ↗ Autorität wichtig als auch im Hinblick auf das ↗ Lernen u. die damit verbundene Selbsteinschätzung des K.s (Lob, ↗ Ermutigung, Kritik usw.). Die Phasen der Kindheit besitzen entscheidende Bedeutung f. die Verursachung v. ↗ Konflikten, Fehlprägungen usw. (↗ Neurosen) wie aber auch f. die spätere Überwindung v. Lebenskrisen (durch Erwerb von sozial akzeptierten ↗ Verhaltens-Strategien, durch Grundlegung v. ↗ Lebenssinn-Konzeption usw.). Problematisch u. verhängnisvoll kann f. das K. seine sozial-rechtl. Stellung werden: durch ↗ Abhängigkeit u. Ausgeliefertsein an die Eltern u. deren Lebensvorstellungen (↗ Eltern-Kind-Beziehung, ↗ Elternrecht, ↗ Schule-Elternhaus, ↗ Kindesmißhandlung) kommt es immer wieder zu Schäden, die erst im nachhinein behandelt werden können, vor denen man das K. aber kaum bewahren kann. Eine aufmerksame ↗ Kinderseelsorge ist dann häufig auch Dienst am leidenden Menschen. Me

Lit.: A. Gesell, Das Kind von 5 bis 10 (⁵1964); Th. Lidz, Das menschliche Leben (1968).

Kindergarten. Der K. gilt allgem. als eine Institution, deren Aufgabe es ist, die Familienerziehung zu ergänzen. Aufnahme finden Kinder ab dem vollendeten 3. Lj. bis zum vollendeten 6. Lj. (Schuleintritt). Eine Pflicht zum K.besuch wird aus grundsätzl. Erwägungen abgelehnt, der Trend geht aber dahin, jedem Kind einen K.platz zu sichern.

Die Frage, ob der K. eine Erziehungsod. Fürsorgeeinrichtung ist, wird zumeist v. Politikern aufgeworfen u. ist v. a. ein Anliegen der Kompetenz u. der Möglichkeit der Einflußnahme. Die Pädagogen waren sich immer darin einig, daß es sich bei der K.arbeit um ein erzieherisches Wirken handelt, gleichgültig, ob f. die Verwaltung das Schulamt od. das Jugendamt zuständig ist, das Kind v. der Fürsorge eingewiesen od. v. den Eltern angemeldet wird.

Der Bildungsauftrag des K.s u. seiner Vorläufer (Kleinkinder-, Warte-, Spielschulen, Kinderbewahranstalten u. ä.) steht seit Oberlin (1779) zur Diskussion. Pestalozzi, Fröbel (er gründete 1837 eine „Anstalt zur Pflege des Beschäftigungstriebes f. Kindheit u. Jugend" = erster K.) u. Montessori gaben wichtige Impulse; heute sind es die Fortschritte in der Kinderpsychologie, insbes. in der ↗ Entwicklungspsychologie u. in jüngster Zeit die Frühlernbewegung (↗ Vorschulerziehung) sowie die ↗ Kinderläden, die zur Auseinandersetzung zwingen. Der K.arbeit wird nicht selten Planlosigkeit vorgeworfen, weil sie keinen verbindl. Lehrplan wie die Schule kennt. In der Arbeit mit Kleinkindern geht es aber nicht um einen generellen, sondern um einen individ. Bildungsplan, der beim jeweiligen Niveau des Kindes, bei seiner Art, sich zu betätigen, bei seiner Weise, Eindrücke zu verarbeiten, ansetzen muß. Ausgangspunkt allen erzieherischen Wirkens im K. ist das spontane Interesse des ↗ Kindes an den Vorgängen im Natur- u. Menschenleben, sein ↗ Wille zur unmittelbaren Auseinandersetzung mit den Dingen, die kindl. ↗ Freude am Gestalten mit versch. Material, die Lernprozesse, die sich im kindl. ↗ Spiel ständig vollziehen, das Erlebnis als Quelle der Information u. Erkenntnis. Als Hindernis bei der Erfüllung des Bildungsauftrages im K. erweisen sich: zu große ↗ Gruppen (optimal sind 25 Kinder); eine zu große altersmäßige Streuung; der Mangel an

entspr. Räumlichkeiten u. Freiflächen, die eine päd. wertvolle Arbeit ermöglichen; die zu dürftige od. einseitige Ausstattung mit Spielgaben u. Bildungsmaterial; die zu geringe regionale Streuung (zu wenig K. auf dem Lande); zu wenig Möglichkeiten der Zusammenarbeit zw. K. u. Elternhaus, zw. ↗ Arzt u. Psychologen, zw. K. u. Schule.
Seitdem die kinderpsych. Forschung so eindringlich darauf hingewiesen hat, daß frühkindl. Eindrücke intensiv nachwirken u. Versäumtes nur schwer od. überhaupt nicht nachgeholt werden kann, wird nicht nur der K.arbeit im allgem., sondern auch spez. Teilgebieten der Kleinkindpädagogik bes. Beachtung geschenkt: der Sprachförderung, der ↗ Gewissens-Bildung, der Gemütsbildung, der rel. Bildung, aber auch der Frühförderung behinderter Kinder durch Einzelbetreuung im Rahmen des K.s od. in Sonder-K.n. — Auf diesem Gebiet mangelt es nicht nur an entspr. Institutionen, sondern auch an systemat. ↗ Forschung. So sollte z. B. eine falsch verstandene Frühlernbewegung Anlaß dafür sein, umfassende Studien über die Gefahren der Frühintellektualisierung u. deren Rückwirkungen auf das Gemütsleben u. die Entfaltung der Gesamtpersönlichkeit durchzuführen.
Die Ausbildung der Kindergärtnerinnen bedarf einer Erweiterung u. Intensivierung. Dabei wird v. a. auf den Ausbau der berufsspezif. Unterrichtsgegenstände in Theorie u. Praxis u. eine berufsbezogene Allgemeinbildung Wert gelegt werden müssen. Jedenfalls sollte man sich davor hüten, einer falsch verstandenen Bildungsökonomie zum Opfer zu fallen, die in einem einzigen Bildungsgang f. mehrere Sparten der sozialpäd. Arbeit vorbereiten will. Ni

Lit.: H. Kochan-Döderlein, Bibliographie zur Frühpädagogik (1972). — *Zeitschriften:* „Unsere Kinder" (Seilerstätte 14, A-4020 Linz); Blätter des Pestalozzi-Fröbel-Verbandes (Quelle & Meyer).

Kinderläden. Die Tatsache, daß es in der BRD an Kindergartenplätzen mangelte u. die Art der Führung der ↗ Kindergärten der freien u. öffentl. Jugendhilfe nach der Auffassung mancher Eltern zu traditionsgebunden, zu straff, zu sehr auf Reinlichkeit u. Ordnung bedacht, zu autoritär war, veranlaßte einzelne od. ↗ Gruppen dazu — beginnend im Jahre 1967 —, in leerstehenden Kaufmannsläden antiautoritäre Kindergärten, sog. „K." einzurichten. Hier dürfen die Kinder spielen u. tun, was sie wollen. In den K. sind Streit u. Schlägereien erlaubt, weil die Kinder lernen sollen, wie man Probleme selbst löst. Es macht auch nichts aus, wenn Möbel demoliert werden, weil die Kinder auf diese Art ihre aufgestauten ↗ Aggressionen loswerden. Eßzwang besteht nicht, auf Tischmanieren wird kein Wert gelegt. Sex. Spiele werden bewußt gefördert. Die Befürworter u. Förderer der K., die zumeist auf Selbsterhaltung gestellt sind u. in denen über päd. Probleme viel diskutiert wird, sind sich in der Forderung nach repressionsfreier ↗ Erziehung einig; die Erziehungsziele hingegen stehen nicht eindeutig fest. Während die eine Gruppe großen Wert darauf legt, daß die Kinder frühzeitig ihre Interessen erkennen u. es lernen, diese den Erwachsenen gegenüber in Kooperation u. Solidarität zu verteidigen, ist es anderen wichtiger, die Kinder erleben zu lassen, wie sehr die Welt veränderbar ist — die Heranwachsenden sollen fähig werden, zur Veränderung der ↗ Gesellschaft beizutragen. Wieder andere halten es f. nötig, die Kinder doch f. die Gesellschaft der Gegenwart zu erziehen, wenngleich sie befürchten, daß diese Zielsetzung die ↗ Integration der K. in das System bestehender Institutionen der ↗ Vorschulerziehung zur Folge hätte u. damit das Ende der K. gegeben wäre. Hingegen meinen polit. Engagierte, die Kinder mit Gegenwartsproblemen befassen zu müssen, zu denen der Mensch krit. Stellung nehmen muß. Diese Zielsetzung verursacht den Vorwurf, daß in den K. die Kinder unter dem Deckmantel der Wissenschaft manipuliert statt erzogen werden.
Keine der Gruppen — so scheint es — hat bisher mit gleichem Elan die Frage gestellt, unter welchen Bedingungen ein Kind im Vorschulalter — in dieser so prägsamen Periode menschl. Lebens — körperl., seel. u. geist. am besten gedeiht. Ni

Lit.: Informationsmaterial beim Zentralrat für sozialist. Kinderläden West-Berlin (Leibnizstraße 64, D-1 Berlin).

Kinderlosigkeit. K. kann sowohl unfreiwillig wie freiwillig sein. Rund 10—15% aller ↗ Ehen sind ungewollt kinderlos. Die Ursachen liegen in ca. 35—40% der Fälle beim ↗ Mann, in ca. 50% bei der ↗ Frau, beim Rest bei beiden (od. ungeklärten Faktoren, ↗ Unfruchtbarkeit). Im Fall einer *ungewollt* kinderlosen Ehe ist unbedingt zur Untersuchung des Mannes zu raten, weil diese einfacher u. schneller durchführbar ist. Dabei ist allerdings ein häufiges, psych. verstehbares Hindernis zu berücksichtigen: Viele Männer wehren den Gedanken an eine evtl. Zeugungsunfähigkeit ab, da dies als Minderung des Selbstwertgefühls empfunden wird. Noch stärker kommt diese ↗ Angst bei psychischen Ursachen der Unfruchtbarkeit zum Tragen. ↗ Impotentia coeundi, die Unfähigkeit zum Beischlaf wegen fehlender Erektion, wird nicht selten mit rationalen Gründen verschleiert (Arbeitsanforderungen, Müdigkeit, ↗ Krankheit, Unfreundlichkeit der Ehefrau usw.). Zuständige Fachärzte bei körperl. bedingten Störungen sind der Androloge od. Urologe; bei psychischen Störungen der Psychotherapeut od. Nervenarzt. Die Untersuchung der Frau ist differenzierter u. langwieriger. Zuständiger Facharzt ist der Gynäkologe, bei psych. Störungen der Psychotherapeut od. Nervenarzt. Wo eine Therapie nicht möglich ist, kommt bei Unfruchtbarkeit eines der beiden Partner u. U. eine ↗ Adoption, bei Unfruchtbarkeit des Mannes evtl. eine künstl. ↗ Besamung in Frage.

Bei *gewollt* kinderlosen Ehen finden sich folgende Motive: 1. ein Lebensplan beider Partner, zu dessen Verwirklichung sie auf Kinder verzichten zu müssen glauben, aber nicht auf die Ehe verzichten wollen (Menschen in ↗ Sozialdiensten, im Ausland u. ä.). 2. Kulturpessimismus. 3. ↗ Erbkrankheiten. 4. Materielle Gründe. Bei dieser ↗ Motivation sollte pastoral nicht übersehen werden, daß dahinter meist nicht einfach der Wunsch nach egoist. Ausleben steht, sondern oft ↗ Sorge um andere (↗ Mitmenschlichkeit), Angst od. das Gefühl der Unzulänglichkeit im Hinblick auf die ↗ Erziehung. In der evang. ↗ Kirche werden diese Motive z. T. mit Vorbehalten akzeptiert, weil ↗ Ehe u. ↗ Familie als zwei Ordnungen unterschieden werden. Nach kath. Auffassung ist dagegen der Ehewille wesensmäßig mit dem Willen nach der sich in Kindern dokumentierenden Fruchtbarkeit verbunden, so daß bei der Eheschließung ein Fruchtbarwerden zumindest nicht unbedingt u. auf Dauer ausgeschlossen werden darf. Neuerdings gibt es in der kath. Kirche Überlegungen, die v. einem mehr sozialeth. Ansatz ausgehen u. auch dann den Willen nach Fruchtbarkeit ausdrückl. erfüllt sehen, wenn z. B. ein Ehepaar auf eigene Kinder verzichtet, um fremden Kindern eine Heimstatt (Adoption, Pflege) geben zu können, so daß hier wie auch im Falle v. Erbkrankheiten (↗ Eugenik) eine verantwortete K. vorliegt.   Goe/Rf

Lit.: K. H. Wrage, Verantwortung in der Ehe (1965); H. Giese (Hsg.), Die Sexualität des Menschen (1971).

Kinderlüge. Lüge allgemein ist eine bewußt falsche Aussage, die dazu dient, durch Täuschung anderer ein bestimmtes Ziel zu erreichen.

Beim Kleinkind (bis ca. 5. Lebensjahr) kann man noch nicht v. Lüge im engeren Sinn, also v. bewußter u. zweckdienl. Falschaussage sprechen, da es noch weitgehend unbewußt erlebt u. reagiert, u. sein ↗ Bewußtsein erst allmählich erwacht u. sich entwickelt. Die dem Kleinkind eigene mangelnde Aufmerksamkeit, sein unklares Zeitbewußtsein u. seine unzulängl. Unterscheidungsfähigkeit zw. ↗ Phantasie u. Realität führen zu unabsichtl. Falschaussagen. Erst mit zunehmender Bewußtheit ist das Kind zu einer zielorientierten u. absichtl. Verfälschung der Tatsachen in der Lage. — Das häufigste Motiv der kindl. Lüge ist der Schutz der eigenen Person vor ↗ Strafen u. anderen Nachteilen. Dieses Abwehrverhalten kommt praktisch bei allen Kindern vor. — Charlotte Bühler unterscheidet drei Arten v. Lügen: 1. solche, die andere Personen schützen („soziale od. heroische Lüge"); 2. solche, die dem Lügenden selbst dienen, sozial aber indifferent sind („asoziale Lüge"); 3. solche, die anderen bewußt Schaden zufügen („antisoziale Lüge"). Als spez. Form der „K." (keine Lüge im strengen Sinne) wäre noch die

Phantasie-Lüge hinzuzufügen: infolge seines geringen Bewußtseinsgrades erlebt das Kind seine Innenwelt (eigene Erlebnisse, Vorstellungen, Wünsche usw.) genauso „real" wie wirkl. Ereignisse. Demzufolge kann es — an der äußeren Realität gemessen — „falsche Aussagen" machen. Ungeschickte päd. Maßnahmen wie harte Strafe bei Schuldgeständnissen od. mangelnde Anerkennung f. ein Geständnis fordern Abwehr-, Angst- u. Notlügen geradezu heraus. Wichtig ist: keine unnötigen Gewissensfragen, die f. das Kind eine zu große ↗ Versuchung darstellen; Erleichterung v. Eingeständnissen durch Verständnis u. evtl. Strafminderung; keine moral. Überbewertung der K. — V. großer Bedeutung ist auch das Vorbild der Erziehungspersonen, die die Wahrheitsliebe selbst als eth. ↗ Wert achten. — Bei auffallend häufigen gleichartigen Lügen sollte nach den Hintergründen u. Ursachen gefragt u. diese behoben werden (Bestätigung eines natürl. Geltungsstrebens beim Kind od. Abbau v. Ängsten, bes. der sehr häufig durch elterliches Fehlverhalten verursachten Autoritätsangst). Me

Lit.: Handbuch der Forensischen Psychologie (2. Kapitel: Prof. Dr. U. „Undeutsch") (1967).

Kinderpsychologie (u. Seelsorge). In der ↗ Heilpädagogik, der Hilfe f. gestörte ↗ Kinder, hat die K. ihre wesentl. Aufgabe. Ihre Grundlage ist die ↗ Entwicklungspsychologie: das Kind ist nur als sich entwickelndes Wesen zu verstehen — v. dem „großhirnlosen" Zustand des Neugeborenen, das langsamer als alle anderen Lebewesen reift, aber höher als alle anderen steigt, das seine ↗ Anpassung an die Lebensanforderungen zu einem geringeren Teil als das ↗ Tier aus den ererbten ↗ Instinkt-Funktionen schöpft, sondern auf die Prägungen durch die soziale ↗ Umwelt („im sozialen Mutterschoß der ↗ Familie", Portmann) angewiesen ist; v. einem sehr primitiven Zustand also, weit unter dem Niveau der anderen Säugetiere, entwickelt das Menschenkind bald menschl. Eigenschaften, im geistigen wie im Gefühlsbereich, bis es schließlich durch seine ↗ Erfahrungen, durch lange Lernprozesse, durch den Aufbau v. ↗ Hemmungen u. höheren Wertungen in den Raum der ↗ Freiheit eintritt. Diese Entwicklungsgesetzlichkeit hat die K. erarbeitet, hat dafür subtile ↗ Testmethoden entwickelt (sowohl f. die Intelligenz, Binet u. v. a., wie auch für emotionelle Bereiche — „projektive Tests"). Es ist klar, daß diese Erkenntnisse f. die Pädagogik, auch f. die ↗ Religionspädagogik, sehr bedeutsam sind: jede Erziehung muß entwicklungsgemäß sein; sie braucht zunächst Autorität, sonst fühlt sich das Kind alleingelassen u. frustriert, muß aber jedes Aufkeimen v. Eigenständigkeit u. Freiheit respektieren, auch die Gewissensbildung muß feinfühlig, immer mit dem Blick auf die schließlich zu erreichende Freiheit, gehandhabt werden. — Kinderpsych. Leistung sind weiters die modernen ↗ Lerntheorien, aus denen Methoden der ↗ Verhaltens-Beeinflussung, der Konditionierung durch positive u. negative ↗ Motivationen entwickelt wurden, erfolgreich bei beträchtlich gestörten Kindern, während sich bei normalen Bedenken erheben: solche Methoden nähern sich einer ↗ Manipulation des Kindes, respektieren zu wenig seine Individualität u. Freiheit; bes. dringl. sind diese Bedenken f. die rel. Erziehung auszusprechen. — Die moderne Psychologie hat weithin tiefenpsych. Denken übernommen, manchmal zu dogmatisch (u. zu wenig im Gleichgewicht gehalten durch medizin. Wissen); zu bejahen, bes. f. den ↗ Seelsorger, ist aber ihr Bestreben, das Kind in seinen komplizierten Regungen zu verstehen. As

Lit.: O. Kroh, Entwicklungspsychologie des Grundschulkindes ([15]1965); R. Oerter, Moderne Entwicklungspsychologie ([11]1972); H. Werner, Einführung in die Entwicklungspsychologie ([4]1970).

Kinderseelsorge. K. kann als „Inbegriff der Wirkformen der Kirche" (E. Feifel), als „Heilsdienst der Kirche" (V. Schurr) an den getauften ↗ Kindern bis zum Beginn der ↗ Pubertät bestimmt werden (↗ Seelsorge). — K. adaptiert die allg. Prinzipien, Ziele, Formen u. Methoden der Seelsorge auf das spezif. Menschsein des Kindes je nach den soziokulturellen u. anthropolog. Gegebenheiten, die das Kind in seine eigenständige Existenz-

Kinderseelsorge

weise innerhalb der ↗ Familie u. ↗ Gesellschaft im Horizont der weltl. u. rel. Wirklichkeit integriert. Wenn auch das Kind auf ↗ Mündigkeit u. ↗ Emanzipation auslangt, so wird die Kindschaft (Mk 9, 37 par; 10,15; Gal 4,1 f; 1 Kor 13,11; 14,20) als bleibendes Existential in der Freiheitsgeschichte des Menschen u. als ↗ Symbol der Grundthematik des Menschseins nicht aufgegeben. Kirchl. (z. T. lehramtl.) Weisungen: Conc. Trid. (Sess. XXIV, de ref c 4); Conc. Vat. II (LG 35; GS 26, 48, 52, 61, 62, 75; AA 10, 11, 29, 30; AG 12; IM 3, 10; OT 11, 20; GE; PO 6, 13; DH 5; CD 16, 30); Directorium catech. gen. (v. 11. 4. 1971); Beschlüsse v. Regional- u. Diözesansynoden; Lehrpläne f. den Rel.-Unterricht (bes. an ↗ Sonderschulen); Richtlinien der regionalen od. diözesanen Pastoralämter. — Die Verlautbarungen haben großteils richtungweisende Bedeutung; ihre Durchführung kann nur nach den konkreten Gegebenheiten erfolgen. Grundsätzl. ist f. die zielführende Wirksamkeit der K. ihr Zusammenspiel mit ↗ Jugend- u. ↗ Familienseelsorge anzustreben bzw. auszubauen. Weil das Kind auf die Eltern (↗ Eltern—Kind—Beziehung) als seine ursprungshaften Daseinsgestalten unmittelbar angewiesen ist, in denen es der Wirklichkeit begegnet u. durch deren gegenseitige Selbstmitteilung als personales Zeichen u. Zeugnis (↗ Symbol) der Hoffnung u. ↗ Liebe v. ↗ Mann u. ↗ Frau (↗ Ehe) auf das ↗ Vertrauen in das ↗ Du u. die Welt zeitlebens hingeordnet bleibt, ist bei der Ehevorbereitung (↗ Brautunterricht) die Unterweisung der Brautleute über eine Erziehung, die das Kind zum ↗ Glauben befähigt, erforderlich; ebenso eine der Eltern u. Paten vor der ↗ Taufe; in Ehe- u. Familienrunden (Ehe- u. Familienseelsorge) ist diese fortzusetzen, damit die Eltern ihren Aufgaben sach- u. kindgerecht nachkommen; in der Frühphase der Kindheit bilden sich die Grundgestalten des Christseins; zu vermeiden sind ↗ Infantilismus u. ↗ Überod. Unterforderung (die kognitiven, emotionalen u. pragmat. Fähigkeiten sind so zu fördern, daß die Einheit der Vielfalt der menschl. Existentiale aufgebaut wird); die Familie ist (Mit-)Träger der Vorbereitung des Kindes zum (Erst-)Empfang v. ↗ Sakramenten (↗ Beichte, Eucharistie, Firmung), des rel. Brauchtums im Lauf des Kirchenjahres u. des Lebens, bei der Einführung des Kindes in die Glaubensvollzüge der Erwachsenengemeinde. Das Kind braucht ferner zur gültigen Ausformung seines Daseins das Mitleben in gleichaltrigen ↗ Gruppen. ↗ Kindergarten u. ↗ Vorschulerziehung, in denen K. eingefügt ist, setzen sich in der Pflichtschule fort. Trotz der offenen Probleme bei der Polarisierung v. schul. Rel.-Unterricht („Vorfeld-Katechese") u. kirchl. Katechese, sind beide aufeinander verwiesen. Gerade weil der Rel.-Unterricht als schul. Bildungs- u. Erziehungsweg auf die Existenzweise des Kindes in einer Kultur u. Gesellschaft v. Erwachsenen u. auf das Mündigwerden des Kindes ausgerichtet ist, hat er die Aufnahme des Kindes in die Erwachsenengemeinde zu fördern. Die kirchl. Katechese hat durch die unmittelbare Einführung u. Einübung des Kindes in die Glaubensvollzug der ↗ Gemeinde (pfarrl. Seelsorgestunden; Kindergottesdienste: Wortgottesdienste, Kinderpredigt, Buß- u. Eucharistiefeier, Kinderandacht) die Vorfeldarbeit des Rel.-Unterrichtes zu ergänzen u. zu vollenden. Dem Selbst- u. Weltverständnis, der Selbst- u. Weltmächtigkeit des Kindes u. seinem Verlangen nach Tätigkeiten innerhalb einer Gruppe entsprechen kirchl. Kindergemeinschaften (Ministranten, Kinderchor, Kindergruppen im Rahmen der Standesseelsorge u. a.), aber auch Kindergruppen in christl. Vereinen als Ermöglichungssituationen, daß es im Ausmaß seines Menschseins den Glaubensvollzug der Gemeinde mitgestaltet, in seiner Glaubensrealisierung v. den Erwachsenen anerkannt wird u. sein Gläubigsein in einen ganzheitl. Lebensvollzug integrieren lernt. Das körper- u. geistesbehinderte Kind (↗ Behinderte, ↗ Milieutherapie) ist v. der K. nicht auszuschließen, weil es gleich den Gesunden u. Begabten v. Gott zum Heil gerufen ist u. eine unverminderte Personwürde besitzt. K. hat sich zu mühen, daß das behinderte Kind v. der Gemeinde in die Gemeinde aufgenommen wird. Diese spezielle K. kann sich nicht mit intuitiven, traditionell erprobten Formen begnügen, sondern hat die Erkenntnisse der ↗ Heilpädagogik (u. ihrer Koordinierungswissenschaften) u. der Erziehungswissenschaften (Sonderschulpädagogik) aufzugreifen. Die Prinzipien u. Methoden der allgem. K. sind je nach Spezifikum u. Maß der Behinderung zu akzentuieren (↗ Behinderte). Das Glaubensleben des behinderten Kindes hängt noch stärker als beim unbehinderten vom Gläubigsein der Mit- u. Umwelt ab: ↗ Glaube in Teil-habe. — F. die Zulassung zur Erstbeichte gilt: das behinderte Kind ist fähig, Gut u. Böse zu unterscheiden, indem es dies durch Zeichen auf Fragen des Beichtpriesters ausdrückt bei einer geistig-leibl. ↗ Haltung, wie sie ihm nach dem Grad der Behinderung möglich ist. — F. die Zulassung zur Erstkommunion gilt: das behinderte Kind ist fähig, das eucharist. Brot v. gewöhnlichem zu unterscheiden; Kenntnisse best. Gebete, der Meßliturgie, der eucharist. Gegenwart Christi sind keine Bedingungen; es genügt, wenn das Kind Gebete u. Haltungen in der Gruppe je nach seiner Möglichkeit mitvollzieht. — F. die Zulassung zur Firmung gilt: das Firmalter ist unabhängig v. der Höhe der geistigen Reife; bildungsunfähige Kinder können zur Firmung unter den gleichen Voraussetzungen wie zur Taufe zugelassen werden. — Gottesdienst u. Sakramentenempfang sind nach der Eigenart der Behinderungen, u. U. ohne gesunde Kinder, zu gestalten. — Diese K. berücksichtigt die Wechselwirkungen der Behinderungen auf das Geistige u. Leibliche in der Selbst- u. Weltmächtigkeit des Kindes: verminderte od. übersteuerte Sensibilität, differenzierte Erfahrung v. ↗ Mitmenschlichkeit, spezif. Anfechtbarkeit (gesteigerte Reizbarkeit, Verbitterung, ↗ Verzweiflung,) labiles Selbstwertgefühl (dieses verschärft die Frage nach dem Sinn des Daseins; ↗ Lebenssinn). Sie hat den Behinderten u. Gesunden klar zu machen u. sie erleben zu lassen, daß Behinderungen großteils kein totales Hindernis f. Glaubenszustimmung u. -vollzug darstellen, weil die Heilsbotschaft an den Menschen ohne Rücksicht auf ↗ Gesundheit, körperl. u. wirtschaftl. Leistungsfähigkeit ergeht, die Möglichkeit sittl. Verhaltens trotz (u. z. T. wegen) Behinderung besteht, die Kirchengliedschaft nicht v. der integren Gesundheit abhängt. Elternhaus u. Aufbau bzw. Nutzung optimaler Umweltbedingungen (↗ Heimerziehung) sind noch mehr als sonst einzubeziehen. Unermüdl. ↗ Liebe gibt den Behinderten konsequent alle förderl. Hilfen u. Stützen; ↗ Geduld erträgt es, wenn die Behinderung mit charakterl. Anomalien gekoppelt ist; Ausdauer hält stand, wenn krasse Rückfälle u. Mißerfolge auftreten. Die Zusammenarbeit mit Fachleuten u. Fachinstitutionen ist unumgänglich nötig, ebenso die Ausu. Fortbildung des ↗ Seelsorgers u. die umfassende Aufklärung in der Öffentlichkeit der Gemeinde. Franz Roth

Lit.: H. Bissonier, Die kat. Unterweisung zurückgebliebener Kinder (1966); G. Heilkamp, Religionsunterricht in der Sonderschule (1967; Lit.); G. Weber, Das lernbehinderte Kind u. der Glaube (1967; Lit.); Richtlinien f. die past. Betreuung behindert. Kinder, in: Christl.-päd. Bl. 6 (1972; Lit.); Rahmenplan f. die Glaubensunterweisung mit Plänen f. das 1.—9. Schuljahr der Sonderschulen f. Lernbehinderte. Deutscher Katechetenverein (1967); Rahmenplan f. den Religionsunterricht an Sonderschulen f. Geistig-Behinderte. Deutscher Katechetenverein (1970). — *Zeitschriften:* Kat. Bl. / München. Christl.-päd. Bl. / Wien. Lumen vitae / Bruxelles. LThK VI, 157 f; SM IV, 490 f; HthG II, 529 ff; HdPTh I, 266 ff; II/1, 110 ff, 277 ff; 340 ff; 352 ff; 359 ff; 370 ff; 446 ff; 528 ff; IV, 52 ff; 229 ff; V, 251 f; Prakt. Wörterbuch der Religionspädagogik u. Katechetik (1973); F. Kaspar (Hsg.), Religionsunterricht an Sonderschulen (1974).

Kindertaufe ↗ Taufe

Kindesmißhandlung. Mißhandlungszeichen können außerordentlich vielfältig sein u. umfassen neben *körperl.* Symptomen auch *seel.* Schäden. Im körperl. Bereich finden sich v. a. Hautschäden od. Kopfverletzungen. Auch Symptome innerer Erkrankungen können durch Mißhandlung verursacht sein. Der Mißhandlungsvorgang läuft meist im Elternhaus ab, hier v. a. durch relativ jugendl. Väter einer unteren sozialen Schicht. Alkoholeinfluß kann eine Mißhandlung provozieren. Stief- od. Ersatzmütter mißhandeln viel seltener, als dies angenommen wird. Die Dunkelziffer des Vorgangs wird sehr hoch eingeschätzt, wahrscheinlich werden nur etwa 5—10% aller echten Mißhandlungen als solche entdeckt. Das meist sehr junge Alter der mißhandelten Kinder, die ↗ Angst vor neuen Mißhandlungen u. die Abgeschlossenheit des Tatortes erschweren eine Überführung. Mitwisser aus der Nachbarschaft schweigen oftmals, um sich erwarteten Vernehmungen zu entziehen. Gelegentlich fällt die Entscheidung schwer, ob es sich um eine Mißhandlung, um eine noch einfühlbare Vernachlässigung od. um einen zufälligen Vorgang handelt. Die Feststellung einer Mißhandlung bedarf immer einer sorgfältigen körperl. Untersuchung u. einer entspr. sozialen ↗ Anamnese. Auch eine vermeintlich gute familiäre Atmosphäre od. das entspr. Pflegeverhältnis dürfen bei begründetem Verdacht v. einer Untersuchung nicht abhalten. Beim Mißhandlungssyndrom wird eine Sterblichkeit v. etwa 10% angenommen. Gelegentlich mißhandeln Eltern ihre Kinder in der Überzeugung, durch diese Maßnahme päd. nützl. Ziele zu erreichen. Es gibt wenige körperl. Krankheiten wie Blutungsübel od. erhöhte Knochenbrüchigkeit, die einen Mißhandlungsvorgang vortäuschen können. Ein typ. Vorgang f. die Mißhandlung ist die Wiederholung, so daß Mißhandlungen meist nicht aus einmaliger Affektsituation heraus entstehen. Die Jugendfürsorgebehörde sollte v. jedem Verdachtsvorgang informiert werden. Ha

Lit.: E. Nau, Kindesmißhandlung, in: Kinderheilkunde 115 (1967) 192; U. Köttgen, Kindesmißhandlung, in: Kinderheilkunde 115 (1967) 186; G. Bierbaum, Kinderzüchtigung u. -mißhandlung (1969); U. Köttgen, Kindesmißhandlung, in: Dt. Ärztebl. 71 (1974) 683—88.

Kirche u. Gesellschaft. 1. Die Frage nach „K. u. G." tritt heute mehr u. mehr an die Stelle der alten Frage nach „K. u. Staat". Mit ihr stellt sich zugleich die Frage nach dem Verhältnis v. „K. u. Welt" (da „Welt" z. B. in der Pastoralkonstitution „Gaudium et Spes" des II. Vat. Konzils als „Welt der Menschen", als „die ganze Menschheitsfamilie mit der Gesamtheit der Wirklichkeiten, in denen sie lebt" verstanden wird) (2).

2. Die jüngere kath. Lehrtradition über „K. u. Staat", wie sie erst nach der Herausbildung des modernen Staates entwickelt werden konnte, geht auf Leo XIII. zurück: K. u. Staat sind als „societates perfectae" voneinander unabhängig, sollen aber zusammenwirken. Sind Belange beider berührt, sollen Übereinkünfte getroffen werden. In ihrem Zuständigkeitsbereich hat die K. das letzte Wort (Dinge, die das ewige Heil u. den ↗ Gottesdienst betreffen), in seinem Zuständigkeitsbereich (gesellschaftl.-polit. Angelegenheiten) der Staat, unbeschadet seiner Bindung an sittl. ↗ Normen. Die Ausprägungen der evang. Lehre unterscheiden sich z. B. nach dem Vorwalten reformiertheokrat. od. lutheran. Zwei-Reiche-Auffassungen. Prakt. gibt es große Unterschiede im Verhältnis K./Staat: in manchen Ländern ist eine K. privilegiert (bis zum „Staatskirchentum"); in anderen können sich alle Glaubens- u. Weltanschauungs-Gemeinschaften bei Achtung der Überzeugungen anderer in gleicher Weise frei entfalten; wieder anderswo sind Religion u. K. aus dem öffentl. Leben verdrängt; außerdem gibt es viele Zwischenformen. Die Tendenz geht in der westl. Welt auf relig. Neutralität des Staates. Unter Betonung der Gewissensfreiheit bejaht auch die kath. K. diese Entwicklung (vgl. die Erklärung über die Rel.-Freiheit des II. Vat. Konzils).

3. Die Einengung der Frage nach „K. u. G." auf das Verhältnis K.—Staat muß heute als unzulänglich erscheinen: (A) Der Staat gilt nicht mehr als eine der G. substantiell übergeordnete, gar v. ihr unabhängige Größe, sondern als Organisation, die eine G. zur Lösung ihrer Ordnungsaufgaben (trad.: zur Gewährleistung des Gemeinwohls) herausbildet — wozu dieser Organisation freilich Entscheidungshoheit zukommen muß. Weniger als früher kann der Staat mit der jeweil. Regierung, mit einem souveränen Herrscher, mit seinen formellen Repräsentanten identifiziert werden. Am staatl. Wirken haben — insbes. in westl. Staaten — vielerlei gesellschaftl. Kräfte Anteil; sie wirken an der Artikulation u. Verwirklichung des verbindl. polit. Willens mit, sind also an der Sorge um das Gemeinwohl maßgeblich beteiligt. Schon deshalb ist f. die K. heute nicht mehr nur der Staat ↗ Dialog- u. Aktions-Partner. (B) Überdies vollziehen sich viele f. die Lebensführung des einzel-

nen, der ↗ Gruppen u. der Gesamtheit bedeutsame gesellschaftl. Vorgänge in einem Bereich gesellschaftl. Eigenverantwortung (mag es auch einen staatl. gesetzten Ordnungsrahmen geben). Hierauf seitens der K. „über den Staat" einwirken zu wollen, wäre inadäquat. (C) Politik geschieht nicht nur im staatl. Rahmen, sondern auch in staatenübergreifenden (regionalen, etwa europ. u. weltweiten) Wirkungsfeldern; die kath. Sozialehre spricht vom internat. bzw. gesamtmenschl. Gemeinwohl (Pius XII., Joh. XXIII., Paul VI., „Gaudium et Spes"); auf der entspr. Ebene gibt es keinen dem „Staat" vergleichbaren „Partner" der K. (D) Das Denkschema „K. u. Staat" ist nicht nur im Blick auf die Struktur moderner demokrat. Gemeinwesen revisionsbedürftig, sondern wohl auch wegen seiner Fixierung auf ein enges (auf Amts- u. Rechtskirche konzentriertes) K.nverständnis. (E) Schließlich sind gesellschaftl. Präsenz u. gesellschaftl. Wirken der K. nicht nur in Kategorien des polit. od. des öffentl. Lebens faßbar; vielmehr haben alle kirchl. Lebensäußerungen direkten od. indirekten Bezug zur gesellschaftl. Wirklichkeit.

4. K. ist als ↗ Gemeinde Christi „Angeld" u. Zeichen des Reiches Gottes, „in", nicht „v." dieser Welt. Ihre Wirklichkeit u. Legitimität gründen primär nicht in ihrer welthaft-gesellschaftl. Verfassung, sondern letztlich in ihrer Beziehung zu Christus im ↗ Hl. Geist. Der Getaufte gehört ihr zu, sofern er die Frohbotschaft gläubig annimmt, die (auch) fordert, sich nicht der Welt anzugleichen u. sich durch Erneuerung des Sinnes zu verändern, um nach Gottes Willen dem Guten u. Vollendeten nachzustreben (vgl. Röm 12,2). Das bedeutet weder Abwendung v. gesellschaftl. Aufgaben noch eine so weitgehende Identifizierung mit ihnen, daß die eschatolog. Orientierung verlorengeht. „Das Evangelium ist nicht soziale Botschaft, aber es wirkt als soziale Forderung" (M. Dibelius). Richtmaß dieser Forderung sind jene Aussagen des NT, die Merkmale des Gottesreichs auf die Ebene der G. projizieren: die brüderl. Solidarität, das Miteinander in ↗ Freiheit, das Ende jeder ↗ Unterdrückung u. Entwürdigung. Als Forderung der Nachfolge Christi sind sie ernstzunehmen, auch wenn ihre volle Verwirklichung nicht in Menschenhand liegt.

So hat die ↗ Diakonie stets als christl. u. kirchl. Aufgabe gegolten; sie muß im Horizont der modernen G. anders verstanden werden als früher, da die gesellsch.-polit. Ordnung als schlechthin vorgegeben galt. Heute, da vieles an dieser als histor. bedingt u. als gestaltbar erkannt ist (↗ Geschichtlichkeit), hat ↗ Caritas nicht nur Nothilfe an einzelnen u. an best. Gruppen im Rahmen bestehender gesellschaftl. Verhältnisse zu leisten, sondern auch strukturelle Notstände ganzer G.n in Sorge zu nehmen. Hier liegt die „gesellschaftskrit." Aufgabe der K. (in Wort u. Tat). Sie erfordert sorgsame Erkundung der Gegebenheiten u. Möglichkeiten (wenngleich unter Wahrung der prinzip. Forderungen); das setzt ↗ Kommunikation mit den modernen G.swissenschaften voraus.

5. Dabei wird die K. die zahlreichen Möglichkeiten einer ↗ Partnerschaft mit allen in Frage kommenden Kräften wahrnehmen u. ihr Verhältnis zu überstaatl. Einrichtungen, Staaten, polit. Parteien u. Organisationen, Interessenverbänden, Einrichtungen der ↗ Bildung u. des Geisteslebens, ↗ Massenmedien, wirtschaftl. Machtträgern usw. jeweils mit Rücksicht auf programmat. u. prakt. Gemeinsamkeit, Vereinbarkeit od. Gegnerschaft bestimmen, ohne sich mit best. polit. ↗ Gruppen od. Konzeptionen absolut zu identifizieren u. ohne die Aufgabe, f. alle Menschen da zu sein, aus dem Sinn zu verlieren.

6. Das gesellschaftl. Engagement der Christen wird in einer so komplexen Welt wie der heutigen „Gleichschaltung" weder v. oben (Hierarchie) noch v. unten (Basisgruppen) vertragen. Je nach Lebenslage, ↗ Erfahrung, geistiger Ausrichtung werden sich Christen v. versch. Nöten u. Aufgaben in versch. Dringlichkeitsgrad angesprochen fühlen. Das macht die Bemühung um Gemeinsamkeit des gesellschaftl. Aufgabenbewußtseins nicht überflüssig u. setzt auch die bes. Verantwortung des ↗ Amtes nicht außer Kraft.

7. Sofern die K. „in" der Welt ist, erscheint sie als gesellschaftl. Größe neben

anderen u. wird entspr. betrachtet u. behandelt. Dem Argument, daß die K. — anders als sonstige gesellschaftl. Gruppen u. Institutionen — nicht f. Partikularanliegen spreche, sondern (weil nur ihrem Herrn gehorchend) gleichsam Gewissensstimme der G. u. somit den anderen gesellschaftl. Größen qualitativ überlegen sei, wird entgegnet, daß auch andere Kräfte Gemeinwohlvorstellungen (nicht nur spezif. Gruppeninteressen) vertreten, u. daß die K. wie jedes menschl. Sozialgebilde ideologiegefährdet sei. Da in der „weltl. Welt" u. in einer pluralist. G. das Selbstverständnis der K. nicht allgemeinverbindl. sein kann, wird die K. solche Aussagen zum Anlaß ständiger Selbstprüfung nehmen u. in dieser Situation vielleicht auch neue Chancen glaubwürdigen Zeugnisses sehen. ↗ Gesellschaft ↗ Innere Mission

Heinrich Schneider

Lit.: Heinz Dietrich Wendland, Die Kirche in der modernen Gesellschaft (²1958); Paul Mikat, Zum Dialog der Kirche mit der modernen Gesellschaft, in: Volk Gottes, Festgabe f. J. Höfer (1967), S. 704 ff; Joachim Matthes, Religion u. Gesellschaft (1968); Joachim Matthes, Kirche u. Gesellschaft (1969); Johann B. Metz, Zur Theologie der Welt (1968); Ernst Gottfried Mahrenholz, Die Kirchen in der Gesellschaft der Bundesrepublik (1972); Hans Maier, Kirche u. Gesellschaft (1972); Karl Rahner, Strukturwandel in der Kirche als Aufgabe und Chance (1972).

Klasse soziale. Die s. K. trat im Zuge der ↗ Industrialisierung an die Stelle des „Standes". Beide Begriffe bringen eine vertikale Schichtung der ↗ Gesellschaft zum Ausdruck, die in der agrar.-feudalist. Gesellschaft als unabänderl. (geburtsmäßig festgelegtes) Faktum (Stand) betrachtet wurde. Durch die Ausprägung der Nur-Lohn-Arbeiterschaft als Marktpartei gegenüber den Kapitaleignern wird die Gesellschaft in zwei antagonist. Interessengruppen gespalten. Damit geht die ehemals statische soziale Schichtung in einen K.nkampf über, der durch den marxist. Sozialismus seine ideolog. Deutung erhielt. Davon losgelöst wird der Begriff der s. K. heute vielfach auch mit „Schicht" gleichgesetzt, was in neueren soziolog. Theorien, etwa einer schichtspezif. ↗ Sozialisation u. den darauf basierenden ↗ Bildungs-Chancen bzw. -Barrieren, eine modifizierte Form der marxist. K.ntheorie ergibt. In die Charakterisierung einer ↗ Gemeinschaft als Klassengesellschaft gehen dabei nicht selten auch andere Abgrenzungen im gesellschaftl. Zusammenleben ein, wie rassisch, rel. od. ethnisch „begründete" u. gerechtfertigte Herrschafts- bzw. ↗ Unterdrückungs-Verhältnisse (↗ Ausbeutung).

Für K. Marx sind alle Lebensmerkmale des einzelnen durch die Zugehörigkeit zu einer s. K. determiniert, was sich aus der ↗ Abhängigkeit aller *sozialen* Lebensbereiche v. der *wirtschaftl.* Basis (Basis-Überbau-Theorie) ergebe. So habe auch der einzelne nicht die Möglichkeit, aus seiner K.ngebundenheit auszubrechen, es sei denn, er übernehme mit seinen K.ngenossen die ihm v. der Geschichte zugewiesene ↗ Rolle im K.nkampf zur Überwindung der antagonist. kapitalist. Gesellschaft hin zu Sozialismus u. Kommunismus.

M. Weber modifizierte diese K.ntheorie bereits dahingehend, daß er in der s. K. nicht eine ökonom. determinierte, sondern eine mehrdimensionale Kategorie zur Bestimmung des sozialen Status erblickte. Nach Weber entspringen soziale Schichtungen v. a. ungleichen ↗ Macht-Positionen.

Darauf aufbauend ist neben der marxist. K.ntheorie eine die s. K. u. v. a. das Zwei-K.n-Modell in den Hintergrund rückende Schichtungstheorie getreten, mit deren Hilfe man die Dynamik u. Mobilität der hochentwickelten Industriegesellschaft auf der Basis wirtschaftl. Vorteile, Machtstellung u. Prestigepositionen exakter zu fassen sucht (↗ Lebensstandard, ↗ Prestigedenken, ↗ Elite). Dennoch bleibt der Begriff s. K. ein wichtiges Hilfsinstrument v. a. zur Erfassung der ↗ Konflikte moderner Industriegesellschaften.

Dr

Lit.: M. Weber, Wirtschaft u. Gesellschaft (1947); Th. Geiger, Die Klassengesellschaft im Schmelztiegel (1949); R. Dahrendorf, Soziale Klassen u. Klassenkonflikt in der industriellen Gesellschaft (1957); H. Kluth, Sozialprestige u. sozialer Status (1957); S. Ossowski, Klassenstruktur im sozialen Bewußtsein (1962).

Kleptomanie. Krankhafte Stehlsucht mit überwertiger Bedeutung des Gestohlenen (meist ohne realen Wert), bei Kindern oft symbolhafter Ausdruck des Wunsches, geliebt zu werden (Süßigkeiten), bei Erwachsenen häufig im Zusammenhang mit ↗ Perversion. Abzugrenzen zu den heute bei Jugendlichen u. Erwachsenen vorkommenden Kaufhausdiebstählen (Selbstbedienungsläden) mit versch. Motiven.

Klimakterium. Das K. der ↗ Frau ist eine Übergangsphase v. der 1. Lebenshälfte u. der damit verbundenen Fortpflanzungsfähigkeit zur 2. Lebenshälfte, zum ↗ Alter(n). Die Menopause (Aufhören der Periode) tritt am häufigsten zw. 48 u. 52 ein. Mit dem Erlöschen der Ovarialfunktionen treten neben dem Verlust der Empfängnisfähigkeit folgende Veränderungen ein: Elastizitätsverlust v. Haut u. Geweben, ↗ Involution (Rückbildung) der inneren Geschlechtsorgane, Abnahme der körperl. Leistungsfähigkeit, vegetative u. psychische Störungen (Hitzewallungen, Schweißausbrüche, Schwindel, Herzklopfen, Schlaflosigkeit, ↗ Angst). Hormonale Ursache: Abnahme der Oestrogenproduktion. — Neuerdings wird auch v. einem K. des ↗ Mannes, K. virile, gesprochen. Zwar kein Verlust der Fortpflanzungsfähigkeit, aber allmähliche ↗ Involution der Hoden, dadurch Rückgang der Spermienproduktion. Ähnl. Beschwerden wie bei der Frau, nur graduell geringer u. über längeren Zeitraum verteilt (zusätzl.: Konzentrations- u. Gedächtnisschwäche, Erschöpfungszustände). Hormonale Ursache: Abnahme der Testosteronproduktion. Während bei der Frau durch Oestrogengaben die Ausfallserscheinungen vermindert werden können, stößt eine hormonale Therapie beim Mann auf Schwierigkeiten. Wichtiger f. beide Geschlechter ist die psychische Führung u. Stützung.
Das K. stellt nicht die Lebensmitte dar, diese liegt alters- u. erlebensmäßig um 35. Aber das K. bringt bes. der Frau eine Veränderung der Lebenssituation u. des Lebensgefühls zu Bewußtsein. Der Höhepunkt des ↗ Lebens ist überschritten, die ↗ Kinder sind gegangen („Leeres-Nest-Syndrom"), es wird v. beiden Geschlechtern Bilanz gezogen od. dazu genötigt u. der Frage: was nun? nachgegangen. Umorientierung im gesamten Lebensstil nötig. Durchgang durch ↗ Depressionen die Regel; Frage, ob neue u./od. bewuß- tere Lebensmöglichkeiten gesehen u. realisiert werden. F. die Frau entsteht die Frage neuer Berufstätigkeit. Durch die höhere Lebenserwartung kommt der „Dritten Lebensphase" eine größere Bedeutung zu. Es entsteht die Aufgabe, sich rechtzeitig darauf vorzubereiten. Die sex. Empfindungsfähigkeit geht nicht verloren, wenn Intimbeziehungen weiter gepflegt werden. K. kein Alibi f. sex. Verweigerung. Diese ist Ausdruck latenter, bis dahin unterdrückter sex. Aversion. — Seelsorgerl. bedürfen Frau u. Mann der ↗ Deutung des Geschehens wie der Hilfe zum Ertragen u. Bewältigen der depressiven Haltungen. Darin ↗ Trauer u. ↗ Schmerz über das bisherige Leben, Selbstvorwürfe, Anklagen gegen andere. „Persönl. Würde, vielleicht v. ↗ Resignation überschattet, schützt den Menschen vor ↗ Verzweiflung" (Th. Lidz). Goe

Lit.: Ch. Zwingmann (Hsg.), Zur Psychologie der Lebenskrisen (1962); H. Dieckmann, Problem der Lebensmitte (1968); Th. Blieweis (Hsg.), Die dritte Lebensphase (1971).

Klinische Psychologie u Seelsorge. Der Begriff K. P. wird in vielfältiger Weise angewendet; die engste Definition beschränkt die K. P. auf eine Psychologie im Klinikbereich. Heute hat sich eine funktionale Begriffsbestimmung durchgesetzt: K. P. befaßt sich mit den psychischen Störungen der Persönlichkeit (↗ Persönlichkeitsstruktur), an denen der Betroffene bzw. andere Mitmenschen leiden, u. schließt ein das gesamte Gebiet der Psychodiagnostik (↗ Diagnostische Psychologie), ↗ Psychotherapie u. damit verbunden eine experimentell-statistisch, phänomenolog.-deskriptiv-empir. od. kasuist. Erforschung u. Theorienbildung der ↗ Psychopathologie, insbes. der ↗ Neurosen. Entscheidende Impulse erhält die K. P. aus der psychodynam. Psychologie (↗ Analytische bzw. ↗ Tiefenpsychologie), der ↗ Mental-Health-Bewegungen u. jüngst der gruppendynam. ↗ Erfahrungen (↗ Gruppendynamik); sie arbeitet in enger Kooperation mit der ↗ Entwicklungspsychologie, der ↗ Motivations- u. Lern-Psychologie (↗ Lerntheorien, ↗ Lernen), der ↗ Sozialpsychologie u. a. In ihrem prakt. Dienst am leidenden Menschen steht die K. P. bes. der ↗ Heil-

pädagogik, der ↗ Psychagogik, der ↗ Sozialarbeit u. der ↗ Medizin. Psychologie nahe.
Der kirchl. Heilsdienst f. den einzelnen bedarf im Rahmen der ↗ Seelsorge als Lebenshilfe einer entscheidenden Übernahme v. Erkenntnissen, Erfahrungen wie Therapie- u. Forschungsmethoden der K. P. Die praktisch tätigen Pfarrer, Pastoralassistenten, Gemeindereferenten, Diakone, Gemeindehelfer u. a. sollten über ausreichende klin.-psych. Informationen verfügen, um zumindest die Grenzen ihrer Hilfen zu sehen, d. h. sie müssen rechtzeitig psychot. (↗ Psychosen) od. neurot. Erkrankungen erkennen, um Klienten an zuständige Therapeuten weiterzuleiten od. um leichtere soziale ↗ Frustrationen u. die Verarbeitung v. ↗ Schuld- u. ↗ Angst-Erlebnissen in persönl. ↗ Verantwortung selbst betreuen zu können. Ein Überschätzen der eigenen Hilfsmöglichkeiten kann f. das Leben der Klienten gefährl. Folgen haben. V. großem seelsorgsprakt. Nutzen sind Kenntnisse der K. P. insbes. f. die seelsorgl. Gesprächsführung (↗ Gespräch), das Beichtgespräch (↗ Beichte), die Krankenbetreuung (↗ Krankenhaus-, ↗ Krankenseelsorge), die ↗ Telefonseelsorge u. die ↗ Lebensberatung. Po

Lit.: H. Pompey, Aufgaben und Möglichkeiten einer Pastoralpsychologie, in: Diakonia 3 (1972), 378—385; L. Pongratz, Lehrbuch der Klinischen Psychologie — Psychologische Grundlagen der Psychotherapie (1973).

Klinische Seelsorgeausbildung. 1. KSA (Clinical Pastoral Training = CPT od. Clinical Pastoral Education = CPE) ist eine *integrierte Form praktisch-theol. Ausbildung* im Sinne „empir. Theologie" (Boisen, Gruehn). Die Teilnehmer an einer dreimonatigen KSA (Grundeinheit) arbeiten täglich im kirchl. Praxisfeld (urspr. v. a. psychiatr. Kliniken, dann auch im ↗ Strafvollzug u. in der Pfarrgemeinde) u. reflektieren ihre Erfahrung unter *Einzel- u. Gruppensupervision*. Über ihre Arbeit erstatten sie regelmäßig *schriftl. Bericht.* Alle *Fachinformationen* (Referate aus theol., medizin., sozialwissenschaftl. Sicht) sind streng auf die tatsächl. während des Kurses erfahrbare Praxis bezogen. Die *Supervisoren* sind meist hauptamtl. (Anstalts-)Seelsorger mit pastoralpsych. Zusatzausbildung. Im einzelnen variieren die Kursprogramme je nach theol. u. psychol. Ausrichtung der Zentren u. ihrer Supervisoren (↗ Supervision).

2. CPE begann 1925, als in den USA die ersten vier Theologiestudenten am Worcester State Hospital unter der Supervision v. A. T. Boisen (1876—1965) ein Klinisches Praktikum absolvierten. Nach Boisen, der als der Vater der *Seelsorgebewegung* gilt, sollten die Teilnehmer anhand „lebender menschl. Dokumente" Theologie studieren; denn er verstand u. a. die Gemütskranken aufgrund einer tiefenpsychol. fundierten ↗ Psychosomatik als Offenbarungsträger. Seine Schüler — unter ihnen international bekannt gewordene Pastoraltheologen wie S. Hiltner, Th. Klink u. C. A. Wise — entwickelten aus Boisens Konzept *pastoralpsych. Seelsorgepraktika*, die Pfarrern kompetentere ↗ Kommunikation ermöglichen sollten. Der Akzent verschob sich auf die Technik der Gesprächsführung. Heute nähert man sich Boisens ursprüngl. Intention, indem wieder stärkeres Gewicht auf *ganzheitl. Kommunikation* u. auf die Integration persönl. ↗ Reifung („personal growth") u. theol. Reflexion gelegt wird.

3. Während in den USA heute ca. 300 CPE-Zentren arbeiten, gibt es auf dem Kontinent vergleichbare Ausbildungsstätten bisher nur in Holland u. Deutschland (BRD). Auch die St. Lukasstiftung in Stockholm hat sich verwandte Ziele gesetzt. In England, Schweden, Norwegen u. Finnland wird am Aufbau der KSA gearbeitet. Das erste CPE-Zentrum in der Schweiz entstand im Diakonienwerk Neumünster Zollikerberg. *Deutsche CPE-Zentren:* Hannover (ältestes Zentrum in der BRD), Bielefeld-Bethel (Seelsorge-Institut an der Kirchl. Hochschule, größte derartige Einrichtung auf dem Kontinent, einziges CPE-Programm im Rahmen einer Theol. Fakultät bzw. Hochschule), Frankfurt/M., Dortmund-Aplerbeck, Stuttgart. *Fachverbände:* Association for Clinical Pastoral Education (ACPE), 475 Riverside Drive, New York, N.Y. 10027; American Association of Pastoral Counselors (AAPC), ebd.; Raad voor Klinisch Pastorale Vorming, Soesterberg (Nieder-

lande), Amersfoortse Straat 12 a; Deutsche Gesellschaft für Pastoralpsychologie (DGfP), Sektion Klinische Seelsorgeausbildung, Sitz Hannover, Geschäftsstelle: D-2308 Preetz, Kieler Str. 30.

Dietrich Stollberg

Lit.: H. Faber, Klinische Semester für Theologen (1965); W. Zijlstra, Seelsorge-Training (1971); W. Becher (Hsg.), Klinische Seelsorgeausbildung (1972); H.-Chr. Piper, Klinische Seelsorgeausbildung (1972); D. Stollberg, Therapeutische Seelsorge (^{3}1972); R. Riess, Seelsorge (1973); Klinische Seelsorgeausbildung, Themaheft von: Wissenschaft und Praxis in Kirche und Gesellschaft, 62. Jg. (1973), H. 4; J. Mayer-Scheu, Seelsorge im Krankenhaus, Entwurf für eine neue Praxis (1974).

Knaus—Ogino—Methode. Methode zur Berechnung des Ovulationstermines nach H. Knaus (1893—1970) u. Ogino (geb. 1892), aufgrund einer 12monatigen Beobachtung der ↗ Menstruation u. schriftl. Aufzeichnung, zur Bestimmung des Konzeptionsoptimums (3 Tage vor der Ovulation bis 1 Tag nach derselben) bzw. zur Konzeptionsverhütung. Durch Zyklusverschiebung infolge fieberhafter Erkrankung, Unfällen, Operationen, Überanstrengung usw. ist die Versagerquote relativ hoch.

Lit.: H. Knaus, Die fruchtbaren und unfruchtbaren Tage der Frau und deren richtige Berechnung (1950; 1961); G. K. Döring, Empfängnisverhütung (^{5}1971).

Körperbau u. Charakter. Erste Ansätze, den K. des Menschen zu best. charakterolog. Merkmalen in Beziehung zu setzen, finden sich schon bei Hippokrates (Habitus phtisicus / habitus apoplecticus). In neuerer Zeit verbinden sich Forschungen, die sich diesem Problembereich zuwandten, u. a. mit dem Namen des dt. Psychiaters E. Kretschmer u. des Amerikaners H. W. Sheldon. Kretschmer fand an einer umfangreichen Stichprobe psychiatr. ↗ Patienten eine überzufällige Repräsentation best. Formen des K.s bei best. Geisteskrankheiten. So entsprach dem manisch-melanchol. Krankheitsbild der K.-Typ des Pyknikers (rundlich, gedrungen), der Schizophrenie der Typ des Leptosomen (lang, schmal). Einen dritten Typ, den Athletiker (massig, muskulös), ordnete Kretschmer dem sog. katatonen Syndrom (Epilepsie) zu. Unter dem Begriff dysplastisch wurden Körperformen mit Über- bzw. Unterentwicklung best. Körperteile zusammengefaßt. Seinen beiden Hauptkörperbautypen (pyknisch / leptosom) teilte Kretschmer auch die weniger v. der Norm abweichenden Gruppen der zykloiden bzw. schizoiden ↗ Psychopathie zu. Im Normalbereich findet sich dann entspr. entweder ein zyklothymes bzw. schizothymes ↗ Temperament, wobei ersteres sich meist durch hohe Gefühlserregbarkeit u. Expressivität, letzteres durch innere Zwiespältigkeit u. Gegensätzlichkeit äußert. Die Kritik an Kretschmer verwies auf die Seltenheit des Auftretens reiner Typen u. die Häufigkeit sog. Mischtypen. Weiterhin bot die Übertragung der an kranken Versuchspersonen gewonnenen Typologie auf gesunde, normale Personen sowie Kretschmer's Forschungsmethode (Einteilung aufgrund eines „allgemeinen Eindrucks") Ansätze zur Kritik. Einer genaueren Methodik bediente sich H. W. Sheldon. Er fand mit genauen Messungen drei K.typen, die er mit Bezug auf die aus der Entwicklungsphysiologie bekannten drei Keimblätter Endomorphie, Mesomorphie u. Ektomorphie benannte. Diese Somatotypen entsprechen weitgehend der Kretschmer'schen Einteilung in Pykniker, Athletiker u. Leptosome. Die drei dazugehörigen Temperamentstypen nennt Sheldon: Viscerotonie, Somatotonie, Cerebrotonie. Der Ausprägungsgrad des K.- bzw. Temperamentstyps wird in Zahlentripeln (von 1 bis 7) ausgedrückt. F. die psych. Diagnostik bieten Merkmale des K.s nur Hinweise, die im Einzelfall mit anderen Methoden näher abzuklären sind (↗ Typenlehre). Ar/Klr

Lit.: W. H. Sheldon, The Varieties of Human Physique (1940); ders., The Varieties of Temperament (1942); K. Conrad, Der Konstitutionstyp (^{2}1963); E. Kretschmer, Körperbau und Charakter (^{25}1967); W. Arnold, Person, Charakter, Persönlichkeit (^{3}1969).

Körperfeindlichkeit = bewußte od. unbewußte Ablehnung der ↗ Leiblichkeit, v. a. wegen der sex.-erot. Reize des Körpers (Körper als Träger u. Instrument der ↗ Sexualität). Die K. ist kein Charakteristikum christl. Moral (vgl. 1 Tim 4,1—5), obschon die Geschichte der Kirchen zahlreiche Phasen der K. kennt.

Kollektiv. K. (lat. collectivus = gesammelt) ist ein Zentralbegriff in der marxist. Gesellschaftstheorie, der sich inhaltl. v. den Begriffen ↗ Gruppe, Team u. ↗ Masse abgrenzt. Die Grundidee des K.s läßt sich als Lebenszusammenhang beschreiben, in dem auf der Basis der gleichberechtigten Stellung zu den Produktionsmitteln alle Lebensbereiche (↗ Arbeit, ↗ Freizeit, ↗ Erziehung, polit. Handeln) gemeinsam bestimmt, geplant, kontrolliert u. veränderbar begriffen werden. So ist das K. ein „Zusammenschluß v. Menschen, die durch gemeinsame Arbeit, gemeinsame Interessen u. Ziele verbunden sind" (Gr. Sowjet-Enzyklopädie, 1953). In einem wechselseitigen Prozeß sollen divergierende gesamtgesellschaftl. u. individuelle Interessen u. ↗ Bedürfnisse zur Deckung gebracht werden. Dabei kommt der Verbindung v. Politik u. Pädagogik wesentl. Bedeutung zu. Ziel der K.erziehung ist die „sozialist. Persönlichkeit", die als ein allseitig entwickeltes Individuum ein polit. bewußt handelndes Mitglied der Arbeiterklasse ist (↗ Klasse, soziale, ↗Kinderläden).

Im Verständnis der bürgerl. Soziologie wird der Begriff K. oft unspezif. mit Gruppe gleichgesetzt od. als Bezeichnung f. eine Anzahl v. Menschen mit gemeinsamen ↗ Normen u. Interessen verwendet, ohne aber damit ein gemeinsames Handeln zu meinen. Ihre Kritik am marx. K.verständnis erfolgt v. a. von der Position des Individualismus aus, der den Menschen als ein v. der ↗ Gesellschaft getrenntes u. autonom sich entwickelndes Wesen begreift (↗ Individualität, ↗ Gemeinschaft).

Die Erfahrung in unserer Gesellschaft, daß der einzelne gegenüber der Gesellschaft ohnmächtig ist, läßt neue Formen kollekt. Bewältigung sozialer u. gesellschaftl. Probleme entstehen. So verstehen sich die v. polit. Gruppen selbst organisierten Wohn-K.e (z. B. „Sozialpädagog. Sondermaßnahmen" als Alternative zur ↗ Heim- u. Fürsorgeerziehung) als Lebensgemeinschaften, die versuchen, die in der Gruppe gewonnenen Erkenntnisse u. veränderten zwischenmenschl. Beziehungen (↗ Kommunikation) in den je aktuellen Lebensbereich (Arbeitsplatz) umzusetzen. Als Ort kollektiver Selbsterziehung u. polit. Lernprozesse (↗ Lernen) haben sie zum Ziel, in solidarischem Handeln menschenwürdigere Lebens- u. Arbeitsbedingungen zu schaffen. Auch die Theologie betont seit dem II. Vatik. Konzil wieder stärker den Aspekt der ↗ Gemeinschaft.   Wei

Lit.: M. Liebel u. a. (Hrsg.), Jugendwohnkollektiv — eine Alternative zur Fürsorgeerziehung? (1972); R. Berg u. a., Gruppe — Kollektiv. Mittel zur Unterdrückung, Möglichkeit der Befreiung, Konzeption u. Versuche (1973); H. E. Richter, Lernziel Solidarität (1974).

Kollektives Unbewußtes. Die bes. v. C. G. Jung herausgearbeitete Modifikation der psychoanalyt. Lehre vom ↗ Unbewußten betont dessen überindivid. Charakter: was Freud als das archaische Erbe der Menschheit angesehen hatte, was über das individ. Verdrängte hinausreicht u. sich nach Jung v. a. in den ↗ Archetypen repräsentiert.

Kommune ↗ Wohnen ↗ Wohngemeinschaftstherapie ↗ Großfamilie

Kommunikation. Unter K. (v. lat. communicatio = Mitteilung, Verbindung) versteht man die durch Information bewirkten vielfältigen zwischenmenschl. Beziehungen. Hierbei ist Information ein Ausdruck f. den gesamten Bereich sinnl. Wahrnehmung u. Ausstrahlung (↗ K.smittel). Zwar ist die ↗ Sprache als wichtigster Informationsträger zugleich das stärkste Mittel der K. (↗ Informationstheorie). Aber auch das Ungesagte kann im K.sprozeß als fördernder od. hinderlicher Faktor im Spiel sein, ohne daß die Beteiligten sich dessen immer bewußt sind. Werden nichtsprachl. Informationsmittel planmäßig bevorzugt, also z. B. Gesten, Blicke, Berührungen, Mimik, ↗ Tanz, so spricht man v. „non-verbaler K.". Sie wird gelegentlich als Gegengewicht gegen intellektuell überzüchtete Diskussionen bewußt eingesetzt. Die moderne ↗ Gruppendynamik hat die in kleinen überschaubaren ↗ Gemeinschaften auftretenden K.sprozesse genau untersucht. Die Beziehungen in einer ↗ Gruppe v. Personen sind nie starr, sondern in ständiger Bewegung, gesteuert v. Sympathie u. ↗ Antipathie (↗ Übertragung), v. plötzlich aufschießenden ↗ Aggressionen od. v. versöhnl. Stimmungen (↗ Emotionalität). Auch die scheinbar sachlichste Auseinandersetzung ist v. solchen Kräften beeinflußt. Dies gilt bes. auch f. die rel. K. Übereinstimmung im ↗ Glauben hängt unmittelbar zusammen mit der Einstimmung der Glaubenden. Es ist daher f. Predigt u. Unterricht, f. Gesprächsführung u. ↗ Seelsorge v. großem Nutzen, wenn die Grundregeln der K. bekannt sind. Andernfalls wird rel. Unterweisung als leer, als langweilig od. belästigend empfunden.

Die K. ist nicht zuletzt deshalb ins Blickfeld v. Wissenschaft u. gesellschaftl. Praxis gerückt, weil die Störungen im K.sprozeß unübersehbar geworden sind u. sich als Schwierigkeiten in der ↗ Sozialisation auswirken. In der modernen Literatur u. Dramatik stehen oft K.sprobleme im Mittelpunkt (z. B. E. Albee: Wer hat Angst vor Virginia Woolf?). Menschen können od. wollen einander nicht verstehen; die Sprache schlägt keine Brücke mehr.

Der kirchl. Praxis begegnen K.sstörungen häufig in Neubausiedlungen (↗ Wohnen), weil durch zu viele störende „Nächste" die Nächstenliebe absterben kann. Somit ist K. nicht nur Sache des Gefühls, sondern auch eine Sache der Planung u. Gestaltung (↗ Kommunikationstherapie). Rp

Lit.: Peter Cornehl/Hans Eckehard Bahr: Gottesdienst u. Öffentlichkeit — Zur Theorie und Didaktik neuer Kommunikation (1970); Hans-Dieter Bastian, Kommunikation (1972); W. Furrer u. a., Gestörte Beziehungen (1973).

Kommunikationsmittel. ↗ Kommunikation will Verständigung zw. Menschen erzielen über Bewußtseinsinhalte, die als Aussage eines Kommunikators an Rezipienten gelangen; sie ist zustande gekommen, wenn der Rezipient durch Rückfragen u. Bestätigungen die erzielte Verständigung zu erkennen gibt u. sie in Verhaltensänderungen wirksam werden läßt. Mit Hilfe v. Vermittlungssystemen werden die an sich immateriellen Bewußtseinsinhalte der Aussage in ein System v. Zeichen u. Chiffren umgewandelt (kodiert, chiffriert), die zu dekodieren u. zu deuten der Rezipient in der Lage sein muß, wenn Kommunikation zustande kommen soll. Voraussetzung ist, daß Kommunikator u. Rezipient über einen in etwa gleichen Zeichenvorrat (z. B. Wortschatz) verfügen u. beide in der Interpretation der Zeichen weitgehend übereinstimmen. Interpretation der gedeuteten Zeichen erschließt die übermittelten Bewußtseinsinhalte. Den Vermittlungssystemen kommt also entscheidende Bedeutung f. den Kommunikationsvorgang zu. Als K. innerhalb dieser Systeme werden akustisch wahrnehmbare Signale (↗ Sprache als Rede u. Gesang) u. optisch fixierte Zeichen (Schrift, Bild) eingesetzt; Film u. Fernsehen verbinden beide Merkmale (↗ Massenmedien). Verbale Mittel, bes. die v. Angesicht zu Angesicht erfolgende Rede, bewirken direkte, personale Kommunikation; die durch techn. Medien übermittelte Rede, Schrift od. Bildchiffre ergibt indirekte, intermediäre Kommunikation, die immer mehr als Massenkommunikation in Erscheinung tritt.

Pastorale Relevanz gewinnen die K., weil christl. ↗ Glaube u. rel. ↗ Verhalten sich niemals ohne sie als Wirkung der Aussage ergeben (Röm 10,17; Mich 6,8).

Die *Sprache* ist das ursprüngl. K. der Kirche; sie kennt das Wort als Symbol f. Gott (Joh 1,1) u. die Sprache als Mittel, mit dem sich Gott offenbart (Joh 1,14). Sie versteht das gesprochene Wort als Mittel f. die Kommunikation, die v. Gott mit den Menschen durch seine Selbstmitteilung bewirkt wird (Hebr 1,1—3). Die Weitergabe dieses Wortes in personaler Kommunikation zw. Redenden u. Hörenden erfolgt in der past. Praxis als seelsorgerl. ↗ Gespräch, als Predigt u. als liturg. Gesang.

Im *seelsorgerl. Gespräch* kommt das gesprochene Wort als Mittel direkter Kommunikation voll zur Geltung. Da sich die Aussage an einzelne od. einen eindeutig begrenzten Personenkreis richtet, ist private Kommunikation gegeben. Die Rezipienten bilden ein Präsenzpublikum. Im ↗ Dialog wie im Gruppengespräch sind die ↗ Rollen zw. Kommunikatoren u. Rezipienten austauschbar u. ergeben gegen-

Kommunikationsmittel

seitige Kommunikation, so daß der Verständigungsvorgang mittels Rückfragen (↗ Feed-back) gefördert u. Verständigung als Ziel erreicht wird. In *Predigt* (↗ Verkündigung) u. *Liturgie* (↗ Gottesdienst) ist ebenfalls das Wort K. f. direkte Kommunikation; Merkmale personaler Kommunikation aber fehlen: Macht es die Raumakustik erforderlich, so hört man die Stimme des zwar sichtbaren Predigers dennoch nicht direkt aus seinem Mund, sondern aus dem nächstgelegenen Lautsprecher; die Hörer bilden zwar ein Präsenzpublikum, aber über die Homogenität des gegenseitig unbekannten Personenkreises v. unbekannter Zahl sind Aussagen nicht möglich. Die Kommunikationsrichtung ist einseitig. Weder die monolog. Predigt noch der liturg. Gesang erlauben den Rollentausch zw. Kommunikatoren u. Rezipienten. So entfällt die Möglichkeit, Verständigung mittels des Rückkoppelungseffekts zu erzielen. Der Gemeindesituation entsprechend, kann weder mit einem in etwa gleichen Wortschatz gerechnet werden noch mit Übereinstimmung in der Deutung der vorkommenden Wörter. F. die Predigt muß daher das Einbahnsystem der Kommunikationsrichtung überwunden werden, wenn es zu personaler Kommunikation kommen soll. Das geschieht am besten in Gesprächskreisen, nicht mit Dialog- od. Diskussionspredigten, f. deren kommunikative Effektivität die Homogenität der Hörergemeinde Voraussetzung ist. Die Predigtsprache kann als K. nur wirken, wenn der Prediger auf eine Sakralsprache verzichtet (↗ Entsakralisierung) u. den Wortschatz der profanen Alltagssprache so einsetzt, wie es der öffentl. Deutung entspricht (↗ Säkularisierung). Weil so weitgehende Änderungen liturg. Texte nicht möglich sind, hat das Interesse an der Liturgie merklich nachgelassen, so daß das gesungene gottesdienstl. Wort nur noch begrenzt als K. wirksam wird.

Der Einsatz *techn. K.* ergibt immer Massenkommunikation. Diese erfolgt indirekt (durch das Medium vermittelt, das häufig mit dem Kommunikator identifiziert wird), einseitig (ohne Rollentausch der Beteiligten) u. öffentlich (an ein anonymes gestreutes Publikum gerichtet).

Das *Buch*, ein bes. wichtiges K. der past. Praxis (Bibel, Erbauungsbücher usw.), spricht den Leser als Partner an u. ermöglicht ihm krit. Rückfragen. Auseinandersetzung mit Texten führt zu einem Lernprozeß, aus dem sich eine Veränderung in ↗Gesinnung, ↗ Glaube u. ↗ Verhalten ergeben kann. Organe der *Kirchenpresse* machen das gedruckte Wort zum eigentl. ↗ Massenmedium. Wo Leserbriefe den Rückkoppelungseffekt ergeben, entsteht mit dem gedruckten Wort als K. so weit Verständigung, daß sich Lesergemeinden bilden. Techn. Tonträger — *Hörfunk*, *Schallplatte*, *Tonband* — sind ebenfalls unentbehrl. K. f. die past. Praxis geworden. Die *Hörfunkpredigt* erreicht den Rezipienten in seiner privaten Sphäre. Nicht als „Ansprache" bewirkt sie Kommunikation; wahrt sie aber den Stil partnerschaftl. ↗ Dialogs, so bestätigen Hörerbriefe einen begrenzten Rückkoppelungseffekt u. die Existenz latenter Rundfunkgemeinden. Die ungleich größere Wirksamkeit des *Hörspiels* als K. beruht darauf, daß sich der Rezipient mit einer der agierenden Gestalten identifizieren u. sich deren Rückfragen selber zueigen machen kann. *Bilder* treten als K. der past. Praxis im allgem. nicht ohne das begleitende u. erläuternde Wort in Erscheinung. *Plakate* veröffentlichen in wechselseitiger Ergänzung v. Bild u. gedrucktem Wort das Evangelium auf neue Weise od. rufen zur Teilnahme an kirchl. Aktivitäten auf. Ihre Wirkkraft ist ungleich größer als die der *Fotografie*, wenn sie in der (kirchl.) *Illustriertenpresse* durch die Bilderfülle ihre Aussagekraft verliert. Dagegen sind Versuche geglückt, das „Wort zum Sonntag" mit einem Foto als „Bild zum Sonntag" zu vergegenwärtigen. *Film* u. *Fernsehen* wirken als audiovisuelle Medien. So begehrt diese K. auch erscheinen, f. past. Aufgaben findet die Kirche hier viel schwächere Mittel vor als im gedruckten Wort u. im Hörfunk. Lediglich die *Tonbildschau* (Dias mit hörspielartig unterlegtem Text) kann als audiovisuelles K. mit dem gehörten od. gelesenen Wort konkurrieren.

Bernhard Klaus

Lit.: O. B. Roegele/G. Bauer, Kirche und Massenmedien, in: Hdb. d. Past. Bd. II/2 (1966), 284—308; B. Klaus, Massenmedien im Dienst der Kirche (1969); ders., Medien und religiöses Verhalten, in: J. Wössner, Religion im Umbruch (1972), 286—327; F. Zöchbauer, Verkündigung im Zeitalter der Massenmedien (1969); E. M. Lorey, Mechanismen religiöser Information (1970).

Kommunikationstherapie. Die K. übernimmt v. der kommunikationstheoret. ausgerichteten ↗ Familientherapie die natürl. ↗ Gruppe mit ihren Gegenseitigkeitsbeziehungen als zu therapierende Einheit, v. der lernpsych. ↗ Verhaltenstherapie die Grundannahme, daß ↗ Kommunikation geübt werden kann, sowie Methoden der Verhaltensanalyse u. -modifikation; psychoanalyt. Abwehranalyse u. ↗ Gesprächspsychotherapie ergänzen den interdisziplinären Ansatz, der f. Partnerbeziehungen überhaupt, speziell aber f. ↗ Ehe u. ↗ Familie indiziert ist. Beziehungskrisen geht die K. an durch Analyse der zu beobachtenden Interaktionsmuster u. der vorausgegangenen individ. Lerngeschichten der Partner sowie durch Finden u. Einüben alternativer Verhaltensmodelle (Kommunikationslernen). Als Hindernisse f. eine offene Kommunikation werden v. a. beachtet: ↗ Angst (die Partner lernen, ihre Ängste aufzudecken u. sich gegenseitige Geborgenheit zu vermitteln), ↗ Aggression (verletzende u. getarnte Aggressionsformen werden modifiziert, nicht-destruktive Ärger-Äußerungen eingeübt, produktives Streiten gelernt), Dominanz eines Partners (das Spiel der oft sublimen ↗ Macht-Ausübung, an dem meist beide Partner beteiligt sind, wird aufgedeckt, ein Interaktionsstil v. gleich zu gleich gefördert).
Grundlegend f. die nötigen Analysen u. Modifikationsprogramme ist die Unterscheidung zw. dem Inhalts- u. dem leicht übersehenen Beziehungsaspekt einer „Botschaft", sowie überhaupt die nichtsprachl. Kommunikation (Mienen, Gesten, Tonfall), die ja ↗ Verhalten auslöst, steuert u. verstärkt, deren Wahrnehmung aber zu wenig gelernt wird, so daß sie leicht die Kommunikation stört; durch explizite „Metakommunikation", d. h. Austausch v. Information über die wahrgenommenen Ausdruckskomponenten u. ihre Korrektur durch Rückmeldung, werden diese Dimensionen der Interaktion steuerbar.
Die Therapiesitzungen werden ergänzt durch genau geplante, v. den Partnern selbständig zu Hause auszuführende Interaktionsprogramme. Das Ziel der K. läßt sich darin sehen, daß die Partner lernen, sich gegenseitig nach den versch. Gebieten ihres Zusammenlebens in ihrem Selbstwertgefühl besser zu bestätigen. Wa

Lit.: A. Mandel/K. H. Mandel/E. Stadter/D. Zimmer, Einübung in Partnerschaft durch Kommunikationstherapie und Verhaltenstherapie (⁶1973).

Kompensation. K. ist ein zentraler Begriff der Adler'schen Tiefenpsychologie (↗ Individualpsychologie). Nach Adler stehen sich im menschl. Leben zwei Gefühle bzw. Strebungen gegenüber: das ↗ *Minderwertigkeitsgefühl* u. das ihm entgegengesetzte *Macht-* bzw. *Geltungsstreben.* Das Zweitgenannte hat die Funktion der K., des Ausgleichs des Erstgenannten. Konkret bedeutet dies, daß viele Menschen ihr Minderwertigkeitsgefühl, das irgendwie diffus da ist od. sich v. irgendeinem Mangel, z. B. einem körperl. Fehler herleitet — Adler nennt dies ↗ *Organminderwertigkeit* —, durch Leistungssteigerung, ↗ Ehrgeiz bzw. Geltungs- u. Machtstreben auf einem anderen Gebiet zu kompensieren, d. h. auszugleichen versuchen. — Das Phänomen der K. ist f. die Dynamik u. f. die Entfaltung der schöpfer. Kraft des Menschen v. großer Wichtigkeit. Viele Wissenschaftler, Künstler u. ↗ Heilige haben aus der ↗ Erfahrung ihres Mangels, ihrer Minderwertigkeit, die Kraft geschöpft, kompensatorisch auf einem anderen Gebiet (Wissenschaft, Kunst, zeitgemäße ↗ Spiritualität) große Leistungen zu vollbringen. — Wenn dieses kompensator. Streben neurot. übersteigert ist, spricht Adler v. *Überkompensation.* Anthropolog. liegt dem Minderwertigkeitsgefühl eines Menschen die fehlende ↗ Anerkennung durch die ↗ Umwelt zugrunde; das übersteigerte Geltungsstreben ist darum ein Selbstregulierungsprozeß des psychischen Haushaltes u. bedeutet letztl. einen „Schrei" nach Angenommenwerden. In der Gemeindearbeit u. in der außerordentl. ↗ Seelsorge begegnen viele solcher organminderwertiger Menschen: Menschen, die zu klein geraten, körperl. häßlich od. sogar mißgestaltet sind; Menschen, die sich aufgrund ihrer Ausbildung sprachl. nicht so gewandt ausdrücken können od. stottern usw. Wenn diese Menschen ihr Minderwertigkeitsgefühl kompensieren durch ein bes. auffälliges Gehabe, dann sollte man sich des Hintergrundes dieses Phänomens bewußt sein, die Not durchschauen u. den Menschen akzeptieren, obwohl (od. gerade) weil das Gehabe der K. zunächst abstößt. Stv

Lit.: A. Adler, Studie über Minderwertigkeit v. Organen (1907 u. 1965); ders., Menschenkenntnis (1917).

Komplex. Begriff, der in der wissenschaftl. u. Umgangs- ↗ Sprache zunächst f. Gesamtumfang, Inbegriff od. Block, ↗ Gruppe (Gebäudekomplex), in der Psychologie (Krueger) f. ungegliederte Erlebnisganzheit (z. B. im Unterschied zur gegliederten Gestalt einer Melodie) verwendet wurde. Von C. G. Jung in die ↗ Tiefenpsychologie eingeführt, um den Unterschied seiner Ansichten gegenüber eingleisigen Erklärungen (Freud, Adler) zu verdeutlichen. ↗ Verdrängungen (K.e) seien verwickelte, vielfältig zusammengesetzte, affektbesetzte Persönlichkeitsanteile, die als „minderwertige Funktionen" ein „Sonderdasein" im „Schatten", in der dunklen Sphäre des ↗ Unbewußten führen („Allgemeines zur K.-Theorie"). V. dort aus können sie bewußte ↗ Leistungen hemmen od. fördern, je nachdem, ob sie „neurotisch" abgespalten u. isoliert od. (mit od. ohne Therapie) „integriert" (↗ Individuation) gelebt werden. K.e können in der ↗ Neurose eine solche ↗ Macht erlangen, daß ihnen gegenüber zeitweilig bewußte Absicht u. ↗ Freiheit des ↗ Ichs aufhören; alle ↗ Libido (bei Jung = psychische Energie schlechthin) ist dann in den K. eingegangen. Zur K.-Bildung kommt es häufig durch moral. ↗ Konflikte, wenn sie dazu führen, infolge einer Nichtannahme eigener negativer Regungen (↗ Schuld-Gefühle usw.) das „Ganze menschl. Wesens" zu negieren. Im Fall v. ↗ Gesundheit der ↗ Persönlichkeit erzeugen K.e in einem jeweils zu verarbeitenden Ausmaß lebensnotwendige Gegensatzspannungen (Extraversion des Intro-

vertierten, Irrationales beim rationalen Typ, Ungelebtes überhaupt, das nach Gelebtwerden drängt). Normale (integrierte) K.e treiben den Menschen immer weiter vorwärts; sie bewirken ↗ Produktivität u. ↗ Kreativität (positive Wirkung des scheinbar Negativen, ein f. das Verständnis Jungs grundlegender „Gegensatz"). — Der Begriff K. wurde schnell v. allen tiefenpsych. Richtungen übernommen. Sprach der frühe Freud v. ↗ Kastrationsangst, ödipalen Beziehungen usw., so der spätere vom ↗ Ödipus-, Kastrations-, Elektra-K., der frühe Adler vom Minderwertigkeitsgefühl, der späte vom ↗ Minderwertigkeits-K. (Der letztgenannte Begriff erlangte eine ubiquitäre Bedeutung in der Umgangssprache: „Du hast wohl K.e?"). Wi

Lit.: C. G. Jung, Gesammelte Werke (1958 ff); E. Wiesenhütter, Einführung in die Neurosenlehre (1969).

Komplexe Psychologie. Name f. C. G. Jungs Psychologie (zunächst v. E. Bleuler ↗ Tiefenpsychologie genannt) auf Grund der Betonung „k.n" psychischen Geschehens (↗ Komplex) gegenüber Freuds u. Adlers Eingleisigkeiten. Libido = psychische Energie sei mehr als ↗ Sexualität („Wandlungen u. Symbole der ↗ Libido"): das Produktiv-Positive u. Dynamische aus dem hinter dem „persönl." Unbewußten (Freud) angenommenen ↗ kollektiven Unbewußten („Über die Psychologie des Unbewußten") mit seinen ↗ Symbolen (↗ Archetypen). Jung entwickelte die erste rein psych. ↗ Typenlehre („Psych. Typen") in Form v. Gegensatzpaaren: ↗ Introversion-Extraversion, Denken-Fühlen (rationale Bewußtseinsfunktionen). Jeweils eine der Gegensatzfunktionen (auch kombiniert) werde überwiegend gelebt, die zugehörige, andere trete in den „Schatten", im Fall der ↗ Neurose in die ↗ Verdrängung. Im gesunden Leben u. in der Therapie geht es um ihre gegenseitige ↗ Integration (↗ Individuation) wie die anderer (abgespaltener) Gegensätze (↗ Anima-Animus, ↗ Ich-Selbst). In der prakt. Therapie bereicherte Jung die ↗ analyt. Psychologie v. a. durch zwei Methoden: 1. Die ↗ Deutung auf der Objekt- u. der Subjektstufe

(„Über psychische Energetik u. das Wesen der Träume"). Auf der Objektstufe werden (in Anlehnung an Freud) Bilder u. ↗ Phantasien auf reale, nur ins „persönl. Unbewußte" verdrängte (frühkindl.) Geschehnisse u. Gestalten zurückverfolgt, auf der zweiten die inneren Umformungen, Neuschöpfungen u. „subjektiven" Bedeutungen bearbeitet. 2. Die Amplifikationsmethode. F. sie bedeutet das unter 1 Gesagte einen ersten Schritt. Bei den aus dem ↗ kollektiven Unbewußten stammenden Archetypen genügt zur Erfassung u. Bearbeitung nicht, was der Träumer (objektiv od. subjektiv) beisteuert. In einem zweiten Schritt vertieft er sich in die „kollektiven" Bedeutungen der Bilder u. Symbole, nachdem er sie (↗ Gestalttherapie) darstellte, „bebilderte", „imaginierte" (↗ Imago). Eine zunehmende Versenkung in die ↗ Kollektiv-Symbole (Märchen, ↗ Mythen, Religionen usw.) bedeutet Anregung u. Ausweitung über das Individuell-Psychische hinaus. Im Fall ihrer inneren Aufnahme u. ↗ Integration resultiert die (individuierte, selbstintegrierte) „Mana-Persönlichkeit". Wi

Lit.: C. G. Jung, Gesammelte Werke (1958 ff); E. Wiesenhütter, Grundbegriffe der Tiefenpsychologie (1969).

Konflikt. 1. Allgem. Bezeichnung f. jenen psychischen bzw. sozialen Zustand, in dem zwei entgegengerichtete Handlungstendenzen in einem Individuum bzw. in einem Sozialgebilde (↗ Gruppe) gleichzeitig mit gleicher Stärke auftreten u. als mögliche Alternativen zur Erreichung eines individ. bzw. kollekt. Zieles (↗ Kollektiv) erlebt werden. Die dadurch auftretenden emotionalen Spannungen beeinträchtigen die Handlungsfähigkeit des Subjekts bzw. des Sozialgebildes u. führen, wenn sie nicht gelöst werden, zur Starre des individ. bzw. sozialen Systems. —

2. Intrapsychischer K.: a) In der ↗ Psychoanalyse wird dann v. K. gesprochen, wenn sich in einem Subjekt zwei entgegengesetzte innere Forderungen, ↗ Bedürfnisse, Gefühle usw. gegenüberstehen u. aufheben. Wird der K. als manifest (z. B. zw. Triebwunsch u. moral. Verbot bzw. zw. zwei daraus resultierenden entgegengesetzten Gefühlen) in Eindeutigkeit erlebt, so kann er bewußt verarbeitet werden; verbleibt er aber latent, so kann er sich in einem Symptom, einer ↗ Verhaltens- od. ↗ Charakter-Störung manifestieren (↗ Neurose). Die Verarbeitung der intrapsychischen K.e ist f. den Prozeß der ↗ Personalisation unumgänglich, d. h. das ↗ Ich muß lernen, die aus den Spannungen zw. Triebwunsch u. Verbot, zw. den verschiedenen psychischen Instanzen (↗ Ich, ↗ Über-Ich u. ↗ Es), zw. divergierenden Trieben (↗ Trieblehre) u. die aus dem Kernkonflikt des ↗ Ödipuskomplexes resultierenden Spannungen zu immer neuen Ichsynthesen zu integrieren. S. Freud stellte als erster fest, daß die ↗ Verdrängung dieser Spannungen als Ursache aller Psychoneurosen anzusehen ist. In den Symptomen der Neurose (↗ Zwang, ↗ Hysterie, ↗ Phobie) versucht das Ich, durch Kompromisse zw. Triebwunsch u. dessen Abwehr den K. zu lösen. Auch die anderen ↗ Abwehrmechanismen haben den Zweck, K.spannungen zu reduzieren, da sich das Ich einer Konfrontation mit diesen entziehen möchte. Intrapsychische K.e zu lösen, hat die Psychotherapie in ihren verschiedensten Ausprägungen (Einzelanalyse, Gruppenanalyse, ↗ Gruppenpsychotherapie, ↗ Gestalttherapie, ↗ Verhaltenstherapie usw.) diverse Techniken entwickelt, die letztlich darauf hinauslaufen, das Ich mit sich u. seiner Geschichte zu versöhnen u. ihm einen größeren verantworteten Freiheitsraum zu ermöglichen. — b) Nach der Verhaltensforschung lassen sich im Grund alle K.konstellationen im ↗ Ich aus dem gleichzeitigen Aufkommen od. Bestehen zweier od. mehrerer Verhaltenstendenzen erklären, die aufgrund v. in der Außenwelt angebotenen Reizen zwei sich ausschließende Reaktionen erwarten lassen u. auch auslösen. Es werden zwei Tendenzen unterschieden, die sich entweder auf ein Ziel richten (↗ Appetenz) od. das Eintreten eines mögl. Ereignisses (z. B. Blamage, ↗ Schmerz, ↗ Frustration) zu vermeiden suchen (↗ Aversion). Daraus ergeben sich drei K.arten: (1) Appetenz-Appetenz-K. (z. B. zwei rivalisierende Strebungen wie

Besuch dieses od. jenes Konzertes); (2) Aversions-Aversions-K. (z. B. Aufsuchen eines Zahnarztes od. Aushalten der ↗ Schmerzen); (3) Appetenz-Aversions-K. (z. B. erot. Abenteuer, das zugleich als schuldhaft erlebt wird). Letzterer K.typus scheint in der Wirklichkeit am häufigsten vorzukommen, da des öfteren ein Ziel gleichzeitig als erstrebenswert wie bedrohlich od. angstauslösend erlebt wird. Die Lösung dieser K.spannung wird nun entweder durch positive Verstärkung einer der Tendenzen (z. B. ↗ Lob u. Belohnung) od. durch Schwächung einer Verhaltensform durch Nichtverstärkung bzw. ↗ Strafe (Extinktion) vorgenommen. Ob u. inwieweit es sich bei diesen Verfahren des „operativen Konditionierens" um ↗ Manipulationen handelt, kann hier nicht entschieden werden.

3. Sozialer K.: In den Sozialwissenschaften sprechen wir dann v. K., wenn ein Sozialgebilde (↗ Gruppe od. Organisation) in den Zielen einig, in den Mitteln, Wegen u. Methoden, wie dieses Ziel erreicht werden kann, aber unterschiedl. Meinung ist. Die soziale K.spannung liegt in den funktionalen Alternativen der Mittel. So haben z. B. Arbeiter auch andere Mittel, ihre Forderungen durchzusetzen, als den Streik, wenngleich dieser oft als „ultima ratio" anerkannt werden muß.

In sozialen Gruppierungen lassen sich drei Typen v. K.ausgängen voneinander abheben: (1) Der konstruktive Ausgang: Er hat zur Voraussetzung, daß die Partner dialog. (↗ Dialog, ↗ Gespräch) alle Dimensionen des Problems durchschreiten u. möglichst alle Gesichtspunkte gegeneinander abwägen u. versuchen, den Entscheidungsprozeß über Mittel, Wege usw. zu dem gemeinsamen Ziel konsensual zu führen. Eine weitere Voraussetzung ist die eingehende K.diagnose, d. h. das Aufspüren der Quellen des K.s bzw. f. wen u. warum der K. auftritt. Dabei wird sich häufig herausstellen, daß sich hinter dem „Sachk." intrapsychische K.e verbergen (z. B. Autoritätsk.e, ↗ Rivalitäts-Probleme u. ä.). Eine weitere Voraussetzung ist die offene Gruppenatmosphäre, die es jedem gestattet, das zu äußern, was er meint, ohne moral. Disqualifikationen befürchten zu müssen. (2) Der unproduktive Ausgang: Dieser ist dann zu beobachten, wenn die zuvor genannten Voraussetzungen nicht gegeben sind. Es kann aber auch sein, daß der K. aus ideolog., rel. od. pseudorel. Gründen unlösbar ist. Um den Bestand des sozialen Systems aber nicht zu gefährden, schweigt sich die Gruppe über den K. aus. Die daraus resultierende Starre der Struktur wird der Auflösung der Gruppe vorgezogen. Dieser Zustand läßt sich aber nur begrenzt ertragen, da die Niederhaltung des K.s zu viele Energien bindet. In solch einem Fall ist es günstig, wenn die Beteiligten ihre interpersonalen Beziehungen mit einem unbeteiligten Dritten zu lösen versuchen. (3) Der destruktive Ausgang: Bei diesem Typus sind die Parteien entweder an einer Lösung nicht interessiert, da sie den K. f. subgruppale Ziele einsetzen (z. B. f. bestimmte ↗ Ideologien), die u. U. nur solange gruppenerhaltende Funktionen haben, wie der K. besteht, od. eine der Parteien möchte das Interdependenzverhältnis auf dem „Lebenswege" u. nicht durch Konfrontation lösen, um Selbständigkeit u. Unabhängigkeit zu gewinnen (vgl. die Gründung neuer Zweige eines Ordens).

Die Sozialwissenschaften haben herausgearbeitet, daß K.e nicht dysfunktional sein müssen, sondern geradezu gruppenerhaltende Wirkungen haben, da sie — sofern sie in fairem Streit ausgetragen werden — die Mitglieder aneinander binden. Entscheidend ist, ob die sich öfters hinter „Sachk.n" verbergenden feindseligen Gefühle u. ↗ Aggressionen abfließen können, da sonst die Spannungen den einzelnen erdrücken u. dieser aus Gründen der Selbsterhaltung u. U. die Gruppe verläßt.

In rel. Gruppen ist der K. häufig negativ sanktioniert, weil er angeblich der ntl. Gebotsethik widerspricht. Das NT kennt aber durchaus den K. (vgl. z. B. Mt 10,34; Apg 15; Apg 23,1—10; Gal 2,1—14 u. a.). In den Sozialwissenschaften herrscht darüber Einigkeit, daß die Persönlichkeit in Auseinandersetzung mit K.n zu einem „k.trächtigen u. k.verarbeitenden" Wesen (Lückert, 1964) heranreift. Ebenso vermag der ausgetragene K. ein soziales System zu festigen.

Gerd Domann

Lit.: H.-R. Lückert, Konfliktspsychologie (1957); ders., Der Mensch, das konfliktträchtige Wesen (1964); S. Freud, Abriß der Psychoanalyse, G. W. XVII (⁴1966); K. Lewin, Die Lösung sozialer Konflikte (³1968); H. B. Beech, Changing Man's Behaviour (1969); L. A. Coser, Theorie sozialer Konflikte (1972).

Konkubinat. (V. lat concubitus = Beischlaf.) Das K. ist eine soziale Form sex. Beziehung zw. heterosex. Partnern, die Lebens- u. Wohngemeinschaft umfaßt u. Zeugung u. ↗ Erziehung v. Nachkommen nicht ausschließt. In der Neuzeit versteht man unter K. häufig die sog. „wilde Ehe", d. h. eine monogame ↗ Gemeinschaft, die individuell gesehen mit einer ↗ Ehe inhaltl. identisch ist, der jedoch das formale Bekenntnis zur Institution fehlt: Die im K. od. in wilder Ehe Lebenden haben ihre Gemeinschaft nicht der gesellschaftl. Institution „Ehe" vertragl. (standesamtl.) zugeordnet u. ihr nicht den rel. (kirchl.) Charakter eines ↗ Sakramentes verliehen (↗ Trauung). Es scheint jedoch angebracht, geschlechtl. Lebensgemeinschaften mit Ehewillen, die staatl. od. kirchl. nicht akzeptiert werden, v. K.n zu unterscheiden, die auf eine solche Legitimation freiwillig verzichten. — In der frühen röm. Kaiserzeit galt das K. als eine rechtl. geduldete, jedoch nicht mit Rechtsfolgen ausgestattete, eheähnl. Verbindung eines ↗ Mannes mit einer Konkubine. Seine soziale Bedeutung lag in der Möglichkeit einer Verbindung f. Menschen, denen eine Eheschließung rechtl. nicht möglich war (z. B. Eheverbot f. Soldaten od. wegen fehlender Ebenbürtigkeit). Kaiser Justinian I. (527—565) gestaltete das K. zu einer Ehe minderen Rechtes aus (Corpus iuris civilis).

La

Konkupiszenz. Vom Wortsinne her zu verstehen zunächst als Verlangen, Begehren, Anstreben, Habenwollen, Angetriebensein. Hier ist zunächst kein sittl. negativer Sinn enthalten. ↗ Begierde, ↗ Trieb u. ↗ Antrieb finden sich in jedem Menschen u. in allen Dimensionen des Menschseins: im geist.-rel. ebenso wie im sinnl.-leibl. Bereich. Schon die Griechen haben gesehen, daß das Begehren u. Streben wie alles im Menschen leicht „entartet" im Sinne eines Zuwenig od. Zuviel. Wer zuwenig ↗ Selbstbewußtsein entfaltet, wirft sich fälschlich zu leicht weg (Sklavensinn). Wer sich überschätzt u. nach Hohem strebt, ist maßlos u. übermütig.

Sowohl in den Schriften des AT wie des NT bedeutet K. od. Begierde die sittl. falsche Form unseres Verlangens u. Strebens. Nicht das Streben selbst, nicht das Begehren ist schlecht, sondern die „Begierde", das ungeordnete, falsche Streben im Leben mit Gott u. den Mitmenschen (Ex 20,17; Röm 7,7 ff. u. v. a.). In der Theologie des Paulus spielt dieser K.begriff eine bes. Rolle. K. wird verstanden als „Geneigtheit zur ↗ Sünde" (Röm 7,15—25), die aus der ↗ Erbsünde stammt (Röm 5 u. 6) u. wieder zur Sünde führt. Auch Jakobus (Jak 1,13 ff.) sieht in der K. den Zeugungsgrund der Sünde. In der Vätertheologie u. im Tridentinum wird K. als „fomes peccati" (= Zunder der Sünde) bezeichnet. Die Erfahrung, daß wir zum ↗ „Bösen" geneigt sind: zum Herausfallen aus dem Frieden mit Gott in falscher Überheblichkeit (Hybris) bis zu erschreckender Gleichgültigkeit, ja Leugnung Gottes, zeigt zur Genüge, daß K. als Unordnung im Geistigen, ja Religiösen des Menschen nicht weniger beheimatet ist als im Biologischen. Sie meint demnach eine Grundverfaßtheit des konkreten Menschen, die aber ihrerseits zur ständigen Wachsamkeit u. zum sittl. Streben in Selbstkontrolle herausfordert, damit nicht aus dem Willen nach berechtigter Selbstbehauptung etwa ein ungezügelter Wille zur ↗ Macht, zur ↗ Unterdrückung u. Vergewaltigung der Mitmenschen hervorbreche. Denn was nützte es dem Menschen, wenn er die ganze Welt gewänne, sein Leben aber verlieren würde (Mt 16/26).

Auch Verhaltensforscher u. Tiefenpsychologen weisen heute auf die Gefährdungen der Menschen durch Aggressionstrieb, Machttrieb usw. hin (Adler, Lorenz). K. ist demnach ein grundsätzl. „Ungesichertsein" in der gesamten Antriebssphäre des Menschen, die uns zur Wachsamkeit u. Selbstbeherrschung herausfordert. Darin hat K. auch ihre positive Bedeutung. Rr

Lit.: Leo Scheffczyk in MS III, 14—18.

Konstitution. K. betrifft die körperl.-geist.-seel. Gesamtpersönlichkeit des Menschen. Sie umfaßt das ↗ Erbgut (Genotypus), das Erscheinungsbild (Phänotypus) u. die v. spezif. genetischen Wechselwirkungen mit den Umweltfaktoren. Unter den Bedingungen dieser Wechselwirkungen manifestiert sich die K. eines Menschen. In der Entwicklung d. K.slehre wurden versch. Auffassungen vertreten, z. B. die Identifizierung v. K. u. Genotypus (E. Kretschmer 1961), die Gleichsetzung v. K. u. Phänotypus (Schwidetzky 1959), der vermittelnde Standpunkt, K. beruhe auf einem Zusammenspiel v. Erbe u. ↗ Umwelt (W. Lenz 1970). Knussmann (1968) faßt die wesentl. Grundzüge des Individuums ins Auge. Diese Grundzüge bilden ein festes, ganzheitl. Gefüge, welches das Wesen des Individuums ausmacht u. damit das, als was uns dieses Individuum v. Tag zu Tag als das gleiche erscheint u. wonach es auch eingeschätzt wird. K. ist demnach das ganzheitl. Gefüge der körperl. u. seel. Grundzüge des Individuums. Hierdurch wird K. zu einem Forschungsgebiet der ↗ Humangenetik, in dem der Grad der Erbbedingtheit best. K.n zu klären ist. Das Wesentliche an Erbinformation geht in der K. auf, da es sich bei der K. um jenen Teil des Phänotypus handelt, der die Grundzüge desselben u. damit den Kern des Individuums bedeutet. Damit dürfte die K. als Fundament des Individuums relativ stark erbbedingt sein. Flüchtige Modifikationen sind auszuklammern. Konstitutionelle Eigenschaften ändern sich nur über größere Zeiträume hinweg. Knussmann erweitert die Begriffsbestimmung wie folgt: K. ist das relativ überdauernde, ganzheitl. Gefüge der körperl. u. seel. Grundzüge des Individuums. Aufgrund des Genotypus, der die Reaktionsmöglichkeiten bestimmt, ist die K. eines Individuums einzigartig. Bei vergleichenden Untersuchungen wurden verschiedene K.stypen klassifiziert, wobei Habitusunterschiede hervorgehoben u. verschiedenartig bezeichnet wurden. W. Lenz (1970) wendet gegen die K.slehre ein, daß sie nicht scharf genug zw. dem Einfluß der erbl. Veranlagung, des Lebensalters u. des Ernährungszustandes auf die Körperform unterscheidet. Größte Zurückhaltung ist geboten inbezug auf die Beurteilung des Charakters eines Menschen aus seinem Körperbau. ↗ Körperbau u. Charakter ↗ Anlage u. Vererbung De

Lit.: R. Knussmann, Entwicklung, Konstitution, Geschlecht, in: Humangenetik. Ein kurzes Handbuch, hsg. v. P. E. Becker, Bd. I/1 (1968); W. Lenz, Medizin. Genetik (²1970).

Konsumverhalten. K. ist als Nachfrage privater Haushalte in der verschiedenartigsten Form — als ein vermutetes wirtschaftl. vernünftiges Handeln v. sog. Wirtschaftssubjekten — in den volkswirtschaftl. Überlegungen der Klassiker der Nationalökonomie des 18. u. 19. Jh. berücksichtigt worden. Seit einiger Zeit ist jedoch die Vorstellung eines weitgehend rational konsumierenden isolierten Wirtschaftssubjektes aufgegeben worden, u. K. wurde dann als soziales Handeln im weitesten Sinne definiert. F. dieses soziale Handeln wird ein ↗ Leitbild (z. B. ↗ Lebensstandard) angenommen, dessen inhaltl. Bestimmung durch eine Reihe ökonom., soziol., psych. u. sozialpsych. Faktoren erfolgt. Sicherlich ist die Gewichtung dieser verschiedenartigen Faktoren bei jeder einzelnen Konsumentscheidung unterschiedlich.

Als einzelne Bereiche des K.s lassen sich unterscheiden: 1. Vernunftgemäßes ↗ Verhalten, 2. Impuls- od. Affektverhalten, 3. ↗ Gewohnheits-Verhalten, 4. sozial abhängiges Verhalten. *Vernunftgemäßes Verhalten* setzt einen vollständig über die Marktsituation informierten Konsumenten voraus, dessen Konsumentscheidung auf einer widerspruchsfreien ↗ Bedürfnis-Rangordnung u. einer adäquaten Einschätzung seiner jeweiligen Einkommenssituation beruht u. die unbeeinflußt bleibt v. seiner sozialen Umgebung. Ein derartiges K. dürfte recht selten praktiziert werden u. noch am ehesten wahrscheinlich sein bei finanziell sehr aufwendigen Anschaffungen. Das *Impuls- od. Affektverhalten* bezeichnet die weitgehende Vernachlässigung ökonom. Faktoren bei einer Konsumentscheidung u. wirkt sich v. a. bei suggestiv beeinflußten Mehrkäufen (in Selbstbedienungsläden), aber auch bei Angstkäufen (in Krisensituationen) aus. Das *Gewohnheitsverhalten* bezeichnet gewissermaßen ein K. „in eingefahrenen Bahnen", u. zw. insofern, als Vor- u. Nachteile einer getroffenen Konsumentscheidung im Wiederholungsfall nicht neu überprüft werden (z. B. Ausgaben f. Friseur, Kleidung u. ä.). Das *sozial abhängige Verhalten* meint das K. im Rahmen interpersoneller ↗ Abhängigkeiten; die eigene Konsumentscheidung wird vom entspr. Handeln anderer beeinflußt. Bestimmungsgründe des eigenen K.s können z. B. Verhaltensweisen sozialer Bezugsgruppen u. deren Bedürfnisrangordnung sein (↗ Prestigedenken). Sicher ist es unzutreffend, wenn der Werbung eine Einflußnahme auf das K. derart zugesprochen wird, daß sich „unbegrenzte" ↗ Bedürfnisse eines mit ihrer Hilfe total manipulierten Menschen entwickeln ließen (↗ Manipulation, ↗ Ausbeutung). Vielmehr dürfte die Werbung eine beträchtl. Filterung erfahren durch eingefahrene Gewohnheiten u. allgem. anerkannte Konsum-Normen. In gewisser Weise versuchen Produzenten heute mittels der Markt- u. Meinungsanalyse (↗ Meinungsforschung) Einblick in die Konsumenten-Motivation zu gewinnen u. insofern relativ nachfragesicher zu produzieren („Konsum-Nische"). Gesamtwirtschaftl. läßt sich bei unterschiedl. Konjunkturverlauf nur eine geringe Veränderung des K.s feststellen. Diese Erscheinung dürfte u. a. darauf zurückzuführen sein, daß der Konsument ein einmal erreichtes Lebenshaltungsniveau ungern aufgibt (↗ Armut) u. daß ein sog. „nonessential income", basierend auf erhebl. Steigerung der Arbeitsproduktivität durch techn. Entwicklung, den Konsumgüterabsatz nur unwesentl. schwächt. Fri

Lit.: H. Kolms, Konsum, in: Handwörterbuch der Sozialwissenschaften, Bd. VI (1959), S. 142—149; R. König, Soziologische Orientierungen (1965); E. Streissler/M. Streissler, Konsum u. Nachfrage (1966); W. Fischer, Konsumverhalten, in: Sozialwissenschaften (1973), S. 194—197.

Kontaktfähigkeit. Die Fähigkeit, Kontakt herzustellen u. zu halten, wird v. der psych. u. soziol. ↗ Forschung differenziert u. in weiteren Zusammenhängen gesehen: ein biolog., d. h. überlebenswichtiges Kontaktbedürfnis, als originärer ↗ Trieb (affiliation need) od. als soziale ↗ Motivation gefaßt; ökolog. vorgegebene größere od. geringere Kontaktchancen (Bevölkerungsdichte; Anordnung v. Straßen, Plätzen, Hauseingängen usw., — vgl. die Probleme neuer Großsiedlungen! ↗ Wohnen); durch Kontaktschranken (Rasse, Religion, soziale Schichten) u. best. „soziale Erreichbarkeit" v. Partnern; interkulturell verschiedene, d. h. im ↗ Sozialisations-Prozeß gelernte Zugänglichkeit f. Kontakt; variierende ↗ Normen (Konventionen) f. Aufnahme u. Gestaltung v. Kontakten; persönlichkeitsbedingtes versch. hohes Kontakt- od. Distanzbedürfnis.

Dazu kommen im individ. Fall entwicklungspsych. Beeinträchtigungen der K., bedingt durch: Fehlen einer ↗ Bezugsperson in der frühen Kindheit (vgl. die Forschungen v. R. Spitz u. a.); Abweisen der kindl. ↗ Abhängigkeits-Wünsche durch die Eltern; dominante u. restriktive Erziehungsstile; nicht gelernte soziale Wahrnehmung, Einfühlung u. Gefühlsäußerung; angst- u. aggressionsbestimmtes, an Alternativen armes Verhaltensrepertoire. Die sich aus mangelhaftem Kommunikationslernen ergebenden ↗ Ängste u. Störungen im zwischenmenschl. Verhalten, v. sex. Aktivitäten oft nur zugedeckt, führen zu Isolation u. Unbefriedigtsein, wenn sie sich nicht als ↗ Neurose od. ↗ Psychose zeigen (↗ Vereinsamung).

Wegen der angst- u. aggressionsabbauenden Wirkung v. Kontakt u. seiner Bedeutung f. das Leben in Partnerbeziehungen, damit aber f. persönl. ↗ Glück ist K. eine wichtige Stufe der ↗ Reifung — in E. H. Eriksons Entwicklungsschema die Stufe „Intimität u. Solidarität gegen Isolierung" —, die Fähigkeit, sich im andern zu verlieren u. zu finden. K. als Komplex v. „sozialen Fertigkeiten" (M. Agryle) betrachtet, nämlich d. Personwahrnehmung u. Abstimmung der eigenen Reaktionen mit denen des Partners, ist methodisch erlernbar (bei sorgfältiger Analyse u. Beachtung v. Motivation u. ↗ Abwehrmechanismen): neben ↗ Sensitivity Training, ↗ Gesprächspsychotherapie v. a. durch die interaktionale ↗ Kommunikationstherapie. Wa

Lit.: E. H. Erikson, Identität u. Lebenszyklus (1971); M. Argyle, Soziale Interaktion (1972).

Kontemplation. K. (auch Beschauung genannt) ist eine Form des inneren, wortlosen ↗ Gebetes, das in dem einfachen, liebenden Blick auf Gott od. göttl. Dinge besteht. Das Christentum hat in der myst. Theologie eine reiche Tradition in der Darstellung der K. Das starke Aufkommen des ↗ Zen-Buddhismus, des ↗ Yoga u. anderer asiat. K.swege im abendl.-christl. Raum weist die christl. Kirchen auf eine Vernachlässigung der K. in den eigenen Frömmigkeitsformen hin. ↗ Meditation

Kontrazeption ↗ Empfängnisregelung

Konversionssymptom. Körperl. Symptom, f. das sich keine organ. Ursache finden läßt, u. v. dem ↗ Psychoanalyse u. psychosomat. Medizin annehmen, daß es durch eine Verlagerung einer psychischen ↗ Konflikt-Problematik ins Somatische zustande kommt. ↗ Psychosomatik

Konvertieren. a) Als psychoanalyt. Fachterminus bedeutet K. die Fähigkeit eines Individuums, psychische ↗ Konflikte ins Körperliche zu übertragen. In der Frühzeit der ↗ Psychoanalyse nahm man an, daß im Hintergrund aller psychischen u. physische Lebensvorgänge konstante Energiequanten stünden, die entweder in Gestalt v. psychischen ↗ Erregungs-Zuständen od. als Körperinnervationen abgeführt werden könnten. Heute sind die physikal. Denkmodelle innerhalb der Psychoanalyse stärker zurückgetreten, u. man bevorzugt eine hermeneut. Betrachtungsweise, nach der physische u. psychische Vorgänge durch gemeinsame Sinnstrukturen verbunden sind, denen Symboläquivalente entsprechen. Die durch K. zustandegekommene Körpersprache wird als ein symbol. Ausdruckssystem angesehen, das v. a. dann aktiviert wird, wenn andere Ausdrucksmöglichkeiten nicht mehr zur Verfügung stehen. —
b) K. im *pastoralen* Sinne bedeutet Konfessionswechsel, Übertritt in eine andere ↗ Kirche. Sie wurde in der Vergangenheit in der ↗ Seelsorge bei der Schließung einer konfessionell gemischten ↗ Ehe mit mehr od. weniger sanftem Druck nahegelegt. Meist konvertierte derjenige Partner, der sich weniger fest in seiner Kirche verwurzelt fühlte, so daß dadurch oft der Weg zur völligen rel. Indifferenz gefördert wurde. Unter pastoralpsych. Aspekt kann das K. nicht mehr als gute Problemlösungsmöglichkeit angesehen werden, da das Bewußtsein v. den prägenden Eindrücken der frühen rel. ↗ Sozialisation stark zugenommen hat u. dadurch die Chance, daß ein Konvertit ein wirkl. Heimatgefühl in seiner neuen Kirche entwickelt, mit größerer Skepsis angesehen wird. Die Beobachtung, daß relativ viele Konvertiten dazu neigen, in eine emotional stark aufgeladene Polemik gegen ihre frühere Konfession zu verfallen, läßt den Schluß zu, daß sie verhältnismäßig viele seel. Energien dazu verbrauchen müssen, gegen die Wiederkehr ihrer verdrängten rel. Vergangenheit anzukämpfen. ↗ Mischehe *Scha*

Lit.: A. Mitscherlich, Krankheit als Konflikt (1967); Die Mischehe in ökumenischer Sicht (1968); Themenheft der Zeitschrift Concilium (1965, Heft 4).

Kosmetik. Das Verlangen des Menschen, schön zu sein u. durch Schönheit zu gefallen, hat in unseren Tagen eine bes. Dringlichkeitsstufe erreicht. Der Mensch v. heute muß auch noch im ↗ Altern gut aussehen, wenn sein Vorwärtskommen nicht Schaden leiden soll. V. a. die Frauenwelt wird mit Ratschlägen ohne Zahl überschüttet, wie man sich pflegen kann, um vorteilhaft u. anziehend zu wirken. Wie ist dieses allgem. Schönheitsverlangen unserer Zeit zu beurteilen, ist es vom Standpunkt des christl. Ethos aus vertretbar? Es ist dazu ein Nein u. ein Ja zu sagen. Nicht erfreulich ist es, wenn ein Mensch in der Pflege seines Äußeren so völlig aufgeht, daß sein Herz darüber kalt wird gegenüber der Not des Nächsten u. dem Jammer der Welt. Ebensowenig kann man es gutheißen, wenn der Zeitgeist den ↗ Wert eines Menschen ausschließlich nach seinem äußeren Erscheinungsbild einschätzt, ohne Empfinden f. die inneren Wertqualitäten der ↗ Person. Auch ist es nicht ratsam, sich selbst u. anderen die Tatsache, daß man älter geworden ist, gewaltsam zu verhüllen. Die ↗ Psychiatrie sagt uns, daß es zu schweren ↗ Neurosen kommen kann, wenn ein

Mensch sich mit aller Gewalt dagegen wehrt, um dann doch eines Tages vor die vollzogene Tatsache gestellt zu werden.
Gleichwohl darf man einer ästhet.-kosmet. Pflege u. Chirurgie die Berechtigung nicht versagen. Es gibt Entstellungen im Gesicht durch Verbrennungen, durch Verkehrsunfälle, durch Geburtsschäden, durch Abnützungserscheinungen, die f. jeden davon Betroffenen eine Unsumme v. Schmerz u. Leid, v. Nachteil u. Zurücksetzung in ↗ Ehe, Beruf u. allen Formen menschl. Zusammenlebens nach sich ziehen können. Es ist beglückend zu erleben, wie rasch eine seel. Umstimmung eintritt, wenn es der geschickten Hand eines kosmet. Chirurgen gelingt, den korrigierenden ↗ Eingriff vorzunehmen. Grundsätzl. gilt: Es kann sowohl die Schönheit des Leibes wie das Gebrechen des Leibes f. seinen Träger zur ↗ Versuchung werden. Der Mensch kann sowohl durch Hochmut wie durch Verbitterung u. Niedergeschlagenheit Schaden nehmen an seiner Seele. U. doch muß beides nicht sein. Es gibt eine in Gott gegründete ↗ Haltung, die in Dankbarkeit, ↗ Demut u. Ergebung sowohl im Glanz wie im Elend der Welt die ewige Hand festhält. Kö

Lit.: A. Köberle, Schöner u. entstellter Leib als ethisches Problem. Heilung u. Hilfe (1968); Wilhelm Stählin, Vom Sinn des Leibes (1968).

Kosten—Nutzen—Verhältnis. Um das ↗ Gesundheitswesen in seiner Wirksamkeit beurteilen zu können, müssen seine effekt. K. mit dem effekt. N. seiner Leistungen verglichen werden. Die Kosten f. Sozialleistungen, die sich auf ↗ Krankheit u. ↗ Altern beziehen, betrugen 1971 in der BRD 191 Milliarden DM, d. h. jeder Arbeitnehmer mußte dafür 1/4 seines Verdienstes ausgeben. Diesen steigenden Aufwendungen steht ein N. gegenüber, der kaum bestimmbar erscheint: ↗ Gesundheit, Zunahme der durchschnittl. Lebenserwartung, Rettung eines Menschenlebens lassen sich finanziell nicht bilanzieren — woraus heute noch immer gefolgert wird, daß Medizin sich nicht zu planen sei. Aber die Schaffung v. Prioritäten im Gesundheitswesen ist unumgänglich, weil stets nur begrenzte Mittel zur Verfügung stehen u. die Nachfrage mit dem Angebot wächst. Eine solche Prioritätenordnung müßte sozial-ökonom. u. individ. Aspekte, gegenwärtige u. zukünftige Situationen, das betr. Gemeinwesen u. die ges. Menschheit in ein ausgewogenes Verhältnis zueinander bringen, um sowohl dem einzelnen wie der ↗ Gemeinschaft nützen zu können.

Das bedeutet z. B. dann, daß eine ↗ Gesellschaft auf die Erhaltung u. Wiederherstellung der produktiven Kräfte (↗ Leistung) in ihr bedacht sein soll, aber auch denen Hilfe zukommen lassen muß, die nicht mehr derart zum N. der Gemeinschaft beitragen können (↗ Behinderte). Od. daß auf best. ↗ Transplantationen zugunsten anderer Behandlungsverfahren verzichtet werden muß, weil jene zu teuer sind u. nur wenigen f. kurze Zeit nützen werden. Die Finanzierung spektakulärer wissenschaftl. Ergebnisse ist heute zwar noch zu erreichen, aber auf längere Sicht wird eine Begründung unumgänglich, die über den Augenblick hinausgeht u. auch das Wohl der künftigen Menschheit bedenkt. So muß das Ziel einer Prioritätenordnung, die aufgrund einer K.-N.-Analyse geplant werden muß, letztlich in der Verbesserung menschl. Lebensbedingungen durch einen Fortschritt bestehen, der die Rechte des einzelnen u. der Gemeinschaft in gleicher Weise zu berücksichtigen sucht. Rf

Lit.: H. Schaefer u. M. Blohmke, Sozialmedizin (1972), 274—86.

Krankenbesuch ↗ Krankenseelsorge ↗ Krankenhausseelsorge

Krankenhaus. 1. Laut K.finanzierungsgesetz sind K.r „Einrichtungen, in denen durch ärztl. u. pflegerische Hilfeleistung ↗ Krankheiten, ↗ Leiden od. Körperschäden festgestellt, geheilt od. gelindert werden sollen u. Geburtshilfe geleistet wird u. in denen die zu versorgenden Personen untergebracht u. verpflegt werden können". Eine solche gesetzl. Begriffsabgrenzung weist schon vom Begriffsfeld her auf die Problematik des K.s als gesellschaftl. Institution hin. Dem K. werden heute drei soziale Funktionserfordernisse zugeordnet: eine gesamtkultur.,

Krankenhaus

eine interinstitut. u. eine individ. Funktion. Der Gesamtgesellschaft dient das K. der Entlastung v. den Pflegebedürftigen, da das Verhältnis v. subj. Not u. obj. Hilfeleistung zunehmend v. der ↗ Gruppe auf die Institution übertragen wird. Die zweite Funktion sagt aus, daß keine Institution isoliert betrachtet werden kann, sondern daß auch das K. die Interessen anderer Instanzen (Staat, Wissenschaft, Wirtschaft, ↗ Familie, Schule usw.) mitzuvertreten hat. Die private Funktion des K.s trägt einen Doppelaspekt: zum einen erwartet das Individuum ein optimales Angebot an diagnost., therapeut. u. pflegerischen Möglichkeiten, zum anderen muß die Institution selbst zur Erfüllung dieser Aufgabe das Zusammenwirken der in ihr Handelnden garantieren. Posit. u. negat. Fakten spiegeln die zentrale Bedeutung des K.s im Sozialgefüge: Jeder 42. Arbeitnehmer der BRD hat z. B. seinen Arbeitsplatz im K. 1971 waren dort rund 520.000 Personen beschäftigt. Die Gesamtzahl der stationär Behandelten hat v. 1960 bis 1968 um über ¹/₅ zugenommen, auf 10.000 Einwohner kommen jährl. rund 2.000 K.patienten. Im gleichen Zeitraum ist die Zahl der Entbindungen im K. v. 66,3% auf 91,6% gestiegen, ebenso die klinikinternen Sterbefälle v. 43,9% auf 51,5% (↗ Sterbenshilfe). 1972 verzeichnete man 3545 K.r in der BRD, mit 690.236 Betten, 212.396 Krankenpflegepersonen u. 103.910 Ärzten. 55% der verfügbaren Betten werden v. der öffentl. Hand finanziert — gegenüber 37% der frei-gemeinnützigen u. 8% der privaten Trägerschaft. Die organisator., rechtl. u. finanz. Abdeckung aller ↗ Bedürfnisse gelingt jedoch nur noch mit großen Schwierigkeiten. Das gesamte jährl. Kostendefizit wird z. Zt. auf über 2 Milliarden DM geschätzt; die Pflegegebühren sind nicht kostendeckend, hinzu kommen die rapide ansteigenden Personal- u. Austattungskosten sowie der Tatbestand der Überalterung: 43% der K.betten in der BRD sind älter als 50 Jahre, ebenso 35% aller K.r. Nach vorsichtiger Schätzung fehlen über 30.000 Pflegekräfte. Unabhängig v. der Zweckbestimmung als allgem. od. Fach-K. zeigen die K.r eine typ. horizontale u. vertikale Organisations- u. Funktionsstruktur. Zur horizontalen Struktur gehören: der ärztl. Funktionskreis (Diagnose, ↗ Therapie, ↗ Arzt) der ↗ pflegerische Funktionsbereich (unmittelbare u. mittelbare Pflege, medizin. Hilfsdienste) der Verwaltungs- u. Wirtschaftsbereich (Versorgung u. Verwaltung). Alle unterstehen unmittelbar dem K.träger, der nach außen als Rechtsperson u. Eigentümer des K.betriebes auftritt. Die vertikale Struktur beinhaltet den organisator. Vollzugsrahmen u. damit die ↗ Autoritäts-Struktur im K., an deren Spitze der ärztl. Direktor, die Oberin u. der Verwaltungsdirektor die Grundsatzentscheidungen zu treffen u. zu verantworten haben. Dieses klass. Modell ist gleichzeitig die Quelle zahlreicher ↗ Konflikt-Situationen, aus denen heraus mehrere Vorschläge zu Strukturreformen erarbeitet wurden; so z. B. das nach dem Kollegialprinzip geleitete klassenlose K. (Hanauer Modell), die Verkleinerung u. Spezialisierung nach dem Departmentsystem (Münchner Modell) od. das nach unkonventionellen Prinzipien der Gemeinnützigkeit u. Arbeitsteilung entworfene Modell Herdecke (an der Ruhr).

2. Allen Reformvorschlägen gemeinsam ist die Tatsache, daß das Problem des hilfsbedürftigen u. hilfesuchenden ↗ Patienten in der Gefahr besteht, den betriebl. Erfordernissen der Institution zum Opfer zu fallen. Die Gründe hierfür liegen vornehml. in der Problemlast unreflektiert übernommener tradit. Elemente, welche die Vorstellungs- u. Erlebniswelt aller Betroffenen u. Handelnden mitbestimmen. Der Hospitalgedanke der älteren Traditionen schuf eine Zufluchtstätte f. alle sozial, physisch u. psychisch Hinfälligen. Die Institution trug damit den Charakter eines Sozialasyles, sowie — in unserem Kulturkreis — einer Station auf dem Lebens- u. Heilsweg des Individuums. ↗ Krankheit war dabei nur eine v. mögl. Formen der Hilfsbedürftigkeit u. ↗ Armut. ↗ Hospitalisierung bedeutete sowohl Zuflucht als auch sozial verordnete Isolierung im Falle des gesellschaftl. störenden Charakters v. Kranksein (Seuchen, psychische Störungen). Das Grundmotiv des Hospitals alter Prägung wurde somit v. der Sozialmoral,

nicht v. der Heilkunde bestimmt. V. einem K. kann erst gesprochen werden, seit ab dem 18. Jh. Institutionen nur f. Kranke, zur Heilung u. medizin. Erkenntnisgewinnung errichtet werden. Das Interesse der Öffentlichkeit verschiebt sich v. der Unterbringung auf die Wiederherstellung u. die Verkürzung der Verweildauer in der Institution. Mit Beginn des 19. Jh. wird eine Struktur- u. Organisationskrise des K.s eingeleitet, die bis heute noch nicht abgeschlossen ist: a) Die Medizin etabliert sich im K. als dominierender u. zweckbestimmender Funktionsträger. Das Erfolgserlebnis der naturwissenschaftl. orientierten Methode macht das K. zum Ort scheinbar unbegrenzt fortschreitender Erkenntnisgewinnung u. -anwendung. Optimale Krankenversorgung wird gleichgesetzt mit differenzierter Fachspezialisierung, apparativem Höchststand u. technisch einwandfrei aufeinander eingespielten Teilfunktionen. b) Die Krankenpflege mit ihrer Aufgabe der Befriedigung menschl. Grundbedürfnisse verliert ihre therapeut. Eigenfunktion als Behandlungspflege u. wird zum Ausführungsorgan der ärztl. Anordnungen. Unterstützt wird dies durch Entwicklung eines heterogenen Selbstverständnisses der Krankenpflege als eigener Organisation; bis heute konkurrieren ständig ineinander übergreifende Interpretationen v. christl. Liebesdienst, säkularisiertem Ordens- u. Verbandsdenken, Humanitäts- u. Sozialideen u. wissenschaftl. Einordnungsversuchen. c) Die Betriebsführung eines K.s unterliegt zunehmend den betriebswirtschaftl. Kategorien eines Großstadtbetriebes, v. a. seit mit den anwachsenden Ballungszentren die Tendenz zu Großversorgungskliniken allgemein geworden ist. d) Als Faktor der ↗ Sozialpolitik erhielt das K. die Aufgabe, Krankheit zu bekämpfen u. zu verhüten, die Sterblichkeit zu senken u. damit die Volksgesundheit zu heben. Oberstes Prinzip der K.betreuung wurde die Wiederherstellung der ↗ Leistungs-Fähigkeit. e) Die naturwissenschaftl. Medizin sah im Patienten den organisch Kranken, sein persönl. ↗ Leiden (↗ Krankenhausseelsorge) wurde verdinglicht. F. das techn. immer komplizierter werdende K. wurde

er zum numer. Faktor, der einzuordnen, zu verwalten u. wieder abzugeben war. Probleme des ↗ Lebensraumes, der Lebensfristung u. des Ruhebedürfnisses widersprachen im Grunde der Zielsetzung der Institution. All dies führte zur typ. ↗ Ambivalenz zw. Furcht u. ↗ Vertrauen gegenüber dem K.
3. Vom Einzelverhalten bis zur Großstruktur ist das K. v. heute eher den Grundsätzen v. gestern verpflichtet; prinzip., systemanalyt. begründete Veränderungen zeichnen sich noch kaum ab. Die Tendenzen der K.entwicklung zielen v. a. auf Verbesserung der Leistungsfähigkeit der K.r, nur in Einzelansätzen auch auf die Umstrukturierung des gesamten ↗ Gesundheitswesens. Bereits im gegenw. System erweitern die Probleme der ambulanten u. stationären, der akuten u. ↗ chron. Kranken, die Erfordernisse v. ↗ Vorsorge, Früherkennung, ↗ Rehabilitation u. ↗ Sozialmedizin das Aufgabenfeld der K.medizin. Alle Reformvorschläge müssen sich der Tatsache stellen, daß nicht nur neue medizin. Leistungen in Kürze im K. stattfinden werden; im Zuge der Arbeitszeitverkürzung u. der ↗ Lebensverlängerung wird jeder Mensch nicht nur dort geboren werden u. sterben (↗ Sterben), sondern auch einen immer größer werdenden Anteil seines Daseins verbringen. Die Behebung akuter Krankheit u. die Wiederherstellung werden nur noch Aspektcharakter tragen; die Konzeption des K.s der Zukunft wird wieder eher die Gewährung des äußeren u. inneren Lebensraumes f. den Hinfälligen jeder Art zum Ausgangspunkt haben müssen. Eduard Seidler

Lit.: J. J. Rohde, Soziologie des Krankenhauses (1962); K. Elsholz, Krankenhäuser, Stiefkinder der Wohlstandsgesellschaft (1969); H. Schäfer u. M. Blohmke, Sozialmedizin (1972); E. Seidler, Geschichte der Pflege des kranken Menschen (^{3}1972); W. Adam, Modernes Krankenhaus. Schriftenreihe Fortschrittliche Kommunalverwaltung Bd. 18 (^{3}1973).

Krankenhausseelsorge. 1. Jeder 6. Bürger in der BRD liegt jährl. 1 2½mal im ↗ Krankenhaus. Über 60% aller Sterbenden in den westl. Ländern verbringen darin ihre letzte Lebensphase. Die Zahl der Krankenhäuser nimmt ständig

Krankenhausseelsorge

zu. Eine K. ist verfassungsrechtl. zulässig (vgl. etwa Art. 140 GG/141 Weim. Verf.) u. auch fast überall vorgesehen. Welche Aufgaben stehen ihr zu? Die Entwicklung der modernen Medizin hat zu einer starken Spezialisierung u. Atomisierung der vielfältigen therapeut. Dienste im Krankenhaus geführt. Der Kranke muß seine gestiegenen Chancen einer ↗ Heilung od. ↗ Lebensverlängerung mit einer erhebl. größeren ↗ Abhängigkeit v. dem Apparat des Krankenhauses erkaufen. Der ↗ Patient bedarf in dieser Situation einer ganzheitl. Begleitung, die den humanen Horizont seiner Fragen nicht beschneidet, sondern sich dem Problem seiner Lebensgeschichte, seinen Fragen an die ↗ Umwelt, an sich selbst u. an den Sinn des Lebens (↗ Lebenssinn) stellt. In diesem Feld liegt der Ort der K., die weder im Verhältnis zur Therapie auf die theol. Auseinandersetzung verzichten noch die Bedürfnisse u. Fragen des Patienten v. ihrem Proprium her einengen darf. Der ↗ Seelsorger muß sich als kritischer u. ergänzender Partner des Krankenhauspersonals im Rahmen einer möglichst ganzheitl. Therapie verstehen u. als ein die rel. ↗ Freiheit des Patienten respektierender Partner. V. a. aber steht er f. die Probleme des Patienten im Hinblick auf die Sinnfrage des Lebes in seiner Krankheit (↗ Gesundheit—Krankheit), im bes. f. die rel. Anliegen zur Verfügung. Die humanen u. die rel. Anliegen der K. haben im heutigen Krankenhaus nur eine Chance, wenn die K. (1.) hinreichend auf allen Krankenstationen, incl. den ↗ Intensivpflege-Stationen u. den „humanen Brennpunkten" des Krankenhauses vertreten ist; (2.) im Unterschied zur weit verbreiteten Praxis eine innere u. äußere Beziehung zur Therapie v. ihrem seelsorgl. Ansatz her deutlich machen kann; (3.) wenigstens f. ihre hauptamtl. Seelsorger/innen eine Aus- u. Fortbildung anbietet, die den Bedürfnissen einer Gesprächsführung mit Kranken (↗ Gespräch) gerecht wird, wofür richtungsweisende Versuche v. a. in der ↗ Klinischen Seelsorgeausbildung u. in den ↗ Balintgruppen vorhanden sind (↗ Klin. Psychologie f. Seelsorger, ↗ Klinische Seelsorgeausbildung).

2. Kranksein bedeutet nicht nur die Verletzung eines Körperteils, eines Organs od. den Ausfall v. Funktionen. Grundsätzl. weist die Krankheit auf eine Krise des Menschen hin. Die meisten Kranken erfahren ihre körperl. Beschwerden u. ihr Ausgeliefertsein an das Krankenhaus als Gebrochenheit ihres Daseins u. nicht selten als Krise, die ihr Welt- od. sogar Gottesverständnis ins Wanken bringt. Eine wirkliche Heilung (↗ Heilung u. Heil) des Menschen stellt sich der hinter den Symptomen stehenden Krise des Menschen u. wenn möglich ihrer Ursache. Bei vielen Kranken sind die primären menschl. Aktualfähigkeiten, wie z. B. ↗ Liebe, ↗ Geduld, Zeit, ↗ Sexualität, Kontakt, (↗ Kontaktfähigkeit), Zutrauen, ↗ Vertrauen am Konfliktsfall nicht erprobt u. fallen als Hilfe aus. Auch dort, wo sie besser entwickelt u. die Verleugnungsmechanismen beim Kranken nicht so stark ausgeprägt sind, löst die Krankheit die Frage nach dem Sinn des Leidens (↗ Leiden), des Wartenmüssens u. der Annahme seiner selbst aus (↗ Theodizeeproblem). Hier ist, mindestens impl., die Frage nach dem ↗ Glauben im Sinne v. Vertrauen-Können gestellt. Vertrauen meint nicht ein Fürwahrhalten best. Sätze, sondern das Sich-Einlassen auf die ganze Wirklichkeit, gerade soweit sie nicht durchschaubar, vorausberechenbar u. kontrollierbar ist. Der Grund dieses Glaubens liegt im Vertrauen gegenüber anderen od. darin, daß der Vertrauende zutiefst mit sich selbst eins ist. ↗ Selbstvertrauen fußt auf der Erfüllung gewagten Fremdvertrauens, der Erfahrung des Angenommenseins in der Liebe u. der Herausforderung, den nächsten Schritt ohne fremde Hilfe zu wagen. Gerade in der Bewältigung der Krise der Krankheit brauchen die meisten Patienten einen Begleiter, der mit ihnen in ihrer Lebensgeschichte an den Punkt erfahrenen Vertrauens zurückgeht, um sie zu befähigen, in einer ↗ Identitätsfindung das Unvermeidliche ihrer Krankheit als Zustand u. Aufgabe f. die ↗ Zukunft anzunehmen. Einlassen auf die Wirklichkeit visiert auch die Realität. ↗ Tod u. ↗ Sterben an, das schon mitten im Leben erfahren wird, wo ↗ Trauer, Abschied, Trennung u. das zu-Ende-Gehen v. Möglichkeiten

zu bewältigen sind. Aus seinen gewohnten Bindungen u. Sicherheiten herausgerissen, kann der Mensch gerade in diesen Situationen die Erfahrung eines bes. Anrufs zur Grenzüberschreitung machen (↗ Gotteserfahrung). Der Begleiter, der ihm im mittragenden Gespräch zu einer tieferen Selbstfindung u. damit zu seinem ureigenen Beitrag zur Heilung, Bewältigung der Krise od. zum Sterbenkönnen (↗ Sterbenshilfe) hilft, nimmt zugleich eine wichtige theol. Aufgabe wahr. Die Art seiner Begleitung u. sein Zeugnis können dem Kranken die Botschaft des mitgehenden Gottes erschließen. F. das Gespräch des Krankenhausseelsorgers als Begleiter sind best. Eigenschaften bes. wichtig: die Fähigkeit zu ↗ Kommunikation u. Solidarität, zu Selbst- u. Fremdwahrnehmung, ↗ Ehrfurcht, Takt, Einfühlungsvermögen, Echtheit u. Differenzierung v. Distanz u. Nähe, Mut zur Auseinandersetzung u. zum Zuspruch, Akzeptieren positiver wie negativer Gefühle, ↗ Geduld u. Offenheit f. die Unplanbarkeit der Begegnung. 3. K. versteht sich also komplementär zum therapeut. Team mit eigenem Auftrag u. nimmt zunächst die Aufgabe u. Dimension des Begleiters wahr. Eine bes. intensive Form ist die Sterbenshilfe, v. a. in der Gestalt des Sterbebeistandes. Bes. häufige Präsenz der K. erfordern Intensivpflegestationen, wo die K. höchst selten integriert ist. Dort, wo Patienten u. Stationspersonal extrem mit den Fragen v. ↗ Lebensverlängerung, Überleben u. ↗ Sterben tägl. konfrontiert sind, muß sich auch der Seelsorger als Begleiter stellen. Obwohl sein Dienst meist nur in einem kurzen Ansprechen, dem verstehenden Blick, der gehaltenen Hand u. einem kurzen ↗ Gebet besteht, ergänzt er beispielhaft den oft hektischen Betrieb der notw. techn. Dienste. Im wesentl. lassen sich 5 Grunddienste der K. aufzählen: (1) Der *kursorische Krankenbesuch* (↗ Krankenseelsorge) auf allen Stationen, bei allen Patienten, incl. der Kontaktaufnahme mit dem Stationspersonal, der ein offenes Angebot in einer freiheitl. Atmosphäre darstellt, v. der K. Gebrauch zu machen od. sie abzulehnen. — (2) Das *Intensivgespräch*, das sich häufig beim kursor. Besuch, auf Vermittlung v. Ärzten u. Pflegeteam od. Angehörigen ergibt, kann einen wesentl. Beitrag zur Selbstfindung des Patienten, zur Klärung oft lange liegengebliebener religiöser u. existentieller Fragen (z. B. auch ↗ Beichte) u. zur Gesamttherapie leisten. — 3. Das *Gruppengespräch* im Mehrbettzimmer, unter Beteiligung des Seelsorgers in der ↗ Gruppentherapie od. in eigenen Seelsorgegruppen, ermöglicht auch zurückhaltenderen Patienten eine Beteiligung, wenn dem Seelsorger eine freie ↗ Kommunikation der Andersdenkenden gelingt. Method. eignet sich hierfür bes. die themenzentrierte Interaktion nach R. C. Cohn. — (4) Bes. Einfühlungsvermögen verlangt die Gestaltung v. *Gebet- u. Krankengottesdiensten*, insbes. Abendmahls-, Eucharistie- od. Kommunionfeier u. die Spendung der ↗ Krankensalbung, v. a. wegen der Rücksichtnahme auf den Zustand aller Patienten u. der Einbeziehung bzw. Respektierung Andersdenkender. Das betrifft Zeitmaß, Situationsbezogenheit, Zeugnischarakter, Sprach- u. Kommunikationsstil der Gestaltung. — (5) Seelsorge im Krankenhaus bedarf der *Integration u. Kooperation* mit dem therapeut. Team. In diesem Rahmen muß die K. ihren ergänzenden u. kritischen Beitrag der Aspekte v. Humanität u. ↗ Transzendenz einbringen, etwa durch ein eigenes od. die Beteiligung an einem *Bildungsangebot* f. das Krankenhauspersonal zu ethischen Fragen des Lebensbeginns, bes. Lebenskrisen u. des Lebensendes, sowie zur Grundfigur aller therapeut. Berufe: des Begleiters.

Josef Mayer-Scheu

Lit.: H. Dochert, Neuordnung der Seelsorge (1967); H. Faber, Seelsorge am kranken Menschen (1969); ders., Der Pfarrer im modernen Krankenhaus (1970); W. Becher, Klinische Seelsorgeausbildung, in: Schriftenreihe der ev. Akademie in Hessen u. Nassau, Heft 98, Frankfurt 1972; Josef Mayer-Scheu/Artur Reiner, Heilszeichen für Kranke, Krankensalbung heute (1972); Joachim Scharfenberg, Seelsorge als Gespräch ((1972); Richard Riess, Seelsorge, Orientierung, Analysen, Alternativen (1973); Josef Mayer-Scheu, Seelsorge im Krankenhaus, Entwurf für eine neue Praxis (1974); Hans-Christoph Piper, Perspektiven klinischer Seelsorge, in: Richard Riess, Perspektiven der Pastoralpsychologie (1974).

Krankenpflege ↗ Pflegedienste

Krankenpflegeorden ↗ Pflegedienste

Krankenpflegeschule. K. ist eine Ausbildungsstätte mit Sondercharakter f. Krankenschwestern, -pfleger, Kinderkrankenschwestern (↗ Pflegedienste). Geschichtl. war Krankenpflege ein Anlernberuf, getragen v. den Krankenpflegevereinigungen. 1906 erste gesetzl. Regelung in den einzelnen Bundesländern. Einheitl. gesetzl. Regelung f. das Gebiet des Deutschen Reiches 1938, erneuert als Bundesgesetz 1957, novelliert 1965. In der Schweiz besteht neben Regelungen auf kantonaler Ebene zusätzl. ein Bundesgesetz f. die diplomierte Pflegerin. Die an den einzelnen Krankenhäusern (↗ Krankenhaus), bestehenden Ausbildungseinrichtungen gelten als staatl. anerkannt, insofern sie die gesetzl. Vorschriften u. Voraussetzungen erfüllen. Diese haben sich entspr. der medizin. Entwicklung bei jeder Novellierung verstärkt. Noch ist die Verbindung der K. mit einem Krankenhaus Voraussetzung. Außerdem wird f. die Leitung (Arzt, Oberin, Lehrschwester, einzeln od. zusammen) eine ausgebildete Unterrichtsschwester vorgeschrieben. Die Ausbildungsdauer wuchs v. 1 Jahr allmähl. bis zu 3 Jahren, die Zahl der Unterrichtsstunden v. 200 auf 1200. Erst 1965 wurden auch die Lehrfächer im einzelnen vorgeschrieben, einschl. Psychologie, Soziologie, ↗ Psychiatrie. Die weitaus größte Zahl der K. sind kirchl. Krankenhäusern angeschlossen. Durch das Gesetz v. 1965 wurde zusätzl. die Ausbildung v. Krankenpflegehelfern in einem einjährigen Kurs möglich, so daß drei Schultypen bestehen: K., Kinder-K., Schule f. Krankenpflegehilfe. Eine erneute Erweiterung des theoret. Unterrichts wird z. Zt. diskutiert, mit erhöhter Platzzahl u. evtl. Trennung der K.n vom Krankenhaus (Zentralschulen). Andere vertreten mit Nachdruck die Forderung, daß eine praxisnahe Ausbildung notwendig u. deshalb die Verbindung v. K. u. Krankenhaus bleiben soll. Vermehrung der Platzzahl soll durch „Verbundschulen mit zentralem Unterricht" erreicht werden. Weltanschaul. Hintergrund: Die Aufgabe der Schule besteht ausschließl. in der Vermittlung v. theoret. Wissen u. prakt. Können od. zusätzl. in der Bildung der Persönlichkeit, der Schulung in weltanschaul. Grundfragen (↗ Lebenssinn, ↗ Menschenwürde) u. der Einführung in die Gesprächsführung u. Teamfähigkeit. Dafür genügen nicht zusätzl. Religionsunterricht u. ↗ Berufsethik. Schulung, Erfahrung u. Beispiel müssen zusammenwirken, damit die K. die Schwestern- bzw. Pflegerpersönlichkeit heranbildet, die der kranke Mensch bis hin zum Sterbenden nötig hat (↗ Krankenhausseelsorge, ↗ Sterbenshilfe).
Rü

Lit.: H. Pinding, Krankenpflege in unserer Gesellschaft (1972); B. Rüther, Krankenhaus u. Politik (1973), 83—91; Deutsche Krankenpflegezeitschrift, Kohlhammer, Stuttgart; Krankendienst, Zeitschrift f. kath. Krankenhäuser u. Krankenpflegekräfte Freiburg.

Krankensalbung. I. Bibl. Grundlage f. die K. ist v. a. (nicht ausschließl.) Jakobus 5,13—16. Nach dem Textzusammenhang werden den Gemeindegliedern Anweisungen f. versch. Lebenssituationen gegeben. Die Kranken sollen die Presbyter der Gemeinde rufen, damit diese über sie beten (↗ Gebet) u. sie im Namen, d. h. im Auftrag u. in der Kraft des Herrn mit Öl salben. Diesem gläubigen Tun wird verheißen: es wird dem Kranken Rettung (Heil) bringen, der Herr wird ihn aufrichten, u. falls er gesündigt hat, wird er Vergebung finden (↗ Beichte). — Nach dem Textzusammenhang darf diese Verheißung nicht nur als körperl. Heilung verstanden werden. Der ganze Mensch ist gemeint, der aufgerichtet wird, wie er leibt u. lebt (↗ Heilung u. Heil). — Aus der ständigen Praxis, mit der dieser Vorsteherdienst erbeten u. ausgeübt wurde u. aus der Selbstverständlichkeit, mit der dieser ekklesialen Zeichenhandlung Heilswirkung f. den Kranken zugesagt wird, entnimmt die ↗ Kirche den Begriff der Sakramentalität der K. (↗ Sakramente). — Auch Markus 6,12 u. 16,18 zeigen, daß Krankenheilungen als Krafterweis, der v. Gott ausgeht, zur ↗ Verkündigung Jesu u. seiner Jünger gehören, um Zeichen der endgültigen Heilszusage Gottes an den Menschen zu setzen.

Im Verlauf der Geschichte machten Praxis u. Lehre der K. eine uneinheitl., z. T. diffuse Entwicklung durch: v. der ↗ Hoffnung auf ganzmenschl. Heilung (mit zeitweiliger Laienpraxis) wird die K. ausschließlich zum Sakrament der Scheidenden (Letzte Ölung). Trotz Korrektur beim Tridentinum keine grundlegende Änderung. Neubesinnung beim Vatikanum II als Frucht der Liturg. Bewegung, Niederschlag in der Liturg. Konstitution (Nr. 73/74) u. im erneuerten (7. 12. 72) Rituale Romanum.

II. Nach dem Rituale Romanum (1—7) ist die ↗ Krankheit als Heils- bzw. Unheilssituation wieder der „Ort" der K. Wer in seiner Krankheit od. im Alter (↗ Altern) die Endlichkeit u. Gebrochenheit seines Daseins intensiv erfährt u. sich seiner Lebenssituation stellt, ohne in ↗ Verleugnung, Selbsttäuschung u. ↗ Illusion zu fliehen, ist herausgefordert, auf diese erlebte Unheilssituation eine Antwort zu geben. Die K. ist als Heilszeichen eine Antwort des Glaubens auf diese Herausforderung (↗ Glaube ↗ Vertrauen). Allerdings ist es infolge eines einseitigen u. zu engen Verständnisses der K. f. die meisten Christen noch schwierig, den zeichenhaften Antwortcharakter der K. zu verstehen. Sie wird vielfach nur als Siegel der Unheilbarkeit, der Todesankündigung od. gar der Hoffnungslosigkeit mißverstanden. Diese ↗ Vorurteile können nicht durch Überredungskünste od. Drohungen aufgelöst werden. Nur der kann sie überwinden helfen, der dem Patienten zeigt, daß er diese Reaktionen versteht, weil er selbst auch Ängste hat (↗ Angst) u. sterben lernen muß u. nicht will (↗ Sterbenshilfe). Nur so kann er sich glaubhaft mit dem Kranken solidarisieren. Das erleichtert dem Kranken das Eingeständnis seiner Lage, seiner Ängste, vielleicht auch seines schwachen Glaubens, weil er nicht mehr allein bleibt u. seine vielleicht sogar magischen Erwartungen (↗ Magie) der Hilfeleistung auf das eigentl. Glaubensproblem gelenkt werden. Hoffnung heißt im Zusammenhang der K. immer: ↗ Hoffnung auf Überleben, sei es in der Genesung, sei es im ↗ Geheimnis des Todes (↗ Tod). Somit wird in der K. immer die gläubige Annahme der Wirklichkeit hier u. jetzt angezielt. Die Erfahrung der Ausweglosigkeit führt aber nicht nur u. nicht immer zu Reaktionen der Verleugnung, der ↗ Verdrängung, der Abwehr u. des Unglaubens. Gerade der Mensch, der zur ↗ Entscheidung u. zur Klärung seines Lebes befähig worden ist, kann in der Ausweglosigkeit erfahren, daß er sich nicht nur mit der Gebrochenheit seines Daseins abfinden muß, sondern daß ihm in schöpf. Glauben gerade jetzt eine Sinnerfahrung (↗ Lebenssinn) aufgehen kann, in der er sich u. seine Situation transzendiert. Hier wird deutlich, daß der eigentl. Feind des Glaubens nicht das Leid u. der Tod, sondern die Angst u. die ↗ Resignation sind, die der Mensch im Glauben u. in der Hoffnung überwinden kann. Gerade Sterbende können nach den durchlebten Phasen der Verleugnung, des Zornes, des Verhandelns, der ↗ Depression u. der Zustimmung (Kübler-Ross) zu ihrem Tod optimal disponiert sein f. ein Glaubenszeichen wie das Sakrament der K., das dem Kranken gerade in seiner Ausweglosigkeit Stärkung u. Aufrichtung verheißt. Je deutlicher Wort, Gebärde u. Zeichen (↗ Symbol) bei der Spendung des Sakramentes sich der Situation des Kranken stellen u. zugleich Angenommensein u. Aufrichtung vermitteln, desto stärker tragen sie zu einer Selbstannahme des Kranken in hoffendem Vertrauen bei.

Wenn die K. als Glaubenshilfe f. die Verarbeitung der Krise verstanden wird, ergibt es sich v. selbst, daß sie nicht grundsätzl. auf die letzten Augenblicke des Lebens verschoben wird. Sinnvollerweise wird sie *dem* Kranken gespendet, der in seiner Krankheit seine Endlichkeit u. Gebrochenheit erfährt u. aus dem Glauben eine Antwort sucht, statt in Resignation od. ↗ Verzweiflung zu verfallen. Bei entspr. Vorbereitung (↗ Krankenhausseelsorge) ist in der Regel die Vollform der Spendung der K. angebracht, möglichst im Zusammenhang mit einer Eucharistie- od. Kommunionfeier, bei der im Wortgottesdienst das Zeichen näher erklärt werden sollte. Die Spendung der K. an mehrere läßt noch deutlicher werden, daß sie nicht als Todesweihe zu verstehen ist, weil sie an Menschen in ganz ungleicher Nähe zum Tod gespendet wird, die aber ihre Gleichheit u. Solidarität in der Annahme ihrer Endlichkeit, Hinfälligkeit u. ihres Sterben-Müssens erfahren können. — Bei der Spendung an Bewußtlose bzw. nicht mehr Bewußtseinsmächtige wird deutlich, daß es bei der K. nicht primär um eine Entscheidung des Patienten zur Umkehr geht, sondern um die zeichenhafte Zusage der Nähe Gottes, gerade in der Situation der Gebrochenheit u. Ohnmacht. Diese entspricht beim Bewußtseinsmächtigen der Bereitschaft, der aufrichtenden Kraft Gottes zu vertrauen, die beim Bewußtlosen nur vermutet werden kann. — Tote können kein Sakrament empfangen, auch nicht die K. Da über den Zeitpunkt des Todes v. der Medizin noch keine endgültige Aussage gemacht werden kann, bleibt es dem ↗ Gewissen des ↗ Seelsorgers überlassen, ob er nach den mutmaßl. Todeseintritt die K. noch bedingungsweise spenden kann. Nach Einstellung der Reanimationsbemühungen (↗ Wiederbelebung) ist die Spendung der K. nicht mehr angebracht. Der Seelsorger sollte aber in jedem Fall weiterhin auch zu den bereits Verstorbenen gerufen werden. Denn der Glaube an die Auferstehung (↗ Auferstehungsglaube) bedarf gerade im Angesicht des Todes u. seines nicht zu enthüllenden ↗ Geheimnisses der Bezeugung.

Die K. kann Anlaß zu ↗ Konflikten mit ↗ Ärzten, Pflegepersonal u. Angehörigen werden (Wahrheit gegenüber dem Kranken — ↗ Wahrheitspflicht, ↗ Tabu des Todes, eine rein innerweltl. verstandene Therapie unter Ausschluß der Frage nach ↗ Transzendenz). Durch einfühlendes u. durchsichtiges ↗ Verhalten können Konflikte vermieden od. wenigstens in fairer Weise aufgearbeitet werden. Artur Reiner

Lit.: F. Mußner, Der Jakobusbrief (1964); A. Knauber, Pastoraltheologie der K., in: Handbuch der Pastoraltheologie, Bd. IV (1969); J. Mayer-Scheu/A. Reiner, Heilszeichen f. Kranke (1972); Rituale Romanum — Ordo unctionis infirmorum eorumque pastoralis curae (1972).

Krankenseelsorge. K. meint die seelsorgl. Begleitung des kranken Menschen, v. a. zu Hause bzw. in der ↗ Gemeinde. Die ↗ Seelsorge f. den kranken Menschen im ↗ Krankenhaus u. im Sanatorium obliegt der ↗ Krankenhausseelsorge. Das dort Ausgeführte gilt auch hier, insbes. f. die Frage der ↗ Krankheit als Krise des Menschen u. auch grundsätzl. f. die bes. Forderungen an den ↗ Seelsorger als Begleiter des Kranken, nicht jedoch f. die den ↗ Patienten betr. Besonderheiten des Krankenhauses. K. ist im Unterschied zur Krankenhausseelsorge eine Angelegenheit der Gemeinde, also der ↗ Familie, der Angehörigen des bettlägerigen od. an das Haus gebundenen Kranken, sodann des Gemeindepfarrers bzw. seiner hauptamtl. Mitarbeiter (Vikar, ↗ Diakon/isse, Gemeindehelfer usw.) sowie freiw. Helfer in der Gemeinde (z. B. Krankenbesuchskreis). Eine wichtige Funktion in der K. hat der Krankenbesuch (vgl. Mt 25, 36 b), durch den der Seelsorger dem Kranken zeigt, daß in der Gemeinde an ihn gedacht wird, daß jemand Zeit hat, seine Klagen u. Beschwerden anzuhören, sie zu verstehen versucht u. sein Weinen u. Lachen zu teilen vermag. Je mehr dem Besucher die Einfühlung in den Kranken im mittragenden ↗ Gespräch gelingt, desto mehr trägt er bei zu einer Selbstannahme des Patienten in seiner Krankheit, gegebenenfalls zur Bewältigung seiner Fragen an den Sinn seines Lebens u. vielleicht sogar zum besseren Sterbenkönnen (↗ Sterbenshilfe). Die Familie u. die nächsten Angehörigen des Kranken stehen vor der schweren Aufgabe, ihn in seiner Krankheit, mit seinen Klagen u. Wünschen zu akzeptieren, sich ihren eigenen Ängsten vor Krankheit, ↗ Leid, ↗ Schmerzen, ↗ Sterben u. ↗ Tod zu stellen, um ihn als Partner hilfreich begleiten zu können. In der Hilfe f. die Angehörigen bei der Bewältigung der ihnen durch die Krankenpflege auferlegten Lasten u. Probleme besteht ein Großteil der Aufgaben der K. Vom guten Verhältnis zu den Angehörigen des Patienten hängt auch ab, ob es gelingt, dem Kranken zu dem f. seine Fragen u. seinen Gesundheitszustand günstigsten Zeitpunkt die ↗ Sakramente zu spenden, insbes. die

↗ Beichte, das Abendmahl/die Krankenkommunion bzw. die ↗ Krankensalbung, u. die Angehörigen so weit wie mögl. einzubeziehen. MS

Lit.: P. Sporken, Umgang mit Sterbenden (1973); J. Mayer-Scheu, Seelsorge im Krankenhaus, Entwurf f. eine neue Praxis (1974); J. H. van den Berg, Der Kranke (²1974).

Krankenstand. Die Abwesenheit eines Arbeitnehmers am Arbeitsplatz wird mit dem K. bzw. der Fehlzeitrate gemessen. Meist wird der K. in Prozenten angegeben, das kann bedeuten: 1. die Zahl der an einem Tag ermittelten Personen, welche wegen ↗ Krankheit der ↗ Arbeit fernbleiben, bezogen auf die Zahl der Beschäftigten überhaupt. 2. die Gesamtzahl der jährl. Fehltage aller Beschäftigten bezogen auf die Anzahl der eigentl. vorgesehenen Arbeitstage. Weitere Kriterien zur Erfassung des K.s sind: (a) die durchschnittl. Anzahl v. Abwesenheits*tagen* je Beschäftigtem in einem Jahr, (b) die durchschnittl. Anzahl der Abwesenheits*fälle* je Beschäftigtem in einem Jahr, (c) die durchschnittl. Anzahl der Abwesenheitstage *je* Abwesenheitsfall. Der mittlere K. in der BRD schwankt z. B. zw. 5 u. 7%. Die Höhe des mittleren K.s ist abhängig vom Lebensalter (ansteigende K.e mit zunehmendem Lebensalter), vom Wochentag (höchster Wert am Wochenanfang), u. v. der Jahreszeit (niedrigste Werte in den Sommermonaten).

Die Schwierigkeit, Krankheit v. ↗ Gesundheit scharf abzugrenzen (↗ Gesundheit u. Krankheit) u. die fließenden Übergänge des Zustandes, den wir Krankheit nennen, sowohl zum Abweichen biolog. Werte v. der Norm als auch zu sozialen ↗ Konflikten am Arbeitsplatz, in der ↗ Familie usw. machen den Begriff „K." problematisch. In angelsächsischen Ländern hat man daher schon länger den Begriff der Fehlzeitrate an die Stelle des K.s gesetzt. Die Fehlzeitrate ist teils der einzige Gradmesser der „Gesundheit" u. hat damit auch eine erhebl. ökonom. Bedeutung; teils ist sie in eine Art Maß f. die Arbeitsunzufriedenheit u. psychische Stabilität der Arbeitnehmer in einem Betrieb. ↗ Urlaub, Kur (↗ Kurwesen), ↗ Mutterschutz, Wehrdienst u. Berufsschule werden gelegentlich als Fehlzeiten aufgeführt. Es ist daher unerläßlich, beim Vergleich der K.e die Details der Erhebung zu kennen. Bo

Lit.: E. Ulich, Über Fehlzeiten im Betrieb (1965); H. Schaefer/M. Blohmke, Sozialmedizin (1972).

Krankenversicherung. Die wichtigste Leistung der gesetzl. Krankenkassen ist die Krankenhilfe, hierzu gehören die Krankenpflege (↗ Pflegedienste) u. zur Verhütung v. Krankheit u. ↗ Arbeitsunfähigkeit vorbeugende Maßnahmen durch Erholungsfürsorge usw. (↗ Präventivmedizin). Die Voraussetzung zur Gewährung der Krankenhilfe ist eine Erkrankung, also ein regelwidriger Körper- od. Geisteszustand (↗ Krankheit) — nach der Rechtsprechung ein unnormaler Körperzustand —, der in der Notwendigkeit einer ärztl. Behandlung od. einer Anwendung v. ↗ Heilmitteln erkennbar in Erscheinung tritt. Eine solche Erkrankung mit der Notwendigkeit v. Krankenpflege braucht nicht mit Arbeitsunfähigkeit verbunden zu sein. — Außer der Krankenhilfe steht den weibl. Mitgliedern der Krankenkassen im Falle der Niederkunft auch noch die Wochenhilfe zur Verfügung. Eine stationäre Krankenpflege (↗ Krankenhaus) tritt in ärztl. begründeten Fällen an die Stelle der allgem. Krankenpflege. Die Voraussetzungen solcher Krankenpflege sind in der Schwere der Erkrankung begründet. — Im Rahmen der krankheitsvorbeugenden Maßnahmen wie auch bei Eintritt des Versicherungsfalles der Krankheit gilt f. die Krankenkassen zur Wiederherstellung der Gesundheit u. ebenfalls der Arbeitsfähigkeit die finanz. Übernahme od. Bezuschussung der notwendigen u. zweckmäßigen Mittel im Rahmen der Heilbehandlung. Die zur Beseitigung od. Linderung der Krankheit, zur Sicherung des Heilerfolges od. zur Beseitigung der Arbeitsunfähigkeit notwendigen sachl. Mittel sind als Heilmittel im weiteren Sinne anzusehen. Diesen kleinen „Heilmitteln" stehen gegenüber die „Hilfsmittel", die nach beendetem Heilverfahren notwendig sind (künstl. Glieder usw.). — Die Geschäfte der Krankenkassen auf gesetzl. Grundlage werden vom Vorstand u. Aus-

schuß geführt, wobei der Ausschuß paritätisch v. gewählten Vertretern der Versicherten u. der Arbeitgeber besetzt ist.
Bo

Lit.: R. K. Schicke, Arzt u. Gesundheitsversorgung im gesellschaftl. Sicherungssystem. BRD—England—USA (1971); H. Schaefer/M. Blohmke, Sozialmedizin (1972).

Krankheit. K. (griech. πάθος, νόσος, lat. morbus) besagt Störung od. Verminderung der Leistungs- u. Anpassungsfähigkeit des Organismus od. eines, evtl. mehrerer seiner Teile.
Als wichtigste K.sgruppen mit äußeren (↗ exogenen) Ursachen kennen wir die Infektionsk.n, die K.n durch äußere physikochem. Einwirkungen, die Vergiftungen u. die Mangelk.n. Zu den K.sgruppen, bei welchen innere (↗ endogene) Ursachen eine Hauptrolle spielen, gehören die Stoffwechselk.n, die Abnutzungsk.n einzelner Organe od. Organsysteme, die Geschwülste, die Geistesk.n u. die ↗ Erbk.n. Bei den Infektionsk.n dringt ein krankmachendes Agens (Parasit, Bakterium, Virus) in den Körper, vermehrt sich dort u. bringt die normalen Abwehrreaktionen zum Entgleisen. Mechan., chem. od. elektr. Einwirkungen, Einfluß v. Wärme, Kälte od. Strahlung können die f. das ↗ Leben notwendigen Regulationen mehr od. weniger schwerwiegend stören. Bei Vergiftungen bewirkt ein chem. Produkt schwere Störungen im Stoffwechselgeschehen od. Zerstörung einer großen Anzahl v. Körperzellen. Mangelk.n schädigen den Organismus durch den Mangel an lebensnotwendigen Spurenstoffen (Vitamine, Oligoelemente). Bei Stoffwechselk.n, zu welchen auch die hormonalen Erkrankungen zu rechnen sind, wird die Ordnung einzelner Stoffwechselvorgänge mehr od. weniger stark gestört. Die Abnutzungsk.n können Ausdruck des normalen ↗ Alterns, einer übermäßigen Beanspruchung od. einer schlechten Ausgangsqualität best. Gewebe (Typus asthenicus) sein. Die Geschwülste (Tumoren) verändern das geordnete Zellwachstum entweder umschrieben: gutartige (benigne) Geschwülste, od. generalisierend: bösartige (maligne) Geschwülste od. Malignome. Die sog. Geistesk.n sind in ihren psycho-physischen Grundlagen noch größtenteils unbekannt. Die Erbkn. beruhen auf spontanen od. künstlich hervorgerufenen Veränderungen v. Erbanlagen (Genen) in den Erbträgern (Chromosomen), wodurch jeweils ein enzymatischer Vorgang im Zwischenstoffwechsel gestört wird; jedes Gen wirkt als Schablone eines Fermentes (Ein-Gen-Ein-Enzym Theorie v. Beadle u. Tatum). Die einen K.n überfallen den Menschen mit naturhafter Gewalt. Er wird v. ihnen heimgesucht. Überschwemmungen, Wirbelstürme, Erdbeben u. Vulkanausbrüche können jederzeit Tausende v. Menschenleben vernichten. Die großen Seuchen, wie Pest, Aussatz, Typhus, Fleckfieber, Cholera, Malaria, Tuberkulose u. Syphilis, deren Herde durch die moderne ↗ Hygiene wohl eingeschränkt worden sind (endemische K.sform), können jederzeit wieder aufflammen, sobald die Ordnung der ↗ Gesellschaft durch Streik, ↗ Revolution od. Krieg schwer gestört wird. In solchen Fällen werden schicksalhafte Naturerscheinungen durch schicksalhafte Kulturerscheinungen ausgelöst. Es gilt dies aber nicht nur f. das vorzeitige, oft grauenhafte Ende der Kriegsopfer, sondern auch v. den Opfern der Verkehrs- u. Arbeitsunfälle wie auch v. den Aufbruchsk.n, welche durch die Hast u. Jagd der modernen Zivilisation ausgelöst werden. Andere K.n sind Folgen menschl. Fahrlässigkeit od. ↗ Schuld. Persönl. Verschulden kann zu Tötung v. Ungeborenen, ↗ Mord u. ↗ Selbsttötung führen. Grobe Fahrlässigkeit verursacht ↗ Unfälle des Betreffenden od. seiner Mitmenschen. Unvernünftige Lebensweise, berufl. Überlastung, falsche Ernährung, Mißbrauch v. Medikamenten, ↗ Abhängigkeit v. Genußmittel u. ↗ Drogen sowie seel. ↗ Konflikte können zu schweren Störungen der eigenen Ordnung führen (↗ Drogenabhängigkeit ↗ Diätetik ↗ Streß ↗ Medikamentenmißbrauch).

Gegen Störungen, welche v. außen an den Menschen herantreten, können in der Regel wirksame Maßnahmen ergriffen werden. Wo der Mensch selbst Grund der gestörten Ordnung ist, wird Hilfe schwierig, weil jahrelange Gewohnheiten u. die gegebenen Lebensbedingungen in ↗ Familie u. Beruf nur schwer zu ändern sind. *K. als Ordnungsprinzip naturwissenschaftl.-*

klinisch orientierter (Schul)Medizin definiert einen Sachverhalt v. K.szeichen (Symptomen), welche nach der ↗ Erfahrung am Krankenbett u. nach den Ergebnissen v. (Tier-) ↗ Experimenten auf eine od. eine einheitl. Gruppe v. Ursachen zurückzuführen sind. Durch Maß u. Zahl wird die K. quantifizierbar. Dieser K.sbegriff sieht im Interesse einer möglichst großen Verallgemeinerung vom persönl. Erlebnis ab u. objektiviert in vereinfachender Weise zum persönlichkeitsindifferenten „Fall von ...". Die methodisch vereinfachende Fiktion eines „homo biologicus" gestattet aufgrund einer typ. Konstellation v. Symptomen eine zusammenfassende K.sbezeichnung (Diagnose). Eine exakte Diagnose ist das log. Fundament jeder auf Erfahrung u. ↗ Experiment aufbauenden Behandlung (Therapie), während die Voraussage (↗ Prognose) eine statistisch gesicherte Beurteilung der Wahrscheinlichkeit v. Dauer, Verlauf u. Komplikationsmöglichkeiten sowie Aussicht auf mehr od. weniger vollständige Heilung gestattet.

Der abstrakten K. steht das *persönlich-existentielle Erlebnis des Krank-Seins* gegenüber. Der ↗ Patient erlebt das Fehlen der ↗ Gesundheit als persönl. Not. „Krank ist nur das Individuum, das unter dem Nachlassen der Organfunktion leidet, also einem Pathos unterliegt. V. einem Organ kann man nur sagen, daß es im Sinne einer Störung seiner Tätigkeit verändert ist, nicht aber daß es leidet, daß es ein Pathos hat" (*Ribbert*). Das subjektive K.sgefühl äußert sich u. a. in Schwäche, Störungen best. Funktionen u. ↗ Schmerzen. Das subjektive K.sgefühl kann durch organisch bedingte Veränderungen hervorgerufen sein od. aber durch Verlust od. Störung des psychischen Gleichgewichts. Subjektives K.sgefühl u. objektiver Befund können miteinander übereinstimmen od. voneinander abweichen. „Das Wesen des Krankseins ist eine Not u. äußert sich als Bitte um Hilfe ..." (*v. Weizsäcker*). Dieser K.sbegriff ist metaphysisch-existentiell. Um eine Selbstverwirklichung auch im Kranksein zu ermöglichen, muß der Patient seine K. als sinnvoll annehmen. Die quälende Frage nach dem Sinn der K. ist so alt wie die kranke Menschheit. Die naturwissenschaftl.-klin. Medizin weiß darauf keine Antwort. Sie befaßt sich nur mit denjenigen Ursachen, die unseren Sinnen zugänglich sind. Was hinter diesen durch Empirie u. ↗ Experiment erforschbaren Zweitursachen steht, interessiert ihre wissenschaftl. Methodik nicht u. bleibt deshalb prinzipiell außerhalb der Betrachtung. Wer das „Eigentlich-Menschliche" integrieren will, muß die naturwissenschaftl. Methode überschreiten. Medizin kann Schmerz bekämpfen u. unter Umständen K.n heilen. Vielleicht ist es jedoch wichtiger, dem Leben Sinn zu geben (↗ Lebenssinn), als Leben zu retten. Sinnlos empfundene K. wird entweder schicksalhaft getragen od. führt zu Auflehnung u. ↗ Verzweiflung. K. kann aber auch Anlaß zu Besinnung werden. Der Patient beginnt über Dinge nachzudenken, f. die er im Hast des Alltags keine Zeit übrig hatte. Er erlebt sich in ↗ Unfall od. K. als verletzlich u. bedroht, zum ↗ Tode hin lebend. Er erkennt die eigene Begrenzung als geschöpfl. Sein. Davon kann Neuordnung des ganzen Lebens ausgehen: „K.n, bes. langwierige, sind Lehrjahre der Lebenskunst u. der Gemütsbildung" (*Novalis*). K. u. Leiden können dem rel. Erlebnis Bahn brechen. Dann wird K. f. den, welcher sie erleidet, sogar eine Berufung im übernatürl. Sinn, ↗ Berufung zu Opfer u. Sühne: „Unheilbare K. ist nicht ohne weiteres ein Siechbett, sie ist ein Prüfstein — nicht eine unüberwindl. Schranke, sondern ein Tor zu einer neuen Welt — nicht ohne weiteres ein Fluch, vielmehr ein Aufgebot der allerinnersten, wertvollsten Kräfte — u. eine Berufung" (*Klaesi*). ↗ Sühneleiden.

F. wirklich ärztl. Handeln brauchen wir einen *umfassenden K.sbegriff,* der die naturwissenschaftl.-objektivierende Betrachtungsweise mit dem Verständnis der einmalig persönl. Situation des ↗ Patienten verbindet. Wissenschaftl. Betrachtungsweise u. Leistung persönl. Hilfe müssen sich ergänzen. Deshalb wird der christl. Arzt, f. den das Erlöschen des leibl. Lebens nicht das Ende ist, im Interesse des Kranken die Mitarbeit des Priesters fordern (↗ Sterbenshilfe). Nur eine transzendente Sinngebung kann im Letzten erlösend wirken. ↗ Heilung u. Heil, ↗ Krankenhausseelsorge, ↗ Krankensalbung, ↗ Krankenseelsorge. Adolf Faller

Lit.: J. Klaesi, Der unheilbare Kranke und seine Behandlung. Rektoratsrede Bern 1950 (1950); Fr. Büchner, Von den Ursachen der Krankheiten. Stimmen der Zeit, 154 (1954) 178—187; H. Müller-Suhr, Gesundheit und Krankheit. In: Der Mensch als Problem moderner Medizin. Schriften zur wissenschaftl. Weltorientierung, Bd. 6 (1959); A. Faller, Ausbildung und Aufgabe des Arztes in katholischer Sicht. In: Luyten, N. A.: Forschung und Bildung. S. 268—299 (1965); P. Diepgen, G. B. Gruber u. H. Schadewaldt, Der Krankheitsbegriff, seine Geschichte und Problematik, In: Handb. allg. Pathologie, Bd. 1: Prolegomena zu einer allg. Pathologie, S. 1—50 (1969); E. Müller, Gesundheit und Krankheit. In: Handb. allg. Pathologie, Bd. 1: Prolegomena einer allg. Pathologie, S. 51—108 (1969).

Krankheitsgewinn. Daß die ↗ Krankheit der Befriedigung best. ↗ Bedürfnisse dienen kann, war eine psychoanalyt. Erkenntnis, die heute zur Grundlage der psychosomat. Medizin (↗ Psychosomatik) gehört u. die Krankheits-Lehre, v. a. auch die der Theologie auf eine neue Grundlage stellt. Es wird danach zunehmend schwerer, die ↗ Krankheit als ein reines Verhängnis od. gar als eine Fügung Gottes zu interpretieren. Wenn sie hingegen zur Befriedigung best. masochist. Triebimpulse dienen kann, v. dem Erkrankten als Fluchtburg vor Anforderungen der Realität benutzt wird u. es ihm ermöglicht, seine Beziehungen zur ↗ Umwelt zu verändern (primärer K.), dann wird der Raum des vom Menschen zu Verantwortenden im Blick auf die Krankheit sehr stark ausgeweitet. Der sekundäre K. spielt v. a. in der ↗ Neurosen-Therapie eine Rolle u. manifestiert sich dort als das Ausnützen einer bereits bestehenden Symptomatik im Sinne v. narzißt. Befriedigung, die vermuten läßt, daß der ↗ Patient in der Aufrechterhaltung der ↗ Übertragungs-Situation mehr Befriedigung zu finden scheint als in der ↗ Heilung. Da dies auch häufig im Rahmen einer seelsorgerl. Beziehung auftreten kann, muß die Vorstellung vom K. pastoralpsych. als Warnung vor einer zu stark spendenden u. verwöhnenden Haltung des ↗ Seelsorgers dienen (↗ Flucht in die Krankheit). Scha

Lit.: A. Mitscherlich, Freiheit und Unfreiheit in der Krankheit (1948); S. Hild, Krankheit als Flucht in die Kindheit, in „Wege zum Menschen" (1957), H. 12; A. Mitscherlich, Krankheit als Konflikt (1967); G. Knapp, Mensch und Krankheit (1970); A. Görres (Hrsg.), Der Kranke, Ärgernis der Leistungsgesellschaft (1971).

Krankheit u. Schuld. Das Begriffspaar K. u. Sch. enthält die jahrhundertealte Frage nach dem inneren Zusammenhang jener Störung der Ordnung im Menschen, die ↗ Krankheit genannt wird, u. den Tatbestand der personalen, verstandesmäßig durchdachten u. frei gewollten Abwendung v. Gott, den theol. Tatbestand der ↗ Schuld. Da der Mensch in vielen Fällen aus den materiellen Gegebenheiten seines Organismus u. den materiellen Gegebenheiten des ihm zugeordneten ↗ Umwelt-Feldes erkrankt (Büchner) u. da K. jeder außerbewußte bzw. vorbewußte Tatbestand einer Behinderung des Organismus im Bereich der ihm eigenen Lebensdynamik ist, das biolog. Ausgeliefertsein in den körperl. Zerfall (Trapp), gibt es K. ohne persönl. Sch. aus der Gebrechlichkeit u. Verletzlichkeit des somat. Bereiches des Menschen. In diesem sind vielfache Ursachen der Behinderung des geistseel. Bereiches gelegen, Einschränkungen der ↗ Freiheit, die gegebenenfalls sogar Exkulpation wegen krankhaft verminderter ↗ Zurechnungsfähigkeit bedingen kann. Andererseits gibt es K. aufgrund fremder Sch. (z. B. angeborene luet. Erkrankungen), ferner K. aus persönl. Sch. infolge Maßlosigkeit u. Fehlhaltungen. Aufgrund der relativen Fügsamkeit bzw. Widerstandsfähigkeit des somat. Bereiches muß nicht jede Sch. krank machen (Kautzky). Es kann aber eine selbstverursachte „Störung in der Lebensordnung sittl. Vollzüge ... den psychophysischen Organismus in Mitleidenschaft ziehen" (Görres) u. zu K. im medizin. Sinne führen. K. muß aber nicht in jedem Fall Folge personaler Sch. sein, K. ist nicht in jedem Fall aus der individ. Geschichte des Menschen verständl., macht aber die ↗ Erbsünde sichtbar. „Der kranke Leib ist also ebenso Leid der Unschuldigen, wie Bild der schuldigen Seele" (Trapp). Rt

Lit.: G. Trapp, Krankheit und Schuld, in: Stimmen der Zeit 2 (1948/49) 112—124; F. Büchner,

Vom geistigen Standort der modernen Medizin (1957); R. Kautzky, Die Bedeutung der Person des Menschen in der modernen medizin. Wissenschaft, in: Arzt und Christ 10 (1964) 162—176; A. Görres, An den Grenzen der Psychoanalyse (1968); A. Faller, Beitrag der Medizin zur Integration des Wissens, in: Arzt u. Christ 6 (1970) 40—47.

Kreativität. K. ist die Fähigkeit, im Denken, im individ. Erfahren, im sozialen ↗ Verhalten u. im künstlerischen Ausdruck durch konstruktive Verbindungen versch. bewußter u. vorbewußter Bezugssysteme u. ↗ Normen — subjektiv od. objektiv — Neues zu schaffen. Es legt sich nahe, methodisch zu unterscheiden zw. dem kreativen *Prozeß,* der aufzugliedern ist in die tw. sich überschneidenden Phasen der Vorbereitung, der Inkubation, der Lösung u. der Lösungsausführung, dem kreativen *Produkt* u. dem kreativen *Menschen.* — Das psych. Interesse an der K. resultiert aus der Einsicht, daß Denken u. Handeln nicht ausschließlich v. der Intelligenz her zu erfassen sind. Das päd. Interesse an der K. geht dahin, angesichts ethischer u. ästhetischer Problemstellungen aktive Umgestaltung u. realitätsbezogene Alternativen zu bestehenden konfliktbedingenden Ordnungen, Normen u. Werthaltungen zu ermöglichen. ↗ Erziehung zur K. will mit emanzipatorischer Absicht befreien v. passiver ↗ Konsumhaltung genauso wie v. einer autoritäts- u. leistungsorientierten, ↗ Angst bereitenden Überanpassung an jeweils gültige Normen der Erfahrung u. des Handelns. Ihr Ziel ist nicht die Beförderung romantischweltloser Subjektivität, die in den Glasperlenspielen ihrer ↗ Phantasie Genüge findet, sondern kritische, konflikt-, team- u. kooperationsfähige, streß- u. frustrationstolerante, trotz allem bzw. gerade deshalb aber ich-starke soziale Subjekte. In dieser Hinsicht korrespondieren kreativem Verhalten antiautoritäre u. nonkonformistische ↗ Haltungen. Als Eigenschaften eines kreativen Menschen gelten Sensibilität (↗ Sensibilisierung), Originalität, Phantasie u. ↗ Spontaneität. Diese ermöglichen die Erweiterung des dem Subjekt u. der ↗ Gruppe zugänglichen Erlebnis-, Denk- u. Handlungsspielraumes.

Psychoanalyt. u. seelsorgerl. sind therapeut. Ansätze aktuell, die gegen die vornehmlich verbalintellekt. Bearbeitung v. ↗ Konflikten mit positiven Alternativerfahrungen durch Wiedergewinnung bzw. Steigerung kreativer Fähigkeiten eine emotionale Befreiung u. eine triebdynamische Umstrukturierung erreichen wollen (bes. ↗ Beschäftigungs-, ↗ Gestalt-, ↗ Mal- u. ↗ Musiktherapie u. ↗ Soziodrama). Aber auch im nicht-therapeut. Bereich gilt Steigerung der K. als Mittel u. Zielvorstellung eines befreiten, ungehemmten, vollen Lebens u. damit als Baustein eines humanist. ↗ Menschenbildes. Christl. ↗ Glaube an den Schöpfer u. christl. Lehre vom Menschen als ↗ Geschöpf u. Ebenbild dieses ‚kreativen' Gottes müssen an den Konzepten der K. v. a. auch darum interessiert sein, weil ihr Verständnis v. der ↗ Erlösung u. Befreiung des Menschen durch Jesus Christus auf anthropolog. Ebene den v. Zwangsvorstellungen, Autoritätsfixierungen, ↗ Tabus u. ↗ Ängsten befreiten kreativen Menschen meint. Als Freund Christi u. in der Kindschaft Gottes, d. h. in der Grundhaltung des ↗ Vertrauens u. der Daseinsbejahung wendet er sich den eigenen u. den fremden Erfahrungen aktiv u. radikal zu. Die K. des Christen findet ihre Ausdrucksfelder im sozialen, ethischen u. ästhetisch-rel. Bereich (Liturgie, ↗ Gottesdienst), im Fest u. im Alltag. Gegenstand der Kritik gegenwärtiger K.sforschung sind ihr möglicher Mißbrauch zur Steigerung ökonom. Effektivität im Werbe-, Konsum- u. Produktionsbereich, in Wissenschaft u. Industrie u. die damit verbundene nicht hinreichende Berücksichtigung der Schwierigkeiten in den vorhandenen Gesellschaftsformationen, die K. in ihrem Kontext zu definieren u. entsprechend einzuschränken bzw. überhaupt zur K. u. deren Entfaltung zu erziehen. Ma

Lit.: Rainer Krause, Kreativität (1972); Gunther Wollschläger, Kreativität u. Gesellschaft, Fischer Taschenbuch 6177 (dort weitere Literatur).

Kreuzbund. Als „Verband abstinenter dt. Katholiken" ist der K. aus dem 1896 gegründeten Verein gegen den Mißbrauch geistiger Getränke hervorgegangen. Er hat in den letzten Jahren einen Strukturwandel durchgemacht, so daß nicht mehr der Kampf gegen den Alkoholkonsum im Vordergrund steht, sondern die regelmäßigen Gruppengespräche f. Alkoholabhängige u. deren Angehörige. Er arbeitet mit dem ↗ Caritas-Verband zusammen u. ist der Bischöfl. Hauptarbeitsstelle zur Abwehr der Suchtgefahren angeschlossen, nimmt aber auch nicht-kath. Mitglieder auf. ↗ Alkoholabhängigkeit

Inform.: 47 Hamm, Postfach 291.

Krieg ↗ Friedensforschung ↗ Macht ↗ Gewaltlosigkeit

Kriegsdienstverweigerung ↗ Gewaltlosigkeit ↗ Wehrdienstverweigerung

Kriminalität. (Lat. crimen = a) Vorwurf, Anklage, Beschuldigung; b) Verbrechen, Vergehen, Schuld.) — Als *Verbrechen* wird die schuldhafte Handlung od. Unterlassung eines Menschen bezeichnet, die anderen Menschen (der ↗ Gemeinschaft) Schaden zufügt u. die deshalb in der Regel mit gerichtl. ↗ Strafe bedroht ist. Verbrechen ist nur als ↗ Verhalten eines bestimmten Menschen in einer konkreten Situation möglich. Es wird daher durch Erfahrung, ↗ Einstellung u. ↗ Bedürfnisse dieses Menschen ebenso mitbestimmt wie durch gesellschaftl. Bedingungen (Formen des Zusammenlebens, ↗ Normen, Gesetze). Der Begriff des Verbrechens setzt eine willentl. Handlung (jurid. „dolus' = Vorsatz) u. damit persönl. ↗ Schuld voraus (↗ Wille). Einsicht in die Zusammenhänge ist dafür ebenso erforderlich wie die Möglichkeit, sich anders zu verhalten. Dies berührt das Problem der gerichtl. Strafe u. des Strafgesetzes (↗ Strafrechtsreform). Dessen Bestimmungen können nur als allgem. Normen formuliert werden. Die dabei gegebene Beschreibung menschl. Verhaltens (das „Tatbild") muß notwendig abstrakt bleiben. Die Zuordnung zum Verhalten des Täters erfolgt in der Gerichtsverhandlung durch den Spruch des Gerichtes. Daß ein Strafverfahren der Persönlichkeitsstruktur des Verurteilten meist nicht gerecht werden kann, ist weitgehend anerkannt. Ähnliches gilt f. den ↗ Strafvollzug.

Die am gesetzl. Tatbild orientierten Bezeichnungen des Menschen wie „Einbrecher", „Dieb", „Mörder" mißachten dessen Persönlichkeit u. verleiten zu ↗ Vorurteilen gegenüber dem einzelnen, wie auch den Straffälligen als Personengruppe. Ähnliches gilt f. den Begriff „Verbrecher". Schon Franz v. Liszt (1905) forderte daher, nicht v. der „auf den Isolierschemel der logisch-jurid. Abstraktion gestellten Tat" auszugehen, sondern vom Täter, vom Menschen, der sich abweichend verhält (Täterstrafrecht statt Tatstrafrecht). Das Bild, das in der Öffentlichkeit vom „Verbrecher" besteht, hat keinen Gegenstand, sondern ist eine ↗ Projektion. Sie dient offenkundig dazu, eigene Tendenzen zu ähnl. Verhalten (Wunschvorstellungen) abzuwehren u. sich selbst zu entlasten. Es darf angenommen werden, daß Verbrechen weit häufiger verübt werden als bekannt werden (Dunkelziffer bzw. Dunkelfeld). Aber selbst v. den bekannt gewordenen Fällen werden nicht alle aufgeklärt: bei Mord u. Totschlag ca. 90%, bei Raub ca. 50%, bei Diebstahl weniger als 30%. Dazu kommt, daß der bestehende Sicherheitsapparat nur eine best. Anzahl v. aufgeklärten Fällen zur Verurteilung bringen kann („Wo kein Kläger ist, ist kein Richter"). — Vertraul. Befragungen legen die Vermutung nahe, daß „die allermeisten Menschen irgendwann in ihrem Leben wenigstens eine mehr od. weniger schwere kriminelle Tat begangen haben. Je häufiger das Verbrechen ist, je „normaler" es ist u. je mehr Verbrecher es gibt, desto mehr nähert sich der Verbrecher dem „normalen" Menschen (Mergen 1967). „Die große Mehrzahl der modernen Täter unterscheidet sich weder nach ↗ Anlage noch nach der ↗ Umwelt v. den nicht straffälligen Menschen" (Middendorf 1959).

Dies bedeutet keineswegs, daß die Gefährdung, straffällig zu werden, f. alle Menschen gleich groß ist. Biolog. u. soziale Faktoren können f. best. ↗ Gruppen eine erhebl. Belastung bedeuten. Es gehört aber zur conditio humana, daß der Mensch gegenüber dem anderen Menschen schuldig werden kann. Ob dies auch in einer strafrechtl. Verurteilung seinen Niederschlag findet, ist oft v. Faktoren abhängig, auf die der einzelne keinen Einfluß hat. In Heimen aufgewachsene Kinder (↗ Heimerziehung) werden häufiger straffällig als Kinder, die bei der Mutter bleiben konnten. Die „Chance", gerichtl. verurteilt zu werden, war f. männl. Jugendliche der Geburtsjahrgänge 1915 bzw. 1941 um 60% höher als der Geburtsjahrgänge 1910 bzw. 1936. Vermutl. verlief die ↗ Sozialisation anders, weil bei den später geborenen mehr Väter durch den Kriegsdienst in einer entscheidenden Entwicklungsperiode der frühen Kindheit (im 3.—4. Lj.) nicht daheim gewesen sind. Ähnliches gilt f. die Belastung durch Vererbung bei Gewaltdelikten. Mit diesen generellen Zusammenhängen zw. „Verbrechen u. Person" beschäftigt sich die Kriminologie. Sieht man dies als einen dynam. Sachverhalt, so wird die Situation „Ein-Mensch-bricht-eine-Norm" (Quensel) zum Gegenstand dieser Wissenschaft. K. ist dann die Gesamtzahl aller Verbrechen, welche in einer gewissen Zeit in einem gewissen Raum geschehen. Sie ist also u. a. davon abhängig, was in einer Kultur als Verbrechen gilt. Da jeder Mensch in das sehr komplexe soziale Geschehen miteinbezogen ist, das er selbst wiederum mitbeeinflußt, ist in dieser gegenseitigen ↗ Abhängigkeit auch sein Verhalten zu den gesellschaftl. ↗ Normen eingeschlossen. Daraus resultiert unterschiedl. Handeln in vergleichbaren Situationen durch versch. ↗ Gruppen (↗ Subkulturen). Alter, soziale Schicht, Geschlecht, ↗ Bildung beeinflussen die „K.sraten" dieser Gruppen. Subkulturen können, gemessen an den eigenen Normen, eine geringe, an den Normen der sie umgebenden „bürgerl." ↗ Gesellschaft eine hohe K.srate aufweisen (z. B. Karrer, Zigeuner). Ähnliches gilt f. viele im Sozialisationsprozeß stehende Jugendliche (↗ Jugend-K.) od. f. die Bewältigung neuer sozio-ökonom. Situationen (Wohlstandsk.). K. ist jedoch ein so komplexes Phänomen, daß in keinem Falle nachgewiesen werden konnte, daß sie die notwendige Folge einer best. gesellschaftl., familiären od. genet. Konstellation ist.

Häufig haben jedoch Menschen, die in ungünstigen ↗ Sozialisations-Bedingungen aufwachsen, Schwierigkeiten, ihre ↗ Identität zu finden. Da diese v. dem ↗ Image abhängt, das andere Menschen v. einem haben, können abwehrende ↗ Vorurteile dazu führen, daß sich der Straffällige selbst in der sozialen ↗ Rolle des Kriminellen sieht. Weil Strafverfahren u. Verurteilung die ↗ Entfremdung fördern, ist die ↗ Personalisation vieler Straffälliger gestört.

Geduldige, sachkundige, an der Person orientierte Hilfe, die das ↗ Selbstwertgefühl stärkt, kann erhebl. Verhaltensänderungen in Richtung auf bessere soziale Integration bewirken (↗ Bewährungshilfe, ↗ Rehabilitation, ↗ Verhaltenstherapie). Ein ehemaliger Strafgefangener gibt dazu folgende Hinweise: „Inhaftierte sind Menschen wie Sie u. ich! Durch das Eingeschlossensein sind sie empfindlicher, feinfühliger u. ihre Erwartung ist der Realistik des Lebens mehr od. weniger entrückt. Denken Sie, bitte, daran! Verlangen Sie auch nicht Erklärungen od. Einzelheiten über die begangenen Taten eines Verurteilten. Er büßt im Augenblick dafür u. braucht erst einen gewissen Abstand zur Tat. Lassen Sie ihn allein anfangen, davon zu erzählen, denn es wird der Zeitpunkt kommen, wo er Ihren Rat, Ihr Vertrauen od. Ihre Hilfe beanspruchen möchte ... In erster Linie will er einer vollkommenen Einsamkeit entgehen; darum sucht er bei Ihnen den Kontakt zu einer f. ihn im Augenblick wie verschlossenen Welt. Ein Inhaftierter fürchtet nichts so sehr, wie allein u. v. der Welt verlassen od. gar ausgestoßen zu sein." — Ähnliches gilt auch f. viele Straffällige in Freiheit. ↗ Gefängnisseelsorge   Sepp Schindler

Lit.: W. Middendorf, Soziologie des Verbrechens (1959); R. Graßberger, Die Kriminalität des Wohlstandes (1962); St. Quensel, Sozialpsychologische Aspekte der Kriminologie (1964); A. Mergen, Die Kriminologie (1967); S. Schindler, Jugendkriminalität (1968); F. Sack/R. König (Hsg.), Kriminalsoziologie (1968); H. Kaufmann, Kriminologie. Entstehungszusammenhänge des Verbrechens (1971); A. Mergen, Krankheit u. Verbrechen (1972); H. Göppinger, Kriminologie (1973).

Kult. *1. Begriff:* K., v. lat. colere, cultus, bezeichnet ursprüngl. jede Art v. pfleger. Behandlung (des Geistes, des Körpers usw.), religionsgeschichtl. den in festen Formen geordneten Umgang mit dem

Göttlichen in inneren u. äußeren Akten der Gottesverehrung. Die Überbetonung der inneren Akte führt zu Spiritualismus, die der äußeren zu Ritualismus u. ↗ Magie. Neben innerem u. äußerem K. unterscheidet man den privaten K. des einzelnen u. den öffentl. K. der ↗ Gemeinschaft, im kath. Christentum den absoluten K., der Gott (latria), u. den relativen, der der Gottesmutter (hyperdulia) u. den Heiligen (dulia) gebührt (↗ Marienverehrung, ↗ Heiligenverehrung). — 2. *Wesen u. Bedeutung:* K. ist, der ↗ Natur des Menschen entspr., personaler, leibgeist. Ausdruck der rel. ↗ Erfahrung in geordneten Formen (↗ Ritus) mit dem Ziel der Erhaltung u. Heiligung der Existenz des Kosmos, des Lebens der Gemeinschaft u. des einzelnen, auch der Wiederherstellung der durch ↗ Sünde gestörten göttl. Ordnung (daher seine Nähe zu Moral u. Recht). Er ist ein dialog. Geschehen zw. der sich offenbarenden Gottheit u. dem mit Akten der Gottesverehrung (↗ Gottesdienst) reagierenden Menschen. Träger des K.s ist in erster Linie die Gemeinschaft, in deren Auftrag kult. Vertreter (↗ Amt, Priester) gottesdienstl. Akte vollziehen. K.-Handlungen sind zumeist an feste Orte u. Zeiten gebunden, die nicht nur der Gemeinschaft wegen notwendig, sondern durch die Gottheit vorgegeben sind (Naturphänomene wie Berg, Höhle, Lauf der Gestirne; geschichtl. Ereignisse in den Offenbarungsreligionen: Pascha, Tod u. Auferstehung Jesu) bzw. an Entscheidungssituationen des menschl. Lebens anknüpfen (Geburt, Hochzeit, Tod, ↗ Sakramente, ↗ Sakramentalien). Die bleibende Bedeutung des K.s liegt darin, daß er das Leben der Gemeinschaft u. des einzelnen durch rituelle Begehungen in ein existentiell erfahrenes umfassendes Sinnganzes einfügt, ↗ Verantwortung f. das Ganze weckt u. deren Wahrnehmung durch geordnetes, menschl. Willkür entzogenes Handeln ermöglicht, dessen Wirksamkeit die Gottheit garantiert. Einzelne K.-formen sind zwar geschichtl. Wandel unterworfen, aber das Wesen des K.s bleibt ebenso wie die grundlegende K.-bedürftigkeit u. -fähigkeit des Menschen. Das zeigt z. B. das Entstehen v. pseudorelig. Ersatzkulten, wo der relig. K. verloren geht (↗ Religionsersatz). *My*

Lit.: M. Eliade, Das Heilige und das Profane (1957); S. Mowinckel, Kultus — religionsgeschichtlich, in: RGG³, IV. Bd. (1960), 120—126; M. Schmaus — K. Forster (Hrg.), Der Kult u. der heutige Mensch (1961); G. Lanczkowski, Kult I. Religionsgeschichtlich: LThK² II. (1961), 659 f; B. Neunheuser, Kult IV. Systematisch: ebd. 665—667; E. Lengeling, Kult: HthG I (1962), 865—880.

Kunstfehler, ärztl. Verstoß eines Arztes gegen bewährte diagnost. u. therapeut. Methoden, gegen anerkannte Regeln der ärztl. Kunst. Die Formen der ↗ Verantwortung u. mögliche Sanktionen ä. K. stehen in Diskussion. ↗ Eingriff, ärztl., ↗ Berufsethik

Kurwesen. Der Gesundung (↗ Erholung) dient das K. (u. Bäderwesen). Mittels genau dosierter Ruhe u. Bewegung, medizin. Indikationen (Medikamente, Wasser, Luft, Bäder, usw.), Massagen u. psych. Behandlung (Einzeltherapie, ↗ Gruppentherapie) wird der erkrankte od. auch in seiner ↗ Gesundheit gefährdete Mensch geheilt bzw. vor gesundheitl. Schaden bewahrt. Da in den letzten Jahren sich der statische Gesundheitsbegriff in einen dynamischen gewandelt hat (Gesundheit als „Gleichgewichtszustand in jedem Lebensabschnitt zw. körperl. u. seel. Leistungsvermögen u. Umweltforderungen", aus den: Grundsätzen für eine zeitgemäße Behandlung in den Heilbädern u. Kurorten. Bonn 1969), hat sich auch die Bedeutung des K.s verändert, u. zw. im Dienst der Vorsorge u. der ↗ Rehabilitation. Dieser Fortschritt vollzog sich unter dem Einfluß der psychosomat. Medizin u. der ↗ Sozialmedizin. Dabei hat die Kur auch die Aufgabe, die ↗ Verantwortung f. die eigene Gesundheit zu wecken u. die Techniken, mit denen die Gesundheit erhalten werden kann, zu vermitteln.

Aufgrund dieser Wandlung (u. zugleich der durch die ↗ Sozialversicherung gegebenen Möglichkeiten) wurde eine spez. Kur-↗Seelsorge entwickelt, die ihren Dienst dem Kurgast u. kranken Menschen anbietet. Zum Arbeitsprogramm eines (ganzjährigen od. nur in der Saison tätigen) Kurseelsorgers zählen: persönl. ↗

Gespräche, öffentl. Vortrag (über menschl. u. rel. Themen), ↗ Gottesdienste (↗ Meditation, Eucharistiefeier, auch ökumen. Gottesdienste). Die ersten Erfahrungen auf diesem neuen Seelsorgsgebiet ermutigen zu einem engagierten Einsatz der ↗ Kirche im Kurort: der Mensch in der Kur-Situation ist rel. besonders ansprechbar. — Nicht zuletzt stellt dann diese Kurseelsorge auch eine Aufgabe der örtl. christl. ↗ Gemeinde dar. Gerade die Einsamkeit der Kurgäste müßte in Pfarrgemeindeabenden u. persönl. Kontakten mit Pfarrmitgliedern aufgefangen werden. Die christl. Gemeinde müßte im ↗ Seelsorger u. in den Laien den Menschen beistehen, die in ihrer Kur meist auch Lebensprobleme u. menschl. Grenzerfahrungen zu verarbeiten haben. Gemeindezentren (mit Lesesaal, Spielräumen, Vortragssälen) sind dafür absolut notwendig.   Bl

Lit.: Deutsche Heilbäder und Kurorte (1971); R. Bleistein (Hsg.), Tourismuspastoral (1973), 195—204; Schöpferische Freizeit (1974).

Lärm. Durch L.einwirkung (das wurde experimentell genau geprüft) kann einmal das Hörvermögen zunächst vorübergehend, später aber auf Dauer geschädigt werden (Schwerhörigkeit bei gewissen Berufen). Während der L.einwirkung kann es weiter zu Maskierungseffekten, bzw. zu Tonverdeckungen kommen (Überhören wichtiger Warnsignale bei Straßenlärm). Noch wichtiger aber sind die Auswirkungen auf das vegetative Nervensystem — u. damit auf alle Organe: Kreislauferscheinungen, bes. Blutdruckerhöhung, Verdauungsstörungen (Wirkung auf die Darmmotilität wie auf die Drüsenleistungen), Unruhe, Schlaflosigkeit. Die akust. Wahrnehmung besitzt eben Verbindungen zu Warnfunktionen, setzt „↗ Streß-Reaktionen" in Gang, die unangenehm empfunden werden, ja bei entspr. Intensität u. bei entspr. individ. Ausgangslage des Organismus (momentane „Gestimmtheit" od. ↗ Erschöpfungs-Zustände) auch zu beträchtl. Persönlichkeitsstörungen führen können: „psychosomat." Symptome (↗ Psychosomatik), ↗ Neurosen, Reizbarkeit — u. ↗ Apathie, gestörte Arbeitsfähigkeit. Das müßte zu Bestimmungen führen, welche den L. soweit wie nur möglich bekämpfen (Maschinenbau, Einrichtungen der Wohnungen u. viele andere L.schutzmaßnahmen. Einstellungs- u. period. ärztl. Untersuchungen sollten bei bestimmten Berufen die persönl. Gefährdung abklären. Zuhöchst sollte die individ. Lebensführung Bedacht nehmen auf die ↗ Werte der Stille u. der Verinnerlichung, um so einen Wall aufzurichten gegen die allzu laute ↗ Umwelt. As

Lit.: E. H. Graul, in: Dt. Ärztebl. 71 (1974) 1077—80.

Langeweile. L., als ein Gefühl gänzl. Leere u. eines eintönigen Lebensflusses (verbunden mit ↗ Verzweiflung u. ↗ Melancholie), stellt das Ergebnis eines Sinnverlusts dar. Sie allein dem Mangel an aufregenden Erlebnissen anzulasten, ist ebenso unzureichend, wie sie allein als Auswirkung einer polit. Machtlosigkeit u. gesellschaftl. Verhältnisse (W. Lepenies) erklären zu wollen. Erstere Erklärung bleibt psych. an der Oberfläche u. trifft mehr das Surrogat, die andere Interpretation führt das Selbstverständnis des Menschen aufgrund eines neomarxist. Apriori auf seine sozialen u. polit. Voraussetzungen zurück. Der Mensch aber übertrifft allein schon in seinen transzendentalen ↗ Erfahrungen diesen Bestand seines Daseins. Da die L. im letzten also ein rel. Phänomen ist, kann ihre Therapie nur durch eine letzte Sinngebung gelingen. Ob eine solche Sinngebung verbal vermittelt od. durch den Vollzug einer „wichtigen" Aufgabe nichtverbal erschlossen wird, ist eine Frage zweiter Ordnung. Dabei wird nicht ausgeschlossen, daß L. selbst auch Therapie eines gehetzten u. sich selbst entfremdeten Menschen (↗ Entfremdung) sein kann, nämlich wenn sie diesen Menschen zwingt, sich mit sich selbst auseinanderzusetzen u. das Leben wieder in eigener Regie zu übernehmen (↗ Lebenssinn).

„Therapie der L." wird sich in einer Art Synthese all jener psych. (↗ autogenes Training, ↗ Gruppendynamik), kreativen (Gestaltung vielfältiger expressiver u. musischer Art), spirituellen (Versenkung) u. rel. (Gebet, ↗ Meditation usw.) Methoden bedienen, die zu einer Verwesentlichung des Menschen beitragen. Insoweit L. ein gesamtgesellschaftl. Phänomen darstellt, ist sie auch eine Anfrage an die in einer ↗ Gesellschaft vorhandenen bzw. fehlenden ↗ Wert-Vorstellungen u. Lebensweisen; insoweit L. sich im Raum des Religiösen einstellt, darf man sie nicht als Ergebnis ermüdender ↗ Gewöhnung werten, sondern muß sie schlechthin als „Wirklichkeitsverlust" einschätzen. Bl

Lit.: J. W. Revers, Die Psychologie der Langeweile (1949); W. Lepenies, Melancholie u. Gesellschaft (1972); R. Bleistein, Therapie der Langeweile (1973).

Laster. L. war urspr. das Ehrenrührige, die Schmach, der Fehler od. Makel, der einer ↗ Person nachgesagt od. angetan wurde bzw. ihr anklebte (Gegenteil: ↗ Tugend). Zunächst noch auf einzelne Vergehen beschränkt, heißt L. heute am ehesten das zur ↗ Gewohnheit u. zum Grundsatz verfestigte, schuldhaft u. vorsätzlich begangene böse Tun einer best. Art. Die zerstörerische Macht des L.s geht in der Regel einher mit der Tendenz zu fortschreitendem moral. Verfall u. bedroht damit genauso die vom L. beherrschte od. l.haft lebende Person wie ihre ↗ Umwelt (z. B. Alkoholismus, Gewohnheitskriminalität). Umgekehrt steht die v. der ↗ Gesellschaft vollzogene, moral. od. rel. unterbaute Verurteilung des L.s häufig im Dienst der Verdeckung u. ↗ Verdrängung eigener uneingestandener ↗ Triebe u. unerlaubter ↗ Bedürfnisse, die die geltenden ↗ Werte u. sittl. ↗ Normen gefährden. — In den „L.katalogen" des NT (z. B. Gal 5,19—21) gelten die einzelnen L. als die „Werke des Fleisches", der v. der ↗ Macht des ↗ Geistes Jesu Christi noch nicht erreichten Sphäre menschl. Seins. Damit ist das L. nicht so sehr als moral. Verfehlung qualifiziert, sondern als dem Menschen inhärente, gegen Gott gerichtete, ihn selbst u. andere zerstörende Macht entlarvt. — Im L. kommen zentrale personale Desorientierungstendenzen zum Vorschein, die Symptome eines zugrundeliegenden tiefenseel. Defekts sein können. Die ↗ Tiefenpsychologie sucht die Wurzeln f. solche Fehlentwicklungen in der frühesten Kindheit; ausgelöst durch Mangel an elterl. ↗ Liebe (Verwöhnung, Härte) werden die Triebe an vordergründige Teilobjekte fixiert. Durch ↗ Regression auf ausschließlich narzißtische, primitive ↗ Lust-Befriedigung wird eine Entfaltung der menschl. ↗ Anlagen gehemmt u. das Lustmoment isoliert gesucht (↗ Abhängigkeit). So können manifeste Äußerungen u. Vorformen l.haften Verhaltens wegen ihres einheitl. Ursprungs u. infolge v. Objektverschiebung sich gegenseitig ablösen u. stellvertretend ersetzen. Sind die Willenskraft u. das Verantwortungsgefühl so gering, daß v. nennenswertem Widerstand nicht mehr gesprochen werden kann, bekommt das L. Krankheitswert u. muß entspr. behandelt werden. Fr

Für die ↗ Gewissensbildung, ↗ Bekehrung u. jede effektive sittl. Bemühung hat die Selbstprüfung auf jene fixierten Triebtendenzen bes. Bedeutung, die den oft unbewußten Motivationsgrund für die Entwicklung des L.s bilden, schon bevor es zur manifesten ↗ Sünde gekommen ist (↗ Konkupiszenz). Diese Tendenzen werden seit der Väterzeit exemplarisch als Wurzel- od. Hauptsünden dargestellt (↗ Böse). Gr

Lit.: H. Schultz-Hencke, Der gehemmte Mensch, (²1947); LThK VI (1961), Art. Laster.

Leben, menschliches. M. L. manifestiert sich in den gleichen materiellen Strukturen u. biochem. Prozessen wie alles andere L., das sich v. nichtlebender Materie durch Stoffwechsel u. Selbstreproduktion unterscheidet. Die L.sprozesse können sich nur in einer Zellorganisation vollziehen, in der eine stoffl. heterogene Vielfalt zur Einheit verbunden ist. Dadurch ist die Zelleinheit zwar abgegrenzt v. ihrer Umwelt, zu der sie aber aufgrund ihres Stoffwechsels in dauernder Beziehung steht. Als Grundlage der L.s-prozesse ermöglicht der Zellstoffwechsel den ständigen Austausch v. Materie, Energie u. Information mit der Umwelt, wodurch sich die Zellorganisation aufbauen, anpassen, erhalten u. vermehren kann. Dieses geordnete „Fließgleichgewicht" zw. innen u. außen wird durch vielfältige Regelungssysteme aufrechterhalten, die kybernet. Gesetzen folgen. Die Verschiedenheit m. L.s v. anderem L. ist begründet in dem ihm eigenen genetischen Informationsgehalt (Code), der sich bei der menschl. Zelle in einer spezif. Struktur ihrer Nukleinsäureketten zeigt. Innerhalb dieser Artspezifität des genetischen Code gibt es unzählige Variationsmöglichkeiten f. eine individ. Besonderheit, wodurch eine genetische ↗ Individualität m. L.s gewährleistet wird.

Der *Beginn* m. L.s liegt im Dunkel der Vorgeschichte. Fossildokumente u. die Bestimmung der albumin-immunolog. Distanzen lassen vermuten, daß vor 10 bis 20 Millionen Jahren aus einer gemeinsamen Vorfahrenreihe die beiden Entwicklungsstränge v. Mensch u. Menschenaffe hervorgegangen sind. Seitdem setzt sich m. L. kontinuierlich in m. L. fort. Bei jeder Vereinigung einer m. Ei- u. Samenzelle wird „elterl." L. zu „kindl." L., ohne daß m. L. endet u. beginnt. Durch die Befruchtung werden vielmehr die elterl. Erbanlagen vermischt zu einem neuen genetischen Code. Dieser regelt die gleichzeitig beginnende Embryonalentwicklung auf ein neues Lebewesen hin. Dabei wird durch modifizierend wirkende Umweltfaktoren mehr u. mehr festgelegt, welche der in jenem ↗ Erbgut gegebenen Möglichkeiten einer individualspezif. Verwirklichung realisiert wird. Bis zum Ende d. zweiten Entwicklungswoche ist der Keim, dessen Zellen schon auf eine Ganzheit hin zentriert sind, grundsätzl. noch zur Mehrlingsbildung fähig; danach ist er mit seiner anderen nicht mehr mitteilbaren Besonderheit sicher ein Individuum (↗ Individualität).

Was den Menschen aber wesensmäßig v. allen anderen Lebewesen unterscheidet, ist seine Fähigkeit zu Selbstbesitz u. Selbstverfügung (↗ Personalität). Das materielle Substrat f. diese Geistigkeit als das Spezifische m. L.s ist das Gehirn, insbes. das Großhirn. Seine entscheidende Grundstruktur wird innerhalb der Embryonalentwicklung etwa v. 15. bis 40. Tag gebildet. Da sich jene Hirnanlage in der Folgezeit nahezu notwendig zum Gehirn als der Grundvoraussetzung f. geistgeprägtes Verhalten (↗ Psyche) entfaltet, könnte die Zeit ihrer Bildung als eigentl. ↗ „Menschwerdung m. L.s" bezeichnet werden. Hier wäre dann der „Umschlagspunkt" anzunehmen, an dem der menschl. Embryo in einer Selbstüberschreitung zu einer Seinswirklichkeit gelangt, die als Geistbeseelung bezeichnet wird. Obwohl diese Ansicht nicht der Wahrscheinlichkeit entbehrt, sind andere der Meinung, daß die ↗ Geistseele entw. im Moment der Befruchtung od. bei der ↗ Nidation od. mit Beginn der Individualität dem Keim eingeschaffen werde, womit dann jeweils auch spezif. m. L. vorhanden wäre (↗ Leib-Seele-Problem). In keiner dieser Auffassungen kann jedoch dem menschl. Keim zu irgendeiner Zeit m. L. u. die daraus ableitbaren Rechte abgesprochen werden.

Das *Recht auf L.* sichert dem Menschen seine biolog. Existenz u. befähigt ihn dadurch, sich in seiner geistigen Einmaligkeit zu verwirklichen. Mit diesem Recht ist zugleich der Bezug auf eine ↗ Gemeinschaft gegeben, insofern die ↗ Selbstverwirklichung des einzelnen v. den anderen in der ↗ Gemeinschaft abhängt, u. zw. nicht bloß, weil jene sein Recht auf L. garantieren, sondern v. a. weil er nur in ↗ Kommunikation mit anderen seine Möglichkeiten entfalten u. er selbst zu werden vermag. Indem sich der einzelne der Gemeinschaft als derjenigen, durch die er selbst wird, verpflichtet erfährt, kann er nicht nur seine ↗ Bedürfnisse zu sichern suchen, sondern er muß auch die Rechte der anderen respektieren u. deren Selbstentfaltung fördern. So wird er ein ↗ Verantwortungs-Bewußtsein entwickeln, das v. der ↗ Gerechtigkeit bestimmt ist. Das gilt f. den Christen umso mehr, als er sein L. als Geschenk u. Heilsangebot Gottes versteht. Das L. wird f. ihn dann zur Aufgabe u. zum Auftrag innerhalb der Schöpfungsordnung. Gebraucht u. nutzt er sein L., um sich zu verwirklichen in seinem Bezug zur Gemeinschaft der anderen u. in seiner Hinordnung auf Gott, erfüllt er diesen Auftrag, dessen Vollendung die Teilhabe am ewigen L. des schenkenden Gottes ist.

So kommt m. L. als existentiellem Fundament personaler Entfaltung eine bes. Schutzwürdigkeit zu; aber L. ist nicht unbedingt das höchste Gut des Menschen. Denn m. L. wird in seinem ↗ Wert relativiert durch den ihm eigenen Sinngehalt (↗ L.ssinn), der letztlich im Wachsen der ↗ Liebe besteht. Im vertrauenden Hoffen auf das Geliebtsein in Gott vermag der Mensch eine Gesinnung des Für- u. Zueinander zu entwickeln, die mehr ist als die in der m. Sozialstruktur angelegte ↗ Gerechtigkeit. Entspr. der L.shingabe Jesu wird er dann in seinen Angeboten des Verstehens u. Helfens anderen gegenüber bereit sein, das eigene L. u. Wohlergehen notfalls einzusetzen. Eine derart verstandene Nächstenliebe kann einerseits bis zur Hingabe v. L. u. Gesundheit gehen, andererseits auch eine notwendig werdende, leidvolle ↗ Lebensverlängerung bejahen. Da aber das Liebesgebot als Grundkraft christl. L.s nicht selbst sittl. ↗ Norm sein kann, müssen bei seiner Anwendung auf konkrete Situationen die Prinzipien der Güterabwägung beachtet werden; dabei sind ↗ Wert u. Würde des einzelnen in ihrem Bezug zur menschl. Gemeinschaft u. zu Gott zu berücksichtigen (↗ Menschenwürde).

Wilfried Ruff

Lit.: Overhage, P. u. K. Rahner, Das Problem d. Hominisation (1961); L. v. Bertalanffy, Materie u. Leben (1966); W. Böker u. W. Molinski: Leben, in: Sacr. mundi, Bd. 3 (1969); R. Lay, Das Leben, (1969); W. Ruff, in: Theol. Phil. 45 (1970) 24—59; Arzt u. Christ 17 (1971) 129—38.

Lebensberatung. Im Rahmen der ↗ Angewandten Psychologie werden unter dem Begriff L. die Beratungsfelder: ↗ Ehe-, ↗ Familien- u. ↗ Erziehungsberatung, Schul-, Studien- u. ↗ Berufsberatung, die Beratung v. Drogen- u. Alkoholabhängigen, v. unehelich Schwangeren, v. Alten u. Bedürftigen, v. Kriegsdienstverweigerern usw. zusammengefaßt. Noch häufiger vereint die L. Aufgaben, die v. den genannten Beratungsformen nicht bzw. nur z. T. abgedeckt sind: personale Lebenshilfe in Fällen v. ↗ Vereinsamung u. Isolation, v. Kontaktstörung, ↗ Trauer über den ↗ Tod eines Menschen, Enttäuschung über das ↗ Verhalten eines Menschen, Verlust eines lange ausgeübten Berufs, Heimweh, Lebensangst, Lebenssucht, Ringen um Gott u. Suche nach einem Verhaltenskonzept f. das Leben u. a. Daraus resultierende materielle Lebenshilfe leistet die L. durch Vermittlung v. Lebensunterhalt, v. Rechtsbeistand, v. Fürsorge- u. Erholungseinrichtungen, v. medizin.-pflegerischer Betreuung u. a. Da Lebenskonflikte u. -probleme oft die ganze Breite der menschl. Existenz erfassen, setzt eine Tätigkeit in der L. qualifizierte psych.-sozialwissenschaftl. Kenntnisse u. Erfahrungen voraus (einschl. ihrer weltanschaul. Gesichtspunkte), z. B. v. entwicklungs- u. tiefenpsych. Aspekten menschl. Lebenskrisen (durch ↗ Pubertät, Ausbildung, Eheschließung, ↗ Klimakterium, ↗ Altern...) u. ihrer sozial- u. lernpsych. Relevanz. Zu den Arbeitsmethoden der L. zählen Techniken aus der ↗ Psychotherapie, der ↗ Psychagogik u. ↗ Sozialarbeit. In den meisten Beratungsfällen sind mehrere Arbeitstechniken anzuwenden: beispielsweise eine klient-zentrierte ↗ Gesprächspsychotherapie (z. B. durch Psychologen), verbunden mit einer ↗ Milieutherapie (z. B. durch Sozialarbeiter). Der Arbeitsschwerpunkt einer L. liegt im Beratungsgespräch: das setzt genaue Kenntnisse der v. den psych. Disziplinen angebotenen Informationen u. Erfahrungen zur Führung helfender ↗ Gespräche voraus. Vier Gesprächsarten der L. lassen sich hinsichtlich ihrer Methode unterscheiden: das psychoanalyt. ausgerichtete Beratungsgespräch, die psychodiagnost. Exploration u. Beratung, die verhaltens- u. lernpsych. ausgerichtete Beratungsform u. die nichtdirektive, klient-zentrierte Gesprächsführung. Nach differentialdiagnost. Überlegungen ist die Entscheidung f. eine dieser Gesprächsformen zu fällen. Ein Beratungsgespräch — gleich welcher Art — kann auf Dauer nur hilfreich sein, wenn es dem Berater gelingt, dem Ratsuchenden angstfrei die Einsicht in seine Problem- u. Krisensituation zu ermöglichen u. ihn darüber hinaus zur Selbsthilfe hinzuführen. Eine verbal suggerierte ↗ Konflikt-Lösung bleibt f. den Ratsuchenden effektlos, da jede noch so gut gemeinte, aber entmündigende Hilfe od. Beratung eine Befähigung zur Selbsthilfe verhindert. Leicht verführt der Begriff „Beratung" dazu, vorschnell Verhaltensdirektiven zu erteilen.

Alle Lebensprobleme u. Lebenskrisen haben eine Ursache in der individ. Entwicklung des Menschen (Wachstum u. ↗ Altern) sowie in der sozialen Fortentwicklung der gesellschaftl.-techn. ↗ Umwelt, die mit zunehmender, oft kaum noch einholbarer Geschwindigkeit voranschreitet. Wegen der immer weniger mögl. ↗ Anpassung des Individuums an diese Entwicklung ist mit einer erhebl. quantitativen u. qualitativen Verstärkung menschl. Lebensprobleme u. Konflikte zu rechnen. Die Krisen nehmen in verstärktem Maße zu, wenn die begabungsmäßigen Voraussetzungen zur Entwicklung v. Anpassungsmechanismen nicht genützt werden. Da die Lebenskrisen stets in Kulturkrisen eingebettet sind, darf die L. ihre vorbeugende sozialhygien. Aufgabe nicht vernachlässigen. Sie hat sich der polit. Dimension ihres Tuns bewußt zu sein u. muß sich sozialkrit. Aufgaben annehmen.

Die L. als kirchl. Einrichtung zählt pastoral-theol. zum Aufgabenfeld der ↗ Diakonie bzw. der ↗ Caritas. Will die Kirche durch ihre ↗ Seelsorge zum gegenwärtigen u. künftigen Heil des Menschen beitragen, kommt der L. große pastorale

Bedeutung zu. Seelsorgswissenschaftl. ist die L. Teil des Aufgabenkomplexes der Seelsorge am einzelnen (u. steht insbes. dem seelsorgl. Gespräch nahe). Der theol.-seelsorgl. Stellenwert ergibt sich aus dem modelltyp. u. programmat. Anspruch der Bergpredigt (Mt 5,1—12). F. Joh ist nach dem Fortgang Jesu ein Kennzeichen der ↗ Gemeinde ein paraklet. Beistand (Joh 14,16 f.; Joh 16,8 ff.); d. h. u. a., daß sie helfend guten Rat erfahren läßt, Beistand leistet u. ↗ Tröstung schenkt. ↗ Pastoral Counseling ↗ Klinische Seelsorgeausbildung (KSA).

Heinrich Pompey

Lit.: F. Harms u. P. Schreiber, Handbook of Counseling Techniques (1963); W. Bitter, Lebenskrisen, Ursachen u. Beratung (1971); C. G. Rogers, Die nicht-direktive Beratung (1972); Hostie, Godin, Scharfenberg, Thilo, Stollberg, Riess, M. Kroeger (73), Argelander (73), Harsch (73), Piper (73) u. a.

Lebensmüde ↗ Selbsttötung

Lebensqualität. In der Diskussion über ↗ Umwelt-Probleme hat der Begriff L. das Unbehagen an vielen sozialen u. ökolog. Folgeerscheinungen des raschen wirtschaftl. u. techn. Wachstums deutlich gemacht. Die Forderung nach besserer L. wirft aber weit darüber hinaus grundsätzlich die Frage nach der ↗ Wert-Struktur auf, die das Geflecht v. individ. u. gesellschaftl. Leben bestimmt. L. faßt objektive Lebensumstände u. subjektive Lebensinhalte zusammen. L. meint nicht nur äußere ↗ Daseinsvorsorge u. -sicherung (wie der ältere Begriff Lebenslagen; G. Weisser), sondern fragt darüber hinaus nach dem ↗ Lebenssinn. Denn Vorhandensein u. Inhalt v. Antworten auf die Sinnfrage haben f. die L. selbst Bedeutung. Darin liegt das Problem einer allgemeingültigen Inhaltsbestimmung. Sie kann gesellschaftl. nur als Konsens über wichtige Inhalte wirksam werden. Formal umfaßt L. alle Aspekte, die in materieller, polit.-sozialer u. kulturell-rel. Hinsicht Bedeutung f. das menschl. ↗ Leben haben.

Zum Inhalt: Es wird heute übereinstimmend in der Unterbewertung nichtmaterieller Aspekte ebenso ein Hindernis besserer L. gesehen wie in der ungenügenden ↗ Gerechtigkeit in der Verteilung materieller Güter u. in dem Mangel an Chancen zu konkreter Partizipation. Neben ↗ Lebensstandard u. Bruttosozialprodukt müssen in viel größerem Umfang andere, z. T. nicht materiell bestimmbare Ziele u. Werte gesellschaftspolit. berücksichtigt werden. Deren Umgestaltung zu meßbaren Größen (↗ „Sozialindikatoren"), die als umfassende Maßstäbe gesellschaftl. Fortschritts u. polit. Erfolgskontrolle dienen könnten, steckt allerdings noch in den Anfängen. L. als Kriterium gesellschaftl. Wirklichkeit hat die ↗ Anthropologie zum Ausgangspunkt. Entscheidend ist die ethische Frage, welches Gewicht der Befriedigung verschiedenartiger Bedürfnisse zukommt u. wie positiv od. negativ zu wertende Lebensumstände miteinander zu „verrechnen" sind. Die inhaltl. Diskussion v. L. bietet einen Ansatz, den Beitrag des christl. ↗ Menschenbildes f. die ↗ Gesellschaft deutlich zu machen. Dabei müßte an der Gestalt christl. ↗ Gemeinde sichtbar werden, welches Gewicht f. die individ. u. gesellschaftl. L. Größen wie ↗ Meditation; freiwilliges Engagement u. Fürsorge f. Leidende, Schwache u. Benachteiligte; Fähigkeit zum Verzicht; rel. Gemeinschaftsformen od. eine durch Bezugsetzung zum ↗ Lebenssinn bewältigte Leiderfahrung haben. Wm

Lit.: H.-D. Engelhardt/K. E. Wenke/H. Westmüller/H. Zilleßen, Lebensqualität — Zur inhaltl. Bestimmung einer aktuellen polit. Forderung. Ein Beitrag des Sozialwissenschaftlichen Instituts der evang. Kirchen in Deutschland (1973); Aufgabe Zukunft: Qualität des Lebens, Beiträge zur vierten internationalen Arbeitstagung der IG Metall f. die BRD 11. bis 14. April in Oberhausen, Bd. 1—10 (1973).

Lebensraum. In der Psychologie wird der L. einer ↗ Person unterschieden v. der sie umgebenden ↗ Umwelt. Der L. umfaßt alle mögl. Faktoren, die das ↗ Verhalten des Individuums v. innen her bestimmen, während die Umwelt v. außen her auf das Verhalten einwirkt. In der Völkerkunde bedeutet L. dagegen dasjenige geograph. bestimmbare Gebiet, das ein Volk zu seiner biolog. Erhaltung u. kultur. Entfaltung benötigt od. beansprucht. Seitdem der Nationalsozialismus die L.theorie mit der ↗ Rassenideologie verknüpft hat, gilt der Begriff L. als vorbelastet.

Lebensrecht ↗ Leben menschl. ↗ Abtreibung ↗ Notwehr ↗ Euthanasie ↗ Menschenrechte

Lebenssinn.
1. Die *Frage* nach dem Sinn des ↗ Lebens stellt sich unausweichlich, weil der Mensch aus eigener Einsicht u. ↗ Freiheit sein Leben zu gestalten hat — woraufhin? Die Frage stellt sich umso mehr im gegenwärtigen Pluralismus u. prakt. Materialismus der Wohlfahrts- u. Konsumgesellschaft, die keinen allgemein gültigen Sinnhorizont vorgibt. Man erfährt, daß materieller Fortschritt allein die menschl. ↗ Werte nicht sichert, sondern neu bedroht, Unrecht, Not u. Krieg nicht überwindet, sondern Gegensätze verschärft; dies stellt den Sinn des Lebens in Frage. Gerade in materiell gesättigter Welt leben viele in einem „existenziellen Vakuum" (V. Frankl), der sich im Nihilismus der franz. Existenzialisten (J. P. Sartre, A. Camus) ausspricht, praktisch aber zum Protest gegen alles u. bis zur ↗ Selbsttötung (vgl. USA, Schweden usw.) führt. Auch in der kommunist. Welt, die den einzelnen zu einem Mittel zum Zweck des ↗ Kollektivs herabsetzt, stellt sich neu die Frage nach dem Sinn des Lebens. Aufgabe christl. Glaubensverkündigung ist die ↗ Vermittlung eines tragfähigen L.s. Den letzten u. unbedingten Sinngrund menschl. Daseins finden wir nur in Gott. Was heißt das?
2. Zum *Begriff* v. „Sinn" kann allgem. gesagt werden: Sinn ist das, wodurch etwas verstehbar, daher auch (theoretisch) bejahbar u. (praktisch) erstrebbar, vollziehbar ist. Wir „verstehen" eine Aussage, eine Handlung, ein Werkzeug od. eine Einrichtung nicht nur (statisch) in dem, was dies ist, sondern auch u. voller (dynamisch) aus dem, „wozu" es ist, d. h. aus seinem Ziel. Hier zeigt sich eine weitere Bedeutung v. Sinn als in der Sprachanalyse des Neupositivismus (Wiener Kreis), der den Sinn seiner Aussage auf Verifizierbarkeit (R. Carnap u. a.) od. Falsifizierbarkeit (K. Popper) reduziert. Die Festlegung dieses Sinnkriteriums beansprucht, ein sinnvoller Satz zu sein, der aber empirisch nicht verifizierbar (u. falsifizierbar) ist, verweist also auf ein ursprünglicheres Sinnverständnis. Dies gilt auch v. einem funktionalen (operativen) Sinnkriterium, das als sinnhaft nur anerkennt, was eine Funktion am Handeln erfüllt. Zwar ist dieses Kriterium auf sich selbst anwendbar; aber eine Aussage erfüllt ihre prakt. Funktion nur, wenn sie zuvor als sinnvoll verstanden wird. Wieder ist ein vorgängiges Sinnverständnis vorausgesetzt, dem sich ein Inhalt als „sinnhaft" erschließt.
3. Der Sinn des Einzelinhaltes setzt eine *Sinnganzheit* voraus, aus der er verständlich wird. Dies kann ein theoret. Bedeutungszusammenhang sein: einzelne Worte verstehen wir erst voll aus dem Zusammenhang der Aussage, deren Sinn sich erst voll aus dem Zusammenhang des ↗ Gesprächs od. des schriftl. Textes ergibt. Es kann auch ein prakt. Handlungszusammenhang sein, aus dem wir Handlungen od. Handgriffe, Werkzeuge od. Einrichtungen als sinnvoll erfassen. Auch hier ist es aber ein „Verstehen" des Einzelinhalts aus einer Sinnganzheit. Der unmittelbare Sinnzusammenhang verweist wieder auf eine größere Ganzheit: den Zusammenhang unseres Lebens. Aus bisherigen Erfahrungen u. Entscheidungen entwerfen wir weitere Ziele u. Pläne, wodurch wir dem einzelnen, was wir sagen od. tun, im Ganzen unseres Sinnentwurfs einen Sinn verleihen. Diese Ganzheit kann als Weltanschauung od. Lebensauffassung bezeichnet werden od. einfach als unsere „Welt" im Sinne des phänomenolog. Weltbegriffs („Lebenswelt" bei E. Husserl, „In-der-Welt-sein" bei M. Heidegger). Sie ist eine vielfältige, zugleich einheitl. Sinnganzheit, aus der wir leben u. uns selbst verstehen.
4. Diese Welt ist nur dadurch eine sinnvolle Einheit, daß in ihr alle Einzelinhalte auf einem gemeinsamen *Sinngrund* (als sinngebende Mitte) hin verstanden u. vollzogen werden. Aus dem Entwurf auf einen letzten u. umfassenden Sinngrund konstituiert sich die Einheit der Welt des

Menschen. Trotzdem gibt es partikuläre, aber gültige Sinnschichten. Wir erfahren eine Sinnerfüllung im Einsatz f. ein Ziel, in Berufsarbeit, noch mehr in ↗ Liebe, Fürsorge u. Hilfeleistung f. andere, in allem, worin wir uns echten ↗ Werten öffnen u. Gutes vollbringen. Aber es gibt auch vergebl. Mühe, Not u. Mißerfolg, sinnlos scheinendes ↗ Leiden u. den ↗ Tod, der auf jeden zukommt u. den Sinn seines Lebens mit Vernichtung bedroht. Da stellt sich die Frage nach dem Sinn des Lebens in seiner Ganzheit.

Überall, wo kein transzendenter L. anerkannt wird, geschieht eine Absolutsetzung eines immanenten Sinngrundes, der oft pseudoreligiös verehrt wird: die Materie, das Leben u. die ↗ Entwicklung, Kultur u. Fortschritt, ein polit. ↗ Ideal od. ein persönl. Lebensziel wie Erfolg, Besitz u. ↗ Macht. Ist dies nicht der Fall, d. h., hat der Mensch weder Gott noch einen Götzen, so steht er in einer Leere völliger Sinnlosigkeit. Dies zeigt, daß der Mensch auf einen letzten Sinngrund angewiesen ist.

Im neueren Marxismus, der den Sozialismus als „Humanismus" auslegt u. sich menschl. Werten öffnet, stellt sich (gegenüber Marx, der die Sinnfrage ausschaltet) v. neuem die Frage nach dem L. Wenn man ihn aber im sozialen Wohlergehen sieht (L. Kolakowski), die Sinnfrage durch Rationalisierung der offenen Probleme, auch des Todes, lösen will (A. Schaff), den Sinn des Lebens im ↗ Dialog ansetzt (M. Machovec) od. auf eine künftige Vollendung der Menschheit hofft (E. Bloch), bleibt die Antwort ungenügend. Keine Antwort, die den Sinngrund rein innerweltl. (immanent) ansetzt, vermag eine umfassende Sinngebung des Lebens (auch des Versagens, Leidens u. ↗ Sterbens) zu leisten.

5. Der Mensch ist hingeordnet auf einen *absoluten Sinngrund*. Er erfährt eine Unbedingtheit im Anspruch der Wahrheit, in der Forderung des Sittlichen, im personalen Wert des anderen Menschen. In der Hingabe an diesen unbedingten Anspruch verwirklicht er sich selbst; er aktuiert sein Wesen, indem er sich selbst transzendiert. Insofern sich darin eine absolute, nicht mehr relativierbare Sinngebung vollzieht, setzt es einen absoluten Sinngrund voraus, auf den hin wir uns selbst übersteigen u. darin den Sinn unseres Selbstseins finden (↗ Transzendenz).

Wenn dieser Sinngrund aber alles andere sinngebend begründen soll, kann er nicht mehr in einem bedingten u. begrenzten Erfahrungsinhalt liegen. Kein immanenter, nur ein transzendenter Sinngrund kann eine umfassende Sinngebung leisten. Wenn er aber auch den Sinn menschl.-personalen Seins u. Wirkens begründen u. gewährleisten soll, muß er ein personaler Sinngrund sein, ein absolutes ↗ Du, das uns in allem anspricht. Er ist der allem sinngebende, zugleich geheimnisvoll verborgene Grund, den wir in rel. ↗ Sprache „Gott" nennen. Im ↗ Glauben daran, daß dieser Gott sich uns geoffenbart, in Christus uns seine Gnade u. das ewige Heil verheißen hat, öffnet sich ein neuer Sinnhorizont u. eine neue Sinnerfahrung. Alles, jedes Ereignis, jede Begegnung u. jede Aufgabe wird auf neue Weise sinnvoll, wenn sie auf Gott bezogen u. v. Gott her verstanden werden. So bildet sich aus gelebtem Glauben ein neuer Verständnishorizont, in dem alle Inhalte v. ihrem letzten Sinngrund her „verstanden" u. aus solchem Verstehen auch als sinnvoll „erfahren" werden.

Emerich Coreth

Lit.: R. Lauth, Die Frage nach dem Sinn des Daseins (1953); R. Wisser (Hsg.), Sinn u. Sein, Ein philosophisches Symposion (1960); H. Reiner, Der Sinn unseres Daseins (1964); M. Müller, Über Sinn und Sinngefährdung des menschlichen Daseins, in: Phil. Jahrbuch 74 (1966/67), 1—29; H. Gollwitzer, Krummes Holz — aufrechter Gang. Zur Frage nach dem Sinn des Lebens (³1971); M. Machovec, Vom Sinn des menschlichen Lebens (1971); H. Rolfes, Der Sinn des Lebens im marxistischen Denken (1971).

Lebensstandard. Mit der höchst dynam. Größe des L.s in der hochentwickelten Industriegesellschaft werden sowohl die subjektiv als angemessen erachtete u. erstrebte Versorgungslage mit Ge- u. Verbrauchsgütern als die v. der Absatzwerbung solcher Güter u. Dienste proklamierten ↗ Leitbilder (↗ Idole) erfaßt. Im Wortsinn des „Standards" wird damit eine richtungsweisende ↗ Norm f. die stete Erhöhung der Lebenshaltung aufgestellt, die nur dadurch über natürl. Sättigungsschranken hinauszustoßen vermag, daß den Gütern u. Diensten seitens der Absatzwerbung ein den „Geltungsnutzen" betonendes „soziales Etikett" verliehen wird (↗ Meinungsbildung). Die Dynamisierung der ehemaligen Lebenshaltung in der ständisch-feudalen ↗ Gesellschaft der vorindustr. Epoche zum heutigen L. hin hatte zur Voraussetzung u. a. jene soziale ↗ Mobilität, aufgrund derer lediglich Einkommen u. Vermögen darüber bestimmen, welche Höhe der jeweilige L. hat, u. wie weit man dem ↗ Leitbild der Konsumelite folgen kann (↗ Prestigedenken). Durch die werbungsmäßige Proklamation solcher Leitbilder des L.s — unter Zuhilfenahme psych. u. soziol. Erkenntnisse menschl.-sozialen ↗ Verhaltens — ist der L. in den sog. Wohlstandsgesellschaften ein sozialer Prestigefaktor u. ein soziales Legitimationsattest, deren Wirksamkeit auch quer durch die ansonsten schichtspezif. Gebundenheiten unserer Gesellschaft (↗ Klasse, soziale) u. ohne Bezug zu dem damit verbundenen Bildungsniveau festzustellen ist (↗ Konsumverhalten). Durch bewußte Appelle an ↗ Kompensations-, ↗ Projektions- u. ↗ Identifizierungs-Bedürfnisse wird der L. zum Mittel, auch das sonst geltende ↗ Leistungs-Prinzip zu unterlaufen, indem man mittels dessen, was man sich leisten kann, soziales Prestige zu erlangen sucht. Dadurch wird das berechtigte Streben nach steter Erhöhung des L.s in doppelter Weise durch Pervertierung sozialer ↗ Werte gefährdet: zum einen droht die Bewertung des einzelnen, der ↗ Familie u. der Gesellschaft nach rein wirtschaftl. Gesichtspunkten, zum anderen wird der Blick f. die Realität, ein zu geringes Weltsozialprodukt mit vielen Hungernden zu teilen (↗ Armut), verdunkelt. Dadurch wird ein neuer Nationalismus gefördert, der im Widerspruch zu den realen Chancen des Überlebens in der Welt steht, u. zw. was die ↗ Ausbeutung u. Verschwendung v. Rohstoffen u. sonstigen Produktionskräften u. -mitteln sowie die stete Forcierung privater Bedürfnisbefriedigung nur innerhalb der Wohlstandsgrenzen angeht als auch das abnehmende sittl. u. polit. ↗ Verantwortungs-Bewußtsein f. eine weithin hungernde Welt (↗ Entwicklungshilfe, kirchl.). Damit verbunden ist eine Gefährdung der eigenen humanen Substanz der Gesellschaft, wenn die Ökonomisierung der ↗ Werte u. die Befriedigung auch nicht-ökonom. ↗ Bedürfnisse kompensatorisch durch einen immer höheren L. propagiert u. akzeptiert wird. Der L. steht darum mit in Frage, wenn es in den Wohlstandsgesellschaften heute um die ↗ Lebensqualität geht. Dr

Lit.: J. K. Galbraith, Gesellschaft im Überfluß (1959); A. Tautscher, Lebensstandard und Lebensglück (1963); R. Berth, Wähler- und Verbraucherbeeinflussung (1963); Th. Veblen, Theorie der feinen Leute (o. J.); W. Dreier, Funktion und Ethos der Konsumwerbung (1964); ders., Wohlstand als moraltheol. Problem, in: G. Teichtweier u. W. Dreier, Herausforderung u. Kritik der Moraltheologie (1971), S. 346 ff.

Lebensstufen.
1. *Begriffserklärung.* „Unser Leben auf Erden — heißt es schon vor Zeiten — ist wie ein Schatten" (1 Chron 29). Seit ältesten Zeiten sucht denn auch der Mensch seinem vergehenden ↗ Leben einen Sinn zu verleihen (↗ Lebenssinn). Diesem Ziel dient die Strukturierung der Zeit. Exemplarisch dafür ist die symbol. Anwendung v. Zahlen auf den Lauf des Lebens. So hat man seit alters in Analogie zu den drei Tageszeiten (wie im Rätsel der Sphinx vor Theben), zu den vier Jahreszeiten od. zum Schema des Sieben-Jahres (wie bei Solon, in der Scholastik, bei Shakespeare u. a.) das Auf u. Ab des menschl. Lebens in Abschnitte gegliedert. Selbst neuere psych. Theorien sprechen v. den L. als Entwicklungsabschnitten, „die voneinander durch mehr od. weniger tiefe Einschnitte u. plötzl. Niveauänderungen unterschieden werden" (Bergius, 107). Solche geschichtl. u. gegenwärtigen Muster, den Prozeß des Lebens durch ein Schema v. Perioden u. Phasen, Stadien u. Stufen überschaubar zu machen, sind heurist. Modelle, die bei der Orientierung u. Ordnung menschl. Lebens helfen. Zugleich aber zeigt sich an ihnen auch eine Problematik, die mit dem Phänomen u. Prozeß menschl. ↗ Entwicklung verknüpft ist. Denn wie jene Entwürfe, welche die

Lebensstufen

menschl. Entwicklung mit den Begriffen des Kreises, der Kurve, Schichtung od. Spirale beschreiben, geht auch das Stufenmodell im wesentl. v. der Vorstellung organ. Wachstums aus. Wenngleich die Relevanz v. ↗ Reifungs-Vorgängen — bes. f. Bereiche wie Motorik, ↗ Sexualität, Spracherwerb u. dgl. — nicht zu bestreiten ist, wird heute die Bedeutung psychosozialer Prozesse ins Blickfeld gerückt. Eine Reflexion über „Entwicklung als Stufenfolge" (Bergius) ist deshalb nur zu leisten, wenn „die wechselseitige Regulation" (Erikson) berücksichtigt wird, die zw. individ. ↗ Reifungs-Vorgängen u. sozialen Lernprozessen, zw. ↗ endogen bedingter Entwicklung u. ↗ exogen bestimmten Einflüssen besteht.

2. *Beispiel.* Das Denkmodell der Lebensphasen u. L. (franz. stade, engl. stage) hat verschiedenste Befürworter gefunden. Neben A. Busemann, A. Gesell, O. Kroh, J. Piaget u. a. ist v. a. auf Ch. Bühler mit ihrem fünffachen Phasenschema u. ihren Forschungen zum Lebenslauf zu verweisen. Ausdrücklich zu erwähnen sind auch die acht Entwicklungsstufen v. Erikson, der das psychosex. Phasenschema Freuds zu einer Folge psychosozialer Stufen abgewandelt, auf den ganzen Lebenszyklus ausgeweitet u. die ↗ Ambivalenz v. Lebensvorgängen in seinen Ansatz aufgenommen hat. Im Prozeß der acht Phasen stehen sich nach Erikson folgende Entwicklungschancen u. Entwicklungsgefahren gegenüber:

sen zu vergessen, ist hier v. a. auf das Potential normativer Lebenskrisen zu verweisen: Geburt (↗ Geburtstrauma u. a.) — Erste Ablösung u. Autonomie (↗ Sozialisierung, ↗ Spracherwerb u. a.) — puberale Identitätskrise — vorehel. u. ehel. ↗ Partnerschaft (↗ Kommunikation, ↗ Konflikte mit heterosexuellen Partnern u. a.) — Familiengründung (↗ Kommunikation, Konflikte mit der nachkommenden Generation u. a.) — Krisen der Lebensmitte (↗ Klimakterium, ↗ Leistungs-Problematik u. a.) — ↗ Altern — ↗ Sterben. Einflußreich f. die Entwicklung einzelner L. sind neben den normativen jedoch auch die akzidentiellen Lebenskrisen aufgrund v. ↗ Krankheit, ↗ Trauer (Trennung), ↗ Unfall, Verlust v. Beruf, Heimat, Vermögen u. dgl.

4. *Pastoralanthropolog. Bedeutung.* Begriffe wie L. u. Lebenskrisen sind f. die pastorale Praxis u. theol. Theoriebildung v. bes. Bedeutung. Denn die Möglichkeit kirchl. Handelns gründet in dem Motiv des Evangeliums, Menschen in den Krisen ihres ↗ Lebens u. ↗ Sterbens beizustehen. In den ↗ Sakramenten u. Kasualhandlungen der Kirche, die einzelnen L. u. Lebenskrisen zu entsprechen suchen, sind beispielsweise drei Kategorien enthalten: 1. das seelsorgerl. ↗ Gespräch, in dem eine auch über den Kasus hinausreichende ↗ Kommunikation hergestellt werden kann; 2. ↗ Verkündigung, die — wenn mehr im Sinne der Lebensdeutung

I	oral-sensorisch	Urvertrauen	— Urmißtrauen
II	muskulär-anal	Autonomie	— Scham u. Zweifel
III	lokomotorisch-genital	Initiative	— Schuldgefühl
IV	Latenz	Leistung	— Minderwert.gefühl
V	Pubertät/Adoleszenz	Identität	— Rollenkonfusion
VI	Frühes Erwachs.alter	Intimität	— Isolierung
VII	Erwachsenenalter	Zeug. Fähigk.	— Stagnation
VIII	Reife	Ich-Integration	— Verzweiflung

3. *Beziehung v. L. u. Lebenskrisen.* Die Forschungen Bühlers zum Lebenslauf u. Eriksons zur ↗ Identitätsfindung haben die Beziehung v. L. u. Lebenskrisen bewußt gemacht. Ohne die Verschränkung v. ↗ Person u. soziokulturellen Prozes-

als der Lehre verstanden — zur bewußten Bewältigung der Situation u. der in ihr liegenden Sinnfrage beitragen kann; 3. liturg. Vollzug, der mit Hilfe des ↗ Rituals u. ↗ Symbols nichtverbale Kommunikation zu stiften u. damit ↗ Seelsorge

u. Verkündigung zu unterstützen vermag.
— F. das theol. Verständnis ist es schließlich entscheidend, ob wir die Stufen des Lebens im organolog. od./u. im eschatolog. Sinne sehen, d. h. ob sich in ihnen f. uns eine Entfaltung v. jeweils vorgegebenem, jedoch noch verborgenem Leben od./u. eine Eröffnung neuen Lebens ereignet. Was Erikson mit seiner Formulierung v. der „wechselseitigen Regulation" psych. zu fassen versucht hat, ist auch aus theol. Sicht festzuhalten: Das Begreifen u. die Begriffe menschl. Lebens bewegen sich in einem Zusammenhang, der beides umgreift, das Annehmen des Alten u. den Anbruch des ganz u. gar Neuen, die Entwicklung dessen, was noch unentfaltet ist, u. die Erwartung dessen, was nur wider Erwarten empfangen werden kann. Möglicherweise verhelfen Existenz u. Entwicklung v. L. dem Menschen zur Einsicht, daß das Leben auf Erden ein Schatten ist. Möglicherweise aber vertiefen u. verwandeln sie auch seine ↗ Hoffnung, daß ihm im Horizont einer neuen Erde u. eines neuen Himmels zu leben verheißen ist.   Richard Riess

Lit.: Ch. Bühler, Kindheit und Jugend (1928); dies./Massarik (Hsg.), Lebenslauf und Lebensziele (1969); E. H. Erikson, Kindheit und Gesellschaft (^{3}1968); Th. Lidz, Das menschliche Leben (1970); H. Roth, Pädagogische Anthropologie, Band 2. Entwicklung und Erziehung (1971); R. Bergius, Entwicklung als Stufenfolge, in: H. Thomae (Hg.), Entwicklungspsychologie. Handbuch der Psychologie, Band 3 (^{3}1972), S. 104—195; W. J. Schraml, Einführung in die moderne Entwicklungspsychologie (1972).

Lebensverlängerung. Wachsende soziale ↗ Sicherung u. Ausbau des ↗ Gesundheitswesens haben innerhalb v. hundert Jahren (J.) die durchschnittl. Lebenserwartung in Deutschl. v. 35 auf 70 J. erhöht. Dadurch erreichen heute fast alle Geborenen das Erwachsenenalter, u. mehr als die Hälfte v. ihnen wird älter als 65 J. Diese natürl. L. der Bevölkerung muß zu individ. u. sozialen ↗ Konflikten führen, falls nicht eine befriedigende Lebensgestaltung im Alter möglich ist. Daher ist der Nutzen einer solchen L. vom ↗ Lebenssinn her zu bestimmen, der allerdings im ↗ Altern bes. schwer zu erkennen ist, wenn Gebrechlichkeit u. ↗ Leiden die gewohnten Lebensmöglichkeiten wesentl.

einschränken. Ohne entspr. Hilfe (↗ Altenseelsorge) kann das Erleben der Sinnlosigkeit zum Überdruß am Leben werden u. Gedanken an ↗ Selbsttötung od. ↗ Euthanasie wecken, was v. einer auf sich selbst bezogenen mitmenschl. Umgebung noch verstärkt wird.
Die Frage nach dem Lebenssinn stellt sich auch angesichts moderner Möglichkeiten der Medizin (↗ Wiederbelebung, ↗ Intensivpflege, ↗ Transplantation). Durch diese kann menschl. Leben vor dem ↗ Tod gerettet werden. Oft wird aber bloß das ↗ Sterben hinausgeschoben, so daß nicht ↗ Leben, sondern lediglich Lebenszeichen verlängert werden. Wird dabei menschl. Leben utilitaristisch eingeschätzt, so wird der eigentl. Sinn des Menschen als eines zur Verwirklichung seiner ↗ Freiheit berufenen Wesens pervertiert. Eine künstl. L. kann nur sinnvoll sein, wenn personaler ↗ Wert u. sozialer Bezug des betr. Patienten die ↗ Entscheidung bestimmt haben. Es muß daher geprüft werden, ob die L. dem Kranken zumutbar ist u. seinem körperl. Wohl zugute kommt. Auch die Interessen seiner Angehörigen, der ↗ Gemeinschaft, in der er lebt, u. der künftigen Menschen (↗ Experimente) sind zu bedenken, selbst wenn dem ↗ Patienten aufgrund seiner ↗ Krankheit das Gemeinwohl gleichgültig geworden ist. Allerdings ist im Einzelfall stets sorgfältig abzuwägen, ob das Gemeinwohl tatsächl. das Recht auf einen „natürl. Tod" verdrängen darf, insbes. wenn der ↗ Patient seine Zustimmung nicht zu geben vermag.
                                                    Rf

Lit.: H. Thielicke, Wer darf leben? (1970); W. Ruff, Organverpflanzung — eth. Probleme aus kath. Sicht (1971), 136—39; B. Häring, Heilender Dienst (1972), 122—27; P. Sporken, Menschl. sterben (1972), 78—82.

Legasthenie. Dyslexie, Schreibleseschwäche — zuerst in englischsprechenden Ländern bekannt geworden, wohl wegen der „völlig unlog. Orthographie" dieser Sprache, dann aber auch im deutschsprachigen Schulleben zu einem Problem, ja zu einer — Mode geworden. Wenn in versch. Statistiken Häufigkeitszahlen v. $1/2\%$ bis 20% angegeben werden, so wird schon daraus klar, daß die versch. Untersucher nicht das gleiche unter L. verstehen (einheitl. ist aber die Überzeugung, daß Buben weitaus überwiegen, 70—80%!). Einigermaßen einig ist man sich darüber, daß legasthen. Kinder Schwierigkeiten in der Gestaltauffassung v. Buchstaben u. Wörtern haben (Verwechseln v. symmetr. Buchstaben d u. b, d u. p, ie u. ei, ähnliches übrigens auch bei Zahlen), so daß trotz vielen Übens kaum auszumerzende Fehler im Lesen u. Schreiben resultieren, welche die sonst intelligenten Kinder schwer im Lernerfolg behindern (nur solche, bei denen es sich um einen isolierten Defekt handelt, nicht aber allgem. Schwachsinnige, dürfte man als legasthen. bezeichnen!). Bei der Mehrzahl ist ein Versagen der „Integrationsleistung" des Gehirns, eine Art v. „Agnosie", also eine hirnorgan. Störung die Ursache. Sicher gibt es auch hereditäre Komponenten (übrigens sind Legastheniker häufig Linkshänder); milieutheoret. Eingeschworene suchen äußere Ursachen: in verfehlten Lehrmethoden, übersteigerten. ⁊ Ehrgeiz der Eltern u. ä. Sicher kann aber die ständige ⁊ Frustrierung der intelligenten Kinder sekundär zu einer Neurotisierung führen. — Die Therapie ist mühsam u. langwierig: eine Übungsbehandlung, bei der bes. die „Trennschärfe" f. ähnlich aussehende Buchstaben u. Wörter verbessert werden soll, darüber hinaus eine allgem.-heilpäd. Therapie (⁊ Heilpädagogik), welche die Insuffizienzgefühle des Kindes mildern, ihm die ⁊ Freude an der Arbeit wiedergeben soll. Auch die Beeinflussung der Klassenkameraden, das legasthen. Kind zu akzeptieren, ist wichtig (natürlich gehört ein legasthen. Kind nicht in die Sonderschule f. Schwachbefähigte, sondern in die Normalschule!). Die Symptome der L. verschwinden meist in der Vorpubertät, die soziale Prognose ist bei richtiger Führung gut. As

Lit.: L. Schenk-Danzinger, Handbuch der Legasthenie im Kindesalter (1968); R. G. E. Müller, Ursachen u. Behandlung v. Lese- u. Rechtschreibschwächen (1969).

Leiblichkeit. Der Mensch hat einen Leib u. er ist Leib. Leib ist also zugleich ein bes. Aspekt des Menschen u. der Mensch selbst. Schon in der Schrift ist der Leib eine Existenzweise des ganzen Menschen (vgl. Lk 11,33—36). Daher kann der Leib nicht einfach als das aufgefaßt werden, was wir mit dem ⁊ Tier gemeinsam haben. Ebensowenig ist der Leib die Summe der körperl. Funktionen des Menschen. L. bezeichnet die psychosomat. Einheit (vgl. ⁊ Psyche) im Hinblick auf ihre sichtbare u. sinnl. Erscheinung. Der Umgang mit dem Leibe — z. B. Nahrungsaufnahme, Pflege, ⁊ Heilung — bezieht immer seel. Vorgänge mit ein. Hervorzuheben sind unter den Aspekten der L.: Welthaftigkeit, ⁊ Geschichtlichkeit, Sinnlichkeit, ⁊ Erlösung des ganzen Menschen. — Unter dem Aspekt der *Welthaftigkeit* ist die Teilhabe des Menschen an der Endlichkeit der Welt zu sehen, seine Verletzlichkeit, seine Leidensfähigkeit, seine spezif. Schwäche, sein ⁊ Altern u. sein ⁊ Sterben. Die Begrenzung, die der Mensch durch seine L. erfährt, ist zugleich Ausdruck seiner Geschaffenheit durch Gott (⁊ Geschöpf) u. seiner ⁊ Abhängigkeit v. ihm. Auf der anderen Seite muß man sehen, daß auch in der Leibgestalt des Menschen Züge der ⁊ Gottebenbildlichkeit zum Ausdruck kommen; sie zeigen sich darin, daß Leiberfahrung notwendiger Bestandteil der Erfahrung v. Schönheit, ⁊ Freude, ⁊ Glück, Sympathie ist. Auch das soziale Leben des Menschen, Mitsein u. ⁊ Mitmenschlichkeit, wird durch seine L. vermittelt. Je mehr man den Menschen im Hinblick auf seine geistigen Eigenschaften hervorhebt, um so stärker erscheint er autark u. isoliert (Aristoteles). Die soziale Seite der L. erhellt auch aus ihrer Bedürftigkeit u. aus ihrem Streben nach Ergänzung (⁊ Trieblehre, ⁊ Erotik). — Jeder menschl. Leib hat eine *Werdegestalt* (⁊ Geschichtlichkeit). Man kann ihn nicht nur im Hinblick auf seine gegenwärtige Erscheinung betrachten; zur Werdegestalt der L. gehört die ganze Ausdehnung des menschl. ⁊ Lebens, die ihrerseits wieder in die Geschichte der L. der Menschheit eingebettet ist (Evolution, Kulturgeschichte). — In der L. kommt die Bindung der Selbst- u. Welterfahrung des Menschen an die *Sinnlichkeit* zum Ausdruck. Als Körper ist der Mensch ein biolog. Organismus, als Leib vorrangig Sinnenwesen. Sinnlichkeit ist die leibl. Vermittlungsinstanz zw. Schönheit u. Hinfälligkeit der Welt einerseits u. der Sinngebung durch den ↗ Geist. Ohne die Sinnlichkeit des Menschen gäbe es weder Kultur noch Kunst. Verkürzung der Sinnlichkeit bedeutet immer auch Verkürzung der Sinngebungsfähigkeit. — Christl. gesehen, ist L. ein unerläßl. Faktor der *Erlösung des ganzen Menschen.* Der ↗ Auferstehungsglaube bezieht in die ↗ Hoffnung auf endgültige Befreiung Welthaftigkeit, Geschichtlichkeit u. Sinnlichkeit des Menschen ein, wenn es auch heißt, daß die endgültige L. des Menschen eine verwandelte sein wird (vgl. 1 Kor 15,35—53). Im ↗ Glauben hofft der Mensch nicht auf Befreiung v. der L., sondern auf die vollendete Leibgestalt. Daher kann auch die soziale Komponente in den Bildern des Gottesreiches so stark betont werden. — Aus all dem erhellt, daß eine Leib- od. ↗ Körperfeindlichkeit nicht mit der christl. Botschaft vereinbar ist. Die Überfremdungen der christl. Botschaft mit konkurrierenden Erlösungslehren (Gnosis, ↗ Manichäismus) entstanden aus der dauernden ↗ Versuchung, die Spannungen des Menschseins durch die Absonderung des Geistes zu lösen. Auch die ntl. Symbolik des „Fleisches" als Ort der ↗ Macht der ↗ Sünde hat hier zu Mißverständnissen geführt. Man muß sehen, daß diese Symbolsprache die geistigen Entscheidungen des Menschen mit umfaßt. — *Prakt. Konsequenzen:* L. muß als ↗ Wert erfahren sein u. als Wert erfahrbar gemacht werden. Der Leib verdient nicht nur Achtung in seiner Schönheit u. Sinnbildlichkeit, sondern auch im Hinblick auf sein ↗ Leiden u. seine Hinfälligkeit. Sich in seiner L. anzunehmen, gehört zur ↗ Identitätsfindung des Menschen; eine Voraussetzung dafür ist, daß er in seiner L. durch andere angenommen wird. Ein ausgewogenes Verhältnis zur L. wird gestört durch Leibverachtung, ↗ Indifferenz gegenüber dem Leibe u. unangemessenen ↗ Kult des Leibes. Kunstwerke zeigen, wie nahe in der L., v. a. in ihrer ↗ Nacktheit, Schönheit u. Erbärmlichkeit zusammenliegen. Das leibl. ↗ Schamgefühl des Menschen ist das Gefühl dieser ↗ Ambivalenz. Es hält die Mitte zw. ↗ Prüderie u. ↗ Exhibitionismus. Insofern die L. zur ↗ Person des Menschen konstitutiv hinzugehört, darf sie nicht zur Ware erniedrigt, als Objekt der ↗ Lust u. des Besitzes gehandelt werden (Werbung, ↗ Manipulation, ↗ Pornographie). ↗ Lust u. Sinnlichkeit des Leibes erhalten ihr Recht im Maße der personalen ↗ Freiheit u. ↗ Liebe. Insofern die L. des Menschen Werdegestalt hat, ist sie nicht nur vorgegeben, sondern aufgegeben. ↗ Verantwortung gegenüber der L. gibt es nicht nur im Hinblick auf ihre Erhaltung (↗ Gesundheit), sondern auch im Hinblick auf ihren Entwicklungsprozeß. ↗ Sport, ↗ Spiel, ↗ Tanz, Pantomime usw. zeigen Gestaltungsmöglichkeiten auf, die in der L. enthalten sind. Wie sehr Gebärden des Leibes Vermittlungsgestalten seel. u. geistiger Vorgänge sein können, wird im Kult sichtbar. Beginnt der Entwicklungsprozeß der L. mit der Beherrschung körperl. Funktionen, setzt er sich fort in der Verfügung über die Möglichkeiten des Leibes im Dienst der personalen Entfaltung, so endet er in der Transparenz des Leibes f. die letzte Sinngebung des eigenen Lebens. Wer der L. anderer dient, leistet Hilfestellung an dieser Entwicklung: er beachtet die Ambivalenz der L.; er versteht die Verletzungen, die ihr durch den Menschen selbst od. durch andere zugefügt wurden, nicht einfach nur als körperl. Versehrtheit, sondern als Betroffensein des ganzen Menschen. Eines bes. Dienstes bedarf die L. des Kranken, Alternden, Sterbenden. Dort, wo der Leib im Zeichen des Verfalls sich jeder positiven Sinnbildlichkeit zu verweigern scheint, sind die Probleme der eigenen u. der fremden L. bes. groß. Dies sind die Situationen, wo es des spezif. christl. Aspektes der L., der Hoffnung auf die Erlösung des ganzen Menschen, bes. bedarf.

Dietmar Mieth

Lit.: B. Welte, Leiblichkeit des Menschen als Hinweis auf das christliche Heil, in: Beuroner Hochschulwochen 1948 (1949), 77—109; H. E. Hengstenberg, Der Leib u. die letzten Dinge (1955); J. B. Metz, Zur Metaphysik der Leiblichkeit, in: Arzt u. Christ 4 (1958), 78—84; ders., Leib, in: LThK 6, 902—905; ders., Leiblichkeit, in: Handb. Theol. Grundbegr. II, 30—37; P. Overhage/ K. Rahner, Das Problem der Hominisation (1961); B. Lorscheid, Das Leibphänomen (1962); A. Auer, Vom Sinn menschlicher Leiblichkeit u. Geschlechtlichkeit, in: Arzt u. Christ 13 (1967), 149—165.

Leib—Seele—Problem. Im Zusammenhang mit den Fragen zur Bestimmung des Todeszeitpunktes (z. B. bei Herz- u. Organ-Transplantationen) erlangt das Problem der leib-seel. Existenz des Menschen in arztethischen Diskussionen große Aktualität u. prakt. Bedeutung; metaphys. läßt sich der Zeitpunkt des ↗ Todes leicht mit der Trennung der Seele vom Körper definieren. Auch bei der Diskussion um die ethische Erlaubtheit des Schwangerschaftsabbruchs wird die Frage nach der Beseelung des Menschen u. damit nach der leibl.-seel. Existenz gestellt; zur Legalisierung der ↗ Abtreibung in den ersten Wochen nach der Befruchtung tragen die Befürworter häufig die These der Hochscholastik v. der sukzessiven Beseelung des Embryos vor, aus der sie folgern, daß eine zeitl. Abtreibung nicht als Tötung eines vollbeseelten menschl. ↗ Lebens einzuschätzen ist. Soll derartigen prakt.-ethischen Problemstellungen die metaphys. These der leib-seel. Existenz zugrundegelegt werden, so erhebt sich zunächst die Frage, was dem metaphys. Begriff S. physiolog. entspricht. Solange diese Korrelation nicht aufzuweisen ist, bleibt S. — physiolog.-naturwissenschaftl. gesehen — ein hypothetisches phil.-theol. Konstrukt, u. zw. ein spezif. abendländ., das aus der christl. Reflexion des ↗ Todes entstand u. f. die These des Weiterlebens nach dem Tod eine verstehbare Erklärung bot. Es steht jedoch allgem. anerkannt fest: die postulierte Trennbarkeit v. L. u. S. ist biolog.-physiolog. nicht greifbar. In der empir.-psych. ↗ Forschung erweist sich seel. Geschehen lediglich als Korrelat des somat., des sensorisch-physiolog. Geschehens (↗ Psychosomatik).

Ein Blick auf die versch. S.nvorstellungen des abendl.-semit. Kulturkreises verdeutlicht die prakt. Problematik (die Trennbarkeit v. S. u. L. anzunehmen). In den frühen atl. Schriften ist ein Begriff od. eine Vorstellung, die dem scholast.-abendländ. S.begriff entspricht, nicht zu finden, vielfach wird jedoch hebr. „nephesch" in diesem Sinn übersetzt. Es hat eine umfassendere Bedeutung, wie: Kehle, Rachen (Jes 5,14), später Atem, Lebenshauch (2 Sam 1,9), Lebenskraft (Jer 38,16) od. Leben überhaupt (Gen 9,5; Ex 21,23; Ps 78,50). Der Sitz dieses Lebens ist das Blut (Lev 17,14). Das Lebensprinzip ist nicht vom L. trennbar, mit dem Tod strömt das Prinzip aus u. ist mit ihm vergangen. Erst in den späteren Schriften (Weish 3,1 ff.; 4,14; 5,5 ff.; 9,15; 15,8) findet sich ein Verständnis, das dem griech.-platon. Denken entspricht. Auch die ntl. Schriften kennen nicht den schroffen Gegensatz zw. L. u. S. Anstelle des hebr. Ausdrucks „nephesch" tritt der griech. „psyche", der ebenfalls Leben umschreibt (Mt 6,25; 16,15 f.; Mk 8,35—38). Bei Paulus, Markus, Matthäus u. in der Apostelgeschichte wird „psyche" f. den ganzen lebendigen Menschen, f. ↗ Person schlechthin verwendet (Röm 2,9; 8,15 f.; 13,1; 16,4; 2 Kor 1,23; 12,15 usw.; Mk 2,4; Mt 16,26; Apg 27,37). Jedoch findet sich ein Verständnis der Unvergänglichkeit des menschl. Lebens im Sinne einer unsterbl. Geistseele (Mt 10,28; Hebr 12,23; Offb 6,9). Weitaus entscheidender wurde das christl.-abendl. S.nverständnis v. den Reflexionen Platons (427—347) u. Aristoteles' (384—322) geprägt. Für Platon hat die Spitze der dreiteiligen S. (Sitz des begehrenden Teils im unteren L., des gemüthaften Teils in der Brust u. des vernünftigen im Kopf) teil am Ideenbereich, in dem die S. schon vor ihrem Eintritt in den L. bereits existierte. So nimmt sie teil am Absoluten u. Ewigen u. besitzt insofern göttl., unvergängl. geistiges Sein. Aristoteles vertritt ebenfalls eine Schichtung der S. (vegetative Vitals., animale S. u. die Vernunfts.), doch handelt es sich nicht um drei versch. S.n, höchstens um drei Aspekte bzw. Verwirklichungsbereiche der seel. Ganzheit Mensch. S. ist nicht etwas Verschiedenschichtiges, nicht ein körperl. Substrat, sondern ist die Entelechie, das formende Prinzip des Lebens, das jedem spezif. organ. Sein seine Form (↗ Hylemorphismus), sein eigenes Wachstum, seine Fortpflanzung, seine Ernährungsvorgänge gibt. Beide Vorstellungen wurden entscheidend f. das nachfolgende christl. abendl. Verstehen der S. Zwar faßte Tertullian (150—221) die S. als selbständige körperl. Substanz auf, die im Herzen lokalisiert ist, doch dieses Verständnis setzte sich nicht durch u. wurde v. Albertus Magnus (1193—1280) u. dessen Schüler Thomas v. Aquin (1225—1274) nicht übernommen. Thomas griff noch deutlicher als Albertus auf Aristoteles zurück. Während bei ihm die beiden Aspekte des einen S.prinzips, die anima vegetativa u. die anima sensitiva, v. Geburt an vorhanden sind, werden v. Gott dem Menschen die anima rationalis u. anima intellectiva erst eingeschaffen. Doch ist S. bei ihm nicht nur das entelechiale u. formende Prinzip, sondern auch der primäre Ausgang f. Lebensdynamik u. Lebensfunktionen. Die S. bleibt dabei stets unica forma corporis. L. u. S. bilden eine wesenhafte Einheit, die metaphys. nach dem Denkmodell v. Form u. Materie gedacht wird. Im Tod fällt diese Einheit auseinander. Mit dem Konzil v. Vienne (1311/12) wurde diese Vorstellung v. Thomas erweitert u. zum Glaubenssatz erhoben, „quod anima rationalis seu intellectiva ... sit forma corporis humani per se et essentialiter". Durch diese Formulierung sollte nicht die Zweisamkeit v. S. u. L. hervorgehoben werden, sondern vielmehr ihre Einheit. Sie sind so miteinander verbunden, wie ein Stoff mit seiner Form faktisch zusammengehört. Erst eine wenig differenzierende Glaubensunterweisung u. der zur Vereinfachung neigende schlichte Volksglaube sahen im Tod die Trennung zweier substantieller Wirklichkeiten des einen Menschen. Wenn S. also nicht ein eigenständiges substantiell Seiendes ist, dann kann sie nicht als etwas Dinghaftes im Körper festgestellt werden, im Sinne einer somat. Größe. Anders ist die Frage, ob sich nicht zu der metaphys. Vorstellung v. S., als etwas dynamisch Prinziphaftes, ein somat.-physiol. Korrelat finden läßt, dessen funktionales Erlöschen eine Trennbarkeit des beschriebenen metaphys. S.nprinzips bzw der S.funktionen vom L. erweist: ein diesen Vorstellungen v. S. entsprechendes Korrelat ließe sich, wenn auch mit Einschränkungen, in den biochem. Vorgängen der Zellen, des Zytoplasmas wie der Zellkerne, aufzeigen. Das entelechiale Prinzip, die Formgebung der Organismen eines Menschen, ja des Menschen in seiner Gesamtheit, die Art seiner angeborenen psychischen Eigenschaften wie die Art u. Weise seiner geistigen Fähigkeiten u. sein rein äußeres somat. Aussehen sind nachweisl. in den Genen grundgelegt, den Abschnitten eines DNS (Desoxyribonucleinsäure-)Moleküls der Chromosomen eines Zellkerns. Das Gen kontrolliert u. steuert zudem alle f. das Leben notwendigen Funktionen: die intrazellulären biochem. Vorgänge wie die chem. Reduplikation der DNS, die Informationsweitergabe durch die sog. ‚Boten-RNS' u. ‚Transfer-RNS' (RNS = Ribonucleinsäure). Die Zelle initiiert letztlich alle Lebensvorgänge in einem dauernden Prozeß. Entsteht nun in einem Befruchtungsvorgang mit der Verbindung einer Ei- u. Samenzelle (Befruchtung) eine solche Zelle, beginnt nach dem ihr biochem. innewohnenden spezif. Plan die Ausformung u. Dynamisierung eines individ. Lebewesens. Erlöschen diese Grundvorgänge in einem Organismus, dann ist er tot, das formende Prinzip hat seine dynamisch-strukturierende Funktion eingestellt. Es liegt nahe, diese biochem. Geschehensprozesse u. Formbestimmungen als vergleichbar mit den beschriebenen Charakteristika des metaphys. S.nprinzips zu sehen. Bei dieser Sichtweise geht das Seelische als etwas Strukturierendes u. Funktionales physiolog. v. den Zellen aus, das sich in seiner vollen Qualität erst in der Gesamtheit der menschl. ↗ Leiblichkeit verwirklicht u. allein in dieser vollen Entfaltung spürbar u. wahrnehmbar ist (↗ Psychosomatik). Erlöscht die strukturierende Dynamik, ist eine Fortdauer des seel. Prinzips in der faktischen Realisierung nicht mehr gegeben. Sowie nun aber etwas als Idee, als Programm od. als Plan unabhängig v. der konkreten materiellen, lebendigen Ausführung in der theoret. Konzeption weiter existiert — sofern die Idee od. der Plan v. dieser Sache nur gedacht wird —, kann die Seele eines spezif. Menschen — als dynamisch-formendes Prinzip verstanden — reduziert existent sein u. bleiben u. theoretisch, wie der Plan v. einer Sache, in dieser verkürzten Weise bereits vor ihrer materiellen Ausformung existieren. Theol. ist diese Existenzweise einer so gedachten Seele in Gott spekulativ vorstellbar.

Heinrich Pompey

Lit.: A. Wenzl, Das Leib-Seele-Problem im Lichte der neueren Theorien der physischen u. seelischen Wirklichkeit (1933); J. B. Metz, Zur Metaphysik der Leiblichkeit. In: Arzt u. Christ 4 (1958), 78—84; H. Conrad-Martius, Die Geistseele des Menschen (1960).

Leiden. Unter L. kann man verstehen: Erdulden v. Widerfahrnissen (1), subj. Durchleben eines krankhaften Zustandes (2), im Gegensatz zu akuter ↗ Krankheit ↗ chron. Kranksein (3).
Ad 1): Unangenehm erlebte passive Ich-Zustände; nicht alle sind krankhafter Natur, sondern sie gehören auch zu den ↗ Reifungs-Krisen im Rahmen des menschl. ↗ Lebens, das durch eine Abfolge v. Phasen u. Krisen gekennzeichnet ist. Eine gegenwärtige Pathophilie will alle schmerzl. Widerfahrnisse, alle leidvollen Gegebenheiten aus krankhaft-neurot. Prozessen ableiten, doch vermag normalerweise jede Lebenskrise, die nicht als krankhaft charakterisiert werden darf, L. auszulösen (Werde-Schmerz; so vornehmlich auch der Geburtsschmerz).
Ad 2): L. als Kranksein (existentieller Krankheitsbegriff, ↗ Krankheit), persönl. Ergriffensein durch (fast jede) Krankheit, subj. Bereich der Krankheit; in ihm wird auch der Sinn der Krankheit erfahrbar, wenngleich natürl. nicht der Sinn *jeder* Krankheit aus individ. Geschichte des Kranken verstehbar ist. Psychopatholog.: findet sich auch ↗ Flucht in die Krankheit (in L.); in Form der ↗ Hysterie, der Organ-↗Neurosen, der ↗ Hypochondrie, der psychopath. ↗ Perversionen (↗ Masochismus, ↗ Sadismus).
Ad 3): L. (der naturwissenschaftl. Medizin) im Gegensatz zu Krankheit: v. der ↗ Norm abweichende, weitgehend stationäre körperl. Mängel, die mit einer Behinderung der Lebensfunktionen einhergehen, den ↗ Anpassungs-Spielraum verkleinern, aber dem Individuum noch die Aufrechterhaltung eines eingeschränkten Gleichgewichtes gestatten. Die Wahrscheinlichkeit, das f. seine Art u. Lebensgemeinschaft charakterist. maximale Lebensalter zu erreichen, ist dabei im Vergleich zu gleichaltrigen gesunden Individuen vermindert (Linzbach).
Pastoralanthropolog.: L. ist jedem menschl. Leben wesentl. gegeben, ist ein Existential des Menschen (V. E. Frankl: homo patiens), Ausdruck der Endlichkeit menschl. Daseins. Jeder Mensch muß sich deshalb mit L. (seinem eigenen u. dem fremden) auseinandersetzen. L. kann auch als Folge eigener Fehlhaltungen u. Verfehlungen (↗ Krankheit u. Schuld) gesehen werden. Im L. kommen einander (aus der Aufforderungssituation v. Not u. Hilfe heraus) die Menschen näher. L. weist auf die Geschöpflichkeit u. Endlichkeit des Menschen hin, prüft den ↗ Glauben, schützt vor ↗ Sünde, führt zur ↗ Hoffnung, zum Guten, zur Vollendung; ist aber auch ↗ Versuchung zur ↗ Verzweiflung, zu ↗Resignation u. Verbitterung, zu Nihilismus u. Unglauben. Zur Bewältigung des L.s bedarf es letztl. eines christl. Verständnisses des L.s (L.stheologie, L.smystik, stellvertretendes L.). Rt

Lit.: J. Klaesi, Vom Sinn chron. Krankseins (1953); W. H. Hauss, Begriff und Auswirkungen chron. Krankheiten, Arzt und Christ 4 (1958), 1—3; B. Häring, Hoffnungslose Krankheit u. christl. Hoffnung, Arzt und Christ 4 (1958), 17—22; L. M. Weber, Leid und Leiden, in: LThK 6 (1961) 928 f.; M. Linzbach, Medizin (1966).

Leidenschaft. L. ist das vom Gegenstand einer Strebung derartig Betroffen- u. In-Besitz-Genommen-Sein, daß dadurch das ↗ Bedürfnis nach der Erfüllung anderer Strebungen in den Hintergrund tritt u. diese u. U. nur soweit befriedigt werden, wie das mit der Erfüllung der L. vereinbar ist. L.n sind dementspr. zu begrüßen u. zu vertiefen, wie sie in den Dienst lohnenswerter Ziele gestellt werden, die nur unter Verzicht auf die Erfüllung anderer, weniger wertvoller od. vordringlicherer Ziele erreicht werden können. Da der Mensch wegen seiner Einseitigkeit u. Begrenztheit große Ziele häufig nur auf Kosten anderer, weniger wichtiger Ziele erreichen kann, gelingt die Verwirklichung bedeutender ↗ Leistungen im allgemeinen nur, wenn man v. einer entspr. L. f. die angestrebte Zielsetzung gepackt ist. Deshalb ist auch eine grundsätzl. Verdächtigung großer L.n abzulehnen. Anderseits richtet sich die L. der Menschen aufgrund ihrer ↗ Konstitution, ↗ Entwicklung u. personalen ↗

Entscheidungen häufig auf weniger lohnenswerte od. gar verwerfl. Ziele, zumal aufgrund der konkreten Verfassung unserer ↗ Sinnlichkeit naturhaft sinnl. ↗ Triebe mit ihrer unmittelbaren ↗ Instinkt-↗ Abhängigkeit als personale geistdurchseelte Strebungen dazu neigen, f. die optimale ↗ Selbstverwirklichung unangemessene L.n zu wecken. Das kann dann dazu führen, daß vordringl. personale ↗ Bedürfnisse nicht in gebührender Weise wahrgenommen od. sogar verdrängt werden, während der Befriedigung sinnl. Bedürfnisse in einem Maße nachgegeben wird, das f. die Betreffenden schädlich ist (Mißbrauch v. Essen u. Trinken, sex. Versklavung usw.). Pastoralanthropolog. ist es demnach nötig, L.n nicht zu verdrängen, sondern entspr. den psychoenerget. Gesetzmäßigkeiten so zu steuern u. zu personalisieren, daß die versch. Bedürfnisse eines Menschen zwar in ausgeglichener Weise befriedigen werden, aber gleichzeitig der Versuch unternommen wird, weniger vordringl. u. wertvolle Bedürfnisse in den Dienst der Verwirklichung u. Förderung angemessener L.n zu stellen. Dabei ist jedoch zu bedenken, daß kurzfristige leidenschaftl. Erlebnisse wegen ihrer Intensität eine Erwartungshaltung begünstigen, die auf die Dauer oft nicht erfüllt werden kann. Das kann zu Unzufriedenheit, Unbeständigkeit u. Verarmung der Erlebnistiefe führen, die z. B. im Bereich der ↗ Sexualität zu einem oberflächl. Konsumzwang ausarten kann u. dadurch die Möglichkeiten zu neuer vertiefter personaler sex. Erfahrung verstellt (↗ Laster). Mo

Lit.: St. Pfürtner, Triebleben und sittliche Vollendung (1958).

Leistung. Der Begriff L. wird in der modernen Medizin in zwei versch. Bedeutungen gebraucht. Die erste schließt sich eng an den physikal. Begriff L. an: L. ist ↗ Arbeit (Energieaufwand) pro Zeiteinheit. In Analogie zur Maschine drückt sich L. hier biolog. durch die „Mühe" aus, die dem arbeitenden Menschen entsteht. Die zweite Bedeutung knüpft an den physiolog. Begriff „Funktion" an. Hier spielt der Energieumsatz als Maß der L. eine kleinere Rolle; Kraftflüsse werden auch durch Information gesteuert od. durch Automation geregelt (bes. bei Prozessen, die mit dem Nervensystem u. der hormonalen Sphäre zusammenhängen). In der modernen Arbeitswelt tritt grobe Muskelarbeit zurück, der Mensch übernimmt in der techn. Produktion immer mehr die Rolle des Steuermanns vorwiegend maschineller Kraftflüsse. Er trifft ↗ Entscheidungen in unerwarteten Situationen u. führt Reaktionen aus, f. die Maschinen nur schwer zu bauen od. zu programmieren wären. Menschl. „Mühe" läßt sich dabei als ↗ Verantwortung, Intelligenz, Kombinationsgabe usw. fassen, Eigenschaften, die charakterl. u. meist auch moral. bestimmt sind. Qualifikation u. sozialer ↗ Wert solcher L.n sind gegen frühere Jahrzehnte völlig verändert. Die Einschätzungskluft zw. Arbeitern u. Angestellten schwindet. L. hängt schließlich nicht nur v. physischer L.sfähigkeit ab, sondern auch v. der ↗ Motivation. Diese steht in umgekehrtem Verhältnis zur ↗ Ermüdung u. resultiert aus emot. ↗ Antrieb u. intelligenter Situationsanalyse, aus bewußten u. unbewußten Faktoren. Die soziale L. des Menschen stellt die Summe seiner körperl. u. seel. L.n f. die ↗ Gesellschaft dar (bei beiden kommt es auf Qualität u. Ausdauer an).

Pastoralanthropolog. muß auf die Gefahr hingewiesen werden, das Modell Maschine auf menschl. L. zu übertragen. Im Manchester-Liberalismus wurde der Mensch als Produktions-(bzw. Störungs-)element betrachtet, das noch nicht durch die verläßlichere Maschine ersetzt werden kann. Der Versuch, ihn wie ein Zahnrad in das Produktionssystem einzubauen (Taylorismus), ist schon wirtschaftl. widerlegt: er provoziert ↗ Widerstand, verschlechtert das Betriebsklima; Ermüdung u. Unfallhäufigkeit steigen, Produktion fällt ab. Moderne Betriebspsychologie sucht daher L.ssteigerung durch Vermenschlichung v. Arbeitsbedingungen u. Betriebsführung zu erreichen.

Im heutigen Trend zur (östl.) Kontemplation (↗ Meditation; ↗ Yoga; ↗ Zen) kommt auch das Ungenügen einer „L.sgesellschaft" zum Ausdruck, die den Wert des Menschen nach meßbarer L. beurteilt

u. so das L.sprinzip verabsolutiert. Diese Reduktion der Lebenswerte (Frankl) liefert den L.sunfähigen (↗ Invalidität, ↗ Krankheit, ↗ Altern) der Sinnlosigkeit u. ↗ Angst aus; ↗ Seelsorge hat vermehrt (rel.) Sinngehalte u. Werte des Daseins jenseits meßbarer L. aufzuweisen u. die L.s-↗Ideologie abzubauen. Bes. gefährlich wirkt sich die L.s-Ideologie in der ↗ Erziehung aus. Wenn schul. Unterricht auch nicht ohne das L.sprinzip auskommt, so muß es in der Erziehung zurücktreten vor dem Kriterium der Entfaltung der ↗ Person. Wie H. Müller-Eckhard an der Wunschbilderziehung drastisch zeigt („Die Norm der Roboter u. Könner"), beeinträchtigt das isolierte Ausgehen auf L. des Zöglings die seel. Entwicklung, die Realitätsanpassung, die Integration des Versagens u. der Grenzen (↗ Perfektionismus) u. schließlich die L. selbst. Im relig. Bereich führt L.s-Ideologie zur Werkgerechtigkeit (↗ Gesetzlichkeit) pharisäisch. u. pelagian. Prägung, die im Grunde das Heilswerk Gottes durch eigene L. ersetzen will. Christl. Ethik verlangt hohe sittl. L. als Konsequenz u. Maß des ↗ Glaubens, nicht aber als Voraussetzung der (immer geschenkten) heilswirkenden Gnade (↗ Lohndenken).

Bo/Gr

Lit.: V. Frankl, Ärztliche Seelsorge (⁶1952); H. Müller-Eckhard, Erziehung ohne Zwang (1962); H. Schaefer/M. Blohmke, Sozialmedizin (1972).

Leitbild. 1. *Begriffsbestimmung:* Wegen der Verschiedenheit der Inhalte, die man mit dem Wort L. verbindet, sei zuerst festgestellt, daß hier unter L. eine Zielvorstellung des ↗ Verhaltens od. der Persönlichkeitsform verstanden wird, deren ↗ Wert grundsätzlich subjektiv ist u. jeder Wertkategorie entnommen sein kann. Dadurch unterscheidet sich L. vom ↗ Ideal, bei dem nach objektiv gültigen, u. zw. sittl. Maßstäben gefragt ist. Ein weiterer Unterschied liegt darin, daß ein Ideal in erster Linie gesinnungsformend wirkt u. ein ständiges Streben weckt, während das L. geeignet ist, kopiert zu werden, u. daher f. eine Generation der verkümmerten Ichfunktionen viel näherliegend ist. Wenn zw. der Intensität der Nachahmung u. dem Wert des L.s, der diese Nachahmung begründet, ein großes Mißverhältnis besteht, spricht man v. einem ↗ Idol, wo dann die Bemühung des Kopierens u. U. bis zu Haartracht, Kleidung u. Redensarten reicht. L.r sind f. die Persönlichkeitsentwicklung in der Reifezeit besonders bedeutungsvoll.

2. *L.r der heutigen ↗ Jugend:* Der Jugendliche nimmt sein L. v. einer Gestalt, die ihm bes. Eindruck macht u. an der er sich zu orientieren beginnt. F. den Jugendlichen v. heute gibt es zwei Hauptquellen, v. denen er seine L.r bezieht: die Erwachsenen seiner ↗ Umwelt u. die ↗ Massenmedien. V. den Erwachsenen empfängt er meistens ein Verhaltens- u. Gesinnungsmuster der bloßen ↗ Anpassung u. vordergründigen Nützlichkeit; sittl. ↗ Normen u. Werte spielen in d. Erwachsenenwelt v. heute kaum eine Rolle. L.r, die der junge Mensch aus den Massenmedien, v. a. Film u. Illustrierten bezieht, sind nicht nur noch primitiver, sondern v. sittl. Standpunkt weitgehend negativ: der Gangster, der Playboy, das Weibchen usw., bzw. Außenseiter, Abnorme u. Nihilisten beherrschen das Feld. Die Wirksamkeit dieser L.r ist sehr stark u. beruht auf einem unbewußten u. daher kritiklosen Sich-hinein-leben (Identifikation) u. schafft Einstellungen, f. die den Jugendlichen keinerlei positives Gegengewicht zur Verfügung steht. Jede Möglichkeit einer ↗ Selbstverwirklichung im Sinne der ↗ Gottebenbildlichkeit wird damit erschlagen; zu Nihilismus u. ↗ Resignation ist es nur mehr ein Schritt.

3. *Die päd. Aufgabe:* a) Bewußtes Ausnützen der Ansprechbarkeit Jugendlicher f. L.r v. echtem sittl. Wert u. ernsthafte Auseinandersetzung über die Übertragbarkeit solcher L.r in die heutige Lebenssituation. b) Führung der Jugendlichen zur Kritikfähigkeit gegenüber den ihnen angebotenen L.n. c) Ermutigung zur Eigenständigkeit der Persönlichkeit, die nicht zur Kopie od. Fließbandware werden darf.

Hm

Lit.: H. Thomae, Vorbilder und Leitbilder der Jugend (1965); G. Bittner, Für und Wider die Leitbilder (²1968).

Lernen. Menschl. L. unterscheidet sich v. Lern-Vorgängen bei ↗ Tieren (↗ Lerntheorien) durch einen höheren Grad v. Einsicht, Bewußtheit u. Planmäßigkeit

(L. ist nicht nur eine Gedächtnisleistung). L. ist notwendig, um in eine Kultur od. ↗ Gesellschaft hineinzuwachsen (↗ Sozialisation) u. um in ihr bestehen zu können. Ein fundamentales Ziel schul. u. außerschul. L.s liegt in der Vorbereitung auf das berufl. u. gesellschaftl. Leben u. in der Weiterbildung gemäß der techn.-wissenschaftl. u. sozialen wie polit. Fortentwicklung v. Beruf u. ↗ Gesellschaft. Dieses globale Lernziel, das sich bei einzelnen Schulungsvorhaben verschieden differenziert u. konkretisiert, kann nur erreicht werden, wenn die notwendigen Begabungsvoraussetzungen (psycho-physische u. damit intellekt. ↗ Konstitution) u. eine f. das L. günstige Milieu- bzw. Umwelt-Prägung gegeben sind. ↗ Milieu u. ↗ Umwelt des ersten u. zweiten Lebensjahrzehnts entscheiden über die Lernfähigkeiten u. das Gelernte (↗ Anlage u. Vererbung, ↗ Schule-Elternhaus). In der konkreten Lernsituation sind nach H. Heckhausen v. großer Gewichtigkeit: 1. der sachstrukturelle Entwicklungsstand des Lernenden (erworbene Kenntnisse u. Fähigkeiten), 2. der kognitive Lernstil (Art der Informationsverarbeitung) u. 3. die Lernmotivierung (Bereitschaft des Schülers, ein Lernziel auch unter Mühen anzustreben), die im Elternhaus grundlegend ausgeformt werden. Aus diesem Grund muß auf die Optimierung der vorschul. Lernbedingungen auch bei nicht-milieu-begünstigten Kindern großer Wert gelegt werden (↗ Kindergarten, ↗ Vorschulerziehung). V. den drei Bedingungsvariablen des L.s ist die Motivierung bes. stark v. der konkret gegebenen Lernsituation (Lernstoff, Lehrperson usw.) abhängig. Die größte Lernbereitschaft findet sich bei sog. sachbezogenen (intrinsischen) Motiven, d. h. bei dem Bestreben, die eigene Tüchtigkeit zu steigern (= Leistungsmotivation) bzw. bei dem Anreiz (od. Wertschätzung), der v. einer zu erlernenden Sache ausgeht, od. bei einem großen Neuigkeitswert, den eine Sache besitzt wie auch bei der Erreichbarkeit, die einem Lernziel zukommt. Weitaus geringer ist die Lernbereitschaft bei sog. sachfremder (extrinsischer) ↗ Motivation: Drohungen des Lehrers bzw. Sach- u. Unterrichtszwänge. Ebenfalls kann die Lernbereitschaft erlöschen, wenn die Motivierung allein auf dem Bedürfnis nach Identifikation mit einem Lehrer beruht (z. B. bei menschl. Enttäuschungen). Ein bes. Gewicht kommt in der Lernsituation der Leistungsmotivation zu. Sie besteht aus zwei voneinander relativ unabhängigen Komponenten: ↗ „Hoffnung auf Lernerfolg" u. „Furcht vor Mißerfolg u. Versagen." Zu schwierige Lernleistungen bewirken „Furcht vor Mißerfolg" u. zerstören auf Dauer jede Leistungsmotivation. „Hoffnung auf Erfolg" u. „Furcht vor Mißerfolg u. Versagen" müssen in einem ausgewogenen Verhältnis zueinander stehen. Die Motivation f. eine Lernleistung ist umso größer, je gewichtiger der erwartete Erfolg dieser Tätigkeit ist. Das erfordert eine attraktive Darstellung des Lernstoffs; zu beachten ist jedoch, daß übertriebene Erfolgsaussichten sich zu Mißerfolgserlebnissen umkehren können. L. ist somit nicht nur ein kognitives, sondern stets auch ein motivationales u. emotionales Geschehen; intellektuelles L. setzt emotional-relevante Erfahrung voraus. Zum pastoralen u. anthropolog. Stellenwert des menschl. L.s: ↗ Erziehung, ↗ Schule—Elternhaus, ↗ Religionspädagogik. Po

Lit.: Begabung u. Lernen. Hrsg. v. H. Roth (⁵1970).

Lerntheorie. Die L.n sind das empir.-wissenschaftl. Produkt der lern- u. verhaltenspsych. ↗ Forschung. Mit J. P. Pawlow (UdSSR) nahmen die experimentellen Untersuchungen ihren Ausgang. Bei dem v. ihm entdeckten Konditionieren handelt es sich um die Bildung v. relativ einfachen Reaktionen durch Koppelung eines Reiz-Reaktions-Verhaltens an vorhandene Reflexe (z. B. Speichelfluß beim Hund). Fast gleichzeitig lieferte J. B. Watson (USA) ähnl. Forschungsergebnisse; die von ihm ausgehende wissenschaftl. Richtung bezeichnet sich als „Behaviorismus". Eine Fortentwicklung der klass. Konditionierungstheorie ist die Verstärkungstheorie v. E. L. Thorndike u. B. F. Skinner (auch instrumentelles od. operationales Konditionieren genannt). Durch ständiges Verstärken eines gezielt angestrebten ↗ Verhaltens (Belohnung einer erwünschten od. Bestrafung einer nicht gewünschten Handlung) werden ein ↗ Tier od. ein Mensch zu einer neuen Handlungsweise geführt. ↗ Lernen durch Belohnungserfolg ist nicht immer das Produkt einer bewußten ↗ Manipulation; auch Erfolgserlebnisse (bzw. Befriedigung über gefundene Ergebnisse) in der Bewältigung tägl. Lebensaufgaben (Lernen durch Versuch u. Irrtum) wirken als Verstärker (C. L. Hull). Eine weitere Variante dieser L. ist das Nachahmungslernen (nach A. Bandura). Lernen erfolgt durch Nachahmung v. Verhaltensweisen u. lebensprakt. Handlungen; verstärkt wird ein solches Lernen durch die Identifikation mit modelltyp. ↗ Bezugspersonen. Die trad. L. ist das Lernen durch Einsicht in Sinnzusammenhänge. Diese Form des Lernens untersuchten v. a. die Vertreter der Gestaltpsychologie: W. Köhler, K. Koffka, M. Wertheimer, K. Lewin, W. Metzger u. a. — Zw. dem „Lernen durch Einsicht" u. dem „Lernen durch Versuch u. Irrtum" steht das Orientierungslernen, das der Neo-Behaviorist E. C. Tolman experimentell erforschte: Einsicht wird als Orientierungswissen verstanden: Lernen ist die Fähigkeit, Einsichten auf neue Situationen zu übertragen. Ihre prakt. Anwendung finden die L.n v. a. in der ↗ Verhaltenstherapie u. bei den Bemühungen um ein optimales Lernen (z. B. programmierter Unterricht). In der ↗ Lebensberatung ist die Kenntnis der L.n entscheidend f. die Effektivität eines Lebens- od. Verhaltensrates; eine Verhaltensänderung hängt v. der sachgerechten Verwendung der L.n ab. Die ethische Grenze einer Verhaltensbeeinflussung durch Methoden des klass. od. operationalen Konditionierens ergibt sich aus der ↗ Freiheit des Individuums zur bewußten Selbstbestimmung seines Handelns. ↗ Bildung. Po

Lit.: O. H. Mowrer, Learning Theory and Behavior (1960).

Lesbische Liebe ↗ Homosexualität

Leukotomie = operative Durchtrennung der nervösen Leitungsbahnen zw. Thalamus u. Stirnhirn zur Spannungslösung bei schweren Zwangsneurosen, Schizophrenien u. behandlungsresistenten ↗ Schmerz-Zuständen, führt zu irreversiblen Persönlichkeitsveränderungen (Gleichgültigkeit, ↗ Abulie), heute kaum mehr verwendet, sondern durch vorübergehend wirksame ↗ Psychopharmaka ersetzt; bei Schmerzzuständen durch die Chordotomie (Durchschneidung v. Rückenmarksbahnen ohne Persönlichkeitsveränderung).

Libido. Nachdem der L.-Begriff über Jahrhunderte hinweg v. der Moraltheologie mit einem negativen Akzent belegt worden war, wurde er um die Jahrhundertwende v. Freud, der ihn v. A. Moll übernimmt, zu einem Zentralbegriff der psychoanalyt. ↗ Trieblehre u. damit zugleich der Vorschlag zu einer Umwertung gemacht, die zunächst auf einhellige Ablehnung durch Theologie u. ↗ Kirche stieß.

Freuds eigenständige Beiträge zum L.-Begriff dürften im Folgenden bestehen: Im Blick auf die *Quelle* der L. wurde gezeigt, daß sie sich aus Partialtrieben zusammengesetzt, in die sie auch wieder zerfallen kann. Diese können den versch. erogenen Zonen des menschl. Körpers zugeordnet werden. Im Blick auf das *Ziel* der L. kann immer v. Befriedigungsabfuhr gesprochen werden, jedoch ist eine Wandlung v. der ↗ Aktivität zur Passivität möglich. Als variabelster Aspekt muß das *Objekt* der L. angesehen werden, das durch eine Verschiebung der Besetzungen best. Triebschicksale erleiden kann. Wurde der auf Objekte gerichteten L. zunächst der Selbsterhaltungstrieb als Gegensatz gegenübergestellt, so wurde dieses Konzept aufgegeben, als sich herausstellte, daß im ↗ Narzißmus sich Sexualtriebe zeigten, die anstatt der äußeren Objekte das eigene ↗ Ich zum Objekt genommen hatten. Anstatt v. einem ↗ Konflikt zw. Sexualtrieben u. Ichtrieben sprach Freud deshalb vom Konflikt zw. Objekt-L. u. Ich-L. Im Spätwerk wurden die libidinösen Triebe als Eros zusammengefaßt, dessen Absicht es sei, „aus der lebenden Substanz immer größere Einheiten zu gestalten, somit die Fortdauer des Lebens zu erhalten u. es zu höheren Entwicklungen zu führen".

C. G. Jung nahm eine einzige Ur-L. an, die sexualisiert u. desexualisiert werden konnte u. so im Wesen mit seel. Energie überhaupt zusammenfiel. Die Notwendigkeit, zw. den Sexualtrieben u. den Trieben mit anderen Zielen zu unterscheiden, konnte jedoch durch diese Neudefinition nicht aufgehoben werden. Scha

Lit.: S. Freud, „Psychoanalyse" und „Libidotheorie", Ges. Werke, Bd. XIII; C. G. Jung, Wandlungen und Symbole der Libido (1925); H. Negora (Hrsg.), Basic Psychoanalytic Concept on the Libido Theory (1969).

Liebe. L. ist bei allen Menschen, in allen Kulturen u. ↗ Gemeinschaften das universalste, formenreichste, anspruchvollste u. folgenschwerste *Urstreben* der ↗ Person. Es nimmt alle psychischen Potenzen, geistigen Fähigkeiten u. physischen Anlagen des Menschen integrierend u. orientierend in Dienst. Dadurch ermöglicht u. garantiert die L. die personal-soziale Entwicklung u. Entfaltung der Person in den vielseitigen Kontakten, Begegnungen u. Beziehungen zu anderen Personen, zur belebten u. unbelebten ↗ Natur, zu den Schöpfungen v. Kultur u. ↗ Technik u. zu Gott. Nach der psychischen Potenz des Menschen ist alle L. Antwort-L. Sie wird anfänglich v. liebenden Personen im Miteinander u. Füreinander geweckt. In der Weise, wie das Angebot personaler L. angenommen od. abgewiesen wird, wirkt sich die ↗ Freiheit eines Menschen aus. Die Freiheit des Menschen erweist sich als der entscheidende Impuls des Wachstums- od. Verweigerungsprozesses in der L. Ein totales u. ersatzloses Verweigern der L. ist keinem Menschen möglich, weil personales ↗ Leben u. L. Synonyme, d. h. untrennbar sind. Der Mensch kann im Rahmen des ihm Angebotenen wählen, wen od. was er wann u. wie lieben will. Aus dieser Freiheit entstehen die zahlreichen *Fehlformen* der Antwort-L. bis hin zu ↗ Neurosen, ↗ Abhängigkeiten, ↗ Perversionen, ↗ Kriminalität. Desorientierungen u. Fehlformen des L.sstrebens, z. B. aus determinierenden Familienverhältnissen od. aus scheinbar freiem Sich-Entscheiden der Person, sind in der Regel direkte u. indirekte Fragen nach liebender Korrektur od. Nachforderungen schuldig gebliebener Ermutigungen u. Vorbilder. Denn innerpersonal steht die Entwicklung u. Entfaltung der personalen L. in engem Zusammenhang mit der Weckung u. Pflege der Kräfte des Gemüts- u. Gefühlsbereiches. Diesen psychogenetisch nachgeordnet, wirken Verstand u. Wille zu dem Gelingen des L.ns. Die Anrufl. Gottes ergeht an den Menschen primär durch Menschen, vornehmlich in der ↗ Familie als der sozialen Primärgruppe (↗ Gruppe), durch die nächsten ↗ Bezugspersonen, die als reich u. gebend, bedürftig u. nehmend, fürsorgend u. ich-besorgt, stark u. schwach erlebt werden. Sekundär ist der Mensch v. Gott zu liebendem ↗ Verhalten aufgerufen durch die apersonale Schöpfungswirklichkeit, die der Sorge des Menschen bedarf. Familie, ↗ Ehe, Beruf, Kirche u. Staat, sowie die versch. sozialen Gruppierungen u. ↗ Gemeinschaften, sind sowohl Initiativ- u. Übungsbereiche als auch Bewährungszentren menschl.-christl. Liebens. Gelingende L. zeigt sich dort in Kontaktfähigkeit u. Kontaktbereitschaft, im angemessenen Sich-binden u. Sich-lösen, in teilnehmendem Interesse u. fürsorgendem Beistehen. Dabei sind reifungsbestimmte *Stufen* u. *Stadien* der L. zu beachten, die je nach dem physischen, psychischen, sozialen u. sittl. Entwicklungsstand u. Reifungsstatus der Person erreicht werden können. Das vornehmlich luststrebige Lieben (↗ Libido, ↗ Lust) des Kindes- u. ersten Jugendalters sollte erweitert entfaltet werden v. dem Streben nach Beglückung des ↗ Ich u. Du in der ambivalenten *Eros-L.*, die im späteren Jugendalter (12—18) in Funktion tritt (↗ Eros). Diese Eros-L. sollte mit ihrem Formenreichtum eingehen in die bes. des Schenkens fähige Form der L., welche ermutigend auf die Entfaltung u. Förderung des Du, letztlich auf Beseligung ausgerichtet ist. Die christl. Botschaft vom liebenden Vater-Gott, dessen L. einzigartig in der Bruder-Gestalt Jesus v. Nazareth erfahrbar wurde, ist die größte Ermutigung u. eine beständige Aufforderung, sich menschl. u. rel.-sittl. um die je höheren Formen der L. in Begegnungen u. Beziehungen zu bemühen. Die Hochform christl. L.ns, in der man sorgend u. dienend zugunsten des anderen da ist u. wirkt, darf nicht mit der Forderung nach totaler Ich-losigkeit belastet u. verkannt werden. Die v. Fénélon geforderte Ausschaltung des Ich-Selbst (amour désintéressé) ist psych. unmöglich. Die menschl. höherwertigen Formen der L. können jedoch nicht erreicht werden ohne freien Verzicht, der als Opfer mehr ist als Ertragen v. Versagungen u. Enttäuschungen. Echte L. kann nicht ohne ↗ Treue als dem personal angenommenen Verzicht leben.

Psychische u. sittl. Voraussetzungen f. das *Gelingen* menschl. u. christl. L.ns sind das unverstellte Wahrnehmen der Wirklichkeit, die Aufnahmefähigkeit f. die ↗ Werte u. ihre immanenten Forderungen sowie die Fähigkeit u. Bereitschaft, sich f. das Gute u. sittl. Geforderte im Dienst an den Menschen zu entscheiden. Eine gepflegte u. altersgemäß kontrollierte ↗ Phantasie ermöglicht den gewünschten Entfaltungsreichtum im Umgang mit der Welt u. den Menschen.

Jede anthropolog. fundierte Pädagogik u. Pastoral wird in dem lebenslangen Entfaltungsprozeß christl. L.ns drei Aufgaben beachten: 1. die Pflege u. Förderung der personalen Grundbeziehungen in ↗ Ehe, ↗ Familie u. den weiteren sozialen Lebensbereichen, 2. die stadiengemäße Entfaltung des ↗ Gewissens zusammen mit der Kultur des Emotionalbereiches, der auch die Forderungen des ↗ Unbewußten zu integrieren versteht, 3. die zeitgemäße Erhellung u. verständl. Auslegung der bibl. Botschaft, die das Doppelgebot der Gottes- u. Nächstenl. aussagt u. diese L. in dem Leben u. Sterben Jesu Christi zeigt (Agape).

Motivation u. *Verwirklichung* dieser L. erfordern ein hohes Maß an Menschenkenntnis, an Beharrlichkeit u. Treue im Aushalten bei den nur widerstrebend sich wandelnden Menschen, ferner in ihrer Ermutigung, die zu werden, die sie v. ihrem Ursprung, ihrer Anlage her sind: Ebenbilder, Söhne u. Töchter Gottes, Brüder u. Schwestern in Christus. Menschenkundlich als falsch ausgewiesene Simplifizierungen (z. B. Sexualismus), Radikalisierungen (z. B. Leugnung des Eros) u. Kontrastierungen (z. B. Sexus od. Agape) verhindern des Reifen der Person in der L. u. treiben in bedrohl. Ratlosigkeit. Das *Ziel* menschl. u. christl. L.ns ist in dieser Welt nicht erreichbar. Als *Verheißung* ist es dem Leben in dieser Welt eingestiftet (immanent), als Erfüllung jedoch der kommenden Welt (Eschatologie) vorbehalten (↗ Auferstehungsglaube, ↗ Unsterblichkeitserwartung). In der L. gereifte u. geübte Menschen sind offen f. die Vollendung dieser L., die als einzige der menschl. Urfähigkeiten (Glauben, Hoffen, L.n) bleibt (1 Kor 13,13). V. ihrem Ursprung u. ihrem Ziel her hat die L. ihre auch anthropolog. Ranghöhe, ihre vereinigende Funktion u. Universalität. Das meint z. B. die Aussage „Gott ist die L." (1 Joh 4,7.16). Anthropolog u. theol. gesehen, stammt jeder Mensch aus der L. seiner Eltern u. seiner Familie. Darum muß er lieben u. strebt er in die Vollendung der L., die in dieser Welt auch nicht annähernd erreicht wird. Wilhelm Heinen

Lit.: W. Heinen, Liebe als sittl. Grundkraft u. ihre Fehlformen (³1968) (Lit.); J. B. Lotz, Die Stufen der Liebe (1971); D. v. Hildebrand, Das Wesen der Liebe (1971); J. Pieper, Über die Liebe (1972).

Lobotomie = vollständige Durchtrennung der Verbindungen zw. Hirnrinde u. Hirnstamm. ↗ Leukotomie

Logotherapie. Von V. v. Weizsäcker (s. Wiesenhütter „Grundbegriffe der Tiefenpsychologie") stammender Begriff. W. ging davon aus, daß Schwächen der Menschen ihre Stärken sein könnten u. nicht jede ↗ Neurose beseitigt werden müsse, außer wenn vitale Bedrohung vorliege. Sonst sei Analysieren mit Banalisieren u. die „psychosynthet." Einführung „eines geistigen Systems v. lebendig geprägter Form" oft angebrachter, die er L. nannte. — V. Frankl („Ärztl. Seelsorge", „Logos u. Existenz" usw.) übernahm den Begriff als den f. seine ↗ Psychotherapie führenden (neben ↗ „Existenzanalyse"). L. bedeutet nicht Aufbau u. Anwendung eines „logischen" Systems, sondern geht aus vom Logos der alten Griechen, verbunden mit der Frage nach dem Sinn ("telos"). Dieser wird angegeben in der existentiellen Ausrichtung des Menschen auf das Absolute, auf Gott. Das ↗ Unbewußte sei zutiefst in ihm verankert u. rage in Form des ↗ Gewissens in den konkreten Menschen hinein. Der eigentl. Sinn des ↗ Gewissens sei nicht das Anzeigen v. ↗ Schuld-Gefühlen im Sinn der ↗ Psychoanalyse Freuds, einer moral. u. ethischen Schuld od. der ↗ Sünde im Sinn der Religionen, sondern des Schuldigbleibens personaler Sinnverwirklichung u. menschl. Existenz, der Erfüllung aller dem Menschen auferlegten Aufgaben, der Entfaltung aller in ihm angelegten Möglichkeiten. Das Abtragen existentiellen Schuldigseins wird mit der Frage nach dem ↗ Wert der ↗ Person verknüpft. Dieser offenbare sich (über die Freilegung des Gewissens) in der Orientierung der Person auf Gott hin, in welche ↗ Krankheit u. Neurose als negative Indikatoren verfilzt gedacht sind. Waren es bis in die Mitte des vorigen Jahrhunderts Sünde u. Krankheit, die in enger Beziehung gedacht wurden (eine Beziehung, welche die Psychiatrie u. Medizin zum Vorteil konkreter Patientenbehandlungen überwand), ist es bei Frankl die Verknüpfung v. existentieller Schuld u. Krankheit, die eine (latente) Weiterführung alter Gedankengänge nicht verleugnen kann. In der Therapie berücksichtigt Frankl analyt. u. andere (suggestive) psychotherapeut. Methoden (z. B. "paradoxe Intention": Errötenwollen bei Errötungsfurcht), mißt ihnen jedoch gegenüber der personalen Sinnverwirklichung eine untergeordnete Bedeutung zu. Wi

Lit.: V. E. Frankl, Ärztliche Seelsorge (1948); ders., Logos und Existenz (1951).

Lohndenken. Der Mensch in seiner leibseel. Verfassung mit seiner grundsätzl. Begrenztheit kann Selbsterfüllung nur finden, wenn er durch die ↗ Um- u. Mitwelt u. durch sie hindurch letztl. durch Gott bereichert wird. Aber je vollkommener u. dementspr. autonomer er wenigstens unter dieser od. jener Rücksicht wird, kann er selbst auch hegend, dienend u. schenkend zur Entfaltung u. Bereicherung der Um- u. Mitwelt beitragen, dadurch in der ↗ Liebe zu Gott — so wie er ist — wachsen u. so maximale Selbsterfüllung durch maximale Liebe erreichen. Das heißt, er kann in einem gewissen Umfang u. in zunehmendem Maß Vollendung nicht allein durch Beschenktwerden, sondern durch Beschenken erreichen. Man muß das beachten, um zu einer rechten Einschätzung des L.s zu gelangen. — L. liegt nämlich vor, wenn man sein best. ↗ Verhalten — statt um seiner selbst willen — nur od. vorwiegend um eines Lohnes willen verwirklicht. Dabei wird dieses Verhalten jemandem zuliebe mit der Absicht praktiziert, v. ihm dafür eine entspr. Gegenleistung zu erhalten. Der Lohn kann in materiellen Gütern, aber auch in Lob, Liebeszuwendung usw. bestehen. Dem L. entspricht ein Strafdenken, demzufolge man best. Handlungen — statt sie um ihrer selbst willen zu vollbringen bzw. zu unterlassen — vollbringt bzw. unterläßt, um einer ↗ Strafe zu entgehen. Das L. beruht auf der unbewußten od. bewußten Erwartung, daß man f. best., zugunsten anderer erbrachte ↗ Leistungen Lohn erwarten kann. Ihm liegt das ↗ Bedürfnis zugrunde, durch aktive liebende Hinwendung zur Mitwelt Bereicherung durch diese finden zu wollen. Das L. führt jedoch zur Selbstentfremdung u. ↗ Ausbeutung anderer, wenn es dazu verleitet, v. seiten anderer sich selbst gegenüber größere Hingabe zu erwarten, als man selbst im Rahmen seiner Möglichkeiten aufzuwenden bereit ist. Man achtet dann die personale Würde anderer geringer als die eigene (↗ Menschenwürde). L. entartet auch, wenn man aus mangelhafter Selbstliebe bereit ist, sich ohne hinreichenden Grund f. gleichwertige Leistungen geringer entlohnen zu lassen als andere. Das würde nämlich auf eine ↗ Ich-Schwäche hinweisen, aufgrund derer man sich denjenigen in unangemessener Weise unterordnet, denen man seine Dienste leistet. L. ist demnach unter Mündigen in dem Maß sinnvoll, wie man aus Gründen der ↗ Gerechtigkeit v. anderen f. best. Dienste einen entspr. Lohn erwarten kann, weil sonst die Chancengleichheit zur ↗ Selbstverwirklichung nach den eigenen Bedürfnissen im Ausgleich u. in Überein-

stimmung mit den Bedürfnissen der Mitmenschen statt verbessert verschlechtert würde.
Das L. der Unmündigen gestattet es den Erziehenden, v. diesen unter Zuhilfenahme v. Lohn ein best. Verhalten zu erreichen, das sie wegen ihrer Unmündigkeit sonst nicht verwirklichen würden, als Mündige aber um seiner eigenen Werthaftigkeit willen verwirklichen sollten. Lohn im Dienste der ↗ Erziehung ist deshalb in dem Maß sinnvoll, wie er die Bereitschaft zur Verwirklichung in sich selbst wertvoller Verhaltensweisen fördert. Folglich sollte der Lohn so dosiert werden, daß der Unmündige im Rahmen seiner Möglichkeiten dazu motiviert wird, dasjenige Verhalten — statt um des Lohnes — um seiner selbst willen zu verwirklichen, das dies aufgrund seiner eigenen Werthaftigkeit verdient.
L. Gott gegenüber ist unangemessen, weil Gott v. den Menschen keine Verhaltensweisen erwartet, die nicht f. die Betroffenen um ihrer selbst willen sinnvoll sind, u. weil man Gott keine Dienste erweisen kann, die ihm einen Vorteil verschaffen. Dementspr. kann das Reden v. Verdiensten Gott gegenüber nur meinen, daß der Mensch — durch Gott befähigt — Taten setzen kann, die den Menschen in seiner ↗ Gottebenbildlichkeit vervollkommnen u. die v. Gott f. die v. ihm geliebten Menschen als wertvoll anerkannt werden. Die Lehre v. den Verdienstmöglichkeiten des Menschen Gott gegenüber sagt demnach etwas über die innere — v. Gott begründete — Werthaftigkeit des Menschen aus u. über seine Möglichkeit, diese Werthaftigkeit durch Gottes Gnade zu vollenden.
Pastoralanthropolog. ist L. dementspr. nicht einfachhin abzulehnen, sondern als Ausgangspunkt u. Mittel zum Aufbau einer ↗ Motivation zu benutzen, die dazu bereit macht, Liebe im Maße der eigenen Liebesfähigkeit u. der Liebenswürdigkeit anderer zu schenken, u. gleichzeitig so viel Liebe empfangen zu wollen, wie das der eigenen Liebenswürdigkeit entspricht. Dabei ist zu beachten, daß L. nicht stärker unterdrückt werden sollte, als es der Bedürftigkeit des Menschen entspricht, weil sonst seine optimale Selbstverwirklichung behindert würde. Dementspr. ist die Erwartung, v. Gott Erfüllung u. in diesem Sinne Lohn f. sittlich gutes Verhalten zu empfangen, insoweit zu begrüßen, wie diese — trotz der ↗ Versuchung zu egoist. Verhalten — zu an sich gutem Verhalten motiviert u. nicht dazu verleitet, Gott als Mittel zur eigenen Verwirklichung zu degradieren, anstatt v. ihm ↗ Heilung u. Heil zu erwarten. Mo

Lit.: W. Pesch, Der Lohngedanke in der Lehre Jesu (1955); G. Bornkamm, Der Lohngedanke im NT, in: Gesammelte Aufsätze II (1959), 69—92; O. v. Nell-Breuning, Kapitalismus und gerechter Lohn (1960); K. Schaller u. H. Gräbenitz, Auctoritas und Potestas. Ein Repertorium der Erziehungsstile und Erziehungsmaßnahmen (1968); W. Molinski, Verdienst, in: SM IV (1969), 1159—1165.

Lüge. Beschränkt man L. nicht auf „bewußt unrichtige Aussage", erweist sie sich *als Symptom u. Werkzeug* anderer, u. U. verdrängter Motive u. Absichten. L. wird gelenkt v. Hintersinn, kalkulierter Wirkung, verdeckt, täuscht. Sie zerstört unbefangenen sozialen Einklang. Der Belogene fühlt sich mißbraucht, verraten, beleidigt. *Ursachen* des L.ns sind u. a. Überforderung, Schwäche, Feigheit, die unscheinbare od. peinl. Wirklichkeit ungeschützt zu offenbaren. Ernster: scheinwahre, halbwahre, vielleicht aussagerichtige Bemerkungen können aus *Schadenswillen* den Konkurrenten treffen, Argwohn erwecken, den Ruf zerstören, lächerlich machen. *Statuszwang* inmitten gesellschaftl. Prestigekontrollen nötigt zu *permanenter Rollen- u. Erfolgsl.* Auch zu ↗ „Liebe" wird umgelogen, was in Wahrheit Besitzenwollen, ↗ Projektion ↗ Lust-Befriedigung, ↗ Leitbild-Verfallenheit o. ä. sein kann.
In der *Welt der Propaganda* ist gar nicht mehr eine Aussage, sondern die Wirkung intendiert. ↗ Sprache u. Sprechen können Wirklichkeit verdecken, verzerren; entlarven sich aber sowohl objektiv („Wörterbuch des Unmenschen"/Vokabular des „verwalteten Menschen") wie existentiell (als hohles Spiel) u. psych. (↗ Lügendetektor). Gegenüber einer verbreiteten Signatur öffentl. Lebens — ein auf chron. L.n aufgebautes Arrangement —

sollte sich *christl. Gemeindeleben* befreiend auszeichnen durch ein Klima des ↗ Vertrauens, des Wohlwollens u. Verzeihens, der fairen Offenheit. Dann gelingt u. widerfährt Lauterkeit unverzweckter Wahrheitsliebe. ↗ *Verkündigung u. heutige Realisierung* christl. Wahrheitsethos sollten sich nicht auf pauschales u. abstraktes Moralisieren im abgegrenzten Feld der Aussagerichtigkeit richten. Das zuzuordnende *Gesamtethos* umfasse vielmehr: Verständnis, Rücksicht, Nüchternheit (ohne Erschrecken, ↗ Verdrängen, Überhöhen, Umdeuten), tapferen Bewältigungswillen, demütig-gelassene Ehrlichkeit. So gelebt, werden L.n unnötig; wird Schritt f. Schritt — in behutsam schonender Liebe — Wahrheit anzunehmen u. zu sagen möglich (↗ Wahrheitspflicht).

Bö

Lit.: G. Müller, Die Wahrheitspflicht und die Problematik der Lüge (1962); H. Gödan, Die sogenannte Wahrheit am Krankenbett (1972).

Lügendetektor. L.n sind Geräte, meist Polygraphen, zur Aufdeckung psychischer Spannungen bei Schuldgefühlen durch Messung des galvan. Hautwiderstandes u. der Kreislauf-Blutdruck-Pulsveränderungen. Da psychische Spannungen nicht nur bei Schuldgefühlen, sondern auch aus anderen Gründen auftreten u. stark v. der Vernehmungsart abhängig sind, wird in vielen Ländern (z. B. BRD u. USA) die Anwendung des L.s zu Vernehmungen nicht mehr zugelassen.

Lust. Die bis in die Gegenwart spürbare unheilvolle Verteufelung der L., die der atl. ↗ Verkündigung völlig fremd ist, dürfte wahrscheinlich auf folgende Wurzeln zurückzuführen sein: Erstmalig in der pythagoräischen Philosophie wird die Vorstellung entwickelt, der Mensch müsse seine innere Getriebenheit durch die außerhalb seiner selbst liegenden Ordnungsprinzipien v. Maß u. Zahl, wie sie an der ewigen Ordnung der Gestirne ablesbar werden, eindämmen. Damit werden den Körperfunktionen u. den aus ihnen resultierenden ↗ Trieben mit ihrem L.streben eine durchaus negative Funktion zugeschrieben: Die menschl. Seele schmachtet im Körper wie in einem Kerker. Den Gegenschlag zu dieser durch Platon weitverbreiteten ↗ Leibfeindlichkeit bildete das dionysische Lebensgefühl, das v. a. im Umkreis der Mysterienkulte heimisch war. In der steten Auseinandersetzung mit dieser ↗ Umwelt entschied sich das junge Christentum, wohl auch stark unter Einfluß v. Paulus, der der ↗ Sexualität gegenüber — v. a. im Blick auf die Naherwartung der Parusie (= „vollendende Wiederkunft Jesu Christi") — eine ausgesprochen ambivalente Einstellung einnahm, f. die Übernahme v. leibfeindl. u. asket. Denkmodellen, die im weiteren Verlauf der Kirchengeschichte immer wieder die starke Affinität zwischen sex. L. u. ↗ Sünde betonten. Ein großer Teil der abendländ. Weltanschauungsbildung samt ihren ethischen Konsequenzen wurde v. a. v. Zölibatären geschaffen, deren oftmals reichlich affektiven Stellungnahmen gegen die sex. L. die Vermutung nahe legen, daß die sex. Problematik nicht durch freiwilligen Verzicht gelöst worden war, sondern durch erzwungene ↗ Verdrängung, die zu einem lebenslangen Kampf gegen die Wiederkehr des Verdrängten führte. Auch der reformator. Protest gegen den Priesterzölibat änderte kaum etwas an der grundsätzl. negativen Einstellung zur Sexualität, ↗ Leiblichkeit u. L. (↗ Zölibatspflicht). Die ↗ Ehe wurde lediglich als „Spital der Kranken", als legitime Auffangstelle f. die „böse L." angesehen. Als die ↗ Psychoanalyse die überragende Bedeutung der Sexualität herauszustellen begann, werteten dies beide Kirchen zunächst als einen tödl. Angriff auf ihre ↗ Sexualethik. Dabei übersahen die kirchl. Kritiker der Psychoanalyse, daß Freud selbst, der tief in der Lebenshaltung eines bürgerl. Moralisten verwurzelt war, nie der Entfesselung gemeinschädl. Triebe das Wort geredet hatte u. bis zu seinem Lebensende eine fast puritan. Einschätzung u. ↗ Deutung der Sexualität vertreten hatte. Dem „L.prinzip", das er in allen unbewußten, triebhaften, den „Primärprozessen" am Werke sah, stellte er mit Unerbittlichkeit das „Realitätsprinzip", die Notwendigkeit des Verzichtes auf die Befriedigung überschüssiger Triebenergien, entgegen. Ihm kam es lediglich darauf an, die Lebenslüge der Verdrängung, in deren Gefolge sich Heuchelei u. „doppelte ↗ Moral" ausbreiteten, durch einen Ich-gerechten u. bewußten Verzicht, den er f. schicksalhaft notwendig ansah, zu ersetzen. Erst Kulturkritiker wie Herbert Marcuse, W. Reich u. N. O. Brown (die sogen. „Freud'sche Linke") versuchten den v. Freud postulierten notwendigerweise trag. Ausgang des Antagonismus zw. Trieb u. Kultur zu überwinden u. in ein „Jenseits des Realitätsprinzips" vorzudringen, in dem dem Individuum ein repressionsfreier Raum v. nahezu unbeschränkter L.-Befriedigung zur Verfügung gestellt werden sollte.

Keine pastoralpsych. Überlegung zum Thema L. wird an der Tatsache vorbeigehen können, daß kirchl. ↗ Erziehung u. ↗ Seelsorge sich mitschuldig gemacht haben an der Verbreitung eines leibfeindl. u. l.feindl. Klimas in unserer ↗ Gesellschaft, das der Verdrängung der Sexualität Vorschub leistete u. somit ↗ Neurosen u. ↗ Perversionen förderte. Freilich hat der erwartungsgemäß eingetretene Gegenschlag, durch den in der Gegenwart die sex. L. zum Konsumgut, das den einzelnen geradezu unter einen sex. ↗ Leistungs-Zwang bringt, wenig zu einer wirkl. Lösung des Problems beitragen können.

Ein freimütiges Eingeständnis der Mitschuld der ↗ Kirchen auf diesem Gebiet würde verhindern, nun allzu eilfertig zum entgegengesetzten Pol umzuschwenken u. dadurch gerade zu unterbinden, daß es in Erziehung u. Seelsorge zu Befreiung u. Lösung kommt. Dazu könnten m. E. folgende Aufgabenstellungen beitragen:

1. Die immer erneute Rückbesinnung auf die bibl. Quellen u. deren Loslösung v. best. phil. Voreingenommenheiten. Die sowohl im Bereich der Bibelwissenschaften wie der ↗ Ganzheitsmedizin wiederentdeckte Konzeption v. der psychosomat. Einheit des Menschen bietet Ansatzpunkte f. fruchtbare interdisziplinäre ↗ Forschung u. könnte zu einem emotional weniger belasteten Verhältnis zur L. führen (↗ Psychosomatik).

2. Die christl. Seelsorge hat nicht die Aufgabe, ↗ Schuld-Gefühle zu wecken, wo Menschen sex. L. empfinden, sondern v. Schuldbelastung zu befreien. Diese Befreiung ist vom NT her so radikal intendiert, daß sie zur Verwandlung des ganzen ↗ Bewußtseins, ja des ganzen Wesens des Menschen führen soll. So gebührt auch der L. ein angstfreier angemessener Empfindungsraum.

3. Freilich wäre es gefährl. Demagogie, den Anschein zu erwecken, als könnte jemals eine Gesellschaft aufgebaut werden, die dem Individuum die schrankenlose Befriedigung aller mögl. L.-Impulse garantiere. Die notwendigen Einschränkungen sollten jedoch nicht v. einem abstrakten Prinzip, sondern v. der Gesamtwirklichkeit her (↗ Mitmenschlichkeit) gewonnen werden. Das Streben nach L. sollte also in den zwischenmenschl. ↗ Kommunikations-Prozeß einbezogen werden u. v. daher seine Korrekturen erhalten. Es zeigt sich dann vielleicht, daß ihm ein symbol. Ausdruckssystem einer spezif. Art der menschl. Zuwendung innewohnt, das bisher viel zu wenig kultiviert wurde u. dessen Weckung, Pflege u. Fortentwicklung eine wichtige Aufgabe der Seelsorge darstellen könnte.   Joachim Scharfenberg

Lit.: S. Freud, Jenseits des Lustprinzips, Ges. Werke, Bd. XIII; N. O. Brown, Zukunft im Zeichen des Eros (1962); W. Reich, Die sexuelle Revolution (1966); H. Marcuse, Triebstruktur und Gesellschaft (1967); J. Scharfenberg, Reife und Sexualität (1967); A. Graber-Haider (Hsg.), Recht auf Lust? (1970).

Macht. Die M. ist ein allgem. Phänomen v. menschl. ⚹ Gemeinschaft u. ⚹ Gesellschaft auf allen Stufen ihrer Entwicklung u. in all ihren Bereichen. Das Problem der M. ist in eigentüml. Weise verbunden mit dem Menschen, mit seinem fundamentalen ⚹ Bedürfnis der Selbstbehauptung u. Selbsterhöhung, mit seinen Interessen, ⚹ Werten u. ⚹ Leitbildern (⚹ Idealen). Man kann die M. mit Max Weber definieren als „jede Chance, innerhalb einer sozialen Beziehung den eigenen ⚹ Willen auch gegen Widerstreben durchzusetzen, gleichviel worauf diese Chance beruht." Die M. als Chance zur Durchsetzung des eigenen ⚹ Willens läßt sich auch v. der drohenden Sanktion (⚹ Strafe, ⚹ Zwang) im Falle der Weigerung verstehen, so z. B. polit. M. vom drohenden Nachteil einer verschlechterten Rechtsordnung, des Ausschlusses v. ⚹ Ämtern, des Entzugs der ⚹ Freiheit (bis zur Drohung mit dem ⚹ Tod); wirtschaftl. M. vom drohenden Nachteil schlechter Versorgung; geistige M. vom drohenden Verlust an Ansehen; rel. M. vom drohenden Verlust des Heiles.

Ein bes. Augenmerk verdient die polit. M., weil sie mit ihrem Gewaltpotential zur gefährlichsten Bedrohung individ. Existenz werden kann. Im Blick auf sie gilt mit erhöhter Dringlichkeit die Forderung, die f. jede M. zu stellen ist: M.kontrolle zur Verhinderung v. M.mißbrauch. Die M. kann zum Selbstzweck werden u. sich v. den übergeordneten Zwecken lösen, so daß man v. einer gewissen Tendenz zur Korruption der M. sprechen kann. Möglichkeiten der M.kontrolle liegen in der Teilung der M., in der Bindung der M. an das Recht u. nicht zuletzt in der ⚹ Aktivierung der M.unterworfenen zur ständigen krit. Überwachung der M.träger. In der modernen Massengesellschaft kommt den ⚹ Kommunikationsmitteln als wichtigen Formern der öffentl. Meinung (⚹ Meinungsbildung) eine erhöhte Bedeutung bei der Kontrolle polit., wirtschaftl. u. gesellschaftl. M. zu. Allerdings stellt sich gerade angesichts der M. der ⚹ Massenmedien mit ihrer ⚹ Versuchung zur ⚹ Manipulation die dringende Frage: Wer kontrolliert die Kontrolleure? — Die Antwort wird wiederum zu suchen sein in der „Gewaltenteilung" der Kommunikationsmittel durch Förderung ihrer ⚹ Pluralität, in ihrer Bindung an Recht u. Gesetz sowie in der Aktivierung der krit. Vernunft der Konsumenten dieser Massenmedienprodukte, also durch ständige Überprüfung des Gehörten, Gesehenen u. Gelesenen auf Objektivität u. zumutbare Vollständigkeit hin. Im Verhältnis v. M. u. Recht geht es um die rechte Mitte zw. zwei Extremen: dem m.losen Recht u. der rechtlosen M., Extreme, welche in der Welt, in der wir leben, beide auf die Dauer zum Scheitern verurteilt sind.

Vom Standpunkt der christl. Ethik ist bes. zu beachten, daß die M., die letztlich in Gott gründet, dem Menschen als Ebenbild Gottes (⚹ Gottebenbildlichkeit) zur treuen Verwaltung im Dienste der Gottes- u. Nächstenliebe (⚹ Liebe) verliehen ist, daß aber der M.trieb zur M.gier entarten u. zu einer Dämonie der Zerstörung werden kann. Zu beherzigen ist der Satz des Thomas v. A.: „Es genügt nicht zur Glückseligkeit, daß der Mensch Gott gleiche in Hinsicht auf die M., wenn er ihm nicht auch gleicht in Hinsicht auf die Güte" (STh I—II, 2,4). ⚹ Gewaltlosigkeit   Zs

Lit.: D. Sternberger, Grund u. Abgrund der Macht. Kritik der Rechtmäßigkeit heutiger Regierungen (1964); B. Welte, Über das Wesen und den rechten Gebrauch der Macht. Eine philosophische Untersuchung und eine theologische These dazu (²1965); A. Bergstraesser, Die Macht als Mythos u. als Wirklichkeit (1965).

Magersucht. Sie ist im allgem. charakterisiert durch fortschreitende Gewichtsabnahme bis zur Auszehrung, Neigung zum Frieren, zum Erbrechen, wobei die ⚹ Patienten oft über Völlegefühl, kolikartige Schmerzen im Unterbauch u. über Übelkeit klagen. Bei ⚹ Frauen, die v. der Erkrankung häufiger betroffen sind, bestehen außerdem ⚹ Menstruations-Störungen bis zum völligen Aufhören der Regelblutungen.

Die M. gehört zu den psychosomat. Erkrankungen (⚹ Psychosomatik), d. h., daß diese schwerwiegenden körperl. Veränderungen auf seel. Ursachen zurückgehen. V. a. sind ⚹ Konflikte mit den Eltern, insbes. der ⚹ Mutter, f. die Gewichtsabnahme verantwortl.: wie bei jeder ↗ Neurose wird der gegen die Eltern aufkommende ↗ Haß verdrängt, das daraus resultierende ↗ Schuld-Gefühl zur Bestrafung gegen den eigenen Körper gerichtet, woraus dessen ernste Schädigung, unter Umständen sogar Vernichtung (die M. ist eine der gefährlichsten psychosomat. Manifestationen, sie kann zum ↗ Tode führen) resultiert; es erübrigt sich, darauf hinzuweisen, daß durch die Erkrankung natürl. auch die Eltern schwer in Mitleidenschaft gezogen werden, ein Beweis dafür, daß sich die ↗ Aggression „versteckt" auch gegen sie richtet. So sehr es sich dabei also um ein irrationales ↗ Verhalten handelt, so sehr bemüht sich der Patient, es verstandesmäßig zu begründen, also zu „rationalisieren": am Beginn der M. steht immer eine Veränderung der Eßgewohnheiten, man ißt weniger, hält best. Diäten u. behauptet, dies sei f. die eigene ↗ Gesundheit notwendig, hält an diesem Standpunkt fest, auch dann, wenn schon schwere Auszehrungssymptome bestehen. Daß es sich dabei wirklich nur um rationale Vorwände handelt, wird auch aus der Tatsache klar, daß alle diese Patienten ein schweres Schuldgefühl entwickeln, wenn sie gegessen haben (manche versuchen daher, das Essen durch künstl. erzeugtes Erbrechen wieder „loszuwerden", andere nehmen Unmengen v. Abführmitteln). Dieses Vorgehen beweist auch, daß hier andere Trieb-Probleme mit dem Essen verbunden werden (wie es ja seit der Kindheit der Fall ist): die Nahrungsaufnahme kann stellvertretend zur Befriedigung sex. Wünsche werden — daraus wird bei gewissensmäßiger Ablehnung solcher Tendenzen ein Schuldgefühl, bzw. der ↗ Zwang resultieren, die Nahrungsaufnahme zurückzuweisen; so mag es auch zu erklären sein, daß die Erkrankung bes. in der ↗ Pubertät (= Verstärkung der sex. Problematik) u. bei Mädchen (durch die M. werden die Kriterien der Weiblichkeit u. damit der sex. Anziehungskraft reduziert) vorkommt.

Wenn die Diagnose „M. auf psychosomat. Basis" feststeht (sie muß im Somatischen gegen endokrine organ. Erkrankungen, im Psychischen gegen schizophrene u. depressive ↗ Psychosen abgegrenzt werden), ist entspr. kräftigende körperl. u. psychotherapeut. Behandlung notwendig. Unvermeidl. bleibt es dabei, den Patienten aus seinem ↗ Milieu f. längere Zeit herauszunehmen: dieses schädigt ihn gewöhnlich nicht nur durch die entstandenen Konflikte, sondern auch durch ein ↗ Verhalten, welches die Eßproblematik immer mehr betont u. damit den Widerstand des Kranken gegen das Essen nur noch erhöht. Ein therapeut. Grundsatz bei dieser Erkrankung muß sein, vom Essen möglichst abzulenken u. desto mehr die der Störung wirklich zugrunde liegenden Probleme zu lösen.

Rl

Magie. 1. *Worterklärung:* „Magos" ist Name eines medischen Volksstammes u. bedeutet „Tiefe"; Magier waren Mitglieder einer priesterl. Gruppe im Parsismus (Opfer, Auslegung der Avesta, ↗ Astrologie); die „mágoi" aus dem Osten (Mt 2,1), die späteren „hl. 3 Könige", waren wohl solche Priester. Religionswissenschaftl. versteht man unter M.: Einfluß auf das Numen (↗ Heilige) ausüben; seit dem Mittelalter unterscheidet man „weiße" (die Kräfte der M. Ausübenden stammen v. Gott, sind positiv zu werten) u. „schwarze" M. (ma. „Schwarzkunst" wurde mit „dem Schwarzen" (= Teufel) in Verbindung gebracht, stammt aber wahrscheinl. v. Nekromantie (= Beschwörung der Totengeister) bzw. dem verballhornten „Nigromantie", wobei die Assoziation lat. „niger" = schwarz den Ausschlag gab; schwarze M. wurde negativ bewertet u. verboten, die weiße M. dagegen z. B. v. Theophrastus Paracelsus in den Dienst der ↗ Heilung gestellt (Buch Arbatel u. a.).

2. *Sacherklärung:* Hinter mag. Verhalten steht die dynamist. Weltauffassung der archaischen Menschen, die sich in einer „unio magica" glaubten, einer alles umfassenden u. tragenden ↗ Abhängigkeit v. der dämon. Kraft (griech. „dynamis"), die alles durchdringt, aber sich direktem menschl. Zugriff entzieht (Unfaßbarkeit, ↗ Geheimnis, ↗ Transzendenz, ↗ Tabu). Der archaische Mensch

sucht nach Mitteln u. Wegen, die Gefährlichkeit dieses Unfaßbaren einzudämmen, der ständigen Bedrohung zu entgehen, es eigenen Zielen dienst- u. fruchtbar zu machen u. durch Benützung v. Gegenkräften zum wahren ↗ Leben zu gelangen. Darin ist wohl der Wurzelgrund aller M. zu sehen. Der zugrunde liegende Dynamismus ist eine best. Interpretation v. Transzendenzerfahrung, die der heutige Mensch nicht mehr einfach nachvollziehen kann, da sie in langen Lernprozessen überwunden u. durch neue Transzendenzbezüge ersetzt worden ist. Was der heutige Mensch mit dem archaischen gemeinsam hat, ist das Bewußtsein der Realität des Transzendenten, der eigenen Verwiesenheit u. Ungesichertheit, des Unterwegs zur ↗ Selbstverwirklichung, des umfassenden Geheimnisses, v. dem er kommt, in dem u. auf das hin er lebt (↗ Entwicklung, ↗ Gotteserfahrung, ↗ Religiosität). Was vorbei ist, ist die ↗ Manipulation dieser transzendenten Wirklichkeit; vorbei ist die Berechtigung v. Sakralisierung (↗ Entsakralisierung), Tabuierung (im archaischen Sinn), Ritualisierung, ↗ Gesetzlichkeit usw., also jede rel. Automatik u. rituell-rel. Technik (↗ Säkularisierung). In vielen Religionen läßt sich im Laufe ihrer Entwicklung eine mag. Entwicklungsstufe feststellen, die aber vom eigenen Selbstverständnis her meist als Zerrform disqualifiziert u. bekämpft wurde u. wird. Immer wieder geraten einzelne Mitglieder v. Religionsgemeinschaften od. auch ganze ↗ Gruppen in mag. Praktiken („Überhangsmagie"), so daß man sich der Notwendigkeit einer permanenten Entmagisierung bewußt sein muß.

3. *Christl. Sicht:* Die Bibel zeigt eine deutlich antimag. Tendenz. Mag. Praktiken in Israel (z. B. 1 Sam 28,3—25) werden verboten, bekämpft, als Götzendienst entlarvt (z. B. Ex 22,17; Jes 44,25 u. ö.). Der bibl. Mensch entwächst durch sein Weltverständnis (Raum- u. Zeitverständnis), sein Selbstverständnis (↗ Personalität, ↗ Freiheit, ↗ Individualität) u. sein Gottesverständnis (↗ Wort Gottes, Sinngrund, „Vater", Liebender, zur Freiheit Rufender usw.) der mag. Religiosität u. wird erst zu echtem, unbelastetem Weltbezug u. zu Selbstverwirklichung fähig. Jesu Aufruf zu dienender ↗ Liebe in aller Freiheit des ↗ Geistes, im Bewußtsein der ↗ Verantwortung u. Größe menschl. Existenz enthält einen starken anti-mag. Akzent, der allerdings im Laufe der Kirchengeschichte durch verschiedentliche Überlagerungsprozesse (Übernahme röm. Religiosität seit der „Konstantin. Wende", als das Christentum Staatsreligion wurde, Übernahme rel. Elemente bei der Missionierung, Aufblühen v. „Volksfrömmigkeit" durch ↗ Fixierung u. Sakralisierung der Liturgie usw.) nicht immer durchgehalten wurde. — Mag. Reste bestimmen über weite Strecken hin das Erscheinungsbild der Volksfrömmigkeit wie vieler offizieller gottesdienstl. Vollzüge (auch theol. Vorstellungen u. disziplinärer Vorschriften), so daß entspr. Aufklärung u. Distanzierung zu den bleibenden Aufgaben christl. ↗ Verkündigung u. ↗ Seelsorge gehören.

4. *M. u.* ↗ *Krankheit:* In der Krankheit begegnet der Mensch immer schon sehr spürbar ↗ Mächten u. Kräften, die seine Einflußnahme u. Verfügungsmöglichkeiten beträchtlich übersteigen. So liegt es nahe, daß sich gerade in diesem Bereich vielfältige magisch zu klassifizierende Praktiken entwickelten, um diese den Menschen bedrohenden (schwächenden, zerstörenden) Kräfte doch in den Griff zu bekommen u. entspr. Gegenkräfte zu mobilisieren. Wie sehr Einbildung, ↗ Hypnose, ↗ Suggestion, das ↗ kollektive Unbewußte, parapsych. Elemente usw. — oftmals in rel. Verpackung — gegenüber Krankheitssymptomen wirksam werden können (↗ Wunderheilungen, Kurpfuscherei, ↗ Besessenheit usw.), hat z. B. W. Bitter in dem v. ihm hsg. 7. Tagungsbericht der Stuttgarter Gemeinschaft „Arzt u. Seelsorger" dokumentiert (vgl. die Lit.). Wie sehr sich ein mit gewissem Recht „magisch" zu nennendes Vertrauen auf ↗ Medikamente, auf die medizin.-techn. Apparatur, auf den wissenschaftl. Aufwand, auf den ↗ Arzt (als Heiler-Persönlichkeit) in viel stärkerem Maße auf die ↗ Heilung v. Krankheiten auswirken können, als es die Schulmedizin gewöhnlich gelten läßt, zeigt z. B. der „doppelte Blindversuch" auf: Ver-

suchspersonen erhalten v. Ärzten ↗ Arzneimittel u. diesen in Aussehen, Verpackung usw. gleichende indifferente Substanzen (= „Placebo") verabreicht; ein nur dem Versuchsleiter bekannter Zahlenschlüssel ermöglicht es, daß weder Arzt noch Versuchsperson wissen, in welchem Fall es sich um echte Arzneimittel bzw. um Placebo handelt; 40% der amerikan. Bevölkerung reagierten auf Placebo in gleicher Weise positiv wie auf das entspr. Heilmittel (bei gewöhnl. Kopfschmerzen sogar 60%); Bericht v. A. Jores, in: W. Bitter (s. u.). Was wirkt? Einerseits das ↗ Vertrauen des Patienten, andererseits ein spezif. ↗ Arzt-Patienten-Verhältnis, in jedem Fall wirken Kräfte, die sich einer naturwissenschaftl. Überprüfbarkeit entziehen. — Wieweit hier die parapsych. Forschungen, die Jung'sche Synchronizitäts-Hypothese o. ä. genügende Erklärungen bieten können, bleibe dahingestellt. Die Bedeutsamkeit eines Einbeziehens solcher Praktiken in die Medizin liegt jedenfalls auf der Hand (↗ Naturheilkunde, ↗ Ganzheitsmedizin, ↗ Psychosomatik). Entscheidend wäre nur, diese mag. Zusammenhänge v. einer archaischen (dynamist.) Interpretation zu befreien u. sie in eine v. krit. Bewußtsein gesteuerte Gesamtschau zu integrieren (vgl. die Bemühungen v. C. G. Jung u. seiner Schule).

5. *Pastorale Beurteilung:* Die ↗ Pastoralanthropologie hat im Hinblick auf M. eine aufklärerische Funktion, d. h. sie muß dem vielfachen Mißbrauch entgegentreten u. die positiven Aspekte zum Tragen bringen. Dies bedeutet, daß man „Überhangs-M." (Interpretation übersinnl. u. damit auf ↗ Transzendenz hinweisender Phänomene im dynamist. Begründungszusammenhang) überwinden u. die in der ↗ Person-Tiefe liegenden „mag. Bedürfnisse" in einen verantwortbaren Zusammenhang bringen muß, der der leib-seel. Dialektik menschl. Existenz entspricht. Jede Verdinglichung u. ↗ Manipulation geistiger Wirklichkeiten u. Kausalitäten aber müssen als solche demaskiert u. nach besten Kräften überwunden werden. ↗ Sakramente, ↗ Gottesdienst, ↗ Ritus, ↗ Amt, ↗ Frömmigkeit, ↗ Gebet, ↗ Seelsorger, ↗ Arzt usw. sind die Nahtstellen, an denen der leidende Mensch dem ↗ Geheimnis seiner Existenz u. damit der das bloß Empirische übersteigenden Mehrdimensionalität der Wirklichkeit begegnet. Hier muß ein krit. Bewußtsein der „mag. Schicht" in jedem Menschen gerecht zu werden versuchen — mit dem päd. Eros, ↗ Aberglauben auszuschalten u. zur Integration aller Kräfte zu erziehen.   Gottfried Hierzenberger

Lit.: W. Bitter (Hsg.), Magie u. Wunder in der Heilkunde (o. J.); F. Arnau, Macht u. Geheimnis der Magie (1965); O. Lipross, Logik u. Magie in der Medizin (1969); G. Hierzenberger, Der mag. Rest (1969); H. Döbler, Magie-Mythos-Religion (1972); J. Splett, Art. „Magie", in: Herders Theol. Taschenlexikon 4 (1973).

Maltherapie. Das Zeichnen u. Malen im psychiatr. Krankenhaus sind aus der ↗ Beschäftigungstherapie hervorgegangen. Wenn die Beschäftigung best. Formen der Kunst zum Vorbild hat, wird auch v. „Kunsttherapie" gesprochen. Während in Amerika die Bezeichnung „Art Therapy" sehr gebräuchlich ist, werden in Europa Ausdrücke wie kreative Therapie, ↗ Gestalt(ungs)therapie u. M. vorgezogen.

Das Zeichnen u. Malen psychisch Kranker haben einen diagnost., therapeut. u. künstlerischen Aspekt. So hat man den „Merkmalen schizophrener Bildnerei" bes. Aufmerksamkeit gewidmet. An Serien v. Zeichnungen od. Malereien, die ein ↗ Patient während seines Krankheitsverlaufs herstellt, kann man den Therapieerfolg ablesen.

Durch C. G. Jung u. seine Schule wurden Zeichnen u. Malen als Hilfsmittel der Psychotherapie eingeführt. Der Patient hatte dabei „aus dem ↗ Unbewußten" zu gestalten, d. h. ohne themat. Beeinflussung durch den Therapeuten. Im bildnerischen Akt wird einerseits Triebhaft-Emotionales erlebnisfähig — was eine kathartische Wirkung hat —, andererseits wird es aber auch gestaltet u. dadurch bewußtseinsfähig gemacht. Der ↗ Wert der M. liegt also im Akt des Malens selbst u. nicht etwa in der Interpretation des Werkes, wenngleich eine ↗ Deutung im Rahmen der Psychotherapie erfolgen kann.

Anders als der ↗ Arbeits- u. Beschäftigungstherapie, die sich in vorgeschriebenen

Bahnen abspielen, bietet die M. dem Patienten Gelegenheit, Wünsche, ↗ Ängste, seel. ↗ Konflikte auf eigene Weise auszudrücken u. zu formulieren. Dadurch wird ↗ Kreativität ermöglicht. Manche Psychiater sind der Ansicht, daß Kunsttherapie mit Kunst nichts zu tun hat u. daß kreative Tätigkeit unabhängig vom künstlerischen Wert der Ergebnisse eine therapeut. Wirkung hat. Es gibt jedoch eine Strömung in der ↗ Psychiatrie, die sich gerade mit dem künstlerischen Aspekt der Gestaltungen psychisch Kranker befaßt. Es hat sich nämlich gezeigt, daß psychische Erkrankungen (bes. schizophrene ↗ Psychosen) künstlerisch unausgebildete Menschen manchmal befähigen, kunsthnl. Produkte u. sogar Kunstwerke zu schaffen. Man spricht in solchen Fällen v. psychopatholog. Kunst. In jüngster Zeit sind Versuche gemacht worden, psychisch Kranke zu echten künstlerischen Schöpfungen anzuregen, diese Arbeiten der Öffentlichkeit zugänglich zu machen u. so zu einer Kunsttherapie im engeren Sinne zu gelangen. Na

Lit.: H. Rennert, Die Merkmale schizophrener Bildnerei (²1966); H. Prinzhorn, Bildnerei der Geisteskranken / Ein Beitrag zur Psychologie und Psychopathologie der Gestaltung (²1968); J. Jacobi, Vom Bilderreich der Seele (1970); A. Bader, Geisteskranker oder Künstler? Der Fall Friedrich Schröder-Sonnenstern (1972); L. Navratil, Über Schizophrenie u. die Federzeichnungen des Patienten O. T. (1974).

Manichäismus. Mit M. wird eine gnost. Religionslehre benannt, die auf den Parther Mani († ca. 276 n. Chr.) zurückgeführt wird. Das gnost. Element dieser Lehre drückt sich u. a. darin aus, daß das Heil des Menschen im Sich-selbst-Bewußtwerden der Seele (dem guten Prinzip) u. in der Loslösung vom wesensmäßig bösen Leib (dem bösen Prinzip) gesucht wird. In Analogie zu dieser Religionslehre wird mit M. od. manichäisch eine Geisteshaltung bezeichnet, die einen Dualismus v. Seele u. Leib vertritt, der u. a. in einer negat. Bewertung der menschl. ↗ Leiblichkeit, insbes. der menschl. ↗ Geschlechtlichkeit zum Ausdruck kommt u. als unchristl. beurteilt werden muß. Die Zähigkeit manichäischer Vorstellungen, die dem ↗ Seelsorger nicht selten begegnen, beruht wohl darauf, daß sie bes. in sex. zentrierter Sittlichkeit f. die „reine Seele" ein stets greifbares Alibi anbieten, alle ↗ Schuld auf den „bösen Leib" abzuschieben (Entlastungsmechanismus bes. bei Sexualneurosen). ↗ Böse, ↗ Leibfeindlichkeit. Gr

Lit.: G. Widengren, Mani u. der M. (1961).

Manie. 1. Histor. Bezeichnung f. Geistesstörung („Raserei"), 2. seit Kraepelin Form der manisch-depressiven ↗ Psychosen mit gehobener Stimmung, Enthemmung u. Kritiklosigkeit als Hauptsymptomen.

Manipulation. „Manipulare (ma. lat.) bedeutet „handhaben", „behandeln", auch „an der Hand führen". „M." wird im neuztl. Französisch u. Englisch als (techn.) Umgang mit einer Sache, als ihre Handhabung od. Bearbeitung geläufig (ohne negat. Wertung).

Der abwertende Wortsinn hat sich mit rechter u. linker Kulturkritik (vgl. z. B. Hans Freyer, Herbert Marcuse) eingebürgert. Er meint absichtsvolle Einwirkung auf Menschen, um ihr ↗ Bewußtsein od. ↗ Verhalten zu modifizieren, so daß Akte zustandekommen, die sonst nicht erwartbar wären; die Selbstbestimmung wird, etwa durch Ausnutzung v. Triebstrukturen, erworbenen ↗ Neigungen usw., gleichsam hintergangen. Kritik der M. setzt ↗ Anerkennung der ↗ Menschenwürde (Achtung vor der ↗ Person) voraus; sie gilt als mißachtet, wenn jemand als ein „Es" genommen, durch Ausnutzung z. B. einer Reaktionsweise gleichsam genasführt wird, gleich ob dabei Gutes beabsichtigt ist (es ist auch ↗ Zwang, wird jemand zu seinem ↗ Glück gezwungen; auch M. zum eigenen Wohl des Manipulierten ist M.).

So wäre z. B. jede Pädagogik fragwürdig, die auf Anwendung v. Reiz-Reaktions-Mechanismen ausgeht: ebenso zum großen Teil die heutige Sozialwissenschaft, v. a. die verhaltenstheoret., die mit B. F. Skinner Input-Output-Verknüpfungen als Basis v. Social Engeneering erkundet u. den Menschen somit als ein auf Signale reagierendes Wesen (nicht als Subjekt

Manipulation

seines Daseins) nimmt, als „Ort, an dem sich etwas abspielt" (H. Bürger-Prinz), nicht als Person. Kulturkritiker meinen, diese Art Theorie entspreche der sozialen Realität v. heute (so wie die Sozialphilosophie des 18. Jh. der damaligen). Das Bisherige betrifft Fremd-M.; es gibt aber auch Selbst-M.: Menschen wirken auf die eigene Physis ein (mit Stimulantien wie Kaffee od. Alkohol, durch Rauschgift). Solche absichtl. (auf Selbstbestimmung beruhende) Einflußnahme auf die menschl. Physis ist heute bes. aktuell. Eingriffe in die menschl. ↗ „Natur" sind aber nichts Neues (v. der Arzneianwendung bis zur Kastration, etwa zur Gewinnung v. Sopransängern). Die negative Sinntönung betrifft hierbei (a) die Fremdverfügung als Mißachtung personaler Autonomie, (b) bei absichtl. Selbst.-M. die Mißachtung der menschl. Seinsverfassung. Setzt sich M. dort über die Würde des Subjekts überheblich hinweg, so hier über die Würde der Schöpfungsordnung (↗ Geschöpf) u. die darin ausgedrückte Weisheit des Schöpfers (↗ Naturrecht).

Diese verbreiteten Meinungen verdienen Kritik. Zur Selbst-M. betont K. Rahner, daß d. Mensch kraft gottgewollter Daseinsverfassung über sich verfügen kann — bis zur absoluten ↗ Entscheidung über Heil u. Unheil; so könne ihm eine weniger radikale u. weittragende Selbstverfügung kaum verwehrt sein (ob sie auch im konkreten Fall verantwortbar sei od. nicht). Die Natur des Menschen darf nicht nach dem Bild artgesetzl. gebundener Organik des Lebens gesehen werden: als Geistwesen ist der Mensch auch Wesen der ↗ Freiheit, die Welt ist ihm zur verantwortl. Verfügung anheimgegeben. Bzgl. der Verfügung über die Leibnatur sagt die ↗ Anthropologie, daß der Mensch „Leib ist" u. einen „Leib hat", ohne daß beides ineinander auflösbar wäre (H. Plessner); weder zw. dem „Ichselbst" u. dem „Es an mir" noch zw. Leib u. ↗ Umwelt ist die Grenze dinglich u. invariabel fixiert (vgl. Organprothesen!). Selbst-M. u. Selbstgestaltung gehen ineinander über (asket., therapeut. Übungen können ambivalent erscheinen, je nach dem Selbstverständnis, das freilich selber reflektiert u. kritisiert werden kann, etwa phil.). Die Verurteilung der Selbst-M. wird daher vom Prinzip der verantwortl. Selbstbestimmung her in Frage gestellt.

Aber auch die kulturkrit. Entrüstung über die Fremd-M. ist doppelbödig.

(a) M. ist kein Merkmal der Gegenwart; Macchiavellis Technologie der Politik beruht z. T. auf dem Prinzip der M., aber auch schon die antike Rhetorik; Rezepte der Verführungskunst kennen viele Kulturen.

(b) Der entspr. techn. Denkhabitus ist erst mit der Zeit zunehmend maßgeblich geworden; dafür war menschl. Leben früher durch andere, die ↗ Selbstbestimmung unterlaufende Mechanismen gesteuert; man könnte z. B. v. Quasi-M. durch ↗ Tabus reden (es gibt da fürs erste kein Subjekt der M., aber Fähigkeit, sich über Tabuzwänge hinwegzusetzen, kann Machtchancen bieten). Geschichte ist auch Geschichte der ↗ Emanzipation v. solchen Übermächtigungen. Wird aber nicht eine Form der Fremdsteuerung gegen eine andere eingetauscht, die vorrationale durch die technische? Nicht die „natürl." durch die „künstl.", denn dem Menschen ist seine Natur aufgegeben; es ist ein ↗ Vorurteil, daß das Primitivere das dem Menschen „Naturgemäßere" wäre. So könnte die selbstbewußte Steuerung des menschl. „naturgemäßere" sein, sofern sie Frucht eines „Fortschritts im Bewußtsein der Freiheit" wäre.

M. wird radikales Problem, wenn die Idee eines total m.sfreien Lebens u. einer ↗ Gesellschaft ungetrübter Selbstbestimmung aufkommt, wie in manchen Konzeptionen der ↗ Emanzipation, in denen nach E. Voegelin gnost. Daseinsdeutung wiederkehrt, nämlich die Nicht-Annahme der menschl. Seinsverfassung. u. zw. der ↗ Leiblichkeit. Mit dieser ist ja Möglichkeit wie Notwendigkeit der M. gegeben: der Mensch kommt unmündig zur Welt; primäre ↗ Erziehung umfaßt erst repressive, dann zunehmend appellative Triebregulierung, kann sich zunächst der Kraft vernünft. Argumentation nicht bedienen. Auch in der erwachsenen Existenz sind ↗ Geist u. Sinnlichkeit, Vernunft

u. Leibnatur miteinander verschränkt. Urphänomene wie das Aufeinanderhören, Umeinander-Werben u. dgl. sind nicht Mechanismen der Außensteuerung u. Fremdbestimmung, die abschaffbar wären. Rein ideativ-rationale ↗ Kommunikation ohne jedes Moment nicht-intelligibler Einwirkung ist ein Grenzfall. Auch Gesellschaften funktionieren nur, wenn es Orientierungs- u. Führungsstrukturen gibt, die nie ganz v. personaler Selbstbestimmung einholbar sind. Schon jede ↗ Sprache ist M., sofern sie eine best. Auslegung der Wirklichkeit zumutet, längst bevor man dazu frei Stellung nehmen kann.

Dennoch ist der Mensch zur Freiheit berufen: es gilt, die Chancen der Selbstbestimmung im individ. u. gemeins. Leben zu fördern. Eine Ethik der M. darf nicht nur den einzelnen in typ. Situationen bedenken, sondern auch die Frage, was die Menschheit mit dem Potential der Selbst- u. Fremdsteuerung anfangen will: Welche Verfassung will die Gesellschaft sich geben, so daß sie den Chancen u. Risiken der Selbst- u. Fremdbestimmung bestmöglich begegnet? Die Menschenwürde verlangt so viel vernünft. Selbstbestimmung wie möglich, so viel „M." wie nötig. ↗ Experimente   Heinrich Schneider

Lit.: H. Freyer, Theorie des gegenwärtigen Zeitalters (1955); E. Voegelin, Die Neue Wissenschaft der Politik (1959); F. Benseler, Der manipulierte Mensch, in: Die Pädagog. Provinz, 19. Jg. (1965), S. 188 ff.; H. Plessner, Die Stufen des Organischen und der Mensch (³1965); H. Marcuse, Schriften zur Theologie, VIII (1967) (darin S. 260 ff.: Experiment Mensch, sowie S. 286 ff.: Zum Problem der genetischen Manipulation); M. Heitger (Hg.), Erziehung oder Manipulation (1969); H. Plessner, Philosophische Anthropologie (1970); B. F. Skinner, Jenseits von Freiheit und Würde (1973).

Mann. Der M. ist ein Mensch männl. Geschlechts; Männlich-sein hat versch. Bedeutungen: a) *Biolog.:* Männlich-sein bedeutet, über best. biolog. Merkmale (sog. primäre u. sekundäre Geschlechtsmerkmale) zu verfügen, die ein Mensch weibl. Geschlechts (↗ Frau) nicht hat; es handelt sich dabei um Organe, die f. die Fortpflanzung befruchtungsfähige Samenzellen zur Verfügung stellen, wobei sich der Befruchtungsakt im weibl. Organismus vollzieht. — b) *Psychosex.:* Die biolog. gegebenen anatom. Geschlechtsunterschiede haben f. die ↗ Entwicklung eines ↗ Kindes männl. Geschlechts best. psychische Folgen. In der sog. ↗ phall. Phase hält der kleine Junge an der ↗ Mutter als an demselben Objekt fest, das er bereits in der vorhergehenden Säuglings- u. Pflegeperiode mit seiner noch nicht genitalen ↗ Libido besetzt hatte. Der ↗ Vater wird nun als störender Rivale empfunden, den der kleine Junge beseitigen u. — im Sinne des sog. ↗ Ödipus-Komplexes — bei der Mutter ersetzen möchte. Die Ödipus-Einstellung des kleinen Jungen gehört der phall. Phase an u. geht zugrunde an der ↗ Kastrationsangst, also am narzißtischen Interesse (↗ Narzißmus) f. das Genitale. Der Ödipus-Komplex selbst ist beim Jungen doppelsinnig angelegt — aktiv u. passiv —, der bisex. ↗ Anlage (↗ Bisexualität) entsprechend (der Junge will auch als Liebesobjekt des Vaters im Sinne der sog. femininen Einstellung die Mutter ersetzen). In der Vorgeschichte des Ödipus-Komplexes kommt es beim kleinen Jungen wahrscheinl. zu einer ↗ Identifizierung mit dem Vater zärtl. Inhalts, wobei dem Kind der Sinn f. eine damit verbundene ↗ Rivalität bei der Mutter noch abgeht. Ein anderes Element dieser Vorgeschichte ist die nie ausbleibende masturbatorische Betätigung am Genitale; die mehr od. minder direkte ↗ Unterdrückung der frühkindl. ↗ Masturbation v. seiten der ↗ Bezugspersonen aktiviert den Kastrationskomplex. Diese Masturbation ist mit dem Ödipus-Komplex verbunden u. bedeutet die Abfuhr der dazugehörigen kindl. sex. ↗ Erregung; möglicherweise tritt sie auch spontan als Organbetätigung auf u. gewinnt erst später den Anschluß an den Ödipus-Komplex. Daneben kann auch eine erste sex. Erregung bedeutsam sein, die auf „Belauschung" des elterl. Koitus in sehr früher Kindheit („Ur-Szene") zurückgeht. Ferner spielt die Penislosigkeit beim kleinen Mädchen eine Rolle, die unter dem Einfluß einer Kastrationsdrohung bedeutungsvoll wird: Weil es offenkundig penislose, also kastrierte Wesen gibt, gewinnt die Kastrationsdrohung Realitätsbedeutung. Daraufhin entw. Abscheu vor dem verstümmelten Geschöpf od. triumphierende Geringschätzung desselben. Beim Jungen wird der Ödipus-Komplex nicht einfach verdrängt, sondern er zerschellt unter dem ⤷ Schock der Kastrationsdrohung; seine libidinösen Besetzungen werden aufgegeben, desexualisiert u. z. T. sublimiert (⤷ Sublimierung); seine Objekte werden dem ⤷ Ich einverleibt, wo sie den Kern des ⤷ Über-Ichs bilden u. dieser Neuformation charakterist. Eigenschaften verleihen. Im idealen Fall existiert auch im ⤷ Unbewußten kein Ödipus-Komplex mehr, das Über-Ich ist sein Erbe geworden. Da die außerordentl. hohe narzißt. Besetzung des Penis in dessen organ. Bedeutung f. die Fortpflanzung der Art begründet ist (Ferenczi), bedeutet die Abwendung vom ⤷ Inzest u. die Einsetzung v. ⤷ Gewissen u. Moral einen Sieg der Generation über das Individuum (S. Freud). Sofern der Ödipus-Komplex in Abweichung v. der idealen Verarbeitung verdrängt wird, kann es beim M. in Entsprechung zum Penisneid der Frau zu den Erscheinungen des sog. männl. Protestes kommen (Protest gegen eine passive od. feminine ⤷ Einstellung zum anderen M.). Beide Einstellungen (Penisneid u. männl. Protest) beziehen sich auf den Kastrationskomplex u. haben die Ablehnung der Weiblichkeit (= Penislosigkeit = Kastriertsein) gemeinsam. Dabei gilt der männl. Protest nicht der passiven Einstellung, dem sozusagen sozialen Aspekt der Femininität, sondern der Passivität im Verhältnis zum M., d. h. sie ist nichts anderes als ⤷ Kastrationsangst. — c) *Soziolog.:* Die soziolog. Bedeutung des Männlich-seins variiert nach den geschlechtspezif. ⤷ Rollen-Erwartungen u. Funktionszuteilungen innerh. einer Kultur. Die anatom. Geschlechtsunterschiede sind zweifellos v. großer Wichtigkeit u. vermitteln dem ⤷ Kind über den eigenen Körper u. über die Reaktionen der anderen auf seine Geschlechtszugehörigkeit eine grundlegende Welterfahrung; die meisten Kinder entwickeln aus dem Männlich-sein od. Weiblich-sein ihre erste ⤷ Identität; nachdem das Kind eine solche erste Identifizierung seiner selbst vollzogen hat, beginnt es jedoch zunehmend, sich nicht nur in bezug auf körperl. Merkmale, sondern auch in bezug auf Impulse, Interessen u. Verhaltensweisen überhaupt mit den Menschen seiner Umgebung zu vergleichen u. stößt dabei auf Erfahrungen konflikthafter Natur (⤷ Konflikt). Es sieht sich vor Probleme gestellt wie: Ich bin ein Junge, aber ich streiche gern weiche Stoffe; eine solche Vorliebe ist feminin u. macht mich geschlechtslos. Od.: Ich bin ein Mädchen, aber meine Finger sind derb u. unbeholfen u. können besser eine Axt handhaben als Perlen auffädeln; mit der Axt umgehen ist Jungensache. Od.: Ich bin ein Junge, aber ich weine auch manchmal, wenn ich traurig bin; nur Mädchen weinen; also bin ich unmännlich. — Auf diese Weise sieht sich das Kind gezwungen, solche ⤷ Neigungen u. Wesenszüge, die mit dem Geschlechts-Stereotyp seiner Kultur nicht übereinstimmen, entweder zu eliminieren od. aber seine Geschlechtsidentität in Frage zu stellen (Mead). Der Herangewachsene hat ähnliche Konflikte in bezug auf seine sozialen Rollen, die sich über Identifikationsprozesse aufgrund der Rollenerwartungen zunächst der Eltern u. später anderer Bezugspersonen entwickelt haben u. die, indirekt u. direkt, durch gesellschafts- u. schichtspezif. Faktoren beeinflußt werden. Gemessen an der Vielzahl der introspektiv erlebten Gefühle, Gedanken u. ⤷ Bedürfnisse dürfen in der Rolle, der das Individuum verhaftet ist, nur die situationsgerechten u. kollektiv vorgeschriebenen in Erscheinung treten. Auf der anderen Seite wird die durch paternalist. Traditionen geprägte männl. Rolle „auf dem Wege zur vaterlosen ⤷ Gesellschaft" (Mitscherlich) zunehmend labilisiert. Der Sohn bedarf des Vaters, um Vater zu werden. In einer Zeit erhöhter Identifikationsnot bedarf der Vater jedoch selbst der Unterstützung u. erwartet eine solche nicht selten v. den Söhnen, wodurch diese wiederum irritiert werden, da ein solches Bedürfnis aus der Sicht der Söhne dem väterl. Rollen- u. Pflichtenschema widerspricht. Eine weitere Labilisierung der männl. Rolle erfolgt dadurch, daß die sozialen Grundrollen v. M. u. Frau infolge zunehmender Technisierung u. Bürokratisierung einander mehr u. mehr annähern, wodurch eines Tages dem paternitären System vermutl. ein Ende gesetzt sein wird. Infolge der allmähl. Auflösung väterl. ↗ Macht u. ↗ Autorität gewinnen die Auseinandersetzungen auf horizontaler Ebene, unter den Brüdern u. Schwestern, f. die ↗ Identitätsfindung des heranwachsenden M.s u. die Rollenbestimmung des Erwachsenen zunehmend an Bedeutung u. damit auch die Auseinandersetzung mit den aus Geschwisterneid u. -rivalität resultierenden Konflikten.

Annelise Heigl-Evers

Lit.: S. Freud, Die endliche u. die unendliche Analyse (1937), GW, Bd. 16 (1950), 58—99; M. Mead, Male and Female. A Study of the Sexes in a Changing World (1950); S. Freud, Einige psychische Folgen des anatom. Geschlechtsunterschiedes (1925), GW, Bd. 14 (1955), 19—30; A. Mitscherlich, Auf dem Wege zur vaterlosen Gesellschaft. Ideen zur Sozialpsychologie (1963); H. E. Richter, Eltern, Kind u. Neurose (1963); A. Mitscherlich u. M. Mitscherlich-Nielsen, Die Unfähigkeit zu trauern. Grundlagen kollektiven Verhaltens (1967); A. Heigl-Evers u. F. Heigl, Lieben u. Geliebtwerden in der Ehe (1974).

Marienverehrung. Wie die großen Frauen des Alten Bundes, die Frauen der Patriarchen, die Volksheldinnen Ruth, Ester u. Judit verehrt wurden, so setzte in der ↗ Kirche schon in den ersten christl. Jahrhunderten die Verehrung der ↗ Mutter Jesu ein. Maria selbst spricht im Magnifikat v. ihrer bes. Bedeutung: „Selig werden mich preisen alle Geschlechter" (Lk 1,48). V. eigentl. M. kann man aber erst seit dem Konzil v. Ephesus (431) sprechen, wenngleich die Mutter Jesu auch schon bei den frühen Kirchenvätern Erwähnung findet. Zahlreiche Feste ihr zu Ehren wurden eingeführt, viele Kirchen u. Dome ihr geweiht, ganze Völker, Orden u. ↗ Gemeinschaften wählten sie zur Patronin. V. den christl. ↗ Wallfahrts-Stätten sind die meisten Marienwallfahrtsorte. Best. Gebete wie der Rosenkranz, die bes. Verehrung der Gottesmutter in den Monaten Mai u. Oktober, sind lange Zeit hindurch wesentl. Bestandteil kath. Volksfrömmigkeit gewesen. Während in der kath. u. orthodoxen Kirche die M. auch heute noch weite Verbreitung hat, wurde sie v. den Kirchen der Reformation zurückgedrängt od. ganz abgeschafft. Sollte zu Beginn der Reformation die Verehrung der Mutter des Herrn lebendig bleiben (vgl. etwa M. Luthers Auslegung des Magnifikat), so ging sie doch im Laufe der Jahrhunderte, auch als Folge der Übertreibung in manchen Formen kath. Volksfrömmigkeit, im evang. Raum unter. Erst in jüngster Zeit findet die Verehrung der Mutter Jesu (jedoch nicht ihre Anrufung) in gewissen Gruppen der evang. Kirche wieder Beachtung. Wenn M. v. der kath. Kirche auch gefordert wird (vgl. die Mariendogmen v. der Unbefleckten Empfängnis 1856 u. der leibl. Aufnahme Mariens in den Himmel 1950), so gibt es auch hier Zerrformen, die nicht durch die kirchl. Lehre gedeckt sind, sondern mag. ↗ Bedürfnissen (↗ Magie) u. offenbarungsfremden Vorstellungen entspringen (vgl. ↗ Kult). Immer wieder muß betont werden, daß Maria ein Mensch war wie wir. In der Kirchenkonstitution des letzten Konzils wird bes. auf ihre Gliedschaft im Gottesvolk hingewiesen. So ist in der ↗ Verkündigung bes. auf ihren Vorbildcharakter hinzuweisen, wie sie als Glaubende, Liebende u. Dienende ihre v. Gott gestellte Aufgabe erfüllt hat. Gerade daß sie als Mensch diesen Auftrag erfüllt hat, gibt dem Menschen heute Mut, wie sie die Aufgabe als Christ in der Welt zu übernehmen.

Mb

Lit.: A. Asmussen, Maria, die Mutter Gottes (1956); H. Düfel, Luthers Stellung zur Marienverehrung (1967); W. Beinert, Heute von Maria reden? Kl. Einführung in die Mariologie (²1974).

Masochismus. Mit M. (nach dem österr. Schriftsteller L. Sacher Masoch) wird die Vorliebe f. physisches u. psychisches ↗ Leiden bezeichnet. Im engeren Sinn ist M. wie der ↗ Sadismus eine sex. ↗ Perversion, in der die sex. ↗ Erregung (↗ Lust) u. Befriedigung an das Erdulden v. ↗ Schmerz gebunden ist. Im weiteren Sinn versteht man darunter eine ↗ Charakter-Struktur, die danach strebt, sich zu unterwerfen, beherrscht, versklavt od. mißhandelt zu werden, um daraus seel. Befriedigung zu erfahren.

Der Masochist besitzt nach psychoanalyt. Auffassung ein überstarkes, bestrafendes ↗ Über-Ich, das aus einer strengen, rigorosen, moralist. ↗ Erziehung stammt. Das ↗ Ich des Masochisten identifiziert sich mit seinem Über-Ich, so daß der Lustgewinn, d. h. die seel. Befriedigung ausschließl. aus den oben geschilderten Strebungen erwächst. Die masochist. Charakterstruktur ist ambivalent. Zunächst fällt die Gerichtetheit der ↗ Aggression nach innen, d. h. gegen die eigene ↗ Person auf. Aber das strafende Über-Ich des Masochisten kann sich auch sadist., d. h. zerstörerisch aggressiv nach außen richten, wenn es beispielsw. um die Beurteilung der Außenwelt, der Mitmenschen geht. Im kirchl. Raum beider Konfessionen finden wir z. T. wegen einer rigorist. Erziehung nicht selten masochist. Charakterstrukturen. Sie fallen dadurch auf, daß sie sich bedingungslos jeder Weisung unterwerfen u. das auch v. ihrer ↗ Umwelt erwarten; es fehlt ihnen echte Lebensfreude, sie beurteilen die Lage der ↗ Kirche pessimistisch; es ist ihnen aber anzumerken, daß ihnen ihr Reden über den Auflösungsprozeß der Kirche u. ihre ↗ Aggressionen gegen Andersdenkende Befriedigung verschaffen, weil dadurch ihr Leid, ihre Opferbereitschaft gesteigert werden. Der sadist. Zug kommt oft in einer fanat.-aggress. Tendenz, den Gegner aus der kirchl. ↗ Gemeinschaft zu entfernen, zum Ausdruck. — Dem Masochisten kann man schwer etwa mit dem Hinweis auf die Nächstenliebe begegnen, da er hierdurch in seiner moralist. Haltung nur noch bestärkt wird. Angebracht ist in Einzelfragen *sachl.* Entschiedenheit u. die Grundhaltung des Verstehens u. Annehmens der Person, denn gerade diese Grundhaltung ist in seiner Lebensgeschichte zu kurz gekommen. Sollte die Symptomatik des M. übersteigert in Erscheinung treten, ist eine psychotherapeut. Behandlung notwendig. Stv

Lit.: S. Freud, Drei Abhandlungen zur Sexualtheorie (1905), G.W., Bd. V, 59.

Masse. In den versch. Bedeutungen des Begriffes der M. werden folgende Elemente variiert u. kombiniert: eine verhältnismäßig große Anzahl v. ↗ Personen, die sich in physischer Nähe zueinander befinden, deshalb den gleichen ↗ Umwelt-Einflüssen ausgesetzt sind u. sich v. a. emotional gegenseitig stärker beeinflussen (Publikum, Demonstrationszug, Menschenauflauf); die in vielerlei Hinsicht ähnl. Merkmale (Konformität, Uniformität, Anonymität), Zielsetzungen u. ↗ Einstellungen haben (soziale u. rel. Bewegungen, öffentl. Meinung); die relativ niedrig bewertete (irrationale, emotionale, unpersönl., manipulierbare u. manipulierte) ↗ Verhaltens-Weisen zeigen. Solche Werturteile über die M. (die v. der empir. Soziologie u. Psychologie erfolgreich überwunden bzw. ausgeklammert werden, um intersubjektiv gültige Ergebnisse zu finden) sind je nach dem sozio-kulturellen Standort des Denkenden verschieden u. bestimmen die Kombination der genannten Begriffselemente. Eine positive ↗ Deutung v. M. kann etwa aus einem tiefen, oft nur die langfristige Entwicklung betreffenden ↗ Vertrauen zum Menschen („die Mehrheit findet letztlich zum Richtigen") od. aus einer best. Einschätzung der prakt. Wirksamkeit („nur die M.n können grundlegende Veränderungen durchsetzen") folgen. Eine negative Deutung des Begriffes M. stützt sich u. a. auf die Überzeugung, daß nur ↗ Elite-Gruppen einen relativ unabhängigen Gegenpol zur M. bilden können, dadurch die Garanten des Fortschrittes sind, u. die effizientere Rolle in der ↗ Entwicklung spielen. — Beide Auffassungen enthalten Probleme bezüglich der M.ndemokratie. — Tatsache ist, daß die M. unter best. Umständen äußeren Einwirkungen gegenüber sehr empfänglich u. f. unkrit. ↗ Gehorsam charismat. Führern gegenüber sehr anfällig ist. Denn durch die ↗ Identifizierung mit dem ↗ Kollektiv u. mit der übermächtigen Führer-Vater-Figur erlebt der einzelne die ↗ Illusion v. Verbundenheit u. Nähe, die jedoch seine ↗ Selbstverleugnung u. ↗ Entfremdung voraussetzt. Problematisch ist dann aber das Ausüben der ↗ Verantwortung, eine große M. zu beeinflussen — ohne unmoral., undemokrat. ↗ Manipulationen anzuwenden. Ein mögl. Ausweg aus diesem Dilemma könnte sein: die Methoden der M.n-Beeinflussung (↗ Kommunikationsmittel) krit. an die gegebenen soziokulturellen Verhältnisse u. herrschenden ↗ Normen mit der Zielsetzung anzupassen, allen Individuen in der M. durch Ausbildung, Information,

Aufklärung, Demokratisierung, ↗ Meinungsbildung usw. zur größtmögl. Entfaltung ihrer Persönlichkeit zu verhelfen. Ml

Lit.: G. Le Bon, Psychologie der Massen (1950); P. R. Hofstätter, Gruppendynamik. Kritik der Massenpsychologie (1957); G. Schischkoff, Die gesteuerte Vermassung (1964); A. Mitscherlich, Auf dem Weg zur vaterlosen Gesellschaft. Ideen zur Sozialpsychologie (1973).

Massenmedien. Der Begriff M. meint alle techn. Einrichtungen, die eine kollektive Verbreitung gleichlautender Inhalte an Individuen u. an verschiedenartige ↗ Gruppen in einer ↗ Gesellschaft ermöglichen. Zu ihnen werden Presse, Film, Rundfunk, Fernsehen, sowie Bücher, Schallplatten, Kassetten u. Bildplatten gerechnet. Da sie zur Verständigung zw. Menschen dienen, werden sie auch als ↗ Kommunikationsmittel bezeichnet.

Masturbation. Unter M. ist jegliche bewußte u. unbewußte sex. Betätigung autoerotischer (↗ Erotik) Art zu verstehen. Sie ist sehr weit verbreitet. Ihre Formen reichen v. best. Fällen des Nässens usw. bis zu Manipulationen mit (u. ohne) mechanischen Reizungen. Dementspr. ist der psychische Gehalt der M., der hauptsächlich in ↗ Phantasien besteht, sehr verschieden. Er hängt vom Fortschritt der psychischen ↗ Entwicklung u. vom Zustand der persönl. Auseinandersetzung mit den eigenen sex. Triebneigungen sowie ihrer Stärke ab. Ist die ↗ Sexualität bei gleichzeitiger Zunahme der ↗ Libido infantil fixiert, wird das Überwinden der M. bes. schwierig, weil die Sexualität dann durch die M. eine mühelose Befriedigung erhält.
Die Stellungnahme der ↗ Gesellschaft u. die persönl. Stellungnahme zu ihr sind f. die Ausgestaltung u. das Verständnis der M. ausschlaggebend. Die Fachleute führen die meisten durch die M. entstehenden neurot. Störungen auf das gesellschaftl. Verbot zurück. Dieses kann jedoch sinnvoll sein, wenn es exzessive M. u. bes. die Fixierung der Sexualität auf primitiven Stufen verhindert.
Die hauptsächl. Motive f. die M. sind: Lösen sex. Spannungsgefühle, bewußtes od. unbewußtes Zurückschrecken vor dem ↗ Du, dessen Fehlen doch erlitten u. in der M. ersatzweise gesucht wird, Versagen vor anerkannten Forderungen, Erregungsabfuhr in ausweglosen Situationen, emotionale Mangelerlebnisse, bes. bei depressiven Persönlichkeiten. M. ist also außer auf sex. Spannungen auch auf Probleme allgem. menschl. Art zurückzuführen. Das ist bei der Beurteilung der M. u. ihrer Behandlung zu beachten.

Da M. nicht Ausdruck rücksichtsloser Lustgewinnung (↗ Lust), sondern Zeichen v. Schwäche, Hilfsbedürftigkeit usw. ist, schaden harte Schuldvorwürfe. Man hilft den Masturbierenden auch nicht, wenn man sie einfach gewähren u. folglich mit ihren Problemen allein läßt. Man muß ihnen vielmehr bei einer sachl. Klärung der tieferen Zusammenhänge u. ihrer Korrektur zur Seite stehen. Dazu sind der Aufbau eines soliden Vertrauensverhältnisses sowie das Gewähren v. ↗ Gemeinschaft unerläßlich. Kinder, die v. frühauf ihrer Entwicklung entsprechend zu Triebverzichten ermuntert wurden, erweisen sich gegenüber der M. widerstandsfähiger als verwöhnte.

Die M. ist weder so schädlich noch ist ihre Sinnrichtung so eindeutig, daß man davon ausgehen kann, sie sei immer (schwer) sündhaft. Man sollte sie aber auch nicht vorschnell in die Nähe eines bloß naturhaften Aktes bringen. Sie ist in Wirklichkeit personaler u. humaner Ausdruck eines gequälten u. erlösungsbedürftigen menschl. Tuns. Mo

Lit.: Die Onanie, Diskussion in der Wiener Psychoanalytischen Vereinigung 1912, Wiener Diskussionen, Heft II; Sonderheft „Onanie" der Zeitschrift für psychoanalyth. Päd. II/1927/28, Wien; A. Alsteens, Tabu im Reifungsprozeß. Masturbation—Symptom oder Vergehen? (1969).

Matriarchat. Mehrdeutiger Begriff, der in der Ethnosoziologie mit vielen Spekulationen hinsichtl. der kulturellen ↗ Entwicklung der Menschheit verbunden war. M. bezeichnet im weiten Sinn die in einer ↗ Gemeinschaft bestehende bevorzugte Stellung der ↗ Mütter, die sich auf rel., sozialem, polit. u. ökonom. Gebiet auswirken kann. In den meisten Kulturen finden wir sowohl mütterl. wie väterl. Rechte (z. B. bzgl. der Erbfolge u. der Statuszuordnung). ↗Frau ↗ Patriarchat ↗ Vater

Medien ↗ Kommunikationsmittel

Medikament. V. lat.: medicamentum = ↗ Heilmittel, Arznei, ↗ Arzneimittel.

Medikamentenabhängigkeit. M. (auch chron. Medikamentenabusus, Medikamentensucht, Toxikomanie genannt) schließt ein: anlagemäßig bedingte Disposition, chem. Mittel (Medikament, das zum Suchtgift wird), ↗ Gewöhnung daran, die Notwendigkeit immer höherer Dosierung, um den gleichen Effekt der Aufhebung unerwünschter Mißempfindungen u. Mißstimmungen zu erreichen, Abstinenzerscheinungen bei plötzl. Entzug. Es werden begrenzte Wirkungsdauer wie fatale ↗ Nebenwirkungen in Kauf genommen. M. enthebt pharmakologisch auf anthropologisch inadäquate Weise (↗ Anthropologie) v. ernster Auseinandersetzung mit sich selbst, v. der Selbstüberwindung od. vom Verzicht auf unangemessene Ansprüche (↗ Abhängigkeit, ↗ Drogenabhängigkeit). Rt
Lit.: J. Pieper, Zucht und Maß (1939); Fl. Laubenthal, Sucht und Mißbrauch (1964).

Medikamentenmißbrauch. Der (stetig wachsende) Konsum v. Schmerz-, Beruhigungs-, Schlaf-, Stärkungs- u. Aufputschmitteln (↗ Drogen) ist so selbstverständlich geworden, daß schon die Hälfte der Jugendlichen in der BRD tägl. 1—2 Tabletten einnimmt. V. Medikamenten wird heute nicht nur Gesundung erwartet, sondern auch Befreiung v. Mißbehagen, Spannung u. Unlust. Diese unangenehmen Gefühle, die meist in der ↗ Ambivalenz zw. Wollen u. Können sowie in der ↗ Angst vor dem Versagen in ↗ Familie u. Beruf begründet sind, führen oft zu Kopfdruck u. -schmerzen, Schlaflosigkeit u. ↗ Erschöpfung mit Konzentrations- u. Arbeitsstörungen. Die dagegen verordneten u. eingenommenen ↗ Arzneimittel können jedoch nur kurzfristig Erleichterung verschaffen, da die zugrundeliegende ↗ Konflikt-Situation od. psychische Fehlentwicklung (↗ Neurose) nicht angegangen werden. Statt dessen verstärkt die medikamentöse Scheinlösung die Ängste, ↗ Schuld-Gefühle u. Verstimmungszustände, so daß die Medikamente häufiger u. in steigender Dosierung eingenommen werden. Bei entspr. ↗ Persönlichkeitsstruktur (z. B. ängstl., selbstunsichere, stimmungslabile Menschen) u. bei bes. Umständen des Sozialfeldes (z. B. berufl. od. familiäre Überforderung) kann der M. leicht in eine ↗ Abhängigkeit übergehen, die lange der ↗ Umwelt verborgen werden kann u. deswegen im Vergleich zu anderen Formen der ↗ Drogenabhängigkeit die schlechtesten Therapieerfolge (↗ Entziehungskur) aufweist. Vor einem M. schützt nur eine gezielte u. überlegte Anwendung v. Arzneimitteln sowie die Einsicht, daß Spannungs- u. Verstimmungszustände stets eine Aufgabe bleiben, die der Mensch selbst u. mit Hilfe anderer nur durch Hinterfragen, Kanalisieren u. Sublimieren zu meistern vermag (↗ Gesprächs(psycho)therapie, ↗ Psychotherapie). Rf
Lit.: E. Laubenthal (Hrg.), Sucht u. Mißbrauch (1964).

Meditation. M. bedeutet heute etwas anderes als in der Vergangenheit, wird aber trotzdem noch oft im Sinne v. Betrachtung gebraucht. F. die Darstellung der pastoralanthropolog. Bedeutung ist jedoch eine klare Unterscheidung unerläßlich: Betrachtung ist in erster Linie aktiv. Sie geschieht durch bewußte Tätigkeit der Seelenkräfte u. der ↗ Phantasie. Sie hat einen Gegenstand, der v. außen herangebracht wird, sei es ein Sinnesobjekt od. ein Gedanke. In ihrem Vollzug herrscht die Subjekt-Objekt-Spannung vor. Sie ist gegenständlich, horizontal, bewußt intentional. Demgegenüber ist die M. in erster Linie passiv. Die Seelenkräfte sind nicht differenziert tätig, sondern zu einer Einheit verbunden (Seelenspitze). Sie hat keinen Gegenstand. Es wird nichts v. außen herangebracht. An die Stelle der Subjekt-Objekt-Spannung tritt mehr od. weniger die Vereinigung. Sie ist also übergegenständlich, vertikal, nicht bewußt intentional. M. ist Versenkung: Es findet eine Herauslösung aus der Außenwelt, eine Entleerung u. Vereinheitlichung des ↗ Bewußtseins statt. Der Weg wird freigelegt f. das myst. ↗ Gebet. Dieser Sachverhalt war den großen christl. Meistern schon immer bekannt. Desgleichen wußten sie, daß der Übergang nicht zu früh u. nicht zu spät geschehen darf (Joh. Tauler: „Die Wolke des Nichtwissens", Joh. v. Kreuz). Die Betrachtung hat ohne Zweifel in der Vergangenheit viel zur Vertiefung des rel. Lebens beigetragen. Aber man hat versäumt, v. dort aus weiterzuführen u. f. den Übergang zur M. einen Weg zu suchen u. zu finden, wenn auch die kontemplativen Orden (↗ Kontemplation) in der Stille ihrer Klöster die Tradition der christl. ↗ Mystik aufrechterhalten haben. Dieser Mangel wird heute schmerzlich empfunden, da die gegenständl. Betrachtung vielen nicht mehr liegt u. überdies die östl. M.smethoden im Westen Eingang gefunden haben. — Zu der Frage, ob die letzteren auch f. Christen zu empfehlen sind, hat das 2. Vatikanum im Dekret über die miss. Tätigkeit der Kirche (n. 18) klar u. positiv Stellung bezogen. Die M. hat heute f. den ganzen Menschen, Körper (↗ Leiblichkeit) u. ↗ Geist, eine Bedeutung wie nie zuvor. Es ist kein Zufall, daß die östl. Methoden den westl. Menschen in ihren Bann ziehen. Gewiß hat auch die Betrachtung eine Aufgabe, die den ganzen Menschen angeht, die sie in der Vergangenheit an vielen Menschen segensreich erfüllt hat. In der gegenwärtigen Situation reicht sie nicht mehr aus. Ohne die M. geht es heute nicht. Konkret handelt es sich um drei Aspekte: Glaubenskrise, psychische Not u. den Einbruch einer neuen Dimension in das menschl. ↗ Bewußtsein.

Die Glaubenskrise besteht nicht nur in Glaubensschwund, sondern auch in einer allgem. Verunsicherung bei solchen, die noch aufrichtig christl. sind. Glaubenslehren werden heute in dem Sinne, wie man sie bisher vorgetragen hat, v. der Theologie selbst in Frage gestellt. Die herkömml. Meinung v. der Integrität der hl. Schrift als Offenbarung ist eingeschränkt worden. Viele Fragen der Sittenlehre sieht man heute anders als in der Vergangenheit. Eine klare Antwort auf diese Fragen ist vorläufig nicht zu erwarten. Der Christ muß daher seine Sicherheit in der eigenen Erfahrung des ↗ Glaubens, letztlich in der ↗ Gotteserfahrung finden. Solche Erfahrungen werden bisweilen unerwartet geschenkt. Aber das sind Ausnahmen. Wir brauchen heute einen Weg, der uns dieser Erfahrung beständig näher bringt. Ein solcher Weg ist die M.

Was die psychische Not angeht, so weiß heute jedermann, daß die östl. Methoden (z. B. ↗ Yoga u. ↗ Zen) Kräfte im Menschen wecken können, mit denen er über die Hektik des Lebens Herr werden kann. Beim Vollzug derselben ist der Körper durch entspr. Haltung u. Atmung unmittelbar beteiligt. Es ist daher nicht zu verwundern, daß der Körper auch an den Wirkungen der M. teilhat. Das Christentum hat bisher keine M.smethode entwickelt, die dieselben Wirkungen hervorbringt. Gewiß bleibt die im Westen weit fortgeschrittene ↗ Psychotherapie notwendig. Aber allein genügt sie nicht mehr, da bereits die ganze Öffentlichkeit angekränkelt ist.

Der Einbruch einer neuen Dimension in das menschl. Bewußtsein steht im Hintergrund der ganzen Krise, die sich auf rel., psychischen, sozialen u. überhaupt allen Gebieten des Lebens abzeichnet. Die rationale, dreidimensionale Weltsicht, die vor 2.500 Jahren ihren Anfang genommen hat, ist ihrem Ende nahe. Der Mensch befindet sich in einem Erschöpfungszustand. Eine neue Dimension hat schon seit geraumer Zeit begonnen, in unser Bewußtsein einzubrechen. Was die Kunst prophezeit hat, das ist durch die Wissenschaft, insbes. durch die Atomphysik, weitgehend erhärtet. Zweifellos steht der Mensch im Begriff, in eine neue Stufe seiner Entwicklung einzutreten (Teilhard de Chardin, Lecomte du Noüy, Aurobindo). Wir alle leiden unter den Geburtswehen des neuen Menschen. Gelingt es nicht, das Neue zu integrieren, so geht der Mensch zugrunde od. kann nur noch weitervegetieren, vermasst, vertechnisiert, mechanisiert, sinnlos u. leer geworden, er selber u. alles, was er tut (vgl. Jean Gebser, In der Bewährung, Francke 1962 u. andere Werke desselben Verfassers). Die Lösung der großen Probleme, die uns heute beunruhigen — wir brauchen sie nicht aufzuzählen —, ist auf rationalem Wege unmöglich geworden. Wir müssen den Schritt vom Rationalen zum Arationalen (nicht Irrationalen!) tun. Um den Menschen zu befähigen, diesen Schritt zu tun, gibt es vielleicht kein sichereres u. allgemeiner zugängl. Mittel als die echte M. Denn diese befähigt uns, über das Rationale hinauszugehen u. den Dualismus zu überwinden, der uns v. jetzt an nur zum Verderben werden kann. Dies ist wohl die wichtigste Aufgabe der M. in der Gegenwart. Nicht nur Jugendliche u. Erwachsene, sondern schon die ↗ Kinder sollten in die M. eingeführt werden. Ls

Lit.: C. Albrecht, Psychologie des myst. Bewußtseins (1951); ders., Das myst. Erkennen (1958); K. Tilmann, Die Führung der Kinder zur Meditation (1959); Krasinski, Die geistige Erde (1960); Weilner, Taulers Bekehrungsweg (1961); Lotz, Meditation im Alltag (²1963); O. Hansen, R. Deichgräber, Leben heißt Sehen, Anleitung zur Meditation (1968); F. Melzer, Innerung-Stufen und Wege der Meditation (1968); K. Thomas, Meditation (1973); Enom.-Lasalle, Zen-Med. für Christen (²1971); ders., Zen-Weg zur Erleuchtung (⁴1971); Dürckheim, Überweltliches Leben in der Welt (²1972); G. Stachel, Aufruf zur Meditation (1973); ders., Meditation als Weg zur Gotteserfahrung (³1973); ders., Zen unter Christen (1973); K. Tilmann, Die Führung zur Meditation (⁴1972); ders., Übungsbuch zur M. (²1973).

Medizinische Ethik ↗ Berufsethik

Medizinische Psychologie u. Pastoral.
Die M. P. ist eine Hilfswissenschaft der Medizin. Aus der Sicht der Wissenschaftl. Psychologie stellt die M. P. ein Teilgebiet der ↗ Angewandten Psychologie dar. Sie ist jedoch nicht mit der ↗ Klin. Psychologie identisch. Die M. P. sieht ihre Aufgabe darin, den Medizinern Erkenntnisse, Erfahrungen u. Forschungsmethoden der Psychologie u. Tiefenpsychologie f. die Krankenbehandlung zu vermitteln. V. a. im Rahmen der psychiatr., psychosomat. u. pädiatr. Arbeit kann sich die Medizin diagnost., therapeut. u. empir. Methoden der Psychologie bedienen. Die Einbeziehung der Psychologie in die Medizin stellt eine wesentl. Verbesserung des Dienstes der Heilkunst am leidenden Menschen dar u. ermöglicht eine fruchtbarere Kooperation der Ärzte mit Theologen, Psychologen, Sozialarbeitern, Psychagogen u. a. innerhalb u. außerhalb des ↗ Krankenhauses. Po

Lit.: G. Destunis, Einführung in die medizinische Psychologie (1955); E. Kretschmer, Medizinische Psychologie (¹²1963); E. Wiesenhütter, Medizinische Psychologie für Vorkliniker (²1965).

Meinungsbildung. Die Voraussetzungen f. die M. werden in frühester Kindheit geschaffen. Aus den ersten ↗ Erfahrungen mit der ↗ Umwelt u. den ↗ Bezugspersonen bilden sich Grundmuster, in die alle späteren Informationen eingeordnet werden (↗ Informationstheorie). Diese Grundmuster sind uns meist nicht bewußt. Trotz ihrer stark prägenden Wirkung können sie durch spätere Schlüsselerlebnisse (wie z. B. Schicksalsschläge, rel. ↗ Bekehrungen od. ↗ Reifungs-Prozesse) modifiziert werden.
In der ↗ Pubertät bildet die oft heftige Kritik an den v. Eltern u. Lehrern überlieferten ↗ Normen ein notwendiges Durchgangsstadium zur eigenen M. Dieser Vorgang kann empfindlich gestört werden sowohl durch autoritäres Kritikverbot als auch durch kumpanenhaftes Jugendlich-Tun (↗ Erziehung, ↗ Eltern-Kind-Beziehung). Gelegentl. werden die in der ↗ Jugend leidenschaftl. verworfenen Überzeugungen im weiteren Verlauf des Lebens wieder akzeptiert („später ↗ Gehorsam"). Daß die M. in einem best. Alter abgeschlossen sei u. keine Veränderung mehr zulasse, ist ein ↗ Vorurteil.
Im Meinungsgefüge des Menschen liegt ein konservatives Element: Durch Erlebnisse gestützte u. in inneren Kämpfen erworbene Überzeugungen werden nur ungern preisgegeben. M. vollzieht sich nicht auf dem geradlinigen Weg vernünftiger Überzeugung, sondern wird beeinflußt durch ↗ Vorurteile, Sympathien, Gegengefühle (↗ Übertragung) u. ↗ Gewohn-

heiten. So können z. B. Meinungsänderungen v. a. v. Personen bewirkt werden, denen ein großer Vorschuß an ↗ Vertrauen entgegengebracht wird. Dagegen wird der Einfluß der ↗ Massenmedien auf die M. oft überschätzt (↗ Meinungsforschung). In der ↗ Religionspädagogik ist die Wichtigkeit einer persönl. M. nicht immer klar erkannt worden. Man gab sich damit zufrieden, daß der Erzogene die offiz. Meinung der kirchl. Institution übernahm u. möglichst konfliktfrei danach lebte. Das führte zu einem verbreiteten Zustand rel. Unmündigkeit. So kam der bis heute nicht ausgeräumte Verdacht auf, Religion sei ein Anzeichen mangelnder Reife. Dabei ist die ↗ Freiheit der rel. M. u. ↗ Entscheidung schon durch Paulus im Christentum verankert worden. Rp

Lit.: Fröhlich/Koszyk, Die Macht der Signale. Information, Kommunikation und Gesellschaft. rororo-tele Nr. 41—42; Fischer-Lexikon „Publizistik" (1971), darin: „Wirkung der Massenmedien".

Meinungsforschung. Die M. (Demoskopie) untersucht mittels spezif. Techniken (Auswahl, Befragung) v. a. die Wirkung der ↗ Massenmedien (Presse, Rundfunk, Fernsehen) auf die Bevölkerung. Darüber hinaus ermittelt sie Gesetzmäßigkeiten bei der Entstehung, Veränderung u. Festigung v. Meinungen. Dies geschieht nicht nur aus wissenschaftl. Interesse. Da Information auch eine Ware ist, sind Verleger u. Werbefachleute daran interessiert zu erfahren, ob u. wie die v. ihnen „hergestellte" Meinung vom Publikum aufgenommen wird u. dessen ↗ Konsumverhalten zu ändern vermag. Auch Politiker, die auf Wählerstimmen angewiesen sind, suchen nach Methoden, um Meinungen möglichst wirkungsvoll steuern zu können (↗ Manipulation).
Der Prozeß der ↗ Meinungsbildung ist so verwickelt, daß es in der M. mehr umstrittene Hypothesen als gesicherte Erkenntnisse gibt. Die Wirkung der meinungsbildenden ↗ Kommunikationsmittel muß jeweils gesondert untersucht werden. Im Gegensatz zur volkstüml. Überzeugung ist der Einfluß der Massenmedien auf die öffentl. Meinung weit geringer, als deren Aufwand vorspiegelt. Nach amerikan. u. europ. Forschungsergebnissen wird die Grundeinstellung der Menschen durch die Massenmedien kurzfristig so gut wie gar nicht verändert. Erst der Weg über die sog. primäre Öffentlichkeit (↗ Gespräch, Vertrauensperson, Rede) wirkt stärker meinungsbildend. Die M. widerlegt daher das ↗ Vorurteil, die Menschen seien wehrlose Opfer in der Hand geschickter Manipulatoren. Selbst totalitären Staaten gelingt es nicht, alle Menschen ihres Machtbereiches gleichzuschalten. Die ↗ Kirche öffnet sich der M. nur zögernd. Der Versuch, die Wirksamkeit rel. Beeinflussung (↗ Religionspädagogik) mit profanen Methoden zu erforschen, stößt noch immer auf theol. Vorbehalte. Dennoch haben z. B. die luth. Kirchen in Deutschland durch ein M.s-Institut die Gründe f. u. gegen den Besuch des Sonntags-↗Gottesdienstes ermitteln lassen. Die Ergebnisse sind v. kaum zu unterschätzendem Wert f. alle Versuche der Gottesdienstreform. Auf diese Weise kann die M. verhindern, daß kirchl. Pläne an den tatsächl. Gegebenheiten u. ↗ Bedürfnissen vorbeikonstruiert werden. Rp

Lit.: D. Prokop, Massenkommunikationsforschung. Produktion / Konsumption. Bücher des Wissens, Bd. 6151/6152; W. Schramm, Grundfragen der Kommunikationsforschung (1964).

Melancholie. Synonym f. ↗ endogene ↗ Depression als Form manisch-depressiver ↗ Psychosen mit Schwermut, ↗ Angst u. ↗ Hemmung als Hauptsymptomen.

Meldepflicht = Anzeigepflicht v. übertragbaren ↗ Krankheiten u. Berufskrankheiten. Je nach Land bei Verdacht (z. B. Diphtherie, Scharlach, Masern, Wundstarrkrampf), Erkrankung (Gehirn- bzw. Hirnhautentzündung, Kinderlähmung, Pocken) od. Todesfall (Ruhr, Tollwut, Tuberkulose) gesetzl. geregelt. Ferner: Berufskrankheiten durch Einwirkung v. Chemikalien (Blei, Arsen, Quecksilber usw.). Bei ↗ Geschlechtskrankheiten meist nur M., wenn der Betroffene sich einer Behandlung entzieht.

Menschenbild. 1. *Problemhorizont:* Die Alltags- u. Lebenswelt jedes einzelnen wird bewußt u. unbewußt v. M.n geprägt, die v. der geschichtl. Entwicklung des Staates, der ↗ Familie, vom Stand der Wirtschaft, der ↗ Technik u. Kultur bestimmt werden. Die Bilder u. Vorstellungen, die der Mensch v. sich selbst übernimmt, sind daher in einer ständigen Entwicklung begriffen, die abhängig ist v. den gesellschaftl. Gefügen u. den ↗ Sozialisations-Formen, in denen der Mensch lebt. Zugleich aber kann der Mensch sein polit. u. soziales ↗ Verhalten selbst gestalten, indem er Lösungen auf die Fragen sucht, was er weiß u. hofft, wie er sich selbst im Verhältnis zu seinen Mitmenschen beschreibend versteht u. wie er sich u. seine ↗ Zukunft aus der Vergangenheit entwirft, um seine Gegenwart zu gestalten. M.r können daher nicht das unveränderl. Wesen od. die unveränderl. Eigenschaften des Menschen zeichnen. Sie werden vielmehr die verwirrende Vielfalt konkreter Phänomene u. die divergierende Vielschichtigkeit menschl. Erkennens, Handelns u. Erlebens beschreibend strukturieren. Die Theologie wird dabei im krit. ↗ Dialog mit den M.n der übrigen Wissenschaften die Bedeutung des in die Geschichte ein-, aber nicht in ihr aufgegangenen Gottes f. das Bild vom erkennenden, handelnden u. erlebenden Menschen erläutern müssen. — 2. Die M.r der Wissenschaften stimmen darin überein, daß der Mensch sich in seinem Erkennen, Handeln u. Verhalten selbst in ↗ Arbeit u. ↗ Spiel verwirklichen kann u. soll: Das personalist. Bild vom Menschen als einem selbstbewußten, rationalen Wesen konzipiert als Fundament menschl. ↗ Freiheit, daß der Mensch sich über sich selbst u. seine Beziehungen zur ↗ Umwelt bewußt werden kann, daß er erkennen kann, wie er handeln soll, u. erkennen kann, daß er nicht handeln kann, wie er sollte. Im Selbstbewußtsein des Menschen als ↗ Person soll es angelegt sein, daß er erkennend über sich selbst, seine Handlungen u. Erkenntnisse sich vor anderen rechtfertigen will u. kann. Der menschl. Vernunft ist es dazu aufgegeben, die Welt durch Kenntnisse der Naturgesetze zu durchdringen u. durch das Entwerfen v. Gesellschafts- u. Moralgesetzen zu verändern. Über alle Unterschiede hinweg ist den versch. M.n gemeinsam, daß sie den Menschen f. fähig halten, sich in u. durch seine eigene(n) ↗ Leistung(en) zu verwirklichen: Sei es in der ↗ Macht eines autoritären Staates (bzw. eines allmächtigen Herrschers od. einer ↗ Elite bzw. Partei), der den Frieden sichern u. das Eigentum des einzelnen schützen soll, weil der Einzelmensch im Krieg aller gegen alle v. ↗ Natur aus nur nach Macht über die anderen Individuen strebt (Th. Hobbes). Sei es in der Einsicht des Individuums, daß es als einzelnes nicht existieren kann u. daher mit Hilfe seiner Vernunft zur Übereinkunft mit den anderen Individuen im öffentl. ↗ Dialog kommen muß, damit aus einem egoist. Einzelwesen ein gerechtes u. glückseliges Gattungswesen in einem Weltfriedensreich wird (I. Kant).

3. Das Bild vom Menschen, der sich in seiner Leistung verwirklicht, indem er im Gebrauch seiner Vernunft u. seiner Handlungsfähigkeit ein unbezweifelbares Fundament seiner Freiheit sieht, u. der den ↗ Wert od. Unwert anderer Menschen nach ihrer Leistung bemißt, wird negativ präzisiert durch den christl. Beitrag vom leidenden u. mitleidenden Menschen. Der Mensch, der den positiven natürl. Hang hat, sich im Handeln zu verwirklichen u. zu bestätigen, begegnet in Christus einem Gott, der sich parteiisch festgelegt hat. Das Bild, nach dem Gott in Christus den Menschen als Leidenden bildet, ist kein Schema, welches die Menschen normt u. zu Typen macht. Dem Leidenden gilt die parteiische ↗ Liebe Gottes, der sich in Christus mitten in der Geschichte festgelegt hat als der, der über Volks-, Rassen- u. Klassengegensätze hinweg solidarisch geworden ist mit den Unterprivilegierten seiner Zeit (vgl. Mk 10,13 ff.; Mt 5; Mt 15,21 ff.; Lk 17,11 ff.; Lk 18,24 f.). Dieses Bild des ↗ Leidens, das das Christentum mit anderen M.n in der Frage nach ↗ Gerechtigkeit f. die Leidenden verbindet, wird erst wirkungsvoll durch das handlungskrit. Bild des Leidens, das das Christentum v. den übrigen M.n unterscheidet. Der Mensch leidet, weil Vorhaben (Wollen) u. Tun gewöhnlich aus-

einanderklaffen (vgl. Röm. 7,15—25), er sich aber zugleich vor anderen Menschen behaupten u. rechtfertigen muß, indem er in der ↗ Kommunikation mit anderen den Zwiespalt zw. Wollen u. Tun nicht offen bekennen kann, weil nach herrschender Meinung der Mensch nur das ist, was er leistet u. produziert. Der Mensch leidet aber auch als rel., wenn der sich in seinen Handlungen selbst bewegende u. bewertende Mensch sich selbst entnommen wird, d. h., wenn er einem Gott begegnet, der ihm nicht auf der Ebene der Werke u. ihrer Bewertung begegnet (vgl. Röm 8,18 ff.). Das Leiden kennzeichnet den Konfrontationsprozeß zw. Gott u. Mensch. Der Mensch kann v. sich aus nicht an seinem werkgerechten Selbstbehauptungswillen leiden, da er ihn als Form seiner Freiheit ansieht. Er leidet in dem Moment, in dem er der fremden Gerechtigkeit Gottes begegnet, die ihm sein Mensch-Sein zurechnet, ohne daß er es sich selbst durch den Ruhm seiner Leistungen (vgl. 1 Kor 1,28 ff., Gal 6,14) erworben hat, u. die damit seine Werke entzaubert. Dieser Entzauberungsprozeß ereignet sich, indem der Mensch ↗ Gruppen bildet u. findet, in denen er sein Leiden, seine Probleme, seine Sorgen u. sein Versagen offen besprechen kann, ohne befürchten zu müssen, daß er dadurch seinen Wert als Person einbüßt. Der Christ wird darin die Verheißung Gottes vom kommenden Menschen, dem ersten „Freigelassenen der Schöpfung" (Herder), vorwegnehmen, daß das Leiden nicht stumm bleibt. Darin ist er da das Bild Gottes, der am Kreuz aus der Qual der Gottverlassenheit nach Gott schrie (vgl. Mk 15,34). Leiden kann dann keine passive Haltung sein, sondern sie ist eine neue Form des Handelns. Diese neue Form besteht nicht einfach in der tätigen Sympathie (= Mitleiden) mit den polit. u. sozial Unterdrückten, sondern zugleich im schmerzhaften Lebensprozeß, in dem der Mensch selbst wahr werden kann, indem er in den bestehenden Sozialisations-Formen sein Leiden artikulieren kann. Denn nur wer an sich selbst leidet, kann mit anderen mitleiden. Im Bild des leidenden Menschen ist der handlungskrit.

Aspekt des Leidens unabdingbar mit dem sozialkrit. verbunden, der danach fragt, welche polit. u. sozialen Lebensformen notwenig sind, damit aus den verzerrten Einzelwesen allseitig entfaltete Gemeinschaftswesen werden können. Der christl. Beitrag zum M. beschreibt also den kommenden Menschen gegenwärtig als leidenden, der, indem er sich selbst als leidender versteht u. artikuliert, mit anderen mitleiden u. so die Bedingungen erhellen kann, die es bisher verhinderten, daß aus einem egoist. Einzelwesen ein sympath. Gattungswesen wurde (↗ Anthropologie, ↗ Leben, menschliches, ↗ Menschwerdung, ↗ Pastoralanthropologie).

Rolf Heinrich

Lit.: K. Rahner, Zur Theologie der Menschwerdung, in: Schriften zur Theologie IV (1961), 137—155; J. Moltmann, Mensch, Reihe: Themen der Theologie, Bd. 11 (1971); H. E. Hatt, Kybernetik u. Menschenbild, Freiheit u. Verantwortung im Zeitalter der Denkmaschinen (1972); D. Sölle, Leiden, Reihe: Themen der Theologie, Ergänzungsband (1973).

Menschenführung. Unter M. wird die Gesamtheit jener Aufgaben verstanden, die mit der fürsorgenden Betreuung u. ↗ Beratung, mit der Arbeitsplatzzuweisung u. ↗ Gruppen-Bildung nach Eignung u. ↗ Leistung, mit der Einordnung des einzelnen in eine Organisation (↗ Gemeinschaft) zu tun haben. Durch die Erfüllung v. Führungsaufgaben sollen eine gesamtpersönl. Entfaltung gefördert u. die Erreichung v. individ., sozialen, aber auch kulturellen Zielen des Geführten ermöglicht werden.

Der Begriff Führung selbst umfaßt sowohl sachl. Leitungs- als auch menschl. Führungsaufgaben. Sachl. Leitungsaufgaben beinhalten Funktionen wie Zielsetzung, Planung, ↗ Entscheidung, Organisieren u. Kontrollieren (Management), die als Voraussetzung zur Erfüllung menschl. Führungsaufgaben zu verstehen sind. Führung impliziert weiters die Begriffe Führerschaft, Führungsstil u. Gruppe.

Führerschaft wird v. Vertretern der Eigenschaftstheorie so verstanden, daß eine Reihe v. Eigenschaften eine ↗ Person zur Führerpersönlichkeit bestimmt. Der Standpunkt, daß man zum

Führer geboren ist, kann jedoch als überholt gelten. V. Situationstheoretikern wird behauptet, daß nur in den zwischenmenschl. Beziehungen einer Gruppe das Phänomen Führerschaft lokalisiert werden kann u. eher eine Funktion der Gruppe, ihrer Struktur u. ihrer Ziele ist als eine Funktion einer einzelnen Person. Nach dem derzeitigen Stand der Führerschaftstheorie ist Führerschaft eine Funktion der sozialen Interaktion v. Führern u. Geführten u. als solche abhängig v. den Individualeigenschaften aller Gruppenmitglieder.

Führungsstile sind Verhaltensweisen v. Führungskräften, die dem Geführten ein stärkeres od. schwächeres Recht auf Mitsprache, Entscheidung, ↗ Verantwortung zubilligen. In der Literatur häufig gebrauchte Begriffe sind: autokratisch — demokratisch, autoritär — sozialintegrativ, patriarchalisch — partnerschaftlich, hierarchisch — funktional, dirigistisch — kooperativ. Ai

Lit.: P. R. Hofstätter, Einführung in die Sozialpsychologie (1966); Irle, „Führungsverhalten in organisierten Gruppen" in: Handbuch der Betriebspsychologie (1970).

Menschenrechte. Die Geschichte der M. ist sehr alt. Der Ausdruck selbst entstand aber erst im 18. Jh. Man versteht unter M.n gewisse dem Menschen angeborene, f. seine Existenz wesentl., unveräußerl. u. unverzichtbare Rechte, die ihm als solchem zukommen u. in welche der Staat nicht eingreifen darf. Sie fordern ein menschenwürdiges freies Dasein des einzelnen unter Berücksichtigung der f. den Bestand des Staates u. der ↗ Gesellschaft notwendigen Einschränkungen. Der Idee der M. liegt ein best. ↗ Menschenbild, eine best. Auffassung vom Wesen des Menschen, zugrunde, die sich aus drei begriffl. Elementen zusammensetzt: der *Idee der Rechtsgleichheit*, dem *Anspruch auf einen unantastbaren Eigenbereich* u. der ↗ *Menschenwürde*. Der Gedanke der Rechtsgleichheit geht bis auf die griech. Staatsphilosophie, v. a. auf die Lehre der Sophisten, zurück, welche es als ungerecht empfanden, daß Sklaven u. Fremde nicht Träger v. Rechten sein können. Sie verkündeten die Gleichheit aller Menschen (Hippias, Antiphon, Alkidamas u. a., 5. u. 4. Jh. v. Chr.). Die griech. u. röm. Stoa (Zeno, Cicero, Seneca, Marc Aurel, Epiktet u. a., 4. Jh. v. Chr. bis 2. Jh. n. Chr.) sah die gesamte Menschheit als in einem geist. Reich vereinigt an. Die zweite Idee, der Gedanke des individ. Eigenbereichs eines jeden Menschen, wurde v. der späteren griech. Philosophie (Sokrates, Platon, Aristoteles, 5. u. 4. Jh. v. Chr.) entwickelt. Danach darf der Staat dem einzelnen kein ↗ Verhalten vorschreiben, das der dem Menschen ziemenden ↗ Tugend widerspricht. Das dritte Element, die Idee der Menschenwürde, entstammt dem AT u. NT, v. a. dem Satz, daß Gott den Menschen nach seinem Ebenbilde schuf (↗ Gottebenbildlichkeit) u. der Lehre v. der Gotteskindschaft, wonach alle Menschen ↗ Kinder eines ↗ Vaters sind. Deshalb ist der ↗ Wert der menschl. ↗ Person über jeden ird. Wert erhaben, so daß weder der Staat noch die Gesellschaft diesen Wert aufzuwiegen vermögen. Die christl. Philosophie der Frühzeit (2.—5. Jh.) entwickelte hieraus die Auffassung v. einer auf den natürl. Rechten der Menschen beruhenden ↗ Gerechtigkeit, welche dem Staat verbietet, in diese Rechte einzugreifen (Tertullianus, Chrysostomus, Lactantius, Augustinus u. a.). — Gemäß den Lehren der idealist. Richtung der Scholastik (Thomas v. A., 13. Jh.) ist der menschl. Seele die Vernunftnatur eigen, auf der die Würde des Menschen beruht. Allerdings kommt diese Würde nicht allen Menschen in gleichem Maße zu, da sich der einzelne zufolge der ↗ Erbsünde, welche den Grund f. die Irrtumsfähigkeit u. Willensverkehrtheit bildet, v. der natürl. Ordnung zu lösen vermag. Es bestehen gewisse oberste Grundsätze eines natürl. Rechtes als eines Teiles der göttl. Weltordnung, die unveränderlich sind. Die voluntarist. Richtung der Scholastik (13. u. 14. Jh.) erklärt ein menschl. Gesetz nur dann als gerecht, wenn es dem Willen Gottes entspricht. Da der Mensch nach dem Ebenbild Gottes geschaffen wurde, besitzt er unter allen Geschöpfen allein einen freien ↗ Willen, der aus dem Zwangsgeschehen der ↗ Natur hervorragt (Duns Scotus). Nach Wilhelm v. Ockham entsprechen der auf dem Willen Gottes beruhenden sittl. Wertordnung Eigentum u. ↗ Freiheit. Die span. Spätscholastik (de Vitoria, Suárez, 15.—16. Jh.) lehrt, daß kein Staat Übergriffe gegen das natürl. Gesetz begehen darf; daher wandte sich Suárez gegen die ↗ Unterdrückung der natürl. Rechte der Indianer durch die span. Eroberer. Unter den Reformatoren (16. Jh.) nimmt Luther einen abweichenden pessimist. Standpunkt ein. Da die menschl. Natur seit dem Sündenfall unter dem Bann der ↗ Sünde steht, sei der Mensch zur Verwirklichung der sittl. Ordnung aus sich heraus unfähig u. ganz v. der Führung durch den ↗ Glauben u. v. den Heilskräften der Gnade abhängig. Demgegenüber schlägt Calvin eine erheblich positivere Linie ein. Er macht es dem Herrscher zur Pflicht, die Freiheitsrechte der Untertanen — ihr Leben u. ihr Eigentum — zu achten u. zu schützen. Der Calvinist Donellus nennt 4 konkrete Rechte, die dem Menschen unmittelbar v. Gott verliehen wurden: Leben, körperl. Unversehrtheit, Freiheit u. Ehre. Diese auf der bibl. Bild-Gottes-Lehre u. der Vorstellung v. der Gotteskindschaft beruhenden naturrechtlichen Ideen (↗ Naturrecht) erfuhren im Zeitalter der Aufklärung (16. bis 18. Jh.) eine ↗ Säkularisierung, indem die theol. ↗ Anthropologie durch ein System der rationalist. Anthropologie abgelöst wurde. Diese beruht auf dem Glauben an die unbegrenzte Befähigung des Menschen durch die natürl. Vernunft, beschränkt aber gleichzeitig den Daseinszweck des Menschen auf seine Lebensspanne. Die Vernunft erscheint auch als Grundlage der dem Menschen angeborenen Menschenwürde. Anfänglich besteht noch eine Verbindung zur theol. Grundauffassung, indem die menschl. Vernunft auf die göttl. Vorsehung zurückgeführt wird (Grotius, Pufendorf, Coke, Milton, Thomasius, Locke, Wolff). Bei anderen tritt jedoch die Beschäftigung mit dem Ursprung der Vernunft in den Hintergrund (Hobbes, Spinoza, Blackstone, Mirabeau, Montesquieu, Rousseau). Gleichzeitig nimmt aber die Konkretisierung der einzelnen natürl. Rechte zusehends best. Formen an. Außer Leben, körperl. Unversehrtheit, Freiheit u. Ehre werden die Religions-, Gewissens-, Meinungs- u. Pressefreiheit, die Lehrfreiheit, das Recht auf freie Entfaltung der Person, wirtschaftl. Freiheit, Rechtssicherheit u. a. genannt. Diese Vielheit einzelner Rechte fließt bei Kant in ein einziges Recht, das Urrecht der Freiheit, zusammen. V. der Freiheitsidee ausgehend, entwickelte Fichte ein System der M.

Das 19. Jh. brachte eine Abwendung vom rationalist. Naturrecht zum Positivismus hin, welcher das Recht als aus dem organisch gewachsenen Empfinden des Volkes f. Sittlichkeit u. Ordnung hervorgegangen erklärt. Anstelle der natürl. Rechte wurden die wirtschaftl. u. sozialen Grundrechte hervorgehoben, welche positive ↗ Leistungen u. materielle Vorteile seitens der Allgemeinheit dem einzelnen sichern sollten, sowie die polit. Grundrechte, die dem einzelnen einen positiven Anteil an der Mitgestaltung des Gemeinschaftslebens gewähren sollten. Während die M. den Schutz vor dem Staat beinhalten, bezwecken die sozialen u. wirtschaftl. Grundrechte die Sicherung vor der Not u. anderen Wechselfällen des Lebens durch den Staat. Erst nach dem Zweiten Weltkrieg trat eine Abkehr vom Positivismus u. wieder eine Beschäftigung mit den naturrechtl. Gedanken teils christl. u. teils weltl. Ursprungs ein.

Ihre konkrete Wirksamkeit durch Aufnahme in die geltende Rechtsordnung erlangte die Idee v. den M.n vorwiegend seit dem späteren Mittelalter, obwohl sich auch schon im Altertum Ansätze hiezu finden (z. B. die Sklavenschutzgesetzgebung der späteren röm. Kaiserzeit, das Toleranzedikt v. Mailand v. 313). Beispiele sind die Siete Partidas von León u. Kastilien (1256/1265), die engl. Magna Charta Libertatum (1215), die Joyeuse Entrée v. Brabant (1356), der Tübinger Vertrag (1514), die engl. Habeas Corpus Akte (1679), die Declaration of Rights and Liberties (1689) u. die Verfassung v. Rhode Island (1647). Die Bill of Rights v. Virginia (1776) diente als Vorbild f. die Verfassung der

Vereinigten Staaten v. Amerika v. 1789 u. beeinflußte ihrerseits die französ. Erklärung der Rechte des Menschen u. Bürgers v. 1789. V. Frankreich aus trat die Idee der M. den Weg in die Verfassungen zahlreicher anderer Staaten an, so in die Österreichischen Staatsgrundgesetze (1867), die Schweizerische Verfassung (1874), die Weimarer Verfassung (1919) u. nach dem zweiten Weltkrieg in das Bonner Grundgesetz (1949) in erheblich erweiterter Form. Auf internat Ebene sind v. a. zu nennen: die Allgem. Erklärung der M. der Vereinten Nationen (1948), die allerdings keine Rechtsverbindlichkeit besitzt, 2 Konventionsentwürfe der Vereinten Nationen über bürgerl. u. polit. Rechte sowie über wirtschaftl., soziale u. kulturelle Rechte (1966), die Europäische Konvention zum Schutze der M. u. Grundfreiheiten (1950) samt mehreren Zusatzprotokollen (die in Österreich im Verfassungsrang stehen), der Entwurf der Amerikanischen M.skonvention (1969) u. die Sozialcharta (1950). *Berthold Moser*

Lit.: Jellinek, Die Erklärung der Menschen- und Bürgerrechte (⁴1927); Planitz, Zur Ideengeschichte der Grundrechte, in: Die Grundrechte und Grundpflichten der Reichsverfassung, Bd. III (1930); Voigt, Geschichte der Grundrechte (1948); Brepohl, Die sozialen Menschenrechte, ihre Geschichte und Begründung (1950); Scheuner, Grundlage und Sicherung der Menschenrechte, in: Salzburger Jahrbuch für Philosophie und Psychologie, III (1959); Faller, Menschenrechte, in: Staatslexikon (⁵1960); Verdroß, Abendländische Rechtsphilosophie (²1963); Oestreich, Die Idee der Menschenrechte (1963); Messner, Das Naturrecht (⁵1966); Moser, Die Europäische Menschenrechtskonvention und das bürgerliche Recht (1972).

Menschenwürde. Die Allgem. Erklärung der ↗ Menschenrechte durch die Vereinten Nationen geht aus v. der Notwendigkeit der „Anerkennung der allen Mitgliedern der menschl. ↗ Familie innewohnenden Würde u. ihrer gleichen unveräußerl. Rechte" (Präambel; vgl. Art. 1 I S. 1 GG der BRD). *Anthropolog.* kann M. aus der spezif. Erscheinungsweise des Menschen im Vergleich zu der ihn umgebenden außermenschl. ↗ Natur abgeleitet werden. Da M. einzig durch Menschen gefährdet ist, zeigt sich eine verhängnisvolle Spannung zw. der Würde des Individuums, dessen Rechte u. Pflichten nach dem stoischen Grundsatz „jedem das Seine" beschrieben werden können, u. dem allgem. ↗ Willen einer ↗ Gesellschaft, die unter Hinweis auf den v. ihr zu schaffenden „neuen Menschen" festlegt, wie M. zu verstehen sei u. welche Rechte u. Pflichten sich daraus ergeben. Die *christl.* Theologie kennt drei Ansätze zur Begründung und Bestimmung der M.: (a) *Schöpfungstheol.:* Gott hat den Menschen als sein Ebenbild geschaffen (Gn 1,26) u. dazu bestimmt, die ↗ Schöpfung zu verwalten u. zu fördern (Gn 1,28). Als „Mandatar" (G. v. Rad), als der Beauftragte Jahwes, steht der Mensch in deutl. Distanz zum Auftraggeber wie zu der ihm anvertrauten Welt (Ps 8). Beeinträchtigt wird die Würde des Menschen freilich durch den Sündenfall, wiederhergestellt durch die ↗ Erlösung. (b) *Christolog.:* Jesus ist „der Mensch f. Gott" u. „f. den anderen Menschen", er ist „der ganze Mensch" sowie „der Herr der Zeit" (K. Barth); in sein Bild hinein darf sich der Mensch verwandeln lassen (vgl. Röm 8,29; 2 Kor 3,18); durch die ↗ Menschwerdung Gottes ist die M. unwiderruflich gegeben. (c) *Eschatolog.:* Der sich selbst verborgene Mensch darf sich v. seinem Ziel her begreifen; seine Würde besteht in seiner Bestimmung zum ewigen Leben (1 Joh 3,2; Phil 3,21) u. zur Mitarbeit am Reich Gottes (1 Kor 3,9; Joh 20,21). — Ergebnis: Endgültig u. objektiv kann nicht festliegen, worin die M. besteht; denn das Ringen um tieferes Verständnis u. völlige Verwirklichung gehört konstitutiv zu ihr selbst. *Bt*

Lit.: G. Marcel, Die Menschenwürde u. ihr existentieller Grund (1965); L. Scheffczyk (Hg.), Der Mensch als Bild Gottes (1969) (in: Wege der Forschung, Bd. CXXIV).

Menschenzüchtung ↗ Manipulation ↗ Experiment

Menschwerdung. In dem Begriff M. sind drei versch. Aspekte menschl. ↗ Lebens enthalten (↗ Anthropologie).
1. *Biolog.* meint M. — meist als *Hominisation* bezeichnet — die Entstehung des Menschen in seiner körperl. u. geist. Eigenart, die ihn vom ↗ Tier wesensmäßig unterscheidet. Unsere heutigen Kenntnisse

über die stammesgeschichtl. M. (Phylogenese) machen eine Evolution des menschl. Leibes aus einer vorzeitl. Primaten-Gruppe während des Spättertiärs sehr wahrscheinlich. Mit dem kontinuierl. Tier-Mensch-Übergangsfeld im Gestaltlichen ist jedoch eine qualitative Diskontinuität im psychischen Bereich verbunden, insofern sich ↗ Sprache u. ↗ Bewußtsein des Menschen nicht ohne weiteres aus den Lautäußerungen u. vom ↗ Instinkt gesteuerten ↗ Verhaltensweisen des Tieres ableiten lassen (↗ Leib-Seele-Problem).
2. *Phil.-psych.*: Der „Überstieg" vom Nichtbewußten zum Bewußtwerden seiner selbst (↗ Personalität) — der in der phylogenet. M. f. uns unbestimmbar erfolgte — geschieht in der ↗ Entwicklung jedes Menschen (Ontogenese) u. wird auch ↗ *Personalisation* genannt. Sowohl die Ausbildung der dem Menschen eigenen Hirnstrukturen u. -funktionen als auch die ↗ Kommunikation mit anderen Menschen in einer ↗ Gemeinschaft (↗ Sozialisation) sind dazu notwendig. Sie befähigen das menschl. Lebewesen zu einer dem Tier nicht möglichen Geistigkeit (↗ Geist), die sich in Selbstbesitz u. ↗ Selbstverwirklichung ausdrückt.
3. *Theol.:* M. als *Inkarnation* besagt die geschöpfl. Selbstaussage Gottes in Jesus Christus gemäß der johanneischen Überlieferung: „das Wort ist Fleisch (= Mensch) geworden u. hat unter uns gewohnt" (Joh 1,14). Durch seine Selbstmitteilung in die Endlichkeit menschl. ↗ Geschichtlichkeit hat der unendl. Gott sein eigenes Wesen als absolute ↗ Liebe geoffenbart, welche die Schöpfung zu ihrem Heil grundsätzl. annimmt u. trägt (↗ Erlösung). In dem ↗ Glauben daran, daß Gott sich in Jesus Christus histor. greifbar selbst mitgeteilt hat — was das zentrale, aber auch letztlich unbegreifliche ↗ Mysterium des Christentums ist —, vermag der Mensch die unwiderrufl. u. liebende Nähe Gottes zur Welt u. v. a. in seinem eigenen Leben zu erfahren u. den Sinn seiner eigenen M. zu verstehen (↗ Lebenssinn). Rf

Lit.: P. Overhage u. K. Rahner, Das Problem der Hominisation (1961); dies., „Hominisation" u. „Inkarnation", in: SM Bd. 2 (1968) 748—61, 824—40; H. G. Gadamer u. P. Vogler (Hsg.), Neue Anthropologie, Bd. 1, 2 u. 4 (1972—73).

Menstruation. Die M. (lat. menstruus = monatlich) ist eine zyklisch auftretende Genitalblutung der geschlechtsreifen ↗ Frau, die dadurch zustande kommt, daß die Schleimhaut der Gebärmutter 14 Tage nach eingetretenem Eisprung unter der Einwirkung hormonaler Faktoren zerfällt, falls es nicht zu einer Befruchtung gekommen ist. Die Zyklusdauer wird vom 1. Tag der M.sblutung bis zum ersten Tag der darauffolgenden M.sblutung gerechnet u. beträgt normalerweise 25—31 Tage. Bei einer Blutungsdauer v. mehr als 8 Tagen, bei bes. starken Blutungen u. bei Zwischenblutungen müssen patholog. Faktoren in Betracht gezogen werden, so daß der Gynäkologe konsultiert werden sollte. Die erste M. tritt normalerweise zw. dem 12. u. 15. Lj. auf u. wird Menarche genannt. Die M.n hören normalerweise um das 50. Lj. herum, durchschnittl. mit 49,5 Jahren, auf. Dieser Zeitpunkt u. der anschließende Lebensabschnitt der Frau werden Menopause genannt (↗ Klimakterium). Nach Eintritt einer ↗ Schwangerschaft kommt keine M. mehr zustande. Da aber in der Frühschwangerschaft menstruationsähnl. Blutungen vorkommen können, sind Irrtümer hinsichtl. des Vorliegens einer Schwangerschaft möglich. Bleibt die M. bei einer geschlechtsreifen Frau länger als 3 Monate aus, spricht man v. einer sekundären Amenorrhoe. Eine sekundäre Amenorrhoe kann Symptom versch. körperl. Erkrankungen sein, kann aber auch dadurch zustandekommen, daß der Organismus auf körperl. od. psychischen ↗ Stress mit hormonalen Umpolungen reagiert, die die Fortpflanzungsfunktionen zeitweilig aufheben. Die Amenorrhoe stellt dann keine ↗ Krankheit, sondern eine Schutzfunktion dar. ↗ Schmerzen während der M., die sog. Dysmenorrhoe, können ebenfalls sowohl organisch als auch psychisch bedingt sein. Entgegen einer verbreiteten Meinung haben die meisten Frauen während der M. keinerlei Schmerzen, nervöse Symptome od. depressive Verstimmungen u. können ihrer normalen Tätigkeit ungehindert nachgehen. Mk

Mental-Health-Bewegung. Von Cl. Beer 1908 begründete „national association for mental health", deren Ziele u. Methoden sich bald in allen Zivilisationsstaaten ausbreiteten. 1925 gründete der Psychiater R. Sommer den „Deutschen Verband f. psychische Hygiene", nach dem 2. Weltkrieg E. Stransky u. O. Kauders die „Österreichische Gesellschaft f. Psychohygiene"; 1948 Zusammenschluß aller nationalen Gruppierungen zur World Federation for Mental Hygiene. Es geht v. a. um die Vorbeugung gegen psychische Erkrankungen auf allen Gebieten des menschl. Lebens (↗ Ehe, ↗ Familie, ↗ Gesellschaft, Schule, Beruf), um eine weitverbreitete Aufklärung zur Hilfe psychisch Kranker (↗ Neurose) u. Abhängiger (↗ Abhängigkeit), um Lebensmüdenberatung u. -betreuung (↗ Selbsttötung), um Wiedereingliederung ehemals Strafgefangener u. um Betreuung v. Flüchtlingen (↗ Rehabilitation, ↗ Resozialisierung, ↗ Bewährungshilfe, ↗ Psychohygiene). Rt

Milieu ↗ Umwelt ↗ Anlage u. Vererbung ↗ Milieutherapie

Milieutherapie. Die Bedeutung der ↗ Umwelt bzw. des Milieus f. die Auslösung wie f. den Verlauf psychischer ↗ Krankheiten ist in den letzten 50 Jahren, angeregt durch verfeinerte Methoden der Zwillingsforschung, immer mehr in den Vordergrund des Interesses gerückt. Dazu kommt, daß auch die Verhaltensforscher (Behavioristen) aufgrund der Ergebnisse ihrer experiment. Untersuchungen eine umfassende Milieutheorie entwickelten u. als M. in der klin. Praxis einführten. Schließlich hat die ↗ Psychoanalyse wesentl. Erkenntnisse über den Einfluß des Familienmilieus auf die ↗ Entwicklung des ↗ Kindes vermittelt. All dies führte in den letzten Jahrzehnten zu spez. Behandlungsmethoden über den Weg der Veränderung sozialer Beziehungen u. Strukturen.
In diesem Zusammenhang ist v. a. die Familientherapie (↗ Familienpathologie) zu erwähnen. Darüber hinaus konnte die Sozialpsychiatrie den Nachweis erbringen, daß best. Störungen, die früher als Krankheitssymptom aufgefaßt wurden, ihre Ursache in krankmachenden Einwirkungen der Behandlungsinstitution selbst haben. So beschrieb Burton die institutionelle ↗ Neurose, Freudenberg das Anstaltssyndrom u. Goffman die Auswirkungen jeder totalen Institution. Dagegen hat die dynam. ↗ Psychiatrie psychoanalyt. orientierte Programme einer M. entwickelt, indem sie die Klinik selbst gezielt als therapeut. Instrument einsetzte (das psychoanalyt. Sanatorium v. E. Simmel in Berlin, die Menninger-Klinik in Kansas u. a.). Ein heute immer mehr verwendeter Ansatz ist die therapeut. ↗ Gemeinschaft (therapeutic community v. Maxwell Jones), in der klass. vertikal-hierarch. Anstaltsstruktur durch die horizontale Teamstruktur mit dem Patienten als Partner ersetzt wird (↗ Partnerschaft, ↗ Teamwork). — Pastoral ist diese Wandlung insofern v. Bedeutung, als damit die Stellung des Seelsorgers in psychiatr. ↗ Krankenhäusern (↗ Krankenhausseelsorge) wesentl. verbessert wird, indem er nicht mehr so wie früher in Identifikationskonflikte zw. Patienten u. Behandlungspersonal kommt, sondern ein Teammitglied werden kann. Bei der behaviorist. M. erhebt sich pastoral bes. die Frage nach dem impliziten Ziel u. nach der Erlaubtheit der Mittel in der Behandlung, da auch hier — ebenso wie bei der ↗ Verhaltenstherapie — die Gefahr der ↗ Manipulation des Patienten aufgrund einer erkannten od. unbewußten ↗ Ideologie von seiten der Behandler gegeben sein kann. ↗ Wohngemeinschaftstherapie Ga

Lit.: H. Gastager, Erfahrungen mit dem Prinzip der therapeut. Gemeinschaft in einer psychiatr. Abteilung, Wiener med. Wschr. 114, 301 (1964); E. Goffmann, Asyle (1972); M. Jones, Beyond the Therap. Community. Social Learning and Social Psychiatry (1972); H. Kaiser u. a., Gruppenarbeit in der Psychiatrie. Erfahrungen mit der therapeut. Gemeinschaft (1973).

Militärseelsorge. M. ist in fast allen Staaten des Westens — die Ostblockstaaten kennen mit Ausnahme Polens keine gesonderte M. — die vom Staat den ↗ Kirchen garantierte, v. der allgem. ↗ Seelsorge losgetrennte kirchl. Betreuung der in den Streitkräften dienenden Angehörigen der christl. Gemeinde aufgrund v. Konkordaten u. Staatsverträgen. Die Kirche steht auch u. gerade gegenüber dem Soldaten unter dem Sendungsbefehl Jesu Christi. Dabei setzt sich nach den Weltkriegserfahrungen u. der zwingenden Einsicht, daß der Friede im techn. Zeitalter zu einer Lebensnotwendigkeit geworden ist, die Erkenntnis durch, daß M. nicht Instrument der militär. Führung zur Mobilisierung innerer Kräfte zwecks Hebung der Kampfmoral, sondern eine Angelegenheit der ↗ Kirche ist, die v. ihr vollverantwortlich wahrzunehmen ist, während der Staat nur die Mittel f. die freie ↗ Verkündung der Frohbotschaft des Friedens Gottes mit allen Menschen in Wort u. ↗ Sakrament zur Verfügung stellt. — M. verkörpert die Kirche als Trägerin christl. Verkündigung gegenüber dem Staat in dessen machtpolit., militär. Dimension, aber auch gegenüber dem Staatsbürger, der den Dienst mit der Waffe aus Gewissensgründen bejaht od. ablehnt. M. weiß heute um die ↗ Wehrdienstverweigerung als Möglichkeit christl. Zeugnisses gegenüber dem inadäquaten Verhältnis zw. globaler Ökologie u. Rüstungswettstreit der Mächte u. setzt sich, wo diese noch nicht besteht, f. die gesetzl. Einrichtung eines Zivildienstes ein (Österreich, Schweiz, BRD). — M. weiß sich an den Menschen beim Heer gewiesen, der in einer Zeit allgem. Demokratisierung in einer Organisationsform lebt, in der sich wie sonst kaum Formen der Feudalstruktur erhalten haben. Ihre Aufgaben am leidenden, gefangenen, sterbenden Soldaten im Krieg sind grenzenlos. Sie kann aber auch im Frieden ihre Aufgaben nur mit größter Mühe, getragen v. der Gesamtkirche, angesichts der bes. Lebenssituation des jungen Soldaten erfüllen, die geprägt ist durch Lagerpsychose, Befehls- u. Gehorsamsschema, Leistungsdruck, Drill u. mögliche Schikanen, Männergemeinschaft, Abbruch bis her sinnvoller Lebensbezüge u. letztlich der Spannung zw. potentiellem militär. Tötungsauftrag u. allgemeinem christl. Tötungsverbot. Hk

Lit.: A. Schübel, 300 Jahre evangelische Soldatenseelsorge (1964); Fr. Hengsbach, Grundzüge der heutigen M. (1965); Konrad Weymann, Wehrdienst u. Ersatzdienst als Dienst am Frieden (1967); H. Kunst, Zuversicht und Dienst, Verkündigung in der evangelischen Militärseelsorge (1970); Julius Hanak, Die Militärseelsorge im alten Österreich (1971); HdPTh 311—319.

Minderheit(en). 1. *Definition:* Allgem. wird der Begriff M. v. a. staatsrechtl. zur Bezeichnung einer zahlenmäßig unterlegenen ↗ Gruppe v. Menschen verwendet, die sich durch nationale, rassische, rel. od. sprachl. Merkmale deutl. v. der Mehrheit unterscheidet. Eigenart u. Gleichberechtigung der M. wurde im Zusammenhang mit dem sich entwickelnden Demokratieverständnis zwar ausdrückl. durch die in Verfassung u. Gesetz verankerten ↗ Menschenrechte gesichert, dennoch kommt es oft zu Problemen, weil sich eine M. in ihrem Recht auf Selbstbestimmung bedroht sieht u. einer unterschiedl. Behandlung ausgesetzt ist. Solche sozialen ↗ Konflikte lassen sich kaum durch formaldemokrat. verstandenen Mehrheitsentscheid lösen.

Steigendes Interesse läßt sich gegenwärtig f. „soziale M." beobachten; dieser Begriff läßt sich nicht eindeutig definieren. Er wird heute v. a. f. sozial benachteiligte „Randgruppen" verwendet, auf deren Existenz bes. polit. Initiativgruppen od. sozialpolit. Arbeitskreise Ende der Sechziger Jahre aufmerksam gemacht haben. Zu diesen gehören u. a. Fürsorgezöglinge, Obdachlose, Strafgefangene, Kriminelle, ↗ Behinderte u. psychisch Kranke. Aufgrund ihrer diskriminierenden ökonom. Situation u. ihrer ↗ Sozialisations-Bedingungen sind sie v. sozialer Akzeptierung u. ↗ Integration ausgeschlossen u. vom nahezu vollständ. Verlust ihrer wirtschaftl., kulturellen u. moral. Bezüge zu ihrer ↗ Klasse (sozialen Schicht) bedroht u. somit der Deklassierung ausgeliefert. Darüber hinaus gibt es noch andere zahlenmäßig starke Bevölkerungsgruppen, deren Benachteiligung im Zugang zu den Privilegien des ↗ Gesellschafts-Systems sie ebenfalls als M. ausweist u. der ↗ Diskriminierung aussetzt: manuelle Arbeiter, Gastarbeiter, ↗ Kinder, alte Menschen, Lehrlinge u. a. Gemeinsam ist den versch. deklassierten M.

eine „soziale Insuffizienz", die in spezif. inhaltl. Ausprägung durch soziale Prozesse hergestellt wird.

2. *M. als soziales „Produkt":* Das Phänomen der sozialen M. erklärt man oft so, als handle es sich bei ihren Mitgliedern um minderwertige Menschen, die aus selbst verschuldeten Gründen in diese Lage geraten seien („Säufer", „Psychopathen"). Ein zweiter Erklärungsversuch berücksichtigt zwar die sozialen Bedingungen (geringe ↗ Bildungs-Chancen, unzureichende ↗ Konflikt-Strategien, schlechte Wohnverhältnisse), die diese Menschen aus vorwiegend unteren Sozialschichten vorfinden u. sie zu dem machen, was sie geworden sind, begreift sie jedoch als objektiv Gegebenes, das zuständige Instanzen (↗ Sozialpolitik, behördl. od. kirchl. ↗ Sozialdienste) auszugleichen haben. Eine adäquate Analyse der Entstehung v. „Randständigkeit" muß jedoch das soziale Geflecht, die gesamtgesellschaftl. Bedingungen, die sowohl in der sozialen Schicht wie auch in jeder einzelnen Lebensgeschichte zu finden sind, miteinbeziehen. Unterprivilegierung od. Deklassierung sozialer M. ist das Ergebnis eines gesellschaftl. Konstruktionsprozesses. ↗ Normen, ↗ Wert-Systeme u. Verhaltensweisen werden v. bestimmenden ↗ Gruppen der Gesellschaft zur Durchsetzung ihrer eigenen Interessen definiert, ausgehandelt u. erfolgreich angewendet, wodurch best. Kategorien abweichender Gruppen geschaffen werden. Ein wesentl. Kriterium f. die Zuweisung bilden die unterschiedl. Qualifikation der Arbeitskraft u. ihr jeweiliges Verwertungsinteresse. In diesem Prozeß sind es daher immer schon ganz best. Personen (z. B. Behinderte, Vorbestrafte) od. best. Teile der Arbeiterschicht (z. B. ungelernte Arbeiter, Fürsorgezöglinge), die potentiell v. sozialer Ausschließung u. Diskriminierung bedroht u. unter verschärfenden Umständen (wirtschaftl. Rezession, ↗ Krankheit, Verlust der Wohnung) deklassiert werden.

3. *Funktion v. M.:* Aus sozialpsych. Sicht erweisen sich M. als Mittel, kollektive ↗ Ängste aufzufangen u. damit die sie verursachenden gesellschaftl. Widersprüche zu stabilisieren (Richter; Iben). So erlauben ↗ Vorurteile gegenüber „Außenstehenden" eine Abgrenzung u. Konsolidierung der eigenen Gruppe u. eine dem Grad der Diskriminierung proport. Steigerung des ↗ Selbstwertgefühls. Die Abstempelung sozialer Gruppen zu M. produziert das gute Gefühl, zur Gruppe der „ordentl. Bürger" zu gehören. So wird die ↗ Angst, an den Anforderungen der Gesellschaft zu scheitern, dadurch gebannt, daß man sich gegen jene Gruppen, die dieses Scheitern vor Augen führen, abgrenzt u. sie als „andersartig" erklärt. Je stärkere ↗ Anpassungs- u. Konformitäts-Forderungen eine Gesellschaft erhebt, umso notwendiger ist es außerdem, ↗ Frustrationen, auferlegte Einschränkungen u. verdrängte Schuldgefühle nach dem „Sündenbockmechanismus" an M., die genau das in extremer Form abbilden, was man bes. fürchtet, abzureagieren u. sie auch sozial auszuschließen. So haben M. f. das Bewußtsein vieler Menschen disziplinierende Funktion in dem Sinn, daß sie auf mögl. Konsequenzen abweichenden ↗ Verhaltens hinweisen u. damit veranlassen, daß gesellschaftl. Anforderungen weiterhin nachgekommen wird.

4. *Entwicklung v. prakt.-polit. Strategien:* Einfache Patentlösungen od. der „gute Wille zur Hilfe" allein reichen f. eine konkrete Arbeit mit M. nicht mehr aus. Aus der Einsicht in den Entstehungsprozeß v. wirksamer sozialer Benachteiligung u. ihren Folgen f. die Betroffenen sind prakt. Konsequenzen f. Initiativen, Maßnahmen u. Programme zur Veränderung der sozialen Situation zu ziehen. So ist eine Verschiebung v. einer an der persönl. Einzelhilfe orientierten Arbeit, die als Mittel zur Beseitigung sozialer Mißstände eine Änderung einzelner Verhaltensweisen ansieht, zu einer ↗ Entwicklung v. prakt.-polit. Arbeitsstrategien, die den strukturellen Problemen sozialer M. gerecht werden möchten, zu bemerken. Die Entwicklung solcher Interventionsmodelle hat u. a. handlungsstrateg. Probleme auf der Ebene der Prophylaxe (z. B. in der Arbeit mit Obdachlosen im Vorfeld der Bau-, Wohnungs- u. Sanierungsplanung, des Mietrechts), der Entwicklung konkreter Modelle f. die Selbstorganisierung der Mitglieder v. M., der

Durchsetzung solcher Modelle u. der Rückbindung der ↗ Erfahrungen aus der Arbeit auf prophylakt. Strategien herauszuarbeiten (z. B. Arbeitskreis Junger Kriminologen). Zugleich müßte eine Öffentlichkeitsarbeit (z. B. in der ↗ Verkündigung, Schule) geleistet werden, die auf Abbau v. ↗ Vorurteilen sowie auf Aufdeckung, Bewußtmachung u. Veränderung der sozialen Bedingungen ausgerichtet ist u. eine Solidarisierung mit M. ermöglicht.

Josef Weinberger

Lit.: CARITAS. Zeitschrift f. Caritasarbeit und Caritaswissenschaft, 71. Jg. (1970), S. 281—334 (Thema: Engagement f. Minderheiten) u. 72 Jg. (1971), S. 117—178 (Thema: Soziale Minderheiten); G. Iben, Randgruppen der Gesellschaft. Untersuchungen über Sozialstatus u. Erziehungsverhalten obdachloser Familien (1971); H. E. Richter, Die Gruppe (1972); Arbeitskreis Junger Kriminologen: Randgruppenarbeit it. Analysen u. Projekte aus der Arbeit mit Obdachlosen (1973); Unterprivilegiert. Eine Studie über sozial benachteiligte Gruppen in der Bundesrepublik, hsg. v. der SPIEGEL-Redaktion (1973); H. E. Richter, Lernziel Solidarität (1974).

Minderjährige ↗ Mündigkeit

Minderwertigkeitsgefühl ↗ Entmutigung ↗ Geltungsbedürfnis

Mischehe. 1. In der BRD waren im Jahre 1970 47% aller ↗ Ehen mit wenigstens einem Katholiken u. 43,9% aller Ehen mit wenigstens einem Protestanten M.n. Der Anteil der M.n an den Eheschließungen hat seit 1960 um 5,3% zugenommen, u. zw. seit 1962 mit sich erheblich beschleunigender Tendenz. Weiterhin stammen 21,3% der im Jahre 1970 ehel. geborenen ↗ Kinder aus M.n. Aus kath. Sicht wurde jedes dritte v. wenigstens einem kath. Elternteil abstammende Kind in einer M. geboren. Gemessen an der Anzahl der M.n, die zu erwarten wäre, wenn die Eheschließung völlig konfessionsunabhängig geschähe, war die „Abneigung" gegen M.n (bei den zw. 1951 u. 1961 geschloss. Ehen) in Landkreisen um 33% größer als in kreisfreien Städten u. bei Katholiken in einer Diasporasituation um 10% größer als bei den Katholiken in einer Mehrheitssituation. Zwar ist der Trend zum Eingehen v. M.n sicher regional u. wahrscheinlich auch nach Bildungs- u. Einkommensschichten der Bevölkerung unterschiedlich, aber er ist doch allgem. zunehmend. Deshalb legt die M.npastoral das Hauptgewicht nicht mehr auf die Verhinderung v. M.n, sondern auf die Sorge um die zu M.n Entschlossenen bzw. in ihnen Lebenden. Der Bezug zur M. sollte sogar die ganze ↗ Seelsorge als Prinzip durchgängig bestimmen, indem man in der gesamten Seelsorge konfessionell geprägtes Verhalten im Horizont der anderen Konfessionen verstehen u. verwirklichen lernt. Darüber hinaus ist eine intensivere spez. M.nseelsorge nötig.

2. Dabei ist zu bedenken, daß die M.n dem allgem. ↗ Säkularisierungs- u. Entkonfessionalisierungsprozeß in bes. starker Weise unterliegen. Das zeigt sich u. a. in der zunehmenden ↗ Neigung, Ehen konfessionsunabhängig einzugehen. Die kirchl. ↗ Trauung erfolgt, wenn sie überhaupt stattfindet, in einem erhebl. Umfang nicht in der v. der kath. Kirche vorgeschriebenen Form. Ebenso ist die höhere Ehescheidungsbereitschaft bei M.n — 1965 in der BRD rd. 10% über dem Durchschnitt der rein konfessionellen Ehen, im gleichen Jahr bei rein kath. Ehen 34,5% unter dem Durchschnitt — wohl als geringere Kirchengebundenheit dieser Ehen zu deuten. Das gleiche gilt in differenzierter Weise v. den Kinderzahlen. Diese lagen 1970 in kath.-evang. M.n 25% unter dem Bundesdurchschnitt, bei rein kath. Ehen aber rd. 20% darüber. So weit starke Konfessionsbindung, größere Kinderfreudigkeit, Stabilität der Ehe usw. Anzeichen eines christl. Eheverständnisses u. -lebens sind, was nur differenziert angenommen werden kann, ist dieser Säkularisierungsprozeß negativ zu bewerten. Die M.n-Seelsorge muß deshalb damit rechnen, daß sie sich nur in begrenztem Umfang an lebendig gläubige Menschen wenden kann, die mit ihrer Kirche eng verbunden sind. Sie sollte folglich auf weite Strecken hin als Vorfeldseelsorge in der säkularisierten ↗ Gesellschaft geschehen, bei der konfess. Gesichtspunkte kaum eine Rolle spielen. Sie sollte deshalb in interkonfess. Zusammenarbeit erfolgen u. f. viele einen

gewissen seelsorgerl. Kontakt überhaupt erst herstellen, der die Menschen mehr allgemein f. die Sinn- u. Entscheidungsfragen des Lebens sowie f. das persönl. Gläubigwerden erschließt. Sie sollte sich ferner um eine intensivere ↗ Diakonie bes f. Ehe u. ↗ Familie bemühen, zumal die Mn. mit ihren hohen Scheidungsquoten u. bemerkenswert geringen Kinderzahlen vom sozialen Wandel überdurchschnittl. betroffen u. gefährdet sind. —

3. Die Vorfeldseelsorge muß durch eine M.nsseelsorge v. hinreichend konfess. Prägung ergänzt werden, denn die Begegnung mit der ausgeprägten u. praktizierten „Konfession" ist f. Kinder wie f. Erwachsene aus psych. u. soziol. Erwägungen nötig, um zu lebendigen rel. Überzeugungen zu kommen, weil nur so die Begegnung mit dem Glauben nachhaltig u. zugleich konkret genug geschehen kann. Außerdem sind nach der Überzeugung der Kirchen konfess. Aspekte f. das Heil bedeutsam. Die Kirchen können deshalb nicht darauf verzichten, diese gegenüber den f. den Glauben zu gewinnenden Menschen auch zur Geltung zu bringen. Das schließt ein, daß das ↗ Gemeinsame der christl. Überzeugung stärker herausgestellt werden soll, im Verhältnis zu dem die unterschiedl. christl. Überzeugungen v. untergeordneter Bedeutung sind. Der berechtigte Platz der konkreten Konfession im persönl. Glaubensleben wird auf diese Weise nur gesicherter u. gefestigter werden u. dementspr. gleichermaßen entschieden u. zurückhaltend zur Geltung kommen. Dabei ist eine Überforderung der in M.n lebenden Menschen durch konfess. Ansprüche zu vermeiden, weil sie solchen nicht gewachsen sind. So wird z. B. die starke Betonung der Gewissenspflicht zur Erziehung der Kinder in der eigenen Konfession oft auf Unverständnis stoßen, weil die v. der amtl. Kirche vertretene Bedeutung der Konfession schlechterdings nicht erkannt u. anerkannt wird. Deshalb wird auf die Ermöglichung überhaupt einer konfess. Bindung häufig mehr Wert gelegt werden müssen als darauf, daß sie in der eigenen Konfession erfolgt. Ebenso stoßen die f. die kath. Eheschließung geltenden Formvorschriften, tw. auch die theol. Interpretationen der evang. Trauung, zunehmend auf Ablehnung, weil sie den ↗ Bedürfnissen der Randchristen nicht genügend entsprechen. Man wird daher gründlich überlegen müssen, wie die kirchl. Segnung solcher Ehen dem Gläubigwerden dieser Ehepaare wirksamer dienen kann.

4. Die M.nseelsorge sollte jedoch nicht nur zu einer best. Konfession hinführen, sie sollte vielmehr darüber hinaus zu ökumen. Gesinnung verhelfen, die dazu bereit ist, die Konfessionen weiterzuentwickeln u. in ihren konfessionalist. Verengungen aufzubrechen, indem sie sich verstärkt u. vertieft am allumfassenden Glaubensmysterium orientiert. Sie sollte deshalb nicht nur v. der eigenen Konfession ausgehend ausgeübt werden, sondern versuchen, sich im Rahmen des Nachvollziehbaren die Gesichtspunkte der anderen Konfession zu eigen zu machen u. Gegenstand ökumen. Zusammenarbeit der Kirchen zu werden. Sie sollte also dem anderskonfess. Partner zur Aufarbeitung seiner eigenen konfess. Problematik verhelfen u. ebenso beim Glied der eigenen Konfession Verständnis f. alle berechtigten Anliegen der anderen Konfession zu wecken versuchen. Sie sollte bei all dem die eigene u. die andere Konfession in einem neuen Licht sehen lassen, das in einem gläubigeren Blick auf Christus sichtbar wird. Nur so wird erreicht, daß die konfess. Unterschiede respektiert, miteinander versöhnt u. auf einer höheren Ebene u. U. wenigstens in hohem Maße einander integriert werden können. Deshalb sollten sich die aus M.n kommenden Menschen aufgrund ihrer Erfahrungen bes. stark um die Wiedervereinigung bemühen. Man sollte aber keinesfalls zielstrebig das Eingehen v. M.n fördern, um so auf „kaltem Wege" die Überwindung der Glaubensspaltung zu fördern. Man würde sich dann nämlich nicht mehr demütig u. vorurteilslos in den Dienst des persönl. Gläubigwerdens der Menschen stellen, sondern den Menschen im Dienste einer „Superkonfession" bevormunden. *Waldemar Molinski*

Lit.: Mischehe. Handbuch für die evang. Seelsorge. Im Auftrag des konfessionskundlichen Instituts des Instituts des Evang. Bundes, hrsg. v. W. Sukker, K. Nitzschke u. J. Nell (1959); W. Molinski (Hsg.), Kindererziehung in der Mischehe (1969); R. Frieling, Mischehe — aber wie? (1971); W. Molinski u. H. Wanke, Mischehe. Fakten, Fragen, Folgerungen (1973).

Misereor. Bischöfl. Werk gegen Hunger u. Krankheit in der Welt der westdt. Katholiken, gegr. 1959 v. der Fuldaer Bischofskonferenz auf Initiative v. Kard. J. Frings, Köln; Geschäftsstelle in Aachen. Einmal im Jahr zur Fastenzeit werden die westdt. Katholiken v. den Bischöfen aufgerufen, f. die notleidenden Menschen in den Entwicklungsländern ein spürbares Geldopfer zu geben, um so ein Zeichen der brüderl. Liebe zu setzen. M. hat sich zur Aufgabe gesetzt, nicht nur die Symptome der Not zu beseitigen, sondern u. a. die Selbsthilfe in den Entwicklungsländern zu aktivieren. ↗ Entwicklungshilfe, kirchl.

Mißbildung ↗ Fehlbildung

Mission, ärztliche. Das Gebot der Nächstenliebe ist unaufgebbares Element des Christseins. Wie Christus sich der notleidenden Menschen annahm, war christl. Missionsarbeit v. Anfang an mit diakon. Dienst verbunden. In der Kolonialzeit übernahm die ↗ Diakonie in Form ä. M. stellvertretend sozialen Dienst der Krankenversorgung od. veranlaßte deren Beginn. Mit dem Siegeszug naturwissenschaftl. Medizin im Westen kam es zur Ausbildung kurativ institutioneller Arbeit mit einer Fülle v. ↗ Krankenhäusern, Kliniken, ↗ Ärzten u. Schwestern aus Europa u. Amerika. Noch heute sind in manchen Ländern Afrikas bis zu 40 % der Krankenhäuser im Besitz der Kirchen. Im 1. Viertel des 20. Jh. war die Blütezeit organisierter ä. M. In Deutschland entstand 1906 das „Institut f. Ä. M." in Tübingen (Paul-Wechler-Krankenhaus), das ev. M.s-gesellschaften unterstützt, u. 1923 das M.särztl. Institut in Würzburg, das kath. Ärzte u. Schwestern aussendet. Das Selbständigwerden junger ↗ Kirchen macht die *Frage nach dem Sinn ärztl. christl. Tätigkeit* notwendig. Geht es bei M.sarbeiten einseitig um ↗ Bekehrung u. ↗ Verkündigung durch das Wort, hat ä. M. nur einen sekundären Hilfscharakter. Da bei Christus ↗ Heilung Zeichen des kommenden u. mit ihm angebrochenen Königreiches Gottes ist, kann eine solche Einordnung nicht überzeugen. Heilung in der Schrift wird als Überwindung der Kräfte des ↗ Bösen, zu denen auch ↗ Tod, ↗ Angst u. Sinnlosigkeit gehören, gesehen. Es geht um Heilung der Beziehung des Menschen zu sich, zu seiner ↗ Umwelt, zu seinem Nächsten u. zu Gott. Mit Christus können wir unter seinem Kreuz ↗ Hoffnung in hoffnungsloser Situation u. angesichts des Todes leben. F. Christen kommt alle Heilung v. Gott u. führt deshalb zur Indienstnahme des Geheilten durch Gott u. zu einem Ruf zum Dienst am Nächsten. Christl. ↗ Gemeinde u. nicht nur Institutionen u. medizin. Spezialisten werden zum Heilen gerufen. Neue Erkenntnisse der Medizin in Entwicklungsländern, die v. a. ein weiteres Verständnis v. Heilen z. B. durch Einbeziehung sozialer Maßnahmen beinhalten, betonen die Notwendigkeit einer auf die ↗ Gemeinschaft ausgerichteten Medizin (Community Medicine). Hier haben Christen gegenüber der auf Institutionen beschränkten Arbeit Möglichkeiten aufzuzeigen, was das Herrsein Christi im heilenden Dienst am Nächsten am jeweiligen Ort ausmacht (Caring Community). Sche

Lit.: R. A. Lambourne, Community, Church and Healing (1963); Auftrag zu heilen, Studien des Ökumenischen Rates Nr. 3 (1966); M. Scheel (Hsg.), Ärztlicher Dienst im Umbruch der Zeit (1967); J. H. Hellberg, Community, Health and the Church (1971).

Missionarische Seelsorge. „M. S." ist in dieser Wortverbindung ein Produkt der nach dem 2. Weltkrieg in Frankreich aufgebrochenen m. Bewegung. In wachsendem Maße erfuhren sich auch die angestammt christl. Länder als „Missionsland". Immer weniger eingetragene Kirchenmitglieder gehören aus Überzeugung einer ↗ Gemeinde v. Christen an. Selbst unter den regelmäßigen Kirchgängern finden sich zunehmend solche, die dem überkommenen ↗ Glauben u. der ihn tradierenden ↗ Kirche äußerst skeptisch gegenüberstehen. Die Unterschiede zw. „drinnen" u. „draußen" verschwimmen immer mehr. Dies ist die sich ständig noch verschärfende Ausgangssituation f. den Ruf nach dem, was man m. S. nennt. Gemeint ist eine Pastoral, die sich insgesamt m. versteht; also nicht eine bes. Sparte z. B. neben der Gemeindepastoral. In der Anfangsphase der m. Bewegung hatte man jedoch vornehmlich das „Apostolat an den Fernstehenden" im Auge: m. S. als ein über die Kerngemeinde hinauslangendes, auf Zuwachs od. Zurückführung abgestelltes Unternehmen. Zu dem neuen, mehr indirekten Verständnis v. m. S. haben v. a. folgende Überlegungen u. Erfahrungen beigetragen: 1. Eine m. Gemeinde muß sich selber ständig aus dem ↗ Geist Jesu erneuern, um auf andere einladend wirken zu können. — 2. Ihr m. Tun muß eingebettet sein in ein umfassendes Gemeindediakonat, in dem Christen ohne Hintergedanken zupacken, helfen, raten, wo immer Not sich rührt. Man wird dann schon erkennen, wessen Jünger sie sind (vgl. Joh 13,35), es wird auch immer Gelegenheiten geben, über das mitmenschl. Helfen hinaus die versch. Lebensnöte aus dem Glauben zu deuten u. den Menschen etwas vom Grund ihrer ↗ Hoffnung (vgl. 1 Petr 3,5) zu sagen. — 3. Es kann nicht Ziel der ↗ Seelsorger sein, alle Menschen in die Kirche institutionell zu integrieren, weil die Kirche nicht mit dem Reich Gottes gleichzusetzen ist, sondern es in dieser Welt anzubahnen hat. — 4. Diese Präevangelisation bzw. dieses „vor-m. Zeugnis" (Charles de Foucauld) ist mitten unter den Menschen zu erbringen, wo Christen mit anderen zusammen (↗ Mitmenschlichkeit) die Menschheit etwas weiter bringen auf die ihr v. Gott verheißene ↗ Erlösung hin.   Schö

Lit.: V. Schurr, Konstruktive Seelsorge (1962); F. Krenze, Die Kirche u. die Fernstehenden (1966); G. Biemer/J. Müller/R. Zerfaß, Eingliederung in die Kirche, in: Pastorale Handreichungen für den pastoralen Dienst (1972).

Mitleid. *Wahres u. tiefes M.* hat lösende, versöhnende Kraft; kann Eröffnung u. Ausgang v. ↗ „Erlösung" werden; M. gehört zu den sie ermöglichenden Bedingungen. *Unechtes M.* — Zuwendung ohne echte emotionale Identifikation — wirkt leicht verletzend. *Falsches M.* zeigt, wer auf die „Auslöser" best. Situationen (Behinderungen; auffallende Defekte) mit Spontanaffekten reagiert. Alles *oberflächl. M.* erreicht u. erlöst nicht, befremdet u. bleibt folgenlos. *Förderl. M.* wird heute seltener gelebt. „Emotionale Dürre" aufgrund v. immer häufigeren Frühdefekten (z. B. in der ↗ Mutter-Kind-Beziehung) schwächt die bedingende Fähigkeit zu Einfühlung u. Bindung. *„Ur-Gleichgültigkeit"*, als Abschirmung gegen „die anderen", bedeutet zugleich M.- u. Gnadenlosigkeit. Ein gewisser *Stil v. Sozialhilfe* betreut symptomatisch, sondert aus in Anstalten, hält dadurch v. Begegnungen fern. Die *Anonymität* entleert Mit-Empfinden (K. Lorenz: „Wärmetod des Gefühls"). Manchen gilt M. wegen vermeintl. lähmender Wirkung auf produktivere Verbesserungsstrategien als *verdächtig*. Die Zumutungen einer *„Hypermoral"* können tatsächlich überfordern (A. Gehlen). Aber: schonend-behutsames, zu Zeichen der Nähe fähiges Verstehen u. damit auch wirkl. ↗ Gerechtigkeit ist ohne M. nicht realisierbar. Jesu erschütternde, das Verhängnis der ↗ Schuld umfassende Mit-Leidensfähigkeit schwächt dennoch ethischen Anspruch nicht ab. *So ist sie Vorbild u. Maß christl. M.s.*

↗ Seelsorger sollten die oft verletzlich-zaghaften, manchmal angstgestimmten Ansätze zu emotionalem Ausdruck nie kühl abweisen. M. ahnt selbst ungewußtes, un-sagbares ↗ Leiden. Unbedingt muß man sich hüten vor allzu routinierten Teilnahmeformen. *Pastoral u. ↗ Erziehung* sollten viel konsequenter bedenken: jede persönl. Geschichte der ↗ Liebe *beginnt* als ↗ Erfahrung mütterl. (einfühlender) Liebe. Ihre u. allen M.s Tiefe wird in uneingeschränkter Seinsbejahung („Annahme") u. im Mit-Leid wirklich („Realisierung"). Auch „soziales Engagement" od. ↗ „Mitmenschlichkeit" bleiben ohne ihre läuternde Verstehenskraft existentiell u. ethisch fragwürdig.   Bö

Lit.: W. Heinen, Liebe als sittl. Grundkraft u. ihre Fehlformen (²1968); Ingmar Bergman-Film „Schreie und Flüstern" (1972, überzeugend dichte Kontrastdarstellung v. M. mit der Sterbenden nach Art einer Mater dolorosa); B. Welte, Dialektik der Liebe (1973).

Mitmenschlichkeit. 1. Der Begriff M. war in den fünfziger Jahren ein theol. Schlagwort. Mit ihm wurden formelhaft best. Auffassungen umschrieben od. bekämpft. Diese Diskussion weist auf ein wichtiges anthrop. Problem: Das abendländ. Denken hatte den Menschen lange als Einzelwesen beschrieben, als Ebenbild Gottes, als in sich ruhende Persönlichkeit od. als autonomes ↗ Ich (↗ Individualität). Daß der Mensch Partner eines anderen (↗ Partnerschaft) ist u. in ↗ Gemeinschaft lebt, wurde als abgeleiteter od. zweitrangiger Sachverhalt angesehen. Gegen diese Denktradition polemisierte L. Feuerbach. Für ihn war die Ich-Du-Beziehung nicht etwas Untergeordnetes, sondern das Wesen des Menschen galt ihm als das höchste Prinzip der Philosophie. Darin sah er auch den Kern des Christentums. Die Dreifaltigkeitslehre verstand er als myst. Verbrämung der Wahrheit, daß das absolute Wesen nie ein vereinzeltes, sondern notwendig ein verbundenes sei, die Einheit v. wesensgleichen Wesen. „Die Einheit v. Ich u. ↗ Du ist Gott". —
2. Sein phil. Ansatz wurde u. a. durch F. Ebner (Das Wort und die geistigen Realitäten. 1921) u. M. Buber (Ich und Du. 1923) weitergeführt. „Der Mensch wird am Du zum Ich." Diesen Sachverhalt nennt B. das „Dialogische", das „dialog. Leben", die „personale Vergegenwärtigung." Zur ↗ Umwelt hat der Mensch die „Ich-Es-Beziehung". Auch der andere Mensch ist f. ihn zunächst Gegenstand. Eine Ich-Du-Beziehung entsteht, wenn durch eine Begegnung dieses gegenständl. Verhältnis durchbrochen wird. Immer wieder zerfällt die Ich-Du-Beziehung. Der andere wird f. mich wieder zum ↗ Es, spätestens bei seinem ↗ Tode. —
3. Solche phil. Gedankengänge drangen in die Sozialwissenschaften ein: In der ↗ Psychotherapie meldet sich die Einsicht, daß Heilungsprozesse v. der Rolle des Menschlichen im ↗ Arzt-Patienten-Verhältnis abhängen. H. Trüb (Heilung aus der Begegnung. 1951) kritisiert seinen Lehrer C. G. Jung, weil in dessen Menschenverständnis der dialog. Aspekt zu kurz komme. A. Maeder (Der Psychotherapeut als Partner. 1957), M. Balint (Der Arzt, sein Partner u. die Krankheit, engl. 1964) u. a. stellten die These auf, daß der Arzt als Mensch das am häufigsten verwendete u. wirksamste Heilmittel sei. In der ↗ Sozialarbeit setzt sich die Erkenntnis durch, daß eine partnerschaftl. Beziehung wichtigster Faktor bei der Hilfe zur Selbsthilfe sei (R. Bang). In der Pädagogik traten F. Oetinger (1953), O. Kroh (1958) u. A. O. Schorb (1958) dafür ein, daß der Erzieher den Zögling nicht als Sache u. nicht als Empfänger v. Befehlen u. Wohltaten, sondern als gleichwertigen Partner akzeptiere. —
4. In derselben Zeit entdeckten Theologen, daß der Ich-Du-Aspekt zum bibl. Menschenverständnis gehört. Nach E. Brunner (Der Mensch im Widerspruch. 1941) hat „Gott den Menschen so geschaffen, daß der Einzelne immer nur durch den Anderen, daß das Ich nur durch das Du Ich werden kann." Für K. Barth (KD III, 2. 1948) ist „Menschlichkeit in ihrer Grundform M. Wir können nicht Mensch sagen, ohne entweder ↗ Mann od. ↗ Frau u. ohne zugleich Mann u. Frau sagen zu müssen." „Gott selber ist in seinem Wesen wohl einer, aber als Vater, Sohn u. Hl. Geist existiert er in Beziehung u. Gemeinschaft." Er ist „sich selber Ich u. Du." Er hat den Menschen nach seinem Bild geschaffen, d. h: als Mann u. Frau, als Ich u. Du. Diese urspüngl. M. ist durch die ↗ Sünde pervertiert, aber nicht verloren gegangen. Wahre M. wird wieder möglich, weil Gott Mensch wurde, weil Jesus als wahrer Mensch ganz f. die Mitmenschen da ist. Die Menschlichkeit Gottes ist Quelle u. ↗ Norm f. christl. M. Jedes menschl. Wesen, auch das fremdartige, elende od. verruchte, wird dadurch unser Mitmensch. Ist Gotteslehre ein unverständl. ↗ Mythos? So fragten einige Theologen nach K. Barth u. interpretier-

ten die bibl. Sätze über Gott als Aussagen über mitmenschl. Beziehungen. H. Braun (1961) geht aus v. der Erfahrung, daß wir bei andern geboren u. daß wir ihnen verpflichtet sind. Gott ist f. ihn eine Bezeichnung des Grundes dieser Geborgenheit u. dieses Verpflichtetseins. „Der Mensch als Mensch, der Mensch in seiner M. impliziert Gott." H. Gollwitzer (1963) lehnt diese Interpretation ab. In ihr werde das Evangelium auf Humanismus u. Ethik reduziert. E. Käsemann (1968) versteht den Ruf zur M. als berechtigte Reaktion gegen eine unmenschl. Orthodoxie. Der histor. Jesus habe tatsächl. „M. gelebt, gegeben u. gefordert. Aber mit dem Begriff M. werde man dem, was Jesus gewollt hat, nicht gerecht. Seine Losung war die Herrschaft Gottes. Die M. sei der Lebensraum, nicht aber Grund u. Ziel seines Evangeliums." —
5. Der Begriff M. wird heute nur selten gebraucht. Das hat m. E. folgende Gründe: a) Theol. Schlagworte sind kurzlebig; b) M. erscheint als ein nicht definierter Wertbegriff. Er setzt immer schon ein Menschenverständnis voraus. Faktisch ist es dann so, daß, wer den Begriff benützt, seine eigenen Vorstellungen über das wahrhaft Menschliche zur Norm erhebt. Man könnte z. B. mit dem Begriff M. die aktive ⁊ Sterbenshilfe f. unheilbar Kranke ebenso befürworten wie ablehnen; c) M. engt den Blick auf das Private ein u. verdeckt, daß es keine Ich-Du-Beziehungen außerhalb des wirtschaftl.-polit. Zusammenhangs gibt. Beim Gebrauch des Begriffs besteht die Gefahr, daß M. nur f. den Privatbereich proklamiert wird. Wirtschaft u. Politik werden dann ihrer Eigengesetzlichkeit, d. h. den in ihnen herrschenden ⁊ Mächten, überlassen; d) der Begriff M. verführt leicht zu einer Überbewertung der Zweiergemeinschaft u. zur Unterschätzung der Bedeutung der kleineren od. größeren ⁊ Gruppen, in welche jede Paarbeziehung eingebettet ist. Die ⁊ Gruppenpsychologie hat gezeigt, daß in der Klein-⁊Gruppe Chancen zur Entfaltung des Menschseins liegen, die in einer Paarbeziehung kaum vorhanden sind (⁊ Kommunikation). Bleibt man sich dieser Problematik bewußt, kann M. in der ⁊ Pastoralanthropologie als krit. Grenzbegriff nützlich sein: a) Er macht aufmerksam auf die bei der Erweiterung psych. Kenntnisse immer stärker werdende Tendenz, den Hilfsbedürftigen zur Sache, zum Fall, zum Inhalt eines Dossiers zu machen; b) er erinnert an die Wechselseitigkeit der helfenden Beziehung: auch der Helfer bedarf f. sein Menschsein des Hilfsbedürftigen; c) er ermöglicht Zielvorstellungen f. die past. Arbeit u. erleichtert so die ⁊ Entscheidung über Prioritäten (z. B. Angepaßtheit od. Widerstandswille als therapeut. Ziel).

Walter Neidhart

Lit.: A. O. Schorb, Erzogenes Ich — Erziehendes Du (1958); K. Rohner, Mitmenschlichkeit — eine Illusion (1973).

Mobilität. M. ist in steigendem Ausmaß zu einem charakterist. Merkmal moderner ⁊ Gesellschaften geworden (Positionswechsel), weil aus vielerlei miteinander zusammenhängenden Gründen (Entwicklung der ⁊ Technik, ⁊ Industrialisierung mit Veränderung der Produktionsverhältnisse, Demokratisierung, Abschwächung der Traditionsgebundenheit usw.) die Beweglichkeit v. ⁊ Personen, ⁊ Gruppen u. Bevölkerungsschichten gegenüber früheren Zeiten quantitativ u. qualitativ anders geworden ist — allerdings nicht gleichmäßig f. alle u. nicht im gleichen Ausmaß auf der Ebene der faktischen Verwirklichung wie auf der Ebene der rechtl. Möglichkeiten u. der Vorstellungen. — Die geograph., physische od. regionale M. bedeutet die Überwindung einer physischen Distanz (Abwanderung, Gastarbeiter, Landflucht, ⁊ Urbanisierung u. unter bestimmten Aspekten Pendlerbewegung, ⁊ Tourismus). Im sozialen Bereich wird als horizontale M. der Wechsel funktional od. standortmäßig versch. Positionen innerhalb der gleichen sozialen Schicht bezeichnet, d. h. ohne v. einem niedrigeren od. höheren neuen Status sprechen zu können. Den Auf- od. Abstieg in der sozialen Rangordnung nennt man soziale vertikale M., die entweder innerhalb der Lebensdauer einer Person (Intra-Generations-M.: ein Hilfsarbeiter wird Spitzensportler) od. zw.

Eltern u. ↗ Kindern (Vater Landwirt, Sohn Priester) stattfinden kann. Alle Arten der M. bedeuten f. die ↗ Person in versch. Graden u. in versch. Kombinationen eine Veränderung der ↗ Umwelt u. bringen deshalb das Problem der ↗ Anpassung od. Nichtanpassung an die neue umgebende Kultur (Akkulturation) mit sich, was häufig verbunden ist mit ↗ Rollen-Konflikten u. mit dem Erleben der Relativität der ursprünglich internalisierten ↗ Wert-Systeme. Die neue Art u. Intensität der M. in der modernen Gesellschaft steht in einer kaum auflösbaren Wechselwirkung mit Demokratisierung u. geistig-kultureller Beweglichkeit usw. Daraus folgen Anpassungsschwierigkeiten auch f. Institutionen eher stat. Prägung (z. B. bezogen auf das geograph. Prinzip der kirchl. Organisation gegenüber Personalpfarren u. kategorialer ↗ Seelsorge; hinsichtl. des hierarch.-ständ. Aufbaus u. unveränderl. od. schwer veränderl. Elemente gemeinsamen geistigen Gutes; bzgl. der Berufsm. der ↗ Priester usw.). Ml

Lit.: D. Glass/R. König (Hsg.), Soziale Schichtung und soziale Mobilität. Sonderheft 5 der Kölner Zeitschrift für Soziologie und Sozialpsychologie (1968); K. M. Bolte, Vertikale Mobilität, in: R. König (Hsg.), Handbuch für empirische Sozialforschung, Bd. 2 (1969).

Mongoloid. Neben m. u. Mongolismus gibt es zahlreiche Synonyma f. die erstmals v. L. Down 1866 beschriebene ↗ Schwachsinns-Form höheren Grades mit zahlreichen somat. u. psychischen Degenerationserscheinungen (u. a. sog. Mongolenfalte), die auf eine Chromosomenstörung zurückgeht. (Chromosom 21 dreifach — klassische Trisomie); häufig bei „älteren" ↗ Müttern auftretend.

Moral, doppelte. Die d. M. hat ihren Grund in falscher Selbstliebe u. im Mangel an ↗ Demut u. ↗ Ehrfurcht vor dem andern. So ist der Mensch geneigt, den Splitter im Auge des Nächsten richtend wahrzunehmen, ohne den Balken im eigenen Auge wahr haben zu wollen (Mt 7,3—5). Dieses Phänomen wird zum System der d. M., wo kollektiv der ↗ Mann über die ↗ Frau herrschen will u. eine ganze Kultur (einschließlich der ethischen u. jurid. ↗ Normen) davon geprägt ist. Bes. auf sex. Gebiet treibt die d. M. in vielen Kulturen ihr Unwesen. Man richtet mit zweierlei Maßstäben. Die Verschiedenheit der ↗ Veranlagungen u. ↗ Rollen sehen u. betonen, hat nichts mit d. M. zu tun. Sie ist erst dort gegeben, wo man aus Herrschsucht od. Überlegenheitsgefühl versch. Maßstäbe f. Verhalten u. Fehlverhalten anlegt.

Die d. M. vergiftet die Beziehungen zw. Herrschenden u. Beherrschten, Kolonisten u. Unterdrückten, zw. den bevorrechteten u. benachteiligten sozialen Schichten, aber auch intrapersonal das sittl. Urteil über das eigene Verhalten; d. M. erscheint hier als Ausdruck u. mißglückter Lösungsversuch im ↗ Konflikt zw. Triebbegehren u. Gewissensanspruch. Der Kern der Sache ist die Heuchelei, bewußt od. — was meistens der Fall ist — unbewußt. Man bedient sich moral. Argumente u. richtet den Schwächeren bzw. die schwächere ↗ Gruppe, weil man den anderen nicht ihr volles Recht geben u. dabei nicht zugestehen will, daß man im Unrecht ist.

Die d. M. ist ein Wesensbestandteil fast aller ↗ Ideologien: Man manipuliert Ideen, um mit „gutem ↗ Gewissen" u. mit Unterstützung moral. Gefühle (z. B. moral. Entrüstung) den status quo festzuhalten. Die Ideologiekritik ist ein Versuch, die verborgenen Motive, die ↗ Verdrängungen u. ihre sozialen Ursachen bloßzulegen, das unwahre moral. Pathos zu entlarven u. so zur Versachlichung der Auseinandersetzung beizutragen. Hr

Lit.: J. Habermas, Erkenntnis und Interesse (1968); B. Häring, Sünde in einer säkularisierten Welt (1974).

Moral insanity = „moralischer Schwachsinn" (J. C. Prichard, 1835), ↗ psychopath. Persönlichkeitsstörung mit ↗ Über-Ich-Defekt ohne Beeinträchtigung der Intelligenz, häufig im Anschluß an eine Enzephalitis. Heute wird der Ausdruck wissenschaftl. nicht mehr verwendet, kriminolog. scheint „m. i." gelegentlich noch als „geborener Verbrecher" auf; moralpsych. mangelt es an affektiver Besetzung ethischer Wertvorstellungen. Es handelt sich also um ein unreifes ↗ Gewissen mit herabgesetzter Fähigkeit zu echter ↗ Reue.

Moralpsychologie. Im Rahmen der M. wendet sich die Moraltheologie mit ihren ethisch-psych. Fragen an die Psychologie. Method. u. inhaltl. steht die M. der ↗ Pastoralpsychologie nahe (auch histor. ist eine enge Verbindung zw. beiden Fachrichtungen nachzuweisen). Im Gegensatz zur ↗ Religionspsychologie wird die M. als Unterdisziplin der theol. Wissenschaften angesehen. In ihrem Forschungsgegenstand unterscheidet sie sich v. der Religionspsychologie. V. der Elementen- u. Vermögenspsychologie ausgehend, beschäftigt sich die M. mit einzelnen psychischen Kräften u. Funktionen, wie Denken, Wahrnehmen, Fühlen, Wollen, Streben, Empfinden usw. u. mit der Bedeutsamkeit dieser psychischen Fähigkeiten f. das sittl. ↗ Verhalten. Die M. bemüht sich z. B., die Imputation (d. h. die Schuldfähigkeit) u. die Determination u. Indetermination (d. h. die Problematik der Gewissensentscheidung u. der geistigen Willensfreiheit) zu erklären wie zu verstehen. Sie geht rezeptiv vor, indem sie psych. Forschungsergebnisse f. ihre Überlegungen fruchtbar macht, od. bedient sich selbst der experimentellen wie sozial-empir. Methode. Ihr Forschungsgegenstand erstreckt sich nicht nur auf einzelne psychische Kräfte u. Funktionen, sondern berücksichtigt ebenso den psycho-sozialen Aspekt menschl. Verhaltens bei der ethischen Wertfindung u. bei der Beurteilung sittl. Handelns. Da eine Untersuchung der ethischen Wert- u. Normfindung immer auch nach der sittl. Einstellungsbildung u. Verhaltensformung, d. h. nach dem faktischen sittl. Handeln zu fragen hat, werden mit moralpsych. Fragen ebenfalls seelsorgl. Probleme angeschnitten. Gleiches gilt f. praxisorientierte Aussagen über Zurechnungsfähigkeit u. Determination. Zwangsläufig ergibt sich damit eine enge Verbindung zw. ↗ Pastoralpsychologie u. M. Moralpsych. Fragestellungen finden sich bereits in versch. moraltheol. Traktaten der mittelalterl. Scholastik. Angeregt durch die Neuscholastik wie auch provoziert durch die heutige Infragestellung sittl. Verhaltensaspekte — nicht zuletzt als Folge des allgem. verbreiteten psych. Denkens — besitzt gegenwärtig die moralpsych. Forschung eine große Aktualität. H. Th. Simar (1835—1902), F. X. Linsemann (1835—1898) u. A. Koch (1859—1915) legten mit ihren Werken die Grundlage der modernen M. Als jüngere Vertreter der M. gelten im kath. Raum v. a.: R. Allers, L. Bopp, J. Donat, J. Klug, Th. Liertz, W. Schöllgen, Th. Müncker, W. Heinen, J. Bökmann.

Po

Lit.: J. Bökmann, Aufgaben und Methoden der Moralpsychologie (1964); H. Pompey, Religionspsychologie, Pastoralpsychologie u. Moralpsychologie, in: Wege zum Menschen 24 (1972), 385—388.

Morbidität. M. ist 1. ein medizin.-statist. Begriff (↗ Sozialmedizin) u. bezeichnet die Anzahl der Erkrankungsfälle im Verhältnis zur Zahl der Bevölkerung. 2. bedeutet M. das Maß der Anfälligkeit gegenüber einzelnen Krankheiten innerhalb einer Bevölkerungsgruppe od. in der gesamten Bevölkerung. 3. In kulturkrit. Zusammenhang bezeichnet M. den Zustand bzw. Prozeß der „Dekadenz", des Niedergangs, Zerbröckelns u. Kränkelns einer Kulturepoche.

Mord. Nicht jedes Töten eines Menschen durch einen Menschen wird als M. bezeichnet. Aus dem Begriff scheiden einerseits die Tötungsarten aus, bei denen es um Abwehr v. Unrecht geht (↗ Notwehr, Todesstrafe, Krieg, ↗ Widerstand), andererseits alle Arten, bei denen der Tötungswille fehlt (sog. indirekte Tötung, z. B. Totschlag, fahrlässige od. versehentl. Tötung). Wenn auch keine dieser Tötungsarten sittl. unproblematisch ist, trägt doch den Charakter des sittl. Unzulässigen am deutlichsten der M., die vorbedachte u. absichtliche (= direkte) Tötung eines Menschen, die nicht zur Abwehr lebensgefährl. ungerechter Bedrohung geschieht. Die weithin in der Menschheit anerkannte sittl. Überzeugung, daß der schuldlose Mensch ein Recht auf ↗ Leben hat u. darin zu achten ist (vgl. die v. den Vereinten Nationen abgegebene Allgem. Erklärung der ↗ Menschenrechte, Art. 3), gehört auch zum Bestand der atl. u. der ntl. Sittlichkeit („Du sollst nicht morden"). Die Hl. Schrift vertieft die Begründung dafür durch den Hinweis auf die ↗ Menschenwürde, die ↗ Gottebenbildlichkeit des Menschen u. auf Gott, den Herrn des Lebens.

Wenn man mit dieser Überzeugung ernst macht, bleibt schuldloses menschl. ↗ Leben in jedem Stadium seiner Entwicklung dem absichtl. tötenden Zugriff sittl. entzogen. Beabsichtigte ↗ Abtreibung, Kindestötung, ↗ Euthanasie im Sinn der Tötung mangelbehafteten od. verfallenden Lebens können dann nicht zulässig sein.

In der pastoralen Betreuung v. Menschen, die in unüberwindl. scheinende Schwierigkeiten geraten sind, kann es nicht richtig sein, über den schweren sittl. Mangel hinwegzusehen, der in jeder dieser Tötungsarten steckt. Damit ist aber die Frage zu verbinden, wieweit das sittl. Verstehen (Werterfassen) u. Können dieser Menschen reicht. So kann es in manchen Konfliktfällen vertretbar sein, sie die ↗ Entscheidung treffen zu lassen, die sie unter den gegebenen Umständen f. die beste halten, nicht, weil gegen ihre Wahl nichts mehr zu sagen wäre, sondern weil sie an den Grenzen ihrer Möglichkeiten angelangt sind. Hö

Lit.: H. Thielicke, Wer darf leben? Der Arzt als Richter (1968); U. Eibach, Recht auf Leben — Recht auf Sterben. Anthropolog. Grundlegung einer medizin. Ethik (1974).

Morning-After-Pill. Durch hohe Dosen v. Hormonen innerhalb v. 48 Stunden nach erfolgtem ↗ Geschlechtsverkehr kann die Ausbildung einer ↗ Schwangerschaft verhindert werden. Dazu muß fünf Tage lang ein synth. Östrogenpräparat mit erhebl. Nebenwirkungen (Brechreiz, Zyklusstörungen usw.) eingenommen werden; Gelbkörperhormone sind als „Pille danach" noch in Erprobung. Da die M. nicht die Befruchtung, sondern erst die ↗ Nidation verhindert, ist ihre Anwendung auch in Notfallsituationen (↗ Vergewaltigung, Versagen einer Kontrazeptionsmethode, ↗ Inzest) umstritten (↗ Abtreibung, ↗ Empfängnisregelung, ↗ Familienplanung, ↗ Leben, menschl.).

Lit.: G. K. Döring, in: Dt. Ärzteblatt 68 (1971) 2395 f.

Motivation. Der Begriff M. soll in diesem Artikel ausschließlich unter psych. Aspekt betrachtet werden. — Motiv kommt v. lat. motivum = das Bewegende. In der Sprache der Psychologie bedeutet Motiv den auf die Erreichung eines best. Zieles od. Endzustandes gerichteten *Beweggrund* (↗ Bedürfnis, ↗ Antrieb) *des* ↗ *Verhaltens*. M. umfaßt dann die Gesamtheit der Motive, die zu einer Handlung führen, u. ist insofern ein Schlüsselbegriff f. das Bestreben der versch. psych. u. tiefenpsych. Schulen u. Richtungen, konkretes menschl. Handeln auf seine Begründungszusammenhänge hin zu befragen, d. h. zu erklären. — Bis zu Anfang dieses Jahrhunderts beschäftigte sich die Psychologie ausschließlich mit den bewußten Motiven. Die ↗ Psychoanalyse S. Freuds machte dann die Entdeckung, daß die wesentl. Motive, aus denen der Mensch handelt, unbewußt sind (↗ Verdrängung). Die psychoanalyt. ↗ Psychotherapie kann gerade als die Technik bezeichnet werden, unbewußte Motive bewußt u. damit dem ↗ Ich zugänglich zu machen. Die Erkenntnisse der Psychoanalyse zeigen aber auch eine erschreckende Perspektive: daß nämlich der Mensch in seinem Denken, Handeln u. (selektiven) Beobachten gesteuert wird u. beeinflußbar ist auf einer Ebene, die seinem unmittelbaren Zugang entzogen ist, nämlich auf der des ↗ Unbewußten. Insofern kommt heute der M.sforschung ausschlaggebende Bedeutung zu. Beispielsweise stellen sich Wirtschaft u. Politik die Frage: Wie kann der Mensch — unbewußt — bewegt (motiviert) werden, daß er eine best. Ware od. ein best. Parteiprogramm „kauft"? Was muß geschehen, damit best. Antriebe im Menschen in Bewegung geraten, die dann zu dem gewünschten Handeln führen? Dieselbe Frage stellt sich der Pädagoge, der seine Schüler motivieren muß, best. Lern-

Motivation

inhalte aufzunehmen. Ein desinteressierter Schüler wird nichts od. nur wenig lernen. — Für seelsorgl. Handeln ist die M.sforschung ebenfalls v. großer Bedeutung: Wie kann der heutige Mensch motiviert werden, die zentralen ↗ Verkündigungs-Gehalte der Offenbarung so aufzunehmen, daß daraus in der ↗ Gesellschaft christl. Handeln erwächst? Hierbei ist zu bedenken, daß die ges. christl. Tradition der Auffassung ist, daß die Frohe Botschaft des Evangeliums die Grundbedürfnisse des Menschen anspricht, ihn froh u. erlöst macht — falls diese Botschaft beim Menschen ankommt (↗ Menschwerdung, Heil, Evangelium). Die Schwierigkeit der heutigen ↗ Seelsorge liegt nun gerade darin, daß sich der Mensch unseres Kulturbereiches v. der Verkündigung dieser Botschaft nicht mehr od. weitgehend nicht mehr erfassen, d. h. motivieren läßt. —
Grundsätzlich unterscheidet man zw. angeborenen u. erworbenen Motiven. Z. B. sind Hunger (physiol.) u. ↗ Angst (psych.) dem Menschen angeborene Antriebe. Ein Mensch, der Hunger hat, wird motiviert, sich auf irgendeine Weise Nahrung zu verschaffen; ein Mensch, der unter Angst steht, strebt danach, den Zustand der Harmonie u. inneren Sicherheit wiederherzustellen. Auf einer höheren Ebene kann der Mensch aber durch erworbene Motive dazu bewogen werden, den Hunger im ↗ Fasten auszuhalten u. der Angst in der ↗ Tapferkeit standzuhalten. Die Motive f. das Fasten könnten etwa sein, schlank zu werden, ein gesünderes Leben zu führen, aber auch im rel. Bereich sich auf das ↗ Gebet, auf die Begegnung mit Gott vorzubereiten. Das unmittelbare Antriebsmotiv Hunger wird überhöht durch ein erworbenes Motiv u. — wenigstens zeitweise — außer Kraft gesetzt. Die Tatsache v. angeborenen u. erworbenen Motiven schließt eine absolute Determination des Menschen in seinem Handeln aus u. deutet den ↗ Freiheits-Raum an.
Die versch. psych. u. tiefenpsych. Richtungen u. Schulen unterscheiden sich bezüglich des M.s-Begriffes in der Annahme v. versch. inhaltl. ↗ Deutungen dieses Begriffes. Beispielsweise stellen die einen die ↗ Sexualität als Grundmotiv in den Vordergrund (Freud u. seine Schule), andere sehen im Verlangen nach ↗ Macht den hauptsächl. Beweggrund menschl. Handelns (Adler). C. G. Jung sieht den Menschen durch die archetyp. Gehalte (↗ Archetypen) des ↗ kollektiven Unbewußten in seinem Handeln motiviert u. determiniert. Wieder andere Psychologen stellen ganze Trieblisten auf, um menschl. Verhalten zu erklären, etwa: das Verlangen nach Sicherheit, ↗ Anerkennung, Hilfe, Gesellgkeit usw. (Über die unterschiedl. Einteilungslisten menschl. Motive u. die zugrundeliegenden Kriterien bei den versch. psych. Schulen möge man sich in der unten angeführten Literatur orientieren.) — Einige Richtungen neigen dazu, grundsätzl. Aussagen über menschl. M. zu machen. Hier muß man jedoch mit H. Thomae sagen: „Jede Aussage über die ‚letzten' Beweggründe menschl. Verhaltens führt mehr od. minder hinein in metaphys. Setzungen." D. h., jede solche Aussage hat ihre weltanschaul. Voraussetzungen bei der jeweiligen psych. Schule. Das einzig Aufweisbare ist die Tatsache, daß menschl. Handeln immer v. Motiven ausgeht.
Es kann nun der Eindruck entstehen, daß der Freiheitsraum des Menschen sehr eingeschränkt sei durch die ihm vorgegebenen Motive, die sein Handeln bestimmen. Manche psych. Richtungen scheinen eine weitgehende Determination des Menschen in seinem Handeln zu vertreten. Dies gehört aber schon zu der oben erwähnten weltanschaul. Voraussetzung, die durch die ↗ Erfahrung nicht beweisbar ist. Die Erfahrung legt vielmehr nahe, daß der Mensch grundsätzlich zu seinen Motiven Stellung nehmen kann, daß er sie überhöhen kann, daß er wählen kann. Die M.sforschung zeigt aber auch, wie der Mensch über seine unbewußten Motive tw. manipulierbar u. v. außen steuerbar ist (↗ Manipulation, ↗ Meinungsbildung).
Unter dem Aspekt der M. ergibt sich f. die Pastoralanthropologie ein weites Feld der ↗ Forschung, die in der Offenbarung spezif. ausgesprochenen Bedürfnisse des Menschen herauszuarbeiten (etwa: Sehnsucht nach Frieden im Sinne

der Bergpredigt; Geborgenheit nicht im Sinne einer infantilen ↗ Regression usw.) u. sie f. die Seelsorge so zu bereiten, daß die christl. Verkündigung motivbildend wirksam wird, d. h. daß daraus entspr. Handeln erwächst.   Gerhard Stövesand

Lit.: H. Thomae (Hsg.), Handbuch der Psychologie 2. Bd. (1965): Allgem. Psychologie; ders. (Hsg.), Die Motivation des Handelns (⁶1970) (s. dort auch weitere Lit.); D. Wyss, Die tiefenpsych. Schulen von den Anfängen bis zur Gegenwart (³1970), 364 ff.; R. Riess, Perspektiven der Pastoralpsychologie (1974).

Mündigkeit. Ein Mensch ist — *juristisch* gesehen — mündig geworden, wenn er aus der „Vormundschaft" v. Eltern u. Erziehern entlassen ist u. f. sich volle ↗ Verantwortung zu übernehmen vermag. Nach geltendem Recht ist dieser Vorgang mit dem Stadium der sog. Volljährigkeit erreicht.

Moderner ↗ *Anthropologie* zufolge ist unter einem mündigen Menschen (m. M.) allerdings nicht eine in sich vollkommen abgerundete u. ausgereifte Persönlichkeit zu verstehen. Zwar lassen sich best. Züge benennen, die einen m. M. v. einem ↗ Kind od. Jugendlichen unterscheiden können: Ichstärke u. Identitätsbewußtsein, ↗ Kreativität u. Kritikfähigkeit, Selbständigkeit u. Selbstkontrolle u. dgl. Gleichwohl ist auch ein m. M. eher noch Person-im-Prozeß als fertiges u. feststellbares Produkt. Diese dynam. Perspektive unterscheidet denn auch die neuere, emanzipatorisch eingestellte u. polit. engagierte *Pädagogik* v. ehedem idealistisch geprägten Persönlichkeitstheorien. Dynamisierung des ↗ Menschenbildes u. Demokratisierung der ↗ Gesellschaft berühren sich mindestens an einem Punkt, dem Bildungsziel: Sinn einer „Schule f. alle" u. Sinn v. ↗ Bildung als eines fortgesetzten Suchvorganges soll es sein, durch Herstellung v. Chancengleichheit Menschen zur M. u. d. h. auch zur Mitbestimmung u. Mitwirkung in der modernen Gesellschaft heranzubilden (vgl. z. B. den Strukturplan des Dt. Bildungsrates).

In der autonomen, emanzipierten ↗ Persönlichkeit der neueren Zeit scheint die Auffassung *Kants* v. der Aufklärung als „Ausgang des Menschen aus seiner selbstverschuldeten Unm." an ihr Ziel gelangt zu sein. Das Motiv vom m. M., der sich den ihn beherrschenden ↗ Mächten (wie Gesellschaft, ↗ Natur, Staat u. a.) nicht unterwirft, sondern ihnen krit. gegenübertritt u. ihnen gegenüber seine Grundrechte geltend macht, wird zu einem fundamentalen Merkmal allen Wissens u. aller Wissenschaft vom Menschen. Daß das aufklärerische Denken auch den ↗ Glauben nicht ausnehmen wird, hat bereits D. Bonhoeffer in beispielhafter Weise wahrgenommen u. *theol.* weitergedacht. Die ↗ Emanzipation des Menschen u. der modernen Gesellschaft hat nach einer Eskalation v. Kriegen u. Katastrophen indessen auch tiefes Mißtrauen erregt. Wissenschaftl. Erfolge u. techn. Errungenschaften können nicht darüber hinwegtäuschen, daß alle Aufklärung auch v. Abgründen u. alle Autonomie auch v. ↗ Angst umgeben sind. Wie seine Väter ist auch der m. M. „nicht Herr im eigenen Hause" (S. Freud). Als personales Gegenüber geschaffen, ist es gerade dem m. M. aufgegeben, sich als Partner zu verstehen u. zu verständigen.   Ri

Lit.: H. Roth, Päd. Anthropologie, 2 Bde. (1966/1971); Th. W. Adorno, Erziehung zur Mündigkeit, suhrkamp tb. 11; D. Bonhoeffer, Widerstand u. Ergebung (1970; Neuausgabe), bes. S. 391 ff.

Musiktherapie. Die Wirkung der Musik auf den Menschen ist seit dem Altertum bekannt. Auch zur Behandlung Kranker wurde sie schon früher eingesetzt. Seit ca. 20 Jahren, v. Amerika kommend, hat sich die M. als eine medizin. Hilfsmethode auch in Europa sprunghaft entwickelt u. wurde zu einer anerkannten Methode. Ihr Einsatz erfolgt vorwiegend bei geistig u. seel. Kranken sowie bei behinderten Kindern.

In der Erwachsenen-↗Psychiatrie wird sie in erster Linie zur ↗ Entspannung u. Beruhigung eingesetzt (↗ Tanz).

Beim behinderten ↗ Kind kommt die auch beim schwerstbehinderten Patienten noch erkennbare Musikalität als psych. Achsensymptom aller ↗ Hirnschäden der M. sehr entgegen. Sie dient dazu, sonst kaum aktivierbare Kinder zur Kontakt-

nahme zu bringen u. schließlich über die Leitschiene „Musik" zu echten Lernprozessen zu bringen.
Im deutschsprach. Raum wird vorwiegend das Orff'sche Instrumentarium verwendet. Re

Lit.: A. Rett, Das hirngeschädigte Kind — ärztliche, erzieherische und soziale Probleme (1971); A. Rett, Möglichkeiten und Grenzen der Musiktherapie bei hirngeschädigten Kindern. Österr. Ärztezeitung, 27. Jg., Heft 5 (1972); A. Rett, Musiktherapie in der Betreuung Hirngeschädigter. Mitteil. der österr. Sanitätsverwaltung, 73. Jg., Heft 10 (1972).

Muße. Der v. a. im angelsächs. Sprachbereich übliche Begriff der „M." (leisure) wird im dt. Sprachraum durch versch., mit ihm gegebene Vorstellungen belastet, sei es durch die Assoziation ↗ Elite, sei es durch die Gedankenverbindung zu einer jenseits der Welt liegenden (literar., rel.) Idylle. Solche Mißverständnisse lassen sich nur überwinden, wenn man das an sich unteilbare Leben des Menschen als Rhythmus v. ↗ Arbeit u. M. versteht. Während dann Arbeit durch ↗ Aktivität gekennzeichnet wird, wären Passivität u. Empfangen (↗ Entspannung) der M. vorbehalten. Beide zusammen machen letzten Endes die eine, spannungsreiche Existenz des Menschen aus.
Dem heutigen Menschen geht die M. nicht nur deshalb ab, weil er v. Hektik gejagt wird; mehr noch hindert ihn, M. zu haben, sein Glaube an die Machbarkeit aller Dinge (↗ Manipulation). Hektik u. techn. Credo (↗ Fortschrittsglaube) widerstehen jener M., die die Totalität der Welt entdecken läßt u. zur Zustimmung zu ihr ermuntert. Weil M. aber nicht als individ. u. profanes Ereignis zu werten ist, steht sie in unmittelbarer Nähe zum ↗ Kult. „M. u. Kult" (J. Pieper) sind Verwandte, weil dort, wo die beglückende Jenseitigkeit des Menschen gefeiert wird, der Mensch die ↗ Gemeinschaft sucht: in Berufung auf seine „göttl." Herkunft, in Anrufung seiner (ihm als Glied der Menschheit zufallenden) ↗ Zukunft.
M. erweckt das Innere des Menschen, führt also zu emotionaler Vertiefung (↗ Emotionalität) u. transzendentaler Ansprechbarkeit (↗ Transzendenz). Es kann nun nicht bestritten werden, daß dem heutigen Menschen sowohl M. wie rel. Ansprechbarkeit abgehen. Deshalb muß er seine M.fähigkeit entfalten u. seine rel. Sensibilität erwecken. Das geschieht durch alle Weisen eines seel. (auch charismat.) Erweckens (↗ Charismen, ↗ Erweckung), ereignet sich in einer modernen Mystagogie, d. h. einer Einübung, durch die Mensch sich selbst als das ihn zuerst angehende ↗ Geheimnis (↗ Mysterium) erfährt (↗ Meditation, ↗ Kontemplation). Wird aber darin der Mensch sich seiner selbst bewußt, versteht er besser die Aussage: der Mensch ist ohne Gott nicht zu definieren (↗ Gotteserfahrung). Eine so verstandene M. aber ist weder einer best. Schicht vorbehalten noch f. eine Idylle reserviert; sie macht etwa mitten im Alltag jene innere Beruhigung aus, die aufatmen u. ausschauen läßt: aufatmen in aller Hektik, ausschauen auf letzte Ziele hin. Solche M. sollte v. a. in der ↗ Freizeit, in der ↗ Erholung ihren Platz haben; sie spielt in der ↗ Tourismusseelsorge eine nicht zu unterschätzende Rolle. Bl

Lit.: J. Pieper, Muße und Kult (1948); ders., Zustimmung zur Welt (1963).

Mußehe. Unter M.n sind alle ↗ Ehen zu verstehen, die unfrei geschlossen werden. Zur Unfreiheit können führen: vorehel. ↗ Schwangerschaft; Faszination durch den Partner; der Wunsch, sich v. den Eltern zu trennen; Druck v. seiten der Eltern; Enttäuschung durch einen anderen Partner; lange Beziehung. Bei der durch vorehel. Schwangerschaft bewirkten M. sind zwei Formen zu unterscheiden: eine, bei der vorher Heiratsabsicht bestand, u. eine zweite, wo dies nicht der Fall war. Bei der ersten Variante handelt es sich um eine relative M. — der Heiratstermin wird vorgezogen. Die zweite Variante war bis vor wenigen Jahren die häufigere Ursache v. M.n. Durch die sich immer stärker durchsetzende ↗ Empfängnisverhütung scheint als Motiv die Trennung v. den Eltern, bes. bei Mädchen, an die erste Stelle zu rücken.

Die seelsorgl. Behandlung verlangt eine Auseinandersetzung mit den Fragen der vorehel. ↗ Geschlechtsbeziehung, der Empfängnisverhütung, den Heiratsmotivationen u. der ↗ Eltern—(erwachsenes) Kind—Beziehung. Die Forderung der ↗ Abstinenz schafft die Tatsache vorehel. Geschlechtsbeziehungen nicht aus der Welt. Aufgrund eingetretener Schwangerschaft Heirat zu verlangen, ist ein Extrem nach der anderen Seite. Die ↗ Motivation zum Geschlechtsverkehr muß nicht derjenigen zur Ehe identisch sein. Können die Partner kein inneres Ja zu einer Ehe finden, ist zu widerraten, nur um des ↗ Kindes willen zu heiraten. U. U. besteht eine bessere Chance der ↗ Entscheidung, wenn der akute Druck der Schwangerschaft vorbei ist. Die Hauptproblematik kommt zumeist v. den Eltern des Mädchens, sie setzen die Partner unter Druck. Der Versuch, mit den Eltern ins ↗ Gespräch zu kommen, ist auch dort am Platz, wo Jugendliche u. junge Erwachsene noch als zu bevormundende Kinder behandelt u. dadurch in eine nicht frei gewählte ehel. Verbindung getrieben werden. Insgesamt ist zur Vermeidung v. M.n die seelsorgerl. Arbeit mit den beiderseitigen Eltern mindestens ebenso wichtig wie mit den jungen Partnern.

Der Begriff der M. ist aber noch weiter zu fassen. Unter sozialpsych. u. soziol. Aspekten erscheint eine Vielzahl v. Ehen als M.n u. zw. deshalb, weil es eine gesellschaftl. Programmierung in ↗ Sozialisation u. ↗ Erziehung gibt, die mit scheinbar nicht zu hinterfragender Selbstverständlichkeit als Schicksal des einzelnen im priv. Lebensbereich seine Verheiratung proklamiert u. internalisiert. ↗ Freiheit u. Bewußtheit der Entscheidung zur Ehe werden dadurch eingeschränkt od. aufgehoben. Goe

Lit.: J. Duss — von Werdt/G. A. Hauser, Das Buch von Liebe und Ehe (1970).

Mutation. Man unterscheidet Gen-, Chromosomen- sowie Genom-M.n. *Gen*m.n (Angström-Bereich) sind Veränderungen an der Desoxyribosenukleinsäure (DNS) od. Ribosenukleinsäure (RNS), die an Folgegenerationen weitergegeben werden; sie können durch Rückm. od. Doppelm. od. phänotyp. Supression in ihrer Wirkung aufgehoben werden. Spontane Genm.n sind ohne erkennbare Ursache auftretende Fehler bei DSN-Neubildung, z. B. in Keimzellen od. Somazellen. Induzierte M.n werden durch mutagene Agentien ausgelöst, z. B. alkylierende chem. Substanzen, UV-Licht, ionisierende Strahlen. Eiweißsynthese geschieht durch Übertragung (Transcription) der genet. Information v. DNS auf messengerRNS u. Übersetzung (Translation) des Codex mithilfe mRNS, transferRNS mit anhängender Aminosäure u. Ribosomen. Veränderungen der mRNS u/od. der tRNS können zu den gleichen Veränderungen der primären Eiweißsynthese führen wie analoge M.n der DNS. Punktm.n betreffen nur einen Grundbaustein (Nukleotid) der DNS od. RNS. In der Zusammensetzung eines Nukleotids (Phosphorsäure-Pentose-Base) kommt der Base f. die Codierung der Eiweißsynthese entscheidende Bedeutung zu; 3 aufeinanderfolgende Basen determinieren eine Aminosäure. Die einfachste Veränderung ist der Austausch einer Base; Folge ist die Codierung einer falschen Aminosäure in die Sequenz einer Eiweißkette. Best. Gen-bedingte Hämoglobinopathien des Menschen beruhen auf diesem Prinzip. Der Verlust (Deletion) od. die Einfügung (Insertion) eines weiteren Nukleotidpaares bewirken eine Rasterverschiebung, wodurch das falsche Ablesen der Information bei der Translation entsteht; Folge ist eine völlig abweichende Aminosäurensequenz eines u. U. lebenswichtigen Proteins, das nicht funktioniert (↗ Erbkrankheit). Best. Pharmaka (z. B. Proflavin) mit DNS in Wechselwirkung können sich mit einem Teil d. Moleküls zw. zwei benachbarte Basenpaare schieben (Intercalation); Folge ist Deletion od. Insertion mit Rasterverschiebung u. Ablesefehler. Eine zweite M. kann u. U. das richtige Raster wiederherstellen u. die Bildung eines funktionsfähigen Proteins ermöglichen.

*Chromosomen*m. (mikroskopisch sichtbar) betreffen strukturelle Abweichungen an

Metaphase-Chromosomen. Vier Kategorien: Deletion (Chromosomenstückverlust), Inversion (Herausbrechen eines Chromosomenstücks u. Wiedereinfügen nach Drehung um 180°), Duplikation (Herausbrechen eines Chromosomenstücks u. Einfügung in das homologe Chromosom), reziproke Translokation (Austausch v. terminalen Chromosomenstücken zw. zwei nicht homologen Chromosomen). *Genom*m.n haben eine veränderte Zahl v. Einzelchromosomen od. ganzen Chromosomensätzen (↗ Abortus, ↗ Entwicklungsstörungen). ↗ Eugenik ↗ Manipulation De

Lit.: F. Vogel/G. Röhrborn, Chemical Mutagenesis in Mammals and Man (1970); V. Wieczorek, Chromosomen-Anomalien als Ursache von Fehlgeburten (1971).

Mutter. Die Vorstellung v. der M., der guten, der „idealen M." wird oft allzu sehr vom Emotionalen geprägt, ist rational schwer faßbar, schwer zu definieren. M.-sein ist zunächst eine biol. Tatsache, damit aber aufs engste verbunden eine psych.-päd. Aufgabe. Bes. dieser letzte Aspekt klingt an, wenn v. „der M." die Rede ist. ↗ Liebe, emotionale Wärme, Schutz, Konsequenz bei gleichzeitiger Engelsgeduld sind Eigenschaften, die v. der guten M. erwartet werden. Sie ist es, die primär das ↗ Kind umsorgt, pflegt u. im selbstlosen Zurücktreten zur Reife führen soll. Sie ist jene, deren Liebe, wie psych. Untersuchungen bewiesen haben, v. ausschlagebender Bedeutung f. die spätere Entwicklung des Kindes ist (↗ Eltern—Kind-Beziehung). Der M. fallen die ersten ↗ Erziehungs-Aufgaben zu. Schon bei der Pflege des Säuglings gilt es, Pünktlichkeit, Ordnung u. Gefühl f. Sauberkeit zur Gewohnheit werden zu lassen; in späteren Jahren sind v. a. Anpassungsfähigkeit, ↗ Geduld, Verzichtenkönnen, Opferbereitschaft, Zärtlichkeit u. Hingabefähigkeit Eigenschaften u. ↗ Tugenden, die unter Führung u. Beispiel der M. „gelernt" werden. Im ↗ Dialog mit der M., die dem Kind — so gut sie kann — keine Antwort auf seine unzähligen Fragen schuldig bleibt, macht das heranreifende Kind seine Erfahrungen, lernt es die Welt kennen u. erkennen, hört v. Gottes Existenz u. Liebe zu den Menschen. Gerade im Bereich der rel. Erziehung (↗ Religionspädagogik) ist die Rolle der M. v. hervorragender Bedeutung.

Erzieherische Fehlhaltungen der M. können die Entwicklung der kindl. Persönlichkeit entscheidend — im negativen Sinn — beeinflussen. Sie entstehen nicht selten gerade aus einer — allerdings falsch verstandenen — bes. Bemühung um Mütterlichkeit. Überbetonte Fürsorge (↗ Overprotection), vielleicht gerade um ein etwas schwächeres, wenig vitales od. ein tatsächl. behindertes Kind, allzu große Nachgiebigkeit u. Verwöhnung — hervorgehend aus einer falsch verstandenen ↗ Liebe od. aber aus ↗ Schuld-Gefühlen, wenn man sonst zu wenig „Zeit" f. das Kind hat (z. B. bei Berufstätigkeit) — können die ↗ Ich-Entwicklung u. Selbstfindung des Kindes so negativ beeinflussen, daß es später als ein seiner selbst unsicherer Mensch nicht den rechten Weg zur ↗ Umwelt, zum ↗ Du findet, sondern nur zu einer besitzergreifenden, egoistischen „Liebe" (↗ Narzißmus) fähig ist (↗ Erziehungsberatung).

Eine andere Gefahr f. die ↗ Frau als M. besteht darin, daß sie über ihrer M.schaft ihre ↗ Rolle als Gattin vernachlässigt. Der ↗ Mann, dessen Interessen primär über die ↗ Familie hinausgehen, gerät dann allzu leicht an deren Rand u. wird den Schwerpunkt seines Lebens anderswo suchen. — Nicht selten muß der Mann erst durch seine Gattin, die eben nicht ihre M.rolle überwuchern läßt, zum ↗ Vater im vollen Sinne des Wortes werden; ihr, der Gattin *u.* M. kommt es zu, das „Herz der Familie" zu sein, die durch ihre liebevolle Vermittlung Verständnis zw. Vater u. Kindern herstellt, evtl. ↗ Konflikte ausgleicht u. Frieden stiftet.

Es gab Zeiten, wo die Begriffe Frau u. M. so verwendet wurden, als ob sie gegeneinander austauschbar wären. M.sein ist aber nur *eine* Möglichkeit der ↗ Selbstverwirklichung der Frau, allerdings eine sehr hohe, durch die ↗ „Natur" primär vorgegebene.

In Zeiten u. Kulturkreisen, wo der Vermehrung, dem Nachwuchs des Stammes als Voraussetzung des „Überlebens" bes.

hoher ↗ Wert zukommt, kann das M. sein zu so überragender Bedeutung kommen, daß der M. (bzw. der Frau überhaupt) in der ↗ Gesellschaft der Vorrang, ja sogar herrscherliche Gewalt u. ↗ Macht zukommen (↗ Matriarchat). Bei einer Trendumkehr ändert sich die soziale Anerkennung der M. bzw. das Idealbild v. der Frau. In einer auf techn. Fortschritt ausgerichteten Männerwelt, in der der Kampf gegen die ↗ Überbevölkerung der Erde u. damit die Beschränkung der Geburtenzahl eine wesentliche Voraussetzung dieses „Fortschritts" darstellen, in der allzuleicht die bes. emotionalen Qualitäten der Frau u. M. gering geachtet werden, gilt die Frau oft nur dann, wenn sie als Geschlechtspartner interessant ist od. als „ungeschlechtl. Wesen" im Beruf „ihren Mann" stellt.

Die Berufstätigkeit der Frau — eine Konsequenz u. heute noch wirtschaftl. notwendige Erscheinung des techn. Zeitalters — hat zwar keineswegs nur negative Seiten, bringt aber oft erhebl. Probleme, wenn außerdem noch die Führung eines Haushalts u. die Betreuung v. Kindern (bes. v. Kleinkindern) geleistet werden sollen.

Bes. schwer wird diese Belastung f. die M. in unvollständigen Familien (Tod des Vaters, Ehescheidung, ledige Mutter), weil in diesem Fall auch noch die päd.-psych. Funktion des Vaters den Kindern gegenüber ersetzt werden soll. In solchen Situationen besteht eine gewisse Gefahr darin, daß im ältesten Sohn ein Vater-Ersatz gesucht wird: das Kind wird damit meist überfordert, kann aus dieser Situation heraus erst recht Erziehungsschwierigkeiten bereiten; allzu leicht entsteht aber auch eine allzu enge Bindung zw. M. u. Sohn, die die freie Entwicklung der Persönlichkeit des Sohnes behindern kann. *Brigitte Groh*

Lit.: M. Mead, Mann und Weib (1958); P. Dufoyer, Die Frau in der Ehe (1962); E. Gössmann, Das Bild der Frau von heute (Haus der kath. Frauen GmbH) (1962); T. Brandstaller/E. Niel, Emanzipation der Frau, Actio catholica 17/1 (1972); F. J. J. Buytendijk, Die Frau (1973).

Mutterbindung. Unter M. versteht man die vielfältigen Beziehungen eines Menschen zu seiner ↗ Mutter im Sinne der Gesamtheit aller seiner Erwartungen v. Motivbefriedigungen, welche ihm die Mutter bereitet hat bzw. noch bereiten wird (↗ Liebe, ↗ Eltern—Kind—Beziehung, ↗ Bezugsperson). Meist wird M. jedoch in einem engeren Sinn verstanden als extreme Bindung an die Mutter, wodurch andere Bindungen beeinträchtigt od. unmöglich gemacht werden. Solche extreme Bindungen entstehen meist durch ↗ Verdrängung od. Hemmung in der frühkindl. Entwicklungsphase.

Pastoralanthropolog. stellt sich die Aufgabe, Heranwachsenden (↗ Jugend, ↗ Jugendseelsorge) bei ihrem natürl. Ablösungsprozeß v. der kindl. Bindung an Eltern u. ↗ Familie zu helfen u. dazu beizutragen, daß die Gefahr extremer M. rechtzeitig erkannt u. entspr. bekämpft wird. Hier spielen die Gleichaltrigengruppe, jede Art v. ↗ Freundschaft, u. v. a. das Eingehen neuer Bindungen (↗ Verlobung, ↗ Ehe, ↗ Partnerwahl) eine große Rolle. *Hz*

Mutter—Kind—Beziehung ↗ Eltern—Kind—Beziehung

Mutterschutz. Durch den M. wird berufstätigen ↗ Frauen während ihrer ↗ Schwangerschaft u. nach der Geburt eines ↗ Kindes das bestehende Arbeitsverhältnis u. zugleich eine best. Zeit bezahlter Nichtbeschäftigung gesetzl. garantiert. Derartige rechtl. Regelungen — die nicht nur die ↗ Mutter, sondern auch das Kind schützen sollen — wurden in den meisten Staaten erst mit zunehmender ↗ Industrialisierung entwickelt. So wurde z. B. im Dt. Reich 1878 ein Gesetz erlassen, das die ↗ Arbeit der Mutter während der ersten drei Wochen nach der Geburt verbot, jedoch nur auf Industriearbeiterinnen Anwendung fand. Erst das „Gesetz zum Schutz der erwerbstätigen Mutter" v. 1952 (in der Fassung v. 1965) dehnte den M. auf alle Frauen aus, die in einem Arbeitsverhältnis stehen od. in Heimarbeit beschäftigt bzw. diesen gleichgestellt sind.

Ähnl. Gesetze bestehen in allen Ländern der Europ. Wirtschaftsgemeinschaft, wobei die Schutzvorschriften u. Schutzzeiten weitgehend gleich sind. Diese beziehen sich auf Beschäftigungsverbote f. alle schädl. Arbeitsbelastungen (giftige Stoffe, Strahlen, Staub, Hitze, Kälte, Nässe, Erschütterungen, regelmäßiges Heben v. Lasten, ständiges Stehen usw.). Meist besteht ein Beschäftigungsverbot f. 4 bzw. 6 Wochen vor u. 8 Wochen nach der Niederkunft. Das Beschäftigungsverbot vor der Geburt ist f. die schwangere Arbeitnehmerin nicht bindend; es besteht jedoch mit Beginn der Schutzfrist Anspruch auf Wochengeld v. der Krankenkasse. Außerdem sind im allgem. eine Gewährung v. Stillzeit (die zur Arbeitszeit gehört) u. weitere Sonderregelungen vorgesehen. Eine Kündigung ist in den meisten Ländern während der Schwangerschaft u. bis zum 4. Monat nach der Niederkunft unzulässig; Ausnahmen sind aber in bes. Fällen möglich. Während der Schutzfristen muß der Durchschnittslohn weitergezahlt werden. Bo/Rf

Lit.: H. Gärtner u. H. Reploh, Lehrbuch der Hygiene. Präventive Medizin (1969); W. Steuer, Sozialhygiene (1974).

Mysterium. Unter Mysterien versteht man rel. Feiern best. Geheimkulte der Antike, die nur Eingeweihten zugänglich waren. V. diesen Mysterien ist, bibl. gesehen, M. streng abzuheben. M. (↗ Geheimnis) wird v. a. auf die Selbstoffenbarung Gottes u. seines Heilswillens in Jesus Christus u. die dadurch begründete heilwirkende Einigung des Menschen mit ihm bezogen. Dies zeigt folgende Momente:

a) Das Geheimnis Jesu Christi ist nicht Menschenerfindung, sondern Geschenk Gottes. Was in Gott verhüllt war, wurde zugänglich — es soll aber nicht wie in den Mysterien geheimgehalten, sondern verkündet werden. Hieran schließt sich eine spätere Verwendung des Wortes „M." in der Theologie: M. ist ein Glaubensinhalt, der dem Menschen nicht v. sich aus, sondern nur durch Offenbarung zugänglich ist. M. ist eine nur im Glauben zugängliche Wahrheit. — b) Obwohl das M. Christi ein f. alle bestimmter Verkündigungsgehalt ist, kann dieser Gehalt nur im ↗ Glauben erfaßt werden, der persönl. Annahme erfordert u. Nachfolge in der Lebensführung. Darum ist das „M. des Reiches Gottes" den Jüngern gegeben im Gegensatz zu „denen draußen", die nicht zur Jüngerschaft gehören (Mk 4,11), denen es daher verhüllt ist u. verborgen. — c) In der ↗ Gemeinschaft der an den Herrn Glaubenden wird die Verbindung mit Jesus Christus in gottesdienstl. Form vollzogen. So wurde bei den Kirchenvätern M. mit sacramentum übersetzt u. gleichbedeutend verwendet f. die Heilstaten Christi u. die Festfeier dieser Heilstaten. Später spaltete sich die Verwendung dieser Worte auf: Sacramentum wurde f. den kult. Sinn vorbehalten, M. mehr f. den Gehalt der Glaubensaussage (↗ Gottesdienst).

Wenn v. M. als Geheimnis gesprochen wird, dann ist zu berücksichtigen, daß es sich dabei nicht um eine Flucht vor der Mühe des Suchens nach weiterer Antwort handelt. Bei dem echten Geheimnis, das Gott ist, ergibt es sich aus der Dynamik des Fragens selbst, daß hier nicht sinnvoll weitergefragt werden kann. Wenn f. das Begegnende eine Erklärung gesucht wird, so hat dieses Fragen erst sein Ziel erreicht, wenn es zu einem Grund gekommen ist, der so ist, daß er nicht mehr auf etwas anderes verweist, das sein Grund wäre. Erst ein solcher Grund ist fähig, Erklärung u. Licht zu bringen. Zugleich ist er in dem Sinn notwendig unerklärlich, als er nicht auf etwas anderes zurückgeführt werden u. in bezug auf etwas anderes begriffen werden kann — in diesem Sinn ist er Geheimnis. Deshalb muß Gott erhellendes Geheimnis sein. Wenn sich nun Gott in seiner Unbegreiflichkeit mitteilt, wie er es in Jesus Christus getan hat, so wird in dieses Geheimnis hineingeführt, ohne daß Gott dadurch als Geheimnis aufgehoben würde. Wird dies übersehen, dann führt das Fragen in eine schlechte Unendlichkeit des Immer-weiter-Fragens: an das Gesuchte werden Forderungen gestellt, die v. ihm selbst her unbeantwortet sind. Alternative zur Anerkennung des erhellenden Geheimnisses ist die unbegründete Entscheidung f. das Absurde.

Insofern menschl. ↗ Leben sowohl durch unableitbare ↗ Entscheidungen geprägt ist, die nicht mehr voll v. uns einsichtigen

Gründen her erklärt werden können, als auch in einem Zusammenhang v. Fügungen steht, deren Sinn nur v. Gott her verstanden werden kann, ist auch die menschl. ↗ Person u. ihr Leben als M. anzusprechen.   Mu

Lit.: K. Rahner, Über den Begriff des Geheimnisses in der katholischen Theologie: Schriften zur Theologie IV 1—99; G. Marcel, Das ontologische Geheimnis (1971); K. P. Fischer, Der Mensch als Geheimnis. Die Anthropologie K. Rahners (1974).

Mystik. Das Bedürfnis des Menschen, alles durch seine Erfahrung aufzuschließen, macht auch dort nicht halt, wo es sich um die an sich unerfahrbaren Grundlagen seines Seins handelt. Gegenstand der myst. Erfahrung ist immer empir. Unzugängliches, das nur an den Spuren seiner Wirkung erkannt werden kann. Wo im Alltagsleben die Lücken der Erfahrung durch Vermutung u. Meinung, in der Wissenschaft durch Hypothesen u. Theorien geschlossen werden, setzt der M.r die Suche nach unvermittelter Erfahrung des Verhüllten fort. Dieses Phänomen gibt es in allen Kulturen u. Religionen, Das griech. „mystikós" leitet sich v. „mýo" (die Sinne verschließen u. sich versenken) u. „myéo" (in die Mysterien einführen) ab; darin wird sichtbar, wie sehr es die M. mit dem Verborgenen zu tun hat. Myst. Bewegungen im Osten wie im Westen ist gemeinsam, daß sie nach einem Geschehen suchen, das nicht innerhalb bekannter Kausalzusammenhänge abläuft, sondern gleichsam „quer" zu diesen. Daher kann M. als Weltflucht od. als Rückzug in die Innerlichkeit erscheinen; dies muß aber nicht sein, da die myst. Erfahrung transitorischen Charakter hat: gestärkte Rückkehr zu den erforderl. Aktivitäten des Lebens zeichnet die großen M.r aus (vgl. etwa Bernhard v. Clairvaux u. Theresia v. Avila). Die myst. Erfahrung selbst ist nach den Gewährsleuten entweder stärker v. der Erkenntnis (Schau, ↗ Kontemplation) od. v. der ↗ Liebe (Affekt, ↗ Caritas) geprägt. Sie ist nicht durch eine bes. Technik erreichbar, sondern nur durch die Umgestaltung des ganzen Lebens: nur durch die Gleichgestaltung mit der verborgenen Wirklichkeit wird die Einheit erreicht.

Darum hat jede M. hohe ethische Implikationen. — Die christl. M. erhält ihre Besonderheit aus dem ↗ Glauben an den Gott der Väter (Pascal) bzw. den Vater Jesu Christi. Die Welt u. die Tätigkeit werden in ihre ursprüngl. Einheit mit Gott zurückgebracht. Der Weg ist die Gleichgestaltung mit dem menschgewordenen Christus (Gottesgeburt in der Seele, Brautm., Leidensm.), nicht wie in der östl. M. das Erlöschen in einer All-Einheit. Neben der „prakt." M. gibt es eine große Tradition der spekulativen myst. Theologie, in der über die Möglichkeiten (v. a. das Geheimnis der Inkarnation) u. die Wege (z. B. Reinigung, Erleuchtung, Einigung) dieser Erfahrung nachgedacht wird. Auch dabei ist die Grunderfahrung das „Nicht", vor dem alle aktiven Bemühungen um letzte verfügbare Erkenntnisse stehen blieben (via negativa). Vom Glauben her ist dieses „Nicht" als Heilsgeschehen erschlossen, dem der Mensch empfangend, sich öffnend gegenüber steht (via passiva). Die allgem. Bedeutung der christl. M. liegt in den versch. Wegweisungen zu christl. ↗ Spiritualität u. ↗ Frömmigkeit, die die myst. Texte bieten.   Mt

Lit.: F. Wulf, Mystik, in: Handb. Theol. Grundbegr. II (1963), 181—193; A. Brunner, Der Schritt über die Grenzen, Wesen u. Sinn der Mystik (1972); F. D. Maaß, Mystik im Gespräch (Studien z. Theol. d. geistl. Lebens 4) (1972)

Mythos. Urspüngl. sprachl. Produkte der Menschheit, die das f. den Menschen Belangvolle darstellen wollten, gestalteten sich in der Form des M., d. h. einer Ausdrucksform, die nicht nachprüfbare u. berechenbare Richtigkeiten mitteilen, sondern den Menschen in seinen Tiefenschichten ansprechen u. Sinn vermitteln will. Sobald der M. als Information über best. Ereignisse verstanden wird, wird er mißverstanden, verliert er jede sinnvolle Korrespondenz zu menschl. Zusammenhängen, wird sinnlos u. obskur u. fordert nunmehr dazu heraus, durch Umdeutung der gewandelten Erfahrungswelt einigermaßen angepaßt zu werden. In diesem Bestreben konvergierten die unzähligen Versuche, die im Laufe der Menschheitsgeschichte angestellt wurden, um den M. zu deuten u. zu interpretieren.

Dominierte bis zu Beginn der Neuzeit die allegor. M.-Deutung, so erscheint f. das neuzeitl. M.-Verständnis das Denkmodell Vicos, die Menschheitsgeschichte korrespondiere mit der Individualgeschichte, grundlegend u. führte zu der Überzeugung, der M. sei der mißlungene Versuch, etwas anderes zum Ausdruck zu bringen u. beruhe auf der „imbecillitas" der kindl. Frühepoche des menschl. ↗ Geistes. Wo der Begriff nicht herrscht, da herrsche ↗ Phantasie, Phantasie aber bedeute Sinnlosigkeit.

Diese Einstellung kehrt sich in der psych.-romant. M.-Deutung um, in der nicht mehr „unendl. Progression" das Stichwort ist, sondern die Rückkehr der Seele zu sich selbst, durch die Ursprung u. Ziel in eins fließen u. die Zuwendung zum M. mit Emphase gefordert wird. So fragt Schelling angesichts des M.: „Wohin müssen unsere Gedanken sich erweitern, um mit dem Phänomen im Verhältnis zu stehen?"

F. den Pastoralpsychologen dürfte v. a. P. Tillichs M.-Deutung wichtig sein, die auf dem Hintergrund v. völliger Entwertung des M. durch die Aufklärung einerseits u. der romant. Faszination säkularer M.n andererseits gesehen werden muß. Sie geht v. der Erkenntnis aus, daß es eine wirkliche unmyth. Geisteslage nicht gibt: Zwar mögen die Manifestationen des M. immer unsymbolischer, immer realistischer u. wirklichkeitsnäher werden, aber sie bleiben doch M., denn nur so kann der tragende Grund des menschl. Geisteslebens, die Gebundenheit an das Unbedingte, zum Ausdruck kommen. So kann also nicht davon gesprochen werden, daß der M. aufgehört habe, sondern höchstens davon, daß er seine Form geändert habe. Andererseits ist es nicht möglich, ohne weiteres zum verlorenen M. zurückzukehren. Die einmal erworbenen rationalen Denkformen sind unaufgebbar. Die Anwendung eines buchstäbl. Verständnisses auf den M. ist deshalb völlig unmöglich. Alle myth. Aussagen werden dadurch absurd u. sinnwidrig, es kommt zu einer Verwechslung des myth. Stoffes mit dem, worauf er hinweist — dem Kennzeichen jeder Idololatrie. Weil im M. logische u. ästhet. Erfahrung des Unbedingten zu einer Einheit vereinigt sind, bedarf unsere Zeit, in der das nicht mehr der Fall ist, der Deutung des M. Sie kann mit Hilfe eines ↗ Symbol-Begriffes geschehen, der sowohl tiefere Schichten der Wirklichkeit wie auch tiefere Schichten der Seele eröffnet. Insofern kommt dem tiefenpsych. Symbolbegriff hier eine überragende Bedeutung zu.

Erst Freud entwickelte den hermeneut. Grundsatz, daß es im seel. Leben nichts absolut Unsinniges geben dürfe u. versucht deshalb die myth. Elemente in der Menschheitsüberlieferung mit dem gleichen Deutungsschlüssel zu verstehen wie die ihnen korrespondierenden Elemente der Kindheit, der ↗ Neurose u. des ↗ Traumes. Ihre ↗ „Sprache" ist gleich der Sprache des M., die Ausdrucksweise der unbewußten Seelentätigkeit, die allerdings mehrere Dialekte spricht u. deshalb der ↗ Deutung gewisse Schwierigkeiten entgegensetzt. Obwohl es nicht in sein aufklärer. Weltbild paßte, fügte sich Freud der Einsicht v. der Unvermeidbarkeit des Mythischen u. sah die ↗ Tiefenpsychologie als legitime Nachfolgerin der Mythologie an. In seiner Unvermeidbarkeit bedeutet der M. das stärkste geschichtl. Element, das sowohl in der Entwicklung des einzelnen wie in der Entwicklung der Art zur ↗ Menschwerdung des Menschen beiträgt. Er steht an der Stelle, wo das undifferenzierte Aufgehobensein in der ↗ Eltern—Kind-Beziehung zuende geht. Er ist der Schritt, „mit dem der einzelne aus der Massenpsychologie austritt", das Lust-Ich sich zum Real-Ich wandelt, der Gegensatz v. Objekt u. Subjekt fühlbar wird, der ↗ Glaube an die Allmacht der Gedanken zurücktritt u. der entsagungsreiche Weg zum Realitätsprinzip eingeschlagen werden muß.

Es spricht vieles dafür, anzunehmen, daß die ↗ Tiefenpsychologie Kategorien bereitstellt, die ein besseres Verstehen u. eine Deutung der myth. Überlieferung als die Bearbeitung best. menschl. Grundkonflikte ermöglicht. Eine ↗ Pastoralpsychologie, die sich zum Verstehen der ihr anvertrauten Menschen auch der tiefenpsych. Denkmodelle bedient, sollte es jedenfalls nicht unterlassen, dieselben auch auf ein besseres Verstehen der Überlieferung anzuwenden, da nur so der hermeneut. Zirkel der Verstehensvorgänge überzeugend berücksichtigt werden kann. Scha

Lit.: W. J. Schelling, Philosophie der Mythologie, Bd. I + II (1856), Neuausgabe Darmstadt (1966); G. F. Lipps, Mythenbildung und Erkenntnis (1907); O. Rank, Psychoanalytische Beiträge zur Mythenforschung (1919); R. Bultmann, Kerygma und Mythos, Bd. I ff. (1948); S. Freud, Totem und Tabu, Ges. Werke, Bd. IX; C. G. Jung/K. Kerenyi, Einführung in das Wesen der Mythologie (1951); E. Fromm, Märchen, Mythen, Träume (1957); P. Tillich, Religiöser Symbolismus, Bd. V, Gesammelte Werke (1964); K. Niederwimmer, Jesus (1968).

Nachsorge-Einrichtungen. Der Übergang eines Patienten vom ↗ Krankenhaus in seine vorherige Umgebung erweist sich häufig als schwierig, so daß entweder seine Entlassung aus der Klinik aufgeschoben wird od. sich der Genesende in seiner sozialen ↗ Umwelt nicht zurechtfindet u. evtl. erneut stationär behandelt werden muß. Diese Gefahr besteht v. a. bei langfristig Kranken, sowie körperl. od. psychisch behinderten ↗ Patienten. F. diese sind Übergangseinrichtungen notwendig, in denen sie selbständiger als in einem Krankenhaus leben u. doch therapeut. gestützt werden können. Solche N., an denen es allerdings noch überall mangelt, sind Sanatorien f. Kur- u. Erholungsaufenthalte, ↗ Pflege- u. Wohnheime, Tag- bzw. Nachtkliniken, therapeut. Wohngemeinschaften u. Einrichtungen zur Berufsförderung (z. B. beschützende Werkstätten). ↗ Rehabilitation ↗ Wohngemeinschaftstherapie Rf

Nacktheit. N. hat versch. Gesichter. Bei entspr. klimat. Voraussetzungen stellt sie in primitiven Kulturen oft den Normalfall der „Bekleidung" dar. Allerdings wird sie auch dort unter Erwachsenen selten total praktiziert. N. kann auch rituelle, mag. od. rel. Bedeutung erlangen. Belege dafür liefert die Religionsgeschichte: aus antiken Mysterienkulten, aus Vorderasien, Indien, aus mittel- u. südamerikan. Hochkulturen. Stark mit ↗ Ideologie befrachtet, erscheint N. als Heilmittel gegen Kulturzerfall u. ↗ Zivilisationsschäden in der (Anfang des 20. Jh. v. R. Ungewitter begründeten) Bewegung f. ↗ Freikörperkultur (FKK). In gewisser Weise ist sie verständl. als Reaktion auf die ↗ Prüderie der viktorian. Epoche. N. als solche kann zunächst als wertneutral gelten; ihren Sinn u. ihre sittl. Qualifikation erhält sie erst aus dem Kontext. Weil der ganze Mensch v. Gott geschaffen ist, kann es auch am menschl. Leib keine „unehrbaren Teile" (partes inhonestae) geben, die man verbergen müßte. Andererseits gehört aber ohne Zweifel bes. die Genitalzone des Körpers zur ↗ Intimsphäre, die — ohne vernünftigen Grund — preiszugeben, der ↗ Menschenwürde widerspricht (Schamhaftigkeit).

Die Vorstellung, hemmungslose N. würde automatisch eine verklemmte Einstellung zur ↗ Sexualität beheben, wird v. der Erfahrung nicht gestützt. Der Traum vom „edlen Wilden" erweist sich in der Praxis früher od. später als naive Romantik. Die Darstellung v. N. zum Zeitvertreib od. zur Anstachelung sex. Gier (Striptease o. ä.) widerspricht nicht nur eth., sondern meist auch ästhet. Maßstäben. Völlig anders zu bewerten ist das ernsthafte Bemühen der Kunst, die Innenseite des Menschen in der Darstellung des nackten Körpers aufleuchten zu lassen. Selbstverständl. ist auch jede Entblößung des Körpers sittl. einwandfrei, die sich aus hygien. od. medizin. Gründen ergibt. Schamlos ist nicht N., sondern der Mensch, der N. schamlos betrachtet. Wenn N. eingebettet ist in tiefe personale Verbundenheit, kann sie zum Zeichen der Geborgenheit werden, die ihre Vollendung findet in ehel. ↗ Liebe. Gy

Lit.: Fr. Frh. v. Gagern, Der Mensch als Bild (²1955), 67 f.; ders., Ehel. Partnerschaft (1963) 213 f.

Nächstenliebe ↗ Liebe ↗ Mitmenschlichkeit

Narkoanalyse. In gleichnamigen Büchern v. Horsley (1943) u. Fervers (1951) beschrieben, in vielen Punkten eine Weiterführung der kathart. Hypnosen (Breuer, L. Frank). Bei vielen ↗ Patienten gelingt eine ↗ Hypnose nicht od. unvollständig. Gibt bzw. spritzt man ihnen (langsam) kleine Mengen eines Narkotikums, wird diese Schwierigkeit umgangen. Äther u. Methedrin wirken erregend, Barbiturate (Evipan) dämpfend: wichtig f. die Absicht, eine aggressive od. kathart. „Entladung" v. Affekten zu erzielen od. die Exploration u. Aufdeckung verdrängter u. vergessener traumat. Erlebnisse u. ↗ Konflikte zu ermöglichen. Beides kann laufende ↗ Psychoanalysen erheblich abkürzen, isoliert bei umschriebenen („fokalen") neurot. Störungen zur Anwendung gelangen, aber auch schwelende, beginnende ↗ Psychosen (↗ Depression, Schizophrenie) aufdecken bzw. auslösen. Auch langfristig können unter kleinen narkotisierenden Dosen Psychoanalysen durchgeführt werden. Hierbei aktivieren erregende ↗ Drogen erot. u. destruktive Impulse; dämpfende Barbiturate schalten Zensur, ↗ Über-Ich u. Abwehrmechanismen (Freud) temporär weitgehend aus. — Das Verfahren wurde v. Leuner („Experimentelle Psychose") variiert unter Verwendung v. Lysergsäure. — Kritiken heften sich an zwei Nachteile: 1. Narkotika bewirken eine Schwächung u. zeitweilig sogar Ausschaltung v. ↗ Bewußtsein u. ↗ Ich. Nach der analyt. Ich-Psychologie (Hartmann, A. Freud u. a.) ist aber f. die Verarbeitung u. ↗ Integration traumat. Erlebnisse u. abgespaltener ↗ Verdrängungen weniger ihre Wiederbelebung u. die Aktivierung des ↗ Es (Freud) entscheidend, sondern eine zunehmende Ich-Stärkung (die durch Narkotika vereitelt od. vernachlässigt werde). 2. Drogen können Erinnerungen, Verdrängungen u. mit ihnen verbundene Emotionen, Affekte u. Gefühle illusionär od. halluzinatorisch (experimentell psychotisch) so weit verändern u. verfälschen, daß es sich unter ihrer Wirkung bei den Äußerungen od. Produktionen der Patienten weniger um persönlichkeitseigenes als um drogenabhängiges Material handelt. Wi

Lit.: J. B. Horsley, Narcoanalysis (1943); C. Fervers, Die Narcoanalyse als initiale Methode in der Psychotherapie (1951).

Narzißmus. Fachterminus der ↗ Psychoanalyse, den Freud 1910 v. P. Däcke übernahm, den dieser 1899 prägte, um in Anlehnung an H. Ellis eine sex. ↗ Perversion zu beschreiben, die darin besteht, wie der Narcissus der griech. Sage, dem Bild v. sich selbst ↗ Liebe entgegenzubringen. Zunächst war damit der Tatbestand der ↗ Homosexualität beschrieben, es zeigte sich aber bald, daß es v. a. in der ↗ Psychose dazu kommt, daß die psychischen Energien vom Objekt abgezogen werden u. das eigene ↗ Ich besetzen können (der sog. sekundäre N.). In dem Bestreben, alle patholog. Erscheinungsformen ansatzweise in der kindl. Entwicklung wiederzufinden u. so das Symptom als eine ↗ Regression auf frühere Entwicklungsstufen ansehen zu können, nahm Freud an, daß zw. der Phase des Autoerotismus, in der noch divergierende Teiltriebe versch. erogene Zonen besetzen, u. der Objektliebe eine sex. Entwicklungsstufe liegen müsse, in der das in der Entwicklung begriffene Individuum sich selbst, seinen eigenen Körper zum Liebesobjekt nimmt u. damit zu einer ersten Vereinigung der Teiltriebe gelangt. Der N. muß deshalb als die Grundlage der Ich-Entwicklung angesehen werden, durch den ein Mensch befähigt wird, die äußeren Objekte loszulassen, was im Extremfall nach Ansicht der ↗ Psychoanalyse zur Psychose führen kann.

Über lange Zeit hat der N. in der psychoanalyt. Theorie einen negativen Akzent erhalten, weil man v. der überragenden Wichtigkeit der gesicherten Objektbeziehung f. die seel. ↗ Gesundheit überzeugt war. Erst seit H. Kohut die „narzißtischen Störungen" zu erforschen begann, wurde eine Sichtweise entwickelt, die in der letzten Konsequenz dazu nötigt, den N. als eine eigene Triebgruppe anzusehen, die ebenso wie ↗ Libido u. Destrudo (↗ Todestrieb) verdrängt werden kann u. dann eine unheilvolle unterschwellige Wirksamkeit zu entfalten beginnt. Während bei der Libidotheorie die Zwei-Personen-Beziehung ↗ Mutter—Kind im Vordergrund steht u. der ↗ Aggression die klass. Drei-Personen-Beziehung des ödipalen Konfliktes Vater—Mutter—Kind zuzuordnen wäre (↗ Ödipuskomplex), richten die neueren N.-Konzepte den Fokus der Aufmerksamkeit auf die Einpersonen-Beziehung, die Fähigkeit eines Menschen, mit sich allein sein zu können, durch seine ↗ Phantasie schöpferische Alternativen zur bestehenden Welt der Objekte zu entwerfen, die Grenzen zw. Objekt u. Subjekt durch Einfühlung zu verflüssigen u. mit Weisheit u. Humor die Begrenztheit des eigenen Lebens ins Auge zu fassen.

Wenn die Aufhebung der ↗ Verdrängung der ↗ Sexualität nach Freud v. a. dazu dienen sollte, sie sublimierbarer zu machen u. das Bewußtsein v. der Ubiquität der Aggression gerade zu deren besserer Beherrschung beitrug, so wird auch ein Aufgeben der Verteufelung des N. keineswegs dessen freies Ausleben propagieren, sondern gerade dessen bewußtere Gestaltung u. Verarbeitung anvisieren. F. eine ↗ Pastoralpsychologie, die zur Verdeutlichung der Glaubensinhalte best. Ergebnisse einer gesicherten Objektbeziehung wie etwa das Erikson'sche ↗ „Urvertrauen" herangezogen hat, werden die neueren N.-Konzepte jedenfalls eine Ausweitung des Vorstellungshorizontes bedeuten müssen in Richtung auf Bereiche, die zwar in der Überlieferung vorhanden sind (das Symbol der Aseität Gottes), bis jetzt aber reichlich unbetont am Rande gestanden haben. *Scha*

Lit.: S. Freud, Zur Einführung des Narzißmus (1914), Ges. W., Bd. X; H. Kohut, Formen und Umformungen des Narzißmus, in Psyche, 20. Jg. (1966); H. Argelander, Ein Versuch zur Neuformulierung des primären Narzißmus, Psyche, 25. Jg. (1971); H. Kohut, Narzißmus (1973); H. Argelander, Der Flieger (1973); J. Scharfenberg, Narzißmus, Identität und Religion, Psyche, 27. Jg. (1973).

Natur. Die vielen Bedeutungen v. N. (v. lat. *nasci*: entstehen, hervorgehen) lassen sich überblicken, wenn wir auf das zurückgehen, was ohne menschl. Zutun entstanden ist u. dem bewußten menschl. Tun u. Schaffen vorgegeben ist. Dabei kann man sich beziehen auf ein einzelnes Wesen, insofern es seiner Eigenart gemäß auf best. Tätigkeiten hingeordnet ist *(individ.* N. eines Dinges), od. man meint die Gesamtheit aller Dinge, die entstanden sind u. dem menschl. Handeln vorgebenen sind *(kosm.* N.). *Pantheistisch* wird diese N. aufgefaßt, wenn man sie mit dem absoluten Urgrund einssetzt, *geschaffen,* wenn man sie als v. Gott begründet versteht. Sowohl die individ. als auch die kosm. N. kann gesehen werden a) als *Voraussetzung* des menschl. Handelns u. Kulturschaffens (N. in Abhebung v. Kultur), b) als *Grenze* menschl. ↗ Selbstverwirklichung (N. gegenüber ↗ Geist) u. c) als etwas, das die menschl. Selbstverwirklichung aus freier Tat fordert *(teleolog.* N.).

a) N. in Abhebung v. Kultur umfaßt die N. *als Gegenstand der Naturwissenschaft,* also die in den Naturwissenschaften erforschten gesetzmäßigen Zusammenhänge der dem menschl. Handeln vorgegebenen Wirklichkeit. Die erworbene Kenntnis der N. erlaubt es dem Menschen, die Kräfte der N. f. seine Zielsetzungen nutzbar zu machen u. dadurch die Fähigkeiten, die ihm v. seiner N. her gegeben sind, zu übersteigen (↗ Transzendenz). b) Das Bemühen des Menschen um Gestaltung seines Lebens stößt immer wieder auch an die Grenzen der vorgegebenen Wirklichkeit, sowohl im Menschen selbst als auch im äußeren Gestaltungsbereich des Menschen, wobei die N. oft als unberechenbar, blind, aber auch als zielstrebig erlebt wird. c) Im Rahmen einer Gesamtauffassung der Wirklichkeit läßt sich die N. — auch die N. des Menschen — *teleolog.* sehen als Hinordnung auf weitere Verwirklichung u. Entfaltung. In diesem Sinn gehört die Hinordnung auf freies u. geistiges Wirken zur N. des Menschen, wie auch die Entfaltung der Kultur v. der so aufgefaßten N. des Menschen gefordert wird. Wird der im geist. Wirken des Menschen sich zeigenden Hinordnung nachgegangen, erweist sich als letztes Ziel der menschl. N. nicht nur zunächst die Gestaltung der ↗ Welt, sondern die Erfüllung durch Gott. In diesem Sinn kann man die — auf Gott als Schöpfer bezogene — N. des Menschen u. seiner Welt als Maßstab der geforderten u. aufgebenen Selbstverwirklichung des Menschen u. damit seines sittl. Handelns ansehen. ↗ Schöpfung ↗ Sittlichkeit ↗ Supranaturalismus ↗ Naturrecht *Mu*

Lit.: R. Spaemann, Natur: Handbuch phil. Grundbegriffe II (1973), 956—969; J. Splett/J. Alfaro, Natur: Herders theologisches Taschenlexikon V (1973), 157—163.

Naturheilwesen. Die ↗ Leitbilder der Naturheilmedizin reichen bis in die antike oriental. u. arab. Medizin zurück. Im corpus hippocraticum werden diese Leitbilder in den „sex non naturales" zusammengefaßt: Licht u. Luft; Speis u. Trank; Arbeiten u. Ruhen; Schlafen u. Wachen; Absondern u. Ausscheiden u. schließlich die Beherrschung der Affekte. Aus dieser Heilkunst der ↗ Diätetik wurde mit der Ausbreitung der Naturwissenschaften immer mehr eine Heilwissenschaft. An Stelle der Tradition u. Kunst trat die Wissenschaft, die sich auf Physik, Chemie, Leichenbefund u. ↗ Tier-Experiment beschränkte. Mit dem Einbruch der ↗ Technik u. den Fortschritten der technifizierten Medizin beginnt andrerseits die Verarmung des Menschlichen in der Medizin. Zw. ↗ Forschung u. Klinik, Klinik u. Arzt, ↗ Arzt u. ↗ Patient traten quantitative u. qualitative Schranken auf, in deren Folge zunehmend Unbehagen, Mißtrauen, Therapieschäden u. v. a. ein nicht mehr zu bezahlender Gesundheitsdienst auftreten werden. Es ist daher nicht verwunderlich, wenn sich in zunehmendem Maße v. a. junge Ärzte u. Patienten auf die alten Leitbilder der Naturheilmethoden besinnen; das priesterl. Arzttum sowie ein neues ↗ Vertrauen u. Anvertrauen, Begegnen u. Verstehen versprechen die Wiederherstellung einer abhanden gekommenen, viel umfassenderen ↗ Gesundheit, als die Medikamente u. Durchuntersuchungen halten können. Das Bild einer menschengerechten Medizin muß den Menschen als Ganzes, Einmaliges u. Besonderes erfassen u. behandeln. Neben der Erscheinung der ↗ Person des Kranken muß auch seine ↗ Rolle u. die Möglichkeit, sie zu spielen, berücksichtigt werden. Der kranken Zeit u. kranken ↗ Umwelt als Krankheitsursache bzw. Krankheitsauslösung muß mindestens die gleiche Bedeutung wie den Mikroben u. Viren zugemessen werden. Die Therapieschäden u. die Anpassungskrankheiten durch eine übertriebene medikamentöse Therapie können durch naturgemäße Anwendungen u. Ordnungen verhindert werden. Das also sind die Anliegen u. die Möglichkeiten einer Medizin, die sich auf die ↗ Natur des Menschen u. die Natur der Kräfte u. Stoffe besinnt u. diese zum Heilen einsetzt. Hier wirkt eine ganz neue Art v. ↗ „Seelsorge" im Zusammenhang der natürl. Erzieher, das sind ↗ Eltern, Lehrer, Politiker, Priester u. ↗ Ärzte. Das Heilen fängt bei uns selber an u. wird in ↗ Familie, Wohnung, Dorf od. Stadt weitergelebt. Das Heilen fängt im Badezimmer an u. wird in Sauna u. Bäderzentrum fortgesetzt. Turnen, Sport u. Wandern neben ↗ Meditation u. ↗ autogenem Training sind die andere Seite. In einem ↗ Krankenhaus sollte es solche Gesundheitseinrichtungen geben; u. dazu gehören auch ein gesunder Arzt u. ein gesunder ↗ Seelsorger. Denn der Mensch ist dann gesund, wenn er in sich mit sich, mit seiner ↗ Umwelt u. mit seinem Schöpfer in Ordnung ist. *Dc*

Lit.: Alexander, Psychosomat. Medizin (1966); Brauchle, Lexikon der Naturheilkunde (o. J.); Dorcsi, Personotrope Medizin (1970); Uexküll, Psychosomatik (1965).

Naturrecht. Im weiteren Sinn umfaßt N. die Gesamtheit der sittl. Verpflichtungen, die sich zunächst als Folgen der teleolog. ↗ Natur des Menschen f. seine Lebensgestaltung verstehen lassen. Theol. ist dies verstanden als Ausdruck des Ordnungswillens des Schöpfers (des „Ewigen Gesetzes" im Sinn v. Augustinus). Während sich dieser Ordnungswille in den naturnotwendig wirkenden Dingen u. Lebewesen im *physikal. u. biolog. Naturgesetz* äußert, der Natur als Gegenstand der Naturwissenschaft, appelliert dieser Ordnungswille des Schöpfers an den frei u. verantwortl. gegenüber diesem Appell sein Leben gestaltenden Menschen in Form der sittl. Verpflichtung als *sittl. Naturgesetz* od. N. im weiteren Sinn. Als N. *im engeren Sinn* werden — v. a. im kath. Verständnis — die Verpflichtungen des natürl. Sittengesetzes aufgefaßt, welche die gegenseitige Achtung der Verfügungsbereiche der Menschen u. die Ordnung des Gemeinschaftslebens betreffen. Dieses N. wird dann verstanden als Grundlage u. Rahmen einer weiteren Setzung v. Recht *(positivem Recht),* das die erforderl. Festsetzungen trifft, denen gemäß best. Rechte im Zusammenleben der Menschen gewahrt, allen genügend leicht erkennbar gemacht u. garantiert werden können. V. dieser *klass.* N.slehre, die in der neueren Zeit in Form der ↗ Menschenrechte, aber auch mancher als „vorpositiv" angesehener verfassungsrechtl. Bestimmungen wieder Anerkennung gefunden hat, ist die *rationalist.* Auffassung des N. der Aufklärungszeit zu unterscheiden, die das Ideal verfolgte, die Regelung menschl. Rechtsbeziehungen bis in Einzelheiten aus allgem. Prinzipien abzuleiten. Demgegenüber ist zu beachten, daß es zur teleolog. Natur des Menschen gehört, daß er kulturschöpferisch seine Lebens- u.

Wirkweisen weiter entfaltet, ohne daß dies aus einer vorgängigen Kenntnis seiner Natur vorausgesagt werden könnte. Damit aber schreitet die Kenntnis der in der Natur des Menschen begründeten u. ihn verpflichtenden Zusammenhänge fort. Da im heute gängigen Verständnis v. Natur diese ↗ Spontaneität der Natur oft zu wenig beachtet wird u. weil außerdem die Natur vorwiegend als Gegenstand der Naturwissenschaften u. nicht teleolog. im Zusammenhang einer Gesamtansicht der Wirklichkeit verstanden wird, stößt ein rechtes Verständnis v. N. u. eine Berufung auf N. heute oft auf Schwierigkeiten, wenn auch f. eine Begründung sittl. u. rechtl. Verpflichtungen ein Eingehen u. Zurückgreifen auf die vielschichtigen Zusammenhänge erforderlich ist, in denen die menschl. ↗ Person lebt u. sich auf Gott als letzten Sinngrund ihres Lebens verwiesen sieht. Mu

Lit.: J. Gründel, Wandelbares u. Unwandelbares in der Moraltheologie (1967); F. Böckle/E. W. Böckenforde (Hrsg.), Naturrecht in der Kritik (1973).

Nebenwirkung. Wirkungen eines ↗ Medikaments (↗ Arzneimittels), die zusätzl. zur angestrebten Hauptwirkung auftreten, meist unerwünscht sind u. mitunter zum Absetzen der Medikation zwingen. Die N.n treten häufig in Form v. allerg. Hauterscheinungen, Blutdruckabfall, Schläfrigkeit usw. auf.

Necking. Ein dem dt. Ausdruck „Schmusen" entsprechender anglo-amerikan. Begriff (engl. neck = Nacken), mit dem heute auch Jugendliche des dt. Sprachgebietes Zärtlichkeiten u. Liebkosungen meinen, die sich auf die obere Hälfte des Körpers (bes. die weibl. Brust) beschränken. Als eine Form v. ↗ Geschlechtsbeziehungen ist N. meist Folge bzw. Preis f. mehrere ↗ Datings u. häufig Vorstufe des ↗ Pettings. N. soll den Erfordernissen der ↗ Erotik entsprechen u. ist mit Hilfe der sittl. Prinzipien der ↗ Sexualethik zu bewerten.

Neigungen. Unter N. versteht man eine relativ dauerhafte Triebdisposition (Aufgelegtsein) des Menschen, sein Interesse gewissen Gegenständen, ↗ Personen u. Funktionen zuzuwenden u. sich mit ihnen zu beschäftigen. Starke N. bezeichnet man als Hang u., wenn sie das Wollen völlig beherrschen, als ↗ Leidenschaft. Das Eingestelltsein auf den Gegenstand des Interesses bewirkt starke Motivbildungen (durch Wertschätzung) u. ↗ Antrieb zur Befriedigung gewährenden Beschäftigung mit ihm (Lustgewinn). N. entstehen, komplex bestimmt, aus Grundbedürfnissen, Triebschicksal, ↗ Motivation, Persönlichkeitsentfaltung. Eine bes. Rolle spielt dabei die ↗ Gewöhnung. Den N. entsprechende Tätigkeiten gehen leicht v. der Hand; die lustvolle Erfahrung treibt zur Wiederholung u. bestärkt so wiederum im Regelkreis die ursprüngl. N. Umgekehrt erfordern (Berufs-)Tätigkeiten gegen das Neigungsgefälle einen ständigen seel. Kraftaufwand, der u. U. eine krit. Schwelle überschreitet (↗ Berufkrise). Die Überlegung sowie die Tatsache, daß bes. N. oft mit bes. ↗ Anlagen zusammenhängen u. auf solche rückschließen lassen, geben den N. Bedeutung f. die ↗ Berufsberatung. In der ↗ Erziehung müssen die N. der Jugendlichen erkannt u. differenziert werden; entfaltungsfördernde N. sind positiv einzusetzen u. zu pflegen; schädlich wirkende N. können nicht einfach durch Verbot od. ↗ Strafe überwunden werden; der im Kern der N. wirksame Affekt läßt sich durch Argumente nicht widerlegen. Vielmehr bedarf es in kluger ↗ Beratung einer Umlenkung der Motivation u. Triebenergie auf ein Interesse, dessen Befriedigung sinn- u. lustvoller ist als das der ursprüngl. N. F. die geistl. Berufsberatung bewährt sich in dieser Frage die Erklärung Pius X. (1912), die als wesentl. Berufskriterien Eignung u. rechte Absicht anerkennt, nicht jedoch die gefühlsmäßige „Neigung" („attrait"), die auch das Ergebnis unbewußter Selbstmanipulation darstellen kann. Gr

Lit.: J. Nuttin, Psychoanalyse u. Persönlichkeit (1956); G. Griesl, Berufung u. Lebensform des Priesters (1967).

Nekrophilie. a) In seiner engeren Bedeutung ist N. terminus technicus der Perversionslehre u. bedeutet den Sexualverkehr mit Leichen od. den Drang, sich in der Nähe eines Leichnams zu befinden

(↗ Perversionen). b) In einer erweiterten Bedeutung hat Erich Fromm den Begriff in die psychoanalyt. Charakterlehre eingeführt u. in seiner Kulturkritik angewandt. Er führt ihn auf die Rede des span. Philosophen Unamuno zurück, der 1936 die Grundeinstellung des Generals Astray u. seine Formulierung des Schlachtrufes der Falangisten „Viva la muerte!" nekrophil genannt hatte. Der nekrophil Orientierte ist ein Mensch, der sich v. allem, was nicht lebendig ist, angezogen u. fasziniert fühlt, dabei jedoch ordnungsliebend, besessen u. pedantisch ist. Der Nekrophile ist v. a. v. jeder Form der Gewalt fasziniert. Hitler u. Eichmann sind f. Fromm sprechende Beispiele dieser Charakterstruktur, deren Eigenarten v. ihm in Anlehnung an den v. Freud beschriebenen analsadist. ↗ Charakter gekennzeichnet wird. Fromm befürchtet, daß in einer Gesellschaftsordnung, in der die Liebe zu toten Dingen, wie sie sich in der sinnlosen Anhäufung v. Besitz ausprägt, überhand nimmt, der nekrophile Charakter zur Massenerscheinung werden könnte u. somit die Menschheit den Weg der Selbstvernichtung beschreitet. Der N. stellt Fromm die biophile Orientierung gegenüber, die v. der Liebe zum ↗ Leben, der Tendenz nach ↗ Integration u. Vereinigung gekennzeichnet ist u. statt auf die „tote Vergangenheit" auf die ↗ Zukunft hin ausgerichtet ist. Die Menschheit aber müsse sich zw. diesen beiden Wegen entscheiden.

In der Gegenwart spielt die Parole „Es lebe der ↗ Tod" sowie best. nekrophile Verhaltensweisen wieder eine Rolle bei gesellschaftl. Randgruppen wie „hell's angels" u. „Rockern". Scha

Lit.: E. Fromm, Das Menschliche in uns (1968).

Neopsychoanalyse N. (auch: Neoanalyse) wurde erstmals in dt. Sprache als Bezeichnung f. die v. a. in Norddeutschland heimische tiefenpsych. Schulrichtung v. Schultz-Hencke (1951) eingeführt. V. ihr geht auch die Gründung der Deutschen Psychoanalyt. Gesellschaft aus. Diese Vertreterin der ↗ Psychoanalyse hatte das Anliegen, die gesicherten Erfahrungstatsachen der Psychoanalyse Freuds u. seiner Schüler mit anderen tiefenpsych. Schulrichtungen in einer Synthese zu vereinen. In der Auseinandersetzung mit Freud, dessen Erweiterung des Begriffes der ↗ Sexualität u. dessen allzu theoret. Formulierung der ↗ Libido-(↗ Trieb-)Theorie er ablehnt, kommt Schultz-Hencke zu weitgehend eigenen Vorstellungen, die sich zentrieren auf das, was er *Antriebserleben* nennt u. in einem dynam. Prozeß zw. Trieb u. ↗ Hemmung beschrieben werden kann. Aus der Störung dieses Prozesses sind letztlich alle ↗ Neurosen (seel. Erkrankungen) verständlich. So kommt er zu den neurosenpsych. bedeutsamen Antriebskategorien der *Oralität* (die „Mundphase" des Kleinkindes), der *Analität* (die Konzentration des Kleinkindes auf die Ausscheidungsvorgänge) u. der ↗ *Sexualität* (die Beschäftigung des Kindes mit den Geschlechtsorgan) — alles noch in Anlehnung an Freud —, die er jedoch erweitert um die Begriffe der *Intentionalität* (erster Umwelt-Haut-Kontakt des Neugeborenen) — aus diesem Phänomen versucht er die ↗ Schizophrenie zu erklären — u. der *Urethralität* (beim männl. Kind mit der Urinausscheidung verbunden). Er bezieht in das Antriebserleben aber auch der Psychoanalyse Freuds ferner liegende Bereiche mit ein, wie Wünsche u. ↗ Bedürfnisse nach Geborgenheit u. ↗ Sicherheit, nach ästhet., geist. u. rel. Erkenntnissen, die nicht allein — wie bei Freud — aus der ↗ Sublimierung (d. h. Umwandlung) elementarer (sex.) Triebimpulse zu verstehen sind, sondern nach Schultz-Hencke eigenständige Antriebe im Menschen sind. — Aus dieser kurzen Beschreibung wird deutlich, wie anthropolog. Vorverständnisse die Deutung der aus der Erfahrung gewonnenen tiefenpsych. Phänomene beeinflussen. Stv

Lit.: H. Schultz-Hencke, Lehrbuch der analyt. Psychotherapie (1951); E. Wiesenhütter, Grundbegriffe der Tiefenpsychologie (1969); D. Wyss, Die tiefenpsych. Schulen v. den Anfängen bis zur Gegenwart (^{3}1970).

Nervenzusammenbruch = nicht-wissenschaftliche, triviale Bezeichnung f. plötzlich auftretende psychische Krankheitserscheinungen aller Art (↗ Neurosen, ↗ Psychosen), bes. nach ↗ Schock u. ↗ Erschöpfung.

Neugier. Dem Menschen als geschichtl. Wesen kommt *Wachsein gegenüber Neuem* als Herausforderung zu Umstellung od. Bewährung zu. Produktiv wäre eine Einstellung suchender, erweiternder, erobernder N. Sie wäre *Bedingung* v. ↗ *Kreativität*; als Einstieg u. Eröffnung v. anhaltendem *Interesse für* statt *an* einer Sache bedeutsam (Heinen). Die Unterscheidung zur *fragwürdigen N.* betrifft das Erfahrungsniveau u. den anthropolog. Ort (Schöllgen). Vagabundierende N. gestattet keine wirkl. Zuwendung, bleibt kaum erinnerungsfähig u. kontinuitätsstiftend, ist nicht getragen v. „intuitiver Sicherheit" u. „relativer Dauer" (Scheler). Schöpferischer Aufbruch, Streben nach „je-mehr" (Ignatius v. L.), ein „Je-neu-erfahren" u. das „Neuheitserlebnis" bringen den Menschen *als Werde-Triebfedern* in das Rechtsein eines Zielsinnes. Dagegen bleiben *Sensationshunger* als „Ersatz f. das echte Gefühl" (Guardini) u. *hysteroide N.* im sachl. Interesse relativ gering (Heinen). Die *süchtige Gier* nach einem Je-Neuesten kann das tiefe Elend der Fadheit, der ↗ Langeweile, existentieller Leere, unbefriedigten Sinnhungerns nur vertiefen u. fixieren. Solche N. will nur das isolierte Attraktionselement des äußerlich „Neuen", bis ins Snobistische betrieben, abfangen. ↗ Massenmedien, Tourismus, „Zerstreuungen" (Pascal), Konsum wachsender ↗ Freizeit, ein gewisser Stil der Unterhaltungsindustrie füttern u. verbrauchen derartige Oberflächenreize. Die stundenlange tägl. „Nutzung" signalisiert ↗ Abhängigkeiten, kann verstehende Teilhabe verstellen, erscheint psycho- u. sozial-hygienisch bedenklich.

Anthropolog. vergewisserte Hilfe in solcher Not sollte befreiend Dauerndes, Befriedigenderes (z. B. Wertergriffenheit statt Reizend-Abreagierendem), bessere ↗ Freude überzeugend leben. Die große Chance guten ↗ *Gottesdienstes u. Kultes* läge in Ver-Gegenwärtigung des Heiles als Je-Neuem nach Art einer „Dauer". (Bild-) ↗ Meditation, Begegnungen, Gelassenheit, Leben u. ↗ Erfahrungen *aus ursprüngl. Offenheit* sollten umfaßt sein v. christl. authent. ↗ Spiritualität. Verfallensein an Neues als einem schlechthin Besseren, Fortschrittlicheren, Überlegenen, Lebendigeren kann dann abgelöst werden durch Umstellungswilligkeit, Zukunftsoffenheit u. bereicherndes Streben nach „Mehr-Sein" (Teilhard de Chardin).

Bö

Lit.: W. Schöllgen, Das Neue u. die Sensation, in: Konkrete Ethik (1961; 286—99); W. Heinen, Liebe als sittl. Grundkraft und ihre Fehlformen (³1968).

Neurasthenie = Nervenschwäche, nervöser Erschöpfungszustand, Nervosität, reizbarer Schwächezustand, habituell bei ↗ Psychopathie, psychogen bei ↗ Neurosen od. durch allgem. körperl. ↗ Erschöpfung (Vegetative Dystonie) begründet; als Gegensatz zu ↗ *Neuropathie* verwendet.

Neuropathie = angeborene ↗ Desintegration der zentralen vegetativen Steuerung im Zwischenhirn mit vegetativer Übererregbarkeit ohne Charakteranomalie. Heute vorwiegend in der ↗ Heilpädagogik verwendeter Ausdruck.

Neurose. Da damit zu rechnen ist, daß in der ↗ Seelsorge immer wieder Menschen auftauchen, die zumindest ein „neurot. Syndrom" aufzuweisen haben, ist es nötig, daß der ↗ Seelsorger eine neurot. Erkrankung in ihren Grundzügen erkennen kann u. f. das ↗ Gespräch mit Neurotikern einigermaßen gerüstet ist. Der Unterschied zw. N. u. ↗ Psychose ist oft nicht leicht zu erkennen. Es empfiehlt sich deshalb, im Gespräch mit einem Ratsuchenden, der an einer N. erkrankt sein könnte, v. vornherein auf drei Punkte zu achten: 1. Hat der Ratsuchende eine Krankheitseinsicht? 2. Steht er unter einem Leidensdruck? 3. Läßt sich so etwas wie ein Gesundungswille beobachten?

Wenn diese drei Fragen positiv beantwortet werden können, besteht evtl. die Aussicht auf wirksame Hilfe durch ↗ Psychotherapie.

Unter N. wird im allgem. eine psychische Störung verstanden, die auf einer innerpsychischen Konfliktsituation beruht u. durch verdrängte traumatisierende Erfahrungen der Vergangenheit — in der Regel der frühen Kindheit — bedingt ist. Nach psychoanalyt. Verständnis wird ein solcher innerpsychischer ↗ Konflikt durch die Außenwelt sowie die psychischen Instanzen ↗ Es, ↗ Ich u. ↗ Über-Ich konstelliert. Dem Ich kommt dabei die Koordinierungsaufgabe zw. den Realitätsanforderungen der Außenwelt, den Triebanforderungen des Es u. den moral. Anforderungen des Über-Ichs zu. Ist das Ich geschwächt, gerät die Balance zw. den anderen Polen aus dem Gleichgewicht u. es kann zur Kompromißbildung v. neurot. Symptomen kommen. Schematisierend kann man folgende N.typen voneinander abheben:

1. Aggressive od. libidinöse Triebimpulse setzen sich ungehemmt v. einer mahnenden u. zurückhaltenden Über-Ich-Instanz unmittelbar gegen die Außenwelt durch u. sind wenig strukturiert durch liebende Objektbeziehungen in der frühen Kindheit. Wir sprechen dann v. einer neurot. ↗ Verwahrlosung.

2. Aggressive Triebimpulse werden durch Triebentmischung (↗ Trieblehre) frei, könen sich jedoch nicht gegen die Außenwelt richten, sondern kehren sich gegen die eigene Person als neurot. ↗ Depression.

3. Triebhafte Impulse setzen sich durch ↗ Verdrängung in ↗ Angst um. Diese hat das Bestreben, sich in Furcht zu verwandeln, d. h. sich an best. Objekte od. an eine best. Situation zu heften, so daß eine ↗ Phobie entsteht.

4. Die triebhaften Impulse erfahren in der Zeit der frühkindl. ↗ Sexualität, in der diese sich über versch. Entwicklungsstadien, in denen versch. Körperzonen u. Körperfunktionen libidinös besetzt werden, eine Entwicklungshemmung od. ↗ Fixierung od. fallen auf eine vergangene Entwicklungsstufe zurück. Es entsteht dann das „Negativ" der N., die sex. ↗ Perversion.

5. Eine Vertauschung v. Objektbeziehung u. ↗ Identifizierung gegenüber ↗ Vater u. ↗ Mutter, bedingt durch best. biogr. Ereignisse in der ödipalen Phase (z. B. überstarke Dominanz der ↗ Mutter, Wegfall eines starken ↗ Vaters in dieser Zeit u. ä.) kann nicht selten zu best. Formen v. ↗ Homosexualität führen.

6. Bei ungesicherter früher Objektbeziehung kann ein ↗ Kind die Erfahrung machen, daß Zuwendung u. ↗ Liebe nur durch eigenes ↗ Leiden erkämpft u. erzwungen werden können. Gehäufte Enttäuschungserlebnisse u. die Fähigkeit, die ↗ Erregung, die dabei entsteht, ins Körperliche umzusetzen (↗ Konvertieren), führen zu Leidenssymptomen versch. Art, f. deren Ursache sich kein organ. Befund erheben läßt. In diesem Fall hat man das Krankheitsbild der ↗ Hysterie vor Augen.

7. Die Identifizierung mit einem überstarken gleichgeschlechtl. Elternteil kann so stark werden, daß die liebenden Impulse aufgezehrt werden u. das so entstehende Über-Ich harte u. grausame Züge annehmen kann. Jede Triebregung wird mit Maßregeln der Vorbeugung u. der ↗ Buße geahndet u. mündet häufig in das komplizierte u. verzweigte ↗ Ritual einer zwangsneurot. Symptombildung (↗ Zwangssymptom).

Allen neurot. Erkrankungen sind gemeinsam: eine ausgesprochene Schwäche der Instanz Ich, die sich gegenüber Es, Über-Ich u. Außenwelt nicht durchsetzen kann u. ein Wiederholungszwang, durch den best. traumatisierende Szenen der Kindheit, die durch ↗ Verdrängung unvollständig geworden sind, immer neu durchgespielt werden. Jede Person, die in das Leben eines Neurotikers eintritt, wird so in eine der sog. psychischen Reihen eingeordnet, d. h. der Patient macht den Versuch, auch mit dem ↗ Seelsorger, Berater od. Lehrer best. Erfahrungen seiner frühen Kindheit zu wiederholen u. zu agieren, er stellt eine entspr. ↗ Übertragung zu ihm her. Je gestörter ein Mensch ist, umso weiter sind seine Erwartungen u. ↗ Hoffnungen, die er in einen solchen Partner setzt, v. der Realität entfernt.

F. den Seelsorger ergeben sich daraus folgende Konsequenzen:

1. Wer immer mit Neurotikern zu tun hat, sollte es sich zur Pflicht machen, zu einer gewissen Selbsterkenntnis zu gelangen, die ihm bewußter macht, welche geheimen Wünsche u. Sehnsüchte er selbst in der Seelsorge befriedigen möchte, d. h. welche Gegenübertragung er selbst herstellt. Ein Stück Analyse der eigenen Person od. ↗ Selbsterfahrung in ↗ Gruppen-Prozessen wird als geeignet angesehen, diese größere

Bewußtheit zu gewinnen u. immer wieder zu überprüfen.
2. Die seelsorgerl. Arbeit mit Neurotikern sollte stets in Teamarbeit mit tiefenpsych. ausgebildeten Fachleuten stattfinden u. keinesfalls auf irgendeine Form ständiger ↗ Supervision verzichten.
3. Darüber hinaus sollte der Seelsorger sich im ↗ Gespräch mit Menschen, die an einer N. erkrankt sein könnten, größte Zurückhaltung auferlegen. Es sollten möglichst wenig „Aufhänger" f. Übertragungsregungen angeboten werden, es sollte möglichst nicht aktiv in sein Leben eingegriffen werden, nicht ↗ Schicksal f. ihn gespielt werden.
4. Häufig wird eine psychotherapeut. Behandlung nicht zu vermitteln sein, so daß es zu einer seelsorgerl. Betreuung kommt. Dabei muß sich der Seelsorger im klaren darüber sein, wie stark die N. die Voraussetzungen zum ↗ Glauben verzerren u. entstellen kann. Der Neurotiker ist nicht deshalb neurot., weil er mit Gott nicht in Ordnung ist, sondern er kann mit Gott nicht in Ordnung kommen, weil seine N. ihn daran hindert.
5. Eine Seelsorge an Neurotikern sollte deshalb vorwiegend eine „Seelsorge der objektiven Möglichkeiten" sein, wie sie in der Objektivität des ↗ Sakramentes, des ↗ Symbols, des Bibelwortes, des formulierten ↗ Gebetes vorgegeben sind.

Joachim Scharfenberg

Lit.: R. Brun, Allgemeine Neurosenlehre (³1954); Nunberg, Allgemeine Neurosenlehre (²1959); P. C. Kuiper, Die seelischen Krankheiten des Menschen (1968); K. Horney, Neurose und menschliche Entwicklung (1970); R. Battegay, Psychoanalytische Neurosenlehre (1971); J. Scharfenberg, Das Gespräch mit Neurotikern, in: Religion zwischen Wahn und Wirklichkeit (1972), S. 267 ff. E. Ringel, Selbstschädigung durch Neurose. Psychotherapeut. Wege zur Selbstverwirklichung (1973).

Nichtigkeitsverfahren. Eine Ehenichtigkeit in der kath. Kirche kann sich aus dem Bestehen eines Hindernisses, einem Willensmangel od. einem Gebrechen der Form ergeben. Lassen sich beide letzteren Ursachen nicht durch ein Dokument nachweisen, so ist in allen diesen Fällen die Führung eines Ungültigkeitsverfahrens Voraussetzung f. die v. den Eheleuten beantragte Nullitätserklärung.

Zuständig ist der Bischof des Sprengels, in dem der beklagte Teil seinen Wohnsitz hat, die ↗ Ehe geschlossen wurde od. die Beweise leichter erhoben werden können. Berufungsinstanz ist das Gericht des Metropoliten u. im weiteren Verlauf die Rota Romana. Mitunter werden bischöfl. Gerichte delegiert, um an Stelle der Rota in dritter Instanz tätig zu werden, damit eine Dezentralisierung eintritt (so z. B. in der BRD u. in Österreich).

Das Verfahren unterliegt den übl. Prozeßformalitäten u. erfährt dadurch eine Verzögerung, die nicht selten durch Überschreitung der gesetzl. vorgeschriebenen Höchstfristen (zwei Jahre f. die erste Instanz, eines f. die höheren) eine unzumutbare Last wird. Da die Überprüfung eines affirmativen Urteiles (im Sinne des Klagebegehrens) auf alle Fälle v. einer höheren Instanz vorgenommen werden muß u. im Falle einer Divergenz beider Unterinstanzen sich eine Berufung an den Gerichtshof dritten Grades als notwendig erweisen kann, ist eine Gesamtdauer v. beträchtlicher Länge keine Ausnahme. Der Gedanke, die Förmlichkeiten auf ein Mindestmaß zu reduzieren, ist heute allgem. Wunsch. Die Behandlung v. Ehefällen durch eine pastorale Kommission unter Zuziehung v. Ärzten, Psychologen, Juristen u. Theologen ist ebenfalls vorgeschlagen worden, wobei keine Klarheit darüber besteht, nach welchen Gesichtspunkten eine Entscheidung zu fällen ist. Gegenwärtige Vorschläge, die Ehe f. nichtig zu erklären, weil beim Abschluß die nötige Lebensreife od. vollpersonale Entscheidung gefehlt haben bzw. die Ehe durch eine anhaltende Zerrüttung „gestorben" od. durch eine neuerliche standesamtl. Heirat als nichtexistent zu betrachten sei, haben nicht mehr die geltenden Nichtigkeitsgründe zum Gegenstand. Vielmehr gehen diese Vorschläge v. der Möglichkeit einer ↗ Ehescheidung aus. Ihre Verwirklichungsmöglichkeit hängt damit zusammen, inwieweit das Prinzip der Unauflöslichkeit bejaht, eingeschränkt od. abgelehnt wird. *Dt*

Lit.: H. Flatten, Das Ärgernis der kirchl. Eheprozesse (1966); A. Dordett, Ehegerichte in der Krise (1971).

Nidation. N. (lat.: nidus = Nest) ist Einnistung des befruchteten Eies in die Gebärmutterschleimhaut während der Entwicklungsphase der Keimblase (↗ Leben, menschl.). Bei der Tubenschwangerschaft erfolgt die N. schon im Eileiter (Gefahr v. Blutungen u. Tubenruptur). — N.shemmer — hochdosierte weibl. Hormone, Intrauterinspirale — sollen bei unerwünschter ↗ Schwangerschaft die Ei-Einnistung verhindern (↗ Abtreibung).

Niere, künstliche ↗ Organe, künstliche

Nikotinabusus. Nach dem ersten Kontakt mit Tabak zw. dem 9. u. 12. Lebensjahr wird der Nikotinkonsum bei vielen Menschen zw. dem 14. u. 18. Lebensjahr zur ↗ Gewohnheit (z. B. werden in der BRD mehr als 2500 Zigaretten jährl. pro Kopf der Bevölkerung geraucht). In geringen Dosen hat Nikotin eine anregende, in höheren Dosen eine entspannende Wirkung. Zus. mit anderen im Tabakrauch vorhandenen Substanzen verursacht es tödl. Schäden an versch. Organen: kardiovaskuläre Erkrankungen, Bronchitis, Bronchial- u. a. Carcinome führen bei Rauchern bes. zw. dem 45. u. 55. Lebensjahr zu einer höheren Sterblichkeit, die sich proportional zu Menge u. Dauer des N. verhält. N. kann überdies zu psychischer u. phys. ↗ Abhängigkeit führen, die sich bei ↗ Entziehungskuren (meist 5 Tage lang) in heftigem Verlangen u. in Abstinenzerscheinungen zeigt.   Rf
Lit.: M. Schär, Gesundheitsschäden durch Tabakgenuß (²1973).

Nötigung ist rechtswidrige Beeinflussung eines anderen (durch Drohung od. Gewalt) zu einer Handlung, Duldung od. Unterlassung; strafbar in der BRD nach § 52 StGB, in Österreich nach § 98 StGB, in der Schweiz nach Art. 181 StGB.

Normalität. Dem Begriff N. (z. B. in der medizin. ↗ Anthropologie verwendet) liegt ein statist. ↗ Norm-Begriff zugrunde: Die am häufigsten gefundenen menschl. Eigenschaften u. ↗ Leistungen gelten als normal. N. steht aber auch im Zusammenhang mit ↗ Werten (Wertnorm). Die Realnorm der anatom.-physiolog. Variationsbreite weist auf die Idealnorm der Gesundheit hin, die immer mehr ist als nur ein Freisein v. ↗ Krankheiten (↗ Gesundheit — Krankheit). Wenn die Verwirklichung v. Werten, ↗ Leitbildern usw. gelingt, kann man v. gesamtmenschl. N. sprechen.

Norm(en). Der Begriff N. kommt v. lat. norma = das Winkelmaß des Zimmermanns, mit dem er beim Bau die Senkrechte u. Waagrechte verläßl. ermittelt. Das Wort N. findet eine vielfältige Verwendung, etwa in der arbeitsteiligen Industrie f. die Berechnung des Akkordlohnes. Hier ist die N. das Richtmaß der zumutbaren ↗ Arbeit in einer best. Zeit, ihr entspr. erfolgt die Entlohnung.
1. V. bes. Bedeutung aber sind N. im gesellschaftl. Bereich. Man versteht darunter zum ersten ganz ursprüngl. Verhaltensregeln, wie: „Das Gute ist zu tun, das Böse ist zu unterlassen"; „Man soll menschenwürdig handeln"; „Der Mensch darf nicht als Mittel zum Zweck mißbraucht werden"; „Verträge sind zu halten". Dieses N.verständnis deckt sich in etwa mit dem, was bei Thomas v. A., STh 1 II q 94 a 4, die vorrangigen Prinzipien (prima principia) des natürl. Sittengesetzes sind. — N. können aber auch Verhaltensweisen bezeichnen, die in den versch. Formen der menschl. Vergemeinschaftung sich ausgebildet haben, etwa die gewachsene Sitte in einer ↗ Familie („bei uns ist so etwas nicht Brauch"), die Vätersitte in einer geschlossenen ↗ Gesellschaft, die tradierten Verhaltensvorschriften in einer best. Berufsgruppe, etwa der Ehrenkodex des Offizierskorps. Die Variabilität der gesellschaftl. N. ist u. U. recht groß, bedingt durch Unterschiede des Klimas (etwa Kleidersitten), der wirtschaftl. u. kulturellen Vergangenheit, des jeweils andersartigen Einflusses v. Religionen, Weltanschauungen u. ↗ Ideologien. Gesellschaftl. N. können sich, allerdings meist nur in einem vorsichtigen, vielleicht sogar zähen Prozeß, aufgrund besserer Organisation, freiheitlicherer Denkweise u. richtigerer Einsichten wandeln; vgl. den Wandel v. den N. der Blutrache u. Sippenhaftung als

Selbsthilfe zum staatl. geregelten Gerichtsverfahren. In solchen Ablösungsprozessen können durchaus konträre N. eine zeitlang nebeneinander eingehalten werden. — Als N. werden schließl. positive gesetzl. Anweisungen bezeichnet, die zum (angebl. od. wirkl.) Wohl einer jeweiligen ↗ Gemeinschaft erlassen werden (Gemeinwohl, bonum commune).

2. Zielsetzung u. Funktion sittl. N.: Der Mensch ist nicht f. das Gesetz da, sondern die sittl. N. sind f. den Menschen da. Sie haben somit ihren Sinn nicht in sich selbst, sondern eine dienende Funktion f. das Gelingen des menschl. ↗ Lebens im individ. u. sozialen Bereich. Dafür freilich sind sie unentbehrlich. Die Ergebnisse u. Erkenntnisse der Ethnologie (Völkerkunde) u. der Kulturanthropologie weisen übereinstimmend nach, daß es keine menschl. Gruppenbildung u. Vergesellschaftung, gleich welcher Größe u. inneren Ausrichtung, gegeben hat u. gibt, die auf N. u. N.systeme verzichten könnten. Polit. u. ideolog. ↗ Gruppen mit dem Ziel der Gesellschaftsveränderung haben heute durchaus nicht die Absicht, die N. abzuschaffen, sondern anstelle der bisher geltenden ihre eigenen N. durchzusetzen, nicht selten mit viel größerer ↗ Repression als die bisherigen gesellschaftl. ↗ Mächte. — N. haben eine Schutz- u. Entlastungsfunktion, d. h. durch best. Verhaltensregeln ist dem einzelnen die sittl. Überforderung erspart, in den konkreten ↗ Entscheidungen seines Lebens sozusagen jeweils originale vertretbare u. richtige Verhaltensweisen finden zu müssen. Er kann sich vielmehr an das als Maßstab seiner Entscheidung halten, was man „normalerweise" in einer solchen Situation tut. Durch gemeinsame sittl. Auffassungen wird der einzelne mitgehalten u. durch Krisen mitgetragen. Er wird eindringl. auf sittl. bedeutsame ↗ Werte u. Ziele des eigenen Lebens aufmerksam. Dies besagt durchaus keine unwürdige ↗ Abhängigkeit od. ↗ Manipulation, sondern ist Ausdruck der Sozialnatur des Menschen. N. sichern auch den Freiheitsraum des einzelnen gegenüber willkürl. Einflüssen der Mächtigen od. eines gesellschaftl. Apparats. Es ist nicht v. ungefähr, daß alle Bewegungen mit dem Ziel einer größeren Freiheit des einzelnen od. besserer Lebensverhältnisse f. Unterdrückte ein Grundgesetz verlangten, also genau festgelegte N. über Pflichten u. Rechte innerhalb der Gesellschaft u. des Staates.

3. Sollen aber die N. die aufgezeigten Funktionen ausüben, müssen sie auf ihre Wirksamkeit hin überprüft u. hinterfragt werden. Das führt zu dem gegenwärtig so lebhaft diskutierten u. v. vielen als Auflösung aller Sittlichkeit befürchteten N.wandel. Er ist jedoch grundsätzl. notwendig u. bedingt durch die ↗ Geschichtlichkeit des Menschen. Dieser paßt sich nicht wie das ↗ Tier instinkthaft seinen eigenen Gegebenheiten u. der ↗ Umwelt an. Durch Erkenntnis u. Freiheit versteht der Mensch sein Leben in allen Bedingungen, Voraussetzungen, Entfaltungsmöglichkeiten u. Zielen immer besser u. kann es daraufhin verändern. Wenn wir heute z. B. nicht mehr wie in der Vergangenheit als Hauptsinn der menschl. Geschlechtlichkeit die Arterhaltung betonen, sondern die ↗ Partnerschafts- u. ↗ Liebes-Fähigkeit des Menschen, dann muß sich diese vertiefte Erkenntnis auch in normativen Ausprägungen f. das geschlechtl. ↗ Verhalten niederschlagen (z. B. verantwortete Elternschaft). Je allgemeiner freilich N. formuliert sind (etwa „menschenwürdig leben"), desto konstanter sind sie in ihrer Geltung. Je mehr sie aber in das tägl. Leben einwirken, desto wandelbarer müssen sie sein. Nicht einverstanden können wir uns mit dem Schlagwort v. der „normativen Kraft des Faktischen" erklären, wenn man es dahin versteht, daß eine statistisch erfragte Mehrheit in der Gesellschaft bestimmen soll, was in best. Lebensbereichen als sittl. gut od. schlecht erklärt werden soll (etwa neue Beurteilungen v. Ehebruch, vorehel. Intimität, ↗ Abtreibung). Das Wahre u. Gute unterliegt nicht der Mehrheitsabstimmung! Wohl aber können neue u. bessere N. gefunden werden, wenn die Menschen ihr Verhalten kritisch bedenken u. es dann mit „gutem ↗ Gewissen" als der geschichtl. Stunde u. der Situation angepaßt erfahren.

4. So bedeutungsvoll die N. f. das soziale Zusammenleben sind, der Christ darf sich nicht ausschließlich v. ihnen bestimmen

lassen. Denn sie stellen grundsätzlich nur Mindestforderungen f. das Gelingen des gesellschaftl. Lebens dar. Es ist bezeichnend, daß sich im NT das Wort N. nicht findet, auch nicht bei Thomas v. A., dem großen Systematiker christl. Sittlichkeitslehre. Das christl. Leben steht weit über allgem. N. hinaus unter dem Anruf der durch Jesus Christus in unsere Welt hereingekommenen Königsherrschaft Gottes. Damit sind wir zuletzt auf sein Beispiel in seinem radikalen, v. keiner N. erzwingbaren Einsatz f. die Ehre Gottes u. die heilvolle ↗ Zukunft der Menschen verwiesen. Seine Weisung geht über alles gesetzl. normierte Verhalten hinaus zur Forderung der Einheit v. Gottes- u. Nächstenliebe, in der das ganze Gesetz u. die ↗ Propheten zusammengefaßt sind (Mt 22,37—40). Diese Liebe ist das Band der Vollkommenheit (Kol 3,14).

Georg Teichtweier

Lit.: J. Gründel, Wandelbares u. Unwandelbares in der Moraltheologie (1967); I. Fletcher, Moral ohne Normen? (1967) (radikal situationsethisch); J. Gründel/H. van Oyen, Ethik ohne Normen? (1970); J. Blank, Zum Problem ethischer Normen im NT, in: G. Teichtweier/ W. Dreier (Hsg)., Herausforderung und Kritik der Moraltheologie (1971), 172—183; A. Hertz, Normfindung u. Normerkenntnis in der Moraltheologie, ebda 86—104.

Notstand. Zum Unterschied v. der ↗ Notwehr-Situation, dem ↗ Konflikt, in den jemand durch aktuelle Bedrohung am ↗ Leben od. an lebenswichtigen Gütern bzw. ↗ Werten gerät, meint N. in sittl. Verständnis die Situation dessen, der sich außerstande sieht, sittl. Forderungen zu erfüllen, die an ihn herantreten (z. B. das Problem der geschiedenen u. wiederverheirateten Katholiken).
Entstehen kann solcher N. dadurch, daß der Mensch den Eindruck hat, v. mehreren Seiten zugleich in Anspruch genommen zu werden, ohne allen zugleich gerecht werden zu können (Pflichtenkollision). In Not kann der Mensch aber auch durch eine einzige Forderung geraten, die ihm über seine Kräfte zu gehen scheint, entweder weil ihm die zur Erfüllung nötigen äußeren Mittel fehlen od. weil seine persönl. Verfassung dazu nicht ausreicht; das letztere Nichtkönnen kann wieder daher stammen, daß ihm der Sinn (die Lebensbedeutung) der Forderung nicht (völlig) aufgegangen ist od. daß er sich nicht stark genug fühlt, sie (zur Gänze) zu erfüllen, obwohl er ihren Wert u. ihre Richtigkeit nicht bestreitet.
Pastoral wäre es sicher nicht richtig, vor dem N. einfach zu kapitulieren. Der Mensch bedarf des prophet. Anrufes, soll er zur Reform v. Zuständen u. zum persönl. sittl. Fortschritt gelangen. Dennoch drängen Klugheit u. ↗ Liebe zur Frage, ob nicht in einem gegebenen Fall die Grenzen des Möglichen erreicht sind u. daher konkret zuzugestehen ist, daß zu Unmöglichem niemand verpflichtet sein kann. Klugheit leitet dazu an, in einem „unvollkommenen Entsprechen" gegenüber der sittl. Forderung (H. Boelaars) weniger das zu betonen, was v. der Fülle noch fehlt, als vielmehr das anzuerkennen, was schon erreicht wurde, u. zum Fortschritt zu ermuntern (↗ Notstandshandlung). Hö

Lit.: N. Boelaars, Towards a Theology of the Imperfect Response, The Clergy Review 55 (1970) 445—450.

Notstandshandlung. Im Falle eines moral. od. jurid. ↗ Notstands liegt eine Kollision v. anerkannten Interessen, Rechtsgütern, Pflichten od. ↗ Werten vor. Die N. unterscheidet sich daher v. ↗ Notwehr dadurch, daß hier nicht Recht gegen Unrecht steht. In der N. werden Mittel zur Behebung einer aktuellen Gefahr eingesetzt, die die Interessen od. das Recht anderer gefährden. Sie erhalten ihre Rechtfertigung nur daraus, daß keine anderen Mittel zur Verfügung stehen, um die drohende Verletzung eines Rechtsgutes der eigenen Person od. anderer abzuwehren. Im rechtl. Bereich kann eine N. das Übertreten v. Gesetzen rechtfertigen, z. B. das Überschreiten der Höchstgeschwindigkeit durch einen Arzt, um einem Kranken rechtzeitig helfen zu können. Im Einzelfalle muß jurid. geklärt werden, ob eine Rechtfertigung durch Notstand jurid. vorgesehen ist, ob ein übergesetzl. Notstand vorlag od. ob die N. nur zur Minderung der ↗ Schuld angeführt werden kann, wenn in einer konkreten Situation die Einhaltung der ↗ Normen „unzumutbar" war. In jedem Falle muß eine Güterabwägung stattfinden: diese impliziert nicht nur die mögliche Verletzung eines geringeren Rechtsgutes durch ein höheres, sondern auch die Verhältnismäßigkeit der Mittel, d. h. es sollten nur die zur Abwendung der Bedrohung od. Gefahr unbedingt notwendigen Mittel eingesetzt werden (vgl. Polizeimaßnahmen bei nichtzugelassenen Demonstrationen). — Moral. bedeutsam ist die N. im Hinblick auf Gefahr f. die eigene Person od. die anderer: in der Gefahr des Ertrinkens od. des Absturzens kann es sein, daß man sich vom Klammergriff eines Rettungssuchenden befreit u. dabei dessen Tod od. Verletzung in Kauf nimmt. Solche Situationen können auch bei konkreter Hilfeleistung auftreten. Dabei handelt es sich um einen Akt mit doppelter Wirkung: einer angestrebten Rettung u. einer in Kauf genommenen Verletzung eines anderen. Dieses Prinzip spielt eine bes. Rolle im Falle der medizin. Indikation des Schwangerschaftsabbruches (↗ Abtreibung), wo um der Lebensrettung der ↗ Mutter willen der ↗ Tod des ↗ Kindes in Kauf genommen wird. Das Prinzip ist aufgrund seiner abstrakten Unterscheidung zw. versch. ↗ Motivationen einer einzigen Handlung nicht mehr unumstritten. Moral. entspricht dem Prinzip der Güterabwägung die Vorzugsregel: bei zwei konkurrierenden, einander ausschließenden Werten ist zu prüfen, welcher den Vorzug verdient.

Einen bes. Akzent erhielt die Problematik der N. durch die in letzter Zeit neu diskutierte u. experimentierte Notstandsgesetzgebung, wie sie durch die Möglichkeit nuklearer o. ä. Katastrophen notwendig geworden ist. Mt

Lit.: Th. Lenkner, Der rechtfertigende Notstand (1965); P. Knauer, Das rechtverstandene Prinzip v. der Doppelwirkung als Grundnorm jeder Gewissensentscheidung, in: Theologie u. Glaube 57 (1967), 107—133; B. Schüller, Zur Problematik allgemein verbindlicher ethischer Grundsätze, in: Theologie u. Philosophie 45 (1970), 1—23.

Nottaufe. Vom Verständnis der Heilsnotwendigkeit der ↗ Taufe als dem Initiationssakrament her, durch das der Mensch in die ↗ Gemeinschaft der ↗ Kirche aufgenommen wird u. Anteil an den Auswirkungen der ↗ Erlösung durch Jesus Christus erhält, muß die Praxis der N. (bzw. des evangel. Pendants dazu, vgl. ↗ Jähtaufe) verstanden werden.

Man versteht unter N. die Taufspendung ohne die sonst üblichen Zeremonien, also unter Beschränkung auf Benetzung mit Wasser u. Aussprechen der deutenden Worte „Ich taufe dich im Namen des Vaters u. des Sohnes u. des Hl. Geistes" in Fällen akuter Todesgefahr, wenn bekannt ist, daß der Sterbende nach der Taufe verlangte od. (bei Kindern) daß die Eltern das ↗ Kind taufen lassen wollten.

V. Auswüchsen dieses Verständnisses (z. B. bei der seit dem 15. Jh. ausgeführten uterinen Taufe) kommt man heute wieder ab, da man ein personaler orientiertes ↗ Sakramenten-Verständnis entwickelt hat u. die Sakramente nicht mehr als die alleinigen „Heils-Mittel" anzusehen gelernt hat.

Pastoralanthropolog. gilt f. die N. das gleiche wie f. die Kindertaufe: die Eltern (bzw. der die N. Spendene) geben bekannt, daß sie den Getauften in das Christwerden einführen u. sein Leben dem in Jesus Christus ermöglichten Heil aufschließen wollen. Ist die Todesgefahr abgewendet, soll die Taufe im Rahmen der ↗ Gemeinde nachgeholt werden (die Benetzung mit Wasser u. die Deuteworte läßt man dann aus bzw. nimmt sie nur bedingungsweise vor, wenn Gründe zur Annahme bestehen, daß in der Eile der N. Formfehler begangen wurden). Wahlloses Taufen ohne Befragung des in Todesgefahr Befindlichen bzw. (bei Kindern) der Eltern ist abzulehnen, da ansonsten eine mag. Auffassung (↗ Magie) der Sakramentalität den Ton angäbe; in solchen Fällen kommt das ↗ Vertrauen zum fürbittenden ↗ Gebet zu seinem Recht. Hz

Notwehr. Unter N. versteht man die gewaltsame Abwehr eines ungerechten Angriffes auf ↗ Leben od. sonstige lebenswichtige Güter durch den Angegriffenen. —

Das AT fordert die Unantastbarkeit des Menschenlebens („Du sollst nicht morden") u. begründet sie mit der ↗ Gottebenbildlichkeit des Menschen (Gen 9,6). Zahlreicher werdenden Bluttaten aber weiß es nicht besser zu steuern als durch Tötung der Mörder (Gen 9,6; Ex 21,12). Jesus verlangt zwar ↗ Gewaltlosigkeit (Hinhalten der anderen Wange, Überlassen des Mantels, Mitgehen; Mt 5,38—41), befolgt selbst aber diese Weisung nicht buchstäblich u. absolut, sondern wehrt sich durchaus mit Worten (Joh 18,23; ähnlich Paulus Apg 16,37; 23,2 f.). Während das AT noch die Blutrache zuläßt (solange kein Staat seine schützende Hand über seine Bürger hält), sieht Paulus die obrigkeitl. Gewalt f. zuständig an, zum Schutz der Bürger das Schwert zu tragen (auch darin sei sie Dienerin Gottes: Röm 13,1—4). Wenn Jesus es aber ablehnt, sich gegen seine Gefangennahme mit dem Schwert zu wehren — weil die Stunde des erlösenden ↗ Leidens gekommen ist (Mt 26,52—54) —, darf man daraus nicht ohne weiteres ein allgemeines Verbot des Wehrens folgern. — Die in der Menschheit allgem. verbreitete Überzeugung v. der Zulässigkeit der N. wurde in die christl. Sittlichkeitslehre aufgenommen. Sie wird mit dem Recht des Menschen auf das Leben, in dem er zur Verwirklichung seines ↗ Lebenssinnes ausreifen soll, begründet. Hinzu kommt das Interesse jeder ↗ Gemeinschaft daran, daß unbefugte Angriffe auf Leben u. lebenswichtige Güter bzw. ↗ Werte ihrer Glieder nicht ungehindert geschehen können. — Mit dem Zugeständnis der N. wurde das Bemühen verbunden, durch Erstellen v. Bedingungen ihrer unberechtigten Ausweitung vorzubeugen: a) N. darf nur gegen einen wirklichen ungerechten Angreifer geübt werden, allerdings unabhängig davon, ob er zurechnungsfähig od. -unfähig handelt. b) N. ist nur zum berechtigten Selbstschutz zulässig, u. nicht, soweit sie dazu nicht gebraucht wird. Wenn Leben u. lebenswichtige Güter anders gerettet werden können, darf man nicht zur N. greifen; die verletzte Ehre z. B. kann f. gewöhnlich auf bessere Art wiederhergestellt werden als durch Tötung des Schädigers. ↗ Friedensforschung ↗ Wehrdienstverweigerung Hö

Lit.: K. Hörmann, Lexikon der christlichen Moral (1969), S. 919—928.

Notzucht. Unter N. versteht man die Nötigung einer Frau zur Duldung des außerehel. Beischlafs durch Gewalt od. durch Drohung mit gegenwärtiger Gefahr f. Leib od. Leben, od. den Mißbrauch einer Frau zum außerehel. Beischlaf, nachdem man sie zu diesem Zweck in einen willenlosen od. bewußtlosen Zustand versetzt hat. Die Feststellung, ob N. od. Zustimmung zum Beischlaf vorlag, bereitet oft erhebl. Schwierigkeiten (↗ Vergewaltigung).

Lit.: P. Dost, Die Psychologie der Notzucht (1963).

Nudismus. (lat.) Nacktkultur; ↗ Freikörperkultur; oft eine Lebensanschauung u. Lebensform, die die ↗ Nacktheit des Menschen übersteigert gewichtet. Der sinnvollen Bejahung der Nacktheit steht der N. jedoch näher als die leibfeindl. ↗ Prüderie.

Nymphomanie. (v. griech. nymphe = unverheiratetes Mädchen; mania = Wahnsinn). Übersteigerte u. unablässige Suche einer nicht selten frigiden Frau nach sex. Befriedigung mit wechselnden männl. Partnern (↗ Promiskuität), wobei es trotz stark ansteigender ↗ Erregung meist nicht zum ↗ Orgasmus kommt. Die N. kann Symptom f. eine psych. Erkrankung (↗ Neurose, ↗ Manie) aber auch f. ↗ Geistesschwäche sein. Da bei Frauen erhebl. Unterschiede in ihren Sexualbedürfnissen bestehen, sollten gelegentl. sex. Exzesse od. vermehrt geäußerte Geborgenheitswünsche nicht schon als N. mißdeutet werden. Die N. ist weitgehend durch tief im ↗ Über-Ich verankerte seel. Störungen bedingt u. kaum heilbar (↗ Frigidität).

Obduktion. (V. lat. *obducere,* Präfix *ob-* = entgegen-, gegenüber- u. *ducere* = führen = Gegenüberstellung). Definition: patholog-anatom. Kontrolluntersuchung zur Feststellung krankhafter Veränderungen an Zellen, Geweben, Organen u. Systemen. Synonyma: patholog.-anatom. Sektion (lat. *secare* = schneiden): Leicheneröffnung zur Erkennung v. Krankheiten; Autopsie (v. griech. autós = selber u. ops, opós = das Auge, das Sehen: persönl. Augenschein). Der Leicheneröffnung hat stets eine genaue äußere Besichtigung voranzugehen. Neben Zellen u. Geweben müssen häufig auch Blut, Sekrete u. Exkrete des Körpers untersucht werden. Seine Befunde legt der Obduzent in einem Sektionsprotokoll (Visum repertum) nieder. Die O. ist das wichtigste Forschungsmittel der naturwissenschaftl. orientierten Schulmedizin u. gestattet die bei einer best. ↗ Krankheit auftretenden Veränderungen der Zellen u. Gewebe an menschl. Leichen makroskopisch, mikroskopisch u. elektronenmikroskopisch nach Form (Morphologie) u. Chemismus (Histochemie u. Biochemie) zu untersuchen. Die O. ist f. die wissenschaftl. Medizin eine objektive Kontrollmöglichkeit, welche gestattet, die an der Leiche erhobenen Befunde mit Diagnose u. ↗ Prognose des behandelnden ↗ Arztes zu vergleichen sowie die ergriffenen therapeut. Maßnahmen zu überprüfen. Damit ist die O. ein wichtiges Mittel des medizin. Unterrichts. Erstes Ziel der O. ist die Feststellung der unmittelbaren ↗ Todesursache: Versagen eines lebenswichtigen Organs od. Organsystems. Mittelbare Todesursachen sind ↗ Krankheiten od. Verletzungen. Die O. als gerichtsmedizin. Abklärung der Todesursache kann bei Verdacht auf gewaltsamen ↗ Tod v. der Untersuchungsbehörde angeordnet werden. Bei Neugeborenen kann so entschieden werden, ob das betreffende Kind lebend od. tot geboren wurde. In versicherungstechn. Fragen kann oft nur die O. den Entscheid fällen.

Die auf der O. sich gründende patholog. Anatomie geht v. der Voraussetzung aus, daß jede krankhafte Störung v. Veränderungen des Aussehens u. des Chemismus der Zellen ausgehe u. daß jede Krankheit einen best. Sitz im Körper habe. Die v. G. B. Morgagni (1672—1771) begründete wissenschaftl. Pathologie, die in der Zellularpathologie v. Rudolf Virchow (1821—1902) ihren folgerichtigen Ausbau erfuhr, ist eine anatom. Auffassung v. Krankheit. Über ihren ungeheuren Erfolgen darf nicht vergessen werden, daß der „homo anatomo-pathologicus" eine Fiktion ist, die wohl statistisch genau erfaßbar ist, aber der ganzen Realität des Menschen, wie sie sich in der menschl. Persönlichkeit u. im menschl. ↗ Schicksal äußert, nicht gerecht werden kann. Fa

Lit.: R. Rössle, Sektionstechnik (1935); H. Hamperl, Leicheneröffnung. Befund u. Diagnose (1972).

Ödipus-Komplex. In dem Maße, in dem S. Freud den Ö. zum „Kernkomplex der ↗ Neurosen" erklärte, reduzierte er die Deutungsmöglichkeiten menschl. ↗ Konflikte auf ein Zentralproblem v. bestechender Einfachheit: Der menschl. Knabe, auf den die Beobachtung zunächst allein konzentriert worden war, entwickelt sich nur dadurch, daß er in einer best. Situation seines Lebens auf den mehr od. weniger leidenschaftl. erlebten Wunsch, die ↗ Mutter als Objekt seiner ↗ Triebe zu besitzen, verzichten muß, eine Phase intensiver ↗ Rivalität u. ↗ Aggression gegenüber dem ↗ Vater durchläuft u. diese schließlich dadurch beendet, daß er sich mit dem Vater identifiziert, ihn im eigenen ↗ Ich als eine übermächtige, verbietende u. normgebende Instanz, dem ↗ Über-Ich, installiert.

Es kann kein Zweifel sein, daß die Entdeckung des Ö. sich nicht auf reine Empirie berufen kann. Für Freud entsprang sie der Verbindung v. a) Beobachtung an seinen Patienten, b) der Introspektion, die er in seiner Selbstanalyse vornahm u. c) der Auseinandersetzung mit der sich im ↗ Mythos niedergeschlagenen Menschheitserfahrung, die in Gestalt des Ödipus-Mythos deutlich tragische u. resignative Züge trägt.

Die psychoanalyt. Theorie stellt in diesem Punkt also eine reduktionist. Hermeneutik dar (P. Ricoeur), die den Fokus der Aufmerksamkeit auf die Drei-Personen-Beziehung richtet u. damit den ↗ Ambivalenz-↗Konflikt als einen der wichtigsten Grundkonflikte begreift. Die psychoanalyt. Forschung nach Freud hat sich immer stärker um den präödipalen Bereich bemüht, so in der Schule M. Kleins um die reine duale Beziehung, die noch unbelastet sein kann v. der ↗ Rivalität einem Dritten gegenüber, od. gar auf die Ein-Personen-Beziehung des primären ↗ Narzißmus. Es läßt diese Entwicklung den Schluß zu, daß die psychoanalyt. Hermeneutik im Prinzip der Weiterentwicklung ihrer Deutungskategorien gegenüber offen ist u. daß es eine lohnende Aufgabe darstellen könnte, anderes myth. Material, vielleicht spez. aus der christl. Überlieferung zur Erweiterung u. Vervollständigung der sicher nicht unendl. großen Zahl menschl. Grundkonflikte heranzuziehen.

Scha

Lit.: S. Freud, Der Untergang des Oedipus-Komplexes (1924), Ges. W., Bd. XIII; R. Wiegand, Über den Oedipus-Komplex im Werk Sigmund Freuds, in: Schule und Psychologie (1970), Heft 11; S. Ferenczi, Symbolische Darstellung des Lust- und Realitätsprinzips im Oedipus-Mythos, in Psyche, Heft 7/8 (1972).

Offene Tür. Der Arbeitsweise der ↗ Telefonseelsorge nahe verwandt sind die f. jedermann offenen christl. ausgerichteten Beratungsdienste der „O. T.". An verkehrsreichen Straßen od. Plätzen der City gelegen, gewöhnlich in einer Ladenfront, weisen sie in ihren Schaufenstern auf ihr Angebot hin: Information, Orientierung, ↗ Gespräch, ↗ Beratung. Die leichte Zugänglichkeit, das Unkonventionelle der Atmosphäre ermöglicht den ersten Kontakt u. führt zum persönl. Gespräch, oft zur Krisenberatung. Auch die O. T. will — vor die gleichen Probleme gestellt wie die Telefonseelsorge — keine Fachberatung (z. B. ↗ Erziehungs- u. ↗ Eheberatung), sondern versteht sich in den vielfältigen notwendigen Hilfsangeboten als pastoral wichtiges Zwischenglied. Eine „Leerstelle" ausfüllend, wird sie in ihrem Dienst glaubwürdiger, wenn sie ökumenisch orientiert u. getragen ist. O. T.n bestehen in Holland u. Deutschland. Pe

Okkulte Phänomene sind Fernfühlen, Telepathien, Hellsehen, Gedankenlesen, Gedankenübertragung als bes. parapsych. Begabungen (Medien) der Seele, Vergangenheit u. Zukunft zu lesen. Davon zu unterscheiden sind Spukerscheinungen u. ↗ Besessenheit. ↗ Parapsychologie

Onanie ↗ Masturbation

Onkelehe. So genannt im Hinblick auf Kinder, die zu ihrem ↗ Vater bzw. dem Lebenspartner ihrer ↗ Mutter „Onkel" sagen. O. ist eine geheime Verbindung mit Ehewillen, bei der auf die öffentl. Eheschließung verzichtet wird, weil in diesem Falle einem der Ehegatten ein öffentl. garantierter Versorgungsanspruch verloren geht od. andere unzumutbare Nachteile entstehen. Ein solcher geheimer Eheabschluß kann sittl. gerechtfertigt sein, wenn durch öffentl. Maßnahmen das Grundrecht auf Eheabschluß unberechtigterweise eingeschränkt wird. Das kath. Kirchenrecht sieht in den can. 1104—07 unter gewissen Voraussetzungen die Möglichkeit einer geheimen kirchl. Trauung (Gewissensehe) vor. ↗ Ehe ↗ Konkubinat

Mo

Operationsrecht. Da jede chirurg. Operation ein ärztl. ↗ Eingriff in die körperl. Unversehrtheit ist, bedarf es dafür einer hinreichenden Begründung (↗ Verstümmelung). Die „Einwilligungstheorie" geht v. der Einwilligung des ↗ Patienten aus, die „Berufsrechtstheorie" geht vom ↗ Arzt aus; der Patient ist verpflichtet, sein ↗ Leben mit ärztl. Hilfe zu erhalten, der Arzt muß v. den arzteth. Fundamenten seines Berufes her (↗ Berufsethik) Leben erhalten u. retten, ↗ Gesundheit wiederherstellen (↗ Heilung u. Heil). Die „Gewohnheitsrechtstheorie" rechtfertigt lediglich die rechtl. Seite, nicht aber die sittl. Begründung. Die „Heilzwecktheorie" schließlich begründet mit der dem operativen Eingriff innewohnenden ↗ Motivation die Verletzung der menschl. Integrität.

Staatl. Gesetze u. ärztl. Standesordnungen haben in den einzelnen Staaten operationsrechtl. Fragen geregelt u. damit z. T.

arzteth. Forderungen in ärztl. Eiden u. Gelöbnissen kodifiziert (↗ Hippokratischer Eid).
Sittl. u. arzteth. bes. bedeutsam sind folgende Probleme: Schwangerschaftsabbruch (↗ Abtreibung), Zwangsbehandlung v. ↗ Kindern, Bewußtlosen, psychisch Kranken u. im Fall höchster Lebensgefahr, eugen. u. kriminolog. Eingriffe, Gehirnchirurgie, Organ-↗Transplantationen. Rt

Lit.: R. Kautzky, Die Verletzung der körperlichen Integrität in der Sicht ärztlicher Ethik, Arzt und Christ 11 (1965), 32—52.

Oral ↗ Entwicklung ↗ Libido

Ordensgelübde ↗ Räte, evangelische

Ordnung ↗ Amt ↗ Autorität ↗ Norm(en) ↗ Gesetzlichkeit

Organe, künstliche. Durch k. O. können lebensnotwendige Funktionen v. erkrankten Organen entweder vorübergehend (Herz-Lungen-Maschine, Beatmungsgerät, Herzschrittmacher, künstliche Niere) od. bei irreversibel funktionsuntüchtigen bzw. ausgefallenen Organen f. immer übernommen werden (künstl. Niere, Herzschrittmacher). Das bedeutet einerseits eine Chance f. eine ↗ Lebensverlängerung, andererseits entstehen aber auch menschl. Probleme, die therapeut. angegangen werden müssen, wenn das Leben nicht nur verlängert, sondern auch lebenswert erhalten werden soll. Hauptprobleme sind: *Abhängigkeit v. der Maschine,* die bes. stark bei künstl. Beatmeten u. bei ↗ Dialyse-Patienten erlebt wird. Bei letzterem kommt erschwerend hinzu, daß diese ↗ Abhängigkeit das ganze weitere Leben bleibt (zwei- bis dreimal wöchentl. 6—10 Stunden Dialyse. Eng verbunden damit ist die ↗ Angst als Folge einer ständig erlebten — wenigsten unterschwelligen — Todesbedrohung (Versagen der Maschine, Ungewißheit der Lebenserwartung). K. O. verlangen meistens einschneidende *Änderungen u. Einschränkungen* des bisherigen Lebensstils (Dialysepatienten unterliegen strengen Diätvorschriften, ungelöst ist f. die meisten die berufl. Wiedereingliederung, bes. f. Patienten in berufl. abhängiger Stellung — ↗ Rehabilitation —, familiäre u. gesellschaftl. Aktivitäten müssen weitgehend eingeschränkt werden). Mögliche *Komplikationen* (bei Herzschrittmachern immer wieder notwendige Operationen; bei Dialysepatienten z. B. Polyneuritide, Geh- u. Sehstörungen, bei einem hohen Prozentsatz Nachlassen der ↗ Libido u. somit große Belastungen f. die ↗ Ehe) erschweren zusätzlich das Leben. Folge dieser Belastungen sind häufig Krisen mit psychischen Dekompensationen bis hin zur Suizidgefahr (↗ Selbsttötung), wenn nicht eine adäquate Krisenintervention erfolgt. Diese bietet sich an: a) auf organ. Sektor: körperl. Beschwerden u. Komplikationen möglichst zu beheben od. wenigstens in erträgl. Maß zu halten; b) auf psychiatr. Sektor: gegebenenfalls entspr. Medikation (↗ Psychopharmaka) u. eine psychotherapeut. Begleitung, in der der Patient lernt, seine Ängste direkt auszusprechen u. im Aussprechen u. Bearbeiten sie zu bewältigen (↗ Trauer); c) auf sozialem Sektor: ↗ Beratung u. Hilfe in Fragen des Berufs, der finanz. Probleme, Versicherungsangelegenheiten, Teilzeitbeschäftigung u. a. m.; d) durch persönl. Zuwendung aller ↗ Bezugspersonen des Kranken (Angehörige, ↗ Arzt, Pflegepersonal, Sozialarbeiter, ↗ Seelsorger, ↗ Krankenhausseelsorge, Mitpatienten). — Unter solchen Voraussetzungen werden Patienten nach Verarbeiten ihrer Krise befähigt, ihr durch k. O. verlängertes Leben auch lebenswert zu machen. Rei

Lit.: H. Freyberger, P. Barth, J. Bessert, Klinisch-Psychol. Probleme der Schwestern-Pflegergruppen, in: Themen der Krankenpflege, 1. Jg. (1973), Bd. 2, 195—233 (Urban u. Schwarzenberg, Berlin-München-Wien); H. E. Franz (Hsg.), Praxis der Dialysebehandlung (1973); A. Reiner, Patienten mit chron. Nierenversagen, in: ders., Suizid u. Suizidverhütung — Konsequenzen f. die Seelsorge (1974).

Organminderwertigkeit. Adler (1907) versteht darunter eine „funktionelle od. morpholog., oft auch eine angeborene Minderwertigkeit im Organ u. seinem nervösen Überbau". „Diese Minderwertigkeit bleibt recht häufig im Zustande der Latenz, u. das erwachsende Defizit wird durch ↗ Kompensation gedeckt." Daraus resultiert oft genug ein die Gesamtperson überflutendes ↗ „Minderwertigkeitsge-

fühl" („Minderwertigkeitskomplex"), ein verletztes ↗ Selbstwertgefühl. Der reale Defekt kann „überkompensiert" od. in ein „neurot. Arrangement" eingebaut werden. Die in Adler's Frühwerk erstmals formulierte Auffassung vom kausalgenet. (mechanistischen) u. psychogenet. (sinngestaltenden) Zusammenhang zw. einzelnen Organsystemen u. deren Auswirkungen auf die Gesamtpersönlichkeit ist ein Vorläufer der späteren „Psychosomat. Medizin". (↗ Psychosomatik).
Päd., psychotherapeut. od. pastorale Aufgabe muß es sein, die „fiktive Leitlinie" des neurot. Arrangements aufzudecken u. den Menschen zu einem intakten ↗ Menschenbild hinzuführen. Dabei bietet gerade der mit einer O. gekoppelte Leidensdruck (Leidensgefühl) dem Menschen eine erhöhte Chance, zur ↗ Individuation (Jung) bzw. ↗ Personalisation (Caruso) zu gelangen. Mg

Lit.: A. Adler, Praxis und Theorie der Individualpsychologie (1930); J. Rattner, Individualpsychologie (1963).

Orgasmus. Der funktionelle Ablauf der ↗ Lust wird nach Masters u. Johnson in die Erregungs-, Plateau-, orgastische u. Lösungsphase eingeteilt. In physiolog. Hinsicht ist die nur wenige Sekunden anhaltende orgast. Phase dadurch gekennzeichnet, daß während der sex. ↗ Erregung vermehrte Durchblutung u. Muskelanspannungen, die sich nicht nur auf das Gebiet der Sexualorgane beschränken, ihren Höhepunkt u. ihre Lösung finden. In psychischer Hinsicht stellt der O. (v. griech. orgasmos = Erregung) den lustvoll erlebten u. zu ↗ Entspannung, Zufriedenheit u. Erfülltheit führenden Höhepunkt der sex. Erregung dar, zu dem schon Säuglinge (ab 4. Lebensmonat) fähig sind. Während v. der ↗ Pubertät an der männl. O. durch die mit dem Gefühl der Unausweichbarkeit einhergehende Ausstoßung der Samenflüssigkeit gekennzeichnet ist, ist der weibl. O. eine umfassendere körperl. Reaktion. Bei beiden Geschlechtern ist das Erreichen eines O. auch ohne geschlechtl. Vereinigung möglich (↗ Masturbation, ↗ Petting, ↗ Sexualpathologie). Das völlige Fehlen der O.fähigkeit (Anorgasmie) ist beim ↗ Mann sehr viel seltener als bei der ↗ Frau u. v. ↗ Impotenz bzw. ↗ Frigidität zu unterscheiden; psychotherapeut. Beratung kann dabei erfolgreich sein. Viele Frauen können auch ohne voll ausgeprägtes orgast. Gefühl beim Verkehr volle sex. Befriedigung finden. Andererseits kann die Frau im Gegensatz zum Mann in schneller Folge mehrmals hintereinander einen O. erleben. Praktisch wichtig ist, daß viele Frauen im Gegensaz zum Mann nur dann zum O. kommen können, wenn die f. sie gültigen sozio-kulturellen u. psych. Voraussetzungen in der Partnerbeziehung (↗ Partnerschaft, ↗ Ehe) einschließlich ihrer Wertmaßstäbe erfüllt sind. Der O. darf nicht nur unter dem Gesichtspunkt der individ. Psychologie gesehen werden, er ist vielmehr ein interpersonales Phänomen. Die psychische Reife beider Partner u. die Gesamtgestalt ihrer zwischenmenschl. Beziehungen auf der Grundlage gegenseitigen ↗ Vertrauens u. gemeinsam getragener ↗ Verantwortung sind f. das Erreichen des O. entscheidend. Rf

Lit.: W. H. Masters und V. C. Johnson, Human Sexual Response (1966; dt. Übersetzg.: Die sex. Reaktion 1967); H. Giese (Hsg.), Die Sexualität des Menschen, Handbuch d. med. Sexualforschung (1971); S. Fischer, Der Orgasmus der Frau, Psychologie, Physiologie, Phantasie (1973); H.-J. Vogt, Anorgasmie des Mannes, in: Sexualmed. 3 (1974) 116—118.

Overprotection. Der Ausdruck „maternal o." (= mütterl. Überbesorgtheit) wurde 1943 v. D. M. Levy eingeführt, ist seitdem aber zu einem Sammelbegriff geworden, den Autoren der verschiedensten Wissenschaftsdisziplinen z. T. willkürlich gebrauchen, um eine ganze Stufenleiter v. Verhaltensweisen u. Einstellungen zu beschreiben, ohne genügende Rücksicht auf die Vielfalt der zugrundeliegenden Motive. R. Spitz analysierte eingehend neben der „primären ängstlich übertriebenen mütterl. Besorgtheit" auch eine primär feindselige Einstellung bei ↗ Müttern, die sich zu deren z. T. unbewußter, z. T. bewußter Verschleierung Formen v. ängstlich-übermäßiger Fürsorglichkeit gegenüber dem eigenen Säugling bedienen. In diesen Fällen kommt es auf Grund des deutlichen Plus an Besorgtheit (im Vergleich mit der Durchschnittsnorm) auf seiten der Pflegeperson mit erhöhter Wahrscheinlichkeit zu Krankheitssymptomen beim ↗ Kind (Dreimonatskolik, Säuglingsekzem). Z. B. bewirken Kinder, die v. ihrer Konstitution her mehr schreien als andere, damit bei in bes. Maße zu ↗ Schuld-Gefühlen neigenden Müttern ein Mehr u. Zuviel an Fütterung. Das dadurch überlastete Verdauungssystem führt zu Koliken u. somit zu weiterem Schreien, so daß auf diese Weise ein Circulus vitiosus in Gang kommt. Spätestens im 2. Lj. bilden sich diese od. ähnliche Krankheitserscheinungen im engeren Sinne (ebenso das Säuglingsekzem als Symptom einer durch O. überkompensierten Feindseligkeit) wieder zurück; die seel. Spätfolgen solcher Säuglingserkrankungen jedoch sind noch nicht genügend erforscht. Wenn man sich in den beschriebenen od. anderen Fällen die Persönlichkeit der jeweils „überbesorgt" erziehenden Mutter des näheren betrachtet, so stellt man relativ häufig große Unerfahrenheit, Unsicherheit, geringe Risikobereitschaft, schwache ↗ Ich-Entwicklung, ↗ Infantilismus, gesteigerte Gespanntheit, z. T. übermäßige Über-Ich-Bildung, Sexualkonflikte, Berührungsscheu u. vermehrte Neigung zu Schuldgefühlen u. ↗ Ängsten aller Art fest. Dies überträgt sich in vergrößertem Maßstab auf das Kind, u. das geschieht desto sicherer u. nachhaltiger, je länger u. intensiver das Erziehungsklima der Überbehütung anhält. O. muß dabei v. Verwöhnung unterschieden werden, obgleich die Wirkungen tw. gleich od. ähnlich sind.

Ein extrem beschützender Erzieher (sowohl matriarchalisch als auch patriarchalisch) zwingt ein Kind zu überdimensionaler ↗ Anpassung an sich. Die Folgen sind oft: Unselbständigkeit, mangelndes Durchsetzungsvermögen, Aggressionshemmungen mit vermehrter Angstneigung, depressive Gestimmtheit u. Verunsicherung in seiner Geschlechtsrolle (↗ Kastrationsangst, ↗ Ödipus-Komplex). Der Junge od. das Mädchen lernt nur unzureichend, in der prakt. Lebensbewältigung (↗ Realitätsprinzip) Triebspannungen abzuleiten (↗ Sublimierung), u. flüchten sich bereits bei geringen Schwierigkeiten mit der Wirklichkeit in den Bereich der Tagträume u. ↗ Phantasien (Lustprinzip, ↗ Regression). Die ↗ Bezugspersonen werden zwiespältig erlebt, zugleich faszinierend u. bedrohend (↗ Eltern—Kind-Beziehung, ↗ Familienpathologie, ↗ Mutter-Bindung, ↗ Mutter, ↗ Vater, ↗ Autorität), u. diese ↗ Fixierung an die Kindheitsautoritäten (Eltern, Großeltern) bedeutet in der weiteren Entwicklung soziale Unangepaßtheit u. Kontaktschwäche u. kann auf sex. Gebiet ↗ Impotenz bzw. ↗ Frigidität mit sich bringen. O. hat unterschiedl. Auswirkungen, je nachdem, ob es bei vitalkräftigen od. bei vitalschwachen Kindern angewandt wird. Die zarten Naturen bleiben häufig „ewige Söhne bzw. Töchter", die stärkeren sind eher in der Lage, irgendwann unter heftigen ↗ Trotz-Reaktionen aus der ↗ Erziehung auszubrechen. Ein bes. krit. Zeitpunkt ist das Jahr der Einschulung, wo durch die anerzogenen Anpassungsschwierigkeiten die völlig neue schul. Situation beim Kind eine Zunahme neurot. Symptome hervorrufen kann (↗ Vorschulerziehung). Der O. vorbeugen können ↗ Erwachsenenbildung, Elternberatungen u. Selbsterziehung v. selber noch unreifen u. labilen Vätern u. Müttern. V. a. ist es Aufgabe der Institutionenberatung (Kirchen!), ungenügend demokratisierte ↗ Strukturen modernisieren zu helfen. Denn u. a. ziehen „paternalistische" ↗ Seelsorger risikoscheue, gesteigert angstanfällige, unbeholfene Elterngenerationen heran, die später der Erziehung ihrer Kinder zur O. ihre Zuflucht nehmen! MüG

Lit.: D. M. Levy, Maternal Overprotection (1943); F. Schottlaender, Die Mutter als Schicksal (1966); G. Griesl, Pastoralpsychologische Studien (1966); A. Görres, Pathologie des kath. Christentums, in: Handbuch der Pastoraltheologie, Bd. II/1 (1966); H. Schultz-Hencke, Der gehemmte Mensch (1970); R. Spitz, Vom Säugling zum Kleinkind (1972).

Ovulationshemmer. Als O. werden synthet. Substanzen bezeichnet (Östrogene u. Gestagene). Diese regeln über die Hypophyse die Reifung der Follikel (Eibläschen) im Eierstock, den

Ovulationshemmer

Eisprung (Ovulation) u. die Bildung der Gelbkörper. In höherer Dosierung wird durch die O. die Bildung neuer Eizellen gehemmt, u. es spielen sich die gleichen hormonalen Vorgänge wie bei einer ↗ Schwangerschaft ab, ohne daß eine solche vorliegt. Mischpräparate enthalten durchgehend Follikel- u. Gelbkörperhormone, Sequenzpräparate enthalten vom 5.—18. Tag nur Follikel-, vom 19.—24. Tag zusätzlich Gelbkörperhormone. Die sog. Mini-Pille, die östrogenfrei ist u. nur wenig Gelbkörperhormon hat, unterdrückt die Ovulation nicht, sondern bewirkt folgendes: der Gebärmutterhalsschleim bildet eine Sperre für die Samenzellen; außerdem kann sich ein befruchtetes Ei durch Änderung der Uterus-Schleimhaut nicht einnisten (abortive Wirkung). Bei der ↗ Morning-after-pill verhindert ein hoher Hormonstoß die Ei-Einnistung. — Die Sicherheit der O. ist nahezu 100%ig, die der Mini-Pille etwas geringer. Gegenindikationen f. die Einnahme sind hpts. Leberschäden u. Venenentzündungen. — Mögl. Nebenwirkungen: Übelkeit, Magen-Darmbeschwerden, Gewichtszunahme, Hitzewallungen, Kopfschmerzen, ↗ Depressionen. Die ↗ Libido ist häufiger gesteigert als geschwächt, Partnerbeziehungen werden überwiegend günstig beeinflußt. Negative körperl. u. seel. Symptome hängen auch v. der Einstellung zu ↗ Sexualität, ↗ Geschlechtsbeziehungen u. ↗ Partnerschaft ab. Die O. haben überdies auch noch sozialpsych. Wirkungen: sie tragen wesentlich zur ↗ Emanzipation der ↗ Frau bei, sie verbessern in der Regel die Ehebeziehungen, sie erleichtern die ↗ Familienplanung (↗ Sexualethik, ↗ Sexualpädagogik). Goe

Lit.: H. Gesenius, Empfängnisverhütung (1970); P. Bailer, Ovulationshemmer trotz Nebenwirkungen? in: Sexualmed. 2 (1973) 486—88.

Pädagogische Psychologie (und Seelsorge). Die P. P. ist z. T. eine Unterdisziplin der ↗ Angewandten Psychologie. Sie überträgt Erkenntnisse der ↗ Allgemeinen Psychologie, der ↗ Entwicklungspsychologie, der ↗ Sozialpsychologie u. a. auf das päd. Aufgabenfeld. Außerdem macht sie das päd. Geschehen in Schule, Elternhaus u. anderen Institutionen zum Gegenstand eigener empir. Untersuchungen (z. B. Erziehungsstile, Erziehungsvorgänge, Einzel- od. Gruppenerziehung usw.). Ihre Erkenntnisse bilden eine wesentl. Arbeitsbasis v. a. f. Pädagogen, Erziehungsberater u. Schulpsychologen. Die seelsorgerl. Kooperation mit diesen Brufsgruppen setzt päd.-psych. Wissen (z. B. über ↗ Lernen, ↗ Lerntheorien, ↗ Erziehung) voraus. In Zukunft wird die P. P. mit ihren Teilgebieten: Lernpsychologie, Lehre v. der Persönlichkeitsbildung, Sondererziehung v. lern- u. geistig behinderten Kindern u. allgem. ↗ Erziehungsberatung noch stärker f. die ↗ Religionspädagogik (Glaubensunterweisung, sittl. Verhaltensbildung), die kirchl. ↗ Sozialarbeit, die ↗ Jugendseelsorge, die ↗ Kindergarten-Arbeit, die Betreuung behinderter Kinder, die ↗ Erwachsenenbildung wie die Erziehung u. Ausbildung der Kandidaten f. kirchl. Dienste herangezogen werden müssen. Po

Lit.: Handbuch der Psychologie in 12 Bänden. Hrsg. v. Ph. Lersch. Bd. 10: Pädagogische Psychologie (1959).

Päderastie ↗ Pädophilie

Pädophilie. P. meint die erot.-sex. Neigung männl. Erwachsener zu Kindern. P. kann sich in erot. Formen einer päd. Fürsorge (wie z. B. im klass. Griechenland) erschöpfen; oft wird der kindl. Partner aber zu ↗ Geschlechtsbeziehungen verführt. Da dieser noch nicht die Eignung u. Reife zur personalen ↗ Partnerschaft besitzt, kann seine psychische, bes. sex. Entwicklung geschädigt werden. Als ↗ Sexualdelikt kommt P. v. a. bei ↗ Geistesschwäche od. cerebralen Abbauprozessen im höheren Alter vor. Häufigste Form der P. ist die Päderastie (Knabenliebe), bei der sex. Befriedigung nur in gleichgeschlechtl. Beziehungen (↗ Homosexualität) gesucht wird. ↗ Perversion(en) Rf

Panik. Der Begriff P. u. seine Bedeutung entstammen der griech. Mythologie. Pan, der arkad. Hirtengott, war so mißgestaltet, daß seine Mutter, eine Nymphe, nach seiner Geburt vor Schrecken die Flucht ergriff. Desgleichen stoben später auch andere Nymphen entsetzt auseinander, wenn sie des ziegenbockartigen Gottes ansichtig wurden. Er ließ beizeiten seine furchtbare Schreckensstimme ertönen, um damit sowohl harmlose Wanderer, als auch feindl. Kriegsheere in die Flucht zu schlagen.

P. ist ein abnormer Zustand der Gesamtpersönlichkeit. Sie kann sowohl Einzelpersonen als auch, v. wenigen ausgehend (durch innere Ansteckung, durch kollekt. Fehlsteuerung), größere Menschen-↗ Massen befallen. Dann fordert sie auch Opfer, die ohne sie nicht gefährdet gewesen wären. Der panisch Reagierende bringt sich u. seine Helfer in tatsächl. Gefahr, auch wenn eine solche nur scheinbar u. vermeintl. bestand.

Die Kriterien der P. sind: 1. Abnorm starke ↗ Erregung („Bewegungssturm" Kretschmers, vegetativ-nervöse Alarmreaktionen [↗ Psychosomatik], ungezielte Fluchtbewegungen). 2. Verlust der vernünftigen Selbstkontrolle. 3. ↗ Angst, bei tatsächl. od. nur vermeintl. Lebensbedrohung (Augustin: timor est fuga).

Gefährdet, einer P. zum Opfer zu fallen, sind: unreife, Ich-schwache, haltlose, ↗ hysterische, ängstl. u. suggestible Charaktere. Es sind ähnl. Eigenschaften wie die v. Le Bon der Masse überhaupt zugeschriebenen (impulsivité, mobilité, irritabilité, suggestibilité u. credulité).

Vorstufen der voll ausgebildeten P. sind bei ↗ Tier u. Kleinkind der „panische Reflex" (Pawlow) u. der erwähnte Bewegungssturm. Sie dienen der Selbsterhaltung durch „Selbststeuerung v. (nur) relativer biolog. Zweckmäßigkeit" (Kretschmer) auf phylo- u. ontogenet. älterer Stufe. Eine Fehlsteuerung auf ↗ Instinkt-Ebene sind die „Übersprungbewegungen" (Tinbergen). Wenn panisches Verhalten u. damit Energieabfluß nach außen blok-

kiert ist („eingeklemmt zw. Flucht u. Angriff" [Tinbergen], Totstellreflex), kann aufgestaute Bewegungsenergie sinnlose Verlegenheitshandlungen auslösen, auf sie „überspringen".
In jedem Falle v. individ. od. kollekt. P. kann pastorales Eingreifen v. größter Bedeutung sein, da angesichts v. Todesangst od. Todesnähe materielle Hilfe häufig versagt. ↗ Sterbenshilfe   Mg

Lit.: N. Tinbergen, Die Übersprungbewegung, Z. Tierpsychologie 4 (1940); E. Kretschmer, Hysterie, Reflex u. Instinkt (1958); R. Bilz, Die unbewältigte Vergangenheit d. Menschengeschlechts (1967); Pawlow, Auseinandersetzung mit d. Psychologie (1973).

Paranoia. P. v. griech. „Nebensinnigkeit", bedeutet allgem. Geistesstörung (Platon), als Krankheitsbegriff seit Vogel (1764) verwendet: Systematisierter ↗ Wahn, Wahnsystem bei sonst ungestörten psychischen Funktionen; selbständige Geisteskrankheit (Griesinger), schleichende Entwicklung eines dauernden u. unerschütterl. Wahnsystems bei erhaltener Klarheit u. Geordnetheit im Denken, Wollen u. Handeln (Kraepelin); abnorme Persönlichkeitsentwicklung (Weitbrecht); durch fehlenden Persönlichkeitszerfall gegenüber der paranoiden Schizophrenie abgrenzbar. Bes. Formen: P. erotica (Eifersuchtswahn), P. querulans (Querulantenwahn), P. religiosa (veralteter Begriff; bei Verfolgungsideen — Pseudobesessenheit, Dämonomanie).

Parapsychologie. P. (der Begriff wurde 1889 v. Max Dessoir geprägt) ist die Wissenschaft v. denjenigen psychischen Phänomenen, die neben (= griech.: para) den „normalen" seel. Erscheinungen auftreten. Als Beginn systemat. parapsych. ↗ Forschung kann die Gründung der „Society for Psychical Research" 1882 in London angesehen werden. Den namhaften Gelehrten Myers, Sidwick, Burrett, Gurney u. a. ging es ursprünglich v. a. darum, die Phänomene des spontanen u. systemat. prakt. ↗ Spiritismus mit wissenschaftl. Genauigkeit zu überprüfen. Jene Parapsychologen, die v. der Einwirkung „jenseitiger Geister" überzeugt sind, werden als „parapsych. Spiritisten" bezeichnet, diejenigen Forscher, die auch die Erscheinungen des prakt. Spiritismus lediglich mit noch unerforschten Fähigkeiten lebender (Tiefen-)Seelen erklären, als „parapsych. Animisten". Auch die ernstzunehmenden parapsych. Spiritisten bedienen sich exakter Untersuchungsmethoden, wie die Forschungen des wohl bedeutendsten Vertreters in der Gegenwart, des 1967 verstorbenen Schweizer kath. Priesters, Ordensmannes u. Philosophieprofessors Gebhard Frei beweisen. Die Mehrzahl der Parapsychologen arbeitet heute auf der Grundlage des parapsych. Animismus. Vier Forscher seien erwähnt: a) Joseph Banks Rhine, der 1932 an der Duke-University in Durham, North-Carolina, ein Laboratorium f. parapsych. Forschungen eröffnete u. mittels quantitativer Methoden (Karten- bzw. Würfelexperimente) zwei Fragen zu beantworten versuchte: Gibt es außersinnl. Wahrnehmung (ASW; englisch ESP = Extrasensory Perception)? Gibt es lediglich psychisch bedingte Fern-Bewegung (Teleod. Psychokinese)? b) Der erste Ordinarius f. P. in Europa, der Holländer W. H. C. Tenhaeff an der Universität Utrecht, ist bes. durch seine Experimente mit dem Paragnosten bzw. Sensitiven (= eine Person, die über parapsych. Fähigkeiten verfügt) Gerard Croiset international bekannt geworden. Croiset vermag u. a. in seinen „Platzexperimenten" vorauszusagen, wer bei einer Veranstaltung in der ↗ Zukunft auf einem bestimmten Zuschauersessel sitzen wird. c) Im dt. Sprachraum vertritt den parapsych. Animismus v. a. Hans Bender, seit 1966 Ordinarius f. Grenzgebiete der Psychologie u. Psychohygiene an der Universität Freiburg i. Br. d) 1960 wurde an der Universität Leningrad durch den Physiologen Leonid L. Wassiliew eine Abteilung zur Erforschung der psychischen Fernwirkung, der sog. „Bio-Information", gegründet. Nach diesem sowjet. Parapsychologen ist die Entdeckung der ASW-Energie so bedeutungsvoll wie die der Atomenergie. Auch in anderen Ostblockländern werden eifrig parapsych. Forschungen betrieben.

Ihre Untersuchungsobjekte gewinnt die P. aus drei Quellen: 1. aus spontanen Erlebnissen (↗ Träumen, Ahnungen, Gesichten usw.); 2. aus ↗ Experimenten mit quantitativ-statist. Methoden im Laboratorium; 3. aus experimenteller Arbeit mit Paragnosten. Mit Hilfe komplizierter Experimentalanordnungen u. Überwachungsmethoden werden Täuschung u. Betrug auszuschalten versucht. Die Gesamtheit der parapsych. Fähigkeiten wird als „Psi" (v. griech. Buchstaben ψ) bezeichnet. Auch ↗ Tiere werden auf ihre Psi-Kapazität hin untersucht. Im einzelnen werden (in Anlehnung an H. Bender) folgende Psi-Phänomene unterschieden: 1. *Außersinnl. Wahrnehmungen:* a) Telepathie als Übertragung seel. Vorgänge — Empfindungen, Gefühle, Bilder, Gedanken — v. einer Psyche auf eine andere ohne Vermittlung der uns bekannten Sinnesorgane; b) Hellsehen als außersinnl. Wahrnehmung eines gleichzeitigen objektiven Ereignisses, v. dem niemand Kenntnis hat; c) Praekognition als Vorauswissen zukünftiger Ereignisse, f. die keine zureichenden Gründe bekannt sein können, die sie herbeiführen, u. die auch nicht als Folge des Vorauswissens auftreten. 2. *Psychokinese od. Parapsychophysik:* a) lediglich psychisch verursachte Bewegung v. Gegenständen od. Personen, parapsych. Einwirkung auf Filmmaterial bzw. Tonbänder; b) Materialisation, Neubildung v. Materie, die v. schleierartigen Gebilden bis zu den Formen menschl. Gliedmaßen od. ganzer Gestalten reicht; c) Spuk, bei dem zw. orts- u. personengebundenen Phänomenen unterschieden wird.

Nur ideolog. Voreingenommenheit vermag die Existenz v. Psi-Erscheinungen grundsätzlich zu leugnen. Das besagt jedoch nicht, daß alle Formen dieser Phänomene gleichermaßen gut erfaß- u. nachprüfbar geworden sind. Am besten ist das bei der Telepathie der Fall, die eine urtüml. Kommunikationsmöglichkeit zw. Lebewesen darstellen dürfte. Am problematischsten sind die Materialisationen; gerade in diesem Bereich werden immer wieder angebliche „Medien" als Schwindler entlarvt. Hinsichtlich einer Erklärung, d. h. einer Einordnung in unsere vertrauten Wirklichkeitsvorstellungen, bietet die Praekognition die größten Schwierigkeiten, weil hier die Ursache in der Zukunft, also nach der Wirkung in der Gegenwart zu liegen scheint. Aber auch die anderen Psi-Phänomene widerstehen den früher oft unternommenen Versuchen, sie durch irgendeine Form v. strahlender Energie ähnlich den elektromagnet. Wellen zu erklären. Telepathie z. B. scheint unabhängig v. der räuml. Distanz gleich gut zu funktionieren. Die minimale energet. Leistung des Gehirns ist jedoch f. eine Wahrnehmung über größeren Entfernungen keinesfalls ausreichend. „Die paranormalen Erscheinungen in ihren versch. Formen sprengen den bisherigen Beziehungsrahmen unserer wissenschaftl. Weltauslegung. Sie sind der Schlüssel zu einer erweiterten Ordnung der ↗ Natur u. der Stellung des Menschen darin" (H. Bender). F. den Christen ist eine Beschäftigung mit der P. nicht anders zu beurteilen als ein Umgang mit anderen Wissenschaften. Es handelt sich bei den v. den animist. Parapsychologen untersuchten Psi-Fakten um ebenso „natürl." Schöpfungsphänomene wie bei den Forschungsgegenständen der Physik od. Chemie, u. nicht um verderbl. „okkulte Erscheinungen" dämon. Herkunft. Auch die Beschäftigung mit der parapsych. Spiritismus im Sinne Gebhard Freis („Es gibt zweifellos Fälle, in denen jenseitige Geister hereinwirken") führt nur dann zu einer pastoralen Gefährdung, wenn die wissenschaftl. Distanz preisgegeben wird zugunsten des unkrit. ↗ Glaubens an alle mögliche „spirits" u. der ↗ Abhängigkeit v. ihnen (↗ Aberglaube).

Karl E. Schiller

Lit.: H. Bender, Parapsychologie (1966); ders., Unser sechster Sinn (1971); G. Frei, Probleme der Parapsychologie (1969); Sh. Ostrander/L. Schroeder, Psi (1970); P. Urban, Parapsychologie. Schicksalsforschung zw. Psychologie u. Astrologie (1974).

Parthenogenese. Bei der P. (Jungfernzeugung) entsteht ohne Mitwirkung einer Samenzelle nur aus einer reifen Eizelle ein Individuum, das mit dem Individuum, v. dem die Eizelle stammt, genetisch identisch u. daher auch gleichgeschlechtl. ist. P. kommt bei vielen wirbellosen Tieren natürlicherweise vor. Da P. bei Säugetieren zumindest nach künstl. ↗

Befruchtung auftritt, wird sie auch beim Menschen möglich sein, wofür es bisher jedoch keine Beweise gibt.

Partnerschaft. P. als Zielvorstellung setzt den Begriff der ↗ Person als ein prinzipiell in ↗ Kommunikation stehendes Wesen voraus u. meint Beziehungen zw. Gleichrangigen. M. Buber formuliert sie als „Ich-Du-Beziehung" u. „dialog. Leben"; d. h. die Beziehung als eigenständige Realität (seine „ontische" Kategorie des Zwischen), gleich ob sprachlich artikuliert od. nicht, ist definiert als Gegenseitigkeit, die v. beiden Partnern real u. aktiv getragen wird bzw. als eine die „Andersheit" der Partner nicht nivellierende Begegnung ohne Objektivierung des einen durch den anderen; dazu führt die „Umfassung", das Empfinden der Interaktion v. beiden Beziehungspolen aus. Die Idee der P. ist in der Theologie nicht unwidersprochen geblieben (E. Michel); soziol. scheint sie überholt u. in der Pädagogik nur beschränkt brauchbar, in der ↗ Psychotherapie wird sie kritisch gegen den Begriff der ↗ Übertragung gesetzt; sie ist dagegen leitend f. die heutige, nicht mehr patriarchalisch-hierarchische Eheauffassung.

P. in ↗ Ehe wie in ↗ Kirche u. Gesellschaft kann u. muß gelernt werden; der Einsatz psych. Wissens (↗ Eheberatung) u. psychotherapeut. Techniken (↗ Kommunikationstherapie) ist nötig, um immer wieder ablaufende Interaktionsmuster, verhärtete ↗ Einstellungen u. ↗ Haltungen sowie unrealist. Erwartungen, damit aber Entfremdung der Partner v. sich u. voneinander, aufzuheben. V. a. verheimlichte ↗ Ängste, die zu Vermeidungsreaktionen, einseitigen Strategien, „Spielen" (E. Berne) führen, destruktive, den Partner herabsetzende ↗ Aggression u. einseitige Dominanz (den Partner abhängig halten, in Auseinandersetzungen „siegen" müssen) erzeugen Kontaktformen, die letztlich beide Partner verunsichern. Dagegen wirkt offenes Mitteilen v. Gefühlen, Beobachtungen, Wünschen u. Ängsten, sofern es beim Partner ankommt u. v. ihm rückgemeldet wird, befreiend u. reduziert Spannungen.

Da beide Partner, solange sie leben, sich entwickeln, braucht es das kontinuierliche ↗ Gespräch über die Beziehung, die sich mitverändern muß, soll sie nicht zur Fessel werden. Gelingt das, so ergibt sich aus dem Zusammenleben nicht nur hohe Befriedigung, sondern die Erfahrung eines ↗ Lebenssinnes u. damit Aufgeschlossenheit f. das vom ↗ Glauben gemeinte Gegenüber mit Gott (↗ Mitmenschlichkeit, ↗ Gotteserfahrung). Wa

Lit.: M. Buber, Das dialogische Prinzip (1962); D. Wyss, Die tiefenpsych. Schulen (⁴1972); W. J. Lederer/D. D. Jackson, Ehe als Lernprozeß. Wie Partnerschaft gelingt (1972).

Partnerwahl. Die Wahl des Ehepartners gewann in unserem Jahrhundert an Bedeutung, seit die Entscheidung, wann u. wer geheiratet wird, hauptsächlich die Ehepartner selbst u. nicht deren ↗ Familien treffen. Man überschätzt allerdings leicht die Wahl des richtigen Partners. V. wenigen Ausnahmen abgesehen, kommt es weniger auf die richtige Wahl als auf die Einübung der ↗ Partnerschaft nach der Hochzeit an. Außerdem ist bereits eine Reihe v. Vorentscheidungen gefallen, ehe man einen anderen Menschen zu lieben beginnt. Die Lebensgeschichte, insbes. die frühe Kindheit u. die Beziehung zu den Eltern (↗ Mutterbindung, ↗ Ödipuskomplex) u. Geschwistern stellen entscheidende Weichen. ↗ Milieu, ↗ Bildung, Lebensstil u. Wunschbilder engen den Kreis der mögl. Partner ein. Ein Partner sollte den anderen ergänzen, aber nicht gänzlich v. ihm abhängig sein wie ein unmündiges ↗ Kind. Große Bedeutung besitzt auch die erot. Anziehung (↗ Erotik). Fehlt sie nämlich, so herrscht v. Anfang an ein unüberbrückbarer Abstand, der sich durch die Hochzeit u. auch mit gutem Willen nicht überwinden läßt. Bildungsunterschiede, gesellschaftl. u. rel. Herkunft sowie die Zugehörigkeit zu verschiedenartigen Kulturkreisen sollen nicht unterschätzt werden. Auch geht es trotz aller Frauenemanzipation selten gut, wenn ein ↗ Mann sich seiner ↗ Frau unterlegen fühlt. Wenn fortgesetzt derselbe Partner der Gebende od. Führende sein muß, wird eine ↗ Ehe heute kaum noch glücken. Derartige Überlegungen können allerdings v. den künftigen Ehepartnern nur angestellt werden, solange sie noch nicht gewählt haben. Sobald zwei Menschen einander lieben, ist es jedoch meist ein vergebl. Rat, sich zu prüfen, ehe man sich ewig bindet. Außerdem gibt es immer wieder Verbindungen, die durch ↗ Trotz od. unbewußte Flucht aus der Herkunftsfamilie, infolge v. Entwicklungskrisen od. aus überkommenen moral. Verstellungen (heiraten, weil ein Kind unterwegs ist; ↗ Mußehe) entstehen. Die Einsicht der Betroffenen in einen derartigen Fehler sollte nicht erschwert, sondern gefördert werden, z. B. bei der Auflösung einer ↗ Verlobung. Auch sollten Katholiken nicht zum ↗ Sakrament der Ehe gedrängt, sondern eher davon abgehalten werden, wenn es Anlaß zu Bedenken gibt, ob diese Ehe dauern wird. Ba

Pastoralanthropologie. Das Verständnis der noch nicht ausgearbeiteten P. knüpft sich an die Neuformierung der Pastoraltheologie und ihrer Hilfswissenschaften. *Pastoraltheologie* ist jene theol. Wissenschaft, die aus der empir. Erforschung u. theol. Interpretation der Gegenwart die ↗ Normen entwickelt, nach denen sich die ↗ Kirche aus dieser konkreten Situation in die ↗ Zukunft hinein entwirft u. ihre Heilsaufgabe verwirklicht. Wesentl. Aspekt ist also der konkrete Gegenwartsbezug, unter dem der Selbstvollzug der ↗ Kirche behandelt wird; ihre Methode wird v. einer dreifachen Aufgabe bestimmt: 1. Empir. Erhebung, Analyse u. Ordnung der konkreten Situation (dazu gehören bes. die anthropolog. Voraussetzungen des Heilsgeschehens). 2. Theol. Deutung des Befundes als unmittelbarer Anruf Gottes f. die kirchl. Heilsaufgabe. 3. Ableitung v. Imperativen kirchl. Praxis. — Zur Reflexion ihres jeweiligen Vollzuges bringt die Kirche nicht v. vornherein unfehlbares Wissen mit; auch die Dogmatik kann nur sagen, was die Kirche ihrem Wesen nach immer ist u. zu sein hat; wie sie aber gerade jetzt ist u. zu wirken hat, ist das ureigenste Problem der Pastoraltheologie, nicht etwa erst v. der aktuellen Erfahrung aufdiktiert, daß gegen die gewandelten Strukturen der Welt mit den überlieferten Vorgangsweisen schwer anzukommen sei. Vielmehr verlangt die theol. Erkenntnis des geschichtl. Wesens der Kirche, die Verwirklichung ihrer Sendung in der jeweiligen Situation zu reflektieren, die konkreten Befunde als Heilsaufforderung zu verstehen u. mit adäquaten Methoden zu erforschen. Hier ordnet sich die P. ein als angewandte empir. Wissenschaft, die method. die anthropolog. Voraussetzungen f. den Heilsvollzug zu erheben u. darzustellen hat. Ihr Gegenstand sind alle Tatbestände der allgem. ↗ Anthropologie, insofern sie f. das Heilsgeschehen Bedeutung haben. Durch den Heilsaspekt unterscheidet sich P. v. der allgem. Anthropologie, bleibt dieser aber als Tochterdisziplin (analog etwa der päd. A.) verbunden, insofern sie sich deren Methoden u. Erkenntnissen bedient. Gegenüber der Pastoraltheologie stellt P. eine unersetzl. Hilfswissenschaft zur Bewältigung ihrer ersten meth. Aufgabe dar, die konkrete Lage des Menschen als einzelnen u. in der ↗ Gesellschaft zu erkennen. Eine bes. Bedeutung kommt der P. zu, wenn man (zunächst heuristisch) eine doppelte Sendung der Kirche unterscheidet: 1. Als göttl. Institution hat sie Welt zu heiligen u. zum Heil zu führen; in dieser Bestimmung kann sie v. niemandem ersetzt od. vertreten werden; 2. als „sichtbares Heilszeichen" kümmert sie sich auch um das weltl. individ. u. soziale Wohl u. um den Frieden. Natürlich besteht die zweite Aufgabe nicht zufällig od. außerhalb der genuinen Heilsaufgabe, aber die Kirche hat sie partnerschaftl. (u. oft subsidiär) mit weltl. Instanzen zu tragen. Erstmals im II. Vat. Konzil wird die ↗ Caritas, nicht nur als christl. Gesinnung, sondern als wesentl. Sendung in das Zentrum kirchl. Bewußtseins gerückt: Die heilsnotwendige Hinwendung zu Gott, „der uns zuvor geliebt", muß sich in der ↗ Liebe zum Mitmenschen kundtun (1 Joh 4,7—21) od. sie würde nicht vollzogen. Effektive Hilfe aus vollzogener Liebe bedarf aber des gewissenhaften u. daher auch wissenschaftl. Verständnisses f. den leidenden Menschen (im weitesten Sinn) u. seine Situation, d. h. der konkreten Untersuchung durch die P. Schließlich hat die personale Anthropologie (Gebsattel u. a.)

gezeigt, daß der Mensch am Verlust des ↗ Lebenssinnes erkranken kann (noogene ↗ Neurosen, Frankl), daß unbewältigte Schuld u. U. zu seel. Störungen führt, daß pseudorel. motivierte Fehlerziehung sich in Lebenskrisen auswirkt (↗ ekklesiogene Neurose) wie auch die hoffnungslose ↗ Verdrängung der Todeswirklichkeit. Diese u. zahlreiche andere gesellschaftl. Erscheinungen (wie der Sturm auf alte Tabus, die Sex-Welle) können weder v. den Humanwissenschaften noch auch v. den theol. Stammdisziplinen in ihrer vollen Bedeutung erfaßt werden, sondern fordern zur Bewältigung die Entwicklung einer zuständigen P. heraus. — Im zweiten meth. Schritt, bei der Interpretation der gegebenen Lage als Heilsaufgabe, bedient sich die pastoral-theol. Forschung der *theol.* Anthropologie. Diese hat mit der P. nur das Materialobjekt gemeinsam, unterscheidet sich aber v. der P. 1. durch die Erkenntnisquelle: sie schöpft ausschließlich aus der göttl. geschichtl. Wortoffenbarung, 2. durch das Formalobjekt: es geht ihr um den Menschen als gottbezogenes Heilssubjekt, 3. durch die theol.-spekulative Methode. Die P. bezieht ihre Erkenntnisse aus der verarbeiteten Erfahrung, sie handelt vom Menschen in seiner naturalen Verfassung, die freilich immer gottoffen u. heilsbedürftig ist, u. bedient sich (je nach Teilaspekt) empir., phil. u. (höchstens) fundamental-theol. Methoden. P. stellt daher keine eigene theol. Disziplin, sondern eine Hilfswissenschaft der Pastoraltheologie dar. — Geschichtl. entwickelt sich die P. zunächst synthetisierend aus versch. Wurzeln. Primär ist die ↗ *Pastoralmedizin* zu nennen, die alle Fragen zw. Theologie u. Medizin seit etwa 2 Jh.n als selbständiger Forschungszweig untersucht. Durch den rasanten Fortschritt medizin. Techniken treten hier immer stärker sinnanthropolog. Probleme u. ärztl. Ethik in den Vordergrund; die vorwiegend am Körper (somatisch) orientierte Krankheitslehre macht in der ↗ Psychosomatik einer ganzheitl. Auffassung Platz; eine „anthropolog. Medizin" (Jores, Weizsäcker) fordert die ↗ Integration der durch Spezialisierung ausgegliederten Teilerkenntnisse vom Menschen. Dadurch weitet sich (etwa nach dem Integrationsschema v. Uexküll) der pastoralmedizin. Fragebereich auf ↗ Psychopathologie, Familien-, Sozio- u. Kulturpathologie aus. Diese Entwicklung sprengt den Rahmen der noch im Werk Niedermeyers gültigen Pastoralmedizin u. drängt auf Zusammenschau in einer neuen P. — Ein weiterer Beitrag kommt v. der ↗ *Pastoralpsychologie,* die implizit zwar immer schon betrieben wurde, sich aber erst jüngst aus dem amerikan. „clinical training" ausdrücklich formiert hat. Hauptsächliches Ziel ist die seelsorgl. ↗ Kommunikations-Ausbildung (↗ Klinische Seelsorgsausbildung = KSA) nach dem Lern- u. ↗ Supervisions-Prinzip durch Praxis im ↗ Krankenhaus. Die Verbindung soziol., psych. u. medizin. Information ist hier bereits gegeben. Die 1972 gegründete dt. Gesellschaft f. Pastoralpsychologie erweitert die Forschungs- u. Anwendungsziele auf die ↗ Gruppendynamik, ↗ Sozial- u. ↗ Tiefenpsychologie. Aus der noch zu leistenden Auseinandersetzung mit der ↗ Psychoanalyse läßt sich reicher Ertrag f. eine fundierte P. erwarten. Zum Verständnis der gesellschaftl. Verfassung des Menschen u. deren Struktur u. Dynamik bedarf es schließlich der ↗ *Pastoralsoziologie,* die ihre eigenen Kategorien, Methoden u. Erkenntnisse aus der allgem. Soziologie (v. der phil. bis zur statist. Richtung) beiträgt. —

Das II. Vat. Konzil fordert im Priesterbildungsdekret, daß alle Bereiche der Ausbildung harmonisch auf das pastorale Ziel ausgerichtet werden müssen (n. 4), daß Pastoralinstitute gegründet u. die Kandidaten im Gebrauch der päd., psych. u. soziol. Hilfsmittel richtig unterwiesen werden (n. 20, 22); die Wichtigkeit einer „gesunden Psychologie" wird in den Dekreten fünfmal betont; die Intention geht auf eine brauchbare P., die jedoch vom Konzil noch nicht ausdrückl. angesprochen wird — wie übrigens auch die damals noch in ↗ Identitätskrise befindl. Pastoraltheologie selbst. Es wäre jedoch ein schweres Mißverständnis, wollte man v. der P. nur Zubringerdienste erwarten u. sie in dem Sinn zur Hilfsdisziplin erniedrigen, daß sie fertige Ergebnis u. Methoden der ↗ Seelsorger-Ausbildung anzubieten habe. Damit würde die Pastoraltheologie selbst auf das vorwissenschaftl. Konzept klerikaler Seelsorgstechnik zurückfallen. P. hat vielmehr in enger Zusammenarbeit mit den Humanwissenschaften, aber mit eigenen sachgemäßen Methoden die anthropolog. Bedingungen christl. Daseins u. kirchl. Handelns zu untersuchen. Erst aufgrund dieser systemat. Forschung vermag sie dann in der Lehre die Kenntnisse (u. in der Ausbildung das Können) f. pastorales Verstehen u. Behandeln des Menschen in seiner konkreten Befindlichkeit zu vermitteln, woran ein nachweisl. Nachholbedarf besteht.

Gottfried Griesl

Lit.: R. Scherer, in: Lexikon der Pastoraltheologie (1972), 23 ff. (Art. „Anthropolog. Grundfragen"); G. Griesl, in: „Arzt und Christ", 1973, 107—112.

Pastoral Counseling. Das P. C. entstand vorwiegend aus dem Bemühen, Erkenntnisse u. Erfahrungen der ↗ Gesprächspsychotherapie C. G. Rogers in das Aufgabenfeld des kirchl. Heilsdienstes unter Wahrung des pastoraltheol. Propriums zu übertragen. Den entscheidenden Beitrag leistete der nordamerikan. Pastoraltheologe S. Hiltner (P. C., Nashville/NY 1949). Der Begriff C. ist nicht mit dem dt. Wort ↗ Beratung identisch; Beratung beinhaltet eine zu direktive, aktivmanipulierende Haltung. Dem P. C. liegt wie der ↗ Gesprächspsychotherapie — je nach der schul. Ausformung mehr od. weniger stark — die klient-zentrierte, non-direktive Methode des Zuhörens, des Einfühlens, des nicht an Bedingungen geknüpften Akzeptierens, des Verbalisierens der emotionalen Erlebnisinhalte usw. zugrunde. Das P. C. geht psych. vom gleichen theoret. Ansatz wie (z. B. den ↗ Lern-, ↗ Kommunikations- u. Wahrnehmungstheorien), wie v. der Gesprächspsychotherapie bekannt ist, u. weist ähnl. Erfahrungen u. Erfolge auf. Anders als die ↗ Psychotherapie arbeitet das P. C. im wesentl. mit psychisch gesunden Menschen, die in Lebensnot u. Lebenskrisen geraten sind. Im Kontext der gemeindl. ↗ Seelsorge bewirkt P. C. durch emotionale Katharsis, verbunden mit einer Sinn- u. Selbstfindung, z. B. die Verarbeitung des Verlustes eines geliebten Menschen (durch ↗ Tod od. Scheidung), Überwindung v. mitmenschl. Isolation u. Befähigung zur Kontaktaufnahme, Verzeihungsbereitschaft gegenüber dem Nächsten, Aussöhnung mit Gott u. der Gemeinde, Aufkommen echter Sündenerkenntnis, Auflösung v. skrupulösen Schulderfahrungen, Abklärung des Verhältnisses zu Gott, tiefe existentielle Glaubensreflexionen usw. P. C. befähigt, ein selbstverantwortetes Sinn- u. Lebenskonzept zu entwickeln u. trägt zur ↗ Reifung der Persönlichkeit bei. Ein anfanghafter Prozeß der Heilung konvergiert im P. C. zur Heilserfahrung (↗ Heilung u. Heil). Der Ratsuchende erlebt im partnerzentrierten P. C.-Verhalten, daß ein Mensch sich seiner annimmt u. daß er nicht verlassen ist. Pastoraltheol. bedeutet die Realisierung eines solchen Verhaltens prakt. Vergegenwärtigung der dichtesten Heilsverheißung u. Heilszusage Gottes, die Gott dem Mose in der Offenbarung seines Namens gegeben hat. Heißt doch Jahwe: „ich bin durch alle Zeiten hindurch heilswirksam da." Nimmt der Counselor diese Haltung ein, aktualisiert er Inkarnation, weil er existentiell Gottes Heil erfahren läßt. Gleiche theol. Dimensionen zeigen sich, wird bedacht, daß das altgriech. Synonymwort f. Counselor Paraklet lautet: der verheißene Paraklet, der Beistand schenkt, der Trost spendet, der guten Rat erfahren läßt u. die Gabe des guten Rates (= donum consilii) verleiht. Die pastoraltheol. Begründung des P. C. ergibt sich nicht nur aus dem Wesen des kirchl. Heilsdienstes, d. h. aus der Sorge um das gegenwärtige u. künftige Heil des Menschen, sondern ebenso aus den theol. Aussagen zur ↗ Erlösungs-Theologie, zur Theologie der ↗ Freiheit u. Befreiung des Menschen, zur Theologie des Gotterkennens u. -erfahrens usw. P. C. ist konkretisierte Theologie u. keine pastoral verkleidete ↗ Psychotherapie, sie ist auch keine verbale ↗ Verkündung v. Glaubensinhalten, sondern eine Weise der existentiell-befreienden durchaus kerygmat. Glaubenserfahrung. Stellt P. C. eine Möglichkeit dar, dem Menschen zu seinem Gesamtheil zu verhelfen, ist P. C. eine legitime Methode der ↗ Seelsorge im Dienst am leidenden Menschen — wenn auch nicht die einzige — u. steht in der pastoralen Nachfolge Christi. Po

Lit.: H. Pompey, Das seelsorgl. Gespräch u. die Methodik des Pastoral Counseling. In: Diakonia 1/1974.

Pastoralhygiene. Die P. beschäftigt sich mit eth.-moral. Fragen aus dem Gebiet der ↗ Hygiene u. hat als deskriptive u. normative Wissenschaft zunächst vorwiegend biolog.-naturwissenschaftl. Charakter; als ↗ Psychohygiene bzw. ↗ Sozialhygiene kennt sie auch psych. u. soziol. Zielsetzungen. A. Niedermeyer definierte als P. „das große Gebiet der gesamten Hygiene als Wissenschaft, das sich aus der Erweiterung des Blickfeldes, v. biolog. Ausgangspunkten nach sozialen Gesichtspunkten zu eth.-metaphys. Gesichtspunkten fortschreitend ergibt u. darüber hinaus mit einer Gesamtschau abschließt, die den Menschen nicht nur als Glied einer natürl., sondern auch einer übernatürl. Gemeinschaft betrachtet." So umfaßt P. alle Fragen des Grenzgebietes zw. Theologie u. Medizin unter dem Gesichtspunkt normaler (gesunder, gesunderhaltender, gesundheitsfördernder) Ausprägungen des menschlichen Lebens (↗ Normalität), aber unter dem Einschluß der rel. Dimension u. der notwendigen Bejahung (bzw. Hinführung) zu sittl. u. rel. Wert- ↗ Normen; darüber hinaus umfaßt P. auch die spezif. geistl. u. kirchl. Bereiche, Probleme u. ↗ Leitbilder aszet. u. myst. Lebens u. kirchl. Institutionen (↗ Autorität, ↗ Gemeinde, ↗ Amt), schließlich auch arzteth. Belange prophylakt. Natur. Rt

Lit.: G. Griesl, Pastoralpsychologische Studien (1966).

Pastoralmedizin. Die P. umfaßt das vielfältige Grenzgebiet zw. Theologie u. Medizin; insofern existiert sie, seit Theologie u. Medizin zwei selbständige Wissenschaftsbereiche geworden sind, seit der antiken Medizin, seit der frühchristl. Medizin, in der scholast. Klostermedizin (medicina clericalis) u. in der Renaissance. Die Ausbildung der P. als Wissenschaft im engeren Sinn läßt sich etwa zwei Jahrhunderte zurückverfolgen, zunächst als Hilfswissenschaft der ↗ Seelsorge, wie auch als medicina ruralis (eine Zeit vorübergehenden Verfalls), dann jedoch zunehmend als feststrukturierte Wissenschaft, als „Übereinstimmung der prakt. Theologie mit der Heilkunst" (F. X. Mezler 1794), als „Lehre v. der wechselseitigen Berührung u. Unterstützung der Medizin u. Seelsorge" (E. J. G. de Valenti 1831), als Mitteilung naturwissenschaftl. Tatsachen, sofern f. die Seelsorge notwendig (F. Marx 1894), als eine Hilfswissenschaft der prakt. Theologie, die die Beziehungen des natürl. Leibeslebens zur sittl. u. übernatürl. Ordnung als Gegenstand hat, das Gebiet, auf welchem sich Fragen der Theologie u. der Medizin berühren u. gegenseitig ergänzen (J. Pruner 1895), als Summe derjenigen anatom.-physiolog., hygien., patholog. u. therapeut. Kenntnisse, „deren Kenntnis dem Seelsorger zur Ausübung seines Amtes nötig od. nützlich ist", erweitert um die Kenntnisse dogmat. u. moral. Grundsätze, die wiederum f. ärztl. Handeln v. Bedeutung sind (C. Capellmann — W. Bergmann 1910), als „Zusammenfassung jener Summe v. Hilfswissen aus dem Gebiet der Naturwissenschaften u. der Medizin, das zur Beurteilung moraltheol. Fragen wie zur Führung des seelsorgl. Amtes zweckdienl. erscheint" (L. Ruland 1936). A. Niedermeyer versteht unter Pastoralmedizin das „gesamte Grenzgebiet zw. der Medizin u. der Theologie, in erster Linie der Pastoral- u. Moraltheologie, wie es sich aus dem gemeinsamen Bedürfnis der Praxis, sowohl des Seelsorgers wie des Arztes, ergibt" (1953). H. Fleckenstein charakterisiert P. als Doppelfach, als Dienst der Medizin an der Theologie bzw. an den in Praxis stehenden ↗ Seelsorgern bzw. als Vermittlung eines gewissen Maßes medizin. Erkenntnis u. Erfahrung an die in Lehre u. ↗ Forschung od. in der seelsorgl. Praxis stehenden Theologen; als möglicher Dienst der Theologie u. kirchl. Seelsorge an Medizin u. Arzttum. R. Kautzky betont die Schwerpunkte der pastoralmedizin. Wissenschaft in Situationen, die man vom Gesichtspunkt der Intensität des Erlebens her als Grenzsituationen bezeichnet hat: Fragen des Lebensbeginns (↗ Leben, menschl.), der Lebensbewältigung (↗ Lebensberatung), der Lebensweitergabe (↗ Elternschaft) u. des Lebensendes (↗ Tod). Die kontinuierl. Entwicklung aus einem zunächst unbenannten Grenzbereich zur Hilfswissenschaft u. letztl. zu einer Grenzwissenschaft, die wie alle Grenzwissenschaften unter ihrem Namen leidet, führte letztl. zu einem Doppelfach: Dienst der Medizin an der Theologie (P.), Dienst der Theologie an der Medizin (ärztl. Ethik). P. ist eine deskriptive Wissenschaft, insofern sie alle Gegebenheiten ihres Grenzgebietes beschreibt, sie ist aber auch eine normative Wissenschaft, insofern sie ↗ Wert- ↗ Normen berücksichtigt, die auch in der somat. Dimension der Menschen bedeutsam sind (↗ Krankheit u. Schuld) u. die psychophys. Bereiche des Menschen zielstrebig beeinflussen — d. h. sie kennt den Menschen in seiner endzeitl. Bestimmung u. ist sinngemäß in prophylakt. u. therapeut. Belangen dahin ausgerichtet. P. ist eine theoret. Wissenschaft (z. B. als ↗ Religions(psycho)pathologie) u. eine angewandte Wissenschaft (z. B. als Pastoralpsychiatrie). Die theoret. Schwerpunkte der P. liegen in ihrer Beziehung zur Philosophie (medizin. ↗ Menschenbild), zur Pastoral- u. Moraltheologie, zur Jurisprudenz u. zum Kirchenrecht (↗ Glaubwürdigkeit, ↗ Zurechnungsfähigkeit).

Die wissenschaftl. Quellen der P. sind das AT, NT, die Schriften der Patristik u. des Mittelalters, Ordensregeln, kirchenrechtl. Sammlungen, moral- u. pastoraltheol. Werke, Enzykliken, Konzilstexte; ärztl. Eides- u. Gelöbnistexte, ärztl. Standesordnungen (↗ Berufsethik).

Die Aufgaben der P. in ↗ Forschung u. Praxis sind außerordentl. vielfältig u. umfangreich. Neue Problemkreise (↗ Familienplanung, ↗ Abtreibung, ↗ Wiederbelebung, ↗ Transplantation, Beginn u. Ende des menschl. Lebens), krankhafte Behinderungen des rel. Lebens (↗ Religionspsychopathologie), Echtheit u. Unechtheit rel. Phänomene (↗ Wunderheilungen u. a.), aber auch eine neue Sicht rel. Gegebenheiten verlangen ein adäquates Durchdenken u. eine krisensichere Bewältigung. Ein bes. Gebiet der P. ist das der ↗ Pastoralpsychologie u. -psychiatrie wegen der gegebenen Nähe zur ↗ Seelsorge.

Gerade die Pastoralpsychiatrie macht deutlich (konstitutionsbiolog. Faktoren der ↗ Neurose-Entstehung, körperl. begründbare u. endogene ↗ Psychosen, ↗ Hirnschäden u. andere neurolog. Erkrankungen), daß die leibl. Dimension — jener gewaltige u. umfangreiche Aufgabenbereich der somat. Medizin — nicht vernachlässigt werden darf. Der leidende Mensch zwingt (gemäß theoret. Überlegung und prakt. Hilfe) zu einer ↗ Integration.　　　　　　　　Gottfried Roth

Lit.: A. Niedermeyer, Handbuch der speziellen Pastoralmedizin (1948—52); ders., Ärztliche Ethik (1954); ders., Philosophische Propädeutik der Medizin (1955); Pius XII., Grundfragen ärztlicher Ethik (1953—58); Pius XII., Reden an Ärzte (1954); F. Büchner, Vom geistigen Standort der modernen Medizin (1957); H. Schipperges, Lebendige Heilkunde (1962); V. E. von Gebsattel, Imago hominis (1964); H. Pompey, Die Bedeutung der Medizin für die kirchl. Seelsorge im Selbstverständnis der sogenannten Pastoralmedizin (1968); J. Rötzer, Menschenbild, Sexualität und Ehe. Grundriß einer evolutiven Anthropologie (1969); K. Hörmann, Lexikon der christlichen Moral (1969); V. E. Frankl, Ärztliche Seelsorge (1970); A. Allwohn, Evangelische Pastoralmedizin (1970); P. Sporken, Darf die Medizin was sie kann? Probleme der medizinischen Ethik (1971); B. Haering, Heilender Dienst, Probleme der medizinischen Ethik (1972); F. Hartmann, Ärztl. Anthropologie (1973).

Zeitschriften: „Wege zum Menschen" (1948 ff.); „Arzt und Christ" (1955 ff.); Reihe: „Studien und Berichte der kathol. Akademie in Bayern" (Würzburg).

Pastoralpsychologie. Die P. ist eine junge Teildisziplin der Theologie, obschon sie wie ↗ Moral- u. ↗ Religionspsychologie auf einen traditionsreichen interdisziplinären ↗ Dialog v. Theologie u. Psychologie zurückblicken kann. Sie entspricht einer Anwendung psych. u. tiefenpsych. Erkenntnisse, psychodiagnost. u. psychotherapeut. Methoden sowie empir. Forschungs- u. Interpretationsverfahren im Rahmen seelsorgsprakt. u. pastoraltheol. Fragestellungen (↗ Entwicklungspsychologie, ↗ Pädagogische P., ↗ Diagnostische P., ↗ Klinische P., ↗ Sozialpsychologie, u. a.) Ihr Ursprung liegt in einer wissenschaftl. u. berufl. Kooperation v. ↗ Ärzten u. ↗ Seelsorgern, die in Amerika in den 20-er u. 30-er Jahren dieses Jahrhunderts institutionelle Formen annahm u. sich heute als „Amerikan. Seelsorgebewegung" präsentiert.

Im dt. Sprachraum entwickelt sich die P. am Ende des 18. u. in der 1. Hälfte des 19. Jh.s zunächst als ↗ Angewandte Psychologie, ↗ Psychiatrie u. ↗ Psychosomatik f. die kirchl. Seelsorge innerhalb der sog. ↗ Pastoralmedizin (Mezler 1794, Vering 1809, Schreger 1823, de Valenti 1831/32). Mit der Verbreitung der psychodynam. Erfahrungen u. Erkenntnisse Freuds, Jungs, Adlers u. a. kommt es in den ersten Jahrzehnten dieses Jahrhunderts zu einer neuen Profilierung der P. Während bei Pfister (1909) u. anderen europ. Autoren die neue Disziplin v. Anfang an psychoanalyt. orientiert war, setzten sich in der amerikan. P. (der Name taucht in den 30-er Jahren auf) unter dem Einfluß v. Rogers (1942) vermehrt tiefenpsych. wie empir.-psych. Gesichtspunkte durch (Hiltner 1943). Ihre jüngste Akzentuierung erfährt die P. durch die Einbeziehung gruppendynam. Erfahrungen u. sozialpsych. Forschungsmethoden. Die in Amerika ökumen. konzipierte (wenn auch vorwiegend v. evangel. Theologen vertretene) Disziplin wird seit den 60-er Jahren in Europa v. beiden großen Konfessionen in verstärktem Maß rezipiert (Faber 1961, Godin u. Hostie 1963, Griesl 1966, Stollberg 1969, Pompey 1972, Riess 1973), eine Entwicklung, die 1972 f. den deutschsprach. Raum zur Gründung der Deutschen Gesellschaft f. P., Sitz: Hannover (DGfP) führt.

Das Selbstverständnis der P. ist bis heute noch nicht eindeutig fixiert. Eine Ursache liegt in der oft divergierenden empir.-psych. (d. h. phänomenolog.-deskriptiven u. experimentell-statist.) u. tiefenpsych.-hermeneut. Arbeitsweise. So hat sich die P. durch die Einbeziehung wissenschaftl.-empir. Forschungsverfahren z. B. mit der Verabsolutierung eines wissenschaftl. Positivismus im Blick auf seelsorgl. Aufgabenstellungen kritisch auseinanderzusetzen. Mit der psychodynam. Akzentuierung übernahm die P. auch die Problematik der ↗ Psychoanalyse Freuds u. aller v. ihr ausgehenden Denominationen, deren krit. Rezeption ebenfalls noch nicht abgeschlossen ist. V. daher wohnt dieser Disziplin eine Dynamik inne, die sie in die Nähe der heute so exponierten Humanwissenschaften (Medizin, Psychologie, Soziologie, Pädagogik, u. a.) bringt. Eine der wesentl. Aufgaben der P. im Dienst am leidenden Menschen wird in Zukunft eine wissenschaftl.-empir. begründete Kritik an Theorie u. Praxis v. ↗ Gesellschaft u. ↗ Kirche sein.

An/Po

Lit.: D. Stollberg, Therapeutische Seelsorge (²1972); H. Pompey, Aufgaben und Möglichkeiten einer Pastoralpsychologie. In: Diakonia 3 (1972), 378—385; ders., P. — Die Entwicklung der ältesten Teildisziplin der Angewandten Psychologie. In: Psychologie und Praxis XVI (1972), 168—175; R. Riess, Perspektiven der Pastoralpsychologie (1973).

Pastoralsoziologie. Schon das Wort P. läßt erkennen, daß wir es mit einer Grenzwissenschaft zu tun haben, noch besser mit dem ↗ Dialog zw. zwei an sich selbständigen Wissenschaften: der Soziologie u. der Pastoraltheologie (↗ Prakt. Theologie). Basis dieses Gesprächs ist die eingestandene Absicht beider Disziplinen, daß es ihnen um den Menschen geht. Die Soziologie befaßt sich vorwiegend mit dem gesellschaftl. Aspekt (↗ Gesellschaft) des menschl. ↗ Lebens. V. jeher gehört es zu ihren zentralen Fragestellungen, welches die Wechselwirkung v. Religion u. Gesellschaft ist, welche Rolle die rel. Ideen u. die aus ihnen entspringenden rel. ↗ Gruppen spielen, od., um es mit P. L. Berger u. Th. Luckmann zu sagen, welches der Beitrag der Religionen (u. ihrer Institutionen, also Kirchen u. Sekten) bei der gesellschaftl. Konstruktion u. Legitimation der Wirklichkeit ist. Damit erweitert die Soziologie die Kenntnis jenes Menschen, dem der Dienst der Kirche (u. damit wiederum der theol. Wissenschaften) gilt. Zu Recht wird man daher erwarten dürfen, daß im Dialog zw. Pastoraltheologie u. Soziologie nicht nur der Soziologie, sondern auch der Pastoraltheologie neue Fragen gestellt, bzw. schon gestellte Fragen präzisiert werden; geschieht aber dies, wird bereits wertvolle pastoralsoziol. Arbeit geleistet. In der Folge seien einige der wichtigsten Fragen angeführt: Welches sind die typ. Merkmale des heutigen Menschen u. seiner Gesellschaft? Welche Probleme u. ↗ Konflikte hat er, welches sind deren Ursachen? Wie verhält sich dieser Mensch zu Religion u. Kirche? Wie kommt es zum verbreiteten Phänomen der Entkirchlichung der Gesellschaft wie der persönl. ↗ Religiosität (↗ Säkularisierung)? Geht die Entwicklung zu einer Religion ohne Kirche? Od. ist der Typ der Zukunft der „Auswahlchrist"? Wenn dies aber stimmt: Nach welchen Kriterien wählt dann der heutige Mensch aus den weltanschaul. Angeboten der Kirchen aus? Welche Rolle spielt die Religion bei der Lebensdeutung u. Lebensbewältigung des „heutigen Menschen"? Dient sie mehr zur ↗ Deutung u. Bewältigung außeralltägl. Krisen der individ. u. familiären Existenz (wie Geburt, Heirat, ↗ Tod, ↗ Leiden, also Lebensnot) u. damit zur Stabilisierung des Lebens (↗ Lebensberatung) od. fordert sie mehr zur Veränderung jener gesellschaftl. Verhältnisse heraus, die menschl. Not verursachen? Inwieweit entsprechen dann aber die Kirchen in ihrem Selbstverständnis u. ihrer ↗ Struktur der Nachfrage? Es ist klar, daß ein solcher ↗ Dialog die überkommene Wirklichkeit der Kirchen zum Teil zwar bestätigt, zugleich aber in entscheidenden Punkten kritisch hinterfragt. Auf diese Art könnte aber die P. dazu beitragen, daß die Religionen u. ihre Kirchen ihrem „lebensnotwendigen" Dienst an den Menschen besser gerecht werden. ↗ Diakonie ↗ Beratung ↗ Seelsorge ↗ Kirche u. Gesellschaft Zu

Lit.: F. Boulard, Wegweisen in die Pastoralsoziologie (1960); H. u. W. Goddijn, Sichtbare Kirche, Ökumene und Pastoral (1967); P. M. Zulehner, Religion ohne Kirche? (1969); ders., Säkularisierung v. Person, Gesellschaft, Religion (1973); ders., Religion nach Wahl. Grundlegung einer Auswahlchristenpastoral (1974); ders. (Hsg.), Kirche u. Priester zwischen dem Auftrag Jesu u. den Erwartungen der Menschen (1974).

Pastoraltheologie ↗ Praktische Theologie

Patient. Die Geschichte der Medizin versteht sich als Wirkungsgeschichte großer Ärzte, als Geschichte der ↗ Krankheiten u. der therapeut. Fortschritte. Eine Geschichte des leidenden Menschen gibt es nicht, obschon die Kulturgeschichte reichliche Materialien f. eine Phänomenologie des „homo patiens" anzubieten hat. Erschwerend wirkt, daß der Kranke sein ↗ Leiden nicht dokumentiert; wir sind auf indirekte Quellen u. meth. Hilfsmittel angewiesen. P. im potentiellen Sinne ist jeder Mensch, faktisch u. rechtl. wird er es erst im Kontakt mit dem ↗ Arzt od. einer medizin. Institution. Psych. u. soziol. Aspekte werden daher ebenso bedeutsam wie die anthropol. od. theol. Gesichtspunkte. V. einem Status des P.n kann erst im christl. Mittelalter gesprochen werden, wo die Kranken als „membra Christi" (= Glieder, Brüder Christi) galten, denen ein eigenes „servitium" (= Dienst) zukomme; Krankenpflege (↗ Pflegedienste) u. ↗ Krankenhäuser nehmen aus dieser Gesinnung ihren Ausgang. Noch Paracelsus spricht davon, daß der Mensch nicht sein eigener Hirt sein könne; er bedürfe vielmehr eines Helfers: Der Mensch als „Mangelwesen" u. „das letzte Geschöpf" ist angewiesen auf einen Arzt, „der die Not wendet". In der anthropol. orientierten „Medizin in Bewegung" ist der Kranke in seiner subjektiven Welt des Befindens zum wissenschaftl. Gegenstand geworden. Ludolf Krehl (1929) sieht in ihm den Partner, der Krankheit u. Genesung mitgestaltet: „Und er ist nicht nur Objekt, sondern stets zugleich Subjekt" (↗ Arzt—Patienten-Beziehung). Innerhalb seiner Subjektivität ist ein Kranker zunächst eine Welt f. sich: Krankheit isoliert (↗ Vereinsamung), macht ↗ asozial, vielfach auch infantil. Der Mensch ist hilfsbedürftig, in Not u. ruft um Hilfe. Er führt seine Ausnahmeexistenz, weil er betroffen ist, erschüttert, gekränkt, oft auch ausgeliefert u. unterlegen. Bei aller ↗ Entfremdung im diagnost. Prozeß u. bei einer noch so verobjektivierenden ↗ Anamnese kreist der Arzt um diese Subjektivität seines P.n, der in der Tat ein „subjectum" ist u. „einer, der es muß gedulden" (Paracelsus). Der Kranke „tut" u. „hat" u. „macht" nicht etwas; ihm ist vielmehr etwas widerfahren u. passiert: er leidet. Als ein Subjekt u. in der Bedingtheit des Krankseins erlebt der P. seine krit. Situation, wobei „krisis" die entscheidende Wende zu ↗ Heilung u. Heil od. die endgültige Verfallenheit an den ↗ Tod bedeutet. Vor dem Horizont des Todes wird denn auch einem P.n erst die

Sinngestalt einer befristeten Lebenszeit offenkundig (↗ Lebenssinn). Schp

Lit.: V. von Weizsäcker, Der kranke Mensch (1951); A. Jores, Vom kranken Menschen. Ein Lehrbuch für Ärzte (²1961); A. Mitscherlich (u. a. Hrsg.), Der Kranke in der modernen Gesellschaft (1967); P. Laín-Entralgo, Arzt und Patient (1969); K. Engelhardt, Der Patient in seiner Krankheit (1971).

Patriarchat. Als vieldeutiger Begriff wird P. ebenso wie ↗ Matriarchat heute weitgehend vermieden. Mit ihm wird gelegentl. die Herrschaftsausübung der ↗ Väter in ihren ↗ Familien od. der sozialpolit. Einfluß der ↗ Männer in einer Volksgruppe bezeichnet. Im allg. beschränkt sich die väterl. bzw. männl. Vorherrschaft jedoch nur auf einige Gebiete des ↗ Gemeinschafts-Lebens, während auf anderen die ↗ Mütter bzw. ↗ Frauen bestimmend sind.

Pazifismus. P. (v. lat. pax = Frieden) bezeichnet eine um 1900 v. a. bei Quäkern u. Mennoniten entstandene Bewegung, die grundsätzl. jeden Krieg ablehnte, unbedingte ↗ Wehrdienstverweigerung forderte u. sich f. eine friedl. Verständigung zw. den Völkern um jeden Preis einsetzte. Als Friedensbewegung vertritt der P. in seiner gemäßigten Form heute die Grundsätze der ↗ Gewaltlosigkeit, um deren Erhellung u. Vermittlung sich ↗ Friedensforschung u. ↗ Friedenserziehung bemühen.

Pensionierung. P. meint die Versetzung bzw. den Übertritt aus einem Beschäftigungsverhältnis in den berufl. Ruhestand. Sie wird v. vielen alternden Menschen (↗ Altern) als gesellschaftl. Bestätigung ihrer ↗ Leistungs-Minderung u. damit auch ihrer künftigen Nutzlosigkeit empfunden. Sie vermögen dann häufig ihr Dasein nicht mehr sinnvoll zu gestalten u. sterben (in überzufälliger Häufigkeit) kurze Zeit nach ihrer P. ("P.stod"). Deswegen ist eine rechtzeitige Vorbereitung auf das Ausscheiden aus dem Arbeitsprozeß notwendig, indem in zunehmendem Maß Hobbies (↗ Sport, Reisen, Photographieren, Lesen usw.) u. ↗ Freundschaften gepflegt werden. Der ↗ Seelsorger sollte dem alternden Menschen Anstoß u. Hilfe geben, über den eigenen ↗ Lebenssinn nachzudenken. ↗ Berentung ↗ Altern ↗ Alterssicherung ↗ Freizeit Rf

Persönlichkeitsstruktur. Die Struktur der Persönlichkeit stellt sich dar als komplexes System bzw. Gefüge psychischer Einheiten (d. h. kognitiver, affektiver u. entspr. Dispositionen, Funktionen, Faktoren, Eigenschaften, usw.) des menschl. Individuums. Diese manifestieren sich im Erleben u. ↗ Verhalten der ↗ Person. Das Bemühen um Strukturierung der Persönlichkeit besitzt ubiquitären Charakter in der differentiellen Psychologie. Neuerdings zeigt sich das auch in faktorenanalyt.- u. eigenschaftszentrierten Systematisierungen angloamerikan. Provenienz (Faktorenmodell v. Cattell, Struktur v. Wesenszügen bei Guilford, Eysenck's hierarch. Persönlichkeitsordnung, Murphy's strukturiertes Organismus-Umwelt-Feld, Allport's strukturales Persönlichkeitssystem).

Deutlich tendieren die sog. Schichtenlehren der deutschsprach. Psychologie zu Strukturauffassungen der Persönlichkeit. Hier wird der Einfluß abendländ. Philosophie bemerkbar (Drei-Instanzen-Lehre). Neben Freud's Einteilung der Persönlichkeit in ↗ Es, ↗ Ich, ↗ Über-Ich sind am bekanntesten die Vertikalschichtung bei Lersch u. Rothacker sowie das Schalenmodell (= Zwiebelschichtung) bei Lewin, Wellek u. Arnold. Der „Aufbau der Person" gliedert sich nach Lersch in den endothymen Grund u. den personellen Oberbau; die Basis bildet der Vitalgrund. Ähnlich teilt Rothacker die Persönlichkeit in Tiefenperson u. Kortikalperson. Lewin's Schalenmodell gliedert sich v. innen nach außen, von zentralen, über periphere zu den perzeptual-motor. Regionen. Bei Wellek umschließt der ↗ Charakter die Kernschicht (Gemüt u. ↗ Gewissen = Charakterkern), die äußere Hülle bilden Begabungen u. Funktionen. Nach Arnold's Auffassung umschließt der Charakteraufbau den Personkern, welcher die Grundlage des psychischen Seins bildet. Charakter ist das je individ. u. bes. Geprägtsein der Person. Die Schicht der Persönlichkeit

(↗ Werte-Schicht) umschließt u. überformt Charakteraufbau u. personales Sein. Abschließend bleibt zu sagen, daß jede psych.-strukturelle Gliederung des Phänomens Persönlichkeit beim derzeitigen Stand der ↗ Forschung notwendigerweise fragmentarisch u. ergänzungsbedürftig bleiben muß. *Ke*

Lit.: E. Rothacker, Die Schichten der Persönlichkeit (1938); A. Wellek, Die Polarität im Aufbau des Charakters (1950); G. W. Allport, Pattern and Growth in Personality (1961); Ph. Lersch, Aufbau der Person ([11]1966); W. Arnold, Person, Charakter, Persönlichkeit ([3]1969); E. Roth, Persönlichkeitspsychologie (1969).

Person. Als Ausgangspunkt f. die Humanpsychologie sowie f. andere Wissenschaften vom Menschen gebührt dem Begriff P. eine zentrale Stellung u. Bedeutung. Der sprachwissenschaftl. Ursprung geht auf das etrusk. „Phersu" (d. h. ein Wesen zw. Erde u. Unterwelt) u. auf lat. persona (Maske; mit bes. Bezug auf menschl. Körper u. Gestalt) zurück. Das Wesen der P. formulierte Boethius als „individ. Substanz einer vernunftbegabten ↗ Natur". V. diesem Begriff einer sog. „natürl." P. ist der einer „jurist." P. zu unterscheiden (z. B. eingetragener Verein). Die P. im psych. Sinn wird als Aktivitätszentrum betrachtet, d. h., f. den Menschen als Ausgangspunkt personaler Begegnung (dialog. Ursituation) ergeben sich Beziehungsmöglichkeiten zur materialen Welt, zur sozialen Welt u. zum Bereich des geistig Transzendierenden. Durch die Ausformung dieser Beziehungsverhältnisse — bes. zw. P. u. Transzendenzbereich — entwickelt u. entfaltet sich die Persönlichkeit. Diese Möglichkeit bildet u. a. die anthropolog. Grundlage f. die Art u. Weise der Bewältigung v. ↗ Leiden u. ↗ Krankheit, v. Krisen u. ↗ Konflikten. Die P. ist somit die Basis f. den Prozeß der ↗ Entwicklung u. Entfaltung, der sich in ↗ Charakter u. ↗ Persönlichkeitsstruktur darstellt. Antriebserlebnisse bilden die Basis allen menschl. Erlebens. Dabei unterscheidet man selbstverhaftete (↗ Triebe), ichverhaftete (Interessen, Strebungen) u. umweltverhaftete Antriebsarten (Affekte, Stimmungen). Das Verhältnis P. u. ↗ Geist zeigt sich in der Möglichkeit f. die P., sich mittels des Geistes selbst zu übersteigen, und im sittl. Erlebnisprinzip, das in der P. grundgelegt ist. Der Begriff des „Selbst" ist nicht unbedingt mit dem der P. identisch zu benutzen. Das mehr reflexive Ichbewußtsein steht entwicklungsmäßig auf einer höheren Stufe, während das Selbstbewußtsein eine existentielle Gegebenheit darstellt. So besitzt de facto nicht jede P. Ichbewußtsein, da per definitionem das P.sein auch dem menschl. Embryo od. dem geistig Gestörten eignet. ↗ Personalität ↗ Persönlichkeitsstruktur *Ar/Klr*

Lit.: H. Rheinfelder, Das Wort „Persona", in: Beih. Zschr. f. roman. Philol. (1928); M. B. Arnold/J. A. Gasson, The Human Person (1954); P. Lersch, Aufbau der Person ([10]1966); W. Arnold, Person, Charakter, Persönlichkeit ([3]1969).

Persona. P. ist ein Grundbegriff der analyt. od. ↗ komplexen Psychologie C. G. Jungs. Das Wort P. wird in diesem Zusammenhang in seiner ursprüngl. Bedeutung, nämlich im Sinne v. „Maske" (die der antike Schauspieler trug) benutzt. — Die P. od. „Seelenmaske" (Jacobi) besteht aus einer Summe v. Verhaltensweisen, Eigenschaften, Ansichten u. Reaktionsformen, die wir uns unbewußt „angelegt" haben, die also gerade nicht unmittelbarer Ausdruck unserer „Persönlichkeit" sind. Im Gegenteil: hinter dieser P. liegt unsere ↗ Individualität verborgen, wir können hinter dieser Fassade unser eigentl. Wesen verstecken. Als Bestandteile unserer P. wählen wir (unbewußt) solche Elemente aus dem allgem. Vorrat menschl. Eigenschaften (den Jung auch „die Kollektivpsyche" (↗ Kollektiv) nennt) aus, die dem Idealbild (↗ Ideal) entsprechen, das wir selbst v. uns haben, bzw. das unsere Mitmenschen v. uns erwarten. So ist die P. „ein mehr od. weniger zufälliger od. willkürl. Ausschnitt aus der Kollektivpsyche", „der aus Gründen der ↗ Anpassung od. der notwendigen Bequemlichkeit zustande gekommen ... ist". Sie ist „als Ausdruck der Anpassung an das Milieu in der Regel stark vom Milieu beeinflußt u. geformt ..." (Jung). Sie wird außerdem sehr stark geprägt v. der ↗ Rolle, die wir in der ↗ Gesellschaft spielen wollen od. zu spielen haben. So kommt es, daß Vertreter solcher Berufe, die sehr charakterist. Rollen vorschreiben, meistens eine ausgeprägte Berufs-P. besitzen. Das sind z. B. Pfarrer, Lehrer, Ärzte, Krankenschwestern, Psychologen, Juristen etc. — Aber auch individ. Rollen können Schablonen f. die P.-Bildung abgeben: die gütige ⁊ Mutter, der strenge ⁊ Vater, die brave Tochter, der revolutionäre Sohn usw. — Man mißversteht aber die P., wenn man in ihr ausschließlich etwas Negatives sieht. Zwar schreibt Jung: „Im Grunde genommen ist die P. nichts ‚Wirkliches'. Sie ist ein Kompromiß zw. Individuum u. Sozietät über das, ‚als was einer erscheint'." Dennoch besteht kein Zweifel, daß jeder Mensch eine P. braucht. Gerade die Berufs-P. ist oft unerläßlich sowohl zum eigenen Schutz als auch zur Erfüllung der durchaus berechtigten Ansprüche u. Erwartungen der Gesellschaft. Negativ, individuationsfeindlich u. betrügerisch wird die P. erst dann, wenn ihr Träger sich mit ihr identifiziert (⁊ Identifizierung). Er lebt dann nicht als er selbst, sondern als „der" Pfarrer, „die" Schwester, „der" Revolutionär etc. Negativ ist daran nicht nur, daß er der Gesellschaft ausschließlich die Maske zukehrt, sondern schlimmer ist es noch, daß er selbst mit seiner P. steht u. fällt, weil ihm seine Individualität unbewußt geblieben ist. Darum bedarf die P. unbedingt der „Pflege", die darin besteht, daß ihr Träger sich selbst v. ihr aufs strengste unterscheidet, daß er sie gemäß seiner Individualität bewußt gestaltet u. daß er sie, als wandlungsfähigen Kompromiß mit der Gesellschaft, nicht erstarren läßt, sondern sie lebendig erhält. Dann gilt, was in jüngster Zeit Blomeyer geschrieben hat: „Die P. ist belebt, aber nicht selbst fruchtbar. Wenn die Seele fehlt, wenn die Verbindung zum Zentrum abgeschnitten ist, kann die P. wie jedes Organ erstarren, verdorren; dann werden wir krank. Wenn wir gesund sind, ist die P. ein wesentl. Teil v. uns selbst, der mit uns wächst u. sich wandelt, keine starre Maske, sondern ‚geprägte Form', die lebend sich entwikkelt'." Bz

Lit.: C. G. Jung, in: Psychologische Typen, Ges. W., Bd. VI, S. 505 ff.; ders., in: Die Beziehungen zw. dem Ich u. dem Unbewußten, Ges. W., Bd. VII, 171 ff.; J. Jacobi, Die Seelenmaske (1971);
R. Blomeyer, Aspekte der P., in: Analytische Psychologie, Zeitschr. f. Analyt. Psych. u. ihre Grenzgebiete, Vol. 5, Nr. 1 (1974) S. 17 ff.

Personalisation. Der Begriff P. ist mit dem Wiener Arbeitskreis u. ⁊ Tiefenpsychologie u. seinem Gründer I. Caruso verbunden. In der Weiterentwicklung der ⁊ Psychoanalyse S. Freuds bekennt sich dieser Kreis zu einer personalist. Tiefenpsychologie, d. h.: im Zentrum des Interesses steht die *Personwerdung*. Der phil.-anthropolog. Ansatz dieser tiefenpsych. Richtung ist folgender: Der Prozeß des Personwerdens ist eine Wirklichkeit, die nur dem Menschen eigen ist; dieser Prozeß impliziert die ⁊ Geschichtlichkeit des Menschen. Die personalist. Tiefenpsychologie betont nun, daß dieser Prozeß ein dauerndes In-Fragestellen der jeweils erlangten Position einschließt. Er geht durch Phasen der Selbst-⁊ Entfremdung, der Verdinglichung, über Wiederholungszwang u. ⁊ Unterdrückung, durch ⁊ Fixierungen, durch ⁊ Narzißmus u. Erstarrung der seel. Struktur. „Solange das Leben dauert, ist das Personsein als Status quo niemals einzuholen; die Synthese, die heute noch im Optimum darstellt, erweist sich morgen schon als ein Provisorium, ja als Hindernis des Weiterschreitens, da sich immer neue Widersprüche einstellen" (A. Wegeler). Das *Ziel* dieses Prozesses ist die größere Welt- u. Personoffenheit, die allerdings immer wieder durch Erstarrung zum A-Personalen gefährdet ist. Im Gegensatz zu der positivist.-materialist. Schau seel. Geschehens der orthodoxen Psychoanalyse S. Freuds wird in der personalist. Tiefenpsychologie ein geist. Prinzip, das alles seel. Geschehen durchzieht, angenommen, nämlich die Personwerdung. — Aus dieser kurz umrissenen Sicht dieser tiefenpsychol. Richtung folgt konsequenterweise, daß sie sich nicht als Schulrichtung, sondern als offenes System versteht. Stv

Lit.: A. Wegeler, Die Personalisation, in: Jahrb. f. Psychotherapie u. med. Anthropologie (1959), 217 ff.; E. Wiesenhütter, Grundbegriffe der Tiefenpsychologie (1969), 149 ff.

Personalität. P. ist jene Seinsweise eines Individuums, die in der Möglichkeit eines selbständigen, freien Verfügens über die

eigene Lebenssphäre besteht. Sie setzt ↗ Individualität voraus, weil nur ein Lebewesen, dessen Teile zu einer Ganzheit geeint sind u. das eine ihm eigene Besonderheit besitzt, v. anderen Lebewesen abgrenzbar u. unterscheidbar ist. Damit ein Individuum aber sich selbst zu eigen u. gegenwärtig sein kann, ist Geistigkeit notwendig. Sie ermöglicht dem Individuum, auch über sich hinaus auf die es umgebenden Lebewesen zu reflektieren u. einzuwirken. P. ist also eine wesensmäßig begründete, geist. Individualität.
Dem Menschen als dem Lebewesen, dem P. zu eigen ist, kommt aber nicht eine primär in sich stehende Geistigkeit zu, aufgrund deren er dann in einem sekundären Akt auf seine ↗ Umwelt ausgreifen könnte (wie es Boethius in seiner Definition der ↗ Person nahelegte). Vielmehr konstituiert sich der Mensch in seiner P. erst, indem u. sofern er sich auf die ihn umgebende Welt bezieht. Zwar drückt sich seine Geistigkeit als wesentl. Bestimmungsmerkmal v. P. in Selbstbesitz u. Selbstverfügung aus; mit ihr ist aber gleichzeitig u. notwendig der (Wechsel-)Bezug auf andere Lebewesen (insbes. Personen) gegeben. Dieses dialog. Verständnis v. P. wurde in der neueren Philosophie v. a. v. Buber („ich werde am Du") u. Erikson (↗ Sozialisation) hervorgehoben. Die im Begriff der P. enthaltene Ich-Identität entfaltet sich nicht ohne ein Gegenüber im ↗ Du u. ohne die dadurch vermittelte sozio-kulturelle ↗ Entwicklung des Individuums zum ↗ Wir. Der Mensch vermag daher seine P. als sein ihm eigenes Wesen grundsätzl. nur in der ↗ Gemeinschaft der anderen u. durch sie zu verwirklichen. Je mehr ihm die Gemeinschaft durch versch. Weisen der ↗ Kommunikation die Verwirklichung seiner ihm eigenen Geistigkeit ermöglicht, umso mehr wird er befähigt zum Vollzug seiner P. Indem er seine konkrete ↗ Leiblichkeit erlebt u. sich als seine ↗ Umwelt mitplanend u. mitgestaltend erfährt, kann er sich in seiner P. schließl. auch beziehen auf den unendl. Grund seiner ↗ Geschichtlichkeit, nämlich auf Gott. Damit wird f. den Menschen seine personale Verfaßtheit zur Möglichkeit, eine dialog. Beziehung zu Gott aufzubauen. ↗ Leben, menschl. ↗ Gottebenbildlichkeit ↗ Freiheit ↗ Transzendenz Rf

Lit.: R. B. Cattel, The Scientific Analysis of Personality (1970); M. Buber, Das dialog. Prinzip (1973); E. H. Erikson, Identität u. Lebenszyklus (1973).

Persuasionstherapie (lat.) = ein vorwiegend psychagog. Verfahren (entwickelt v. P. Dubois), das durch Erklärung der ursächl. Zusammenhänge, durch eindringl. Zureden u. Appellieren an die rationale Einsicht eine gewollte Einflußnahme versucht. Die Wirksamkeit eines solchen Vorgehens ist jedoch begrenzt. ↗ Lebensberatung

Lit.: P. Dubois, Psychoneurosen u. ihre seel. Behandlung (⁵1910); R. W. Kent, The Art of Persuasion (1963).

Perversion. P. ist eine umfassende Bezeichnung f. Abweichungen vom Normverhalten (↗ Normalität), bes. in Hinblick auf die ↗ Sexualpsychopathologie. Man spricht dann von sex. P. Sex. P.n sind charakterisiert durch 1. Abwandlung des Sexualaktes od. der Partner- bzw. der Objektwahl, 2. Verfehlung der Sinn- u. Zweckbestimmung v. ↗ Sexualität, 3. durch süchtigen Charakter der sex. Betätigungen (↗ Abhängigkeit). Medizin. wurden als sex. P. bisher bezeichnet: ↗ Sadismus, ↗ Masochismus, ↗ Pädophilie, ↗ Homosexualität, ↗ Transvestismus, ↗ Exhibitionismus, ↗ Zoophilie, ↗ Fetischismus, ↗ Voyeurtum. Die Definition bestimmter sex. Verhaltensweisen als P. geht auf eine im Judentum wurzelnde christliche Moralauffassung zurück, die v. der ↗ Gesellschaft übernommen wurde u. deren Verletzungen bestraft wurden. In der Auflösung sex. Normbegriffe (↗ Normen) u. durch die Erkenntnis, daß als abnorm bezeichnetes Verhalten andeutungsweise in vielen sex. Beziehungen vorhanden ist, kann aus dem Geschehen selbst nicht immer definiert werden, wo die normale sex. Betätigung aufhört u. in die P. umkippt. Der Begriff der P. ist dadurch umstritten u. müßte neu definiert werden. Eine solche Definition könnte dahin gehen, daß auch ungewöhnl. Sexualpraktiken so lange nicht als P. angesehen wer-

den können, als sie in das erotisch-sex. Gesamterleben (↗ Sexualität) integriert bleiben u. v. beiden Partnern bejaht werden. Psychiatr. können manche P.n Ausdruck einer sonst symptomarmen (oligosymptomat.) psych. Störung (↗ Schizophrenie, ↗ Schwachsinn) sein. So ist ↗ Zoophilie häufig bei schwachsinnigen, ↗ Transvestismus bei latent schizophrenen Erkrankungen zu finden.
Da der Ausdruck P. eine starke moralisch wertende Komponente enthält, ist es besser, ihn durch den Begriff „abweichendes Verhalten" zu ersetzen. Pa

Lit.: Siehe Sexualpsychopathologie.

Petting. Angloamerikan. (engl. pet = Liebling) Bezeichnung f. eine Form v. ↗ Geschlechtsbeziehungen, bei der die Partner gegenseitig ihre Geschlechtsorgane vorwiegend manuell oft bis zum ↗ Orgasmus reizen. Durch Vermeiden eines Koitus ist P. ein Kompromiß zw. Wunsch nach sex. Genuß, Ablehnung v. Risiken (↗ Schwangerschaft usw.) u. Rücksicht auf ↗ Normen, die nur noch als gesellschaftl. Konventionen akzeptiert werden. Dadurch wird versucht, mit dem beim P. unverletzt bleibenden Hymen die (bes. in den USA) geschätzte Illusion einer bewahrten „Unschuld" (↗ Defloration) od. bei außerehel. P. die Fiktion einer ungebrochenen Ehetreue aufrechtzuerhalten. Als Zeichen liebender Zuwendung kann P. in manchen Situationen sinnvoll sein, wenn z. B. nur so das Risiko einer Schwangerschaft vermieden werden kann. Häufiges od. regelmäßiges P. kann ebenso wie ↗ Coitus interruptus durch Ausbleiben des Scheidenorgasmus zu ↗ Frigidität u. ↗ Impotenz führen. ↗ Erotik ↗ Necking ↗ Dating. Rf

Pflegedienste. P. sind berufl. u. private Hilfen f. die Versorgung der persönl. Grundbedürfnisse v. Kranken u. körperl., geist. od. seel. ↗ Behinderten, soweit diese nicht f. sich selbst sorgen können. Ursprüngl. leisteten die P. in der Versorgungsanstalt bzw. im Hospital die gesamte Grund- u. Behandlungspflege. Heute differenzieren sie sich je nach Aufgabenbereich in versch. Berufsbilder.

1. Grundlagen: Menschl. Hilflosigkeit fordert menschl. Hilfsbereitschaft, zunächst innerhalb der ↗ Familie u. der Sippe. Das Christentum mit seiner Lehre v. der Nächstenliebe, die jeden Hilfsbedürftigen — gleich welcher Rasse, Religion, sozialer ↗ Klasse od. Volkszugehörigkeit — umfaßt, gibt eine weitere ↗ Motivation zur Hilfeleistung in der Nachfolge Jesu Christi: „Was ihr dem Geringsten meiner Brüder getan habt, das habt ihr mir getan (Mt 25, 40)". Außerhalb des Christentums (aber nicht ohne seinen Einfluß) wachsen in der Neuzeit die mitmenschl. Solidarität u. die humanitäre ↗ Verantwortung als säkularisiertes Motiv zur Hilfe.

2. Geschichte: Die Aufgaben in den Hospitälern erforderten P., die vielfach in rel. ↗ Gemeinschaften zusammengefaßt waren (z. B. Ritter- und Krankenpflegeorden). Die Ausbildung geschah durch Mitarbeit u. Erfahrung. Das pflegerische Niveau war abhängig v. der geschichtl. Entwicklung der Medizin; das berufsethische Niveau wechselte im Laufe der Jahrhunderte mit der rel. Entwicklung. Es entstanden neue kirchl. Vereinigungen, aber auch ein „Lohndienertum" mit vielen Mißständen in der Betreuung der Kranken (bes. während der großen Epidemien). Ein Aufschwung begann aus der Mitte des 19. Jahrhunderts; gleichzeitig mit Beginn der ↗ Industrialisierung u. der Bevölkerungszunahme wurden neue Krankenpflegeorden (Barmh. Schwestern) u. -gemeinschaften (↗ Diakonissen) gegründet (↗ Diakonie).

3. Neuzeitl. Entwicklung: Durch den Fortschritt der Medizin wird die Unterscheidung zw. Grundpflege u. Behandlungspflege notwendig. Die Entwicklung der techn. Medizin bewirkt eine weitere Differenzierung u. Funktionalisierung der P. Die Verbesserung der Arbeitsbedingungen (Schichtdienst, Arbeitszeitregelung usw.) lassen den Bedarf an P.n steigen u. führen im Zusammenhang mit dem immer größer werdenden Anteil an Laienkräften zur Professionalisierung. Es entstehen neue Berufsbilder je nach Aufgabenbereich u. geforderten Fachkenntnissen. Die Notwendigkeit einer geregelten Ausbildung führt zu einem wachsenden Einfluß des Staates mit gesetzl. Regelung der Berufsbilder u. der entspr. Ausbildungsgänge. Die aus freier Initiative entstandenen Ausbildungsstätten — vorzüglich in der Trägerschaft der Mutterhäuser, Schwesternschaften u. ↗ Krankenhäuser — bedürfen jetzt der staatl. Anerkennung; die P. werden zu diplomierten (staatl. anerkannten) Heilhilfsberufen. Die ständig steigenden Anforderungen heute führen zur Erweiterung der theoret. Ausbildung mit der Tendenz zu größeren Schuleinheiten (↗ Krankenpflegeschulen). Die Bedeutung der geschlossenen Schwesterngemeinschaften geht zurück zugunsten freiberufl. Kräfte, wodurch sowohl der Zusammenhalt u. die Kooperation bzw. Verständigung der Pflege- ↗ Gruppe als auch die Rund-um-Betreuung bzw. Gesamtversorgung der ↗ Patienten in den immer größer werdenden stationären Einrichtungen schwieriger werden. Daraus erwächst die Aufgabe, die versch. P. zu therapeut. Teams zusammenzufassen (↗ Teamwork). Auf dem ambulanten Sektor vollzieht sich aus den gleichen Gründen der Übergang v. den Einzelstationen zur Zentralstation, die durch Mobilität u. Mehrfachbesetzung größere Gebiete versorgen kann (bei besserer Berücksichtigung v. ↗ Freizeit u. ↗ Urlaub).

4. Berufsbilder: Krankenschwester, -pfleger u. Kinderkrankenschwester (früher Säuglingsschwester) erhalten die staatl. Anerkennung nach dreijährigem Lehrgang, Krankenpflegehelferin u. -helfer nach einjährigem Lehrgang. Ihre Aufgabenbereiche sind Grund- u. Behandlungspflege. Weitere Differenzierungen: Operationshilfe, ↗ Intensivpflege, physikal. Therapie etc., Altenpflege (ein- od. zweijährige Ausbildung); Familienpflege, Hauspflege, Kinderpflege u. a. Bei diesen P.n geht die Aufgabe über die Krankenpflege hinaus. Sie lassen sich charakterisieren als sozialpflegerische Berufe (z. B. als Stellvertretung der ↗ Mutter bei kinderreichen ↗ Familien), hinzu kommen sozialpäd. Aufgaben (↗ Sozialarbeit, ↗ Sozialdienste, kirchl.). — Die Entwicklung der Medizin, bes. der ↗ Rehabilitation, wird weitere Berufsbilder schaffen. Sie fordert v. den jetzigen Pflegeberufen eine ständige Fortbildung od. eine Zusatzausbildung bzw. Weiterbildung f. neu sich stellende Aufgaben, z. B. in der Sozialpsychiatrie od. f. die Leitung v. Zentralstationen in der ambulanten Krankenpflege, od. f. das Organisieren v. Kursen in häusl. Krankenpflege, so daß die Teilnehmer dann wenigstens die Grundpflege bei ihren Familienangehörigen übernehmen u. damit die hauptberufl. Pflegekräfte entlasten können.

5. Berufsethos: Durch die Funktionalisierung u. ↗ Säkularisierung der P. entsteht die Gefahr der Reduzierung des pflegerischen Dienstes auf die techn. Hilfeleistungen. Hinzu kommt die Gefahr, daß sich der Hilfsbedürftige aufgrund der Vielzahl v. Helfern je nach Aufgabenbereich u. Dienstzeiten nur noch als Objekt versch. Hilfeleistungen begreift, f. die niemand persönl. ↗ Verantwortung trägt. Durch weitere Intellektualisierung der pflegerischen Berufe — als Folge einer Vermehrung des theoret. Unterrichts — wird die Persönlichkeitsbildung vernachlässigt. Um so wichtiger wird deshalb die intensive u. method. Schulung in der ↗ Berufsethik, die Anleitung zum Umgang mit den Kranken in päd. u. psychohyg. richtiger Weise, die Bildung der Persönlichkeit, die Erarbeitung v. ↗ Motivationen, die Entwicklung der Gruppenfähigkeit in Zusammenarbeit mit den übrigen Heilberufen (↗ Arzt u. a.). Dies ist nicht nur eine Aufgabe f. den ↗ Seelsorger als Lehrer während der Ausbildungszeit, sondern es bedarf dazu einer gemeinsamen Ausrichtung aller Dozenten in der Auffassung v. Wert u. Würde des Menschen (↗ Menschenwürde) u. vom Wesen der ↗ Krankheit (↗ Krankenhausseelsorge ↗ Heilung u. Heil).

Bernhard Rüther

Lit.: B. Rüther, Die Krankenschwester (1955); E. Seidler, Geschichte der Pflege des kranken Menschen (1966); H. Pinding, Krankenpflege in unserer Gesellschaft (1972); B. Rüther, Krankenhaus u. Politik (1973); Krankendienst, Zeitschrift f. kath. Krankenhäuser u. Krankenpflegekräfte (Freiburg).

Pflegeheim. Im Gegensatz zu ↗ Krankenhaus od. Rehabilitationsstätte ist das P. eine Institution zur Versorgung Pflegebedürftiger u. ↗ chronisch kranker Menschen, die ihre körperl. Grundbe-

dürfnisse nicht mehr selber besorgen können, so z. B. Gelähmte versch. Ursprungs u. jegl. Alters, schwer geistig u. seel. ↗ Behinderte, die aus geistigen Mängeln od. Erkrankungen nicht f. sich selbst sorgen können, insbes. seel. gestörte od. geistig verwirrte ältere Menschen (↗ Altern). Früher war das P. die undifferenzierte Versorgungsanstalt f. alle Arten der Pflegebedürftigkeit, soweit die ↗ Familie fehlte od. nicht fähig bzw. nicht willens war, f. ihre pflegebedürftigen Angehörigen zu sorgen. Durch den Fortschritt der Medizin u. durch die Methoden einer gezielten ↗ Rehabilitation wurde der Kreis der Pflegebedürftigen erhebl. verändert, ohne daß die Zahl der Pflegebedürftigen abgenommen hat, tw. weil die Zahl alter Pflegebedürftiger mit steigender Lebenserwartung zugenommen hat.
Heute werden deswegen kleine strukturierte Abteilungen gefordert: spezif. Einrichtungen f. behinderte Kinder, Jugendliche u. ältere Menschen; Pflegeabteilungen in Verbindung mit größeren Spezialeinrichtungen, wie z. B. mit einem psychiatr. Landeskrankenhaus (das zur Aufnahme v. dauernd Pflegebedürftigen gesetzl. verpflichtet ist u. deswegen derart entlastet werden müßte). Aufgabe eines P. ist die Gesamtversorgung, also nicht nur körperl. Pflege, sondern ebenso psych. Hilfe zur Überwindung v. ↗ Resignation, ↗ Apathie u. ↗ Vereinsamung, nämlich durch mitmenschl. Begegnung, durch häusl. Atmosphäre, durch Kontaktpflege innerhalb u. außerhalb des P.s, was eine wichtige Aufgabe auch f. die ↗ Seelsorge ist (↗ Krankenhausseelsorge). Außerdem sind eine ständige medizin. Betreuung sowie Maßnahmen der Rehabilitation zur Aufrechterhaltung der ↗ Gemeinschafts-Fähigkeit u. zur möglichst langen Verhinderung der Bettlägerigkeit notwendig. Das erfordert Fachkräfte sowohl in der Leitung als auch in der Pflege, f. die ↗ Beschäftigungs- u. ↗ Bewegungstherapie, f. Massage u. Gymnastik. Die steigenden Kosten werden f. Rentner u. Selbstzahler, wenn notwendig, durch die Sozialämter aufgefangen.
Rü

Lit.: B. Rüther, Krankenhaus u. Politik (1973), 138—161; Krankendienst, Zeitschrift f. kath. Krankenhäuser u. Krankenpflegekräfte (Freiburg).

Phänotypus. Ph. (v. griech.: Erscheinungsform) = äußeres Erscheinungsbild eines Lebewesens, d. h. die Gesamtheit aller sichtbaren Merkmale, die durch ↗ Anlage u. Vererbung (↗ Genotypus), ↗ Schicksal u. ↗ Umwelt-Einflüsse geprägt werden.

Phallus (phallisch). Während mit „Penis" das männl. Geschlechtsorgan in seiner anatom. Realität bezeichnet wird, ist Ph. der Ausdruck f. dessen ↗ Symbol. Schon in der Antike wurde der erigierte Penis als Zeichen unumschränkter ↗ Macht u. lebenerhaltender Fruchtbarkeit kultisch verehrt. Nach psychoanalyt. Auffassung ist der dritte, der oralen u. analen Phase folgende Abschnitt kindl. ↗ Sexualität (4.—6. Lj.) auf das phallische Organ zentriert, dessen Haben od. Nicht-Haben zum Ausgangspunkt f. ↗ Kastrationsangst u. Penisneid wird, was eine Lösung des ↗ Ödipuskomplexes ermöglicht: Durch die Vereinigung der Partialtriebe unter dem Primat des Ph. wird die genitale Phase der ↗ Pubertät vorbereitet, in der sich aus dem Gegensatz phallisch: kastriert die ↗ Identifizierung mit männl. od. weibl. entwickelt (↗ Mann).

Phantasie. Ph., Imagination, klass. phil. bestimmt als „Einbildungskraft", ist keine fest definierte Größe, sondern findet die verschiedensten Beschreibungen u. Wertungen je nach ihrem Verhältnis zur Realität: Sie kann diese verneinen, kritisieren, schöpferisch transzendieren, je nachdem, ob sie als unabhängig v. äußeren Eindrücken, absichtslos schweifend od. als dem Wahrnehmungs- u. Vorstellungsbereich nahe konzipiert wird. Ist f. die romant. Subjektivität die freie Ph. das Höchste u. Ursprünglichste im Menschen, so entdeckt die Existenzialphilosophie Kierkegaards die schwermütige, entscheidungs- u. tatenlose Stimmung, die v. der Ph. bestimmt ist; die ↗ Psychoanalyse Freuds beobachtet die Entstehung neurot. Symptome dort, wo die — ihrem Wesen nach regressive — Ph. unkontrolliert wuchert. Als Triebkraft solcher Ph. gelten unbefriedigte ehrgeizige u. erot. Wünsche. Phantastische Wunscherfüllung aber reißt sich willkürlich u. unvermittelt v.

der Realität los u. verhilft dem Lustprinzip zu einem ohnmächtigen, im Leben nicht realisierbaren Sieg (↗ Illusion, ↗ Lust).
Positiver beurteilt u. in ihrem Verhältnis zur Wirklichkeit anders beschrieben wird die Ph. in der Diskussion um ↗ Kreativität u. ↗ Utopie. Dann leistet Ph. Widerstand gegen das jeweils herrschende ↗ Realitätsprinzip, das best. psychoanalyt. Schulen unkritisch durchzusetzen helfen wollen. Ph. gilt als Ausdruck der krit. Weigerung, zunächst „realistisch" erscheinende Beschränkungen der freien Lebensentfaltung u. überstarke eigene u. fremde Ich-Kontrollen hinzunehmen (H. Marcuse). Dann verleugnet u. verliert Ph. nicht die Realität, sondern transzendiert als „rationale Ph." das Vorhandene realutopisch, indem sie erkennen hilft, was (noch) nicht ist, aber sein könnte. Ph. befördert die Umsetzung des real Möglichen durch schöpfer. Arbeit in Wirklichkeit u. schafft ↗ Freiheit u. ↗ Zukunft. — Psychoanalyt. Religionstheorie sieht in der Religion Ph. einerseits lahmgelegt durch Unterdrückung des ↗ Unbewußten im Individuum (Jung), andererseits realisiert im Modus der ↗ Illusion (Freud). Christl. Theologie dagegen kann die visionäre prophet. Kraft polit. u. kosmischer messianischer Ph. entdecken. Weiteres zur päd. u. theol. Beurteilung schöpferischer Ph. vgl. unter ↗ Kreativität. Ma

Lit.: H. Marcuse, Triebstruktur u. Gesellschaft (Bibl. Suhrkamp 158).

Phobie = anfallsweise auftretende, systemisierte zwanghafte ↗ Angst-Zustände, die der Kranke regelmäßig auf Objekte u. Situationen bezieht, durch die er sich bedroht fühlt. Sie entsteht, wenn Menschen mit erhöhter habitueller Angsthaltung in best. Situationen geraten, die auch v. sich aus eine ängstl. Beklemmung hervorrufen können (Brückenangst, Berggipfel, Hochhaus, Examen, ↗ Krankheit, ↗ Tod). Bei erhöht ängstl. Menschen kommt es zu einer Fixierung der Angst, die immer leichter auftritt, bis schließlich schon das Denken an die Situation den Affekt auslöst. Die Befallenen können sich v. der ängstl. Empfindung nicht lösen, obwohl sie gleichzeitig das Widersinnige einsehen. Bei phobischen Reaktionsweisen kann diese Haltung in normalen Lebenssituationen gut kompensiert sein, wird jedoch in Ermüdung u. ↗ Überforderung sichtbar. Bei psychasthenisch-phobischen Syndromen tritt eine gesteigerte Selbstbeobachtung mit am eigenen Körper sich abspielenden Befürchtungen hinzu, z. B. Erythrophobie (Errötungsangst), Cancerophobie (Krebsangst), Luophobie (Angst, geschlechtskrank zu sein). Phobische Symptome können nach *Langen* auch während biolog. Krisen auftreten, wie in ↗ Pubertät, Wochenbett od. ↗ Klimakterium. Dabei sind vorwiegend sex. Befürchtungen häufig, speziell im Zusammenhang mit der ↗ Masturbation. Phobische Reaktionen sind meist gutartig, während phobische ↗ Neurosen im engeren Sinne eine chronisch progrediente Entwicklung zeigen u. im Rahmen v. Vermeidungsreaktion zu einer fortschreitenden Arbeitsunfähigkeit führen. Ph.n sind Reaktionen auf ungelöste ↗ Konflikte. In der Lebensgeschichte sind häufig Momente zu finden, die in der frühen Kindheit zur Verunsicherung beigetragen haben. Dazu gehören u. a. sex. ↗ Traumen, wie ↗ Verführung, Beobachtung eines sex. Aktes u. Kastrationsdrohungen. Aus Triebspannungen entstehende ↗ Schuld-Gefühle werden in einem archaischen Umsetzungsvorgang abgewehrt, u. die resultierende Angst wird auf eine Umweltgegebenheit verlagert, wodurch ein Schutz vor unerfüllbaren Triebansprüchen gewährleistet wird. Pa

Lit.: S. Freud, Neue Folge der Vorlesungen zur Einführung in die Psychoanalyse, Ges. Werke, Bd. XV (³1961); W. Loch, Die Krankheitslehre der Psychoanalyse (1971); W. Bräutigam, Reaktionen, Neurosen, Psychopathien (³1972); Schulte-Tölle, Psychiatrie (²1973).

Phylogenese. Ph. (v. griech.: Stammesentwicklung) = Entwicklungsgeschichte bzw. Stammesgeschichte der Lebewesen. Der Begriff wurde v. E. Haeckel 1866 eingeführt f. die Wissenschaft v. den Formveränderungen, welche die Phylen od. organ. Stämme während der ganzen Zeit ihrer Existenz durchlaufen haben.

Pietät. P. (lat. pietas = pflichtgemäßes Betragen gegen Gott, Frömmigkeit, Liebe zu den Eltern, zum Vaterland, ehrfürchtige Scheu) „bezeichnet eine an die Ursprünge unseres Daseins, an Eltern u. Voreltern, an Überlieferungen u. alte Sitte, aber auch an Gedenkstätten gebundene ↗ Gesinnung der dankbaren ↗ Liebe u. Anhänglichkeit" (W. Trillhaas, RGG³ V, 369). Als eine menschheitsgeschichtl. u. intrapsychisch in die Tiefe reichende Urform menschl. Sittlichkeit hat P. eine auf das Überkommene gerichtete u. damit Kultur u. Religion tragende u. erhaltende Kraft. Zuerst Ahnen u. Götter, dann Traditionen u. Wertsysteme gewähren bei der zunehmenden Differenzierung der sozialen ↗ Umwelt dem menschl. Handeln Halt u. Sicherheit u. stellen Identifikationsmöglichkeiten bereit. Das schließt liebende Verehrung u. Respekt, Einfügung in hergebrachte Wertordnungen sowie Unterwerfung unter überlieferte Glaubensweisen u. Urteile mit ein. Dem Schutz des P.sgefühls dienen z. B. in der BRD die §§ 189/168 StGB, die die Verunglimpfung des Andenkens Verstorbener sowie die Störung der Totenruhe mit Strafe bedrohen. — Aller P. eignet zwangsläufig ein konservativer Zug, geht es doch dabei immer um die Aufgabe, einer neuen Generation einen wirksamen Anteil an der überkommenen Kultur u. rel. Tradition zu vermitteln. Während konservatives Denken darin die Garantie einer gesunden Kontinuität — bes. in Umbruchszeiten — erblickt u. im Verfall der P. den Verfall der Kultur beklagt, wenden sich auf der anderen Seite reformerische u. revolutionäre Strömungen bes. gegen die Pflegstätten der P. wie Familienordnung, rel. Sitte, Kultstätten u. hist. Denkmäler u. bekämpfen in ihnen den Hort überholter u. unreflektiert übernommener Autoritäten. Das gilt sowohl f. soziale u. polit. Auseinandersetzungen wie f. den Kampf zw. Vätern u. Söhnen in der Familie (↗ Generationskonflikt). So wenig man sagen kann, daß P. ein Ausweis rechten Christentums ist, sowenig bedeutet eine v. keiner P. mehr erfüllte Einstellung das Kennzeichen christl. ↗ Freiheit. Sich der tragenden u. haltenden Kräfte des Lebens in krit. Auseinandersetzung mit ihren jeweiligen Erscheinungsformen bewußt zu werden u. sie in die eigene ↗ Person zu integrieren, bleibt ein Ziel menschl. ↗ Reifung.

Fr

Lit.: Th. Klauser, in: Jb. f. Antike u. Christentum 2 (1959) 115–145; D. Wyss, Strukturen der Moral (²1970).

Pluralität. Entstanden ist der Gedanke der P., der Vielfalt nebeneinander existierender u. miteinander konkurrierender Meinungen, ↗ Gruppen u. Interessen, gegen das überlieferte Bedeutungsmonopol der christl. Religion, gegen die staatl. „Omnikompetenz" (Laski) u. gegen die liberale Vereinzelung des Bürgers. P. bezeichnet die Vielfalt v. ↗ Ideologien, ↗ Werten, gesellschaftl. Kräften, Interessengruppen u. (im kirchl. Bereich) die Vielfalt der Konfessionen, die gleichwertig u. gleichrangig nebeneinander existieren sollen. Wird die P. aber selbst zur ↗ Norm öffentl. ↗ Verhaltens, dann kann sie dazu dienen, die ↗ dynam. Balance der gegenwärtig herrschenden ↗ Macht-Verhältnisse zu erhalten u. zu stabilisieren. In einer Demokratie kann sich P. auswirken als „gleichberechtigtes, durch grundrechtl. Garantien geschütztes Nebeneinanderexistieren u. -wirken einer Mehrzahl sozialer Gruppen innerh. einer staatl. ↗ Gemeinschaft" (Sontheimer). Wird hingegen P. als Beschreibungsbegriff im ↗ Kommunikations-Prozeß verstanden, dann weist sie auf das angesichts der Gegenwartsprobleme u. der Zukunftsfragen notwendige ↗ Gespräch zw. den unterschiedl. ↗ Macht- u. Interessen-Gruppen der ↗ Gesellschaft u. zw. den versch. ↗ Kirchen u. den rel. Gruppen an den Randzonen institutionalisierter Kirchlichkeit hin. Anstelle eines unentschiedenen u. unentscheidbaren Gegensatzes zw. divergierenden Meinungen u. Interessen treten das Gespräch u. die Wechselwirkung zw. den gesellschaftl. Kräften, die sich über die Unterschiede hinweg auf einen Konsens im öffentl. ↗ Dialog einigen müssen. Die Gegensätze sind dann keine absoluten, starren u. ewigen Widersprüche, sondern relative, histor. Gegensätze, bei denen nach ihrer sie verbindenden Zielvorstellung u. nach der mögl. grundsätzl. Übereinstimmung zu suchen ist. P. ist dann die f. das ↗ Gespräch notwendige Ausgangsposition, v. der aus im öffentl. Dialog die Harmonie des Mannigfaltigen erreicht werden kann. Dieser Begriff v. P. setzt einen Minimalkonsens voraus, der in der Gesprächsbereitschaft besteht. P., nicht als Wert an sich, sondern als Begriff, der die Anerkennung versch. histor. u. biograph. bedingter Positionen im Gesprächsprozeß beschreibt, kann im Dialog aufgehoben werden. Zugleich sind die ↗ Anerkennung u. das Verständnis f. die jeweils andere Position u. die Fähigkeit, die eigene Position in Frage stellen zu können, selbst Zielvorstellungen des v. der P. ausgegangenen Gesprächs, wobei auch nur die Feststellung der Unüberbrückbarkeit der versch. Positionen Ergebnis des offenen Dialogs sein kann. Im Bereich des Christentums begründet zwar das NT eher die Vielfalt der Konfessionen, zugleich aber verdeutlicht es in den Parteienstreitigkeiten das Kriterium u. die gemeinsame Mitte versch. Positionen (vgl. 1 Kor 3; Gal 3). Hi

Lit.: J. Matthes, Religiöser Pluralismus und Gesellschaftsstruktur. Intern. Jahrb. f. Religionssoziologie, Bd. 1, Westdeutscher Verlag, 1965; W.-D. Narr, Pluralistische Gesellschaft (1969); D. Rössler, Antagonismus oder Pluralität?, Zeitschrift für Evangelische Ethik, Heft 5, 1970, S. 283—290; R. Picker, Pluriformes Christentum? (1971).

Pollution P. (lat. polluere = beflecken): Samenerguß, der vom Beginn der Geschlechtsreife aufgrund der Hodenproduktion bei jüngeren u. älteren Männern mehr od. weniger häufig — bes. nächtl. u. zw. oft v. selbst — auftritt, wenn diese sich nicht regelmäßig geschlechtl. betätigen. Sie ist meist v. heftigen sex. ↗ Phantasien begleitet, die jedoch unterschiedl. stark registriert werden. P.n sind weder krankhaft noch schädlich. Zur Vermeidung v. unnötiger Beunruhigung u. neurot. Erscheinungen ist rechtzeitige u. sachgerechte Aufklärung über die P. nötig.

Polygamie. Meist ↗ Ehe eines ↗ Mannes mit mehreren ↗ Frauen. Sie war u. ist in vaterrechtl. Kulturen verbreitet, so beim atl. Judentum, beim Islam, beim Hinduismus u. Buddhismus. Sie kommt bei mutterrechtl. Kulturen, aber auch als Ehe einer Frau mit mehreren Männern vor, so bei Südseevölkern. Sie schafft mancherlei Probleme, insbes. im Hinblick auf die ↗ Emanzipation u. wird v. moderneren Staaten zurückgedrängt. Durch ihr unvorbereitetes Verbot können enorme Ungerechtigkeiten f. zu entlassende Ehegatten u. zu versorgende Kinder eintreten (↗ Matriarchat, ↗ Patriarchat).

Pornographie. Unter P. versteht man die Beschreibung u. Darstellung v. sog. unzüchtigen Sachverhalten. Das Urteil darüber, was inhaltl. als unzüchtig anzusehen ist, ist jedoch in hohem Maße v. sich wandelnden kulturellen Verhältnissen abhängig. So wird z. B. die Darstellung eines erigierten Penis bei uns sehr leicht als unzüchtig erscheinen, anderswo aber als eindrucksvolles Symbol der Kraft u. Fruchtbarkeit (↗ Phallus) gelten. Ähnlich ist die Grenze zw. ästhetisch wertvoller u. pornographisch unzüchtiger Darstellung des Sexuellen nicht grundsätzlich zu ziehen, sondern nur aus dem Kontext der Aussage u. dem ihr entgegengebrachten Verständnis bestimmbar. So kann ferner bei der Darstellung intimer Sexualpraktiken f. den einen bereits eine unzumutbare Verletzung der ↗ Intimsphäre vorliegen, die f. die einem anderen mögliche Persönlichkeitsentfaltung eher als förderlich erscheint.

Der Grund dafür, warum die Beschreibung best. intimer bzw. tabuisierter sex. Vorgänge nicht ein- f. allemal als P. definiert werden kann, ist darin zu suchen, daß die Beurteilung der Darstellung dieser Vorgänge als unzüchtig v. der personalen Sinngebung abhängt, die das Sexuelle dabei erfährt. So ist eine sex. Darstellung immer dann als P. zu bestimmen, wenn in ihr die ↗ Sexualität eine Bewertung erhält, die der ↗ Sittlichkeit widerspricht. Da diese Sinngebung aus der Sicht des Darstellenden u. des Betrachtenden bzw. Lesenden unterschiedlich sein kann, jedoch nicht zu sein braucht u. häufig nicht sein wird, ist demnach eine objektivierte Bestimmung der P. möglich, u. zw. als eine dem allgem. sittl. Empfinden bzw. dem best. ↗ Gruppen od. ↗

Personen widersprechende Darstellung der ↗ Sexualität.
Sittlich ist dementspr. eine Beschäftigung mit beschriebenen bzw. dargestellten sex. Vorgängen in dem Maße sinnvoll, wie sie bei der wünschenswerten sex. Aufklärung u. zur ↗ Emanzipation der Sexualität v. Verklemmungen u. ↗ Verdrängungen hilft u. somit letztlich eine personale u. soziale Reinigungsfunktion ausübt. Sie ist aber in dem Maße abzulehnen, wie sie eine personale u. soziale Desintegration der Sexualität fördert, also eigener sex. Versklavung u. sozialer sex. ↗ Ausbeutung dient.
Das Strafrecht sollte die öffentl. Verbreitung der P. in dem Maße verhindern, wie sie sozial schädlich ist u. den Schutz der sex. Intimsphäre der einen zu Gunsten der freien Befriedigung der pornograph. Bedürfnisse anderer vernachlässigt. Das heißt, die Freiheit, mit Obszönem nicht belästigt zu werden, ist nicht geringer einzuschätzen als die Freiheit, Obszönes zu verbreiten u. zu erhalten. Dem ↗ Jugendschutz u. einer aus vielen Gründen abzulehnenden Sexualisierung des öffentl. Lebens ist dabei bes. Aufmerksamkeit zu schenken, zumal hinsichtl. der Darstellung des ↗ Inzests, der ↗ Deflorierung, des ↗ Exhibitionismus, der ↗ Nymphomanie, der ↗ Masturbation, der ↗ Nekrophilie, des ↗ Transvestitismus sowie sadomasochist. u. homosex. Praktiken (↗ Perversionen). Mo

Lit.: Jugendschutz u. Pornographie in Dänemark u. Schweden. Eine Dokumentation, hrsg. vom Bundesministerium für Jugend, Familie u. Gesundheit, Bonn (1971).

Potenz. P. (lat. potentia = Fähigkeit) bezeichnet die Fähigkeit einerseits zum Geschlechtsverkehr, andererseits zur Zeugung bzw. Empfängnis (P.störungen: ↗ Impotenz).

Prädestination. In den P.slehren sucht der Mensch Antwort auf die Fragen nach dem Heil u. nach den Subjekten bzw. den Objekten der Errettung, auf die Fragen, wer gerettet wird, warum es Gläubige u. Ungläubige gibt u. warum es Gläubigen in der Welt nicht besser geht als Ungläubigen. Gelöst wurden diese Fragen dadurch, daß die Antwort in den unergründl. ewigen Ratschluß Gottes od. in ein weltloses Jenseits verlegt wurde, od. dadurch, daß man eine umfassende Lehre v. Gottes Handeln an den v. ihm v. Ewigkeit erwählten od. verworfenen Menschen entwickelte (vgl. J. Calvin). Tritt an die Stelle der unveränderl. Verordnungen Gottes, die die einen zum Heil u. die anderen zur Verdammung vorherbestimmen, die bewegliche, aber doch konkrete Offenbarung Gottes in Christus, dann wird aus der statischen P.slehre die Frage nach dem endgültigen Sinn menschl. Daseins im Zusammenhang mit dem ↗ Lebenssinn aller Menschen. Gott selbst prädestiniert sich in Jesus, indem er seinen Ruhm im menschl. Elend sucht. Konkret weist die Offenbarung Gottes in Christus darauf hin, daß den Gottlosen, den Leidenden u. Verachteten Gerechtigkeit u. Heil verheißen ist. Diese Verheißung ist aber kein unwiderrufl., f. alle Zeiten festgelegtes Gesetz u. keine unabänderl. Vorherbestimmung, sondern sie gehört selbst noch in den Streit u. Kampf gesellschaftl. Kräfte hinein. Die P. wird so zum Ziel eines lebensweltl. Prozesses, der sich im Interesse der ↗ Gerechtigkeit f. die ganze leidende Menschheit ereignet. Nicht die Teilung der Menschheit in Gottlose, die verdammt, u. Gott-Wohlgefällige, die belohnt werden, ist das Anliegen dieser P., sondern die Angabe des konkreten Ortes, an dem Christen sich engagieren können, nämlich im Elend u. bei den Elenden. Indem Gott den Leidenden u. Gottlosen Rettung verheißt, eröffnet er die Möglichkeit, die Selbstliebe im Mitleiden zu überwinden (↗ Narzißmus, ↗ Leiden). Indem Gott f. den um-seiner-selbst-willen-Gott-Liebenden unerwartet den zu retten will, keine Vorleistungen erbringen können, weist er den Menschen auf den Weg der mitleidenden Nächstenliebe. ↗ Heiligkeit u. Gott-wohlgefälliges-Leben können dann keine Voraussetzung f. die Erwählung mehr sein (vgl. Röm 8,31 f.), sondern sie sind v. Gott verheißen. Im menschl. Zusammenleben bedeutet das, daß nicht eine best. Prädisposition, eine Gabe od. ein anerkannter Status Voraussetzung dafür sein kann, daß der Mensch vollwertiges Glied einer ↗ Gemeinschaft ist.

Hi

Lit.: J. Moltmann, Prädestination und Perseveranz (1961); K. Schwarzwäller, Das Gottesleb der angefochtenen Gemeinde. Dogmatische Grundlegung der Prädestinationslehre (1970).

Prägung ↗ Anlage und Vererbung

Präkognation. (lat.) Fähigkeit, die Zukunft vorherzusehen od. vorherzusagen; ↗ Parapsychologie, ↗ Prophetie.

Präsuizidales Syndrom ↗ Selbsttötung

Präventivmedizin. Die P. bemüht sich, der Entstehung einer ↗ Krankheit zuvorzukommen (Prävention = ↗ Vorsorge). Das kann auf zwei prinzipiell versch. Wegen erreicht werden: Da eine Anzahl v. Krankheiten aus falschem ↗ Verhalten u. durch erkennbare äußere Faktoren (z. B. durch ↗ Nikotinabusus) entstehen kann, ließe sich die Krankheitsentstehung durch Änderung v. Verhalten u. ↗ Umwelt in gewissem Ausmaß steuern (↗ Verhaltensu. ↗ Milieutherapie, ↗ Umweltschutz). Maßnahmen dieser Art nennt man *Gesundheitsvorsorge*. Durch sie sollen erkennbare Faktoren, die ein Risiko f. die ↗ Gesundheit darstellen, ausgeschaltet werden. Eine ganz andere Form der Prävention ist nötig, wenn man Krankheiten verhüten will, deren Entstehungsgeschichte (Ätiologie) unbekannt ist, wie dies z. B. f. den „Krebs" noch zutrifft. Hier wird man bestrebt sein, die ersten Anzeichen f. die Entstehung v. Krankheit zu erfassen, möglichst zu einem Zeitpunkt, wo die zu erfassenden leibl. u. geist. Veränderungen noch leicht u. reversibel sind. Maßnahmen dieser Art bezeichnet man als *Früherkennung* (Pränotion). Jede Früherkennung hat es mit zwei Schwierigkeiten zu tun: Erstens soll etwas erkannt werden, was nicht auf der Hand liegt, insbes. v. dem Gefährdeten selbst nicht bemerkt werden kann. Früherkennung setzt daher immer eine gezielte Untersuchung an solchen Bevölkerungskreisen voraus, die bes. durch Risikofaktoren gefährdet sind. Die Technik der Früherkennung ist die Filteruntersuchung. Die zweite Schwierigkeit liegt darin, geeignete Methoden der Diagnostik zu finden, die sehr empfindlich u. doch leidlich spezifisch sind. Der Patient drängt selbst kaum auf präventive Untersuchungen, weil er meist ↗ Angst vor der Aufdeckung v. etwas ihm noch Unbekanntem hat, das ihn dann zur Änderung seiner ↗ Gewohnheiten zwingen od. gar seine Existenz vernichten könnte (↗ Todesverdrängung). Deshalb muß der Anstoß v. ärztl. Seite od. v. staatl. od. kommunalen Stellen ausgehen (z. B. Krebsvorsorgeuntersuchungen bei Frauen u. Männern, Röntgenreihenuntersuchungen). Weiterhin besteht die Möglichkeit, Prävention durch Gesundheitsbelehrung (Gesundheitserziehung) zu betreiben. — Ist eine Erkrankung bei einem Patienten weitgehend abgeheilt, wird es häufig notwendig sein, dem Ausbruch einer neuen Phase der Erkrankung durch vorbeugende Maßnahmen zu verhüten. In diesem Fall spricht man v. Zweitprävention im Unterschied zur Erstprävention, der Prävention im eben geschilderten Sinn. Maßnahmen der Zweitprävention bieten keine organisator. od. rechtl. Schwierigkeiten, da der ↗ Patient u. seine Krankheit dem ↗ Arzt bekannt sind u. die Kostenträger Mittel zur Verfügung haben, die dazu dienen, das Wiederauftreten der Krankheit zu verzögern od. zu verhindern. Aber auch hier können psych. Schwierigkeiten den Patienten motivieren (↗ Motivation), sich der weiteren Vorsorge zu entziehen. Bo/Rf

Lit.: H. Schaefer/M. Blohmke, Sozialmedizin (1972).

Praktische Theologie. 1. P. Th. ist in der evang. Theol. die Wissenschaft vom konkreten Lebensvollzug der Kirche in ↗ Gottesdienst, Predigt, Unterweisung, ↗ Seelsorge u. Gemeindeaufbau, aber auch in ↗ Diakonie, Mission u. Publizistik. Diesen Lebensäußerungen der Kirche hier u. heute entsprechen die *Unterdisziplinen* der P. Th.: *Liturgik* (Lehre vom Gottesdienst u. kirchl. Versammlungswesen), *Homiletik* (Lehre v. Predigt u. Verkündigung), *Katechetik* (Lehre vom kirchl. Unterricht an jugendl. u. erwachsenen Katechumenen), *Poimenik* (Lehre v. der ↗ Seelsorge als Krisenhilfe) u. — heute in diesem Sinne kaum noch gebräuchlich — *Kybernetik* (Lehre v. Gemeindeleitung u. -aufbau. Auch Missions- u. Diakoniewissenschaften sind zu nennen. Diese

Spezialgebiete haben ihren jeweiligen „Gesprächspartner" in einer od. mehreren Profanwissenschaften, z. B. die Katechetik in Pädagogik u. Didaktik, die Poimenik in Medizin u. Psychologie, die Homiletik in der Kommunikationsforschung, die Liturgik u. die Wissenschaft vom Gemeindeaufbau u. a. in Soziologie u. ↗ Gruppendynamik. Dieses Phänomen der *Partnerschaft theol. u. „profaner" Perspektiven* gilt f. alle theol. Disziplinen, die erst auf diese Weise konkret, sozusagen verleiblicht werden u. ihr jeweiliges Spezifikum erhalten. Während die Partner der „klass." Theologie Philosophie, Sprach- u. Geschichtswissenschaften waren, sind die *charakterist. Partner der P. Th.* die *Human- bzw. Sozial- u. Handlungswissenschaften*.

2. Dementspr. ist die P. Th. die jüngste Gruppe theol. Disziplinen. Ihr Entstehen hängt analog zur allgem. Wissenschaftsgeschichte mit der Bewußtseinsdifferenzierung zusammen, die eine schärfere Trennung *systemat., histor.* u. *empir.-pragmat.* („prakt.") Kategorien impliziert. Die P. Th. wurde in der evang. Theol. zu Beginn des 19. Jahrhunderts Universitätsdisziplin, fand ihren bekanntesten Anwalt in F. E. D. Schleiermacher (1768—1834) u. hat v. C. I. Nitzsch (1787—1868) bis E. Thurneysen (1888—1974) eine beachtl. Zahl überragender Wissenschaftler hervorgebracht. Dennoch hatte sie es bis auf den heutigen Tag schwer, innerhalb des Gesamtzusammenhangs der Theologie ihren anerkannten Standort zu finden: Ihre *empir. Ausrichtung* traf bei den Vertretern der alteingesessenen „geisteswissenschaftl." orientierten systemat. u. histor. Disziplinen auf Mißtrauen u. Widerstand. In Deutschland duldete man zwar *Lehrstühle* f. P. Th., betrachtete sie aber meist nur als Anwendungshilfe f. in den klass. Disziplinen Erarbeitetes u. als Erleichterung des Übergangs in die kirchl. Praxis. Da P. Theologen oft aus dem Pfarramt an die Hochschulen berufen wurden u. nicht habilitiert waren, stand ihr Mangel an Wissenschaftlichkeit scheinbar außer Zweifel. Heute, da der Sinn pragmat.-empir. Denkens u. Handelns nicht mehr infrage gestellt werden kann, fehlt es allenthalben an prakt.-theol. Lehrstühlen u. Institutionen, während sich der Student einem philolog.-histor. u. systemat. Überangebot gegenübersieht. Hier wird sich einiges ändern müssen. Denn es ist völlig ausgeschlossen, daß ein od. zwei P. Theologen einer Fakultät das notwendige Gespräch mit den sich mehr u. mehr auffächernden Sozial- u. Handlungswissenschaften kompetent führen können. Entspr. den jungen Disziplinen der jeweils dazugehörigen Profanwissenschaft sind gesonderte Lehrstühle prakt.-theol. Orientierung zu schaffen u. die in der Regel doppelt od. dreifachbesetzten histor. u. systemat. Ordinariate zu reduzieren. Es gäbe dann neben den konventionellen Lehrstühlen solche f. Homiletik (kirchl. Kommunikationswesen), Katechetik (Pastoraldidaktik u. -pädagogik), Poimenik (Pastoralpsychotherapie in Theorie u. Praxis), ferner f. Allgemeine ↗ Pastoral- u. Religionspsychologie, ↗ Pastoral- u. Religionssoziologie, ↗ Pastoralmedizin u. a. Führt man diesen Ansatz konsequent durch, so stellt sich freilich die — hier nicht weiter zu erörternde — Grundsatzfrage nach der Notwendigkeit einer gesonderten theol. Fakultät im Rahmen einer christl. Universität u. die Frage nach der Berechtigung einer theolog. Fakultät im Rahmen einer weltanschaul. neutralen Universität. Dessen ungeachtet steht jedoch unter den derzeitigen Gegebenheiten zunächst einmal die Notwendigkeit eines organisator. Niederschlags der empir. Wende der Wissenschaften auch im theol. Bereich außer Frage. Soll der P. Theologe ein ernst zu nehmender Gesprächspartner f. seine systemat. u. histor. Kollegen einerseits, f. Sozial- u. Handlungswissenschaftler andererseits sein, muß ihm *Spezialisierung* ermöglicht werden. Die Zeit des Allround-Praktologen im Sinne eines f. die Gesamtpraxis der Kirche zuständigen erfahrenen Praktikers ist wie die Zeit des Einmann-Pfarramtes endgültig vorbei — u. das, obwohl es in der Schweiz bis vor kurzem keine Ordinariate f. P. Th. u. in Skandinavien überhaupt keine prakt.-theol. Disziplin gab!

3. Das Auseinanderfallen v. *akadem. Theologie* u. *übender Zurüstung f. den prakt. kirchl. Dienst*, wie es in den letzten 150 Jahren weithin zu beobachten

war u. auch institutionell seinen Niederschlag gefunden hatte (Priesterseminare, Predigerseminare u. ä. Institutionen als kirchl. Zurüstungsstätten f. die Praxis, Fakultäten zur theoret.-geisteswissenschaftl. Fundierung u. als Graduiertenförderungsstätten), verweist auf eine Eigenheit der P. Th., die oftmals gar nicht ins Blickfeld geriet: P. Th. ist zwar mehr als eine Umsetzungs- u. Einübungswissenschaft, sie erschöpft sich keineswegs in einer ersten Einführung in das liturg., homilet., katechet. usw. Handeln der Kirche, aber sie kann auf diesen Praxisvollzug ganz u. gar nicht verzichten. Ihre Hermeneutik beruht auf dem *Zirkel v. Praxisvollzug u. Theoriebildung*, der Veränderung impliziert. Praxis wird nicht länger verstanden als Folge der Anwendung theoret. erarbeiteter Grundsätze, sondern ihre Rückmeldung bestimmt die weitere Theoriebildung mit mindestens ebenso großem Gewicht wie diese die künftige Praxis. V. einer Vorrangigkeit der Theorie vor der Praxis, der Hypothesen vor der Erprobung od. gar der Theologie vor der ↗ Anthropologie kann also keine Rede sein. F. die P. Th. bedeutet das u. a., daß sie stets aufs engste *kirchenbezogen* arbeiten muß. Mag sich ein Exeget jahrelang in Orientalistik od. Philologie verirren, ein P.r Theologe, der Liturgiegeschichte od. Ontologie betreibt, ohne den situationsbezogenen u. die Praxis der Kirche betreffenden Zweck seines Tuns einleuchtend machen zu können, ist stillschweigend seinem Fach untreu geworden. Diese Kirchenbezogenheit der P. Th. bedeutet jedoch nicht deren Abhängigkeit v. kirchl. Praxis. Vielmehr versteht sich die P. Th. wie alle theol. Forschung u. Lehre als *krit. Gegenüber zur kirchl. Alltagskonvention*. Sie beansprucht dieselbe ↗ *Freiheit f.* ↗ *Forschung u. Lehre*, die auch f. ihre Schwesterdisziplinen gelten muß. Unter dieser Voraussetzung stellt sie aber zugleich eine ständige Herausforderung der histor. u. systemat. Sehweisen dar, indem sie diese nach dem Praxisbezug — nicht nach der Praktikabilität! — u. damit nach dem Fundament auch ihrer Arbeit fragt.

Außer *Praxis- u. Kirchenbezogenheit* gehört zur Charakteristik der P. Th. ihre *Situations- u. Gegenwartsbezogenheit*. Vergangenheit u. Zukunft (Erinnerung u. Erwartung) sind dabei insofern interessant, als sie das Hier u. Jetzt bestimmen, indem sie zB ↗ Trauer od. ↗ Angst u. entsprechende Aktivitäten (z. B. Planung) hervorrufen. Der „Text" der P. Th. ist der *Mensch* in seiner gegenwärtigen *Situation*, die durch Erinnerung u. Erwartung bestimmt ist, sich aber in mannigfachen sozialen, polit. usw. Interaktionen sowie in einer vielfältigen *innerpsychischen Dynamik* äußert. Im Umgang mit dieser konkreten Wirklichkeit entwickelt die P. Th. ihre Theorie *u.* ihre Praxis. Auch f. sie besteht dabei die Gefahr einer wissenschaftl. Parapraxis, welche sich aus akadem. isoliertem Forschen u. Lehren leicht ergibt: Die P. Th. hielte dann ihre akadem. Praxis f. jene, auf die sie sich reflektierend u. erprobend zu beziehen hat, während ihre genuine Kirchenbezogenheit außer Sicht geriete. Der medizin. Wissenschaftler entgeht einer analogen Gefahr in der Regel durch den tägl. Umgang mit ↗ Patienten, der P. Theologe sollte entspr. — wenn schon nicht als Gemeindepfarrer so doch als Prediger, ↗ Seelsorger, Katechet usw. — regelmäßig praktizieren.

4. Aus dem hermeneut. Prinzip der P. Th. ergibt sich die Notwendigkeit einer *Neugestaltung des Th.-Studiums*. Man wird künftig die Praxis nicht semesterlangem Theoretisieren zeitlich nachordnen, sondern v. Anfang an studienbegleitend parallellaufen lassen. Nur so können fortwährend Theorie u. Praxis aufeinander bezogen werden u. einander gegenseitig befragen. In den USA werden entspr. Modelle bereits seit langem erprobt, auf dem Kontinent fehlt es zwar nicht an papierenen Konzeptionen, aber an deren Realisierung. Das einzige auch hierzulande bereits funktionierende Modell einer integrierten praktisch-theol. Zurüstung im Sinne eines einsemestrigen Blockstudiums ist die ↗ Klin. Seelsorgeausbildung (Clinical Pastoral Training/Education) in verschiedenen Varianten. Sie weist außerdem den Vorteil auf, daß sie erfahrene Praktiker u. student. Neulinge zusammenführt — jedenfalls in jenen wenigen Zentren, die bereits Theologiestudenten zum CPT

zulassen — u. daß sie auch zu homilet., liturg. u. organisator. Experimentieren Gelegenheit gibt. Für Katechetik, Homiletik, Liturgik u. Gemeindeaufbau gibt es außer postgraduiert. Fortbildungsinstituten noch keine gesonderten standardisierten Ausbildungsgänge, die über unzureichende erste Übungen hinauskämen. Jedoch erweisen sich gruppendynam. Laboratorien als wertvolle Schulungsmöglichkeit. Sie dürften daher in absehbarer Zeit Bestandteil des theol. Curriculums werden. — Insgesamt gilt: P. Th. bietet ihren Studenten *niemals* ein vorgefertigtes, nur noch anzuwendendes Praxiskonzept, sondern versucht, sie zu schöpfer. Umgang mit neuen Situationen zu befähigen, damit sie in der Lage sind, *vor Ort* u. *aus der Situation heraus* die bisher angemessenen Schritte zu unternehmen.

5. Eine zentrale Frage ist die nach der *geistl.* Norm der P. Th. Sie stellt einen Sonderfall der Frage nach der ↗ Norm der Theologie überhaupt dar. Was heißt: „Diese ... kann nur das Evangelium sein" (W. Jannasch)? Wenn P. Th. situations- u. gegenwartsbezogen, andererseits nicht geschichtslos arbeiten soll, wird sie ständig neu eine Verhältnisbestimmung v. Überlieferung u. Gegenwart vorzunehmen haben. *Hermeneutik* gehört auch v. daher zu ihren Grundaufgaben (K. Frör). Jedenfalls darf sich P. Th. nicht lediglich als Exekutive der Dogmatik od. des Lehramts, andererseits auch nicht nur als Anwalt irgendwelcher aktueller ↗ Bedürfnisse des heutigen Menschen verstehen, sondern als Mittlerin zw. ↗ Erfahrung u. Anspruch der Vorfahren (bibl. u. nachbibl. Tradition) auf der einen, Anspruch u. Erfahrung der Lebenden auf der anderen Seite — wobei die ↗ Verantwortung f. eine im christl. Sinne menschenwürdige Zukunft mit wahrzunehmen ist. Der hermeneut. Prozeß der P. Th. bewegt sich also zw. Tradition, Situation u. ↗ Projektion. *Offenbarung* kommt f. sie dynamisch im *Hier u. Jetzt* zw. Vergangenheit u. Zukunft zur ↗ *Sprache*. Sie ist nicht identisch mit der Überlieferung, sondern realisiert sich jeweils neu in der *Gesprächssituation*, in der Kommunikation praktizierenden ↗ *Gemeinschaft* (Mt 18,19 f.). In diesem Sinne fallen *Kommunion* (communio) u. ↗ Kommunikation (communicatio), wo sie sich wirklich ereignen, zusammen.

6. *Zusammenfassung:* P. Th. ergibt sich aus dem ↗ Gespräch zw. ↗ Glauben u. Sozial- bzw. Handlungswissenschaften. Ihr Fokus ist der Mensch in seiner auf die Kirche bezogenen Situation hier u. heute. P. Th. ist daher bewußt kirchenbezogen, praxisbezogen, situationsbezogen u. gegenwartsbezogen. Die Frage nach ihrer inneren Norm teilt sie wie deren Beantwortung mit allen übrigen theol. Disziplinen: Die Norm des Glaubens kann jedenfalls nach evang. Auffassung nicht in einer kanonisierten Vergangenheit bzw. Überlieferung bestehen, sondern sie muß im Gespräch hier u. heute (unter Berücksichtigung auch der Überlieferung) erarbeitet werden. Insofern Kommunikation f. die Theologie überhaupt zentral ist („Wortgeschehen") u. sich gerade die Sozial- u. Handlungswissenschaften mit Kommunikation befassen, steht diese — als Gestalt göttlicher Kondeszendenz — nicht nur im Zentrum der P. Th., sondern in u. mit dieser im Zentrum der Theologie. Man kann daher sagen, die P. Th. bilde das Zentrum theol. Forschung u. Lehre, ein integrales Ordnungsprinzip also, nach welchem sich alle übrigen theol. Disziplinen auszurichten haben (K. Rahner).

Dietrich Stollberg

In der *kath. Theologie* wurde 1774 in den Österr. Erblanden P. Th. als eigenständ. Univ.-Disziplin eingeführt (Grundriß v. F. St. Rautenstrauch), allerdings unter der Bezeichnung *Pastoraltheologie*. Sie befaßte sich in diesem staatskirchl. Ansatz mit den Funktionen u. Aufgaben des ↗ Seelsorgers. Theol. wurde der einzelne „Pastor" als geschichtl. Fortsetzer des Heilshandelns Christi gesehen (Gnadenvermittler, Verkündiger, Seelenhirt). J. M. Sailer nahm gegen das aufklärer. Konzept Stellung u. suchte nach einer bibeltheol. Begründung des Lehrfachs, das kaum mehr als zeitgemäße Seelsorgeanweisungen darstellte. Erst A. Graf („Krit. Darstellung des gegenwärt. Zustandes der P. Th.", 1841), fußend auf J. A. Möhler, J. B. Hirscher u. J. S. Drey, stellte die P. Th. als gleichwertige Wissenschaft neben die spekulative u. histor.

Theologie; ihr Gegenstand sei die „Selbsterbauung der ⁊ Kirche in die ⁊ Zukunft", wobei alle beteiligten Faktoren thematisch werden. Der exakte wissenschaftl. u. theol. Ansatz ging jedoch schon bei Grafs Schüler J. Amberger verloren; die verbreiteten Lehrbücher v. Schüch, Renninger, Pruner, Krieg waren wieder seelsorgetechn. Standeslehren des Klerus. Zu Beginn des 20 Jh. verselbständigten sich die Teildisziplinen Katechetik, Liturgik, Homiletik. Nach einem Versuch v. K. Noppel gelang es erst F. X. Arnold, aus der „ganzheitl. Gestalt der Kirche" das umfassende, spezif. u. legitime Gegenstandsgebiet der P. Th. abzuleiten. Nach dem Vatikanum II, das sich zwar als Pastoralkonzil verstand u. durch seinen eigenen Vorgang eine neue P. Th. initierte, aber auf die P. Th. thematisch nicht einging, erfolgte im führenden deutschen Sprachraum in Zusammenarbeit eine wissenschaftl. Neubegründung der P. Th., die im „Handbuch f. Pastoraltheologie. P. Th. der Kirche in ihrer Gegenwart" (6 Bde., 1964—1972), niedergelegt ist. P. Th. stellt sich nun als eigenständ. theol. Disziplin dar, die aus der method. (humanwissenschaftl. u. theol.) Erhebung u. Analyse der Gegenwart die ⁊ Normen entwickelt, nach denen die Heilsinstitution Kirche aus dieser konkreten Situation sich selbst in die Zukunft hinein entwirft u. verwirklicht u. so ihre Sendung vollzieht. Kirche in der Welt erscheint hier sowohl als Subjekt als auch als Objekt des Heilsvollzuges (Materialobjekt der P. Th.). Die je gegebene Situation wird in ihrem ganzen weltl.-gnadenhaften Zusammenhang (Formalobjekt) als Anruf Gottes zu konkretem Heilshandeln interpretiert. Die Methode richtet sich nach dem Gegenstand: Sie muß empir. u. theol., induktiv u. deduktiv vorgehen. Wie der (ökumen.) Past. Theol. Kongreß, Wien 1974, zeigte, wird das Konzept v. neuen Schwerpunktsetzungen differenziert: P. Th. als kritische Theorie rel. vermittelter Praxis (G. Otto), als empir. Th. (Gruehn, Boisen u. a.), als theol. Handlungswissenschaft (R. Zerfaß) usw. Seitdem beginnt sich auch in der kath. Th. die sachgerechtere Bezeichnung „P. Th." durchzusetzen.

Gottfried Griesl

Lit.: F. Klostermann/K. Rahner/H. Schild (Hsg.), Handbuch der Pastoraltheologie, 5 Bde. u. Lexikon (1964—1972); E. Jüngel/K. Rahner/M. Seitz, Die p. Th. zw. Wissenschaft u. Praxis (1968); G. Krause (Hsg.), P. Th. (1972); F. Klostermann/R. Zerfaß, Prakt Theologie heute (1974). *Zeitschriften:* Wissensch. u. Praxis in Kirche u. Gesellschaft (MPTh), Göttingen 1911 ff.; Wege zum Menschen, Göttingen 1948 ff.; Diakonia (Der Seelsorger) Wien/Mainz 1970 ff.; Lebendige Seelsorge, Freiburg 1949 ff.; Theologia Practica, Hamburg 1966 ff.

Priester ⁊ Amt ⁊ Seelsorge ⁊ Seelsorger ⁊ Berufung

Prestigedenken. Der im Zusammenhang einer Soziologie der Herrschaft 1916 von L. Leopold eingeführte Begriff „Prestige", mit dem die ältere sozialwissenschaftl. Literatur die kategoriale Differenzierung v. rationaler ⁊ Autorität u. irrationalcharismat. Prestige (⁊ Charismen) verband, wurde nach Einbeziehung „sozialer ⁊ Klassen, die immer auch Träger v. ⁊ Macht sind" (R. König) v. der empir. Soziologie zu „Sozialprestige" erweitert. Das personengebundene Prestige ist, weil (z. B.) über Berufs- od. Abstammungsstatus vermittelt, immer auch Sozialprestige, ohne daß jedoch Status u. Prestige zusammenfallen müssen, wie der f. alle soziale Organisationen geltende Nachweis einer (v. dem formellen Statussystem abweichenden) „informellen Prestigedifferenzierung" zeigt. Die aus dem Zusammenhang v. Status, Position u. sozialer Schichtung entwickelten Prestigeskalen gehen als Indizes einer als gesellschaftl. anerkannt geltenden Prestigedifferenzierung in den Aufbau des P.s ein. Das P. besitzt daher eine mit ⁊ Wohnen, Schulbildung u. Einkommen verknüpfte verhaltensorientierende Funktion: P. kann dem Erwerb eines höheren od. der Sicherung des erreichten sozialen Status ebenso dienen wie es bei abweichendem ⁊ Verhalten als Sanktion wirksam werden kann. Der Kommunikationssoziologie zufolge lassen sich innerhalb des P.s zwei Momente unterscheiden: (a) Der Begriff „Prestigesuggestion" bietet einen Erklärungsversuch dafür, warum z. B. die gleiche polit. Äußerung „völlig versch." interpretiert werden kann, „je nachdem sie Jefferson od. Lenin zugeschrieben wird" (S. Asch/H. J. Hummel). (b) Von dem „Prestigeeffekt", der in einem (z. B. massenmedialen) ↗ Kommunikations-System v. der Prestigegröße des Kommunikators bestimmt wird, ist die „Ingangsetzung eines Beeinflussungsprozesses" u. die „Internalisierung des beeinflußten Verhaltens" abhängig (A. Silbermann/H. O. Luthe). Ge

Lit.: H. Kluth, Sozialprestige u. sozialer Status (1957); K. M. Bolte, Deutsche Gesellschaft im Wandel (1966) 246 ff.; H. J. Hummel, Psych. Ansätze zu einer Theorie sozialen Verhaltens, in: R. König (Hsg.), Handbuch der Empirischen Sozialforschung, Bd. 2 (1969) 1157 ff.

Privatoffenbarung. Neben der eigentl., v. Christus seiner ↗ Kirche anvertrauten Offenbarung, die zum ↗ Glauben verpflichtet, gibt es P.n, die sich an einzelne wenden u. nicht im strengen Sinn Glauben fordern. Die Schriften des NT, bes. die Briefe des Apostels Paulus, berichten v. versch. „Erleuchtungen" u. „Gnadengaben", die dem einzelnen zuteil werden. Sie können unter Umständen denjenigen, dem sie geschenkt werden, zur Befolgung verpflichten. Neben den echten gibt es auch falsche, die als Einbildungen nicht leicht zu unterscheiden sind. Das wichtigste Kriterium f. die Echtheit ist die Übereinstimmung mit der kirchl. Offenbarung. Die Grenzen zw. Echtheit u. Einbildung sind nicht leicht zu erkennen, da sie v. demjenigen, der sie erhält, oft falsch ausgelegt werden. Gerade v. psychisch labilen Menschen können sie in der Richtung gedeutet werden, die nicht der eigentl. Intention entspricht. So findet verschiedentl. eine Vermischung v. göttl. Willenskundgabe u. menschl. Auslegung statt. Bes. Vorsicht ist dann geboten, wenn es sich bei P.n um sog. „Botschaften" an die Welt od. die Kirche handelt. Niemals wird durch eine P. die eigentl. Offenbarung der Kirche vervollständigt od. gar übertroffen, vielmehr ist sie eine Interpretation der Botschaft Gottes f. die konkrete Situation der Zeit od. f. das Leben des einzelnen.

Nicht nur im christl. Raum, auch im nichtchristl. Bereich gibt es Ereignisse im Leben einzelner Menschen, die rel. Grunderfahrungen widerspiegeln u. nicht erklärbar sind. Die kath. Kirche läßt bes. Vorsicht gegenüber P.n walten. Auch f. den einzelnen ↗ Seelsorger, der mit derartigen Erscheinungsformen konfrontiert wird, ist Vorsicht bei der Beurteilung geboten. Neben den vorher genannten Unterscheidungsmerkmalen sollte man nie den gesunden Verstand außer acht lassen. Wenn der P. auch bei der Interpretation der christl. Botschaft eine gewisse Bedeutung zukommt, so sollte man doch nie vergessen, daß Einbildung od. falsche ↗ Deutung Verwirrung, Schwärmerei u. ↗ Aberglauben hervorrufen. Mb

Lit.: LThK VIII 772 f.

Probeehe ↗ Verlobung

Produktivität. P. meint die Ergiebigkeit v. Produktionsfaktoren wie ↗ Arbeit, Boden u. Kapital, wobei der Produktionsertrag in Beziehung gesetzt wird zur eingesetzten ↗ Leistung u. zum Aufwand. Die P. kann gesteigert werden z. B. durch Automatisierung, Rationalisierung, Schaffung eines günstigen Betriebsklimas u. Gewährung v. Prämien.

Pro Familia. Lat. Bezeichnung („F. = die Familie") der deutschsprachigen Sektionen der 80 Staaten umfassenden International Planned Parenthood Federation. In ihren Richtlinien betonen sie einerseits das Zusammenwirken v. Sexualaufklärung u. Sexualerziehung mit Schwangerschaftsverhütung, andererseits die Bestimmung der Kinderzahl unter zeitl. Regelung der Geburtenfolge. P. F. unterhält als „Dt. Gesellschaft f. Sexualberatung u. Familienplanung" in der BRD u. West-Berlin 46 ↗ Beratungsstellen, die meist v. entspr. geschulten Ärztinnen geleitet werden. ↗ Familienplanung, ↗ Empfängnisregelung, ↗ Sexualpädagogik.

Prognose. P. (griech. prognosis = Vorauswissen) bedeutet Vorhersagen des Krankheitsverlaufes u. dessen Ende. Die P. kann gut (bona), schlecht (mala), sehr schlecht (pessima), hoffnungslos od. verzweifelt (infausta), zweifelhaft (dubiosa), sicher (certa), ungewiß (incerta) sein; sie kann hinsichtl. des Lebens (quoad vitam), hinsichtl. der Genesung — mit Inkaufnahme eines Schadens, einer ↗ Verstüm-

melung — (quoad sanationem, valetudinem), hinsichtl. der Wiederherstellung (quoad restitutionem ad integrum) gestellt werden.
Die P. ist neben der Diagnose ein Teil der ärztl. Kunst u. schon in der antiken Medizin ein Maßstab f. ärztl. Können. Die P. kann nicht nur ausschlaggebend sein f. die Leistungsfähigkeit eines Kindes, f. die Berufswahl der Jugendlichen, f. die Arbeits- u. Erwerbsfähigkeit der Erwachsenen — insbes. bei Vorliegen einer ↗ chron. Erkrankung; die P. umfaßt auch die Einbeziehung v. unvorhersehbaren Rückfällen bzw. v. Wiederholungen bei chron.-rezidivierenden Erkrankungen. V. bes. Bedeutung ist die P. im Falle einer notwendigen Operation größeren Ausmaßes u. eingreifenderer Art; moraltheol. ist das kleinere Übel dem größeren vorzuziehen, z .B. eine Operation mit zweifelhaftem Ausgang einer Unterlassung mit infauster Prognose. Rechtl. ist die P. bei allen schweren u. v. a. bei sehr schweren Krankheiten v. Bedeutung, bei der Todeskrankheit f. die Abfassung eines Testaments u. letzte menschl. Begegnungen, pastoraltheol. f. die ↗ Krankensalbung, f. ↗ Beichte u. Kommunion. Rt

Lit.: F. Hartmann, Prognose, in: Medizin L, Fischereibücher (1959); Pius XII., Reden an Ärzte (1954); Pschyrembel, Klinisches Wörterbuch (⁸1973).

Progression. Im Gegensatz zu ↗ Regression wird in der psychoanalyt. Theorie unter P. die Fähigkeit verstanden, ↗ Reifungs-Fortschritte zu machen u. die eigene Existenz durch relative Freiheit vom Wiederholungszwang als geschichtl. erleben zu können.

Projektion. Allgem. Bezeichnung in der Psychologie f. einen psychischen Vorgang, in dem ein Subjekt seinen ↗ Bedürfnissen, Interessen usw. od. seinen emot. Zuständen, Wünschen, Erwartungen u. ↗ Ängsten (↗ Emotionalität) gemäß Reize aus der ↗ Umwelt wahrnimmt u. darauf mit einem best. ↗ Verhalten reagiert. Die soziale Wirklichkeit wird durch die „eigene Brille" gesehen u. interpretiert. Das ich-spezif. Antworten auf mehrdeutige Reize aus der Umwelt legt tiefliegende u. wesentl. Strukturen der ↗ Persönlichkeit offen, da das ↗ Ich die Mehrdeutigkeit der Situation entspr. seiner ↗ Persönlichkeitsstruktur organisiert. So geben z. B. projektierte Tests (↗ Testverfahren), bei denen das ↗ Subjekt wenig strukturierten Situationen u. vieldeutigen Reizen ausgesetzt wird, Aufschluß über best. Charakterzüge (↗ Charakter), latente Wünsche, Ängste u. Emotionen. Gerüchte u. ↗ Vorurteile entstehen z. T. dadurch, daß eine Information durch individ. Faktoren der Wahrnehmung verfälscht wird, da diese in die subjektive Dynamik des Subjektes eingebettet ist. — Die ↗ Psychoanalyse sieht in der P. einen ↗ Abwehrmechanismus, durch den ein Subjekt psychische Qualitäten, Wünsche, Gefühle, Motive, ↗ Einstellungen usw. bei sich selbst verleugnet (↗ Verleugnung) u. nach außen verlegt, weil es diese nicht anerkennen will bzw. sich nicht gestatten darf, da ein überstrenges ↗ Gewissen (↗ Über-Ich) bzw. das Selbstbild die Anerkennung der eigenen Wirklichkeit nicht erlaubt, dafür aber in der Außenwelt wiederzufinden meint. „... der Satz ‚ich hasse ihn ja' verwandelt sich durch P. in den anderen: Er haßt (verfolgt) mich, was mich dann berechtigen wird, ihn zu hassen" (S. Freud, G. W. VIII, 299). In extremer Weise tritt dieser Vorgang bei der ↗ Paranoia, in abgeschwächter Form in „normalen" Bewußtseinsstrukturen auf.

Die Korrektur bzw. Aufhebung projektiven Verhaltens kann v. einem Individuum allein nicht geleistet werden, da die psychischen Vorgänge vorbewußter bzw. ↗ unbewußter Natur sind, vom ↗ Ich also nicht durchschaut werden können. Es ist vielmehr auf die freimütige Spiegelung (↗ Feed-back) seines Verhaltens durch andere z. B. durch eine ↗ Gruppe angewiesen bzw. auf das Bewußtmachen u. Deuten in einem analyt. Prozeß. Auf diese Weise kann eine bewußte Wahrnehmung der eigenen, nicht zugelassenen Wirklichkeit erfolgen u. dem Ich integriert werden. Do

Lit.: S. Freud, G. W. I—XVI (1952 ff.); A. Freud, Das Ich und die Abwehrmechanismen, Kindlertaschenbuch Bd. 2001 (1964); E. Grünewald, Personale Projektion (1962); R. Heiss (Hsg.), Handbuch der Psychologie, Bd 6, Psychologische Diagnostik (²1964).

Promiskuität. P. liegt vor, wenn jemand im gleichen Zeitraum zu mehreren Partnern od. in relativ schnellem Wechsel hintereinander zu jeweils einem Partner ↗ Geschlechtsbeziehungen ohne Bezahlung pflegt (↗ Prostitution). P. kommt bei ↗ Homosexualität weit häufiger vor als bei andersgeschlechtl. Beziehungen u. ist bei Jugendlichen weniger verbreitet als oft angenommen wird. Sie läßt auf mangelnde personale Bindungsfähigkeit schließen, die sowohl durch unnötig repressive soziale Verhältnisse als auch durch individ. ↗ Entwicklungstörungen verursacht sein kann. Um sie zu überwinden, muß die Fähigkeit zur ↗ Liebe entfaltet werden.

Propaganda ↗ Meinungsbildung ↗ Manipulation

Prophetie. Unter Propheten verstehen wir rel. Persönlichkeiten mit einer bes. charismat. ↗ Autorität, die nicht auf einem durch ↗ Gemeinschaft verliehenen od. anerkannten ↗ Amt beruht, sondern auf persönl. Begabung durch Gott. Der Prophet tritt mit dem Anspruch auf, aufgrund bes. Offenbarungen Gottes — etwa in Form v. ↗ Visionen od. Auditionen — dessen Willen zu verkünden. Dieser ↗ Wille kann sich an Einzelne richten (im AT häufig an den König Israels bzw. Judas) od. an eine Gemeinschaft (Stadt, Volk), er kann einzelne Handlungsnormen zum Inhalt haben. Auch die Ansage kommender Ereignisse gehört in den Bereich prophet. Kundgabe, ist freilich nicht ausschließl. od. überwiegend deren Inhalt. Das rel. Phänomen der P. erstreckt sich über den Bereich der bibl. u. christl. Religion hinaus (vgl. etwa den Islam, der auf Mohammed als *den Propheten* zurückgeht). Prophet. Phänomene in der Neuzeit finden sich u. a. im Bereich christl. Sekten (etwa der Mormonen) u. afrikan. Mischreligionen, die mehr od. weniger stark vom Christentum bestimmt sind (Joseph Kimbangu im Kongo, Bantupropheten Südafrikas).
Die christl. Kirchen anerkennen mit dem bibl. Kanon die israelit. Propheten als wahre Propheten Gottes. Die Abgeschlossenheit u. Unüberbietbarkeit der Offenbarung Gottes in Jesus Christus läßt aber keine neue Offenbarung mehr zu. Prophet. Bewegungen, die im Laufe der Kirchengeschichte immer wieder aufgetreten sind, wurden daher in die Illegitimität der Sekte abgedrängt (↗ Sektenbildung). Md
Lit.: C. Kuhl, Israels Propheten. Dalp-Taschenbuch Nr. 324 (1956); A. Anwander, Wörterbuch der Religion, 2. Aufl. (1960) 426—428; G. von Rad, Die Botschaft der Propheten. Siebenstern-Taschenbuch Nr. 100/101 (1970).

Prophylaxe = Vorbeugung (medizin.: v. Erkrankungen). ↗ Präventivmedizin, ↗ Psychohygiene, ↗ Vorsorge, ↗ Hygiene.

Prostitution. P. kann definiert werden als eine sex. Dienstleistung außerhalb der ↗ Ehe gegen Entgelt. Vom Geschlecht her kann es vier Erscheinungsformen geben: weibl.-heterosex. P., männl.-heterosex. P., weibl.-homosex. P., männl.-homosex. P., V. diesen vier Grundformen der P. ist bei uns nur die weibl.-heterosex. P. institutionalisiert. Männl.-homosex. P. floriert zwar ebenfalls, ist aber verboten. Die geduldete P. ist also gekennzeichnet durch Triebbefriedigung der Männer. Voraussetzung f. weibl. P. ist eine patriarchale Gesellschaftsform (↗ Patriarchat) mit monogamen Ehevorschriften, insofern P. ein Ventil f. die aus der Einehe resultierenden Spannungen sein kann. Da P. einerseits Ventil der Monogamie ist, diese aber andererseits zugleich infrage stellt, wird sie als Institution diskriminiert. In der gegenwärtigen ↗ Gesellschaft kanalisiert P. nicht nur männl. Triebansprüche, die durch Sexualunterdrückung entstehen, sondern sie bietet sich auch als Sündenbock f. ↗ Aggressionen an, die die Leistungsgesellschaft gegen eine ↗ Minderheit richtet, die eben diesem Leistungsprinzip durch P. zu widersprechen scheint. Im Sinne des ↗ Konsumverhaltens ermöglicht P. die bequemste Art der Triebbefriedigung, zumal bei ihrer Inanspruchnahme Leistungszwänge partiell aufgehoben werden: Der ↗ Mann braucht bei der Prostituierten keine ↗ Potenz aufzuweisen, muß nichts „leisten". Die Prostituierten kommen zwar aus allen Schichten der Bevölkerung, jedoch zu zwei Drittel aus unvollständigen ↗ Familien. Auffallend am prostitutiven Verhalten ist die Vielzahl v. heterosex. Kontakten ohne persönl. Zuneigung u. Befriedigung; dies läßt auf eine schwere Störung der Ich-Du-Beziehung schließen. Prostituierte haben nie erfahren, etwas um ihrer selbst willen zu bekommen, sondern kennen nur die Tauschgesetzlichkeit. ↗ Sexualität wird zur Ware. Die Ursachen hierfür können in traumat. frühkindl. Objektbeziehungen liegen, in der negativen Bewältigung der ödipalen Situation (↗ Ödipuskomplex) od. in der Übernahme der negativen Identität der Eltern. Rö

Mit gleicher Entschiedenheit hat die Moraltheologie sowohl die P. wie eine ↗ doppelte Moral, die einem Mann mehr Sexualfreiheit zugestehen will als einer ↗ Frau, als unsittl. abgelehnt. Heute sucht sie mehr durch eine differenziertere Beurteilung v. Geschlechtlichkeit den personalen Wert ehel. ↗ Liebe u. ↗ Treue hervorzuheben, um so einerseits die soziol. Bedingungen der P. zu entschärfen u. andererseits eine überzeugende ↗ Sexualpädagogik zu ermöglichen. Die pastoralen Bemühungen im Einzelfall sind mühsam, weil die meisten Prostituierten rasch u. fest in eine ↗ Subkultur mit eigenen ↗ Norm- u. Ordnungs-Vorschriften (Bordell, Zuhälter) integriert werden. Deswegen u. aufgrund ihrer oft ausgeprägten ↗ Ich-Schwäche, die durch die gesellschaftl. Diffamierung eher verstärkt wird, erfordert eine pastorale Hilfestellung verständnisvolle Distanz u. viel Ausdauer. Rf

Lit.: H. Thielicke, Theol. Ethik, Bd. 3 (1964); W. Bernsdorf, Soziologie der Prostitution, in: Die Sexualität des Menschen (1968) 191—248; D. Röhr, Prostitution (1972).

Prothese ↗ Organe, künstliche

Prüderie. P. bezeichnet gewöhnlich eine v. negativen ↗ Vorurteilen geprägte ↗ Einstellung zur ↗ Sexualität. Sie unterscheidet sich dadurch wesentl. vom ↗ Schamgefühl u. v. der ↗ Keuschheit, die auf einer grundsätzl. Bejahung der menschl. Geschlechtlichkeit beruhen. P. reagiert übertrieben-affektiert, sobald ihr ↗ Sexualität begegnet od. auch nur zu begegnen scheint; sie wittert überall Unrat u. moral. Verderbnis, die sie aber vornehmlich mit dem erot.-sex. Bereich verbindet. Damit entlarvt sich die Entrüstung der P. über die Sexualität als geheime Faszination. Diese ist zwar durch ↗ Verdrängung unbewußt geworden, zeigt aber ihre Mächtigkeit in der genügßl. Bereitschaft, an allem Anstoß zu nehmen, was mit Sexualität zusammenhängt. Auf diese Zusammenhänge verweist auch die ↗ Erfahrung, daß P. nicht selten zusammen mit einer mehr od. minder versteckten Vorliebe f. Zoten u. ↗ Pornographie auftritt. Immer aber ist P. ein Anzeichen unbewältigter ↗ Integration des Geschlechtlichen in die gesamtmenschl. Existenz. Sie ist im Grunde unwahrhaftig, weil sie lediglich nach außen eine Fassade aufrichtet, die Gier u. ↗ Angst im Innern verbergen soll.

Die Fehlhaltung der P. wird am besten verhütet durch eine ↗ Sexualpädagogik, die dem ↗ Kind hilft, Sexualität in der Ordnung Gottes zu sehen u. zu leben. Auf keinen Fall darf die Vorstellung geweckt od. gefördert werden, als ob Verstöße gegen die geschlechtl. Ordnung die schwersten ↗ Sünden im Leben des Menschen darstellten. Gewiß sind sie nicht unwichtig, aber es wäre pastoral verhängnisvoll, wenn beim Empfang des Bußsakramentes der Eindruck entstünde, es interessierten hauptsächlich die Sünden gegen das 6. Gebot. Damit würde der Sexualität eine Bedeutung beigemessen, die ihr — losgelöst vom sozialen Bezug — theol. u. anthropolog. nicht zukommt. Bes. in der ↗ Pubertät können derartige Erfahrungen sich f. die weitere Entwicklung des rel. Lebens verheerend auswirken. Der junge Mensch darf nicht den Eindruck gewinnen, sein Verhältnis zu Gott stehe u. falle z. B. mit der Frage, ob er ↗ Masturbation vermeidet od. nicht. Wichtig wäre f. den jungen Menschen, daß er ↗ Ehrfurcht vor der Geschlechtlichkeit u. ihren Sinnzusammenhängen erfährt u. erlernt. Nur dadurch wird er diese als befreiend u. beglückend erleben. P. aber führt (ebenso wie die sex. Haltlosigkeit, die die gleiche Ursache hat) in muffige Enge. Gy

Lit.: W. Revers, in: Lexikon der Pädagogik, Bd. III (1960), 974; L. M. Weber, Anima 18 (1963), 159—166.

Psychagogik. V. griech. psyche = Seele, agein = führen, leiten; ursprüngl. Bedeutung: „Seelenführung". Oft falsch verstanden als Mischung v. Psychologie u. Pädagogik, hat P. im engeren Sinne nichts mit Pädagogik zu tun. Im weiteren Sinn versteht man unter P. alle Bemühungen, seel. ↗ Konflikte u. psychisch bedingte Störungen zu heilen, zu lindern od. ihnen vorzubeugen. Im engeren Sinn ist P. Kinderpsychotherapie (parallel zur ↗ Psychotherapie Erwachsener). Sie basiert — wie diese — auf der ↗ Tiefenpsychologie mit ihren versch. Schulen. Auf dem Hintergrund der ↗ Psychoanalyse S. Freuds arbeiteten zunächst v. a. Anna Freud u. (mit etwas anderem Konzept) Melanie Klein, später Hans Zulliger u. a. speziell in der Kinderpsychotherapie. Auf der Grundlage der ↗ Analytischen Psychologie C. G. Jungs wurden v. a. Francis Wickes u. Michael Fordham bekannt. Psychogog. Arbeit nach den Theorien v. A. Adler fand in manchen ↗ Erziehungsberatungsstellen, v. a. auch in Österreich sowie in der Verbindung mit Pädagogik prakt. Anwendung (R. Dreikurs). Zur Neoanalyt. Schule v. Schultz-Henke gehört Annemarie Dührssen. — Entspr. der Unterschiedlichkeit der Lehrmeinungen entstanden auch in der P. versch. Konzepte, so daß in der Therapie entweder mehr über die Bewußtmachung unbewußter Strebungen, verdrängter Konflikte usw. vorgegangen wird, od. aber rein agierende Verarbeitung v. ↗ Ängsten, Konflikten usw. Anwendung findet (entspr. der Tatsache, daß das Kind — je jünger desto mehr — im ↗ Unbewußten lebt u. demgemäß f. das Kind die „symbolische", agierende Bearbeitung der traumat. Erlebnisse, der innerseel. Konflikte usw. das angemessene Heilmittel ist). Je reifer das ↗ Ich des Kindes ist, desto mehr wird man in der psychagog. Arbeit v. der Spieltherapie weg u. zum ↗ Gespräch übergehen. — Bei kleineren Kindern muß zur psychagog. Behandlung immer auch eine intensive Elternarbeit kommen (regelmäßige Gespräche). — Ähnlich der ↗ Gesprächspsychotherapie bei Erwachsenen (Tausch) fand auch in der Kinderpsychotherapie die sog. nicht-direktive Methode Anwendung (Rogers u. Axline). Seit neuerer Zeit findet auch in unserem Raum die ↗ Verhaltenstherapie in der Kinderpsychotherapie Eingang, wobei freilich die Abgrenzung zur P. deutlich wird, denn P. ist eine tiefenpsych. fundierte u. orientierte Kinderpsychotherapie (die Verhaltenstherapie basiert dagegen auf den ↗ Lerntheorien). Im weiteren Sinn des Begriffs findet P. auch in der ↗ Beratungs-Arbeit, in der päd. Arbeit sowie in der ↗ Seelsorge Anwendung (als ↗ Menschenführung im ursprüngl. Wortsinn), wo individ., verstehend u. helfend auf die Konflikte u. Nöte eines Menschen eingegangen wird.

Me

Lit.: Handbuch der Kinderpsychotherapie (hsg. v. G. Biermann) (1969); Ch. Meves, Kinderschicksal in unserer Hand (1973); dies., Ich reise f. d. Zukunft. Vortragserfahrungen u. Erlebnisse einer Psychagogin (²1974).

Psychasthenie. Form einer häufigen ↗ Neurose, v. Janet Ende 19. Jh. der ↗ Hysterie entgegengestellt; heute noch in den Begriffen der ↗ Neurasthenie u. ↗ Psychopathie enthalten; ungebräuchl. gewordene Bezeichnung.

Psyche. Griech. psyche = Seele, wird gewöhnlich als der Grund aufgefaßt, der das — mehr od. weniger — bewußte Leben trägt, den Leib belebt u. ihn dadurch vom toten Körper unterscheidet, also als Grund od. Inbegriff der Lebensvorgänge. In der griech. *Mythologie* ist P. die Personifikation der menschl. Seele. Sie tritt auf in Gestalt eines schönen Mädchens (vgl. das mytholog. Märchen v. Cupidus u. P., das zuerst in den Metamorphosen des Apuleius erzählt wird.). In allegor. Bildern wird die P. beflügelt (wohl in Anlehnung an alte Vorstellungen v. der Seele als Vogel od. Insekt) u. zusammen mit Eros dargestellt.

In der griech. phil. Verwendung des Wortes fällt zunächst ein *Dualismus* auf, der wohl aus der griech. Mythologie herrührt. Bei *Platon* ist die P. nicht nur geistig, sondern als reiner ↗ Geist verstanden, der schon vor dem ird. Leben des Menschen existiert hat. So wird die im Leben des Menschen erfahrene Spannung dadurch zu erklären versucht, daß die geistige P. im Menschen in die materielle Sinnenwelt verbannt u. an den Körper gefesselt ist, aus dem sie sich befreien muß, um in die rein geistige, ihrem Wesen entspr. Seinsweise zurückzukehren. Neben dieser dualist. Auffassung v. P. wurde der Ansatz v. *Aristoteles* bestimmend. F. ihn ist P. das *Lebensprinzip:* jener innere Grund, durch den ein Lebewesen lebendig ist: „das erste Wirkungsprinzip eines natürl., lebensfähigen (d. h. organ.) Körpers". Entspr. der aristotel. Lehre des ↗ Hylemorphismus ist die P. nicht als ein dem Körper gegenüberstehendes u. auf ihn (gleichsam als Maschinist) einwirkendes Agens aufzufassen, vielmehr geht die Seele in die Konstitution des Körpers selbst ein u. prägt so das gesamte Sein des Lebewesens — allerdings in einer gegenseitigen Spannung zum materiellen Prinzip den damit gegebenen quantitativen Bestimmungen. Im *bibl. Sprachgebrauch* bedeutet das hebr. Wort nephesch nicht die vom Leib abgehobene Seele, sondern das Leben, die Lebenskraft. Wenn der Gegensatz v. Fleisch (sarx) u. Geist (pneuma) angezielt wird, wie bei Paulus (Röm 8,9: „Lebt nicht im Fleisch, sondern im Geist"), ist dies nicht platonisch-dualistisch zu deuten, sondern bezieht sich auf die Spannung v. sündigem Menschen u. begnadendem Geist Gottes im Menschen. So setzt sich in der *Hochscholastik* schließlich die aristotel. Auffassung der Seele durch, bes. bei *Thomas v. A.:* die Seele ist innerlich formgebendes Prinzip des Leibes: anima est forma corporis. Auf diesem Hintergrund wurde die menschl. Seele als ↗ Geistseele verstanden, die, obwohl sie als geistige subsistierend — d. h. in ihrer Weiterexistenz nicht v. den bes. Bedingungen der Materie abhängig — ist, dennoch zugleich ein innerlich den Leib bestimmendes u. sich in ihm ausdrückendes Prinzip ist. Ist bei Aristoteles u. im Mittelalter die P. od. anima Lebensprinzip (auch des pflanzl. Lebens), so wurde die Seele in der Neuzeit hauptsächlich aufgefaßt als Grund bewußten Lebens (bei Mensch u. ↗ Tier) od. als Grund einer sich selbst bewußten ↗ Person (menschl. geistige Seele). Dementspr. unterscheidet man manchmal versch. Arten der Seele, je nach der Art der Lebewesen, wenn auch im einzelnen Lebewesen nur eine einzige Seele die versch. Funktionen ausübt. Wenn im Menschen phänomenolog. versch. Gesetzlichkeiten u. eine Spannung zw. ihnen festgestellt wird (↗ Leben, Seele, Geist; Bios, P., ↗ Person), so würde eine Deutung dieser Spannung durch drei Seelen anstelle v. drei Funktionsbereichen od. Vermögen derselben Seele (Trichotomie) nicht der Einheit des Menschen gerecht, welche überhaupt erst der Grund f. eine solche Spannung u. f. die erstrebte personale ↗ Integration ist. Im Zusammenhang mit einer empirist. Betrachtungsweise wurde die Seele nicht mehr als innerer Grund, sondern eher als Insgesamt der bewußten Vorgänge aufgefaßt („Psychologie ohne Seele"). Zu dieser Verflachung des Begriffs der Seele trugen auch die Schwierigkeiten bei, die durch Vernachlässigung der in der aristotel. Auffassung der P. ursprüngl. u. wesentl. Einheit v. Leib u. Seele im ↗ Leib-Seele-Problem aufgebrochen sind.

Mu

Lit.: I. A. Caruso, Bios, Psyche, Person (1957); K. Bernath, Anima forma corporis (1969); V. Satura, Struktur u. Genese der Person (1970).

Psychedelie. Griech. psychē = Seele, dēlos = leuchtend, offenbar. Schon seit Jahrtausenden trachtete man überall auf der Welt, auf versch. Wegen rel. Erfahrungen zu gewinnen u. a. mittels sog. psychotroper Substanzen (z. B. Haschisch, Marihuana, Psilocybin u. Meskalin). Im christl. Raum verhielt sich die offizielle Theologie derartigen Bemühungen gegenüber meist ablehnend. Heute geschieht, bes. bei jungen Menschen, eine Aufwertung v. Erfahrungen, spez. auch rel. Art. Sie steht im engen Zusammenhang mit dem tiefgreifenden sozialen, kulturellen u. geistigen Umbruch der letzten Jahrzehnte. Die „Authentizität" dieser Erfahrungen soll die zusammengebrochenen, bisher gült. ↗ Normen, ↗ Werte u. sozialen Einbettungssysteme ersetzen. Eine bes. Rolle spielt dabei die angebliche „psychedelische", bewußtseinserweiternde Wirkung psychotroper Substanzen. Sie wird v. traditionell eingestellten Forschern bestritten, die den ↗ Drogen nur einen defizitären Effekt zusprechen. Ein endgültiges Urteil ist heute noch nicht möglich, weil die Drogenwirkung je nach Substanz u. Dosierung v. a. aber in ↗ Abhängigkeit v. der äußeren u. inneren Situation der Versuchsperson völlig verschieden sein kann. Dazu kommt, daß sich die neuen Erfahrungen in die bisherigen Denkmodelle nur ungenügend einfügen lassen u. daß der wissenschaftl. Standpunkt u. die ⌐ Vorurteile des Experimentators sein Ergebnis extrem stark beeinflussen. Unbestreitbar ist allerdings, daß sich die Drogenwirkung nicht in den allgem. bekannten Symptomen erschöpft wie Veränderung des Zeit- u. Raumgefühls, der Körperempfindungen u. der Beziehung zur ⌐ Umwelt, Intensivierung v. Gefühlen u. Affekten, u. U. Auftreten v. ⌐ Illusionen u. ⌐ Halluzinationen. So werden sowohl v. psychisch Gesunden als auch v. Kranken bei kontrollierter Anwendung v. Drogen Erfahrungen mitgeteilt, in denen gleichsam best. menschl. Grundmöglichkeiten sichtbar werden u. die tw. in das Vorfeld des Religiösen gehören: eine größere „Durchlässigkeit" f. Erfahrungen überhaupt, eine „sakramentale Schau der Wirklichkeit" (A. Huxley), die sich meist weniger auf Erlebensinhalte als vielmehr auf Erlebnisqualitäten bezieht sowie „Grenzerfahrungen", z. B. des Stirb u. Werde. Entscheidend f. die rel. Entwicklung des Menschen sind allerdings weniger seine Erfahrungen als deren Verarbeitungsweisen. Ht

Lit.: W. Huth, Religiöse Erfahrung u. Drogen, in: Stimmen der Zeit 188 (1971) 291–310; M. Jesuttis/H. Leuner (Hsg.), Religion u. die Droge (1972).

Psychiatrie. P. ist seit 1803 (Reil) ein Spezialfach der Medizin, das sich mit der Erforschung, Diagnostik, Therapie u. Prävention v. seel. Störungen befaßt: Die sog. „große P." (klin. u. Anstalts-P.) befaßt sich vorwiegend mit den Geisteskrankheiten, die „kleine P." (Sprechstunden-P.) mit den abnormen Entwicklungen u. Erlebnisreaktionen (⌐ Psychopathie u. ⌐ Neurose). Heute Verwischung der Grenzen durch das Eindringen der ⌐ Psychoanalyse in die Anstalts-P., deren gesellschaftl. Isolierungsfunktion im Bewußtsein der Öffentlichkeit immer mehr abgelehnt wird (Polemik gegen die sowjet. P., aber auch bei uns!). Grundlagenwissenschaft ist neben der somat. Pathologie die ⌐ Psychopathologie. — Das Verhältnis zw. P. u. Religion hängt mit der jeweiligen Einstellung der ⌐ Gesellschaft zum Krankheitsbegriff zusammen. Im assyrisch-babylon. Kulturkreis des Altertums war ⌐ Krankheit mit ⌐ Sünde identisch. Heilmethoden bestanden folglich zunächst in einer rituellen persönl. Gewissenserforschung. Bei bewußter Verfehlung ⌐ Heilung durch ⌐ Exorzismus mit Opfern u. Bittgebeten; wenn die Gewissenserforschung negativ verlief, bediente man sich diesbezüglich der Wahrsagerei. So war f. die Semiten Krankheit Theophanie, ein Mittel Gottes, sich zu offenbaren, der Kranke ein persönl. Sünder. Bei den Griechen der archaischen Periode (Homer) war Krankheit zwar ebenfalls Strafe der Götter, aber in erster Linie physische Unreinheit. Die naturalist. Auffassung dieser physiolog. Heilkunde (Hippokrates) sah zwar auch Sünde als seel. Ordnungsverlust an, lokalisierte diesen jedoch im Körper. Der Sünder war also in erster Linie ein Kranker (Lain-Entralgo). Geisteskrankheiten (⌐ Manie, ⌐ Melancholie, ⌐ Hysterie) wurden erstmalig differenziert beschrieben u. körperl. behandelt. Im Mittelalter galten Geisteskranke als Besessene u. somit als Domäne der Exorzisten; die naturalist. Auffassung wurde nur mehr v. einzelnen Ärzten vertreten. Im 12. Jh. Gründung der ersten Irrenhäuser (bei den Arabern schon im 8. Jh.). In der Renaissance Wiederaufkommen der naturalist. Theorien (insbes. Johannes Weyer, der die Hexen als Geisteskranke v. Ärzten behandelt wissen wollte). Besessenheitswahn sei ein ⌐ Aberglauben, Behandlung durch drastische körperl. Methoden (Darwin'scher Drehstuhl, Hungerkuren). In der Aufklärung Reform der Irrenhäuser, Befreiung der Geisteskranken v. den Ketten durch Philipp Pinel, „No restraint"-Bewegung in England. Im 19. Jh. „romantische Medizin": Geisteskrankheiten Folge persönl. Sünden („gewucherter Leidenschaften"). Im Gegensatz dazu standen die Somatiker, bei denen seit Griesinger Geisteskrankheiten eindeutig Gehirnkrankheiten sind (Vater der Neuro-P.). Kraepelin entwickelte die Idee psychiatr. Krankheitseinheiten mit gemeinsamer ⌐ Prognose. V. a. in der dt. Schul-P. ist dies die noch heute vorherrschende Betrachtungsweise. Seit Freud Entwicklung der sog. dynam. P., in der nicht mehr körperl. bedingte Krankheitseinheiten, sondern Störungen der ↗ Ich-Entwicklung nach dem psychoanalyt. Modell Gegenstand der psychopatholog. Theorien ist. Erweiterung des Modells in der kommunikativen Psychopathologie (Sullivan) u. Entwicklung differenzierter psychotherapeut. Behandlungsmethoden, ↗ Milieutherapie, ↗ Familientherapie u. schließlich ↗ Gemeinde-P. Beziehungen zw. P. u. Religion heute: Durch die Sonderstelgung der P. als einer vermittelnden Institution zw. Medizin, ↗ Gesellschaft u. Religion kommt es sehr auf die ↗ Rolle des einzelnen Psychiaters an, die er bewußt od. unbewußt einnimmt. Der *Somatiker* kommt als Anstalts-P. kaum mit der Gesellschaft in Konflikt, da er sich mit deren Auftrag, den Geisteskranken zu isolieren, leicht identifiziert u. den Patienten als vernunftberaubten körperl. Kranken behandelt. Gesellschaftl. u. rel. Schuldfähigkeit werden krankheitsbezogen ausgeschlossen. Die Zusammenarbeit mit dem ↗ Seelsorger kommt daher erst nach ↗ „Heilung" des Geisteskranken in Frage. Rel. Berufung einerseits, ↗ Besessenheit andererseits erscheinen medizin. eindeutig durch das Vorliegen einer ↗ Psychose ausgeschlossen zu sein. Dagegen kommt der Somatiker regelmäßig in eine ambivalente Beziehung zu seinem „krankheitsuneinsichtigen" Geisteskranken, der durch den institut. Druck der geschlossenen Anstalt u. durch ↗ Manipulation mit Hilfe der modernen ↗ Psychopharmaka innerhalb der Anstalt nur als scheinangepaßte Defektpersönlichkeit existieren kann („institutionelle Neurose"). Der *Psychiker* (meist ein Psychoanalytiker) identifiziert sich primär mit seinem ↗ Patienten, dessen Geisteskrankheit er als Störung der Persönlichkeitsentwicklung durch nicht lebbare ↗ Kommunikations-Beziehungen in ↗ Familie u. ↗ Gesellschaft zu verstehen versucht. Er kommt daher mit seinem Isolierungsauftrag vonseiten der Gesellschaft in Konflikt u. sucht diesen durch eine offene therapeut. ↗ Gemeinschaft mit seinem Patienten zu umgehen. Die Frage gesellschaftl. Verantwortlichkeit versucht er zu beantworten, indem er subjektiv das Vorhandensein eines Freiheitsraumes des ↗ Ichs angesichts einer gegebenen Situation feststellt (was bei den Gerichten aber noch nicht allgem. anerkannt ist). Den Geisteskrankheiten wird also nicht grundsätzlich Schuldunfähigkeit u. damit völlig fehlende Autonomie des Ichs zugebilligt. Es ist daher auch eine Zusammenarbeit mit dem Priester jederzeit möglich, hängt aber v. der persönl. Einstellung des Psychiaters ab. Vom pastoralen Standpunkt besteht beim Psychiker nämlich die Gefahr der Psychologisierung insbes. v. ↗ Schuld, die durch das Motivverständnis allzu leicht nur subjektiv beurteilt od. dem Kommunikationspartner (Familie, Gesellschaft) zugeschoben wird, aber auch rel. ↗ Einstellungen selbst, die als Neurose fehlinterpretiert werden können. Andererseits ist der Psychiater, der sich mit den Störungen der Persönlichkeit, die durch Kommunikationsschwierigkeiten in sozialen Systemen entstehen, beschäftigt, oft in der Lage, solche Schwierigkeiten in kirchl. ↗ Strukturen (Pfarrgemeinde) zu untersuchen u. bei ihrer Beseitigung behilflich zu sein. Das Ziel wäre ein ↗ Mental-health-Zentrum (↗ Gemeinde-P.), in welchem die sozialen u. seelsorgerl. Dienste der Pfarrgemeinde ohne hierarchische Schwierigkeiten zur Pflege der geist. ↗ Gesundheit im weltl. u. rel. Bereich zusammenarbeiten.

Heimo Gastager

Lit.: P. Lain-Entralgo, Heilkunde in geschichtl. Entscheidung (1956); F. C. Redlich u. D. X. Freedmann, Theorie u. Praxis der Psychiatrie (1970); J. Amon, Dynamische Psychiatrie (1973).

Psychoanalyse. Die P. wuchs aus der gemeinsamen therapeut. Arbeit v. J. Breuer u. S. Freud an den hyster. Phänomenen heraus. Freud hatte bei Charcot in Paris ausgiebig Gelegenheit bekommen, die Phänomenologie der ↗ Hysterie zu studieren u. bei Liébault u. Bernheim die Suggestion in tiefer ↗ Hypnose als therapeut. Mittel kennengelernt. Gemeinsam mit Breuer entstanden die „Studien über Hysterie", in denen dargelegt wird, daß die Symptome der Hysteriker v. eindrucksvollen, aber vergessenen Szenen ihres Lebens, dem sog. ↗ „Trauma" abhängen. Die v. Breuer entwickelte kathart. Methode ließ diese Erlebnisse in der Hypnose erinnern u. reproduzieren u. brachte so das Symptom zum Verschwinden. Daß die Symptome einer abnormen Verwendung v. nicht erledigten Erregungsgrößen entsprechen, die dann ins Körperliche „konvertiert" werden, war das erste Stück der Theoriebildung, die noch ganz im Banne des energet. Modells der damaligen naturwissenschaftl. Erkenntnis stand. Eine Differenz zw. Breuer u. Freud ergab sich bereits durch das Bemühen Breuers, die wirksamen Kräfte bei diesen Vorgängen im Bereich der Physiologie zu sehen, während Freud stärker in den Bereich des Psychologischen vorstieß. Als erste selbständige Leistungen Freuds müssen seine Lehre v. der ↗ Verdrängung u. vom ↗ Widerstand, die Annahme einer infantilen ↗ Sexualität sowie die ↗ Deutung u. Verwertung der ↗ Träume zur Erkenntnis des ↗ Unbewußten gewertet werden. Sie wurden v. der Fachwelt zunächst keineswegs anerkannt, u. Freud gelangte zu der Meinung, daß seine wissenschaftl. Überzeugungen auf das Publikum ebenso wirken mußten, wie wenn man einem Patienten das Verdrängte durch Mitteilung v. außen zuführt: Es wird lediglich ein affektiver Widerstand mobilisiert, der dann durch intellekt. Argumente rationalisiert wird.

Seit 1902 konnte Freud eine Anzahl junger Ärzte um sich sammeln, die z. T. die Wirkung der P. an sich selbst erfahren hatten u. sie nun in der ärztl. Praxis einsetzten. Die so entstandene „Mittwochs-Gesellschaft" fand in O. Rank einen nichtärztl. Sekretär, der v. Anfang an die Anwendung der P. auf die mannigfaltigsten Gebiete der Geisteswissenschaften im Auge hatte. Freilich gelang es nicht, in dieser ersten Gruppe v. Psychoanalytikern freundschaftl. Einvernehmen herzustellen u. Prioritätenstreit zu vermeiden. — Mit dem Jahr 1907 trat die P. aus ihrem „Wiener Winkeldasein" heraus in das Licht der Weltöffentlichkeit, v. a. dadurch, daß sie in der Züricher Schule der ↗ Psychiatrie Anerkennung fand u. bekannte Forscher wie Bleuler u. C. G. Jung sich f. sie zu interessieren begannen. Damit setzte die experimentelle Erforschung vieler psychoanalyt. Grundannahmen ein, wurde sie auf die Schizophrenieforschung angewandt, entstand das Stichwort vom psychischen ↗ „Komplex", das eine sehr weitgehende Popularität erringen sollte. 1909 wurden Freud u. Jung durch St. Hall nach den USA eingeladen, wo sowohl Jones u. Brills als auch J. Putnam f. die P. gewonnen werden konnten. Riklin, Abraham u. Reik wandten die Traumsymbolik auf ↗ Mythos u. Märchen sowie auf künstlerische Schöpfungen an; der Pfarrer O. Pfister setzte sie mit großem Erfolg in der ↗ Seelsorge u. Pädagogik ein. In ganz Europa sowie in den USA bildeten sich Zentren psychoanalyt. Ausbildung, mehrere Zeitschriften verbreiteten das psychoanalyt. Gedankengut, die Internationale Psychoanalyt. Vereinigung wurde gegründet. Noch bevor der erste Weltkrieg die internat. Verbindungen abriß, wurde die P., die sich damals vorwiegend als eine Bewegung verstand, durch den Austritt v. A. Adler u. C. G. Jung u. deren Freunde wieder geschwächt.

Die Konsolidierung nach dem Ersten Weltkrieg brachte bedeutsame Fortschritte der ↗ Technik wie der Handhabung v. ↗ Übertragung u. ↗ Widerstand sowie der Einführung der Lehranalyse als verbindl. Bestandteil des psychoanalyt. Ausbildung. Die Metapsychologie wurde durch eine neue Instanzenlehre (die sog. zweite Topik) sowie eine Neuformulierung der ↗ Triebtheorie, die auf eine Dualität v. ↗ Libido u. Destrudo hinausläuft, weitergeführt. Seinen letzten Lebensabschnitt widmete Freud v. a. der Anwendung der P. auf kulturhistor. allgem. menschl. Probleme wie das der ↗ Aggression, der Massenpsychologie, der Religion. Nach Freuds Tod im Jahre 1939 war die P. in Deutschland so gut wie ausgerottet. Neue Zentren der Forschung eröffneten sich v. a. in London, wo Freuds Tochter Anna mit zahlreichen Mitarbeitern viele bis dahin hypothet. Annahmen durch Kinderbeobachtungen u. -therapie stützte. In den USA bildeten sich, stark unterstützt durch europ. Emigranten, zahlreiche Zentren der Forschung, die v. a. die Ich-Psychologie (H. Hartmann) sowie die sozialen Implikationen der P. (E. Erikson) weiter zu entwickeln versuchten. H.

Kohut hat in jüngster Zeit die weitestgehende Revision des psychoanalyt. Triebkonzeptes vorgeschlagen, die neben libidinösen u. aggressiven Triebgruppen dem ↗ Narzißmus einen eigenständigen Triebcharakter zuerkennen möchte. Eine theol. Auseinandersetzung mit der P. hat sich — nachdem sie in den zwanziger Jahren mit weithin unqualifizierten Argumenten vorschnell abgelehnt worden war — erst in den letzten Jahren ergeben, nachdem sich v. a. unter der student. Jugend ein überraschendes Interesse v. a. f. die gesellschaftskrit. Möglichkeiten der P. gezeigt hatte. Im Gegensatz zu dieser erst zögernd angelaufenen theoret. Diskussion sind zahlreiche Grundprinzipien der P. bereits in der Praxis der Seelsorge u. in ihrer Aus- u. Fortbildung integriert.

Joachim Scharfenberg

Lit.: S. Freud, Zur Geschichte der Psychoanalytischen Bewegung, Ges. Werke, Bd. X; S. Freud, Vorlesungen zur Einführung in die Psychoanalyse, Ges. Werke, Bd. XI; G. Bally, Einführung in die Psychoanalyse Sigmund Freuds (1961); C. Brenner, Grundzüge der Psychoanalyse (1967); P. Ricoeur, Die Interpretation (1969); J. Scharfenberg, Sigmund Freud u. seine Religionskritik als Herausforderung f. den christlichen Glauben (1971).

Psychodrama (griech.) = ein v. J. L. Moreno entwickeltes, gruppentherapeut. Verfahren, als Ergänzung zu einer Individualtherapie od. als einzige psychotherapeut. Maßnahme. Im P. wird die konflikthafte Situation vom Klienten unter Assistenz eines therapeut. Gruppenleiters (Hilfs-Ich) mit anderen Mitgliedern der Therapiegruppe gespielt. Die therapeut. Wirkung besteht vorwiegend in einem kathart. Effekt.

Lit.: J. L. Moreno, Gruppenpsychotherapie u. Psychodrama (1959); Angewandtes Psychodrama in Therapie, Pädagogik, Theater u. Wirtschaft, Hsg. v. H. Petzold (1972).

Psychodynamik (griech.) Begriff, der v. der ↗ Tiefenpsychologie (↗ Psychoanalyse) wie v. fast allen psych. Schulen verwendet wird. P. beinhaltet die Wirkungsweisen u. die Auswirkungen der versch. psychischen Kräfte (die angeborenen u. in best. Art geprägten ↗ Triebe) sowie die erworbenen, gefühlsbegründeten od. willensbestimmten ↗ Motivationen (↗ Antriebe in einzelnen Lebenssituationen od. im Laufe einer Lebensgeschichte).

Psychohygiene. P. (griech.) ist eine psychiatr. Disziplin zur Verhütung psychischer Störungen (Synonyme: mental hygiene, Psychoprophylaxe). Begriff v. E. Stransky (Übersetzung des anglo-amerikan. mental health; ↗ Mental-Health-Bewegung). Die P. dient der Erhaltung der psychischen ↗ Gesundheit, der Verhütung v. ↗ Psychosen u. ↗ Neurosen, der Nachbetreuung defekt geheilter Geisteskranker, insbes. deren berufl. Förderung u. fürsorger. „Überwachung". Es sind aber auch alle psychisch ↗ Behinderten (Geistesschwache, Hirngeschädigte usw.) in die psychohygien. Bemühungen eingeschlossen; ebenso Süchtige, Strafgefangene, aber auch die aus sozialen od. rassischen Gründen Benachteiligten (↗ Diskriminierung, ↗ Minderheiten, ↗ Subkultur). Ferner bemüht sich die P. um eine umfangreiche Aufklärungstätigkeit zum Wohl u. Schutz der psychisch Kranken sowie um Untersuchungen v. ungünstigen Wohn-, Schul- u. Betriebsverhältnissen, ferner um ↗ Erziehungs-, ↗ Ehe-, Alters- u. Lebensmüden-Beratung.

Pastoralanthropolog. gesehen liegt die P. im Vorfeld seelsorgerl. Bemühungen: sie bemüht sich, individ. u. soziale Schwierigkeiten zu mildern bzw. zu beseitigen, die das rel. Leben behindern. Rt

Lit.: E. Stransky, Leitfaden der psychischen Hygiene (1931); V. E. Frankl/V. E. Gebsattel/J. H. Schultz (Hsg.), Handbuch der Neurosenlehre und Psychotherapie (1960).

Psychokinese (griech.) = psychische Beeinflussung außerleibl. Vorgänge od. materieller Stoffe; vergleichbare Bezeichnung: ↗ Telekinese (↗ Parapsychologie).

Psychologie u. Seelsorge. Weil bei jedem Umgang mit Menschen unbewußt od. bewußt irgendwelche psych. Erkenntnisse einfließen, hat auch S. in jeder Form zu allen Zeiten eine Beziehung zum jeweiligen psych. Erkenntnisstand. Andererseits haben seelsorgerl. Bemühungen immer wieder wertvolle psych. Erkenntnisse zutage gefördert. Über dieses allgem.

Verhältnis hinaus bestehen in der Gegenwart zw. P. u. S. spez. Probleme, die sich v. a. durch die immer stärkere Ausbreitung der psych. Beratungs- u. Behandlungspraxis ergeben. Wird auf der einen Seite v. „psych. S." (H. March) gesprochen, so wird andrerseits behauptet: „S. ist ↗ Psychotherapie im kirchl. Kontext" (D. Stollberg). Eine Ineinssetzung v. P. bzw. ↗ Psychotherapie u. S. widerspräche aber nicht nur der kirchl. Tradition im Katholizismus u. Protestantismus, sondern auch den diesbezügl. bibl. Aussagen. Nach dem NT ist der Jünger Jesu dazu berufen, Zeuge seines Herrn u. Heilands zu sein gegenüber den Mitmenschen (Apg 1,8), weil auch diese nur das Heil ihres Lebens in der Glaubensgemeinschaft mit dem Gottessohn finden (Apg 4,12). Dieses Christuszeugnis soll durch Wort u. ↗ Sakrament sowie durch Liebestaten im Namen Jesu geschehen. Allgem. psych. ↗ Lebensberatung od. psychotherapeut. Behandlung ohne diesen Bezugspunkt Jesus Christus ist ihrem Wesen nach nicht kirchl. S., so wertvoll eine derartige Betreuung auch zur Lösung v. psychischen ↗ Konflikten bzw. zur psychotherapeut. Heilung sein mag. Neben dieser Unterscheidung ist auch diejenige zw. S. u. christl. Nächstenliebe förderlich. Liebestaten im Namen Jesu können mit vollem Recht ohne verbale Bezeugung Christi als dem Heil aller Menschen vollbracht werden. Bezeichnet man solche Handlungen der ↗ Caritas (↗ Diakonie) auch ohne weiteres als S., so besteht die Gefahr, daß man sich damit zufriedengibt u. so die direkte Christus-Bezeugung zu kurz kommt, sei es aus Opportunismus od. aus Feigheit. Psych. Beratung od. psychotherapeut. Behandlung durch einen Christusgläubigen ist demnach nicht S., sondern Caritas (Diakonie).

So notwendig es ist, diese Unterscheidungen theoret. zu treffen u. in der Praxis durchzuhalten, so erforderlich ist es, daß v. beiden Seiten die rechte Zusammenarbeit zw. P. bzw. Psychotherapie u. S. gesucht wird. Seel. Konflikte bzw. psychisches Kranksein können die christl. S. unmöglich machen (z. B. ↗ Skrupulosität od. ↗ Depression). In solchen Fällen ist psych. bzw. psychotherapeut. Hilfe einfach geboten, ebenso dann, wenn der ↗ Seelsorger selbst der psych. od. psychotherapeut. Betreuung bedarf. Wo P. sich als ↗ Religionsersatz gebärdet, ist allerdings Vorsicht am Platz, da in diesem Falle weder im Sinne einer verantwortl. Psychotherapie noch S. gehandelt wird. Ein häufig erörtertes Problem zw. P. u. S. ist die jeweilige Einstellung zur menschl. Schulderfahrung. Zu billig ist es, zu behaupten, daß P. bzw. Psychotherapie alle ↗ Schuld weg-erklären od. -analysieren will. Beide wissen, daß Menschen echt schuldig werden u. nicht nur neurot. Schuldgefühle haben, die es aufzulösen gilt. Aber der Therapeut hat sich in der Behandlung subj. Schuldgefühle der Wertung zu enthalten, während f. den Seelsorger Wertmaßstäbe relevant bleiben müssen. In diesem Zusammenhang haben Pauschaldiffamierungen v. seelsorgerl. Seite ebensowenig Sinn wie umgekehrt leichtfertiges Außerachtlassen christl. Grundwerte (etwa der geschlechtl. ↗ Keuschheit) u. -methoden (z. B. der ↗ Beichte), um vermeintl. Modernität u. Wissenschaftlichkeit willen. Wichtig ist, daß der sachl. ↗ Dialog zw. P. u. S. weiter intensiviert wird; ferner, daß die christl. Seelsorger keine (neurot.) Minderwertigkeitsgefühle gegenüber P. u. Psychotherapie haben, sondern – ihres Glaubens gewiß – unverdrossen sich darum mühen, rechte Zeugen Jesu Christi zum Heil der Mitmenschen, das auch das ird. Wohl umschließt, zu sein. Dabei können u. sollen sie selbstverständlich hinsichtl. Menschenkenntnis u. -behandlung jederzeit v. den psych. Erkenntnissen aller Art Gebrauch machen. *Karl E. Schiller*

Lit.: H. Schär, Seelsorge u. Psychotherapie (1961); H. Harsch, Das Schuldproblem in Theologie u. Tiefenpsychologie (1964); W. Kurth/G. Bartning, Psychotherapie in der Seelsorge (1964); G. Griesl, Pastoralpsych. Studien (1966); G. Walter, Seelsorge an Neurose-Kranken (1967); H. Faber/E. van der Schoot, Praktikum des seelsorgerl. Gesprächs (1968); A. Köberle, Heilung u. Hilfe (1968); L. Debarge, Psychologie u. Seelsorge (1969); D. Stollberg, Therapeut. Seelsorge (1969); H. Wulf, Wege zur Seelsorge (1970); O. Haendler, Tiefenpsychologie, Theologie u. Seelsorge (1971); A. Huth, Psychologie in der Seelsorge (1971); W. Zijlstra, Seelsorge-Training (1971); J. Scharfenberg, Religion zw. Wahn u. Wirklichkeit (1972); W. L. Furrer, Psychoanalyse u. Seelsorge (²1972).

Psychopathie. 1. ↗ Abnorme Persönlichkeiten, die an ihrer Abnormität leiden od. unter deren Abnormität die ↗ Gesellschaft leidet (K. Schneider). 2. In der franz. u. angloamerikan. ↗ Psychiatrie jede Form psychischer Störung (unser P.-Begriff findet sich dort unter personality disorders).

Psychopathologie u. Pastoral. Ps. wird definiert als die Lehre v. den krankhaften Erscheinungen des Seelenlebens u. ist eine Teilwissenschaft der ↗ Psychiatrie. P. ist der aus dem Lat. kommende Begriff f. das, was man allgem. mit ↗ Seelsorge bezeichnet. Das Verständnis v. Seelsorge hat sich in den letzten Jahrzehnten entscheidend verändert. Während man früher die Botschaft Gottes fast ausschließl. als solche betonte, wendet man heute aufgrund der Erkenntnisse der Humanwissenschaften ebenso stark das Interesse auf den Menschen als Empfänger dieser Botschaft. Auch in der Ps. bahnt sich eine Entwicklung an. In immer stärkerem Maße zeigt sich, wie psychopatholog. Zustandsbilder (↗ Psychosen, ↗ Psychopathien, ↗ Neurosen), die früher die betroffenen Menschen f. das sog. „Irrenhaus" bestimmten, aus gestörten personalen, sozialen u. (auch) rel. Bezügen zu verstehen sind. Die ↗ Mobilität unserer ↗ Gesellschaft, die ↗ Anonymität unserer Städte, die weitgehende Auflösung tradit. Strukturen z. B. in ↗ Familie u. ↗ Kirchen machen den Menschen ortlos u. setzen (psychopatholog.) krankhafte Potenzen frei, die in einer homogenen ↗ Gesellschaft wahrscheinlich nicht zum Ausbruch kommen würden. Hinzu kommt, daß Menschen, die früher Dauerpatienten in der Nervenklinik gewesen wären, heute durch Behandlung mit ↗ Psychopharmaka instand gesetzt werden, in der Gesellschaft zu leben. Mit dieser Situation werden die heutige ↗ Gemeinde-P. u. der ↗ Seelsorger konfrontiert. Vom oben umschriebenen Verständnis v. Seelsorge her sollte die Gemeinde der Ort sein, wo der seel. kranke Mensch eine personale Heimat findet. Der Seelsorger sollte in seiner Ausbildung die psychopatholog. Zustandsbilder praktisch kennen u. unterscheiden lernen. Er sollte wissen, daß ein Mensch, der einmal in einer Nervenklinik war od. Dauerpatient bei einem Nervenarzt ist, gesellschaftl. ein Gezeichneter, d. h. ein Außenseiter wird. Hier hat die christl. Gemeinde die Aufgabe der ↗ Rehabilitation. Nicht zuletzt sei das Problem des alten Menschen in der Gemeinde-P. erwähnt. Neuere Forschungen zeigen, daß Alterspsychosen sehr oft aus der Isolation u. ↗ Vereinsamung des alten Menschen zu verstehen sind. Der alte Mensch will nicht nur „betreut" werden, sondern er braucht, um seel. existieren zu können, die sinnvolle Aufgabe u. *seinen* Ort in der Gesellschaft (↗ Altern, ↗ Altenseelsorge). — Wenn die P. sich mit den Erkenntnissen der Ps. auseinandersetzt u. die gesicherten Ergebnisse annimmt, wird es f. sie leichter, ihre Heilsaufgabe am heutigen Menschen zu erfüllen, u. sie leistet damit gleichzeitig einen wertvollen Dienst an der Gesellschaft. Stv

Lit.: K. Jaspers, Allg. Psychopathologie (⁶1953); J. Scharfenberg, Seelsorge als Gespräch (1972); R. Riess, Seelsorge (1973).

Psychopharmaka. Natürl. od. synthet. Mittel, die normale bzw. abnorme psychische Zustände u. Funktionen beeinflussen.

Histor. Überblick: Verwendung natürl. P. sehr alt (Haschisch bei den Assyrern, Opium bei den Griechen; Koka, Pilzgifte in Südamerika). Wissenschaftl. Beschreibung der psychotropen Opiumwirkung v. A. v. Haller (1777), Pharmakopsychologie v. E. Kraepelin (1883, 1892). Der Begriff Psychopharmakotherapie seit 1951 od. 1952 (Verwendung v. Phenothiazinen in der ↗ Psychiatrie) in der Fachliteratur. Das Wort schon 1548 geprägt im übertragenen Sinn (Psychopharmakon hoc est medicina animae). 1918 Darstellung reinen Meskalins, 1943 Entdeckung der psychotropen Wirkung des Lysergsäurediäthylamids (LSD). Nach vorgängiger Anwendung v. Barbituratschlafkuren (Klaesi) u. Insulinkomatherapie (Sakel) vornehmlich bei Schizophrenie zunehmende Verwendung v. P. in der Therapie der ↗ Psychosen, aber auch bei ↗ Neurosen u. ↗ Psychopathien sowie anderer Verhaltensstörungen u. Wesensveränderungen, wobei weniger die ↗ Krankheit als solche,

als vielmehr deren Leitsymptome f. die Wahl des ↗ Medikamentes ausschlaggebend sind. Seit Einführung der P. hat sich Krankengut u. Atmosphäre in den psychiatr. Krankenhäusern wesentl. geändert. *Klin., pharmakolog.:* Die Einteilung der P. kann v. versch. Gesichtspunkten aus erfolgen, die folgende Einteilung zeigt eine allgem. gebräuchl. u. praxisnahe Form:
1. Tranquilizer (minor tranquilizer, Ataraktika) hypnotikafreie Beruhigungsmittel ohne „antipsychot. Wirkung". 2. Neuroleptica (major tranquilizer, Neuroplegica) hypnotikafreie Beruhigungsmittel mit „antipsychot. Wirkung". 3. Thymoleptica (Antidepressiva) vorwiegend stimmungsaufhellende Substanzen. 4. Thymerethica (Thymoanaleptika, psychic energizer) vorwiegend hemmungslösende Antidepressiva. 5. Stimulantia (psychotonica) antriebssteigernde Pharmaka. 6. Psycholytica (Halluzinogene) Pharmaka zur Erzeugung experimenteller Psychosen. — Eine nicht mehr übersehbare Anzahl v. Beruhigungsmitteln werden gegen innere Spannung u. Unruhe verordnet, die Neuroleptika wirken gegen ↗ Angst, ↗ Erregung u. Gespanntheit stärkeren Grades, die Thymoleptika beeinflussen traurige ↗ Verstimmung u. ↗ Hemmung, andere Antidepressiva dämpfen erregt-depressive-Zustandsbilder. Die Psychotonica heben Antriebsmangel u. ↗ Ermüdung auf. Wiederholt Überschneidung bei einzelnen Anwendungsbereichen. Bei gezielter Behandlung ist bei der Mehrzahl der Patienten eine zufriedenstellende Wirkung zu erreichen. Die seelisch kranken Menschen vermögen dann mit Hilfe der zweckentsprechenden Therapie in einem jeweils durch Art u. Schwere der Erkrankung gesetzten Rahmen ihr Leben zu bewältigen od. werden einer ↗ Psychotherapie zugänglich; ähnliches gilt f. ↗ Kinder mit Schul- u. Erziehungsschwierigkeiten. Aus der obigen Einteilung lassen sich die wichtigsten Wirkungsweisen entnehmen. Die bes. Wirksamkeit u. die Gefahr v. ↗ Nebenwirkungen (gegebenenfalls auch ↗ Abhängigkeit) verlangen strenge Indikation u. dauernde ärztl. Überwachung.
Pastoralanthropolog.: Mit der Forderung nach strenger Indikation ist auch die Frage nach sittl. Erlaubtheit der P.-Therapie beantwortet. Milder wirkende P. (Tranquilizer, Ataraktika) bzw. Psychotonika (Weckamine) werden aber vielfach aus Gründen einer technizist. Vorstellung v. der Machbarkeit innerseel. Vorgänge u. Zustände angewendet. Hier liegt keine streng therapeut. Indikation vor. Eine neue Form v. Arzneimittelsucht, neben ekstat. oder nihilist. Süchten, zeichnet sich ab: Unangenehmes zu unterdrücken, Angenehmes od. gerade Erwünschtes hervorzurufen. Anstelle v. ↗ Leidenschaft od. Betäubung, wie man sie früher mit Hilfe v. ↗ Drogen erreichen wollte od. auch erreichte, tritt ein rationalistisches Motiv: Stimmungen werden „chemisch" eingeschaltet, Angst u. Furcht, sofern sie zum gesunden Menschen gehören, ebenso menschl. Leid werden unterdrückt u. können nicht mehr der ↗ Reifung u. Läuterung, der Besinnung u. dienen. Der ↗ Antrieb v. Grenzsituationen wird vertan. Schlaflosigkeit, gegebenenfalls psychophys. Ausdruck personaler Leere wird pharmakolog. bekämpft u. nicht durch den personhaften Vollzug des menschl. Lebens aufgehoben. Fehlhaltungen werden nicht mehr als moral. Gegebenheit angesehen, vielmehr wird deren unlustbetontes Mitschwingen im vegetativen Nervensystem medikamentös gedämpft od. ausgelöscht. Letzte ethische Hemmungen werden mit psychotropen Substanzen überspielt, ja selbst mystische Erlebnisse werden vermeintlich mit Hilfe einer Droge erzwungen. ↗ Arzt u. Seelsorger sind hier vor eine große Aufgabe gestellt: Strebungen u. Überlegungen, Stimmungen u. Haltungen v. jeglichem medikamentösem Einfluß zu entbinden. Leid u. Not müssen ertragen werden, das Arbeitspensum u. auch der berufl. Ehrgeiz müssen an der individ. Leistungsfähigkeit ihre Grenze finden. ↗ Freude u. ↗ Glück können nicht mit stimmungshebenden Mitteln erzwungen werden, sollen sie echt u. krisensicher sein. Die chem. Mitbestimmung der eigenen Erlebniswelt würde eine Dürftigkeit im personalen u. geist. Bereich bringen, die die Entfaltung der Persönlichkeit verhindert. Toxische ↗ Ekstasen sind infolge der Drogengewirktheit der rel. Phänomene keine echte ↗

Religiosität, aus lebendiger Verbindung zum göttl. ↗ Du heraus, sondern rauschhafte Zustände eines getrübten Bewußtseins im Rahmen einer zerebralen Intoxikation. Rt
Lit.: A. Huxley, Himmel und Hölle (1957); Fl. Laubenthal (Hsg.), Sucht und Mißbrauch (1964); G. Roth, Psychopharmakon, hoc est medicina animae. Conf. psychiatr. 7 (1964), 179—181; M. P. Engelmeier, Können seelische Vorgänge durch Psychopharmaka verändert werden? Arzt und Christ 11 (1965), 163—169; E. Degkwitz, Leitfaden der Psychopharmakologie (1967); W. Pöldinger, Kompendium der Psychopharmakotherapie (1967).

Psychosen. P. sind Geisteskrankheiten mit Veränderung der Gesamtpersönlichkeit (im Gegensatz zu ↗ Neurosen mit abnormen Erlebnisreaktionen).
I. Organische P. sind solche Geisteskrankheiten, die eine nachweisbare körperl. Grundlage haben (körperl. begründbare P.). Im allgem. keine Erblichkeit, da im Laufe des Lebens erworben. Wir teilen sie heute nach M. Bleuler phänomenolog. in drei Reihen ein:
1. Zustände verminderten Bewußtseins. Hieher gehören: die vollständige Bewußtlosigkeit beim großen epilept. Anfall, die kleinen epilept. Absencen in Form v. kurzem „Wegbleiben", Ohnmachtsanfälle aus verschiedenen Ursachen. Es ist klar, daß ohne (situationsadäquate) Mindestwachheit kein Freiheitsraum des Erlebens u. Handelns bestehen kann. —
2. Zustände veränderten Bewußtseins (eigentliche, akute u. chronische P.). Bei diesen handelt es sich nicht nur um eine Herabsetzung der Wachheit, sondern um eine Entordnung des ↗ Bewußtseins u. das Auftreten abnormer Erlebnisinhalte. Ob ein Willensakt, eine Handlung od. ein (auch rel.) Erleben persönlichkeitsfremd ist, dem Subjekt habituell somit nicht zugerechnet werden kann, kann nur der Psychopathologe bei genauer Analyse der präpsychot. ↗ Persönlichkeit, der aktuellen Bewußtseinslage u. der Situation beurteilen.
a) Der *einfache Rausch* mit Lockerung der habituellen persönl. Einstellungen, Wertordnungen u. Haltungen: v. a. der Zensur nicht bewußtseinsfähiger, aber unbewußter Erlebnisinhalte („in vino veritas") u. der intersubjektiven Beziehungen („Stimmung"). Zurücktreten der Reflexivität (Selbstüberschätzung u. Kritiklosigkeit gegenüber eigenen u. fremden Einstellungen), erhöhter Suggestibilität u. Neigung zu Massenreaktionen (Primitivisierung). Ab einem individuell best. Punkt der Berauschung völliger Verlust des Freiheitsraumes möglicher Verantwortlichkeit (Unzurechnungsfähigkeit).
b) *Depersonalisation* u. *Derealisation* mit phantast. Veränderungserlebnissen sowie Fremdwerden des eigenen Leibes, des eig. Ichs u. der Welt, bes. bei Rauschgiften (↗ Drogen) wie LSD, Haschisch u. a. Freiheitsspielraum der Verantwortlichkeit im allgem. nicht mehr vorhanden.
c) Die *Halluzinose* (z. B. bei ↗ Alkoholabhängigkeit), mit ↗ Angst, akust. Sinnestäuschungen (bedrohende od. beschimpfende Stimmen) u. Störungen der intersubjektiven ↗ Kommunikation (Gefühl des Erblickt- u. Überwältigtwerdens). Kein Freiheitsspielraum des Ichs gegenüber der Realität.
d) *Dämmerzustände* mit tw. od. völliger Verkennung der Wirklichkeit gemäß der affektiven Veränderung (ekstat. u. Trancezustände, phantast. Erlebnisse oft rel. Inhalts). Dabei häufig oberflächlich geordnet u. orientiert (Vortäuschung v. Besonnenheit), wegen Tendenz zu raptusartigen Entladungen (Tobsuchtsanfällen) gefährlich. Dauer: Minuten bis Tage, anschließend meist keine Erinnerung. Vorkommen beim patholog. Rausch (Alkohol, Rauschgifte) u. bei Epilepsie. Kein Freiheitsspielraum, Handlungen sind persönlichkeitsfremd.
e) Das *Delirium* mit meist trivialer Verwirrtheit (im Gegensatz zu den phantast. Erlebnissen oben), Desorientiertheit, szenenhaften opt. Trugwahrnehmungen, Bewegungsunruhe („Beschäftigungsdelirium", Delirium tremens). „Lichte Momente" als Durchbrechung der Realitätsverkennung sind möglich. —
3. Ordnung persönl. Lebens auf einfacher Stufe infolge des Verlustes der Verfügbarkeit über die eigene innere Lebensgeschichte (Demenz). Verlust des Frischgedächtnisses, Abbau der persönl. Ordnungen, der Kritikfähigkeit u. des Urteilsvermögens, Gefühlsverflachung od. -labilität, Verwirrtheitszustände. Andau-

ernde Entortung der Persönlichkeit, manchmal reversibel (bei ↗ Alkoholabhängigkeit nach ↗ Entziehungskur). Geringer Freiheitsspielraum, sehr situationsabhängig. F. den pastoralen Zugang spez. Methoden notwendig (Berücksichtigung der präpsychot. Persönlichkeit u. der aktuellen Grenzen, Zusammenarbeit mit dem ↗ Arzt). Pflege der vorhandenen Möglichkeiten, v. a. aber zwischenmenschl. Kommunikation auf der Ebene der dem Dementen verfügbaren eigenen Lebenswelt. Kommunikationsabbruch (Isolierung), Gefahr des Auftretens v. Verwirrtheit. Zu dieser Gruppe gehören auch die versch. Grade des ↗ Schwachsinns.
II. Funktionelle P. sind solche Entordnungen des aktuellen Bewußtseins u. der ↗ Persönlichkeit, f. die bisher keine körperl. Begründung gefunden werden konnte (aber immer noch angenommen wird). Erbgenet. Veranlagung wird v. vielen Autoren vermutet.

1. *Manisch-depressive P.* verlaufen in Wochen bis Jahre dauernden Phasen (phasische P.); dazwischen liegen echte lucida intervalla v. jahre- bis jahrzehntelanger Dauer, in denen weder Entordnungen des Bewußtseins noch der Persönlichkeit bestehen, also normaler Freiheitsspielraum mit der Möglichkeit freier Verantwortung u. insbes. voller Konsensfähigkeit. Erbhygienisch ist zu bedenken, daß die Möglichkeit der Vererbung auf die Nachkommenschaft relativ groß ist (dominanter Erbgang), bes. bei doppelter familiärer Belastung (↗ Anlage u. Vererbung).

a) *Manische Zustandsbilder:* Erscheinungsbild: eine situationsadäquat gehobene (euphor.) Verstimmung, auch gereizt bzw. zornmütig; Kritik- u. Distanzlosigkeit mit Selbstüberschätzung u. Größenideen (auch rel., pastoral schwer beeinflußbare), allgem. (auch sex.) Enthemmung, Erregungszustände, sprunghafter bis ideenflüchtiger Gedankengang („vom Hundertsten ins Tausendste"). Durchschlafstörung, erhöhter Appetit, kein Krankheitsgefühl. Ab einer gewissen Ausprägung keine Verantwortungs-, Zurechnungs-, Schuld- u. v. a. Konsensfähigkeit. Anfangs wird das Krankhafte des Zustandes auch v. den Angehörigen nicht erkannt, was zu erhebl. Schäden in sozialer Hinsicht (z. B. durch kritiklose geschäftl. Spekulationen) führen kann. Behandlung: Dämpfung durch Psychopharmaka. Bewahrung vor Schäden (evtl. Entmündigung). Nach Abklingen der Phase ↗ Psychotherapie (Rückfallsprophylaxe) möglich.

b) *Depressive Zustandsbilder (Melancholie):* Primär traurige Verstimmung mit Beharrungstendenz (den möglichen Anlaß weit überdauernd, daher *endogene* Depression), unbegründbare Angst (bis schwere ängstl. Erregung), Hemmung u. Verlangsamung v. Gedankengang u. Motorik (Grübelzwang, im Kreis denken), absoluter Pessimismus mit entsprechenden Wahnideen (Kleinheits-, Verarmungs- u. hypochondr. Wahn). Wahnhafte Selbstvorwürfe u. Schuldgefühle (mangelnde Leistung, Versündigungsideen). Starkes Gefühl der Persönlichkeitsveränderung, aber keine Krankheitseinsicht. Absolute Suicidgefahr, bes. bei Verheimlichung (Suicidgedanken in jedem Fall anzunehmen, werden aber aus rel. Scham oft nicht zugegeben). Ein hoher Anteil ausgeführter Selbsttötungen geht auf das Konto der Melancholie. Suicidgefahr morgens am größten, abends häufig Aufhellung der Depression. Bei Müttern Gefahr des erweiterten Suicids aus absoluter Hoffnungslosigkeit auch in bezug auf die Kinder. Diagnose oft schwierig, wenn die Depression hinter körperl. Beschwerden verborgen ist (larvierte Depression), auch die Abgrenzung v. nicht endogenen Depressionen (organische, situative, neurot. u. psychopath. Depressionen). Vegetative Symptome: Schlaf- u. Appetitstörung, Gewichtsabnahme, Austrocknung der Schleimhäute, Stuhlverstopfung, Herabsetzung der ↗ Libido. Kein Freiheitsspielraum, daher keine Verantwortlichkeit, bes. f. die wahnhaften Versündigungsideen. Pastorale Führung aber nötig trotz prinzipieller Unbeeinflußbarkeit ohne entspr. Therapie, aber unbedingt in Zusammenarbeit mit dem Arzt (Widerstand v. Patient u. Angehörigen wegen Angst vor Diagnose: „Schande"). Durchführung des Suicids trotz rel. Einstellung nicht ausgeschlossen, auch nicht bei Priestern, wegen der absoluten Hoffnungslosigkeit. Behandlung mit antidepressiven Medikamenten (↗ Psychopharmaka) od. Elektroschocks (heute nur unter Narkose u. mit Einwilligung des Patienten). Psychotherapie während der Phase ohne Aussicht auf durchschlagenden Erfolg, wohl aber im Intervall (Rückfallsprophylaxe).

2. *Schizophrener Formenkreis* (früher „Dementia praecox"). Entordnung des aktuellen Bewußtseins u. der Persönlichkeit (des Ichs), in welcher eigenes Erleben dem Nicht-Ich zugeschrieben wird („Verrükkung des Ichs"). Dies kommt bes. in den sog. Symptomen ersten Ranges nach K. Schneider zum Ausdruck, bei deren Vorhandensein die Diagnose mit einiger Sicherheit gestellt werden kann: Hören v. Stimmen anderer (Ich-fremd), v. anderen gemachte od. entzogene Gedanken, leibl. Beeinflussungsgefühle, oft Willensentzug (Lenkung durch den „anderen", Hypnosegefühl), Wahnwahrnehmungen (Beziehungs-, Beachtungs-, Verfolgungsideen). Während des akuten Stadiums Freiheitsspielraum infolge der tiefgreifenden Entordnung des Bewußtseins nicht vorauszusetzen, im Intervall muß der Zusammenhang des in Frage stehenden Erlebens od. Verhaltens mit krankhaft verbliebenen formalen u. inhaltl. Aktvollzügen anhand der lebensgeschichtl. Sinnkontinuität vom Fachmann untersucht werden. Dadurch kann der noch vorhandene Freiheitsspielraum im einzelnen festgestellt werden. Prinzipielle Absprechung v. Verantwortlichkeit bedeutet „Narrenfreiheit", widerspricht den heutigen Vorstellungen v. ↗ Menschenwürde u. dem ↗ Rehabilitationsprinzip.

a) *Schizophrenia simplex* mit Leistungsabfall u. sozialen Anpassungsschwierigkeiten im Vordergrund, wenig schizophrenen Symptomen (kaum Halluzinationen, selten Wahn, häufig Denk- u. Konzentrationsstörungen), oft lange hinter neurot. Abwehrreaktionen verborgen (pseudoneurot. Schizophrenie). Verminderter Freiheitsraum, pastorale Führung schwierig, aber nötig. Soziale Rehabilitationsmaßnahmen (berufl. Umstellung, geschützte Werkstätten, ↗ Wohngemeinschaftstherapie) haben mehr Aussicht auf Erfolg als medizin. Behandlung.

b) *Hebephrenie* im jugendl. Alter („Jugendirresein"): Entortung der Persönlichkeit manchmal nur ähnl. einer verschärften Pubertätskrise, oft aber völlige Entstaltung der Persönlichkeit (situationsinadäquates uneinfühlbares Erleben u. Verhalten). Kein Freiheitsspielraum, pastoral kaum erreichbar, Rehabilitation nur in spezialisierten Institutionen mit Übergangseinrichtungen (Nachtklinik in der Anfangszeit wiederbeginnender Berufstätigkeit, Übergangsheim, ↗ Gruppentherapie, therapeut. Klub, ↗ Familientherapie).

c) *Katatonie („Spannungsirresein")* mit ausgeprägter Störung der Psychomotorik (stereotype Körperhaltungen, Erregungs- u. Hemmungzustände), phantast. Erlebnissen häufig rel. Inhalts (nach außen wegen abwehrenden Verhaltens — Negativismus — wenig sichtbar). Wegen Tobsuchtsneigung gefährlich, sofort klin. Behandlung wegen häufigem vegetativem Zusammenbruch (akute tödl. Katatonie). Behandlung mit Elektroschocks bzw. Psychopharmaka. Meist gute Prognose, Rezidivneigung beeinflußbar. Rehabilitation: Rückfallsprophylaxe (Beseitigung der Auslöser durch Psycho- u. Soziotherapie, Familientherapie). Im akuten Zustand kein Freiheitsspielraum, pastoral nicht zugänglich, wohl aber nach Behandlung.

d) *Paranoide Schizophrenie:* Im Vordergrund Verfolgungs- od. „metaphysische" (rel.) Wahnideen (Sendung-, Erlösungsideen, Weltuntergangsstimmung). Prozeßhaft, d. h. ohne deutl. luzides Intervall (einmal gehabter echter Wahn steht immer latent bereit). Freiheitsspielraum nur vom Fachmann durch Untersuchung v. Zusammenhängen mit krankhaften Erlebnisbereichen feststellbar, in dubio weder verantwortl. noch konsensfähig. Pastorale Führung in enger Zusammenarbeit mit dem Arzt (bes. bei rel. Wahnideen). Rehabilitation unter langdauernder Verabreichung v. Psychopharmaka, Psycho- u. Soziotherapie (Vermeidung der Isolierung!), Familientherapie. In diesen Formenkreis gehören auch wahnhafte Persönlichkeitsentwicklungen (Paranoia, Paraphrenie, sensitiver Beziehungswahn, Querulantenwahn u. a.). Keine Krankheitseinsicht (obwohl sonst differenzierte Persönlichkeit), lange Zeit auch nicht bei Angehörigen, obwohl soziale Gefährlichkeit bes. groß (die meisten öffentl. Delikte sog. Geisteskranker geschehen durch solche Grenzfälle!). Freiheitsspielraum im Bereich des Wahns ausgeschlossen. Pastorale Führung nur in Zusammenarbeit mit dem Arzt!   Heimo Gastager

Lit.: K. Jaspers, Allg. Psychopathologie (1953); H. Hoff, Lehrbuch der Psychiatrie (1956); K. Schneider, Klin. Psychopathologie (1962); H. Gastager, Die Rehab. der Schizophrenen (1965); M. Bleuler u. a., Akute psych. Begleiterscheinung körperl. Krankh. (1966); H. u. S. Gastager, Die Fassadenfamilie (1973).

Psychosomatik = Entstehen organ. Erkrankungen aus psychischen Ursachen. Über die rein organ. Krankheitslehre hinaus, die organisch faßbare Erkrankungen auf Störungen der Zellularfunktionen zurückführen will, betont die P. die Bedeutung psychischer Faktoren in der Genese einer Anzahl organ. Krankheiten, die als psychosomat. Erkrankungen bezeichnet werden. Psychosomat. Erkrankungen sind traktusgebunden u. sind dann als solche anzusehen, wenn über eine reine Funktionsstörung hinaus der Sprung v. der abnormen Funktion zum morpholog. faßbaren Krankheitsbild, z. B. vom nervösen Atemsyndrom zum Asthma bronchiale, v. der Gastritis zum Ulcus, v. der Blutdruckkrise zum fixierten Hochdruck erfolgt. Wodurch dieser Sprung v. der reinen Funktionsstörung in die Dimension qualitativer Veränderungen erfolgt, wissen wir letztlich nicht. F. das körperl. Geschehen ist die Nähe zum vegetativen Nervensystem, zum Gefäßsystem, zu den endokrinen Organen u. zu den tw. unwillkürlich beeinflußten Organsystemen wie Atmung u. Magen-Darmkanal charakteristisch. Demnach stellt das entscheidende Brücke das Vegetativum dar. Bei einer entspr. vegetativen Reaktionslage kommt es in emotionalen Konfliktsituationen zu einer funktionellen Organneurose, bei der dann bei entspr. Dauer anatom. Strukturlaesionen im Organ auftreten u. damit die psychisch grundlegende organisch manifestierte Erkrankung entsteht. Zu den psychosomat. Erkrankungen zählt man: im Bereiche des Magen-Darmtraktes das Duodenalgeschwür, die Visceroptosis, die Colitis ulcerosa u. manche Fälle v. Obstipation. Im Bereich der Kreislauforgane sind es die essentielle Hypertonie, die neurozirkulatorische Asthenie u. manche Fälle v. Koronarthrombose. Im Bereich der Atmungsorgane ist das Asthma bronchiale die ältestbekannte psychosomat. Erkrankung, wahrscheinlich gehören auch Fälle v. Heuschnupfen, rezidivierender Sinusitis u. rezidivierender Bronchitis dazu. Im Bereich des Urogenitalsystems sind Enuresis, Vaginismus u. Dysmenorrhoe psychosomat. Erkrankungen u. im Bereich des endokrinen Systems werden Basedow u. Hyperthyreose sowie manche Fälle v. ↗ Fettsucht dazu gerechnet. Am Nervensystem ist es die Migräne, an der Muskulatur gewisse Fälle v. Rheumatismus, aber auch die Spondylarthrose kann in sehr vielen Fällen Ausdruck einer psychosomat. Erkrankung sein. Die psychosomat. Erkrankungen zugrunde liegende ↗ Persönlichkeitsstruktur scheint f. die versch. Formen durchgehend gleichartig zu sein. Versuche, den einzelnen psychosomat. Erkrankungen spezielle Persönlichkeitsbilder zuzuordnen, haben widersprechende Ergebnisse gebracht. Durchgehend finden wir bei allen an psychosomat. Erkrankungen leidenden Patienten eine ↗ Neigung zu zwanghaften Verhaltensweisen, wobei eine überdeutl. Triebhaftigkeit durch eine ebenso überdeutl. Wertnorm polarisiert ist. Neben den ↗ Zwangssymptomen u. dem zwanghaften ↗ Charakter kommen auch affektlabile zyklothyme Wesensmerkmale in Form depressiver Verstimmungen vor, während sich so gut wie nie hysteriforme Züge finden. Eine Erlebnisspezifität im Auftreten psychosomat. Erkrankungen, die v. a. v. Psychoanalytikern postuliert worden ist, in dem Sinne, daß best. psychische Traumen best. psychosomat. Erkrankungen auslösen würden, kann jedoch nicht aufrecht erhalten werden.   Pa

Lit.: F. Alexander, Psychosomatische Medizin (1971); B. Luban-Plozza/W. Pöldinger, Der psychosomatisch Kranke in der Praxis (1973); K. Brede, Einführung in die psychosomatische Medizin (1974).

Psychotechnik ↗ Angewandte Psychologie (u. Seelsorge)

Psychotherapeutische Ausbildung für Seelsorger. Im Zuge der Bemühungen um eine praxisnahe ↗ Seelsorge kam es nach der Periode des Versuches seitens der ↗ Psychotherapie, Seelsorge durch eigene (nicht-theol.) Methoden zu ersetzen, auch zu Bemühungen sowohl vonseiten der Psychotherapie wie der Seelsorge, beide Dienstbereiche zu vereinen; in der Form des sog. ↗ „Teamworks", mitunter auch in Personalunion. Ansätze zur Vereinigung seelsorgl. u. ärztl. Betreuung finden sich schon im frühen Christentum, in der Mönchsmedizin u. bei den Krankenpflegeorden (Vinzenz v. Paul). In ausgeprägter Form zeigt sich die Aufgabe, psychotherapeut. Kenntnisse den Seelsorgern zu vermitteln seit den briefl. Überlegungen v. Freud u. Pfister u. v. a. seit Frankls „Ärztl. Seelsorge"; ferner bei V. E. v. Gebsattel, A. Görres, J. Scharfenberg u. a.

Pastorale psychotherapeut. Kenntnisse f. Seelsorger dienen zweifelsohne der verständnisvolleren Betreuung v. Neurotikern u. anderen seel. gestörten Menschen, insbes. im Rahmen der spezialisierten ↗ Kranken- u. ↗ Krankenhausseelsorge; ferner dem besseren Verständnis der subj. Seite des Krankseins (↗ Krankheit) u. der Unterscheidung v. echten u. unechten rel. Phänomenen.

Möglichkeiten psychotherapeut. Ausbildung sind vielfach gegeben, v. a. im Rahmen der ↗ Klinischen Seelsorgeausbildung. Der Gefahr, daß Seelsorge sich nur mehr als Lebenshilfe versteht, muß durch eine stärkere Kompetenztrennung begegnet werden. Dies wird durch die wohlüberlegte Zusammenarbeit zw. dem ↗ Arzt, dem Psychotherapeuten u. dem ↗ Seelsorger vermieden. ↗ Psychologie u. Seelsorge ↗ Klinische Seelsorgeausbildung   Rt

Psychotherapie. 1. *Definition:* P. bezeichnet die Verwendung versch. psych. Methoden mit dem Ziel, Störungen des Klienten im emot. Erleben u. Reagieren, im ↗ Verhalten u. in den Beziehungen zu beeinflussen bzw. zu beheben. Der Klient wird, mit Hilfe des Therapeuten, mit sich selbst konfrontiert, mit seinen Schwächen u. Möglichkeiten, mit seiner Trieb- u. Ideenwelt, mit seinen ↗ Ängsten u. Wünschen, mit der Vergangenheit, Gegenwart u. Zukunft seiner ↗ Erfahrungen u. Beziehungen.

2. *Richtungen der P.:* Die erste systemat. reflektierte u. erforschte Form der P. ist in der ↗ *Psychoanalyse* S. Freuds u. seiner Schüler zu finden. Mit Hilfe der in der Therapeut-Patient-Beziehung sich ereignenden ↗ Übertragung u. Gegenübertragung u. der ↗ Deutung derselben aus der Vergangenheit des Patienten heraus soll das ↗ Ich des Patienten gegenüber einer Überflutung aus dem ↗ Es (den ↗ Trieben) od. einer Einengung durch das ↗ Über-Ich (das ↗ Gewissen) gestärkt u. zur adäquaten Realitätserfassung, zur Liebes- und Arbeitsfähigkeit instandgesetzt werden. — Die psychoanalyt. Bewegung hat sich in versch. Schulen aufgespalten, die in Theorie u. Praxis der Therapie z. T. stark variieren. So erweitert C. G. Jung den ↗ Libido-Begriff als Kennzeichnung des Geschlechtstriebs zu einem Begriff f. allgem. seel. Energie u. fügt Freuds Topik v. Bewußtem u. ↗ Unbewußtem die Vorstellung eines ↗ kollektiven Unbewußten (↗ Archetypen) hinzu, was z. B. f. die in der psychoanalyt. Therapie so wichtige ↗ Traum-Deutung eine größere Aktivität des Therapeuten fordert (Amplifikation).

Sehr anders der Freud-Schüler A. Adler, der seine Aufmerksamkeit zunehmend nur auf die Ich-Triebe richtet (daher Individualpsychologie); seiner Auffassung nach geht es dem Menschen immer wieder darum, sein Minderwertigkeitsgefühl durch ein Streben nach ↗ Macht zu kompensieren. — Die ↗ Neopsychoanalyse (H. Schultz-Hencke u. a.) sieht im Menschen die Grundstrebungen nach Kontakt, Besitz, Geltung u. ↗ Liebe. Eine ↗ Hemmung dieser Antriebe durch innerpsychische od. zwischenmenschl. Antinomien führt zur Bildung neurot. Gehemmtheit. In der Therapie geht es um „das Sichtbarwerden des Gehemmten", wobei einer Interpretation der aktuellen Situation (gestörte Erlebnisverarbeitung) u. des Zukunftsentwurfs gegenüber einer Aufarbeitung der Vergangenheit bes. Bedeutung zukommt. — Die sog. ↗ *Existenz- bzw. personale Analyse* (Binswanger, Frankl, v. Gebsattel u. a.) versucht, philosoph. Begriffe wie Sinn, ↗ Wert, das Absolute etc. in die Therapie einzubringen, um v. a. auch eine sittl. Neuorientierung des Menschen zu erreichen. — Gegenüber den analyt. Richtungen der P. verzichtet die *klientenzentrierte* ↗ *Gesprächs-P.* (Rogers, Tausch u. a.) auf diagnost.-analyt. Methoden. Sie glaubt, daß die drei wesentl. Therapeutenvariablen — positive Wertschätzung u. emotionale Wärme, empathisches Verstehen des inneren Bezugspunktes des Klienten, sowie Kongruenz — Echtheit — die gesunden Kräfte im Klienten anregen u. ihm die Überwindung seiner Krise, Wachstum u. Reifung, ermöglichen. — Eine systemat. Anwendung v. Methoden u. Erkenntnissen der lernpsych. Forschung unternimmt die ↗ *Verhaltenstherapie* (Skinner, Lazarus, Eysenck u. a.). Sie geht davon aus, daß manifestes Verhalten bzw. Verhaltensstörungen gelernt (konditioniert) sind und dementspr. durch best. Verfahren wie Desensibilisierung, Verstärkung, aversive Konditionierung, Aufbau neuer Verhaltenshierarchien etc. auch wieder rekonditioniert werden können. Die Erfolge dieser Therapieform sind, bes. bei eng begrenzten Symptomkomplexen (z. B. ↗ Phobien), verglichen mit den auf Einsicht zielenden Therapien, bes. groß u. relativ schnell erreichbar. — Neben diesen Formen der Einzeltherapie entwickelt sich in zunehmendem Maß die von Moreno u. Slavson angeregte ↗ *Gruppentherapie:* Die ↗ Gruppe stellt ein therapeut. Instrument dar, das, unabhängig v. der schulmäßigen Ausrichtung des Therapeuten, eine Wiederholung der Objektbeziehungen der Primärgruppe u. insofern deren Bearbeitung u. die Einübung neuer Verhaltensweisen möglich macht. Die durch eine Krise in Frage gestellte Identität kann in dem offen-vertrauensvollen Klima der Gruppe wieder riskiert u. neu definiert werden. Bezug zur Realität u. Kontrolle durch Realität sind in der Gruppentherapie möglicherweise besser gewährleistet als in der Einzeltherapie.

3. *Kritik:* Es besteht unter den versch. Schulen u. Richtungen der P. keine Einigkeit hinsichtl. der Ziele der Therapie u. hinsichtl. der therapeut. Bedingungen, die notwendig sind, um diese Ziele zu erreichen. Empir. ↗ Forschung über die ↗ Rolle des Therapeuten u. seines Vorverständnisses, über die Rolle des Klienten u. über den Therapieverlauf ist noch nicht so weit fortgeschritten, um sagen zu können, welche spezif. Behandlungsweise auf welche Symptome unter best. Bedingungen den optimalen Einfluß hat. V. a. die Rolle der P. innerhalb der sie umgebenden Sozialstruktur ist unklar: Paßt die P. den Erkrankten wieder an die gesellschaftl. Leistungsnormen an? Hat die P. die ↗ Verantwortung, krankmachende Zustände zu verändern bzw. eine Art krit. ↗ Gewissen f. das gesellschaftl. ↗ Bewußtsein darzustellen? Letzteres ist bisher kaum der Fall, da die P. fast ausschließl. ein Instrument f. die Mittel- u. Oberschichten darstellt; elitäres Bewußtsein u. ein gewisser Sachzwang der Methode (Einsicht setzt Verbalisierungsfähigkeit voraus) haben eine Bereitstellung psychotherapeut. Hilfsmittel f. die Unterschicht weitgehend verhindert. Eine Einbeziehung nonverbaler Methoden in die Therapie, wie das bereits in versch. Formen v. Gruppentrainings (↗ Sensitivity-Training, ↗ Gestalttherapie etc.) u. Gruppentherapie geschieht (vgl. auch die ↗ Spieltherapie f. ↗ Kinder u. ↗ Musiktherapie) könnte in dieser Hinsicht neue Wege eröffnen.

4. *Beziehung zur* ↗ *Seelsorge:* Eine dualist. ↗ Anthropologie hat in der Vergangenheit eine realist. Kooperation v. P. u. Seelsorge verhindert. Heute wird deutlich, daß P. u. Seelsorge wichtige gemeins. Elemente haben, nämlich das Medium der ↗ Sprache (u. Sprache wiederum ist Medium v. ↗ Heilung u. Heil!) u. das Ziel der Deutung u. Sinnhaftmachung v. ↗ Erfahrung. V. daher rückt eine interdiszipl. Zusammenarbeit mehr in den Blick, wobei zum gegenwärtigen Zeitpunkt folgende Fragen bes. Aufmerksamkeit fordern:
Was kann Seelsorge in Ansatz u. Methode v. der P. lernen? Wieweit sollte Seelsorge, in Anerkennung ihres anderen Kontexts, Anspruch auf therapeut. Relevanz erheben? Welche krit. Funktionen haben P. u. Seelsorge füreinander? Was ist das Spezifikum, das der ↗ Seelsorger

in die gemeins. Bemühung um den leidenden Menschen einbringen kann?

Michael Klessmann

Lit.: S. Freud, Vorlesungen zur Einführung in die Psychoanalyse, G. W. XI (1940); H. Schultz-Hencke, Der gehemmte Mensch (^{18}1940); J. Jacobi, Die Psychologie von C. G. Jung (^{4}1959); D. Wyss, Die tiefenpsychologischen Schulen v. den Anfängen bis zur Gegenwart (^{2}1966); R. Battegay, Der Mensch in der Gruppe, Bd. I—III (1968/69); L. Blöschl, Grundlagen und Methoden der Verhaltenstherapie (1969); R. Tausch, Gesprächspsychotherapie (^{4}1970); J. Scharfenberg, Religion zwischen Wahn und Wirklichkeit (1972); D. Stollberg, Mein Auftrag — Deine Freiheit (1972).

Pubertät. Die Reifungsentwicklung der P. läßt sich in die *erste* puberale Phase od. Vorp. u. eine *zweite* puberale Phase od. P. unterteilen. Die ersten puberalen Körperveränderungen (Hüftverbreiterung u. Knospenbrust) beginnen in unserem Kulturkreis beim Mädchen mit etwa 10^1/$_2$ Jahren, beim Knaben (beginnende Vergrößerung der Hoden u. des Penis) mit etwa 12 Jahren. Mit der ↗ Menarche bzw. Erstpollution wird die eigentl. P. od. zweite puberale Phase eingeleitet. Mit dem Einsetzen der Vorp. determinieren sich im Bereich der psychischen Entwicklung erstmalig deutlichere Geschlechtsunterschiede, die sich allerdings schon um das 6.—8. Lebensjahr anbahnen. Die erste puberale Phase wurde auch mit dem zweiten Trotzalter verglichen. Körperl. findet sich hier eine Unausgeglichenheit der Bewegungen, eine Disharmonie in der Motorik, eine Vergröberung der Gesichtszüge u. eine Veränderung der Körperproportionen. Die psychischen Veränderungen dieser Entwicklungsphase wurden als „negative" Phasen beschrieben, weil hier die Struktur der späten Kindheit mit ihrer Harmonie u. Anmut verlorengeht. Meist läßt sich jetzt auch ein Leistungsrückgang in der Schule erkennen. Die eigentl. Intelligenzentwicklung dürfte mit Ausnahme der formalen Denkfunktionen um das 12.—13. Lebensjahr weitgehend abgeschlossen sein. Zunehmende Beachtung findet jetzt die äußerl. sichtbar werdende geschlechtl. Determinierung. Genitale Manipulationen der Kindheit erfahren eine lebhaftere gedankliche Zuwendung, masturbator. Handlungen setzen ein u. häufen sich (↗ Masturbation). Die Zeit des Aufbegehrens u. der extremen Verhaltensweisen klingt mit einer gewissen Introversion zu Beginn der zweiten puberalen Phase aus. F. die Formung des psychischen P.sablaufs sind nicht nur hormonelle bzw. entwicklungsdynam. Umwälzungen bedeutsam, sondern auch die Zugehörigkeit zu einer best. sozialen ↗ Klasse od. die Auswirkung kulturell-wirtschaftl. Möglichkeiten. Die P. ist damit auch ein sozialkulturelles Phänomen. Ha

Lit.: Ch. Bühler, Praktische Kinderpsychologie (1937); W. Spiel, Phasen der kindlichen Entwicklung (1974).

Radikalisierung. R. des ↗ Handelns u. des Denkens kennzeichnet die Entwicklung der jüngst vergangenen Jahre sowohl in den hochentwickelten Ländern wie auch in der Dritten Welt; sie konkretisiert sich in Befreiungs- u. Protestbewegungen im Dienste einer Systemüberwindung, aber auch in den Unternehmungen zur Systemverteidigung. R. bedeutet nicht nur eine wachsende ↗ Brutalität der Vorgehensweise, sondern dem Wortsinn nach (lat. radix = Wurzel) u. in ihrer eher neueren Erscheinungsform auch ein immer tieferes, globaleres u. entscheidenderes, bis an die Wurzel gehendes inneres u. äußeres ↗ Verhalten. Polit., gesellschaftl. u. ↗ ideolog. Systeme werden in dieser Entwicklung keinen kosmetischen Veränderungen unterzogen, sondern als solche angegriffen od. grundsätzlich in Frage gestellt. Aus den vielen miteinander zusammenhängenden Quellen der neueren Form der R. können hervorgehoben werden: das immer intensiver werdende Informiertsein über die Mängel der Systeme u. über die negativen Folgen derselben; das bewußte Erleben der eigenen Ohnmacht innerhalb des Systems (Unterschied zw. rechtlich zugesicherten ↗ Freiheiten u. ihrer faktischen sozialen Verwirklichungsmöglichkeiten); eine daraus fließende Ungeduld u. Auflehnung. Voraussetzungen f. eine R. sind beim Individuum: ein relatives Unbehindertsein durch Grenzen, entweder weil der einzelne die im System herrschenden ↗ Normen nicht kennt bzw. ablehnt od. weil er die Bedingtheit der gleichen Grenzen durchschaut u. ihre Zerstörung als das kleinere Übel betrachtet; eine gewisse Intoleranz u. die Fähigkeit, die Wichtigkeit eines best., im Widerspruch mit dem System stehenden Elements tief zu erfassen. Radikale Reformen wie revolut. Veränderungen (↗ Revolution) werden inhaltl. je nach dem Standpunkt des Betrachtenden positiv od. negativ beurteilt. Zur Bewertung der R. in der Methode müssen die Abwägung des Istzustandes, des Zeitfaktors u. der Effizienz der Methode bei größtmögl. Verringerung der negativen Folgen herangezogen werden.

Ml

Lit.: Th. Adorno u. a., Der autoritäre Charakter. Studien über Autorität u. Vorurteil. Schwarze Reihe Nr. 6. 2 Bde. (1968/1969);

Räte, Evangelische. Die drei E.n R. (Armut, Jungfräulichkeit, Gehorsam) gelten im kath. Raum als Unterscheidungsmerkmal f. den Ordensstand. Die meist unterschwellige Diskussion wurde vom II. Vat. Konzil ins Licht gehoben u. mit neuen Impulsen weitergegeben.

Hilfreich zum Verständnis sind die drei Theorien:

a) *Stand des intensiven Christseins* — wobei die Gefahr des aussondernden ↗ Elite-Bewußtseins dadurch vermieden wird, daß intensives, „vollkommenes" Christsein als Dienst (↗ Diakonie), als ↗ Demut, als Unwürdigsein angesehen wird.

b) *Stand des Zeichens* f. das Nicht-v.-dieser-Welt-Sein — wobei Verzicht auf Besitz, ↗ Ehe, Verfügungsgewalt die ↗ Transzendenz des Christentums sichtbar machen.

c) *Stand des Dienstes* an den Belangen der Kirche — wobei der Unterschied zu anderen Christen im ganzheitl. Bezug zur sichtbaren Kirche liegt.

Der *kirchl. Aspekt* ist der fruchtbarste.

a) Hier liegt der *evang.-kath. Streitpunkt* (Esnault) u. nicht in gnadentheol. Differenzen (B. Lohse). Je stärker die Kirche als juridisch verfaßte ↗ Gemeinschaft hervortritt, desto profilierter wird die Gestalt der Gemeinschaften im Dienste dieser Kirche.

b) Verständlich wird, daß sich *das Selbstverständnis der Orden* mit dem sich ändernden Kirchenbild ändert. Die Dreizahl der R. tritt, als histor. gewordene (12. Jh.), zurück hinter dem Bewußtsein der Nachfolge Jesu in einer best. kirchl. Aufgabe. Die Unterschiede v. Orden, Gemeinschaft, Säkularinstitut usw. verblassen. Kontemplative Orden besinnen sich auf ihre ekklesiolog. Funktion (↗ Gebet als kirchl. ↗ Charisma).

c) Auch die sich durchsetzende Auffassung vom *Gemeinschaftscharakter* jeden Lebens nach den R.n gründet hierin.

Die E.n R. als Charisma u. Aufgabe jedes Christen sind im Zusammenhang damit zu sehen:
a) Gemeint ist, daß kein christl. Leben aufgehen kann im *Befolgen fixierter Gebote*. Jedes (Bergpredigt!) enthält eine unreduzierbare, aus der Situation erwachsende Forderung.
b) Erkannt wird dies im Raum der ↗ *Unterscheidung der Geister*, ergriffen in dem einer *Existenzmoral*.
c) Vollchristl. ist die *Verinnerlichungstendenz* der R. in polarer Zuordnung zur *Gemeinschafts*moral. Su

Pastoralanthropolog. ist zu beachten, daß die E.n R. mit ihrem anspruchsvollen Verzicht auf nat. Triebbedürfnisse in den Hauptbereichen des Besitzes (Armut), der ↗ Sexualität (Keuschheit) u. ↗ Macht (Gehorsam) eine hohe personale ↗ Reifung u. bes. die Fähigkeit zur ↗ Sublimierung voraussetzen. Ohne diese sind die E.n R. in Gefahr, zum Alibi f. mangelnde Weltbewältigung, Flucht, infantile ↗ Abhängigkeit, ↗ Mutterbindung u. ä. ↗ Fixierungen zu werden. Die Zeit vor den verbindl. ↗ Gelübden (Postulat, Noviziat) hat daher zur Prüfung, Einübung u. Verstärkung dieser nur aus radikaler Glaubensentscheidung tragfähigen ↗ Motivationen u. menschl. Qualitäten zu dienen. Gr

Lit.: J. Zürcher, die Gelübde im Ordensleben (1956); R. Carpentier, in: Sacr. mundi I, 1239 ff.; Fr. Lenzeder, Personale Reife u. Klosterleben (1972).

Rassenideologie. Der Begriff Rasse in der Biologie ist als systemat. Untereinheit der Art (species) definiert. Nach der biolog. Artdefinition werden Arten als Fortpflanzungsgemeinschaften aufgefaßt, d. h. als Gruppen v. Lebewesen, die miteinander fruchtbare Nachkommen zeugen können. Nach biolog. Auffassung stellt die heute lebende Menschheit ohne Ausnahme *eine* Art, die des homo sapiens, dar, die in einzelne Rassen aufgeteilt ist. Die versch. Einteilungen der Menschen in Rassen, die die Anthropologen u. Völkerkundler im Hinblick auf die menschl. Bevölkerung der Erde aufgestellt haben, sind v. nur zufälliger u. v. den Menschen selber abhängiger Gültigkeit u. besagen nichts über Wert u. Unwert einzelner Rassen od. Rassengruppen. Die Rassenaufteilung wird meist nach der Hautfarbe getroffen, obwohl die Unterschiede der Menschen einer Hautfarbe oft größer sind als die v. Menschen versch. Hautfarben, wenn man andere Maßstäbe — etwa ↗ Einstellungen od. Gefühle — zugrunde legt.

Die R. im Sinne der Abwertung v. Menschen anderer „Rassen" gehört also eindeutig in den Bereich der ↗ Diskriminierung u. ist ein Zeichen v. Minderwertigkeitsgefühlen. Meistens richtet sich die R. gegen ↗ Minderheiten. Man warnt auch in diesem Zusammenhang vor der rass. ↗ Mischehe, obgleich es keinerlei wissenschaftl. haltbare Beweise biolog. Art gegen rass. Mischehen gibt.

Gegen solche ↗ Ideologie, die als negative R. v. a. in Deutschland zur Zeit des Nationalsozialismus vertreten wurde (↗ Antisemitismus), die aber noch vorhanden ist, gilt es, die v. Gott gegebenen ↗ Menschenrechte u. die ↗ Menschenwürde im seelsorgerl. ↗ Gespräch ins Feld zu führen. Leider kann man nicht erwarten, daß rassische ↗ Vorurteile leicht verstandesmäßig überwunden werden (man denke auch an die ↗ Gastarbeiter), da sie psych. sehr tief verankert sind. Eine Bewußtseinsänderung in diesem Bereich gehört theol. gesehen in die Dimension der ↗ Buße u. der ↗ Bekehrung. Be

Lit.: K.-M. Beckmann, „Die Rassenfrage als Weltproblem" (1971); Michael Traber, Rassismus u. weiße Vorherrschaft (1971); F. Mayer, Vorurteil — Geißel der Menschheit (1975).

Rationalisierung (sekundäre). In der psychoanalyt. Technik versteht man unter R. den Versuch, Verhaltensweisen, die im Grunde auf eine unbewußte ↗ Motivation zurückgehen, eine rationale Begründung zu geben. Der Ausdruck wurde v. E. Jones in den psychoanalyt. Sprachgebrauch eingeführt.

In Frage kommt die R. eines Symptoms, durch die etwa ein in Wahrheit auf einem unbewußten Schuldgefühl beruhender Waschzwang mit der Nützlichkeit der Reinlichkeit begründet wird; die R. v. ↗ Abwehrmechanismen u. ↗ Reaktionsbildungen, die nicht unbeträchtl. dazu beitragen könnte, daß der triebhafte Impuls, der verdrängt wurde u.

gegen den sich der Abwehrmechanismus od. die Reaktionsbildung richten, auch weiterhin im ↗ Unbewußten verbleiben kann. Bes. rel. Systembildungen werden häufig zur R. unbewußter ↗ Konflikte eingesetzt, so daß auch der ↗ Seelsorger ihnen häufig begegnen dürfte. Da sie f. das Individuum auch eine Schutzfunktion haben u. den Grundbedürfnissen des Menschen nach einem Sinnuniversum entsprechen, sollte man sich hüten, zu versuchen, sie außerhalb des Rahmens einer psychoanalyt. Therapie aufzulösen. Scha

Lit.: E. Jones, Rationalization in Every Day Life, (1908); H. C. Lindinger, Die Theologie und die Abwehrmechanismen in: Wege zum Menschen, 18. Jg. (1966) Heft 5.

Rauchen ↗ Nikotinabusus

Rauschgift ↗ Drogen

Reaktionsbildung. R. tritt im Rahmen der ↗ Verdrängung (als häufigste Form der ↗ Konflikt-Lösung) auf, wenn die Verdrängung nur durch bes. Verstärkung der gegen die Triebkraft gerichteten Abwehr aufrecht erhalten werden kann, beispielsweise als Zurückweisung jeglicher geschlechtl. Verwirklichung.

Realitätsprinzip. S. Freud hat die Reifung der ↗ Sexualität beim ↗ Kinde auf die klass. Formel gebracht: Vom Lustprinzip zum R. (↗ Lust). Das kleine Kind in der frühen Phase der Sexualentwicklung macht den Versuch, uneingeschränkt nach dem Lustprinzip zu leben, es hat die Vorstellung, daß die ↗ Umwelt nur der Befriedigung der eigenen ↗ Bedürfnisse zu dienen hat. Vom ersten Lebenstage an muß es aber auch lernen, sich der Wirklichkeit anzupassen u. auf dem Wege v. Verzichten diese Wirklichkeit in sein inneres Leben zu integrieren. Die Notwendigkeit zu solchen Verzichten hielt Freud f. unausweichlich. Seine Kritik an der Religion setzt deshalb da an, wo er in ihr einen Versuch sieht, stärker dem Lustprinzip zu gehorchen als dem R. Gegen diese Einstellung mit ihren ↗ „Versuchungen" hegt Freud aber das äußerste Mißtrauen, weil er in ihr den Hang zur infantilen Haltung der Neurotiker befürchten muß. Nur in diesem Maße, in dem sich das R. als Regulationsprinzip durchsetzen kann, wird verhindert, daß die Suche nach Befriedigung auf den kürzesten Wegen vor sich geht, u. erreicht, daß v. der Außenwelt auferlegte Einschränkungen zur Modifikation der Triebwünsche benutzt u. damit Kulturarbeit geleistet wird. Freud ist sowohl v. theol. Seite (P. Tillich) wie v. phil. (H. Marcuse) ob seines „puritan." u. „repressiven" R.s angegriffen worden. Es spiegelte als unausweichl. „Realität" ganz best. gesellschaftl. bedingte Zustände, die durchaus als veränderbar angesehen werden müßten. Scha

Lit.: S. Freud, Abriß der Psychoanalyse, Ges. W., Bd. XVIII (1938); H. Marcuse, Triebstruktur und Gesellschaft (1967); R. Schäfer, Die psychoanalytische Anschauung der Realität, in Psyche, Heft 11, 26. Jg. (1972).

Reanimation ↗ Wiederbelebung

Rechtsfähigkeit. R. ist die Fähigkeit eines Menschen od. eines Gebildes (z. B. einer Institution, Vereinigung od. Stiftung), selbst Träger v. Rechten u. Pflichten sein zu können. Die R. jedes Menschen ist nicht selbstverständlich, sondern mußte durch Überwindung der Sklavenhaltung errungen werden. Sklaven waren (u. sind) nicht rechtsfähige, den Sachen gleichgehaltene Menschen. Die Überwindung der Sklavenhaltung wird v. a. auf die christl. Lehre vom Menschen als Ebenbild Gottes zurückgeführt; die marxist. Geschichtsdeutung dagegen erklärt sie aus dem Übergang zum Feudalismus. Viele Rechtsordnungen beschränken die R. heute nicht auf den Menschen, sondern anerkennen auch die R. anderer Gebilde, die man „jurist. Personen" (in der Sprache des kath. Kirchenrechtes: personae morales) nennt. Nach der einen Auffassung werden die jurist. Personen behandelt, als ob sie Menschen wären (Fiktionstheorie); nach der anderen wird bloß ihre reale Existenz im gesellschaftl. Leben anerkannt (reale Verbandstheorie). R. zu verleihen, gilt weithin als ein Vorrecht des Staates. Ist ein Gebilde nicht rechtsfähig, so müssen seine Handlungen wie seine Besitztümer einem „Rechtsträger" zugeordnet werden.

Auf der R. beruht die Handlungsfähigkeit, die in Delikts-, Geschäfts- u. Prozeßfähigkeit zerfällt. Sie setzt Urteilsfähigkeit voraus. Jurist. Personen können nur durch „Organe" handeln.
Die R. des Menschen beginnt nach dem deutschen BGB mit der Vollendung der Geburt; sie dauert bis zum Eintritt des ↗ Todes, wobei die Juristen zumeist keinen eigenen Rechtsbegriff des Todes aufstellen, sondern auf den Stand der medizin. Wissenschaft verweisen. Die Leibesfrucht wird zwar nicht allgemein, aber in Sondervorschriften f. die wichtigsten Problemfälle als rechtsfähig behandelt. Ansprüche aus Schädigungen während der ↗ Schwangerschaft (Contergan, Lues) sowie aus vorkonzeptioneller Schädigung (Strahlen) sind nicht an die Konstruktion einer sozusagen vorgeburtl. R. gebunden; um sie zu bejahen, genügt heute die v. der R. abgehobene „Verletzbarkeit". Das österr. ABGB dagegen stellt den Ungeborenen dem Geborenen gleich, soweit es sich um seinen Vorteil handelt. Nach dem Schweizerischen Zivilgesetzbuch beginnt die Persönlichkeit mit dem Leben nach der vollendeten Geburt, doch ist das Kind vor der Geburt „unter dem Vorbehalt rechtsfähig, daß es lebendig geboren wird" (↗ Leben, menschl. ↗ Menschenrechte). MM

Lit.: Naujoks-Wolf, Anfang u. Ende der Rechtsfähigkeit des Menschen (1955); Fabricius, Relativität der Rechtsfähigkeit (1963); Ostheim, Zur Rechtsfähigkeit v. Verbänden (1967).

Rechtsmedizin ↗ Gerichtliche Medizin

Regression. S. Freud hat den Ausdruck R. in einer dreifachen Weise benutzt: 1. Die *topische* R. beschreibt den Rückgriff des ↗ Ichs auf die anderen Instanzen des seel. Apparates wie ↗ Über-Ich u. ↗ Es. 2. Die *zeitl.* R. bedeutet die Rückwärtsbewegung der seel. Prozesse zu den früheren ↗ Erfahrungen. 3. Die *formale* R. bedeutet die Rückverwandlung der Vorstellung in das sinnl. Bild, also den Rückgriff auf einfachere, „primitivere" Ausdrucks- u. Darstellungsweisen. — Grundlegend ist dabei die Vorstellung, daß alles psychische Leben als eine Dialektik v. ↗ Progression u. R. zu verstehen ist, wobei in der Bewertung zwar grundsätzl. die Progression als positiv u. lebensfördernd anzusehen ist, die R. jedoch in einer gewissen Doppelrolle gesehen werden muß. Wie M. Balint gezeigt hat, kann sie vier Funktionen haben: Sie wirkt als ↗ Abwehrmechanismus, als pathogener Faktor, als eine Form des ↗ Widerstandes innerhalb des therapeut. Prozesses u. zugleich als deren wichtigstes Hilfsmittel, da der ↗ Patient das Stück seines Gefühlslebens, an das er sich nicht mehr erinnern kann, in seiner Beziehung zum Analytiker regressiv wiederbelebt u. agiert. Dadurch wird es der Bearbeitung zugänglich. Es hat sich deshalb der Sprachgebrauch eingebürgert, v. einer „malignen" R. zu sprechen, bei der sich die Richtung der psychischen Entwicklung offenbar auf Dauer umkehrt, u. v. einer „R. im Dienste des Ichs", bei der nur eine zeitweise Rückkehr zur Vergangenheit stattfindet, die dann gleichsam als eine Absprungbasis f. neue Progression dienen kann.

Auch der ↗ Seelsorger wird sich bei einzelnen u. in ↗ Gruppen häufig dem Phänomen der R. gegenübersehen. Gerade dann, wenn in bes. starker Weise auf „Progression" gedrängt wird, kann es durch Überforderung zu regressiven Reaktionen kommen. Bei dem heute offenbar massenhaft zu beobachtenden Rückgriff auf stärkere Betonung der ↗ Emotionalität u. Ursprünglichkeit v. ↗ Spiel, Feier u. Geborgenheitswünschen in der Gruppe sollte deshalb sorgfältig geprüft werden, ob es sich um R. im Dienste des Ichs handelt od. um maligne R. als Fluchttendenz (↗ Drogen-Problem!).

Scha

Lit.: M. Balint, Therapeutische Aspekte der Regression (1970).

Rehabilitation. R. bezeichnet alle Maßnahmen, um einen ↗ Behinderten (wieder) in die ↗ Gesellschaft einzugliedern. Unter Rehabilitierung, so die eigentl. Bedeutung v. R., versteht man die Wiedereinsetzung in den früheren Stand, die Wiederherstellung früherer Ehrenrechte: den guten Ruf wieder herstellen. In der Übertragung des jurist. Begriffs R. auf Behinderte werden ↗ Vorurteile der ↗ Umwelt deutlich: Wer dem Rehabilitanten unterstellt, er habe seinen Ruf wiederherzustellen, unterstellt unterschwellig, der Behinderte sei schuldig geworden. Dabei spielen magische Vorstellungen eine Rolle, der Behinderte od. Kranke sei f. (eigene od. seiner Eltern) ↗ Sünden bestraft (↗ Magie).

Das latein. Kunstwort (habilitare = geeignet, fähig machen) wird häufig einseitig auf die Arbeitswelt bezogen; übersetzt: Wiederherstellung der Arbeitskraft. In erster Linie sind Maßnahmen gemeint, die die Eingliederung in den Arbeitsprozeß ermöglichen, Maßnahmen zur Erhaltung od. Wiederherstellung der Erwerbstätigkeit (↗ Arbeit, ↗ Berentung).

Im allgem. unterscheidet man mehrere Phasen der R.: v. a. die medizin., die schulische (bei Kindern), die berufl. u. die soziale Phase. Z. B.: Ein behindertes Kind wird zuerst medizin., dann in der (↗ Sonder-)Schule gefördert, dann über die Ausbildung in die Arbeitswelt integriert. Beim Erwachsenen ähnlich: Nach einem ↗ Unfall od. einer Berufskrankheit erfolgt zuerst die medizin. Hilfe, dann wird der Betroffene umgeschult, angelernt od. in einem neuen Beruf ausgebildet. Soziale Maßnahmen, z. B. Sozialleistungen zur Überbrückung, flankieren die berufl. Eingliederung.

Krit. ist zu diesem Phasenmodell zu sagen, daß die Phasen nicht nacheinander, sondern ineinander übergehend erfolgen müssen. R. ist ein geschlossener Prozeß versch. Maßnahmen zur Eingliederung, doch klappt die Koordination der einzelnen Hilfen z. Zt. noch ungenügend. Eine erfolgreiche R. hat erhebl. wirtschaftl. Vorteile f. Staat u. ↗ Gesellschaft. Jeder Rehabilitierte verdient ein Vielfaches der Kosten, da in seinem Fall vorzeitige Renten u. Sozialleistungen eingespart werden. Außerdem erarbeitet der Rehabilitierte seinen Beitrag am Bruttosozialprodukt. Volkswirtschaftl. gesehen ist die R. ein Geschäft. Die Ausrichtung der R. auf die ↗ Leistungs-Normen (darauf deutet auch eine gängige Übersetzung von R. mit ↗ „Anpassung") hat eine fatale Konsequenz: Bevorzugt werden jene, die (wieder) voll produktiv werden können. Alte Menschen u. Schwerstbehinderte werden stark benachteiligt od. ganz v. einer R. ausgeschlossen (Verwahrung in Heimen od. Anstalten).

Man wird R. nicht besprechen können, ohne die Erfolgs- u. Bestätigungsnormen (↗ Normen) der Gesellschaft krit. zu befragen. Wer meint, daß der Mensch an seiner ↗ Produktivität zu messen ist, verstößt den Behinderten gnadenlos. R. hat so zwei wichtige Aspekte, die häufig zu kurz kommen: 1. Der Behinderte ist individuell zu begleiten. Dies darf jedoch nie in einer Mitleidshaltung geschehen (↗ Behinderte). 2. R. kann nicht unter ausschließl. individuellen Gesichtspunkten betrieben werden, denn die ↗ Umwelt, in der der Rehabilitant leben soll, ist (noch) nicht auf ihn eingestellt. So schließt R. die gesellschaftl. u. gesellschaftspolit. Ebene (↗ Sozialisation) ein. Auch muß die Umwelt architektonisch so gestaltet werden, daß sie f. den Behinderten zu bewältigen ist (Bordsteine müssen abgeflacht werden, öffentl. Gebäude befahrbare Rampen erhalten, usw.).

Auch f. den Schwerstbehinderten, der z. Zt. noch nicht in das Arbeitsleben integriert werden kann (bei optimalen R.sbedingungen könnten 80% aller Behinderten rehabilitiert werden), muß R. einen Sinn haben, sonst ist er aus der ↗ Gemeinschaft ausgeschlossen. Dem Behinderten ist deswegen zu ermöglichen, die psychischen Barrieren abzubauen, die *ihn* v. der Umwelt trennen. Die Stärkung des ↗ Ichs ist Voraussetzung dafür, daß der Schwerstbehinderte die ↗ Verantwortung f. seine Interessen u. ↗ Bedürfnisse selbst in die Hand nehmen kann.

Das körperl. Eingeschränktsein darf nicht zu einem generellen werden. Der Behinderte muß darin gestärkt werden, sein eigenes Ich-Ideal zu finden, sich selbst zu akzeptieren, damit er sich seine Möglichkeiten nicht v. Fremden abstecken läßt. Behinderte sind auch in der ↗ Gemeinde nicht als eigene ↗ Gruppe, sondern als ein ihr integrierter Bestandteil zu sehen. Es muß eine regelmäßige Teilnahme am Gemeindeleben möglich sein, ohne daß die Beziehung Gemeinde—Behinderte in ein Betreuungsverhältnis ausartet. Nicht die Eingliederung in das Berufsleben ist der Kernpunkt einer erfolgreichen R., sondern dem Behinderten ein menschl. ↗ Leben in Gemeinschaft zu ermöglichen. Aktionsmöglichkeiten: a) Gruppenarbeit mit Behinderten (Ziel: Überwindung der individ. ↗ Vereinsamung, Erkennen des eigenen Standorts, Selbstorganisation). b) Außenkontakte (Aktionen zur Erschließung der Umwelt: Freizeiten, Feste, Informationsgottesdienste, Öffentlichkeitsarbeit, Rechtsberatung, Training v. Umweltbewältigung, Organisation v. best. Diensten). Ernst Klee

Lit.: W. Bläsig, Die Rehabilitation der Körperbehinderten (1967); H. v. Bracken, Erziehung u. Unterricht behinderter Kinder (1968); E. Begemann, Die Erziehung der sozio-kulturell benachteiligten Schüler (1970); G. Dittrich: Wohnen Körperbehinderter (1972); Psychosoziale Rehabilitation, hsg. v. H. Enke u. H. Pohlmeier (1973).

Reifung. Hintergrund des Begriffs ist der Bereich der organ. ↗ Natur. V. hier aus wird er auch auf Geschichte u. ↗ Geschichtlichkeit des Menschen übertragen. Bereits die frühen ↗ Lebensstufen beweisen, daß R. ein wesentl. Element menschl. ↗ Entwicklung ist: Durch das genetisch gesteuerte Wachstum werden wichtige Funktionen (wie beispielsweise die Bewegung, logisches Denken, Spracherwerb od. sex. Verhalten) vorbereitet. Bionome R.svorgänge u. soziale ↗ Lernprozesse bilden demzufolge einen funktionalen Zusammenhang, bei dem somat., psychische u. soziale Faktoren einander korrespondieren. R. spielt insofern eine grund-legende Rolle f. den Prozeß der ↗ Person-Werdung. In dessen Verlauf wächst dem Menschen die ↗ Verantwortung zu, ein selbständiges Verhältnis zu Grundbedingungen des Lebens wie ↗ Schuld, ↗ Sexualität, Sinnfrage od. ↗ Sterben zu gewinnen u. in ↗ Identität mit sich u. in Interaktion mit anderen sich selbst zu verwirklichen. Die sog. „reife Persönlichkeit" erscheint durch verschiedenste Profilzüge ausgezeichnet: die Fähigkeit zu Selbstvertrauen, Beziehung des Selbst zu anderen, emotionaler Sicherheit, zu Realismus, Können u. Arbeit, zu Selbst-Objektivierung (Einsicht, Humor), Weltanschauung u. Wertorientierung (Allport). Solche ↗ Ideale setzen indessen eine Ichstärke gegenüber vorpersonalen psychischen Instanzen (↗ Es, ↗ Über-Ich) voraus, die nicht ohne vielfältigste ↗ Konflikte u. Krisen zu gewinnen ist. Zur Realität v. R. gehört deshalb auch die ↗ Regression auf frühere Verhaltensweisen. Im Kontext dieses komplexen, sich aus ↗ Progression u. Regression konstituierenden Prozesses ist auch die rel. R. zu sehen, ein nicht immer ungebrochener Wachstumsprozeß zw. infantilem Wunschdenken u. integriertem Wirklichkeitssinn. Ein Beispiel f. solchen realitätsorientierten u. reifen ↗ Glauben ist das Gebet J. C. Oetingers: „Gib mir Gelassenheit, Dinge hinzunehmen, die ich nicht ändern kann, den Mut, Dinge zu ändern, die ich ändern kann, u. die Weisheit, das eine vom andern zu unterscheiden." Ri

Lit.: J. M., Tanner, Wachstum u. Reifung des Menschen (1962); J. Herzog-Dürck, Probleme menschl. Reifung (1969); G. W. Allport, Gestalt u. Wachstum in der Persönlichkeit (1970); J. Scharfenberg, Religion zw. Wahn u. Wirklichkeit (1972).

Reinkarnation. Wiederverkörperung verstorbener Seelen, also Seelenwanderung. Lehre pantheistischer, indisch-buddhistischer Religionen u. Neognostiker v. einer präexistenten, unsterbl. ↗ Geistseele, die unmittelbar nach dem ↗ Tode in einen anderen (menschl.) Körper übergeht (↗ Auferstehungsglaube ↗ Unsterblichkeitserwartung).

Reizüberflutung. R. bezeichnet eine Reihe v. Faktoren, die alle aus der Veränderung unseres Lebens durch die ↗ Technik kommen — u. die große Wirkungen auf alle Menschen, bes. auf die physische u. psychische ↗ Entwicklung der heranwachsenden Generation ausüben. Selbst die Biologie des Menschen wird durch die R. verändert: die vielberufene Akzeleration ist hauptsächl. durch das Übermaß angebotener Reize bestimmt, was sich auch durch Tierexperimente erweisen läßt (Versuchstiere, die starker Bestrahlung ausgesetzt sind, wachsen rascher u. werden früher geschlechtsreif). Es ist evident, daß auf den Menschen v. heute viel mehr *Lichtreize* einwirken, daß auch der Rhythmus des Tages wie des Jahres gestört ist (früher winterl. Ruhepause mit wenig Licht gegenüber der heutigen gleichmäßigen u. viel stärkeren Beleuchtung). Das Gleiche ist

v. dem Überfluß an *Schallreizen* zu sagen (↗ Lärm). Noch wirksamer ist aber zweifellos die allgem. *Tempobeschleunigung:* die zu raschem Reagieren zwingenden Reize bedeuten nicht nur f. den Fahrer eines Autos, sondern f. jeden Verkehrsteilnehmer einen starken ↗ Streß, zwingen ihn, ständig „Notfallreaktionen" in Gang zu setzen, was zu einer vegetativen ↗ Erschöpfung führen kann. Überhaupt wird durch alle diese Vorgänge unser „vegetatives", die Lebensvorgänge „autonom", unbewußt u. unwillkürl. regulierendes Nervensystem aufs stärkste beansprucht. Eben dadurch kommt es zu Schädigungen, zumal da man infolge der Fülle v. Reizen die natürl. Regenerationsvorgänge nicht zu ihrem Recht kommen läßt (indem man z. B. die Nacht zum Tag macht, zu wenig schläft), kommt es zu der heute schon fast den Regelfall darstellenden *„vegetativen Dystonie",* mit zahlreichen körperl. Symptomen („Organneurosen" wie Appetitstörungen, Kreislaufzeichen bis zum Herzinfarkt, Schlafstörungen u. v. a.), aber auch psychischen Erscheinungen wie Unruhe, Reizbarkeit, Konzentrationsstörungen, geringere Belastbarkeit.

Es ist nicht verwunderlich, daß ↗ Kinder, deren Nervenfunktionen sich erst entwickeln sollen, den Schädigungen der R. besonders wehrlos ausgeliefert sind, daß sich bei ihnen krankhafte Symptome häufiger u. stärker zeigen. Auch die in unserer sozialen Situation so erschreckend häufig in Erscheinung tretende „Luxus- ↗ *Verwahrlosung"* der Kinder entsteht im wesentl. aus einer R.: Alles wird zu leicht gemacht, das Kind wird überschüttet mit einer Überfülle materieller Dinge, Süßigkeiten, Spielzeug, Lektüre geringen Niveaus; schon in dieser Lebensphase wird das Kind in das verhängnisvolle ↗ Konsumverhalten eingeführt — v. Freizeit bis zu ↗ Sexualität —, in der nichts mehr etwas „wert" ist. Dieser Luxuskonsum kommt ja aus einem Versagen: die Eltern sind nicht imstande, dem Kind das Wesentliche zu bieten, das es f. eine gesunde ↗ Entwicklung brauchte: ↗ Liebe, Geborgenheit, geduldig ihm gewidmete Zeit — sie überschwemmen es stattdessen mit Geschenken, die nichts taugen. Das läßt im Kind keine kräftige Wunschdynamik aufkommen, es schwächt die vitalen Kräfte. Dadurch entsteht die Gefahr, daß sich durch so leichtes Gewähren brachliegende Fähigkeiten „introvertieren" u. zu ↗ Neurosen führen. Das Kind wird nicht mehr in Versagungen (↗ Frustration, ↗ Frustrationstoleranz) geübt — u. solche braucht man, um dem ↗ „Realitätsprinzip" (S. Freud) folgen zu können. *Therapie:* Aus all dem ergibt sich zwingend die Notwendigkeit f. jung u. alt, *Konsumaskese* (↗ Askese = Übung) zu treiben, zumal heute, da die Schäden des Überflusses so evident geworden sind u. wir die „Grenzen des Wachstums" (der techn. Errungenschaften, *Meadows*) erreicht zu haben scheinen. Jeder Konsum muß mit hoher Kritik einhergehen, auf Überflüssiges od. gar Schädliches muß verzichtet, Reize müssen eingeschränkt, das Natürliche muß bewahrt od. es muß, wo das noch möglich ist, wieder zu ihm zurückgefunden werden (↗ Konsumverhalten). As

Release. Eine 1967 in London gegründete Organisation, die heute aus versch. Gruppen v. meist ehemaligen Drogenabhängigen besteht. Sie versuchen, frei v. ↗ Drogen u. Gewalt auf der Basis unbedingter Offenheit, Ehrlichkeit u. persönl. ↗ Verantwortung in Wohngemeinschaften zusammenzuleben u. v. a. opiatabhängigen Jugendlichen durch Teilnahme an ihrem Gemeinschaftsleben eine psychische Entziehung (↗ Entziehungskur) zu ermöglichen. Sie richten sich dabei nach Modellen in den USA (Synanon, Daytop, Phoenix-House) u. Skandinavien. Rf
Inform.: 2 Hamburg 6, Karolinenstr. 7—9.

Religionsersatz. ↗ Religiosität als subj. Religion gehört zur vollen Ausprägung des Menschseins, zur vollen Humanität (K. Rahner). Es gibt zahlreiche Behinderungen lebendiger Religiosität, wobei die intellekt. Hindernisse (bei ↗ Schwachsinn od. erworbenem Intelligenzabbau) weniger zur Ausbildung eines R.s führen können als vielmehr die emot. Behinderungen, die mangelnde Kontaktfähigkeit nicht nur zum Mitmenschen, sondern letztlich zu jenem personalen außermenschlichen ↗ Du, das seit je Gott genannt wird; C. G. Jung, V. E. v. Gebsattel, V. E. Frankl u. A. Görres weisen aufgrund vielfältiger Erfahrungen mit ↗ Patienten darauf hin, daß mangelnde Religiosität ein Vakuum darstellt, das durch verschiedenartige Ersatzformen ausgefüllt wird. „Der unbewußte Gott" wird, sofern er (aus welchen Gründen immer) verdrängt wurde, ersetzt durch eine andere ↗ Macht, durch eine nicht göttl. Instanz, durch ein innerweltl. ↗ Leitbild (↗ Idol). R. kann zu ↗ Magie u. ↗ Aberglauben entarten, u. diese nehmen dann die legitime Stelle der Religion ein. In der ↗ Religionspsychopathologie zeigt sich immer wieder, daß da, wo hochgezüchtete Intellektualität u. überbordender Rationalismus herrschen, die Religiosität, welche Verstand, Gemüt, Wertfühlen, Zustimmung zu Unterordnung, Geborgenheit u. ↗ Liebe, Kultfähigkeit, ↗ Geheimnis u. ↗ Vertrauen, Ordnung u. ↗ Autorität u. viele andere Fähigkeiten u. Vermögen des Menschen umfaßt, in Form weltimmanenter Bestimmtheiten auftritt, z. B. als Leidbeladenheit u. Auserwählung, Naturgläubigkeit, Geheimwissen od. Chiliasmus. Nicht selten finden sich Menschen mit naturwissenschaftl. Berufen u. technizist. Selbstverständnis in sektiererischen ↗ Gemeinschaften (↗ Sektenbildung), wo das unerträgl. techn. ↗ Menschenbild ergänzt wird durch irrationale geheimnisvolle Bezüge (↗ Ideologie). Religion wird aber auch durch weltimmanente Schöngeistigkeit u. Ästhetik ersetzt werden, was jedoch kein letztl. krisensicheres Fundament in den Nöten dieser Welt hergibt u. zur drohenden Gefährdung werden kann. R. kann sich in ↗ Macht-Gefühl u. Hybris äußern; der Mensch versucht, sich Gott gleich zu fühlen u. verkehrt od. leugnet seine Bindung an ihn. R. kann aber auch zum krankmachenden Faktor werden, insofern die f. die innerseel. Harmonie notwendige ↗ Kommunikation mit dem Absoluten verfehlt wird (↗ Religionspsychopathologie). Rt

Lit.: C. G. Jung, Die Beziehungen der Psychotherapie zur Seelsorge (¹1932; ²1948); V. E. v. Gebsattel, Imago hominis (1964); A. Görres, An den Grenzen der Psychoanalyse (1968); V. E. Frankl, Der unbewußte Gott (1971).

Religionspädagogik. R. befaßt sich mit der Bedeutung der Erziehungswissenschaften (Pädagogik) f. die christl. Glaubensverkündigung u. mit dem Stellenwert des ↗ Glaubens f. erziehungswissenschaftl. Bemühen. Als Teildisziplin der ↗ Praktischen Theologie untersucht sie sowohl didakt. Fragen als auch Probleme der Stoffplanung u. Methodik (↗ Lernen, ↗ Lerntheorien) des schul. Religionsunterrichts wie der gemeindl. Glaubenskatechese f. Kinder, Jugendliche u. Erwachsene. Es geht der R. um eine päd. sachgerechte Vermittlung des Glaubens, so auch um die Bewußtmachung der Hinordnung des Menschen auf sein letztes Ziel u. damit um ein Angebot zur ↗ Lebenssinn-Findung (kontroverse Ansichten s. Lit.). Aus dieser Zielsetzung ergibt sich eine sog. prophylakt. Bedeutsamkeit der R. f. die Bewältigung v. Existenz- u. Lebenskrisen. Pastoraltheol. wie -anthropolog. ist im Blick auf die ↗ Erziehung des jungen Menschen eine Trennung zw. Heils- u. Erziehungswirklichkeit bedenklich (vgl. die Diskussion um eine allgem. u. radikale, sachl. wie personale Abgrenzung des schul. Religionsunterrichts v. der gemeindl. Glaubenskatechese, die wissenschaftstheoretisch durchaus legitim sein mag). Die gegenwärtige Tendenz, allein die Funktionalität v. Religion u. Religionslehre im Rahmen des erziehungswissenschaftl. Auftrags zu sehen u. der pragmat.-method. Bedeutung der Erfahrungen u. Erkenntnisse der Erziehungslehre f. den Heilsauftrag der Kirchen einen zu geringen Stellenwert zuzumessen, kann f. die rel.-sittl. Erziehung heranwachsender junger Menschen verhängnisvolle Konsequenzen haben. Ein solches Konzept der R. wird dem Auftrag der ↗ Gemeinden, zum gegenwärtigen wie künftigen Heil des Menschen beizutragen, nicht voll gerecht. Auf dem Weg zur Selbstfindung bedarf die ↗ Jugend der ↗ Identifizierung mit klar ausgerichteten ↗ Bezugspersonen. Verweigert der Bezugsperson (z. B. Pfarrer, Lehrer u. a.) dem Schüler das Bekenntnis des eigenen Selbst- u. Weltverständnisses u. bietet stattdessen „objektiv u. neutral" eine Auswahl möglicher Selbst- u. Weltkonzepte an, dann kommt die Bezugsperson einem intellektuellen, jedoch vordergründigen Bedürfnis des Schülers nach: vom Lehrer als reifer, entscheidungsfähiger Partner anerkannt zu sein; den tieferen affektiven Bedürfnissen wird dieses religionspäd. Verhalten keineswegs gerecht. Verweigert der Erzieher ein Bekenntnis — aus verstehbarer Angst vor Konfrontation —, so werden vom Jugendlichen andere, klar umrissene Lebenskonzepte (z. B. fernöstl. Religionen, marxist. ↗ Ideologien, christl.-myst. Lebensideale, ↗ Jesus People usw.) v. bereitwilligeren „Bekennern" als Ersatz gewählt, die ihm — in einer durch vielfältige Interessen u. Einstellungen zerrissenen Welt — zur Orientierung u. Identifizierung dienen. Der so konfessionelle (= bekennende) Religionsunterricht, in dem klar der Lebensstandpunkt der Lehrperson sichtbar wird, darf ohne Bedenken in non-direktiver Weise (↗ Gesprächspsychotherapie) vorgehen. Po

Lit.: Evang. Religionsunterricht in einer säkularisierten Gesellschaft, hrg. v. G. Gloy (1969); H. Schilling, Grundlagen der Religionspädagogik (1970); Was ist Religionspädagogik? hrg. v. W. E. Esser (1971); Handbuch der Religionspädagogik in 3 Bänden, hrg. v. E. Feifel, R. Leuenberger, G. Stachel, K. Wegenast (1973 ff.); Praktisches Wörterbuch der Religionspädagogik u. Katechetik, hrg. v. E. J. Korrherr u. G. Hierzenberger (1973).

Religionspsychologie. Die R. ist Teildisziplin der ↗ Angewandten Psychologie bzw. der Völkerpsychologie od. der Vergleichenden Religionswissenschaft. Innerhalb des psych.-theol. Grenzbereichs steht sie der Psychologie näher, während ↗ Moral- u. ↗ Pastoralpsychologie primär als Unterdisziplin der Theologie anzusehen sind. Spricht die Theologie in der Moral- u. Pastoralpsychologie die Psychologie um Informationen u. Hilfen an, so wendet sich die Psychologie in der R. als empir. Wissenschaft dem rel. Bereich zu, um z. B. die Religionen im allgem., ihre spezif. Erscheinungsformen wie auch die sozio-psychischen Charakteristika aller Religionsgemeinschaften u. die individ. spezif. rel. Eigenschaften u. Verhaltensweisen als psychische Phänomene zu erforschen. Als Teildisziplin der Religionswissenschaft ist die R. der Religionsgeschichte, der Religionsphilosophie, der Religionsphänomenologie u. der Religionssoziologie beigeordnet.

Trotz der spekulativ-theol. Ausgangsposition können bereits Tertullian (150—221) mit der Schrift „De anima" (um 210) u. Augustinus (354—430) z. B. mit den Schriften „Confessiones" u. „De quantitate animae" (um 388) als Forscher im Sinne der R. angesehen werden. Auch das Mittelalter, vertreten durch Albertus Magnus u. Thomas v. Aquin, weist Untersuchungen in der R. auf. Einen bedeutenden Aufschwung nahm die R. in der 2. Hälfte des 19. Jahrhunderts; seitdem zeichnen sich drei Forschungsrichtungen ab: 1. die tiefenpsych. Untersuchungen über die Entstehung der Religion u. rel. Phänomene — grundgelegt durch S. Freud mit den Werken „Totem u. Tabu" (Wien 1913) u. „Der Mann Moses u. die monotheist. Religion" (Wien 1927) sowie durch C. G. Jung mit der Schrift „Die Psychologie der Religion" (Zürich 1940) —; 2. die phil.-phänomenolog.-deskriptive Forschungsrichtung, vertreten durch W. Trillhaas, G. Wunderle, W. Keilbach, R. Hostie, W. Hellpach, E. Spranger u. a.; 3. die vorwiegend experimentell u. sozial-empir. arbeitende Richtung, begründet durch E. P. Starbuck „The Psychology of Religion" (New York 1899) u. W. James „The Will to Believe" (New York 1897). In Deutschland wurde die empir. Richtung durch W. Gruehn u. K. Girgensohn eingeführt u. im mitteleurop. Raum weiter vorangetrieben durch die Theologen D. Mercier, A. Gemelli, J. Lindworsky, J. Froebes u. a. Zur wissenschaftl. Kontaktnahme, zum Austausch v. Forschungsergebnissen wie zur gegenseitigen Anregung ist die Internationale Gesellschaft f. R. (1914 durch W. Stählin gegründet) v. größter Bedeutung. Seit ihrer Entstehung besitzt die Gesellschaft interdiszipl. u. interkonfess. Charakter.

Der seelsorgl. Stellenwert der R.-Forschung ist z. T. indirekter Art, sofern die R. dazu beiträgt, fundamentaltheol. Aussagen über den ↗ Glauben an Gott in Übereinstimmung mit der psychischen Wirklichkeit des Menschen zu formulieren, um so eine anthropolog. reale ↗ Verkündigung zu ermöglichen. Einen direkten seelsorgsprakt. Wert besitzen v. a. ihre psych. Erkenntnisse über rel. Phänomene, wie z. B. über ↗ Gebet, ↗ Meditation, ↗ Gottesdienst, ↗ Schuld u. ↗ Sünde, rel. Einstellungsbildung u. a. Po

Lit.: W. Pöll, Religionspsychologie (1965); H. Pompey, Religionspsychologie, Pastoralpsychologie u. Moralpsychologie, in: Wege zum Menschen 24 (1972) 385—388; H. Faber, Religionspsychologie (1973).

Religionspsychopathologie. R. beschreibt die (graduell abgestuften) Behinderungen der rel. ↗ Entwicklung, des rel. Erlebens durch (theol.) indifferente Störungen konstitutionsbiolog., charakterolog. u. organpatholog. Art (z. B. durch genetisch bedingten ↗ Schwachsinn, Hirnmißbildungen, Autismus, somatisch bedingte ↗ Hirnschäden, aber auch durch ↗ Psychosen u. ↗ Neurosen) sowie die in abnormen Seelenzuständen auftretenden rel. Phänomene; R. beurteilt diese nach dem echten od. unechten Charakter der ↗ Religiosität u. erklärt diese gegebenenfalls f. para- od. pseudorel. bzw. para- od. pseudomystisch. Schwachsinnszustände, aber auch andere psychiatrisch relevante Erkrankungen behindern die rel. Erziehung in der ↗ Familie ebenso wie den Religionsunterricht in der Schule, sie können ferner Unfähigkeit zum ↗ Sakramenten-Empfang bedingen, insbes. Konsensmangel f. die ↗ Ehe-Schließung od. ↗ Weihehindernisse ex defectu darstellen. — Im Rahmen der übl. Krankheitsgruppen ergeben sich zahlreiche rel.-psychopath. bedeutsame Zustandsbilder: inadäquate Schuldgefühle bei ↗ Depressionen, ethischer Rigorismus u. ↗ Skrupulosität bei Zwangsneurosen, passiver od. aktiver ↗ Fanatismus bei Psychopathien, Bigotterie bei Epilepsie (heute selten), Verfolgungs- u. Auserwähltheitsideen bei Schizophrenie, toxische ↗ Ekstasen bei Suchtkrankheiten, mangelndes Wertfühlen bei der sog. ↗ moral insanity. — Die Echtheit außergewöhnl. rel. Phänomene darf nicht vorausgesetzt, sondern muß jeweils bewiesen werden. Die myst. Psychologie hat seit langem Kriterien f. eine rel.-psychopath. Differentialdiagnose entwickelt u. tradiert (discretio spirituum); in unserer Gegenwart wird diese ↗ Unterscheidung der Geister mit den Möglichkeiten moderner ↗ Psychiatrie zumindest nach der Seite der Minusvarianten (patholog.) bereichert. Der mehr theoret. R. steht die Anwendung ihrer Ergebnisse in der Pastoralpsychiatrie gegenüber. Rt

Lit.: K. Schneider, Einführung in die Religionspsychopathologie (1928); K. Rahner, Visionen u. Prophezeiungen (1957); W. Keilbach (Hsg.), Rel. Erleben (1974).

Religiosität. R. ist das Bedürfnis u. die Fähigkeit des Menschen, sich in irgendeiner Weise in Beziehung zu setzen zu einer außer- od. übermenschl., jedenfalls geheimnisvollen u. überlegenen ↗ Macht. Während im übergeordneten Begriff „Religion" diese Macht selbst (bzw ihre „Offenbarung"). u. die geordnete Beziehung des Menschen zu ihr mit umfaßt sind, beschränkt sich der Begriff R. auf die psychische ↗ Einstellung des Menschen. Darum kann die (subjektive) R. — im Gegensatz zur subjektiven *und* objektiven Religion — vollumfänglich psych. erfaßt werden.

I. Voraussetzung der R. (psych.): R. hat zur Voraussetzung das nur dem Menschen eigene ↗ Ich-Bewußtsein (↗ Bewußtsein; ↗ Bewußtwerdung). Erst wenn ich mich — u. sei es auch nur in den geringsten Ansätzen — als Subjekt v. meinen ↗ Erlebnissen u. den Objekten meiner ↗ Umwelt unterscheide, entsteht die Möglichkeit einer rel. Einstellung. So wird R. v. allen psych. Schulen als etwas spezif. Menschliches angesehen, unabhängig davon, ob sie als Gefühl, als Strebung, als Interesse, als Drang od. als ↗ Trieb angesehen wird. —

II. Äußere Ursachen der R. (religionsphänomenolog.). R. kann verursacht werden überall dort, wo der Mensch die *Bedrohung* durch unerklärl. u. überlegene Mächte erfährt (Naturkatastrophen, Himmelserscheinungen, Witterung etc.); überall, wo der Mensch seine ↗ *Abhängigkeit* u. unverständl. u. unbeeinflußbaren Zusammenhängen erlebt (Vegetation, Fruchtbarkeit, Jagd, Krieg, Ahnen etc.); überall, wo der Mensch die *Überwältigung* durch machtgeladene Phänomene seines eigenen Lebens erfährt (↗ Sexualität, Geburt, ↗ Krankheit, ↗ Tod, ↗ Traum etc.); überall, wo der Mensch v. staunender Bewunderung f. Außer- u. Übermenschliches ergriffen wird (↗ Natur, Kosmos, überlegene ↗

Tiere, außergewöhnl. Menschen: Held, Schamane, Prophet, ↗ Heiliger, Priester, König, Besessener etc.); überall dort, wo der Mensch v. *Fragen* betroffen wird, die sich aus dem Nachdenken über seine eigene Existenz ergeben: „Wer waren wir? Was sind wir geworden? Wo waren wir? Wohin sind wir geworfen? Wohin eilen wir? Woraus sind wir befreit? Was ist Geburt? Was ist Wiedergeburt?" (Gnost. Text des 2. Jh. n. Chr.). —

III. Ziel der R. (religionsphänomenolog.) ist im allgem. das Aufgehen der subjektiven rel. Erlebnisse in einer objektiven Religion. Die Religionen bieten der R. des einzelnen ein genormtes, kollektiv anerkanntes Gefäß u. damit Sicherheit. Die v. der R. erfahrene unbest. Übermacht wird v. ↗ Mythos u. Dogma gefaßt, durch ↗ Kult u. ↗ Ritus „begehbar" gemacht. Die Religion stellt der R. Formen der ↗ Frömmigkeit zur Verfügung u. gliedert damit die R. des einzelnen in eine heilige ↗ Gemeinschaft ein. Religion ermöglicht es der diffusen R., zum ↗ Glauben zu werden, indem sie die den Religiösen ergreifende geheimnisvolle Macht deutet als Teil des Göttlichen, Heiligen od. „Numinosen" (R. Otto) u. zugleich verkündet, daß diese Macht den Menschen unbedingt angeht. „Glaube ist das Ergriffensein v. dem, was uns unbedingt angeht" (Tillich). — Es gelingt der R. jedoch nicht immer, ihre Heimat in einer Religion zu finden. Denn einerseits müssen die Religionen einen best. Kanon dessen aufstellen, was als das Unbedingte od. das Heilige (im Gegensatz zum Profanen) zu gelten hat, anderseits ist die R. unersättlich nach neuen, nicht gedeuteten Erfahrungen geheimnisvoller Mächte. Die R. sucht das Heilige als das „Faszinierende" od. sogar „Interessante" (G. Schmidt), die Religion verwaltet das Heilige als Ordnung. Die R. sucht nicht das objektive Unbedingte, sondern die subjektive unbedingte Ergriffenheit. Der rel. Mensch neigt dazu, jede Macht, die ihn unbedingt ergreift, mit dem Unbedingten (bzw. dem Heiligen od. Göttlichen) gleichzusetzen, u. sei es auch im Gegensatz zur gültigen Religion. So kann echte R. (v. den Religionen her gesehen) zur Ketzerei, zum ↗ Aberglauben, zur dämon. ↗ Besessenheit, zur ↗ Magie, zum ↗ Religionsersatz führen. —

IV. Innerer Ursprung der R. (tiefenpsych.). R. ist f. S. Freud nicht ein ursprüngl. u. normales seel. Phänomen, sondern „die rel. Illusion" wird dem Menschenkind als „das süße — od. bittersüße — Gift v. Kindheit an eingeflößt" (G. W. XIV, 373). Obgleich R. ein Symptom der Unreife ist, das eigentl. durch „Erziehung zur Realität" (d. h. u. a. durch eine „vom Druck der rel. Lehren befreite ↗ Erziehung"; XIV, 378) überwunden werden könnte, wird sie doch zäh festgehalten, weil sie ↗ Verleugnung des ↗ Realitätsprinzipes zugunsten des ↗ Lust-Prinzipes ermöglicht. „Die R. führt sich biolog. auf die lang anhaltende Hilflosigkeit u. Hilfsbedürftigkeit des kleinen Menschenkindes zurück" (VIII, 195). Zugleich wird sie gespeist durch das individ. od. kollektive ↗ Schuld-Gefühl, das auf den ↗ Ödipuskomplex bzw. auf die „histor. Reminiszenzen" zurückgeht. In den positiven rel. Vorstellungen sieht Freud „Illusionen, Erfüllungen der ältesten, stärksten, dringendsten Wünsche der Menschheit" (XIV, 352). Freud kann — auch in seinen späten Werken — nicht umhin, die R. u. ihre Auswirkungen mit patholog. Phänomenen in Beziehung zu setzen; so wie er schon 1907 meinte, daß man sich getrauen könne, „die ↗ Neurose als eine individuelle R., die Religion als eine universelle Zwangsneurose zu bezeichnen" (VII, 138 f.). — (Daß Freuds weitgehend negative Einschätzung v. R. u. Religion sich vorwiegend auf die ihm vor Augen stehenden Zerrformen derselben bezog u. daß seine Religionskritik f. den christl. Glauben eine heilsame Bedeutung haben kann, hat J. Scharfenberg gezeigt).

Für C. G. Jung ist R. ein Grundbedürfnis u. eine Grundqualität seel. Lebens. Er ist der Meinung, daß R. spontan entsteht u. nicht ein Produkt v. Erziehung ist. Schon 1912 schreibt er: „So kann man einem Kinde wohl die Inhalte früherer Mythen vorenthalten, nicht aber ihm das Bedürfnis nach Mythologie, u. noch weniger die Fähigkeit, solche zu erzeugen, wegnehmen" (Symbole der

Wandlung, S. 37). Rel. Erfahrung od. Erfahrung des „Numinosen" ist f. Jung ein unabdingbarer Bestandteil der ↗ Individuation, u. zw. deswegen, weil die ↗ Archetypen numinosen Charakter besitzen. In der Überzeugung, daß R. immer auf *Erfahrung* beruht u. daß ein Glaube ohne vorausgehende rel. Erfahrung tot sei, ist Jung sich einig mit P. Tillich. Jung: „In rel. Dingen kann man bekanntlich nichts verstehen, was man nicht innerlich erfahren hat" (Psych. u. Alchemie, S. 27). „Solange die Religion *nur* ↗ Glaube u. äußere Form u. die rel. Funktion nicht eine Erfahrung der eigenen Seele ist, so ist nichts Gründliches geschehen" (aaO., S. 25). Tillich: „Ohne eine vorherige Erfahrung des Unbedingten kann es keinen Glauben an das Unbedingte geben" (G. W. VIII, S. 178). Die Macht, zu der die R. sich in Beziehung zu setzen sucht, ist f. Jung die numinose Macht der Archetypen des ↗ kollektiven Unbewußten. Da die Archetypen selbst aber nicht erfahrbar sind, sondern erst als nach außen projizierte (↗ Projektion) archetyp. Bilder in Erscheinung treten, erfährt der Religiöse die Macht als etwas v. außen Kommendes (vgl. Abschnitt II).

F. die Jung'sche ↗ Psychotherapie ist die R. v. ausschlaggebender Bedeutung. Aber nicht deswegen, weil R. etwas Pathologisches wäre, sondern im Gegenteil, Jung sagt: „Keiner ist wirklich geheilt, der seine rel. Einstellung nicht wieder erreicht, was mit Konfession od. Zugehörigkeit zu einer ↗ Kirche natürlich nichts zu tun hat" (Ges. Werke XI, 362).

V. R. *heute (pastoralanthropolog.).* Die ↗ Pastoralanthropologie tut gut daran, die Einschätzung der R. des heutigen Menschen nicht unbesehen v. gewissen Lehrern der Theologie zu übernehmen. Wenn z. B. Bultmann noch 1964 folgende Meinung vertritt: „Der Mensch v. heute baut darauf, daß der Lauf der ↗ Natur u. Geschichte, wie sein eigenes Innenleben u. sein prakt. Leben, nirgends vom Einwirken übernatürl. Kräfte durchbrochen wird", dann muß die anthropolog. Erfahrung dem nachdrücklich widersprechen. Denn das würde heißen, daß R. nicht mehr gefragt sei; aber das Gegenteil ist der Fall: rel. Fragen, Praktiken u. Experimente beschäftigen mindestens die jüngere Generation in einem beträchtl. Ausmaß. ↗ Sexualität, ↗ Drogen, ↗ Meditation, ↗ Zen-Buddhismus, Star-Kult, polit., soziol. od. psych. ↗ Ideologie, ↗ Sektenbildung, populäres Interesse an ↗ Parapsychologie u. ↗ Astrologie: diese Stichworte mögen andeuten, wohin überall sich heute R. wendet. Wenn auch die meisten dieser Bestrebungen vom christl. Glauben her als „Ersatz-Religionen" anzusehen sind, so darf doch auf keinen Fall übersehen werden, daß sehr oft echte R. die Triebfeder dieser Erscheinungen u. die Ursache dieser neu aufgebrochenen Fragen ist; vielmehr müßte es zunächst Ziel eines pastoralen Handelns sein, zu zeigen, daß „die bibl. ↗ Symbole u. die christl. Botschaft eine Antwort auf eben diese Fragen sind" (Tillich, G. W. VIII, 269).   Helmut Barz

Lit.: C. G. Jung, Symbole der Wandlung (⁴1952); ders., Zur Psychologie westlicher u. östl. Religion, Ges. Werke Bd. XI (1963); M. Eliade, Die Religionen u. das Heilige. Elemente der Religionsgeschichte (1954); G. van der Leeuw, Phänomenologie der Religion, (²1956); F. Heiler, Erscheinungsformen u. Wesen der Religion (1961); R. Bultmann, Jesus Christus u. die Mythologie (1964); P. Tillich, Die Frage nach dem Unbedingten, Bd. V der Ges. W. (1964); ders., Offenbarung u. Glaube, Bd. VIII der Ges. W. (1970); S. Freud, Die Zukunft einer Illusion, Ges. Werke Bd. XIV (⁴1968); J. Scharfenberg, Sigmund Freud u. seine Religionskritik . . . (³1971); G. Schmidt, Interessant u. heilig (1971); H. Barz, Selbst-Erfahrung. Tiefenpsychologie u. christl. Glaube (1973); U. Mann, Einführung in die Religionspsychologie (1973); R. Otto, Das Heilige (o. J.).

Repression ↗ Unterdrückung ↗ Macht

Resignation. R., ursprüngl. ein Rechtsbegriff („Abdankung", „Rücktritt"), hat heute bes. im *psych.* u. psychopatholog. Bereich (↗ Depression, ↗ Melancholie) Bedeutung gewonnen. Als Ausdruck f. depressive Verstimmungszustände erstreckt sie sich allerdings auch auf das Alltagsleben u. sämtl. Altersstufen (↗ Lebensstufen) des Menschen, vom Säuglingsalter (↗ Hospitalismus) über die mittl. Jahre (↗ Introversion, ↗ Klimakterium) bis ins hohe Alter (↗ Verzweiflung angesichts v. Verfall u. ↗ Tod).

Ähnlich wie die sog. exogene Depression ist auch die R. ein psych. sinnvolles Reaktionsmuster auf permanente Entbehrung u. Enttäuschung, Verlassenheit u. Versagung. Im Unterschied zu aggressiven Reaktionsmustern wird bei der depressiven R. jedoch die Verarbeitung v. Verlusterlebnissen dadurch zu leisten gesucht, daß sie nach innen genommen u. gegen die eigene ↗ Person gewendet werden. Durch ein komplexes Bündel v. Gefühlen u. Verhaltensweisen wie ↗ Apathie u. Ausweglosigkeit zieht sich ein Grundgefühl v. leiser ↗ Trauer. Beobachtungen aus der ↗ Beratung (beispielsweise an Ehepartnern, Geschiedenen, Klienten mit Berufsproblemen, Ratsuchenden der mittleren Jahre u. höheren Alters) lassen den Rückschluß zu, daß R. zu einem verbreiteten Verarbeitungsmechanismus in unserem Kulturkreis zu werden droht, je mehr sich Vereinzelung u. ↗ Vereinsamung in unserer Gesellschaft verschränken. Bes. kirchl., soziale od. therapeut. Berufe scheinen v. solcherlei Tendenzen zu R. u. passiv-pessimist. Rückzug immer weniger verschont zu werden.

Nicht ohne Grund kann auch die R. — theol. gesehen — zu den großen ↗ Versuchungen des ↗ Glaubens gerechnet werden. Bezeichnenderweise lautet ein mittelalterl. Begriff f. den Teufel „Regierer der tiefen Traurigkeit". Zwar hat man in der Renaissance (vgl. den Kupferstich „Melancholia" v. Albrecht Dürer 1514) u. in der Aufklärung nicht ganz so negativ über R. geurteilt. Trotzdem ist man auch in diesen — u. wohl zu allen — Zeiten nicht ohne Ahnung davon, daß ein Mensch der Traurigkeit so wehrlos ausgeliefert sein kann, daß er jede ↗ Hoffnung verliert. K. Barth hat das Totalitäre dieser Trostlosigkeit (acedia, desperatio, tristitia) im Blick, wenn er sie in Beziehung zur Hybris bringt: „Die R., ... das Nein, die Verzweiflung der ↗ Demut bezieht sich nicht auf des Menschen Tun als solches, sondern auf den in allem seinem Tun wirksamen Hochmut" (KD IV, 1, S. 700 f.). Demgegenüber findet sich in dem Gedanken v. der sog. *resignatio ad infernum*, den M. Luther v. der ↗ Mystik übernahm, die Überzeugung, daß alle R. überwunden ist, wo ein Mensch sich mit letztem ↗ Vertrauen auf Gott verläßt; u. treibt er ihn in die Tiefen der Hölle, wird — wo er will, was Gott will — ihm selbst die Hölle zum Himmel werden. Ri

Lit.: P. Tillich, Der Mut zum Sein (1968); S. Freud, Trauer u. Melancholie, in: Ges. W. X. (⁵1969), S. 428—446; Ch. Bühler, Wenn das Leben gelingen soll (1972).

Resozialisierung. Während ↗ Rehabilitation (Wiederherstellung) meist im medizin. Bereich verwendet wird, ist R. (Wiedereingliederung) ein im ↗ Strafvollzug häufig gebrauchter Begriff; doch werden beide Wörter auch gleichsinnig angewandt (z. B. in der ↗ Psychiatrie). Maßnahmen der R., die auf einem Lernprozeß nach den Prinzipien v. ↗ Strafe u. Lohn beruhen, versuchen, in ihrem ↗ Verhalten auffällig gewordene Personen wieder in die ↗ Gemeinschaft zu integrieren, so daß sich jene erneut den geltenden ↗ Norm-Vorstellungen dieser Gemeinschaft anpassen (↗ Anpassung). Dabei wird allerdings übersehen, daß häufig gesellschaftl. Faktoren Ursache f. die Fehlanpassung des Individuums sind u. daß der Begriff der ↗ Normalität soziokulturell bedingt ist. Allzu oft war der Betroffene schon vorher in seine ↗ Umwelt nicht integriert, was sich jedoch erst in best. Belastungssituationen als Fehlverhalten zeigte, so daß der Versuch einer bloßen R. scheitern muß. Das gilt umso mehr, wenn bloß ökonom. Gründe der Anlaß dafür sind, den auffällig gewordenen Menschen möglichst rasch in seine bisherige u. unveränderte Umgebung wiedereinzugliedern. Vielmehr ist eine ↗ Sozialisation des Betroffenen notwendig, aufgrund der er aus der ↗ Rolle der Passivität u. des Duldens herauszufinden vermag, um seinen eigenen Lebensbereich selbst aufbauen u. gestalten zu können; erst dadurch wird er zu einem autonom handelnden, seiner sozialen ↗ Verantwortung bewußten Individuum, das die gesellschaftl. u. polit. Wirklichkeiten kritisch reflektiert. Rf

Ressentiment ↗ Vorurteil

Reue. R. ist Schmerz u. Abscheu über begangene ⁄ Sünden, verbunden mit dem Vorsatz, nicht mehr zu sündigen (Trid. D 897, 915). Der Mensch kann seine Vergangenheit nicht ungeschehen machen od. einfach ablegen. Seine jetzige Grundhaltung ist davon mitbestimmt, u. seine böse Tat wirkt fort, bis sie durch eine freie, reflektierte Aufarbeitung der schuldigen Einstellung aufgehoben wird, die notwendigerweise auch den Vorsatz zur Umkehr u. Überwindung der Sünde miteinschließt (Metánoia).
R. ist daher immer eine freie, bewußte u. entschiedene Absage in bezug auf eine freie, sündhafte Tat der Vergangenheit u. hat mit physiolog. u. psych. ⁄ Schocks, ⁄ Depressionen u. ⁄ Erschöpfungs-Zuständen nichts zu tun, wie auch reine Furcht vor gesellschaftl. Diffamierung od. ⁄ Strafe keine R. ist.
R. im eigentl. theol. Sinn läßt sich nicht über den konkreten sündigen Zustand hinwegtäuschen, sondern stellt sich ihm in voller ⁄ Verantwortung. R. hat nichts mit irrealen Wünschen od. Fiktionen zu tun („hätte ich das doch nicht getan!"). Die aus der Sünde resultierende Grundhaltung ist selbst wieder sehr komplex u. oft mit guten Folgen durchwirkt, die aus der eigenen Lebenserfahrung nicht mehr weggedacht werden können. Eine analyt. Aufarbeitung der vergangenen Schuld bewirkt nicht die moraltheol. notwendige R. u. die radikale Umkehr, sondern macht nur den Weg dazu frei über die Einsicht in die Sinnlosigkeit neurot. Schuldverdrängung, ⁄ Selbstbestrafung u. Selbsterlösung.
R. ist Antwort auf den gnadenhaften Anruf Gottes zur Umkehr. Sie bewirkt das Heil nicht, sondern nimmt dankbar die in Jesus Christus erfolgte ⁄ Erlösung an. Selbst diese freie Annahme ist wiederum v. der Gnade Gottes gewirkt. Daher kann man nicht v. einer „Verdienstlichkeit" der R. sprechen.
Wird das Formalobjekt der Liebe zu Gott zum Motiv der R., so spricht die kath. Lehre v. einer vollkommenen Reue. Sofern sie den Willen zum Bußsakrament impliziert, rechtfertigt sie den Menschen unmittelbar, auch schon vor dem Empfang der ⁄ Taufe od. der Absolution, die unvollkommene R. aber nur in Verbindung mit der ⁄ Beichte (Bußsakrament). Eine solche freie R. darf auch nicht als ein Versuch einer Selbstrechtfertigung des Menschen mißverstanden werden, die ja den Menschen erst recht zum Sünder machen würde, sondern ist ein Gnadengeschenk, durch das sich der Mensch dem vergebenden Gott anvertraut. Die R. ist „f. den erwachsenen Sünder heilsnotwendig" (D 897, 914).
R. ist ein wesentl. Bestandteil des Bußsakramentes neben Bekenntnis, Vorsatz u. Genugtuung, wobei die unvollkommene R. bereits f. den gültigen Empfang des Bußsakramentes genügt (aus einem sittl. guten Motiv, das aber nicht zur Höhe der Gottesliebe gelangt ist). In der Praxis wird man auf die Motivation der Liebe drängen, da der Mensch nicht ohne die radikale Grundausrichtung seines Lebens sein kann u. das Verhärten in der Schuld ein Niederhalten der Wahrheit u. Verfestigen in der Selbsttäuschung bedeuten kann. Wesentl. ist die Erkenntnis der R., daß man Sünder *ist* u. nicht bloß viele Sünden *hat;* ferner daß dieser Zustand uns ⁄ Schmerzen bereitet, R. daher ein Sterben der Sünde *ist*, um mit Christus auferstehen zu können. Wenn auch manches Bereuenwollen noch nicht die v. Gottes Gnade gewirkte R. sein muß, so ist auch das andere Phänomen des „Nicht-bereuenkönnens" zu beachten, insofern es sich um eine Tat gehandelt haben könnte, die nicht als schwere Sünde begangen wurde. R. u. Vorsatz als existentielle personale Vorgänge haben f. die Erneuerung des Bußwesens eine entscheidende Bedeutung. Eine positive Zielsetzung der radikalen Bekehrung in der richtigen Einübung der Nachfolge Christi in der immer selbstloseren Tat der Liebe wird erst eine Loslösung v. der Weltverfallenheit, Selbstsucht u. Zuchtlosigkeit bewirken. Weichheit u. menschl. Schwäche widersprechen dem radikalen Liebesgebot Christi u. verhindern den Anbruch einer vollen ⁄ Freiheit f. die Absichten Gottes. In der ⁄ Erziehung zur R. u. Umkehr wird man nicht nur v. einer psych.-empir. erhebbaren, sondern auch v. der durch Gnade befreiten Freiheit

ausgehen; die Sünde also nicht bloß als eine gegen die ↗ Natur gerichtete Tat, sondern als eine persönl. Verletzung der Liebe zu Gott sehen, die die Basis f. das richtige zwischenmenschl. Verhalten bildet. Die im NT geforderte Umkehr (metánoia) ist nicht bloß eine Bekehrung zu einem neuen Gesetz od. kategor. Imperativ, sondern Hinwendung der ganzen ↗ Person an den Gott, der im Kreuz u. in der Auferstehung seines Christus unser Heil gewirkt hat. Umkehr u. Glaube sind als gottgewirktes Geschehen untrennbar miteinander verbunden u. fordern den personalen Vollzug durch den Menschen. Dieser Grundvollzug der Umkehr ist aber nicht bloß ein einmaliges Geschehen, sondern der Mensch wächst auf diese Entscheidung hin, er muß sie ständig neu erringen, kann sich wegen der ständigen Angefochtenheit durch das ↗ Böse in der Welt nicht mit einer einmaligen Entscheidung zur Ruhe setzen. Der Mensch hat stets neu in den verschiedensten Phasen seines Lebens zu dieser Grundentscheidung zu stehen, die ihm immer mehr die Aufgabe seiner Selbstsucht u. die Hingabe an Christus abfordern wird. Karl Gastgeber

„1. Da unser Herr und Meister Jesus Christus spricht: Tut Buße, hat er gewollt, daß alles Leben der Gläubigen Buße sein soll."
„12. Vor Zeiten wurden kanon. Bußen nicht nach, sondern vor der Absolution aufgelegt, um die Aufrichtigkeit der R. daran zu prüfen."
„31. Wie selten die sind, die wahrhaftig reuig sind ... (36) Jeglicher Christ hat, wenn er in aufrichtiger R. steht, vollkommenen Erlaß v. Strafe u. Schuld."
Diese zentralen Sätze aus Luthers 95 Thesen v. 1517 bilden die Grundlage des evang. Verständnisses v. der R. Sie haben dazu geführt, daß im Protestantismus die „tägl. Buße u. R.", also eine Einebnung der R. in die Lebensvollzüge, das Schwergewicht erhielt, die den pietist. Protest herausforderte. Bes. im Methodismus wurden bestimmte Verfahren entwickelt, die geeignet schienen, die persönl. u. ernsthafte R. hervorzubringen. Dadurch gewann die R. als ein einmaliges Ereignis vor der Bekehrung wieder das Schwergewicht. Als unevangelisch muß es jedoch angesehen werden, wenn ein bestimmter Grad des Bußschmerzes als notwendig zur Erlangung der Vergebung festgesetzt u. die schmerzl. Gefühlsregung der R. nicht durch einen Willensakt, der gegen die Sünde gerichtet ist, abgelöst wird.
Unter pastoralpsych. Aspekt dürfte es v. Wichtigkeit sein, ob die R. vorwiegend als eine Funktion des ↗ Über-Ich auftritt, dadurch zu einer Einschränkung des ↗ Ich u. gerade zu einer Lähmung der Willens- u. Tatkraft führt. Je stärker die R. sich als ein innerpsychischer Konflikt äußert, um so mehr wird sie zu einer lebenshemmenden u. kräfteverzehrenden Angelegenheit, u. dem ↗ Seelsorger müssen Kriterien zur Verfügung stehen, um diese patholog. Formen der Auseinandersetzung mit dem ↗ Bösen zu erkennen.
Scha

Lit.: H. Vorgrimler, Art. „Reue", in LThK Bd. 8 (1963) 1261—65; A. Esser, Das Phänomen der Reue (1963); L. Bertsch, Buße u. Bußsakrament in der heutigen Kirche. Pastorale (1970); K. Rahner, Art. „Reue", in: Herders Theolog. Taschenlexikon, Bd. 6 (1973), 284—288.

Revolution. Seit der franz. R., dem Pariser Kommuneaufstand v. 1871 u. der russ. R. v. 1917 sowie bedingt durch die Situation in der Dritten Welt u. durch revolutionäre Studentenbewegungen in Europa ist die R.thematik ein zentrales Thema der Gegenwart. Das jeweilige Verständnis v. R. ist v. der histor.-polit. u. sozialen Gesamtsituation abhängig, so daß es einen festgelegten R.-Begriff nicht geben kann. R. im Bruch mit der Tradition, im Kampf zw. sozialen ↗ Klassen, in der Zerstörung etablierter Ordnungen u. im Wandel zu einer besseren ↗ Gerechtigkeit ist stets auch das Unausgedachte u. begrifflich nicht auf einen glatten Nenner zu bringende Geschehen. Wenn R. ein Begriff ist, der nur am Ort revolutionärer Praxis angemessen definiert werden kann (d. h. in Lateinamerika anders als im hochtechnisierten Europa), dann kann auch die mit der R.thematik verbundene Frage nach ↗ Macht u. Gewaltlosigkeit nur konkret in den kollektiven Erfahrungsgehalten sozialpolit. Inhalte angemessen beantwortet werden. Die Theologie der R. (vgl. R. Shaull,

P. L. Lehmann, H. Gollwitzer, J. Moltmann) hingegen erfüllt mit ihren verallgemeinernden Begriffsbestimmungen die Funktion, welche die Religion trad. erfüllte: sie versucht, den revolutionären Kampf, der sich im begrenzten u. konkreten Klassenkampf ereignet, theol.-theoretisch zu legitimieren. Geht es in der polit. u. sozialen R. um die Beseitigung unmenschl. u. ungerechter Verhältnisse im sozioökonom. Bereich (↗ Unterdrückung, ↗ Manipulation), dann muß das jeweilige Recht zur R. an ihrer sozialkrit. Zielsetzung gemessen werden. Die christl. ↗ Zukunfts-Perspektive kann — abgesehen v. ihrer konkreten Parteinahme f. die Leidenden — in der jeweiligen histor. Situation nur auf die Vermenschlichung der R. hinweisen, d. h. 1. auf die ↗ Integration der in der R. Besiegten, damit die Revolutionäre die vorher bekämpfte Staats-↗Autorität nicht willkürl. auf sich übertragen; 2. auf die notwendige Basis f. eine gewollte R. in der Bevölkerung, damit die R. nicht als Werk einer ↗ Elite zum schicksalhaften Vorgang f. die eigentl. Subjekte der R., nämlich f. die Unterprivilegierten u. Leidenden wird (↗ Minderheiten); 3. auf das verhängnisvolle Schema v. R. u. Konterr., wonach die Konterr. Ordnung u. Sicherheit wiederherstellt, ohne nach den Gründen zu fragen, die zur R. geführt haben. Theologie u. ↗ Kirchen werden diese Anliegen umso wirkungsvoller vertreten können, je selbstkritischer sie ihren eigenen Beitrag zur Verhinderung gesellschaftl. revolutionärer Wandlungen analysieren. Hi

Lit.: E. Feil/R. Weth (Hrsg.), Diskussion zur „Theologie der Revolution" (1969); vgl. Art. „Revolution" im Taschenlexikon Religion u. Theologie (²1974).

Rigidität. R. (lat. Starrheit) ist einerseits *neuro-physiolog.* eine andauernde Muskelkontraktion, wie sie die Folge v. Laesionen extrapyramidaler, unbewußt-motor. Zentren ist, andrerseits in der *Psychologie* die Unfähigkeit bzw. Einschränkung der Fähigkeit, sich angesichts v. Veränderungen der objektiven Bedingungen in *Handlung* od. ↗ *Einstellung* v. einmal eingeschlagenen bzw. gewohnten Denk- u. Handlungswegen zu lösen u. angemessenere einzuschlagen. Dementspr. unterscheidet man motor. (Handlungs-) u. affektive bzw. kognitive (Einstellungs-)R. Man spricht v. habitueller (dispositioneller) R. (psychischer ↗ Trägheit, Perseveration) allgemein beim Beharren bei einer Reaktion aus Unfähigkeit, zu einer anderen zu wechseln, u. anderseits v. einer Trägheit einzelner psychischer Prozesse. Das Gegenteil v. R. ist psychische Flexibilität. Semant. u. empir. Probleme sind auf dem Gebiet noch zahlreich. Ein Vergleich v. 12 versch. Definitionen zeigt, daß R. in jedem Falle als eine Beharrungstendenz, als Widerstand gegen Verhaltensänderung beschrieben wird. R.s-tests messen die Einstellungsfixierung. Ihre Ergebnisse ermöglichen eine operationale Definition. Zur Messung der R. einer Persönlichkeit wurde auch eine zur Messung des Autoritarismus dienende Skala angewandt. Daß, wie früher angenommen, R. mit dem ↗ Altern stets zunimmt, haben jüngste Untersuchungen nicht unbedingt bestätigt.

In ↗ Seelsorge u. ↗ Sozialpsychologie spielt die Frage der R. eine große Rolle beim neuerdings immer mehr erkennbar werdenden Problem der Engstirnigkeit bzw. psychischen Starrheit, mit welchem jenes der Intoleranz zusammenhängt. Die Unfähigkeit od. Weigerung, sich auf die Überzeugungen Andersdenkender od. auf neue Denk- u. Verhaltensweisen einzustellen, die durch Änderung der Umweltbedingungen notwendig geworden sind, hängt häufig mit ↗ Angst, Unsicherheit u. dem Bedürfnis nach festem Halt zusammen. Diese psychische Starrheit zu überwinden u. Aufgeschlossenheit gegenüber andersartigen u. neuen Denk- u. Verhaltensweisen zu ermöglichen, ist eine sehr bedeutende Aufgabe sowohl der Seelsorge als auch der ↗ Sozialpsychologie. Ld

Lit.: C. Brengelmann, Persönlichkeit, in: R. Meili/H. Rohracher, Lehrbuch der experimentellen Psychologie (²1968); J. Drever u. W. D. Fröhlich, Wörterbuch zur Psychologie (1968); W. Arnold, H. J. Eysenck, R. Meili, Lexikon der Psychologie 3 Bde. (1972).

Ritual. Die merkwürdige Beobachtung, daß Zwangskranke dazu neigen, best. traumat. ↗ Erfahrungen ihres Lebens, die verdrängt wurden, in der Form eines Privat-R.s symbol. zu vergegenwärtigen, ließ das R. auch zu einem Thema der ↗ Tiefenpsychologie werden. Aus der Beobachtung, daß es nach dem Zurücktreten der Religion mit ihrem öffentl. R. zu einem Anwachsen der Zwangsneurosen mit ihrem privatisierten R. gekommen war, hat S. Freud den Schluß gezogen, man müsse die Religion überhaupt als eine universale Zwangsneurose ansehen. Dies gilt ganz sicher nur f. den Fall, daß einer rel. ↗ Gemeinschaft das ↗ Bewußtsein davon schwindet, daß im R. mit ↗ Symbolen umgegangen wird u. sich die Teilnahme der Gläubigen an ihnen in tiefer Unbewußtheit vollzieht. Ein bewußterer, spielerisch-distanzierter Umgang mit R., der sich des tiefen Sinnes der Symbole erfreuen kann u. sie zu deuten versteht, dürfte keineswegs eine neurotisierende Wirkung ausüben. Im Gegenteil: Die Tatsache, daß auch im Kinderleben eine intensive rituelle Phase zu beobachten ist, zeigt, daß die symbol. Interaktion im R. eine unvermeidbare ↗ Kommunikations-Form des menschl. ↗ Geistes darstellt. Wie sich säkularisiertes u. rel. R. zueinander verhalten, dürfte eine lohnende Forschungsaufgabe der ↗ Prakt. Theologie sein (↗ Säkularisierung). *Scha*

Lit.: E. H. Erikson, Zur Ontogenese der Ritualisierung, in Psyche (1968), Heft 3; E. Goffmann, Interaktionsrituale (1973); Y. Spiegel, Erinnern, Wiederholen, Durcharbeiten. Zur Sozialpsychologie des Gottesdienstes (1973).

Ritus. *1. Begriff:* R. nennt man die geordnete Ganzheit eines Handlungsablaufes, der v. einer ↗ Gruppe als festliegende ↗ Norm f. korrektes ↗ Verhalten angenommen u. gewöhnlich auch entspr. sanktioniert ist. Man unterscheidet profane, durch Herkommen fixierte, gesellschaftl. sanktionierte (Umgangsformen u. ä.) u. auf Stiftung u. Tradition beruhende göttl. sanktionierte rel. R.n. Im kirchl. Sprachgebrauch versteht man unter R. im weitesten Sinn die gesamte rel.-gottesdienstl. Lebensform einer kirchl. ↗ Gemeinschaft (z. B. der Ostkirchen, der latein. Westkirche), im engeren Sinn die Gesamtheit der liturg. Worte u. Handlungen eines gottesdienstl. Aktes (z. B. Meßr.) od. — noch enger gefaßt — v. Teilen desselben (z. B. Eröffnungsr.). — *2. Anthropolog. u. rel. Bedeutung:* R.n entstehen aus dem Bedürfnis nach Sicherheit u. der Notwendigkeit, gemeinschaftlichem Handel eine feste Form zu geben: in ihrem Ablauf geregelte u. mit einem best. Sinn versehene Verhaltensweisen geben Sicherheit im Umgang mit anderen u. ermöglichen gemeinsames Handeln. Im rel. Bereich bietet der direkt od. indirekt v. der Gottheit gestiftete u. v. ihr sanktionierte R. die Sicherheit richtigen, heilswirksamen Kontakt mit ihr herstellenden Handelns. Weil rel. R.n sowohl göttlich gestiftet als sozial „eingespielt" sind, haben genaue Wiederholung u. Tradition große Bedeutung u. droht die Gefahr ritualist. Erstarrung. Der bes. im Vollzug der ↗ Sakramente gefährl. Ritualismus beruht auf der Erwartung, daß getreue Befolgung der äußeren Form die innerl. Erfüllung garantierte bzw. ersetze; die als Entlastung verständl. Tendenz des R. zur Veräußerlichung muß immer neu gesehen u. aufgefangen werden. Es ist daher wichtig zu sehen, daß rel. ebenso wie profane R.n (im Unterschied zum ↗ Ritual, das die Verhaltensforschung bei ↗ Tieren feststellt) grundsätzl. f. histor. Wandel offen sind u. bleiben müssen. Da ↗ Kult u. ↗ Gottesdienst wegen der leibseel. ↗ Natur des Menschen an Raum u. Zeit gebunden sind u. äußerer Formen bedürfen, entwickelt jede Religionsgemeinschaft R.n, in denen sie sich selbst darstellt u. Gemeinschaft mit Gott sucht. Zentraler R. ist das häufig mit einem Mahl verknüpfte Opfer. Daneben sind jene R.n v. bes. Bedeutung, die an entscheidende Phasen u. Ereignisse des Lebens (Initiations- u. Übergangsr.) anknüpfen (↗ Sakramente, ↗ Sakramentalien). Die Existenz solcher R.n — heute manchmal in säkularisierter Gestalt — ist ein allgem. menschl. Phänomen u. bezeugt eine grundlegende, geschichtl. Wandlungen unterworfene, aber nicht zerstörbare Liturgiefähigkeit, die voll zum Tragen kommt, wenn die R.n die Höhe- u. Knotenpunkte des Lebens (Geburt u. ↗ Tod, ↗ Schuld u. Versöhnung usw.) artikulieren u. deren rel. Tiefendimension zur Erfahrung bringen. Darin liegt die Chance der R.n, wird aber auch die Aufgabe sichtbar, sie in überzeugendem Kontakt mit dem sich wandelnden ↗ Leben u. damit selbst lebendig zu erhalten. My

Lit.: W. E. Mühlmann, Art. Ritus, in: RGG³ V. (1961), 1127 f; A. Hänggi/K. Mörsdorf, Art. Ritus, in: LThK² VIII. (1963), 1331—1333; G. Langgärtner, Art. Ritus, in: Lexikon der Pastoraltheologie (1972), 472.

Rivalität. R. besteht im Gegensatz zu Konkurrenz, Krieg od. Wettkampf zw. zwei Personen, die sich bei der Erlangung od. Bewahrung eines ↗ Wertes wechselseitig auszuschalten versuchen. Der Rivale erstrebt immer alles od. nichts, sucht nicht die Allianz od. den Kompromiß mit dem Gegner u. wendet zur Ereichung seines Ziels mitunter auch unfaire Mittel an wie Verdächtigungen, Verleumdungen, selbst Handgreiflichkeiten. Der Nebenbuhler kämpft um die Gunst eines anders- od. gleichgeschlechtl. Partners. In der R. haben demnach ↗ Eifersucht, Neid u. ↗ Eitelkeit eine antreibende Funktion, die ihrerseits aus dem Potential der ↗ Aggression gespeist wird. Meist spielen in der R. Besitzwünsche eine Rolle, die erot. od. sex. gefärbt sind. Aussprachen fruchten kaum bei übersteigerten Fällen; hier sind etwa gruppendynam. Übungen im Sinn v. Aggressionsritualen od. jeux dramatiques (↗ Gruppendynamik, ↗ Soziodrama, ↗ Gruppentherapie) eher geeignet, Gefühle zu kanalisieren. In patholog. Situationen ist ein analyt. orientiertes ↗ Gespräch erforderlich, in dem die lebensgeschichtl. Hintergründe des rivalisierenden ↗ Verhaltens aufgedeckt u. bereinigt werden. Mü

Lit.: H. Schoeck, Der Neid u. die Gesellschaft (1972).

Rolle. Die Begriffe R., Status u. Position kennzeichnen den institutionell-sozialen Aspekt der interpersonellen Beziehungen zw. den Individuen. Die R. ist die Gesamtheit der v. den anderen erwarteten Verhaltensweisen einer ↗ Person (Stoetzel) u. bezeichnet die Gesamtheit der kulturellen Modellvorstellungen, die sich auf einen bes. Status beziehen. Sie umfaßt damit ↗ Einstellungen, Werthaltungen u. Verhaltensweisen, die v. der ↗ Gesellschaft jeder Person, die einen bes. Status einnimmt, zugeschrieben, v. ihr erwartet (↗ Normen) u. evtl. mittels Sanktionen durchgesetzt werden. Da sie sich auf das bezieht, was ein Individuum tun muß, um sein Recht auf diesen Status zu bestätigen, ist die R. ein dynam. Aspekt des Status (Linton). Andererseits ist die R. auch eine Methode, sich mit einem Modell zu identifizieren od. seine Persönlichkeit zu verdecken („eine R. spielen"). Eine R. existiert niemals isoliert: zu jeder R. gehört die Gegenr., so daß die R. letztlich nur im Rahmen der sozialen Interaktionen zu bestimmen u. zu beschreiben ist. Auf der Zwei-Personen-Ebene lassen sich R.n mit direkter emotionaler Beteiligung in der Interaktion (wie bei ↗ Mann— ↗ Frau, ↗ Mutter— ↗ Kind) v. R.n abtrennen, bei denen die R. eine emotionale Beteiligung ausschließt u. damit gar keine echte Interaktion vorliegt. Man spricht dann v. einer unpersönl. od. sozialen Marionetten-R.

Auf der Gruppenebene gliedern sich die R.n nach dem Komplexitätsniveau, der Funktion u. dem kulturellen ↗ Wert (↗ Gruppe). Die im Komplexitätsniveau niedrigste R. hat das einfache Gruppenmitglied inne. Sie ist v. der R. des Paar-Gliedes verschieden. Ein Kind zeigt eine versch. R. in der Paarbeziehung zu seiner Mutter od. zu seinem Lehrer u. ein davon wieder unterschiedl. ↗ Verhalten in Anwesenheit v. Mutter *u.* Lehrer. Auf einem anderen Komplexitätsniveau steht die R. des Beobachters. Sie ist dadurch gekennzeichnet, daß der betr. Mensch zwar zur Gruppe gehört, seine Interaktionen mit der Gruppe aber bewußt beschränkt. Ein höheres Niveau liegt in dem Versuch eines Gruppenteilnehmers, die Interaktionen in der Gruppe durch seine R. zu beeinflussen. R.n unterscheiden sich auch nach ihren Funktionen in der sozialen Welt. Nach diesem Gesichtspunkt kann man best. Kategorien bestimmen: familiäre, päd., rel., polit., künstler. u. ↗ Arbeits-R.n. Während in der „primitiven ↗ Gesellschaft" noch keine sehr große Differenzierung der R.n vorliegt, nimmt sie in der komplexen arbeitsteiligen Gesellschaft immer stärker zu u. schafft durch versch. R.nerwartungen, denen das einzelne Mitglied der Gesellschaft nachzukommen hat, Spannungszustände, die mit als Ursache psychischer Störungen angesehen werden können. Die Bedeutung einer sozialen R. hängt also v. ihrer Komplexität u. ihrer Funktion in der Gesellschaft, aber auch v. den an sie gebundenen kulturellen Werten ab. Diese Werte sind in den versch. Kulturen keineswegs gleich, wobei versch. Gesellschaften best. R.n höhere kulturelle Werte beimessen als anderen. Im allgem. wird aber den R.n, die der Aufrechterhaltung der jeweiligen spezif. Gruppenordnung dienen, der höchste Wert beigemessen. Die Wahl der R.n u. die ↗ Integration der vielfältigen R.n, die der Mensch in der arbeitsteiligen Gesellschaft übernehmen muß, wird weitgehend durch seine ↗ Persönlichkeitsstruktur bestimmt. Andererseits prägt aber die übernommene R. auch die Persönlichkeit. Diskrepanzen zw. der ↗ Persönlichkeitsstruktur u. der übernommenen R., aber auch Diskrepanzen zw. den Erfordernissen versch. übernommener R.n führen zu ↗ Konflikten (Pflichtkonflikte der klass. Psychologie). Pastoralanthropolog. gesehen, wird es davon abhängen, einerseits die R., die der andere spielt, im eig. Verhalten (↗ Verkündigung, Kontakt, ↗ Kommunikation, ↗ Beratung usw.) zu berücksichtigen u. andrerseits R.n-↗Fixierungen, die den Menschen nicht zur ↗ Selbstverwirklichung kommen lassen, sondern ihn unterdrücken, aufzulösen od. doch an ihrem Abbau mitzuhelfen. ↗ Arzt-Patient ↗ Klasse, soziale *Erich Pakesch*

Lit.: Sundén, Die Religion und die Rollen (1966); T. Parsons, Struktur u. Funktion der modernen Medizin. Eine soziol. Analyse, in: R. König/ M. Tönnemann, Probleme der Medizin-Soziologie (1970); K.-D. Opp, Soziales Handeln. Rollen u. soziale Systeme (1970); K. Dörner, Die Rolle des psychisch Kranken in der Gesellschaft, in: M. Blohmke, Sozialpsychiatrie (1970); R. Dahrendorf, Homo Sociologicus (1971).

Sadismus. Mit S. (nach dem franz. Schriftsteller Marquis de Sade) wird in der ↗ Psychoanalyse eine sex. ↗ Perversion bezeichnet, bei der die sex. ↗ Lust u. ↗ Erregung gebunden ist an das dem Partner zugefügte Leid od. an dessen Demütigung. Ätiologisch führt die Psychoanalyse den S. auf die gleiche Wurzel zurück wie den ↗ Masochismus. Der S. ist danach lediglich die nach außen gekehrte Seite des Masochismus. S. Freud schreibt in seinem Werk „Drei Abhandlungen zur Sexualtheorie": „Ein Sadist ist immer auch gleichzeitig Masochist, wenngleich die aktive od. passive Seite der Perversion bei ihm stärker ausgebildet sein u. seine vorwiegend sex. Betätigung darstellen kann". — Im weiteren Sinn kann man v. einer sadist. Charakterstruktur sprechen, wenn in allem Handeln u. Tun die Tendenz zum Ausdruck kommt, dem anderen ↗ Leiden zuzufügen, ihn zu besiegen, ihn zu unterwerfen. F. einen solchen Menschen steht beispielsweise in einer Diskussion nicht die Sache im Vordergrund, sondern unbewußt das Bestreben, den Gesprächspartner zu schlagen. Jede Begegnung wird so zu einem Machtkampf, bei dem nicht in erster Linie auf der jeweiligen Kommunikationsebene Kräfte gemessen werden, sondern wo der „Sieg" über den „Gegner", seine „Niederlage", im Vordergrund stehen. Einer solchen Charakterstruktur darf man nicht mit ↗ Aggression begegnen, da hierdurch das Denk- u. Handlungssystem des Sadisten nur noch verstärkt würde. Angemessen ist — wie beim Masochisten — eine entschiedene *sachl.* Haltung, Güte u. Verstehen der Person gegenüber, da der Sadist in seiner Lebensgeschichte gerade dies nicht genug erfahren hat. Sollte die Symptomatik des S. überwertig hervortreten, ist eine psychotherapeut. Behandlung notwendig.   Stv

Lit.: S. Freud, Drei Abhandlungen zur Sexualtheorie (1905), G. W. Bd. V; K. Jaspers, Allg. Psychopathologie (⁶1953).

Säkularisierung. Der *Begriff* der S. (v. saeculum: „Zeitalter", „Welt") bezeichnet — histor. betrachtet — zunächst jene Vorgänge der „Verweltlichung", bei denen kirchl. Vermögen (wie Bistümer, Klöster od. Stifte) vom Staat zu nichtkirchl. Zwecken enteignet wurde. Entscheidende Epochen solcher S. sind die Karoling. Zeit, die Reformation, die Aufklärung u. die Napoleon. Kriege (vgl. v. a. den Reichsdeputationshauptschluß v. Regensburg 1803) gewesen. Der Verlust v. Besitz u. materieller Sicherheit hat f. beide Kirchen bedeutsame polit., rechtl. u. soziale Veränderungen gebracht, die ihr Verhältnis zum Staat bis heute bestimmen (vgl. die Kirchenverträge u. Konkordate).

Auf diesem histor. Hintergrund hat sich ein *umfassendes Verständnis* v. S. herausgebildet: S. als „Prozeß der ↗ Emanzipation der modernen Kultur aus ihrer christl. Herkunft u. Bindung" (Lübbe). Wie alle geschichtl. Vorgänge läßt sich freilich auch die S. verschieden verstehen. Zwei Deutungen sind bes. hervorzuheben: S. *als Abfall u. Auflösung des christl. Abendlandes,* eine Auffassung, die sich in Analogie zur allgem. Kulturkritik entwickelt hat (vgl. O. Spengler u. v. a.); S. *als emanzipatorische Bewegung,* die die Kirchen vom Ballast der Besitztümer befreit u. sie zur Besinnung auf neue Chancen befähigt. S. ist demnach keine Katastrophe, sondern eher eine Konsequenz, „eine legitime u. notwendige Folge des Glaubens" (F. Gogarten). Denn gerade der christl. ↗ Glaube ermöglicht die vernunftgemäße ↗ Verantwortung u. Verweltlichung der Welt.

Auch unter *pastoralanthropolog. Aspekt* wird — wie bei jeder Krise — diese ↗ Ambi-valenz, diese Doppel-deutigkeit, der S. sichtbar: Sie ist Abbruch v. Vergangenheit und Anbruch v. ↗ Zukunft zugleich. Der Prozeß der S. mit seiner Pluralisierung der ↗ Gesellschaft u. seiner Privatisierung der Religion bedingt demzufolge nicht nur einen Funktionsverlust, sondern auch eine Funktionsveränderung der kirchl. Praxis: Gegenüber säkularen Zeitgenossen, die vielfältigsten ↗ Zwängen verhaftet sind, wird es eine der vornehmsten Aufgaben der Kirchen sein, auf dem seelsorgerl. u. sozialen Sektor vom Evangelium her ein freies Angebot zur Selbstfindung u. Sinnfindung des heutigen Menschen zu machen. ↗ Kirche u. Gesellschaft.   Ri

Lit.: H. Lübbe, Säkularisierung (1965); F. Gogarten, Verhängnis u. Hoffnung der Neuzeit (1966); H. Cox, Stadt ohne Gott? (⁴1968); R. Riess, Seelsorge (1973), 15—31.

Sakramentalien. *1. Begriff:* S. nach Art. 60 der Liturgiekonstitution des 2. Vat. Konzils „Zeichen, durch die in einer gewissen Nachahmung der ↗ Sakramente v. a. geistl. Wirkungen bezeichnet u. durch die Fürbitte der Kirche erlangt werden". Man unterscheidet zw. Weihungen (consecrationes) u. Segnungen (benedictiones), durch die Personen od. Gegenstände dauernd f. Gott in Dienst genommen werden (consecrationes u. benedictiones constitutivae, wie z. B. Konsekration eines Altares, Weihe eines Abtes) od. allgemein der ↗ Segen Gottes auf sie herabgerufen wird (benedictiones invocativae, wie z. B. Segnung v. Gebäuden, Früchten). Die S. sind Teil der offiziellen Liturgie der kath. Kirche, v. der sie eingesetzt u. geordnet werden. Sie stellen gleichsam das Bindeglied zw. den gottesdienstl. Kernvollzügen der (sieben) Sakramente, v. denen sie seit dem 12. Jh. unterschieden werden, u. dem rel. Brauchtum dar. Die Reformatoren lehnten die S. ab, aber es gibt auch in den evang. Kirchen Segnungen u. Weihen im Sinn der Fürbitte um den ↗ Segen Gottes. — *2. Sinn u. Bedeutung:* Der Ansatzpunkt f. das Entstehen v. S. liegt einerseits in dem Verlangen, Personen u. Dinge, die entweder in bes. Weise im Dienst Gottes bzw. des ↗ Gottesdienstes od. allgem. f. das Leben des Menschen v. Bedeutung sind, durch die Fürsprache der ↗ Kirche Gott zu weihen bzw. sie unter seinen Schutz zu stellen. Andererseits sind die S., analog zu den Sakramenten, Zeichen, in denen der Mensch, aufgrund der Fürsprache der kirchl. ↗ Gemeinschaft, in sinnenhaft erfahrbarer Weise die Zuwendung Gottes zu seiner Schöpfung erleben u. im gläubigen Gebrauch der S. darauf antworten kann. Das ist möglich, weil Gott in der ↗ Menschwerdung die ganze Schöpfung ein f. allemal angenommen u. aus der ↗ Macht des ↗ Bösen befreit hat, so daß grundsätzlich jede Kreatur zum Zeichen f. die Gemeinschaft zw. Gott u. dem Menschen werden kann. So artikulieren die S. die Bildhaftigkeit, den ↗ Symbol-Charakter der Schöpfung, die auf Gott u. das in Christus schon vollendete, dem Menschen unwiderruflich verheißene Heil hin transparent ist. Das schließt nicht aus, sondern ein, daß die in Anspruch genommenen Zeichen geschichtl. Wandel unterworfen sind u. sich in dem Maße ändern müssen, wie sich das Weltverständnis wandelt, alte Symbole ihre Bedeutung verlieren od. neue entstehen. Mehr noch als bei den Sakramenten ist bei den S. darauf zu achten, daß sie nicht als magisch wirkende Zaubermittel (↗ Magie, ↗ Aberglaube) mißverstanden, sondern als Ausdruck einer personalen, v. der Fürbitte der Kirche getragenen ↗ Kommunikation zw. Gott u. Mensch vollzogen u. gebraucht werden.

My

Lit.: J. Pinsk, Die sakramentale Welt (1938), (Neuausg. 1961); A. Kirchgässner, Die heiligen Zeichen der Kirche (1959); H. Hohlwein, Art. Sakramentalien, in: RGG³ V. (1961), 1318 f; M. Löhrer, Art. Sakramentalien, in: LThK² IX. (1964), 233—236 u. in: Sacramentum Mundi IV. (1969), 341—347; F. Nikolasch, Art. Sakramentalien, in: Lexikon der Pastoraltheologie (1972), 481 f.

Sakrament(e). *1. Begriff:* S. (v. lat. sacramentum, militär. Eid, bzw. der Gottheit bei einem Rechtsstreit zu hinterlegende Kaution) ist ursprüngl. kein bibl. Begriff. In der latein. Bibel wird das Wort zur Übersetzung des griech. mysterion (= ↗ Mysterium = ↗ Geheimnis) verwendet u. nimmt im Lauf der Theologiegeschichte den Sinn v. „hl. Zeichen" an, die in Wort u. ↗ Symbol durch das Handeln der ↗ Kirche Heil anzeigen u. bewirken. Unter diesem Begriff verstand man zunächst alle hl. Zeichen, auch die ↗ Sakramentalien. Seit dem 12. Jh. wird er nur noch f. die „sieben S." (↗ Taufe, Firmung, Eucharistie, ↗ Ehe, Weihe, Bußsakrament, ↗ Krankensalbung) verwendet. Im 16. Jh. bestritten die Reformatoren den kath. S.nbegriff. Sie (bes. Luther) verstanden die S. als v. Christus begründete Verbindung eines göttl. Verheißungswortes mit einem äußeren Zeichen u. betonten die Bedeutung des Wortes, während sie das

Sakrament(e)

Handeln der Kirche vernachlässigten. Aufgrund ihres S.nbegriffes anerkannten sie nur noch Taufe u. Abendmahl als S. u. lehnten die übrigen als der durch die Schrift bezeugten Stiftung Jesu nicht gemäß ab. —

2. *Theol. Wesen:* Die S. sind so verschieden, daß eine gemeins. Wesensbestimmung schwer zu finden ist. Zunächst kann man sagen, daß sie das Kernstück des ↗ Gottesdienstes der Kirche sind: feiernde Begegnung des Menschen mit Gott in der ↗ Gemeinde. Diese Begegnung geschieht in einer Zeichenhandlung, in der Deutewort u. sichtbares Zeichen untrennbar miteinander verbunden sind zu einem „sichtbaren Wort" (Augustinus), das, gläubig angenommen, den Empfänger Christus ähnlich, seines Todes u. seiner Auferstehung teilhaftig macht. Der primäre Spender der S. ist Christus, der in der Kirche fortlebt u. -wirkt. Er hat, eingeschlossen in die Stiftung der Kirche, die S. gestiftet, was das NT f. die einzelnen S. verschieden deutlich bezeugt: am klarsten f. Taufe u. Eucharistie (Mt 28,19 f; Mt 26,26—29 par), während die Stiftung der übrigen S. v. a. aus der Praxis der Urkirche zu erschließen ist (Firmung Apg 8.15 f — Ehe Mk 18,15—18; Eph 5,21—33 — Weihe-S. 1 Tim 4,14; 2 Tim 1,6 — Buß-S. Mt 18,15—18; Joh 20,21—23 — Krankensalbung Jak 5,14 f).

Bei der Feier der S. handelt die Kirche im Namen Christi u. in der Kraft seines ↗ Geistes durch die dazu befähigten Spender, indem sie dem Empfänger das durch das sakramentale Zeichen angezeigte Heil wirksam zuspricht. Diese Heilsgabe ist immer Gemeinschaft mit Gott durch Christus im Hl. Geist u. differenziert sich nach der Lebenssituation, die die einzelnen S. erfaßt: Die Taufe schenkt die grundlegende Eingliederung in den Leib Christi durch die Absage an das ↗ Böse (↗ Buße, Tauftod) u. die Übereignung an Christus (Glaubensbekenntnis, neues Leben). Die Firmung vollendet die Taufe durch die Geistgabe, durch die der Christ in geisterfüllter Innerlichkeit u. missionar. Zeugniskraft vollberechtigtes u. -verpflichtetes Glied der Kirche wird. Taufe u. Firmung bereiten die Teilnahme an der Eucharistie vor, dem zentralen S., in dem die Kirche sich am vollkommensten darstellt, indem sie zum Gedächtnis des Todes u. der Auferstehung Jesu versammelt, sich mit ihm dem Vater darbringt u., im eucharist. Mahl mit ihm u. in sich geeint, die endgültige ↗ Gemeinschaft der vollendeten Kirche feiernd vorwegnimmt. In der Ehe stellen die Gatten ihre ↗ Liebe unter das Wort u. den Willen Gottes u. werden zum Zeichen der Liebe u. ↗ Treue, die Gott uns in Christus erwiesen hat. Das Weihe-S. verleiht dem, der einen bes. Dienst in der Kirche übernimmt, geistl. Vollmacht u. spezif. Anteil am Propheten-, Priester- u. Königtum Christi. Im Buß-S. erfährt der nach der Taufe schuldig gewordene Christ in der Versöhnung mit der Kirche die verzeihende Barmherzigkeit Gottes, u. bei der Krankensalbung wird er durch das Gebet der Kirche u. die Salbung des Leibes in seiner inneren (↗ Sünde, ↗ Angst) u. äußeren Not (↗ Krankheit, Schwäche) aufgerichtet.

Die Heilsgabe der S. muß vom Empfänger im ↗ Glauben ergriffen werden, ohne den die S. unfruchtbar bleiben. Daher sind sie nicht als Werk des Menschen zu verstehen, denn die Heilsgabe wie der Glaube sind Gottes Werk. Damit hängt zusammen, daß niemand sich selbst ein S. spenden, sondern es nur v. einem anderen empfangen kann, der an ihm die Stelle Christi vertritt. Als Grundvollzüge der Kirche, in denen sie ihr Wesen als geschichtl. Gegenwart der Gnade Christi aktualisiert, sind die S. Höhepunkte im Leben der Gemeinde u. des einzelnen, das sich in ihnen sammelt u. verdichtet: als Leben v., mit u. zu Gott. Abschließend kann man das Wesen der S. umschreibend sagen: Die S. sind die zentralen, v. Jesus gestifteten gottesdienstl. Feiern der Kirche, in denen aufgrund des Todes u. der Auferstehung Christi durch sinnfällige Handlung u. Deuteworte das Heil wirksam angeboten u. im Glauben ergriffen wird. —

3. *Anthropolog. u. pastorale Bedeutung:* V. den S.n als ↗ Ritus u. als bes. Fall

des ↗ Kultes im allgem. u. des christl. Gottesdienstes im bes. gilt in entspr. Weise alles, was über deren Bedeutung gesagt ist: Die Feier der S. integriert den Menschen in die Gemeinschaft der Glaubenden u. in das Ganze der Heilsgeschichte; sie fügt seine individuelle Existenz in ein umfassendes Sinnganzes ein, ermöglicht ihm heilsbedeutsames Handeln, dessen Wirksamkeit göttl. garantiert ist, u. aktualisiert aufgrund ihres Zeichen- u. Festcharakters seine gesamte leibgeistige Erfahrungskraft. Das geschieht in den S.n an den entscheidenden Wende- u. Höhepunkten des Lebens u. als Sinndeutung der wesentlichsten Lebensvollzüge: Geburt u. Tod, Liebe u. Dienst, ↗ Leiden, ↗ Schuld u. Vergebung. Dadurch erreicht die Feier der S. große existentielle Tiefe. Die ird. Wirklichkeit wird in ihrer Vorläufigkeit erfahren u. gewinnt doch gerade im sakramentalen Zeichen ihre Eigentlichkeit u. Würde: Wasser ist nie so sehr reinigendes u. belebendes Element wie in der Taufe, Brot nie so sehr Lebens-Mittel wie in der Eucharistie, Wort u. ↗ Sprache nie sinnvollere Mitteilung als im wirksamen Zusprechen göttl. Heilsgaben. Die S. ermöglichen daher Distanz u. volles Ja zur Vorläufigkeit v. ↗ Schöpfung u. Geschichte, auch der eigenen Geschöpflichkeit u. Lebensgeschichte, die eine Verheißung auf Vollendung enthalten, die der Glaubende im S. schon anwesend weiß. So haben S. inmitten einer fragmentar., v. Sinnlosigkeit bedrohten Existenz eine eminent „therapeut." Funktion. Damit sie zum Tragen kommen kann, bedarf es der in Wort u. Zeichen glaubhaften Feier, die ebenso der Treue zur Stiftung Jesu wie dem zeitgemäßen Ausdruck verpflichtet u. gleich weit v. magischen Mißverständnissen od. bloßer Erbaulichkeit, v. ritualistischer Enge od. modischen Einseitigkeiten entfernt ist.

Hans Bernhard Meyer

Lit.: J. Pinsk, Die sakramentale Welt: (1938) (Neuausg. 1961); E. Kinder/E. Sommerlath/W. Kreck, Art. Sakramente, in: RGG³ V. (1961), 1321—1329; K. Rahner, Kirche u. Sakramente (Qu. disp. 10) (1961); H. Fries (Hg.), Wort u. Sakrament (1966); E. Jüngel/K. Rahner, Was ist ein Sakrament? (1971); J. Feiner/L. Vischer (Hg.), Neues Glaubensbuch (1973), bes. 379 ff. 570 ff.

Sanktion ↗ Strafe

Schamgefühl. Als Sch. kann jene Empfindung beschrieben werden, mit der ein Mensch auf die Bedrohung seines Selbstwertes reagiert. Diese Bedrohung kann entstehen durch unreflektierte Triebimpulse aus der Vitalsphäre, durch den Einbruch einer als personfremd empfundenen ↗ Umwelt, durch die erfahrene Diskrepanz zw. dem eigenen ↗ Verhalten u. kulturellen od. eth. ↗ Normen. Sch. hat also eine ausgesprochene Sicherungsfunktion f. den ↗ Wert der ↗ Person u. erstreckt sich in je abgestufter Weise auf alles, was mit dieser Person in Zusammenhang steht. Das Sch. bildet gleichsam einen Schutzwall um die ↗ Intimsphäre des Menschen, zu der auch sein Leib zu rechnen ist. Sch. ist nicht nur das Ergebnis sozialer Dressur; es entwickelt sich aus einer naturhaften ↗ Anlage. Dieser Vorgang wird freilich nachhaltig v. äußeren Einflüssen geprägt. Deshalb ist sowohl individ. wie kulturell eine nicht geringe Bandbreite des Sch.s zu beobachten.

Gewöhnlich wird das Sch. in bes. Verbindung gebracht zum Bereich menschl. ↗ Sexualität. Als Haltung der Schamhaftigkeit strebt es den Schutz des sex. „Vorfeldes" an (↗ Nacktheit) u. bildet damit eine wichtige Stütze der ↗ Keuschheit. V. der ↗ Prüderie unterscheidet sich die Schamhaftigkeit wesentlich: sie verdächtigt nicht den menschl. Leib, seine Organe u. das geschlechtl. Handeln als anrüchig, minderwertig od. gar sündhaft; sie versucht im Gegenteil, diesen Bereich wegen seiner Werthaftigkeit vor eigenem od. fremden Mißbrauch zu bewahren. Schamhaftigkeit ist in diesem Sinne ein Teil der ↗ Ehrfurcht. Darum scheint es pastoral wenig sinnvoll, ja im Grunde schädlich, über die jeweilige Mode zu schimpfen od. allzu detaillierte Anweisungen f. die Begegnung der Geschlechter geben zu wollen. Eine vorurteilsfreie Erziehung wird in aller Unbefangenheit abwarten, bis im Kleinkind das Sch. erwacht u. es v. da an respektieren u. pflegen. Das geschieht am besten durch eine Hinführung zu umfassender Ehrfurcht vor aller Kreatur, bes. aber vor jedem, der

Menschenantlitz trägt. Diese Einübung braucht nicht viele Worte, wohl aber das Erlebnis eines ehrfürchtigen Klimas, in dem das ↗ Kind aufwachsen kann. Verhängnisvoll wäre jedoch eine Erziehung, die das Sch. des Kindes mißbraucht, um es gefügig zu machen. Systemat. Beschämung in der Erziehung fördert nicht die ↗ Sensibilisierung f. sittl. Verhalten, zerstört aber das Selbstwertgefühl des Kindes, macht es unsicher, ängstl., gehemmt u. belastet es mit vielen unnötigen ↗ Schuld-Gefühlen.

Gy

Lit.: J. B. Metz, in: Arzt und Christ 4 (1958), 78—84; L. M. Weber, in: Lebendige Seelsorge 14 (1963), 223—231.

Scheintod ↗ Tod

Schicksal. Sch. ist der Inbegriff der unverfügbaren Momente in der Bestimmtheit des einzelnen Menschenlebens. Dazu gehört die Situation, in die ein Mensch hineingeboren wird, ↗ Familie, Volk, Staat, Klasse, Rasse, Zeitumstände, die äußeren Bedingungen wie die inneren Anlagen, die sein individuelles Sein prägen. Dazu gehören auch die weiteren Umstände, durch die sein Lebensgang ohne sein Zutun bestimmt wird. Wir erfahren solche Bestimmtheit unseres individuellen Leben betroffen od. dankbar, zustimmend od. widerstrebend, je nach der Art dessen, worin über uns verfügt ist. Solche ↗ Erfahrung zeigt, daß ↗ Freiheit u. Sch. nicht als ausschließende Gegensätze zu nehmen sind. Unsere Entscheidungen setzen als *unsere* ↗ Entscheidungen je unser Sch. voraus, das darin angeeignet u. durch unser Tun mitverwirklicht wird. Dabei ist die Möglichkeit vorausgesetzt, das Sch. als sinnvoll zu verstehen u. so in die Sinngebung des je eigenen Lebensvollzugs aufzunehmen. Diese Möglichkeit ist freilich nicht immer gegeben. Es gibt auch die Erfahrung des Sch.s in sinnlosen Widerfahrnissen, durch die die Möglichkeit sinnhaften Lebensvollzugs zerstört wird. Die Erfahrung des unverfügbaren Sch.s führte schon immer dazu, Sch. auch als Subjekt des Verfügens, als unpersönl. od. persönl. ↗ Macht zu verstehen u. rel. zu verehren (z. B. Fortuna). Neben Versuchen, das Sch. durch die dargebrachte Verehrung günstig zu stimmen, stehen andere Versuche, es wenigstens in Erfahrung zu bringen (Mantik, ↗ Astrologie), um sich dann vor negativen Konstellationen zu schützen u. es positiv auszunützen. Christl. ist Sch. als Vorsehung bzw. Führung des Gottes zu verstehen, der in Christus als ↗ Liebe offenbar ist. Auch wo der Glaubende sich sch.-haften Mächten ausgeliefert erfährt, wird er diese nicht als göttlich anerkennen, sondern sich erst recht an Gottes Liebe halten (vgl. Röm 8, 37—39). Christl. ↗ Verhalten zum Sch. wird also in dem Versuch bestehen, hier die sinnvolle Führung Gottes zu begreifen. Das wird freilich auch bei gemeins. Nachdenken u. seelsorgerl. Hilfe nicht immer gelingen. Doch kann die Erfahrung der Sinnlosigkeit v. Sch.n die Gewißheit der in Christus offenbaren Liebe Gottes nicht zerstören, wird vielmehr die ↗ Hoffnung auf eine Zukunft bestärken, in der wir diese Liebe schauen werden (vgl. Röm 5,5—6). ↗ Lebenssinn.

Md

Lit.: Joachim Konrad, Schicksal u. Gott. Untersuchungen zur Philosophie u. Theologie der Schicksalserfahrung (1947); Hans Jürgen Baden, Mensch u. Schicksal (²1950).

Schicksalsanalyse. Die von Leopold Szondi begründete Sch. geht v. dem Befund aus, daß wir unsere Liebespartner, Freunde, Berufe, ↗ Krankheiten usw. nicht zufällig, sondern aufgrund v. familiär verankerten „Ahnenansprüchen" wählen, selbst da, wo wir glauben, daß unsere Wahl frei sei. Das menschl. ↗ Unbewußte äußert sich somit nach Szondi in 3 „Sprachen": in der Symptomsprache des persönl. Unbewußten (S. Freud), in der „Symbolsprache" des ↗ kollektiven Unbewußten (C. G. Jung) u. in der Wahlsprache des familiären Unbewußten (L. Szondi). Der Mensch ist allerdings nicht ausweglos seinem Unbewußten ausgeliefert, sondern kann im Laufe seines Lebens unter günstigen Umständen immer mehr die darin enthaltenen Möglichkeiten erschließen u. lernen, ichhaft zu wählen. Seine ↗ Menschwerdung vollzieht sich in best. Stationen, die nicht übersprungen werden können. Sie geschieht mit Hilfe des ↗ Ichs, das über eine Reihe v. anlagemäßig vorgegebenen Funktionen verfügt, die gemäß einer best. „Umlaufbahn" ins Spiel kommen. Der Mensch ist dann psychisch gesund (↗ Gesundheit), wenn er seine Ichfunktionen frei zu gebrauchen vermag; krank ist er, sobald diese in einer einzigen Form erstarren. Die schicksalsanalyt. Therapie versucht, mittels neuentwickelter Behandlungstechnik isolierte Ichfunktionen zu mobilisieren u. krankhafte od. sozial negative Ahnenansprüche durch weniger gefahrbringende, humanisierte zu ersetzen — natürl. im Rahmen der jeweils individuell vorgegebenen Möglichkeiten. In seinem theoret. Ansatz will Szondi die in versch. Schulen zersplitterte ↗ Tiefenpsychologie integrieren u. mit den Einsichten der klass. ↗ Psychiatrie u. der modernen Erblehre vereinen. Anthropolog. bedeutsam ist sein Postulat einer „Glaubensfunktion" des Ichs. Dabei handelt es sich um ein irreduzibles menschl. Grundphänomen, das im Gegensatz zu Freuds Meinung weder als ↗ Regression noch als ↗ Illusion verstanden werden kann, nicht mit best. rel. Inhalten gleichgesetzt werden darf u. zu den Vorbedingungen f. ↗ Religiosität gehört. Das Glaubenkönnen ist ein bes. ↗ Schicksal, das auf dem Weg über die „Eröffnung des Ichs nach der Richtung des geistigen Jenseits" die Befriedigung des ubiquitären Urdrangs nach Einssein u. damit eine positive, dauerhafte Partizipation ermöglicht. Ht

Lit.: L. Szondi: Ich-Analyse (1956); ders., Freiheit u. Zwang im Schicksal des Einzelnen (1968); W. Huth: Der Mensch in der Sicht der Schicksalsanalyse, St. d. Z. 191 (1973), 157—170; ders., Das Ich u. der Glaube im Lichte der Sicksalsanalyse L. Szondis, St. d. Z. 191 (1973), 318—326.

Schizophrenie ↗ Psychosen

Schlaf. Herabsetzung des ↗ Bewußtseins u. der willkürl. Muskeltätigkeit (Sch.-schlaff), während unwillkürl. Funktionen z. T. angeregt sind (Parasympathikus), gesteuert vom Zwischenhirn. Sch.-entzug ist bedeutungsvoll f. ↗ „Gehirnwäsche" u. Auslösung epilept. Anfälle u. Absencen. „Kirchen-Sch." s. Gödan („Unzuständigkeit der Seele"). Sch.forschung wichtig f. ↗ Traum-Bearbeitung, Sch.therapie (incl. ↗ Hypnose) u. Therapie der Sch.störungen (häufigstes vegetatives Symptom des modernen Menschen; s. auch Sch.wandeln). Sch.krankheit ist eine infektiöse (Trypanosomen) Tropenkrankheit. Sch.kuren bes. in der osteuropäischen (Psycho-)Therapie üblich, teils hypnotisch, über ↗ Drogen (incl. Placebo-Schein-Präparate) od. durch Elektroreize erzeugt unter der Vorstellung (Pawlow) einer Hemmung der Hirnrinde mit einer dämpfenden u. heilenden Wirkung auf ↗ Neurosen u. vegetative Störungen (Heil-Sch.). Zw. Sch. u. tiefer Hypnose („Somnambulismus") besteht physiolog. (Elektroenzephalographie) kein Unterschied, aber psych. durch den „Rapport" zum Hypnotisator. Erzeugung der Hypnose durch: 1. Faszinationsmethode (Auge in Auge), 2. Fixation (Stift, Finger, Uhr), 3. Farbenkontrastmethode (Stokvis „Lehrbuch der Hypnose") bzw. Verschwimmen der Komplementärfarben Gelb-Blau. Hypnotherapie: 1. Ruhewirkung (Heil-Sch.), 2. kathart. Entladung aufgestauter Affekte od. ↗ Verdrängung, 3. ↗ Suggestionen in Hypnose, z. B. Terminwecken bei ↗ Bettnässern, Abbau reaktiv-neurot. Restsymptome. Heute wichtiger: Selbst-(Auto-)Hypnosen, wie ↗ Autogenes Training (J. H. Schultz) u. andere Verfahren (Stokvis u. Wiesenhütter „Der Mensch in der ↗ Entspannung"). Sie umgehen die (oft erot.) Abhängigkeit vom Therapeuten u. stärken Eigeninitiative des ↗ Patienten (erzieherischer Effekt): Dieser „versenkt" u. „weckt" sich selbst, erteilt sich allein bildhafte (Auto-)Suggestionen, z. B. im Hinblick auf tiefen Sch., Auflösung v. Spannungszuständen u. ↗ Schmerzen (Migräne, Koliken, Obstipation, Frauenleiden, Asthma, Schreikrämpfe — auch Operationen unter Hypnose; vgl. Autohypnose), Frische u. Leistungsfähigkeit, ↗ Freude an der ↗ Arbeit, Vergehen v. ↗ Ängsten u. ↗ Hemmungen, ↗ Verhaltens-Störungen, Schwererziehbarkeit, Süchte, Schnupfen, Entspannung unter der Geburt usf. (alles Indikationen f. hypnot. bzw. ↗ autohypnot. Therapie). Wi

Lit.: B. Stokvis, Lehrbuch der Hypnose (1965); B. Stokvis u. E. Wiesenhütter, Der Mensch in der Entspannung (1971).

Schmerz. Sch. (griech. álgos, lat. dolor, mhd. smërze) ist nach Sherrington die psychische Begleiterscheinung eines imperativen Schutzreflexes. Es gibt keine einheitl. Erklärung (neuroanatom.-physiolog.) f. das Auftreten, die Fortleitung, Lokalisierung u. Verarbeitung des Sch.s. Sch. wird an den Sch.rezeptoren (der Haut, der Schleimhaut, der inneren Organe usw.) rezipiert, der Sch.reiz aus der Peripherie durch die sensiblen Nervenbahnen über die Sch.bahnen im Rückenmark zum 1. Sch.zentrum, dem Thalamus geleitet, wo es zur Wahrnehmung, Quantifizierung, Färbung u. Wertung des Sch.s kommt. Vom Thalamus (im Zwischenhirn) erfolgt die Fortleitung des Sch.s zur Hirnrinde, über deren Vermittlung er bewußt gemacht u. lokalisiert wird. Sch. kann durch Druck, Wärme, Kälte, durch den elektr. Strom, bes. aber auch durch chem. Reize ausgelöst werden. Auf einer schnelleitenden Bahn wird die Tatsache des Sch.s u. dessen Lokalisation signalisiert, auf einer langsamleitenden Bahn wird der Sch.-reiz zum wertenden Sch.erlebnis (-wahrnehmung) integriert u. moduliert. Der Sch. wird ohne deutlichere Berührungsempfindung ungenau lokalisiert u. hat einen brennenden, stechenden, schneidenden Charakter. Er kann kontinuierl. od. anfallsartig auftreten. Bes. starke Sch.n strahlen über ihr Entstehungsgebiet aus, vielfach beeinflussen starke Sch.reize reflektorisch das vegetative Nervensystem (Erweiterung der Pupillen, Erhöhung des Blutdruckes, Beschleunigung des Pulses als Folgen), auch treten zahlreiche psychische Phänomene auf wie Unlustgefühle, Antriebsarmut, Schlafstörung, Übererregbarkeit, depressive Reaktionen. Im Sch. liegt das Gefühl des Unangenehmen schon primär eingeschlossen. Sch. kann herabgesetzt (Hypalgesie), aufgehoben (Analgesie) od. gesteigert sein (Hyperalgesie). Die subjektive Seite der Sch.-wahrnehmung hängt v. der Ich-Nähe des Sch.erlebnisses ab, d. h. v. der Bedeutung f. den Kranken. Einzig der Geburts-Sch. wird als physiolog. „natürlich" — f. die ↗ Mutter — angesehen; in der Sicht der ↗ Psychoanalyse bedeutet er f. das ↗ Kind — das ↗ Trauma schlechthin (↗ Geburtstrauma, ↗ Geburt, schmerzlose). — Der Sch. warnt vor Schädigungen des Körpers, doch vermag er überschießend zu einer Schädigung des befallenen Organes bzw. Organbereiches zu führen (Sch.spirale). Die Stärke des Sch.s kann unterschiedl. zu den ihm zugrundeliegenden Erkrankungen hinsichtlich der Bedrohung des ↗ Lebens des Individuums sein. — Es gibt ↗ Krankheiten, deren hervorstechendstes Symptom der Sch. ist (z. B. Migräne, Trigeminusneuralgie, u. a.); psychopathol. findet sich im ↗ Masochismus die patholog. ↗ Perversion des Sch.s in ein Lustgefühl. Neben einem lokalisierten Wund- bzw. Organsch. läßt sich ein allgem. körperl. Sch. beobachten, aber auch ein rein seel. Sch. als Folge v. ↗ Trauer, Verzicht, ↗ Enttäuschung, Sehnsucht, Scham u. ↗ Reue (geist. Sch.). —

Sch. ist der Wächter u. Hüter der ↗ Gesundheit, signalisiert die Bedrohung der vitalen Existenz, der somat. Unversehrtheit, der harmon. Gesamtbefindlichkeit. Affekte vermögen die Stärke des Sch.s zu variieren, zu verstärken bzw. zu vermindern.

Sch.befähigung ist eine Grundeigenschaft selbstbewegl. höherer Lebewesen, das Sch.erlebnis ist notwendig, weil der Mensch durch die Instinktenthebung seiner personalen Gefühlsmitte zugleich der inneren Leibentfremdung ausgesetzt ist. Im körperl. Sch. wird der Mensch am unmittelbarsten seiner ↗ Leiblichkeit inne, im seel. Sch. seiner geistseel. Grenzen, er ist der elementarste Hemmschuh menschl. Selbstüberheblichkeit. Als ↗ Leiden trägt der Sch. zur ↗ Reifung u. Selbstvervollkommnung bei. Wenn die Bewältigung des Sch.s auch ein Beitrag zur geist. Reife, zur ↗ Selbstverwirklichung ist, so ist seine medizin. (pharmakolog., chirurg. u. psychotherapeut.) Stillung sittl. erlaubt, zumal er in somat. u. psychischer Weise destruierend überhandnehmen kann. — Sch. ist Zeichen f. die Gebrechlichkeit des Leibes, f. die Labilität der geistseel. u. leibl. Harmonie, f. die Endlichkeit des Menschen, ein nicht überspielbarer Hinweis auf die ↗ Transzendenz, auf die eschatolog. Aspekte des Menschen. In der Mahnung gegen die Verletzung seiner weltimmanenten Integrität liegt sein anthropolog., im Hinweis auf die rel.-spirit. Dimension sein pastoralanthropolog. Sinn. Wohl kann der Sch. das Selbstgefühl egozentrisch verengen u. zur sichernden Sorge um das eigene Dasein steigern, die Befähigung u. Bereitschaft zum Mitgefühl anderen Menschen gegenüber mindern, aber auch Selbstbeherrschung anregen u. zur Folge haben u. ↗ Verantwortung f. die Mitmenschen sowie zu ↗ Buße u. Sühne f. eigene od. fremde ↗ Schuld werden. Theol. ist Sch. ein Mittel in der Hand Gottes (Theologie des Leidens), ein Zucht- u. ein Heilmittel. Er findet nicht zuletzt seine exemplar. Darstellung in den Sch.n, die Jesus Christus den Menschen zuliebe auf sich genommen hat.

Gottfried Roth

Lit.: Heinrich Kranz, Über den Schmerz (1947); Pius XII., Reden an Ärzte (1954); August Vetter, Die psychologische Deutung des Schmerzes, Arzt und Christ 4 (1958) 195—204; Leonhard M. Weber, Theologie und Teleologie des Schmerzes, Arzt und Christ 4 (1958) 204—212.

Schock, psychischer = Plötzl. u. starke Veränderungen in psychophys. Bereich, die in ursächl. Zusammenhang mit starken Affekten stehen; sie sind eine Reaktion auf erhebl. Belastungen mit Störung des psychophys. Gleichgewichts u. meist verbunden mit vegetativen u. psychischen Symptomen. Im Extremfall kann es zu ↗ Erregungs-Stürmen u. Zuständen der Erstarrung (vgl. Flucht- u. Totstellreflex bei ↗ Tieren) kommen, die in einen psychogenen ↗ Tod münden können. Weniger starke schockartige emotionale Erschütterungen können zu Ohnmachten, Bewußtseinstrübungen (mit nachfolgenden Erinnerungslücken), Schrei- od. Lachkrämpfen, Zitteranfällen, psychogenen Lähmungen motor. od. sensibler Ausprägung, zu motor. Automatismen, zu psychogener Blindheit, Taubheit u. Stummheit od. zu Verwirrtheit mit zum Teil triebhaften Handlungen führen. Der p. Sch. ist zu unterscheiden v. vegetativ-somatisch bedingten Sch.zuständen mit Blutdruckabfall, Hautblässe, Schweißausbrüchen u. Pulsbeschleunigung.

Rt

Lit.: G. Störring, Allgemeine Psychiatrie, in: M. Reichhardt: Allgemeine und spezielle Psychiatrie (⁴1955); H. J. Weitbrecht, Psychiatrie im Grundriß (²1968); K.-D. Stumpfe, Der psychogene Tod (1973).

Schocktherapie. Psychiatr. Behandlungsmethoden, die mit chem. od. physikal. Mitteln durchgeführt werden u. v. a. bei ↗ Psychosen (bei Schizophrenien u. endogenen ↗ Depressionen) angewandt werden. Heute vielfach durch ↗ Psychopharmaka ersetzt. Zu den bekannten Formen der Sch. zählen:

1. Insulinkomabehandlung (Sakel 1933), wobei Insulin in tägl. steigenden Dosen bis zur Erreichung der Schockphase (hypoglykämischer Schock) injiziert u. dann durch Traubenzuckergaben unterbrochen wird; angewandt vornehml. bei jüngeren Patienten mit paranoider Schizophrenie.

2. Elektrokrampfbehandlung (Cerletti-Bini, 1938): durch elektr. Schläfenreizung des Gehirns wird ein epilept. Anfall ausgelöst (↗ Anfallsleiden). Um Verletzungen zu vermeiden (Wirbelfrakturen), wird eine muskelschlaffende Substanz injiziert u. künstl. Beatmung durchgeführt, bis die Spontanatmung nach dem Krampfanfall wieder einsetzt; angewandt vornehmlich bei katatonen Schizophrenien u. bei endogenen Depressionen.

3. Kardiazolkrampfbehandlung (Meduna 1935): durch Kardiazol ausgelöste Krämpfe bei Vorliegen v. Schizophrenie; schon früher selten angewandt. — Es gibt noch einige andere Formen v. Sch., die aber v. geringer klin. Bedeutung sind. Rt

Lit.: L. B. Kalinowsky — P. H. Hoch, Schockbehandlungen, Psychochirurgie (1952).

Schuld. Sch. ist ein ↗ Verhalten, das die Menschen ablehnen, weil es gegen sittl. ↗ Normen u. menschl. Ordnungen verstößt. Rechtl. Sch. ist der sittl. Mangel einer Handlung od. Unterlassung mit best. Rechtsfolgen (Schadenersatz). Strafrechtl. Sch. ist ein zurechenbarer Verstoß gegen ein Strafgesetz, setzt sittl. Sch. voraus, ist aber davon durch den alleinigen Bezug auf die ⁊ Gesellschaft u. ihre Rechtsnormen zu unterscheiden. Psych. unterscheidet man obj. u. subj. Sch., bei der man wiederum in Sch.-Bewußtsein u. Sch.-Gefühl unterteilt. Größere Diskrepanzen zw. obj. u. subj. Sch. finden sich meist bei path. Sch.-Gefühlen (depressiver Sch.-Wahn, Versündigungswahn). Sch.-Gefühle können mit ⁊ Angst u. neurovegetativen Veränderungen einhergehen wie Blutdruckerhöhungen, Pulsbeschleunigungen, Schweißsekretion, Veränderung der Hautdurchblutung u. des galvan. Hautwiderstandes, meßbar durch den ⁊ Lügendetektor. Sch.-Erlebnis bedingt oft gestörtes Selbstbewußtsein u. subj. Wertverlust u. Beschämung. Sch.-Erkenntnis u. Überwindung der schlechten Motive durch die ⁊ Reue u. (wenn erforderl.) auch das ⁊ Bekenntnis in der ⁊ Beichte bringen auch auf psych. Ebene eine Beruhigung des schlechten ⁊ Gewissens mit sich. Das Gewissen ist in den Anfangsphasen v. der ⁊ Gemeinschaft od. v. der ⁊ Gruppe (⁊ Familie) abhängig. Bei Primitiv-Völkern können Sch.-Gefühle nach schweren ⁊ Tabu-Verletzungen zu großen Angstzuständen u. ⁊ Tod führen (Voodoo-Death). Bei den Kulturmenschen stammt ein wesentl. Teil der Sch.-Gefühle aus dem soziokulturellen Verhaltensbereich. Wichtigster Übermittler v. Verhaltensnormen ist die Familie. Sie formt durch Anerkennung der elterl. ⁊ Autorität das ⁊ Ich (Liebesidentifikation) u. das ⁊ Über-Ich (⁊ Introjektion der Autorität u. Übernahme der Gesetze u. Verbote). Die Wertwelt der Eltern bestimmt auch das Gewissen des ⁊ Kindes. Bei einer legalist.-puritan. od. autoritären ⁊ Erziehung kommt es zu ⁊ Aggressionen des Kindes gegen die Eltern od. zu einer ⁊ Neigung zur Selbstbestrafung. Unbewältigte Sch.-Gefühle können die Ursache v. ⁊ Neurosen sein, v. a. wenn die Anlässe verschoben od. auf andere Menschen od. Umstände (Sündenböcke) projiziert werden. Eine angstneurot. Verarbeitung v. Sch. führt zur ⁊ Skrupolosität. Bei neurot. Sch.-Gefühlen sind Aggressionen, Alkohol- od. andere ⁊ Abhängigkeiten u. kriminelle Ausschreitungen häufig, aber auch das Gefühl der Wertlosigkeit, die Neigung zur Selbstbestrafung u. ⁊ Selbsttötung sind zu beachten. Eine Behandlung erfolgt durch Aufdeckung der Ursprünge der Sch.-Gefühle unter dem Schutz einer tragenden Beziehung (⁊ Übertragung), bis es zum Aufbau einer neuen ⁊ Identifizierung kommt, wobei u. U. ein wertwidriges Verhalten im Durchgangsstadium geduldet werden muß, da die neurot. Struktur keinen anderen Weg zuläßt. Kennzeichen neurot. Sch.-Gefühle sind folgende: Fehlende Proportion zw. obj. Sch. u. subj. Sch.-Gefühl, verbunden mit Unbelehrbarkeit; neurot. Sch.-Gefühl erweist sich als rätselhaft anhänglich (erlösungsresistent), selbstzerstörerisch, unersättlich; es entspringt nicht vernünftigem Gewissensurteil, sondern einem dumpfen Angstgefühl. Neurose schließt aber Sch.-Fähigkeit nicht aus. Durch ständiges Handeln gegen das gute Gewissen kann auch das Sch.-Gefühl des Normalen abstumpfen u. zur Gewissenlosigkeit führen. Obj. Sch. ohne jedes subj. Sch.-Gefühl findet sich bei ⁊ Schwachsinn u. kriminellen Psychopathen. Nicht jede sittl. Sch. erzeugt auch eine Neurose, andererseits läßt sich nicht jede Lebensstörung auf eine persönl. Sch. zurückführen, sondern meist auf Fehlprägungen od. unverarbeitete Erlebnisse in der frühen Kindheit. Im gegenwärtigen Bewußtseinswandel werden zahlreiche sittl. Normen in Mitleidenschaft gezogen, wodurch der Einzelmensch in eine Lebenskrise gerät. Er verliert die geist.-personale Orientierung u. verfällt oft gefährl. ⁊ Abwehrmechanismen. Nur die ⁊ Buße führt zur Lösung des Sch.-Bewußtseins. Die v. S. Freud zur Aufdeckung v. Sch.-Komplexen empfohlene ⁊ Psychoanalyse versucht den unbewußten Vorgang der ⁊ Verdrängung ins Bewußtsein zu heben. Es besteht nämlich eine scharfe Trennung zw. dem ⁊ Unbewußten u. dem Vorbewußten; das Unbewußte ist radikal bewußtseinsunfähig u. kann nicht direkt ins Bewußtsein gehoben werden. Die unbewußten Vorgänge u. Inhalte wirken stark auf das Verhalten des Menschen ein, das seinerseits durch die Gewissenserforschung bewußt gemacht werden kann. So erklärt es sich, daß der Mensch oft Dinge tut, die er eigentl. nicht tun möchte. Als indirekte Methoden zur Aufdeckung unbewußter Motive dienen das Hinhören auf das Urteil der Menschen über die eigene Person od. die Gewissenserforschung unter vier Augen gemeinsam mit einem vertrauten u. kritischen ↗ Du (Ehepartner).

Grundsätzl. kann man 2 Arten der Sch.-Entlastung, eine im Gewissensbereich u. eine im Über-Ich-Bereich, feststellen. Im Gewissensbereich erfolgt eine bewußte, freie u. geist. Auseinandersetzung mit obj. Sch. Es ist dies ein schöpfer. Akt in personaler ↗ Integration. Die Frage nach der obj. ↗ Verantwortung ist auf Gott u. auf die Mitmenschen (↗ Mitmenschlichkeit) bezogen, die personale Verantwortung wird übernommen u. der Weg der ↗ Bekehrung, Gutmachung u. Bitte um Vergebung wird beschritten, mit als Ziel die Vergebung der Sch., die Versöhnung u. Herstellung sittl. Ordnung zu erreichen. Bei der Sch.-Entlastung im Über-Ich-Bereich erfolgt eine unbewußt motivierte, lebensgeschichtl. determinierte, triebhafte Abwehr der subj. Sch.-Angst. Es handelt sich hier um einen reaktiven Mechanismus auf infantiler Vorstufe ohne jeden Bezug auf objekt. Verantwortung, er ist rein ich-bezogen u. vom ↗ Lust-Prinzip gesteuert. Es wird die Beseitigung der Angst durch Vergessenmachen der Tat u. Gütigstimmen der erzürnten Autorität versucht, um die ↗ Erlösung als Befreiung v. seel. Spannung, Bereinigung des Liebesverlustes u. Herstellung des seel. Gleichgewichtes zu erreichen. Bei der personalen Sch.-Bewältigung muß die Sch. erkannt, anerkannt (als die eigene), bereut u. nach Kräften gutgemacht werden. Die Verzeihung wird v. Gott erbeten, erwartet u. erhalten. Bei der Sch.-Entlastung im Über-Ich-Bereich werden Sch.-Gefühle verdrängt, abgestritten, verborgen, abgeschoben u. umgedeutet. Die neurot. Sch.-Verarbeitung erfolgt oft in Selbstbestrafung, im rituellen (↗ Ritual) Abwaschen u. im Geständnis u. Wiederholungszwang. Unbewältigte Sch.-Gefühle verstärken die Angst, weniger bezogen auf die Tat od. den bösen ↗ Willen, sondern mehr auf den Liebesverlust, auf die ↗ Strafe u. auf das Entdecktwerden.

In patholog. Fällen kommt es zur seel. Selbstzerfleischung u. zu ↗ Depressionen mit akuter Selbstmordgefahr.

Karl Gastgeber

Lit.: K. Koch/L. Goppelt/P. Jacobs, Art.: Sünde u. Schuld, in: Evangel. Kirchenlexikon III (1962), 1217—1229; A. Görres, Methoden u. Erfahrungen der Psycho-Analyse (²1962); H. Häfner, Art.: Schuld, in LThK IX (1964), 501—503; J. Finkenzeller/G. Griesl, Entspricht die Beichtpraxis der Kirche der Forderung Jesu zur Umkehr? (1971); Piet Schoonenberg, Art.: Sünde u. Schuld, in Herders theol. Taschenlexikon (1973), VII, 174—184.

Schule — Elternhaus. Es ist Aufgabe des E.s, f. die ↗ Erziehung der ↗ Kinder Sorge zu tragen. Da jedoch die ↗ Familie allein — angesichts der zunehmend komplexer u. schwieriger werdenden Lebens- u. Arbeitsbedingungen — keine dem Kind u. seinem künftigen Leben gerechte Ausbildung vermitteln kann, bedarf es der schul. Begleitung der elterl. Erziehung durch den Staat. Die Verweigerung des schul. Unterrichts stellt ein unverantwortl. Vergehen gegen die ↗ Zukunft des Kindes u. der ↗ Gesellschaft dar. Die meisten Kulturstaaten der Welt führten den Mindestsch.besuch gesetzl. verpflichtend ein. Die Sch. ist jedoch überfordert, wenn Eltern u. Staat erwarten, daß durch sie Erziehungsversäumnisse der Familie ausgeglichen od. ausgeräumt werden können. Die erzieherische Ausgangsbasis des E.s entscheidet über den schul. Erfolg u. damit über die künftigen Berufschancen des Kindes. Daher bemüht sich jedes Gemeinwesen (z. B. durch Bereitstellung v. ↗ Kindergärten, Vorsch.n, sch.begleitenden Einrichtungen usw.), den Bildungsstart auch der Kinder zu verbessern, die durch bildungsunfähiges od. -unwilliges E. benachteiligt sind; denn die emotional zu begründende Lernmotivierung wie die Entwicklung der kognitiven Lern- u. Denkstile (↗ Lernen) werden in der frühen Kindheit (vom 2. Lebensjahr an) grundgelegt. Die Arbeit der Sch. baut auf solchen Voraussetzungen auf, sie kann sie nicht neu schaffen, sondern lediglich entfalten u. fördern. (Verhängnisvoll erweist sich eine sch.polit. Entwicklung, die der Sch. ausschließlich die Aufgabe der intellekt. u. lebensprakt. Bildung u. dem E. die gemüthafte u. weltanschaul.-rel. ↗ Bildung zuteilt; ↗ Religionspädagogik.) Erziehung im E. u. schul. Ausbildung bedingen einander nicht nur im Sinne der positiven Entfaltung des Kindes. Oft haben interne Familienprobleme erhebl. Auswirkungen auf die Sch.leistungen eines Schülers, ebenso lösen schul. ↗ Überforderungen u. Mißerfolge eines Kindes im E. schwere zwischenmenschl. Störungen aus. Um nicht zuletzt auch solche ↗ Konflikte zu beheben od. auszugleichen, richtete der Staat an den meisten Sch.n die Elternmitsprache u. einen schulpsych. Dienst (↗ Erziehungsberatung) ein. Durch die Mitsprache ist den Eltern die Möglichkeit gegeben, im Sinne ihrer Erziehungspflicht die Ausbildungsmethoden (wenn auch kaum die Ausbildungsinhalte) innerhalb der vom Staat festgelegten Richtlinien mitzubestimmen u. zu überprüfen. Liegen bei einem Kind erhebl. Behinderungen der Begabung od. der ↗ Sozialisation vor, wird die Ausbildung in einer ↗ Sondersch. notwendig. Die Sondersch.n besitzen päd. Ausbildungsmöglichkeiten, die der spezif. Störungsart eher gerecht werden als normale Grund- u. Hauptsch.n. Sondersch.n bieten den ↗ behinderten Jugendlichen die beste Ausbildungschance. Verhängnisvoll ist die falsche Scham der Eltern, ihr Kind trotz einer Behinderung nicht in die Sondersch. zu überweisen. **Po**

Lit.: W. Arnold, Begabung u. Bildungswilligkeit (1968); Begabung u. Lernen, hrg. v. H. Roth. (⁸1971).

Schwachsinn. Der Begriff Sch. wird mehr u. mehr durch den sachl. richtigeren u. weniger diskriminierenden Ausdruck „Geistesschwäche" ersetzt. Er meint ein Leistungsdefizit v. geist. Funktionen, die notwendig sind, um den Anforderungen einer best. Kultur u. ↗ Gesellschaft zu genügen. Sch. ist entweder erblich od. in früher Kindheit erworben (vor, während, nach der Geburt). Man unterscheidet drei voneinander jedoch nicht scharf abgrenzbare Grade des Sch.s: a) Idiotie, I.Q. unter 40 (falls bestimmbar; jeder „normale" Intelligenztest ist beim Sch. problematisch, es gibt jedoch neuerdings eigene f. Sch. geeignete ↗ Testmethoden). Nahezu völlige ↗ Bildungs-Unfähigkeit, meist keine Sprachentwicklung, in den schlimmsten Fällen wie ein Säugling auf die Mitmenschen angewiesen. b) Imbezillität, I.Q. unter 60; in geringem Maße bildungsfähig, in geschützten Werkstätten (bei weitgehendem Wegfallen des f. den ↗ Behinderten enorm belastenden Konkurrenz- u. Leistungsdrucks) begrenzt arbeitsfähig. c) Debilität, I.Q. unter 80; relativ geringe Beeinträchtigung, v. a. aber im Bereich des theoret. Denkens. „Minderbegabung", den Anforderungen der Normalschule nicht gewachsen. Bei entspr. Einschulung (↗ Sonderschule) ist jedoch meist eine reibungslose Eingliederung ins normale Berufsleben möglich.

Geist. Behinderung u. ↗ „Charakter" (im Sinne der Entfaltung etwa der emotionellen Kräfte sowie der ↗ Sozialisation) sind weitgehend voneinander unabhängig. Deshalb ist die Familienatmosphäre v. entscheid. Bedeutung f. die ↗ Entwicklung des schwachsinnigen ↗ Kindes u. f. sein späteres ↗ Schicksal. Schon die Ausprägung des Sch.sgrades selbst ist häufig vom Fehlen emotionaler Zuwendung in der frühesten Kindheit abhängig, wie R. Spitz nachgewiesen hat: Am Ende des 2. Lj. betrug der Entwicklungsquotient v. Kleinkindern, die durch die extrem schlechte Heimsituation v. jegl. emotionaler Zuwendung abgeschnitten waren (↗ Hospitalismus), im Durchschnitt 45% der Norm, das entspricht schwerstem Sch. Das Schicksal des heranwachsenden geist. Behinderten hängt ebenfalls in viel höherem Maße als das des Vollsinnigen v. seiner Integration in der ↗ Familie u. — als Grundbedingung seiner eigenen späteren Eingliederung in die Gesellschaft — v. der Integration dieser Familie in der Gesellschaft ab. Gelingt diese Eingliederung in eine ↗ Gemeinschaft nicht, meist weil die Familie mit ihrem Problem alleingelassen wurde u. selbst in keiner Kleingemeinde eingebettet ist, so entwickelt der Schwachsinnige u. U. sozial nicht erwünschte Verhaltensweisen aggressiver od. regressiver Art (häufige ↗ Krankheit, hypochondr. Mechanismen, Leistungsunfähigkeit u. a. m.) u. wird aus diesen Gründen (nicht etwa wegen der geist. Behinderung selbst) häufig

zum aussichtslosen Pflegefall in einer Anstalt.
Pastoral ergibt sich hieraus die Notwendigkeit, schon den Familien mit geistig behinderten Kindern bes. Augenmerk zuzuwenden in Hinsicht auf ihre (u. damit des Kindes) Eingliederung in einer Gemeinschaft (Pfarr-↗Gemeinde, Wohnblock). In Städten evtl. Zusammenschließen mehrerer Familien mit behinderten Kindern zu Familienrunden mit Problemaustausch, gemeins. Plänen u. ä. In Hinsicht auf den geistig behinderten Jugendlichen od. jungen Erwachsenen selbst wäre pastoral zu beachten, daß er heutzutage meist nicht mehr in der hierarch. Ordnung einer ↗ Großfamilie eingebettet ist, weshalb größtmögliche Selbständigkeit u. ↗ Mündigkeit anzustreben sind, auch in Hinsicht auf das erreichbare Maximum an mitmenschl. ↗ Verantwortung. Wird der erot.-sex. Persönlichkeitsbereich nicht abgewürgt (wie dies häufig noch geschieht, was zu sex. ↗ Perversionen bei Sch. führen kann), so sind personal-partnerschaftl. Beziehungen durchaus möglich. ↗ Ehen zw. geistig Behinderten werden zunehmend häufiger u. sind bei entspr. Hilfestellung durchaus nicht immer zum Scheitern verurteilt. Gruppierungen v. Behinderten in geeigneten Heimstätten mit einem hohen Maß an persönl. ↗ Freiheit u. Eigenverantwortung (kein „obrigkeitl." Reglement), wie sie etwa der Verein „Lebenshilfe f. Behinderte" plant u. aufbaut, wären zu fördern, pastoral wiederum v. a. an ihrer Eingliederung in die übrige Gesellschaft (↗ Gemeinde) zu arbeiten.
GaS

Lit.: H. Wegener, Die Rehabilitation der Schwachbegabten (1963); C. M. Poser, Mental Retardation (1969); R. Spitz, Vom Säugling zum Kleinkind (²1969); Diagnosenschlüssel u. Glossar psychiatr. Krankheiten, Deutsche Übersetzung der internat. Klassifikation der WHO (1971); S. Gastager, Schwachsinn u. Gesellschaft (1973).

Schwangerschaft. Sch. ist der Zustand eines weibl. Organismus während der Entwicklung seiner Leibesfrucht. Während mit der Vereinigung der Kernsubstanzen v. Ei- u. Samenzelle (Konjugation) ↗ Leben beginnt, ist der Zeitpunkt des Beginnes einer Sch. biolog. umstritten. Einige sehen ihn in der Befruchtung der Eizelle als dem Beginn der Ontogenese. Andere unterscheiden die Zeit v. der Konjugation bis zur Einnistung der Fruchtanlage als Progestation v. der eigentlichen Gestation (= Sch.), die mit der Implantation der Fruchtanlage in die Gebärmutter beginnt. Die „errechnete Sch.sdauer" ist die Zeit vom Beginn der letzten Regelblutung bis zur Geburt. Sie beträgt 280 Tage od. 10 Mondmonate. Hosemann gibt die Sch.sdauer genauer mit 281.51 Tage post menstruationem an. Die „wahre Sch.sdauer" od. „Tragzeit" ist die Zeit v. der Konzeption (Empfängnis) bis zur Geburt. Da bei einem normalen 28tägigen Zyklus v. der ↗ Menstruation bis zur Vereinigung der Gameten ein Zeitraum v. 14 Tagen vergeht, ergibt sich f. Menschen eine echte Tragzeit v. 267 Tagen. — Die Sch. endet mit der Ausstoßung der Leibesfrucht. — Pius XII. würdigte die Sch. in seiner Ansprache „Die Heiligkeit der ↗ Ehe, der Mutterschaft u. des Lebens" am 29. 10. 1951, indem er auf das „wundervolle Zusammenwirken v. Eltern, ↗ Natur u. Gott" hinwies, „aus dem ein neues Menschenwesen nach dem Bilde u. Gleichnis des Schöpfers hervorgeht".
La

Lit.: H. Hosemann, Normale u. abnorme Schwangerschaftsdauer, in: L. Seitz u. A. I. Amreich: Biologie u. Pathologie des Weibes, Band VII (²1952).

Schwangerschaftsabbruch ↗ Abtreibung

Schweigepflicht, ärztliche. Ä. Sch. geht auf den ↗ hippokrat. Eid zurück: „Was ich bei der Behandlung sehe od. höre od. was ich an Dingen, die man nicht weitersagen darf, u. außerhalb der Behandlung im Leben der Menschen erfahre: Schweigen will ich bewahren u. als heiliges Geheimnis solches betrachten." Auch im Mittelalter zählt die Sch. zu den Pflichten des ↗ Arztes. Die ärztl. Eide u. Gelöbnisse an der medizin. Fakultät der Universität Wien enthalten z. B. ursprüngl. als Universitäts- u. Fakultätseide einen Passus, der mehr einer Verpflichtung zur Amtsverschwiegenheit entspricht; im josefin. Zeitalter (1785) wird expressis verbis die Sch. gelobt: „denique secreta aegrorum, nisi a legitimo iudice ex officio interpellatum, nemini relevaturum". Ab 1873 nicht mehr im Text des Promotionsgelöbnisses; mitunter in Standesordnungen (Kärnten 1897); jedoch wiederholt in Ärztegesetzen einzelner Länder. Allgem. in der Genfer Deklaration 1948: „Ich werde die Geheimnisse, die mir anvertraut werden, wahren". Deutscher Ärztetag 1950, Gelöbnis: „Ich werde alle mir anvertrauten Geheimnisse bewahren." In Österreich Bundesgesetz 1949 ff., Öst. StG. § 498; Verpflichtung zur Wahrung der dem Arzt in Ausübung seines Berufes anvertraut od. bekannt gewordenen Geheimnisse (Ausnahme bei Entbindung durch Patienten, öffentl. Interesse, meldepflichtige Erkrankungen). Berufs- u. Facharztordnung f. die Deutschen Ärzte: § 2 Sch. bedeutet ... über das, was ihm in seiner Eigenschaft als Arzt anvertraut worden od. bekannt geworden ist, zu schweigen (Ausnahmen: Entbindung durch Patienten, gerichtl. Verfahren). Schweiz: Einhaltung des ärztl. Berufsgeheimnisses in Art. 321 des Schweizerischen Strafgesetzbuches. Prinzipiell ist die ä. Sch. Recht des Individuums hinsichtlich der Unverletzlichkeit der ↗ Person. Es geht um die unabdingbare Pflicht zur Hilfe, so wird Sch. zur Basis des ↗ Vertrauens zw. Arzt u. Patient. (Nur im Falle best. gesetzl. festgelegter Erkrankungen besteht ↗ Meldepflicht f. den Arzt.) Denn nur dieses gewährleistet eine ehrl. ↗ Anamnese, v. welcher wieder eine zielgerechte Therapie abhängt. Die Sch. kann in schwierige Pflichtenkollisionen führen, die sich aus der Spannung Individuum — ↗ Gesellschaft ergeben (↗ Notstandshandlung). Pastoralanthropolog. wird die Würde der menschl. Person, sofern sie in Not ist, u. dem Arzt zugehört, durch die Sch. gewahrt. Die Sch. gehört in den Bereich des anvertrauten ↗ Geheimnisses. Rt

Lit.: Schweigepflicht u. Mitteilungspflicht des Arztes, in: Arzt und Christ 2/1964; B. Haering, Heilender Dienst (1972).

Schwur = feierl. Versprechen unter Anrufung Gottes u. Berufung auf das Hl. Evangelium. Im Zug der allgem. ↗ Säkularisierung verwendet man anstelle des Sch.s heute das „Gelöbnis" (bei Behörden) bzw. die „eidesstattl. Erklärung" (z. B.

↗ Hippokrat. Eid); gelegentl. ist heute noch die Formel „so wahr mir Gott helfe" in Verwendung.

Seele ↗ Psyche ↗ Leib-Seele-Problem ↗ Leben, menschliches

Seelenführung ↗ Seelsorge

Seelenwanderung ↗ Parapsychologie

Seelsorge. S. ist eine heute wie früher in der ↗ Kirche Jesu Christi umstrittene „Tätigkeit aus dem ↗ Glauben am Mitmenschen". Diese abstrakte Definition ist notwendig, um die versch. konkreten Vorstellungen v. S. zu umgreifen. Strittig ist schon das Verständnis v. „Seele": Ist sie im Sinne der kath. Lehre eine unsterbl. Substanz od. gemäß moderner psych. Ansichten bloß eine Dimension des menschl. Organismus? Gilt die Gleichung „Seele = ganzer Mensch", wie es die Bibel, v. a. im AT, ausdrückt (z. B. Gen 2, 7)? Ist S. demnach geistl. Hilfe zur ewigen Seligkeit, allgem. Lebenshilfe od. gar ↗ „Psychotherapie im kirchl. Kontext" (D. Stollberg)? Wie ist das Verhältnis v. S. zur tätigen Nächstenliebe (↗ Caritas, ↗ Diakonie) zu bestimmen? Um besserer Klarheit willen wurde vorgeschlagen, anstelle v. S. „Heilsorge" od. „Heilsdienst" zu setzen. Doch was ist „Heil"? Nur „ewiges Heil" od. auch „ird. Wohl"? Überdies gibt es in der Gegenwart Autoren außerhalb des theol. Bereichs, die v. einer „ärztl. S." (V. E. Frankl) od. einer „psych. S." (H. March) sprechen. — Allgem. wird bejaht, daß Jesus ein vorbildl. ↗ Seelsorger gewesen ist. Nach Joh 10, 11 ist er der „gute Hirte" (griech. poimèn), weswegen auch die Lehre v. der kirchl. S. als Poimenik, ↗ Prakt. Theologie od. Pastoraltheologie (lat. pastor = Hirte) bezeichnet wird. (Der letztere Ausdruck wird in der kath. Kirche auch f. die Lehre vom gesamten Heilshandeln Gottes durch die Kirche gebraucht.) Eine an Jesus orientierte cura animarum (lat.: S.) ist ganzheitl. Glaubenshilfe (= Hilfe aus dem Glauben zum Glauben), die sowohl

Seelsorge

das zeitl. Wohl wie das ewige Heil des Pastoranden im Auge hat. Nach den Berichten im NT u. aus der frühen Kirche fühlten sich alle Glieder der christl. ↗ Gemeinden zu solchem seelsorgerl. Dienst aneinander verpflichtet u. berechtigt. Es ging darum, „daß die Heiligen zugerüstet würden zum Werk des Dienstes. Dadurch soll der Leib Christi erbaut werden, bis daß wir alle hinankommen ... zum vollen Maß der Fülle Christi" (Eph 4, 11 ff.). Mit der Herausbildung des ↗ Amts-Priestertums, der Auffassung v. der (sichtbaren, organisierten) Kirche als Heilsanstalt (Cyprianus, gest. 258: „Außerhalb der Kirche gibt es kein Heil") u. der Lehre v. den ↗ Sakramenten als an sich wirksamen Gnadenmitteln wurde die S. auf den Priester konzentriert. Er ist nun der autoritative Seelenführer (lat.: rector animarum), der in der Frühzeit bes. mit Hilfe des Taufunterrichts (↗ Taufe) u. der öffentl. Kirchenzucht, später der Beichtpraxis (↗ Beichte) die Gläubigen zum Glauben u. Lebenswandel im Sinn der kirchl. Lehren anleiten soll. Nach dem Catechismus Romanus v. 1566 (II, 79) ist es die Aufgabe der kirchl. S., „das christl. Volk zu leiten, zu zügeln u. auf die ewige u. himml. Seligkeit hinzulenken". Bes. intensive Seelenführung erfahren die Angehörigen der Orden u. Kongregationen, die Priester, aber auch die Mitglieder mancher Laienorganisationen (z. B. der Kath. Aktion). Dabei erweisen sich die ↗ Exerzitien des Ignatius v. Loyola (gest. 1556) als sehr hilfreich.

Die evang. Reformatoren wandten sich gegen die dominierende Stellung des Amtspriesters in der S. Nach ihrer Ansicht sind alle Christusgläubigen zur S. aneinander berufen, dabei aber lediglich Werkzeuge des eigentl. Seelsorgers Jesus Christus (so zuerst ausführl. Martin Buer 1538). In der reformierten Kirche wurde es jedoch bald Vorschrift, daß Pfarrer u. Gemeindeälteste durch systemat. Hausbesuche das Christenleben der Gemeindemitglieder überwachten, während in der luther. Kirche nur die cura animarum generalis des Pfarrers, die öffentl. Wort-↗ Verkündigung u. die Sakramentsverwaltung, als notwendig angesehen wurde. Der Pietismus (lat. pietas = ↗ Frömmigkeit) seit der 2. Hälfte des 17. Jh. betonte hingegen wieder die ↗ Verantwortung der einzelnen Christen f. die cura animarum specialis, die Einzel-S. an den Mitmenschen, um sie zur ↗ Bekehrung zu wecken od. in ihr zu erhalten. In der Zeit der Aufklärung betätigten sich viele Seelsorger (auch kath.) als Erzieher zur Humanität im Sinne des Zeitgeistes. Nach dem 1. Weltkrieg wurde im Gefolge der Theologie v. Karl Barth im Protestantismus S. vornehmlich verstanden als „Ausrichtung des Wortes Gottes an den Einzelnen" (E. Thurneysen). Im Gegensatz zu dieser Auffassung, bei der der geistl. Amtsträger dominiert u. der Pastorand in der passiven Rolle des Adressaten des Wortes Gottes sich befindet, geht die amerikan. S.-Bewegung, die in der Gegenwart auch im europ. kath. u. evang. Raum einen großen Einfluß ausübt, v. der konkreten Situation des Pastoranden aus. Er soll in dieser „klientenzentrierten" S. mit seinen psychischen u. situativen Problemen voll zur Geltung kommen. Der Seelsorger ist nur reaktives Werkzeug zur Selbsterkenntnis u. -findung des Pastoranden. Positiv an dieser aus der ↗ Psychotherapie v. Carl Rogers stammenden Auffassung ist die offene u. sich einfühlende Grundhaltung des Seelsorgers gegenüber dem Pastoranden, der nicht Objekt autoritärer Führung od. Belehrung, sondern gleichberechtigter Partner im Bemühen um Findung der Wahrheit u. des rechten Tuns ist. Allerdings darf der Seelsorger beim Kairos (griech. = rechter Augenblick) nicht versäumen, in unaufdringl. Weise seine diesbezügl. Glaubenserkenntnisse in den ↗ Dialog bezeugend einzubringen, wenn es Glaubenshilfe im Sinne Jesu bleiben soll. Hinsichtl. der Behauptung, S. sei „Psychotherapie im kirchl. Kontext", u. des Verhältnisses v. S. zur tätigen Nächstenliebe überhaupt siehe ↗ Psychologie u. S.   Karl E. Schiller

Lit.: Wolfgang Offele: Der Verstandnis der Seelsorge in der pastoraltheol. Literatur der Gegenwart (1966); Johann Hofmeier: Seelsorge u. Seelsorger (1967); Eduard Thurneysen: Seelsorge im Vollzug (1968); H. Faber/E. van der Schoot: Praktikum des seelsorgerl. Gesprächs (1968); Dietrich Stollberg: Therapeutische Seelsorge (1969);

Hans Wulf: Wege zur Seelsorge (1970); Josef Goldbrunner: Seelsorge — eine vergessene Aufgabe (1971); Joachim Scharfenberg: Seelsorge als Gespräch (1972); Richard Riess: Seelsorge (1973).

Seelsorge, ärztl. Gleichnamiger Titel eines weitverbreiteten Buches v. V. E. Frankl. Ä. S. will weder Ersatz f. Religion u. priesterl. ↗ Seelsorge noch f. ärztl. ↗ Psychotherapie sein, sondern eine Psychotherapie vom Geistigen her, Psychotherapie unter Einbeziehung v. ↗ Wert- ↗Normen u. Weckung v. ↗ Verantwortung des Patienten vor einem außermenschl. personalen ↗ Du; sie ist also eine Psychotherapie mit ergänzender Funktion, wobei der seel. kranke Mensch nicht nur in seiner Weltimmanenz gesehen wird (↗ Geheimnis ↗ Transzendenz ↗ Person). Rt

Lit.: V. E. Frankl, Der unbewußte Gott (1948); V. E. Frankl, Ärztliche Seelsorge, Grundlage der Logotherapie und Existenzanalyse (1949, ⁸1971); A. Niedermeyer, Ärztliche Ethik (1954).

Seelsorge, missionarische ↗ Missionarische Seelsorge

Seelsorger. Das Bild des rechten S.s (auch ↗ Gemeindeleiters od. Liturgen) hat Anteil an der Problematik der ↗ Seelsorge. Ist der S. v. a. geistl. Seelenführer, Verkündiger des Wortes Gottes, Lebenshelfer od. Psychotherapeut? Sind nur die Träger des geistl. ↗ Amtes zur Seelsorge berufen od. alle Gemeindeglieder? Nach kath. Auffassung sind die Amtspriester die verantwortl. S. der Kirche; die Laien können u. sollen jedoch in ihrem Wirkungsbereich seelsorgerl. Mitarbeiter sein. Nach evang. Verständnis ist zwar jeder Christusgläubige zur Seelsorge berechtigt, doch wird auch hier oft der ordinierte Amtsträger in bes. Weise als S. verstanden. Überall wird betont, daß der S. auf seine Aufgabe richtig vorbereitet werden muß. Theoret. Wissen allein genügt nicht, so notwendig neben theol. auch gediegene psych., soziol. u. andere humanwissenschaftl. Kenntnisse sind. Wurde bisher in diesem Zusammenhang v. a. gefordert, daß jeder, der Seelsorge ausüben will, selbst dauernd v. einem S. betreut wird, so gewinnt in den letzten Jahren auch im deutschsprach. kirchl. Raum die systemat. S.-Ausbildung im Sinne der amerikan. ↗ Klinischen Seelsorgeausbildung (KSA) immer mehr an Bedeutung. Durch diese Ausbildung soll der S. sensibel werden im Hinblick auf seel. Probleme bei sich u. anderen sowie hinsichtl. der zwischenmenschl. Psychodynamik (z. B. des Phänomens der ↗ Übertragung u. Gegenübertragung). Wie auch immer die Hauptaufgabe des S.s bestimmt wird, er soll auf jeden Fall sein S.-Amt als Jünger des guten Hirten Jesus Christus in einfühlender, annehmender Nächstenliebe wahrnehmen, wobei in der Vergangenheit mehr päd. Väterlichkeit, in der Gegenwart jedoch mehr partnerschaftl. Brüderlichkeit des S.s gegenüber dem Pastoranden erwartet wird.

Schi

Lit.: J. Hofmeier, Seelsorge u. Seelsorger (1967); H. Wulf, Wege zur Seelsorge (1970); A. Allwohn, Ev. Pastoralmediz. (1970); W. Zijlstra, Seelsorge-Training (1971); R. Riess, Seelsorge (1973).

Segen. Im außerchristl. Raum ist der S. häufig mit mag. Vorstellungen verbunden (↗ Magie). In der Bibel wird der S. (durch das Zeichen der ↗ Handauflegung vermittelt) als Geschenk Gottes gesehen: Durch den S. werden dem Gesegneten Heil, ↗ Glück u. Fruchtbarkeit zugesprochen. Gott selbst segnet seine Geschöpfe (Gen 1,22), die Stammesväter ihre Nachkommen (Gen 9,20), Propheten, Könige u. Gott selbst sprechen den S. über das Volk Israel. Auch das NT berichtet, wie Jesus best. Gruppen des Volkes segnet, so die Kinder (Mk 10,16). Bes. Bedeutung hat der S.sbecher während des Abendmahls, das in die atl. Paschaliturgie eingebettet ist (Mk 14,22 u. Synopt.).

Der S. hat Aufnahme in die Liturgie der ↗ Kirche gefunden. Die S.sformel wird über die ↗ Person gesprochen, die somit unter den bes. Schutz Gottes gestellt wird. Handauflegung u. Kreuzzeichen sind die gebräuchlichsten S.sgesten, unter denen auch ↗ Sakramente gespendet werden. Die ↗ Gottesdienste in kath. u. evang. Kirchen schließen mit dem S. unter Anrufung des dreieinigen Gottes od. mit der alten S.sformel des aaronit.

S.s. In der kath. Kirche hat der sakramentale S. mit der Monstranz, die die konsekrierte Hostie enthält, bes. Bedeutung, ebenfalls der Primizs. des Neupriesters, der S. des Bischofs u. der päpstl. S. „urbi et orbi", den der Papst an best. Festen u. zu gewissen Anlässen der Stadt Rom u. dem ganzen Erdkreis spendet. Auch Gegenstände werden gesegnet, sei es, daß sie durch die Segnung dem profanen Bereich entzogen u. in den bes. kirchl. Dienst genommen werden (Kreuze, Rosenkränze, Kelche, Kerzen) od. daß durch den S. um Schutz f. die sie gebrauchenden Menschen gebetet wird (Häuser, Autos, Flugzeuge, Schiffe). Die Liturgiekonstitution des II. Vatikan. Konzils spricht v. Segnungen, die auch durch Laien vollzogen werden sollen (Segnung des Kindes durch die Eltern, Hausweihe durch den Hausvater). ↗ Sakramentalien.

Mb

Lit.: J. Schreiner, Segen f. die Völker, in: Biblische Zeitschrift 6 (1962), 1—31.

Sektenbildung. Sekten (v. lat. secta = rel. Gefolgschaft, polit. Partei) sind eine (ständige) Begleiterscheinung der fortschreitenden ↗ Institutionalisierung einer rel. ↗ Erlösungs-Idee u. deren Bezug zur Welt. Das Wachstum einer rel. ↗ Gruppe, das ↗ Bedürfnis nach legitimen ↗ Autoritäten zur Absicherung gegenüber Fehlentwicklungen u. damit die Verfestigung v. Lehrformulierungen, des rel. ↗ Ritus, der sittl. Kataloge (↗ Normen) sowie der Organisationsformen (↗ Rollen, Autoritätsformen, etc.) verlagern allmähl. u. unvermeidl. den Akzent v. der Person auf die Institution. Damit gerät eine derart institutionalisierte Religion in Gefahr, sich v. den konkreten Fragestellungen u. Lebensnöten eines Menschen zu entfernen. Zugleich gewinnt mit dem missionar. Erfolg die Frage nach dem Verhältnis der rel. Gruppe zur gesellschaftl. ↗ Umwelt an Bedeutung (↗ Kirche u. Gesellschaft). Kulturelle Angleichung an die „Welt" ist nicht selten das Ergebnis.

— Im Lauf der Geschichte einer rel. ↗ Gruppe kommt es zu „Protestbewegungen" innerhalb (z. B. Reformorden, rel. Erneuerungsbewegungen wie ↗ Jesus-People etc.) od. außerhalb der Kirche (Sekte). Gegenüber der „verweltlichten" weltbezogenen obj. „Anstaltsfrömmigkeit" betonen diese Protestgruppen eine „verinnerlichte" subj. persongebundene ↗ Frömmigkeit. Insbes. bei den Sekten spielen zusätzlich sozialpsych. Momente eine wichtige Rolle: Rel. Geborgenheit, Gleichheit, Brüderlichkeit u. damit persönl. Kontakte u. ↗ Anerkennung, d.h. die Möglichkeit, wenigstens in der rel. Gruppe gesellschaftl. verwehrtes Sozialprestige (↗ Prestigedenken) zu erlangen (Jugendliche, Gastarbeiter, alte Menschen, etc.), intensive gegenseitige Lebenshilfe, Stabilisierung rel. Weltdeutung u. sittl. ↗ Normen durch intensivierte Gruppenkontrolle. Auf dem Hintergrund solcher Phänomene, die auf ungesättigte Bedürfnisse der Menschen in den ↗ Kirchen deuten, überrascht es nicht, daß insbes. die kleineren rel. Sondergemeinschaften gegenwärtig eine beachtl. Zuwachsrate aufweisen u. daß sich die neuen Mitglieder in zunehmendem Maße aus Kreisen tradit. Großkirchen rekrutieren. Die gegenwärtige Entkirchlichung u. damit verstärkte ↗ Person-Orientierung (Subjektivierung) der ↗ Religiosität kommt in dieser Entwicklung deutlich zum Tragen u. wird zur Anfrage an die Pastoralpraxis der Kirchen. Zu

Lit.: K. Keinrath, Kleine Sektenfibel (³1962); Rammsteg, Sekte u. soziale Bewegung (1966); B. Wilson, Rel. Sekten (1970).

Selbst ↗ Individuation ↗ Ich

Selbstbefriedigung ↗ Masturbation

Selbstbestrafung. S. findet sich schon in der ↗ Entwicklungsphase des 2.—3. Lj. in der „Identifizierung mit dem Angreifer" (R. Spitz): nach Übertretung eines Verbotes vollzieht das ↗ Kind selbst die erwartete ↗ Strafe an sich (↗ Gewissens-Bildung). Beim Erwachsenen dient S. dazu, vorhandene Schuldgefühle zu überwinden. Meist handelt es sich dabei um einen unbewußt ablaufenden Vorgang, durch den das anklagende ↗ Über-Ich beschwichtigt werden soll. S. darf deshalb nicht mit positiver ↗ Reue verwechselt werden, sie zeigt eher einen Zusammenhang mit dem mag. ↗ Tabu-Gewissen. Die die S. hervorrufenden Schuldgefühle können 1. durch konkrete

↗ Schuld, 2. durch unbewußte neurot. ↗ Konflikte bedingt sein. *Ad 1:* Es kommt zu ↗ Fehlleistungen, Selbstverrat durch Hinterlassen v. Indizien, Verlieren v. Wertgegenständen, Vergessen wichtiger Termine, zu ↗ Unfällen, Körperverletzungen u. a. m. Es treten auch ↗ Konversionssymptome, z. B. Lähmungen, auf (↗ Hysterie). Die Herabsetzung der körperl. Widerstandskraft führt zu somat. Erkrankungen u. damit zu indirekter S., die vom ↗ Bewußtsein häufig als Gottesstrafe f. die begangene ↗ Schuld erlebt wird.
Ad 2: Auch bei unbewußt. neurot. Schuldgefühlen wird S. eingesetzt, um sie zu beschwichtigen, z. B. durch konkrete Rechtsbrüche, die eine gesetzl. Bestrafung erwarten lassen, od. durch eine ↗ Neurose u. die dadurch bedingten Einschränkungen (sekundärer ↗ Krankheitsgewinn). Dieser Zusammenhang zeigt sich bes. deutlich in der Zwangsneurose u. der damit verwandten ↗ Skrupulosität. Bei ↗ Psychosen können die unbewußten Schuldgefühle so drückend werden, daß nur die äußersten Formen der S. wie Selbstverstümmelung u. ↗ Selbsttötung als angemessen angesehen werden (↗ Masochismus).
Der ↗ Seelsorger, der um diese Zusammenhänge weiß, steht in der Gefahr, zu glauben, sie dem Klienten auf den Kopf zusagen zu müssen. Er hat zu beachten, daß S. oft unbewußt bestimmt ist u. sowohl auf konkrete wie auf neurot. Schuld bezogen sein kann. Bei konkreter Schuld sind seelsorgerl. ↗ Gespräch u. ↗ Beichte Möglichkeiten zu bewußter Verarbeitung v. Schuld u. damit zur Reifung des Gewissens, das sich v. unbewußten Mechanismen befreit. Er sieht auch die Notwendigkeit psychotherapeut. bzw. psychiatr. Hilfe, v. a. wenn S. lebensbedrohend ist (↗ Unbewußtes). Hs

Lit.: S. Freud, Ges. W. XIII Das Ich und das Es; X Einige Charaktertypen aus der psychoanalytischen Arbeit; XIII Das Ökonomische Problem des Masochismus (Londoner Ausgabe 1940 ff.).

Selbsterfahrung = bedeutungsvoll in der Ausbildung zum Psychotherapeuten. ↗ Suggestionen u. ↗ Hypnosen ausübende Therapeuten setzen sich selten der S. des Suggeriert- u. Hypnotisiertwerdens aus. Ihre „Suggestivkraft" leidet dadurch nicht, im Gegenteil, sie ist meist sogar wirkungsvoller. Dagegen sind alle „reflektierenden" Verfahren v. der S. des Therapeuten abhängig, schon beim ↗ Autogenen Training (J. H. Schultz) u. ä. Methoden (s. Stokvis u. Wiesenhütter „Der Mensch in der ↗ Entspannung"), die über leibl. Funktionen seel. Vorgänge beeinflussen, noch stärker bei ↗ Psychoanalysen. „Lehranalysen" sind erforderlich, weil nicht nur der Therapeut wissen soll, was im ↗ Patienten vor sich geht, sondern weil er eigene Empfindlichkeiten, ↗ Verdrängungen u. Überwertungen dem Patienten aufoktroyieren könnte. Analyt. Therapie setzt Sensibilität im Therapeuten voraus, die sich negativ od. positiv auswirken kann, je nachdem, wie dieser sie kennt u. beherrscht. S. ist besonders wichtig in der ↗ Gruppenpsychotherapie. Gruppenverfahren wie das ↗ Psychodrama, die Pantomime, Gesprächsrunden od. (Kasperle-)Theatergruppen in Anstalten, Kliniken od. (Kinder-)Heimen benötigen keine S. der sie Leitenden, wohl aber alle psychoanalyt. orientierten. In ihnen sind die Wechselbeziehungen so vielfältig u. T. unübersehbar, daß nur Selbstkontrolle u. ständige Bearbeitung der ↗ „Gegenübertragungen" den Gruppenleiter abhalten, vom „Chaotischen" der Gruppe überschwemmt u. mitgerissen zu werden. In vielen psychotherapeut. Lehr- u. Ausbildungsinstituten laufen S.sgruppen, die in der Regel wöchentl. abgehalten werden. Sie haben den Nachteil, daß am gleichen Institut in Ausbildung Befindliche (ähnlich wie Mitglieder der gleichen Klinik) sich scheuen, vor einander „intime" u. sie möglicherweise in ein negatives Licht rückende Dinge auszubreiten (ein Prinzip jeder analyt. Gruppentherapie ist, daß die Mitglieder möglichst nicht im berufl. u. privaten Leben interferieren). „Fraktionierte", mehrfach im Jahr an wenigen Tagen in geraffter Stundenzahl tagende Gruppen (v. den Lindauer Psychotherapiewochen seit 1959, auch v. „Arzt u. Seelsorger" durchgeführt) zeigen diesen Nachteil nicht, vielmehr eine Intensivierung u.

Vertiefung ohne Ablenkungen durch das Alltagsleben (die bei wöchentl. Sitzungen unvermeidlich sind). Wi

Lit.: J. H. Schultz, Das Autogene Training (1970); S. de Schill, Psychoanalyt. Therapie in Gruppen (1971).

Selbstliebe ↗ Narzißmus

Selbstmord ↗ Selbsttötung

Selbsttötung. *I. Statist.-soziol. Aspekt —*
1. Begriff: S.shandlung ist als Oberbegriff zu verstehen u. meint jede gegen das eigene Leben gerichtete Handlung, unabhängig davon, ob der ↗ Tod intendiert wird od. nicht u. unabhängig davon, ob sie zum Tode führt od. nicht. S. ist eine gegen das eigene ↗ Leben gerichtete Handlung mit tödl. Ausgang, unabhängig davon, ob der Tod intendiert wurde od. nicht. S.sversuch ist eine gegen das eigene Leben gerichtete Handlung, unabhängig davon, ob der Tod intendiert wurde od. nicht. Eine S.shandlung als erfolgreich bzw. geglückt od. erfolglos bzw. mißglückt zu bezeichnen, empfiehlt sich nicht, da der Tod nicht das einzige Ziel einer solchen Handlung ist. Viele S.shandlungen haben Appellcharakter (in Gestalt eines Hilfeschreis [N. L. Farberow/E. S. Shneidman], einer Erpressung od. Bestrafung od. sind Ausdruck des Wunsches nach vorübergehender Unterbrechung eines schwierig gewordenen Lebensweges. Feuerlein bezeichnet letzteres als „parasuizidale Handlung", da es dabei nicht um Flucht aus dem Leben, sondern um die Fortsetzung des Lebens v. einer neuen Plattform aus geht. — Welche Intention im einzelnen vorliegt od. im Vordergrund steht, kann nicht allein vom Ausgang einer S.shandlung beurteilt, sondern erst nach differenzierten Untersuchungen festgestellt werden.
2. Statistiken: Unter S.srate bzw. S.sziffer versteht man die Anzahl der S.n auf je 100.000 Einwohner. F. die BRD war z. B. die S.srate der letzten Jahre ca. 20. Das Verhältnis v. S. u. S.sversuch ist mindestens 1 : 10. Nach einem S.sversuch begehen später wenigstens 10% S. 70—80% künden ihre S.shandlung vorher an. Das Verhältnis Männer zu Frauen ist bei S. 2 : 1, beim S.sversuch 1 : 3. Bezogen auf das Lebensalter stehen bei S. die alten Menschen (60—65 J.) an der Spitze, während die junge u. mittlere Generation mehr S.sversuche aufweist. Hinsichtl. der berufl. Stellung verteilt sich die Häufigkeit der S. wie folgt: Akademiker u. Manager — Selbständige Geschäftsleute, leitende Angestellte u. ungelernte Arbeiter — Angelernte Arbeiter — Facharbeiter. Bei den Studenten liegt die S.sziffer um ein Drittel höher als bei Männern der entspr. Altersgruppe der Gesamtbevölkerung, bei den Studentinnen doppelt so hoch wie bei der altersentspr. weibl. Gesamtbevölkerung. Umstritten ist, ob die Religionszugehörigkeit ein entscheidender Faktor f. die Häufigkeit v. S.shandlungen ist. Innerhalb der christl. Religion scheint die Konfessionszugehörigkeit eine Rolle zu spielen. Nach Durkheim stellt ein offenes System (typ. evang.) höhere Anforderungen an die ↗ Persönlichkeit als ein geschlossenes (bisher typ. kath.). Wenn also mit dem wünschenswerten Freiheitsraum des einzelnen nicht auch im selben Maß die ↗ Mündigkeit (↗ Reifung) der Persönlichkeit erreicht wird — was nach den Statistiken häufig mißlingt —, bietet ein offenes System eine größere Gefährdung f. S.shandlungen als ein geschlossenes. Daneben scheint es vom theol. Ansatz her eine typ. evang. u. eine typ. kath. Persönlichkeit (↗ Persönlichkeitsstruktur) zu geben (Schmidtchen). Dem offenen System des Protestantismus entspricht — im Gegensatz zu einem bisher geschlossenen System des Katholizismus — eine starke Expansivität mit Absolutheitsanspruch (Beruf, gesellschaftl. Stellung, ↗ Gesundheit), der Dasein mit Sein überhaupt gleichsetzt, so daß beim Scheitern der Drang nach Expansivität in ↗ Resignation, depressive ↗ Verstimmung (↗ Depression) u. Selbstzerstörungstendenz umschlägt. Somit ist das S.srisiko f. die typ. evang. Persönlichkeit höher als f. die typ. kath. —
3. Motive u. Ursachen der S.shandlung: Man unterscheidet zw. Motiv (auslösen-

Selbsttötung

dem Faktor — ↗ Motivation) u. Ursache (↗ Ursache—Wirkung) einer S.shandlung. Als Motiv ist alles möglich, was ↗ Konflikte verursacht. Je nach Geschlecht, Lebensalter u. -stand gibt es bes. bevorzugte Motive. — Die Ursache einer S.shandlung liegt tiefer. Sie kann sozial bedingt od. gefördert sein (Durkheim). Unzureichende soziale ↗ Integration führt zur Isolierung, mit der die Gefahr einer „egoist. S." verbunden ist. Bei übermäßiger sozialer Integration wird die ↗ Gesellschaft höher gewertet als das eigene Leben; bei einer Krise des Individuums kann das zur „altruist. S." führen. Auf den gesellschaftl. Zustand der Anomie (Normen- u. Richtungslosigkeit — ↗ Normen), reagiert das Individuum leicht mit Rat- u. Haltlosigkeit (↗ Entfremdung, Identitätsverlust [↗ Identifizierung, ↗ Identitätsfindung]), was zu depressiven Verstimmungen u. zur S. führen kann: „anomische S.". — Neben dem Einfluß der Gesellschaft ist die psychische Belastbarkeit des einzelnen die andere Komponente, die nicht nur soziol. erklärt werden kann. Es ist v. a. die „zerbrochene ↗ Familie" (↗ broken home), d. h. das Fehlen einer stabilen Beziehung zu einer Elternfigur in der Kindheit (ohne Elternsubstitut, das eine ↗ Kompensation f. den Verlust des primären Liebesobjektes bieten könnte [Stengel]). Auch andere ungünstige Kindheitsbedingungen können eine neurot. Entwicklung verursachen (↗ Neurose), deren Folge frühzeitige ↗ Hemmung u. ↗ Entmutigung u. mangelnde ↗ Ich-Entfaltung sind. Das Resultat ist eine „neurot. Lebensverunstaltung" (Ringel) mit sehr geringer ↗ Frustrationstoleranz (↗ Frustration). — II. ↗ *Psychodynamik u.* ↗ *Psychopathologie* — Der v. Ringel geprägte Begriff des „*präsuizidalen Syndroms*" bietet ein brauchbares (wenn auch nicht vollkommenes) Modell zur Erhellung der Psychodynamik u. Psychopathologie der S.shandlung. 1. Die einzelnen Symptome des präsuizidalen Syndroms sind: a) zunehmende *Einengung*, die sich im Verlust der expansiven Kräfte äußert u. zu Minderwertigkeitsgefühl, ↗ Angst, Mißtrauen, Stagnation, ↗ Resignation u. depressiver Verstimmung führt. Die *situative* Einengung kann durch Außenfaktoren od. durch das Verhalten des einzelnen bedingt sein, während sich bei der *dynam.* Einengung die Dynamik der Persönlichkeit nur noch in eine Richtung entwickelt. Folge davon: fixierte Verhaltensmuster (↗ Verhalten), affektive Einengung, Einengung der zwischenmenschl. Beziehungen (↗ Gruppe ↗ Kommunikation), Einengung der Wertwelt. b) *Gehemmte* ↗ *Aggression* der ↗ Umwelt gegenüber, die zur Aggressionsumkehr (gegen die eigene Person) führt. c) *Flucht in die Phantasiewelt*, die bes. durch intensive Beschäftigung mit S.sgedanken charakterisiert ist. 2. Das präsuizidale Syndrom kann Ausdruck sein f. eine a) chron. psychische Fehlentwicklung (neurot. Fehlentwicklung — ↗ Neurose, Altersdepression, ↗ Psychopathie — ↗ abnorme Persönlichkeit), b) psychot. Befindlichkeit (endogene Depression, Schizophrener Formenkreis, ↗ Psychosen v. sog. exogenem Reaktionstyp), c) akute psychische Fehlreaktion (neurot. Reaktion, ↗ Schwachsinn).

III. Vorbeugung u. Verhütung — 1. Klin. therapeut. Aspekte: a) Je nach Umfang, Intensität u. spezif. Strukturierung des präsuiz. Syndroms kann die S.sgefahr abgeschätzt werden (andere Modelle sind sog. Risikolisten vgl. z. B. Pöldinger). Auf das Zusammenspiel zw. Einengung u. Aggressionsumkehr ist bes. zu achten. b) Zur Verhütung u. Vorbeugung v. S.shandlungen bieten sich therapeut. Möglichkeiten auf organ. Sektor an (medikamentöse Therapie — ↗ Psychopharmaka, Elektroschockbehandlung) u. durch spezif., antisuizidale ↗ Psychotherapie (Bindung an den Therapeuten, Abreaktion der Aggression, Ermutigung zu ↗ Erfolgserlebnissen, Anregung der ↗ Phantasie u. Lebensgestaltung in lebensbejahende Richtung); ↗ Autogenes Training (↗ Entspannung), ↗ Hypnose, ↗ Arbeits- u. ↗ Beschäftigungstherapie kommen als unterstützende Maßnahmen hinzu. 2. Die *seelsorgl. Intervention* zur Vorbeugung u. Verhütung v. S.shandlungen erstreckt sich einerseits auf akute Krisenintervention: ↗ Telefonseelsorge u. ↗ Beratungsstellen (↗ Beratung ↗ Lebensberatung), andererseits auf seelsorgl. Aktivitäten, die suizidale Entwicklungen möglichst schon in ihren Anfängen aufzufangen u. somit akute Krisen zu verhindern suchen. Voraussetzung dafür ist, signifikant gefährdete Gruppen zu kennen u. deren spez. Problematik durch gezielte seelsorgl. Aktivitäten anzugehen. Zu bes. gefährdeten Gruppen zählen u. a.: Menschen nach einem S.sversuch (Rückkehr in das alte, nicht aufgearbeitete Konfliktfeld) — die Alternden (körperl. u. geist. Gebrechen, Ausscheiden aus dem Beruf, ↗ Vereinsamung, Todesangst [↗ Altern ↗ Altenseelsorge]) — die Kranken (↗ Krankheit als Krise, die bisheriges Selbst- u. Weltverständnis in Frage stellt [↗ Lebenssinn ↗ Tod ↗ Krankenhausseelsorge]) — Menschen im Konflikt mit ↗ Sexualität, ↗ Liebe, ↗ Ehe [↗ Eheberatung] u. ↗ Familie [↗ Familienpathologie ↗ Familienseelsorge] — Junge Menschen (Adoleszenzkrise [↗ Lebensstufen, ↗ Reifung, ↗ Jugendseelsorge]) — Alkohol- u. Drogenabhängige (↗ Abhängigkeit als Symptom einer bestehenden Krise) — Menschen, die straffällig geworden sind (↗ Kriminalität als Symptom einer bestehenden Krise) — Menschen in Trauerreaktion (unbewältigte ↗ Trauer kann zu depressiver Verstimmung u. S.shandlungen führen).   Artur Reiner

Lit.: W. Pöldinger, Die Abschätzung der Suizidalität (1968); E. Ringel, Selbstmordverhütung (1969); E. Stengel, Selbstmord u. Selbstmordversuch (1969); E. Ringel, Selbstschädigung durch Neurose (1973); A. Reiner, Ich sehe keinen Ausweg mehr. Suizid u. Suizidverhütung — Konsequenzen f. die Seelsorge (1974); H. Henseler, Narzißtische Krisen. Zur Psychodynamik des Selbstmords (1974).

Selbstverleugnung. S. ist in mannigfacher Terminologie (Abtötung, Entsagung, Überwindung) Grundthema des christl. Lebens. Vor Kritik od. Bejahung muß eine Rückbesinnung stehen (↗ Askese). 1. a) Thematik wie Begrifflichkeit sind *bibl.* (Kol 3,5; Röm 8,13) u. *jesuanisch* (Luk 9,23). b) Manche *spätere Entwicklung* u. vieles *Außerchristl.* sind abwegig. c) Anderes entstammt einem *ungewohnten Sprachspiel* u. ist deshalb zu entmythologisieren od. gar direkt zu übernehmen. d) Das nicht nur modische Interesse an *ostasiat.* ↗ *Religiosität* ist ein Indiz der Aktualität (↗ Yoga, ↗ Zen). e) Die bibl. *Gegenvorstellung v. Selbstwerden* (Seele-retten; Himmel-verdienen) hilft zur rechten Einordnung. 2. Die *Neubesinnung* sollte stufenweise erfolgen: a) *S. als Kategorie der Selbstwerdung*: Die Annahme seiner selbst verlangt Verzicht auf unrealisierbare ↗ Utopien, Einordnung in die ↗ Gemeinschaft u. Einschränkung der reicheren Anlagen auf eine best. ↗ Selbstverwirklichung. Psychosomat. asket. Übungen (↗ Fasten, Atmen, Stille) entbinden durch Oberflächenverzicht tiefere Schichten des Selbst. b) *S. als dialog. Kategorie*: Als passives Geschehen ist sie selbstverständlich: Eingehen auf einen anderen bedeutet Verzicht auf Eigeninteresse, wobei die Faszination des anderen den Verzicht nicht spüren läßt. Aktiv u. leidvoll empfunden wird sie, wenn die Begegnungssituation dauerhaft wird u. zeigt, daß es nicht um egoist. ↗ Lust-Suche geht. Volle Selbstwerdung ist nur innerhalb des dialog. Geschehens u. Verzichtens möglich; zugleich aber ergeht v. der Psychologie die Warnung, den Verzicht der personalen Begegnung ideologisch als Selbstwert aufzubauen u. die polare Kategorie der erfahrbaren Selbstwerdung herunterzuspielen. c) *S. als gesellschaftl. Kategorie*. Hier gilt das eben Gesagte; mit dem Unterschied, daß die größere menschl. Gemeinschaft nur indirekt (↗ Sprache, Kultur) zur erfahrbaren Selbstwerdung beiträgt u. daß deshalb die ideolog. Überbetonung des Verzichts noch weniger statthaft ist. d) *S. als rel. Kategorie* ist nur auf der Basis des Gesagten zu betrachten. Manche ihrer Fragen (Fasten, Formen der ↗ Armut) haben dort ihren Platz. In sich bedeutet sie zugleich Schwierigkeit wie menschl. Chance. 3. Der *rel. Wert eines Verzichts* auf eigene u. zwischenmenschl. Interessen ist — wie die Gestalt Jesu u. seine Botschaft zeigen — so gut wie nie isoliert sichtbar, sondern nur in Einheit mit innerweltl. Selbstwerdung od. zwischenmenschl. Dienst. Anders gesagt: Im Dreiecksverhältnis v. Gottes-, Nächsten-, Selbstliebe gibt es Akzentuierungen, doch kein iso-

liertes Betrachten. Rein rel. motivierte S. ist also mit Vorsicht zu betrachten. Zugleich aber ist zu sehen, daß rel. ↗ Werte sichtbar werden, wo *im menschl. Geschehen Brüche (negativ)* od. *unabgegoltene Verheißungen (positiv)* auftauchen, wo z. B. eine S. ohne den Anschein v. Selbstwerdung stattfindet.
Je glaubwürdiger also der rel. Verzicht als endgültige, transzendent-eschatolog. Selbstwerdung erfahren wird, desto sinnvoller wird die innerweltl. nicht mehr abzugeltende S. aus rel.-christl. Gründen (vgl. ↗ Sühneleiden).
4. Die *Gefahr der Ideologisierung* wächst, je weniger die ↗ Motivation der S. empirisch überprüfbar ist. Deshalb ist die Frage nach rel. S. mit Behutsamkeit zu behandeln u. ständig an Erfahrungswerten zu verifizieren. Ein grundsätzl. Nein zur S., die aus rel. u. damit empir. nicht restlos zu verifizierenden Motiven herkommt, käme nicht nur dem Nein zur christl. Motivation überhaupt gleich, sondern würde auch verkennen, daß die menschl. Situation nicht aufzurechnen ist in Glückssuche u. Identitätsfindung.
5. *Eine Neubesinnung u. Neubestimmung* dessen, was mit der bibl. S. gemeint ist, könnte helfen, die Situation des modernen Menschen zu verstehen, die viel stärker v. ↗ Angst u. ↗ Verzweiflung als ↗ Selbstverwirklichung u. Selbstbestimmung gezeichnet ist. Eine Rückbesinnung auf die dialog. Grundspannung könnte ein Weg dazu sein; u. dieser Weg führt in eine Selbstverwirklichung, die voll u. ganz nur im ↗ Glauben zu ergreifen ist.   Su

Lit.: B. Häring, Das Gesetz Christi (1954) S.132 ff.; P. Nagel, Die Motivierung der Askese in der alten Kirche u. der Ursprung des Mönchtums (1966); Ekstase. Maß u. Askese als Kulturfaktoren (1967); D. J. de Levita, Der Begriff der Identität (1971).

Selbstvertrauen   ↗ Selbstverleugnung ↗ Mündigkeit   ↗ Selbstverwirklichung

Selbstverwirklichung. S. ist ein dynam., lebenslanger Vorgang, die v. verläßlichen Mitmenschen u. einer (einigermaßen) geordneten ↗ Gesellschaft unterstützte u. vom ↗ Gewissen geleitete Bemühung, alle individ. körperl. u. geist. Fähigkeiten u. Kräfte zu entfalten, um so zu persönl. Ausgeglichenheit, zu ↗ Verantwortungs-Bereitschaft, zu sozialer Angepaßtheit an die Verhaltensmuster der ↗ Umwelt u. zum aufgetragenen Dienst an der Gesellschaft zu gelangen. Vorgegeben ist ein Individuum, das v. der Artung des ↗ Erbgutes u. der konkreten Lebensgeschichte, namentl. der mitmenschl. Umwelt der frühkindl. Entwicklungsphase bestimmt ist. Wie das körperl. Erbe auf Übung u. wachsende Entfaltung wie Beherrschung angewiesen ist, so auch das seel.-geist. u. soziale. Der Mensch kann sich nur entfalten, wenn er v. seiner Umwelt angenommen u. gefördert wird. Zusätzl. Hilfe braucht der Mensch, der (im Erbe od. durch erworbenen Mangel) körperl. od. geist. geschädigt ist. Jeder Mensch hat das Recht auf volle S. u. damit auf alle dazu notwendigen Hilfen. — F. den Glaubenden bedeutet S. auch das Bemühen um Vollkommenheit, ja ↗ Heiligkeit. Zwar ist dem Menschen das Entscheidende vorgegeben; er kann nur "werden, der er ist", mit "seinen Talenten wuchern". Dies freilich muß er, wenn er nicht ein „fauler Knecht" gescholten werden will. F. das volle Heil weiß der Glaubende um die Gnade als „Konstituens der S." (F. Böckle), die er in ↗ Glaube, ↗ Gebet u. ↗ Sakramenten zu erstreben u. dankbar anzunehmen hat. Christl. ↗ Askese — der Glaube führt u. befähigt zu einer „anthropolog. Vorentscheidung" (F. Böckle) — bewahrt vor dem (gerade heute nicht seltenen) Mißverständnis der S. als der alleinigen, zudem fast stets gelingenden ↗ Leistung des Menschen. Dies gilt nicht zuletzt f. die soziale Solidarität, Bereitschaft u. Fähigkeit zur ↗ Verantwortung f. die anderen, ohne die S. nicht gelungen wäre. Diese wird nicht nur gehindert, wenn der Mensch im nur Rational-Zweckhaften verbleibt, sondern vorab durch ein Verarmen der mitmenschl. Begegnungen u. Beziehungen. Dabei verkümmert die Tiefenbeziehung der ↗ Liebe, in der der Mensch den anderen (als ↗ Person) sieht u. respektiert. Wer die S. verfehlt, wird orientierungslos, fremdbestimmt, verliert sich selbst; er bleibt allen Fluchtwegen ausgeliefert (↗ Abhängigkeit u. ä.), ja verfällt der ↗ Verwahrlosung (abnorme seel. Erlebnisreaktion, abgesunkener Zustand der Persönlichkeit, charakterl. Ungebundenheit, ja Bindungsunfähigkeit). Gerade christl. ↗ Anthropologie kann auch vor ideolog. Fehldeutung der S. bewahren; gehört doch dazu immer auch Selbstentäußerung, sofern der Mensch sich selbst überschreiten, aus sich heraustreten muß, um ganz er selbst zu werden. (Vgl. das tiefe bibl. Wort, daß nur der „sein Leben rettet, der es verliert" — Joh 12, 25.) Sodann vertieft der christl. Glaube die Erfahrung, daß dem Menschen die volle S. nie gelingt; denn „die Phasenhaftigkeit der menschl. Existenz ist der Ausdruck unserer Unganzheit. Sie bezeugt das Fragmentarische des Menschseins, weil sie offenbar macht, daß f. uns die heile Vollgestalt des menschl. Seins in der Zeitlichkeit unerreichbar ist" (G. Scherer). Trotzdem ist es Aufgabe der Menschheit, nicht zuletzt der polit. Ordnung (unterstützt gerade v. Christen u. Kirchen), allen Menschen die Voraussetzungen der S. zu schaffen, konkrete gesellschaftl. Verhältnisse, Erziehungshilfen u. Bildungsangebote bereitzustellen, hinderl. gesellschaftl. Strukturen zu beseitigen; allen einzelnen u. ↗ Gruppen zu „ermöglichen, sich körperl., geist. u. seel. den ↗ Anlagen u. ↗ Neigungen gemäß zu entfalten, die Rechte anderer zu achten u. die Pflichten gegenüber der Gesellschaft zu erfüllen" (Entwurf eines dt. Jugendhilfegesetzes, der sowohl der christl. Sozialllehre wie dem „Grundgesetz" der BRD entspricht). ↗ Erwachsenenbildung ↗ Bildung. Fl

Lit.: F. Pöggeler, Der Mensch in Mündigkeit u. Reife (1964); G. Scherer, Anthropolog. Aspekte der Erwachsenenbildung (1965).

Selbstwerdung ↗ Individuation ↗ Personalisation ↗ Selbstverleugnung

Selbstwertgefühl ↗ Entmutigung ↗ Geltungsbedürfnis

Sensationslust ↗ Neugier

Sensibilisierung. a) Bezeichnung f. einen in den Sozialwissenschaften, bes. der ↗ Gruppendynamik, übl. Begriff, der die Schärfung der Empfindlichkeit bzw. Empfänglichkeit gegenüber emotional-affektiven Reizen der individ. wie sozialen Wirklichkeit charakterisiert.

b) Soziale Wahrnehmung ist ein selektiver wie motivgesteuerter Vorgang, der durch die ↗ Erfahrung eines Individuums in einer best. ↗ Umwelt determiniert ist u. sich in Verhaltensmustern niederschlägt. Die Befangenheit in eigenen Triebansprüchen u. ↗ Abwehr- bzw. Schutzmechanismen verhindert sowohl die volle ↗ Wahrnehmung der eigenen Befindlichkeit wie die des sozialen Feldes, schränkt sie ein od. verzerrt sie. Das Weglassen, Ergänzen u. Strukturieren v. Reizen kennzeichnen die aktiven Prozesse der Wahrnehmung. Darin wird aber auch die Begrenztheit der individ. Wahrnehmung deutlich.

Durch non-verbale Techniken, ↗ Feedback-Interaktionen, ↗ Soziodrama usw., die in ↗ Sensitivity-Trainings u. ↗ Selbsterfahrungs-Gruppen Anwendung finden, werden der Unfehlbarkeitsanspruch individ. Wahrnehmung relativiert, die determinierenden Faktoren bewußt gemacht u. einer Veränderung zugeführt. S. der Wahrnehmung interpersoneller psychischer Vorgänge fördert die „frei schwebende Aufmerksamkeit", diese wiederum erlaubt differenziertes Verstehen u. adäquates Verhalten, was v. a. f. „helfende" ↗ Gruppen wie Seelsorgs- u. therapeut. Gruppen v. großer Bedeutung ist. Do

Lit.: C. F. Graumann, Nichtsinnl. Bedingungen des Wahrnehmens, in: W. Metzger, (Hrsg.): Handbuch der Psychologie, Bd. 1; I: Allgemeine Psychologie, Wahrnehmung u. Bewußtsein (1966); L. P. Bradford, Gruppenmitgliedschaft u. Lernprozeß, in: L. P. Bradford, J. R. Gibb u. K. D. Benne, Gruppentraining — T-Gruppentheorie u. Laboratoriumsmethode (1972), 207—233.

Sensitivity Training. S. T. ist Bezeichnung f. eine v. den amerikan. Sozialwissenschaftlern K. Lewin, R. Lippit u. anderen entwickelte Methode der ↗ Gruppendynamik. Es ist eine Methode, durch soziale ↗ Erfahrung zu lernen, eigenes wie fremdes ↗ Verhalten sensibel aufeinander einzustellen u. abzustimmen, unbewußte ↗ Ängste, Wünsche u. ↗ Abwehr- wie Schutzmechanismen bewußt zu machen, Verhaltensänderungen interaktionell vorzunehmen u. neue soziale Fertigkeiten einzuüben. Der soziale Ort des S. T.s ist die Trainings-(T-)Gruppe, bestehend aus ca. 7—12 Personen, die in 8—14 Tagen in Klausur die Entwicklung einer funktionstüchtigen ⁊ Gruppe auf Erfahrungsebene studieren (⁊ Selbsterfahrung). Die Bedeutung der T-Gruppe f. Lebens- u. Arbeitsgruppen liegt darin, daß die in der T-Gruppe auftretenden ⁊ Konflikte u. Störungen der ⁊ Kommunikation im Prinzip die gleichen sind, wie in den Gruppen, in denen die Teilnehmer sonst leben od. arbeiten. Wichtigstes Medium der Interaktion ist das aus der Kybernetik entnommene u. auf interpersonelle Prozesse übertragene ⁊ Feed-back. Es ist ein interaktionelles Geschehen auf emotionaler Ebene, auf der ein Informationsaustausch darüber geschieht, wie das gegenseitige Verhalten wahrgenommen u. empfunden wird. Dadurch kann die Diskrepanz zw. Inhalts- (bewußt Mitgeteiltes) u. Beziehungsaspekt (latent Vorhandenes in der Beziehung der Kommunizierenden) bei der ⁊ Kommunikation überwunden u. eine optimale Verständigung erreicht werden. Wichtig f. die Heimsituation der Teilnehmer sind 1. die durch Selbstkonfrontation gewonnene seel. Elastizität, die in neuen Situationen differenziertere, d. h. der Sache entsprechendere Reaktionen ermöglicht; 2. die Verbesserung der Fremdwahrnehmung, da die durch ⁊ Vorurteile bedingte Selektion der Wahrnehmung durch das Feed-back der Gruppe korrigiert wird; 3. neue soziale Fertigkeiten hinsichtl. der Kooperation, indem in der T-Gruppe erfahren wird, daß Zusammenarbeit u. Gruppenentscheidungen Offenheit u. Eindeutigkeit in der Willensäußerung, Aushalten v. ⁊ Frustrationen (wenn Blockierungen auftreten) u. eine der Konfliktlage entsprechende Verarbeitungsweise voraussetzen; 4. die rechte Einschätzung zw. berechtigten individ. ⁊ Bedürfnissen u. gruppalen Erfordernissen; 5. die Neudefinition v. ⁊ Autorität, da die Gruppe angemaßte Autorität bzw. Autoritätsfixierungen nicht gestattet, sondern dem f. die Bewältigung der Situation Geeignetsten Gefolgschaft leistet. Do

Lit.: H. A. Thelen, Dynamics of Groups at Work (1970); M. B. Miles, Learning to Work in Groups — A Program Guide for Educational Leaders (1971); L. P. Bradford, J. R. Gibb u. K. D. Benne, Gruppen-Training — T-Gruppentraining u. Laboratoriumsmethode (1972).

Sexualdelikte. Sex. Handlungen wie ⁊ Notzucht bzw. ⁊ Vergewaltigung u. Zwang od. Nötigung zur Unzucht (bes. wenn sie Unmündige betreffen) sind in allen vergleichbaren Rechtssystemen mit ⁊ Strafen bedroht. F. die Strafdrohung ist heute das sozialschädigende Verhalten bei S.n bedeutsamer als die Sicherung allg. sittl. Vorstellungen (⁊ Sexualethik). Sexualstraftäter sind oft Menschen mit abweichendem Sexualverhalten (⁊ Sexualität), das mit Kontaktschwierigkeit, Haltlosigkeit od./u. ⁊ Geistesschwäche verbunden ist; allerdings lassen sich bei etwa einem Viertel der Sexualstraftäter keine bes. psychopatholog. Auffälligkeiten feststellen. Die Meinung, daß Anlagefaktoren (z. B. Chromosomenänderungen) eine ursächl. Bedeutung bei S.n haben, ist heute noch umstritten. Es beginnt sich die Einsicht durchzusetzen, daß die tatsächl. Gefährdung der Öffentlichkeit durch S. geringer ist als bisher angenommen. Die Zahl der S. an Kindern z. B. sank in den letzten Jahren. Die Sicherungsverwahrung v. Sexualstraftätern, die durch Gefährlichkeit u. seel.-geist. Abartigkeit auffallen, od. ihre Unterbringung in „Heil- u. Pflegeanstalten" ermöglicht einen wirksamen Schutz der ⁊ Gesellschaft, kann aber kaum als human bezeichnet werden. Zwar ist die Rückfallgefahr bei ⁊ Pädophilie u. ⁊ Exhibitionismus in der Regel groß, doch handelt es sich hierbei meist um sex. Abartigkeiten (⁊ Perversionen), die aufgrund ihres geringen Schadens im allg. toleriert werden können. Notzuchttäter weisen dagegen eine geringere Rückfallquote auf; sie neigen aber zu einem kriminellen Lebensstil mit verschiedenartigen Delikten. Hier ist eine gründl. Behandlung in sozialtherapeut. Anstalten notwendig. Durch psychiatr. u. psychotherapeut. Hilfestellung soll der Sexualstraftäter lernen, seine Triebe zu beherrschen. Andere Möglichkeiten sind freiwillige (!) Kastration durch Operation od. dauernde Zufuhr v.

Hormonpräparaten (Anti-Androgene) sowie stereotakt. Eingriffe am Sexualzentrum im Gehirn. Dabei muß das Ziel der Therapie stets die Entfaltung der Persönlichkeit des Betreffenden sein. Sl/Rf

Lit.: E. Schorsch, Sexualstraftäter (1971); F. Cornu, Katamnesen bei kastrierten Sittlichkeitsdelinquenten aus forensisch-psychiatr. Sicht (1972); Schering-Symposium über Sexualdeviationen u. ihre medikament. Behandlung (1972).

Sexualerziehung ↗ Sexualpädagogik

Sexualethik.
Die christl. S. geht v. dem allgem. gültigen Postulat der christl. ↗ Sittlichkeit aus, daß freiwillige sex. Betätigung ebenso wie der Verzicht auf sie sittl. danach zu beurteilen ist, ob sie den Erfordernissen u. Möglichkeiten der Selbst- u. Nächstenliebe u. denen der diese übersteigenden u. begründenden Gottesliebe (↗ Liebe) entspricht od. nicht. Sie steht dabei vor dem Problem, daß weder aus der biophysischen, biopsychischen od. biosozialen Struktur der ↗ Sexualität, die v. unterschiedl. individ. u. sozialen Verhältnissen abhängig ist u. somit eine geschichtl. Wandel unterworfene Deutung ihres objektiven kulturellen Sinnes u. Zweckes nötig macht, noch aus der Offenbarung völlig eindeutig u. zeitlos gültig abgeleitet werden kann, welche sex. Verhaltensweisen dem Postulat der Liebe tatsächlich entsprechen.

Um dieses Problem lösen zu können, muß die S. die jeweils neuesten Vorstellungen der Natur- u. Humanwissenschaften über die Ursachen u. Auswirkungen sex. ↗ Verhaltens zur Kenntnis nehmen u. mit ihren eigenen Einsichten über die ↗ Tugenden konfrontieren, die das sittl. Tun motivieren sollten, um daraus konkret inhaltl. ↗ Normen zu gewinnen, die zwar nur bedingt gültig sind, die der Mensch aber braucht, um in der Auseinandersetzung mit ihnen hinreichende Entscheidungssicherheit zu erlangen. Dabei wird die S. sich näherhin v. der aus der jüdisch-christl. Tradition übernommenen Einsicht leiten lassen, daß die Sexualität der leibl.-seel.-geist. Ergänzung u. Förderung der Geschlechtspartner u. dadurch u. darüber hinaus ihrer sittl. rel. Vervollkommnung sowie der Erzeugung u. ↗ Erziehung v. Nachkommenschaft dienen soll u. daß diese Ziele weiterhin nur in der Dauerbindung der ↗ Ehe in einer unter jeder Rücksicht befriedigenden Weise erreicht werden können (↗ Geschlechtsbeziehungen). Folglich sollte sex. Verhalten an der Norm gemessen werden, inwiefern es dem Eingehen u. der Aufrechterhaltung einer Ehe u. der ↗ Familienplanung förderlich ist. Auf sex. Betätigung sollte dementspr. verzichtet werden, insoweit sie der Ehe- u. Familienbildung abträglich ist bzw. der Verzicht darauf in deren Interesse od. in dem vordringlicherer u. höherer ↗ Werte (↗ Ehelosigkeit, ↗ Enthaltsamkeit, ↗ Jungfräulichkeit, ↗ Zölibatspflicht) wünschenswert ist. Da gerade im Bereich der Sexualität nur in begrenztem Umfange normierbar ist, welche ihrer Äußerungen als ↗ Sprache der Liebe dienen u. verstanden werden können, ist der Bestimmung der ↗ Motivationen, wie Hingabebereitschaft, Rücksichtnahme, ↗ Wahrhaftigkeit, verantwortl. Elternschaft usw., die das sex. Verhalten prägen sollten, verstärkt Aufmerksamkeit zu widmen. Dabei sind die anthropogenen Voraussetzungen der Individuen entspr. zu berücksichtigen (↗ Erotik, ↗ Sexualpädagogik). Diese können bedingen, daß gleiche Verhaltensweisen bei versch. Individuen sehr unterschiedl. zu beurteilen sind (↗ Homosexualität, ↗ Masturbation). Mo

Lit.: G. Barczay, Revolution der Moral? Die Wandlung der Sexualnormen als Frage an die evangelische Ethik (1967); H. Ringeling, Theologie u. Sexualität (²1968); W. Trillhaas, Sexualethik (1969); F. W. Menne, Kirchl. Sexualethik gegen gesellschaftl. Realität (1971); E. Ell, Dynam. Sexualmoral (1972); St. H. Pfürtner, Moral — Was gilt heute noch? Erwägungen am Beispiel der Sexualmoral (1972); ders., Kirche u. Sexualität (1972); M. Sievernich, Sexualmoral ohne Norm (1972); Ph. Schmitz, Der christl. Beitrag zu einer Sexualmoral (1972).

Sexualität.
Unter biolog. Rücksicht ist S. die Aufgliederung einer Art in zwei Geschlechter, die der Vermehrung durch die Verschmelzung genetisch versch. Gameten dienen u. als männl. Samen u. weibl. Eier häufig in unterschiedl. Individuen vorhanden sind. Nicht jegl. Fortpflanzung v. Lebewesen ist jedoch an S. gebunden. Die weitverbreitete Scheidung in

zwei Geschlechter ist zur biolog. Arterhaltung also nicht unbedingt nötig u. somit wissenschaftl. letztlich unerklärlich (Buytendijk). Bei den Säugern sind f. die S. außer der Geschlechtsfunktion im eigentl. Sinne sog. sekundäre Geschlechtsmerkmale — Körpergröße, Reifungszeit u. -tempo, Behaarung, Fettpolsterung — typisch. Die S. wird durch die Keimdrüsen (Hoden, Ovarien) u. ihre Hormone gesteuert. Dazu kommen weitere endokrine Einflüsse durch die Schilddrüse, Thymusdrüse, Nebennieren u. v. a. die Hypophyse. Im darüberliegenden Zwischenhirn mit geschlechtsspezif. Prägung liegt ein Sexualzentrum, das als Leit- od. Schaltstelle dient.

Die S. des Menschen unterscheidet sich v. der der ↗ Tiere dadurch, daß sie durch ↗ Instinkte weniger festgelegt ist, sondern durch plastische, wenn auch gerichtete ↗ Anlagen gelenkt wird; diese unterliegen zwar hormonalen Einflüssen, werden aber auch in hohem Maße personal u. gesellschaftl. gesteuert. Beim Menschen einen „Elterninstinkt" im strikten Sinne anzunehmen, verbietet sich (Portmann). Es gibt aber offenbar leibesnahe angeborene Reaktionen, die als „Instinktresiduen v. Pflegeverhalten" (Claessens) bei ↗ Frauen vorhanden sind, beim ↗ Mann jedoch kaum. Die Abnahme instinktiver ↗ Fixierung der S. u. die gleichzeitige Zunahme differenzierter personal u. gesellschaftl. gesteuerter sex. Verhaltensweisen waren beim Menschen nötig im Interesse der Zeugung u. ↗ Erziehung eines quantitativ u. qualitativ wünschenswerten Nachwuchses sowie im Interesse der sex. ↗ Bedürfnisse der koexistierenden Menschen u. Geschlechter. Denn allein sie ist in der Lage, den zunehmenden komplexeren u. v. sich wandelnden kulturellen Verhältnissen abhängigen menschl. Bedürfnissen gerecht zu werden u. in diesem Rahmen der S. eine Funktion einzuräumen, die fixierte Instinkte (mit den ihnen entspr. starren Verhaltensweisen) nicht befriedigen können.

Eine personale Steuerung der S. setzt eine Durchbrechung ihrer instinktiven Fixierung u. ihre Formbarkeit durch die Kräfte der Vernunft, des ↗ Willens u. des Gemütes voraus. Dadurch wird ihre sinnl. Komponente in einen neuen Kontext gebracht, der ihre Wahrnehmungskraft umwandelt, aber nicht einengt, sondern erweitert. Die vielschichtige personale Steuerung der S. setzt weiterhin eine differenzierte Erfassung ihres Sinnes u. Zweckes voraus u. fordert gleichzeitig eine aktive Sinn- u. Zweckgebung, die ihrerseits v. den sich wandelnden Vorstellungen vom Sinn u. Zweck des Menschen abhängig ist. Das Sexualverhalten muß deshalb weithin gelernt werden, dazu ist nicht nur der Umgang mit den Erwachsenen, sondern v. a. mit Altersgefährten unumgänglich (wie auf tierischer Ebene z. B. auch die Erfahrungen mit isolierten Affen nahelegen).

Tatsächlich gestattet die menschl. S. außer der Zeugung die persönl. gestaltete u. nicht bloß die instinktiv festgelegte Triebbefriedigung u. v. a. die Aufnahme einer einzigartigen personalen ↗ Kommunikation, die den Zugang zu einem ganzheitl. Erleben des ↗ Du eröffnet. Sie erlaubt darüber hinaus, sich selbst in seiner ↗ Leiblichkeit intensiv u. lustvoll zu erfahren u. aus sich herauszukommen zur ↗ Ekstase. Sie ist somit ein Antrieb zu einer ↗ Sozialisation, bei der die eigene Befriedigung im Eingehen auf den anderen gesucht wird, eine Möglichkeit zu einer die Paarbeziehung übersteigenden Fruchtbarkeit auch im geistiggemüthaften Sinn sowie eine Fähigkeit zu einer den Geschlechtern vorbehaltenen Fremd- u. Selbsterkenntnis.

Die Plastizität der menschl. S. macht es verständlich, daß der S. u. ihren unterschiedl. Ausprägungen in den versch. Kulturen u. bis zu einem gewissen Grade v. den in diesen Kulturen lebenden Einzelmenschen tw. ein recht unterschiedl. Sinn u. eine andersartige Bedeutung beigemessen wird, wie es die Psychologie, Soziologie, Ethnologie usw. aufzeigen. So kommt es auch, daß die Geschlechterrollen in den versch. Kulturen außerordentlich stark variieren u. best. Verhaltensweisen in einer ↗ Gesellschaft als männlich gelten, die in einer anderen gerade als weiblich angesehen werden. Nach jüd.-christl. Auffassung hat die S. den Sinn, menschl. Vielfalt in ihrer Verwiesenheit aufeinander in spezif. Weise so zur Geltung zu bringen, daß sie in den Dienst menschl. Einheit durch Respektierung u. Förderung personaler Vielheit u. Einzigkeit gestellt wird (Gen 2, 18.21—24). So kann menschl. Vollkommenheit reichhaltiger verwirklicht werden, als das beim Fehlen geschlechtl. Differenzierung mit den aus ihr sich ergebenden Möglichkeiten menschl. ↗ Selbstverwirklichung sowie der Förderung der Geschlechtspartner u. des Nachwuchses möglich wäre.

So bestimmt die S. den Menschen in allen Dimensionen seiner leibl.-geist. Individual- u. Sozialnatur v. Grund auf u. verbietet eine dualist. Trennung v. sex. best. Leiblichkeit u. sex. unbeeinflußter Geistigkeit (↗ Geist) des Menschen. Folglich ist jegliche der S. nicht Rechnung tragende Betrachtung des Menschen in beträchtl. Umfang abstrakt u. entspr. in Gefahr, den Besonderheiten der Geschlechter u. Individuen nicht gerecht zu werden. Falsche Deutungen der S. können sich entspr. nachteilig f. die Selbstverwirklichungsmöglichkeiten der davon Betroffenen auswirken. Sie sind auch in das Christentum weit eingedrungen, u. zw. durch die unkrit. Übernahme gnost. u. dualist. phil. Strömungen — wie ↗ Manichäismus u. Stoizismus —, biolog.-psych. Irrtümer — bes. über die Frau — sowie durch die Anpassung an v. a. den Mann einseitig begünstigende soziale Verhältnisse. Sie sind mitschuldig an heute weit verbreiteten Formen sex. Verirrung u. Verwilderung.

Zur Vermeidung solcher Fehlformen sind eine Neubesinnung auf den Sinn u. Zweck der S. u. eine entspr. Neubestimmung der Geschlechterrollen vordringlich. Sie müssen die personale Bedeutsamkeit der S. besser berücksichtigen u. bei der Bestimmung der Geschlechterrollen davon ausgehen, daß ein festgelegtes Rollenverhalten (↗ Rolle) nur insoweit nötig ist, wie es der gleichberechtigten Entfaltung der Geschlechter u. des Nachwuchses in einer best. Gesellschaft dient. Das gilt umso mehr, als der Mensch über seine S. zwar in viel weiterem Umfange als das Tier, aber doch nur begrenzt verfügen kann u. der ↗ Trieb wegen seiner Stärke bei der personalen ↗ Integration erhebl. Schwierigkeiten bereitet. Die S. ist dementspr. auf eine bes. ↗ Sexualpädagogik u. auf eine Normierung durch die ↗ Sexualethik verwiesen.

Waldemar Molinski

Lit.: H. Schelsky, Soziologie der Sexualität (1955); H. Giese (Hsg.), Psychopathologie der Sexualität (1962); P. Ricoeur u. 30 andere Spezialisten, Sexualität (1963); F. F. v. Gagern, Vom Wesen menschl. Geschlechtlichkeit (1966); A. Auer/G. Teichtweier/H. u. B. Strätling, Der Mensch u. seine Geschlechtlichkeit (1967); C. S. Ford u. F. A. Beach, Formen der Sexualität. Das Sexualverhalten bei Mensch u. Tier (1968); (amerikan. 1951); H. Giese (Hsg.), Die Sexualität des Menschen (²1968); H. Ringeling, Theologie u. Sexualität (²1969); H. Erharter u. H. J. Schramm, Humanisierte Sexualität — Partnerschaftliche Ehe — Erfüllte Ehelosigkeit (1971); L. Keupp, Aggressivität u. Sexualität (1971); D. Savramis, Religion u. Sexualität (1972).

Sexualpädagogik. 1. Da die menschl. ↗ Sexualität in beachtl. Umfange instinktiv nicht fixiert ist u. das sex. ↗ Verhalten sich infolgedessen durch eine hohe „Variabilität u. Plastizität angeborener Anlagen u. Verhaltenstendenzen" (Schelsky) auszeichnet, steht der Mensch unter einem „Lernzwang", „durch den ein Individuum, das mit einer enormen Variationsbreite v. ↗ Verhaltens-Möglichkeiten geboren wird, zur Ausbildung seines faktischen, weit enger begrenzten Verhaltens geführt wird — wobei die Grenzen des üblichen u. akzeptablen Verhaltens durch die ↗ Normen der ↗ Gruppe, der es angehört, bestimmt werden" (I. L. Child). Die S. steht dementspr. vor der Aufgabe, die Vorstellungen der Erziehenden vom Sinn u. Zweck der Sexualität u. v. der das sex. Verhalten motivierenden u. normierenden ↗ Sexualethik den zu Erziehenden derartig zu vermitteln, daß diese in die Lage versetzt werden, ihre Sexualität entspr. ihren eigenen Fähigkeiten u. ↗ Bedürfnissen in dem Maße zu gestalten, wie das mit den Fähigkeiten u. Bedürfnissen der koexistierenden Menschen vereinbar ist. Zu diesem Zwecke müssen sie befähigt werden, die v. der ↗ Gesellschaft an sie herangetragenen Vorstellungen, Wertungen u. Ansprüche über die Sexualität u. das sex. Verhalten in dem Maße nicht zu akzeptieren, wie diese irrational, unwertig u. un-

gerecht sind, u. sie stattdessen zu reformieren, zu modifizieren u. zu innovieren. —
2. Eine solche S. kann nur gelingen, wenn sie den Heranwachsenden die zu vermittelnden Vorstellungen, Wertungen, Affekte u. Motive in einer ihren anthropogenen Voraussetzungen entspr. Weise zur Geltung bringt. Sie muß zu diesem Zwecke auf die unterschiedl. triebdynam. Voraussetzungen Rücksicht nehmen, die v. der psychosomat. ↗ Konstitution abhängen; ebenso muß sie auf die entwicklungspsych. Gegebenheiten des sex. Reifungsprozesses achten u. die sozio-kulturellen Gegebenheiten bedenken, die z. B. bei sozial schwachen Schichten (↗ Klasse, soziale) auch im Bereich der Sexualität erheblich v. denen der Oberschichten abweichen. Da die Sexualität den Menschen in all seinen körperl., seel., gemüthaft., geist. Schichten u. in seiner individ. wie sozialen Dimension prägt, muß die S. den Menschen in all diesen Bereichen zu treffen u. zu prägen versuchen. Sie darf sich deshalb weder auf biolog. Aufklärung noch auf Rollenzuweisung u. -einübung noch auf Kultivierung der Affekte noch auf die sittl. Unterweisung u. Beanspruchung usw. beschränken, sondern sie muß alle diese versch. Teilaufgaben in ausgewogener u. aufeinander abgestimmter Weise wahrnehmen. —
3. Das bedeutet, daß die Sexualerziehung nicht nur Aufgabe der Eltern sein darf, sondern Schule, außerschul. Jugendarbeit, ↗ Gesundheitswesen, ↗ Kirche u. Staat usw. haben f. sie, entspr. ihren bes. Aufgaben u. Möglichkeiten sowie Grenzen, auch ↗ Verantwortung zu übernehmen. Sie tun das dann innerhalb ihres Bereiches jeweils kraft ihrer eigenen Kompetenz, können ihr jeweiliges Ziel aber nur in möglichst gut abgestimmter Kooperation mit den anderen Erziehungsträgern erreichen, unter denen die Eltern wegen ihrer unersetzlichen Aufgaben im Dienste der Basal-↗Sozialisation eine hervorragende Bedeutung haben. Weil die Sexualität den ganzen Menschen prägt u. all sein Tun mitbestimmt, sollte die S. nicht zunächst als eigenständige päd. Aufgabe neben anderen gesehen werden, sondern als alle wichtigen Teilbereiche der Pädagogik mitbetreffende Disziplin. Sie sollte deshalb die gesamte Pädagogik als durchgängiges Prinzip mitbestimmen u. dennoch auch einer eigenständigen Reflexion u. Weiterentwicklung unterworfen werden, weil man nur so ihrer Bedeutsamkeit innerhalb des gesamten Erziehungsprozesses hinreichend gerecht werden kann. Das gilt umso mehr, als bei den Erziehern ein wünschenswert ausgewogenes Verhältnis zur Sexualität u. erst recht die Fähigkeit, die angegebenen Ziele der S. angemessen zu vermitteln, im allgem. nicht vorausgesetzt werden kann. Vordringl. Aufgabe der S. ist deshalb auch die Aus- u. Fortbildung der Erzieher. —
4. Der Erfolg der S. hängt schließlich inhaltl. davon ab, welche Vorstellungen vom Sinn u. Zweck der Sexualität vermittelt u. welche ↗ Einstellungen u. Verhaltensweisen ihr gegenüber gefördert werden. Die christl. S. sieht sich zunehmend vor die Tatsache gestellt, daß sie sich mit konkurrierenden sexualpäd. Konzepten auseinandersetzen muß, die v. ihr selbst vernachlässigte Gesichtspunkte der S. zur Geltung bringen bzw. in Gefahr sind, die personale Bedeutsamkeit der sex. ↗ Kommunikation in dieser od. jener Weise zu verkürzen. So vertritt A. Comfort der Auffassung: „Du sollst die Gefühle eines Menschen nicht rücksichtslos ausbeuten u. ihn [nicht] mutwillig enttäuschenden Gefahren aussetzen. Du sollst unter keinen Umständen fahrlässig die Zeugung eines unerwünschten Kindes riskieren". Das ist aber eine Kurzformel, die nicht genügend zur Geltung bringt, daß sex. Betätigung nach ihrer Eignung, als ↗ Sprache der ↗ Liebe zu dienen u. verstanden zu werden, zu deuten u. zu bewerten ist. H. Kentler sagt, Grundlage u. Richtschnur aller S. habe die Einsicht zu sein, „daß das augenblickl. ↗ Glück des Heranwachsenden nicht einem künftigen aufgeopfert werden darf". Man muß jedoch ebenso bedenken, daß das zukünftige ↗ Glück nicht durch das gegenwärtige verspielt werden darf. W. Reich u. H. Marcuse vertreten die These, daß stetige sex. ↗ Frustration den besten Untertanen produziere u. S. folglich hauptsächl. das

Ziel der Befreiung des Menschen aus polit. ↗ Abhängigkeit habe u. zu diesem Zwecke die sex. Praxis affektiv bejahen u. fördern müsse. Man muß aber ebenso betonen, daß gerade durch hemmungslose sex. Betätigung vielfach unwürdige ↗ Abhängigkeit geschaffen u. ↗ Ausbeutung betrieben wird. — Die christl. S. ihrerseits ging früher v. der Vorstellung aus, daß Sexualität nur — u. dazu noch in ziemlich begrenzter Weise — in der ↗ Ehe aktualisiert werden dürfe u. daß die S. folglich bis zum Eheabschluß vom Ideal völliger sex. ↗ Enthaltsamkeit bestimmt sein müsse. Heute aber ist sie zunehmend aufgeschlossen dafür, daß ein personengerechtes sex. Verhalten in einem langen Reifungsprozeß schrittweise erlernt u. folglich ↗ Erotik u. gewisse Formen v. ↗ Geschlechtsbeziehungen schon vor der Ehe sinnvoll sind. Sie bemüht sich folglich darum, den Heranwachsenden eine zu ständiger Revision bereite u. f. sie verständl. ↗ Deutung vom Sinn u. Zweck der Sexualität anzubieten, f. sie geeignete Hilfen zur rationalen u. v. a. auch affektiven Bejahung des eigenen u. anderen Geschlechts sowie zur Aufnahme u. Verwirklichung sinnvoller Geschlechtsbeziehungen zu gewähren bzw. ihnen Motive zum Verzicht auf sex. Betätigung in Enthaltsamkeit, ↗ Jungfräulichkeit u. ↗ Zölibat zu vermitteln, sofern das im Interesse höherer od. vordringlicher ↗ Werte wünschenswert ist. Sie wird sich dabei an den Prinzipien der ↗ Sexualethik orientieren mit ihrem Bezug zu einem dynam. Leitbild der Ehe, demzufolge Geschlechtsgemeinschaft nur in der Ehe ihren unüberbietbaren Ausdruck finden kann. Waldemar Molinski

Lit.: M. Leist, Neue Wege der geschlechtlichen Erziehung (1968); Erziehung u. Sexualität, Beitr. v. F. Bauer, T. Brocher usw. (1968); H. Kentler u. a., Für eine Revision der Sexualpädagogik (1969); H. Scarbarth, Geschlechtserziehung, Motive, Aufgaben u. Wege (²1969); R. Affemann, Geschlechtlichkeit u. Geschlechtserziehung in der modernen Welt (1970); B. Strätling, Sexualethik u. Sexualerziehung (1970); R. Bleistein, Sexualerziehung zw. Tabu u. Ideologie (1971); K. Haun (Hsg.), Geschlechtserziehung heute (1971); B. Herrmann, Sexualerziehung im Religionsunterricht (1971); H. Stenger u. a., Gesellschaft-Geschlecht-Erziehung (1971); H. Hunger, Sexualpädagogik u. Sexualmoral (1972).

Sexual(psycho)pathologie. Störungen der Sexualfunktionen u. des Sexuallebens (↗ Sexualität) kommen bei zahlreichen psychischen Erkrankungen vor (bei ↗ Neurosen, ↗ Psychosen u. organ. Hirnkrankheiten). Im Bereich neurot. Erkrankungen können Störungen des Sexuallebens sowohl zu den Entstehungsbedingungen neurot. Syndrome gehören wie Ausdruck einer neurot. Fehlhaltung sein. Schließlich gibt es auch Varianten des Sexuallebens, die zwar nicht bestimmten ↗ Normen entsprechen, aber nicht schon als krankhaft bezeichnet werden können. Die Schwierigkeit der Frage, was im Sexualleben abnorm ist, gründet sich auf dem „Normalbegriff" (↗ Normalität), der weder vom Durchschnitt her abgeleitet, noch abstrakt bestimmt werden kann. Maßstäbe der Norm hängen v. soziokulturellen Gegebenheiten eines best. Kulturkreises u. einer best. Zeitepoche ab u. können damit keine Allgemeingültigkeit beanspruchen.

Störungen der Sexualfunktionen teilt man üblicherweise ein in Abweichung in bezug auf: 1. das Sexualobjekt, 2. das Sexualziel, 3. den Ablauf des Sexualaktes. — Da in unserem Kulturkreis der Erwachsene gegenüber seinem geschlechtl. Partner (zu dem eine enge seel. Bindung besteht) das normale *Sexualobjekt* darstellt, das *Sexualziel* neben der gegenseitigen Befriedigung die Vertiefung der seel. Bindungen zw. den Partnern (↗ Partnerschaft) u. die Zeugung v. Nachkommenschaft sein soll, u. dazu im *Ablauf des Sexualaktes* die Vereinigung der Genitalien bis zum gemeinsam erzielten ↗ Orgasmus erfolgt, kann jede Abweichung v. diesen Idealnormen als Störung der Sexualfunktion bezeichnet werden.

Im klin. Bereich zählt man zu den Abweichungen in bezug auf das *Sexualobjekt* die ↗ Masturbation, die ↗ Homosexualität, die ↗ Pädophilie, die Gerontophilie, die ↗ Nekrophilie u. schließlich die ↗ Zoophilie. Ferner sind dazu Störungen zu zählen, bei denen an Stelle der leibl.-seel. Einheit des Partners Teile des Körpers, aber auch Kleidungsstücke des Partners wie beim ↗ Fetischismus treten. — Zu den Abweichungen in bezug auf das *Sexualziel* werden gezählt: ↗ Sadismus,

↗ Masochismus, ↗ Exhibitionismus, ↗ Voyeur-tum, ↗ Transsexualität. — Abweichungen in bezug auf den *Ablauf der sex. Funktionen* werden als ↗ Potenz-Störungen bezeichnet. Beim ↗ Mann sind Potenzstörungen im engeren Sinn die Impotentia erectionis u. ejaculationis (↗ Impotenz). Oft handelt es sich dabei um eine relative Impotenz, wobei die Versteifung des Gliedes nicht gänzlich aufgehoben ist, sondern nur unvollständig od. unregelmäßig erfolgt od. zu kurz dauert. Nicht selten beruht die Erektionsschwäche auf einer gesteigerten Erwartungs-↗Angst (bes. bei unerfahrenen od. überarbeiteten Männern). Ähnlich können sich betonte Forderungen der ↗ Frau negativ auf die Sexualfunktion des Mannes auswirken. Dies tritt bes. dann ein, wenn ↗ Sexualität — wie dies heute durch die Sexualisierung u. populäre Aufklärung in den ↗ Kommunikationsmitteln der Fall ist — als ↗ Leistungs-Anspruch an den Mann erlebt wird (Orgasmuszwang, d. h. der Mann fühlt die Verpflichtung, bei der Frau einen ↗ Orgasmus herbeizuführen). Tiefere Gründe der Impotenz können nur psychoanalyt. abgeklärt werden u. gehen meist auf ungelöste infantile Bindungen an die ↗ Mutter u. eine damit verbundene ↗ Kastrationsangst zurück. So gibt es eine partnerabhängige Potenzstörung, die mit einem unbewußten Bild eines best. Frauentyps gekoppelt ist u. sich bes. bei der eigenen Ehepartnerin auswirkt (matrimonielle Impotenz). — Die Potenzstörung der Frau ist die ↗ Frigidität, die Unfähigkeit zur sex. Befriedigung u. ↗ Entspannung mit der Unfähigkeit, einen Orgasmus zu erleben (Anorgasmie). Die Frigidität kann bis zu einer vollen Ablehnung jeder geschlechtl. Betätigung (Sexualabwehr) mit Ekel vor dem Sexualakt gehen. In manchen Fällen zeigt sich die Abwehr auch in einer muskulären Verspannung der Dammuskulatur, die das Eindringen des Penis verhindert (Vaginismus). Zahlreiche Unterleibsbeschwerden der Frau, bei denen es im Rahmen des Koitus zu Schmerzen kommt, sind ebenfalls larvierte Formen einer Sexualabwehr (↗ Abwehrmechanismen). Dies geht vielfach auch darauf zurück, daß die sex. Erlebnisfähigkeit der ↗ Frau in höherem Maße als beim ↗ Mann an die Zuwendung u. Zärtlichkeit des Partners gebunden ist (↗ Erotik) u. die Frau daher ↗ Geschlechtsbeziehungen, bei denen sie sich nur als Sexualobjekt erlebt, unbewußt ablehnt.

Erich Pakesch

Lit.: H. Schelsky, Soziologie der Sexualität (1955); H. Giese, Psychopathologie der Sexualität (1959—1969); M. Boss, Sinn u. Gehalt der sex. Perversionen (1966); W. Bräutigam, Formen der Homosexualität (1967); H. Giese, Die sex. Perversionen (1967); G. Kockolt/F. Dittmar, Verhaltenstherapie sex. Störungen: Diagnostik u. Behandlungsmethoden, in: Nervenarzt 44 (1973) 173—83.

Sicherung, soziale. S. S. kann als das Ergebnis einer Vielzahl v. Maßnahmen der ↗ *Sozialpolitik* verstanden werden. Die ersten Grundforderungen zur Erreichung der s. S. betrafen den Schutz der Lebenslage vor Verschlechterung u. später die kontinuierl. Verbesserung der bestehenden Lebenslage (↗ Daseinsvorsorge). Die Notwendigkeit s. S. ergab sich aus der typ. gesellschaftl. Strukturwandlungen (z. B. ↗ Großfamilie — Kleinfamilie), die im Verlaufe der Entwicklung der modernen Industriegesellschaft — auch weiterhin — auftreten. Erste Folge der Entwicklung v. ↗ Technik, ↗ Industrialisierung, Bevölkerungsbewegung u. sozialem Wandel war die Bildung eines sozial völlig ungesicherten Industrieproletariats. Zur s. S. dieses sich ständig vergrößernden Personenkreises erfolgten die versch. *Sozialgesetzgebungen* in den einzelnen Industrieländern. Der Katalog der s. S.s-Leistungen umfaßt gegenwärtig im allgem.: Mutterschafts- u. Kinderbeihilfen, medizin. Leistungen bei Erkrankung, Invalidität, Arbeitsunfall, Mutterschaft; Leistungen im Bereich der öffentl. Gesundheitspflege, Unterhaltsleistungen bei Arbeitsunfähigkeit durch Erkrankung, Invalidität u. Arbeitsunfall, bei Arbeitslosigkeit, Altersversorgungsleistungen, Sterbegeld u. Hinterbliebenenversorgung. Die Gestaltungsprinzipien der s. S. sind Fürsorge-, Versicherungs- u. Versorgungsprinzip. Nach dem *Fürsorgeprinzip* wird Unterhaltsbeihilfe nur bei behördl. bestätigter Bedürftigkeit gewährt (Ermessensfreiheit). Die Leistungen werden aus öffentl. Mitteln erbracht. Das *Versicherungsprinzip* sichert dem Versicherten im Risikofall feststehende Geldleistungen, das Anrecht erwächst aus Beitragsleistungen. Die *Sozialversicherung* hat f. Erwerbstätige Zwangscharakter, der Beitrag wird über die Steuermatrix vom Lohn/Gehalt abgezogen. Der Arbeitgeberanteil od. staatl. Zuschüsse zur Sozialversicherung sind als Ersatz f. nichtgezahlten Lohn zu verstehen. Nach dem *Versorgungsprinzip* hat der Bedürftige einen Rechtsanspruch gegenüber dem Staat auf festgelegte Bezüge ohne eigene Beitragsleistung, die Versorgungskosten werden durch Steuern aufgebracht. Diese drei Gestaltungsprinzipien sind heute meist kombiniert in Anwendung; zunehmend liegt der Akzent auf Leistungen nach dem Versorgungsprinzip.

S. S. erfuhr eine bes. Ausprägung unter dem Begriff der sozialen Sicherheit — Social Security — in der Zeit nach der Weltwirtschaftskrise im internat. Rahmen derart, daß programmatisch die kollektive ↗ Verantwortung f. individ. Not betont wurde: Die gesellschaftl. Entwicklungen, die dem Zugriff des einzelnen entzogen sind, wurden als Entstehungsgrund individ. Notlage identifiziert; aus dieser Einsicht leitete man die Forderung nach ausreichender gesellschaftl. Hilfestellung ab. Die expansive Tendenz s. S.ssysteme in der modernen Industriegesellschaft bedingt eine zunehmende volkswirtschaftl. Belastung ohne Gewähr ausreichender Versorgung (↗ Gesellschaft). Wie f. alle im Rahmen v. *Gesellschaftspolitik* ergriffenen Maßnahmen gilt auch hier die Notwendigkeit der Kontrolle ihrer Wirksamkeit. Effizienzkontrolle soll die Ermittlung v. „Defekten" im s. S.ssystem ermöglichen, um sowohl den tatsächl. bedürftigen Personenkreis möglichst vollständig zu erfassen u. zu versorgen als auch die Empfänger(-gruppen) nicht mehr benötigter Sicherungsleistungen zu identifizieren. Wenn man ausreichend sicher feststellen könnte, daß die Leistung v. Sozialsubventionen an best. Empfänger(-gruppen) sachlich — nämlich sozial sichernd im speziellen Fall — überholt ist, dann wäre die parasitäre Teilhabe v. Interessengruppen am gesamtgesellschaftl. „Reichtum" korrigierbar u. das s. S.ssystem insgesamt leistungsfähiger. Widerstand v. Interessengruppen gegen den Verlust v. Privilegien sollte die Bemühungen um einen derartigen Demokratisierungsprozeß nicht beeinträchtigen. Die verstärkte Erweiterung der s. S.sleistungen um präventiv wirksame Maßnahmen (vgl. z. B. Erziehungswesen, ↗ Erwachsenenbildung) würde diesen Prozeß ergänzen. Fri

Lit.: F.-X. Kaufmann, Sicherheit (1970); R. K. Schicke, Arzt u. Gesundheitsversorgung im gesellschaftl. Sicherungssystem (1971); D. Schäfer, Soziale Schäden, soziale Kosten u. soziale Sicherung (1972).

Sicherungsbedürfnis. S. entsteht aus dem Unbehagen des einzelnen od. v. ↗ Gruppen an gegenwärtigen ↗ Gesellschafts-Strukturen. Viele stehen den Ergebnissen der modernen Wissenschaften vom Menschen trotz deren Popularisierung in einer Aufklärungswelle ratlos gegenüber. Im Gegensatz zu den raschen Umstellungen in den realen Lebenbedingungen kommt dem emotionalen menschl. Bereich eine größere Beharrungstendenz zu. Daraus entstehende Spannungen sollen durch ein starkes Angebot an „gesicherter Realität" vermindert werden. Es gibt aber keine präzise Verhaltenstechnologie zur Regulierung der menschl. ↗ Natur u. Ausschaltung v. Bedrohungen der realen Existenz. Mit dem Abbau v. ↗ Tabus verlieren ursprüngl. ↗ Normen der menschl. ↗ Verhaltens-Steuerung an Wirkung. Eine „Geborgenheit im Geistigen" ist schwerer definierbar geworden u. bei ungenügender ↗ Kommunikation nicht zu vermitteln. Die starke inhaltl. Verschiebung der ↗ Leitbilder einzelner Generationen erschweren in unserer Epoche eine vernünftige Abwandlung der ↗ Generationskonflikte. Daraus entstehen ↗ Identitätskrisen u. Selbstwertmängel bes. der ↗ Jugend, die u. a. Bedingungen des Rauschgiftphänomens sind. Auch dieses kann als ein Versuch, mittels ↗ Drogen in neue Seinszustände der Geborgenheit zu „verreisen", interpretiert werden. Vorbildkomponente bei Erwachsenen, die eigene ↗ Angst u. Unsicherheit ebenfalls durch Medikamente zu vermindern trachten.

Hier manifestiert sich die Krise der menschl. Begegnung u. des ↗ Gespräches. Man trachtet, der tatsächl. od. vermeintl. Bedrohung durch materiellen Schutz zu begegnen. Entwicklung v. ↗ Neurosen, deren ↗ Abwehrmechanismen auch f. die Verarbeitung frustrierten S.s eingesetzt werden können. Psychiatr. Hilfe wird häufig gesucht, ist jedoch nicht immer allein zuständig, wenn es sich um existentielle Probleme handelt. Das ↗ Arzt—Patienten—Verhältnis erleichtert den Aufbau zwischenmenschl. Beziehungen. Im Bereich der Religionen, f. die hier spez. Zuständigkeit gegeben sein kann, kompliziert sich die menschl. Begegnung durch die in den Glaubenskrisen verschärft zum Ausdruck kommenden Kommunikationsverluste des modernen Menschen. Reformen in der ↗ Prakt. Theologie sollten nicht nur den seelsorgerl. Einsatz wirkungsvoller gestalten, sondern das Aufkommen übersteigerter S.e vorbeugend verhindern. Angebotene Befriedigungsmöglichkeiten des S.s sollen als mögliche Substitution oder Rationalisierung existentieller Leere u. Verlangen nach ↗ Lebenssinn in Zweifel gezogen werden. Sl

Lit.: K. Jaspers, Chiffren der Transzendenz, hsg. v. H. Sauer, Serie Piper Nr. 7 (1970).

Sinnestäuschung. S.n sind, weit gefaßt, alle sinnenhaften Empfindungen bzw. Wahrnehmungen versch. Sinne, deren subj. ↗ Erfahrungs-Charakter mit realen, obj. Reizgegebenheiten nicht übereinstimmt. S.n lassen sich grob in zwei Gruppen einteilen: 1. Subj. wahrgenommene Objekte sind in der Realität überhaupt nicht vorhanden, so z. B. bei opt. od. akust. ↗ Halluzinationen, beim Auffüllen v. Lücken innerhalb perzipierter Objekte, beim Wahrnehmen v. Scheinbewegungen (autokinet. Phänomen), bei Prozessen der sozialen Wahrnehmung. 2. Obj. Reizgegebenheiten der Außenwelt besitzen auf der Perzeptionsebene keine volle Deckungsgleichheit, sondern erfahren eine mehr od. minder starke subj. Abwandlung (durch Prozesse der Selektion, Akzentuierung, ↗ Fixierung, Gestaltung u. Organisation). Hierher gehören die aus der Sinnesphysiologie u. Wahrnehmungspsychologie stammenden figuralen (opt.) Täuschungen, die versch. Kontrasteffekte sowie das Phänomen des Bewegungssehens statt der in Wirklichkeit stattfindenden Sukzession einzelner stat. Bilder (Stroboskop, Kino). Auch hier ist auf Ergebnisse der sozialpsych. ↗ Forschung (social perception, person perception), also Erscheinungen, die v. a. durch motivationale bzw. emotionale Faktoren bedingt sind, hinzuweisen. Allgem. beruhen alle Täuschungserlebnisse auf peripheren (Aufnahmekapazität) u./od. zentralnervösen (Leitung u. Verarbeitung) Bedingungen. Mit Ausnahme ausgesprochen patholog. Phänomene (z. B. bei Halluzinationen) sind die S.n innerhalb eines gewissen Toleranzbereiches als durchaus normal anzusehen. Zur Erklärung bieten sich versch. Theorien an, v. denen jedoch keine eine völlig überzeugende Erklärungsbasis hat. Die figuralen Täuschungen besitzen auch eine psychodiagnost. Bedeutsamkeit. So erweisen sich hohe Täuschungswerte als symptomatisch f. eidetische Veranlagung, Labilität der Wahrnehmungsstruktur sowie integrierten Erlebnisablauf. Diagnost. anwendbar sind Wahrnehmungsvorlagen, die S.n provozieren bei Glaubwürdigkeits- u. Zeugnistüchtigkeitsuntersuchungen sowie bei Eignungsuntersuchungen f. Berufe, die exaktes, obj. Wahrnehmen verlangen.

Ar/Klr

Lit.: G. Bäumler, Das Bewegungssehen, in: Pauli & Arnold: Bd. I. S. 153—188; W. Metzger, Gesetze des Sehens (²1953); E. Rausch, Probleme der Metrik, in: W. Metzger, (Hrsg.): Handb. der Psychol. Bd. 1, 1. Halbbd. (1966), 776—865; R. Pauli & W. Arnold, Psychologisches Praktikum Bd. I: Experimentelles Praktikum (⁷1972); D. Pfau & P. Jankowski, Social Perception, in: Pauli & Arnold (⁷1972), Bd. I. S. 189—201.

Sittlichkeit. a) Die S. ist f. den Menschen *objektiv* gleichzeitig eine Regel des Müssens, der er mit innerer Notwendigkeit folgt, u. eine Regel des Sollens, an die er seinen ↗ Willen aufgrund freier ↗ Entscheidung bindet, — freilich unter versch. Rücksicht. Die S. ist also keine Regel des Müssens, der die ihr Unterworfenen mit der inneren Notwendigkeit eines Naturgesetzes folgen müssen, sie ist auch keine v. außen auferlegte gesetzl. Regel des Sollens, an welche die ihr Unterworfenen nach dem Willen des Gesetzgebers ihr freies Handeln binden; der freie Wille der solchermaßen Verpflichteten ist diesem positiven Gesetz nicht unmittelbar mit innerer Notwendigkeit unterworfen, sondern aufgrund eigener freier Entscheidung od. aufgrund äußeren ↗ Zwanges. Die S. verknüpft vielmehr die Seinsvollkommenheiten beider Arten v. Regeln: Naturentsprechung u. freie Selbstbestimmung. Denn einerseits ist der Mensch den Ansprüchen der S., insofern er effektiv sittl. handelt, mit innerer Notwendigkeit unterworfen, da sittl. Handeln nur unter der Voraussetzung möglich ist, daß etwas in dieser od. jener Weise als obj. u. absolut gesollt erkannt wird, also als das, zu dem man frei Stellung nehmen muß. Durch die S. ist der Mensch so an eine das freie Leben in ↗ Individualität u. ↗ Gemeinschaft erst ermöglichende Ordnung gebunden, deren Anspruch den zur Vernunft Erwachten zur ↗ Anerkennung zwingt. Andererseits muß er zu diesem notwendig anerkannten Sollensanspruch insofern frei Stellung nehmen, als er selbst frei entscheiden muß, ob er seine ↗ Freiheit an den erkannten Sollensanspruch binden od. ihm zuwider handeln will. Er muß sich also zu der Ordnung, an die er gebunden ist, selbst entscheiden u. sie somit frei anerkennen.

Das Problem der S. besteht demnach darin, wie der Mensch zu der Einsicht der Ordnung gelangt, die ein freies u. verantwortl. Leben in Individualität u. Sozialität erst ermöglicht, u. wie er dazu bewegt werden kann, dieser Ordnung entspr. zu handeln. Das ist ein Problem, weil der instinktiv nicht fixierte Mensch vielerlei teils sich widersprechende ↗ Bedürfnisse u. Fähigkeiten hat u. diese in Übereinstimmung bringen muß mit den Bedürfnissen u. Fähigkeiten seiner Individualität als solcher, wie auch mit den Bedürfnissen u. Fähigkeiten seiner Mitmenschen. S. kommt demnach soweit zustande, wie jemand in der Lage ist, ↗ Verantwortung sich selbst u. den Mitmenschen gegenüber zu übernehmen. Sie besteht *subjektiv* in der Fähigkeit zu verantwortl. Selbstbestimmung in Antwort u. ↗ Dialog mit den an ihn herantretenden Ansprüchen zur ↗ Selbstverwirklichung der Mitmenschen (↗ Mitmenschlichkeit). —

b) Die Frage, was die S. erfordert, stellt sich dem Menschen allerdings nie bloß theoret., er wird vielmehr zuerst immer prakt. mit einem ↗ Konflikt zw. den eigenen Bedürfnissen sowie mit einem Konflikt zw. seinen eigenen Bedürfnissen u. den Sollensansprüchen seiner Eltern u. der Mitwelt konfrontiert, also mit der Sitte, die gleichzeitig — wenigstens tw. — durch soziale Sanktionen durchzusetzen versucht wird; diese sind tw. wiederum im Recht verankert. Angesichts dieser Konfliktsituation stellt sich jeder Mensch mehr od. weniger ausdrücklich, mehr od. weniger begrenzt od. radikal die Frage, inwieweit er seinen eigenen Bedürfnissen u. inwieweit er den Ansprüchen seiner Mitmenschen folgen soll. Insoweit er diesen Bedürfnissen u. Ansprüchen bloß spontan u. unreflektiert Folge leistet, handelt er noch nicht sittlich. Soweit er diese individ. u. sozialen Ansprüche aber an den v. ihm erkannten u. anerkannten Erfordernissen der Individualität u. Sozialität mißt u. folglich nach seinem ↗ Gewissen beurteilt, handelt er sittlich. Die Erkenntnis dessen, was der angemessenen Entfaltung der ↗ Person als solcher angesichts ihrer ↗ Abhängigkeit von u. Verwiesenheit auf die Mitmenschen u. letztlich v. a. auf Gott förderlich bzw. abträglich ist, hängt v. der Einsicht ab, in welche Zusammenhänge die Person gestellt ist u. welcher ↗ Wert der Erfüllung der Bedürfnisse der eigenen Person angesichts der Bedürfnisse der koexistierenden Mitmenschen einzuräumen ist. Diese Einsicht ist in vielerlei Hinsicht kulturell, geschichtl. u. individ. vermittelt. Das Bewußtwerden des Wertes der eigenen Person u. des Wertes der Ansprüche der Mitmenschen, durch den der absolute Sollenscharakter der S. unmittelbar begründet wird, hängt v. der Erfahrung des Geliebtwerdens u. der Sinnerfüllung durch ↗ Liebe-Schenken ab, die ihrerseits auch stets unvollkommen u. getrübt ist. Demnach wird der Anspruch der S. stets nur begrenzt, einseitig u. teilweise verzerrt erkannt u.

anerkannt. Die sittl. Verantwortlichkeit ihrerseits ist v. Person zu Person entsprechend der Entfaltung der Liebesfähigkeit verschieden. Daraus ergibt sich die Notwendigkeit, die S. beständig weiterzuentwickeln u. den einzelnen möglichst weitgehend in die Lage zu versetzen, ein Gewissen zu entfalten u. ihm entsprechend zu handeln.

c) Un-S. besteht demnach subj. stets in bewußter u. beabsichtigter Verweigerung v. Liebe u. obj. in tatsächl. der Liebe widersprechendem Verhalten. Un-S. bewirkt infolgedessen mit innerer Notwendigkeit menschl. Unglück, da sich auf diese Weise der Mensch in Widerspruch zu seiner ↗ Natur setzt. Dieser kann nur durch ↗ Bekehrung korrigiert werden, die nach christl. Auffassung als solche menschl. Tat gerade Gnade Gottes ist. Die Bekehrung ist aber auch schon aufgrund der menschl. Unvollkommenheit als ständiger Prozeß nötig. Dabei ist allerdings zu bedenken, daß nur gegen die ↗ Gerechtigkeit verstoßendes Verhalten in direktem Gegensatz zum sittl. guten Verhalten steht. Verstöße gegen sie sind demnach solche gegen grenzziehende Gebote. Bewußter u. beabsichtigter Verzicht auf die maximal mögliche Liebeshingabe aber stellt bloß einen sinnlosen Verzicht auf größere menschl. Selbsterfüllung dar, die dadurch jedoch nicht direkt zunichte gemacht wird. Dabei handelt es sich um Verstöße gegen Zielgebote, die wegen unserer Unvollkommenheit ohnehin nie vollkommen erfüllt werden können.

d) Die Bildung des sittl. ↗ Bewußtseins u. die Begründung der S. erfährt eine wesentl. Vertiefung u. erfolgt in letzter Konsequenz durch die Verankerung im ↗ Glauben an Gott als dem völlig rein u. selbstlos liebenden absoluten Garanten der S., der den Menschen nicht nur bedingungslos liebt u. zu einer grenzenlosen Liebe einlädt, sondern ihm gerade durch eine möglichst weitgehende Liebeshingabe des einzelnen an seine Mitmenschen u. durch sie u. darüber hinaus an Gott die absolute Erfüllung aller menschl. Bedürfnisse ermöglicht.

e) In der christl. S. bekommt die rel. Motivierung eine noch weiterreichende Konkretisierung u. Vertiefung; denn aufgrund des Glaubens an Christus u. die Bedeutsamkeit seines Tuns wird der Mensch sich nicht nur in qualitativ neuer Weise der alles Begreifen übersteigenden Liebe Gottes bewußt, sondern er bekommt durch die Glaubenserfahrung der ↗ Freundschaft mit Gott in Christus u. durch sie mit den Menschen, wie sie in der ↗ Schöpfung begründet, im AT vertieft u. im NT zur Vollendung gebracht wurde, u. durch die daraus resultierende Nachfolge u. Nachahmung Christi auch zusätzl. Impulse zu einer opferbereiten, frei u. glücklich machenden großmütigen Liebeshingabe, die dazu bereit ist, das Leben f. die Freunde hinzugeben, u. die auch vor der Feindesliebe nicht halt macht.

f) Da die christl. S. so eine stetig fortschreitende Humanisierung der individual- u. sozialethischen Beziehungen u. ihre Transzendierung in der Gottesfreundschaft anstrebt, kann sie auch in einen lebhaften ↗ Dialog mit allen humanistischen u. rel. — um S. bemühten — Kräften treten, v. diesen Hinweise zu ihrer eigenen Weiterentwicklung erhalten u. ihnen ihrerseits Anstöße geben.

Waldemar Molinski

Lit.: D. v. Hildebrand, Sittl. Grundhaltungen (1969); H. Kramer, Die sittl. Vorentscheidung (1970); H. Rotter, Strukturen sittl. Handelns (1970); D. Wyss, Strukturen der Moral (²1970); Th. Adorno, Minima Moralia (1971).

Sittlichkeitsverbrechen ↗ Sexualdelikte

Skrupulosität. S. (v. scrupulum = kleines Steinchen od. Gewicht) bedeutet Ängstlichkeit, Unruhe u. Zweifel hinsichtlich des eigenen rel.-sittl. Zustandes. S. im eigentl. Sinn ist eine ↗ Neurose mit zwanghaften Symptomen aufgrund tiefliegender ↗ Angst-Affekte. Typisch ist die ständige Eigenreflexion u. Selbstkontrolle, der Hang zur Übergewissenhaftigkeit u. ständigen Wiederholung v. ↗ Gebeten u. ↗ Beichten, das ausweglose Gefangensein in skrupulösen ↗ Konflikten. Obwohl der Kranke darum weiß, drängt sich dennoch der Skrupel mit Gewalt dem ↗ Bewußtsein auf u. läßt sich auch durch Willensanstrengung nicht vertreiben. Die große Sündenangst u. ein übertriebenes Schuldgefühl (↗ Schuld) beherrschen das gesamte Denken, Wollen u. Fühlen des Kranken. Charakteristisch f. den Skrupulanten sind ein wirklichkeitsfremder Perfektionismus, eine verkrampfte Ichbezogenheit, verbunden mit einem grenzenlosen ↗ Sicherungsbedürfnis, das jedes Risiko v. vornherein ausschließt. S. ist zunächst eine psychische Störung, die sich aber in der ↗ Religiosität besonders belastend auswirkt. V. der S. zu unterscheiden ist das berechtigterweise zweifelnde ↗ Gewissen; das zeitweise Erschrecktsein des Gewissens in Krisensituationen u. die sog. Kompensations-S., die auf einem geheimen langdauernden sittl. Versagen beruht u. eine Flucht in die S. darstellt. Häufige Formen der S. sind die ↗ Angst, in Gedankensünden eingewilligt zu haben, ungültig, d. h. ohne genügende ↗ Reue u. vollständiges Bekenntnis gebeichtet zu haben, unwürdig andere ↗ Sakramente empfangen zu haben, ständige Angst, Gebetsverpflichtungen od. sonstige Vorschriften nicht erfüllt zu haben. Auffällig ist die Unbelehrbarkeit, verkrampfte ↗ Frömmigkeit, Ratlosigkeit u. Entschlußunfähigkeit. Ursache der S. ist nicht geklärt, dürfte aber neben einer leibl.-seel. Konstitution auf frühkindl. ↗ Traumen durch eine lieblose strenge ↗ Erziehung, falsche Reinlichkeits- u. Schamerziehung zurückzuführen sein. Auch spätere ungünstige Einflüsse können eine latente S. auslösen od. eine vorhandene verstärken (Schule, rigorist. Katechese, falsche individ. ↗ Seelsorge). Die Behandlung soll immer eine psychotherapeut.-pastorale sein, da eine seelsorgl. Führung allein nicht zu den Ursachen vordringen kann. ↗ Zwangssymptom. Gg

Lit.: E. Ringel — W. van Lun, Die Tiefenpsychologie hilft dem Seelsorger (²1953). H. Stenger, S. in: LThK 9, 827 bis 829, (1964); W. Heinen, Begründung christl. Moral (1969).

Sodomie ↗ Zoophilie

Sonderschulen. S. sind schul. Einrichtungen f. ↗ Kinder u. Jugendliche mit körperl. od. geist. Behinderungen (↗ Geistesschwäche, ↗ Schwachsinn). Indem die Unterrichtsmethoden individ. den Fähigkeiten der ↗ Behinderten angepaßt werden, soll das f. die einzelnen Schüler mögl. Bildungsziel optimal erreicht werden. Oft bestehen neben den primären Behinderungen sekundäre Störungen, die durch Reaktionen der ↗ Umwelt auf die Behinderung verursacht wurden (↗ Neurose), so daß zusätzl. heilpäd. Maßnahmen (↗ Heilpädagogik), aber auch Hilfestellungen f. die Eltern (↗ Schule—Elternhaus) notwendig sind. Umstritten ist, ob weniger stark behinderte Kinder u. Jugendliche besser in S. od. in den üblichen schul. Einrichtungen zu fördern sind.

Sozialanthropologie. Im Schnittpunkt soziol. u. anthropolog. Fragestellungen ist S. eine Disziplin intra-kultureller (a) u. inter-kultureller Vergleiche (b) unter bes. Berücksichtigung biolog. u. sozialer Strukturen. Im Unterschied zu dem im amerikan.-engl. Sprachbereich vorherrschenden Begriff einer stärker ethnosoziol. ausgerichteten „social anthropology" befaßt sich (a) die intra-kulturell orientierte S. mit den Unterschieden v. Sozialgruppen (städt. u. ländl. Bevölkerung; seßhafte u. mobile ↗ Gruppen; Kriminelle u. Nichtkriminelle) u. den aus ihnen sich ergebenden kulturellen Transformations-, Assimilations- u. Erziehungsprozessen, die v. der älteren sozialanthropolog. Forschung u. a. auf den sozialdarwinistisch od. rassebiolog. interpretierten Vorgang v. „Selektion" (H. Spencer, E. Haeckel) od. „Auslese" bzw. „Ausmerze" zurückgeführt wurden. (Vgl. in diesem Zusammenhang den Begriff „Siebung" bei R. Thurnwald u. die Vorstellung vom „Kreislauf der Eliten" bei V. Pareto.) Zu den disziplinär nicht eindeutig abgegrenzten Gegenständen dieser Richtung sozialanthropolog. ↗ Forschung gehören u. a.: atavist. (Lombroso) od. konstitutionstyp. (Kretschmer) Erklärungen des Verbrechens; sozialanthropolog. Konstanten der ↗ Partner- (z. B. „Heiratsschranken") u. Berufswahl; soziograph. Modelle „horizontaler" u. „vertikaler ↗ Mobilität": Wanderungsvorgänge v. Bevölkerungsgruppen, Verstädterungsprozeß (↗ Urbanisierung), Probleme des sozialen Auf- u. Abstiegs. (b) Die den inter-kulturellen Vergleich thematisierende S., die als kulturphil. Betrachtung einst die Geschichte durch das biolog. Modell des „Aufblühens", „Wachsens" u. „Welkens" v. Völkern zu erklären versuchte (O. Spengler), berührt sich bei dem gegenwärtigen Stand der Forschung aufs engste mit den auf komparativen Analysen aufbauenden makrosoziol.-multivariablen „Theorien des sozialen Wandels" (Schwerpunkte: Soziale ↗ Integration; Nationenbildung; Probleme sozialer Mobilisierung u. Modernisierung). Gm

Lit.: F. Keiter, Art. „Sozialanthropologie", in: W. Ziegenfuß (Hsg.), Handbuch der Soziologie (1956) S. 247—289 (Lit.); W. Zapf (Hsg.), Theorien des sozialen Wandels (1969).

Sozialarbeit. Obwohl eine einheitl. Definition des Begriffs S. fehlt u. gerade in den letzten Jahren ein neuer, stark ideolog. gefärbter Streit um das Wesen v. S. eingesetzt hat, läßt sich S. ganz allgem. definieren als die Summe der Hilfsfunktionen, die v. versch. Hilfssystemen an einzelnen Hilfsbedürftigen od. Klientsystemen zum Zweck ihrer ↗ Anpassung an den jeweiligen Standard der materiellen u. psycho-sozialen Lebensbedingungen geleistet wird. Mit zunehmender gesellschaftl. Komplexität u. Differenzierung geht diese Hilfsfunktion, die ehemals ganz od. weitgehend in den Händen der ↗ Großfamilie lag, auf spezif. Hilfssysteme über. Dies waren über lange Epochen die sog. Armenpflege, die v. a. kirchl. Initiativen entsprang, bis ins 20. Jh. auch unter der Bezeichnung Wohlfahrt, Wohlfahrtspflege u. Fürsorge (in Deutschland v. a. v. den beiden Konfessionen in ihren Hilfswerken ↗ Caritas u. ↗ Innere Mission) geleistet wurde.
Bis ins 19. Jh. galt der Empfang solcher Hilfsleistungen weithin als diskriminierend (u. a. vom Wahlrecht ausschließend), erst im Zuge des modernen Rechtsbewußtseins entstand der Rechtsanspruch auf soziale Hilfe. Im Zuge dieses gewandelten Bewußtseins v. S. wird zunehmend auch der Staat zum Träger sozialer Hilfen, wobei gegenwärtig das Verhältnis v. öffentl. u. freier Trägerschaft in der BRD nach dem Prinzip der Subsidiarität geregelt ist (↗ Sicherung, soziale).
Neben dem äußeren Wandel läßt sich ein Wandel im Selbstverständnis v. S. — etwa seit Beginn dieses Jahrhunderts — ausmachen, der einerseits vom Wandel der zu beseitigenden Not, andererseits vom Wandel der Auffassungen über die Art der Hilfe bestimmt ist. Während lange Zeit die Linderung u. Beseitigung materieller Not im Vordergrund stand, werden heute als Quelle sozialer Not u. Abwegigkeit v. a. Defizite in der frühkindl. ↗ Sozialisation (Funktionsverlust der ↗ Familie) u. allgem. ein Defizit an gelungenen zwischenmenschl. Beziehungen angesehen. Die zu leistende Hilfe wird darum vorrangig als ↗ Erziehungs- u. ↗ Bildungs-Hilfe begriffen. Gleichzeitig taucht dabei die Frage nach adäquaten Hilfsmöglichkeiten auf, die einerseits zur Professionalisierung der Sozialarbeiter (Zunahme des Anteils v. hauptamtl. gegenüber ehrenamtl. Mitarbeitern), zur Verbesserung der Berufsausbildung u. zur Verwissenschaftlichung der berufl. Techniken u. Methoden führte. Zum anderen wirken gesellschaftspolit. u. ideolog. Kontroversen in diese Neuorientierung ein, indem z. B. die Praxis individ. Hilfe gegenüber dem Postulat der Veränderung gesellschaftl. Strukturen problematisiert wird, indem stärker präventive S. im Gegensatz zur therapeut. gefordert wird u. damit die Funktion v. S. in die Nähe v. ↗ Sozialpolitik gerät. Bezügl. des berufseth. Bewußtseins der in S. Tätigen deutet sich dabei ein Wandel an vom „Lückenbüßer der ↗ Gesellschaft" zum „change agent der Gesellschaft". Gleichwohl ist — unter dem Gesichtspunkt der Unfähigkeit der gegenwärtigen Sozialwissenschaften, sozialen Wandel theoret. zu antizipieren — weiterhin S. im Sinne der Linderung v. Notsituationen einzelner u. einzelner ↗ Gruppen notwendig, da diese Not in immer neuen Symptomen u. Formen auftritt u. niemals ganz v. gesetzgeber. u. sozialreformer. Maßnahmen eingeholt werden kann.

Parallel zu der vom gewandelten Rechtsbewußtsein angestoßenen Professionalisierung berufl. S. — u. sich damit wechselseitig bedingend — vollzieht sich, zunächst in Nordamerika, später in Europa, eine Ausprägung u. Entwicklung best.

Sozialarbeit

Methoden, die allgem. unter den Bezeichnungen „Soziale Einzelhilfe" (↗ casework), „Soziale Gruppenarbeit" (groupwork) u. „Gemeinwesenarbeit" (community organization / community development) bekannt sind u. je nach Diagnose des psycho-sozialen Problemstandes auf best. Klienten bzw. Klientensysteme od. aber kombiniert angewendet werden.

Wenn auch zeitl. nacheinander in der genannten Reihenfolge entstanden, wird diese Dreiteilung der Methoden heute methodolog. problematisiert, insofern einerseits nach *durchgängigen* method. Strukturen gesucht, andererseits die Wahl der Methode in ihrer Abhängigkeit v. den jeweiligen Wert-Präferenzen des Sozialarbeiters kritisch diskutiert wird (Problem der Beseitigung v. Ursachen anstelle des Kurierens an Symptomen). In diesem Zusammenhang gerät zunehmend die Notwendigkeit einer vierten Methode, der sog. „sozialen Planung" ins Blickfeld.

Gleichzeitig vollzieht sich eine ständige interne Weiterentwicklung der einzelnen Methoden unter dem Einfluß der versch. Basiswissenschaften der S.swissenschaft (Psychologie, ↗ Sozialpsychologie, Soziologie, Rechtswissenschaft, ↗ Sozialmedizin u. ä.), z. B. die Verbesserung der Methode „case work" unter dem Einfluß der angewandten Kleingruppenforschung u. ↗ Gruppendynamik.

Sofern die ↗ Kirche, zumal durch ↗ Caritas u. ä. Träger-Institutionen immer schon S. geleistet hat, war sie wesentl. an den Entwicklungen im Bereich des Sozialhilfewesens beteiligt. Daneben setzt sich mehr u. mehr das Bewußtsein durch, daß auch andere kirchl. u. pastorale Funktionen in ihrem Erscheinungsbild weitgehend identisch sind mit Funktionen moderner S. u. daß die Pastoral künftig zunehmend die in der S. entwickelten Methoden übernehmen muß. Dies betrifft auch die Frage der Ausbildung der ↗ Seelsorger u. anderer Mitarbeiter in der Kirche, aber auch die Frage der Anstellung v. professionellen Sozialarbeitern im Rahmen der Pastoral der Kirche.

Dennoch ist die Position v. S. innerhalb des kirchl. Heilsdienstes bei vielen Theologen umstritten. Trotz Aufbruchs eines Sozial-Katholizismus im 19. Jh. hat sich die Kluft zw. dem eigentl. „kirchl. Leben", das sich im kult. u. in einer nicht selten jüd.-atl. anmutenden Gesetzesbefolgung erstreckt, u. der caritativen Arbeit noch nicht geschlossen. Forderungen nach einer „Kirche der Armen bzw. der ↗ Armut", unter Verzicht auf eine organisierte S. bzw. Caritas, stellen zwar extreme Gegenpositionen, aber keine befriedigende Antworten dar. Fernerhin ist eine ↗ Integration v. kirchl. S. u. v. a. nach dem Ersten u. Zweiten Weltkrieg erneuerten Bildungsarbeit der Kirche noch nicht gelungen. Das gilt sowohl f. die verbandl. organisierte S. u. Bildungsarbeit, als auch f. die Ebene der christl. ↗ Gemeinde. Der hier anstehenden Integrationsaufgabe steht jene andere nicht nach, die einen Brückenschlag zw. S., Bildungsarbeit u. ↗ Gesellschaftspolitik zu schlagen hat. Verbindet man diese Einsichten mit dem neuen Selbstverständnis v. Kirche als „Zeichen u. Werkzeug der Einheit" (II. Vat.) u. der Zielsetzung kirchl. Weltdienstes, „zur Rettung der menschl. ↗ Person u. zum rechten Aufbau der menschl. Gesellschaft" beizutragen (II. Vat.), dann kann S. der Kirche heute eine progressive Lücke ausfüllen, die v. den oft einander widerstrebenden Kräften des wissenschaftl., techn., wirtschaftl. u. sozialen Fortschritts immer erneut gerissen wird u. den sozialen Fortschritt vielfach bereits in Frage stellt, wenn sich die Kirche der zuvor angedeuteten Erkenntnisse u. Entwicklungen innerhalb der S.swissenschaft nicht verschließt. Diese Lücke auszufüllen, hat nichts mit einer „Lückenbüßerfunktion" gemein, vielmehr bekäme das anspruchsvolle Wort v. der „Kirche als Lebensprinzip der menschl. Gesellschaft" (Pius XII.) realist. Perspektiven. Voraussetzung dazu wäre fernerhin, daß S. der Kirche u. der Christen nicht Randerscheinung, sondern existentieller Ausdruck christl. Lebensvollzugs u. kirchl. ↗ Selbstverwirklichung sind. Wilhelm Dreier

Lit.: H. Lattke, Soziale Arbeit u. Erziehung (1955); ders., Sozialpädagogische Gruppenarbeit (1962); W. Bäuerle, Sozialarbeit u. Gesellschaft (1967); W. A. Friedländer/H. Pfaffenberger Grundbegriffe u. Methoden der Sozialarbeit (1967);

K. Mollenhauer (Hrsg.), Zur Bestimmung der Sozialpädagogik u. der Sozialarbeit in der Gegenwart (1967); F. Biestek, Wesen u. Grundsätze in der sozialen Einzelhilfe (1968); G. Konopka, Soziale Gruppenarbeit: ein helfender Prozeß (1968); H. Peters, Moderne Fürsorge u. ihre Legitimation (1968); M. B. Ross, Gemeinwesen—Arbeit (1968); S. Bernstein/L. Lowy, Untersuchungen zur Sozialen Gruppenarbeit (1969); W. Dreier (Hsg.), Über Ziel u. Methoden der Sozialarbeit (1970); ders., Sozialarbeit — Lückenbüßer der Leistungsgesellschaft? als Ms. hsg. vom Generalsekretariat des Deutschen Caritasverbandes (1972); H. Tuggener, Social Work (1971).

Sozialdienste, kirchl. 1. Unter k. S.n wird hier nicht verstanden, was der einzelne Christ im privaten Bereich seiner Existenz aus dem ↗ Glauben heraus an Hilfe im Rahmen der zwischenmenschl. Beziehungen leistet. Mit k. S.n ist vielmehr jene institutionalisierte Hilfe f. alle Hilfebedürftigen in unserer ↗ Gesellschaft gemeint, die v. den ↗ Kirchen u. den v. ihr anerkannten Institutionen, dem Caritas-Verband u. dem Diakon. Werk (früher ↗ Innere Mission) geleistet werden. Die k. S. beider Konfessionen sind in der Überzeugung begründet, daß Glauben u. Handeln, ↗ Verkündigung u. tätige Weitergabe der ↗ Liebe Christi jeweils wie die zwei Seiten einer Medaille zusammengehören. ↗ Caritas u. ↗ Diakonie verstehen sich daher als die „Grundfunktion der ↗ Gemeinde u. der Kirche" (vgl. R. Völkl, Der caritative Auftrag der Kirche, „Caritas" Jan./Febr. 1966, Seite 2 f) bzw. als eine „Lebens- u. Wesensäußerung der Kirche" (vgl. Artikel 15, Abs. 1 der Grundordnung der Evang. Kirche in Deutschland). K. S. gehören danach also zum Selbstvollzug der Kirche. K. S. sind ein Dienst an der gesamten Gesellschaft. Sie sind den Problemen dieser Gesellschaft gegenüber aufgeschlossen. Sie sind bereit, jedermann Hilfe zu leisten, der sich mit der Bitte um ↗ Beratung od. in einer bes. Lebenssituation an sie wendet. In der kath. wie in der evang. Kirche sind im letzten Jahrzehnt Tendenzen zu verzeichnen, die k. S. stärker in den Lebensvollzug der Kirche zu integrieren. Während die Caritas bereits über ein weitgespanntes Netz v. rund 12.000 Pfarrcaritasstellen verfügt, ist im Bereich der evang. Kirche die Gemeindediakonie noch im Aufbau. —

2. Die institutionalisierten k. S. — ↗ Beratungsstellen, Einrichtungen u. Heime f. Verhaltensgestörte, geist. od. körperl. Behinderte u. psychisch Kranke, ↗ Kinder u. Jugendliche, die Einrichtungen u. Maßnahmen f. ↗ Frauen u. ↗ Männer in bes. Lebenslagen, f. ↗ Familien, f. alte Menschen (↗ Altern), f. Kranke, ↗ Behinderte u. Gefährdete — sind in der BRD im Dt. Caritasverband u. im Diakon. Werk der Evang. Kirche in Deutschland zusammengefaßt. Beide Verbände treten dabei in einer Doppelrolle auf: als Liebeswerke ihrer Kirche u. als freie Wohlfahrtsverbände in der pluralist. Gesellschaft (↗ Pluralismus). Der seit dem Jahr 1916 v. den Fuldaer Bischofskonferenzen als legitime Vertretung der kirchl. Wohlfahrtspflege anerkannte Dt. Caritasverband ist heute der größte aller freien Wohlfahrtsverbände in der BRD. Ihm gehören 24 Diözesanverbände u. rund 40 Fachverbände an. Es gibt Ortsverbände u. in Kreisstädten Bezirksverbände. Das seit 15 Jahren bestehende Diakon. Werk der Evang. Kirche in Deutschland ist durch den Zusammenschluß der v. Wichern vor mehr als 100 Jahren begründeten ↗ Inneren Mission u. dem in der ersten Nachkriegszeit 1945 durch Eugen Gerstenmaier begründeten Hilfswerk der Evang. Kirche in Deutschland entstanden. Es steht dem Caritasverband an Umfang kaum nach. 28 gliedkirchl. diakon. Werke — geograph. deckungsgleich mit Landeskirchen — u. rund 100 Fachverbände gehören ihm an. Es gibt auch Orts- u. Bezirksstellen der Diakonie. Der soziale Wandel der Gesellschaft, der Prozeß der ↗ Säkularisierung u. die verschiedenartigen Reaktionen v. Theologie u. Kirche darauf haben an dem heutigen, sehr differenzierten Bild der Werke ihre Spuren hinterlassen. —

3. Die Schwerpunkte k. S. beider Werke liegen in der Arbeit in Kirchengemeinden (Schwesternstationen, Sozialstationen, ↗ Kindergärten aller Art, Jugendarbeit, Erziehungs- u. Familienberatungsstätten, Altenberatungsstellen, „Essen auf Rädern", Clubs u. a. m.); in der Trägerschaft v. Institutionen der Jugend- u. Sozialhilfe (↗ Krankenhäuser, Heilstätten, Heime f. geist. u. körperl. Behinderte, f.

↗ Mutter u. Kind, Einrichtungen der Kur- u. Erholungsfürsorge, Heime f. Kleinkinder u. Schulpflichtige, Heilerziehungsheime, Durchgangs- u. Bewahrungsheime, Jugendheime aller Art, ↗ Altenheime, Arbeiterkolonien, Übergangs-Wohnheime f. Strafentlassene u. a. m.); in der weltweiten Hilfe — bes. in den Entwicklungsländern. Bei allen Schwerpunkten gilt: Die k. S. sind v. ↗ Verkündigung u. ↗ Seelsorge nicht völlig zu trennen. Das eine kann zur ↗ Motivation des anderen werden. —
4. Die k. S. werden durch haupt-, neben- u. ehrenamtl. Mitarbeiter geleistet. Die Zahl der hauptamtl. Mitarbeiter beträgt — nimmt man die Zahlen des Dt. Caritasverbandes u. des Diakon. Werkes zusammen — im Jahr 1972 rund 310.000 Männer u. Frauen. Hinzu kommen ca. 1 Million ehrenamtl. Helfer (einschließl. der rund 2.000 jungen Menschen, die bei beiden Kirchen jährlich ein freiwilliges soziales Jahr leisten). Man kann also sagen, daß kirchl. Sozialdienste in der BRD v. 1,310.000 Menschen geleistet werden, die helfend, heilend, erziehend, bildend u. fürsorgend f. Menschen in bes. Lebenssituationen tätig sind. Das entspricht etwa der Einwohnerzahl einer Großstadt v. der Größe Münchens (1,338.000 E.). Die hauptberufl. Mitarbeiter — nur zum geringen Anteil Angehörige v. Orden, Bruder- od. Schwesternschaften u. als Schwestern, Erzieher (Kindergärtner, Heim- u. Heilerzieher), Heilpädagogen, Sozialpädagogen, Sozialarbeiter, Erziehungswissenschaftler, Psychologen, Soziologen, Sozialwirte, Volkswirte, Juristen od. Theologen tätig — sind, soweit es die nicht an Universitäten Ausgebildeten anbetrifft, vielfach an Fachhochschulen kirchl. Träger ausgebildet od. durch spez. Kurse u. Seminare kirchl. Träger fortgebildet worden. Die neben- u. ehrenamtl. Helfer erhielten durch diese u. andere Institutionen ihre Fortbildung. —
5. K. S. geschehen in enger Zusammenarbeit mit den Diensten anderer freier Träger der Jugend- u. Sozialhilfe. Die Formen der Zusammenarbeit u. der Umfang der Initiative u. Verpflichtung der freien u. der staatl. Jugend- u. Sozialhilfe waren bis in dieses Jahrhundert hinein unterschiedlich. Erst in den 20er Jahren kam es durch das Reichsjugendwohlfahrtsgesetz v. 1922 u. die Fürsorgepflichtverordnung v. 1924 zu einer ersten umfassenden Regelung u. Vereinheitlichung, wobei den staatl. Stellen erhebl. Pflichten (Einrichtung eines Jugendamtes u. a. m.) auferlegt, aber auch der freien Wohlfahrtspflege u. damit den k. S.n ein bedeutender Rang eingeräumt wurde. Aus einer Vorrangstellung der freien Träger entwickelte sich nach u. nach eine partnerschaftl. Zusammenarbeit zw. freien u. kommunalstaatl. Trägern, die durch eine entspr. Gesetzgebung (Jugendhilfegesetz, Sozialhilfegesetz u. a. m.) untermauert u. zur Zeit weiter gefestigt werden soll.
Albrecht Müller-Schöll

Lit.: Die freie Wohlfahrtspflege als Träger eigener sozialer Aufgaben (Heftthema) in: „Blätter der Wohlfahrspflege", Heft 1 (1965); „Herderkorrespondenz", Heft 1 (1968); Norbert Greinacher, Zur Funktion der kirchl. Sozialhilfe in unserer heutigen Gesellschaft, in: „Caritas", Heft 3 (1969); W. Hollstein/W. Meinhold, Sozialarbeit unter kapitalistischen Produktionsbedingungen (1973).
Jahrbücher: Diakonie 1970/1971/1973 (Jahrbücher des Diakonischen Werkes, herausgegeben von der Hauptgeschäftsstelle in Stuttgart); Caritas 1970/1971/1973 (Jahrbücher des Deutschen Caritasverbandes, herausgegeben vom Deutschen Caritasverband in Freiburg).

Sozialethik. Als Teilgebiet der ↗ Ethik ist S. Thematisierung derjenigen Fragen u. Probleme, „die sich aus dem gesellschaftl. Zusammenleben der Menschen ergeben" (W. Schweitzer). Trotz unterschiedl. Schwerpunkte teilt die evang. S. mit einer naturrechtl. orientierten kath. Sozialphilosophie u. den päpstl. Sozialehren das Problem der histor. Vermittlung der im christl. ↗ Glauben enthaltenen eth. Prinzipien. Während der Sache nach sozialeth. Erkenntnisse in den bibl. Aussagen zu ↗ Arbeit, ↗ Ehe, Eigentum u. Staat ebenso enthalten sind wie in den diese Institutionen theol. interpretierenden kirchl. Lehrtraditionen, geht der Begriff S. zurück auf A. v. Oettingens 1868 erschienene Schrift „Die Moralstatistik. Versuch einer Socialethik auf empir. Grundlage". Characterist. f. die neuere Diskussion ist der Versuch, S. als theol. Disziplin zu einer „Sozialtheologie" od.

„Theologie der ⌐ Gesellschaft" auszuweiten. — Die sozialeth. Konkretion u. Aktualisierung christl. Prinzipien ist unverzichtbar, weil Theologie u. Kirche nicht über eine der Bibel od. der christl. ⌐ Religiosität unmittelbar entspringende „sozusagen normale christl. Sozialtheorie" verfügen (E. Troeltsch, Die Sozialphilosophie des Christentums, Zürich 1922, S. 13). Das bedeutet: Zur Beantwortung der eth. Probleme einer jeden Gegenwart (heute: ⌐ Homosexualität, ⌐ Familienplanung, ⌐ Pornographie, Bodenrecht, Eigentum usw.) steht kein zeitlos-gültiger, alle Problemvarianten berücksichtigender Antwortkanon zur Verfügung. S. hat daher die Aufgabe, sich in interdisziplinärer Arbeitsweise die Ergebnisse der Fachwissenschaften (Soziologie, Anthropologie usw.) anzueignen u. diese theol. zu vermitteln. Als Beispiel hierfür steht der Versuch, mithilfe der sog. „middle axioms" (J. H. Oldham, 1937) „die Richtung zu bestimmen, in der sich der christl. Glaube in einem best. Zustand der Gesellschaft ausdrücken muß" (zit. n. RGG³, VI, Sp. 165). Zwei weitere Aufgabenbereiche: S. hat innerhalb der öffentl. ⌐ Meinungsbildung über gesellschaftspolit. Probleme krit. u. konstruktiv Stellung zu nehmen (vgl. z. B. die „Denkschriften" der EKD) u. sie hat die Aufgabe, die ⌐ Institutionalisierung eth. Prinzipien in neuen gesellschaftl. relevanten Formen (z. B. ⌐ Telefonseelsorge) voranzutreiben. Gm

Lit.: W. Schweitzer, Art. „Sozialethik" ³RGG. VI, Sp. 159—167; Chr. Walther, Theologie u. Gesellschaft. Ortsbestimmung der evang. Sozialethik (1967).

Sozialhygiene. Die Abgrenzung der S. v. der ⌐ Sozialmedizin bietet gewisse Schwierigkeiten. Nach Gerfeldt (1955) ist die S. die Wissenschaft, die den unselbständigen, vom ⌐ Milieu abhängigen Menschen vor Schädigungen durch seine belebte ⌐ Umwelt u. unbelebte Umgebung zu schützen sucht, indem sie die Einflüsse erforscht u. prakt. Vorschläge ausarbeitet, um hemmende Faktoren zu beseitigen u. fördernde zu begünstigen, sowie die f. dieses Ziel dienl. u. notwendigen Maßnahmen od. Einrichtungen trifft. Daraus läßt sich ableiten, daß S. u. Sozialmedizin jeweils Teilbereiche miteinander gemeinsam haben. Doch prüft die Sozialmedizin nicht die Erträglichkeit des biolog. Milieus, die nicht als solche, sondern nur in Hinsicht einer mögl. Krankheitsursache interessant ist. ⌐ Lebensstandard u. Leistungsfähigkeit sind als solche hygien. u. keine primär sozialmedizin. Probleme. Man könnte eine so verstandene S. mit in den Aufgabenbereich der Sozialmedizin aufnehmen, aber nur unter Erweiterung der S. auf eine Analyse der normal funktionierenden ⌐ Gesellschaft u. ihrer prospektiven, aber eben noch nicht faktischen Bedrohung durch soziale Faktoren. Bo

Lit.: E. Gerfeldt, Sozialhygiene — Sozialmedizin — Prophylaktische Medizin (1970); H. Schaefer/ M. Blohmke, Sozialmedizin (1972).

Sozialindikatoren sind statist. Meßgrößen, die einen sozialen Zustand beschreiben u. seine Veränderungen wiedergeben. Werden sie zu einem Konzept v. S. zusammengefaßt, so schließen sie durch Auswahl u. Gewichtung einzelner Lebensbereiche normative Bewertungen ein (⌐ Menschenbild) u. ermöglichen die Beurteilung individ. u. gesellschaftl. Lebensbedingungen. Entsprechend dem zugrundeliegenden Konzept zeigen sie das erreichte Niveau v. ⌐ Lebensqualität an.
Die Entwicklung v. S. steht erst am Anfang. Sie sollen f. die polit. Urteilsbildung ein umfassenderes quantifizierendes Konzept zur Verfügung stellen als die Sozialproduktrechnung (⌐ Lebensstandard). Letztere erfaßt weder qualitative Faktoren (z. B. Qualität u. Art der Güter, soziale Kosten u. Nutzen) noch kulturelle u. ethische Größen. Scheinbar wertfrei hat sie als dominierender Maßstab gesellschaftl. Fortschritts aufgrund ihrer einseitigen Grundlage normative Wirkung.
Ein brauchbares Konzept v. S. muß f. alle relevanten Bereiche Meßgrößen enthalten u. auf versch. Ebenen zu Zwischengrößen des Leitbegriffs Lebensqualität zusammenfassen. Solche Bereiche sind: Wachstum des Sozialprodukts; Zugang zu Gütern u. Dienstleistungen (Verteilungsgerechtigkeit); Struktur des Gü-

terangebots; Umweltbedingungen; Qualität des Arbeitslebens; Ausmaß der gesellschaftl. Mitbestimmung; Soziale ↗ Integration; Persönlichkeitsentfaltung (↗ Bildung); ↗ Freizeit; soz. ↗ Sicherung. Die vorliegenden Konzepte unterscheiden sich v. a. in der Auswahl u. Konkretisierung der als relevant vorausgesetzten Lebensbereiche u. machen darin unterschiedl. ↗ Werte-Entscheidungen sichtbar. S. sollen eine umfassendere u. tranparentere Urteilsbildung über Alternativen gesellschaftl. Handelns, konsistente Gesamtkonzepte u. bessere Erfolgskontrolle ermöglichen. Doch sie unterliegen der Begrenzung, nur quantitative Phänomene messen zu können. Letztlich ist Humanität aber ein Gesamtphänomen, das weder vollständig in Einzelaspekte aufgelöst noch zureichend gemessen werden kann. Da menschl. ↗ Leben aber durch den Zwang zu relativen (Wahl)Entscheidungen bestimmt ist, sind sie ein wichtiges Hilfsmittel. Der christl. Ethik können sie dazu dienen, die konkreten Konsequenzen ihrer Wertvorstellungen verständlich zu machen u. den Gedanken einzubringen, daß auch die ↗ Erfahrung v. ↗ Leiden u. Ungenügen ein konstitutives Element menschl. Verwirklichung beinhaltet. ↗ Kosten-Nutzen-Verhältnis. Wm

Sozialisation. Die *S.sforschung,* in ihrer Vielfalt kaum noch zu überblicken, untersucht die komplexen Interaktionsprozesse, durch die der Mensch wird, was er ist. Doch unterscheiden sich die wichtigsten Forschungsrichtungen in Voraussetzungen, Methoden u. Ergebnissen u. lassen auch innerhalb einer Richtung verschiedene Modelle zu: Die *Psychoanalyse* geht davon aus, daß die Triebenergie des ↗ Kindes notwendigerweise kanalisiert werden muß. Indem das Kind sich mit seinen primären ↗ Bezugspersonen identifiziert, übernimmt es deren ↗ Normen u. ↗ Einstellungen. In den aufeinanderfolgenden Krisen bildet sich die stabile u. differenzierte ↗ Psyche, die ↗ Ich-Identität, die alle sozial bedeutsamen Faktoren zu integrieren vermag (Erikson). Während in diesem Rahmen sozio-ökonom. Zusammenhänge zunächst unbeachtet blieben, bearbeitet neuerdings H. E. Richter die v. ihnen abhängigen Zustände in der ↗ Familie. — Der ↗ *Behaviorismus* erklärt die Übernahme v. ↗ Haltung u. ↗ Einstellung der Bezugspersonen als Folge v. Verstärkung im Lernprozeß. Er beobachtet, wie Erziehungsvorgänge schichtenspezif. variieren (strafend od. erlaubend; objekt- od. liebesorientierte Kontrolle) u. unterscheidet vier frühkindl. Phasen (Parsons): ↗ Identifizierung mit der ↗ Mutter; Gewinn größerer Selbständigkeit ihr gegenüber; Differenzierung der ↗ Rolle v. ↗ Vater u. Mutter; weitere Differenzierungen in ↗ Gruppen Gleichgestellter. Individ. Faktoren bezog erst G. H. Mead ein u. beschrieb, wie sich in der ↗ Familie im Umgang mit den ersten Bezugspartnern das kindl. Selbst bildet u. alsbald lernt, die Folgen seines ↗ Verhaltens vorauszuahnen. — *Dialekt.* Theorien stellen dann fest, wie sich Kind u. Bezugsperson gegenseitig beeinflussen. So überwinden sie den Determinismus des one-way-Prozesses, ohne die Lern- u. Identifikationsvorgänge außeracht zu lassen, in denen das Kind „die Welt" der „signifikant Anderen" übernimmt (Berger/Luckmann). Es entwickelt eine Erkenntnisform, weil das Kind ↗ Erfahrungen mit seiner ↗ Umwelt u. seinen Reaktionen auf sie macht u. sie auf der Basis individ. Bedingungen, im Rahmen seiner familiären Situation u. angesichts seiner elementaren psycho-physischen ↗ Bedürfnisse in sein weiteres ↗ Verhalten einbringt. Diese entstehende „kognitive Komplexität" erzeugt lebenslängl. wirkende Prägungen. *Alle Richtungen* unterstreichen die fundamentale Bedeutung der ersten Lebensjahre, in denen sich der seel.-geist. Aktions- u. Resonanzrahmen bildet; trotzdem wird die Bedeutung der sekundären S. (in peer-groups, Schule, Berufsausbildung) nicht verkannt. Angesichts der unterschiedl. Akzente, die die Theorien setzen, verbietet sich jede eindimensionale, monokausale Deutung der S. (z. B. nur v. der ↗ Gesellschaft, der Psyche, der ↗ Sprache od. vom ↗ Lernen her), aber auch die Vorstellung, die das Kind derart determiniert sieht, daß es selbst im S.sprozeß nicht produktiv tätig werden kann. Freilich darf man die „Mit-

bestimmung" des Kindes in der S. nicht überbetonen, da sie als Teil eines übergreifenden Interaktionsprozesses kultur- u. schichtenspezifisch geprägt ist. Wie mit den ↗ Trieben des Kindes umgegangen wird, spielt eine herausragende Rolle. So setzen an Hunger, Durst u. ↗ Sexualität S.smaßnahmen ein. Wie die Eltern Kontakte mit dem Kind unterhalten (↗ Eltern—Kind-Beziehung), dementspr. bildet sich ein komplementäres Verhalten des Kindes. Nur wo die ↗ Aggression positiv sozialisiert wird, kann sie kreativ u. positiv wirksam eingesetzt werden. Wie die Bezugspersonen das Kind einschätzen, dementspr. entwickelt sich sein Selbstwertgefühl. Zwangsmaßnahmen u. ↗ Überforderung können bleibende ↗ Ängste erzeugen. Das Gefühl, angenommen zu sein u. sich selbst repräsentieren zu können, ist Voraussetzung f. Initiativenreichtum. V. frühen Erfahrungen hängen Wahrnehmungsfähigkeit, flexibler Umgang mit ↗ Rollen u. ↗ Normen ab.
Nach allem ist die Bedeutung der *Familie* im S.sprozeß kaum zu überschätzen. Ihre heutige Gestalt darf man gleichwohl nicht absolut setzen, ihre Mängel nicht übersehen. Sie stellt dem Kind ein komplexes, doch strukturiertes *Handlungsfeld* zur Verfügung, wo es soziale Befugnisse erlernen u. erweitern, sowie sich im Umgang mit seinen ↗ Antrieben im Rahmen des Zugelassenen üben kann. Zugleich ist die Familie eine *Stätte affektiver Kultur*, die allerdings mehr u. mehr Affekte bloß dressiert. Hier werden Erlebnisse gemacht u. verarbeitet, ↗ Konflikte erfahren u. bewältigt, Gefühle ausgelebt, Beziehungen aufgebaut. Selbstverständlich hängen beide familiären ↗ Leistungen v. der ↗ Einstellung der Eltern ab, u. diese wieder v. ihren eigenen S.-Erfahrungen, v. Beruf u. ↗ Klasse sowie weiteren individ. u. Umwelt-Faktoren. Im familiären Rahmen werden — eher unausdrücklich-funktional als ausdrücklich-intentional — erste *orientierende Normen* u. *instrumentelle Rollen* erlernt, die grundlegend prägen, weil sie in langfristigen u. intensiven Vorgängen angeeignet werden. Ebenso steht es mit dem innerfamiliären Leitungssystem (hierarch. bzw. kooperative Struktur).

Was die rel. S. betrifft, so kommt die ↗ Forschung erst in Fluß. Rel. Phänomene in der S. kann man v. einem rel.-kirchl. Raster aus identifizieren (z. B. ↗ Gebet, Gottesvorstellung, Kirchgang usw.) u. so Prognosen über die ↗ Zukunft der ↗ Kirche gewinnen (Vaskovics). V. einem „weiten" Verständnis der Religion aus kommt man in bislang noch nicht befriedigend geklärte Zusammenhänge der ↗ Personalisation hinein (Sicherung eines fraglosen Raumes bzw. Ermöglichung v. ↗ Urvertrauen). Wenn man im Rückschlußverfahren an Studenten, Schülern u. Erwachsenen deren rel. S. zu rekonstruieren versucht, zeigt sich, daß in den S.prozessen die emanzipator., befreienden Elemente der bibl.-christl. Religion eine geringere Rolle gespielt od. eine schwächere Profilierung erlangt haben als die repressiven einengenden Elemente. Wo die Vaterrolle nicht recht wahrgenommen werden kann, die Affekte mehr dressiert als kultiviert u. die Kinder nur in einem engen Rahmen zu positiver Partizipation veranlaßt werden, läßt sich nur schwer ein rationales Verhältnis zur eigenen ↗ Religiosität gewinnen, das eigene ↗ Bewußtsein u. Lebensverhalten permanent erneuern u. an der Erneuerung der Lebensverhältnisse mitwirken. An dieser Schwierigkeit muß die rel. Unterweisung bereits primär sozialisierter Jugendlicher u. Erwachsener ansetzen (↗ Religionspädagogik, ↗ Religionspsychologie). Dieter Stoodt

Lit.: Dieter Stoodt, Rel. Sozialisation u. emanzipiertes Ich (in: Dahm/Luhmann/Stoodt, Religions-System u. Sozialisation, Sammlung Luchterhand 85), (1972) S. 189—230; Laszlo Vaskovics, Religion u. Familie, Soziolog. Problemstellung u. Hypothesen (in: J. Wössner, Religion im Umbruch), (1972), S. 328—352; Wolf-Dietrich Bukow, Die Bedeutung der Sozialisationsforschung f. die familiale frühkindl. Entwicklung (1973) (Masch.); Kurt Danziger, Sozialisation (1974).

Sozialmedizin. Als eigenständiges Fachgebiet der Medizin befaßt sich S. mit den spezif. Wechselwirkungen zw. dem der ↗ Gesundheit dienenden System, dem gesellschaftl. Gesamtsystem u. dem Individuum. Sie hat es primär einerseits

mit gesellschaftl. Institutionen, Organisationen u. ↗ Gruppen v. Menschen zu tun, andererseits mit der Einbindung des Individuums in die soziale ↗ Sicherung od. der ↗ Ärzte in ihre berufl. Organisationen. ↗ Forschungen, die im meth. Ansatz ganze Bevölkerungsgruppen erfassen, wie gesundheitsstatist. od. epidemiolog. Forschungen mit medizin. Fragestellung, sind Teil der S., solange sie die theoret. od. experimentellen Grundlagen f. die Abklärung spezif. gesellschaftl. Probleme der Medizin bezwecken od. prakt. Auswirkungen f. die Individuen im System der sozialen Sicherung haben.
Die Methoden der S. bestimmen sich nach ihrem Gegenstand. Hierzu gehören moderne medizin. u. psych. Untersuchungsmethoden ebenso wie Methoden der Statistik, Soziologie u. ↗ Sozialpsychologie sowie der Verhaltensphysiologie. Den Gegenstand des Faches S. stellt die Spezifität der Wechselwirkung v. Medizin u. ↗ Krankheit (↗ Gesundheit) mit der ↗ Gesellschaft dar. Hierbei werden solche Wechselwirkungen bevorzugt untersucht, deren Schwerpunkt in Auswirkungen gesellschaftl. Prozesse auf Gesundheit u. Krankheit liegt. Andererseits werden die gesellschaftl. bedeutsamen Folgen v. Krankheiten, insbes. ökonom. Natur u. die Art der Bekämpfung v. Krankheit u. Erhaltung v. Gesundheit untersucht. — Die S. erleichtert dadurch, daß sie auch die ökonom. Probleme des Gesundheitswesens u. seine Wirksamkeit, die Strukturen der Sozialversicherung u. der ärztl. Praxis analysiert, ein volkswirtschaftl. sinn- u. verantwortungsvolles Handeln des Arztes (↗ Sozialhygiene). Bo

Lit.: M. Blohmke u. Mitarbeiter, „Was ist Sozialmedizin?", in: Arbeitsmed., Sozialmedizin, Arbeitshyg. 7, 118 (1972); H. Schaefer/M. Blohmke, Sozialmedizin (1972).

Sozialpolitik. F. das Verständnis gesamtpolit. Aufgaben u. der Verflechtungen der verschiedensten sozialen Bereiche in Industriegesellschaften wäre eine isolierte Betrachtung der S. abträglich. Vielmehr ist die gute Koordinierung v. Wirtschafts-, Finanz- u. S. eine der wesentlichsten Zielvorstellungen gesamtpolit. Konzeptionen, v. deren Gestaltung die sozialen Beziehungen des einzelnen Menschen, seine ↗ Gesundheit, seine Arbeitsfähigkeit, sein Einkommen, seine Berufsstellung, sein Lebensstandard u. seine polit. ↗ Einstellung beeinflußt werden. Dabei treten angesichts v. Technisierung, ↗ Industrialisierung u. sozialem Wandel sozialpolit. Maßnahmen als zumeist staatl. Aufgaben in den Vordergrund. Die internat. Vergleichbarkeit sozialpolit. Systeme u. die Einrichtung übernat. Organisationen ist wegen unterschiedl. Voraussetzungen u. Aufgabenstellungen problematisch. Allgem. kann gesagt werden, daß in den meisten Industrieländern die sozialpolit. Bemühungen zu einer Sicherungsstruktur geführt haben, die in einer Kombination v. Versicherung, Versorgung u. Wohlfahrt besteht (soziale ↗ Sicherung, ↗ Daseinsvorsorge). Staatl. S. wird hauptsächl. in drei Bereichen gestaltet: Vorbereitung der Gesetzgebung (Fachministerien, wissenschaftl. Experten); Tätigkeit der gesetzgebenden Körperschaften (Richtungsangabe u. Formulierung der wesentl. gesetzl. Vorschriften); Verwaltung der sozialpolit. Einrichtungen (Fachverwaltung, öffentl. rechtl. Körperschaften). Sozialpolit. Maßnahmen werden außerdem zu einem beträchtl. Teil getragen v. den polit. Parteien, Gewerkschaften, Unternehmerverbänden u. den Religionsgemeinschaften. Die verschiedensten Interessentengruppen vertreten — gelegentl. auch gemeinsam — Ansprüche ihrer Mitglieder gegenüber der ↗ Gesellschaft. Die Unternehmertätigkeit des Staates im Bereich sozialpolit. Maßnahmen beruht wesentl. auf Informationen, die — häufig nach fiskalpolit. Gesichtspunkten angelegt (z. B. in statist. Jahrbüchern) — eine nur geringe Aussagekraft f. den sozialpolit. Bereich haben, jedoch die Vergabe der entspr. Ausgaben mitbestimmen. So werden hilfsbedürftige Personen nicht vollständig erfaßt, Effizienzkontrollen sind nicht ausreichend möglich u. langfristig ungerechtfertigte Sozialsubventionen f. best. Interessengruppen lassen sich nur mit kostspieliger Verzögerung nachweisen. Fri

Lit.: L. Prebler, Praxis u. Probleme d. Sozialpolitik (1970); W. Krumholz, Sozialpolitik, in: E. Fraenkel/K. D. Bracher, Staat u. Politik (1970).

Sozialprestige ↗ Prestigedenken

Sozialpsychologie (und Seelsorge). Die S. ist eine Forschungsrichtung im Grenzbereich v. Psychologie u. Soziologie, die zunehmend an Bedeutung gewinnt. Das psychosoziale Spannungsverhältnis zw. Individuum u. ↗ Gruppe ist Ausgangspunkt ihrer wissenschaftl. Arbeit. Die S. kennt im wesentl. vier theoret. Ansätze: den tiefenpsych., den feldtheoret. (modellhafte Darstellung des ↗ Verhaltens im Kräftefeld v. individ. ↗ Antriebs-Kräften u. v. sozialen Anziehungs- u. Abstoßungskräften), den lerntheoret. (soziales Verhalten als Produkt v. ↗ Lernprozessen) u. den rollentheoret. Ansatz (im sozialen Leben wird v. jedem Individuum die Übernahme best. ↗ Rollen erwartet). Die ursprüngl. deskriptive Arbeitsweise der S. wurde in den letzten Jahrzehnten immer mehr v. den experimentell-empir. Forschungsmethoden abgelöst. Die S. bedient sich heute vorwiegend der systemat. Verhaltensbeobachtung, der experimentellen Feldforschung (z. B. Untersuchungen v. Gruppen u. ihres Verhaltens unter versch., künstl. hergestellten u. variierbaren Situationsbedingungen), der Soziometrie (Erhebungen des zwischenmenschl. Entscheidungs- u. Wahlverhaltens in einer Gruppe, die z. B. zur Erhellung der Gruppenstruktur angewandt werden), der Meinungsbefragung, der Messung komplexer Einstellungen sowie interkultureller Vergleichsuntersuchungen usw. Im Mittelpunkt der sozialpsych. Forschungsarbeit stehen v. a. der Problemkomplex der ↗ Sozialisation u. die Untersuchung v. zwischenmenschl. Interaktion wie v. ↗ Kommunikation u. sozialer Wahrnehmung (die Eigenart des Wahrnehmens sozialer Gegebenheiten: Mitmenschen od. Gruppen, die Verzerrung der objektiven Wahrnehmung z. B. durch soziale Voreingenommenheiten), ebenso die Fragen um ↗ Vorurteile u. Stereotypenbildung, die Probleme der Norm-, Verhaltens- u. Einstellungsbildung ferner die Erforschung der Gruppenstrukturen (Position, Status u. Funktion einzelner Mitglieder), der ↗ Gruppendynamik u. der Gruppenführung.

Unbestritten wird die S. in Zukunft einen entscheidenden Einfluß auf die pastoralprakt. Wissenschaften nehmen. Allgem. Informationen sind erforderlich über die Entstehung, die Arten u. die Leitung v. Gruppen, über die Bedingungen v. Gruppenleistungen, über ↗ Konflikt-Möglichkeiten (Gruppen zu Gruppen; Individuum zur Gruppe), die Entstehung v. Gruppennormen u. über die Gesetzmäßigkeiten des Gruppenverhaltens. Pastorale Grundprobleme lassen sich mit ihrer Hilfe angehen: die gegenseitige Abhängigkeit v. ↗ Kirche u. ↗ Gesellschaft, die interkonfess. Bemühungen um die Angleichung der Konfessionen, die dialog. Struktur der Kirche, die kirchl. ↗ Friedensforschung, das Verhältnis Klerus—Laien. Gleiches gilt f. die Bemühungen um Neuordnung u. Neuorientierung der ↗ Seelsorge wie f. Fragen, die mit dem Aufbau u. der Leitung einer ↗ Gemeinde zusammenhängen: die Erhellung v. Gemeindestrukturen sowie die Funktions- u. Funktionsträgeranalyse. Die Ausbildung der ↗ Seelsorger muß künftig vermehrt Daten der S. vermitteln: z. B. f. die ↗ Freizeit- u. ↗ Tourismusseelsorge, f. die Stadt- u. Landpastoration, der Auslands- u. Ausländerseelsorge, f. die Betreuung der kirchl. Verbände u. Vereine, f. die Kontaktnahme mit Randgruppen u. Fernstehenden, f. die Standesseelsorge (Frauen, Männer, ↗ Jugend, Alte usw.), f. Konflikthilfen in der ↗ Lebensberatung (einschl. ↗ Milieutherapien) u. ↗ Beicht-Seelsorge wie f. eine sinnvolle Erziehung zur ↗ Ehe. Mit den Erkenntnissen u. Forschungsmethoden der S. können zahlreiche Probleme leichter gelöst werden, die sich heute den Teildisziplinen der ↗ Praktischen Theologie stellen. Po

Lit.: Handbuch der Psychologie in 12 Bänden, Bd. 7: Sozialpsychologie (1969—1972).

Soziodrama. Das S. dient der psychosozialen Bearbeitung v. Gruppenkonflikten (Entwicklung v. Konfliktlösungen). ↗ Konflikte des Individuums werden dagegen im ↗ Psychodrama therapeut. behandelt.

Soziopathie. Als „Soziopathen" werden Menschen bezeichnet, die emotionale Komponenten zwischenmenschl. Beziehungen (wie Zuneigung, ↗ Reue, Schuldgefühl) nicht erleben können („gemütsarm", „bindungslos"). Sie sind affektlabil, impulsiv. Sie leben im Augenblick („hedonistisch", „verantwortungslos" bzw. „triebhaft"), können emotionale Spannungen schlecht ertragen (geringe ↗ Frustrationstoleranz) u. reagieren mit ↗ Aggression, Ablehnung u. Mißtrauen (↗ Vertrauen). Weitere Hinweise: ↗ asozial, ↗ Abnorme Persönlichkeit, ↗ Psychopathie, ↗ Verwahrlosung.

Spiel. S. ist eine körperl. od. geist. Tätigkeit, die keine außerhalb ihrer selbst liegenden Ziele verfolgt, sondern sich selbst genügt. Sie wird als lustvoll erlebt u. unterliegt keinem äußeren ↗ Zwang. Sie hat „ihre physiolog. Ursache im Kraftüberschuß des gesunden Organismus, ihre seel. Wurzeln in Betätigungsdrang u. -lust (bei Erwachsenen wohl auch in bewußtem Erholungsbedürfnis) sowie in dem Drang nach einer das Lebensgefühl erhöhenden existentiellen ↗ Erregung, ihren entwicklungsmäßigen Sinn in der Formung der leib-seel. Kräfte u. Weckung bzw. Steigerung des ↗ Selbstbewußtseins" (Remplein).
S.theorien: Kraftüberschuß-Theorie v. H. Spencer (Zeit u. Kräfte, die nicht v. der ↗ Arbeit verbraucht werden, drängen nach Entladung); ↗ Erholungs-Theorie v. J. Schaller (betrifft nur das S. des Erwachsenen); Einübungs- od. Selbstausbildungs-Theorie v. K. Groos (S. = formale, meist unbewußte Vor- u. Einübung wichtiger körperl. u. geist. Funktionen); Begegnungs-Theorie v. E. Haigis (im Spiel Erlebnis biolog.-vitaler Gefährdung, S. ist „Lust an existent. Erregung", Sinn des S.s ist „die Bewußtwerdung seiner selbst"). Weitere S.theorien v. Hall, Piaget, Buytendijk, Huizinga, Jaspers, Heidegger u. a. — Nach Heckhausen hat das S. 5 Merkmale: 1. Zweckfreiheit, 2. Aktivierungszirkel (Aufsuchen eines Wechsels v. Spannung u. ↗ Entspannung), 3. handelnde Auseinandersetzung mit einem Stück real begegnender Welt, 4. undifferenzierte Zielstruktur u. unmittelbare Zeitperspektive, 5. Quasi-Realität.
Entwicklungspsych. Folge der S.formen (nach Ch. Bühler): Funktionss.e, Fiktionss.e, Rezeptionss.e, Konstruktionss.e.
Im Rahme der Pädagogik wird dem S. eine wichtige Bedeutung beigemessen (Einübung, Erfahrung, Funktionsübung; vgl. dazu die Montessori-Pädagogik).
Im psych. u. psychotherapeut. Raum wird das S. sowohl zu diagnost. Zwecken verwendet (siehe z. B. Szeno-Test v. G. v. Staabs: die Art des Umgangs mit dem Material sowie das Verwenden od. Vermeiden der versch. Elemente gibt Aufschluß über die Persönlichkeit des Spielers, v. a. auch über evtl. unbewußte Störungen od. ↗ Konflikte), als auch zu therapeut. (im S. — bei Erwachsenen z. B. auch im ↗ Psychodrama — können unbewußte Konflikte verarbeitet u. bewältigt werden; ↗ Psychagogik). So gesehen ist das S. v. größter Bedeutung f. die gesunde ↗ Entwicklung des ↗ Kindes u. des Menschen überhaupt. ↗ Freizeit.
Me

Lit.: J. Huizinga, Homo ludens (1959); A. Rüssel, Das Kinderspiel (²1965); E. Burger, Einführung in die Theorie der Spiele (²1966).

Spieltherapie ↗ Spiel

Spiritismus. S. (v. lat. spiritus = Geist, Seele) nennt man die uralte Überzeugung, mit den Seelen Verstorbener in Verbindung treten zu können. Spontane spiritist. Erlebnisse sind v. meth. Praktiken zu unterscheiden. Als ein Vorläufer des modernen S. gilt der Schwede Emanuel v. Swedenborg (1688—1772). Fortwährende spontane spiritist. Erlebnisse hatte die württemberg. „Seherin v. Prevorst", Friederike Hauffe (1801—1829). Der moderne meth. S. wird auf die 14jährige Margareta u. die 12jährige Katharina Fox in Hydesville im Staat New York zurückgeführt, die am 31. März 1848 nachts starke Klopftöne v. abgeschied. Geistern gehört haben sollen. Bald wurden überall spiritist. „Séancen" abgehalten, bei denen sich die „spirits" durch „Tischrücken" u. ä. mechan. Methoden od. durch Schreiben bzw. Sprechen eines Mediums in ↗ Hypnose kundgaben. Ein

bes. erfolgreicher Vorkämpfer des S., der Franzose Allan Kardec (Hippolyte Rivail, 1804—1869), lehrte wie u. a. der Hinduismus u. Buddhismus, aber auch Plato (427—347) u. die Anthroposophie Rudolf Steiners (1861—1925) die Wiedergeburt der Seelen in anderen Leibern. Kardec wurde zur größten Autorität der heute auf etwa 20 Millionen geschätzten Spiritisten auf der ganzen Welt, wovon allein in Brasilien mindestens 3,5 Millionen leben. Primitive Formen des brasilian. S. sind der Umbanda- sowie der Macumbakult, in welche auch afrikan.-fetischist., kath. u. indian. Kultelemente eingegangen sind. Geister berühmter Ärzte stellen Diagnosen u. operieren zuweilen (auch ohne Messer!).
Aus pastoraler Sicht ist gegenüber dem S. in allen seinen Spielarten größte Vorsicht geboten, weil es leicht zur kritiklosen Bejahung spiritist. Behauptungen u. damit zu einer ↗ Abhängigkeit v. evangeliumswidrigen Sonderlehren u. „Neuoffenbarungen" kommen kann. Schi

Lit.: Arthur Ford, Bericht vom Leben nach dem Tode (1972); Friedrich-W. Haack, Rendezvous mit dem Jenseits (1973).

Spiritualität. S. ist seit dem Zweiten Weltkrieg (in Frankreich seit dem Ersten) zum viel benutzten Terminus f. eine intensive, ganzheitl. Ausrichtung des Menschen (I) geworden. Die Abgrenzung v. ↗ Frömmigkeit ist fließend; doch liegt der Ton stärker auf dem reflexen Durchdringen (II) u. dem ganzmenschl. Vollzug (III).
I. Das Wort ist eindeutig *bibl. Ursprungs* (pneumatikos; spiritualis als christl. Wortschöpfung). Das Substantiv wird während des 17. Jh. in Frankreich zum (sehr subjektiv empfundenen) Fachausdruck f. das ↗ Verhalten des Menschen v. Gott. Unsere Zeit hat es neu aufgegriffen u. auch f. nicht-christl. ↗ Haltungen benützt: S. des Marxismus, S. v. Thomas Mann.
II. Das Aufkommen des Wortes zeigt ein ↗ *Bedürfnis* an. Ist es auch notwendig, S. zu einem wissenschaftl. Fach zu machen? Zwar wird durch die Aufgliederung in Fächer die Einheit des christl. Lebens gefährdet; doch gilt es ebenso f. die Trennung v. Exegese u. Dogma, Dogma u. Moral, Moral u. Pastoral usw., die früher eine einzige Lehre bildeten. Die Chance einer christl. S. läge darin, die Daten der geistl. Tradition bewußt mit den Forderungen der heutigen ↗ Anthropologie zu konfrontieren, um den Auftrag der Schrift neu zu verstehen.
III. Damit ist die *Ganzheitsfrage* der heutigen S. angedeutet: a) Ein wachsender *Zwiespalt zw. Theologie u. Frömmigkeit* entspricht dem Zwiespalt v. Wissenschaft u. Leben. Die tradit. S. kannte die Brücke des Wortes, das als Wort der Schrift Basis sowohl der Theologie wie der Frömmigkeit war. b) *Leibfremde Frömmigkeit* ist ↗ Versuchung jeder christl. Frömmigkeit. Deshalb ist der bibl. Ganzheitsauftrag bes. zu beachten, ohne das dynam. Element, das sich in Leibfremdheit äußerte, auszuschalten. c) S. trug oft ein *individualist. Gesicht.* Gemeinschaftsbezug ist die Aufgabe v. heute, die wiederum den Personalismus nicht übersehen darf, der sich in der Versuchung zum Individualismus zeigt. Su

Lit.: H. U. v. Balthasar, Art. Spiritualität, in: Verbum Caro (1960), S. 226—244; L. Bouyer/ J. Leclercq/F. Vandenbroucke/L. Cognet, Histoire de la spiritualité chrétienne 3 Bde. (1960—1966); J. Sudbrack, Probleme — Prognosen einer kommenden Spiritualität (1969); ders., Motive — Modelle f. ein Leben als Christ (1970); ders., Dienst am geistl. Leben (1971).

Spontaneität. S. meint die Unmittelbarkeit eines Denk- od. Handlungsvollzugs u. die freie Selbstbestimmung u. Entschlußfähigkeit des Subjekts dieses Vollzugs. Im Konzept der ↗Kreativität ist S. Kampfbegriff gegen unschöpferische Rezeptivität als bloße Wiederholung des Vorgegebenen, gegen Fremdbestimmtheit u. Handlungs- u. Entscheidungsunfähigkeit. Krit. zu bedenken bleibt, daß die vermeintl. Unmittelbarkeit immer schon vermittelt ist mit den Möglichkeiten u. Unmöglichkeiten gegenwärtiger Kultur, ihren ↗ Wert- u. ↗ Normen-Setzungen, u. gegenwärtiger ↗ Natur-Erfahrung u. -auseinandersetzung. Ma

Sport. Unabhängig v. der terminolog. Diskussion, ob „Leibeserziehung", „Leibesübung" od. „S." als Oberbegriff genommen werden sollte (der Sprachgebrauch hat sich f. S. als Sammel- u. Oberbegriff entschieden), verstehen wir darunter alle Formen zweckfreier aktiver leibl. Betätigung des Menschen. Wenn solche Übung auch keiner Kultur gänzlich unbekannt war, ist der S. heute eine übernationale Erscheinung v. umfassender (biolog., psych., soziol., sogar wirtschaftl.) Bedeutung u. komplexer Gestalt, die sich v. a. in der öffentl. Anteilnahme aller sozialer ↗ Klassen u. in der Aktualisierung eines ↗ Gruppen- ↗ Bewußtseins zeigt. Sofern es im S. um ein gesteigertes Lebensgefühl geht, gehört er als hohe Form des freudigen u. schöpferischen ↗ Spiels unabdingbar zum Leben des Menschen.

Der Verlust des sakralen Momentes (das auch in der neuen „Olympischen Idee" nicht wiederhergestellt werden konnte) bedeutet Schwinden des urspüngl. rel. Gehaltes u. damit — bes. im Hochleistungssport — die Gefahr des Vorherrschens v. eitlem Startum, v. Geschäft u. nationalem ↗ Prestigedenken, nicht zuletzt die Versuchung, den S. zum ↗ Religionsersatz zu machen. Hier aber lauert die Gefahr, das „bedeutsame Zweitwichtige" zum Selbstzweck zu machen, den S. damit seine dienende Funktion verlieren zu lassen. Positive Momente des S.s sind die prinzipielle Gleichheit der Chancen f. (ungefähr) alle Menschen (↗ Integrations-Wirkung) u. heute v. a. seine Möglichkeiten, drohende Schäden der einseitigen leistungsgesellschaftl. Anforderungen auszugleichen. Zudem findet der (weithin „verkümmerte") Mensch v. heute im S. eine Fülle v. Möglichkeiten schöpfer. Selbstdarstellung u. -entfaltung (↗ Kreativität).

Kirchl. Würdigung des S.s sah zuerst seine Rolle f. die allseitige harmon. Formung des Menschen. Dahinter stehen die christl. ↗ Ehrfurcht vor der ↗ Leiblichkeit u. das Verständnis f. die leibl. ↗ Freude, sogar f. die volkstüml. Formen des ungebärdigen Spiels in ↗ Gemeinschaft. Heute sieht die ↗ Kirche im S. eine „seelsorgl. Aufgabe v. großer Bedeutung" (L. Wolker); bemüht sie sich doch insgesamt darum, die spezif. ↗ Bedürfnisse der menschl. Vitalität unverkürzt zu sehen: z. B. die wichtige Hilfsfunktion des S.s f. eine ↗ Friedenserziehung zu künden. Zahlreiche kirchl. Verlautbarungen (z. B. der Päpste, der dt. Bischöfe u. mancher Katholikentage) betonen gerade die Bedeutung des S.s f. die harmon. Entfaltung, nicht zuletzt bei der geschlechtl. ↗ Reifung junger Menschen (↗ Sexualpädagogik). In Deutschland wurde z. B. (v. der ↗ Jugendseelsorge her) 1920 eine eigene kath. S.-Organisation (DJK) gegründet, deren Abteilungen sich seit der Wiederbegründung (nach 1945) in die jeweiligen S.-Verbände eingliederten. Fl

Lit.: W. Schöllgen, Soziologie u. Ethik der Unterhaltung, in: Aktuelle Moralprobleme (1955) 67—92; H. Müller, Pius XII. u. der S. (Altenberger Dokumente H. 9) (1955); Kirche u. S., hrg. v. Sportbeirat des Deutschen S.-Bundes (1968); W. Kuchler, S.-Ethos (Wiss. Schriftenreihe des dtsch. S.-Bundes Bd. 7) (1969); F. Enz, S. im Aufgabenfeld der Kirche (Wiss. Schriftenreihe des dt. S.-Bundes, Bd. 10) (1970); J. Lotz, S. u. Sozialisation, in: J. Hepp u. a. (Hsg.), Funktion u. Struktur christl. Gemeinde (Festschrift H. Fleckenstein) (1972), 153—172.

Sprache. S. ist das umfassendste Medium der ↗ Kommunikation u. Verständigung zw. Menschen. Wir verstehen unter ihr die Gesamtheit jenes Kommunikationsprozesses, der sich sprachl. Zeichen bedient. S. ist einerseits die Gesamtklasse der sprachl. Zeichen, anderseits der Verständigungsprozeß. In diesem Prozeß hat S. versch. Funktionen: sie bezeichnet Dinge, Gegenstände, Sachverhalte (Bezeichnungsfunktion); od. sie beschreibt Vorgänge, Ereignisse (deskriptive Funktion); od. sie drückt Gefühle, Dispositionen u. seel. Ereignisse aus (Ausdrucksfunktion = nichtdeskriptiv).

Als Umgangss. ist S. das Medium natürl. ↗ Kommunikation. Als Wissenschaftss. ist sie das Medium wissenschaftl. Kommunikation. Auf das ganze gesehen ist S. nicht nur das Mittel der Verständigung, sondern ebenso das Mittel des Mißverstehens, der gestörten Kommunikation, des „verhexten Verstandes" (L. Wittgenstein). Diese Tatsache hat die ↗ Forschung schon seit langem dazu veranlaßt, nach einer möglichst exakten u. eindeutigen S. zu suchen, um derart Kommunikationsstörungen auszuschalten.

Leibniz träumte v. einer solchen exakten Universals., u. der junge Wittgenstein

wollte dieses Programm realisieren. Er mußte dabei einsehen, daß es eine derartige Ideals. f. alle Sprechsituationen nicht geben kann. Nur f. Teilbereiche der S. sind nämlich exakte Kunsts.n möglich: z. B. die S. der modernen Logik f. die Wissenschaft. In unserer natürl. S. gibt es vielmehr versch. „S.spiele" nebeneinander, die ihren eigenen Teilregeln folgen. Auch die S. des rel. ↗ Glaubens ist ein solches S.spiel neben vielen anderen. Analyt. Phil., die S. zu ihrem Objektbereich gewählt hat, nennen wir S.analyse. Sie kann sich einerseits an exakten Konstrukts.n orientieren od. aber an der natürl. S. Analysiert wird auf drei Ebenen: a) auf der syntakt., b) auf der semant. u. c) auf der pragmat. Ebene. Syntax ist die Relation der einzelnen S.zeichen untereinander. Semantik ist die Relation der S.zeichen zu ihren Bedeutungen. Pragmatik ist die Relation zw. dem sprachl. Zeichen u. dem Sprecher bzw. der Sprechsituation. Die drei Bereiche zusammen nennt man Semiotik. Das ist die Wissenschaft vom sprachl. Zeichenprozeß.
Semiotik gewinnt f. die S. des rel. ↗ Glaubens, f. die Theologie u. v. a. f. die ↗ Prakt. Theologie immer mehr an Bedeutung. Denn hier werden Regeln, Struktur, logischer Status u. Funktionen der Glaubenss. analysiert. Ebenso v. Bedeutung f. die Prakt. Theologie sind die Disziplinen der S.-Soziologie, der S.-Psychologie u. der Psycholinguistik. Hier werden Beziehungen zw. S. u. ↗ Gesellschaft od. zw. S. u. ↗ Psyche eines Sprechers analysiert. GH

Lit.: K. Hecroma, Der Mensch in seiner Sprache (1963); W. Kamlah u. P. Lorenzen, Logische Propädeutik (1967); F. v. Kutschera, Sprachphilosophie (1971).

Sprachstörungen. Unter S., richtiger Sprechstörungen, versteht man: 1. *Stammeln:* Auslassen v. Buchstaben, od. Unfähigkeit, einzelne Buchstaben auszusprechen. 2. *Lispeln:* Verstümmelung der meisten S-Laute. Stammeln u. Lispeln sind bis zu einem gewissen Alter normal u. entwicklungsbedingt, später aber entweder Zeichen einer organ. Erkrankung (z. B. beim Lispeln u. U. leichte Hörfehler: höhere Schwingungen werden nicht wahrgenommen) od. aber psychogen. 3. *Stottern:* Anfangsbuchstaben od. -silben werden zwanghaft wiederholt (klonisches Stottern) od. der Atem wird vor dem Aussprechen des Wortes krampfhaft gestaut (tonisches Stottern). Stottern tritt manchmal nach schockartigen od. traumat. Erlebnissen auf, oft aber auch ohne erkennbaren äußeren Anlaß. Eine vorübergehende Phase des Stotterns beim kleinen Kind (etwa in der Anfangszeit des Spracherwerbs od. in der Trotzphase, od. in bes. angstanfälligen Zeitabschnitten) verliert sich meist v. selbst ohne weitere Maßnahmen u. sollte — außer mit vermehrter liebevoller Zuwendung u. ruhigem, geduldigem Zuhören — nicht weiter beachtet od. gar dramatisiert werden. — Zu den organ. bedingten Sprechstörungen zählen: 4. das *Näseln:* Entstellung aller Laute infolge der Unfähigkeit, Mundhöhle gegen Nasenraum abzuschließen (infolge Lähmung des Gaumensegels od. infolge v. Wolfsrachen). 5. *Aphasie:* Unfähigkeit, einen best. intendierten Laut zu bilden (motorische A.), Unfähigkeit, den Sinn ausgesprochener Worte zu erfassen, trotz vorhandener Intelligenz u. intaktem Gehör (sensorische A.) u. Unfähigkeit, f. einen bekannten Gegenstand den richtigen Begriff zu finden (amnestische A.). Die Aphasie beruht auf Erkrankungen im Großhirn. — Die ersten drei Formen v. Sprechstörungen sind ab einem best. Alter sehr häufig psychogen. Sie können dann etwa verstanden werden als ↗ Regressions-Tendenzen od. auch als Zeichen einer ↗ Aggressions-Hemmung, od. aber als unbewußter Appell an die ↗ Umwelt od. als Ausdruck einer oralen Störung im weitesten Sinne. — Je nach Alter des Patienten u. nach Art u. Schwere der Störung findet entweder eine reine Sprachtherapie durch einen Logopäden Anwendung, od. aber eine psychotherapeut. od. psychagog. Behandlung. Bei leichteren Störungen bei Kindern können Eltern durch geschicktes päd. Verhalten oftmals selbst die Störung bessern od. gar beheben (Erfüllung v. Regressionswünschen, Gelegenheit zur anderweitigen Abreaktion v. Aggressionen geben, u. v. a. ruhiges u. aufmerksames Zuhören, aber ohne ständig zu korrigieren, sondern durch Hören auf das, *was das Kind sagen will,* u. nicht auf das, *wie es spricht).* Me

Lit.: M. Führing/O. Lettmayer, Die Sprachfehler des Kindes u. ihre Beseitigung (o. J.); J. Wulff, Sprechfibel. Wegweiser zum richtigen Sprechen für unsere Kleinen (⁴1972).

Spuk ↗ Parapsychologie

Statistik, kirchl. St. gilt als Lehre v. der Analyse v. Massenerscheinungen. Sie bedient sich dabei formaler Modellvorstellungen u. ist (auf der Basis der Wahrscheinlichkeitstheorie) insbes. zur Analyse v. Erscheinungen geeignet, die unkontrollierten Einflüssen ausgesetzt sind. Als solche finden statist. Methoden nicht nur in den Natur-, sondern ebenso in den Sozialwissenschaften Verwendung: also dort, wo es um die Erkundung des Menschen u. seiner ↗ Gesellschaft geht. Insofern nun die ↗ Kirchen bei der Erfüllung ihres Dienstes an diesem Menschen u. seiner jeweiligen Gesellschaft interessiert sind u. selbst Sozialgebilde sind, müssen auch sie sich statist. Methoden bedienen. Dabei können sie v. der St. eine detaillierte Kenntnis der Situation erwarten, in der sie sich befinden u. in die sie hineinwirken. Indem systematisch ↗ Erfahrungen gesammelt u. interpretiert werden, können gegebene Probleme deutlicher gesehen werden. Über die Beschreibung der Situation hinaus können mit Hilfe statist. Methoden auch Zusammenhänge aufgedeckt werden. Damit sollte es gelingen, die Ursachen aufgedeckter Probleme u. ↗ Konflikte anzupeilen u. zu bewältigen. Nicht zuletzt ist der Statistiker in der Lage, kontrollierte ↗ Experimente f. die kirchl. Praxis zu beraten. Es ist keine Frage, daß seit geraumer Zeit (insbes. durch die institutionalisierte kirchl. Sozialforschung) die Theorie u. Praxis der Kirchen durch die St. angeregt wurden, daß aber die Möglichkeiten noch keineswegs voll ausgeschöpft sind. Zu

Lit.: Kirchliches Handbuch, hrg. v. F. Groner (1969); P. M. Zulehner, Verfällt die Kirchlichkeit in Österreich? (1971); G. Schmidtchen, Zwischen Kirche und Gesellschaft (1972); ders., Priester in Deutschland (1973); P. M. Zulehner, Kirche und Priester zwischen dem Auftrag Jesu und den Erwartungen der Menschen (1974).

Status ↗ Rolle ↗ Prestigedenken

Sterben. St. ist allgem. der Übergang vom ↗ Leben zum ↗ Tod u. endet mit dem Aufhören der organ. Lebensäußerungen eines Individuums. Das St. des Menschen ist v. Verenden des sonstigen Lebens zu unterscheiden. Nur der Mensch weiß um sein St. u. um seinen Tod, was auf seine ganze Lebensführung einen großen Einfluß hat. Das „natürl. St." ist die Folge v. Alterungs- u. Rückbildungsvorgängen (↗ Altern); das „unnatürl. St." ist die Folge v. Schädigungen u. Funktionsstörungen der Organe durch ↗ Krankheit, Vergiftung od. ↗ Unfall. Ursächl. fällt meist eine der lebensnotwendigen Funktionen aus (z. B. Atmung, Herz- od. Gehirntätigkeit). Man spricht v. Herztod, ↗ Hirntod, Lungentod u. Erschöpfungstod. Das St. kann sich langsam u. friedlich über mehrere Tage od. dramatisch in einem Todeskampf (Agonie) vollziehen. Es ist erst zu Ende, wenn sichere Todeszeichen vorhanden sind: unaufhebbarer Stillstand der Herztätigkeit, der Atmung u. der Tätigkeit des Zentralnervensystems (Erlöschen der Reflexe). Da die versch. Organe gegenüber Sauerstoffmangel verschieden empfindlich sind, ergibt sich eine best. Absterbeordnung, sodaß einzelne Organe nach Eintritt des Gesamttodes noch Stunden od. Tage funktionstüchtig bleiben.

Theol. gesehen ist das St. ein Ereignis, bei dem der Mensch sich am radikalsten zur Frage wird, die nur Gott selbst beantworten kann. Im St. ereignet sich der Mensch selbst in seine Endgültigkeit hinein. Das St. des Menschen ist ein passiv hingenommenes Widerfahrnis, dem der Mensch als ↗ Person machtlos u. äußerlich gegenübersteht, aber es ist auch u. wesentl. die personale Selbstvollendung, eine Tat des Menschen v. innen her, ein aktives Sich-zur-Vollendung-Bringen, eine Auszeugung u. totale In-Besitznahme der Person.

Der Tod als das Ende des St.s ist grundsätzl. verhüllt, d. h. es läßt sich vom Menschen nie existentiell eindeutig sagen, ob die erreichte Fülle des ↗ Lebens Leere u. Nichtigkeit des Menschen als Person ist od. ob die sich zeigende Leere nur der Schein einer wahren Fülle der Befreiung des reinen Wesens der Person ist. In Jesus Christus u. seinem Kreuzestod hat das St. des Menschen als Durchgang u. äußerste Erniedrigung vor der Vollendung seinen tiefsten Sinn erhalten. ↗ Sterbenshilfe   Gg

Lit.: K. Rahner, Zur Theologie des Todes (1958); Theolog. Erwägungen über den Eintritt des Todes; in: Schriften zur Theologie IX (1970), 323—335; P. Sporken, Menschlich sterben (1972); W. Krösl u. E. Scherzer (Hsg.), Die Bestimmung des Todeszeitpunktes (1973).

Sterbenshilfe. Nur wenige Menschen sind fähig, allein, d. h. ohne wesentl. Hilfe anderer, ihr eigenes ↗ Leben zu leben u. ihren eigenen ↗ Tod zu sterben. Denn das ↗ Sterben wird meist als gewaltsame Trennung v. der ↗ Umwelt mit wachsender ↗ Vereinsamung erlebt. So sind fast alle Menschen in ihrer letzen Lebensphase auf intensive Hilfe angewiesen, um menschenwürdig sterben zu können. St. geben bedeutet: dem anderen in einer Weise nahe sein, daß er dadurch besser befähigt wird, seinen eigenen Tod zu sterben (Sporken). St. umfaßt also alle ärztl. u. pfleger. Hilfeleistungen in der letzten Lebensphase od. in einem terminalen Krankheitsprozeß u. jede geist.-seel. Hilfe der den Sterbenden begleitenden Menschen.

Im Unterschied zu der auf ↗ Heilung zielenden Therapie sollte der ↗ Arzt beim Sterbenden stärker beachten, wie dieser seine Symptome u. Krankheitsphänomene erlebt u. erleidet, um ihm sein ↗ Leiden entspr. erleichtern zu können. St. bedeutet insbes. f. die Angehörigen der therapeut. Berufe zunächst das Verstehen der ↗ Sprache der Sterbenden: Ihre Beschwerden u. Klagen; die Art, wie sie diese zu äußern vermögen, je nach Alter, Geschlecht, Tageszeit, Sprache, Gesprächspartner usw.; dann das angemessene Eingehen auf die ↗ Bedürfnisse der Sterbenden (↗ Leiden), bes. bei Klagen über Müdigkeit, Lagerung, ↗ Schmerzen, Beklemmung, Übelkeit u. a. Schließl. umfaßt St. alle Vorgänge der Begleitung eines Sterbenden, die es diesem erleichtern, sich gerade mit seinem Sterben u. seinem Tod auseinanderzusetzen u. soweit es ihm möglich ist, zur Annahme der Wirklichkeit zu gelangen. Dazu gehören v. a.: wahrnehmen, was den Sterbenden bedrückt, zuhören u. verstehen, akzeptieren positiver wie negativer Gefühle u. Reaktionen, angemessene Wahrheitsmitteilung, gemeinsames Aushalten von Schweigen u. Ohnmacht, Realitätskontrolle u. Auseinandersetzung anbieten, zustimmen u. ermutigen, bis hin zur Glaubenshilfe, zur gemeinsamen Sinnfindung, zum gemeinsamen Beten, ggf. zur angemessenen Spendung der ↗ Sakramente, insbes. des Bußsakramentes (↗ Beichte), der — nicht erst f. die letzte Phase des Sterbens vorgesehenen — ↗ Krankensalbung u. der Krankenkommunion (↗ Krankenhausseelsorge).

St. ist also intensive Lebenshilfe in der letzten Lebensphase. Sie stellt sich den versch. Phasen, die Sterbende durchleiden, in möglichst einfühlend-akzeptierender, die Realität nicht leugnender Begleitung: angefangen v. den Phasen der Unwissenheit, Unsicherheit u. einschlußw. ↗ Verdrängung v. Sterben u. Tod über die Phasen der ausdrückl. Leugnung, der Auflehnung, des Verhandelns mit dem ↗ Schicksal, den ↗ Depressionen, bis hin zur Annahme des Todes (Kübler-Ross). Sterbebeistand leistet, wer die so beschriebene St. aufgrund seiner ↗ Vertrauens-Beziehung mit dem Sterbenden in seiner ganz persönl. Begleitung so umfassend wie möglich zu geben versucht. Dabei ergeben sich fünf *Hauptprobleme:*

1. Die wichtigsten Eigenschaften f. jeden Menschen, der St. leistet, bes. f. den Sterbebeistand, ist die ↗ Geduld. Die intensiven Erlebnisse u. Auseinandersetzungen v. Sterbenden bedürfen eines mitfühlenden Adressaten, damit ↗ Phantasie, ↗ Wahn u. Wirklichkeit im Erleben in einem erträgl. Maß zueinander stehen. Das konfrontiert den Begleiter meistens mit einer 3fachen Ohnmacht (Sporken): die Schwierigkeiten der Wahrheitsmitteilung, die Schwierigkeit, gerade in diesem Sterben u. Tod einen positiven Sinn gemeinsam zu finden u. die Bitte um ↗ Euthanasie.

2. St. ist in unseren ↗ Krankenhäusern bes. schwierig geworden. Die positiven Möglichkeiten der Spezialisierung u. Atomisierung der therapeut. Dienste werden

mit einer Verarmung der ganzheitl. Behandlung des Kranken (↗ Ganzheitsmedizin) erkauft. Gerade Sterbende bedürfen der Beachtung ihrer Signale der Auseinandersetzung mit dem Tod (dem Anstaltsfeind Nr. 1 im Krankenhaus). Die Tabuisierung u. Verdrängung dieses Problems gerade in den Krankenhäusern, hat jedoch meistens zur Folge, daß nur eine Heilung od. ↗ Lebensverlängerung ins Auge gefaßt wird, die die Notwendigkeit des Sterbens u. viele Bedürfnisse v. Sterbenden schweigend übergeht.

3. Die größte Schwierigkeit der St. besteht darin, daß das Sterben eines Menschen v. seinen Begleitern die Auseinandersetzung mit dem eigenen Tod verlangt (↗ Trauer, Trennung). Nur wer sich dieser Auseinandersetzung stellt, kann sinnvoll St. leisten u. Sterbebeistand werden. Das verlangt, mit den eigenen ↗ Ängsten bei der Begleitung Sterbender umgehen zu lernen, um zu verstehen u. auszuhalten, was den Sterbenden zutiefst bewegt. Das Einfühlen in seine Situation nötigt zunächst das Eingeständnis der eigenen Ohnmacht ab. Dadurch wird der Begleiter dem Sterbenden aber zum solidar. Partner. Im Erleben der Ohnmacht vollzieht der Begleiter ein Stück eigenes Sterben u. gibt seine Rollensicherheit preis: als Arzt erlebt er die Grenzen seiner Kunst, als Schwester/Pfleger das Vergebliche seiner Pflege, als ↗ Seelsorger die Angefochtenheit im ↗ Glauben. Der Verzicht auf diese Auseinandersetzung wirkt sich negativ auf die St. aus: im Ausweichen vor den Fragen des Sterbenden, bis hin zur Leugnung seines Sterbens, direkter Täuschung u. ↗ Lüge. Der Sterbende nimmt die wachsende Hoffnungslosigkeit in seiner Umgebung wahr, bes. auf der Ebene nonverbaler ↗ Kommunikation der ↗ Angst (z. B. weil man nur auf Zehenspitzen in seinem Zimmer geht, ihn weniger anspricht, flüstert u. ä.) u. erleidet so den sozialen Tod, weil er niemandem mitteilen kann, was ihn bedrückt.

4. Das Grundproblem der St. bei terminalen Krankheitsprozessen zeigt sich am Umgang mit der Wahrheit des Sterbens. Sie besteht nicht in der ↗ Diagnose od. ↗ Prognose im Hinblick auf den Zeitpunkt des Todes, sondern in der Fähigkeit des Sterbebegleiters, mit dem Patienten so solidarisch in Kommunikation zu treten, daß dieser in der Lage ist, Informationen über seinen Zustand selbst zu erbitten u. zu verarbeiten. Aus der Auswegslosigkeit der therapeut. Situation braucht keine Hoffnungslosigkeit in der Auseinandersetzung mit dem Tod zu werden. Viele empir. Untersuchungen haben gezeigt, daß Sterbende nie ohne ↗ Hoffnung sind, insbes. wenn ihre Begleiter nicht vor der eigenen Ohnmacht davonlaufen (↗ Wahrheitspflicht).

5. Niemand kann die Zuständigkeit f. den Sterbebeistand f. sich allein beanspruchen od. ausschließen. Jede Berufsgruppe hat ihre Vor- u. Nachteile f. diese Aufgabe. Alle sind auf die Kooperation der anderen in der St. angewiesen: auf die Informationen über Zustand u. Verlauf der Krankheit durch den Arzt, auf die Beobachtungen der Schwestern/Pfleger, auf die Hinweise der Angehörigen, auf die Gesprächserfahrungen v. Seelsorgern u. Psychologen. Der ↗ Patient selbst sollte entscheiden dürfen, wer die Aufgabe des Sterbebeistandes übernimmt. Er spürt am besten, wer zu ihm eine korrespondierende ↗ Einstellung gefunden hat, wer seine Gefühle, Ängste u. Hoffnungen am besten teilen kann. Bei Ärzten u. Pflegepersonal sollte dafür gesorgt werden, daß sich wenigstens *eine* in Frage kommende Person um einen Sterbenden bemüht, der — auch als Außenstehender — im weiteren Sinne in das Stationsteam integriert wird. Josef Mayer-Scheu

Lit.: A. P. L. Prest, Die Sprache der Sterbenden (1970); E. Kübler-Ross, Interviews mit Sterbenden (1971); P. Sporken, Umgang mit Sterbenden (1973); „Sterben", Beiträge v. E. Kübler-Ross, J. M. Pohier, J. Hirschmann, J. Mayer-Scheu u. W. Berger, in: Concilium 4 (1974).

Sterbesakramente ↗ Sterbenshilfe, ↗ Krankenhausseelsorge, ↗ Krankenseelsorge

Sterilisierung. St. od. Sterilisation = operative Unfruchtbarmachung des ↗ Mannes bzw. der ↗ Frau. Beim Mann durch Samenstrangdurchtrennung (↗ Vasektomie), bei der Frau durch Unterbindung, Durchtrennung od. Unwegsammachung der Eileiter (Salpingektomie,

Tubenligatur). Der Eingriff ist praktisch unwiderruflich, eine Refertilisierung gelingt nur in den wenigsten Fällen. Es werden drei Indikationen unterschieden: die medizin., die eugen. (prophylakt.), die soziale. Die medizin. Indikation dient der Abwendung einer erhebl. Gefahr f. Leben u. ↗ Gesundheit der Mutter. So bei Erkrankung der Genitalorgane (bei Uterusentfernung, Vorfall der inneren Organe, Myom-Operation u. bei best. Erkrankungen (gehäufter Kaiserschnitt, Thrombosen u. Embolien bei früheren ↗ Schwangerschaften, schweres Leber- od. Nierenleiden). Die eugen. Indikation steht zur Diskussion, wenn mit großer Wahrscheinlichkeit anzunehmen ist, daß ein Kind körperl. od. seel. schwer geschädigt od. nicht lebensfähig wäre. Die soziale Indikation bezieht sich z. B. auf Kinderreichtum, Versagen v. Mitteln u. Methoden der ↗ Empfängnisregelung, ältere Ehen.
Die evang. Kirche in Deutschland hat in der „Denkschrift zu Fragen der Sexualethik" (1971) sowohl der medizin. wie der eugen. Indikation zugestimmt u. die soziale in Ausnahmefällen f. vertretbar erklärt. Die kath. Kirche widerspricht unter best. Umständen der medizin. Indikation nicht, lehnt aber eugen. u. soziale Indikation ab. Untersuchungen über psychische Folgeerscheinungen zeigen: gestörtes Selbsterleben, ↗ Depression, Schuldgefühle, ehel. ↗ Konflikte (bei 20—25%). In Ländern mit ablehnendem gesellschaftl. Werturteil liegen diese Störungen höher, in Ländern mit toleranterem Werturteil niedriger. Zwangs-St. wird allgem. abgelehnt. Bei freiwilliger St. Verheirateter wird Einwilligung des Partners verlangt.
F. den ↗ Seelsorger gilt es zu beachten, aus welchen Motiven er u. U. einer St. widerraten zu müssen glaubt. Es stellt sich die Frage, ob Fruchtbarkeit bzw. Fortpflanzungsfähigkeit als ein höchster ↗ Wert f. ein Individuum anzusehen ist. Die Gefahr der ↗ Gesetzlichkeit od. der magischen Überhöhung der biolog. Möglichkeit konkurriert mit den ↗ Bedürfnissen, Nöten u. Schwierigkeiten v. ↗ Personen, ↗ Ehen u. ↗ Familien. Gegebenenfalls Zusammenarbeit mit ↗ Arzt od. ↗ Eheberatung. Bei eugen. u. sozialer Indikation immer prüfen, ob der Ehemann f. einen Eingriff in Frage kommt, da dieser ohne Öffnung der Bauchhöhle einfacher u. ungefährlicher ist (↗ Sexualität). Goe

Lit.: H. Gesenius/A. Glaus, Über Schwangerschaftsunterbrechungen u. deren Verhütung (1962); P. Darge, in: Dt. Ärztebl. 71 (1974) 701—03.

Sterilität ↗ Unfruchtbarkeit

Stigmatisierung: Eigtl. „Kennzeichnung", „darstellende Äußerung"; im Religiösen: Ausprägung der Wundmale Christi am Leib eines Menschen. Es muß sich dabei nicht um ein Wunder in dem Sinne handeln, daß die Naturkausalität ausgeschaltet ist; St. ist aufgrund psychosomat. Wirkung möglich. Die Haut ist eines der Organe, die bes. leicht u. häufig zum Ausdrucksfeld psychischer Vorgänge werden. Die seel. Beeinflußbarkeit der Haut zeigt sich z. B. bei einer Primel-Allergie darin, daß schon der Anblick v. Primeln, sogar v. künstl., den Ausschlag hervorruft; auch darin, daß Warzen durch Besprechung wegzubringen sind, u. daß sich Brandblasen bilden bei der Berührung mit kaltem Metall, das als heiß suggeriert wird. Bei der St. ist die den Wundmalen Christi inbrünstig zugewandte Gläubigkeit das psychosomat. wirksame Agens, um die Hauterscheinungen auszulösen. Die Stigmata treten an denjenigen Stellen auf, an denen der Fromme sie sich lebhaft vorstellt. Da diese Vorstellungen meistens v. gesehenen Bildern genährt sind, entspricht der Sitz der Wundmale den v. den Malern geschilderten Stellen (Ein-Bildung); diese aber stimmen dann oft nicht überein mit den anatomisch richtigen Stellen (Seitenwunde oft rechts statt links, Nagelwunden im Fuß- u. Handteller statt in Fuß- und Handwurzel). — St. gehört nicht zu den Wundern, aber zu den erstaunl. Vorgängen aus dem ↗ Glauben u. zeigt die Macht des Glaubens als seel. Wirkkraft auf den Leib. ↗ Psychosomatik Vo

Lit.: R. Biot, „Das Rätsel der Stigmatisierten" (1954).

Stimmung ↗ Emotionalität ↗ Verstimmung

Strafe. St. ist die Reaktion auf schuldhaft begangenes Unrecht, durch die der Täter eine Einbuße, die der Schwere der Übeltat entspricht, erleiden soll. Nach der theol. Strafvorstellung hat die St. in erster Linie den Sinn der Sühne: nach dem AT im Sinne einer Vergeltungsordnung, nach dem NT im Sinne einer Aussöhnung, aber immer ist sie Ausdruck der autoritativen hl. Rechtsordnung Gottes u. leidvolle, jedoch angemessene, gültige Antwort auf schuldhaftes Versagen. Nach der weltl. Strafvorstellung ist heute die St. die Antwort der Rechtsgemeinschaft (↗ Gesellschaft) auf die schuldhafte Verletzung der v. ihr geschaffenen, bestehenden Rechtsordnung u. seit den Anfängen der Menschheitskultur ein Instrument zur Aufrechterhaltung jener Rechtsordnung, die f. das friedl. Zusammenleben v. Menschen in ↗ Gemeinschaft unbedingt erforderl. ist. Ohne St. wäre die Rechtsordnung nicht durchsetzbar u. dem ↗ Bedürfnis der Gemeinschaft u. des einzelnen Menschen nach ↗ Gerechtigkeit könnte nicht Rechnung getragen werden. Durch die St. erfährt der Täter eine öffentl., sozialeth. Abwertung wegen der v. ihm schuldhaft begangenen Rechtsverletzung. Das in der St. gelegene Übel ist ein v. der Rechtsgemeinschaft gewollter Eingriff in den persönl. Rechtsbereich des Täters (↗ Leben, ↗ Freiheit, Vermögen, soziales Ansehen). Bestand früher die Antwort auf einen Rechtsbruch in einer privaten, familien- od. sippengebundenen, jedenfalls individ. Reaktion, die rächen, vergeben od. auf ökonom. Grundlage (Bußgeld) vergelten konnte, findet sich heute die Antwort der Gesellschaft auf ein Verbrechen in den Bestimmungen eines f. die jeweilige Rechtsgemeinschaft — verkörpert durch den Staat — verbindl. Strafgesetzbuches, welches die geschützten sozialeth. ↗ Werte u. die St.n bei deren Verletzung genau festlegt. Als Zufügung eines Übels drängt die St. rechtsfeindl. ↗ Triebe, Bestrebungen u. Wünsche nicht nur unmittelbar beim Täter (spezialpräventive Wirkung), sondern auch beim Mitmenschen (generalpräventive Abschreckung) zurück u. ist daher Instrument zur Aufrechterhaltung des Gemeinschaftslebens u. fördert die Durchsetzung u. Befolgung der gegebenen Rechtsordnung. Die St. muß sowohl der verletzten sozialeth. ↗ Norm einschließlich des v. ihr geschützten Rechtsgutes innerhalb der sozialen Ordnung als auch dem individ. Täter angemessen sein, wobei Beweggründe u. Ziele des Täters f. sein strafwürdiges ↗ Verhalten, sein Vorleben, seine persönl. u. wirtschaftl. Verhältnisse u. sein Verhalten nach der Tat (Bemühen um Schadensgutmachung) zu berücksichtigen sind. Die St. soll nicht Vergeltung, sondern Sühne sein, durch die der Täter durch eigenes sittl. Bemühen die Notwendigkeit der St. einzusehen vermag u. dadurch seine eigene sittl. Freiheit wiedergewinnen kann. Sühne soll aber nicht nur eine ↗ Leistung des Täters, sondern auch ein Versprechen der Gesellschaft an den Täter sein, „daß er durch die Strafverbüßung mit ihr versöhnt wird" (Elsa Koffka). Die ↗ *Todesst.* (in der BRD, der Schweiz, in Österr. u. den meisten westeurop. u. südamerikan. Staaten bereits abgeschafft) ist abzulehnen, da ein derartiges existentielles Verdammungsurteil dem menschl. Richter auch bei schwerster ↗ Schuld nicht zusteht. Nach Abschaffung der Todesst. scheint die *lebenslängl. Freiheitsst.* erforderl., weil bei Tätern mit schwerster ↗ Schuld (Raubmord, ↗ Mord, Sittlichkeitsdelikte mit Todesfolge) die wenigstens symbol. dauernde Ausschließung des Täters aus der Gemeinschaft der berechtigten Gerechtigkeitserwartung der Gesellschaft entspricht, wobei jedoch die ↗ Hoffnung auf eine spätere Begnadigung erhalten bleiben muß, da sonst eine sinnvolle Gestaltung des Vollzuges nicht möglich u. ein physisch-psychischer Zusammenbruch fast mit Sicherheit zu erwarten ist. Die *Freiheitsst.* stellt im modernen Sanktionensystem an sich schon die schwerste St. dar u. sollte nur in den Fällen schwerer u. mittlerer ↗ Kriminalität (schwere od. wiederholte Vermögensdelikte, vorsätzl. schwere Körperverletzung) Anwendung finden, da damit f. den Menschen nicht nur der Entzug der Freiheit verbunden ist, sondern *alle* Lebensbereiche davon betroffen sind: Der Tagesablauf ist nicht nur bei der ↗ Arbeit reglementiert, die

Hausordnung verbietet nahezu jede Eigeninitiative, der gesamte ↗ Lebensstandard wird verändert, sex. Beziehungen werden abge-, soziale Kontakte zumindest unterbrochen, der Verurteilte ist einer „Gefängnisgesellschaft" ausgesetzt, die durch Mithäftlinge u. die Machtbefugnis Dritter geprägt ist. *Kurzfristige Freiheitsst.n* (f. Fälle leichter Kriminalität) sind abzulehnen, da der Strafzweck auch durch Geldst.n erreicht werden kann u. Versuche, die kurze Freiheitsst. zu einer Denkzettel- od. Besinnungsst. sinnvoll zu gestalten, als gescheitert zu betrachten sind. Freiheitsst.n bis zu zwei Jahren sollten grundsätzl. vorerst zur Bewährung ausgesetzt werden, weil dadurch nicht nur der Vollzug der Freiheitsst. (mit den unerwünschten Nebenfolgen) vermieden, sondern der Verurteilte in vielen Fällen zur Arbeit an sich selbst angespornt u. so vor Rückfall bewahrt wird. Die *Geldst.* ist der Eingriff der Gesellschaft am Vermögen des Täters u. das geeignete Reaktionsmittel, wenn Freiheitsentzug nicht unbedingt geboten ist, der Täter aber dennoch einer empfindlichen Einwirkung unterworfen werden muß, wobei das *Tagesbußensystem* deshalb anzustreben ist, weil der Richter die Anzahl der Tagessätze nach dem Unrechts- u. Schuldgehalt der Tat, die Höhe des Tagessatzes jedoch nach den persönl. u. wirtschaftl. Verhältnissen des Täters festsetzt u. so dem Täter f. eine best. Anzahl v. Tagen eine fühlbare Einschränkung seines Aufwandes auferlegt, ohne ihn wirtschaftl. zu vernichten. In der BRD sind die Forderungen nach einheitl. Freiheitsst. (Wegfall der Unterscheidung in Zuchthaus- u. Gefängnisst.), nach Abschaffung der kurzfrist. Freiheitsst. u. auf Einführung der Geldst. in Form des Tagesbußensystems durch 3 Gesetze zur ↗ Strafrechtsreform (1969 u. 1970), in Österr. durch das neue Strafgesetzbuch (beschlossen im Jän. 1974, in Geltung ab 1975) weitgehend Rechnung getragen worden.
Gerhard Onder

Lit.: Wolfgang Trillhaas, Zur Theologie der Strafe, Heidelberger Jahrbücher (1961), Band V; Jürgen Baumann (Hrg), Programm f. ein neues Strafgesetzbuch. Der Alternativentwurf der Strafrechtslehrer (1968) Fischer-Bücherei 852; Eberhard Schmidhäuser, Vom Sinn der Strafe (²1971); Hans-Heinrich Jeschek, Lehrbuch des Strafrechtes, Allg. Teil (²1972).

Strafrechtsreform. Nach den absoluten Strafrechtstheorien ist die ↗ Strafe notwendige Folge des begangenen Unrechts. Durch die Strafe wird f. die gestörte Ordnung Sühne u. Genugtuung geleistet. Die Strafe bedarf keiner weiteren Zweckbegründung, sie ist ein Gebot der ↗ Gerechtigkeit. Nach den relativen Strafrechtstheorien ist die Strafe nur durch ihre Zwecke zu rechtfertigen; sie dient der Generalprävention (= Abhaltung der Allgemeinheit v. der Begehung einer Straftat) u. der Spezialprävention (= Abhaltung des Abgeurteilten vom Rückfall). Der Einfluß der Strafnorm auf den ↗ Motivations-Prozeß des möglichen Täters wird heute in einer Stärkung des Bewußtseins v. Recht u. Unrecht gesehen. Das Recht bestimmt das ↗ Verhalten der ↗ Gesellschaft nicht bloß wegen der mit der Rechtsverletzung verbundenen, vorerst meist gar nicht absehbaren Folgen. Die Strafnorm prägt Verhaltensmuster in der Gesellschaft, weil der sozial angepaßte Mensch bestrebt ist, in seiner ↗ Umwelt auf ↗ Anerkennung u. nicht auf Ablehnung zu stoßen. Als Mittel der Spezialprävention dient heute die Abschreckung durch die erlittene Strafe. Mit einer „Schock"-Strafe hat es meist sein Bewenden. In schwereren Fällen macht der Freiheitsentzug den Täter wenigstens f. eine best. Zeit unschädlich (↗ Strafvollzug). Damit ist das Repertoire strafrechtl. Mittel weitgehend erschöpft. Eine St. setzt ↗ Entscheidungen über die Ziele der Strafrechtspolitik voraus. Die Ansichten über Ziele u. Mittel der Strafrechtspolitik sind jedoch seit altersher divergent. Die Ähnlichkeit der Strafgesetze in internat. Sicht zeigt, daß extreme strafrechtl. Lehrmeinungen offenbar nicht realisierbar sind. Das gemeinsame Objekt der kriminalpolit. Betrachtungen muß der Mensch in seiner Individual- u. Sozialexistenz sein (↗ Kriminalität). Alle unmittelbaren Angriffe gegen die Individualexistenz v. Menschen (↗ Mord, ↗ Notzucht, Diebstahl) werden bei der St. nicht diskutiert. Aus

der Sozialexistenz des Menschen Wertforderungen abzuleiten, stößt bei folgenden Fragen auf unterschiedl. Meinungen:
1. Darf der einzelne die ihm eigene ↗ Menschenwürde verletzen? Zu diesem Problemkreis gehören die Fragen um die Strafwürdigkeit der Selbstverstümmelung bzw. der Einwilligung dazu (↗ Verstümmelung), insbes. bei ↗ Sterilisierung u. Kastration, die Anerkennung v. Wettkämpfen als ↗ Sport, die Unzucht mit Tieren (↗ Zoophilie), die Entwürdigung der Frau zum Sexualobjekt (↗ Prostitution).
2. Muß der einzelne seine Freiheitsrechte im Hinblick auf das Gemeinwohl einschränken, auch wenn keine unmittelbare Rechtsgutbeeinträchtigung eines anderen dies erfordert? Zu diesem Problemkreis gehören die Strafbarkeit der Duldung erot. Stimulantien in der Öffentlichkeit (↗ Pornographie), der ↗ Homosexualität, gewisser Fälle der künstl. ↗ Besamung, des Gutheißens v. mit Strafe bedrohten Handlungen in der Öffentlichkeit u. der sog. Religionsdelikte.
3. Muß der einzelne die Verletzung seiner Rechte zur Wahrung der Rechte eines anderen dulden? Dabei stehen der rechtfertigende ↗ Notstand zur Debatte sowie die ↗ Abtreibung, ↗ Konflikte zw. dem Schutz der Privatsphäre u. Kontroll- od. Verfolgungsrechten des Staates u. dem Informationsrecht der Öffentlichkeit (↗ Kommunikationsmittel) u. schließlich das Streikrecht. Die Sozialschädlichkeit erklärt wohl manche Strafsanktion, vermag diese aber allein nicht zu rechtfertigen. Wenn das Strafrecht i. S. der Generalprävention Verhaltensmuster in der Gesellschaft prägen soll, so muß zuerst entschieden werden, in welchen Werthaltungen die Gesellschaft bestärkt werden soll. Wenn das Strafrecht resozialisieren soll, so muß zuerst entschieden werden, auf welche Werte hin eine ↗ (Re-)Sozialisierung ausgerichtet sein soll. Dabei kommt es entscheidend darauf an, inwieweit die Gesellschaft in dem Strafrecht eine Kodifizierung v. ↗ Werten u. ↗ Normen od. bloß eine Summe v. Maßnahmen zum Schutz vor ↗ asozialen bis lästigen Personen sieht, die aber schließlich der Zuwendung u. Hilfe bedürfen, um aus der ↗ Diskriminierung den Weg zurück in ein geordnetes Gemeinschaftsleben zu finden (↗ Bewährungshilfe). Gerade diese (Re-)Sozialisierung entspricht einem sehr wesentl. christl. Anliegen (↗ Liebe, ↗ Mitmenschlichkeit, ↗ Gefängnisseelsorge). Da das Strafrecht derzeit im allgem. Bewußtsein der Staatsbürger immer noch als ein werterfüllter Sittenkodex angesehen wird, müssen die Kirchen gegen die Abwertung einzelner Rechtsgüter (etwa des werdenden ↗ Lebens) nach wie vor Stellung nehmen. Gleichzeitig ist aber ein Umdenken notwendig, das die Täterpersönlichkeit im Rahmen der Spezialprävention berücksichtigt u. diese Bestrebungen unterstützt. Mh

Lit.: Ch. Mayerhofer, Subjektivismus im Strafrecht? Wort u. Wahrheit (1960) S. 665 ff.; ders., Die katholische Ansicht vom Wesen des Strafrechts im Spiegel der heutigen Strafrechtswissenschaft, Theolog.-prakt. Quartalschrift (1962), 25 ff.; T. Würtenberger, Kriminalpolitik im sozialen Rechtsstaat (1970); Tagungsbericht über den 8. internat. Kongreß der „Défense sociale", Österr. Juristenzeitung (1972), 390 ff.

Strafvollzug. Aufgabe des St.s ist die Wiedereingliederung des Rechtsbrechers in die ↗ Gemeinschaft (↗ Resozialisierung) mit dem Ziel, dem Täter, an dem aufgrund einer gerichtl. ↗ Entscheidung eine freiheitsentziehende ↗ Strafe od. Maßnahme auszuführen ist, durch wirksame Behandlung zu helfen, nach seiner Entlassung in sozialer ↗ Verantwortung ein Leben ohne Straftaten zu führen. Ein St., der nur dem Rache-, Sicherheits- u. Schutzbedürfnis der ↗ Gesellschaft Rechnung trägt, ist zur ↗ Erziehung u. Wiedereingliederung absolut ungeeignet (↗ Strafrechtsreform). Moderner Erziehungs- u. Resozialisierungsvollzug erfordert Anpassung an die jeweilige Täterpersönlichkeit (↗ Kriminalität, ↗ Jugendkriminalität) mit Individualisierung der Behandlungsformen, wobei ↗ Arbeit, berufl. Aus- u. Fortbildung u. v. a. Persönlichkeitsbildung Vorrang haben. Der Gefangene soll zur Einsicht gelangen, daß er f. begangenes Unrecht u. seine ↗ Schuld einzustehen hat; ↗ Wille u. Fähigkeit zu gesetzmäßigem Leben in ↗ Freiheit sind zu stärken. Schädl. Wirkungen des Freiheitsentzuges (seel. ↗ Vereinsamung, Verlust der Umweltkontakte, geist. u. körperl. Abbau) ist möglichst entgegenzuwirken (Briefverkehr, Besuche, Ausgang, Außenbeschäftigung, sinnvolle Arbeit u. Freizeitgestaltung, Teilnahme an Sport- u. Kulturveranstaltungen, an Rundfunk- u. Fernsehempfang; gesunde, abwechslungsreiche Verpflegung, ärztl. Versorgung). Bes. behandlungsbedürftige Gefangene sollen psychiatr.-psych. Behandlung u. Betreuung in sozialtherapeut. Anstalten erhalten.

Die individ. Ausrichtung des St.s bedingt gesonderte geschlossene, halboffene od. offene Einrichtungen f. straffällig gewordene Jugendliche, Abhängige u. Soziopathen sowie Erst- od. Fahrlässigkeits(= Verkehrs)täter, u. f. gefährl. Rückfalltäter. Geschlossene, sichere Anstalten sollten nicht mit mehr als 400 Gefangenen belegt sein. Überbelegung u. Vermassung gefährden jede positive Entwicklung od. machen sie ganz unmöglich. Das Personal muß sorgfältig ausgewählt u. ausgebildet sein; Anstaltsleiter, Geistliche (↗ Gefängnisseelsorge) u. geschulte Sozialarbeiter sollen f. gute zwischenmenschl. Beziehungen v. Personal u. Gefangenen sorgen; ↗ Menschenrechte, ↗ Menschenwürde u. Rechtsstaatlichkeit gelten ebenso f. Gefangene, denen deswegen auch nach der Entlassung aus dem St. eine wirksame Hilfe zukommen muß (↗ Bewährungshilfe). On

Lit.: Dietrich Rollmann (Hrg), „Strafvollzug in Deutschland, Situation u. Reform" (1967), Fischerbücherei, 841; Horst Schüler-Springorum, „Strafvollzug im Übergang" (1969); E. Loos, Die offene u. halboffene Anstalt im Erwachsenenstraf- u. Maßregelvollzug (1970).

Stress. In der Physik u. Biologie zuerst u. relativ bedeutungskonsistent angewandt (engl. = „Druck"), stößt der Begriff St. bei seiner Verwendung in der Psychologie auf schwierige Abgrenzungs- u. Bestimmungsprobleme. Selye (1957) definiert St. operational als einen „Zustand, der sich in einem spez. Syndrom manifestiert, welches sich zusammensetzt aus versch. Veränderungen (ohne spezif. Lokalisierung u. Verursachung) innerhalb eines biolog. Systems". Es ist zweckmäßig, St. nach den St.erzeugern (Stressoren) zu unterscheiden. Grob lassen sich physische Stressoren (z. B. starke Unterkühlung, Verbrennung, ↗ Lärm), chem. (Intoxikation durch Gifte, Tabletten), biolog. (Infektionen, ↗ Krankheit, Hunger, Durst), mechan. (schwere Traumata), soziale (Rollenkonflikte, soziale Deprivation) u. psych. Stressoren (↗ Emotionalität, ↗ Frustrationen, starke psychische Belastungen) unterscheiden. Im sozialen u. psych. Bereich erweist sich eine Darstellung aller möglichen Stressoren als sehr komplex. Ein Stressor zeigt v. a. die Momente der Dauer u. der Schwere der Einwirkung auf die gesamte menschl. ↗ Person, während einzelne, kurzzeitig bzw. lokal einwirkende Noxen meist durch eine adäquate Verarbeitung der Störung beantwortet werden. Die Reaktionen des Organismus stellen sich nach Selye zusammengefaßt als „allgem. Adaptionssyndrom" dar, wobei einer anfängl. Alarmreaktion eine Phase des Widerstandes u. schließlich eine Erschöpfungsphase folgen. Während der Widerstandsphase besteht überhöhte Resistenz, innerhalb der Alarm- u. Erschöpfungsphase fällt der Widerstand unter das normale Niveau.

Die zeitl. Abfolge stelle sich so dar: Auf Frustrationserlebnisse (als Stressoren) folgt die Notfallreaktion u. später das St.stadium. Im Verlauf der Alarmreaktion ergeben sich patholog. Veränderungen an Nebennieren, Thymusdrüse, Lymphknoten u. im Magen-Darm-Trakt. Gelingt im St.stadium nicht die Beseitigung v. Ursachen u. Folgen des St., so folgt ein totaler psychischer Zusammenbruch bzw. der ↗ Tod. Allgemein resultieren als St.folgen: psychische Fehlentwicklungen, Verschiebung der Homöostase (seel. Gleichgewicht) sowie psychosomat. Erkrankungen. Ar/Klr

Lit.: H. Selye, Stress (1950); ders., The Stress of Life (1957); H. Basowitz, et al., Anxiety and Stress (1955); C. N. Cofer, & N. H. Appley, Frustration, Konflikt and Stress in: Cofer & Appley: Motivation: Theory and Research (1964), 412—465; M. H. Appley & R. Trumbull (Eds.), Psychological Stress. Issues in Research (1967).

Strukturen, kirchl. Das Phänomen der (christl.) ↗ Kirchen ist nur verständl. auf dem Hintergrund der Sendung Christi u. seines Auftrages an Menschen, diese seine Sendung in der ↗ Gemeinschaft des neuen „Gottesvolkes" weiterzuführen. Die Grundstruktur der Kirchen ist damit dieser Bezug der Kirche zu Jesus Christus u. seinem Auftrag. Insofern dieser Auftrag eine ↗ Gemeinschaft v. Christen begründet, gibt es eine (je nach geschichtl. Stunde u. gesellschaftl. Hintergrund veränderl.) Strukturierung der Kirchen: Lehrsätze werden ausformuliert, das rel. Tun wird geordnet, ein Katalog v. Verhaltensregeln f. die Lebensführung wird aufgestellt (↗ Normen). Eine ↗ Autorität bildet sich heraus, welche (im Interesse der Gemeinschaft) die Kontinuität u. Authentizität der Tradition sicherstellt. Entspr. der jeweiligen Autoritätsform werden auch den übrigen Mitgliedern best. Positionen u. ↗ Rollen zugeteilt. K. St. sind somit zunächst das, was den Kirchen das kontinuierl. Fortbestehen u. Wirken in der Zeit erlaubt. (↗ Institutionalisierung). Letztl. dienen sie dem Ziel, Jesu Auftrag im Dienst der Menschen unverfälscht v. Generation zu Generation zu erfüllen. — Es wäre nun freilich ein Irrtum anzunehmen, St. bedeuteten soviel wie Unveränderlichkeit. Zwar neigen einmal ausgeformte (Sekundär-) St. zur Beharrung. Doch zeigt die Kirchengeschichte, daß die Grundstruktur (Primärstruktur) der Kirche sich in vielfält. Formen ausgefaltet hat. Die rasche Veränderung des Menschen u. seiner sozialen Lebensformen verlangen sogar gebieterisch nach einer gewissen ↗ Anpassung der k. St. an die jeweiligen geschichtl. Erfordernisse (↗ Geschichtlichkeit). So hat z. B. das II. Vat. Konzil nicht nur das Selbstverständnis der Kirche als Zeichen u. Werkzeug der gottgestifteten Einheit der Menschen (Lumen gentium, Nr. 1) neu akzentuiert, sondern damit auch einen tiefgreifenden Umstrukturierungsprozeß in der kirchl. Institution ausgelöst. Ausdruck dafür sind etwa die Diskussionen um die Aufgaben des Laien u. in Verbindung damit das Verständnis des kirchl. ↗ Amtes, die Frage nach der ↗ Demokratie in der Kirche auf allen Ebenen, die Neugestaltung liturg. Formen (↗ Kult, ↗ Ritus, ↗ Gottesdienst), die Auseinandersetzung um sittl. Normen od. das Ringen um theol. Neuformulierungen.

Legitimiert werden derartige Veränderungen v. der unveräußerl. Grundstruktur der Kirche, nämlich vom Auftrag Jesu zum Dienst an den konkreten Menschen u. ihrer ↗ Gesellschaft; sie stellen damit eine lebendige Fortentwicklung der kirchl. Primärstruktur dar (↗ Kirche u. Gesellschaft, ↗ Pastoralsoziologie). Zu *Lit.:* H. Küng, Strukturen der Kirche (³1963); L. Vranck, Soziologie der Seelsorge (1965); F. Houtart, Explosion der Kirche (1968); L. Roos, Demokratie als Lebensform (1969); F. Klostermann, Gemeinde-Kirche der Zukunft (1974).

Studentenseelsorge. Seelsorgl. gesehen ist der Student ein junger Erwachsener, der im Vollzug eines gehobenen Bildungsvorgangs Anspruch auf Zuspruch u. Recht auf Hilfe hat. Im akadem. Bereich kann das nur heißen, daß der Zuspruch geistig u. geistl. zugleich sein muß u. daß die Hilfe im guten Sinne des Wortes Hilfe zur Selbsthilfe leistet: Studenten möchten nicht v. oben „beseelsorgt" werden, sondern mit eigenen Aktionen ihre Sache selbst in die Hand nehmen. Bezeichnenderweise stellen die Anfänge der St. freie Zusammenschlüsse u. Tätigkeiten dar, die aus der rel. Initiative der Studenten selbst entstanden waren. Das gilt f. die Bursen, Kongregationen u. Verbindungen (Unitas 1837, Cartellverband 1856) im kath. Bereich wie f. die Studentenbünde u. Christl. St.-Vereinigungen (Wingolf 1830, DCSV 1897) im evang. Raum. Am Anfang war die Bewegung, nicht die Institution. Gleichwohl haben die ↗ Kirchen hier relativ bald u. wirksam den ihnen zugeworfenen Ball aufgefangen, wenn auch zunächst mehr im Sinne einer „Standesseelsorge". Studentenpfarrer gibt es bereits in den 20er Jahren. Noch heute wirken die Erfahrungen der St. im Dritten Reich nach. Einmal ist dies eine mehr intensivierende Linie der Sammlung um Altar (kath.) bzw. Bibel (evang.), dann wieder eine mehr extensivierende Linie der Öffnung nach außen: von Bund u. Verein zu ↗ Gemeinde u. Dienst („Studentengemeinde"). Seit dem Zweiten Weltkrieg hat das Moment der Bewegung gegenüber dem der Institution wieder zugenommen. Leidenschaftl. wird in beiden Studenten- bzw. Hochschulgemeinden (ESG, KHG) das gesellschaftspolit. Engagement gesucht. Man stellt sich der geist. Auseinandersetzung innerhalb u. außerhalb der Hochschule. Wie in einer gegenläufigen od. auch korrespondierenden Bewegung macht sich aber jüngst auch eine rel. Erneuerung bemerkbar, etwa in den kath. Studenten- ↗ Exerzitien u. in der eindrucksvollen Arbeit der „evangelikalen" Studentenmission (SMD), die bewußt missionar.-seelsorgerl. vorgeht (neben Referat u. Diskussion auch Bibelarbeit, Gebetsgemeinschaft, ↗ Beichte). Wesentl. sind f. eine St. heute: Heim, bibel- u. problemorientiertes Programm, gestaltete Freizeit, ↗ Gruppen-Pädagogik (mit ↗ Selbsterfahrungs-Gruppen), Angebot v. Einzelaussprachen. Hauptthemen: Wissen u. ↗ Glaube, Berufsklärung, soziale Veränderungen, eth. ↗ Konflikte des einzelnen Studenten. Je

Lit.: H. Schmidt, Vita experimentalis (1959); (Ev.) ESG, ESG-Nachrichten 73/1973, 4; (Kath.) KHG, KdSE: Initiative 13/73, 2 (jetzt AGG); K. Kupisch, Studenten entdecken die Bibel (Die Geschichte der DCSV) (1964 ff).

Subkultur. F. das Verständnis des Begriffs S. ist beim Begriff der Kultur anzusetzen. Kultur ist verstehbar als „Gesamtkonfiguration der Institutionen, die den Angehörigen einer ↗ Gesellschaft gemeinsam sind" (J. H. Fichter). Bauelemente der Kultur sind somit ↗ Verhaltens-Muster (↗ Normen im soziol. Sinn) sowie Institutionen als Bündel v. Verhaltensmustern. Sobald nun eine Gesellschaft (aufgrund v. Arbeitsteilung) komplex wird, entstehen vielfältige Subgruppen (↗ Minderheiten). Dies eröffnet auch die Möglichkeit, daß S.n auftauchen. Sie sind daher zu verstehen als „Herausdifferenzierung v. Untersystemen kultureller Normen, die unter Umständen v. gesamtgesellschaftl. Normen beträchtl. abweichen können" (R. König). Der Grad der Abweichung ist sehr versch.: Er kann über die Rebellion bis zum Verbrecherischen reichen. S.n haben einen sehr unterschiedl. Organisationsgrad: räuml. S.n („die Kultur des Landes", die „Kultur der Großstadt") sind nur wenig durchorganisiert; dagegen zeigen soziale S.n (z. B. eine Verbrecherbande) eine meist starke Organisierung mit spezif. Normen u. Sanktionen.

Das Verhältnis der ↗ Kirche zum Phänomen der S. ist überaus vielschichtig: 1. Gegenüber den S.n der Gesellschaft übt die Kirche häufig eine integrative Funktion aus: V. der Mehrzahl der Menschen wird heute der Kirche die ↗ Erziehung der ↗ Jugend zugeordnet. Insbes. in der ↗ Resozialisierung u. ↗ Rehabilitation gesellschaftl. Randgruppen (↗ Behinderte, Strafentlassene u. a.) ist ihre Mitarbeit erwünscht (kirchl. ↗ Sozialdienste). Die Kirche hat dafür eine Reihe v. Institutionen ausgebildet (↗ Beratungsstellen, ↗ Heimerziehung, ↗ Bewährungshilfe, ↗ Telefonseelsorge etc.). Auch gegenüber alten Menschen hat die Kirche wichtige Dienste entwickelt (↗ Altenseelsorge).
2. S.n gibt es auch innerhalb der Kirche, insofern sie als Großinstitution selbst eine Art „komplexer Gesellschaft" ist. So findet man geschlossene ↗ Gemeinden (Basisgruppen, Studentengemeinden, Familiengruppen etc.), geschlossene „Stände" (die durch Lebensform u. Kleidung sowie Ausbildung „stigmatisierte" Gruppe der Priester) od. aber ↗ Gruppen mit unterschiedl. Verständnis v. dem, was Christenheit od. Kirchlichkeit meint (vgl. Polarisierung der Kirche). Selbst die versch. Konfessionen erscheinen innerhalb der einen Christenheit unter best. Rücksicht als S.n.
3. Schließlich ist die gesamte Kirche innerhalb der heutigen Gesellschaft eine S. Dies ist das Ergebnis einer Entwicklung v. einer geschlossenen christentüml. Gesellschaft (mit einer Zwangs- u. Monopolsituation der Kirche) herauf zur pluralist. Gesellschaft (↗ Säkularisierung). Daraus resultiert der zunehmende ↗ Konflikt zw. kirchl. u. gesellschaftl. Wertsystem (vgl. G. Schmidtchen) mit allen Konsequenzen: Reform- u. Anpassungsbestrebungen sowie Getto-Tendenzen. Grundsätzlich ist ein derartiger Wertkonflikt f. jene Menschen, die in beiden Wertbereichen leben (also die Christen) durchstehbar, wenn ihr christl. Subsystem (ihre S.) durch soziale Stützsysteme abgesichert ist: Die Kirchenmitgliedschaft wird damit zur Voraussetzung

dafür, inmitten einer nicht (voll-)christl. Gesellschaft entfaltetes Christsein zu verwirklichen. Zu

Lit.: R. König, Soziologie (1967); P. L. Berger/ Th. Luckmann, Die gesellschaftliche Konstitution der Wirklichkeit (1969); G. Schmidtchen, Zwischen Kirche und Gesellschaft (1973).

Sublimierung. S. ist ein triebenerget. Begriff der tiefenpsych. Konzeption S. Freuds u. geht v. der Voraussetzung aus, daß alle menschl. Handlungen ihre Energie aus dem Sexualtrieb (↗ Sexualität, ↗ Trieblehre) beziehen. Nun gibt es aber menschl. Handlungen, die scheinbar ohne Beziehung zur Sexualität sind, deren treibende Kraft aber dennoch — nach der Theorie Freuds — der Sexualtrieb ist. Zu diesen Handlungen gehören nach Freud v. a. künstlerische Betätigung u. intellekt. ↗ Arbeit. Der Trieb wird hier sublimiert, d. h. auf ein neues, nicht sex. Ziel abgelenkt, besser: „aufgehoben", höhergelenkt. „Sex. Triebregungen (auch ↗ Aggressionen) zeigen die wertvolle Eigenschaft, sich v. ihren nächsten Zielen, ablenken zu lassen u. so als sublimierte Strebungen ihre Energie der kulturellen Entwicklung zur Verfügung zu stellen" (S. Freud, G. W. XIII, 425). — Mit der S. ist also eine Höherbesetzung der Triebenergie verbunden. So kann zB. aus einem (infantilen) Schmierer ein Maler, aus einem neugierigen Spielzeugzerleger ein Chirurg, aus einem Schreihals ein Sänger werden. S. hat also nichts mit der neurot. ↗ Ersatzbefriedigung zu tun. — Über S. kann (neben den weltanschaul. bedingten Erklärungsversuchen) nur phänomenol. gesprochen werden, d. h. aus der Alltagserfahrung primitiver Handlungen auf der einen u. schöpferischer Handlungen des Menschen (u. deren Zwischenstufen) auf der anderen Seite. Pastoralanthropolog. u. päd. ist es nun wichtig zu sehen, daß im Kern der primitiven Handlung (z. B. des Schmierens) auch schon die schöpferische Weiter- u. Höherentwicklung (z. B. Kunstmaler) enthalten ist. Der kluge Erzieher verbietet also dem Schmierer nicht seine Schmierereien, sondern gibt ihm zum geeigneten Zeitpunkt Papier u. Malstifte, damit er seine „Schmierneigung" entfalten kann. — Das Phänomen der S. ist f. das sittl. Leben des Christen v. großer Bedeutung. Das moral. Verbot (Du darfst nicht!) braucht nicht unbedingt zu einer Triebeinschränkung u. in deren Folge zu seel. Spannungszuständen zu führen. So kann z. B. die v. der Moral geforderte sex. ↗ Enthaltsamkeit des unverheirateten Menschen in der ↗ Freundschaft ihre S. finden. Stv

Lit.: J. Nuttin, Psychoanalyse u. Persönlichkeit (1956), S. 56—68.

Sucht ↗ Abhängigkeit

Sühneleiden. S. als passive Annahme od. aktives Sichzufügen v. ↗ Schmerz zu eigenem od. fremdem Heil ist schwer zugänglich.
I. a) In allen Religionen, auf denen *die neue* ↗ *Religiosität* v. heute fußt, findet sich Entsprechendes.
b) Ntl. Grundlage sind das *Sühnopfer Jesu* (terminolog.: Röm 3,25; 1 Joh; sachlich: Hebr), die menschl. (auch gemeinschaftl.) *Möglichkeit zur* ↗ *Buße* u. ↗ *Bekehrung* (Mk 1,15 bis Apk) u. die beginnende Theologie der *Teilhabe an Jesu* ↗ *Leiden* (Kol 1,24).
c) Die Patristik griff es bes. in der *Theologie des Martyriums u. der Eucharistie* auf.
d) Zur weiteren Realisation einige Stichworte: *Bußbewegungen* mit Bußorden u. aktivem Sichzufügen v. Leid; ↗ *Gebets-Theologie,* die auch nach Luther „miteinander" u. „füreinander" einschließt; *Opferübungen,* in denen — oft unvermittelt — Jesu einzigartiges Opfer u. das menschl. Mitopfer miteinander gesehen wurden; ↗ *Schuld-Bewußtsein,* das gerade heute gemeinschaftl. Züge trägt. Als Summe kann die *Herz-Jesu-Verehrung* gelten.
II. Theol. (Überbetonen menschl. Möglichkeit) u. *psych. Bedenken* (↗ Masochismus, Selbstflucht) sollten nicht abschrecken vor einem erneuten Überdenken: a) F. die *Achse Gott—Mensch* gilt, daß der Mensch v. Gott nicht entmächtigt ist, sondern aktiv zu seinem Heil beiträgt (vgl. Marxisten wie Bloch, Machovec).
b) *Zwischenmenschl.* ist die erfahrene u. gelebte Solidarität hervorzuheben.

c) Die *angesprochene Bewußtseinslage* ist vielschichtig: Schulderfahrung mit ihren überindivid. Zügen (Protestbewegung); (Un-)Möglichkeit u. Aufgabe der ↗ Trauer (Mitscherlich); Solidarisierungseffekt des ↗ Schmerzes (polit. Theologie).
III. *Pastoralanthropolog.* gesehen ist zu unterscheiden: *Passives Miterleiden* mißt sich am ↗ Willen zur aktiven Behebung des Leids. *Aktiv* ist es nur auf rel. (mit Jesus) Basis u. geprüft an zwischenmenschl. Hilfeleistung möglich. Die Gefahr psychischer Abwegigkeit gebietet äußerste Vorsicht. Su

Lit.: K. Rahner, Zur Theologie des Todes (1958); A. u. M. Mitscherlich, Die Unfähigkeit zu trauern. Grundlagen kollektiven Verhaltens (1967).

Sünde. S. — ethisch interpretiert — bezeichnet im konkreten Zusammenleben das Übertreten einer Grundnorm bzw. eines best. göttl. Gesetzes (vgl. Jesu Doppelgebot der ↗ Liebe: Mk 12,28 ff; Röm 13,8 ff; 1 Kor 13). S. — ↗ anthropolog. interpretiert — bezeichnet die menschl. Endlichkeit u. Beschränktheit, die Todesverfallenheit des Menschen. S. — gesellschaftl. u. sozial als ↗ Erbs. interpretiert — bezeichnet das In-die-Welthineingeboren-Sein des Menschen, der in eine v. seinen Vätern gestaltete u. geprägte ↗ Gesellschaft hineingestellt wird, u. daher an der ↗ Schuld der Väter mitträgt. Wird die S. in bezug auf den menschl. Bereich der ↗ Erfahrung gedeutet, dann ist sie kein Defekt des Menschen, keine ↗ Hemmung der freien Entwicklung des Guten, kein angeborener Hang zum ↗ Bösen, sondern die geschichtl. u. gesellschaftl. vermittelte ↗ Entfremdung des Menschen, der — indem er den leidenden Menschen mißachtet — an der ↗ Gemeinschaft schuldig wird. Über die konkret gesellschaftl. u. soziale Dimension der S. hinaus beschreibt der Begriff den Selbstbehauptungswillen des Menschen gegenüber Gott. S. wird daher nicht durch die Annahme einer diabol. ↗ Macht begriffen, sondern aus der Menschlichkeit des Menschen. Der Mensch sucht sich vor u. gegen Gott seiner ↗ Leistungen u. seiner ↗ Macht zu rühmen u. entfremdet sich in diesem werkgerechten ↗ Verhalten der Gemeinschaft der Ohnmächtigen u. Leidenden. v. sich selbst. Er kann den Gott nicht lieben, der ihm in der Schwäche, der Ohnmacht u. im ↗ Leiden begegnen will u. ihn an seine Endlichkeit verweist. Daher hat der Mensch v. sich aus nicht die Erkenntnis, daß er ein Sünder ist. Die Erkenntnis der S. wird allein möglich, indem der Mensch sich auf Gott, die ↗ Erlösung u. das Heil durch Christus bezieht. Dem Begriff der S. korrespondiert daher der der ↗ Erlösung u. der Rechtfertigung. Der Mensch wird als Sünder gerechtfertigt, indem es ihm ermöglicht wird, seine Unfähigkeit zu leiden u. mitzuleiden offen zu bekennen. S. wird als Entfremdung nicht erkennbar u. tendenziell überwindbar, indem an die ↗ Freiheit u. ↗ Verantwortung der Menschen appelliert wird, sondern indem die Verhinderungsformen der Freiheit in der ↗ Schuld beklagt, getragen, erkannt u. bekannt werden. Indem der Mensch fähig wird, in ↗ Gruppen sein ↗ Leiden u. seine Leidensunfähigkeit zu bekennen, verinnerlicht er Schuld u. ↗ Angst nicht mehr, sondern beginnt, im ↗ Glauben u. in der Liebe die S. aufzuheben, denn Gott erbarmt sich des Sünders u. nicht des sich seiner S. schämenden Gerechten. Rolf Heinrich

Zwischen der S. aus dem Personkern u. der materiellen S. sind viele Übergänge möglich, wobei psych. Mechanismen die persönl. Freiheit beschränken können. Die klass. Unterscheidung in der kath. Theologie zw. Tods. u. läßl. S. wird neu durchdacht. Die bisherige Regel definierte die Tods. in einer Übertretung eines wichtigen Gebotes bei voller Erkenntnis u. freiem ↗ Willen. Bei der läßl. S. war entweder kein wichtiges Gebot übertreten worden od. das Wissen u. die Freiheit waren eingeschränkt. Die heutige Theologie sieht die S. entweder aus der Personmitte od. aus der Peripherie der ↗ Person hervorgehen, wobei es schwierig ist, das komplexe Geschehen unseres Bewußtseins u. der jeweiligen widersprechenden Willensentscheidung zu trennen. Tods. ist immer ein Bruch der Lebensorientierung auf das Heil hin. Der Mensch hat aber die Möglichkeit, den Gnadenruf Gottes zur Umkehr aufzunehmen u. sich zu bekehren. Nur im Leben als ganzem od. im Übergang ins andere Leben kann die sündige Entscheidung zur endgültige werden u. entspricht dann der S. wider den Hl. ↗ Geist. In der Beurteilung der S. ist der ganze Lebensentwurf mitzubeachten: Ernst od. Falschheit, ↗ Liebe od. Egoismus, ↗ Keuschheit od. Unkeuschheit verwirklichen sich im ganzen Leben u. nicht so sehr in einer einzigen Tat. Echte Umkehr wird sich eher in einer Aussprache über das gesamte Leben als über das Aufzählen einzelner S.n vollziehen.

Karl Gastgeber

Lit.: G. Teichtweier/W. Dreier (Hsg.), Herausforderung u. Kritik der Moraltheologie (1971); D. Sölle, Polit. Theologie (1971), S. 109 ff.; J. Scharfenberg, Religion zw. Wahn u. Wirklichkeit (1972), S. 189 ff.; Ph. Dehaye, in: Concilium 8 (1972).

Suggestion. S. (v. lat. subgerere = unterschieben, eingeben) meint eine Beeinflussung des Denkens, Fühlens, Wollens od. Handelns eines anderen Menschen unter Umgehung seiner rationalen Persönlichkeitsanteile auf der Basis zwischenmenschl. Resonanzwirkung. Drei Komponenten sind zu nennen: 1. Das Affektive (↗ Emotionalität) muß statt des Rationalen betont werden; 2. die „Wir-Bildung" (↗ Übertragung) muß eintreten; 3. die Hetero-S. wird nur über die Auto-S. angenommen. Es gibt absichtl. vorhergesehene, absichtl. unvorhergesehene, unabsichtl. vorhergesehene, unabsichtl. unvorhergesehene, direkte u. indirekte S. In allen Fällen spielt die Suggestibilität eine Rolle, die als Aufnahmebereitschaft ein Merkmal der Persönlichkeit ist. Ihr Fehlen ist krankhaft. Jugendliche u. alte Leute sind weniger suggestibel als ↗ Kinder u. Erwachsene. Der S.svorgang beginnt mit dem labilen Vorstadium, in dem der ↗ Patient od. Ratsuchende den ↗ Arzt od. Gesprächspartner aufsucht. Es kommt zu einer Rangordnung u. Rollenverteilung, der die „Wir-Bildung", das stadium acceptionis, folgt. Danach entsteht das eigentl. stadium suggestionis, der (un)bewußten Unterschiebung, wobei rationale Elemente umgangen werden. Schließlich wird die S. realisiert im stadium effectionis. Die S. kann die *innere* ↗ Haltung beeinflussen: trösten, beruhigen, bagatellisieren, ignorieren, ermutigen, überreden; sie kann die *äußere* Haltung beeinflussen: bei moral. Abhärtung, ↗ Abstinenz, ↗ Askese, Milieuwechsel, Isolierung, Ablenkung u. körperl. Übung. ↗ Yoga u. ↗ Autogenes Training können als Auto-S.n die Gesamtpersönlichkeit beeinflussen, ebenso die ↗ Hypnose, die im Unterschied zur S. die Bewußtseinslage des Suggerierenden verändert u. einengt. F. eine erfolgreiche therapeut. S. ist wesentl.: positive Formulierung, kurze Sätze, Wiederholungen mit Variation, Steigerung. Der Priester u. Lehrer wird sich vorwiegend auf die Persuasionsbehandlung (↗ Beratung, ↗ Pastoral Counseling) im sachl., überzeugenden ↗ Gespräch beschränken, wobei eine gewisse Beredsamkeit, Sicherheit, Selbstbewußtsein, Ausstrahlung u. emotionelle Wechselbeziehung wichtige Faktoren sind. ↗ Ärzte können u. U. Hypnose verwenden. Mü

Lit.: B. Stokvis, Suggestion, in: Handbuch der Neurosenlehre u. Psychotherapie, Bd. 2 (1959); D. Langen, Kompendium der mediz. Hypnose (²1972).

Supervision. Der Begriff S. findet sich zunächst im angelsächs. Sprachgebrauch. Dort verwendet man ihn im Sinne v. Beaufsichtigung. So übt etwa der Abteilungsleiter in einem Warenhaus die S. der Angestellten seiner Abteilung aus. S. bedeutet hier Kontrolle, Korrektur u. Beachtung v. Aspekten, die nicht „übersehen" werden sollen. Aus diesem Verwendungsbereich wurde der Begriff S. übertragen auf den Bereich der Ausbildung auf den Gebieten der ↗ Sozialarbeit, der ↗ Krankenpflege, der ↗ Psychiatrie u. der Psychologie. V. dort übernahm ihn die ↗ Klin. Seelsorgeausbildung (Clinical Pastoral Training bzw. Clinical Pastoral Education), in der v. Anfang an die S. eine entscheid. Bedeutung hatte. S. meint hier wie in den Ausbildungsgängen der anderen Berufsgebiete ein bes. Ausbildungsverfahren, dessen Intention es ist, die Entwicklung u. Einübung einer professionell organisierten Arbeitsweise zu gewährleisten u. zu fördern. S. ist hier nicht in erster Linie Arbeitsaufsicht, obwohl sie auch dies ist, insofern es darum geht, Praktikanten in der Ausübung ihres Berufes zu kontrollieren u. zu korrigieren. S. ist auch weder ↗ Psychotherapie noch ↗ Beratung, obwohl die ↗ Konflikte eines Praktikanten im Bereich seiner eigenen ↗ Person, seines Berufes od. seiner ↗ Arbeit durchaus angegangen werden können. S. ist auch nicht didakt. Unterrichtung, wenngleich durch sie Lerninhalte sehr wohl vermittelt werden können. S. ist auch nicht prakt. Anleitung, „wie man es macht", obwohl sie Wirkungen in dieser Richtung haben kann. S. ist vielmehr vornehml. eine Ausbildungsmethode, die beabsichtigt, beim Praktikanten diejenigen persönl. Veränderungen eintreten zu lassen, welche die ↗ Integration v. Selbstverständnis, relevanter Theorie, substantiellem Wissen u. funktionalen Fertigkeiten in die Praxis hinein gestatten. Eine entscheid. Rolle kommt dabei dem Supervisor zu. Er hat die Strukturen bereitzustellen, innerhalb deren sich der Lernprozeß vollziehen kann. Dazu gehören z. B. die Verpflichtung zu regelmäßiger Berichterstattung über einzelne Abschnitte der berufl. Tätigkeit, die Prüfung dieser Berichte im Lichte der Arbeitserfahrung u. relevanter Theorien u. der Vollzug dieser Prüfung in regelmäßigen Zusammenkünften mit dem Supervisor einzeln u. in der ↗ Gruppe der gleichzeitig Lernenden. Dieser Begriff der S. hat Eingang in den dt. Sprachgebrauch gefunden u. wird hier v. a. im Bereich der Sozialarbeit — dort spricht man auch v. „Praxisberatung" — u. der Klin. Seelsorgeausbildung verwendet. Wth

Lit.: Thomas W. Klink, Supervision als Routine-Prozeß in der Berufsausbildung f. den Pfarrdienst, in: Wege zum Menschen, Jg. 24, Heft 8/9, p. 319 ff.; ders., Supervision in der Klin. Seelsorgeausbildung, in: Wissenschaft u. Praxis in Kirche u. Gesellschaft, Jg. 62, Heft 4, p. 141 ff.; W. Zijlstra, Seelsorge-Training (1971).

Supranaturalismus. S. kann innerhalb der ↗ Prakt. Theologie der dogmat. od. psych. abgestützte Versuch genannt werden, unabhängig v. Verstandes- od. Erfahrungs-Daten, nur fußend auf Offenbarung od. ↗ Mystik, Verhaltensmaßregeln aufzustellen.
I. a) Der *kirchlicherseits verurteilte S.* war ein Versuch, gegen den allumfassenden Rationalismus u. Empirismus des 18./19. Jh. die Offenbarung als unabhängige Erkenntnisquelle hinzustellen. Zwei Grundrichtungen traten hervor: Glaubenserfahrung völlig abgelöst v. allen anderen menschl. Kategorien (Fideismus); od. Getragen-sein vom obj. geschichtl. Strom göttl. Weisheit (Traditionalismus). b) *Ähnl.* Bestrebungen gab es zu allen Zeiten. c) Heute zeigen sie sich als *Weigerung des* ↗ *Glaubens,* in den ↗ Dialog mit der modernen Wissenschaft einzutreten; od. als *Berufung auf „übernatürl. Erfahrung",* die sich jedem Hinterfragen sperrt.
II. a) Das I. Vat. Konzil stellte fest, daß *„Glaube u. Vernunft sich nie widersprechen,* vielmehr gegenseitig helfen"; der christl. Grund ist das Bekenntnis zur Offenbarung Gottes im Menschen Jesus; also Glaubenserfahrung *im* menschl. Erleben, Offenbarungswahrheit *in* wissenschaftl. aufzuweisendem Sprechen. b) Die pastorale Praxis großer Menschenführer (Mönchsväter, Augustinus, Ignatius, Bérulle) stellte jede noch so selbstgewisse persönl. Erfahrung ins *Skrutinium v. Theologie,* ↗ *Gespräch u. Ratifizierung durchs Leben.* c) *Grundprinzip* ist: Nicht im Verweigern v. Überprüfung, sondern nur im ↗ Vertrauen, daß der Glaube u. die Erfahrung im Skrutinium bestätigt u. gefestigt werden, zeigt sich das echte „Übernatürliche".
III. Die ↗ *„Unterscheidung der Geister"* gibt pastorale Hinweise. Zu ergänzen ist: a) Ein *krit. Wachsein,* das Aussagen u. Vorkommnisse vertrauensvoll annimmt, sich aber das Recht der Überprüfung behält, kann als Verhaltensregel gelten. b) Auch was wissenschaftl. ungreifbar bleibt, muß *personalen Verstehenskategorien* offenstehen. c) ↗ *Gemeinschaft* auf versch. Ebenen ist nicht nur wichtigstes Skrutinium, sondern selbst auch Träger der angedeuteten Prozesse. Su

Lit.: G. Hierzenberger, Der mag. Rest. Ein Beitrag zur Entmagisierung des Christentums (1968); H. de Lubac, Die Freiheit der Gnade, I. Das Erbe Augustin, II. Das Paradox des Menschen (1971); G. Greshake, Gnade als konkrete Freiheit. Eine Untersuchung zur Gnadenlehre des Pelagius (1972).

Symbol. Die Menschheit ist symbolbewußter geworden. Konnte man über einen langen Zeitraum hinweg annehmen, daß unsere Sinne die Außenwelt korrekt widerspiegeln, so daß das zentrale Problem der Wissenschaft das der *Beobach-*

tung war, so wird heute dieses Problem immer stärker v. dem der *Bedeutung* überschattet. Auch in der Naturwissenschaft setzt sich immer mehr die überraschende ↗ Wahrheit durch, daß unsere Sinnesdaten in erster Linie S.e sind; d. h.: „das Gebäude des menschl. Wissens kann nicht mehr als eine ungeheure Sammlung v. Sinnesmitteilungen angesehen werden, sondern als ein Gebäude aus Tatsachen, die S.e, u. Gesetzen, die deren Bedeutung sind" (S. K. Langer). Die Fähigkeit zur S.bildung muß als der Schlüssel aller menschl. Existenz aufgefaßt werden, denn S.e sind gespeicherte Bedeutung u. auf das Verstehen v. in Zeichen gespeicherter Bedeutung ist der Mensch angewiesen, um überhaupt handeln zu können. Das S. drängt „den Empfänger der Nachricht in die Rolle des Fragenden u. Suchenden u. schafft so eine psychische u. soziale Situation, in der soziales Handeln in der Hinwendung zum Nächsten als notwendig erlebt wird" (H. J. Helle). Die ↗ Psychoanalyse hat einen nicht unbeträchtl. Beitrag zum neuzeitl. S.verständnis geleistet, als Sigmund Freud sich der Erforschung des ↗ Traumes zuwandte. Ausgehend v. der Parallelität zw. Symptombildung u. Traumbildung nahm er an, daß es S.bildungen überindivid. Art geben müsse, die nicht jedesmal neu geschaffen werden, sondern bereit liegen, ein f. allemal fertig sind u. deren sich das Individuum lediglich bedient. Da der ersten Psychoanalytikergeneration auffiel, daß solche auftauchenden S.e fast ausschließl. mit ↗ Sexualität zu tun hatten, wurde der Schluß gezogen, daß der Mensch den Umgang mit seiner eigenen Sexualität vorwiegend in symbolisch verschlüsselter Form vornimmt. Es mußte dies das Ergebnis eines menschheitsgeschichtl. ↗ Verdrängungs-Vorganges sein, denn — so formulierte E. Jones —: Nur was verdrängt ist, bedarf der S.isierung. Das hieß aber in der Konsequenz, die Vorstellung v. menschl. ↗ Gesundheit mit der Abwesenheit v. S.n zu verbinden.

Die Enge u. Einseitigkeit dieses frühen psychoanalyt. S.begriffes veranlaßte C. G. Jung im Gegensatz dazu, das S. als die ↗ Sprache des ↗ Unbewußten überhaupt anzusehen, mit dem damit eine gewisse Ontologisierung vorgenommen wurde u. dem dann so etwas wie ein Offenbarungscharakter zukomme.

In der Psychoanalyse selbst kam es zu einer Revision des S.begriffs, die geradezu als Umkehrung der früheren Auffassungen angesehen werden kann: Der Umgang mit S.n kann danach nicht in der einfachen Stellvertretung ihrer Gegenstände bestehen, sondern die S.e sind Vehikel f. die Vorstellung v. Gegenständen. Damit ist eine alte Erkenntnis Freuds wieder aufgenommen, nämlich der Unterschied zw. Wortvorstellungen u. Objektvorstellungen u. die Einsicht, daß nur die Beziehung zw. Wortvorstellung u. Objektvorstellung den Namen „symbolisch" verdient, nicht aber die zw. Objekt u. Objektvorstellung.

Das S. kann nun nicht mehr als das Symptom einer Menschheitsneurose aufgefaßt werden, sondern gerade, wenn man die symbol. ↗ Kommunikation einstellt, droht die ↗ Neurose. Die S.bildung stellt deshalb eine universale ↗ Erfahrung des Menschen dar, weil sie das Abgeben eines Objektes ermöglicht, das nun im eigenen Innern durch eine Vorstellung repräsentiert ist u. somit die Grundlage f. jede weitere ↗ Ich-Entwicklung darstellt.

Die Beziehung zw. ↗ Verdrängung u. S. mußte damit neu bestimmt werden: Nicht die Verdrängung ruft die Notwendigkeit zur S.bildung hervor, sondern der Verzicht auf den Umgang mit S.n schafft die Verdrängung. Sie kann mit J. Habermas so gesehen werden, daß durch die Verdrängung die S.e, welche unterdrückte ↗ Bedürfnisse interpretieren, aus der öffentl. ↗ Kommunikation ausgeschlossen, „privatisiert", nicht mehr als S.e verstanden u. behandelt, sondern wortwörtl., „literalist." mißverstanden werden u. so zu einer eigenen „Privatsprache" der Neurose führen. Die Neurose kann so als der Verlust der Fähigkeit angesehen werden, S.e als S.e zu verstehen. Verdrängung bedeutet eine Desymbolisierung, eine formale ↗ Regression des S.prozesses in Richtung auf eine Klischeebildung, die zum blinden Agieren zwingt

(A. Lorenzer), od. aber S.e werden in Anzeichen verwandelt, wie sie aus der Tierpsychologie bekannt sind.
Die ↗ Pastoralpsychologie sieht sich in Theorie u. Praxis einer zweifachen Schwierigkeit gegenüber:
1. In der Theologie, v. a. durch den Einfluß der Bultmann-Schule, hält sich mit Hartnäckigkeit das ↗ Vorurteil, der Umgang mit den S.n der Überlieferung sei deshalb gestört, weil die geschichtl. Entwicklung derartige Ausdrucks- u. Kommunikationsformen überholt u. erledigt habe. Die rel. S.e könnten deshalb keine Wirkung mehr entfalten, weil der Mensch sich in seiner Lebenswelt auf fundamentale Weise verändert habe u. ihm der Zugang zu solchen Bereichen aufgrund der Veränderungen, die er an seinem Weltbild vorgenommen habe, versperrt sei. Es gelte also, S.e in Begriffe, Feier in Information, ↗ Spiel in Kategorien der ↗ Entscheidung zu transformieren.
2. In der Volks-↗Frömmigkeit dagegen fehlt weithin das Bewußtsein davon, daß die rel. Wahrheiten überwiegend in symbol. Gestalt überliefert sind. Sie mißversteht deshalb ihre eigenen S.e häufig „literalistisch" (P. Tillich) u. gibt sie als Information über Fakten aus. Damit vollzieht sich die Teilnahme der Gläubigen an S.n u. ↗ Riten weithin in tiefer Unbewußtheit, kann zwanghafte Züge annehmen (↗ Magie), muß mit den Mitteln der Faszination arbeiten, stabilisiert Herrschaft, verhindert ↗ Freiheit, verschließt ↗ Zukunft. Die öffentl. Kommunikation der Kirche degeneriert zur Privatsprache esoterischer Zirkel, die Vollzüge des ↗ Glaubens werden in einem ungeschichtl. Wiederholungszwang neurotisiert (↗ Sprache).
Freilich muß beachtet werden, daß eine reine Rückwendung zu dem entfremdeten Bereich der S.e nicht automatisch wie eine Befreiungstat wirken wird. Sie muß der tatsächl. eingetretenen Bewußtseinslage der neuzeitl. Menschheit, die unser geschichtl. ↗ Schicksal geworden ist, Rechnung tragen. Sie kann deshalb nicht als eine einfache Wiedererweckung des infantilen Umganges mit S.n vorgestellt werden, auf den diese offenbar direkt zu wirken vermögen. Beim Umgang mit S.n muß deshalb auch im rel. Bereich ein ↗ Bewußtsein v. dem symbol. Gehalt plus dem Bewußtsein des symbol. Charakters der S.e gefordert werden.   Joachim Scharfenberg

Lit.: J. R. Phillips, Psychoanalyse und Symbolik (1962); P. Tillich, Symbol und Wirklichkeit, Kleine Vandenhoeck Reihe, Bd. 151 (1962); S. K. Langer, Philosophie auf neuem Wege. Das Symbol im Denken, im Ritus und in der Kunst. (1965); C. G. Jung (u. a.), Der Mensch und seine Symbole (1968); H. J. Helle, Soziologie und Symbol (1969); A. Lorenzer, Zur Kritik des psychoanalytischen Symbolbegriffes (1970); E. Jones, Die Theorie der Symbolik in: Psyche, Heft 7/8, Jg. 1972; J. Scharfenberg, Das Symbol, in: Psychologie für Nichtpsychologen (ed. von H. J. Schultz) (1974).

Sympathie ↗ Übertragung

Tabu. Begriff des f. Naturvölker Ge- u. Verbotenen (bzgl. Handlungen, Gegenstände, Personen — Nichtberühren!), dessen Nichtbefolgung ↗ Strafen od. Katastrophen nach sich zieht. T.s ordnen soziale Strukturen ganzer Stämme u. Clans. Der Begriff erhielt (auch pastoralanthropolog.) eine bes. Bedeutung durch S. Freuds „Totem u. T.": Die Totemtiere (= Ahnen der Stämme) seien erste Erscheinungsformen der Religion. Wie in diesen üblich, wurden sie mit Tötungs- u. Sexualverboten belegt, wie in Tierphobien neurot. ↗ Patienten gefürchtet u. verehrt. Gemäß dem ↗ Ödipuskomplex handle es sich um die Gefühle dem ↗ Vater (= Gott) gegenüber — verschoben auf das ↗ Tier. Gemeint sei der Urvater (Vater der Urhorde), der einst v. den Söhnen umgebracht u. aufgefressen worden sei (Einverleibung seiner ↗ Macht). Seitdem würden Totemmahlzeiten (Eucharistie u. Abendmahl seien Fortsetzungen der Tieropfer!) immer wieder durchgeführt zur Auffrischung der göttl. Kraft u. als Sühne (↗ Ambivalenz) f. das Urvergehen, f. die ↗ „Erbsünde". Die Urschuld sei so groß, daß sie nie ganz getilgt werden könne, weshalb das rel. Zwangsritual kein Ende finde: eine Parallele zu den Wiederholungen der Zwangskranken. Nach Freud ist Religion eine „universelle Zwangsneurose der Menschheit". Im Christentum seien Vaterbindung u. Sohnestrotz in eine neue Phase getreten. Paulus habe die Urschuld der Vatertötung als Grund unseres Unglücks erkannt, weshalb der Sohn sich als Sühneopfer hingeben mußte. Im Unterschied zum Judentum gebe das Christentum den Vatermord zu, sei ihm jedoch nicht entgangen, sondern setzte nur eine Sohnesreligion an die Stelle der Vaterreligion. Die ↗ Angst vor dem übermächtigen ↗ Vater sei erhalten geblieben, deutlich im Einprägen eines angsterzeugenden ↗ Über-Ichs (Schuld- u. Gewissenszwänge, Ge- u. Verbote), die Illusion eines Oberhirten (Christus), symbolisiert im ständigen (Papst-)Stellvertreter, das Schmieden künstl. ↗ Massen (der Gläubigen). Wie in hypnotisierten Massen bilde die Bindung an den „Vater" die Grundlage der Verbindung aller untereinander. Besteht sie, trifft alle die gleiche ↗ „Liebe". Alle, die sich nicht unterwürfen, würden aber gerade v. den christl. Kirchen mit Intoleranz u. Grausamkeit verfolgt. **Wi**

Lit.: S. Freud, Totem u. Tabu. Ges. Werke Bd. IX (1948); E. Wiesenhütter, Freud u. seine Kritiker (1974).

Tanz. T., ursprünglichstes Ausdrucksmittel der Lebewesen, kann beschrieben werden als rhythm. Bewegungsablauf, der — spielerisch, d. h. zweckfrei, aber beabsichtigt u. in sich sinnvoll — die Möglichkeiten leibl. Spannkraft (energetisch u. expansiv) bis an ihre Grenzen treibt. T. ist aktive Darstellung eines radikal gesteigerten, bis zur absoluten ↗ Erschöpfung dynamisch ausgehaltenen Spannungspotentials. Dabei bildet tänzerischer Bewegungsablauf eher seinen eigenen Raum u. seine eigene Zeit, als daß er im vorgegebenen Raum u. in der vorgegebenen Zeit stattfände. Der Rhythmus kann v. fremden Bewegungsabläufen (z. B. ↗ Tieren, Sternen) übernommen od. durch eigene allererst gesetzt werden. Grundfiguren des T.s sind geometrische Ornamente, Kreise od. Wirbel, Grundbewegungsarten: Schreiten od. Springen.

Kultischer „primitiver" T. muß verstanden werden als Teilnahme an tierischen, göttl. u. kosm. Energierhythmen. In Religionen u. Theologien ist der T. Metapher universell-kosm., d. h. geordneter u. schöner Gesamtbewegung, die Leben u. ↗ Tod jedes einzelnen umspannt. Teilnahme an dieser Bewegung kann darum zur Auflösung der endl. Identität, zum Hineinversetztwerden ins Andere, ins Nicht-Ich, zur ↗ Ekstase führen.

Die christl. Bewertung des T.s schwankt zw. zwei bibl. Geschichten: David tanzt vor der Lade (2 Sam 6), u. die Tochter der Herodias tanzt um das Haupt Johannes des Täufers (Mt 14). So lassen sich einerseits in Liturgie u. Theologie seit der frühchristl. Kirche T.elemente u. T. symbole (↗ Symbol) finden; andererseits wurde der T. wegen seiner Nähe zu heidn. Religion u. heidn. Theater, genauso aber wegen seiner erot. Momente — oft aus einer Leibfremdheit od. -feindschaft heraus — abgelehnt. — Auch der moderne u. profane T. vermitteln, trotz einer gewissen Trennung u. Gegensätzlichkeit der Partner, die Teilnahme an einem gemeins., dem Alltag fremden Rhythmus, setzt eine rhythm. Gesamtbewegung u. ist als solcher gemeinschaftsbildend. T. als leiblichstes Ausdrucksmittel leibseel. Kreatur hat liturg., soziale u. heilende Möglichkeiten (↗ Gottesdienst, ↗ Musiktherapie). Ma

Lit.: C. Sachs, Eine Weltgeschichte des Tanzes (1933); G. van der Leeuw, Vom Heiligen in der Kunst (1957).

Tapferkeit. Seit der Antike zählt T. (lat.: fortitudo) zu den grundlegenden ↗ Tugenden. Thomas v. Aquin sieht in ihr die Bereitschaft, um des Guten willen zu kämpfen u. Verwundung, ja den ↗ Tod hinzunehmen (vgl. S. Th. II/II, 123—140). Der Martyrer wird zum Inbegriff christl. T. Im NT kommen die in der griech. Philosophie benutzten Begriffe f. T. („andreia" u. „karteria") nicht vor, der gemeinte Inhalt findet sich jedoch in den ntl. Worten ↗ Hoffnung, ↗ Geduld u. Großmut. Im Gegensatz zur außerchristl. Ethik wird T. jedoch primär gesehen als Kraft Gottes, die in der menschl. Schwachheit zur Vollendung kommt (2 Kor 12,9). Ähnlich wie bei Tugend überhaupt lassen sich im heutigen ↗ Bewußtsein gefühlsmäßige Vorbehalte gegen die T. nicht übersehen. Der Typ des „Helden" (v. a. des Kriegshelden) ist weithin fragwürdig geworden. Darum müßten zunächst einige Mißverständnisse ausgeräumt werden: T. ist nicht eine Sache der Veranlagung. T. bedeutet nicht: keine ↗ Angst haben. T. darf nicht mit blinder Tollkühnheit verwechselt werden. Sie ist auch nicht an außerordentl. Situationen geknüpft, sondern ebenso notwendig zur Bewältigung der alltägl. Schwierigkeiten („Zivilcourage"). T. setzt eine ernsthafte Entscheidung f. ein erkanntes Gut voraus u. die Entschlossenheit, jegl. Bedrohung dieses Gutes Widerstand zu leisten, es zu verteidigen — u. um des Guten willen Nachteile in Kauf zu nehmen: Spott, Verachtung, Wunden, selbst den ↗ Tod. Nicht als ob dem Tapferen diese Nachteile gleichgültig wären, nicht als ob er keine Furcht empfände. Aber er überwindet die Furcht. Wer die Gefahr nicht sieht, wer keine Furcht davor verspürt, kann nicht tapfer sein. Das tragende Fundament aller T. (soweit sie vom Menschen selbst abhängt) wird gelegt durch eine umfassende u. immer neu vertiefte Hinwendung zum Guten. Nur wenn dem Menschen ↗ Wahrhaftigkeit u. ↗ Gerechtigkeit wichtiger geworden sind als seine eigene Sicherheit u. Unversehrtheit, wird er im Ernstfall den Mut finden, tapfer zu sein. T. ist nicht nur ein formaler Modus menschl. ↗ Verhaltens, ein abenteuerlustiges Spielen mit willkürl. gesuchter Gefahr. Sie steht immer in einem Bezug zu einem Gut, das sie verteidigt, weil sie sich diesem Gut hingegeben hat. Diese Hingabe ist der eigentl. Grund, weshalb der Tapfere angesichts einer drohenden Gefahr nicht feige davonläuft. Wenn ein Mensch aufhört, sein eigenes ↗ Ich als den Mittelpunkt seines Lebens zu betrachten, wenn er es lernt, sich selbst loszulassen u. auf die ständige Absicherung seines Ichs zu verzichten, dann wird er fähig zur T. — u. zur Nachfolge Christi. Gy

Lit.: R. Guardini, Tugenden (1962), 33—55; J. Pieper, Vom Sinn der Tapferkeit (⁸1963).

Taubblinde. T. sind Menschen, die blind (↗ Blindenseelsorge) u. zugleich taub (↗ Gehörlosenseelsorge) sind. Im dt. Sprachraum rechnet man mit ca. 500—600 T.n. Exaktes Zahlenmaterial liegt nicht vor. Die Zahl der v. Geburt an T.n ist sehr gering, zeigt aber neuerdings zunehmende Tendenz. Die meisten T.n waren zunächst blind od. gehörlos u. wurden später auch noch taub bzw. blind. F. eine wirksame seelsorgerl. Betreuung ist das Wissen um die Primär- u. Erstbehinderung v. größter Wichtigkeit. Der T., der zunächst nur blind war, ist im Vollbesitz der ↗ Sprache. Man kann mit ihm über die Blindenschrift od. (u.) das „Lormen" in Kontakt kommen. Der T. aber, der zunächst gehörlos war u. dazu später erblindete, hat nur einen geringen Sprachschatz u. z. T. auch geringes Sprechvermögen. Die Blindenschrift ist ihm unbekannt u. die Verständigung über das „Lormen" ist nur nach den Regeln f. den Umgang mit Gehörlosen möglich. Deshalb ist es sinnvoll u. wünschenswert, wenn ausgebildete Taubstummenseelsorger auch gleichzeitig Blindenseelsorger sind. „Lormen" nennt man das Fingeralphabet, das nach seinem Erfinder Hieronymus Lorm bekannt wurde. Eine punktuelle od. strichhafte Berührung der Innenseite der Finger bzw. Handfläche bedeutet jeweils einen Buchstaben. Dieses Tastalphabet ist schnell u. leicht zu erlernen.

Pfarrseelsorger sollten auf jeden Fall den zuständigen T.nseelsorger auf T. in seiner ↗ Gemeinde aufmerksam machen. In der Regel ist es der Blinden- u. Gehörlosenseelsorger seiner Diözese bzw. seiner Landeskirche. Wenn sich auch verbleibende Hör- od. Sehreste etwas erleichternd auswirken, so müssen doch taubblinde Kinder auf jeden Fall gesondert beschult werden. T.nschulen gibt es in CH-1700 Freiburg, Pletscha 17 u. in D-3 Hannover-Kirchrode, Albert-Schweizer-Hof 27.

Die konfess. Blindenorganisationen (Östereich. Blindenapostolat, Schweizer. Caritasaktion der Blinden, Deutsches kath. Blindenwerk) nehmen sich bes. der rel. Betreuung der T.n an. Alle notwendigen Anschriften vermittelt die „Zentralstelle f. kath. Seelsorge bei Sinnesgeschädigten", D-516 Düren, Steinweg 10.

Rm

Lit.: „Lebendige Seelsorge", Heft 5, Jahrgang 1973, Seelsorge Verlag — Echter Würzburg.

Taubstummenbetreuung ↗ Gehörlosenseelsorge

Taufe. Unter T. versteht man den f. die ↗ Kirche konstitutiven Akt zu Beginn des christl. Lebens, der sichtbar gemacht wird durch ein Wasserbad (od. ein Abwaschen) mit gleichzeitigem Nennen (Epiklese) der drei göttl. Namen („N., ich taufe dich im Namen des Vaters u. des Sohnes u. des Hl. Geistes"). Ursprüngl. waren T., Firmung u. Eucharistie als Initionssakramente in einem Vorgang zusammengefaßt u. wurden vom Bischof gespendet (so die liturg. Quellen bis zum II. Vatikan. Konzil). Eine Individualisierung der T. zeigte sich in der zunehmenden Ausprägung der Kinder-T., die seit dem 4. u. 5. Jh. weithin zum Normalfall wurde. Die Reformatoren des 16. Jh. stellten die kognitive Seite der T. heraus (Betonung der ↗ Verkündigung u. des daraus resultierenden ↗ Glaubens), doch führte erst die moderne evang. Sakramentenkritik diesen Ansatz zuende, wenn ihr zufolge die T. nur über das Bescheid gibt, was durch Christus geschehen ist, u. diese T. nur im ↗ Gehorsam ihm gegenüber empfangen wird (womit die Kinder-T. als eine „zutiefst unordentl. T.-Praxis" dasteht). In der kath. Kirche brachte die Liturg. Bewegung zw. den beiden Weltkriegen eine Neubelebung des T.verständnisses u. eine Aufwertung der zeichenhaften T.-Symbolik; diese Entwicklung fand ihren vorläufigen Abschluß in der Reform der T.-Liturgie nach dem II. Vatikan. Konzil u. führte zur Trennung v. Kinder- u. Erwachsenen-T. Die Überzeugung v. der Heilsnotwendigkeit der T. findet ihren Niederschlag in der Praxis der ↗ Nottaufe bzw. ↗ Jähtaufe.

In der gegenwärtigen Diskussion zeichnen sich u. a. folgende Grundfragen ab, die bei der Findung prakt. Lösungs- u. Verhaltenshinweise f. die heutige T.-Praxis beachtet werden müßten: Einmal die Frage nach der Erhaltung der Kinder-T. (u. die damit verbundene Frage nach der Einheit der christl. Initiation, nebst ihren ökumen. Implikationen); dann der (schon jetzt mancherorts eingetretene) Verlust pastoraler ↗ Wahrhaftigkeit (bes. im Blick auf die Bedeutung der T. f. die ↗ Gemeinschaft der Kirche).

Prüft man indessen die sozialpsych. Voraussetzungen (↗ Sozialpsychologie, ↗ Seelsorger), so scheinen immer noch die ↗ Sakramente die begehrtesten unter den kirchl. Angeboten zu sein:

1. V. a. als sog. *Passageriten* (Passagen = krit. Lebenssituationen, die bei ihrer Bewältigung zu neuen Lebensabschnitten führen, wobei sie sich gern mit einem irrat. ↗ Ritual umgeben) bei Geburt, Einschulung, Hochzeit, ↗ Tod u. a. mehr finden sie ein außerordentl. Interesse bis heute. Bei der T. geht es dabei vielfach nicht nur um einen kirchl. (Eingliederung in die Kirche; Eröffnung des Zugangs zu

Gott), sondern auch um einen gleichzeitig gesellschaftl. Passageritus (erste größere Vorstellung des Neugeborenen im Verwandten- u. Bekanntenkreis u. ä.). V. hier aus gesehen, gehen aber sowohl die Erwartungen u. ↗ Bedürfnisse der beteiligten Eltern u. Gäste wie die theol. Zielvorstellungen seitens der Amtskirchen andrerseits so weit auseinander wie bei keinem anderen der „rites de passage". V. a. im evang. Raum scheint man weithin den spezif. ↗ Erfahrungen bei der Geburt eines Kindes mißtrauisch gegenüberzustehen u. eine Herausstellung des ↗ Kindes u. seiner Eltern (Paten) möglichst vermeiden zu wollen. —

2. Die neue kath. „Feier der Kinder-T. zeigt dagegen eine zieml. Unbefangenheit gegenüber den ↗ Rollen des Kindes u. seiner Angehörigen beim T.-Geschehen (↗ Gespräche mit Eltern u. Paten über das Kind; Segens- u. Glückwünsche nach der glückl. Geburt). Das deckt sich etwa mit dem, was Karl Rahner „über *die kopernikan. Wende im Sakramentenverständnis*" formuliert hat: Während in der Vergangenheit die Sakramente als in die profane Welt gestellte sakrale Zeichen gesehen wurden, lassen sich die sakramentalen Handlungen heute eher als explizite Aufgipfelungen dessen verstehen, was in der Welt schon da ist u. wirkt. Der Mensch u. sein ↗ Leben lassen sich eben nicht in eine ↗ heilige u. eine profane Hälfte aufteilen. Deshalb würdigt der Passageritus T. gerade als Sakrament das menschl. Leben u. zeigt, daß es im natürl. Werden u. Wachsen des Menschen ein anderes Werden, ein Werden auf Gott hin gibt od. wenigstens geben kann u. sollte. Damit wird implizit auch jene (vielfach bis heute vorgefundene) ↗ Haltung zurückgewiesen, die die T. als Heilsbeschwörung ansieht od. hauptsächl. deren angstüberwindende Funktion (↗ Angst) angesichts der unsicheren u. gefährl. ↗ Zukunft herausstellt. Vielmehr gilt die T. als Eintritt in die Übung des Christwerdens; durch die T. geben Eltern (u. Paten) bekannt, daß sie das getaufte Kind in das Christwerden einführen wollen. Als Konsequenz ergibt sich daraus, in der T. nicht nur ein Anfangsereignis zu sehen, sondern vielmehr ein Lebensthema, das durch den Entschluß zur T. gestellt wird.

3. So fordert die Feier der Kinder-T. (mit vorausgehendem T.-Gespräch, auch in der Verkündigung der gottesdienstl. Feier selbst) durch das Herausstellen der T. *als des nur ersten Schrittes in der christl. Initiation* primär auf zur gezielten Hilfe in der Krisensituation junger Elternschaft. Daß sich diese Gewichtung des Taufgeschehens in den Augen zahlreicher evang. Theologen als bloßer Kompromiß zw. den Erwartungen der Taufgemeinde u. dem Anspruch der T. darstellt, wird wohl noch f. längere Zeit die ökumen. Übereinstimmung verhindern. Es dürfte jedoch nicht weiterhelfen, vor einem (noch gültigen) sozialpsych. Befund die Augen zu verschließen u. „donquichotisch gegen Windmühlen" anzureiten (W. Blasig). Trotzdem stellt sich immer mehr die Frage, ob die Kirchen in Zukunft noch so sicher auf die Kinder-T. werden setzen können, wie das in den vergangenen Jahrhunderten der Fall war. Auffällig ist jedoch, daß es (wenigstens im deutschsprach. Raum) kaum Überlegungen gibt, wie interessierte Erwachsene den Zugang zum christl. Leben finden können. Anders als in den jungen afrikan. u. asiat. Kirchen gibt es hierzulande kein Katechumenat, keine öffentl. Werbung (↗ Missionarische Seelsorge, Mission) lediglich das ↗ Tabu der Proselytenmacherei. Auch der neue röm. Modellritus f. Katechumenat u. Erwachsenen-T. wird ohne großzügige Berücksichtigung der modernen westl. Lebensgewohnheiten kaum zu einer „T.-Bewegung" führen. Solange „die Infantilität der baptizati das erregende Problem heutigen kirchl. Lebens" bleibt (HbPTh II¹, 116) — und nicht die Kinder-T. —, sind in der westl. Welt kaum neue Initiativen christl. ↗ Selbstverwirklichung zu erwarten. NN/Hz

Lit.: Ernst Chr. Suttner (Hsg.), Taufe und Firmung. Zweites Regensburger Ökumenisches Symposion (1971); Hans-Jörg auf der Maur/Bruno Kleinheyer (Hsg.), Zeichen des Glaubens. Studien zu Taufe und Firmung (1972); Ingrid Jorissen/Hans Bernhard Meyer, Die Taufe der Kinder (1972); Homiletische Arbeitsgruppe Stuttgart/Frankfurt, Die Predigt bei Taufe, Trauung und

Begräbnis. Inhalt, Wirkung und Funktion. Eine Contentanalyse (1973); Burkhard Neunheuser, Taufe, in: Herders Theologisches Taschenlexikon, Bd. 7 (1973) 213—224; N. Hofer, Thema Taufe — Firmung (Reihe Thematische Verkündigung) (1974).

Teamwork. Mit T. bezeichnet man im angloamerikan. Sprachgebrauch Gruppenarbeit schlechthin. Sozialwissenschaftl. versteht man darunter jene Form der Zusammenarbeit, bei der jedes Mitglied einer ↗ Gruppe auf die Kooperation der anderen angewiesen ist, die Gesamtleistung aber nur v. der ganzen Gruppe erbracht werden kann. In einer Zeit, in der das menschheitl. Gesamtwissen nicht mehr v. einzelnen Universalgenies, sondern nur noch v. Spezialisten erarbeitet u. verwaltet werden kann, ist T. unumgänglich. T. ist daher die heute gebotene Form auch kirchl. Arbeit (Kooperation mit „Laien", Gruppen- od. Teampfarramt usw.). Sie setzt einen Abbau hierarch. ↗ Strukturen u. die Bereitschaft aller zur Zusammenarbeit voraus. Auch die ↗ Krankenpflege muß heute als T. geschehen; daher gehört ins therapeut. Team um der Ganzheit des Menschen willen stets auch ein ↗ Seelsorger. ↗ Klin. Seelsorgeausbildung   Sto

Lit.: P. Hofstätter, Einführung in die Sozialpsychologie (⁴1966); D. Stollberg, Die dritte Gruppe — Zur Situation des Seelsorgers im psychiatrischen Team, in: Wissenschaft u. Praxis in Kirche u. Gesellschaft (1973) 12, S. 526—535; H.-C. Piper, Gesprächsanalyse im therapeutischen Team, in: Wege zum Menschen 26 (1974), S. 287—293.

Technik. Der aus dem Griech. (technē) stammende Begriff T. meinte urspr. jedes Tun des Menschen, das sinnl. wahrnehmbare Dinge (↗ Natur) aufgrund bestehender ↗ Bedürfnisse u. Vorstellungen umgestaltete, aber auch das daraus entstandene künstl. Produkt (Kunst). Ähnlich wird T. noch heute als planmäßige, bedürfnisorientierte Nutzung der außermenschl. Natur definiert; darüber hinaus werden auch zielgerichtete bzw. zweckgebundene Beeinflussungen v. Geschehensabläufen unter den Begriff T. gefaßt (z. B. Anwendung techn. Mittel u. Lösungen, um regelmäßig auszuführende Aufgaben müheloser, zeitsparender u. sicherer zu bewältigen).

In der Menschheitsgeschichte finden sich verschiedenartige Versuche, naturhafte Geschehensabläufe zu beeinflussen: durch kult. Handlungen (mag. T.), durch Anwendung v. Erfahrungsregeln (traditionale T.), durch Einsatz v. naturwissenschaftl. Erkenntnissen (rationale T.). Indem die Gesetzmäßigkeiten der rationalen T. auf alle Lebensbereiche analog angewandt wurden, entstand schließl. eine „komplexe" T. mit der Gefahr, sich zu verselbständigen u. sich dadurch dem Einfluß des Menschen zu entziehen (Technokratie).

Vor einer Gefährdung des Menschen durch die T. warnten mit zunehmender ↗ Industrialisierung, Automatisierung u. ↗ Institutionalisierung viele Kultur- u. Gesellschaftskritiker (z. B. F. G. Jünger, H. Marcuse). Die Eigendynamik der T. zwinge dem Menschen deren Gesetze auf u. entfremde ihn seiner selbst, so daß er nur noch mit existentieller ↗ Angst reagiere. Die T. störe nicht nur die funktionalen Beziehungen des Menschen zu seiner ↗ Arbeit (mit den Folgen einer technolog. Massenarbeitslosigkeit), sondern bemächtige sich seiner ↗ Freizeit mittels der Vergnügungsindustrie. Durch Vermassung der Menschen u. durch Bildung wirtschaftl. Großverbände werde sie zur alles beherrschenden ↗ Macht, die über wachsende Umweltverschmutzung u. außer Kontrolle geratene Kriege mit Kernwaffen schließl. die gesamten Lebensbedingungen der Menschen vernichte. — Dagegen betonten Vertreter eines unbedingten ↗ Fortschrittsglaubens die positiven Auswirkungen der T.: Erleichterung u. Spezialisierung der Arbeit; ↗ Teamwork u. betriebl. Mitbestimmung; Arbeitszeitverkürzung u. Freizeitgewinn; Vermeiden v. Naturkatastrophen u. ↗ Krankheiten — insges. also eine gesteigerte ↗ Lebensqualität.

Da T. im wesentl. eine Reaktion des Menschen auf seine ↗ Umwelt ist, liegt es in seiner Hand, wieweit diese Befürchtungen u. ↗ Hoffnungen real werden. Aufgabe einer ↗ Pastoralanthropologie ist es, T. als Anruf u. Mittel zur Vollendung des ↗ Schöpfungs-Werkes zu deuten. T. bleibt dann immer auf den Menschen bezogen, insofern sie ihm zur

↗ Selbstverwirklichung u. -entfaltung in der ↗ Gemeinschaft seiner Mitmenschen dienen soll. Rf

Lit.: W. Schadewaldt, Natur — Technik — Kunst (1960); P. Koessler, Christentum u. Technik (⁴1966); H. Beck, Philosophie der Technik. Perspektiven zur Technik — Menschheit — Zukunft (1969); H. Zbinden, Der Mensch im Spannungsfeld der modernen Technik (1970); K. Steinbuch, Mensch, Technik, Zukunft. Probleme v. morgen (1973).

Telefonseelsorge. Unter dem Druck v. ↗ Vereinsamung finden viele in einer f. sie bedrohl. Situation keinen Gesprächspartner. Das Fehlen verbindl. ↗ Verhaltens-Modelle verunsichert sie. Sinnentwürfe, die eine umfassende Deutung des Daseins ermöglichen, werden nicht angeboten (↗ Lebenssinn). Die wachsende Zahl zwischenmenschl. ↗ Konflikte u. seel. Störungen in der Industriegesellschaft macht ein vielfältiges Beratungsangebot notwendig. Die Hemmnisschwelle, eine „Dienststelle" aufzusuchen, ist schwer zu überschreiten. Hier bietet T. die erste Kontaktbrücke über das Telefongespräch an. Tag u. Nacht können Ratsuchende befähigte u. verschwiegene Gesprächspartner erreichen, die sie in ihrer jeweiligen Situation ernst nehmen, ihnen im Krisenfall beistehen u. ihre Anonymität achten. Die Mitarbeiter versuchen, den anderen in vorurteilsfreier u. unbedingter Offenheit anzunehmen. Das Angebot besteht im Zuhören u. im Klären, im Ermutigen u. Mittragen, im Hinführen zu eigener ↗ Entscheidung u. im Hinweis auf geeignete Fachleute. Das ↗ Gespräch kann nicht nur am Telefon, sondern auch — wenn nötig u. gewünscht — in unmittelbarer persönl. Begegnung weitergeführt werden. Auch in der persönl. ↗ Beratung wird die method. eingrenzende Fachberatung vermieden u. eine „Notfallsberatung" als „erste Hilfe" entwickelt. Die konkreten Probleme, vorgebracht v. allen Altersgruppen u. sozialen Schichten, darunter auch vielen Nichtgläubigen, sind selten theol.-theoret. Natur. Hinter den schweren Konflikten steht die Sinnfrage. T. versucht nicht einen Sinn aufzureden, noch viel weniger zu missionieren, sondern erhofft, daß der absichtslos engagierte Dienst f. sich selbst spricht, bezeugt er doch ↗ Glauben an die ↗ Zukunft des Menschen, also Glauben an Gott, der die Zukunft des Menschen schlechthin ist. Ausdrückl. auf Glauben hin angesprochen, müssen über die indirekte Aussage hinaus in dem Zeugnis eigenes Ringen u. persönl. ↗ Erfahrung erkennbar werden. Dabei wird sich das wesentl. Christliche als tragfähig erweisen. So drängt T. auf ökumen. Gemeinsamkeit. Seit über 10 Jahren bestehen in allen europ. Ländern T.-Stellen, ca. 240 Stellen; in Österreich 2, in der Schweiz 10, in der Bundesrepublik 47 (davon 26 kath., 21 evang.) und in wachsender Zahl ökumen. Stellen (16). Pe

Lit.: Karl Pehl, „Angebot Hoffnung", (1970); Norbert Wetzel, „Das Gespräch als Lebenshilfe" (1972).

Telekinese. Fernbewegung v. Gegenständen durch parapsych. Beeinflussung der Materie; v. Driesch zur Gruppe der sog. physikal. paranormalen Phänomene gerechnet (↗ Materialisation, ↗ Spuk, ↗ Parapsychologie).

Telepathie ↗ Parapsychologie

Temperament. Unter T. (v. lat. temperamentum = Maß) versteht man die komplexe, z. T. konstitutionsbiolog., z. T. psychophysisch gegebene Basis der Gemütsverfassung. Schon Hippokrates u. Galen unterschieden: Sanguiniker, Melancholiker, Choleriker u. Phlegmatiker als spezif. Weisen der Gemütserregbarkeit. E. Kretschmer unterscheidet schizothyme, zyklothyme u. athlet. ↗ Typen u. ordnet sie best. Krankheitsgruppen zu (Schizophrenie, Melancholie, Epilepsie). Zahlreiche Untergruppen u. Abwandlungen der T.e durch die Geschichte zeigen das Unbefriedigende derartiger Klassifizierungen. Meist finden sich in der Wirklichkeit Mischformen u. Typen, die sich kaum einordnen lassen.

Testverfahren = Situationen, in denen ein diagnost. relevantes ↗ Verhalten der zu untersuchenden ↗ Person herausgefordert wird. Besteht im Prinzip aus zwei Komponenten, der verhaltensauslösenden Reizgegebenheit u. aus den Anweisungen zur Interpretation des Verhaltens. Man unterscheidet zw. zwei großen Gruppen: 1. Intelligenztest, 2. Charaktertest od. projektive T.

Intelligenzteste sind anthropometr. Verfahren, die auf Galton 1882 zurückgehen. Das Vorbild aller neueren Intelligenzteste schuf Binet mit Simon 1905 in seinen Untersuchungen minderbegabter Schulkinder. Die nach Alters-↗ Normen (Intelligenzalter) abgestuften Testreihen wurden 1914 v. Bobertag, 1937 v. Merill u. 1957 v. Termann modifiziert (Terman—Merill—Stanford Revision des Binet-Testes). W. Stern hat 1911 das Intelligenzalter in Beziehung zum Lebensalter als den Intelligenzquotienten (I. Q.) definiert. Die Verteilung des Intelligenzquotienten in einer unausgelesenen Bevölkerung entspricht der Gauß'schen Verteilungskurve. Neben den weitgehend sprachabhängigen Testen wurden sprachunabhängige Handlungsteste entwickelt, um den globalen Begriff der Intelligenz auf mehrere voneinander unabhängige Funktionen aufzugliedern. Solche Teste sind der analyt. Intelligenztest, der Wechsler-Bellevue-Test in seiner dt. Fassung als Hamburg-Wechsler-Intelligenztest f. Erwachsene (HaWIE) u. f. Kinder (HaWIK). Sprachfreie Teste wurden v. Raven (progressive Matrices) u. v. Cattell als Abstraktionsteste entwickelt. Projektive T. dienen der Gewinnung eines Charakterbildes (Persönlichkeitsteste); am bekanntesten unter ihnen sind der Rorschachtest, bei dem Tintenkleckse u. der Thematic-Apperceptions-Test nach Murray, bei dem rätselhafte emotional geladene Bilder gedeutet werden sollen. Andere Teste verlangen Sympathiewahlen v. Portraitbildern (Szondi), Farben (Lüscher), die zeichnerische Entwicklung einfacher Bildelemente (Wartegg), die spielerische Verwendung v. Material (Mosaiktest nach Löwenfeld; Welttest nach Ch. Bühler, Szenotest nach G. v. Staabs; Farbpyramidentest nach Pfister u. Heiß).

Eine dritte Gruppe verwendet Fragebogen (Persönlichkeitsinventare), bei denen aus Selbsteinschätzung auf die Persönlichkeit rückgeschlossen werden kann. Die bekanntesten sind das Minnesota-Multiphasic-Personality Inventory (MMPI), der Persönlichkeits-Interessen-Test (P.I.-Test nach Mittenecker), der Maudsley Persönlichkeitsfragebogen (M.P.F.) nach Eysenck u. der Freiburger Persönlichkeitsfragebogen (F.P.I.) nach Fahrenberg u. Selg.

Wesentlich bei jedem T. sind Verläßlichkeit (reliability) u. die diagnost. Valenz (Validity), die durch statist. Verfahren überprüft werden müssen. Pa

Lit.: E. Stern, Die Tests in der klinischen Psychologie (1954); H. Hiltmann, Kompendium der psychologischen Diagnostik (1961); M. Sader, Möglichkeiten und Grenzen psychologischer Testverfahren (1961).

Teufelsangst. T. kann tiefenpsych. als neurot. ↗ Angst bezeichnet werden, insofern bei ihr das Ausmaß der Angst in keiner realistischen Beziehung zum befürchteten Objekt steht. Oftmals kann der Ängstliche nicht genau angeben, wovor er sich eigentl. fürchtet. T. bezeichnet vielfach eine primitive, meist mag. durchsetzte Furcht vor unheimlichen Gestalten, die als Drachen, Wolf, Hund u. a. od. als Menschen mit Pferdefuß, Hörnern usw. vorwiegend des Nachts an den Menschen herantreten. Das in letzter Zeit wieder aufflammende Interesse an Phänomenen wie ↗ Besessenheit, Hexerei, schwarze Messen, Satanskult usw. zeigt den patholog. Auswuchs der verdrängten T. (vgl. den Film „The Exorcist"). Gerade der demonstrative Charakter der mag. Praktiken verrät das Ausmaß der T., wobei der Pakt mit dem ↗ Bösen, die Konfrontation mit dem Unheimlichen vielfach die uneingestandene Erwartung beinhaltet, v. jener Angst zu befreien. Wenn die bösen ↗ Phantasien in derartigen ↗ Kulten ausagiert werden, können sie u. U. ihren Schrecken verlieren u. die Symptome der durch Angst erzeugten Gehemmtheit verschwinden. Mit der T. hängt häufig ein ↗ Schuld-Gefühl zusammen, das eher diffus erlebt wird. Angst vor dem Dämonischen gehört zur Grundbefindlichkeit des Menschen, wobei gerade die Unberechenbarkeit u. Unbestimmtheit des Lebens angsteinflößend wirkt. Das archaische Gefühl einer möglichen Anwesenheit des Teufels — auch bei nicht Gläubigen — manifestiert sich in neurot. Angstsituationen durch Lärmen, schnelles Gehen, ritualisierte Handlungen wie Selbstbekreuzigung, Weihwasserbesprengung, Kreisziehen u. a. Die Praktiken ähneln der Geisterbeschwörung u. Teufelsaustreibung primitiver Völker u. lassen wohl auf eine im Menschen befindl. Existenzangst schließen. In sublimierter Form (↗ Sublimierung) zeigt sich die T. im Nichternstnehmen u. Überfliegen der Wirklichkeit, im Leugnen jener dämon. Mächte (↗ Verdrängung) od. auch getarnt als pseudowissenschaftl. Interesse an ihnen. In patholog. Fällen empfiehlt sich eine psychotherapeut. Behandlung durch den Fachmann. Bei der Bereinigung der mit T. verknüpften Schuldprobleme u. der ↗ Integration im ↗ Glauben bedarf es der Zusammenarbeit mit dem versierten ↗ Seelsorger, v. a. wenn der Verdacht einer sog. ↗ Ekklesiogenen Neurose vorliegt.

Mü

Lit.: LThK, Bd. 1: Angst; ru, Zeitschrift für Religionsunterricht u. Praxis, Bd. 3, 1971, München, S. 137 ff.

Thanathologie. Th. (griech.) ist die Lehre vom ↗ Sterben u. ↗ Tod des Menschen, näherhin die allmählich sich als medizin. Teilwissenschaft ausbildende Lehre der (vornehml.) ärztl. Betreuung des sterbenden Menschen (↗ Sterbenshilfe). Ars moriendi (Kunst des Sterbens) wurde schon in vielen Büchern des ausgehenden Mittelalters dargestellt. In neuerer Zeit, seit der Möglichkeit der ↗ Wiederbelebung, der Organ-↗Transplantation usw. bes. notwendig gewordene arzteth. Sicht, die sich einerseits gegen ↗ Selbsttötung u. ↗ Euthanasie (als willkürl. Beendigung des menschl. ↗ Lebens v. außen her) wendet, andererseits in Theorie u. Praxis zu einem menschenwürdigen Sterben verhilft.

Rt

Lit.: Pius XII., Über ärztliche Fragen (1954); P. Sporken, Menschlich Sterben (1972).

Theodizeeproblem. Die vielfältige Erfahrung v. ↗ Schmerz u. ↗ Leid, v. ↗ Bösem u. Übel, an dem auch offensichtl. Unschuldige tragen u. dessen Sinn uns nicht ersichtlich ist, mag zu der Frage führen, ob der Mensch nicht eher Spielball eines blinden ↗ Schicksals ist als umsorgtes Geschöpf eines allmächtigen u. gütigen Gottes. Das Bewußtwerden persönl. Leides od. auch allgem. Katastrophen löst diese Frage oft mit Eindringlichkeit aus.

Leibniz hatte in seinen *„Essais de Théodicée"* (1710) den Glauben an einen allmächtigen u. allweisen Gott angesichts der sinnlos erscheinenden Übel in der v. Gott geschaffenen Welt dadurch zu rechtfertigen versucht, daß er die Notwendigkeit v. Übel in einer geschaffenen Welt aufweist u. seinen Optimismus dadurch begründet, daß die v. Gott geschaffene Welt ohnehin die beste aller möglichen sein müsse. V. diesem Versuch her rührt auch der Name „Th." (v. griech. *theos* = Gott u. *dike* = Recht). Im Laufe der Geschichte haben Menschen in versch. Weise eine ↗ Deutung versucht. Gefangengenommen v. der drückenden Last des Leides, leugnet ein radikaler *Pessimismus* einen letzten, sinnvoll tätigen Grund der Wirklichkeit. Es wird nur die erfahrene Sinnwidrigkeit gesehen. Die vielfältig sich zeigende Ordnung u. Zielstrebigkeit in der Welt, deren Sinnhaftigkeit es uns überhaupt erst ermöglicht, etwas als sinn-los zu begreifen u. uns daran zu stoßen, tritt in den Hintergrund. Ein Versuch der geistigen Bewältigung des Übels bei Anerkennung des Guten u. Sinnvollen in der Welt besteht in der Zurückführung der gegensätzl. Erfahrungen auf zwei letzte Prinzipien: neben dem guten Prinzip nimmt der *Dualismus* ein zweites, unabhängiges Prinzip als Ursprung des Übels an. Weil dieses Prinzip des ↗ Bösen nicht v. Gottes schöpfer. Wollen abhängig ist, sei Gott auch nicht f. das Übel verantwortlich. Nicht beachtet wird, daß dadurch der Gottesbegriff zerstört wird. *Augustinus* hatte sich in seiner Auseinandersetzung mit dem Dualismus u. mit dem Problem wie seiner Lösung, die nicht dualistisch sein soll, in der daher alles Wirkliche auf das schöpferische Wirken Gottes zurückgeführt werden muß, die Frage gestellt, wie das Übel in seinen vielfältigen Formen möglich sein könne. Er entwickelt die später klass. gewordene Lösung: Das Übel als solches, also das, wodurch etwas schlecht ist, besteht nicht in einem eigenen Wirklichkeitsgehalt, sondern besteht vielmehr in einem *Mangel an Wirklichkeit*, im Fehlen v. etwas, dessen das Schlechte noch bedürfte, um gut zu sein. So ist die Blindheit nicht f. sich eine Wirklichkeit, sondern das Fehlen der rechten Funktionsfähigkeit eines Organs, des Auges. Darin besteht die Sinnwidrigkeit. Daß ein Stein nicht sehen kann, ist keine Sinnwidrigkeit, weil der Stein nicht auf Sinneswahrnehmung ausgerichtet ist. Die Blindheit eines Menschen ist ein Übel, weil etwas fehlt, das der Mensch auf Grund seiner ↗ Natur eigentlich haben sollte. Insofern also das Übel als solches nicht einen eigenen Wirklichkeitsgehalt darstellt, sondern nur das Fehlen eines solchen, bedarf es keiner eigenen schöpferischen Ursache dafür. Damit ist allerdings noch nicht die Frage geklärt, wie es dennoch möglich sein kann, daß es derartige Sinnwidrigkeiten gibt.

Es wurden versch. Arten des Übels unterschieden u. die Bedingungen ihrer Sinnhaftigkeit untersucht, die sie in einer umfassenderen Betrachtungsweise erhalten können: *Physische* Übel können um eines höheren u. allgemeineren Gutes willen v. Gott sinnvoll gewollt sein. *Moral.* Übel können wegen der Respektierung echter menschl. ↗ Freiheit zwar nicht gewollt od. gebilligt, aber doch in Ermöglichung echter Freiheit *zugelassen* sein. Dabei geht es nicht darum, positiv einzusehen, welchen Sinn das Übel im Einzelfall hat, sondern zunächst nur negativ den Widerspruch aufzulösen, der darin zu liegen scheint, daß es in einer v. Gott geschaffenen Welt Sinnwidrigkeiten gibt. Dafür ist v. a. die Beziehung auf die sittl. ↗ Entscheidung des Menschen v. Bedeutung. Übel, das darin besteht, daß sich der Entscheidende frei gewollt gegen die Weltordnung u. damit gegen sein letztes Ziel stellt, wird sittl. (moral.) Übel, das eigentl. Böse, genannt. Durch das sittl. Übel widersetzt sich der Mensch im Gebrauch seiner Freiheit dem Sinn der Freiheit, damit — theol. gesehen — dem Willen Gottes, seines Schöpfers, so daß eine solche Entscheidung ↗ Sünde ist u. sich der Mensch dadurch schuldig macht. F. die persönl. *Deutung des Lebens* ist es wichtig, ob die erlebte Sinnwidrigkeit als Folge der Sünde zu deuten ist u. ob man darin erkennen soll, daß die Menschheit aus einer ursprüngl. auf Erfüllung des Menschen ausgerichteten Ordnung herausgefallen ist, so daß man ein f. allemal an der Möglichkeit einer sinnvollen Erfüllung menschl. Lebens verzweifeln muß (*Pessimismus*), od. ob man Grund hat zu der Annahme u. ↗ Hoffnung, daß trotz der erfahrenen Sinnwidrigkeit die Möglichkeit sinnhafter Lebenserfüllung im Leben des einzelnen Menschen wie der Menschheit dennoch gewährleistet ist (*Optimismus*).

F. einen solchen *Pessimismus* sind die erfahrenen ↗ Leiden Bestätigung dafür, daß doch alles letztlich sinnlos sei. Da also dem Menschen der Weg zur Erfüllung verschlossen ist, hat es, wenn man Gott als letztes Ziel u. Sinngrund menschl. ↗ Lebens ansieht, wenig Wert, sich auf den doch f. immer unerreichbaren Gott einzulassen. So kann die Erfahrung des Leides ein persönlicher Beweggrund sein, am Sinn menschl. Lebens zu verzweifeln u. sich v. da aus auch gegen Gott verbittert zu verschließen. Diese ↗ Versuchung u. ihre Überwindung in der ↗ Anerkennung des unbegreiflichen, nicht vor den menschl. Richterstuhl zu ziehenden, sondern ehrfürchtig anzubetenden Gottes wurde klass. im Buch Job des AT dargestellt (↗ Gottesfurcht).

Ein *gemäßigter Optimismus* wird begründet durch den christl. ↗ Glauben: Obwohl Leid u. ↗ Tod insgesamt Folge der Sünde sind u. eine das ird. Leben des Menschen bedrängende Wirklichkeit, sind das Versagen des Menschen u. die Sinnwidrigkeiten des Lebens in einem dies alles umfassenden Heilswirken Gottes umfangen, der letztl. noch weit mehr seine ↗ Liebe u. Güte als seine ↗ Gerechtigkeit erweisen möchte. Dies kann vom Menschen allerdings nur erkannt u. erhofft werden, weil Gott selbst ihm mitteilt, daß es so ist. Mitte dieser Mitteilung ist Jesus Christus, in dessen Leben, das, ohne das Kreuz zu überspringen, durch dieses hindurch zur Auferstehung führt, sich das Gesetz unseres Lebens zeigt (↗ Auferstehungsglaube). Problematisch sind Versuche, die nun im einzelnen die höhere Sinnhaftigkeit v. Sinnwidrigkeiten aufzuzeigen suchen. So mag es zunächst berechtigt sein, darauf hinzuweisen, daß manche der erlebten Sinnwidrigkeiten im Gesamt v. Sinnzusammenhängen der Welt od. unseres Lebens notwendig sind u. daß wir uns nur deshalb daran reiben, weil wir diese Notwendigkeit nicht einsehen. Solche Theorien können jedoch leicht zu einem *übertriebenen Optimismus* führen, der das Übel verharmlost od. gar eine Verständnislosigkeit f. die Not des Menschen bewirkt („Alles halb so schlimm!"). Eine am *Evolutionismus* orientierte Weltauffassung sucht das Leid zu verstehen als notwendige Folge des Entwicklungsprozesses u. als Durchgangsstadium auf dem Weg zum erstrebenswerten Endzustand, in dem sich der Sinn der persönl. Entwicklung od. der Geschichte im allgemeinen erfüllt. Dieses Ziel wird christl.-eschatologisch als übergeschichtl. Vollendungszustand gesehen (z. B. *Teilhard de Chardin*) od. im Sinn eines säkularisierten Messianismus als innergeschichtl., polit.-gesellschaftl. Zustand (z. B. *Marxismus*).

Das Th. u. das Bedenken der Stellungnahmen dazu schließt wohl einen doppelten Appell ein: durch wirksame Hilfe zur Überwindung v. Leid u. Not die Entwicklung weiterzuführen u. zugleich sich offen zu halten f. die nicht voll durchschaubare Wirklichkeit, v. der ein Christ, gestützt auf den Zuspruch Gottes in Christus glaubt, daß sie zu einer Sinnerfüllung führt, die umfassender ist als das, was Menschen sich ausdenken können (↗ Lebenssinn).

Otto Muck

Lit.: F. Billicsich, Das Problem des Übels in der Philosophie des Abendlandes, 3 Bde (²1955, 1952, 1959); K. Lorenz, Das sogenannte Böse (⁷1965); Czapiewski-Scherer, Der Aggressionstrieb u. das Böse (1967); F. Schlederer, Schuld, Reue u. Krankheit (1970); P. Ricoeur, Die Fehlbarkeit des Menschen — Symbolik des Bösen (1971).

Therapie ↗ Heilung und Heil

Tiefenpsychologie und Seelsorge. Tiefenpsych. Wissen wird dem ↗ Seelsorger helfen können, die Persönlichkeit des einzelnen besser zu erfassen. Dazu sind Menschenkenntnis u. Weltaufgeschlossenheit nötig, v. denen heute nicht immer das nötige Maß beim Seelsorger vorhanden ist. Dazu mag die ↗ Erziehung ebenso beitragen wie die Tatsache, daß psych. Fächer im Lehrplan der theol. Ausbildung auch jetzt noch zu wenig vertreten sind. Gerade die tiefenpsych. Erkenntnisse sind f. den Seelsorger unentbehrlich, will er diesen Rückstand aufholen u. jenen Vorwurf, der heute immer wieder erhoben wird — daß der Seelsorger lebensfremd sei —, zum Verstummen bringen. Auch was den Umgang mit Menschen, kurz die prakt. Seelsorgemethodik, v. der nicht zuletzt der Erfolg der seelsorgl. Arbeit abhängt, betrifft, könnte der Seelsorger manches v. der T. lernen, hat sie doch gewisse Gesetze des zwischenmenschl. Kontaktes aufgedeckt, die durchaus nicht nur f. den Umgang mit Neurotikern gelten, sondern allgem. anzuwenden sind. Der Begriff der „personalen ↗ Seelsorge" (Goldbrunner) müßte heute in diesem Sinne zur allgem. Richtlinie werden. Freilich ist hier der Zusatz nötig, daß sich der Seelsorger tiefenpsych. Wissen nur bei echten tiefenpsych. Quellen holen kann. Viele Seelsorger sind gegenüber der T. „ambivalent" eingestellt, möchten auf der einen Seite gerne fortschrittl.-modern sein u. demgemäß v. T. etwas verstehen, haben aber auf der anderen Seite ↗ Angst, durch die T. in ihren bisherigen Auffassungen nicht bestätigt u. zu einer Revision ihres ↗ Verhaltens veranlaßt zu werden. Aus diesem ↗ Konflikt heraus suchen sie nach einer „T.", die sie nicht zwingt, die eingefahrenen traditionalist. ↗ Verdrängungen aufzugeben (z. B. die ↗ Logotherapie Frankl's).

An die Adresse der ↗ Kirche wäre also auch die Bitte zu richten, innerhalb der T. nicht tendenziös der Theologie genehme Ansichten auszuwählen, sondern sich, auch zum eigenen Vorteil, der echten tiefenpsych. Erkenntnisse zu bedienen.

Die Hilfe, die der Seelsorger v. der T. erfahren kann, geht aber über eine Verbesserung seiner eigenen Seelsorgemethodik weit hinaus, denn jede ↗ Neurose bedroht das rel. Leben.

Wenn aber die Neurose das Glaubensleben durch emotionale Störungen verunstaltet, dann hat der Seelsorger ein eminentes Interesse daran, daß durch eine ↗ Psychotherapie im Natürlichen wieder gesunde Verhältnisse, die Eubiotik im Sinne Feuchterslebens hergestellt u. damit die Hemmnisse der Glaubensentwicklung beseitigt werden. — Die Zusammenarbeit mit einem Psychotherapeuten wird somit zu einer Notwendigkeit f. ihn, und er muß alles tun, um den Pönitenten zur Aufnahme einer Psychotherapie bereit zu machen, die in einem solchen Fall auch f. das übernatürl. Leben v. Bedeutung ist.

Die Aufgabe des Psychotherapeuten ist es dann, das Ausleben der Neurose im Religiösen in der Analyse bewußt zu machen u. ursächl. zu klären.

Es sei ausdrücklich betont, daß der Seelsorger durch sein tiefenpsych. Wissen unter keinen Umständen zum Psychotherapeuten werden, also keineswegs eine Analyse in „Eigenregie" durchführen darf, sondern diese dem Fachmann überlassen muß (↗ Psychologie u. Seelsorge). Freilich ergibt sich dabei die Frage, mit welchen Psychotherapeuten er zusammenarbeiten soll bzw. darf. Man kann sagen, daß der Seelsorger an den Psychotherapeuten zwei Forderungen zu stellen hat: 1. Es muß sich um einen fachlich guten Therapeuten handeln, 2. der Psychotherapeut muß sich eine möglichst universalist. Betrachtungsweise zu eigen gemacht haben, d. h., weitgehend auch im ↗ Unbewußten die ganze menschl. Persönlichkeit mit allen ihren Schichten zu erfassen bemüht sein. — Rl

Lit.: S. Freud, Ges. Werke; H. Schär, Seelsorge u. Psychotherapie (1961); A. Plè, Freud u. die Religion (1969); E. Wiesenhütter, Grundbegriffe der Tiefenpsychologie (1969).

Tier. Die „T.psychologie" älteren Stils hatte die Methoden wie auch die Grundeinstellungen der Psychologie des Menschen übernommen: Prüfung einzelner psychischer Funktionen durch dem T. angepaßte ↗ Experimente — Sinnesfunktionen, Denk- u. Lernleistungen (*Claparède, Kohler*). Auf geistreichen T.experimenten beruhte auch die „Reflexologie" *Pawlows,* wobei die Lehre vom „Bedingten Reflex" auch f. die menschl. Psychologie bedeutungsvoll wurde (freilich in ihren Erweiterungen der menschl. ↗ Person keineswegs gerecht werden!). V. größter wissenschaftl. Bedeutung ist heute die „Vergleichende Verhaltensforschung" (in den angelsächs. Ländern „Ethologie", „ethology" genannt); die Erkenntnisse ergeben sich nicht aus dem Experiment, sondern aus der Verhaltensbeobachtung des möglichst in seiner natürl. Situation lebenden T.s. Es geht dabei v. a. um die ↗ Instinkte, jene ererbten, vor jeder individ. ↗ Erfahrung vorgegebenen Funktionen (die gewiß mit „einsichtigem" ↗ Verhalten interferieren können); durch sie ist das T. an seine ↗ Umwelt angepaßt, behauptet sich in ihr. Dabei hat sich gezeigt, daß auch im menschl. Verhalten — geschlechtl., darüber hinaus gesamte soziale Beziehungen — vieles instinktbestimmt ist, so daß sich daraus wichtigste Erkenntnisse auch über den Menschen ergeben (*v. Uexküll, Portmann, Heinroth, Buytendijk, Tinbergen, Konrad Lorenz*). V. a. der Letztgenannte hat immer wieder Parallelen zum menschl. Verhalten gezogen u. daraus päd. Forderungen erhoben — bes. in dem Werk: „Das sog. Böse. Zur Naturgeschichte der ↗ Aggression": es wird gezeigt, „wozu das ↗ Böse (nämlich die triebhaften, instinktgeleiteten Aggressionen) gut ist", wie es im „Parlament der ↗ Triebe" beherrscht werden könne. So wichtig diese Erfahrungen f. den Pädagogen, auch f. den ↗ Seelsorger sind, muß doch gesagt werden, daß sie ihre Grenzen haben, jenseits derer sie falsch werden: es wird vom tierischen ins menschl. Verhalten „extrapoliert". In der menschl. ↗ Person mit ihrer ↗ Freiheit aber, die im T. keine Entsprechung hat, geht es um sittl. ↗ Entscheidungen, um das „wirklich Böse" u. das sittlich Gute. ↗ Zoophilie

As

Lit.: A. Portmann, Zoologie u. das neue Bild des Menschen, row. dt. enzykl. (1956); F. J. J. Buytendijk, Mensch und Tier, rowohlts deutsche enzyklopädie (1958); K. Lorenz, Das sogenannte Böse (1963); H. Asperger, Mensch und Tier — Eine Auseinandersetzung mit Konrad Lorenz, in: Ein Chor der Antworten (1969).

Tod. Der T. ist das Ende des ird. ↗ Lebens des Menschen. Er ist ein spezif. menschl. Phänomen. Denn nur der Mensch verhält sich zu seinem Leben und damit auch zu seinem T.

Wenn v. Epikur bis Wittgenstein gesagt wird, „den T. erlebt man nicht" (Wittgenstein, Traktat, 6, 4311), so haben demgegenüber v. a. phänomenolog. Denker darauf hingewiesen, daß man den T. sehr wohl erleben könne (Heidegger, E. Fink, Wiplinger). Menschen erfahren ihn als aus- u. bevorstehenden eigenen T., u. sie erfahren ihn als T. ihnen nahestehender Menschen. Darum ist eine Phänomenologie des T.s möglich.

Diese hat zuerst die starke ↗ Verdrängung des T.s (↗ Todesverdrängung) im menschl. ↗ Bewußtsein zu überwinden u. also zu bedenken. Es ist verschiedentl. darauf hingewiesen worden (bes. Heidegger u. Hinske), daß der T. v. a. in der modernen Zivilisation nachdrücklich verdrängt wird. V. ihm darf nicht gesprochen werden, am wenigsten mit dem Sterbenden; sein Ereignis wird aus dem Kontext des sozialen Miteinanderlebens herausgerückt in die Klinik (↗ Sterbenshilfe, ↗ Sterben). Das ↗ Ritual der ↗ Bestattung ist ortlos in der modernen Gesellschaft (↗ Trauer). Auch der Nivellierung des T.s als durchschnittl. sich ereignendem Vorkommnis unter anderen liegt eine verdrängte Neutralisierung des Ernstes des T.s zugrunde. Pascal hat es klassisch ausgedrückt: „Wir laufen sorglos in den Abgrund, nachdem wir etwas vor uns hingestellt haben, das uns hindert, ihn zu sehen" (Pensées Br. 183). Es ist in diesem Zusammenhang bes. bemerkenswert, daß in vortechn. Kulturen v. hohem Integrationsgrad eine sehr viel größere Offenheit zum T. u. zu den Toten sich findet.

Die Verdrängung des T.s weist auf die abdrängende Befremdlichkeit des T.s u. dessen, was sich in ihm verbirgt, hin (↗ Todestrieb). In dieser Befremdlichkeit zeigt sich das Ende u. die Negativität des T.s auch als positiv, es wird am T. im positiven Sinne etwas erfahren. U. eben deswegen flieht das Bewußtsein meist vor dem T. Der T. ist somit ein positives Phänomen, das in seiner Negativität abdrängt.

Das positive, aber abdrängende Phänomen des T.s hat den Charakter der *Totalität*. Das menschl. u. mitmenschl. Selbst tritt *ganz* in das Dunkel des T.s. Es bleibt nichts ausgenommen. Auch der Leichnam ist in diesem Sinne „nichts", denn er ist nicht mehr die leibhaftige Gegenwart des Selbst. Das ganze Selbst mit seiner ganzen Welt u. mit allen seinen Erinnerungen u. Erfahrungen tritt in die Nacht des Ts. Kein Ereignis ist so total, so den Menschen ganz nehmend wie der T.

Mit der Betonung der Totalität des T.s stellt sich das neuere Denken gegen die überlieferte (platon.) These vom T. als der Trennung v. Seele u. Leib (↗ Leib-Seele-Problem). Sie steht damit eher in der Linie der bibl. Aussagen über den T. im AT wie im NT.

Zur Totalität des T.s gehört seine *Unvermeidbarkeit*. Obwohl er oft verschiebbar ist durch die Kunst des ↗ Arztes (↗ Lebensverlängerung, ↗ Euthanasie) u. obwohl sich das Bewußtsein mit dieser relativen Verschiebbarkeit ständig tröstet u. täuscht, so bleibt die Unvermeidbarkeit des T.s doch immer gleich stark.

Der T. in seiner Unvermeidbarkeit zeigt eine *unbedingte* Stärke. Sie ist durch nichts zu überwinden, u. man kann dem T. keine Bedingungen stellen u. nicht mit ihm handeln. Zur Totalität des T.s gehört auch, daß er absolut *irreversibel* ist. Kann man wenigstens relativ auf alle anderen Ereignisse des Lebens zurückkommen, etwa um sie besser machen zu können, so doch nicht auf den T. Er nimmt u. behält f. immer.

V. daher empfängt das *Leben* den Charakter des *Einmaligen* u. des *Endgültigen*. Vom Ende, d. h. vom T. her, muß man im Blick auf das Leben sagen: So ist es gewesen, es kommt nichts mehr dazu, u. es ändert sich daran nichts mehr. Darin liegt auch die Würde des menschl. Lebens (↗ Menschenwürde ↗ Lebenssinn). Der T. in seiner befremdl. Totalität führt das Ganze des Lebens definitiv hinweg. Das, *wohin* er führt, scheint zunächst nur als Nichts. Aber es muß phänomenolog. offenbleiben, ob sich nicht in diesem Nichts das ↗ Geheimnis, vielleicht gar das Ewige verberge (vgl. die Äußerungen Heideggers hierzu). Tatsächl. spricht auch phänomenolog. vieles dafür. Z. B., daß der T. den Menschen so absolut betrifft, daß er so vieles in absoluter Weise in Frage stellt, was Menschen f. wichtig halten. U. ferner die merkwürdigen positiven Züge: Das Betreffen des T.s veranlaßt die Menschen, das Ganze des verstorbenen Lebens gegenwärtig zu halten u. womöglich dieses Ganze zu erhöhen u. zu verklären (vgl. die Lebensgeschichten am Grabe). Es geht vom Dunkel des T.s eine Aufforderung aus, das Ganze des Lebens zu sagen u. eine scheu machende Warnung, nichts Böses zu sagen. Auch wo der T. ein enges mitmenschl. Verhältnis, etwa der ↗ Liebe, trennt u. also als Abschied erscheint, macht er den verstorbenen geliebten Menschen intensiv präsent, gerade indem er ihn ins Geheimnis wegnimmt (Wiplinger). In dieser Hinsicht bringt der T. auch die ↗ Vollendung od. doch eine Ahnung davon (↗ Unsterblichkeitserwartung).

Dies sind Gründe genug, das Nichts, in das hinein der T. das Selbst des Menschen entführt, als das *Geheimnis* zu verstehen, das aller Verfügung entzogene, unbedingt Einfordernde, das das Leben erst ganz macht u. das zugleich warnt u. zugleich Erhöhung, ja Verklärung verheißt jenseits aller Zeit.

Christl. gesehen erklärt sich dieses so sich andeutende Geheimnis als das Geheimnis des lebendigen Gottes, als die Drohung seines Gerichtes u. als die ↗ Hoffnung des ewigen Lebens in der Auferstehung der Toten (↗ Auferstehungsglaube).

F. die Praxis der ↗ Seelsorge ergibt sich aus diesen Verhältnissen die Aufgabe, behutsam die Verdrängungen des T.s aufzudecken u. angesichts seiner den Mut zu stärken u. die Hoffnung zu beleben. Nur mit dem Mut des offenen Auges angesichts des T.s u. nur mit der Hoffnung, die sein Dunkel durchdringt, kann der Mensch würdig leben u. würdig sterben.   Bernhard Welte

Lit.: M. Heidegger, Sein u. Zeit 1 (1927) S. 46—53; ders., Vorträge u. Aufsätze (1954; darin die Abhandlung „Bauen, Wohnen, Denken"); G. Marcel, Gegenwart u. Unsterblichkeit (1961); Joseph Pieper, Tod u. Unsterblichkeit (1968); E. Fink, Metaphysik u. Tod (1969); F. Wiplinger, Der personal verstandene Tod, (1970); N. Hinske, Todeserfahrung u. Lebensentscheidung, Theol. Zeitschrift, Jg. 82 (1973), S. 206 ff.; *theol. Lit.:* Karl Rahner, Zur Theologie des Todes (1958); L. Boros, Mysterium mortis (1962); ders., Erlöstes Dasein (1965).

Todesstrafe. Gleichgültig, ob man die Strafrechtstheorien der Juristen od. der kath. Moraltheologen erwägt, — es bleibt viel Unbehagen zurück. Wenn ↗ Strafe in der Entziehung v. Gütern od. in der Zufügung v. Übeln besteht, so muß man sicher nach dem Sinn u. Zweck des Strafens fragen. Es wird gesagt, daß Strafe die *Wiederherstellung der verletzten Ordnung* sei. Doch ist Ordnung ein Abstraktum, wenn man nicht darunter die Menschen versteht, die nach gewissen gemeins. Verhaltensgrundsätzen (↗ Normen) zusammenleben wollen. Dann kann Strafe aber nur der „Versöhnung" (= Sühne) dienen, der Besänftigung der Gemüter u. der Wertung der Bereitschaft zur Wiederaufnahme des Straffälligen in die menschl. ↗ Gemeinschaft. Strafe als abschreckendes Mittel (Generalprävention) f. andere noch nicht straffällig Gewordene aufzufassen, kann f. sich allein Strafe nicht begründen. Strafe kann überhaupt nur die Weckung der Umkehrbereitschaft (poena medicinalis) des Straftäters u. den Schutz der Gemeinschaft zum Ziele haben, wobei wir das Moment der Weckung v. Versöhnungsbereitschaft in der Gemeinschaft mit gelten lassen wollen. Betrachtet man die T. unter solchen Aspekten, dann muß festgestellt werden, daß am ehesten der Christ zur Versöhnung (reconciliatio) u. Wiederaufnahme des Straftäters bereit sein muß. Es hat sich gezeigt, daß die „abschreckende Wirkung" (Generalprävention der T.) wissenschaftl. (statist.) nicht zu beweisen ist. Auch die ↗ Gerechtigkeit wird durch sie nicht hergestellt, es sei denn, man stehe noch auf dem primitiven Standpunkt v. „Aug um Aug, Zahn um Zahn" (Racherecht). V. Wiederaufnahme des Täters in die Gemeinschaft kann bei der T. nicht die Rede sein. Ebensowenig kann u. darf man durch sie die geistige Umkehr des Täters erzwingen wollen. Daraus ergibt sich, daß die T. überhaupt nicht als *Strafmaßnahme* verstanden werden kann.

Wenn das ↗ Töten eines gemeingefährl. Verbrechers gerechtfertigt werden soll, dann nur aus dem ↗ Notwehr-Recht. D. h. sie wäre erlaubt, wenn feststeht, daß es keinen angemessenen anderen Schutz der Gemeinschaft vor diesem Verbrecher (Spezialprävention) gibt, weil z. B. Sicherheitsverwahrung nicht od. nicht ausreichend möglich ist. Der Christ hat daher am allerwenigsten Grund, nach der T. zu rufen. Auch Jesus hat das Recht auf T. dem Statthalter nicht bestätigt, vielmehr ihn vor Mißbrauch der ihm v. oben gegebenen richterl. Gewalt gewarnt. Paulus hat zwar in Röm 13 sicher an die v. den röm. Herrschern geübte Praxis der Enthauptung der „Kapital-"verbrecher gedacht, dabei ging es ihm aber primär um den ↗ Gehorsam gegen die legitime staatl. Obrigkeit. Rr

Lit.: Waldemar Molinski, Art. Todesstrafe, in: Sacramentum Mundi IV, 927—34.

Todestrieb. Die T.-Hypothese stellt zweifelsohne den spekulativsten u. am wenigsten durch Empirie abgesicherten Beitrag der psychoanalyt. Theorie dar. Sie ruht nach Freuds eigener Meinung wesentl. auf theoret. Gründen u. ist deshalb auch gegen theoret. Einwendungen nicht voll gesichert. Der Begriff wurde 1920 in die ↗ Trieblehre eingefügt, die Freud zunächst mit dem Gegensatz v. Sexual- u. Ich-Trieben entworfen hatte. Als das ↗ Ich jedoch näher erforscht wurde, mußte es als das eigentl. u. ursprüngl. Reservoir der ↗ Libido angesehen werden. Damit war die polare Spannung zunächst hinfällig. Mit der Beobachtung des Wiederholungs-↗ Zwanges der Neurotiker tauchte jedoch ein Phänomen auf, das offensichtl. nicht dem ↗ Lust-Prinzip der libidinösen Triebe gehorchte. So wurde Freud schließl. dazu geführt „zwei Arten v. Trieben zu unterscheiden, jene, welche das ↗ Leben zum ↗ Tode führen sollen, die anderen, die Sexualtriebe, welche immer wieder die Erneuerung des Lebens anstreben u. durchsetzen". Die Endgestalt dieser wiederum dual konzipierten Triebtheorie wird im Nachlaß auf die Formel gebracht: „Nach langem Zögern u. Schwanken haben wir uns entschlossen, nur zwei Grundtriebe anzunehmen, den Eros u. den Destruktionstrieb. Das Ziel des ersten ist, immer größere Einheiten herzustellen u. so zu erhalten, also Bindung, das Ziel des anderen im Gegenteil, Zusammenhänge aufzulösen u. so die Dinge zu zerstören ... Wir heißen ihn darum auch T."

Daß damit v. Freud die menschl. Aggressionsneigung als die Außenwendung eines angeborenen Triebes angesehen u. nicht in erster Linie auf ↗ Umwelt-Einflüsse zurückgeführt wird, ist v. Kritikern als das Ergebnis einer skeptisch-resignativen ↗ Anthropologie angesehen worden. Dem ist jedoch entgegenzuhalten, daß die Pointe der psychoanalyt. Triebtheorien gerade darin besteht, ein unbeachtetes u. unkontrolliertes Durchbrechen der Triebe, seien sie nun sex. od. aggressiv. Natur, zu verhindern u. zu einer bewußten Beherrschung zu gelangen. So war Freuds Wahlspruch in der zweiten Lebenshälfte: Si vis vitam, para mortem. Scha

Lit.: S. Freud, Jenseits des Lustprinzips (1920) Ges. W. Bd. 13; R. Affemann, Die anthropologische Bedeutung der Todestriebhypothese Freuds, in: Almanach des Instituts für Tiefenpsychologie (1957); International Journal of Psychoanalysis, Bd. 52 (1971), Teil 2 mit dem Generalthema Aggression und Todestrieb.

Todesursachen. T. sind Versagen lebenswichtiger Organe, wodurch andere Organe ihre Tätigkeit einstellen. Meist ist eine schwere Erkrankung Ursache des Organversagens. Der ↗ Tod ohne Erkrankung, der natürl. Tod, ist sehr selten. Strukturveränderungen im Greisenalter, Systemreaktionen, Störungen des Gleichgewichts durch Teilerkrankungen, Abnützungskrankheiten u. akute ↗ Krankheiten beschränken die Regulationsfähigkeit u. damit die Ausdehnung des angebl. artgemäßen Lebensalters des Menschen auf 100—150 Jahre (↗ Altern). Die Fortschritte der Medizin haben Seuchen u. Epidemien als Ursachen f. Massensterben beseitigt, Verlust der ↗ Ehrfurcht vor dem ↗ Leben (↗ Abtreibung, Verkehrsunfälle, ↗ Euthanasie, Vernichtungskriege) verringert die Lebenserwartung. Als äußere T. sind Krankheiten, ↗ Unfälle, Vergiftungen u. a. zu nennen, als innere der ständig voranschreitende Dissimilationsvorgang in Zellen, Geweben u. Organen. So ist der Tod infolge v. Krankheit meist ein Herztod (Herzmuskelversagen, Infarkt, Embolie, Arteriosklerose), der physiolog. Tod ist ein ↗ Hirntod (irreversible Schädigung der Ganglienzellen durch Sauerstoffmangel od. Giftstoffe). Plötzl. Tod setzt Organerkrankungen voraus, der Sekundenherztod kann auch bei großem Schrecken eintreten (↗ Sterben).

Über die T. gibt die Sterbestatistik Aufschluß. Die große Zahl v. Krankheiten wird in systemat. Gruppen geordnet. Das v. der ↗ Weltgesundheitsorganisation (WHO) ausgearbeitete Schema umfaßt in 18 Hauptgruppen die wichtigsten T.: 1. Infektionskrankheiten u. parasitäre Erkrankungen, 2. Krebs u. andere Geschwülste, 3. Rheumatismus u. allgem. Erkrankungen, 4. Blutkrankheiten, 5. Chron. Intoxikationen (Alkohol, Nikotin, Suchtgifte), 6. Erkrankungen des Nervensystems, 7. Erkrankungen der Kreislauforgane (Herzkrankheiten, Arteriosklerose), 8. Erkrankungen der Atmungsorgane (Pneumonie, Tb), 9. Erkrankungen der Verdauungsorgane, 10. Erkrankungen der Harn- u. Geschlechtsorgane, 11. Erkrankungen bei ↗ Schwangerschaft u. ↗ Abtreibung, 12. Erkrankungen der Haut etc., 13. Erkrankungen der Knochen, 14. Angeborene Fehlbildungen, 15. Erkrankungen im Säuglingsalter (Lebensschwäche), 16. Erkrankungen im hohen Alter, 17. Äußere Ursachen (↗ Unfälle, gewaltsamer Tod, ↗ Selbsttötung), 18. Andere resp. ungenau definierbare Ursachen. Die prozentuelle Verteilung der T. ist nicht überall gleich. In Österreich waren 1971 28% an Herz- u. Kreislaufversagen, 20% an Krebs u. Geschwülsten, 15% an Hirnerkrankung, 7% durch Unfälle, 7% an Erkrankungen der Atmungsorgane, 5.8% an Erkrankungen der Verdauungsorgane, 5.5% an sonstigen Kreislaufversagen, 2.4% an Erkrankungen der Harn- u. Geschlechtsorgane, 1.7% durch Suicid, 1.5% durch perinatale Erkrankungen und 5.1% durch sonstige Krankheiten gestorben.

Bei den endogenen T. sind die tieferliegenden psychischen Vorgängen wie mangelnder Lebenswille, Einengung u. ↗ Vereinsamung schwer zu fassen. Aber auch klimat. u. meteorolog. Vorgänge haben Einfluß auf den Todeseintritt (vermehrte Todesfälle durch Embolien, Apoplexien, Infarkte u. Herzversagen bei Wetterumstürzen u. Föhneinwirkung). Gg

Lit.: F. Büchner, Allgemeine Pathologie (1950); Statistisches Handbuch f. Österreich (1972); K.-D. Stumpfe, Der psychogene Tod (1973).

Todesverdrängung. T. stellt ebenso eine illusionäre Flucht wie eine triebmechan. „Technik" dar, die die ↗ Angst vor dem ↗ Tod zu überwinden versucht. Die Quelle der T. ist also die Angst, die das seel. Gleichgewicht stört u. die Abwehr des Selbsterhaltungstriebes auf den Plan ruft. Inhaltl. Ursachen finden sich im Verlust eines tragfähigen ↗ Lebenssinns im bloßen Güterkonsum, dessen Widerruflichkeit u. Endlichkeit im Tod gegeben sind. Symptome der T. finden sich z. B. im Schminken der Toten u. im tw. geschmacklosen Pomp der Bestattungsriten (vgl. E. Waugh, Tod in Hollywood), im Vermeiden der Auseinandersetzung u. im Ausweichen in andere Bereiche, in verhüllenden Redensarten („er ist entschlafen", „v. uns gegangen" „aus dem Leben geschieden"). Anders als bei vielen Binnenängsten kann es selbst phil. Weisheiten (Stoa, Schopenhauer, Sartre, Heidegger) nicht gelingen, die Angst vor dem Tod durch Aufklärung zu besiegen. Im Mißbrauch v. Rauschmitteln (↗ Drogenabhängigkeit), in der Hektik der ↗ Arbeit wie der Zerstreuung sind ebenfalls Versuche zu erkennen, die Realität der Endlichkeit vergessen zu machen. Beim Todgeweihten ist eine T. bisweilen in Form der impliziten Leugnung zu beobachten: er schafft sich neue Kleider an, macht Ferienpläne, erweitert das Geschäft u. überläßt sich u. U. sogar auf dem Sterbebett wider seine eigene sichere Ahnung bereitwillig der tröstl. ↗ Lüge seitens der Umgebung. Die T. ist ein gesellschaftl. Phänomen geworden, das seine eig. ↗ Normen entwickelt. Der Schwerkranke wird isoliert aus der familiären Umgebung durch Einlieferung in ein ↗ Krankenkaus (80% aller Menschen sterben in Mitteleuropa nicht zuhause). Dort erfolgt häufig nochmaliger Kommunikationsabbruch in der ↗ Agonie. Der Tod „hinter dem Paravent" ist bezeichnend f. die T. als verstärkter Aufbau eines Todes-↗Tabus. Die daraus folgende Hilflosigkeit der Beteiligten, der Mangel an erforderl. ↗ Sterbenshilfe u. der entspr. Ausbildung führen dazu, daß dem Sterbenden elementare menschl. u. christl. Rechte verweigert werden. F. die ↗ Seelsorge ergeben sich dringende Aufgaben: Zur sakramentalen Sterbenshilfe kommt die personale, das treue Geleit in engem Kontakt, der die Geborgenheit in der ↗ Liebe Christi in der Not des Abschieds gegenwärtig macht; neue ↗ Verkündigung des ↗ Auferstehungsglaubens, der allein die Annahme des Todes ermöglicht, das Tabu der T. abbaut u. die Angst in christl. ↗ Hoffnung aufhebt; schließl. konkrete Maßnahmen f. Sterbenshilfe im Krankenhaus (↗ Krankenhausseelsorge). Mü

Lit.: I. Lepp, Der Tod u. seine Geheimnisse (1967); P. Sporken, Umgang mit Sterbenden (1973).

Töten. T. im spez. Sinn ist die Vernichtung menschl. ↗ Lebens u. damit eine in die tiefsten Schichten des Einzel- u. Gemeinschaftslebens hinabreichende Tat. Das Lebensrecht des Menschen ist grundsätzlich unantastbar. Ausnahmslos ist daher das willkürl. T. eines unschuldigen Menschen unerlaubt (Dekalog, 5. Gebot). Als Ausnahmen vom Tötungsverbot gelten im allgem. die ↗ Notwehr, der ↗ Notstand u. der Krieg. Aufgrund des eigenen Lebensrechtes darf der rechtswidrige Angreifer abgewehrt u. getötet werden, wenn keine andere Möglichkeit des Selbstschutzes mehr gegeben ist. Die Grenzen des Notwehrrechtes dürfen dabei nicht überschritten werden. Zu den Tötungsdelikten zählt man die vorsätzl. u. fahrlässigen Handlungen, die den ↗ Tod eines Menschen verursachen. Das Strafgesetz unterscheidet: vorsätzl. Tötung, ↗ Mord (hinterlistige geplante Tötung), Totschlag, Kindestötung (↗ Abtreibung) u. Tötung auf Verlangen (↗ Euthanasie). Alle diese Straftaten werden mit mehrjährigen Gefängnisstrafen bestraft.

Da dem Menschen kein absolutes Herrschaftsrecht — weder über das eigene noch über ein fremdes Leben — zusteht, ist auch die ↗ Selbsttötung sündhaft (↗ Sünde), freilich wird die ↗ Zurechnungsfähigkeit bei jedem Fall zu überprüfen sein. Auch die Tötung auf eigenes Verlangen ist verboten u. ist der Selbsttötung gleichzuachten. Der Mord zählte schon in der alten Kirche zu den Kapitalsünden, v. denen oft erst nach lebenslängl. ↗ Buße absolviert wurde. Mörder u. ihre Helfer verfallen der ↗ Irregularität u. verlieren alle kirchl. ↗ Ämter. Zum Mord im strengen Sinne gehören Raub-M., ↗ Lust-M., Rache-M., polit. M., Kinds-M., im weiteren Sinn Selbst-M., intendierte Tötung bei Notwehr, Zweikampf, ↗ Abtreibung, Euthanasie. Die im Profanrecht getroffene Unterscheidung zw. Mord, Totschlag, Körperverletzung mit tödl. Ausgang u. fahrlässiger Tötung will einer verminderten Verantwortlichkeit Rechnung tragen. Das Problem der ↗ Todesstrafe hat erst in unserer Zeit eine positive Wendung genommen. Die Entwicklung geht eindeutig in Richtung der Abschaffung der ↗ Todesstrafe. Gg

Lit.: A. Niedermeyer, HB. der spez. Pastoralmedizin, III (1950); H. Vorgrimler, Art. Mord, in: LThK 7, (1962) 625—626; W. Molinski, Art. Todesstrafe, in: Herder's Theol. Taschenlex. 7, (1973) 284—290.

Toleranz. T. (v. lat. tolerare = ertragen, erhalten) bedeutet Konzession, Duldsamkeit, Erlaubnis u. steht in engem Zusammenhang mit den jeweiligen polit., sozialen u. rel. Verhältnissen. Heute interpretiert z. B. die „Neue Linke" T. als (repressiven) Ausdruck der Anerkennung bestehender Herrschaftsverhältnisse u. die T.idee als Mittel zur Festigung des Establishment. Das Zeitalter der Aufklärung hatte sich demgegenüber dem Wort Voltaires verpflichtet gefühlt: „Ich werde ihre Meinung bis an mein Lebensende bekämpfen, aber ich werde mich mit allen Kräften dafür einsetzen, daß Sie sie haben aussprechen dürfen". So verstanden, steht T. in engem Zusammen-

hang mit der Forderung nach Meinungs-, Koalitionsfreiheit usw., mit der Erklärung der ↗ Menschenrechte, mit jeder freiheitl. Gesellschaftsordnung (↗ Freiheit).
T. wird zum Problem im Blick auf das Verhältnis geschlossener ↗ Gruppen zu Außenstehenden od. ↗ Minderheiten, zu Wahrheits-, Integrations- u. Herrschaftsansprüchen. Die Geschichte der Menschheit bietet eine farbige Illustration dieser soziolog. Perspektive.
Psych. gesehen, wird T. zum Problem, wenn man die Auswirkungen v. ↗ Vorurteilen, ↗ Macht-Positionen bzw. v. autoritärem Persönlichkeitsstil überdenkt (↗ Gruppendynamik).
Die christl. Sicht der T. stützt sich auf die bibl. Sicht: a) Hinter dem Andersdenkenden steht Gott, f. ihn ist Jesus Christus als sein Bruder gestorben (Ex 23,9; 1 Kor 8,11); b) Das endgült. Urteil über einen anderen Menschen ist Gottes Sache (Röm 12, 18 f.), der Mensch muß alles „wachsen lassen bis zur Ernte" (Mt 13, 27 ff.); c) die Forderung nach „Wahrhaftigkeit in der ↗ Liebe" (Eph 4, 15) verpflichtet zur T. — Die ↗ Kirche hat freilich diesem bibl. Anspruch weithin nicht genügt, wenn sie ihren Absolutheitsanspruch nach außen exklusiv vertrat u. ihren Missionsauftrag mit Gewalt erfüllte (Kreuzzüge, Inquisition, ↗ Antisemitismus usw.) bzw. wenn sie in Verkennung der Struktur der Wahrheit pluralist. Ansätze in Theologie u. ↗ Frömmigkeit verfolgte, statt sie kreativ zu integrieren. Die Erklärungen des II. Vatikan. Konzils über die Religionsfreiheit, das Verhältnis der Kirche zu den nichtchristl. Religionen sowie die Konzeption einer abgestuften Hierarchie v. Wahrheiten bedeuten eine Wende u. ermöglichen ein ausgewogenes ↗ Verhalten, das einerseits den Andersdenkenden gelten läßt, andrerseits (gegenüber einem prinzip. Liberalismus u. weltanschaul. Neutralismus) sich der ↗ Verantwortung f. den anderen nicht entzieht. Bt/Dr

Lit.: A. Hartmann, Toleranz u. christl. Glaube (1955); H. Echternach/S. Harkianakis/H. Weber, Toleranz (1966); R. Bang, Autorität — Gewissensbildung — Toleranz. Drei Grundprobleme der Einzelfallhilfe (1967); W. Molinski, Die vielen Wege zum Heil (1969).

Totem. In der Regel ein ↗ Tier, welches in einem bes. Verhältnis zur ganzen Sippe sog. primitiver Völker steht. J. Long übernahm 1791 den Ausdruck v. nordamerikan. Indianern. Frazer, Wundt u. McLennan stellten die zahlreichen Theorien dazu zusammen. Die ↗ Psychoanalyse versuchte T. als Vaterersatz zu erklären, während der Strukturalismus den gesellschaftsbezogenen Aspekt des T.s in den Vordergrund stellt.

Tourismusseelsorge. Da sich die ↗ Freizeit ausdehnt u. die techn. Möglichkeiten des Reisens ansteigen, wird die T. zunehmend als Feld einer modernen ↗ Seelsorge sichtbar. Dabei treten die Charakteristiken der Pastoral in ihr bes. deutlich in Erscheinung, nämlich der Dienstcharakter, der Ansatzpunkt an der konkreten Lebenswirklichkeit u. die weltl. Rede v. Gott. Eine moderne Tourismuspastoral, die wirklich dem ganzheitl. verstandenen Heil des Menschen dienen will, kann sich nicht im Angebot v. ↗ Gottesdiensten erschöpfen, sondern wird in jegl. Weise zur ↗ Menschwerdung des Menschen beitragen wollen. Daß dabei christl. ↗ Glaube u. Religion eine entscheid. Funktion haben, ergibt sich nicht nur aus dem Selbstverständnis des christl. Glaubens, sondern auch u. v. a. aus den Erkenntnissen einer psychosomat. Medizin. T. ist also selbstloser Dienst der auf Tourismusfeldern präsenten (ökumen.) Kirche: in Kurbädern, Ferienzentren, auf Campingplätzen, auf Plätzen der Naherholung, bei der Flughafenseelsorge, auf Kreuzfahrtschiffen, im Ferntourismus. Autobahnkirchen, Reisegebetbücher, Kapellenwagen, Ferienillustrierte signalisieren in je unterschiedl. Weise das eine Anliegen: dem Menschen, der unterwegs ist, zu dienen.
Bei dem wachsenden Priestermangel wird es v. a. die Aufgabe ausgebildeter Laien sein, diese Forderungen an eine moderne Seelsorge zu erfüllen: nicht nur bei der Ausbildung der Reiseleiter, nicht nur durch Einsatz als Begleiter in den Jugendferien u. als Sozialarbeiter in Familienferien, sondern v. a. als Freizeithelfer, ein Berufsbild, das in seiner Prä-

gnanz erst noch entwickelt werden muß. Der Ausbildungsgang eines Freizeithelfers muß sowohl in die Techniken des ⌐ Spiels, der Steuerung sozialer Prozesse, der ⌐ Meditation einüben helfen wie theor. Einsichten in Freizeit, ⌐ Erholung, ⌐ Muße, ihre soziale Abhängigkeit u. rel. Bedeutung vermitteln. Bl

Lit.: Allgem. Direktorium f. die Tourismusseelsorge (1970); Freizeittourismus (Tutzinger Texte II) (1970); Dienste der Kirche in der Freizeitgesellschaft (1972); R. Bleistein (Hrg.), Tourismuspastoral (1973).

Tradition ⌐ Geschichtlichkeit

Trägheit. T., allgem. Langsamkeit, Unbeweglichkeit, Schwerfälligkeit. In der Physik bezeichnet T. das Beharrungsvermögen v. Körpern, in der Medizin unzureichende Organtätigkeit. In bezug auf das geist.-seel. ⌐ Verhalten des Menschen bedeutet T. geringe geist. Regsamkeit, Bequemlichkeit u. Energielosigkeit u. daraus erwachsende Untätigkeit u. Passivität der menschl. ⌐ Natur u. ⌐ Psyche. T. kann Ausdruck v. Gefühllosigkeit u. Gleichgültigkeit, aber auch v. Mißmut u. Verdrossenheit sein. In trägem Verhalten kommen u. U. Unlust u. Widerstreben gegenüber einer geforderten ⌐ Leistung zum Vorschein. Daher trägt im allgem. Sprachgebrauch der Begriff auch den Stempel der negativen Wertung u. des moral. Vorwurfs u. ist vielfach der gehobene Ausdruck f. Faulheit. — In der kirchl. Überlieferung gilt die T. seit den Anfängen des Mönchtums im frühen Mittelalter als eine der Hauptsünden (der Achtlasterkatalog des Cassian nennt Völlerei, Unzucht, Geiz, Zorn, Traurigkeit, T., Hoffart u. Stolz). V. a. in der röm.-kath. Tradition hat T. den präzisen Sinn v. Überdruß am rel., kirchl. u. asket.-geistl. Leben, am ⌐ Gebet, überhaupt am Überschreiten der diesseitigen Welt mit ihren innerird. Erfüllungen auf Gott u. seinen ⌐ Willen hin. Als solche gilt sie — als Grundbefindlichkeit des Menschen nach dem Sündenfall u. seine den bösen „Gedanken, Worten u. Werken" (⌐ Böse) zugrundeliegende Grundhaltung — als Wurzel f. die sog. Unterlassungssünden, f. die Unterlassungen des eigentl. vom Menschen Geforderten. — Im evang. Bereich hat Dietrich Bonhoeffer die Haltung des Menschen beschrieben, der die Gnade Gottes dem Sünder gegenüber als „billige Gnade" gerne in Anspruch nimmt, d. h. seine Rechtfertigung selbstverständlich bejaht, aber nicht in der Nachfolge praktiziert. Damit ist die „T. des Herzens" eine Manifestation des Unglaubens. — Es wird darauf ankommen, hinter der T. bei uns selbst u. bei anderen die vielfältigen Ursachen zu erkennen, die diese Haltung bedingen können. Wo Menschen unter ihr leiden als einer ⌐ Gewöhnung, einer Schwäche od. einer ⌐ Macht, v. der sie nicht loskommen, ist sie Zeichen v. oft bis in die Tiefe reichender ⌐ Resignation. Fr

Lit.: D. Bonhoeffer, Nachfolge (1937); LThK, Art. „Trägheit".

Transplantation. T.n sind alle chirurg. Eingriffe, durch die ein lebendes Gewebe v. einer Körperregion auf eine andere übertragen wird; eine solche Gewebeübertragung kann ein od. mehrere Individuen betreffen. Schon im Altertum sind Verpflanzungen v. Zähnen, Blut u. Hautteilen versucht worden. Aber erst zu Anfang unseres Jahrhunderts waren die wissenschaftl. Voraussetzungen f. wirksame Blut-, Kornea- u. Haut-Übertragungen gegeben. Die Ära der Organverpflanzungen — bei denen ein Körperteil verpflanzt wird, der eine v. anderen abgrenzbare Zellstruktur besitzt, aufgrund derer er best. Funktionen im Hinblick auf die biolog. Ganzheit des Organismus erfüllt — begann 1954 mit der ersten Nieren-T.

Während Prothesen u. ⌐ künstl. Organe ein oft notdürftiger u. körperfremder Behelf sind, vermag lebendes Gewebe ausgefallene Körperfunktionen vollkommen zu ersetzen. Wird Gewebe (Haut, Knochen usw.) bei demselben Individuum v. einer Körperregion auf eine andere übertragen (autogene T.), heilt es meist ohne Schwierigkeiten ein. Ähnl. gute Ergebnisse lassen sich bei genet. identischen (eineiigen) Zwillingen erzielen (isogene T.), da ihre Gewebeeigenschaften gleich sind. Verpflanzungen zw. (genetisch) versch. Individuen der gleichen Art, also Gewebeübertragungen v. einem Menschen auf einen anderen (allogene T.) scheitern ohne zusätzl. Behandlungsmaßnahmen schon nach wenigen Tagen, weil das überpflanzte Gewebe vom Empfänger aufgrund seiner genet. Einzigartigkeit (↗ Individualität) abgestoßen wird (immunolog. Reaktion). Noch stärker ist diese Abwehrreaktion, wenn Gewebe zw. Individuen versch. Arten — z. B. vom ↗ Tier auf einen Menschen — übertragen wird (xenogene T.).

Die natürl. Abwehr des Transplantats durch den Empfänger ist die größte Schwierigkeit bei T.n. Sie beruht auf der Fähigkeit des Organismus, zw. den ihm eigenen u. den nicht zu ihm gehörenden Substanzen unterscheiden zu können. Als körperfremd erkannte Stoffe sucht der Organismus dadurch zu zerstören, daß er Antikörper bildet, die spezif. gegen jene fremden Antigene gerichtet sind. Die Stärke einer solchen Abwehrreaktion hängt v. versch. Faktoren ab. Nahezu gefäßfreie Transplantate (Hornhaut, Knorpel, Herzklappen) werden eher angenommen als andere Gewebe. Je mehr die Gewebeeigenschaften zw. Spender u. Empfänger übereinstimmen, umso länger scheint ein übertragenes Organ zu funktionieren; deswegen wird die Gewebeverträglichkeit vor einer T. ausgetestet. Durch chem., physik. u. biolog. Maßnahmen kann die Abwehrkraft des Empfängers eingeschränkt werden, wobei allerdings unangenehme ↗ Nebenwirkungen in Kauf zu nehmen sind. — Überdies beeinträchtigen je nach transplantiertem Organ operativ-techn. Schwierigkeiten u. Komplikationen die Erfolgschancen einer T. unterschiedlich stark. Die besten Aussichten haben heute Nierentransplantate, die zu 50—80% mehr als zwei Jahre funktionstüchtig bleiben. Bei den übrigen Organ-T.n lassen sich bisher nur Einzelerfolge erzielen.

T.n sind *ethisch* zunächst so zu beurteilen wie die meisten ärztl. ↗ Eingriffe, deren zu erwartender Nutzen abzuwägen ist mit dem dadurch mögl. Schaden. Da heute bei Gewebe- u. Nieren-T.n die mögl. ↗ Lebensverlängerung eine Verbesserung der vor der T. bestehenden Lebensumstände erwarten läßt, ist das Eingehen der mit der T. verbundenen Risiken vonseiten des Empfängers sittl. gerechtfertigt aufgrund eines Wertvorzugs-Urteils. F. die übrigen Organ-T.n kann das allerdings nicht gelten, weil eine solche begründete ↗ Hoffnung aufgrund ihrer geringen Erfolgschancen noch nicht besteht, so daß bei ihnen die Kriterien f. ↗ Experimente zu beachten sind (↗ Notstandshandlung).

Die ↗ Entscheidung zur T. kann aber nicht nur aus dem mögl. Nutzen f. den betr. Kranken begründet werden, sondern muß auch die Zumutbarkeit f. die ↗ Gesellschaft u. deren Wohl berücksichtigen, weil der einzelne auf ↗ Gemeinschaft bezogen ist u. nur in ihr existieren kann. Diese ↗ Verantwortung der Gemeinschaft gegenüber ergibt sich sowohl aus dem Aufwand f. T.n als auch vom Problem des Organspenders her. Denn jede nicht autogene T. besteht aus zwei Eingriffen, die zwei versch. Individuen betrifft: dem einen Individuum wird Gewebe entnommen (Separation), das einem anderen eingepflanzt wird (Implantation).

Die Organspende eines gesunden Menschen war in der kath. Moraltheologie als ↗ Verstümmelung umstritten. Angesichts des geringen Risikos bei einer Nierenspende u. der guten Erfolgsaussicht beim Empfänger gilt sie heute bei Einwilligung des Spenders als eine Tat der Nächstenliebe. Aufgrund der guten Ergebnisse mit Nieren toter Spender sind viele Chirurgen allerdings der Ansicht, daß sie kaum noch gerechtfertigt ist. Da bei Verwendung v. Nieren soeben verstorbener Spender lebendes funktionsfähiges Gewebe transplantiert werden soll, bleibt zu fragen, wann der ↗ Tod des Spenders eingetreten ist u. wem das Verfügungsrecht über die Organe dann zukommt.

Während v. Medizinern die sichere Feststellung des ↗ Hirntodes als des entscheid. Kriteriums f. den Beginn einer Organentnahme gefordert wird, stellt sich ethisch die Entscheidung als Wahl zw. zwei Sterbenden dar, wobei ein nicht mehr rettbares Leben in Beziehung gesetzt wird zu einem rettbaren Leben. Es könnte sein, daß dann die durch eine Organentnahme herbeigeführte Beendigung des verlöschenden unrettbaren Lebens sittl. gerechtfertigt ist, sofern sie in dem höherwertigen Gut des nur so rettbaren anderen Lebens begründet ist. Hier steht der ↗ Arzt vor einer schweren ↗ Verantwortung, die er nur mit anderen in einem Team (↗ Teamwork) tragen kann. Auch nach der Hirntod-Feststellung darf der Arzt nicht „nach Gutdünken" über die Organe des Verstorbenen verfügen. Falls durch die Organentnahme die Lebensbedingungen des vorgesehenen Empfängers wesentl. verbessert werden können, ist der Arzt jedoch sittl. verpflichtet, sich über evtl. entgegenstehende Willensäußerungen des Verstorbenen od. seiner Angehörigen hinwegzusetzen. Denn das Lebensrecht des Empfängers ist ein höherwertiges Gut als der Wunsch nach der Unversehrtheit des Leichnams u. kann keine Pietätsgefühle verletzen. Wilfried Ruff

Lit.: H. Thielicke, Wer darf leben? (1970); W. Ruff, Organverpflanzung — ethische Probleme aus kath. Sicht (1971); Die Bestimmung d. Todeszeitpunktes, hrg. v. W. Krösl u. E. Scherzer (1973).

Transvestitismus ↗ Transsexualität

Transsexualität. Psychosex. Störung, die in der psychischen ↗ Identifizierung mit dem dem eigenen Körper entgegengesetzten Geschlecht besteht u. sich in dem Verlangen zeigt, nicht nur die Kleidung des anderen Geschlechts zu tragen (Transvestitismus), sondern auch die soziale ↗ Rolle des anderen Geschlechts zu übernehmen. T. unterscheidet sich v. ↗ Intersexualität durch eindeutig männl. bzw. weibl. ausgebildete Geschlechtsorgane, v. ↗ Bisexualität durch eindeutig weibl. bzw. männl. Triebausrichtung u. v. ↗ Homosexualität durch Suche nach einem heterosex. Partner. Als Ursache der T. werden genet. u. Umwelteinflüsse angenommen. Da das personale Selbstverständnis in der Geschlechtsrolle u. -identität zutiefst gestört ist, suchen Transsexuelle eine hormonelle u. operative ↗ Geschlechtsumwandlung mit Na-

mens- u. Personenstandsänderung, die im dt. Sprachgebiet bisher nur v. der DDR anerkannt wird. Rf

Lit.: A. Eberle, in: Sexualmed. 3 (1974) 139—45; E. Schorsch, in: Sexualmed. 3 (1974) 195—98; *Lit.:* A. Eberle, in: Sexualmed. 3 (1974) 139—45;

Transzendenz. T. (v. lat. „transcendere" = übersteigen), der Gegenbegriff zu Immanenz (v. lat. „immanere" = darinbleiben), ist ein formaler Begriff, dessen konkreter Sinn sich jeweils daraus ergibt, a) welche Grenze angesetzt wird, die überstiegen wird, u. b) auf welche Weise der Überstieg gedacht ist. Erkenntnistheoret. wird die Grenze am engsten angesetzt, wenn v. Immanenz od. T. des ↗ *Bewußtseins* gesprochen wird. Während die Immanenz-Philosophie (Idealismus) den Gegenstand nur als Inhalt des Bewußtseins (Vorstellens u. Denkens) betrachtet, vertritt der Realismus die Möglichkeit der Erkenntnis bewußtseinstranszendenter Wirklichkeit. Schon weiter wird der Begriff mit der Grenze möglicher ↗ *Erfahrung* angesetzt. Empirismus u. Kant, Positivismus u. Neupositivismus schränken die (wenigstens wissenschaftl.) Erkenntnis auf den Bereich gegenständl. Erfahrung ein. Dagegen halten andere (metaphysisch im weitesten Sinn) an der Erkenntnis auch erfahrungstranszendenter Wirklichkeit fest. Die letzte Grenze ist mit dem Bereich der *Endlichkeit* gegenüber dem Unendlichen gegeben, d. h. im Übersteigen der endl. Welt im Ausgriff auf die absolute u. unendl. Wirklichkeit Gottes. Hier differenziert sich aber der Begriff der T. nach der Weise des „Übersteigens". Einerseits wird diese, der Erfahrung u. Endlichkeit überlegene Wirklichkeit selbst (in einem mehr stat. Sinn) als transzendent bezeichnet, insofern sie jenseits unserer endl. Erfahrungswelt liegt (was nicht in einem räuml. Sinn mißverstanden werden darf). Anderseits kann (in einem dynam. Sinn) v. T. des Menschen gesprochen werden, insofern er in seinem Vollzug des Erkennens, Wollens u. Handelns, als Bedingung der Möglichkeit des Vollzugs, über die Grenzen der endl.-gegenständl. Erfahrungswelt ausgreift nach dem Unbedingten, das ihm im Anspruch des

Wahren, Guten u. Schönen u. im personalen ↗ Wert begegnet, einen absoluten Horizont voraussetzt u. deshalb, als Bedingung des Horizonts, auf das Absolute selbst, das unendl. Sein Gottes ausgreift. Der Mensch ist T., d. h. er verwirklicht sich selbst, insofern er sich übersteigt; er aktuiert sich selbst, indem er sich transzendiert. In diesem Sinn bedeutet T. den wesenhaften Ausgriff des menschl. Selbstvollzugs auf das absolute u. unendl. Sein Gottes (↗ Geheimnis). ↗ Selbstverwirklichung Co

Lit.: K. Rahner, Geist in Welt. Zur Metaphysik der endl. Erkenntnis bei Thomas v. A. (²1957); E. Coreth, Metaphysik. Methodisch-systemat. Grundlegung (²1964).

Trauer. Der Beginn wissenschaftl. Beschäftigung mit T. kann mit dem Beitrag „T. u. Melancholie" (1916) v. S. Freud angesetzt werden. Als T. definiert er „regelmäßig die Reaktion auf den Verlust einer geliebten Person od. einer an ihre Stelle gerückte Abstraktion wie Vaterland, ↗ Freiheit, ein ↗ Ideal usw." (Freud, Trauer, 489). Die Realitätsprüfung zeigt, daß das geliebte Objekt nicht mehr besteht u. zwingt dazu, alle ↗ Libido v. ihm abzuziehen. Dies „wird nun im einzelnen unter großem Aufwand v. Zeit u. Besetzungsenergie durchgeführt u. unterdes die Existenz des verlorenen Objektes psychisch fortgesetzt. Jede einzelne der Erinnerungen u. Erwartungen, in denen die Libido an das Objekt geknüpft war, wird eingestellt, überbesetzt u. an ihr die Lösung der Libido vollzogen" (Ebd., 430). K. Abraham hat die T.theorie Freuds ergänzt durch das Konzept der Inkorporation: Der Trauernde löst sich nicht nur v. dem verlorenen Liebesobjekt, sondern baut es in seinem Inneren wieder auf (Abraham, Ansätze). T. ist dem manisch-depressiven Formenkreis zuzuordnen, mit dem sie die (wenn auch dauerhafte) Selbstbegrenzung gemeinsam hat. Die psychische Symptomatik ist gekennzeichnet durch allgem. Spannungszustände, Schlaflosigkeit, ↗ Angst-Zustände, ↗ Erschöpfung u. verminderter Arbeitsfähigkeit, die physische durch Benommenheit, psychosomat. ↗ Schmerzen, ↗ Appetitlosigkeit, Schluck- u. Verdauungsschwierigkeiten sowie Herz- u. Brustschmerzen. T. ist eine ↗ Krankheit-Entität, u. es ist sozialpolitisch zu fordern, daß dem Trauernden der Status eines Kranken eingeräumt wird (Freistellung v. der ↗ Arbeit).

Angesichts des ↗ Todes einer geliebten ↗ Person läßt sich der T.-Verlauf in vier Phasen einteilen: 1. *Phase des ↗ Schocks,* die durch die Todesnachricht ausgelöst wird u. durch eine allgemeine Erstarrung gekennzeichnet ist; sie dauert meist nur wenige Stunden. 2. *Kontrollierte Phase:* Die Kontrolle übt der Trauernde sich selbst gegenüber aus; ihr korrespondiert die Kontrolle durch die Angehörigen, Freunde u. die „Übergangstechniker" („transition technicians"), um der Bestattung eine gesellschaftl. angemessene Durchführung zu sichern (↗ Bestattungswesen). Dem Trauernden wird jede mögliche Entlastung gewährt, um seine Selbstkontrolle zu erleichtern. 3. *Phase der ↗ Regression:* Der Zusammenbruch der „Daseinswelt" zusammen mit dem Zusammenbruch der psychischen Organisation des Trauernden, ausgelöst durch den ↗ Tod des geliebten Menschen, macht es f. den Betroffenen notwendig, alle Energie auf den Erhalt seiner eigenen Ichaktivität zu konzentrieren. Er verhält sich ichbezogen, apathisch u. antriebsgehemmt u. ist durch Empfindlichkeit, Verletzbarkeit u. Mißtrauen gegenüber der ↗ Umwelt gekennzeichnet. Es besteht erhöhte ↗ Selbsttötungs-Gefahr u. die Bereitschaft eines passiven Sich-Sterben-Lassens. Die Phase der Regression dauert ein bis drei Monate. 4. *Adaptive Phase:* Der Trauernde baut die verstorbene ↗ Person in sich auf, er inkorporiert sie. Zugleich rekonstruiert er seine „Daseinswelt" u. seine innere psychische Organisation schrittweise u. kann sich wieder seiner Umwelt zuwenden. Der „normale" T.-prozeß ist im Allgemeinen mit dem Ablauf des oft auch rel. fixierten „T.jahres" beendet.

Der Trauernde muß im Verlauf des T.-prozesses eine Reihe v. Aufgaben bewältigen; dabei können ihn das rel. ↗ Ritual u. die seelsorgerl. ↗ Beratung unterstützen: 1. Der Prozeß des T.ns muß in Gang kommen u. darf nicht durch gesellschaftl. od. rel. Vorschriften

blockiert werden; der Trauernde muß sich „gehen lassen" können, was ↗ Vertrauen in das eigene ↗ Ich, in die soziale ↗ Umwelt, in Gott voraussetzt, daß sie dem Trauernden beistehen u. ihm gestatten, seine Gefühle, seien es Klagen od. Anklagen, zu artikulieren. 2. Der Trauernde sieht sich einem emotionalen Chaos ausgesetzt; er weiß weder, was alles er verloren hat, noch wo er beginnen soll, seinen Verlust aufzuarbeiten. Eine wesentl. Priorität hat hier die Aufgabe, sein Verhältnis zu dem Verstorbenen so zu klären, daß dieser weder verstoßen (verdrängt) werden muß noch zum beherrschenden Subjekt wird (Gefahr der Glorifizierung), sondern in seinen Schwächen u. Stärken akzeptiert werden kann. 3. Anerkennung der Realität ist eine unabdingbare Voraussetzung f. das Gelingen eines T.prozesses. Die Realität des Todes darf nicht geleugnet werden. Es muß zu einer klaren Scheidung kommen zw. dem, was in unserer ↗ Gesellschaft Realität bedeutet, u. dem, was wir, auf welcher Basis auch immer, uns für unser Weiterleben erhoffen. Der Tod muß erkannt werden, um bekämpft werden zu können. Das Beerdigungsritual hat auch diese Funktion, schrittweise bis hin zur Versenkung des Sarges die Realität des eingetretenen Verlustes zu verstärken. 4. Der Tod setzt in hohem Maße Emotionen frei, damit tritt eine Vielfalt gesellschaftl. nicht akzeptabler Gefühle in das ↗ Bewußtsein: Anklagen gegen den Verstorbenen, ↗ Haß-Gefühle, ↗ Schuld-Gefühle, Gefühle der Befreiung. Es ist f. den Trauernden v. großer Bedeutung, solche Gefühle ausdrücken zu können. Weil das Zeigen v. unannehmbaren Gefühlen gerade innerhalb der ↗ Familie schwierig ist, kommen dem Ritual u. dem ↗ Gespräch bes. Bedeutung zu. 5. In der regressiven Phase befindet sich der Trauernde in einer Art Zwischenwelt zw. Tod u. Leben. Im Allgemeinen setzt sich der Lebenswille durch, aber es ist sehr unterschiedl., wie rasch u. entschieden dies geschieht. Die ↗ Entscheidung zum Leben ist eine Aufgabe, bei der der Trauernde nicht nur stark auf seine inneren positiven ↗ Erfahrungen angewiesen ist, sondern auch auf die Hilfe v. außen. Wenn die ↗ Kirchen nicht f. die Toten, sondern auch u. v. a. f. die Lebenden da sind, kommt dem Gespräch mit dem Trauernden ein bes. Gewicht zu. Seelsorgerl. Gespräche sind dort dringlich, wo best. Todesumstände mit einer Komplikation der T.arbeit rechnen lassen, v. a. bei ↗ Selbsttötung, beim Verlust eines ↗ Kindes od. Jugendlichen, bei unerwartetem (↗ Unfall) u. gewalttätigem Tod (↗ Mord), sowie dann, wenn der Tod f. den Trauernden die letzte einer Reihe rasch aufeinanderfolgender Lebenskrisen darstellt od. eine bes. Krankheitsanfälligkeit bzw. psychische Labilität bestehen. Bes. Aufmerkamkeit bedürfen Kinder, die vor einem ihnen unverständl. Ereignis stehen, aber v. den in der T. befangenen Erwachsenen keine ausreichende Verstehenshilfe u. Zuwendung erfahren.
Yorick Spiegel

Lit.: K. Abraham, Ansätze zur psychoanalyt. Erforschung des manisch-depressiven Irreseins u. verwandter Zustände (1912), in: Psychoanalytische Studien II, 146—162; ders., Versuch einer Entwicklungsgeschichte der Libido auf Grund der Psychoanalyse seel. Störungen (1924), ebd. I, 113—183; S. Freud, Trauer u. Melancholie (1916) GW 10 428—446; E. A. Grollman (Hrg.), Explaining Death to Children (1967); A. u. M. Mitscherlich, Die Unfähigkeit zu trauern (1967); I. A. Caruso, Die Trennung der Liebenden (1968); W. Fuchs, Todesbilder in der modernen Gesellschaft (1969); H.-C. Piper, Trauerarbeit u. Trost, in: WZM 21 (1969) S. 244—250; L. Giudice, Ohne meinen Mann (1971); H. J. Thilo, Beratende Seelsorge (1971) 195—233; F.-W. Lindemann, Vier Trauersituationen, in: WPKG 61 (1972) 39—48; C. M. Parkes, Bereavement (1972); Y. Spiegel, Der Prozeß des Trauerns (1973).

Traum. Der T. stellt v. alters her eine Alltagserfahrung der Menschheit dar, in der die Grenzen der ↗ Individualität als überschritten empfunden wurden, u. die deshalb mit dem Göttlichen in Verbindung gebracht wurde. Die antike T.deutung erreichte v. a. mit Artemidor v. Daldis einen Höhepunkt, auf dem nach heutiger Betrachtungsweise ein Schatz v. tiefsinnigen psych. Beobachtungen gesammelt wurde, nach denen der T. v. a. als Möglichkeit angesehen wurde, die unbewußte psychische Situation eines Menschen zu erkennen u. v. daher auch gewisse ↗ Prognosen stellen zu können. In der bibl. Anschauung tritt v. a. die

Verbindung des T.s mit den intensivsten u. geheimsten Wünschen der Menschen hervor. Die aufklärer. Psychologie u. ↗ Psychiatrie setzen die T.-Phänomene einem allgem. Unsinnigkeitsverdacht aus, die v. der Volksmeinung mit der erleichterten Feststellung „T.e sind Schäume" aufgenommen wurde.

Erst die psychoanalyt. T.-Deutung, deren Grundzüge S. Freud 1900 entwickelte, knüpft an die antike T.-Deutung an u. vermochte dem T. wieder Sinnstrukturen abzugewinnen. V. entscheid. Bedeutung ist dabei die Unterscheidung zw. latenten T.-Gedanken u. manifestem T.-Inhalt. Letzterer entsteht erst durch die sogenannte T.-Arbeit, die mit den Mitteln der Verdichtung, Verschiebung, der Umkehr ins Gegenteil im Dienste einer unbewußten Zensur, den latenten T.-Gedanken so verändert u. entstellt, daß er vom Träumer selbst nicht mehr erkannt werden kann. Nur so kann der T.-Inhalt bewußtseinsfähig werden. Eine große Rolle spielt bei der T.-Arbeit die symbol. Verschlüsselung, die in den Grundstrukturen mit den großen ↗ Symbolen der Menschheitsüberlieferung in ↗ Mythos u. Dichtung übereinstimmen. Um dieser überindivid. Anteile willen wurde in der ↗ komplexen Psychologie C. G. Jungs der T. v. a. als Äußerungsform des ↗ kollektiven Unbewußten angesehen, während in der ↗ Psychoanalyse S. Freuds der T. vorwiegend unter dem Aspekt v. individ. od. kollektiven Wünschen gesehen wurde. Die psychoanalyt. T.-Deutung versucht die T.-Arbeit rückgängig zu machen. Dies kann aber nicht nur auf dem Wege der Entschlüsselung v. Symbolen geschehen, die nur den überindivid. Anteil der T.-Bildung repräsentieren. Die individ. Neuschöpfungen des T.s können nur auf dem Wege des freien Einfalls zu dem eigenen T.text gefunden werden u. bedürfen deshalb zu ihrem Verständnis eines sachkundigen u. erfahrenen Fachmannes. V. einem dilettantischen Umgang mit T.n ist deshalb in der seelsorgerl. Praxis dringend abzuraten.

Scha

Lit.: S. Freud, Die Traumdeutung. Ges. Werke, Bd. II/III; K. Abraham, Traum u. Mythos (1909);

W. Kemper, Der Traum u. seine Be-Deutung (1956); F. Froboese-Thiele, Träume, eine Quelle rel. Erfahrung? (1957); E. Fromm, Märchen, Mythen, Träume (1957).

Trauma. Der Ausdruck bezeichnet in der Medizin ursprüngl. „Gewebedurchtrennung" u. damit die Folgen einer durch äußere Einwirkung verursachten Verletzung. Als Durchbrechung des psychischen Reizschutzes wurde er v. der ↗ Psychoanalyse auf die psychische Ebene übertragen u. meint da einen heftigen ↗ Schock, der zur Erschütterung führt u. dauerhafte psychische pathogene Wirkungen auszuüben vermag.

Trauung. Gottesdienstl. Handlungen anläßl. der Eheschließung sind bereits in der alten ↗ Kirche nachweisbar, aber erst unter dem Einfluß des dt. Rechts bildete sich die T. zunächst als Übergabe der ↗ Frau an den Ehemann durch den Priester heraus, an die sich eine Messe anschloß. Zur Bekämpfung der öffentl. nicht bekannt gewordenen sog. Winkelehen wurde die T. dann immer entschiedener gefordert u. im Jahre 1563 f. alle als verbindl. vorgeschrieben u. somit die sog. Formpflicht eingeführt. Diese trat zunächst nur dort in Kraft, wo sie verkündigt wurde; das kirchl. Gesetzbuch v. 1918 machte sie f. alle Katholiken endgültig verbindlich (c 1094—1103). Seit 1966 ist f. ↗ Mischehen eine Dispens v. der Formpflicht sowie eine evang. T. möglich (vgl. Motu proprio „Matrimonia Mixta" vom 31. 3. 1970).

Die Reformatoren hielten an der T. in abgewandelter Form fest. Der Grundsatz, daß zur endgültigen Eheschließung eine T. nötig ist, setzte sich allerdings erst allmählich durch. Seit der Einführung der Zivil-T. wird die kirchl. T. zunehmend nicht mehr als Eheschließung, sondern als ↗ Gottesdienst zu Beginn der ↗ Ehe angesehen, in dem die Brautleute ihre Ehe vor der ↗ Gemeinde unter Gottes Wort stellen. In der evang. Kirche ist die kirchl. T. demnach zum Eheabschluß nicht nötig, die Formpflicht wird vielmehr durch Mitverantwortung der Kirche f. eine gültige Eheschließung sowie aus ↗ Bedürfnissen der seelsorgerl. Einflußnahme auf die Brautleute begründet. Sie stößt jedoch zunehmend auf Widerstand, weil durch sie die Gültigkeit der Ehe v. einem kirchl. Kontakt abhängig gemacht wird, der bei vielen kirchl. entfremdeten Menschen nicht erreicht werden kann u. oft auch nicht zumutbar ist. Unter Voraussetzung der öffentl. Eheschließung u. der Freiwilligkeit ist die kirchl. T. jedoch sinnvoll: 1. zur Verdeutlichung des sakramentalen Charakters der Ehe bzw. zur ↗ Verkündigung der Frohbotschaft v. der Ehe, zumal die Kommunikationskraft des ↗ Symbols gerade im techn. Zeitalter nicht zu unterschätzen ist; 2. zur rel. Vertiefung der Paarbeziehung, durch die eine Ausgestaltung der Lebensgemeinschaft unter ihren versch. Aspekten zusätzl. motiviert werden kann. (↗ Partnerschaft) Die Liturgie ist deshalb entspr. dem heutigen Verständnis der Ehe weiterzuentwickeln u. entspr. der außerordentl. unterschiedl. rel. Ansprechbarkeit der auf eine kirchl. T. Wert legenden Menschen vielfältig zu gestalten. Angesichts der institutionellen Krise der Ehe u. angesichts der weitreichenden ↗ Säkularisierung großer, volkskirchl. noch gebundener Kreise ist einer angemessenen Vorbereitung der T. — bes. beim ↗ Brautunterricht — größte Aufmerksamkeit zu widmen. Mo

Lit.: G. Barczay, Trauung, in: G. Otto (Hsg.), Praktisch Theologisches Handbuch (1970), 467—482; K. Richter, Die liturg. Feier der Trauung, in: Concilium 9 (1973) 486—493.

Trennung ↗ Trauer

Treue. T. meint nicht bloßes Beharren, das Sich-selber-treu-bleiben; T. im vollen Sinn besagt eine personale Beziehung zum ↗ Du, zur ↗ Gemeinschaft. Sie garantiert die Geradlinigkeit unserer Beziehung zum Nächsten, gibt dem Leben Beständigkeit u. schirmt gegen ↗ Zufälle u. oberflächl. Beeinflussung ab. T. begründet die Zuverlässigkeit (eines Menschen), eingegangene Bindungen einzuhalten u. zu bewahren. Sie ist eine Schwesterntugend der ↗ Wahrhaftigkeit (Thomas, STh II/II q. 80 a 1 ad 3). Das AT hat f. Wahrheit u. T. das gleiche hebräische Wort. Dieses steht f. Gottes absolute Aufrichtigkeit u. Wahrheit u. wird ihm im Sinne v. uneingeschränkter T. zugesprochen. Er ist derjenige, auf den man sich schlechthin verlassen, auf den man sein ↗ Leben sicher bauen kann. Der gläubige Mensch empfindet daher seinen Gott nicht als launische Übermacht. Er weiß sich dem verbunden, der in unwandelbarer T. zu seinem Wort steht, selbst inmitten einer Welt der Un-T. (Os 4,1; Dt 32). Da Gottes T. Urbild u. Urgrund aller menschl. T. ist, wird deutlich: nur absolute T. kann zur Einheit führen u. diese erhalten. ↗ Liebe auf Widerruf, T. auf Kündigung sind Widersprüche in sich. Je intensiver eine personale Beziehung ist, um so mehr muß sie v. T. gezeichnet sein: ↗ Freundschafts-T., bräutl. u. ehel. T., ↗ Kindes- u. Eltern-T. schuldet man nicht nur sich u. seinem gegebenen Wort; sie schauen wie die ↗ Liebe auf das Du. Die Verpflichtung zur ehel. T. läßt sich daher nicht auf den bloßen Nenner der ↗ Gerechtigkeit bringen, sie kann sich nicht in der Meidung geschlechtl. Un-T. erschöpfen. Bei der T. geht es zuerst um die unwiderrufl. Bindung des ↗ Ichs an das Du, nicht zuerst um sachl. ↗ Leistung u. Gegenleistung. Dies kann nur geschehen, wenn das ehel. Leben in seinem ganzen Umfang als Zeichen der personalen Hingabe verstanden wird. — T.gesinnung muß wachsen, schon im Kindesalter heranreifen. Glaub- u. Vertrauenswürdigkeit der Erzieher sind unbedingte Voraussetzungen. Unbesonnene Versprechungen, die nicht eingehalten werden, die ↗ Verführung zu unwahren Ausreden od. zu Täuschungen sind schwerwiegende Hemmnisse (↗ Lüge). Was dagegen Zuverlässigkeit u. Sicherheit verbürgt, gültig ist u. beständig macht, führt zu liebender T.; denn T. ist Wahrheit, die eine tragfähige Grundlage f. das Leben gibt. Fä

Lit.: Lexikon der Pädagogik IV (1955) Sp. 639 ff (Literatur); RGG VI (^{3}1962), Sp. 1011 f. (Literatur).

Trieb(lehre). Die psychoanalyt. T.L. steht u. fällt mit der Vorstellung vom innerpsychischen ↗ Konflikt. Nur ein Konfliktgeschehen kann die Erscheinungsformen der ↗ Neurosen erklären, deshalb ist die ↗ Psychoanalyse zu keiner Zeit ein

Trieb(lehre)

monist. System gewesen. Ausgangspunkt f. Freuds Formulierungen war die Wichtigkeit der Sexual-T.e, die als „Partial-T.e" (Oralität, Analität, phallische Phase) bereits in der frühen Kindheit eine entscheid. Rolle spielt. Ihrer Durchsetzung wird sowohl im Individuum als auch in der ↗ Gesellschaft ein ↗ Widerstand entgegengesetzt. So deutet Freud das T.-Geschehen zunächst als einen Dualismus v. Sexual-T.n auf der einen Seite, die dem ↗ Lust-Prinzip gehorchen u. v. ↗ Ich-T.n auf der anderen Seite, die der Selbsterhaltungstendenz unterworfen sind. Freud meinte mit diesem Gegensatzpaar auf glückl. Weise Volksmeinung u. Dichterwort wiedergegeben zu haben, nach denen Hunger u. ↗ Liebe die Welt beherrschen.

Die stärkste Änderung dieser T.-Theorie bestand zunächst in der ständigen Ausweitung des Begriffes der ↗ Libido od. ↗ Sexualität. Da sie zunächst als auf Abfuhr hoch aufgestauter Erregungssummen ausgerichtete Strebung in sich selber gar keine auf Dauer ausgerichtete Tendenz aufweist, sondern darauf aus ist, in der Befriedigung zu erlöschen, mußte der Begriff auch die „zielgehemmten" oder zärtl. Strebungen umfassen. So näherte sich das Konzept der Sexualität Schritt f. Schritt dem des Eros, der ↗ Neigungen aller gleichartigen Lebewesen, sich zu immer umfassenderen Einheiten zu vereinigen.

Nähert man sich der Betrachtung des Seelenlebens v. der biolog. Seite her, so mußte der T. als ein Grenzbegriff zw. Seelischem u. Somatischem erscheinen, als „psychischer Repräsentant der aus dem Körperinneren stammenden, in die Seele gelangenden Reize, als ein Maß der Arbeitsanforderung, die dem Seelischen infolge seines Zusammenhanges mit dem Körperlichen auferlegt ist" (Freud).

Die psychoanalyt. T.l. begann nun zw. dem Drang, dem Ziel, dem Objekt u. der Quelle des T.s zu unterscheiden. Die Beobachtung, daß das Objekt des T.s den variabelsten Aspekt der T.s darstellt u. im Laufe der Lebensschicksale beliebig oft gewechselt werden kann, ließ Freud hinfort den „T.-↗Schicksalen" seine bes. Aufmerksamkeit angedeihen. Als solche kamen in Frage: Die Verkehrung ins Gegenteil (Verwandlung v. ↗ Aktivität in Passivität, sowie inhaltl. Verkehrung wie Schaulust — Exhibition, ↗ Sadismus — ↗ Masochismus), die Wendung gegen die eigene ↗ Person, die ↗ Verdrängung, die ↗ Sublimierung. Welches T.-schicksal sich auf Dauer durchsetzen kann, hängt davon ab, welchen Einflüssen die T.-Regungen ausgesetzt werden. Dabei spielen die „drei großen, das Seelenleben beherrschende Polaritäten" die entscheid. Rolle: die „biolog." Polarität Aktivität — Passivität, die „reale" Polarität Ich — Außenwelt, die „ökonom." Polarität ↗ Lust — Unlust.

Als sich die Psychoanalyse v. einer Psychologie des ↗ Es zu einer Psychologie des ↗ Ichs wandelte, stellte sich heraus, daß das Ich sich selber triebhaft besetzen kann, ja es muß als das eigentl. u. ursprüngl. Reservoir der ↗ Libido angesehen werden. Die Redeweise v. einer ↗ narzißtischen Libido machte hinfort den Gegensatz zw. Ich-T.n u. Sexual-T.n hinfällig. Vorübergehend schien tatsächl. so etwas wie ein Pansexualismus in Sicht zu sein, u. Psychoanalytiker wie Wilhelm Reich u. Oskar Pfister haben mit Hartnäckigkeit an diesem Konzept der T.l. festgehalten. Freud suchte jedoch nach einem neuen Gegensatzpaar u. meinte schließlich, ausgehend vom Wiederholungszwang in der ↗ Neurose, eine T.-Gruppe annehmen zu müssen, die das Leben zum ↗ Tode führen soll, während eine andere (die Sexual-T.e) immer wieder die Erneuerung des Lebens anstrebt u. durchsetzt. Mit der Annahme eines ↗ „Todes-T.s" wandelte Freud aber zugleich die Vorstellung vom Wesen der T.e. Konnte man sie sich bisher als dynam., vorwärtsdrängende Energien vorstellen, so wurde jetzt ihr konservativer Charakter deutlich. Eigentl. Ziel allen Lebens ist der Tod, die Lebens-T.e halten dieses T.-Ziel nur in einer Art Zauberrhythmus auf. Die T.e sind damit keine physikal. Energien mehr, sondern sie gleichen eher „myth. Wesen, großartig in ihrer Unbestimmbarkeit", so daß Freud die T.l. schließlich als die „Mythologie der Psychoanalyse" bezeichnen kann.

Damit ist eines der Grundprobleme der psychoanalyt. T.l. benannt: Freud hat niemals die Dialektik zw. „energet." u. „hermeneut." Betrachtungsweise od. — um eine Formulierung v. P. Ricoeur zu gebrauchen — die Spannung zw. der Redeweise v. „Kraft" u. der Redeweise v. „Sinn" zugunsten des einen od. des anderen Poles aufgelöst. Seine T.l. stellt einen Bezugsrahmen zum Verständnis der menschl. Existenz dar, der sowohl die Wahrheitsgehalte naturwissenschaftl. empir. ↗ Forschung wie die der großen Dokumente der Menschheitsüberlieferung aufzunehmen sucht. Warum allerdings die stärker „tragisch" u. damit skeptisch-resignativen Züge der Überlieferung aufgenommen sind ins Konzept der menschl. Existenz, f. die der Widerspruch v. T.-Überschuß einerseits u. kultureller T.-Einschränkung andererseits als ein unlösbares Problem dargestellt wird, muß eine offene Frage bleiben. An ihr haben Kulturkritiker wie W. Reich, H. Marcuse, N. O. Brown u. A. Mitscherlich angeknüpft, die den prinzipiellen Antagonismus zw. T. u. Kultur zu einem menschenfreundlicheren Ausgang zu bringen versuchten.
F. den Pastoraltheologen stellt die psychoanalyt. T.l. m. E. eine doppelte Herausforderung dar:
a) Eine theol. ↗ Anthropologie müßte überprüfen, wie weit sich das Material der psychoanalyt. T.-Pathologie vermitteln läßt mit dem hermeneut. Bezugsrahmen der kaum „tragisch" konzipierten jüd.-christl. anthropolog. Grundvorstellungen. Es wäre zu untersuchen, welche Faktoren dafür verantwortlich zu machen sind, daß sich gegenüber den triebfreundl. Konzepten der Bibel in der christl. Tradition die triebfeindl. Komponente über Jahrhunderte hinweg durchgesetzt hat.
b) Die pastorale Praxis muß dem offenbar unausrottbaren Mißverständnis entgegengetreten, als propagiere die psychoanalyt. T.l. ein hemmungsloses Ausleben der T.e. Sie versucht lediglich einen unbewußten ↗ Konflikt, der unweigerlich zur Symptombildung führt, in einen bewußten Konflikt zu verwandeln u. damit die Chancen f. eine kulturelle T.-Beherrschung zu verbessern. Eine auch f. den Bereich der ↗ Seelsorge anzustrebende bewußtere Auseinandersetzung mit dem T.-Geschehen sollte sich jedoch nicht nur kognitive Lernziele, sondern auch solche emotionaler Art setzen.
F. die ↗ Zukunft wird v. a. die noch offene Frage des ↗ Aggressions-T.s u. seiner Zügelung auf dem Programm stehen müssen, v. a. auch mit ihren Konsequenzen f. frühe rel. ↗ Sozialisation.

Joachim Scharfenberg

Lit.: S. Freud, Drei Abhandlungen zur Sexualtheorie (1905) Gesammelte Werke, Bd. V; ders., Triebe u. Triebschicksale (1915) Gesammelte Werke, Bd. X; P. Ricoeur, Die Interpretation (1968); A. u. M. Mitscherlich, Die Unfähigkeit zu trauern (1968); A. Grabner-Haider (Hrg.), Recht auf Lust? (1970).

Trinkerfürsorge ↗ Alkoholabhängigkeit ↗ Entziehungkur

Trost. T. u. Trösten sind heute weithin in Mißkredit geraten; der leidende Mensch erwartet sachgerechte u. wirksame Hilfe, aber keinen „billigen" T. Eine etymolog. Überlegung korrigiert diese Abwertung: „T." ist eng verwandt mit ↗ Treue (Festigkeit) u. ↗ Vertrauen; „trösten" heißt, durch zuverlässiges Da-sein u. Eintreten f. den Mitmenschen Halt u. Sicherheit geben, so daß dieser „trauen", „vertrauen" u. so „getrost" sein kann. Solchen T. erfordern die vielgestaltigen Situationen menschl. Not, z. B. ↗ Vereinsamung, Verunsicherung, ↗ Überforderung, Gefährdung, ↗ Leiden u. ↗ Trauer, ↗ Angst u. ↗ Verzweiflung. So tröstet z. B. die ↗ Mutter in Wort u. Geste ihr ↗ Kind, der ↗ Arzt durch Vermittlung v. Zuversicht u. Vertrauen den körperl. u. seel. Kranken, der ↗ Seelsorger im ↗ Gespräch u. durch Vermittlung der Vergebung im ↗ Bußsakrament den in ↗ Schuld Geratenen, durch sein dem Leiden u. ↗ Tod sinngebendes Wort den Kranken (↗ Krankenhausseelsorge, ↗ Krankenseelsorge), Sterbenden (↗ Sterbenshilfe), u. die am Grabe Trauernden (↗ Bestattung). T. wird auch die fachl. Hilfe in materieller u. personaler Not, z. B. die ↗ Beratung in ↗ Konflikten des ehelichen, berufl. u. gesellschaftl. Lebens spenden müssen, insbes. aber der persönl. Beistand f. den an mannigfachen Unzulänglichkeiten u. am Sinn des eigenen

Lebens u. der Welt leidenden Mitmenschen (↗ Lebenssinn) Ursprung u. Grund allen mitmenschl. Tröstens ist christl. gesehen der v. Gott kommende T., der schon gegenwärtig u. als eschatol. Verheißung „sicherer u. fester Lebensanker" ist (Hebr 6,18 f). Insbes. der „Paraklet" ist als Bürge künftiger Herrlichkeit zugleich zuverlässiger „Helfer" u. „Beistand" in dieser Welt (Joh 15,26 f; 2 Kor 5,5 f; 2 Thess 2,16 f). Was der Christ vom „Gott allen T.s" empfängt, kann u. muß er anderen weitergeben (2 Kor 1,3 f). F. die prakt. Verwirklichung bietet die Bibel, bes. das NT, viele Hinweise u. die entscheidenden Motive; gerade sie müssen f. die Gegenwart fruchtbar gemacht werden. Dabei sind, wie es z. B. christl. T.bücher u. -briefe seit jeher versucht haben, allgem. menschl. T.gedanken u. Hilfen, allerdings in krit. Auswahl, heranzuziehen, heute bes. die Möglichkeiten der Psychologie, ↗ Psychotherapie, Medizin u. Sozialwissenschaften. Aber auch die Gefahren vordergründiger od. gar unmenschl. „Lösungen" des Problems des Leidens u. ↗ Sterbens (↗ Euthanasie; ↗ Sterbenshilfe), der ↗ Ideologien u. ↗ Utopien i. S. unbegrenzten, weltimmanenten ↗ Fortschrittsglaubens sowie der Flucht in ungehemmten Lebensgenuß (1 Kor 15,32) od. in eine Scheinwelt „ohne Leid" durch ↗ Angst u. ↗ Depression überdeckende Mittel (↗ Psychopharmaka; ↗ Drogen) sind deutlich zu sehen. Unleugbar sind aber auch die Gefährdungen „christl." Tröstens durch zwar gutgemeinte, aber einfältige u. unehrliche Verniedlichung v. ↗ Schmerz u. ↗ Trauer, leichtfertige Erklärung des Leidens etwa durch „Schuld" od. den „Willen Gottes", die f. den jeweiligen Hiob doch nur „quälender", „nichtiger" T. sein können (Hiob 16,2; 21,34). Insbes. aber auch das leichtfertige „Vertrösten" auf das Jenseits wird weder der Realität des Leidens noch der Möglichkeit u. Pflicht des Tröstens gerecht.

Gegenüber solchen u. a. Verzerrungen ist mit dem NT das Spezifikum christl. Tröstung zu betonen. Da in der Gegenwart Leiden, ↗ Trauer u. ↗ Tod weithin Privatangelegenheit geworden sind, ist darüber hinaus hervorzuheben, daß bes. die ↗ Gemeinde Leidens- u. T.-gemeinschaft ist, in der alle den T. des ↗ Geistes, des Wortes Gottes, des ↗ Gebetes u. der ↗ Sakramente empfangen, alle, auch die Amtsträger, gegenseitigen T.s bedürfen u. sich diesen in leibl. u. seel. Not vermitteln (Röm 12,8.15; 15,4 f; 2 Kor 1,5—7; 1 Thess 3,7). Es ist der T. des ↗ Glaubens, daß das Leiden aus Gottes ↗ Liebe kommt, zum Christenleben gehört u. als Teilhabe am Christusleiden Sinn hat f. Kirche u. Welt (Kol 1,24; 1 Thess 3,2—4; Hebr 12,5 f). Es ist in ↗ Mitleid u. brüderl. Beistand der T. der ↗ Liebe u. ↗ Diakonie (1 Kor 12,26; Phil 2,1 f), die den ganzen Menschen fordern u. dem ganzen Menschen gelten u., ihrem universalen Charakter gemäß, nicht auf die Gemeinde beschränkt sind. Tröstung umfaßt z. B. herzl. Anteilnahme in Form des Besuches; den ermunternden, „auferbauenden" Zuspruch, der aber auch ernstlich mahnt, nicht also beruhigt, wo Unruhe nottut; die vielgestaltige Vermittlung v. ↗ Freude u. Frieden (Joh 11,19; 2 Kor 2,1—11; 7,4—16; 1 Thess 2,12; 5,11.14). Als Verwirklichung der Liebe u. „Werk der Barmherzigkeit" bedeutet Trösten aktive, partnerschaftl. ↗ Hilfeleistung, in der der andere echte ↗ Mitmenschlichkeit erfährt. Nicht selten aber werden auch die scheinbar untätige menschl. Nähe u. z. B. das geduldige Zuhören echten T. geben, Äußerungen also des oft mißdeuteten Mitleids, das gar nicht „billig" ist, sondern den Einsatz des Herzens „kostet", das auch nicht nur dort lwirt hat, wo aktiv-helfender T. nicht (mehr) möglich ist, sondern, da nach menschl. u. christl. ↗ Erfahrung nur der trösten kann, der die letztl. „gleichen" Leiden miterduldet hat u. getröstet wurde, eine Quelle echten, keineswegs herablassenden, sondern wirklich solidarischen Tröstens ist (2 Kor 1,6; Kol 3,12).

All das schafft das ↗ Leiden nicht aus der Welt; es ist, was gerade auch in der Gegenwart nicht verschwiegen werden darf, immer der T. der ↗ Hoffnung, den der Christ im „weltüberwindenden" Heilshandeln Christi, in Hilfe u. Verheißung des treuen Gottes bis zur Vollendung empfängt u. weitergibt u. ohne den er eine zutiefst trostlose Existenz wäre (Mt 5,4; Joh 16,33; 1 Kor 15,19; 1 Thess 4,18; Hebr 13,6). Daß die Leiden dieser Zeit „leicht" wiegen im Verhältnis zur kommenden Herrlichkeit, besagt aber nicht, daß Anfechtung, Zweifel, Ratlosigkeit u. ↗ Angst nicht schmerzl. u. oft auch unerklärbare Wirklichkeit blieben (2 Kor 4,7—5,10); der eschatol. T. führt auch nicht zu bloßem Erdulden, sondern zu ↗ Geduld i. S. des Durchhaltens u. Fortschreitens in fester Zuversicht, daß nichts „umsonst" ist; er verleitet auch nicht zur Flucht vor den Problemen, sondern gibt, wie der Paraklet (s. o.), gerade Kraft zu deren Bewältigung, ja zur Freude (1 Kor 15,58; 2 Kor 6,10); er gilt schließlich keineswegs nur dem einzelnen, sondern, wie namentl. die Apokalypse (z. B. 7,17; 21,3 f), das T.-buch des NT, verdeutlicht, f. ↗ Kirche u. Welt.

Es ist gerade auch i. S. des II. Vat. (z. B. GS 1; 3 f; 10 f) past. Aufgabe der Kirche, unter Führung des „Parakleten" u. in Solidarität mit den „Bedrängten aller Art" ihren Beitrag zur Lösung der „tieferen Fragen" der Menschheit v. heute zu leisten.   Richard Völkl

Lit.: K. Rahner, Trost der Zeit, in: Schriften zur Theol. III (²1957) 169—188; R. Völkl, Der „Tröster-Geist" u. das „Trösten der Betrübten", in: Caritas 63 (1962) 137—147; W. Kramp, Betrübte trösten, bei: W. Sandfuchs, Die Werke der Barmherzigkeit (1962) 95—101; H.-Chr. Piper, Anfechtung u. Trost (1964); F. Wulf, Trost; Trostbücher, in: LThK X 376—378.

Trotz. T. ist eine primär affektiv geprägte Reaktion, die mit starken psychosomat. (Blutstau im Kopf, Atemnot u.a.) u. motor. Begleiterscheinungen (Um-sich-Schlagen, Aufstampfen, u. a.) einhergehen kann. Nach empir. Untersuchungen v. F. L. Goodenough (1931) u. L. Kemmler (1957), tritt T. gehäuft ab Mitte des 2. bis Ende des 3. Lebensjahres auf, kann aber grundsätzl. in jedem Lebensalter beobachtet werden. Auch die ↗ Pubertät wurde v. einigen Autoren als T.periode interpretiert. Aufgrund der zeitweiligen Häufung kam es zu dem Postulat der „T.phasen" (O. Kroh, 1944, 1951) od. „Krisenphasen" (A. Busemann, 1953). Andere Autoren sehen in der Häufung v. T. einen Indikator f. den Beginn allgem. neuer Entwicklungsphasen. Bei S. Freud entwickelt sich der T. narzißtisch aus der ↗ Analerotik u. drückt sich erstmals aus im Zurückhalten des Kotes. T. steht hier im Dienste der ↗ Ich-Entwicklung. H. Remplein (1964) postuliert den Beginn des ↗ „Ichbewußtseins" u. H. Hetzer (1967) den Beginn des „Wollens". Die Phasentheorie argumentiert allgem. mit endogenen Ursachen f. die Abfolge der Phasen, d. h., jede Phase ist ein notwendiges Konstituens der Persönlichkeitsentwicklung. Diese Auffassung wurde f. den T. weitgehend in Frage gestellt, weil der interkulturelle Vergleich (M. Mead, 1928), die Untersuchungen v. Goodenough u. Kemmler sowie eine Vielzahl v. Einzelerfahrungen nahelegen, daß weder die zeitl. Lokalisation der Phasen zuverlässig ist (nach Kemmler tritt die Häufung bei Heimkindern erst ca. 9 Monate später auf), noch, daß es überhaupt zu einer Häufung kommen muß. Dies gilt auch f. pubertäre ↗ Konflikte (M. Mead). Kemmler zeigt, daß T. in Korrelation zu best. Verhaltensweisen der ↗ Bezugspersonen auftritt, die darin bestehen, daß aktualisierte ↗ Bedürfnisse u. Verhaltensweisen v. Kindern durch restriktive Eingriffe in ihrem Vollzug gehemmt werden. Die Auswirkungen werden v. H. Nickel (1972) als wesentl. schädlich eingeschätzt. Die Konsequenz dieser Auffassung ist aber nicht der Verzicht auf Eingriffe in den Verhaltensablauf v. Kindern, sondern die Kontrolle v. Zeitpunkt u. Art der Intervention.   Br

Lit.: S. Freud, Ges. Werke, Bd. X., S. 406 ff.; F. L. Goodenough, Anger in Young Children. Univ. Minn. Inst. Child Welf. Monogr. (1931) Nr. 9; L. Kemmler, Untersuchungen über den frühkindl. Trotz. Psychol. Forschung 25 (1957) 279—338.

Tugend. T. steht f. den Versuch, das zu beschreiben, was einen Menschen od. ein Ding kraft der ihm *innewohnenden Stärke* od. ihm eignenden *aktiven Qualität* zu dem macht, was er im letzten sein soll u. will. T. ist die körperl. u. geist. Tüchtigkeit od. Tauglichkeit, Kraft od. das hervorragende Vermögen, das zu verwirklichen, was zur Vervollkommnung des eigenen Selbst gehört. Was gutes, erwünschtes, vollkommenes ↗ Verhalten od. die Voraussetzung dafür ist, darin findet die jeweilige Wertordnung u. Moral des einzelnen, einer ↗ Gruppe od. ↗ Gesellschaft u. damit das jeweils zugrundeliegende Verständnis vom Menschen seinen Niederschlag. — Seit Platon kennt die phil. Ethik die vier „Kardinalt.n" Besonnenheit, ↗ Tapferkeit, Weisheit u. ↗ Gerechtigkeit, die v. der christl. Tradition übernommen u. mit den „übernatürl. T.n" ↗ Glaube, ↗ Hoffnung u. ↗ Liebe zu einer die Kirchengeschichte beherrschenden Synthese verbunden wurden (Thomas v. Aquin). Säkularisiert fand der T.begriff Eingang in das System bürgerl. Moral: ↗ Gehorsam u. Fleiß, Pünktlichkeit, Anspruchslosigkeit u. Opfersinn sowie v. a. ↗ Enthaltsamkeit v. sinnl. Genüssen u. sex. ↗ Abstinenz u. ↗ Keuschheit stehen bis heute als bürgerl. T. hoch im Kurs, erfüllen aber zugleich den Zweck der ↗ Trieb-Bekämpfung u. ↗ Anpassung. — Heute kann man sagen, daß der Versuch gescheitert ist, den T.begriff der Beschreibung f. christl. Handeln vom Evangelium her zugrundezulegen. Nicht die T., die einer hat od. nach der einer strebt, sondern die an der ↗ Liebe ausgerichtete konkrete Gehorsamtat in der jeweiligen Lebenssituation macht das Handeln des Christen aus, der dafür nicht einem Kodex wie immer gearteter T.n, sondern seinem Herrn verantwortlich ist. Das schließt jedoch die Ausbildung der im Menschen liegenden Möglichkeiten u. Fähigkeiten nicht aus. So sieht etwa Erik H. Erikson (in „Jugend u. Krise", 1970, S. 243) die folgenden „vitalen T.n" (basic virtues) in den aufeinanderfolgenden Lebensstadien verankert: ↗ Hoffnung in der frühesten Kindheit, ↗ Wille u. Zielgerichtetheit im Spielalter, Können im Schulalter, ↗ Treue in der Jugend, Liebe im jungen Erwachsenenalter, Fürsorge beim Erwachsenen, Weisheit im Alter. Fr

Lit.: RGG³, VI, 1084 f.

Typen(lehre). Die Unterscheidung v. T.n beim Menschen geht v. gemeins. Hauptmerkmalen aus, die man bei sonst unterschiedl. Menschen feststellen kann. Der Typus wird zunächst intuitiv gewonnen, wird dann beschreibend aufgezeigt u. kann — wie in der naturwissenschaftl. orientierten Psychologie — rechnerisch, d. h. statistisch nachgewiesen werden. Schon in der *Dichtung* der Antike finden wir die sogen. ↗ Charakter-T.n: den Schmeichler, den Heuchler, den Tyrannen etc. Unter dem medizin. Einfluß des Hippokrates (460—377 v. Chr.) wurde im frühen Griechenland nach dem Vorbild der Elementenlehre eine Vierzahl v. ↗ Temperament-T.n formuliert: der *Choleriker* (der Hitzige, Zornige, der Führer-Typ), der *Melancholiker* (der Traurige, der Tiefsinnige), der *Sanguiniker* (der Frohe, Heitere) u. der *Phlegmatiker* (der Ruhige, Bedächtige). In der modemeren T.n-Forschung ist zunächst die Einteilung v. E. Kretschmer (1888—1964) zu nennen, die auf morpholog. Grundlage beruht u. v. den Körperformen ausgeht. Er unterscheidet bei seinen *Körperbau-Typen* den *leptosom*-asthenischen (längl.) T., den *athletischen* (breiten) u. den *pyknischen* (dicken) T. Aufgrund eines umfangreichen Untersuchungsmaterials bei Geisteskranken suchte Kretschmer nachzuweisen, daß Schizophrene vorwiegend leptosom., Manisch-Depressive pyknisch u. Epileptiker athletisch seien. Kretschmer ging noch einen (bis heute wissenschaftl. *nicht* nachgewiesenen) Schritt weiter u. wandte diese Typologie auch auf Nicht-Geisteskranke an u. stellte drei Charakter-T.n (Temperamente) auf: dem leptosomen Körper-T. entspricht der schizothyme (zwiespältige, verschlossene) Temperaments-T., dem Pykniker der zyklothyme (rascher Stimmungswechsel, affektive Ansprechbarkeit) u. dem Athletiker der visköse (bedächtig, zähflüssig) Temperaments-T. — Aus der neopsychoanalyt. Schule Schultz-Henckes stammen vier Charakterstruktur-T.n, die aus der Neurosenlehre entwickelt wurden u. idealtypisch zu verstehen sind, d. h. sie kommen in der Wirklichkeit nur als Mischform vor: der *hysterische,* der *zwanghafte,* der *schizoide,* der *depressive* Charakter-T. Die T.n-Forschung der Gegenwart geht vorwiegend v. einem Gegensatzpaar aus: der Mensch, der mehr an der ↗ Umwelt, also nach außen, u. der Mensch, der an sich selbst, also nach

Typen(lehre)

innen orientiert ist (E. Jaensch: außen-innen-integriert; C. G. Jung: extravertiert-introvertiert). Die Einteilung in T.n kann f. die Charakter- u. Persönlichkeitsdiagnose (beispielsweise in der psych. ↗ Lebens- u. ↗ Berufsberatung) v. großem Nutzen sein. Die Gefahr dieser Typisierung liegt aber darin, daß ein Mensch endgültig eingeordnet u. kategorisiert wird u. der Eindruck entsteht, die menschl. Seele sei ein stat. Gebilde.

Stv

Lit.: H. Schultz-Hencke, Lehrbuch der analyt. Psychotherapie (1951); C. G. Jung, Psychologische Typen (^{9}1960); E. Kretschmer, Körperbau u. Charakter, (^{25}1967); W. Arnold, Person, Charakter, Persönlichkeit (^{3}1969); S. Elhardt, Tiefenpsychologie. Eine Einführung (^{2}1972).

Überbevölkerung. Neben Krieg, ↗ Unterdrückung u. ↗ Ausbeutung, Umweltverschmutzung sowie Bedrohung des Verhältnisses v. Individuum, Kultur u. Natur gehört die Ü. u. damit die Bedrohung durch Hungertod zu den grundsätzl. Herausforderungen f. die heutige Menschheit. Die Einwohnerzahl der Erde wird sich bis zum Jahre 2000 verdoppeln u. die Siebenmilliardengrenze überschreiten. Eine Studie des „Klubs v. Rom" über die Grenzen des Wachstums vermutet, daß bei gleichbleibender Zunahme der Ausbeutung v. Rohstoffen, der Umweltverschmutzung (↗ Umweltschutz), der Industrie- u. Nahrungsproduktion wie der Bevölkerung die Menschheit im nächsten Jahrtausend unausweichlich einer Katastrophe entgegengeht. Direkt betroffen wären davon in erster Linie die Menschen der südl. Halbkugel, damit zwei Drittel der Menschheit; indirekt könnte aber eine solche Katastrophe auch auf die heute reichen Länder der Erde nicht ohne Auswirkung bleiben.
Das Problem der Weltbevölkerung u. ihrer Zunahme wird so zum Problem der „Über"-Bevölkerung. Näherhin sind damit folgende Problemkreise (↗ Bevölkerungspolitik) verbunden:
1. Das Problem der verantworteten Elternschaft (↗ Familienplanung), der ↗ Empfängnisregelung u. der Geburtenverhütung. Insbes. die Frage nach geeigneten u. erlaubten Mitteln steht dabei zur Diskussion: ↗ Ovulationshemmer, (Zwangs-) ↗ Sterilisierung, ↗ Abtreibung, ↗ Erziehung.
2. Das Problem der Verteilung der Güter, die Beseitigung des Reichtumsgefälles zw. Nord u. Süd, die wirtschaftl. Entwicklung der betroffenen Länder (↗ Armut).
3. Die Verhaltensforschung verweist darauf, daß eine große Zahl v. Menschen auf wenig Raum unmittelbar ↗ Aggressionen hervorruft (↗ Friedensforschung). Da es beim Problem der Ü. um das Überleben der Menschheit u. damit um ein höchst sittl. Problem geht, kann die ↗ Kirche bei seiner Bewältigung nicht abseits stehen. Zu unterscheiden sind kirchl. Aktivitäten in v. Ü. betroffenen u. nichtbetroffenen Ländern. In den betroffenen überbevölkerten Ländern geht es um die ethische Lösung der Fragen nach wirksamer u. zu verantwortender Empfängnisverhütung, um die Erziehung zu einem aggressionsarmen ↗ Verhalten in konfliktreichen Situationen (↗ Friedenserziehung), um den unmittelbaren Einsatz in der ↗ Entwicklungshilfe. In den nicht betroffenen Ländern (Industrieländer, Erdölländer) hat die Kirche eine enorme Bildungsaufgabe in Richtung auf verantwortliches ↗ Konsumverhalten u. Motivierung zur Hilfsbereitschaft (↗ Misereor, ↗ Brot f. die Welt). So muß sie selbst zum unruhigen ↗ Gewissen der reichen Länder werden. Zu
Lit.: O. K. Flechtheim, Futurologie (²1971); D. Meadows u. a., Die Grenzen des Wachstums. Bericht des Klubs von Rom zur Lage der Menschheit (1972); K. Lorenz, Die acht Todsünden der zivilisierten Menschheit (1973).

Überforderung. Die Gattungsgeschichte des Menschen führt anscheinend zur *Ü. der Erde* als Folge ihrer naturwüchsigen ↗ Ausbeutung durch den Menschen (Ressourcenausverkauf, Energielücken, irreparable Verschmutzung). In der Zeit des fehlenden Konsens über die Ziele des Fortschritts werden die Zeichen der *Ü. der Institutionen* allmählich erkannt (z. B. kirchl. Zerreißproben wegen des Antirassismusprogramms, der ↗ Ehelosigkeit der Priester, der Zugehörigkeit v. Pfarrern zu kommunist. Vereinigungen, auf dem Ausbildungssektor die ↗ Konflikte mit den Hochschulgesetze, Gesamtschulversuche usw.). Universale Abhilfe verheißende ↗ *Ideologien überfordern* neben den Theoretikern v. a. die Praktiker, die durch die verwissenschaftliche Planung des Fortschritts verunsichert werden u. die Vokabel Ü. defensiv verwenden. Wer meint, ↗ Technik sei dazu da, v. mühseliger Hand- u. Routinearbeit zu entlasten, muß nach *Gründen der Ü.* suchen: *Verpaßte Reformen* in fast allen Bereichen (so sind z. B. Lehrer zu mehr Wochenstunden als vorgeschrieben u. zu mehr Idealismus als zumutbar gezwungen u. an Weiterbildung gehindert). Mit *Rollenzerfaserung* ist die Strapaze gemeint, daß der einzelne durch persönl. Einsatz mehr leisten muß als früher, weil präskribierte

↗ Rollen obsolet u. nicht ersetzt wurden, er aber die nötige Stärke des ↗ Ichs nicht besitzt. Ein rel. *Erklärungsmuster* vermutet hinter der faktischen Selbst.-Ü. vieler nach Kriegsende 1945 ↗ Schuld-Gefühle, die durch ein Überengagement kompensiert werden, das dem der reformierten Frühkapitalisten (M. Weber) vergleichbar ist. So wird die *Ü.sklage ubiquitär*, auch wo sie nur einem Gefühl u. nicht der Realität entspricht. In der ↗ Familie ist die ↗ Frau überlastet (Haushalt, ↗ Erziehung in der Ära abwesender Väter, Lohnarbeit); nicht weniger der ↗ Mann (Verhaltensmuster in der ↗ Arbeit, Druck der Karriere bzw. des ↗ Image); erst recht das ↗ Kind (in Interaktionsreichtum, ↗ Phantasie, Initiative verstümmelt). Lassen sich die Überforderten zur *Freizeitgesellschaft* umstilisieren, so sind sie in Wahrheit um Genußfähigkeit, selbstgestaltete ↗ Muße u. um eine Erneuerung, die mehr als Reproduktion wäre, gebracht.

Pastorales Handeln muß den einzelnen stärken, ihn zur Gruppenbildung hin erziehen u. seine Fähigkeiten, Alternativen zu entdecken, entwickeln. Bloße Aussprachen versagen, wenn sie nicht mit ermutigenden ↗ Erfahrungen verbunden werden können, in denen wir uns wenigstens zeitweilig als Subjekte unserer eigenen Lebensgeschichte erfahren können. Std

Lit.: H. Selye, Stress beherrscht unser Leben (1957); Hans Peter Dreitzel, Die gesellschaftl. Leiden u. das Leiden an der Gesellschaft (1968).

Über-Ich. Der Ausdruck wurde 1923 bei der Bildung der Instanzenlehre v. Freud geprägt. Er meint in Abgrenzung v. ↗ Es u. ↗ Ich die Niederschläge der Erziehungsmächte, wurde anfänglich als das Erbe des ↗ Ödipuskomplexes angesehen, da es als die Verinnerlichung der elterl. Forderungen u. Verbote angesehen werden muß. Später wandte man dem Ü.-Vorläufern in den prä-ödipalen Stufen der ↗ Entwicklung vermehrte Aufmerksamkeit zu. Die Funktionen des Ü.s können im ↗ Gewissen, in der Selbstbeobachtung u. in der ↗ Ideal-Bildung gesehen werden. Die pastoralpsych. Herausforderung der Lehre vom Ü. dürfte v. a. in der Beobachtung liegen, daß die Praktiken der weithin noch geübten rel. ↗ Sozialisation oftmals so geartet sind, daß Gott zum ↗ Symbol f. alles wird, was verboten ist, daß sich die rel. ↗ Erziehung damit zufrieden gibt, zwar Beiträge zur Ü.-Bildung zu liefern, aber weithin darauf verzichtet, auch an der Ich-Entwicklung beteiligt zu sein, an der Entwicklung jener Einsicht, die „noch einmal den Spruch des erworbenen Gewissens bedenken kann" (A. u. M. Mitscherlich). Dieser Möglichkeit steht v. a. die Tendenz im Wege, das ↗ Gewissen zu einem nicht mehr zu hinterfragenden heiligen Bezirk zu verabsolutieren. Die psychoanalyt. Lehre vom Ü. könnte zeigen, daß auch die Gewissensphänomene in die ↗ Geschichtlichkeit menschl. Existenz hinein genommen werden müssen. Sie sind die geschichtl. Niederschläge geschichtl. Kräfte, nämlich der Erziehungsmächte, mit denen sich der Heranwachsende identifiziert hat. Die Frage, inwiefern eine Änderung der Sozialisationstechniken auch eine Änderung der psychischen Struktur, v. a. der Bildung des Ü., bewirken könne — wie wir es ansatzweise bereits im Phänomen der ↗ Verwahrlosung (der Abwesenheit einer Ü.-Instanz) beobachten können —, wird damit zu einer äußerst dringl. Forschungsaufgabe. Scha

Lit.: S. Freud, Das Ich und das Es (1923) Ges. Werke, Bd. XIII; A. Plack, Die Gesellschaft und das Böse (1968); A. u. M. Mitscherlich, Die Unfähigkeit zu trauern (1968); J. Scharfenberg, Jenseits des Schuldprinzips? in: Religion zwischen Wahn und Wirklichkeit (1972).

Übernatürlich ↗ Supranaturalismus

Übertragung. S. Freud entdeckte als erster, daß in jeder ↗ Psychotherapie — die sich als ein ↗ Gespräch zw. ↗ Arzt u. ↗ Patient abspielt — der Patient das Bestreben zeigt, best. Gefühle u. ↗ Einstellungen, deren sich im Laufe der Behandlung bewußt wurde, als im ↗ Verhalten des Therapeuten begründet anzusehen, obwohl dazu in Wahrheit gar kein Anlaß bestand. Das ↗ Bedürfnis, eine ursächl. Verknüpfung mit anderem Bewußtem herzustellen, führt also zu einer „falschen Verknüpfung", an die man selbst glaubt, obwohl sie falsch ist. Sie kommt zustande, indem der Patient „aus dem Inhalte der Analyse auftauchende peinl. Vorstellungen auf die ↗ Person des Arztes überträgt" (Freud). Da diese Ü.n sich regelmäßig in jeder Behandlung einstellten, kam es Freud hinfort darauf an, sie jedesmal zu erraten u. dem Kranken zu übersetzen. So lernten die Kranken allmählich einsehen, daß es sich dabei um einen ↗ Zwang u. um eine Täuschung handelte, die mit Beendigung der Analyse „zerfließen". Mit der Ü. wird also eine Verknüpfung zw. der vergessenen Vergangenheit u. der aktuellen Situation hergestellt. Das Stück seines Gefühlslebens (↗ Emotionalität), das der ↗ Patient sich nicht mehr in die Erinnerung zurückrufen kann, erlebt er in seinem Verhälnis zum Arzt. Die psychoanalyt. Behandlung spielt sich seither als eine Art Kampf zw. Analytiker u. Patienten ab, in dem dieser seine ↗ Leidenschaften u. Gefühle agieren, also wiederholen u. darstellen will, während jener ihn dazu nötigen will, „sie der denkenden Betrachtung unterzuordnen". Auch beim Analytiker liegt ständig eine „Gegen-Ü." bereit, die dieser jedoch durch seine eigene Lehranalyse zu erkennen u. zu kontrollieren lernen sollte, so daß er sie durch ↗ Indifferenz niederhalten u. sich um eine ↗ Einstellung v. „gleichmäßig schwebender Aufmerksamkeit" bemühen kann.

Da es sich bei der Ü., wie v. a. C. G. Jung betont hat, um ein „ganz natürl. Phänomen" handelt, das ebensowohl dem Psychotherapeuten wie dem Lehrer u. dem Pfarrer zustoßen kann, u. dem diese auf keine Weise entgehen können, müssen pastoralpsych. Überlegungen darüber angestellt werden, wie der ↗ Seelsorger mit dem Phänomen v. Ü. u. Gegen-Ü. umgehen kann, denn die ↗ Erfahrung zeigt, daß das Scheitern v. gutgemeinten seelsorgerl. Bemühungen weit häufiger, als man gemeinhin annimmt, auf eine Nichtbeachtung der durch die Ü. bedingten Vorgänge zurückzuführen ist.

Dazu im einzelnen folgende Überlegungen: 1. Wer sich im persönl. ↗ Gespräch auf die interpersonale Dynamik einer zwischenmenschl. Begegnung einläßt (↗ Kommunikation), v. dem ist zu fordern, daß er sich ein höchstmögliches Maß v. Klarheit über die dort herrschenden Bedingungen u. Gesetzmäßigkeiten verschafft. Dazu gehört eine gewisse Abklärung der eigenen Gegen-Ü.sneigungen. Dies kann sowohl in einer seelsorgerl. Beziehung des Seelsorgers selber erfolgen (niemand sollte ↗ Seelsorge an anderen treiben, der nicht selbst in einer seelsorgerl. Beziehung steht!), es kann auch in einem Stück Analyse der eigenen Person bestehen, die der angehende Seelsorger bei einem ausgebildeten Analytiker durchführt od. in der Teilnahme an praxisnahen Ausbildungsmöglichkeiten, wie sie heute als ↗ Selbsterfahrungs-Gruppen, als ↗ Balint-Gruppen od. in Form v. ↗ Supervision angeboten werden. — 2. Wenn der Seelsorger so in die Lage versetzt wird, die dynam. Interaktion v. Ü. u. Gegen-Ü. einigermaßen zu übersehen u. sich bewußt zu machen, so sollte er diese Erkenntnisse seinem Klienten nicht deutend mitteilen. Der Wert einer solchen ↗ Deutung außerhalb des psychoanalyt. Rahmens ist v. geringem Wert u. stiftet meist nur Verwirrung u. Unheil. So gewiß der Seelsorger nicht darauf verzichten kann, mit demjenigen, der zu ihm kommt, gemeinsam so etwas wie eine Deutung u. Sinngebung seiner Lebenssituation (↗ Lebenssinn) zu erarbeiten, so sicher muß dieser Versuch v. einer Ü.deutung im psychoanalyt. Sinne unterschieden werden. — 3. Das Hauptproblem der seelsorgerl. Beziehung bleibt die Frage, wie die durch die Ü. bedingte Bindung an den Seelsorger in eine Bindung an Gott verwandelt werden kann. Eine solche Forderung bedeutet nämlich eine enorme Verzichtleistung des Klienten, ja so etwas wie eine ↗ Sublimierung u. Verwandlung der Ü.sneigung selbst. Wenn ein Mensch nämlich positive Erfahrungen mit seinen frühen ↗ Bezugspersonen gemacht hat, wird seine Ü.sbereitschaft positiver Art sein u. damit sein Gottesbild entsprechende Züge aufweisen. Sind seine frühkindl. Erfahrungen negativer Art, so wird auch sein Glaubensleben davon nicht unbeeinflußt sein. Hier ergibt sich aber eine Anfrage an die ↗ Religionspädagogik der frühen Lebensjahre: Bisher wird eine positive Erfahrung der frühen Lebenszeit, die Entwicklung des ↗ Urvertrauens u. die entspr. Ü.sbereitschaften als förderlich f. den ↗ Glauben angesehen, negative Erfahrungen sollen jedoch durch rel.päd. Einwirkungen einer Korrektur unterzogen werden. Auf dem Wege der Ü. kann also das Götzenbild eines „Ü.s-Gottes" (Paul Tillich u. Peter Homans) entstehen, dessen Verhinderung eine dringende Aufgabe der ↗ Kinderseelsorge darstellt. — 4. Unter dem Gesichtspunkt der Ü. u. Gegen-Ü. ist wohl derjenige am besten zur Seelsorge geeignet, der es verstanden hat, seine Lebensproblematik möglichst weitgehend ohne die Lebenslüge der ↗ Verdrängung zu lösen. Durch sie kann es zwar gelingen, die nichtakzeptierten Regungen u. Wünsche aus dem ↗ Bewußtsein zu verbannen, aber sie führen im ↗ Unbewußten eine unheiml. Schattenexistenz u. lauern darauf, sich zu entladen, wenn in einer wirklich existentiellen Begegnung der ganze Mensch mit seiner seel. Tiefe u. all ihren Kräften gefordert u. beteiligt ist. Auch f. die Seelsorge gilt die Forderung C. G. Jungs, nach Möglichkeit „dem ↗ Bewußtsein jene Einstellung zu geben, die es dem Unbewußten erlaubt, zu kooperieren statt zu opponieren." Joachim Scharfenberg

Lit.: S. Freud, Vorlesungen zur Einführung in die Psychoanalyse, Ges. Werke, Bd. XI; C. G. Jung, Die Psychologie der Übertragung (1946); W. Kemper, Die Übertragung, Zeitschrift für Psychoanalyse (1949/50), Heft 2, S. 99 ff.; G. Scheunert, Psychoanalyt. Situation u. zwischenmenschl. Beziehung, Wege zum Menschen (1958), Heft 2, S. 40 f; J. Scharfenberg, Übertragung u. Gegenübertragung in der Seelsorge, Forschung u. Erfahrung im Dienst der Seelsorge (1961), S. 80 ff; W. Th. Winkler, Übertragung u. Psychose (1971).

Umwelt. U. bedeutet in den anthropolog. Wissenschaften jene physische u. soziokulturelle Umgebung v. Personen, deren Einfluß auf diese ↗ Personen (durch bewußtes od. unbewußtes Aufnehmen) wirksam ist (od. wenigstens wirksam werden kann); sie wird v. a. als ein mit den inneren Grundlagen der menschl. ↗ Entwicklung u. des menschl. ↗ Verhaltens (↗ Anlage u. Vererbung ↗ Spontaneität) konkurrierender Faktor betrachtet. Da nur die tatsächlich wirksame U. bzw. die Weise, in der sie wahrgenommen wird, eine aktuelle Bedeutung hat, muß die personbezogene Bedingtheit des Begriffes U. betont werden: Größe u. Reichtum der U. hängen v. der Offenheit der Personen ab („Betriebsblindheit", Mangel an ↗ Bildung u. ↗ Information, totalitäre ↗ Vereinsamung durch Grenzen u. Verbote). Auch die „Bedeutung" der U. f. die Personen hängt v. deren Vorgegebenheiten ab (Gefahr der Verwechslung der eigenen erlebten U. mit der objektiven Wirklichkeit). Die U. der Personen ist größtenteils ihre ↗ Schöpfung (selbst die ↗ Natur ist weitgehend manipulierbar u. hängt v. ↗ Entscheidungen des Menschen ab: ↗ Urbanisierung, ↗ Industrialisierung u. ↗ Umweltschutz, Naturschutz, usw.), in der der Mensch sich geborgen fühlen möchte (ideolog., wirtschaftl., sprachl., soziale u. a. Systeme). Diese tw. ursprüngl., größtenteils veränderte od. vom Menschen geschaffene U. bedeutet eine vielfach unterschätzte Grenze f. die Person (Gefahr der ↗ Überforderung durch ↗ Normen, die in der gegebenen U. unverständl. od. nicht realisierbar sind); sie prägt die Person außerordentlich stark durch die ↗ Sozialisation u. durch die soziale Kontrolle (Summe der positiven u. negativen Sanktionen v. Begrüßung bis Verdienstkreuz u. v. Auslachen bis Gefängnis, mit denen die ↗ Gesellschaft die Wahrung ihrer Eigenart erstrebt). Die U. als sozio-kulturelles Koordinatensystem f. das Denken u. Handeln der Person (↗ Geschichtlichkeit rel. Formen, Atheismus als Ablehnung herrschender Gottesvorstellungen, usw.) ist „Kontext" f. das Verständnis der so geprägten Person (auch im Sinne der oben erwähnten „Offenheit" u. „Bedeutungskonstruktion"), aber auch Objekt ihrer Entscheidung (inwiefern sie sich an ihre U. anpaßt, inwiefern sie ihre U. schöpferisch verändert). Ml

Lit.: J. Uexküll, Streifzüge durch die Umwelten v. Tieren u. Menschen. Bedeutungslehre (1956); M. Bates, The Human Environment (1962).

Umweltschutz. Mit dem (nicht glückl.) Terminus U. bezeichnet man die Summe aller Maßnahmen, die zur Beseitigung bereits erkannter od. erkennbarer Schädigungen der ↗ Umwelt des Menschen erforderl. sind. U. ist notwendig, weil die

Umweltschutz

Verschmutzung u. Zerstörung der Luft, des Wassers u. des Bodens durch Emissionen der Industrie, des Hausbrands u. der Kraftfahrzeuge, durch Abwässer, Abfälle, Pestizide, Öl, durch Müll, Raubbau, Städte- u. Verkehrsexpansion usw. inzw. einen Grad erreicht haben, der die Erde insges. bedroht. Vordergründige Ursachen der Umweltzerstörung sind u. a. ↗ Industrialisierung, Bevölkerungsexplosion, Art der Kommunalpolitik, das ↗ Konsumverhalten der Menschen.

a) U. ist zunächst eine techn. Aufgabe (Luftfilter, Kläranlagen, Müllverbrennung, Aufforstung usw.). Voraussetzung dafür ist die Erforschung der Wechselwirkungen zw. Umwelt u. Lebewesen, bes. ihrer Kreislauf-Systeme u. labilen Gleichgewichte (Ökologie). Unsere Kenntnis auf diesen Gebieten befindet sich am Anfang. Umwelt-Technologie ist in ↗ Forschung, Entwicklung u. Anwendung teuer, u. die existierenden Wirtschafts-, Rechts-, Politik- u. Gesellschaftssysteme bieten wenig Anreiz zur Intensivierung der Umwelt-Technologie. Folgende Änderungsvorschläge werden diskutiert: in den volkswirtschaftl. Gesamtrechnungen könnten die ökolog. Kosten dem Ertrag gegenübergestellt werden (B. S. Frey), so daß Gebühren f. die Inanspruchnahme v. Umweltgütern (Luft, Wasser) erhoben, Lizenzen f. Umweltverschmutzung verkauft, Umweltsteuern eingeführt u. feindl. Werbung eingedämmt werden könnten; gezielte Ge- u. Verbote sind nicht zu umgehen, so daß ein Grundrecht auf gesunde u. lebensfähige Umwelt aufgestellt, Umweltschädigung kriminalisiert u. Gesetze im Hinblick auf ihre Umweltfolgen verändert werden müßten; umfassende Information der Bevölkerung ermöglicht in Demokratien die öffentl. Diskussion des Umweltproblems u. eine vermehrte Teilnahme der Bürger, die dann auch zw. den Wahlterminen die polit. Willensbildung beeinflussen u. etwa bei Planungsprozessen der Verwaltung mitsprechen (Bürgerinitiativen) könnten.

U. ist Aufgabe internat., regionaler u. globaler Zusammenarbeit (UN-Conference on the Human Environment, in Stockholm 1972), aber die prakt. Fortschritte sind bisher minimal (z. B. Probleme Rhein, Bodensee, Ostsee, Mittelmeer, Weltmeere). Die Kluft zw. sog. Entwicklungsländern u. Industrienationen verschärft das Umweltproblem: U. kann in Ländern, die gegen Hunger u. Seuchen kämpfen, nur untergeordnetes Ziel sein. Eine Lösung wäre, daß die Industrieländer die Kosten des U.s in den Entwicklungsländern tragen; dies käme einem „de-developement" der Industrieländer entgegen (vgl. Konferenzen des Ökumen. Rates der Kirchen, Genf). Die Summe aller techn., sozioökonom. u. polit. Veränderungen, die wirksamer U. erfordert, käme einer Revolutionierung der bestehenden Systeme gleich. —

b) Gegen die Meinung vieler Naturwissenschafter, Techniker u. Politiker ist daran festzuhalten, daß U. nicht nur ein techn. Problem ist, sondern daß unsere ↗ Normen u. ↗ Wert-Vorstellungen — bes. im Verhältnis des Menschen zur Natur — tiefgreifend verändert werden müssen (↗ Lebensqualität). Die normativen Vorstellungen vom Fortschritt in Naturwiss. u. ↗ Technik sowie vom Wachstum in der Wirtschaft gefährden die Umwelt (↗ Fortschrittsglaube). Das Christentum ist f. die Formierung des (beiden Ideen zugrundeliegenden) Verständnisses v. Mensch u. ↗ Natur mitverantwortlich. Mehr als andere Weltreligionen hat die christl. Theologie den Menschen v. der Natur distanziert, als „Krone der Schöpfung" war er Herr über seine natürl. Umwelt (Gen 1). Daß der Mensch selbst Teil des Naturzusammenhanges ist, wurde dabei übersehen, ja oft geleugnet (z. B. im Kampf gegen die Evolutionstheorie Darwins). Die göttl. Aufforderung an den Menschen, die Erde zu beherrschen (Gen 1,28), wurde zu Beginn der Neuzeit als Freibrief f. grenzenlose ↗ Ausbeutung der Natur (miß)verstanden. Theolog. ist die Umweltkrise deshalb als Pervertierung des „macht-euch-die-Erde-untertan" (dominium terrae) durch den Menschen zu verstehen. Diese Pervertierung ist u. a. ermöglicht durch den „Heilsegoismus" der westl. Theologie, welche ↗ Erlösung primär als Erlösung des Menschen versteht.

Theologie u. Praxis der Kirchen müssen zunächst einmal v. Biologie u. Physik lernen, daß die „Sonderstellung" des Menschen nur im Rahmen seiner Einbettung in die Natur zu verstehen ist. Der Terminus U. suggeriert noch die Fiktion eines der Welt gegenüberstehenden „Schützers" der Umwelt. U. ist aber nicht nur um des Menschen willen, sondern um der gesamten bedrohten Schöpfung Gottes willen geboten. Humanökologie, d. h. Ökologie, die den Menschen einbezieht, wäre ein sachgemäßer Terminus. Theologie u. Kirchen können sich nicht dem romant. ↗ Ideal einer Rückkehr zu vorindustriellen Zuständen hingeben, schon wegen der Entwicklungsländer nicht (↗ Entwicklungshilfe, kirchl.). Die Forderung nach weniger Technologie, nach Verzicht auf die Ausübung des dominium terrae, ist jedoch falsch; gefordert werden muß eine Neuinterpretation des dominium terrae nicht mehr als ↗ Ausbeutung, sondern als Kooperation des Menschen mit der Natur; entwickelt werden muß eine Ethik der Mitkreatürlichkeit; Naturwiss. u. Technik müssen auf diese Wertsetzung hin ausgerichtet werden; das Wachstum muß so geplant werden, daß es diesen Normen entspricht. F. den Einzelnen wie f. gesellschaftl. ↗ Gruppen werden solche Umstellungen Verzichte, vielleicht Nöte vielfacher Art mit sich bringen. Die Kirchen können in ↗ Verkündigung, ↗ Erziehung, Gemeindeseminaren, Akademietagungen usw. die Menschen auf diese Situation vorbereiten. Selbst dann, wenn unverzüglich wirksamer U. global eingerichtet würde (was extrem unwahrscheinlich ist), sind ökolog. Katastrophen in naher ↗ Zukunft unvermeidlich (Smogkatastrophen, Wasserverseuchung usw.). Damit wird ↗ Diakonie u. ↗ Caritas der Kirchen auf einem neuen Feld herausgefordert sein: Evakuierungsprobleme, ↗ Krankheiten, ↗ Angst-Zustände werden die zu bekämpfenden Nöte sein. Die Umweltfrage wird — viell. stärker als die soziale Frage im 19. Jh. — ein Prüfstein f. die Christlichkeit der Kirchen werden.

Aber Theologie u. Kirche haben keinen Anlaß, die ökolog. Krise als das v. Gott gesetzte Ende der Welt zu betrachten. Die in der Bibel verheißene Veränderung der Welt in einen neuen Himmel u. eine neue Erde u. das damit verbundene Ende der alten Welt (consummatio mundi) ist das Werk Gottes allein. Die ökolog. Krise ist das Werk des Menschen, die Neuschöpfung der Welt ist nicht aus „natürl. Eschatologie" abzuleiten (M. Schloemann). Christen hoffen auf die neue Welt Gottes, nicht auf das Ende der alten Welt. Solange die alte Welt besteht, gilt das dominium terrae, das heute v. a. sorgsamen Umgang mit der Welt beinhaltet. Auch im ↗ Leiden der Natur unter dem Menschen ist das Leiden Christi zu erkennen (Röm 8,18 ff.), so daß es ↗ Hoffnung auch in der ökolog. Krise gibt. Deshalb muß der christl. ↗ Glaube alle ermutigen u. unterstützen, die sich am Kampf gegen die Beschädigung u. Zerstörung des Ökosystems Erde beteiligen.

Gerhard Liedke

Lit.: L. White, Die historischen Ursachen unserer ökolog. Krise (1966); C. Amery, Das Ende der Vorsehung (1972); J. Cobb, Der Preis des Fortschritts (1972); P. u. A. Ehrlich, Bevölkerungswachstum und Umweltkrise (1972); B. S. Frey, Umweltökonomie (1972); E. v. Weizsäcker (Hsg.), Humanökologie u. Umweltschutz (1972); H. Sioli, Ökologie u. Lebensschutz (1973); M. Schloemann, Wachstumstod u. Eschatologie (1973); G. Altner, Schöpfung am Abgrund (1974).

Unbewußtes. Die Psychologie vor Freud sah mit wenigen Ausnahmen als ihr Objekt das menschl. ↗ Bewußtsein an, u. die Unmöglichkeit eines unbewußt Psychischen war mit dieser Definition selbst verknüpft. Alles Seelische, das aktiv u. intensiv wurde, mußte auch bewußt werden, u. als einzige Erkenntniswege wurden Selbstbeobachtung u. ↗ Experiment angesehen, deren Ergebnisse zur psych. Erkenntnis objektiviert wurden. Alle Erscheinungen, die jenseits des menschl. Bewußtseinsraums lagen, wurden geleugnet od. als sinnlose Randerscheinungen des Psychischen bewertet.

Freud versuchte die Korrektur, die Kant an unserer Auffassung v. der Außenwelt vorgenommen hatte, in den Bereich des Psychischen zu übertragen: F. ihn war das U. das eigentl. real Psychische, allerdings unserer Erkenntnis genauso unbekannt wie das Reale der Außenwelt. Er nahm an, daß jeder seel. Akt als unbewußter beginne u. daß im U.n das

Ungebändigte u. Unzerstörbare der Menschenseele zu finden sei. So durchläuft jeder seel. Akt zwei Zustandsphasen „zw. welche eine Art Prüfung (Zensur) eingeschaltet ist". In der ersten Phase gehört er dem U.n, einem psychischen System an, f. das Freud die Chiffre U. vorschlug. Wird er bei der Prüfung v. der Zensur abgewiesen, wird er verdrängt u. bleibt so unbewußt u. kann zur Ausbildung v. Symptomen führen. Die therapeut. Aufgabe besteht darin, die Abweisung durch die Zensur rückgängig zu machen u. verdrängte psychische Akte dem Bewußten zur Verfügung zu stellen. Dies kann jedoch nicht durch eine einfache Mitteilung an den ↗ Patienten erfolgen, denn „eine Aufhebung der Verdrängung tritt nicht eher ein, als bis die bewußte Vorstellung sich nach Überwindung der Widerstände mit der unbewußten Erinnerungsspur in Verbindung gesetzt hat."

Was aber kann unter einem unbewußten seel. Akt verstanden werden? Ein ↗ Trieb kann ohnehin nie Objekt des Bewußtseins werden, sondern nur die Vorstellung, die ihn repräsentiert. Diese Vorstellungen werden affektiv besetzt u. die ↗ Verdrängung besteht darin, daß der Vorstellung die bewußte Besetzung entzogen wird. Die Vorstellung bleibt dann unbesetzt od. sie erhält die Besetzung vom U.n her od. sie behält die unbewußte Besetzung, die sie schon früher hatte. Durch eine „Gegenbesetzung" schützt sich das Bewußtsein gegen das Andrängen der unbewußten Besetzung.

Mit der Schilderung solcher Vorgänge versuchte Freud eine Metapsychologie des U.n zu entwerfen, die einen psychischen Vorgang nach seinen dynam., topischen u. ökonom. Beziehungen beschreibt. Der Kern des U.n besteht also aus Triebrepräsentanzen, die ihre Besetzung abführen wollen, also aus Wunschregungen, die entweder durch den Prozeß der Verschiebung den ganzen Betrag ihrer Besetzung an eine andere abgeben od. durch den Prozeß der Verdichtung die ganze Besetzung mehrerer anderer an sich nehmen. Dieser sog. „Primärvorgang" stellt zusammen mit Widerspruchslosigkeit, Zeitlosigkeit u. der Ersetzung der äußeren Realität durch die psychische das Grundcharakteristikum des Systems U. dar. Bewußt kann eine unter solchen Bedingungen existierende Sachvorstellung erst werden, wenn sie die Sachvorstellung plus den dazugehörigen Wortvorstellungen umfaßt u. somit in einen ↗ Kommunikations-Prozeß gebracht werden kann.

Diese metapsych. Spekulationen, die in der sog. „Zweiten Topik" in die nun entstehende Instanzenlehre (↗ Es, ↗ Ich, ↗ Über-Ich) eingearbeitet werden, finden ihre empir. Stützung durch best. Beobachtungsfelder, v. denen aus die Existenz des U.n in einer Art Rückschlußverfahren postuliert werden kann. Als solche kommen in Frage: 1. Die freien ↗ Assoziationen eines Menschen lassen erkennen, daß auch die „mit Absicht absichtslos" gehaltene freie Gedankentätigkeit eine best. Struktur aufweist. Die versch., scheinbar sinnlos aufeinander folgenden Einfälle od. die scheinbar zufällig erfolgenden Assoziationen zu best. Reizworten sind — wie C. G. Jung mit seinen Assoziationsexperimenten nachgewiesen hat — durch eine Art unterschwelligen roten Faden miteinander verbunden. Zwar ist diese Verbindung oft nicht unmittelbar einsichtig. Oft kann sie erst gegen einen spürbaren ↗ Widerstand bewußt gemacht werden. Sie zeigt jedoch, daß der Raum des „Zufälligen" — wenn es denn so etwas überhaupt gibt — im Bereich des Seelenlebens wesentl. geringer einzuschätzen ist als weithin angenommen wird (↗ Kollektives Unbewußtes). 2. Die Beobachtung der „Fehlleistungen" zeigt, daß sich im Versprechen, Vergreifen, Verlieren u. Vergessen unbewußt ein geheimer Sinn manifestiert. In aller Regel sind es vom Bewußtsein des Betreffenden abgewiesene u. uneingestandene Triebregungen, die sich ungewollt in der Kompromißbildung einer Fehlleistung manifestieren. In seiner „Psychopathologie des Alltagslebens" hat es Freud verstanden, genug Hinweise zusammenzustellen, die es auch dem Laien erlauben, die Wirkungsweise des U.n im alltägl. Leben zu beobachten. 3. Die „via regia" zur Erkenntnis des U.n stellt der ↗ Traum dar. Sein latenter Gedanke wird durch den Primärvorgang einer Bearbeitung unterzogen, die den geheimen Sinn des manifesten Trauminhaltes in aller Regel nicht mehr verstehen läßt u. somit den Traum dem Unsinnigkeitsverdacht aussetzt. Die ⤴ Psychoanalyse stellt die Mittel bereit, die diesen Vorgang rückgängig zu machen verstehen u. die Entstellung des Traumes aufzuheben vermögen. 4. Auch die psychischen Symptome waren bis zu Freud hin als sinnlose Erscheinungen angesehen worden. Die Annahme eines U.n läßt jedoch die unbewußte Funktion eines Symptoms deutlich werden. Damit steht aber nun die grundsätzliche Möglichkeit offen, es auch überwinden zu können. Daß es neben der bewußten ⤴ Kommunikation, die sich vorwiegend auf Begriffe stützt, eine stärker unbewußte Kommunikation gibt, die sich der ⤴ Symbole bedient, gehört zum Grundbestand rel. Überlieferung. Die pastoraltheol. Frage, die sich auf dem Hintergrund der psychoanalyt. Erkenntnisse über das U. ergibt, läßt sich so formulieren: In welchem Maße kann sich die Vermittlung des christl. ⤴ Glaubens auf die unbewußte Funktionsfähigkeit symbol. Kommunikation verlassen, od. muß sie sich nicht mit best. Aspekten des psychoanalyt. Programms „Wo Es war, soll Ich werden" identifizieren? Eine Glaubensvermittlung, die ausschließl. auf ⤴ Ritual u. Symbol aufgebaut ist, kann sich so stark den Strukturen des U.n ausliefern, daß sie zur Zeit- u. Geschichtslosigkeit eines reinen Wiederholungszwanges erstarrt. Eine Glaubensmitteilung hingegen, die alle Manifestationen des U.n wie ⤴ Mythos u. Symbol zu eliminieren sucht, wird des Elementes der Tiefe verlustig gehen u. als flache „Aufklärung" ihre eigentl. Wirkkraft einbüßen.

Die endgültige Überwindung des U.n kann nur als ein eschatolog. Ziel ins Auge gefaßt werden. Sie ist nicht, wie Freud meinte, ledigl. eine Kulturarbeit wie die Trockenlegung der Zuider-See, sondern die Verheißung einer totalen Bewußtheit, da Gott alles in allem sein wird u. wir ihn schauen sollen „v. Angesicht zu Angesicht".

Joachim Scharfenberg

Lit.: S. Freud, Zur Psychopathologie des Alltagslebens (1904), Ges. Werke, Bd. IV; ders., Das Unbewußte (1915) Ges. Werke Bd. X; W. Uhsadel, Der Mensch u. die Mächte des Unbewußten (1952); O. Haendler, Tiefenpsychologie, Theologie u. Seelsorge (1971); J. Scharfenberg, Religion zw. Wahn u. Wirklichkeit (1972).

Uneheliche Kinder. Angesichts der Zunahme der ⤴ Empfängnisregelung ist die Anzahl u.r K. — bei starken Schwankungen in Krisenzeiten — im allgem. rückläufig. In Deutschland bzw. in der BRD kamen auf 1000 Geburten: im Jahre 1850 — 120; 1900 — 80-90; 1915 — 104; 1930 — 120; 1946 — 163 (in der DDR 194); 1965 — 46,9. Die Anzahl der ⤴ Mütter unter 18 Jahren ist jedoch relativ zunehmend. Sie betrug 1950 = 3,4%; 1964 = 15,9%. Rund 80% dieser Mütter stammen aus den einfachsten sozialen Schichten.

U. K. sind v. a. dadurch benachteiligt, daß sie häufig auf ⤴ Erziehung in geordneten Familienverhältnissen verzichten müssen. Da sie häufig unerwünscht sind, werden sie nicht selten zu wenig geliebt u. schlechter umsorgt. Weiterhin müssen sie unter erhebl. sozialer Ächtung — auch seitens der ⤴ Kirche — leiden. Abgesehen v. der sonstigen Problematik der außerehel. ⤴ Geschlechtsbeziehungen u. des ⤴ Ehebruchs ist die Zeugung u.r K. folglich wegen der Nachteile f. sie abzulehnen. Deswegen ist bei außerehel. Geschlechtsbeziehungen die Anwendung empfängnisverhütender Methoden (⤴ Familienplanung) auf jeden Fall als das geringere Übel anzuraten — wie immer man deren Anwendung u. den außerehel. Geschlechtsverkehr beurteilen mag. Deshalb erscheint eine weiterreichende Aufklärung über die Empfängnisverhütung sowie ein erleichterter Zugang zu den dazu nötigen Mitteln auch f. Jugendliche erforderlich (⤴ Sexualpädagogik). Eine gesellschaftl. u. rechtl. ⤴ Diskriminierung u.r Eltern zugunsten v. ⤴ Ehe u. ⤴ Familie darf nicht erfolgen. Denn es besteht keine Veranlassung, diese Eltern als grundsätzl. sittl. minderwertig anzusehen, zumal das Austragen eines Kindes zunehmend eine sittl. ⤴ Entscheidung ist. V. a. aber darf der Schutz v. Ehe

u. Familie nicht auf Kosten der u.n K. geschehen, zumal jene durch ↗ Diskriminierung der u.n K. nicht wirksam geschützt werden können.
Die weitere Senkung der Zahl der u.n K. kann nur mit Mitteln der Aufklärung u. der moral. Überzeugung gesucht werden. Dringend erforderlich ist ein Abbau der sittl., gesellschaftl. u. rechtl. Diskriminierungen v. unehel. Müttern u. Kindern; darüber hinaus ist zugunsten der u.n K. eine Verbesserung des ↗ Adoptionsrechts nötig. Mo

Lit.: W. Molinski (Hrg.), Uneheliche Kinder — rechtlose Kinder? (1967; Lit.); Odersky, Nichtehelichengesetz (³1973).

Unfall. Unter U. versteht man eine plötzlich auftretende Verletzung mechan. Art durch Einwirkung spitzer (Schußverletzung) od. stumpfer Gegenstände, aber auch durch Sturz; chem. Art (z. B. Leuchtgas, ätzende Gifte); durch Elektrizität od. Strahlung; durch Fremdeinwirkung (z. B. Verkehrs-U.) od. durch eigenes Verschulden (Sport-U.e). Psych. u. psychopathol. gesehen besteht tw. Zusammenhang mit aktueller innerseel. Situation, die die Wachsamkeit einschränkt; allgem. Neigung zu U.n aus charakterolog. Eigenart (Typ des „Unfällers"); U. auch als Symbolhandlung (maskierter Selbstmordversuch; ↗ Selbsttötung). — U.sneurosen: ↗ Neurose nach U. mit bes. ↗ Angstu. Schreck-Erlebnissen: Angst, Schlaflosigkeit, Erregungszustände, Wiederholungserlebnisse im Wach- u. Traumzustand. Traumat. ↗ Psychosen: als Folge v. Hirnverletzungen auftretende Geistesstörungen mit Bewußtseinstrübung, Desorientiertheit, Verwirrtheit, motor. Unruhe, Reizbarkeit, Merk- u. Gedächtnisstörungen. Sog. „Berufskrankheiten" entstehen dagegen durch chron. Einwirkungen der schädigenden Ursache u. sind v. U.n (Betriebs-U.e) zu unterscheiden. Rt

Lit.: H. Thomae, Arbeitsunfall u. seel. Belastung (1963); D. v. Klebelsberg, Risikoverhalten als Persönlichkeitsmerkmal (1969).

Unfruchtbarkeit. 10 bis 15% aller ↗ Ehen bleiben ungewollt kinderlos. Dabei sind 35 bis 40% der unfruchtbaren Ehen durch Störungen des ↗ Mannes u. 50% durch Störungen der ↗ Frau bedingt, während bei 10 bis 15% die Ursache bei beiden Partnern liegt od. unklar bleibt. Bei Frauen werden zwei Formen der U. unterschieden: bei Sterilität ist eine Verschmelzung v. Ei- u. Samenzelle nicht möglich; bei Interfertilität kommt es zwar zur Befruchtung, nicht aber zur Weiterentwicklung des Keimes bis zur Geburt eines lebensfähigen ↗ Kindes. Häufigste Ursache dafür sind Störungen im Hormonhaushalt, in den Eileitern od. in der Gebärmutter. Bei Männern bedeutet U. eine Zeugungsunfähigkeit, die als Impotentia generandi unbedingt v. der Impotentia coeundi zu trennen ist (↗ Impotenz). Sie wird verursacht durch Veränderungen der Samenwege, der Samenflüssigkeit od. in der Produktion der Samenzellen. Bei ungewollter ↗ Kinderlosigkeit müssen also beide Ehepartner durchuntersucht werden, was beim Mann meist leichter ist als bei der Frau.

Nicht selten sind psych. Hemmfaktoren od. fehlerhaftes Sexualverhalten die eigentl. Ursache einer U. So können z. B. seel. Überbeanspruchung, schwere Ehe-↗Konflikte od. psychische Erkrankungen (↗ Neurose, ↗ Psychose) zu Veränderungen des Hormonhaushaltes der Frau u. damit zum Ausfall v. Eisprung u. ↗ Menstruation führen; die damit verbundene zeitweise U. stellt einen biolog. Schutzmechanismus dar.

Nach Klärung der Ursachen kann eine medikamentöse bzw. operative Behandlung od. eine ↗ Beratung bzw. ↗ Psychotherapie oft eine U. beseitigen u. so zur Erfüllung des Kinderwunsches führen. Wo dies nicht möglich ist, ist eine ↗ Adoption od. künstl. ↗ Besamung zu erwägen. Rf

Lit.: O. Käser/V. Friedberg/K. G. Ober/K. Thomson/J. Zander, Gynäkologie u. Geburtshilfe Bd. I (1969); F. Friedrich, Die Sterilität der Frau, in: Sexualmed. 1 (1972) 236—39; G. Lüders, Therapie androlog. Erkrankungen, in: Med. Welt 23 (1972) 338—40.

Unheilbarkeit. Zahlreiche ↗ Krankheiten sind aufgrund ihrer Entstehungsweise, ihrer Art u. ihrer Begleitumstände keiner Therapie zugänglich; es gibt aber neben einer absoluten U. (wozu z. B. schwerste ↗ Unfalls- u. Kriegs-Verletzungen, aber auch neurolog. Systemerkrankungen zu zählen sind), eine zeitbedingte relative U., insofern eine best. Therapie noch nicht bekannt ist (z. B. Diphtherie vor der Serumbehandlung bzw. umständebedingt ist, insofern die Situation (z. B. in einer Landpraxis) eine Therapie nicht möglich macht, die nur in einer Klinik ohne Schwierigkeiten durchgeführt werden kann. Mitmenschl.-christl. Geleit, die Frage nach dem ↗ Lebenssinn u. ↗ Trost stellen hier bes. Aufgaben der ↗ Seelsorge dar.

Unsterblichkeitserwartung. Die exeget. Basis einer U. ist schmal. Das AT kennt den Terminus „Unsterblichkeit" überhaupt nicht. Im NT bezeichnet 1 Kor 15,53 f. unter dem Einfluß hellenistisch-jüdischer Terminologie die unvergängl. Seinsweise der Auferstandenen als Unsterblichkeit; in 1 Tim 6,16 wird sie v. Gott ausgesagt. Nach griech. ↗ Glauben hingegen kommt die Unsterblichkeit den Göttern zu, ob auch der menschl. Seele, das steht unter Diskussion. „Plato sucht den ‚Beweis' dafür zu führen, u. in seiner Schule wird der Satz v. der Unsterblichkeit der Seele zum charakterist. Dogma, so daß sich später die christl. Apologeten auf Plato beziehen u. behaupten, er habe seine Lehre aus Mose" (Bultmann). So wenig das NT also eine naturhafte Unsterblichkeit der Geistseele kennt, so stark betont es den Inhalt des „ewigen Lebens" des an Christus Glaubenden (Joh 6,40—54; 11,25 f) mit dem Hinweis auf das Schauen Gottes „v. Angesicht zu Angesicht" (1 Kor 13,12; 1 Joh 3,2; Offb 22,4) als das eschatolog. Ziel des menschl. ↗ Lebens, das die Komponente der ↗ Leiblichkeit einschließt. Es wird als die Vollendung unserer Lebensgemeinschaft mit Christus vorgestellt (Röm 8,17; Eph 2,5 f; Kol 3,1—4; 2 Tim 2,11 f), als Erwartung einer „neuen Erde" (2 Petr 3,13; Offb 21,1—4) rückt sie den Entscheidungsernst unseres Erdenlebens ins volle Licht u. kann darum Weltverantwortung u. Welteinsatz des Christen nicht herabmindern, sondern unterbaut sie durch neue Motive (1 Thess 4,11; 2 Thess 3,7—12). Eine gewisse Betonung der U. erfolgt im NT unter dem Aspekt des ↗ Leidens (Lk 6,20; 2 Thess 2,16 f; 2 Kor 4,16—18; Röm 8, 17; 1 Petr 1,3—9) u. des Ausharrens in Verfolgungen um Christi willen (Mt 5,10—12; 1 Petr 3,14 f; 4,12—16; Offb 2,10; 7,9—17).

In der evang. Theologie ist in den letzten 50 Jahren eine heftige Polemik gegen die aus griech. Quellen stammende „Unsterblichkeit der Seele" geführt worden — zugunsten einer festen Verknüpfung der christl. ↗ Hoffnung mit der Auferstehung Jesu Christi, die als Ermöglichungsgrund einer Auferstehung der Toten durch eine freie Schöpfertat Gottes (creatio ex nihilo) u. gegen alle naturhafte Spekulationen angesehen wird (↗ Auferstehungsglaube).

Allein die Vermittlung solcher exegetisch u. systematisch wohl fundierten Einsichten mit der Volksfrömmigkeit ist offensichtlich nur schwer gelungen, u. die U. gehört weiterhin zum Grundbestand aller religionsphänomenolog. Untersuchungen u. Erhebungen. Wenn deshalb Vaticanum II formuliert: „Angesichts des Todes wird das Rätsel des menschl. Daseins am größten"... Noch mehr als den fortschreitenden Abbau des Leibes erfährt der Mensch „die Furcht vor immerwährendem Verlöschen. Er urteilt aber im ↗ Instinkt seines Herzens richtig, wenn er ... den endgültigen Untergang seiner ↗ Person mit Entsetzen ablehnt ... Die Verlängerung der biolog. Lebensdauer kann jenem Verlangen nach einem weiteren Leben nicht genügen, das unüberwindlich in seinem Herzen lebt" (Kirche in der Welt von heute, Art. 18), so scheint damit der Bewußtseinsstand der Zeitgenossen besser getroffen zu sein als in der Fachdebatte der evang. Theologie.

Ein wichtiger Hinweis zu dieser kontroversen Fragestellung kann der psychoanalyt. ↗ Religionspsychologie entnommen werden, nach der sich das ↗ Unbewußte des Menschen dagegen sträubt, das Faktum des ↗ Todes anzuerkennen. Vermittels der „Allmacht der Gedanken" (S. Freud) ist die U. deshalb in allen Manifestationen des Unbewußten zu finden u. charakterisiert die Wunschwelt einer best. Phase der kindl. ↗ Entwicklung, die alle Menschen durchlaufen. Die „Unvergänglichkeit" (S. Freud) solcher unbewußter psychischer Strukturen erklärt die Hartnäckigkeit, mit der auch in der Gegenwart an einer U. festgehalten wird.

Trotzdem muß die pastoralpsych. eminent wichtige Frage gestellt werden, ob es sinnvoll erscheint, solche unbewußten Denk- u. Empfindungsstrukturen als „anthropolog. Konstanten" zu ontologisieren, od. aber auf ihre zeitgeschichtl. u. gesellschaftl. Bedingtheiten hin zu hinterfragen. So hat z. B. P. Tillich den m. E. überzeugenden Versuch unternommen, ontische, moral. u. geist. ↗ Angst best. geistesgeschichtl. Epochen zuzuordnen, so daß am Ende des antiken Zeitalters die Angst des ↗ Schicksals u. des Todes, am Ende des Mittelalters die Angst der ↗ Schuld u. der Verdammnis, am Ende der Neuzeit die Angst der Leere u. Sinnlosigkeit dominant seien. Es könnte also sein, daß die spezif. Angst des Todes, die zu dem hartnäckigen Festhalten an einer U. geführt hat, sich in der Gegenwart transformiert in eine Angst vor der Sinnlosigkeit, in der das Interesse an der U. erlöschen muß u. der Aufgabe einer Sinngebung des Todes selbst weichen muß. Mehr noch: Chr. v. Ferber u. G. Bally haben aus der Beobachtung M. Schelers, daß der ↗ Glaube an das persönl. Fortleben nach dem Tode sinke, den Schluß gezogen, daß sich in der ständigen Verflachung der Totengebräuche u. in der „Privatisierung des Todes" die Tatsache spiegele, daß das Interesse an einem persönl. Fortleben nach dem Tode verlorengehe, ja dieses sogar als ein Unglück betrachtet werde. In einer Zeitsituation, in der der Hauptakzent des menschl. Lebens in dem Streben liege, die Gegenwart auf eine welthafte ↗ Zukunft hin zu transzendieren, könnte das Interesse des individ. Lebens daran erlöschen, sich über diese mundan-transzendente Aufgabe hinaus zu erhalten. Der Wunschgedanke über den Tod hinaus wäre dann der der Auflösung, des Eingehens ins Nichts od. ins All, das schlechthin unfaßbar ist. Die Popularisierung der ↗ Meditation, eines Stillwerdens im Sinne eines Sein-lassens meiner selbst u. der Welt könnte dann im Sinne einer Überwindung der personalen Existenz interpretiert werden — nicht zugunsten einer personalen Idealität im Jenseits, sondern um die Auflösung alles Personalen zu üben im Sinne des „Entwerdens" v. Meister Ekkehard. Das Ziel einer solchen Loslösung v. den letzten welthaften Bindungen unseres personellen Seins wäre so etwas wie Heimatlosigkeit als ↗ Freiheit.

Einer solchen sozialpsych. Analyse der Gegenwart würde die Beobachtung der pastoralpsych. Praxis entsprechen, daß ↗ Trost heute weniger in der ↗ Verkündigung v. Unsterblichkeit od. Auferstehung gefunden wird als in der Sinnerfüllung der einzelnen Phasen der ↗ Trauer u. der mit ihr verbundenen Arbeit, die letztlich eine Loslösung v. dem geliebten personalen „Objekt" ermöglicht (↗ Lebenssinn). Sch¡

Lit.: W. Künneth, Unsterblichkeit od. Auferstehung (1930); P. Tillich, Der Mut zum Sein (1954); M. Schmaus, Unsterblichkeit u. Auferstehung, in: Universitas (1959); O. Cullmann, Unsterblichkeit der Seele od. Auferstehung der Toten? (1962); Ch. v. Ferber, Soziolog. Aspekte des Todes, in: Zeitschrift f. Evangl. Ethik, 7. Jahrg., Heft 7 (1963) S. 341 ff.; G. Bally, Das Todesproblem in der wissenschaftl.-techn. Gesellschaft, in: Wege zum Menschen, 18. Jahrg. (1966) S. 129 ff.; A. Schmied, Persönl. Leben aus dem Tode, in: Theologie der Gegenwart 14 (1971) S. 61–71.

Unterdrückung. U. (franz. répression, engl. suppression) meint in Psychologie u. ↗ Psychoanalyse die Verhinderung seel. Vollzüge, v. a. v. Entäußerungen einer Triebregung; man unterscheidet z. B. ↗ Trieb-U. (als völlige Blockierung) v. ↗ Verdrängung u. ↗ Sublimierung. Welche Rolle man der Trieb-U. zuschreibt, hängt v. der Einschätzung d. menschl. Triebausstattung ab (↗ Libido, ↗ Todestrieb). Weitgehend (abgesehen z. B. v. H. Marcuses Zukunftsmythos) gilt, daß „keine ↗ Gesellschaft denkbar ist, die nicht mit Verzichten (d. h. mit Triebrepressionen) arbeiten muß" (Mitscherlich). Trotzdem kann man mit Mitscherlich die repressive Strategie der Triebregulierung als subhuman betrachten; sie ist ↗ Sozialisation durch Dressur, ohne produktive Personbildung, mit der Gefahr, daß die unterdrückten Triebimpulse auf andere projiziert werden u. ↗ Aggression auslösen. Doch bedeutet auch die möglichst repressionsfreie Triebregulierung den Verzicht auf die Bildung eines reifen ↗ Ichs, ja schon auf die aufbauenden Funktionen des ↗ Über-Ichs, führt also auch zu personalen Defekten (Auslieferung an Triebabhängigkeit, Manipulierbarkeit, nach B. Hassenstein ebenfalls Aggressivität). Wünschenswert ist eine produktive Triebregulierung, abstellend auf einfühlsame ↗ Liebe u. Einsicht. — In Sozialtheorie, -kritik u. -politik wird unter U. im engeren Sinn die illegitime Übermächtigung u. Gewaltausübung (etwa gleichsinnig mit den klass. Begriffen der Despotie u. der Tyrannei) verstanden od. in einem weiteren Sinn jede Vorenthaltung v. Daseinschancen. Dem ersterwähnten Verständnis entspricht die Gegenüberstellung v. U. u. ↗ Freiheit in Verbindung mit ↗ Gerechtigkeit. Was als U. gilt, hängt mithin v. den Freiheits- u. Gerechtigkeitsstandards ab. In vormodernen ↗ Gesellschaften galt grundsätzl. nicht jede Ungleichheit als U., auch Herrschaft wurde nicht mit U. gleichgesetzt: U. war ungerecht erworbene u. ausgeübte ↗ Macht. Gegen U. galt Widerstand als erlaubt, wenigstens im abendländ. Kulturkreis (↗ Widerstandsrecht). Die europ. Neuzeit hat eine Ordnungskonzeption entwickelt, die polit. U. verhindern soll, beruhend auf folgenden Prinzipien: der Bindung aller öffentl. Herrschaft an Recht u. Verfassung, v. a. an unverbrüchl. Grundrechte; Verantwortlichkeit aller ↗ Amts-Inhaber in Form der Bindung an das verfassungsgemäße Gesetz bzw. an das ↗ Vertrauen der Bürger od. ihrer gewählten Vertreter; Unabhängigkeit der Gerichte u. Gewährleistung v. Rechtsschutz bei Rechtsverletzungen; Sicherung eines freien Prozesses polit. ↗ Meinungs- u. Willensbildung. Derart soll polit. Entscheidungsbefugnis vom Abgleiten in U. gehindert werden. —

Schon der Tradition ist geläufig, daß es jedoch nicht nur polit. U. (i. S. unrechtmäßiger polit. Herrschaft) gibt: seit alters gelten (neben ↗ Mord u. ↗ Zoophilie) „U. der Armen, Witwen u. Waisen" (d. h. derer, die sich gegen die U. nicht wehren können) sowie „Vorenthaltung verdienten Lohns" als die „himmelschreienden ↗ Sünden". Solche „gesellschaftl. U." galt freilich als häufiges, doch die bestehende gesellschaftl. Ordnung nicht prinzipiell in Frage stellendes Vorkommnis. Die Neuzeit erfährt dagegen das Bewußtsein der planmäß. Veränderbarkeit v. Lebensordnungen u. entwickelte die Idee der ↗ Emanzipation als Abschaffung ungerechtfertigter ↗ Abhängigkeit, die als solche mit U. gleichgesetzt wird. Es geht dabei (a) um Überwindung des Obrigkeitsstaates zugunsten einer polit. Ordnung, die Produkt gemeins. Willensbildung aller Mitglieder des Gemeinwesens sein soll, sowie um Entmachtung geist. u. geistl. ↗ Autoritäten, die als repressiv empfunden werden, sowie (b) um die Abschaffung aller rechtl. Unterprivilegierungen best. ↗ Gruppen u. Arten v. Menschen (z. B. Juden-, Frauen-, Kinderemanzipation, Gleichstellung ethn. ↗ Minderheiten). Die ↗ Radikalisierung der Emanzipationsidee führt (c) zu einem Gesellschaftsideal, das jede Ungleichheit v. Daseinschancen als U. erscheinen läßt; U. kann dann mit „Gewalt" gleichgesetzt werden, sofern darunter sowohl personale wie strukturelle (in gegebenen Verhältnissen liegende) Gewalt verstanden wird (J. Galtung). „Strukturelle U." läge dann analog. da vor, wo ein zurechnungsfähiges U.ssubjekt (ein Unterdrücker) nicht identifizierbar ist.

Die geläufigste Konzeption struktureller U. ist die marxistische: die kapitalist. Produktionsweise führt zur strukturellen U. des Proletariats, u. zw. aufgrund v. ↗ Ausbeutung. Neuerdings wird die „klass." These v. der ↗ Klassen-U. ergänzt durch die These einer zu U.s-Strukturen führenden „Disparität v. Lebensbereichen" im Sinne „ungleichgewichtiger Befriedigung der versch. Lebens-↗ Bedürfnisse" nicht so sehr aufgrund v. Klassenzugehörigkeit, sondern nach „depressed areas" (strukturelle ↗ Armuts-Gebiete, ethn. Minderheiten u. a., Opfer „situationsabhängiger Deprivationen u. ↗ Frustrationen", J. Bergmann u. a.). Unterschiedl. Auffassungen bestehen auch innerhalb der Linken darüber, ob jede institutionalisierte Herrschaft (verfaßte Befugnis zu verbindl. ↗ Entscheidungen, Normierungen od. Weisungen) U.scharakter hat. Einerseits wird betont, daß menschl. Gesellschaften grundsätzlich ↗ Konflikt-

Regulierungsbedarf aufweisen (da die menschl. Weltoffenheit Konflikte produzieren kann) u. daß daher Institutionen mit verbindl. Entscheidungsvollmacht nötig sind, so daß ein gewisses Maß an U. unumgänglich sei; andererseits werden Leitbilder einer v. U. freien ↗ Gesellschaft entworfen, die die Aufhebung der menschl. Endlichkeit, ↗ Leiblichkeit u. ↗ Geschichtlichkeit zu implizieren scheinen. In der Regel führen alle Herrschaftsverhältnisse zu selektiven Bevorzugungen od. Benachteiligungen (meist zur Bevorteilung der Herrschenden selbst): da es moral. unangefochtene, intellektuell unfehlbare Herrscher nicht gibt, wohnt jedem Herrschaftsverhältnis ein Moment der U. inne. Doch gibt es — etwa zw. Neu-Linken, Marxisten, Liberalen, Konservativen — erhebl. Meinungsverschiedenheiten, in welchem Maß U. in konkreten gesellschaftl. Verhältnissen enthalten ist, sowohl innerhalb eines Landes (z. B. zw. polit. Maßgebenden u. Oppositionellen, Besitzenden u. Nichtbesitzenden usw.) wie auch im internat. Rahmen (zw. mächtigen u. abhängigen Staaten, in polit. u. ökonom. Beziehungen; vgl. Senghaas).

Der mangelnde Konsens über die Kriterien läßt manche Sozialwissenschaftler nicht mehr nach verbindl. Urteilen, sondern nur noch nach der „relativen Deprivation", d. h. nach subj. Einschätzungen fragen („r. D." meint die Diskrepanz zw. Werterwartungen u. tatsächl. Lebensumständen). So ist auch öfter unklar, ob U. evolutionär od. nur revolutionär überwunden werden kann (↗ Revolution) — ungeachtet der Mahnung z. B. des II. Vatikan. Konzils, private u. öffentl. Institutionen sollten „sich darum bemühen, der Würde u. dem Ziel des Menschen zu dienen, indem sie gegen jedwede gesellschaftl. od. polit. Verknechtung entschieden ankämpfen" (Pastoralkonst. „Gaudium et Spes", § 29).

Heinrich Schneider

Lit.: Herbert Marcuse, Triebstruktur u. Gesellschaft (1965); Alexander u. Margarete Mitscherlich, Die Unfähigkeit zu trauern (1967); Joachim Bergmann/Gerhardt Brand/Klaus Körber/Ernst Theodor Mohl/Claus Offe, Herrschaft, Klassenverhältnis u. Schichtung, in: Spätkapitalismus od. Industriegesellschaft, hrg. v. Th. W. Adorno (1969), S. 67 ff.; Dieter Senghaas (Hsg.), Imperialismus u. strukturelle Gewalt (1972).

Unterscheidung der Geister. Das mit U. d. G. Gemeinte (I) muß f. die heutige Zeit neu gesagt werden (II/III).

I. Es geht um ↗ *Entscheidungen,* die die Rationalität übersteigen. a) *In allen Religionen* findet sich Entsprechendes; in den Qumran-Dokumenten (Kriegsrolle, Sektenbuch) od. in buddhist. Erleuchtungslehren (Gefahr der Täuschungen). b) *AT wie NT* sprechen davon, obgleich der Sinn einzelner Termini (1 Kor 12,10) umstritten ist. Die Grundaussage lautet: Geistl. ↗ Erfahrung als Impuls zum gläubigen Leben (1 Kor 14,5) ist nicht schon aufgrund ihrer selbst authentisch (1 Joh 4,1). Kriterien sind: Fruchtbringen (Mt 7,16; Gal 5,19—22; 1 Joh 2,3) mit Nächstenliebe als Höhepunkt; Hinordnung auf den Aufbau der ↗ Gemeinde (Paulus); Machterfahrungen (Lukas, Paulus), wozu auch der direkte Gottesaufruf — Damaskus — gehört: 1 Joh präzisiert dies zur Begegnung mit dem „Jesus im Fleisch" u. der Überlieferung (1,1 f.; 2,24; 4,6). Im Bekenntnis zu ihnen, zu Jesus als Herr (Paulus), klingt alles zusammen. c) Die *Patristik* greift die Anstöße auf. Origenes hat Ansätze zur Systematisierung. Die Mönchsschriften bringen Seelsorgeerfahrung ein, aber auch Überschätzung des Außergewöhnlichen u. Fixierung aufs Dämonische. d) In Absetzung vom Messalianismus gelingt *Diadochus v. Photike* eine Synthese: Geistererfahrung, Friede, Identität als zu erstrebendes Kriterium. Doch darf sie nicht mit Sicherheit gleichgesetzt werden; denn überall lauert die Gefahr der Täuschung. Die U.sgabe besteht in einem ständig tieferführenden, sich korrigierenden Prozeß. e) *Bernhard v. Clairvaux* bringt die Erfahrungslehre zur subtilen Balance zw. Subjektivität u. Rückbindung an objektive Kriterien. *Richard v. St. Viktor* fällt wegen Systematisierung u. Betonung der ↗ Selbsterfahrung ab. f) Die ordnende *Logik des scholast.* Systems übersieht die Geisterunterscheidung (Thomas v. Aquin). Sie lebt weiter am Rande der westl. Orthodoxie; bei Häretikern wie der Sekte vom Freien Geist; od. Häresieverdächtigen wie innerhalb der Dt. Mystik; od. sie wird zur Lehre v. der Klugheit; od. behandelt grobsinnl. Phänomene (Heinrich v. Friemar, Gerson). g) Mit *Ignatius v. Loyola* reift eine neue Synthese: Das Gleichgewicht v. Geisterfahrung (Konflikte des jungen Ignatius mit der Inquisition) u. kirchl. ↗ Norm (f. schwarz halten, was weiß ist). Spröde ↗ Sprache, kirchl. Widerstand u. bes. mangelhafte Theologie hindern die adäquate Übersetzung ins Wort. h) Die *Geschichte der* ↗ *Exerzitien-*↗*Deutung* macht das Dilemma deutlich: moralisierend (in Entscheidung zw. Gut/Bös aufgehend) od. mystifizierend (losgelöst v. obj. Gegebenheiten). i) Der *modernen* ↗ *Forschung* scheint die Herausstellung der Ur-Intention zu gelingen. Theol. Ansätze führen weiter. Die Konfrontation mit empir. Psychologie ist noch am Anfang. —

II. Die gegenwärtige ↗ Anthropologie wirft Licht auf das Anliegen der ignatianischen U. d. G. a) Die *Diskussion zw. einer verstehenden, sich einfühlenden u. einer faktisch-logischen beweisenden* Auffassung v. Wissenschaft, wie sie z. B. in der Sprachwissenschaft greifbar ist, bildet den Rahmen. So notwendig die nüchterne Abwägung aller Umstände einer Entscheidungssituation ist, so wenig darf angenommen werden, daß die Entstehung bruchlos abzuleiten ist aus der Summe der wissenschaftl. zu erhebenden Faktoren. b) Das erfordert zuerst den v. Ignatius verlangten *kalkulierten Überblick über die Situation*. Wie bei allem weiteren muß der eingesetzte Kräfteaufwand der Wichtigkeit der Entscheidung entsprechen. c) Das *emotionale Sich-Einleben* in die jeweilige Alternative stimmt mit den Einsichten der (Identitäts-)Psychologie überein; gesucht wird die Erfahrung v. Stimmigkeit (↗ Trost, ↗ Freude) als Hinweis auf den einzuschlagenden Weg. d) Die *Bandbreite der Irrtumsmöglichkeiten* in der Erfahrung v. Trost-Identität wird verringert: durch die erwähnte, ständig begleitende sachl. Argumentation; durch zeitl. Erstreckung (vier Exerzitienwochen); durch das begleitende ↗ Gespräch mit dem Exerzitienleiter; u. durch die rel. Situierung (↗ Exerzitien). e) Ignatius läßt die Entscheidungsfindung sich brechen an den ↗ *Meditationen über das Leben Jesu*. Das entspricht dem anthropolog. Gesetz, daß Zentralwerte des Menschen nicht direkt ergriffen werden können (M. Scheler); dem rel. ↗ Glauben an die Gnade, die als Geschenk nicht herbeizuzwingen ist; der Botschaft v. Jesus, in dessen v. der Schrift weitergegebenem Leben der Mensch Gott begegnet. f) Innerhalb dieses Rahmens steht *eine intuitive Gewißheit* (erste Zeit), die deshalb innerhalb des ganzen Exerzitien-Geschehens beurteilt werden muß u. bei der Ignatius selbst unterscheidet zw. der Sicherheit der „actual consolatión" u. den Täuschungsmöglichkeiten, sobald die Unmittelbarkeit der Erfahrung objektiviert wird. g) Dem bibl. Fruchtbringen entspricht die *Ratifizierung der Entscheidung* durch späteres Gelingen. Auch dieses „Erfolgskriterium" ist nur im Gesamtrahmen gültig. h) Die *Kirchlichkeit der Entscheidung*, säkularisiert gesagt: ihr Gesellschaftsbezug ist nur als Teil eines Organismus verständlich. Sie entspricht dem dialog. Grundsatz (Entscheidung vor dem Gegenüber Jesus) u. muß in die heutige Kirchenauffassung übersetzt werden. i) In der *Frage nach Leid u. Kreuzesnachfolge* wird die Entscheidungsfindung nochmals tiefer angesetzt u. kann außerhalb der dialog. Grundsituation des christl. Lebens nicht einmal recht vernommen werden. Doch trotz nicht aufzulösender persönl. Inanspruchnahme darf auch hier das krit. Messen an der Realität nicht fehlen.

III. Die pastoralen Hinweise ergeben sich v. selbst: a) Das *Spannungsverhältnis* v. obj. Grund u. subj. Erfahrung kann niemals aufgelöst, muß aber ständig kritisch befragt werden. b) Die *möglichst weitgehende Einbeziehung soziol. u. psych. Einsichten* entspricht der christl. Gnadenauffassung u. sollte nur beschnitten werden, wenn Aufwand u. Grund ins Mißverhältnis kommen. c) Der ignatianische u. heutige *Entwurf der Entscheidungslehre* kann nicht am individualpsych. od. existenzphil. ↗ Menschenbild abgelesen werden, sondern nur an der gesellschaftl. u. dialog. Struktur der ↗ Entscheidung.

Josef Sudbrack

Lit.: K. Rahner, Zur Logik der existentiellen Erkenntnis bei Ignatius v. Loyola, in: Das Dynamische in der Kirche (1958), S. 74—148; L. Bakker, Freiheit u. Erfahrung. Rel.gesch. Untersuchungen über die U. d. G. bei Ignatius v. L. (1970); G. Switek, „Discretio spirituum". Ein Beitrag zur Geschichte der Spiritualität (1972); K. Niederwimmer/J. Sudbrack/W. Schmidt, Unterscheidung der Geister (1972).

Unzucht ↗ Sexualethik ↗ Sexualdelikte ↗ Sexual(psycho)pathologie

Pastoralanthropolog. gilt es, diese mit dem Begriff U. zusammenhängende neue Sichtweise ins Spiel u. überall dort zur Geltung zu bringen, wo es um die ↗ Zukunft des Menschen, um die moderne ↗ Lebensqualität u. um gesellschaftsbezogenes Denken u. Handeln geht. Hz

Lit.: H. Cox, The Secular City; dt.: Stadt ohne Gott? (⁶1971).

Urbanisierung. U. (v. lat. urbs = Stadt) ist urspr. ein soziol. Begriff u. bedeutet die Veränderungen im menschlichen Zusammenleben, die durch Verstädterung, Landflucht, Zusammenballung in den städt. Siedlungsräumen, Technisierung u. die damit zusammenhängenden ↗ Einstellungen u. ↗ Haltungen bedingt sind. Harvey Cox hat aufmerksam gemacht, daß U. nicht nur als quantitativer Begriff verwendet werden dürfe (im Zusammenhang mit Bevölkerungsdichte, geograph. od. verwaltungstechn.), daß er vielmehr in engem Zusammenhang mit dem Begriff ↗ Säkularisierung zu sehen sei u. die „Heraufkunft einer urbanen Zivilisation" signalisiere, „eine grundlegende Veränderung der Art, wie Menschen zusammenleben". Der heutige Mensch findet sich in einer Welt vor, die er nach dem Muster der Stadt zu sehen gelernt hat, wobei Welt nicht nur ↗ Umwelt bzw. Erde, sondern das gesamte Universum (also auch die galakt. Dimension) meint. ↗ Mobilität, ökonom. Konzentration, bürokrat. Organisation u. Kontrolle, rationale Planung, Massenkommunikation, ↗ Teamwork, Anonymität, ↗ Technik, ↗ Toleranz sind einige Faktoren der U., welche als Bauelemente einer neuen ↗ Gesellschaft verstanden werden müssen. Diese neue Gesellschaft übergreift die polit., weltanschaul., ideolog. u. territorialen Grenzen u. ermöglicht eine einheitl. Sicht, wie sie bislang nur in ausgesprochenen ↗ Utopien möglich war.

Interessant ist, daß U. in diesem Verständnis eine lange Tradition hat: die Stadtstaaten der ältesten Kulturen, die griech. Polis, das neue Jerusalem der jüd. (atl.) Mystik, der Mythos v. Atlantis, die kosm. Sicht der Stadt Byzanz sind einige Belege dafür.

Urlaub. Mit dem Begriff U. wird eine zeitweise, gesetzl. geregelte Befreiung v. der Arbeits- bzw. Dienstpflicht bei Weiterzahlung des Lohnes bezeichnet. Der U. soll wie die Kur (↗ Kurwesen) der ↗ Erholung dienen, zielt aber nicht primär auf eine ↗ Rehabilitation bzw. Kräftigung der ↗ Gesundheit. U. war bis in unser Jahrhundert weitgehend unbekannt; noch heute machen v. a. Angehörige sozial niedriger Schichten, Dorfbewohner u. Landwirte seltener als andere U. Er ist allerdings auch kaum eine biolog. Notwendigkeit, sondern mehr ein Gegenpol zur ständigen ↗ Streß-Situation des heutigen Menschen. Der Urlauber erwartet deswegen insbes. Erfüllung aufgeschobener Wünsche, Entlastung vom berufl. Alltag u. Lösung seiner ↗ Konflikte im privaten Leben — letztl. also eine größere Möglichkeit zur ↗ Selbstverwirklichung, die weniger in „Ferien vom Ich" als vielmehr in „Ferien zum Ich" zu erreichen ist. Rf

Ursache — Wirkung. Aristoteles hat unsere sichtbare Welt als eine in steter Bewegung u. Veränderung befindl. Gegebenheit („On") aufgefaßt. Nach ihm haben wir daher das vorfindbare Seiende dann verstanden, wenn wir nach den 4 U.n (= „Erstsachen") des Veränderlichen fragen: 1. Woher stammt es (die Antwort nennt uns die causa efficiens = Wirk-U.)? 2. Wozu ist es (Antwort: Sinn- u. Zweck-U.)? 3. Was bzw. woraus ist es als Bewirktes, als Effekt? Es ist aus Stoff u. Form (Material- u. Formal-U.).

Für Platon war unsere Welt verstehbar als eine v. Ideen gestiftete Erscheinungswelt.

Christl. Denker (Augustinus, Thomas, Joh. Duns Scotus) haben die „Ideen" Platons als Vorbild- u. Gestaltungsideen des schöpferischen Gottesgeistes erkannt. I. Kant versteht unter „U.-W." eine notwendige Denkkategorie des menschl. ↗ Geistes. Der moderne Physiker fragt nicht mehr nach dem Sein des Seienden, sondern nur nach den Gesetzen der Zustandsänderungen der Materie. Freilich kommt auch er nicht ganz darum herum, dabei etwas über das Was- u. Wiesein der Materie auszusagen. Aber sein eigentlichstes Interesse ist es, in dieser Werdewelt jede Veränderung als Zustand B (Effekt, Wirkung), der aufgrund eines vorausgehenden Zustandes A zwangsweise d. h. gesetzmäßig ist, exakt, d. h. mathem. zu beschreiben. Dabei versteht er unter der „klass. Kausalität" die Gesetze der Großkörper, unter der „statist. Kausalität" die nicht weniger exakt geltenden Wahrscheinlichkeitsgesetze der „Kleinkörper" (Atome, Elektronen, subatomare Größen etc.). Über deren Verhalten läßt sich nämlich nur aufgrund ihrer „Vielzahl", nicht aufgrund ihres Einzelseins etwas aussagen. Wie immer dem sei: solange die Menschen forschen, werden sie stets auch nach Erstsache u. Zweitsache (= U. u. W.) fragen, weil diese veränderl. Werdewelt nur verstehbar ist, wenn wir sie *umfassend* als in mannigfacher Hinsicht verursachte Welt begreifen; u. d. h. aus einem generellen Kausalprinzip heraus. Dieses Kausalitätsprinzip herrscht sowohl im menschl. Geist wie in der uns umgebenden Gesamtwirklichkeit. So ist Kausalität Denk- u. Seinsgesetz in einem.

Rr

Lit.: E. Coreth, Kausalitätsprinzip, in: LThK Bd. 6, 98 f. u. W. Westphal, Physik, 25./26. Auflage, S. 5, 621 (1970).

Urvertrauen. Term. technicus der ↗ Sozialpsychologie v. E. H. Ericson, wo basic trust das Grundgefühl v. Sicherheit u. Geborgenheit, das aus einer gesicherten ↗ Mutter—↗Kind—Beziehung stammt, bezeichnet. Die Beschreibungskategorien, die Erikson dafür gibt, kommen in vielem dem nahe, was die christl. Überlieferung als fiducia bezeichnet. ↗ Vertrauen ↗ Entwicklung

Utopie. Umgangssprachl. bezeichnet U. etwas, was sich nicht verwirklichen läßt; lie lenkt (als Vorrationales) ab vom Notwendigen u. Möglichen. Daneben gibt es einen Sprachgebrauch, der der U. eine positiv-krit. Bedeutung zumißt, insofern der Mensch über die bedrängte Gegenwart hinausdenkt u. hinausträumt (Real-U.) Zu allen Zeiten hat der bedürftige u. leidende Mensch mittels ↗ Sprache u. ↗ Phantasie seine Gegenwart überschritten, um mit Hilfe eines Entwurfes, der ein zukünftiges, glückl. u. gerechtes Gemeinwesen ausmalt, die bestehenden Mißstände kritisieren zu können. Diese U.n konnten entw. vertröstend die ersehnten Zustände in eine unbest. u. ferne ↗ Zukunft projizieren, od. tröstend dazu anleiten, die gegenwärtigen bedrückenden Verhältnisse zu verändern. Gemeinsam ist den histor. U.n (vgl. **Platon**, Campanella, Th. Morus), daß sie eine Staatsform entwerfen, die keine ↗ Konflikte mehr kennt, u. in der ein Wandel fehlt. Gegen die Monotonie u. Uniformität des Lebens in solchen U.n müßten gegenwärtig U. u. ↗ Zukunftsforschung verbunden werden. Die U. könnte sich dann realistisch auf den Menschen einrichten, der auch in Zukunft aus mehr od. weniger „krummem Holz" (Kant) gemacht sein wird. Die Zukunftsforschung könnte dann das Bild vom Menschen als v. einem zweckbestimmten Vernunftwesen, das plant u. planbar ist, erweitern um das Bild vom Menschen als v. einem phantasiebegabten Wesen, dessen ↗ Unbewußtes u. dessen ↗ Träume f. die Gestaltung des gesellschaftl. Lebens v. Bedeutung sind (↗ Menschenbild). Die christl. Zukunftserwartung stimmt mit den utop. Entwürfen dann überein, wenn diese v. der Frage nach einer glückl. u. gerechten Zukunft f. die leidende Menschheit geleitet werden. Sie stimmt mit ihnen dann überein, wenn das Ende v. Not, ↗ Armut u. Ungerechtigkeit nicht v. einer neuen, besseren Welt erwartet u. die gegenwärtige Welt nicht dem Untergang überlassen wird. Sie unterscheidet sich v. ihnen darin, daß sie diese Zukunft nicht v. der ↗ Arbeit des Menschen allein abhängig macht, sondern mit der Verheißung rechnet, daß der Mensch sich als Mitarbeiter Gottes (↗ Gottebenbildlichkeit) das ersehnte Heil erwerben kann — wobei allerdings die Bedeutung der v. Gott heraufgeführten Zukunft im Bereich menschl. U.n u. menschl. Zukunftsforschung allererst noch argumentierend entfaltet werden muß.   Hi

Lit.: A. Neusüss (Hrg.), Utopie. Begriff u. Phänomen des Utopischen (1968); F. E. Mannel (Hsg.), Wunschtraum u. Experiment. Vom Nutzen u. Nachteil utop. Denkens (1970); Ch. Gremmels/ W. Hermann, Vorurteil u. Utopie (1971).

Vasektomie. Operatives Herausschneiden eines 2 bis 3 Millimeter langen Stückes des Samenleiters (vas deferens). Sie wird meist zur ↗ Sterilisierung des ↗ Mannes angewandt, wobei die Zeugungsunfähigkeit aber erst zwei Monate später sicher ist. Die V. ist im allg. irreversibel u. beeinträchtigt die ↗ Sexualität nicht. Aufgrund gesellschaftl. ↗ Vorurteile (Depotenzierung des Mannes od. folgenlose außerehel. Geschlechtsaktivität) resultieren nach einer V. nicht selten psychische Probleme.

Vater. V.-sein ist eine bes. Funktion des ↗ Mannes, heißt, ↗ Kinder gezeugt haben, heißt, diese Kinder u. ihre ↗ Mutter liebend umsorgen, erhalten u. ernähren, heißt, eine bes. Stellung in der ↗ Familie einnehmen. V.schaft bedeutet im Gegensatz zu Mutterschaft nicht eine primär körperl., sondern v. vornherein eine geist. Beziehung. Es mag f. viele Männer zunächst nicht ganz leicht sein, die Tatsache, V. geworden zu sein, in ihrer vollen Tragweite zu realisieren, sie müssen in ihre ↗ Rolle erst allmähl. hineinwachsen. Zu dem sich zunächst regenden Stolz, ein Kind (viell. sogar einen „Stammhalter") zu „besitzen", zu dem man sonst keine wirkl. Beziehung hat, da es ja zunächst so wenig „menschl." Eigenschaften zeigt (es kann nicht reden, man kann keinen wirkl. Kontakt mit ihm herstellen), muß die Übernahme der ↗ Verantwortung kommen, f. dieses zunächst schutzlose Wesen zu sorgen; ebenso aber auch die Bemühung, trotz der genannten Schwierigkeiten eine Beziehung — im emotionalen u. im rationalen Bereich — aufzubauen. Nicht selten gilt es dabei (bes. den jüngeren Kindern gegenüber), eine uneingestandene ↗ Eifersucht zu überwinden: das Kind beansprucht die Mutter — körperl. u. geistig — so sehr, daß die Interessen des V.s scheinbar geschmälert werden, da er vermeintl. die ↗ Liebe der Gattin mit seinen Kindern teilen muß. Tatsächlich kann es in manchen Familien deshalb zu Schwierigkeiten kommen. Klugheit der Frau u. Einsicht des Mannes sind erforderlich, um die durch die Existenz v. Kindern neue Situation ihrer Liebesbeziehung zu meistern u. daran reicher zu werden.

Das Verhältnis des V.s zu seinen Kindern wird nicht nur v. ihrem Alter bzw. ihrer Entwicklungsphase, sondern stark auch v. ihrem Geschlecht bestimmt. Der Sohn wird oft als ein zweites (besseres) ↗ Ich empfunden. Alle mögl. Wunschvorstellungen werden auf ihn projiziert. Er soll es besser haben als der V., er soll all das erfüllen, wo man selbst versagt hat, soll sozusagen die ↗ Ideal-Figur all dessen darstellen, was man in sich selbst zu besitzen meint, aber nicht verwirklichen konnte. Eine solche V.liebe ist weitgehend nichts anderes als eine nach außen projizierte Selbstliebe, die mit Sicherheit enttäuscht werden muß u. dann nicht selten in ↗ Rivalität, Ablehnung od. ↗ Resignation umschlägt, wenn der Sohn zur eigenständigen Persönlichkeit heranreift, seine eigenen Ziele verfolgt, seinen eigenen Weg geht. Auseinandersetzungen u. ↗ Konflikte (↗ Generationskonflikt) können nur vermieden werden, wenn sich die V.liebe v. Anfang an im Sohn, an den späteren Partner (im ↗ Gespräch, möglicherweise auch als Nachfolger im Beruf), an den jüngeren Freund, kurz gesagt an ein ↗ Du, das einem durch seine Herkunft bes. nahesteht, wendet. — Das Verhältnis zur Tochter ist durch die Ähnlichkeit der Kindschaft u. die Verschiedenheit des Geschlechts bestimmt. Aus dieser Polarität ergibt sich oft (ähnlich wie zw. Mutter u. Sohn) eine bes. innige Beziehung, die sich zwar entspr. den versch. Reifungs- u. Entwicklungsstufen der Tochter zu wandeln hat, deren Intensität aber — vorausgesetzt, daß störende Einflüsse v. außen, wie sie heute allerdings häufig sind, unterbleiben od. abgefangen werden — auch über die ↗ Pubertät hinaus noch zunehmen u. auch nach Verheiratung der Tochter bestehen bleiben kann.

So tritt der V. seinen Kindern nach Geschlecht u. Alter in versch. Weise gegenüber, die sich aus seiner Stellung in der Familie u. aus den individ. Gegebenheiten ergibt. Art u. Ausübung seiner Funktionen innerhalb der Familie werden aber nicht nur durch persönl. Charaktereigenschaften, sondern auch stark vom jeweiligen ↗ Gesellschafts-System, v. soziol. Strukturen (↗ Klasse, soz.) beeinflußt u. haben wiederum Rückwirkungen auf diese. In Gesellschaftsordnungen, die vom Vorrecht des Mannes gestaltet sind, kommt dem V. a priori, d. h. aufgrund des V.-seins u. nicht wegen seiner persönl. Qualitäten, eine ↗ Autoritäts-Stellung in der Familie zu, er ist „chef de famille": als „Pater familias" hatte er z. B. nach altem röm. Recht unumschränkte Gewalt u. Entscheidungsrecht über alle Belange der Sippe insgesamt u. ihrer Angehörigen im einzelnen (↗ Patriarchat). Einer solchen Machtfülle entspricht natürl. ein hohes Maß an ↗ Verantwortung, an Pflichten gegenüber den Anbefohlenen. ↗ Macht kann mißbraucht werden, wird oft aber auch dann als drückend empfunden, wenn sie zurecht u. — obj. gesehen — im Interesse des „Schützlings" ausgeübt wird. Individ. u. allgem. Gegenströmungen werden daher verständlich.

In unserer Zeit, in der Demokratie u. Gleichberechtigung als Ideale gelten, ergibt sich die Autorität des V.s nicht eo ipso aus dem tradierten Bild patriarchal. Mannseins, das ihn zu sog. typ. „männl." Verhaltensweisen zwingt, sondern muß durch persönl. Qualifikation erworben werden.

Der Mann als Partner der gleichberechtigten u. nicht mehr nur an Herd u. Kinder gebundenen Frau, der V. als älterer Freund, Führer u. Berater der Kinder, stets zum ↗ Dialog mit ihnen bereit u. ihnen selbstverständlich ein Recht auf eigene Meinung u. eigenen ↗ Willen einräumend, ist in der Familie keineswegs „entthront", er hat nur eine neue, andere, wertvollere — weil seine persönl., menschl. Qualitäten mehr herausfordernde — Aufgabe bekommen.

Gerade in einer solchen Stellung ist er nicht jedem Zugriff, jeder Forderung der Familienmitglieder entrückt u. nur erreichbar, wenn er sich in Gnade „herabneigt", sondern er muß sich in seiner als Dienst verstandenen Autorität bewähren.

Dieser Wandel im Verständnis der Stellung u. Autorität des V.s, der Akzentwechsel v. der väterlichen Strenge u. Strafgewalt zur väterl. Güte, die aber keineswegs Nachgiebigkeit u. Schwäche bedeutet, bleibt nicht ohne Rückwirkungen auf das Verhältnis der Heranwachsenden zum übernatürl. V., zu Gott; er wirkt sich auf ihr Verständnis rel. Begriffe wie „Gnade", ↗ Gerechtigkeit u. Versöhnung aus, kann aber gleichzeitig zu Spannungen gegenüber kirchl. Autoritäts-↗Strukturen führen, sofern diese noch allzusehr v. „patriarchal." Geist erfüllt sind.
Brigitta Groh

Lit.: P. Dufoyer, Der Mann in der Ehe (1956); G. H. Graber, Psychologie des Mannes (1957); M. Mead, Mann und Weib (1958); K. Rahner, Der Mann in der Kirche, in: Sendung und Gnade (1960); J. Bodamer, Der Mann von heute (⁸1961).

Vaterbindung ↗ Ödipuskomplex

Vaterschaftsnachweis. Vaterschaftsuntersuchungen dienen der Klärung einer fraglichen Vaterschaft. Um den positiven V. bemüht sich die Methode des „anthropol.-erbbiolog. Vaterschaftsgutachtens", das wesentl. auf der Beurteilung einer Vielzahl morpholog. Merkmale meist im Sinne der „Ähnlichkeit" od. „Unähnlichkeit" des zumindest 3 Jahre alten ↗ Kindes beruht. Die Beurteilung bedient sich mehr od. weniger hoher Wahrscheinlichkeitsgrade. Ein absolut sicherer V. ist bis heute nicht möglich. Mit unterschiedl. Methoden ist dagegen ein sicherer Ausschluß der Vaterschaft bei 90% der Fälle möglich. Hierzu gehört die Untersuchung der Zeugungsfähigkeit eines ↗ Mannes. Der „genet. Wirbelsäulenvergleich" beruht auf Röntgendarstellung vererbbarer morpholog. Kriterien der Wirbelsäule. Das „geburtshilfl. Vaterschaftsgutachten", auch „Tragzeit-Gutachten" genannt, beruht auf der Feststellung, daß innerhalb biolog. Streuung einer best. Schwangerschaftsdauer ein best. Reifegrad der Leibesfrucht entspricht, d. h. ein Angeschuldigter als Erzeuger ausgeschlossen werden kann, wenn er außerhalb der „gesetzl. Empfängniszeit" (181.—302. Tag vor der Geburt) der Kindesmutter beigewohnt hat. Bes. weitgehende Aussagen zum Ausschluß einer Vaterschaft sind durch die Paternitätsserologie möglich, bei den Blutgruppensysteme u. Blutserumprotein-Gruppen, die erheblich determi-

niert sind, untersucht werden: Ein Kind kann nur solche lebenslang konstanten Merkmale besitzen, die auch bei den Eltern vorhanden sind.
Bei der „biostat. Beweisführung" im Rahmen der Vaterschaftbegutachtung werden sowohl morpholog. als auch serolog. Merkmale f. positive od. negative Aussagen zum V. herangezogen. La

Lit.: K. Podleschka, Das geburtshilfl. Gutachten im Vaterschaftsprozeß (1954); K. Hummel, Die medizin. Vaterschaftsbegutachtung mit biostat. Beweis (1961); G. G. Wendt, Serumeiweiß u. Vaterschaft, Dtsch. Med. Wschr. 88 (1963) 916.

Verantwortung. 1. V. als dialog. Geschehen folgt aus der Tatsache, daß der Mensch ein personales Wesen ist, auf einen Ruf antworten u. f. sein Handeln mit dem Einsatz seiner ↗ Person eintreten kann, daß er mit diesem Handeln ganz u. gar eine Antwort geben, eben in Ver-ant-wortung handeln kann. Der Glaubende erkennt in Gott die absolute Person, auf deren schenkende Gnade u. verpflichtenden Anruf er antworten darf u. vor der er sich zu verantworten hat. Denn der Mensch weiß sich v. Gott geschaffen u. mit best. Aufträgen in die Welt u. in diese Zeit gestellt (Gen 1,28). Insofern ist auch die Welt der Sachen u. Dinge in die menschl. V. miteinbezogen. Das gläubige Wissen um eine letzte V. vor Gott nimmt aller menschl. ↗ Leistung den Charakter des Auftrumpfens u. des Sichrühmens (vgl. 1 Kor 1,29; 2 Kor 12,5), befreit den Menschen aber auch v. der lähmenden ↗ Entscheidungs- ↗ Angst; denn Gott ist kein kleinl. Buchhalter, er registriert nicht Erfolge, sondern sieht auf das Herz, auf die innerste ↗ Gesinnung, aus der menschl. Handeln entspringt. Der vor Gott in V. stehende Mensch hat die Möglichkeit, sein verkehrtes Handeln zwar nicht ungeschehen zu machen, aber in ↗ Reue u. Umkehr sich an Gott mit der Bitte um Vergebung zu wenden. Weil das Handeln des Einzelmenschen aber immer Auswirkungen auf die Mitwelt hat, gibt es auch V. gegenüber den Menschen, die uns beauftragen, u. gegenüber denen, die auf unsere Hilfe u. aktive Zuwendung warten. Zuletzt haben wir uns vor uns selbst, vor unserem nachprüfenden ↗ Gewissen zu verantworten. „Die Person tritt hier mit ihrem sittl. Sein f. ihre Handlungsweise ein, nimmt sie mit ihrem sittl. Wert- u. Unwertcharakter auf sich" (N. Hartmann, Ethik, Berlin ³1962, 725). ↗ Schöpfung, ↗ Mitmenschlichkeit.

2. Die V. als Komponente allen sittl. Handelns wird aktualisiert in der Verantwortlichkeit des Menschen. Die Adjektive verantwortlich u. unverantwortlich enthalten eine sittl. Bewertung positiver bzw. negativer Art. Verantwortl. ist der Mensch f. seine in (bedingter) Erkenntnis u. (relativer) ↗ Freiheit gesetzten Akte u. Unterlassungen. Je umfassender die Kenntnis über den auf Hilfe wartenden Menschen u. die zur Verwirklichung anstehenden ↗ Werte, je unabhängiger die Entscheidung, desto größer ist die Verantwortlichkeit. Sie ist ausgeschlossen, wenn freies Handeln unmöglich ist durch innermenschl. od. äußere Beeinträchtigungen (↗ Psychosen, physischer ↗ Zwang). Das größere od. geringere Maß an Verantwortlichkeit wird gleichfalls durch äußere od. innere Faktoren bestimmt, die sowohl in rechtl. wie sittl. Beurteilung zu bedenken sind (z. B. Einfluß der ↗ Massenmedien, der ↗ Erziehung u. des ↗ Milieus; des ↗ Alterns, der ↗ Bildung u. psychischen Störungen). —

3. Als verantwortl. Handelnder hat der Mensch immer auch den mögl. Erfolg seiner Aktionen ins Auge zu fassen. Dies gilt umso dringlicher, je intensiver sich unsere Tätigkeit dem leidenden Menschen zuwendet. Die „V.sethik" (M. Weber) nimmt eine Mittelstellung ein gegenüber einer einseitigen Erfolgsethik hier u. einer utop. Gesinnungsethik dort. Die Erfolgsethik bemißt alles Handeln einzig am feststellbaren Erfolg u. ist dann in der Wahl der Mittel meist nicht sehr wählerisch. Gerade in der Fürsorge u. heilenden Hilfe wäre mit diesem Erfolgszwang wenig gedient. In vielen Fällen ist doch der volle Erfolg ausgeschlossen. Man wird sich nicht selten zum vorläufigen Erreichbaren, auch zum Unvollkommenen, ja zuweilen sogar f. das kleinere Übel entscheiden müssen. Eine V.sethik wird sich mit ↗ Geduld wappnen u. auf lange Sicht planen müssen. Freilich wird sie alle Möglichkeiten ausschöpfen, um das hier u. jetzt Erreichbare zu verwirk-

lichen. Eine solche ↗ Haltung ist lebensnäher u. sittl. vertretbarer als die Gesinnungsethik, die nach dem Motto „alles od. nichts" höchste ↗ Ideale aufstellt, aber sich wenig darum sorgt, wie sie erreicht werden können. Ihr fehlt der Bezug auf die konkrete jeweilige Situation. Überall dort, wo der Rigorismus das Handeln bestimmt, erweist man den Menschen in unserer unvollkommenen Welt selten einen wirkl. Dienst. — .
4. Als erfolgversprechende Richtpunkte f. verantwortl. Handeln nennt D. v. Oppen Sachlichkeit u. Menschlichkeit (in: Christl. Verantwortung, hrsg. v. V. Hochgrebe, Würzburg 1968, 22—32). Zur Verdeutlichung dieser Prinzipien einige Hinweise: Der Mensch muß Ziel u. Mittelpunkt unseres Wirkens sein. Das krasse Gegenteil dazu ist die Erniedrigung des Menschen als Mittel zum Zweck. Allüberall wird diese Maxime in der Theorie anerkannt, in der Tat aber wenig beachtet. Gerade im fürsorgerischen, medizin. u. seelsorgl. Bereich ergibt sich täglich die Möglichkeit eines an diesem Prinzip orientierten Handelns. Der einzelne darf kein „Fall" u. keine „Nummer" werden. Er darf nicht zum interessanten Objekt unserer Berufsausübung herabsinken. Alle zugewendete Hilfe muß zum Ziel haben, ihn so gut wie möglich zur eigenen Bewältigung seines ↗ Lebens voranzubringen. Die Sachlichkeit im verantwortl. Handeln beginnt bei der Beherrschung der berufl. Voraussetzungen u. äußert sich im ↗ Willen zum ständigen Weiterlernen. Aber v. a. in der Bereitschaft, die techn., naturwissenschaftl. u. psych. Hilfen unter dem krit. Gesichtspunkt einzusetzen: Darf ich alles tun, was ich jetzt machen könnte? Unsere Welt leidet daran, daß der naturwissenschaftl.-techn. Fortschritt der sittl. Bewältigung weit vorausgeeilt ist. Man hat die Wirklichkeit des Menschen in seiner Leib-Seele-Geist-Einheit, als des Schaffenden u. zugleich nach ↗ Glück sich Sehnenden, als des in der Welt Existierenden u. letztlich f. die Gottesgemeinschaft Berufenen aus dem Auge verloren. Teilerkenntnisse über den Menschen wurden absolut gesetzt u. partielle Hilfen zur zentralen Lebensbewältigung hinaufstilisiert! —

5. Was die Folgen des sittl. Handelns betrifft, bleibt der Mensch f. das verantwortlich, was er bewußt u. frei als direktes Ziel angestrebt hat; aber auch f. das, was zwar nicht direkt gewollt war, aber sich doch mit großer Wahrscheinlichkeit mittelbar ergibt. Hier kann es zu ↗ Konflikt-Situationen kommen: Das direkt erstrebte Ziel ist sittl. gut, sekundär eintretende Folgen aber sind nachteilig. Dann muß in sorgsamer Überlegung gefragt werden, ob man das direkte Ziel nicht auf anderen Wegen erreichen kann. Läßt sich eine solche Möglichkeit nicht finden u. ist das direkte Ziel unbedingt wichtig, dann dürfen auch negative sekundäre Folgen in Kauf genommen werden. Hier handelt es sich um das moraltheol. Prinzip des actus cum duplici eventu, des sittl. Handelns mit doppeltem Effekt. ↗ Notstandshandlung

Georg Teichtweier

Lit.: M. Müller, Ethik u. Recht in der Lehre v. der Verantwortlichkeit (1932); A. Schüler, Verantwortung. Vom Sein u. Ethos der Person (1948); F. Buri, Zur Theologie der V. (1971); W. Schluchter, Wertfreiheit u. Verantwortungsethik (1971); H. Sachsse, Technik u. V. (1972); W. Molinski Verantwortung, Verantwortlichkeit, in: Herders Theol. Taschenlexikon, hrg. v. K. Rahner, Bd. 8, 36—41 (1973).

Verbot ↗ Normen

Verbrechen ↗ Kriminalität

Verdammungsangst. Zum Unterschied v. christl. Heilssorge hat V. ihren Ursprung nicht in Glaubensreflexion, sondern in ↗ Angst-Vorstellungen, die dem ↗ Kind meist im Zusammenhang mit Drohung u. Züchtigung beigebracht worden sind. V. zeigt sich in larvierter Form auch als Gewitterangst. Sie wird v. manchen rel. Zirkeln u. Sekten f. das wirksamste Mittel gehalten, Sünder zur ↗ Bekehrung zu bewegen. Noch heute bedient sich kurzsichtige ↗ Erziehung der Religion als wirksamen Drohungsmittels, wobei der „Krampus", der „schwarze Mann" u. andere mytholog. Figuren zu Hilfe gerufen werden, damit das Kind „schon brav" ist. In diesem Zusammenhang muß auch auf das Problem Jugendlicher mit der ↗ Masturbation hingewiesen werden, das vielfach Anlaß f. eine V. ist, sofern dagegen mit unsinnigen Strafandrohungen angegangen wird. Auf dem Boden angstgeprägter Gottesbeziehung u. ↗ Religiosität vermag eine neurot. ↗ Schuld-Verarbeitung (meist durch Selbstbestrafungstendenz) eine quälende V. zu entwickeln. Es ist daher f. die Therapie unumgänglich, bei der V. die Verzerrung des rel. Lebens zu berücksichtigen, da gerade eine Herstellung des christl. ↗ Erlösungs-Glaubens befreiend wirkt. Es empfiehlt sich, in einem analyt. orientierten ↗ Gespräch auf den lebensgeschichtl. Zusammenhang u. den rel. Sinn einzugehen, um die heidnische Angst abzubauen u. auf christl. ↗ Hoffnung u. ↗ Gottesfurcht zurückzuführen, wobei jedoch eine gewisse affektive u. intellekt. Begabung beim Betroffenen vorausgesetzt werden muß. V. bes. Wichtigkeit ist eine frühe, sachl. Aufklärung der Eltern u. Erzieher, die auf einen non-direktiven u. integrativen Erziehungsstil vorbereitet werden sollen. Tiefenpsych. kann angenommen werden, daß hinter der V. die Angst vor dem Verlust des ↗ Urvertrauens steckt. Daher ist die Herstellung einer affekt. Beziehung zu Eltern, Vorgesetzten, Freunden ein pastorales Anliegen. Die Erfahrung einer verständnisvollen u. gütigen ↗ Bezugsperson hilft, die V. weitgehend zu dämpfen od. zu beseitigen. ↗ Teufelsangst   Mü

Lit.: I. Lepp, Der Tod u. seine Geheimnisse (1967); P. Bjerre, Unruhe, Zwang, Angst (o. J.).

Verdienste ↗ Lohndenken

Verdrängung. Fachterminus der psychoanalyt. ↗ Trieblehre, der sich bereits bei Herbart findet u. mit der die Abwehr der mit dem ↗ Bewußtsein unverträgl. Vorstellungen u. Gefühle triebhafter Art bezeichnet wird, die somit in das ↗ Unbewußte zurückverwiesen od. dort festgehalten werden. Dominierte in der Frühzeit der ↗ Psychoanalyse ein Denkmodell, das den Energieaufwand betont, mit dem aus dem Unbewußten aufsteigende Kräfte gebremst werden sollen, so wird durch spätere ↗ Forschungen deutlich, daß die V. sich niemals gegen den Trieb selbst richten kann, sondern allein gegen die „Vorstellungsrepräsentanzen" des Triebes, denen durch die V. ihre affektive Besetzung entzogen wird. Die V. kann deshalb in der jüngsten Diskussion auch als „Desymbolisierung" (A. Lorenzer) beschrieben werden, durch die eine Vorstellung v. dem losgelöst wird, was sie repräsentiert. Dadurch, daß sie unbewußt geworden ist, im Bewußtsein nicht mehr repräsentiert ist, wirkt sie unmittelbar u. zwanghaft auf das ↗ Verhalten u. bildet im Unbewußten „Kristallisationskerne", die andere unerträgl. Vorstellungen anziehen können. Die V., die S. Freud v. a. als Triebschicksal beschrieben hatte, reiht Anna Freud v. a. unter die ↗ Abwehrmechanismen ein; als solche haben sie den „Schutz des ↗ Ichs gegen Triebansprüche" zu übernehmen.
Wenn als Ziel der psychoanalyt. Therapie die Aufhebung v. V.n angegeben wird, dann sicher nicht in dem Sinne, daß es nun zu einem freien Ausleben der Triebe kommen könne, sondern lediglich, um eine bewußte Auseinandersetzung mit ihnen zu ermöglichen. Was ins Unbewußte verdrängt wurde, kann nicht mehr sublimiert werden, deshalb ist das Ziel der Therapie die Ersetzung der V.n durch die bewußte Verwerfung der sozialschädl. Triebansprüche.
Die Einsicht in die allgem. anerkannten V.smechanismen nötigt v. a. zur Revision solcher ↗ Erziehungs-Grundsätze, die eine verdrängungsfördernde Wirkung haben, wie sie v. a. im Gefolge der Leugnung des ubiquitären Charakters der Triebhaftigkeit aufgetreten sind.   Scha

Lit.: A. Freud, Das Ich und die Abwehrmechanismen, zuletzt als Kindler Taschenbuch (o. J.); S. Freud, Die Verdrängung (1915), Ges. Werke, Bd. X; P. Jordan, Verdrängung und Komplementarität (1951); P. Madison, Freud's Concept of Repression and Defence, its Theoretical and Observational Language (1961); J. Scharfenberg, Verstehen und Verdrängung, in: Religion zwischen Wahn und Wirklichkeit (1972).

Vereinsamung. V. ist eine Verschärfung des Zustandes der Einsamkeit insofern, als zur Einsamkeit das Merkmal der subj. Unfreiwilligkeit dazukommt; diese Unfreiwilligkeit wird im subj. V.s-Erleben als v. den äußeren Umständen auferlegt empfunden. Die V. ist obj. in ihrer Genese

Vereinsamung

zumindest zum Teil auf in der jeweiligen ↗ Person vorhandene Bedingungen zurückzuführen.

Auch Einsamkeit ist ein Randphänomen menschl. Daseins. Einsamkeit im Sinne eines absoluten Alleinseins gibt es im menschl. Bereich eigentl. nicht, es sei denn „auf der Stufe der ekstat. Bewußtseinsvernichtung u. mystischen Selbstvergessenheit" (K. Vossler). Einsamkeit als zeitweiliger, selbstauferlegter u. relativer Zustand kann die Konfrontation des denkenden Subjekts mit sich selbst als Gegenstand des Denkens bedeuten, damit eine Vorbedingung f. Erkenntnis u. geistiges Schaffen sein, u. Eröffnung auf über sich selbst hinausweisende Ziele bedingen. V. als Zustand einer Unterversorgung an mitmenschl. Kontakten u. solchen zur ↗ Umwelt mag eines der schmerzlichsten ↗ Leiden f. Menschen sein, die auch in anderer Hinsicht v. Leiden betroffen sind. Wir unterscheiden begrifflich zw. *Isolation* — dem Zustand verminderter Lebens- u. Sozialbezüge — u. *Desolation* — dem subj. Gefühl des Verlassenseins, der Abgelöstheit vom ↗ Lebenssinn. Desolation kann mit sozialer Isolation gekoppelt auftreten, muß es aber nicht. V. als ein soziales Defizienzphänomen tritt, soziol. gesehen, in Positionen auf, die auf Strukturveränderungen im Interaktionssystem folgen, also, abgesehen v. extremem psych. u. soz. „am Rande Stehen" (↗ Minderheiten) in Situationen, die eine Folge innerer u. äußerer Loslösung aus den bisherigen sozialen Beziehungen sind. Im Laufe der ↗ Pubertät ergeben sich f. die Heranwachsenden nach der Loslösung v. der starken u. ausschließl. kindheitsgemäßen emotionalen Bindung an die Eltern mitunter Zustandsformen der V. Dieses entscheidende Distanzerlebnis ist umso wichtiger f. den Aufbau der eigenen Persönlichkeit, als es nicht nur als erstes dieser Art empfunden wird, sondern auch als erstes autonom bewältigt werden muß. V.sgefühle werden jedoch in der Regel bei jungen Menschen, wenn nicht ↗ Sozialisations-Defekte vorliegen, ohne allzu große Schwierigkeiten v. Bindungen an Gleichaltrige z. T. aufgesogen, da ja ein starker Drang nach sozialer Bindungsbereitschaft in dieser Lebensphase vorauszusetzen ist. Weitaus schwerer kompensierbar ist die V. in ↗ Ehe- u. ↗ Familien-Situationen, v. a. im mittleren Lebensalter. Bes. betroffen sind v. a. Ehefrauen nach zwanzig, fünfundzwanzig Jahren Ehedauer, die eine gemeinsame Phase des berufl. Aufbaus u. der Heranbildung einer Familie hinter sich haben. Sie erleben nicht nur die Ablösung der ↗ Kinder, es ergibt sich auch f. das Verhältnis der Ehegatten zueinander eine Stagnationssituation. Eine gewisse Höhe des Konsumniveaus wie der ↗ Kommunikations-Gehalte in der Ehe ist erreicht, die Kontaktmöglichkeiten in der Ehe scheinen ausgeschöpft. Jene eigenen ↗ Leistungen, die zum Aufbau der Familie u. der Karriere des ↗ Mannes grundlegend beigetragen haben, sind nun nicht mehr im gleichen Maße notwendig u. nicht mehr entspr. Quelle der Befriedigung. Eine psych. Umstellung auf diese Situation ist f. den Mann, der in der Regel die entscheidungsreichere Position v. a. im Beruf innehat, leichter zu bewerkstelligen, da er sich auf ein breiteres Spektrum u. auf eine größere Differenzierung v. Kontaktmöglichkeiten stützen kann. Ein solcher Abstand vergrößert noch die Möglichkeiten der V. der ↗ Frau in der Ehe im mittleren Lebensalter, auch wenn keine ↗ Ehescheidung die V. mehr od. weniger besiegelt. Gerade die heutige Situation einer gewissen psych. u. Sexual-Aufklärung hat ein ↗ Bewußtsein um verfeinerte Kontaktbedürfnisse geweckt, ohne jedoch hinreichende Methoden u. Techniken zu ihrer Verwirklichung od. zur Bewältigung der naturgemäß damit auch wachsenden ↗ Frustrationen an die Hand zu geben.

Ist im lebenszykl. Bereich der Ehe eine ↗ Entwicklung zu erwarten, die eine Überwindung der V. v. den betroffenen Personen aus bewältigbar erscheinen läßt — durch Hebung des Berufs- u. Entscheidungsniveaus der Frau, durch Verbreiterung u. Aktivierung der ehel. u. menschl. Kontaktmöglichkeiten —, so stellt sich die Frage der V. *alter Menschen* als viel schwierigeres Problem dar. V. steht bei allen Autoren über das ↗ Altern auf der Liste der Beschwerden u. ↗ Leiden an hervorragender Stelle — wo doch eine solche Liste im Grunde den Hauptinhalt v. Abhandlungen über das Alter ausmacht. In Wien z. B. lebt ein Viertel aller Menschen über 65 als Alleinstehende (Verwitwete, Ledige, Geschiedene) allein in ihrer Wohnung, u. das sind ca. 65.000 Personen, praktisch die Gesamtbevölkerung einer mittleren Stadt. Das heißt nun freilich nicht, daß diese ⌐ Personen alle völlig ohne mehr od. minder intensive Kontakte, Hilfe u. Betreuung leben. Untersuchungen in versch. Ländern haben ergeben, daß Kontakte v. a. zu den Kindern in den meisten Fällen tragfähig sind; etwa zwei Drittel aller bejahrten Personen, die Kinder haben, sind mit diesen täglich od. fast täglich beisammen, u. die Bindungen zw. Eltern u. Kindern garantieren auch in einem gewissen Maß wirksame Funktionen der Hilfeleistung u. Betreuung trotz Haushaltstrennung. Überhaupt ist ein gemeinsames ⌐ Wohnen v. den Älteren aus nur in selteneren Fällen erwünscht. Das zentrale Kontakt-Wunschbild ist in den meisten Fällen wohl Intimität (u. damit auch eine gewisse psychische Nähe), aber auf Abstand. V. im höheren Alter ist eine Folge des Rückgangs der eigenen Aktivität u. der Minderung der Teilnahme an sozial konstruktiven Prozessen, durch ⌐ Pensionierung u. Wegsterben v. Alters- u. Lebensgenossen. Ein Mangel an sozialen Kontakten bringt eine Beschränkung auf eine vom biolog. Dasein bestimmte psychische Situation mit sich; ist dieses Dasein beschwerdereich, werden f. die V. Vorbedingungen geschaffen od. bestehende Tendenzen zur V. verschärft: denn V. im höheren Alter ist vorwiegend v. ⌐ Einstellung u. ⌐ Kommunikation her bzw. aus Mängeln, neurot. Ausfällen, Verzerrungen dieser Einstellungen u. Beziehungen zu erklären, die ihre Wurzeln in früheren Lebensabschnitten haben, sie ist nicht einfach ein Produkt des „Altgewordenseins". A. M. Guillemard hat dargestellt, daß eine frühere Berufstätigkeit mit geringerem Autonomie- u. Entscheidungsniveau zur V. entscheidend beiträgt. Die ungünstiger Ausgangslage wirken zur subj. empfundenen V. drei Faktoren entscheidend mit: ein negatives Selbstbild,

eine fehlende Verarbeitung der Gegenwart durch Vernachlässigung bisher gewohnter Aktivitäten u. ein fehlender ⌐ Zukunfts-Bezug durch erzwungene od. durch nachlassende Bemühung entstandene Passivität. — Was immer ärztl., soziale od. familiäre Kontakthilfen zur Verminderung der V. beitragen mögen — u. das Anbieten v. Bindungschancen samt der Ermöglichung v. ⌐ Übertragung (Nachholung v. Sozialisationsdefiziten) ist zur Resozialisierung nötig —, die Entwicklung einer inneren geistigen u. sozialen Aktivität, eine Bemühung um die Erhaltung u. Übung derselben u. eine Bereitschaft zu ihrer Mobilisierung u. Reaktivierung in Extremsituationen müssen v. den betroffenen Personen selbst gewollt werden. Die Einübung in solche Aktivität od. in eine Bereitschaft zu ihr muß gezielt ein ganzes Leben lang erfolgen.

Hilde und Leopold Rosenmayr

Lit.: Karl Vossler, Einsamkeit in Spanien (1950); Vgl. Leopold Rosenmayr, Family Relations of the Elderly; bzw. Humanes Altern u. soziale Gerontologie, beide in: Zeitschrift f. Gerontologie, 4/6 (1973); Anne Marie Guillemard, Vieillesse et isolement, in: Zeitschrift f. Gerontologie, 4/6 (1973); Ursula Lehr, Psych. Voraussetzungen u. Hindernisse bei der Aktivierung älterer Menschen, in: „Altersheim" 5 (1973).

Vererbung ⌐ Anlage u. Vererbung ⌐ Humangenetik

Verfolgungswahn ⌐ Psychose

Verfremdung. V. bezeichnet eine u. a. v. Berthold Brecht entwickelte u. geforderte Kunstform des Theaters. Hierbei soll alles Gewohnte u. Vertraute ins Ungewöhnliche verändert werden. „Die Auslegung der Fabel u. ihre Vermittlung durch geeignete V. ist das Hauptgeschäft des Theaters" (Brecht). Der Zuschauer wird aus seinem gefühlsmäßigen Behagen u. seiner unkrit. Anteilnahme am Geschick der Bühnenhelden (⌐ Identifizierung) herausgeholt. Deswegen darf sich auch der Schauspieler nicht mit der v. ihm dargestellten Figur identifizieren; er soll sie bloß zeigen. Das Bühnenstück löst sich v. den herkömml. Regeln der Dramatik u. verlagert sich auf die v. Ansprachen u. Kommentaren unterbrochene Erzählung (episches Theater). So werden nach Brechts Überzeugung Kritik, Nachdenken u. polit. ↗ Aktivität beim Zuschauer geweckt. An die Stelle der Gefühle (↗ Emotionalität) tritt das Argument, an die Stelle der ↗ Suggestion die rationale Schlußfolgerung. Der Gedanke der V. geht v. der richtigen Erkenntnis aus, daß alles Gewohnte an Informationswert verliert. Erst wenn das Herkömmliche als neuartig erlebt wird, kann seine Besonderheit zum Ausdruck kommen. Doch kann das zweite Element der V., die Verlagerung vom Gefühlsmäßigen auf das krit. Argument, zu Täuschungen führen. Gezielte, aber einseitige Information, mit Könnerschaft dargeboten, suggeriert Vernunft, wo in Wahrheit heftige Affekte mobilisiert werden. Jede geschickte Agitation stützt sich auf die Täuschung (↗ Manipulation). Auch in der kirchl. Praxis hat das Prinzip der V. Fuß gefaßt. Hier bedeutet es den Versuch, durch ungewöhnl. Stilmittel in Predigt u. Unterricht alte Glaubensüberlieferungen neu darzubieten. Das kann z. B. durch Übertragung v. ntl. Gleichnissen in die zeitgenöss. Verhältnisse geschehen. Doch erfordert solche V. Könnerschaft u. Stilgefühl, weil es sonst zu modischer ↗ Anpassung u. zu billigen Effekten kommt, deren kurzfristige Sensationswirkung f. die kirchl. ↗ Verkündigung nutzlos ist. Rp

Lit.: H.-D. Bastian, Verfremdung u. Verkündigung (1965); E. M. Lorey, Information u. Verfremdung, in: Mechanismen rel. Information (1970).

Verführung. Menschl., erst recht christl., kann es kaum ein größeres Unrecht geben, als einen Mitmenschen bewußt u. planmäßig (durch Zureden, Rat, Befehl od. schlüssige Handlungen) zum ↗ Bösen hinzuführen: sei es, daß der Verführer sich so einen eigenen (wirtschaftl., polit. od. geschlechtl.) Vorteil verschaffen, sei es — was wohl nur tiefenpsych. od. gar dämonisch erklärt werden kann — daß er sich selbst erhöhen u. befriedigen will, indem er den Personalwert des anderen mindert. Die Anreize u. Mittel der individ. V. sind heute stark gemehrt. Darüber hinaus hat die ↗ Sozialpsychologie ganz neue Möglichkeiten kollektiver V. u. ↗ Manipulation erschlossen u. weckt die Wohlstandsgesellschaft immer neue Begehrlichkeit. Hinzu kommt, daß die Übergänge v. erlaubter, ja unentbehrl. Information, Werbung u. suggestiver Ansprache (↗ Suggestion) auf personales Engagement bis zu planmäßiger Hinführung des(r) anderen zur Unfähigkeit einer selbständigen freien ↗ Verantwortung u. zu direkt falscher Wertsicht fließend sind. Somit entscheiden weithin nicht Gegenstand u. Methoden, sondern die Motive u. die Grundhaltung über Gut u. Böse moderner Menschenbeeinflussung. V. ist in allen Bereichen menschl. ↗ Lebens möglich. Bes. deutlich wird sie heute im Raum der Wirtschaft bei der Reklame (Werbung), in ↗ Gesellschaft u. Politik bei der ↗ Meinungsbildung (↗ Kommunikationsmittel, Demagogie) sowie im Bereich des geschlechtl. Wertens u. Handelns. — Gerade kirchl. ↗ Seelsorge muß die heutigen Möglichkeiten u. Tatsächlichkeiten umfassender V. sehen. Sie hat diese zunächst im öffentl. ↗ Bewußtsein zu entlarven u. anzuprangern. Sie muß den ↗ Mächten der V. aber auch positiv begegnen durch ↗ Erwachsenenbildung, Befähigung zu mündiger Kritik mit dem Ziel einer gewissen Immunisierung u. der Weckung des ↗ Willens zur Gegenwehr. Grober Mißbrauch muß durch staatl. Gesetze u. deren mutige Anwendung abgewehrt werden. Dabei darf nicht verhehlt werden, daß die Schwierigkeiten gesetzl. Abwehr gerade in der Abgrenzung erlaubter, ja notwendiger Beeinflussung v. unerlaubter, schädigender V. bestehen (↗ Manipulation). In bes. Weise müssen minderjährige u. suggestible Menschen vor V. geschützt werden (↗ Jugendschutz), nicht zuletzt auch im Bereich menschl. ↗ Sexualität, weil hier eine falsche Frühprägung bes. leicht möglich u. später nur schwer zu korrigieren ist.
Fl

Vergewaltigung. Mit V. bezeichnen Ethik u. Recht wie die Volkssprache den mit physischer od. moral. Gewalt (meist des ↗ Mannes) erzwungenen, also wider den ↗ Willen des Partners geschehenden ↗ Geschlechtsverkehr. Dabei ist die Frage v. geringem Belang, ob rein physische Gewalt bei entspr. aktiver Gegenwehr des anderen möglich ist; faktisch dürfte ungefähr immer zum physischen ein moralischer ↗ Zwang hinzukommen, zumindest ein so hohes Maß an ↗ Angst od. Furcht des Opfers, die zum äußeren Gelingen des Attentats auf die ↗ Menschenwürde des anderen genügt. Das allgem. sittl. ↗ Bewußtsein ist sich einig über die innere Verwerflichkeit solchen Tuns, wenn auch die psych. Würdigung der Persönlichkeit u./od. der Lebenssituation des Täters nicht selten „mildernde Umstände" ergibt. Auch ist der Tatbestand nicht immer eindeutig, da es fließende Übergänge gibt, woraus sich auch Schwierigkeiten f. die fakt. Handhabe einer evtl. generellen Freigabe der ↗ Abtreibung nach V. ergeben. Ein Rechtsstaat hat aber alles zu tun, um seine Bürger vor tatsächl. Angriffen auf ihre geschlechtl. Unversehrtheit u. ↗ Freiheit zu bewahren. Sicher hat sich der Angegriffene mit allen Mitteln zu wehren (↗ Notzucht). Moral u. Recht anerkennen hier echten ↗ Notstand, wenn nicht sogar ↗ Notwehr. So ist auch der dazukommende Unbeteiligte verpflichtet, wenn irgend möglich, ein solches Verbrechen zu verhindern.

Sittl. wie rechtl. bedeutsam ist auch die mögliche Zeugung als Folge der V. Neuere Moraltheologen halten eine sofortige Scheidenspülung, die den Samen (der hier eindeutig iniustus aggressor ist) vernichten soll, für erlaubt; sie kann allerdings eine ↗ Schwangerschaft im allg. nicht verhindern u. hat eher eine psych. Bedeutung. Wenn die Zeugung erfolgt ist, hält die christl. Ethik einen Schwangerschaftsabbruch (↗ Abtreibung) nicht f. zulässig. Durch gezielte ↗ Gespräche sollte der ↗ Mutter geholfen werden, sich auch mit diesem ↗ Kinde auszusöhnen; dabei kann ihr sittl. jedoch nur die Pflicht auferlegt werden, das Kind auszutragen, nicht aber es auch aufzuziehen. Diese Pflicht hat daher evtl. die ↗ Gesellschaft (insbes. christl. Gruppen u. Institutionen) zu übernehmen (↗ Adoption). In dem heute vielleicht nicht seltenen Fall, daß die ↗ Frau eine solche Schwangerschaft nicht „annehmen" kann u. auf diese mit Suizidabsichten (↗ Selbsttötung) reagiert, dürfte allerdings der Tatbestand einer „medizin. Indikation" (bei der es nicht nur um die leibl. ↗ Gesundheit der Mutter geht) erfüllt sein, der als Toleranzgrund f. einen Schwangerschaftsabbruch heute ziemlich allgem. anerkannt wird (↗ Notstandshandlung). Fl
Lit.: P. Dost, Die Psychologie d. Notzucht (1963).

Verhalten. Der Begriff des V.s ist geprägt durch die methodolog. Diskussion um Positivismus u. Operationismus. Ethologie, Tierpsychologie u. die experimentellen Sozialwissenschaften befassen sich mit V. Die z. T. legitime Übertragung v. Erkenntnissen über tierisches V. (↗ Tier) auf den Menschen (Transpositionismus) wurde möglich, indem der Begriff des V.s in Antithese trat zu den Begriffen „Persönlichkeit", ↗ „Bewußtsein" u. „Erleben" (L. J. Pongratz, 1967). Die V.slehre (↗ Behaviorismus) leugnet nicht das Bewußtsein, sondern formuliert, daß die verfügbaren Methoden eine operational verstandene Objektivität nur im Bereich des V.s gewährleisten. Theorien des V.s wurden formuliert in der physiolog. Forschung (I. P. Pawlow, 1953 a) u. im Rahmen der bevahiorist. ↗ Lerntheorie (J. B. Watson, 1913) (S-R-Modell), v. C. L. Hull (1943), der „intervenierende Variable" mathem. zu erfassen versuchten (S-O-R), B. F. Skinner (1938) u. E. L. Thorndike (1932), die Konzepte des „instrumentellen" u. „operanten" ↗ Lernens formulierten. Den neuesten Stand erreichen Modelle des V.s v. F. H. Kanfer u. J. S. Phillips (1970) u. in der Kybernetik, wo sie als Regelkreismodelle formuliert werden. Die Theorien gelten f. angeborenes u. erlerntes V. u. postulieren eine funktionale Beziehung zw. inneren u. äußeren Bedingungen u. V.-Bedingungen lösen als Reize V. aus od. bestimmen als Konsequenzen des V.s die Häufigkeit seines Auftretens. V. wird reaktiv verstanden od. „operant", d. h. daß auslösende Reize nicht nachgewiesen werden können, nicht aber, daß es sich um ein un-bedingtes V. handle. V. manifestiert sich im physiolog. u. motor. Bereich, dem der ↗ Emotionalität u. im kognitiven Bereich, der beim Menschen unter Einfluß der neuropsych. ↗ Forschung u. der ↗ Sozialpsychologie komplexe Modelle fordert u.

Zweifel an der Allgemeingültigkeit der Konditionierungstheorien aufkommen läßt. ↗ Einstellung ↗ Haltung   Br

Lit.: L. J. Pongratz, Problemgeschichte der Psychologie (1967); E. R. Hilgard u. G. H. Bower, Theorien des Lernens, Bd. I (1970).

Verhaltenstherapie. V. umfaßt als Disziplinbegriff eine Anzahl theoret. u. prakt. Konzepte, die z. T. auf unterschiedl. Denkvoraussetzungen zurückgehen. Eine allgem. Aussage, z. B. eine Definition, ist deshalb unzureichend f. ihre Darstellung. Die theoret. Wurzeln der V. liegen in der Lernpsychologie. Um die Jahrhundertwende entwickelte I. P. Pawlow ein Konditionierungskonzept auf der Basis v. zeiträuml. Kontiguität, heute „klass. Konditionieren" genannt. Thorndike (1932), B. F. Skinner (1938), u. a. formulierten die Konzepte des „instrumentellen" u. des „operanten" ↗ Lernens auf der Basis natürl. od. manipulierter Verhaltens-Konsequenzen. Durch die Arbeiten v. N. E. Miller, J. Dollard (1941), J. B. Rotter (1954), A. Bandura (1969) u. a. gewann das „soziale Lernen" Bedeutung f. die V. Die Lern- u. Verhaltensmodelle sind in der weiteren Entwicklung komplexer geworden, weil sie — gegenüber der ↗ Tier-Psychologie — dem bes. im kognitiven Bereich differenzierten ↗ Verhalten des Menschen gerecht zu werden versuchen. Die prakt. Voraussetzungen der V. entwickelten sich mit der „experimentellen ↗ Konflikt-Forschung", die in den USA auch im Human-↗Experiment praktiziert wurde. Auch führte M. C. Jones (1924) Behandlungsversuche bei einem phobischen Jungen durch (↗ Phobie), die verhaltenstherapeut. Konzepte (wie „sukzessive Approximation", „Gegenkonditionieren", „soziales Lernen" u. a.) bereits vorwegnahmen.

Aus der meth. Grundlegung der V. im Behaviorismus u. der inhaltl. in der Lernpsychologie, erwuchs ein neues Verständnis f. den Begriff der ↗ Krankheit u. der ↗ Neurose. Gegenstand der V. ist das Verhalten. Es gilt bis auf wenige Einheiten der Primärausstattung (Reflexe, ↗ Instinkte, ↗ Triebe) als erlernt. Es wird erklärt durch die allgem. ↗ Lern- u. Verhaltenstheorien. Sog. „gesundes" u. „neurot." Verhalten gehorchen den gleichen Gesetzmäßigkeiten. Auffassungen über Art u. Lokalisation v. Bedingungen des Verhaltens sind in einer ständigen Entwicklung begriffen. Immer mehr wird neben den äußeren auch auf die inneren Bedingungen geachtet. Unter den äußeren gewinnen die durch die soziale ↗ Umwelt repräsentierten zunehmend an Bedeutung. F. den experimentell orientierten Charakter der V. entstehen daraus v. a. methodolog. Probleme. Grundsätzl. aber öffnet sich f. die V. der gesamte Fundus der Erkenntnisse der experimentellen Psychologie u. der experimentellen Nachbardisziplinen (z. B. Physiologie).

Nach dem alten Krankheitsbegriff in der ↗ Psychiatrie u. Medizin (Kräpelin, Freud), sind ↗ Krankheiten zuständlich u. strukturell im Organismus gegeben u. gehorchen qualitativ eigenartigen Gesetzmäßigkeiten, wodurch sie sich untereinander u. gegenüber dem sog. Normalzustand unterscheiden. Die V. aber analysiert Verhaltensweisen u. Bedingungen u. setzt Lernprozesse zur Beseitigung v. Störungen ingang, indem sie unmittelbar in den Ablauf v. Verhaltenskette u. -komplexen eingreift, od./u. die Bedingungen u. Konsequenzen des Verhaltens manipuliert. Hierfür wird durch Verhaltensanalyse u. Messung ein Modell der „Verhaltensstörung" formuliert, eine Strategie der Veränderung entwickelt u. es werden Hypothesen gebildet über erwartete Veränderungen durch therapeut. Maßnahmen. Die Auswirkungen werden während des gesamten Therapieverlaufes kontrolliert. Messung u. Kontrolle geschehen nach quantitativ u. instrumentell orientierten Kriterien. In diesem Sinne hat die V. eine Reihe v. Techniken entwickelt. Sie verändern

a) die Stärke v. Verhaltensweisen, z. B. ↗ Aggression;

b) die Dauer, z. B. einer belastenden Stimmungslage;

c) die Häufigkeit des Auftretens v. Verhaltensweisen, z. B. tic-artiger Bewegungen;

d) die Reihenfolge od. Kombination v. Verhaltenselementen, z. B. im Umgang mit komplexen Instrumenten;

e) die Differenziertheit u. Flexibilität v. Verhaltensabläufen, z. B. in sozialen Situationen;
f) die Vollständigkeit eines Verhaltensinventars in einem best. Lebensbereich, z. B. dem berufl.;
g) die Zahl bzw. Art v. Reizen, die f. ein best. Verhalten auslösend od. steuernd wirken;
h) die Fähigkeit zum Übertragen v. erlernten Verhaltensweisen, z. B. Problemlösungsstrategien, auf ähnl. Situationen.
An dieser Aufzählung wird sichtbar, daß V. nicht auf sog. neurot. Verhalten beschränkt ist, sondern Problemlösung in vielen Lebensbereichen fördern kann u. so psychohygien., päd. u. prophylakt. wirkt. Im Vergleich zu anderen therapeut. Konzepten wird der V. eine relativ hohe Erfolgsquote bei kürzeren Behandlungszeiten zugeschrieben; aufgrund der sehr unterschiedl. Kriterien der versch. Therapieformen ist dieser Vergleich aber nur bedingt beweiskräftig. Der stark aktionalist. Charakter der V. hat ihr den Vorwurf der ↗ Manipulation eingetragen. Er deutet auf eine Gefahr, die dann zum Durchbruch kommt, wenn Therapieziele nur aus dem zufälligen Symptombild od. dem operationalen Handlungszusammenhang der Therapie abgeleitet werden. Die Probleme, die eine Behandlungskonzeption f. eine integrative, d. h. die Gesamtheit der Lebensbedingungen des Individuums berücksichtigende Zielformulierung aufwirft, sind noch nicht zuende diskutiert. Sie stellen hohe Anforderungen an die reflexiven ↗ Leistungen des Therapeuten.

Peter Braun

Lit.: L. J. Pongratz, Problemgeschichte der Psychologie (1967); V. Meyer u. E. S. Chesser, Verhaltenstherapie in der klin. Psychiatrie (1971); J. Wolpe, Praxis der Verhaltenstherapie (1972).

Verjüngung. V. als Bekämpfung v. Altersbeschwerden (↗ Altern), als Vermeidung v. Aufbrauchskrankheiten (Arteriosklerose, Störungen des innersekretor. Gleichgewichts u. ä.) od. als Reaktivierung (gar vorzeitig) schwindender Kräfte u. Fähigkeiten des Menschen ist begrüßenswert u. weiterer ↗ Forschung u. Bemühung wert. V. im vollen Sinn aber ist ein zwar uralter, aber unerfüllbarer Wunschtraum der Menschheit; denn die wirkliche V. der Menschheit geschieht gerade durch den ↗ Tod der Individuen als „sozialer Notwendigkeit" (A. Niedermeyer). Überall kennen die ↗ Mythen das Bestreben des sterbl. Menschen nach dem „Lebenselixier", dem Heilmittel, der Speise od. dem Trank, die Unsterblichkeit schenken sollen. Alchemie u. ↗ Magie verwenden alle Zauberkraft u. alle geheimen Kenntnisse der Naturkräfte auf die Bereitung v. V.stränken u. -salben. Der „Jungbrunnen" ist ein die ↗ Phantasie der Künstler (u. die ↗ Hoffnungen der Menschen) anregendes u. ausdrückendes Thema der Kunst; die Sehnsucht lebt noch — freilich wegen ihrer Vergeblichkeit zugleich verspottet — in der „Altweibermühle" der Fastnachtsumzüge (↗ Unsterblichkeitserwartung). — Mit wissenschaftl. Ernst hat sich die neuere Medizin darum bemüht, vorzeitiges ↗ Altern u. vermeidbare Altersbeschwerden zu bekämpfen (wobei freilich auch sie nicht immer davor bewahrt blieb, utopische Erwartungen zu wecken bzw. zu pflegen). Kühne Hoffnungen erweckten „Organotherapie" (Behandlung mit Organextrakten) u. „Substitutionstherapie" (Ersatz geschädigter Organe durch ↗ Transplantation gesunder), meist im Hinblick auf Steigerung sex. ↗ Potenz. Sehr bekannt wurde die Steinach'sche Operation der Unterbindung der Samenleiter u. Spaltung der Hodenhülle mit dem Ziel der Aktivierung der Zwischenzellen u. damit der Steigerung der innersekretor. Funktion. Heute ist die hormonelle Therapie weithin erprobt u. gesichert. Zweifellos ist es ein löbl. Ziel, durch biolog. ↗ Eingriffe, durch Reaktivierung verminderter Organtätigkeit (gar vorzeitige) Alterserscheinungen zu bekämpfen bzw. rückgängig zu machen; auch gegen Implantationen ist, bei entspr. Voraussetzungen, nichts Prinzipielles einzuwenden. Doch die Medizin wird nie das „Kräutlein gegen den Tod" finden können. — Christl. ↗ Glaube kennt das wahre „Heilmittel der Unsterblichkeit"; christl. Hoffen vermag noch dem alten u. sogar dem sterbenden Menschen „neue Jugend" zu geben (da doch Jugendlichkeit heißt: mehr ↗ Zukunft als Vergangenheit); der Glaube an die „neue ↗ Schöpfung" erneuert — nach der Schrift u. sakramentalen Liturgie der ↗ Kirche — die ↗ Jugend u. verheißt „ewiges Leben" (freilich eben nicht „Unsterblichkeit", sofern auch Jesus u. seinen Jüngern der schmerzl. Durchgang durch das dunkle Tor des ↗ Todes nicht erspart bleibt). Christl. ↗ Seelsorge hat das Berechtigte in den ↗ Mythen u. ↗ Träumen der Menschen zu ergreifen, ihre welt- u. lebensimmanenten Erwartungen freilich als ↗ Utopie zu entlarven (↗ Altenseelsorge, ↗ Todesverdrängung, ↗ Auferstehungsglaube). Fl

Verkehrserziehung. Zur heutigen Wohlstandsgesellschaft gehören (als Voraussetzung wie als Ausdruck) die schnellen Verkehrsmittel u. der schnellfließende Verkehr. Zweifellos bieten diese die Möglichkeit der Bereicherung u. Ausweitung des Daseins, wachsender ↗ Sozialisation, intensiverer Kontakte mit den Mitmenschen u. der weiteren ↗ Umwelt. Anderseits bedeuten sie auch erhöhte ↗ Versuchung, insofern sie auch dem unreifen Menschen das ↗ Bewußtsein erhöhten ↗ Wertes schenken u. in gewissem Umfang ↗ Macht über Menschen verleihen. Durch eine menschen- u. zeitgerechte V. muß der Verkehrsteilnehmer die Bewältigung der neuen Möglichkeiten lernen. V. geschieht gewiß nicht durch bloße Appelle, auch nicht allein durch Abschreckung mittels harter Präventiv-↗Strafen (die beide freilich nicht ganz entbehrt werden können).
In dem weitgehenden Versagen des heutigen Menschen gegenüber dem Motor drückt sich eine tiefe Unreife aus, oft ein verkümmertes Menschsein u. eine unterentwickelte ↗ Mitmenschlichkeit. Psych. u. soz. Wissenschaften machen darauf aufmerksam, daß heute auf unseren Straßen nicht selten soziale Geltungskämpfe ausgetragen werden, daß hier ↗ Minderwertigkeitsgefühle abreagiert, ↗ Aggressions-↗Triebe ausgetobt, sexualist. Renommiergehabe u. spezif. Formen des „Ekels am Menschen" in larvierter Form offenbar werden. Statistiker stellten fest, daß 70 bis 90% aller Verkehrsunfälle auf menschl. Versagen zurückzuführen sind. Der Mensch hat sich wohl physiol. an die neuen Möglichkeiten v. Beschleu-

nigung u. Schnelligkeit gewöhnt, nicht aber gesinnungsmäßig (vgl. die Diskussion um die Geschwindigkeitsbegrenzung. So offenbart sich im Straßenverkehr die Mentalität eines gesellschaftl. Konkurrenzkampfes mit den Merkmalen „infantiler Harmlosigkeit, trotzigen Sich-Behauptens u. kompensator. Erwachsen-Sein-Wollens" (W. Heinen). Unerfülltheiten des privaten u. gesellschaftl. Lebens werden nicht selten in aggressivem Fahrstil abreagiert. V. muß somit ein Beitrag zur Humanisierung der ↗ Technik sein, zu der gerade die christl. Botschaft entscheidend mithelfen kann. Ihr Beitrag wurzelt im Ethos der ↗ Gerechtigkeit gegenüber dem Mitmenschen, darüber hinaus in der ↗ Liebe, die sogar Sorge u. Fairneß gegenüber dem „Feind" gebietet, der selbst nicht fairer u. rücksichtsvoller Partner sein will (od. kann). Nur der Reifere kann den „Teufelskreis" durchbrechen, in dem bloßes Pochen auf eigene Rechte u. gar das Vergelten (angeblich od. wirklich) erlittenen Unrechtes durch bewußt zugefügtes neues immer neu Unfrieden schafft. Das christl. geformte ↗ Gewissen nimmt auch die geltende — wenn auch rein positive — rechtl. Ordnung des Straßenverkehrs ernst. Der verantwortl. Christ weiß, daß eine Übertretung auch dann sittl. ↗ Schuld begründen kann, wenn durch glückl. Umstände „nichts passiert" ist. Der entscheid. christl. Beitrag zur V. ist somit indirekter Natur. Alles, was in u. v. der christl. ↗ Gemeinde geschieht, um ihre Glieder zu reifen, mündigen, gewissenhaften Menschen heranzubilden, macht diese auch zu verantwortungsbewußten u. damit vorbildl. Verkehrsteilnehmern (↗ Verantwortung). Darüber hinaus sollten die spezif. christl. Hilfen planmäßig f. die V. genützt werden, bis hin zur Segnung der Motorfahrzeuge u. der Empfehlung v. Weihe christl. ↗ Symbole (als ständige Mahnung an den Fahrer u. als Bekenntnis vor den anderen). Ziel der V. ist (nach dem Bußschreiben der dt. Bischöfe), daß die Straße „ein Ort fairer Mitmenschlichkeit" sei bzw. werde. Dazu sollten auch Anreize aus der säkularen ↗ Gesellschaft v. den Christen unterstützt werden (z. B.

die gesellschaftl. Auszeichnung des „Kavaliers am Steuer" u. die finanz. Belohnung des „unfallfreien" Fahrers). Fl

Lit.: W. Heinen, Zur Psychologie u. Ethik des Straßenverkehrs, in: Festschrift Th. Müncker (1958) 208—228; J. Miller, Lebensstandard, Lüge, Straßenverkehr! Christ im Alltag (1962); H. Fleckenstein, Der christl. Beitrag zur V. Th.-pr. Qu. 115 (1967) 147—153; ders., Beitrag der Prakt. Theol. zur Bewältigung der Wohlstandsgesellschaft. Würzburger Universitätsreden 1968, 10—15.

Verkündigung. Die V. gehört neben Liturgie u. ↗ Diakonie zu den seelsorgerl. Grundfunktionen jeder ↗ Gemeinde; ein umfassenderes Verständnis v. V. schließt jedoch Liturgie (↗ Gottesdienst) u. ↗ Diakonie (= V. durch Vollzug) ein. Wort- u. Werk.-V. bilden zwei Pole des Auftrages zur V. Neben einer theol.-pastoralen Begründung muß V. seelsorgswissenschaftl. auf ↗ kommunikationstheoret., sozialpsych. u. päd.-psych. Erkenntnissen u. ↗ Erfahrungen aufbauen u. sich v. a. sozialwissenschaftl. Forschungsmethoden bedienen, will sie in einer Zeit der akust. u. visuellen Reizüberflutung noch aufmerksam wahrgenommen werden. Eine V., die sich auf die Gemeindepredigt reduziert, wird dem universalen u. missionar. V.sauftrag nicht gerecht; Christus wirksam zur ↗ Sprache zu bringen, so daß die Menschen u. die Welt davon betroffen werden, setzt voraus, auch die Nichtkirchgänger zu erreichen. Neben der Predigt versucht die Gemeindekatechese (als Gegenüber zum Religionsunterricht; ↗ Religionspädagogik) — gerichtet an Kinder (↗ Schule), Jugendliche u. Erwachsene (↗ Erwachsenenbildung) — glaubwürdig v. Gott zu reden u. Christus zu verkünden. Zum Grundbestand kirchl. V.sformen zählen ebenfalls die rel., oft bibelthematisch ausgerichteten Gesprächskreise, die seelsorgende V. durch Briefe u. das seelsorgl.-rel. ↗ Gespräch (↗ Lebensberatung, ↗ Krankenseelsorge) u. a. Dank der Entwicklung der ↗ Kommunikationsmittel sind die Menschen (über die Gemeindepredigt hinaus) durch Buch, Zeitschriften-Presse, Rundfunk- u. Fernsehsendungen, Telefon usw. in großen Populationen zu erreichen. Der pastorale u. anthropolog. Stellenwert einer method. so vielfältig gestaltbaren V. angesichts des zunehmenden (v. a. im mitteleurop. Kulturraum) seel. Leids der Menschen liegt auf der Hand. Wartet doch der Mensch, der sich enttäuscht, verloren u. sinnentleert weiß, auf die Zusage u. Erfahrung des Heils in Jesus Christus, d. h. der Menschlichkeit Gottes: sei es in der Verlassenheit od. Auswegslosigkeit einer ↗ Krankheit (↗ Theodizee), in der großstädt. ↗ Vereinsamung, in der menschl. Isolation durch ↗ Altern u. Krankheit, beim Verlust eines geliebten Menschen (↗ Trauer), in der Orientierungslosigkeit angesichts der sich ständig wandelnden Lebensverhältnisse od. in der Existenznot durch rel. ↗ Entfremdung u. a. Die Botschaft v. Frieden u. Heil (Ex 9,16; Jes 40,2), v. Gottes ↗ Gerechtigkeit u. Wahrhaftigkeit (Ps 9,12; 19,2) sowie vom Gottesreich (Mt 4,23) u. v. den Heilstaten Gottes (Mt 11,5), v. Tod u. Auferstehung Jesu (1 Kor 15,1—8; 1 Tim 3,16), v. der Vergebung der ↗ Sünden (Röm 1,16; 2 Kor 5,19 f.) u. der Wiederkunft (Apg 3,20 f.; 2 Petr 1,16) wird aber nur glaubend angenommen, wenn sie im Kontext der Lebenswirklichkeit steht, zu der die ganze Breite der psychosomat. u. psychosozialen Not des Menschen gehört. Po

Lit.: Handbuch der Verkündigung, 2 Bde. Hrg. v. B. Dreher, N. Greinacher, F. Klostermann (1970); Themat. Verkündigung — was heißt das? (1974).

Verleugnung. V. bezeichnet in der ↗ Psychoanalyse einen ↗ Abwehrmechanismus des ↗ Ichs, der in der Leugnung einer ganz best. Realität besteht, die in der Lebensgeschichte eines Menschen zu irgendeinem Zeitpunkt eine traumatisierende (↗ Trauma) Wirkung ausgeübt hat. Im e. S. wird unter V. die traumatisierende Wahrnehmung des Mädchens gemeint, wenn sie feststellt, im Gegensatz zum Buben keinen Penis zu haben, diesen Mangel jedoch leugnet u. glaubt, doch ein Glied zu sehen. — S. Freud stellt am Beispiel der V. den Unterschied zwischen ↗ Neurose u. ↗ Psychose dar: Wird der vom Mädchen festgestellte Mangel introjiziert (↗ Introjektion) u. die damit verbundenen ↗ Ängste u. ↗ Minderwertigkeitsgefühle ins ↗ Unbewußte verdrängt, so handelt es sich um eine neurot. Entwicklung; bleibt jedoch die V. der äußeren Realität (hier die Penislosigkeit) bestehen, wird eine psychot. Entwicklung eingeleitet. Zusammenfassend kann man sagen: der Neurotiker verdrängt die Forderungen des ↗ Es, d. h. der inneren seel. Realität, der Psychotiker verleugnet die äußere Realität. — Pastoralanthropolog. ergibt sich aus dem Dargestellten die Forderung, sehr vorsichtig im Urteil über sex. ↗ Verhalten anderer Menschen, v. a. aber v. ↗ Kindern zu sein. Der Vorgang der V. i. e. S. weist weiterhin auf das Phänomen der ↗ Kastrationsangst u. damit auf die entwicklungspsych. bedeutsame Ödipusphase (↗ Ödipuskomplex) hin. Sex. Spielereien bei Kindern od. aber ↗ Perversionen bei Erwachsenen haben immer etwas mit der Suche nach geschlechtl. ↗ Identität zu tun. Der Vorgang der V. ist zunächst normal; fixiert er sich, kommt es zu einer krankhaften Entwicklung. Stv

Lit.: S. Freud, Die infantile Genitalorganisation (1923), G. W. XIII, 296; ders., Abriß der Psychoanalyse (1938), G. W. XVII, 134.

Verlobung. Unter V. versteht man ein doppelseitiges öffentl. ↗ Ehe-Versprechen. Zum Verständnis ihrer Bedeutung muß man bedenken: Die Ehegemeinschaft wird im allgem. schrittweise gebildet, u. zw. dadurch, daß immer mehr Aspekte der ganzheitl. u. endgültig. personalen Lebensgemeinschaft der Ehegatten möglichst ohne zeitl. Unterbrechung u. örtl. Trennung verwirklicht werden. Sie bahnt sich mit zunehmendem gemeins. Verbringen der ↗ Freizeit an, setzt sich fort in gemeins. Verwendung u. Einteilung eines Teiles des erzielten Einkommens, in wachsender Sorge füreinander u. Intimität miteinander. Sie äußert sich zunächst im geheimen wechselseitigen Eheversprechen, dann in der öffentl. V., im Eheschluß durch öffentl. Konsenserklärung (↗ Trauung) u. schließlich in der Aufnahme endgültiger ↗ Geschlechtsbeziehungen, die durch Vorstufen der ↗ Erotik u. Geschlechtsgemeinschaft vorbereitet werden. Es handelt sich dabei also immer um Schritte auf dem Wege zur Ehe, durch die einzelne Momente der Ehe teilweise od. ganz vorweggenommen werden u. nicht um „Probeehen", bei denen der widersprüchl. Versuch einer Ehe ohne endgültigen Ehewillen unternommen wird.

Die Pastoral hat die Aufgabe, allseitiges Verständnis f. eine phasenhafte Ehevorbereitung zu wecken, Hinweise f. eine sinnvolle Abfolge der einzelnen Stadien zu geben u. Strukturen zu begünstigen, die eine solche Ehevorbereitung fördern. Diesem Zwecke sollte u. a. die V. dienen; denn so könnte sie das Erreichen eines best. Grades der Vergemeinschaftung öffentl. signalisieren u. den Verlobten einen best. Status mit auch gesellschaftl. anerkannten wechselseitigen sittl. u. u. U. auch rechtl. Verpflichtungen u. Berechtigungen gewährleisten. Aufgrund der V. ist es den Verlobten dann sittl. verboten, ihre Verbindung leichtfertig zu gefährden od. sich ohne ernsthaften Grund voneinander zu trennen. Sollten sie das doch tun, haben sie angerichteten materiellen u. immateriellen Schaden nach Kräften wiedergutzumachen. Unter best. Voraussetzungen besteht dazu auch eine positiv rechtl. Verpflichtung. Die Erfüllung der V. kann jedoch nach dem geltenden kirchl. kath. (CIC c 1017) u. bürgerl. Recht — u. zw. sinnvollerweise — nicht eingeklagt werden (↗ Brautunterricht). Mo

Lit.: G. Barczay, Trauung, in: G. Otto (Hrg.), Praktisch Theologisches Handbuch (1970).

Verlust. Die ↗ Psychoanalyse hat darauf aufmerksam gemacht, daß zu jeder V.-↗ Erfahrung ein innerer Vorgang gehört. Ist ein Objekt durch ↗ Introjektion im eigenen Inneren etabliert, dann läßt sich der äußere V. leichter ertragen. Bei innerem Objekt-V. nützt oft die äußere Zuwendung wenig (↗ Trauer).

Verneinung. In der psychoanalyt. Theorie ist die V. eine Art, das Verdrängte zur Kenntnis zu nehmen, denn „vermittels des V.s-↗Symbols macht sich das Denken v. den Einschränkungen der ↗ Verdrängung frei" (Freud). ↗ Abwehrmechanismen ↗ Verleugnung

Verstimmung. Krankhafte Änderung der Stimmungslage. Die Stimmung bildet das Fundament, das die seel. Inhalte trägt, wobei derselbe Inhalt bei versch. Stimmungslage versch. Wertigkeiten besitzt (↗ Emotionalität). Die der Affektivität zugehörigen Stimmungen werden als normal empfunden, wenn sie einfühlbar sind u. adäquat erscheinen. Qualitativ normale Reaktionen können quantitativ abnorm sein, was ihre Dauer u./od. ihre Stärke betrifft. Die physiolog. ↗ Trauer nach dem ↗ Tod eines Angehörigen kann durch jahrelange Trauer krankhaft werden. So kann z. B. ein Hirnverletzter auf ein ihm zugefügtes Unrecht dadurch patholog. reagieren, daß er in einem Wutanfall alles in seiner Umgebung zerschlägt. Die gegensätzl. Störung besteht in einer allgem. affektiven Reaktionslosigkeit, Stumpfheit u. Interesselosigkeit, wie bei hirnorg. ↗ Psychosen, ↗ Psychopathien u. bei Katatonien. Wenn der Affekt nicht eine Reaktion auf ein Ereignis ist, bezeichnet man das als primäre V.; primäre traurige V. bei endogenen ↗ Depressionen, primäre heitere V. bei der ↗ Manie. Qualitativ v. den normalen Gefühlen versch. u. daher nicht einfühlbare Stimmungslagen zeigen Schizophrene, z. B. in der Wahnstimmung, bzw. wahnhafter V. Übermäßig große Schwankungen in der Stimmungslage werden als labile Stimmungslage bezeichnet, die zu zwanghaftem Weinen u. Lachen führt u. sich bes. bei organ. ↗ Hirnschäden findet. Pa

Verstümmelung. V. ist jedes Vorgehen, das die volle Unversehrtheit des menschl. Körpers zeitweise od. dauernd beeinträchtigt. Als Übergriff auf den göttl. Rechtsbereich galt sie in der trad. Moraltheologie nur dann als sittl. gerechtfertigt, wenn sie zum Wohl des eigenen Körpers od. einer öffentl. Rechtsgemeinschaft geschah, weil sie in diesen beiden Fällen aus dem vom Schöpfer dem Menschen zugestandenen Sorgerecht begründet wurde.
Ein aus medizin. Indikation notwendiger Eingriff in die körperl. Unversehrtheit eines Menschen wird heute nicht mehr als V. bezeichnet (ärztl. ↗ Eingriff). Bei der ethischen Beurteilung solcher Eingriffe ist die notwendig werdende Schädigung, die neben der physischen auch die psychische Integrität betreffen kann (Gehirnchirurgie, ↗ Psychopharmaka),
in Beziehung zu setzen zu der dadurch zu erreichenden Verbesserung im Wohl des betr. Kranken.
V.n aus sozial-jurist. Indikation sind dagegen ethisch nicht mehr zu rechtfertigen. Noch weniger als die ↗ Todesstrafe, v. deren Erlaubtheit früher auf die Zulässigkeit solcher V.n geschlossen wurde, sind sie heute f. ein Gemeinwesen zur Erhaltung seiner Existenz notwendig. Da sie eine ↗ Rehabilitation des straffällig gewordenen Menschen behindern, sind sie im modernen ↗ Strafvollzug auch keine geeignete Strafart, durch die ein bessernder od. vergeltender Effekt erzielt werden könnte.
Ebensowenig lassen sich jene V.n sittl. rechtfertigen, durch welche vordergründige eigennützige Ziele erreicht werden sollen. Wer sich verstümmelt od. verstümmeln läßt, um z. B. dem Wehrdienst zu entgehen (↗ Wehrdienstverweigerung) od. um ↗ Mitleid zu erregen, zeigt eine Grundhaltung, die sich weder v. der Verpflichtung auf das Gemeinwohl (↗ Gerechtigkeit) noch vom Gebot der Nächstenliebe (↗ Liebe) leiten läßt. Rf
Lit.: W. Ruff, Die sittl. Beurteilung der Mutilatio. Inaug. Diss. Würzburg (1973).

Versuche am Menschen ↗ Experiment
↗ Manipulation

Versuchung. *Bibl.* ↗ *Anthropologie* zufolge zählt die V. zu den Grunderfahrungen des ↗ Glaubens. An Abraham (Gen 22), Hiob (Hi 1), Israel (Ex 20) od. Jesus (Mk 1) wird beispielhaft gezeigt, bis zu welchem Punkt (etwa der Opferung des eigenen Sohnes) der Glaube des einzelnen od. des Gottesvolkes auf die Probe gestellt werden kann. Meist wird das Motiv der V. mit der Vorstellung v. einem Versucher (Satan) in Verbindung gebracht, ob in ältester mytholog. Symbolik (Drachen, Schlange, Tier aus dem Abgrund) od. in personifizierter ↗ Sprache (Verderber, Verführer, Verkläger). In beiden Vorstellungsreihen kommt eine anthropolog. Annahme zum Ausdruck, der sich Dichtung (Goethe, Faust), Religionsgeschichte (Dämonologie) od. klin. Wissenschaften (Freud, Teufelsneurose) auf je eigene Weise widmen:

Daß in der äußeren od. inneren Welt des Menschen „Wirklichkeiten" existieren, die sich gegen den Menschen selbst wenden. Dichtung, Religionsgeschichte od. klin. Wissenschaften können sich heute beim Verständnis der V. zu Hilfe kommen. Anhand des *tiefenpsych.* Instrumentariums, das uns auch bei der Interpretation v. Texten zur Verfügung steht, läßt sich beispielsweise vermuten, daß auch die V. der bibl. Vorväter nicht ohne den Zusammenhang der psychischen ↗ Trieb-Kräfte zu verstehen ist, welche bei der ↗ Entwicklung jedes Menschen wesentl. sind: der oralen, analen u. genitalen Impulse. In der Tat sind diese — schon in Mt 4, durch die Asketen (vgl. die Darstellung des Hl. Antonius) u. das aufkommende Mönchtum markierten — Triebkräfte bis in unsere Tage hinein v. hoher Aktualität: v. ↗ Abhängigkeit (Alkohol, ↗ Drogen) u. „gutbürgerl." ↗ Konsumverhalten bis zur nostalg. Sehnsucht u. ↗ Resignation, vom Denken in den Kategorien v. Karriere, ↗ Leistung, ↗ Macht (↗ Prestigedenken) bis zu den ↗ Phantasien unaufhörl. Produktionszuwachses, v. der Verabsolutierung der ↗ Sexualität bis zur Verunsicherung in bezug auf ↗ Autorität u. ↗ Identitätsfindung. Von V. ist immer zu sprechen, wenn ein Mensch, eine ↗ Gruppe od. eine ↗ Gesellschaft einen best. Triebbereich bes. betont (↗ Fixierung) u. ihm eine überwertige Bedeutung beimißt. Mehr noch, v. V. ist immer zu sprechen, wenn ein Mensch, eine Gruppe od. eine Gesellschaft aus Allmachtsphantasien heraus sich absolut setzt u. sich anschickt, „Gott zu spielen". Damit überschreitet der Mensch die Grenzen seiner Geschöpflichkeit, wird zum Gegenspieler Gottes u. damit auch zum Widersacher des Menschen. Wie immer man V. schließl. zu verstehen sucht: als (passive) Schickung v. ↗ Glück od. sinnlosem ↗ Leiden od. als (aktiv) geschaffene Chance — es wird bei jeder Art v. V. u. Anfechtung darauf ankommen, ↗ Askese zu üben, d. h. die Grenzen der eigenen Wirklichkeit u. der Wirklichkeit dieser Welt (auch im Sinne des „Realitätsprinzips" v. S. Freud) wahrzuhaben. V. wird — theol. gesehen — in letzter Tiefe zu einem eschatolog. Geschehen, weil sie an die Grenzen u. den Grund menschl. Existenz zu rühren vermag. Deshalb bedarf der Mensch in der „tentatio" (V.) — wie es noch unsere theol. Väter wußten — v. a. der „meditatio" (der Besinnung) u. der „oratio" (des ↗ Gebetes). Zu der Zeit, da ihn die dunklen Schatten zu verschlingen u. da ihn selbst Gott zu verlassen scheint, ist es gut f. den Menschen, sich mit letztem ↗ Vertrauen v. dem Gott der V. zu dem Gott der Versöhnung zu flüchten (Luther: „contra deum ad deum confugere"). ↗ Böse   Ri

Lit.: D. Bonhoeffer: Versuchung (³1956); S. Freud, Eine Teufelsneurose im 17. Jahrhundert, in: Ges. W. XIII (⁶1969), S. 315—353; R. Riess: Psych. Erwägungen zur Perikope v. der Versuchung Jesu, in: Wege zum Menschen, 22. Jg. (1970), S. 275.

Versündigungsideen treten durch krankhaft gesteigertes ↗ Schuld-Gefühl bei manchen Formen v. ↗ Depressionen u. ↗ Neurosen auf, oft im Zusammenhang mit schweren Schuldgefühlen nach sex. Exzessen u. ↗ Abtreibungen. V. stellen ein schweres Hindernis f. Verarbeitung echter Schuld u. f. den Vollzug der ↗ Buße dar.

Vertrauen. V. ist trotz seiner außerordentl. Bedeutung eine anthropolog. noch nicht hinreichend gewürdigte u. erforschte Kategorie. Die Ursache mag darin liegen, daß man in der *Theologie* scharf zw. mitmenschl. V., als immanentem, „natürl." Vorgang, u. rel. ↗ Glauben, als transzendenter, „gnadenhafter" Größe unterschied, sein Augenmerk v. a. auf letzteren richtete u. nicht die gemeins. Wurzel beider erkannte. Die ↗ *Tiefenpsychologie* hingegen, die offenbar zu dieser Erkenntnis vordrang, war aufgrund ihrer Einstellung geneigt, den rel. Glauben ganz auf menschl. V.sverhältnisse zu reduzieren, insbes. auf die Beziehung zw. Eltern u. Kindern. Der Begriff des V.s taucht dort nur als gläubige Erwartung auf, die, sobald sie rel. Formen annimmt, als ↗ Illusion qualifiziert wird. Eine mögliche Zusammenschau beider nicht unbedingt unvereinbarer Positionen wäre dringend erwünscht, liegt aber in der pastoralpsych. Literatur nur ansatzweise vor. Als Einstieg in die Problematik mag der Hinweis auf die alltägl. Erfahrung v. V.

Freundschaft od. ↗ Liebe dienen. Jede noch so anspruchslose Freundschaft kann nur bestehen, wenn man dem andern ein Mindestmaß an V. entgegenbringt, d. h. man glaubt an die Beständigkeit des Freundes. Nur so lange man dies tut, hat es überhaupt Sinn, v. Freundschaft zu reden. Alles andere wäre ein Zweckbündnis. Von hier ausgehend, läßt sich V. in seiner Struktur begreifen:
V. ist die Vorwegnahme noch nicht erfahrbaren Sinnes. Es ist deshalb nur möglich aufgrund schon erlebter Sinnerfüllung, die im V. in die ↗ Zukunft hineinprojiziert wird. Diese Extrapolierung realer Sinnerfahrung kann sich auf die unmittelbare od. fernere Zukunft beziehen, in letzter Instanz sich bis zur Antizipation endgültiger, nicht mehr zu überbietender Sinnerfüllung erstrecken.
Damit gewinnt das V. eine transzendente Dimension (↗ Transzendenz), entspricht einem Glauben in rel. Verständnis. Das Erregende an diesem transzendenten Glauben besteht darin, daß er das endgültige Ziel nur vorwegnehmen kann unter Einbeziehung aller vorläufigen, gleichfalls noch nicht erreichten Ziele, deren Realisierung Vorbedingung f. die Erlangung des letzten Zieles ist.
Dies ist also das erste Charakteristikum jedes gläubigen V.s (auch des rel.): es entspricht zwar dem Vorgriff in eine völlig unbekannte Zukunft, ist aber zugleich nur die Verlängerung eines gegenwärtigen, als sinnvoll empfundenen Zustandes.
Damit gelangen wir zur zweiten Eigenart des V.s: allein das V. ermöglicht das Erreichen eines zukünftigen, sinnvollen Zustandes, indem es jede auf ihn gerichtete Überlegung, Bemühung od. Handlung selbst sinnvoll macht. Es handelt sich dabei um eine grundsätzl. Ermöglichung. Das V. antizipiert das Ziel u. bringt es damit in Reichweite des Suchenden; seine konkrete Verwirklichung, das heißt seine inhaltl. Bestimmung, die Festlegung u. Inangriffnahme der zum Ziel führenden Tätigkeiten geschieht durch schöpfer. ↗ Phantasie, schöpfer. Vernunft u. schöpfer. Tat, die in unmittelbarer Nachbarschaft zur künstler. Betätigung steht. F. diese Vorgänge stellt das V. die Initialzündung

dar, sie selbst sind ebenso entscheidend wie das V. in sich, das im übrigen seine Echtheit erweist, indem er dieses Vorstellen, Nachdenken u. Entschließen weckt od. motiviert.
So sehr diese Unternehmungen unmittelbarer Ausfluß eines bestehenden V.s u. v. daher dem ↗ Willen zugänglich sind, so wenig ist V. selbst dem Willen unterworfen. Dies ist seine dritte Besonderheit: V. entzieht sich jeder unmittelbaren Einflußnahme, V. kann man nicht erzwingen, weder bei sich noch bei anderen. Nur innerhalb eines schon bestehenden V.sverhältnisses, nur als Frucht eines schon verspürten Glaubens ist willentl. Beeinflussung möglich, indem man die Auswirkungen des V.s in Form schöpfer. Gestaltens nicht verhindert u. die geweckten Kräfte bewußt lenkt. Die Macht des V.s zeigt sich bei all dem darin, daß man es lernt, lange Zeit auszuharren, ohne den Glauben an das Ziel zu verlieren u. erst dann eingreift, wenn die Zeit dafür gekommen ist.
Das bisher Gesagte läßt sich in drei Sätzen zusammenfassen:
1. V. entsteht als Folge eines Sinnerlebnisses,
2. V. ermöglicht die Realisierung neuen Sinnes,
3. V. ist ein dem eigenen Wollen entzogener Zustand.
Dies wirft die Frage auf, was hier mit Sinn u. Sinnverwirklichung gemeint ist (↗ Lebenssinn). Das Endergebnis vorwegnehmend, könnte man darauf antworten:
1. V. ist das Ergebnis einer ↗ Erfahrung v. Bindung, Wohlwollen, ↗ Liebe,
2. V. ermöglicht das Erhalten dieser Bindung od. Liebe, 3. V. kann deshalb nicht erzwungen werden, weil Bindung u. Liebe nicht erzwungen werden können, vielmehr die Voraussetzung od. der Ursprung jeden Wollens sind.
V. ist primär V. in einen anderen, dann erst Selbst-V. (als Reflex des v. andern geschenkten V.s). Man vertraut aber dem, den man liebt, man glaubt dem, der einem wohl will. Dieser Zusammenhang ist so unlösbar, daß mangelndes V. u. mangelnder Glaube Zeichen mangelnder Liebe sind.

Daraus ergibt sich, daß V. nicht nur Ausfluß der Liebe ist, sondern zugleich Medium ihrer Erhaltung: man bewahrt die Liebe, indem man vertraut. Dies ist die Geschichtsmächtigkeit des V.s, die die der Liebe sogar noch übersteigt, da erst das V. der Liebe Dauer verleiht.

Dennoch ist die Liebe der Ursprung des V.s. Sie selbst ist ein durch keinerlei Macht od. Anstrengung zu erlangendes, den Menschen unmittelbar ergreifendes Gefühl. Der Grund hierfür liegt darin, daß Liebe grundsätzlich ein Geschehen zw. zwei u. mehr Personen ist (Selbstliebe ist ebenso wie Selbstv. in der Liebe bzw. dem V. des anderen begründet, auch nur in diesem Umfang berechtigt). Ein Ereignis aber, das zwei od. mehrere Menschen zugleich betrifft, ist f. alle Beteiligten unverfügbar. Erst wenn es eingetreten ist, wird die ↗ Verantwortung der Betroffenen auf den Plan gerufen, alles in ihrer Macht Stehende zu tun, um die Bindung zu erhalten. Hier schließt sich gleichsam wieder der Ring. Denn die Form, in der man sich der ↗ Verantwortung gegenüber dem Gefühl der Liebe, v. dem man ergriffen worden ist, entledigt, ist V. Begründetes V. erweist die Echtheit der Liebe u. macht die Verantwortung bewußt, treu zu bleiben. Begründetes Mißtrauen hingegen ist Zeichen eines einseitigen Gefühls od. einer vergängl. Stimmung. Annahme od. Ablehnung einer Liebe geschieht also nach dem Kriterium des V.s. ↗ Schuld entsteht erst dort, wo man unbegründet mißtrauisch wird aus Furcht od. mangelnder Bereitschaft zum Wagnis der Liebe.

In diese abstrakte Struktur des V.s fügt sich unschwer auch der rel. V. ein. Es ist die Übertragung der ↗ Erfahrung menschl. Liebe u. menschl. Freundschaft auf eine unvergängl. u. unzerstörbare Freundschaft u. Liebe, v. der es keine unmittelbare Erfahrung gibt. Möglich ist eine solche Übertragung also nur, wenn man schon menschl. Bindung erfahren hat, deren Vergänglichkeit allerdings den Wunsch nach unvergängl. Freundschaft wachruft. So ist f. den Leidenden V. in rel. Form unerläßlich. Es ist der ↗ Glaube an eine alle erfahrbare Sinnerfüllung übersteigende Liebe, die die Erfahrung v. ↗ Schmerz u. Verlust v. Freundschaft od. Liebe erträglich macht. Entscheidend ist bei all dem aber das Bewußtsein, daß ein Mindestmaß an unmittelbarer Sinnerfüllung unabdingbare Voraussetzung auch f. jeden rel. Glauben an endgültigen Sinn ist.

Stefan Andreae

Lit.: J. Herzog-Dürck, Zwischen Angst u. Vertrauen (²1957)); J. Schwartländer (Hrsg.), Verstehen u. Vertrauen (1968); B. Gerner, Begegnung — ein anthropolog.-päd. Ereignis (1969); J. Scharfenberg, Sigmund Freud u. seine Religionskritik als Herausforderung f. den christl. Glauben (²1971).

Verwahrlosung. „Der Begriff V. wird benutzt, um Zustände zu kennnzeichnen, die unterhalb einer als feststehend vorausgesetzten od. anerkannten ↗ Norm liegen … Insbes. werden als verwahrlost Kinder u Jugendliche bezeichnet, die aus der Bewahrung in einer festen, sie tragenden u. schützenden Lebensordnung herausgefallen sind od. die sich anders verhalten, als es den üblichen altersgemäßen Normen entspricht" (Klaus Mollenhauer, 1969). Damit ist sowohl der soziol. Aspekt („Abweichendes ↗ Verhalten, das an der Nichterfüllung best. ↗ Werte u. der Durchbrechung v. Normen … gemessen wird u. auf Sozialisationsschwächen zurückgeht"; Rosenmayr, 1968), wie der genet. Aspekt („Verlust der Geborgenheit", Paul Moor) charakterisiert.

Verwahrlost meint heute „schmutzig, ungepflegt, verkommen" (↗ asozial) u. in übertragener Bedeutung „gemütsarm, bindungslos, labil, ablehnend, mißtrauisch, aggressiv, destruktiv" (V.ssyndrom). Demgegenüber bedeutet mhd. warlôse = mangelnde Sorgfalt, „Achtlosigkeit" in transitiver Bedeutung; was „warlôs" blieb, wurde nicht wahr-genommen, blieb unbekannt. Bezieht man dies auf das ↗ Kind als ↗ Person, so kommt es der Entstehung u. V. in Heimen („Heimv.", ↗ Hospitalismus) od. patholog. ↗ Familien („Milieuv.", auch „Wohlstandsv.") viel näher als der gegenwärtige Sprachgebrauch. „Zu wenig od. unregelmäßig gebotene affektive Zuwendung läßt die Ausreifung lebensnotwendiger ↗ Antriebe u. Funktionen nicht gelingen, da die entspr. Entwicklungsreize fehlen. Ein Kind, dem das geschieht, kann kein ↗ Vertrauen zur Welt gewinnen. Es wird nicht liebesfähig u. lernt nicht, Versagungen zu ertragen ... Neben der Verarmung vieler Weltbezüge ist damit auch die Bildung einer normal reagierenden, sozial ausgerichteten Gewissensinstanz in Frage gestellt" (Künzel, 1965). Verwahrloste werden als erziehungsbedürftig angesehen (↗ Heimerziehung, ↗ Bewährungshilfe). Eingetretene od. drohende V. sind in der BRD u. in Österreich Gründe zur Anordnung v. Fürsorgeerziehung nach dem Jugendwohlfahrtsgesetz durch ein Gericht. „Behandlung" (↗ Sozialisation, ↗ Rehabilitation) v. Verwahrlosten bedeutet in erster Linie aber: Chancen bieten zur emotionalen u. sozialen ↗ Entwicklung, zur ↗ Personalisation u. ↗ Emanzipation. Schl

Lit.: A. Aichhorn/K. Hartmann, Verwahrloste Jugend (1957); F. Redl/D. Wineman, Kinder, die hassen (1970); E. Künzel, Jugendkriminalität u. Verwahrlosung (1968); Rosenmayr/Strotzka/Firnberg, Gefährdung u. Resozialisierung Jugendlicher (1968); W. J. Revers, Frustrierte Jugend (1969); S. Schindler, Aggressionshandlungen Jugendlicher (1969).

Verzweiflung. V. besagt die Verabsolutierung des Zweifels, Verlust jeden ↗ Vertrauens u. Preisgabe jeder ↗ Hoffnung. Der verzweifelte Mensch sieht seine Existenz total in Frage gestellt, es gibt f. ihn keine ↗ Zukunft mehr, die Lebenssituation wird als eine ausweglose angesehen.
Die Gründe f. eine solche V. können einmal in der persönl. Struktur (Veranlagung, psychisch krank) u. ↗ Erfahrung (Enttäuschungen) des Betroffenen u. zum andern in den äußeren Umständen liegen. Diese, verschuldet od. unverschuldet, werden als erdrückend empfunden u. lähmen die Widerstandskraft. Zumeist wirken beide Faktoren zusammen. Eine pessimist. Grundhaltung, deren Ursprung vielfältig sein kann, sieht auch die ↗ Umwelt durch diese Brille, so daß kein Ausweg mehr erkennbar wird. V. ist gekennzeichnet v. einer Verengung der Sicht, die Möglichkeiten des ↗ Lebens werden nicht mehr gesehen od. f. nicht lebenswert erachtet; dazu kommt die Selbstisolation (↗ Vereinsamung). Bes. gefährdet sind psychisch labil veranlagte Menschen u. solche, denen in ihrer Kindheit u. ↗ Jugend eine vertrauensvolle Atmosphäre vorenthalten wurde.
Die Folgen der V. können sich verheerend f. den Betreffenden selbst u. seine Umwelt auswirken (↗ Selbsttötung — Kollektivtod ganzer ↗ Familien, Verliebter usw.).
Zur Überwindung der V. ist v. a. die Befreiung aus der Selbstisolation erforderlich. Es gilt den Blick zu öffnen u. Vertrauen zu wecken, so daß einerseits die wahre Lage erkannt u. akzeptiert wird u. andrerseits neue Wege sichtbar u. beschritten werden.
Theol. wird die V. als schwere ↗ Sünde angesehen, da sie im tiefsten Unglaube sei. Das mag obj. stimmen. Doch ist subj., vom verzweifelten Menschen her, die Frage nach der ↗ Freiheit in einer solchen Situation zu stellen, zumal wenn auch äußere Umstände (unheilbare ↗ Krankheit, soziale Lage, ↗ Abhängigkeit, ↗ Kriminalität) diese Situation mitverursacht haben. Seelsorgerl. sollte man grundsätzl. therapeut. vorgehen u. die Lage nicht noch dadurch verschlimmern, daß man ↗ Schuld-Gefühle verstärkt u. so ↗ Angst statt Hoffnung bewirkt. — Die Behandlung verzweifelter Menschen erfordert die Kooperation v. Fachleuten (↗ Ärzte, ↗ Seelsorger, ↗ Beratungsstellen) u. Betreuern, hat dann aber gute Aussicht auf Erfolg. Ka

Lit.: E. Ringel in: HdPth V 606; W. Molinski in: SM IV 1175—1177 (Lit.).

Vision. V. ist eine opt. Wahrnehmung mit Farb- od. Lichtempfindungen bei Reizung der Netzhaut — im Gegensatz zu Photomen (Reizerscheinungen bei Erkrankungen des Hinterhauptlappens). — 1. *Psychopatholog.*: opt. Trugwahrnehmung v. einzelnen Gegenständen u. Gestalten, aber auch v. szen. Abläufen; mitunter bei paranoiden ↗ Schizophrenien rel. Färbung, was eine Unterscheidung zu echten myst. V.n (↗ Mystik) notwendig macht. 2. *Religionspsych.*: opt. Phänomene im Rahmen myst. Zustände, Gesichte als übernatürl. Wahrnehmungen eines dem Menschen natürlicherweise unsichtbaren Gegenstandes; sinnfällige od. leibl. V.n (opt. Wahrnehmung einer obj.

Wirklichkeit), bildhafte Gesichte (im Einbildungsvermögen, Traumv.n); intellekt. Gesichte (Erfassung einer Wahrheit des geistl. Lebens ohne sinnfällige Gestalten). Die Hl. Therese v. Avila kannte körperl., einbildl. (imaginative) u. verstandesmäßige (intellekt.) V.n. Beim gewöhnl. Sehen ist das Primäre die opt. Sinnesempfindung, bei der V. der seel. Inhalt. Irrtum u. Täuschung sind oft möglich. In der Sicht der myst. Theologie sind echte V.n gottgewirkte Vorkommnisse; myst. V.n beziehen sich nach Ziel u. Inhalt nur auf das persönl. rel. Leben u. die Vervollkommnung des Visionärs selbst; prophet. V.n hingegen sind solche, die mit einer Botschaft lehrend, warnend, fordernd an die Mitmenschen gerichtet sind (↗ Prophetie). Dabei gilt immer das Prinzip: übernatürl. Einwirkung ist nicht vorauszusetzen, sondern zu beweisen (K. Rahner). Rt

Lit.: A. Tanquerey, Grundriß der asketischen und mystischen Theologie (1931); A. Mager, Mystik als Lehre und Leben (1934); K. Rahner, Visionen und Prophezeiungen (1952).

Vivisektion. V. ist ein ↗ Experiment am lebenden ↗ Tier zu wissenschaftl. Zwekken. Allem Sentimentalismus gewisser Kreise gegenüber dem Tier zum Trotz muß an der sittl. Gutheit der V. festgehalten werden. Die V. erlaubt die Vorerprobung zahlloser ↗ Arzneimittel u. chirurg. ↗ Eingriffe am Tier, bevor sie f. den Menschen angewandt werden. Es wäre gegen die Wertrangordnung, entweder auf das Suchen nach neuen Wegen, dem kranken Menschen zu helfen, ganz zu verzichten od. am Menschen zu experimentieren, bevor alle sinnvollen Versuche am Tier ausgeschöpft sind. Es darf jedoch auch dem Tier nicht sinnlos ↗ Leiden zugefügt werden, obwohl es — bei mangelndem Selbstbewußtsein — nie so leidet wie der Mensch. Grausamkeit muß bei der V. auch schon deshalb ausgeschlossen werden, weil sonst ein Verrohen des menschl. Gefühls (↗ Bestialität) selbst dem schwer schaden würde, der die V. ausführt. Wer sich dem heilenden Dienst widmet, muß feinfühlig bleiben gegenüber jedem Leiden. Wer sich durch V. auf die chirurg. Praxis einübt, wird deshalb schon wegen des Zieles der Übung mit dem Tier schonend umgehen. Hr

Lit.: R. Biegert, Vivisection, in: New Catholic Encyclopedia, Bd. 14 (1967) S. 733; US Department of Commerce, Interstate Commerce Commission, Humane Treatment of Animals Used in Research, Washington D. C. 1962, J. Can. McCarthy, Problems in Theology, Dublin 1969, Bd. II, S. 155—158.

Volljährigkeit. V. ist ein rechtl. bzw. kirchenrechtl. Begriff u. bedeutet unbeschränkte Geschäftsfähigkeit; in der Regel mit Erreichung eines gesetzl. bzw. kirchenrechtl. festgesetzten Alters gegeben; im weltl. Bereich je nach Staat zw. dem 18. u. 23. Lj. festgesetzt. — Kirchenrechtl. wird der Minderjährige mit Vollendung des 21. Lj. (can 88) zum Volljährigen u. gelangt damit zum vollen Gebrauch seiner Rechte (can 89). ↗ Mündigkeit

Vorbild ↗ Ideal ↗ Leitbild

Vorschulerziehung. Ein glückl. Zusammentreffen wissenschaftl. Erkenntnisse u. gesellschaftspolit. Interessen hat dazu geführt, das Wissen um die Bedeutung v. ↗ Bildung u. ↗ Erziehung im Kleinkindalter so stark ins Bewußtsein zu rufen, daß zu Beginn der 70er-Jahre die V.sbewegung entstand. Der Begriff V., allzu rasch in die päd. Fachsprache übernommen, hat mannigfache Verwirrung verursacht. Es bedurfte einer geraumen Zeit, bis z. B. f. Österreich feststand, daß sich die V. auf Bildung u. Erziehung der ↗ Kinder v. der Geburt bis zum vollendeten 6. Lj. erstreckt — also die Familienerziehung ebenso umfaßt wie die päd. Arbeit in den Institutionen — u. alle Maßnahmen umschließt, die geeignet sind, den Kindern einen guten Schulstart zu ermöglichen. Gleichfalls zu rasch wurden v. Schrittmachern der V. Bezeichnungen wie Vorschule, Eingangsstufe, Vorschulklassen, Spielschule u. a. übernommen; sie fanden sogar Eingang in Gesetzesentwürfe, ohne daß hinzugefügt wurde, was eigentlich damit gemeint sei. Bedenklich ist weiters, daß der Begriff V o r schulerziehung dazu verleitet, die Bildung u. Erziehung der Kinder bis zum 6. Lj. ausschließlich als Vorbereitung auf die Schule aufzufassen. Abgesehen davon, daß der Mensch in keinem Abschnitt seines Lebens ausschließlich darauf angelegt ist, sich auf einen späteren Lebensabschnitt vorzubereiten, wurde das Wissen darum in den Hintergrund gedrängt, wie breit die Interessen u. ↗ Neigungen der Kinder im Vorschulalter angelegt sind u. wie breit das Bildungsangebot sein muß, um dem spontanen ↗ Neugier-Verhalten der Kinder entsprechen zu können u. ihre ↗ Spontaneität zu erhalten.

Im Für u. Wider um die V. kristallisiert sich die Erkenntnis heraus, daß folgende Maßnahmen, die geeignet sind, die Gesamtpersönlichkeit des Kindes behutsam zu fördern, getroffen werden müssen: 1. im Hinblick auf die ↗ *Familie:* Elterninformation u. Elternbildung; entspr. Einrichtungen, an die sich die Eltern in allen Fragen der Bildung u. Erziehung ihrer Kinder u. der Steigerung ihrer eigenen Erziehungsfähigkeit wenden können; direkte Hilfen durch Tagesmütter, Familienhelferinnen u. Pflegefamilien; 2. *instit. Maßnahmen:* ein ausreichendes Angebot an ↗ Kindergarten- u. ↗ Sonderkindergarten-Plätzen; an „Kindertagen" f. Kinder, die keinen dauernden Platz im Kindergarten finden od. beanspruchen; 3. zur Sicherung eines guten *Schulstarts:* durch gezielte Förderung der Schulfähigkeit der Kinder im letzten Kindergartenjahr; durch entspr. Spielführung u. ein wohlüberlegtes Angebot an Spielmaterial, Vorsorge f. geeignete Räumlichkeiten u. Freiflächen; durch exaktes Feststellen der Schulfähigkeit; durch Schaffen v. Vorschulklassen, in die Kinder aufgenommen werden, die zwar schulmündig, aber noch nicht fähig sind, in der ↗ Gruppe zu agieren u. zu lernen; durch Früherfassen nicht schulfähiger Kinder, die eines spez. Bildungsangebotes bedürfen; durch ein Zusammenwirken v. Kindergarten u. Schule insbes. anläßlich des Schuleintritts der Kinder.

Einen Brennpunkt der Diskussion um die Vorschulerziehung stellt *die ↗ Rolle der Fünfjährigen* dar. In diesem Zusammenhang stehen drei Probleme zur Diskussion: 1. Soll f. die Fünfjährigen ein Pflichtjahr vor dem Schuleintritt angestrebt werden? 2. Soll dieses Pflichtjahr der Schule od. dem Kindergarten angegliedert werden? 3. Soll in diesem Pflichtjahr vor der Schule die Kindergärtnerin u./od. die Lehrerin in der Gruppe tätig sein? — F. ein Pflichtjahr der Fünfjährigen gibt es eine Reihe allgem. anerkannter Beweggründe; insbes. geht es dabei um die Wahrung der Chancengleichheit. Durch den Ausgleich sozio-kulturell bedingter Startnachteile, wie Rückstände in der Sprachentwicklung, Vernachlässigung der kognitiven Fähigkeiten aufgrund eines zu geringen od. zu einseitigen Bildungsangebotes u. a. m. Hinsichtl. der Eingliederung dieses Pflichtjahres der Fünfjährigen in die Grundschule bzw. in den Kindergarten ist dem Kindergarten der Vorzug zu geben, denn hier kann eine eroberungswerte ↗ Umwelt geschaffen werden, ist ↗ Lernen ohne Leistungsdruck möglich, können begonnene Bildungsprozesse ohne die empfindl. Störung, die ein Institutswechsel unweigerl. mit sich bringt, in Ruhe weiterverfolgt werden, fällt ein Zerreißen des Tagesablaufes jener Kinder weg, die wegen der Berufstätigkeit der ↗ Mütter einen Ganztagskindergarten besuchen müssen u. a. m. Jedenfalls sollten entspr. Entscheidungen erst dann getroffen werden, wenn alle Für u. Wider sorgfältig gegeneinander abgewogen, die Auswirkungen allfäll. Maßnahmen auf Kinder, Elternhaus u. bestehende Institutionen u. deren Leistungsfähigkeit im Dienste kindgerechter Bildung u. Erziehung verantwortungsbewußt geprüft u. durchdacht wurden.

Ni

Lit.: Dokumentation-Bibliographie Vorschulerziehung: Dt. Jugendinstitut (o. J.); Trouillet, Die Vorschulerziehung in neun europ. Ländern (⁴1972); E. Hoffmann, Vorschulerziehung in Deutschland (1971); Köckeis/Kutalek/Weiß, Aspekte der Vorschulerziehung (1970); Vorschulerziehung 1, Eine Dokumentation, hsg. v. D. Höltershinken (1973); Vorschulerziehung 2 — Ausländ. Erfahrungen u. Tendenzen (1973).

Vorsorge. Gesundheitssorge u. damit auch V. „ist zuerst Recht u. Pflicht des betr. Menschen selbst, die er sich nicht v. ↗ kollektiven Instanzen abnehmen lassen darf. Wohl aber besitzen letztere eine subsidiäre Funktion im Interesse des einzelnen wie des Gemeinwohls, derzufolge auch die sittl. Pflicht besteht, sich staatl. Gesundheitsmaßnahmen (z. B. Schutzimpfung) zu fügen" (R. Egenter). Heutige Zivilisationsgesellschaften u. Staaten können sich nicht damit begnügen, die Bürger zu verantwortl. V. zu mahnen, da deren ↗ Gesundheit „weitgehend ein Sozialprodukt" (W. Schöllgen) geworden ist, Voraussetzung f. Bestand u. Gelingen des gesellschaftl. Lebens selbst. Damit erhebt sich zunächst die Frage nach der sittl. Begründung einer (bloßen) ärztl. V.-Handlung. Bisher war „Heilbehandlung" begrenzt auf Maßnahmen zur Erkennung u. ↗ Heilung „bestehender ↗ Krankheiten, ↗ Leiden, Körperschäden" u. ä.; erst neuestens anerkennt man auch bloße „Verhütungs"maßnahmen als ärztl. hinlängl. indiziert. Im Interesse des einzelnen, um des Schutzes des Mitmenschen u. um des Gemeinwohls willen sollen Störungen möglichst früh erkannt, Krankheiten damit evtl. vermieden werden. Zudem würden so frühere gesetzl. Anordnungen (z. B. ↗ Impfung, Tuberkulose-Reihen-Zwangsuntersuchungen u. ä.) gerechtfertigt. Heute halten auch ernsthafte Mediziner „langfristige Prävention mit ambulanter Vordiagnostik, systemat. Kontrolle der Risikogruppen, kontinuierl. Gesundheitsüberwachung, die bis zur Führung u. Kontrollierung eines Gesundheitspasses reichen würde" (H. Schipperges) f. eine unabdingbare Forderung der nächsten ↗ Zukunft. Daß hier der ↗ Freiheit des Bürgers, der freiberufl. ärztl. Tätigkeit, der ärztl. ↗ Schweigepflicht u. ä. Gefahr droht, muß gesehen werden; zugleich die Gefahr einer diktator. staatl. ↗ Sozial- u. ↗ Gesundheitspolitik mit totaler Verwaltung des Bürgers. Leichter fällt die ethische Zustimmung zu präventiven Maßnahmen u. ↗ Eingriffen, die v. „Patienten" frei erbeten werden, selbst so schwerwiegenden wie einer Kastration (mit dem Ziel, einem unter übermäßiger geschlechtl. Triebhaftigkeit leidenden Mann das Leben u. die Eingliederung in die ↗ Gesellschaft zu erleichtern) od. einer ↗ Sterilisierung (bei ernsthaftem Grund f. den Ausschluß v. — weiterer — Nachkommenschaft, wenn ein gleichwirksames od. angemessenes anderes Mittel nicht vorhanden). Es ist eine schwerwiegende ethische Frage, ob bzw. wann das öffentl. Interesse auch ohne Zustimmung des an sich gesunden, u. U. zu Recht unwilligen Bürgers einen ärztl. Eingriff rechtfertigen kann. Zumindest muß die Einwilligung immer angestrebt werden (Appell, ↗ Erziehung, Aufklärung, evtl. auch finanz. Anreize). Ethisch weniger problematisch scheinen staatl. Anordnungen f. Menschen, die ein zusätzl. Recht beanspruchen (z. B. die Erlaubnis, ein Motorfahrzeug zu führen, einen best. Beruf zu ergreifen u. ä.). Unbestritten ist auch das Recht des Staates, allgem. gesetzl. Regelungen gewisser Bereiche vorzunehmen (Arbeits-, Unfallschutz, Arzneimittelkontrolle, ↗ Hygiene-Vorschriften im Freizeitgewerbe — einschließl. der Kontrollen). Die V.-Pflicht des einzelnen Bürgers sollte jedoch, solange irgend möglich, in der freien ↗ Verantwortung belassen u. dort gesichert werden: durch werbende Information, Erziehungs- u. Bildungshilfen wie durch Bereitstellung entspr. institutioneller Hilfen u. Angebote (Kostenfreiheit der freiwilligen V.-Untersuchung, ↗ Sport-Förderung u. ä.). Auch die christl. ↗ Kirchen könnten u. sollten mithelfen bei der Schaffung u. Pflege eines wachen „Gesundheits"gewissens (auch u. gerade um der sozialen Verpflichtung des einzelnen willen). ↗ Präventivmedizin Fl

Lit.: W. Schöllgen, Die öffentl. Gesundheitsfürsorge als Feld d. Begegnung v. Mensch u. Institution, in: Konkrete Ethik (1961), 240—249; R. Egenter, Gesundheit. LThK² IV, 844—846; H. Fleckenstein, Gesundheit u. Wiedergesundung, Geschenk u. Aufgabe, in: Heilbad u. Kurort. Zeitschr. f. d. gesamte Bäderwesen 15 (1963) 329—333; ders., Gesundheits-V. durch ärztl. Maßnahmen — Forderung der Gesellschaft u. Gegenstand staatl. Rechtsordnung, in: Recht u. Staat (Festschrift f. G. Küchenhoff) (1972), 207—219; H. Schipperges, Entwicklung d. Krankenhausdienste, in: Der Krankenhaus-Arzt 3 (1971) 92—105.

Vorurteil. Unter V. versteht man eine vorgefaßte Meinung od. ↗ Einstellung, ein ungeprüftes Urteil über ↗ Personen od. Sachverhalte. Aus dieser Definition ist ohne weiters der negative Gehalt dieses Begriffes ersichtl. Die ↗ Sozialpsychologie untersucht, wie es zu V.n kommt u. wie diese sich auswirken. — Zu V.n kommt es z. B., wenn die persönl. ↗ Norm od. die Norm einer ↗ Gruppe ausschließl. Bewertungsstab f. eine andere Person od. Gruppe ist. Ausdrücke wie „die Linken", „die Langhaarigen", „die heutige Jugend", „die Konservativen",

„*die* Gastarbeiter", „*die* Juden" usw. sind Beispiele f. neg. Kollektivurteile u. stellen typ. V.e dar. — Tiefenpsych. gesehen liegt dem V. eine ↗ Angst-Abwehr-Reaktion zugrunde. Z. B. weckt die wirkl. od. vermeintl. chaot. Situation „*der* Linken" in einer Person od. Gruppe die eigene, ↗ unbewußte chaot. Tendenz. Diese wird nun mittels des Projektionsmechanismus (↗ Projektion) nach außen auf die feindl. Gruppe projiziert u. verstärkt — u. „bestätigt" so das V. Das in der Sozialpsychologie als Sündenbockmechanismus bezeichnete V. verwandelt die innere Angst in ↗ Aggression nach außen u. hat darum f. den einzelnen od. f. die Gruppe eine Entlastungsfunktion. — Das V. hat aber auch suggestive Wirkung (↗ Suggestion), d. h. es kann einen einzelnen od. die Gruppe, auf die sich das V. bezieht, so beeinflussen, daß er od. sie sich wirklich so verhalten, wie es das V. „fordert". So führt das V., daß jemand, der einmal „gesessen" hat, immer ein „Krimineller" bleibt, dazu, daß dieser seine soziale ↗ Identität nicht wieder findet u. darum schließlich rückfällig wird — womit dann das V. „bestätigt" wird (↗ Resozialisierung). Die christl. ↗ Gemeinde hat v. ihrer theol. ↗ Anthropologie her (jeder Mensch ist vor Gott gleichwertig; jeder Mensch hat vor Gott die Chance, wieder neu anzufangen) die ↗ Motivation, diesen Mechanismus des V.s zu durchbrechen, um jedem Menschen u. jeder Gruppe unvoreingenommen zu begegnen. Auf dieser Ebene lassen sich Angst u. V.e abbauen, was schließlich bei sachlich unterschiedl. Meinung zur ↗ Toleranz den anderen Standpunkten gegenüber führt.

Stv

Lit.: S. Schindler, Selbstentfaltung des Verbrechens? in: Edelweiß/Tanco Duque/Schindler, Personalisation (1964), 79—94; R. König, Vorurteile u. Minoritäten, in: Soziologie. Fischer-Lexikon, Frankfurt (1969), 335 ff; F. Mayer, Vorurteil — Geißel der Menschheit (1975).

Voyeur. Während beim ↗ Exhibitionismus das zwanghafte ↗ Bedürfnis besteht, sex. Befriedigung durch das Zeigen des Gliedes zu erreichen, versucht der V. (franz. voir = sehen) andere Menschen heimlich zu beobachten, um durch den Anblick ihrer Geschlechtsorgane od. ↗ Geschlechtsbeziehungen zur sex. Befriedigung zu kommen. Nach psychoanalyt. Auffassung setzt sich das reife sex. Verlangen u. Erleben aus einer Reihe v. Partialtrieben zusammen, zu denen u. a. der Trieb, sich zu zeigen, u. der Trieb, sex. Objekte anzusehen, gehören (↗ Trieblehre). Beim Exhibitionisten u. beim V. haben sich diese Triebe auf einem infantilen Stadium verselbständigt. V.ismus, auch Skopophilie genannt, gilt als ↗ Perversion, wenn das betr. Individuum ausschließlich mittels des beschriebenen Sehens zum ↗ Orgasmus kommen kann. Da die meisten V.s unter ihrer sex. Abweichung nicht hinreichend leiden, ist eine ↗ Psychotherapie im allgem. zwecklos.

Rf

Lit.: M. Boss, Sinn u. Gehalt der sex. Perversionen (1952); K. Leonhardt, Instinkte u. Urinstinkte der menschl. Sexualität (1964).

Wahn. W. — radikal fremdes Erleben, das in das ungestörte ↗ Bewußtsein bei ebenfalls ungestörter Intelligenz einbricht; ein krankhaft entstandener, unkorrigierbarer Irrtum, der sich nicht aus zufälliger logischer Unzulänglichkeit, sondern aus einem inneren affektiv. ↗ Bedürfnis, dem „Wahnbedürfnis" entwickelt. Aus einer diffusen W.stimmung entstehen einzelne W.-ideen, aus einer Stimmung des Unheimlichen u. Vieldeutigen, die obj. falsch sind, aber trotz gegenteiliger ↗ Erfahrung des Patienten u. versuchter Aufklärung nicht korrigierbar sind. Sie haben den Charakter einer unverrückbaren Gewißheit u. sind insofern f. den ↗ Patienten etwas Positives, als sie ihm zu einer Neuorientierung in der f. ihn veränderten ↗ Umwelt verhelfen sollen. Manche W.ideen entstehen blitzartig — W.einfälle der rel. od. polit. Berufung, der bes. Fähigkeiten, der Verfolgung, des Geliebtwerdens. Die W.wahrnehmungen kommen aus einer psychot. Umdeutung v. Wahrnehmungen (↗ Psychose), aus einem abnormen, anlaßlosen Bedeutungserleben einer Wahrnehmung; sie sind zweigliedrig u. gehen vom wahrgenommenen Gegenstand zur abnormen Bedeutung. Aus W.wahrnehmungen festgehaltene Meinungen wie auch festgehaltene W.einfälle heißen W.gedanken. Kommt es zu einer Verbindung einzelner W.ideen bzw. W.wahrnehmungen, so spricht man v. einem systematisierten W. od. einem W.system. Zur W.bildung kommt es bei best. krankhaften Hirnprozessen (Schizophrenie, Altersdepressionen, Intoxikationspsychosen, Alterserkrankungen des Gehirns). Alles, was auch den gesunden Menschen bewegt (↗ Gesundheit, ↗ Familie, ↗ Freundschaft, Feindschaft, ↗ Erotik, ↗ Liebe, Religion, Wohlstand, aber auch ↗ Armut u. Not, Befürchtungen u. Verfolgungen) kann zum Inhalt des W.s werden. Er entspricht der inneren Gesetzmäßigkeit der jeweiligen Psychose, z. B. ↗ Versündigungsideen bei ↗ Depression, Größenideen des euphorisch-expansiven Paralytikers (Quartärlues) als Scheinverwirklichung genußsüchtiger Wünsche. Der Inhalt zerebral-arteriosklerot. Psychosen ist bestimmt durch Verarmungs- u. Vergiftungsideen, bei der Alkoholhalluzinose ist er die Erklärung der Trugwahrnehmungen durch den trunksüchtigen Patienten. Der W. des Schizophrenen (sehr häufig vorkommend) entsteht als ein Selbstheilungsversuch, um die reale u. die krankhaft veränderte Welt in eine (scheinbare) Zuordnung zu bringen u. daraus Beruhigung zu finden. Meist stehen Verfolgungs-, Beeinträchtigungs-, Beziehungs- u. Bedeutungsideen im Vordergrund, die als außerordentlich quälend erlebt werden können. Sie verwandeln sich in ein geschlossenes W.system, das aus der tiefen Erschütterung der einbrechenden personfremden Erlebnisse zu einem erträglichen Zustand führt; mitunter verwandeln sich diese negativen Ideen in Auserwähltheits- u. Erhabenheitsgefühle. Bei der paranoiden Schizophrenie mit vorwiegend rel. Färbung tritt nach einer Periode der Verfolgung u. des Gequältwerdens eine solche der Begnadung u. des Prophetismus ein, was wiederholt zum Eintritt od. sogar zur Bildung sektiererischer Konventikel geführt hat (↗ Sektenbildung). Rt

Lit.: K. Schneider: Einführungen in die Religionspsychopathologie (1928); G. Roth, Fehlformen der Berufung und Sektenbildung, in: Anima (1955); G. Störring, Denkstörungen, in: M. Reichardt, Allg. u. spez. Psychiatrie (1955); H. J. Weitbrecht, Psychiatrie im Grundriß (²1968).

Wahrhaftigkeit ist eine der wesentl. ethischen Grundforderung, die sich als innere W. auf die Erschließung der Wahrheit der eigenen ↗ Person u. ihrer Umwelt u. als äußere W. auf deren ↗ Kommunikation erstreckt. Das ↗ Gewissen verkörpert die W. Sie ist Basis aller ↗ Toleranz u. Offenheit f. den anderen. ↗ Tugend

Wahrheitspflicht. Die W. insbes. des ↗ Arztes, umschließt die Pflicht, den ↗ Patienten über die Gefahr seiner Erkrankung bzw. über das Risiko eines notwendigen ärztl. ↗ Eingriffes aufzuklären. Sie ist begründet in der ↗ Menschenwürde des Kranken (↗ Mündigkeit, ↗ Person) u. verwirklicht das ↗ Vertrauens-Verhältnis v. Arzt u. Patienten ebenso wie die ↗ Schweigepflicht. Beide Pflichten können zu schwierigen Situationen führen, mitunter in eine echte Ausweglosigkeit. Es kann sein, daß gegebenenfalls der Arzt allein die ↗ Verantwortung auf sich nehmen muß. Nicht jeder Patient verträgt die volle Wahrheit, d. h. die Aufklärung muß dem Patienten entspr. stufenweise u. verständl. erfolgen; auch muß berücksichtigt werden, daß die ↗ Prognose immer wieder unsicher ist. Wie weit bei ernsten Situationen die Verwandten in den Bereich der Schweigepflicht u. W. einbezogen werden dürfen u. sollen, hängt v. der jeweiligen Situation ab, aber auch nach den in einzelnen Ländern versch. gesetzl. Regelungen. Unabdingbar ist, daß man niemals die Unwahrheit sagt. Eine bes. verantwortungsvolle Situation ergibt sich bei Sterbenden (↗ Sterbenshilfe). Die W. darf nicht gegen die ↗ Liebe verstoßen. Nach Pius XII. muß die ganze Wahrheit nicht grausam geoffenbart werden, aber es könne auch eine unbezweifelbare Pflicht geben, klar zu sprechen, wenn Verpflichtungen der ↗ Gerechtigkeit oder der Liebe erfüllt werden müssen. Rt

Lit.: Pius XII.: Über ärztliche Fragen (1954); A. Niedermeyer, Ärztliche Ethik (1954); J. Savatier, Die Wahrheitspflicht des Arztes, in: Arzt und Christ 4 (1958) 26—34; P. Sporken, Darf die Medizin, was sie kann? (1972). H. Gödan, Die sogenannte Wahrheit am Krankenbett (1972); B. Häring, Heilender Dienst, Ethische Probleme der modernen Medizin (1972); E. Ansohn, Die Wahrheit am Krankenbett (²1974).

Wahrsagen versucht eine Erforschung der ↗ Zukunft u. verborgener Zusammenhänge vermittels Divination (Teilhabe am göttl. Wissen) od. Mantik (↗ Ekstase). Der Wahrsager ist vom Seher, Propheten, Schamanen u. Priester sehr wohl zu unterscheiden. W. wird v. den Offenbarungsreligionen abgelehnt. ↗ Aberglauben

Wallfahrt. Nicht nur im christl. Raum, sondern auch in versch. nichtchristl. Religionen spielen W.n f. das rel. Leben des einzelnen od. ganzer ↗ Gemeinschaften eine Rolle. So soll der gläubige Moslem wenigstens einmal in seinem Leben nach Mekka pilgern. Der Hindu unternimmt Pilgerfahrten zum heiligen Fluß Ganges. Im atl. Volk Israel waren W.n zum Tempel nach Jerusalem wichtiger Ausdruck des ↗ Glaubens. Manche Psalmen sind W.slieder, die die Pilger beim Einzug in die hl. Stadt od. den Tempel sangen. Jesus selbst ist öfter zum Tempel nach Jerusalem gepilgert u. hat während einer W. am Paschafest sein Heilswerk vollendet. So ist die älteste christl. W. die zu den Gedächtnisstätten des Lebens u. Sterbens Jesu. Seit dem Mittelalter kamen W.n zu den Apostelgräbern nach Rom u. anderen Orten u. zu denjenigen Stätten, an denen große ↗ Heilige lebten u. deren Reliquien dort verehrt werden, hinzu. Hauptpilgerstätten sind heute zahlreiche Marien-W.s-Orte in aller Welt, an denen Bilder der Mutter des Herrn verehrt werden. Sie weisen große Pilgerzahlen auf, bes. wenn ihre Geschichte in Verbindung mit Erscheinungen u. ↗ Wunderheilungen steht, wie in neuerer Zeit z. B. Lourdes u. Fatima. Die Reformation u. die Aufklärung ließen das W.swesen stark zurückgehen, aber nicht verschwinden. Heute lebt die W., vorwiegend im kath. Raum, als Äußerung der Volksfrömmigkeit weiter. Wenn man auch nicht übersehen darf, daß sich Fehlformen wie Übertreibungen, rel. Leistungsdenken u. Wundersucht in diese Frömmigkeitsform einschleichen können, so hat doch gerade der Gedanke des pilgernden Gottesvolkes durch die Kirchenkonstitution des II. Vat. Konzils wieder neue Belebung erhalten. Eine gute Vorbereitung u. Gestaltung der Fußw.n u. der Pilgerfahrten mit dem Bus od. der Bahn gibt dem einzelnen u. der Gemeinschaft wieder einen neuen Zugang zum ↗ Gebet. Best. Anliegen v. ↗ Kirche u. Welt lassen den einzelnen seine ↗ Verantwortung erkennen u. die Gefahr eines falschen Heilsindividualismus überwinden. Wie der Pilger das Ziel nur unter Mühen u. Strapazen erreicht, so auch der Christ sein Lebensziel. Der Weg vermittelt ihm das Bewußtsein, hier keine bleibende Stätte zu haben, sondern, das Ziel vor Augen, immer unterwegs zu sein. Mb

Lit.: M. Wagner — A. Fink, Wallfahrten heute (1960).

Wandertrieb = Poriomanie, früher als eigenes Krankheitsbild angesehen. Heute versteht man darunter dranghaftes u. planloses Davonlaufen bes. v. ↗ Kindern u. Jugendlichen (↗ Pubertät), als symbolhafter Akt des Entfliehens aus einer unerträgl. Spannungssituation (Suche nach Geborgenheit). Nicht selten als epilept. ↗ Dämmerzustand mit nachfolgender Erinnerungslosigkeit. Pastoral ist in jedem Fall die Familiensituation ins Auge zu fassen u. ggf. zu beeinflussen (↗ Familienpathologie), der Jugendliche selbst ist unter Berücksichtigung seines Geborgenheitswunsches entspr. zu führen.

Wehrdienstverweigerung. W. ist die Ablehnung des Wehr- bzw. Kriegsdienstes aus ↗ Gewissens-Gründen od. aus Gründen der persönl. Überzeugung. Die Frage nach der sittl. Erlaubtheit der Wehrdienstleistung reicht bis ins Urchristentum zurück, wo eine den Kriegsdienst ablehnende ↗ Haltung vorherrschte. Unter den Märtyrern finden sich zahlreiche Wehrdienstverweigerer. Im Mittelalter u. in der Neuzeit wurde der Gedanke der W. durch pazifist. Strömungen (franzisk. Bewegung, Waldenser, Quäker) belebt (↗ Pazifismus). Durch die Lehre vom gerechten Krieg ergab sich ebenfalls die Forderung nach zumindest partieller W., nämlich in einem eindeutig ungerechten Krieg. Durch die Entwicklung großräumig wirkender Waffen im 20. Jh. galt die Lehre vom gerechten Krieg bald als umstritten (kann ein Atomkrieg überhaupt noch gerecht sein? — ↗ Friedensforschung), u. die Frage der W. wurde f. viele Menschen zu einem tiefen Gewissensproblem. Sowohl der Europarat (1967) wie der Weltkirchenrat u. das II. Vat. Konzil (Past. Konst. Nr. 97) rangen um die Anerkennung des Rechtes auf W. u. traten f. die Schaffung ziviler Alternativdienste ein. Nur in einigen europ. Staaten ist die W. voll gewährleistet. In den anderen Staaten wurden diskriminierende Bestimmungen erlassen (Ersatzdienst dauert wesentlich länger als Wehrdienst). In manchen europ. Staaten ist das Recht auf W. völlig ausgeschlossen (so in Spanien, Portugal, Griechenland; v. den Oststaaten kennt lediglich die DDR die Institution der „Bausoldaten"). Geltende Regelung in der BRD: Nach Artikel 4, 1 des Grundgesetzes darf niemand gegen sein ↗ Gewissen zum Kriegsdienst gezwungen werden, § 25 des Wehrpflichtgesetzes sieht f. anerkannte Wehrdienstverweigerer einen zivilen Ersatzdienst außerhalb der Bundeswehr vor. Geltende Regelung in Österreich: Bis 31. 12. 1974 Waffendienstverweigerung mit Dienst ohne Waffe im Bundesheer möglich. Ab 1. 1. 1975 W. mit zivilen Alternativdiensten gemäß Zivildienstgesetz vorgesehen.
In der Schweiz ist trotz zahlreicher Initiativen das Recht auf W. nicht anerkannt. Waffenloser Armeedienst aus ethischen Gründen ist möglich, Verweigerung auch dieses Dienstes führt zur Verurteilung durch Militärgerichte. May

Lit.: M. Schröter (Hsg.), Kriegsdienstverweigerung als christl. Entscheidung (1965); K. Brinkmann, Grundrecht u. Gewissen (1965).

Weihehindernis ↗ Irregularität

Weinen ↗ Trauer

Weltgesundheitsorganisation (WHO) = World Health Organization (Weltgesundheitsorganisation) wurde nach dem Zweiten Weltkrieg gegründet. Die Konstitution, welche Zielsetzungen u. Aufgabenbereiche der WHO beinhaltet, wurde v. der internat. Gesundheitskonferenz (die vom 19. bis 22. 7. 1946 in New York tagte) angenommen u. am 22. 7. 1946 v. 61 Staaten signiert. Sie beginnt mit der (zum Teil umstrittenen) Definition der ↗ Gesundheit, die als Zustand des vollständig physischen, geist. u. sozialen Wohlbefindens umschrieben wird. Der jeweils zu erreichende höchste Standard der Gesundheit zählt zu den fundamentalen Rechten jedes Menschen ohne Unterschied v. Rasse, Religion, polit. Überzeugung, wirtschaftl. od. sozialer Stellung. Die Gesundheit aller Menschen dient dem Frieden u. der Sicherheit u. hängt v. der Zusammenarbeit der Mitgliedstaaten ab. Die ↗ Leistung des einzelnen Staates in Fortschritt u. Überwachung der Gesundheit ist v. Wert f. alle. Ungleiche ↗ Entwicklung in einzelnen Staaten hinsichtl. Fortschritt u. Kontrolle der Gesundheit (insbes. hinsichtl. ansteckender ↗ Krankheiten) ist eine gemeinsame Gefahr. Die Gesundheitsförderung der ↗ Kinder ist v. grundlegender Bedeutung. Die Ausbreitung des nutzbringenden medizin. u. psych. Wissens ist wesentl. f. die volle Erreichung der Gesundheit. Informiertheit u. aktive Mitarbeit sind ebenso v. bes. Bedeutung f. die allgem. Gesundheit. Die Regierungen sind verantwortl. f. die Gesundheit ihrer Völker, welche nur erreicht werden kann durch Vorkehrungsmaßnahmen aufgrund einer angemessenen Gesundheit u. sozialer Maßnahmen (↗ Vorsorge). Die WHO hat weltweite prophylakt. u. therapeut. Aktivitäten entwickelt, ebenso auf dem Sektor der medizin. Volksaufklärung Umfassendes geleistet. Zahlreiche Publikationen sind unentbehrl. Nachschlagewerke f. die nationalen Gesundheitsdienste geworden. Rt

Lit.: Basic Documents — Genf (1970); H. Behringer/H. Mahler, in: Ärztl. Praxis 26 (1974) 1623—25, 1737—42.

Werbung ↗ Meinungsbildung ↗ Manipulation

Wert(e). Der Begriff W. findet besonders in der Wertphilosophie (1890—1930 vertreten durch M. Scheler, N. Hartmann, D. v. Hildebrand u. a.) eine breite Verwendung; W. wie ↗ Treue, ↗ Ehrfurcht, ↗ Gehorsam, Reinheit u. a. verstehen sie nicht als Begriffsabstraktion v. W.erfahrungen, sondern gegenständl. unabhängig v. ihrem Erlebtwerden. In der Psychologie u. ↗ Soziologie wird dagegen weniger v. W.n gesprochen; dort entsprechen dem W.begriff in etwa ↗ Einstellung od. ↗ Normen. W. sind reflektierte od. unreflektierte Vorstellungen u. Auffassungen z. B. v. erwünschten Handlungen od. Verhaltenseinstellungen eines Individuums, meist jedoch einer ganzen Gruppe. Den phil. erschlossenen W.n wie den psych.-empir. erwiesenen Verhaltensnormen kommt f. das Handeln des Menschen eine entscheid. Rolle zu. Es ist einsichtig, daß eine materielle Sache od. eine soziale Verhaltensweise — v. einer ↗ Gruppe als wertvoll erfahren (z. B. ↗ Wahrhaftigkeit, Ehrlichkeit des ↗ Verhaltens usw.) — zu einem W. deklariert u. als Verhaltensnorm gefordert wird. Den Versuchen, phil. absolute Grundw. menschl. Seins zu bestimmen od. zu erweisen (wie das Wahre, Schöne u. Gute), steht die soziale Erfahrung der Relativität v. W.n in konkreten Lebenssituationen gegenüber. Ehrlichkeit ist ein sozialer W.: in einer Hungersnot kann der Diebstahl jedoch einen größeren Lebensw. besitzen. Aber nicht nur situativ kann es zu W.-verschiebungen kommen; auch gänzlich andere Lebensbedingungen einer ↗ Gesellschaft schaffen neue W.-erfahrungen u. damit neue Einstellungen, die frühere W.-vorstellungen modifizieren od. gänzlich verändern (z. B. die Zahl der Kinder einer ↗ Ehe). W. im Sinne v. Einstellungen zu Sachen od. sozialen Verhaltensweisen sind erworben. Es handelt sich um Vorgänge des ↗ Lernens, der ↗ Sozialisation bzw. der ↗ Über-Ich-Bildung. In der frühen Kindheit u. Jugend geschieht zunächst eine affektive, auf Handlungsnachahmung ausgerichtete W.-übernahme, die durch kognitive Prozesse im Laufe der psychischgeistigen ↗ Entwicklung erweitert wird (= W.-erkennen). Über die Tradierung ihrer W. wacht die Gesellschaft mit vielfältigen Formen der Belohnung od. Bestrafung. Die Relativität der W. auf der einen Seite die f. ein Gemeinschaftsleben notwendige Stabilität u. W.-vorstellungen auf der anderen Seite sind Ursache vieler individ. Konflikte (z. B. bei der Beurteilung des Tyrannenmordes). Verschiebungen v. W.-einstellungen einer Teilgruppe der Gesellschaft (z. B. der ↗ Jugend gegenüber der Erwachsenengeneration zur W.-haftigkeit der allein auf materiellen Verdienst ausgerichteten ↗ Arbeit) kann zu großen sozialen Auseinandersetzungen führen. Po

Lit.: C. F. Graumann, Die Dynamik v. Interessen, Wertungen u. Einstellungen. in: Handbuch der Psychologie in 12 Bänden. Hrg. v. K. Gottschaldt u. a. Bd. 2: Allgem. Psychologie, II. Motivation. Hrg. v. H. Thomae (1965); M. Scheler, Der Formalismus in der Ethik u. die materiale Wertethik (⁵1966); H. Pompey, Aspekte zur anthropolog. Erfahrung der Sinnhaftigkeit sittl.-sozialen Handelns, in: Lebendiges Zeugnis (1973) H. 1/2, 105—110.

Widerstand ↗ Psychoanalyse ↗ Unbewußtes ↗ Abwehrmechanismen

Widerstandsrecht. 1. Bittere Erfahrungen mit Unrechtsregimen haben dazu geführt, daß in den letzten Jahrzehnten die Frage nach dem W. in vielen Staaten gestellt wurde. Wohl ist der Staatsbürger um des Gemeinwohles willen verpflichtet, zu seiner Regierung zu stehen, wenn sie auf dem v. der rechtmäßigen Verfassung vorgesehenen Weg zur ↗ Macht gelangt ist u. diese in gerechter Weise gebraucht. Wenn es jedoch an einer dieser beiden Voraussetzungen fehlt, kann der Bürger zum Widerstand berechtigt od. sogar verpflichtet sein.

Den Machthabern gegenüber, die nur durch Gewalt, nicht auf rechtl. Weg die Herrschaft an sich gebracht haben, steht den Bürgern das sittl. Recht des passiven Widerstands (der Gehorsamsverweigerung) zu, es sei denn, daß das, was jene anordnen, sachlich einwandfrei ist u. um des Gemeinwohles willen eingehalten werden muß. Auch die Machthaber, die auf rechtmäßigem Weg zur Herrschaft gelangt sind, können ihre Macht zum Unrecht mißbrauchen. Sie handeln damit gegen die beim Amtsantritt versprochene od. stillschweigend übernommene Verpflichtung, unter Wahrung der Verfassung auf das Gemeinwohl hin tätig zu sein. Der Bürger hat das Recht des passiven Widerstands gegen jene Anordnungen, durch die ihm Unrecht angetan wird, u. die Pflicht dazu gegenüber solchen Verfügungen, durch die er selbst zu sittl. unerlaubtem Tun geführt werden soll. Wenn die Übergriffe nicht an den Grundfesten des Rechtsstaates rütteln, kann sich der Bürger mit passivem Widerstand u. mit aktivem Einsatz aller verfassungsmäßigen Mittel zur Abwehr des Unrechtes begnügen.

Wenn jedoch die unheilvolle Tätigkeit einer Regierung derartige Ausmaße an ↗ Unterdrückung der ↗ Freiheit annimmt, daß sie das Volk dem Untergang zutreibt, hören solche Regierenden auf, rechtmäßige Inhaber der Macht zu sein, weil sie das Wirken f. das Gemeinwohl ins Gegenteil verkehren u. damit nicht mehr die Voraussetzung erfüllen, unter der ihnen die Macht übertragen wurde. Wenn sich das Volk vor ihrer verderblichen Tätigkeit nicht anders retten kann, darf es gegen sie durch aktiven Widerstand unter Anwendung v. Gewalt ↗ Notwehr üben; solcher Widerstand kann natürlich nur verantwortet werden, wenn er begründete Aussicht auf Erfolg hat (durch ein aussichtsloses Unternehmen würden die ↗ Leiden des Volkes nur vergrößert); gelegentlich kann es sittl. Pflicht sein, geringeres Unrecht zu erdulden, um größeres zu vermeiden. Nicht jeder ist berufen, aktiven Widerstand zu organisieren, sondern nur jene, die über genug Einsicht u. Macht verfügen (↗ Revolution).

2. In den krit. Auseinandersetzungen der letzten Jahre wurde des öfteren auch nach dem W. in der ↗ Kirche gefragt. Grundsätzl. besteht auch hier das Recht des passiven Widerstandes gegenüber einem kirchl. Amtsträger, der sich das ↗ Amt zu Unrecht angemaßt hat od. es zum Unrecht mißbraucht; zu solchem Widerstand ist jeder verpflichtet, dem durch Anordnungen eines Amtsträgers zugemutet wird, Unrecht zu tun. Je nach den Notwendigkeiten u. den Möglichkeiten kann auch aktiver Widerstand berechtigt sein od. zur Pflicht werden. Aus dem Charakter der ↗ Kirche ergibt sich aber, daß sich berechtigter aktiver Widerstand in ihr sich nicht derselben Mittel bedienen darf wie im staatl. Bereich (auf jeden Fall scheidet der Kampf mit Waffen aus). ↗ Gewaltlosigkeit Hö

Lit.: M. Rock, Widerstand gegen die Gewalt (1966); W. Weymann-Weyhe, Ins Angesicht widerstehen. Über den Gehorsam in der Kirche (1969).

Wiederbelebung. Biologie u. Medizin kennen keine echte W. *(Reanimation)* im Sinne einer Auferstehung v. den Toten. (↗ Auferstehungsglaube). Sie können jedoch in best. Fällen den Todeskandidaten auf den bereits angetretenen Weg zum ↗ Tode zurückrufen. Der ↗ Tod als stufenweises ↗ Sterben gestattet die richtige Beurteilung. Beim Scheintod (mors apparens) sind alle Lebensfunktionen auf ein Mindestmaß beschränkt. Eine spontane Erholung ohne äußeren ↗ Eingriff ist noch möglich. Es kommt zu keinem Gewebezerfall. Der Scheintod geht in den klin., relativen Tod über, sobald sich Kreislauf u. Atmung nicht mehr v. selbst erholen können. Unter günstigen Bedingungen läßt sich das latente ↗ Leben nochmals aktivieren. Starke Hautreize u. zentral erregende Substanzen werden bei Herz- u. Atemstillstand in der ärztl. Praxis vielfach verwendet. Künstl. Atmung an Ertrunkenen od. durch Elektrizität Verunfallten (↗ Unfall) ist Allgemeingut geworden. Bei Narkosezwischenfällen u. bei Schocktod können Herzmassage u. intrakardiale Injektionen den Kreislauf wieder in Gang bringen. Die Reanimationserfolge der Sowjetmedizin beruhen v. a. auf intrakardialer Injektion v. Blut mit Sauerstoff, Traubenzucker u. Adrenalin. Weltbekannt ist die W. des russ. Soldaten Tscherepanoff, der am 3. März 1944 während einer Operation starb. Atmung u. Herztätigkeit waren erloschen, der klin. Tod somit festgestellt. 3½ Minuten später gelang eine dauernde W. Können nur Atmung u. Kreislauf wieder in Betrieb gesetzt werden, so ist eine „Reanimation" nur ein verlängertes Sterben, das unweigerlich in den absoluten Tod übergeht. Entscheidend f. das Gelingen einer W. ist der Zustand der Nervenzellen der Hirnrinde. Der Mensch stirbt, weil entweder Gehirn, Lungen od. Herz versagen. Dadurch werden tausende v. an sich noch durchaus lebensfähige Zellen zum Tod verurteilt (der auf dem elektr. Stuhl Hingerichtete stirbt, weil der Herzstillstand zum Unterbrechen des Blutkreislaufes geführt hat). Wenn es gelingt, vor Absterben der Nervenzellen das innere Milieu der Gewebe durch Wiederinbetriebsetzung v. Kreislauf u. Atmung erneut ins Gleichgewicht zu bringen, so kann eine W. dauernden Erfolg haben. Der Mensch der sich dem Arzt anvertraut hat oder in dessen Obhut gegeben wurde, hat auch im bewußtlosen Zustand als Patient Recht auf ärztl. Behandlung u. Hilfeleistung, solange auch nur ein wenig ↗ Hoffnung auf Lebenserhaltung besteht. Fa

Lit.: H. Linser, Das Problem des Todes (1952); A. Faller, Sterben u. Tod in naturwissenschaftl. Schau. Arzt und Christ 5 (1959) 149—153; H. v. Kress, Das Problem des Todes. In: Handb. allg. Pathologie Bd. 1 205—231 (1969); W. Krösl/ E. Scherzer, Die Bestimmung des Todeszeitpunktes (1973).

Wille. W. wird psych. ein *Streben* genannt, über dessen Ziel man sich klar ist u. zu dessen Erreichung man die Handlung auszuführen beabsichtigt. Je schwerer sich das Ziel erreichen läßt, in desto höherem Grade erhält das genannte Streben den Charakter des W.s. In populärer Weise sagt man v. einem Menschen, der eine schwierige Aufgabe zielstrebig bewältigt hat: „Er hat einen starken W.n!", während man einen Menschen, der dauernd in seinem Streben scheitert, als „willensschwach" bezeichnet. In diesem Zusammenhang ist es wichtig zu betrachten, was unter *W.sbildung* od. *W.sschulung* zu verstehen ist. Der Prozeß der W.sschulung ist ein ausgespr. sozialer Vorgang, d. h., er hängt v. der mitmenschl. ↗ Umwelt ab. Das unreife ↗ Kind ist in seinem zielgerichteten Wollen stark abhängig v. Eltern, Erziehern etc. Der jugendl. Mensch soll durch W.sschulung dazu gebracht werden, Mittel, Wege u. Ziele des eigenen Handelns selbst zu bestimmen. Das Rezept f. die W.sschulung in den Erziehungsbüchern der Vergangenheit hieß „W.straining". Dem Zögling wurde etwa empfohlen, best. asket. Übungen wie ↗ Gebet, ↗ Fasten, Schweigen, Entzug v. Schlaf, etc. regelmäßig konsequent zu üben, um so — analog zum Muskeltraining — seine W.skraft zu stählen. Bei dieser Art v. W.sschulung, in der der W. verdinglicht wird, gab es f. den Erzieher oft rätselhafte Versager, da er ein wesentl. Moment der W.skraft übersehen hatte, nämlich das der ↗ Motivation. Was dem W.n die Zielstrebigkeit u. Dynamik gibt, das ist die geistige Kraft der *Motive*. Diese Motive liegen dem W.sakt voraus u. sind etwa im ↗ Charakter od. in der menschl. Überzeugung eines Menschen grundgelegt. W.sschulung bedeutet darum *Motivbildung*. Beim Jugendlichen geschieht das etwa durch die Herausstellung v. ↗ Leitbildern, die dann zur ↗ Identifizierung mit der Wertwelt der Vorbilder führen, beim reifen Erwachsenen bestehen die ↗ Werte unabhängig v. Vorbildern u. sind zur eigenen Überzeugung geworden. Nur wenn also in der Erziehung mit der W.sschulung zugleich ein Motiv, ein Beweggrund, vermittelt wird, kann die Übung als sinnvoll u. im eigentl. Sinn als erzieherisch angesehen werden. Ein Mensch, der begeistert ist v. einer Sache od. der v. einer großen ↗ Liebe zu einem anderen Menschen erfüllt ist, überwindet die größten Schwierigkeiten, ohne zu ermüden. Stv

Lit.: J. Lindworsky, Der Wille. Seine Erscheinung u. seine Beherrschung (1923); W. Arnold, Person, Charakter, Persönlichkeit (³1969).

Willensfreiheit ↗ Freiheit ↗ Wille

Wohlfahrtspflege ↗ Sozialarbeit

Wohlstandsverwahrlosung ↗ Verwahrlosung ↗ asozial

Wohnen. Die Wohnungsfrage ist v. a. ein städtisches Problem: dies bedeutet, daß es seit dem Entstehen der heutigen Großstädte bedeutsam ist. Gleichzeitig aber muß betont werden, daß auch die antiken Weltstädte od. die Städte des Barocks Wohnprobleme aufwiesen — allerdings in anderen Größenordnungen. Im Frühkapitalismus entstand durch die Anhebung der Lebenserwartung u. die zunehmende ↗ Industrialisierung eine bis heute anwachsende Verstädterung: so entwickelte sich beispielsweise die Bevölkerung Wiens v. 440.000 Ew. des Jahres 1840 innerhalb v. 80 Jahren auf etwa 2,1 Millionen des Jahres 1917.

Die Expansion der Großstädte wurde häufig v. Kapitalgesellschaften getragen, die die eindeutigen Nutznießer des Spekulationsbooms waren, die aber durchaus im Gegensatz zu den traditionellen „Hausherrn", den mittelständischen Hausbesitzer-Rentiers standen. So sind hunderttausende Wohnungen entstanden (allein in Wien 450.000), die noch heute einen wesentl. Teil des Wohnungsbestandes europäischer Großstädte darstellen. Dadurch entstand ein Angebot v. Klein- u. Kleinstwohnungen, das bis zu vier Fünftel des Wohnungsbestandes der Vororte ausmachte. Die Belegung der Wohnungen (d. h. Anzahl der Personen pro Wohnung) ist umgekehrt proportional zur Wohnungsgröße gewachsen: z. B. hatten 1910 über 330.000 Wiener keine eigene Wohnung, davon waren 66.000 „Bettgeher", d. h. Personen, die kein eigenes Untermietzimmer hatten.

Die Lösungsversuche des Wohnungsproblems seither bestanden zu einem überwiegenden Teil darin, einerseits die Gestehungskosten der Wohnungen seitens der öffentl. Hand (wenigstens) partiell zu übernehmen, bzw. andererseits steuerl. Anreize zu bieten. Erreicht wurde dadurch zweierlei: zum einen konnten die Wohnungen teilweise in die staatl. od. kommunalen Infrastrukturleistungen übernommen werden (u. dadurch konnte der Kostendruck auf den Lohn- u. Gehaltssektor f. die Wirtschaft gesenkt werden) u. zum anderen wurden Anreize zu einer verstärkten Sparaktivität geschaffen (in beiden Fällen konnten so durch die Bauwirtschaft konjunktursteuernde Impulse gesetzt werden).

Das baul.-räuml. Wohnungsangebot ist durch eine Vielzahl v. Teilmärkten gekennzeichnet. F. die einzelnen Nachfragergruppen ist in der Regel nur ein einzelner Teilmarkt zugänglich, wobei die entscheidende Zugangsdeterminante in der finanz. Leistungsmöglichkeit zu sehen ist. Fest steht, daß die jeweils genutzte Wohnung des Individuums keinen direkten Schluß auf dessen obj. od. strukturelle Wohnbedürfnisse, Wohnanforderungen u. Wohnzufriedenheit zuläßt. Vielmehr ist an die Stelle der Wohnungswahl nach (in den Wohnungsanforderungen formulierten) Kriterien v. Wohnungszuweisungen zu sprechen, die häufig Positions- u. Statuszuweisungen in der Reproduktionssphäre gleichkommen. Insofern ist das ↗ Verhalten des einzelnen bei der Wohnungswahl als ↗ Konsumverhalten, als sozialer Prozeß zw. Produzenten, Handel u. Konsumenten zu charakterisieren. Entscheidend dabei ist die Beachtung der Rückwirkung des Angebotes auf die Wohnungsanforderungen, wobei empir. belegbar ist, daß der Grad der ↗ Anpassung insofern zunimmt, als eine tendentiell steigende Übereinstimmung insofern festzustellen ist, als sich die subj. Wohnungsanforderungen den tatsächl. verfügbaren Wohnungen anpassen. Daraus schichtspezif. Wohnbedürfnisse ableiten zu wollen, ist nicht vertretbar. In der polit. Debatte wurde die These vertreten, die Wohnungen seien keine Ware, sondern ein Kulturgut, „entsprechend" zu wohnen, sei ein Grundbedürfnis, auf dessen Befriedigung jeder einzelne ein Recht habe. Demgegenüber sind die Maßnahmen der öffentl. Hand dadurch gekennzeichnet, daß die v. ihr geförderten Wohnungen überwiegend in den unteren Wohnungsgrößenklassen zu finden sind u. eine zunehmende Reprivatisierung der Gestehungskosten f. die Wohnungen des Sozialen Wohnungsbaues festzustellen ist. (So wurde z. B. v. der Gemeinde Wien in der Zwischenkriegszeit aus den Mitteln einer Wohnbausteuer „a fonds perdu" Wohnbauten erstellt, deren Mieter nicht f. die Gestehungskosten, sondern lediglich f. die Betriebskosten aufzukommen hatten. Baukostenzuschüsse sind heute dagegen bei Mietwohnungen obligatorisch). Damit steht der Wohnungssuchende wieder vor den meist finanz. Barrieren der einzelnen Teilmärkte, was häufig dazu führt, daß die finanz. weniger potente Bevölkerung der unteren Mittelschicht u. der Unterschicht relativ teure Wohnungen mit niedrigem Standard bewohnt u. (auf diesen Teilmarkt beschränkt) bei etwaigem Wohnungswechsel die bestehende „Notlösung" meist endgültig wird.

Angesichts obiger ökonom. Determinanten werden v. den Planern folgende Überlegungen angestellt: die Anforderungen an die Größe der Wohnung ist zunächst abhängig v. der Größe der Wohngruppe (↗ Familie, ↗ Großfamilie, ↗ Gruppe). Der gegenwärtige Planungskonsens (der jedoch nicht bezüglich der Realisation feststellbar ist) sieht f. jede Person ein Individualraumangebot vor, jedes Individuum kann einen abgeschlossenen Raum f. sich beanspruchen. Darüber hinaus ist ein Gruppenraum (z. B. Wohnzimmer) anzubieten. Sowohl das konventionelle Schlafzimmer, das es meistens der ↗ Frau unmöglich macht, einen eigenen Individualraum f. sich zu beanspruchen, als auch die in der Planung festgelegte Größe des Kinderzimmers (im Durchschnitt 10—15 m²) widerlegen in der Praxis die Planungsvorstellungen. Vielfach ist die Größe des Kinderzimmers ein Grund f. die Wohnungsmobilität. Spätestens mit Beginn der ↗ Pubertät sinkt die Zumutbarkeit des Mehr-Personenbelages v. z. B. 15 m²-Räumen. Diese Belagszahl hemmt nicht nur die Persönlichkeitsentwicklung, sondern führt auch zu ernstzunehmenden ↗ Konflikten.

Der Planerkonsens bezüglich der Anforderungen an den Grundriß der Wohnung geht weiters dahin, jeden Raum einzeln begehbar zu halten u. somit Durchgangszimmer zu vermeiden. Die durchschnittl. Wohnungsgröße f. Neubauwohnungen soll 1980 90 m² betragen, wenngleich sie derzeit bei ca. 76 m² Durchschnittsgröße der Neubauwohnungen eher stagniert. Erst dann kann erwartet werden, daß obige Anforderungen auch Berücksichtigung finden.

Raumangebote (wie z. B. Wohnungen) werden grundsätzl. nach geplanten Nutzungen konzipiert. Im Zeitablauf (z. B. Familienzyklus) ändern sich allerdings die Nutzungsbedürfnisse u. damit die Wohnanforderungen. Hier erweist es sich als zweckmäßig, das Wohnraumangebot als nutzungsneutral zu planen, um damit die Flexibilität der Wohnnutzungen zu ermöglichen. Die daraus resultierenden Anforderungen an die technolog. Struktur der Wohnung zeigen sich in der Flexibilität der wohnungsinternen Trennwände. Variabilität bezeichnet die baul.-räuml. Möglichkeit, auf Nutzungsänderungen durch Vergrößerung od. Verkleinerung der Wohnung selbst zu reagieren.

Da die Wohnungsgröße u. die Anzahl der Räume mit der Schichtzugehörigkeit, d. h. mit dem Status der Gesamt-Wohnungsgruppe korrelieren, so korreliert die gruppeninterne Raumaufteilung mit dem Status innerhalb der Wohngruppe (Familie): Vergleicht man das Raumangebot, das den ↗ Vätern (v. deren Zeitbudget ein vergleichsweise geringer Teil auf die Wohnung entfällt) u. den ↗ Kindern (v. deren Zeitbudget ein vergleichsweise großer Teil auf die Wohnung entfällt) zur Verfügung steht, so sind die Kinder in der Regel deutlich benachteiligt. Diese Raumaufteilung korreliert hoch mit dem Gruppenstatus u. deutlich negativ mit der tatsächl. Nutzung, gemessen am jeweiligen Anteil des Zeitbudgets.

Die Prestige-Orientierung der Benutzer (↗ Prestigedenken) ist gleichfalls bei der *Wohnungsausstattung* zu beobachten. So liegt z. B. in der Reihenfolge der Neumöblierung der Räume einer Wohnung das Kinderzimmer an letzter Stelle. Demgegenüber zeigt sich, daß das Wohnzimmer am stärksten die Befriedigung des Repräsentations- u. Prestigebedürfnisses nach außen gewährleisten muß. Daß die Möblierungskosten häufig weit die Gestehungskosten (-zuschüsse) der Wohnung selbst übersteigen, weist unter anderem auf zwei Phänomene hin: zum ersten ist eine zunehmende Einbeziehung der Innenarchitektur in den Warenkreislauf der Möbelindustrie zu konstatieren, die zeitl. Intervalle der Neumöblierung werden kleiner u. die Prestigeorientierung v. Modeführern der Aufsteigergruppe an den Möblierungsintervallen diffundiert zusehends. Zum zweiten ist die Hypothese zu erwähnen, daß der Verlust jeder Planungsmöglichkeit der Benutzer bezüglich der Wohnung selbst die Valenz (subj. Wertigkeit) der Gestaltung des Wohnungsinneren durch Möblierung erhöht hat. Dieses Prestigebedürfnis u. der hohe Privatheitsgrad der Wohnung haben u. a. ein zunehmendes individualist. Konkurrieren um die Konsumartikel des Reproduktionsbereiches verursacht. Ob die Kooperations- u. Solidarisierungsanforderungen, die aus dem Bereich der unmittelbaren Wohnumwelt u. den hier notwendigen Einrichtungen der sozialen Infrastruktur an die Benutzer gestellt werden, ob diese Anforderungen das Privatisierungsausmaß zu reduzieren imstande sind, bleibt abzuwarten. Zweifellos wird die Wohnqualität selbst immer mehr an der Qualität der Wohnumwelt gemessen (↗ Lebensqualität). Die schichtspezif. Aggregierungen nach Wohnquartieren korrelieren mit Standortfaktoren wie Qualität der Wohnumwelt, Erreichbarkeit, ↗ Image des Gebietes, Wohnungsqualität im engeren Sinn u. ä., wobei diese Einflüsse sich im Bodenpreis, in der Miethöhe, den traditionellen Konsumenten- u. Gewinnergruppen niederschlagen.

Inwieweit die wohl im Bereich der Produktion in Durchsetzung befindl. Forderung der Mitbestimmung auch im Planungsprozeß des Reproduktionsbereiches, z. B. im Bereich des Wohnungsbaues od. der Stadtplanung zu polit. bedeutsamen Forderungen artikuliert wird, kann im gegenwärtigen Stadium noch nicht beurteilt werden.   Rudolf Dirisamer

Lit.: G. Meyer-Ehlers, Wohnung u. Familie (1968); dies., Raumprogramme u. Bewohnererfahrung (1971).

Wohngemeinschaftstherapie. Als Ausdruck eines Protestes gegen polit. Ohnmacht u. soziale Isolierung des einzelnen hatten sich Anfang d. 60er Jahre Studenten-Kommunen gebildet, die der kapitalist. Klassengesellschaft den Kampf ansagten. In der Annahme, daß diskriminierte Randgruppen (wie Fürsorgezöglinge, Haftentlassene, psychisch Kranke) f. den revolutionären Kampf bes. prädestiniert seien, wurden auch Wohnkollektive f. solche ↗ Minderheiten eingerichtet. Das Fehlverhalten ihrer Bewohner verstärkte sich jedoch durch die Möglichkeit, es polit. zu rationalisieren u. damit abzuwehren, u. führte zur Zerstörung der ↗ Gruppen.

Die multiple Lebensgemeinschaft als meth. Ziel der Kommunen wurde aufgenommen in der Idee der ↗ Großfamilien u. der W. — So entstanden therapeut. Wohngemeinschaften f. straffällig gewordene od. drogenabhängige Jugendliche u. f. Erwachsene mit neurot. od. psychot. Störungen. Die W. ist eine zeitlich befristete, koordinierte Hilfestellung zur Selbsthilfe, durch die die Bewohner v. a. ihre ↗ Verantwortung füreinander erfahren u. in einem sozialen Lernprozeß einüben können, um gemeinsam aus der ↗ Rolle der Passivität herauszufinden zu einer aktiven Lebensgestaltung. Die weitgehende Selbstverwaltung u. Mitbestimmung des gemeins. Lebens wird durch regelmäßige gruppendynam. u. psychotherapeut. Hilfe gestützt u. geregelt (↗ Gruppendynamik, ↗ Psychotherapie). Eine derartige therapeut. Wohngemeinschaft soll 1. dem einzelnen genügend Kontakt u. persönl. Lebensraum ermöglichen, 2. den einzelnen in seiner ↗ Selbstverwirklichung stärken durch den klärenden ↗ Dialog u. ihm Halt geben durch einsichtige Gruppennormen (↗ Normen), 3. Störungen in der ↗ Sozialisation ihrer Bewohner überwinden helfen, die bisher deren Verselbständigung erschwert od. verhindert haben, 4. die Wirksamkeit ihrer Bewohner nach außen hin verstärken, so daß sie mehr erreichen können als jeder f. sich allein. Die bisherigen Erfahrungen deuten daraufhin, daß die W. mit geringerem personellen u. finanziellen Aufwand einen befriedigenderen Therapieerfolg in der ↗ Rehabilitation v. psychisch gestörten Menschen erzielen kann als Übergangswohnheime u. ähnl. Einrichtungen. Rf

Lit.: W. Ruff u. a., Die therap. Wohngemeinschaft, in: Gruppenpsychotherapie u. Gruppendynamik 7 (1973) 195—214.

Wunderheilungen. W. werden aus allen Zeitaltern u. Kulturkreisen berichtet. Die folgenden Ausführungen müssen sich auf die W. im Christentum beschränken. Im NT werden v. Jesus therapeut. Handlungen erzählt, die den Eindruck erwecken, hier geschehe etwas „praeter ordinem totius naturae creatae" (außerhalb der Ordnung der ganzen geschaffenen ↗ Natur", Thomas v. Aquin, 1225—1274), ein „miraculum" (Wunder), das sich eben durch seine „Naturwidrigkeit" v. einem „mirabile" (staunenerregendem Ereignis) unterscheidet. An der Behauptung, es gebe Geschehnisse, die „die Naturgesetze durchbrechen", scheiden sich die Geister. Als Begründung wird bei Zustimmung der Allmacht Gottes angegeben, bei Ablehnung die lückenlose Gültigkeit des Kausalzusammenhangs (↗ Ursache—Wirkung). Das Kausalprinzip ist aber nur ein „Denkgesetz", das uns die Erscheinungswirklichkeit ordnet, keine notwendige Gegebenheit in der „Wirklichkeit an sich" (Immanuel Kant, 1724—1804). Wer wegen dieses bloßen Denkgesetzes annimmt, daß die ganze Wirklichkeit ein in sich völlig determiniertes System sei, spricht ebenso ein direkt weltanschaul. Urteil aus wie derjenige, der aufgrund der Allmacht Gottes an dessen direktes Eingreifen bei Wundern glaubt. Die Glaubensüberzeugung, daß Jesus v. Nazareth als Repräsentant der Allmacht Gottes solche Wunder vollbracht hat, bedeutet nicht, daß alle W.s-Berichte der Bibel u. aus der Kirchengeschichte kritiklos als exakte Protokolle über histor. Tatsachen aufgefaßt werden müssen. Die Heilungswunder Jesu sind nach seinem eigenen Zeugnis Zeichen 1. des messian. Siegers über den widergöttl. Feind, 2. der unbedingten Gottesherrschaft hier u. jetzt im Geschehen des Wunders, 3. der unverdienten göttl. Gnadenzuwendung. Das sind auch die Kriterien zur Beurteilung v. W. in der Christenheit. Auch die Heilungswunder entspringen dem souveränen Willen Gottes, können also nicht durch menschl. Methoden (etwa „Gesundbeten") erzwungen werden; sie sind nicht abhängig v. best. Menschen (z. B. „Heilungsevangelisten"). Wie in diesem Zusammenhang vor schwärmerischer Wundersucht gewarnt werden muß, die oft bei Kranken bitterste Enttäuschung zur Folge hat, so auch umgekehrt davor, alle W. Jesu u. seiner Jünger im Laufe der Kirchengeschichte bloß als Suggestivwirkungen auf psychische od. psychosomat. Störungen (bei Fernheilungen etwa auf parapsych. Weg) mißzuverstehen. Schi

Lit.: A. Deroo, Lourdes (1958); Wilhelm Bitter, Magie u. Wunder in der Heilkunde (1959); Andre Sonnet, Wunderheiler u. Heilwunder (1960); Wilhelm Pressel, Heilung durch Glauben ohne Arzt u. Medizin? (1960); Adolf Köberle, Heilung u. Hilfe (1968).

Yoga. Der Ausdruck ist aus der Sanskritwurzel *yug* entwickelt, die zu den Wortbedeutungen v. „verbinden", „vereinigen" führt. Als Fachausdruck aus dem rel. Schrifttum der Hindus wird Y. f. die Vereinigung des Menschen mit dem göttl. Wesensgrunde verwendet. Der Hatha-Yoga befaßt sich physiolog. mit intensiven Körperübungen u. Atemtechnik. Seine Anfangsgründe sind unserer Gesundheitsgymnastik vergleichbar. Das Ziel ist ein „reiner" u. beherrschter Körper. Die vier klassischen indischen Y.-Wege sind: *Karma*-Y., *Bhakti*-Y., *Jnana*-Y., *Raja*-Y. Die Hindu-Tradition lehrt diese Y.-Pfade als Einzelmethoden. Wer sie jedoch gekoppelt übt, befindet sich bereits auf dem letzten, dem „königl." Pfad des Raja-Y. Ziel des Y. ist das Erreichen des „Samadhi", der Erleuchtung.

Y.-Praktiken, wenn durch einen verantwortungsbewußten Meister („Guru") vermittelt, führen zu Bewußtseinserweiterung (↗ Psychedelik), u. U. auch zu einer erwünschten Vertiefung der rel. Lebenshaltung. Unter verfehlten Voraussetzungen besteht jedoch die Gefahr v. modernem ↗ Religionsersatz u. Scheinbefriedigung des menschl. Heilbedürfnisses (↗ Ersatzbildung ↗ Sektenbildung). Sa

Lit.: M. Eliade, Yoga (1936); P. J. Saher, Indische Weisheit. Lebensweisheit u. kreative Mystik (1971); K. Becsi, Das indische Zeitalter (1973); E. Stürmer, Der Yoga-Report (1974).

Zauber ↗ Magie

Zen. Z. kommt vom ind. Wort ‚dhyana' ↗ Meditation. Religionswissenschaftl. gesehen gehört Z. dem Mahayana-Buddhismus an. V. den erst später entstandenen Sekten finden wir in Japan gegenwärtig Soto, Rinzai u. Obaku. Z. lehrt, daß der ↗ Glaube an die Buddhalehre allein nicht genügt. Sie muß erfahrungsmäßig erfaßt werden. Das geschieht in der Erleuchtung, zu der man durch die Z.-Meditation (Zazen) kommt. Aber dieses Erlebnis bringt nicht sofort die vollkommene Befreiung (v. der Wiedergeburt) u. den Eintritt ins Nirvana mit sich. Es muß durch weiteres Meditieren u. entspr. ↗ Verhalten im tägl. Leben ausgewertet werden. — Das Zazen besteht darin, daß man in einer best. ↗ Haltung auf dem Boden sitzt, Tiefatmung tätigt u. sich bemüht, v. allen Gedanken frei zu werden. Um das zu erreichen, konzentriert man sich auf den Atem od. ein Koan (unlösbares Problem) od. „sitzt einfach", ohne sich um irgend etwas, das außerhalb od. im eigenen Innern geschieht, zu kümmern. Weiterhin ist die Leitung durch einen Z.-Meister v. größter Wichtigkeit. Wirkungen des Zazen sind außer der Erleuchtung die „Meditationskraft" u. die „Einsicht". Die erstere ist die Fähigkeit, die „Zerstreuungen des Geistes" abzustellen u. seel. Gleichgewicht u. Ruhe herzustellen. Das bedeutet einen Zuwachs an innerer ↗ Freiheit, Gelassenheit u. Erhöhung der Konzentrationskraft. Z. ist nicht untätige Passivität, sondern fördert erfahrungsgemäß jede Berufsarbeit. Unter Einsicht versteht man die intuitive Erkenntnisfähigkeit. Sie hilft, die Wirklichkeit zu sehen, wie sie ist, u. nicht, wie man wünscht, daß sie sei, ohne v. ↗ Vorurteilen behindert zu sein. So führt sie zur Erleuchtung, die auch „Wesensschau" genannt wird. — Zur Meditation kommen im Z. die Künste od. „do-s" (Wege): Teezeremonie, Blumenstecken, Bogenschießen, Fechten, Ringen u. a. Sie alle atmen den Geist des Z. u. haben viel zu seiner Popularität beigetragen, da sie leichter zu vollziehen sind als das strenge Zazen. Die Wirkungen des Z. gehen bis tief in das tägl. Leben u. beeinflussen auch die mitmenschl. Beziehungen. Kein Wunder, daß es auch im Westen viele Anhänger gefunden hat. — Bezügl. Übung des Zazen durch Christen: ↗ Meditation. Ls

Lit.: H. Enomiya-Lassalle, Zen-Weg zur Erleuchtung (⁴1972); E. Stürmer, Zen-Zauber oder Zucht? Ein Bildbericht (1973); H. Enomiya-Lassalle, Zen f. Christen (1973).

Zeremoniell, neurotisches ↗ Ritual ↗ Zwangssymptom

Zivilisationsschäden. Zunächst denkt man natürl. an direkte Schädigungen, die durch die techn. Welt (↗ Technik), welche unsere Zivilisation hervorgerufen hat, bedingt sind (jede nur vorstellbare menschl. Situation *muß* ihre negativen, gefährl. Seiten haben!): das Übermaß an Reizen auf allen Sinnesgebieten (↗ Reizüberflutung, ↗ Lärm), die Änderung der ↗ Arbeits-Situation (Monotonie des Fließbandarbeit, unpersönl. Bürokratie), die Verwüstung des natürl. Lebensraumes (Luftverschmutzung — f. best. Berufe u. bei best. Krankheitsneigungen bereits verhängnisvoll; Gefährdung des Wassers, das kaum mehr in ausreichendem Maß u. in guter Qualität zu erhalten ist; überhaupt Schwinden der Rohstoffquellen der Erde mit beängstigender Geschwindigkeit; vgl. Meadows — „Grenzen des Wachstums"). Aber es wirkt sich gerade die Erleichterung unserer Lebenssituation verhängnisvoll aus, im kleinen u. im großen: die konzentrierte u. überfeinerte Nahrung verlangt dem Darm keine ↗ Leistung ab — chron. ↗ Obstipation ist die Folge; die weithin herrschende Überernährung u. die daraus folgende ↗ Fettsucht führen zu vielen ↗ Krankheiten u. verkürzen die Lebenserwartung des Zivilisationsmenschen beträchtl.; die weitgehende Erleichterung der körperl. Arbeit — nunmehr v. der Maschine geleistet — läßt durch Nicht-Beanspruchung Muskulatur u. Kreislauffunktionen verkümmern, das „Faulenzerherz" des modernen Menschen, bei gesteigertem psychischem ↗ „Streß", versagt durch Herzinfarkt oft früher als das des schwer körperl. Arbeitenden, so wie auch die Haltungsschäden durch Mangel an körperl. Betätigung schon bei ↗ Kindern ungemein häufig geworden sind; weithin herrscht eine „Luxus-↗Verwahrlosung", die zur Herabsetzung jeder Wunschdynamik u. jeder kraftvollen ↗ Aktivität, zu einer Frustrationsintoleranz — u. damit zu einer Schwächung der Persönlichkeit führt: „Damit schwindet die Fähigkeit des Menschen, jene ↗ Freude zu erleben, die nur durch herbe Anstrengung beim Überwinden v. Hindernissen gewonnen werden kann. Der naturgewollte Wogengang der Kontraste v. Leid u. Freude verebbt in unmerkl. Oszillationen namenloser Langeweile" (K. Lorenz). Die ↗ Überbevölkerung v. a. der Zivilisationsländer beengt nicht nur den Lebensraum, so daß die Ernährung der Menschenmassen schon in der nächsten Zeit zu einem sorgenvollen Problem wird, sondern sie führt gerade durch das Überangebot an sozialen Kontakten die Menschen dazu, sich gegeneinander abzuschirmen, sie löst ↗ Aggressionen aus, läßt die Menschen, bes. die Alten u. die ↗ Behinderten, in erschreckender Weise vereinsamen (↗ Vereinsamung). Die Menschen werden auch immer leichter indoktrinierbar u. manipulierbar (↗ Manipulation), was große Gefahren f. die geist. u. die polit. ↗ Entwicklung mit sich bringt. ↗ Erziehung zu krit. Denken, zur Verinnerlichung, zu sozialem ↗ Gewissen sind die einzigen Möglichkeiten, die modernen Bedrohungen zu meistern. As

Lit.: K. Lorenz, Die acht Todsünden der zivilisierten Menschheit (1973); D. Meadows, Die Grenzen des Wachstums (1973).

Zölibatspflicht. Pflicht zur ↗ Ehelosigkeit, die die röm.-kath. ↗ Kirche ihren Priestern auferlegt u. die der freien Verfügbarkeit des Priesters f. die Sache Gottes dient. Anthropolog.: zölibatäres Leben ist *eine* Form der Verwirklichung des Humanum in der Offenheit f. Gott. Die Instinktenthobenheit des Menschen gibt seinen personalen Kräften die grundsätzl. ↗ Freiheit im Umgang mit seinen ↗ Anlagen u. ↗ Trieben. Menschl. ↗ Reifung heißt nicht, daß alle Anlagen vollkommen entfaltet werden müssen. Je nach der Schwerpunkt-Differenzierung aus Anlagen, ↗ Erziehung u. ↗ Bildung werden nur wenige Potenzen entfaltet. Die Weiterreifung beim Erwachsenen wird angeregt v. Interessen u. Engagements aus Beruf u. ↗ Familie. Wer nicht ↗ Vater od. ↗ Mutter wird, kann andere Richtungen der menschl. Reifung verwirklichen, z. B. in einem Engagement f. einen caritativen od. seelsorgl. Beruf. Je umfassender das Engagement ist, um so mehr müssen die dazu benötigten Energien v. den vitalen Triebbereichen abgezogen werden, die v. ↗ Natur her eine kräftige Energie-Ausstattung besitzen (z. B. Arterhaltungstrieb). Ein Ehemann u. Familienvater, der zudem beruflich etwas leisten muß, kann ein so totales seelsorgl. u. rel. Engagement, wie es v. der Kirche als ↗ Ideal angesehen wird, nicht aufbringen. Ganz Priester u. zugleich guter Ehemann zu sein, ist nur dann möglich, wenn a) das pastorale Engagement nur einen Bruchteil der Zeit u. Kraft des betr. Mannes beansprucht (nebenberufl. Priester); od. wenn b) das priesterl. Engagement erst zu einer Zeit verwirklicht wird, in der die personale Reifung in ↗ Ehe u. Vaterschaft so weit fortgeschritten ist, daß Energien v. den Trieben abgelöst u. f. das priesterl. Engagement zur Verfügung gestellt werden können, ohne ↗ Frustrationen zu verursachen („viri probati"). So ist der Zölibat f. denjenigen zumutbar, der sich seelsorgl. u. rel. f. andere Menschen total engagieren will. Zölibatäres Leben aus reifer ↗ Entscheidung ist anthropolog. sinnvoll u. weder naturwidrig noch schädlich. ↗ Berufung ↗ Ehelosigkeit ↗ Enthaltsamkeit ↗ Sublimierung ↗ Seelsorger Vo

Lit.: F. Böckle (Hrg.), Der Zölibat (1968).

Zoophilie. Z. bezeichnet heute — anstelle des früheren, vieldeutigen Begriffs Sodomie — den sex. Kontakt v. Menschen mit ↗ Tieren, der bis zum Geschlechtsverkehr gehen kann. Sie wird zu den ↗ Perversionen gerechnet, gilt aber in der BRD u. DDR nicht mehr als ↗ Sexualdelikt. Im allg. wird Z. nur bei deutl. Geistesschwäche (↗ Schwachsinn) ohne Möglichkeit zu anderen ↗ Geschlechtsbeziehungen beobachtet. Z. kann als sex. Ersatzhandlung gelegentl. auch bei Jugendlichen auf dem Land während der ↗ Pubertät, bei alkoholbedingter ↗ Enthemmung u. ↗ Verwahrlosung, sowie bei vereinsamten Frauen, die mit ihrem Hund leben, vorkommen (↗ Vereinsamung). Rf

Zufall. Vereinzeltes Geschehen od. Faktum, das sich jeder kausal od. final bestimmbaren Notwendigkeit zu entziehen scheint. In der Wissenschaft oft Ausdruck der Unwissenheit, im Leben als Vorform des ↗ Schicksals wird der „Glaube" an den Z. v. der christl. Religion abgelehnt (↗ Aberglaube) u. im Vorsehungsglauben aufgehoben.

Zukunft. Die Zeitstufen Vergangenheit, Gegenwart u. Z. beziehen sich im menschl. Erinnerungs- u. Hoffnungsvermögen gegenseitig aufeinander. Das erhoffte u. geplante Zukünftige kann aus der Erinnerung an Vergangenes u. aus der Analyse der Gegenwart entworfen werden. Gleichzeitig werden Erinnerung u. Analyse aber v. den Erwartungen u. Befürchtungen des Menschen u. v. seinen gegenwärtigen Interessen bestimmt. In der Erinnerung an die christl. Tradition kommt der Z. eine dominierende Rolle zu, weil die Erinnerung an das Christusgeschehen den Sich-Erinnernden über sich u. seine gegenwärtige Situation hinaus auf die Z. der Menschheit verweist. Erinnert sich der Mensch an die Auferstehung Jesu (↗ Auferstehungsglaube), so wird diese Erinnerung zur ↗ Hoffnung, weil die Auferstehung Jesu als unabgeschlossene Verheißung an die allgem. Totenauferstehung gebunden ist (vgl. 1 Kor 15). Die Z. Christi ist daher immer zugleich die Z. der Menschheit. Die Erinnerung an die Auferstehung Jesu eröffnet also die Hoffnung auf das zukünftige Heil u. Leben f. die leidende Menschheit, allerdings nicht in einer Nach-Zeit, Hinter-Welt od. Übergeschichte, sondern mitten in dem harten Erdreich des Jetzt. Die verheißene heilvolle Z. der Menschheit bestimmt das gegenwärtige ↗ Verhalten u. Handeln der Menschen. Die Z. kann dann nicht mehr der Ort sein, in den der Mensch — sich selbst vertröstend — seine Hoffnungen projiziert, sondern sie wird als verheißene Vollendung der Geschichte zum Anreiz f. das Verhalten im hiesigen Dasein. Um diesen Sachverhalt prägnant zu beschreiben, spricht man v. der Gegenwart des kommenden Christus. Als gegenwärtiger, der sich mit dem Elend nicht versöhnt, sondern mit den Menschen als seinen Mitarbeitern f. das Heil der Leidenden kämpft, bleibt Christus der Kommende. Als Kommender bestimmt er die Z. der Menschheit u. hält sie zugleich offen. Er bestimmt die Z., indem er den Leidenden ↗ Heilung u. Heil verheißt. Er hält die Z. offen, indem er dem Menschen, der als Entwerfer seiner Z. zum unterworfenen Knecht seiner Handlungen wird, die Möglichkeit dafür eröffnet, daß der ↗ Zwang zur selbstproduzierten Z. nicht das Maß der Z. der Menschheit sein muß. Das ↗ Sterben des Menschen beginnt in dem Moment, in dem er seine Hoffnungen auf das jetzt noch Unerwartete (= Z.) verliert. Die Z. wird ihm in der Erinnerung an das Christusgeschehen wieder eröffnet, indem es dem Menschen in der gegenwärtigen Praxis möglich wird, sein ↗ Leiden offen auszudrücken (↗ Utopie, ↗ Zukunftsforschung). Hi

Lit.: J. B. Metz, Zur Theologie der Welt (1968); W. D. Marsch, Zukunft (1969).

Zukunftsforschung. Z. (bzw. Futurologie) bezeichnet das wissenschaftl. Interesse daran, die polit., sozialen u. wirtschaftl. Folgen der ↗ Entwicklung v. Wissenschaft u. ↗ Technik vorausschauen u. planen zu können. Als Trendbetrachtung u. ↗ Prognose entwickelt sie die in der Gegenwart angelegten Grundrichtungen auf eine angebbare ↗ Zukunft hin. Als Planung bestimmt sie im Bereich v. Rüstung, Wirtschaft u. ↗ Bildung die gegenwärtige Politik. Leitend f. die inhaltl. Ausgestaltung der Z. aber sind ein jeweils indirekt vorausgesetztes ↗ Menschenbild u. die Interessen jener ↗ Gruppe, die Z. in Auftrag gibt bzw. betreibt. Geht man v. dem gegenwärtigen Interesse an Wirksamkeit u. Nützlichkeit (Profitmaximierung) aus, dann wird die Z. bestimmt v. dem ↗ Wert des Wachstums, wobei sie sich darauf beschränkt, Strategien zu entwerfen, die jene Krisen verhindern sollen, die die gegenwärtigen polit. u. ökonom. Systeme in Frage stellen könnten.

Läßt sich die Z. jedoch v. einem ↗ Menschenbild leiten, das den ↗ Wert des Menschen nicht im Plan- u. Machbaren aufgehen läßt, dann wird sie nicht nur vermeintl. Daten erheben u. Trends auswerten, sondern sie muß auch einen positiven utop. Zielentwurf (↗ Utopie) entwickeln. Stellt sich die Z. nicht das expansive Wachstum zur Aufgabe, sondern die konkrete Zukunft f. die Unterprivilegierten u. Leidenden, dann wird der utop. Zielentwurf danach fragen müssen, welche Veränderungen der Realität (der polit. ↗ Macht-Verhältnisse u. der technolog. Planungsmethodik) möglich u. nötig sind, damit den Hoffnungslosen ↗ Gerechtigkeit widerfährt. Wird die Z. v. dieser sozialkrit. Zielvorstellung geleitet, dann werden zu ihren Themenkreisen primär gehören: Zukunftsstudien über die Welternährungslage, über den Konsumgütermarkt (↗ Konsumverhalten), die Entwicklung der Städte (↗ Wohnen), über die ↗ Rolle v. ↗ Kindern, Alten, Kranken u. ausländ. Arbeitskräften (↗ Ausländer-Seelsorge). Z. prüft dann die gegebenen Umstände unter dem Aspekt notwendiger u. erwünschter Veränderungen, wobei der sozialkrit. Horizont zugleich ein universaler (d. h. menschheitl.) ist, da die weltweite Verflechtungen der wirtschaftl. u. polit. Systeme darauf hinweisen, daß regional begrenzte Z. nur im Denkzusammenhang mit dem universalen Horizont einer Weltgesellschaft möglich ist (↗ Friedensforschung). Die negative Z., die das Überleben der Menschheit aufgrund des Tempos der Bevölkerungszunahme, der Erschöpfung der Rohstoffquellen u. der Umweltverschmutzung (↗ Umweltschutz) in Frage stellt, wird ergänzt durch die Z. der schöpferischen ↗ Phantasie, die Zukünfte erfindet, die ↗ Heilung u. Heil der Menschheit als möglich erscheinen lassen. Hi

Lit.: Zeitschrift „futurum". Zeitschrift f. Zukunftsforschung, hrg. v. O. K. Flechtheim, München (1970 ff); O. K. Flechtheim, Futurologie, der Kampf um die Zukunft (1970); H. Schipperges, Entwicklung moderner Medizin. Probleme — Prognosen — Tendenzen (1971); G. Altner, Schöpfung am Abgrund (1973).

Zumutbarkeit. Medizin. u. arzteth. angemessene Vertretbarkeit einer ärztl. Maßnahme, wobei sowohl die Gesamtsituation des ↗ Patienten wie auch die Möglichkeiten der ↗ Gesellschaft (↗ Kosten—Nutzen—Verhältnis) berücksichtigt werden müssen.

Zungenreden ↗ Glossolalie

Zurechnungsfähigkeit. Z., auch Zurechenbarkeit (lat. imputatio) ist inhaltl. der ↗ Verantwortung nahe. Z. besagt ein Urteil darüber, ob ein Mensch eine Tat begangen hat od. nicht (imputatio facti), ob er dabei in ↗ Bewußtsein u. ↗ Freiheit gehandelt hat (imputatio iuris) u. ob er darum die Folgen f. das Vollbrachte od. Unterlassene zu verantworten hat. V. der moral. Z. ist die *jurist.* deutl. zu unterscheiden. Dieser gibt es primär um die äußerl. feststellbaren Merkmale, die eine Tat od. Unterlassung als recht od. unrecht ausweisen. In den Volksrechten junger Völker treffen wir häufig die reine Erfolgshaftung: Wer nachweislich etwas Gesetzwidriges getan hatte, wurde automatisch f. schuldig erklärt u. f. alle Folgen der Tat haftbar gemacht. Je mehr man sich mit dem tieferen Sinn des Rechtes u. der Rechtssprechung befaßte, desto entschiedener zog man dann auch die Motive u. die Lebenssituation des Täters f. die Urteilsfindung in Betracht (vgl. heute etwa das je versch. Strafrecht f. Jugendliche u. Erwachsene, die psychiatr. Gutachten in Gerichtsprozessen, die Unterscheidung zw. Gesinnungstätern u. Tätern aus niedrigen Motiven!) — Die sittl. Z. setzt nicht erst mit vollendeter Tat od. nach geschehener Unterlassung ein, sie bewertet bereits das innerl. Vorhaben, den Plan zu einer Handlung, die willensmäßige Bereitschaft, etwas zu tun od. zu unterlassen. So stellt die versuchte ↗ Abtreibung, die aus irgendeinem, vom Täter nicht zu verantwortenden Grund erfolglos geblieben ist, f. die sittl. Z. dennoch eine schwerwiegende Verfehlung dar, während sie in der jurist. Z. u. U. wegen Mangels an Beweisen gar nicht relevant wird. F. die christl. Moralauffassung sind hier v. a. die prophet. Sprüche des Herrn in der Bergpredigt bedeutsam: Das

↗ Töten eines Menschen beginnt mit Verachtung u. ↗ Haß im Herzen (Mt 5,21 f), u. ehebrecherischen Charakter haben schon die ungezügelt begehrt. Blicke auf die ↗ Frau des Nächsten (Mt 5,27 f). — Weder nach den Maßstäben der jurist. noch der sittl. Z. gibt es die nach dem Zweiten Weltkrieg diskutierte Kollektiv-↗Schuld, wonach die Zugehörigkeit zu einem best. Volk bereits genügen soll, um jeden einzelnen f. die Untaten einer Regierung od. ihrer Helfershelfer rechtl. verantwortlich zu machen. Te

Lit.: W. Hardwig, Die Zurechnung. Ein Zentralproblem des Strafrechts (1957).

Zwang. Man unterscheidet *äußeren* Z. (im Rahmen v. ↗ Hospitalisierungs- u. Isolierungs-Maßnahmen bei unruhigen Geisteskranken, polit. Gefangenen u. allen Menschen, die v. einer ↗ Gesellschaft f. gefährlich gehalten u. meist als ↗ Minderheit angesehen werden) u. *inneren* Z. (Zustand innerer ↗ Nötigung, die sich in ↗ Antrieben, Gedanken, Gefühlen u. Handlungen äußert). Auftreten bei hirnorgan. Erkrankungen u. bes. bei psychiatr. Zustandsbildern; häufig auch auf dem Boden einer übergewissenhaften u. ängstl. Persönlichkeit als Z.s-↗Neurose (Syndrom mit zahlreichen ↗ Zwangssymptomen). — Z.s-↗Antriebe sind Antriebe, die gegen den ↗ Willen unabweisbar auftreten u. unsinnig erscheinen, in Art u. Richtung v. der ↗ Norm (qualitativ) abweichende ↗ Triebe. Z.s-Gedanken = sich gegen den Willen dem ↗ Bewußtsein aufdrängende Vorstellungen, die den Ablauf anderer Gedanken hindern u. als unsinnig erlebt werden. — Z.s-Handlungen = absurde, als sinnlos erlebte, aber nicht unterdrückbare Handlungen mit Verrichtungen in best. Reihenfolge (Z.szeremoniell) — mitunter begleitet v. der ↗ Angst, daß eine Störung dieser Reihenfolge jemandem Unglück bringen könnte (↗ Skrupulosität). ↗ Verhaltenstherapie möglich, ↗ Psychotherapie wenig erfolgreich, mittels ↗ Psychopharmaka Linderung möglich. Rt

Lit.: K. Schneider, Klinische Psychopathologie (1958); N. Petrilowitsch, Abnorme Persönlichkeiten (1960); V. E. von Gebsattel, Imago hominis (1964).

Zwangssymptom. Ein Z. liegt vor, wenn sich Denkinhalte od. ein Handlungsimpuls immer wieder aufdrängen u. nicht unterdrückt werden können, obwohl anerkannt wird, daß sie unsinnig sind. Wird dem Zwangsimpuls nicht nachgegeben, so stellt sich unerträgl. ↗ Angst ein. Patholog. ↗ Zwang äußert sich im Denken (Zwangsvorstellungen), im Bereich der Gefühle, ↗ Triebe u. Strebungen (Zwangsimpulse) u. im ↗ Verhalten (Zwangshandlungen). Im Gegensatz zu den Phobikern, deren Furcht sich immer auf die eigene Person richtet (↗ Phobie), werden Zwangskranke v. der Befürchtung verfolgt, daß irgendwelchen anderen Menschen, meist eigenen Familienangehörigen, ein Unglück zustoßen könnte, an dem sie selbst schuld seien. Zwangshandlungen dienen der Abwehr dieses Schuldgefühles im Sinne eines mag. Denkens (↗ Magie). Oft herrscht auch die Befürchtung, daß sie selbst einem Angehörigen etwas tun könnten. Die Schuldgefühle zeigen vielfach eine ambivalente Haß-Liebe-Einstellung mit schweren ↗ Aggressions-Neigungen, die bei einem starken moral. Zensor (↗ Über-Ich) aus dem ↗ Bewußtsein verdrängt werden. Häufige Formen v. Z. sind die allgem. *Grübelsucht* über Gott, den ↗ Lebenssinn, aber auch über scheinbar sinnlose Dinge, od. eine allgem. *Zweifelsucht,* die sich auf die eigenen Handlungen bezieht (↗ Skrupulosität). Auch gotteslästerl. Gedanken, mit der Befürchtung, solchen Impulsen nachzugeben, können auftreten. Zu den Denkzwängen wird auch der Fragezwang gezählt, wobei Antworten nicht beachtet werden, sondern nur um des Fragens willen gefragt wird. In Wirklichkeit bezieht sich die Frage nicht auf den aktuellen Inhalt, sondern hat eine andere unbewußte Bedeutung. Die manifesten Fragen sind im Grunde nur Ersatzfragen meist f. die sex. Urfrage.

Im Leben der Zwangsneurotiker spielt die Genauigkeit eine entscheid. Rolle, die in Verein mit einer Entschlußunfähigkeit aufgrund einer Gefühlsambivalenz immer wieder neue Zweifel hochkommen läßt u. es ihnen damit unmöglich macht; etwas Begonnenes fortzusetzen u. zu beenden. *Freud* hat Z.e als Reaktionsbildungen des ↗ Ichs zum Schutz gegen die Folgen der immer wieder vordrängenden Schuldgefühle, bei einer ↗ Regression auf das stammesgeschichtl. alte mag. Denken, bezeichnet, bei der durch mag. Zeremonien, im Sinne einer Privatreligion, die Dämonen beschworen werden u. damit eine Entlastung vom Schuldgefühl erfolgt.

Zwangsneurot. Symptome nehmen — unbehandelt (↗ Psychotherapie) — im Laufe des Lebens fortschreitend zu, führen zu einer weitgehenden, oft totalen psychischen ↗ Invalidität. Im Endstadium bieten sie nicht selten ein katatonieformes Bild mit auffallend steifer Haltung, Bewegung u. Mimik. Kranke verlieren zunehmend das Interesse an der ↗ Umwelt, wobei die Zwänge vielfach den Zusammenhang mit den ursprüngl. Objekten verlieren, sich automatisieren u. nur noch im Leerlauf abspielen. Pa

Lit.: Nunberg, Allgemeine Neurosenlehre (²1959); W. Bräutigam, Reaktionen, Neurosen, Psychopathien (1968); S. Freud, Zwang, Paranoia und Perversion (1973).

Zweifel ↗ Glaubenszweifel ↗ Verzweiflung

Zyklothymie ↗ Psychose

Für jeden, der auf dem laufenden sein will:

DIAKONIA

Internationale Zeitschrift für die Praxis der Kirche

In den fünf Jahren seit der Fusionierung von „Anima", „Diakonia" und „Der Seelsorger" hat sich diese Zweimonatsschrift einen beachtlichen Platz im Rahmen der reflektierten kirchlichen Praxis gesichert.

Redaktion (G. Biemer, M. Bührer, N. Greinacher, F. Klostermann, A. Müller, H. Schuster und W. Zauner) und Chefredakteur H. Erharter sind bemüht, über alle Strömungen, Modelle, Perspektiven, Aktionen, Ereignisse, Bücher usw. — soweit sie pastoral relevant sind — zu berichten, zur Meinungsbildung beizutragen und zu einer effektiveren Praxis anzuregen.

VERLAG HERDER WIEN
MATTHIAS GRÜNEWALD-VERLAG MAINZ

BÜCHER ZUM THEMA DIESES BUCHES

Dietrich Stollberg
Seelsorge praktisch
85 Seiten, kart. DM 9,80

Dietrich Stollberg beschreibt in diesem Buch ausführlich die Erfahrungen der amerikanischen Seelsorge. Hier wird keine Ideologie getrieben, sondern konkrete Praxis der Menschennähe — unter Einbeziehung aller Erkenntnisse, die die säkuleren Humanwissenschaften über den Menschen gewonnen haben.

(Deutsches Allgemeines Sonntagsblatt)

Dietrich Stollberg
Seelsorge durch die Gruppe
Praktische Einführung in die gruppendynamisch-therapeutische Arbeitsweise
218 Seiten, kart. DM 19,80

Das vorliegende Buch leistet erstmals in deutscher Sprache eine umfassende und anschauliche Anwendung der Gruppendynamik im kirchlichen Bereich. Die stufenweise ausgearbeiteten Vorschläge vermitteln wertvolle Erfahrungen für eine neue Praxis sinnvoll therapeutischer Seelsorge.

(Das Neueste)

Joachim Scharfenberg
Seelsorge als Gespräch
Zur Theorie und Praxis der seelsorgerlichen Gesprächsführung
153 Seiten, kart. DM 18,—

... Dieses Handbuch sollte viele Leser finden, weil es notwendiges Elementarwissen vermittelt, das in die Praxis umgesetzt werden kann.

(Nachrichten d. Ev.-Luth. Kirche in Bayern)

Richard Riess
Perspektiven der Pastoralpsychologie
222 Seiten, kart. DM 26,—

Dieser Sammelband spiegelt die heutige Diskussion der Pastoralpsychologie gültig wider. Sie ist gekennzeichnet von dem Bedürfnis, nach allen guten Erfahrungen der letzten Jahre im Bereich der seelsorgerlichen Gesprächsführung auch die theologische Bewältigung dieser zentralen kirchlich-gesellschaftlichen Aufgabe zu leisten.

VANDENHOECK & RUPRECHT
GÖTTINGEN UND ZÜRICH